Les droits sociaux et le processus de constitutionnalisation de l'Union Européenne

İsmail Hakkı Musa

Les droits sociaux et le processus de constitutionnalisation de l'Union Européenne

PETER LANG

Bibliographic Information published by the Deutsche Nationalbibliothek
The Deutsche Nationalbibliothek lists this publication in the Deutsche National bibliografie; detailed bibliographic data is available in the internet at
http://dnb.d-nb.de.

Library of Congress Cataloging-in-Publication Data
A CIP catalog record for this book has been applied for at the Library of Congress.

ISBN (978-3-631-81228-0)
E-ISBN (978-3-631-85066-4)
E-ISBN (978-3-631-85067-1)
E-ISBN (978-3-631-85068-8)
DOI 10.3726/b18397

Peter Lang – Berlin · Bern · Bruxelles · New York ·Oxford · Warszawa · Wien

This publication has been peer reviewed.

www.peterlang.com

A mon épouse Tülay, ma fille Zeynep et mon fils Eren

Remerciements

Je remercie, tout d'abord, Monsieur le Professeur Jean-Denis MOUTON, directeur du département juridique du Centre européen universitaire de Nancy, de m'avoir proposé ce thème de réflexion et d'avoir dirigé avec patience et bienveillance les recherches ayant conduit à cette thèse.

Je tiens aussi à lui témoigner chaleureusement ma profonde reconnaissance et ma gratitude.

Je dois aussi exprimer ma gratitude à Monsieur le Professeur Hamdi Mollamahmutoğlu, éminent spécialiste du droit de travail à l'Université Gazi, Ankara, dont les conseils m'ont éclairé dans de nombreux domaines.

J'adresse mes vifs remerciements au Ministère turc des Affaires Etrangères, en particulier mes supérieurs hiérarchiques, pour m'avoir encouragé à la réalisation de cette recherche.

Mes remerciements vont tout droit à mon épouse Tülay, qui m'a encouragé et soutenu, tout au long de ces années d'études et de recherches.

Je remercie enfin, tous ceux dont la contribution, les conseils et les encouragements m'ont été précieux, notamment à feu Didier Delafontaine et Michel Theys.

Préface

La publication de cet ouvrage est remarquable à plusieurs égards. D'abord en raison de sa date: il s'agit d'une thèse de doctorat en droit soutenue en juin 2008, dans le cadre de l'école doctorale de l'Université Nancy 2, devenue entre-temps l'Université de Lorraine. Ensuite en raison de la personnalité de son auteur: à l'époque déjà consul en même temps qu'étudiant, İsmail Hakkı Musa a poursuivi depuis lors une brillante carrière de diplomate qui l'a fait passer par Bruxelles, avant de rejoindre aujourd'hui Paris pour être ambassadeur de son pays, la Turquie. Ces particularités pouvaient faire craindre que le sujet analysé: "les droits sociaux et le processus de constitutionnalisation de l'Union européenne" soit tellement dépassé, que le lecteur ne se trouve devant une thèse d'histoire du droit européen plutôt que devant une réflexion sur la nature de la construction européenne, ce qui était l'ambition de son auteur il y a plus de dix ans. Ce même lecteur pourrait aussi se demander si, le diplomate ayant pris le pas sur l'universitaire, la motivation de la publication de cette thèse ne soit pas à rechercher dans une stratégie de communication personnelle plutôt que dans un souci de participer publiquement à un débat scientifique. Il se tromperait lourdement.

L'intérêt scientifique sauvegardé de la thèse soutenue par Monsieur Musa tient à plusieurs raisons; les unes sont liées à l'objet même de l'étude, les autres sont liées aux qualités de l'auteur.

En tentant d'éclairer la nature de la construction européenne à partir d'une liaison opérée entre le développement des droits sociaux et le processus de constitutionnalisation de l'Union européenne, Monsieur Musa prenait le risque d'être influencé par un moment quelque peu favorable à une vision "eurooptimiste" de la chose publique européenne. Il est vrai qu'en 2008, la signature du Traité de Lisbonne, même si elle intervenait après l'échec du Traité établissant une Constitution pour l'Europe, reprenant une partie des acquis de celui-ci, semblait ouvrir des lendemains prometteurs. La crise financière, qui se propagea des États-Unis en Europe, à peu près à cette même époque, annonciatrice d'une décennie qui a pu être qualifiée pour l'Union européenne de "polycrise" aurait pu rendre a posteriori obsolète une telle perspective. Mais ce serait oublier que la construction européenne est, précisément, un processus par définition évolutif. De ce point de vue, cet ouvrage paraît à un moment que certains osent qualifier de "moment hamiltonien", sur la base du plan de relance décidé pour faire face aux conséquences économiques de la crise sanitaire, et qui pourrait provoquer une fédéralisation réelle de l'Union, problématique au cœur de la thèse défendue par Monsieur Musa. Précisément, et on en vient aux qualités de l'auteur, si cette thèse donne aujourd'hui encore à réfléchir sur la nature profonde de l'Union européenne, c'est que celui-ci a su donner une dimension importante à son travail.

Économiste de formation, İsmail Hakkı Musa a révélé des qualités de juriste indiscutables, par son analyse fine de la jurisprudence et ses capacités de systématisation remarquables. Mais il a aussi assimilé et développé des réflexions très stimulantes de philosophie politique et de théorie du droit. Bref, il a su combiner une analyse à la fois précise et pragmatique, avec une approche théorique donnant à son travail une hauteur indiscutable. Ceci contribue fortement à considérer que la thèse soutenue dans cet ouvrage, loin d'être dépassée, donne toujours à réfléchir. Mais quelle est donc cette thèse?

Elle peut se développer en trois aspects de la construction européenne qui s'articulent dans une logique à la fois conceptuelle et temporelle. En premier lieu, construction économique, la construction européenne est d'abord fondée sur une constitution économique, qui se présente comme un ensemble de principes structurels gouvernant son développement économique, et d'abord le principe d'intégration.

Les éléments introduits au fur et à mesure des traités fondateurs, s'ils ont pu améliorer et préciser cette constitution économique, ont aussi mis en évidence la nécessité de formuler une politique sociale. En effet, dans un processus consistant surtout à libéraliser l'espace économique, sont apparues des distorsions révélant que le social ne pouvait être totalement absent. Se présentant d'abord comme une simple dimension sociale accompagnant le marché commun, la politique sociale a progressivement changé de nature acquérant une dimension plus positive au fur et à mesure des traités fondateurs. Cette politique n'est pas seulement l'œuvre du législateur constituant, ou du législateur élaborant le droit dérivé, elle est aussi l'œuvre du juge.

Or pour le juge européen, dans sa démarche bien connue de concrétisation progressive de la protection des droits fondamentaux dans l'ordre juridique communautaire, les éléments les plus importants de la politique sociale sont apparus comme devant constituer des droits sociaux fondamentaux. Ainsi, tout en restant dans cette logique d'abord économique, la politique sociale favorisée par le juge, rencontre le processus de reconnaissance des droits fondamentaux, par laquelle s'introduit la problématique de la constitution politique de l'Union. L'ancrage des droits fondamentaux, comme élément cardinaux du processus d'intégration, participe en effet de la formation progressive d'une constitution matérielle de l'Union. Le processus de constitutionnalisation depuis le Traité de Maastricht n'a fait que s'affirmer, malgré l'échec du Traité établissant une Constitution pour l'Europe. S'agissant de la place des droits sociaux fondamentaux dans ce processus, l'adoption de la Charte des droits fondamentaux et, encore une fois, l'interprétation que lui a donnée la Cour de justice de l'Union, n'ont fait que jeter un éclairage sur le rôle central qu'ils jouent dans ce processus de constitutionnalisation.

C'est que le processus de constitutionnalisation, sans être lié nécessairement et ontologiquement à l'existence d'un Etat, doit, pour être pertinent, s'enraciner dans la formation d'une communauté politique digne de ce nom. Or les droits sociaux participent de la formation d'une citoyenneté sociale. L'apparition dans le Traité de Maastricht d'une citoyenneté de l'Union trouve sa concrétisation aussi dans l'émergence de cette citoyenneté sociale. Dans cette perspective, le développement des droits sociaux ne relève pas seulement d'une logique économique mais aussi d'une logique politique; à savoir affirmer l'existence d'une entité politique qui se superpose aux Etats sans vouloir ni pouvoir elle-même être un Etat. Ainsi on assiste, à travers l'analyse des droits sociaux, à l'émergence d'une forme d'organisation politique nouvelle, au-delà de l'État-nation que l'auteur, dans le prolongement de la philosophie cosmopolitique kantienne, qualifie de "communauté post-nationale". On perçoit ainsi l'ambition et la profondeur de la thèse soutenue par İsmail Hakkı Musa, et l'on peut comprendre que ces caractéristiques l'en prémunissent contre une certaine usure du temps.

Ceci étant, ce processus évolutif qu'est la construction européenne, n'étant par définition pas figé, la décennie passée conduit inévitablement à nuancer certaines analyses de l'auteur et, sans remettre en cause les grandes orientations tracées, du moins à les préciser pour tenir compte de ces évolutions.

S'agissant de la Constitution économique, si les perspectives ouvertes par Monsieur Musa se révèlent à l'expérience assez pertinentes dans le contexte actuel, on peut penser qu'elles le doivent paradoxalement à une possible sous-estimation par l'auteur des évolutions qui avaient marqué la phase précédant la période relevant de son champ d'analyse. Il n'y a aucun doute sur le fait que dans ses trois premières décennies d'existence la Communauté européenne, de la CECA à la CEE du début des années 1980, correspond à la volonté, pour réaliser une paix durable en Europe, de se servir du marché commun comme un moyen au service de cet objectif politique, selon la méthode de l'intégration fonctionnelle.

L'idéologie de l'ordolibéralisme, présente dès l'origine mais se renforçant à travers la montée en puissance économique de l'Allemagne, pouvait s'accommoder d'une vision non défavorable à une économie sociale de marché. Mais la phase néolibérale, à partir des États-Unis puis du Royaume-Uni, allait dès la décennie 1980, au moment où a été élaboré le Traité de Maastricht, gagner en influence en

Europe et notamment au sein des institutions européennes. On sait combien il a été reproché par l'opinion publique lors de la ratification du Traité établissant une Constitution pour l'Europe, de vouloir constitutionnaliser une telle évolution tendant à faire du marché un objectif plutôt qu'un moyen, ouvrant l'économie européenne en la soustrayant à toute régulation y compris à des fins sociales. Mais la polycrise, à laquelle s'est trouvée confrontée l'Union, dans la dernière décennie, a contribué à infléchir cette tendance. D'abord face aux conséquences de la crise financière, l'Union européenne, spécialement par la Banque Centrale Européenne, allait utiliser tous les pouvoirs octroyés par le Traité de Lisbonne notamment en commençant à ériger une Union bancaire. Ensuite le plan de relance décidé pour faire face aux conséquences économiques et sociales de la crise sanitaire actuelle réalise une avancée considérable vers un fédéralisme budgétaire. Enfin la tentative de réglementer les GAFA et l'amorce d'une politique industrielle européenne participent aussi de cette volonté de réguler les excès d'une mondialisation néolibérale.

Concernant les droits sociaux, leur affirmation dans l'ordre juridique de l'Union, entrevue et défendue par l'auteur de cette thèse, semble s'être confirmée. La jurisprudence a en effet consolidé la portée de la Charte des droits fondamentaux, notamment en matière sociale, à la fois en précisant l'étendue de ces droits mais aussi en proclamant l'invocabilité horizontale de certaines dispositions de la Charte dans les litiges entre particuliers, source d'un renforcement important de sa portée concrète. Mais évidemment cette consolidation ne concerne pas que les droits sociaux; elle bénéficie à l'ensemble des droits fondamentaux. Et précisément, l'invocabilité de la Charte dans une configuration contentieuse horizontale peut mettre en présence plusieurs types de droits fondamentaux. C'est ainsi, par exemple, que la protection des travailleurs n'empêche pas que le droit d'accès à un emploi sans discrimination puisse être conditionné par une appartenance religieuse, elle-même protectrice de l'autonomie des institutions religieuses, droit garanti à la fois sur la base du droit originaire et sur la base de la Charte des droits fondamentaux. Le juge européen doit, en tout état de cause, rechercher un équilibre entre ces deux types de droits. Le renversement de perspective, que l'auteur de cet ouvrage semblait envisager, sur la base de la jurisprudence analysée, et selon lequel les droits sociaux auraient tendance à prendre le pas sur les autres droits et sur les libertés fondamentales du marché intérieur, manifeste peut-être un excès d'optimisme de sa part dans sa volonté de promouvoir une véritable citoyenneté sociale. Dans une affaire qui a fortement retenu l'attention, la Cour de Justice de l'Union Européenne, en 2014, a tenu fermement à rappeler qu'en vertu du Traité sur le fonctionnement de l'Union européenne, et sur la base de la directive 2004/38 relative aux droits des citoyens de l'Union et des membres de leur famille de circuler et de séjourner librement sur le territoire des États membres, l'Etat membre d'accueil n'était pas obligé d'accorder le droit à une prestation sociale avant que le citoyen ne se voie reconnaître un droit de séjour de longue durée. Cette affaire a été souvent commentée comme visant à lutter contre le "tourisme social"; elle révèle en tout cas que le juge européen n'est pas prêt à promouvoir une politique sociale sans limites, laquelle serait pourtant le vecteur d'une véritable citoyenneté sociale européenne.

Et ainsi se pose la question de l'émergence d'une communauté politique, socle d'une véritable constitutionnalisation de l'Union européenne. La décennie écoulée depuis la soutenance de cette thèse apporte quelques éléments de réflexion quant aux hypothèses émises par son auteur.

D'abord en ce qui concerne l'affirmation d'un espace public européen, dont le sentiment d'appartenance serait fondé sur une citoyenneté sociale digne de ce nom, l'appréciation de la situation actuelle ne peut conduire qu'à une appréciation mitigée. Certes, le Traité de Lisbonne, ayant enrichi la citoyenneté de l'Union par l'instauration de l'initiative citoyenne européenne, a contribué par la concrétisation de celle-ci à l'émergence d'un débat transeuropéen nécessaire à la formation d'un véritable espace public. Mais, pour autant, il ne peut être soutenu que cette technique introduit une véritable démocratie participative dans le système institutionnel de l'Union européenne, qui transformerait la nature de la citoyenneté de l'Union de sorte à faire apparaître ce sentiment d'appartenance nécessaire à l'existence d'une communauté politique.

Concernant la nature de cette communauté politique, il n'est pas sûr que l'évolution du processus de constitutionnalisation, dans la décennie écoulée, valide l'hypothèse selon laquelle l'Union européenne verrait l'émergence d'une forme d'organisation politique nouvelle au-delà de l'État-nation ou d'une communauté post-nationale. D'ailleurs Monsieur Musa avait judicieusement remarqué les prémices d'une jurisprudence de la Cour de Luxembourg, commençant à tenir compte de la clause apparue dans le traité de Maastricht et fortement réaffirmée et précisée par le Traité de Lisbonne, dans le prolongement du Traité établissant une Constitution pour l'Europe, selon laquelle l'Union devait respecter l'identité nationale de ses États membres. Dès 2010, la Cour de justice allait procéder à une sorte de juridictionnalisation de l'article 4 paragraphe 2 du Traité sur l'Union européenne, qui énonce cette clause, pour tendre à en faire un principe d'interprétation, permettant aux États membres d'invoquer la défense de leur propre identité constitutionnelle. Or, le plus souvent, l'invocation de l'identité constitutionnelle sera mise en balance, par le juge européen, précisément avec l'invocation de droits individuels, ou la mise en œuvre de libertés fondamentales du marché intérieur. Cette situation est révélatrice de ces conflits juridiques potentiels qui peuvent advenir dans cette Union d'États et de citoyens qu'est l'Union Européenne. Mais l'invocation d'un droit au respect de son identité nationale par un Etat révèle aussi la nature profonde de cette forme d'organisation politique qu'est l'Union. Le droit au respect de l'identité nationale est en effet un élément fondamental de ce que l'on peut appeler le statut "d'État intégré". L'État membre de l'Union européenne reste un État souverain, ce que réaffirme très clairement le Traité de Lisbonne. Mais en même temps il entre, par l'exercice de sa souveraineté, dans ce statut très particulier dont il peut sortir -l'actualité nous le montre- au titre de cette même souveraineté. Or, à travers ce statut d'Etat intégré, on touche aussi à la possible nature fédérative de l'Union européenne.

En effet l'émergence d'un droit pour les États membres au respect de leur identité nationale fait croiser cette jurisprudence avec les nouvelles réflexions doctrinales sur la notion de Fédération, laquelle se distingue à la fois de l'État fédéral et de la Confédération. À la différence de celle-ci, la Fédération lie les États membres, qui en font partie, par un pacte constitutionnel qui concrétise une interdépendance forte et qui les fait entrer dans ce statut particulier.

Mais, à la différence de l'État fédéral, en tant qu'Union d'Etats, la Fédération n'implique pas l'absorption des États qui en font partie, lesquels ne perdent pas leur qualité d'État. Il semblerait que la jurisprudence européenne pourrait même autoriser à qualifier l'Union européenne comme étant une "Fédération d'États-nations" en émergence. En effet cette jurisprudence renvoie à deux grandes déclinaisons. La première de ces déclinaisons se réfère au respect de l'organisation politico-institutionnelle de l'État membre de l'Union. La seconde de ces déclinaisons renvoie au respect de l'identité culturelle de la nation. Or, la jonction de ces deux grandes déclinaisons correspond aux caractéristiques de l'État-nation, qui à la fin du Moyen-Âge apparaît en Europe.

Cela pourrait signifier que l'Union européenne ne peut pas ignorer qu'elle est fondée sur des Etats-nations, qu'elle tend à lier par un lien fédératif, plutôt que de constituer une communauté post-nationale. Il convient de noter que si İsmail Hakkı Musa pose, dans sa thèse, plutôt l'hypothèse de l'émergence progressive de cette communauté post-nationale, la profondeur de son analyse ne permet pas cependant d'écarter cette hypothèse d'une Fédération d'États-nations en émergence.

En tout état de cause son ouvrage traduit une conviction européenne sincère et toujours présente. L'auteur de cette préface, qui fut son directeur de thèse, a pu le constater à la lecture de la contribution que Monsieur Musa a bien voulu apporter au liber amicorum qui vient de lui être offert. Dans cet hommage İsmail Hakkı Musa appelle, sur la base de six piliers d'interdépendance, à une nouvelle ère des rapports entre son pays, la Turquie, et l'Union européenne. Par les qualités intellectuelles qu'il démontre et par les réflexions qu'il propose, mais aussi par les convictions européennes qui l'animent, cet ouvrage mérite indiscutablement de rencontrer un large public.

Jean-Denis Mouton
Professeur émérite de
l'Université de Lorraine
Nancy, le 15 décembre 2020

Titre
Les droits sociaux et le processus de constitutionnalisation de l'Union européenne

Résumé

La Constitution économique européenne se présente comme un ensemble de principes structurels, dont le principe d'intégration, qui gouvernent le développement économique de l'UE. L'étude de la Constitution économique met en évidence un développement que les pères fondateurs n'avaient probablement pas prévu : pour corriger les distorsions qui sont issues de la mise en œuvre de la constitution économique, il faut également formuler une politique sociale. La mise en oeuvre de celle-ci nous conduit inévitablement à l'apparition des droits fondamentaux de nature sociale. La reconnaissance des droits sociaux fondamentaux dans le cadre de la Constitution économique n'est pas seulement l'œuvre du législateur constituant ou du législateur ayant le pouvoir de droit dérivé, mais également du juge. L'apport de la jurisprudence tient en particulier dans la précision du contenu et l'affirmation plus prononcée du caractère fondamental de ces droits à l'échelle de l'Union européenne.

L'interrelation des droits fondamentaux dans le processus de constitutionnalisation de l'Union européenne revêt, au moins depuis le Traité de Maastricht, un caractère politique. L'étude de ce processus est révélatrice de la place prédominante qu'occupent les droits fondamentaux, à l'instar des constitutions étatiques. Même si l'ancrage des droits fondamentaux comme éléments cardinaux dans le processus d'intégration ne permet pas d'emprunter l'appellation traditionnelle de « constitution » pour la constitution communautaire, il n'en demeure pas moins que cette dernière présente des caractéristiques matérielles d'une constitution étatique classique. Le propre de ce processus de constitutionnalisation politique est que l'incorporation des droits sociaux présente un enjeu crucial, même si ces droits souffrent de certaines difficultés pour être pleinement consacrés. Il résulte de cette reconnaissance des droits sociaux fondamentaux l'apparition de la citoyenneté sociale.

L'Union européenne est caractérisée par le fait qu'elle est une « communauté politique » composée d'Etats et de citoyens, sans espace public au sens classique, ni sentiment d'appartenance affirmé qui peut se singulariser. La citoyenneté sociale, comme concrétisation des droits économiques et sociaux fondamentaux pour les citoyens européens, contribue à l'évidence à l'affirmation de cet espace public européen en devenir. Le fait le plus remarquable à cet égard est que l'on assiste à la participation active des droits sociaux fondamentaux à la concrétisation d'une forme d'organisation nouvelle, au-delà de l'Etat-nation ou d'une communauté post nationale. Cette dernière se situe dans le prolongement de l'idée cosmopolitique kantienne, dans la mesure où elle nous fournit les indications d'une généralisation des droits transnationaux à l'échelle européenne, en particulier des droits sociaux fondamentaux. Ce processus n'est pas sans inviter à une nouvelle forme de démocratie.

Mots-clés : Constitution économique, Intégration, Constitution politique, Constitution formelle, Constitution matérielle, Constitutionnalisation, Constitutionnalisation jurisprudentielle, Traité constitutionnel, Charte constitutionnelle, Communauté de droit, Droit dérivé, Communauté politique, Convention, Conférence intergouvernementale, Cosmopolitisme européen, Politique sociale, Cohésion, Droits sociaux fondamentaux, Droits fondamentaux, Libertés fondamentales, Indivisibilité, Universalité, Droits fondamentaux des Etats, Principes, Principes généraux du droit, Principe de subsidiarité, Charte des droits fondamentaux, Consensus par recoupement, Consensus par confrontation, Citoyenneté, Citoyenneté sociale, Patriotisme constitutionnel, Stratégie post nationale, Identité post nationale, Communauté morale, Communauté légale, Initiative citoyenne, Identité, Nation, Souveraineté, Espace public, Espace public de représentation, Société civile, Déficit démocratique, Démocratie représentative, Démocratie participative, Dialogue social, Dialogue civil, Egalité de traitement, Discrimination, Discrimination directe, Discrimination indirecte, Discrimination positive

Discipline

Droit communautaire

Laboratoire de recherche

Institut de Recherche sur l'Evolution de la Nation et de l'Etat (IRENEE),

Faculté de Droit, Université de Nancy II, 13 Place Carnot, C. O. 26, 54035, Nancy Cedex, France

Title
Social rights and the process of constitutionalisation of the European Union

Summary

The European Economic Constitution can be described as a body of structural principles that govern the economic development of the European Union. One of these principles is the principle of integration. Study of the Economic Constitution brings to light a development, presumably not foreseen by the founding fathers of the Union – the need to formulate a social policy in order to remedy the distortions resulting from the implementation of the Economic Constitution. This process inevitably leads to the emergence of fundamental social rights. The acknowledgement of fundamental social rights, within the context of the Economic Constitution, should not be regarded as the sole responsibility of national lawmakers and legislators who have the power to create derived law but also of judges. The contribution of case law is essential to determining the details of the content, context and the assertation of these social rights on a European scale.

The interrelation of fundamental social rights within the process of constitutionalisation of the European Union has, at least since the adoption of the Maastricht Treaty, been political in nature. Study of this process demonstrates the predominant importance of fundamental social rights, as is the case within constitutions of individual states. Although the establishment of social rights as principle elements of the integration process does not allow the term 'constitution' to be employed in its traditional sense, the fact still remains that the community constitution shares some material characteristics with constitutions of individual states. A peculiarity to the process of political constitutionalisation is that the incorporation of social rights into this process is of crucial importance, even if these rights are not always fully recognised. The result of the recognition of the fundamental social rights is the emergence of social citizenship.

The European Union is characterised by the fact that it is a 'political community' made up of states and citizens without the existence of a public space, in the classical sense, nor of a distinct sense of belonging. Social citizenship, as well as the expression of the fundamental economic and social rights of European citizens, contributes to the assertion of a European public space in the making. What is remarkable within this context is that fundamental social rights actively contribute to the achievement of a new form of organisation, beyond that of a nation state or post-nation community. The latter can be regarded as a continuation of Immanuel Kant's assertion, in so far as the new organisation provides the general framework for transnational rights on a European scale, particularly of fundamental social rights. This process may also lead to a new form of democracy.

Key Words: Economic Constitution, Integration, Political Constitution, Formal Constitution, Material Constitution, Constitutionalisation, Constitutional Treaty, Constitutional Charter, Community of Law, Case Law, Political Community, Convention, Intergovernmental Conference, European Cosmopolitism, Social Policy, Cohesion, Fundamental Social Rights, Fundamental Rights, Fundamental Freedoms, Indivisibility, Universality, Fundamental Rights of States, Principles, General Principles of Law, Subsidiarity Principle, Charter of Fundamental Rights, Overlapping Consensus, Consensus by Confrontation, Citizenship, Social Citizenship, Constitutional Patriotism, Post National Strategy, Post National Identity, Moral Community, Legal Community, Citizens' Initiative, Identity, Nation, Sovereignty, Public Space, Public Space for Representation, Civil Society, Democratic Deficit, Representative Democracy, Participatory Democracy, Social Dialogue, Civil Dialogue, Equality of Treatment, Discrimination, Direct Discrimination, Indirect Discrimination, Positive Discrimination

Field

Community Law

Name and Address of the Research Laboratory

Research Institute on the Evolution of Nations and States (IRENEE)

Faculty of Law, University of Nancy II

13 place Carnot, C.O. 26, s4035, Nancy Cedex, France

Sommaire

Table des matières

Liste des principales abréviations

AELE (EFTA)	Association européenne de libre échange (European Free Trade Area)
Aff.	Affaire
AIJC	Annuaire international de justice constitutionnelle
AJCL	American Journal of Comparative Law
AJDA	Actualité juridique-Droit administratif
Art.	Article
Att.	Attendu
AUE	Acte unique européen
BCE	Banque centrale européenne
Bull. CE	Bulletin des Communautés européennes
Bull. UE	Bulletin de l'Union européenne
CDE	Cahier de droit européen
CECA	Communauté européenne du charbon et de l'acier
CED	Communauté européenne de défense
CEDH	Convention européenne des Droits de l'Homme
CEE	Communauté économique européenne
Chron.	Chroniques
CIG	Conférence intergouvernementale
CJCE	Cours de justice des Communautés européennes
CJEL	Columbia Journal of European Law
CMLRev.	Common Market Law Review
Comm.	Commentaire
Concl.	Conclusions
Cour EDH	Cour européenne des Droits de l'Homme
Dr. soc.	Droit social
EEE	Espace économique européen
ELJ	Eurpean Law Journal
ELR	Euroean Law Review
EPL	European Public Law
FED	Fonds européen de développement
FEDER	Fonds européen de développement régional
FEOGA	Fonds européen d'orientation et de garantie agricole
Gaz. Pal	Gazette du Palais
IME	Institut monétaire europeen
JCA	Jurisclasseur-Droit administratif

JCL	Jurisclasseur
JCMS	Journal of Common Market Studies
JMWP	Jean Monnet Working Paper
JT	Journal des tribunaux
JTDE	Journal des tribunaux-Droit européen
LF	Loi fondamentale
LGDJ	Libraire générale de droit et de jurisprudence
LIEI	Legal Issues of European Integration
LPA	Les Petites Affiches
Mél.	Mélanges
MJECL (MJ)	Maastricht Journal of European and Comparative Law
MLR	Modern Law Review
OCDE	Organisation de coopération et de développement économique
OIT	Organisation internationale du travail
OMC	Organisation mondiale du commerce
OPOCE	Office des publications officielles des Communautés européennes
p.	Page
PAC	Politique agricole commune
PE	Parlement européen
PECO	Pays d'Europe centrale et orientale
PESC	Politique étrangère et de sécurité commune
PUE	Presse universitaires européennes
PL	Public Law
PUF	Presses universitaires de France
PUS	Presses universitaires de Strasbourg
QSJ	Que sais-je ?
RA	Revue administrative
RAE	Revue des affaires européennes
RCADE	Recueil des cours de l'Académie de droit européen
RDCE	Revista de Derecho Communitario Europa
RDUE	Revue de droit de l'Union européenne
Rec.	Recueil
REDP	Revue européen de droit public
RFDA	Revue française de droit administratif
RGDIP	Revue générale de droit international public
RMC	Revue du Marché commun

RMCUE	Revue du Marché commun et de l'Union européenne
RSC	Robert Schuman Center
RTDE	Revue trimestrielle de droit européen
RTDH	Revue trimestrielle des Droits de l'homme
RUDH	Revue universelle des Droits de l'homme
SEBC	Système européen des banques centrales
SME	Système monétaire européen
TPI	Tribunal de première instance de Communautés européennes
TUE	Traité sur l'Union européenne
UAE	Union des avocats européens
UE	Union européenne
UEM	Union économique et monétaire

INTRODUCTION GENERALE

Depuis la création des Communautés européennes en 1957[1] jusqu'à la signature du Traité de Lisbonne le 13 décembre 2007[2], l'Union européenne s'est transformée, peu à peu, d'une Communauté économique à une Union politique. Les principaux repères de cette histoire d'un demi-siècle sont constitués par l'Acte unique européen de 1986, la Charte des droits sociaux fondamentaux des travailleurs de 1989, le Traité sur l'Union européenne de 1992,[3] la Charte des droits fondamentaux de l'Union européenne[4] et le projet du Traité constitutionnel adopté le 19 octobre 2004[5]. Cette transformation que nous appellerons constitutionnalisation par la suite, est caractérisée, entre autre, par la reconnaissance des droits fondamentaux[6], y compris les droits sociaux fondamentaux. En effet, au moment où les Etats-nations sont affectés par les effets de la mondialisation économique, qui, entre autres, rend vulnérables les systèmes sociaux, la reconnaissance des droits fondamentaux[7] apparaît indispensable pour réintroduire la dignité de la

---

1 Traité instituant le Communautés européennes, Traités portant révision de ces traités, Acte unique européen, Luxembourg, OPCE, 1987.

2 La démarche consiste à adopter un traité « modificatif » des traités antérieurs, qui restent en vigeur. Le mandat donné à la conférence intergouvernementale de 2007 était clair : il s'agissait d'introduire dans les traités actuels les innovations découlant des travaux de la CIG de 2004 ou encore, les principaux acquis du projet du Traité constitutionnel. Voir Projet de Traité modifiant le Traité sur l'union européenne et le Traité instituant la Communauté européenne, CIG 1/1/07 REV 1, www.europa.eu.int. Aussi, DONY Marianne, *Après la réforme de Lisbonne les nouveaux traités européens*, Editions de l'Université de Bruxelles, 2008.

3 *Les traités de Rome, Maastricht et d'Amsterdam : Textes comparés*, La Documentation Française, Paris, 2002.

4 OPOCE, Luxembourg, décembre 2004.

5 Projet du Traité établissant une Constitution pour l'Europe, La Documentation française, Paris, 2004.

6 « Les droits fondamentaux expriment les valeurs d'un ordre juridique, ils donnent un sens à l'action individuelle et collective des hommes. ». BONNECHERE Michelle, « Quelle garantie des droits sociaux fondamentaux en droit européen ? » Chronique, Europe-Editions du Juris-Classeur, juillet 2000, p. 4.

7 Les bases historiques des droits fondamentaux sont aussi anciennes que l'Ancien Testament et l'Antiquité grecque. Sur la base des droits naturels, les philosophes grecs avaient commencé à accepter l'idée des droits inchangeables dans la société. L'une de leurs thèses était que tous les êtres humains sont égaux. Le concept a continué de se

personne au travail et la primauté des objectifs, telle que la lutte contre la pauvreté ou les inégalités sociales.

Dès lors l'adoption d'une terminologie s'impose. En effet, s'agissant des droits de l'homme, différentes formulations sont utilisées : droits fondamentaux, droits individuels, droits collectifs, droits civils et politiques, droits économiques et sociaux. Les termes « droits fondamentaux » indiquent le caractère fondamental des droits, tandis que les termes « droits de l'homme » reflètent plutôt l'aspect inaliénable des droits de l'être humain. Par ailleurs, certains considèrent que les droits civils et politiques sont des droits individuels, alors que les droits économiques et sociaux constituent la catégorie des droits collectifs. Toutefois, la différence n'est pas sensible dans la mesure où, par exemple, le droit au mariage comme droit civil est aussi un droit collectif, tout comme le droit de grève qui est un droit social. Ce qui implique que les droits de l'homme doivent être interprétés et appliqués comme un ensemble cohérent et indivisible, cohérent parce qu'indivisible. La Cour de Justice des Communautés européennes se référant aux termes « droits fondamentaux », nous retiendrons cette appellation qui englobe aussi bien les droits civils et politiques que les droits économiques et sociaux.

Dans une perspective historique, l'égalité des droits civils et politiques a poussé à la revendication de l'égalité des conditions économiques et sociales, qui a donné naissance à une seconde catégorie de droits, qui ne sont que les droits économiques et sociaux[8], dénommés aussi droits-créances par opposition à la notion de droits-libertés. Ces droits-créances définissent les droits qu'ont les individus sur l'Etat : droit au travail, à la sécurité matérielle, à l'instruction, au repos, etc. Par opposition aux droits-libertés, les droits-créances impliquent l'intervention de l'Etat en faveur des individus. La nature même des droits économiques et sociaux, et le type d'Etat qu'ils présupposent se distinguent de ce qui caractérise les droits civils et politiques : au lieu d'analyser des libertés « contre l'Etat », ils impliquent une intervention de l'Etat, un droit « à » quelque chose, à une prestation matérielle définie. Alors que les premiers droits réclament un Etat minimal, les droits économiques et sociaux supposent le passage de l'Etat

---

développer durant le Moyen-âge, tout en se focalisant sur les classes privilégiées, plutôt que sur les individus au sens général.

8 Elle accorde ainsi à chacun le droit au mariage, au divorce, à la sécurité sociale, le droit au travail avec le libre choix d'un emploi et un salaire égal pour un travail égal, le droit de former un syndicat et d'y adhérer, le droit au repos, au loisir, le droit à un niveau de vie convenable pour assurer sa santé et son bien-être, le droit à l'éducation et à une instruction primaire obligatoire et gratuite, le droit à la propriété aussi bien seul qu'en collectivité.

minimal à l'Etat-providence : un Etat qui doit intervenir pour stabiliser l'activité économique, pour fournir des prestations matérielles afin de corriger les inégalités. Autrement dit, les droits-libertés présupposent en général une abstention de l'Etat, alors que les droits-créances nécessitent au contraire une intervention de l'Etat[9]. Ou encore, les droits civils sont opposables à l'Etat alors que les autres droits sont exigibles de lui. Les premiers servent à protéger contre l'arbitraire de l'Etat (et non contre l'Etat), tandis que les seconds exigent que l'Etat intervienne jusque dans la vie privée des individus pour leur garantir la sécurité sociale, l'éducation, etc.[10]. C'est bien cette particularité qui rend la protection de ces derniers assez problématique, dans la mesure où les Etats ne disposent pas de tous les moyens adéquats pour assurer une protection effective, car cette effectivité dépend essentiellement de la situation économique, tant au niveau national qu'international.

Alors qu'on assiste, à l'échelle européenne du moins, à l'affirmation d'un processus qui vise à assurer l'indivisibilité des droits fondamentaux, aussi bien dans le cadre du Conseil de l'Europe que de l'Union européenne, un processus parallèle, celui de mondialisation, risque de menacer surtout la protection efficace des droits économiques et sociaux. On dira que dans le cadre d'une économie mondialisée, caractérisée par l'accélération et l'intensification de la communication et des échanges réduisants les écarts temporels et spatiaux, les Etats-nations ne peuvent améliorer la compétitivité internationale de leurs entreprises qu'en réduisant le pouvoir d'intervention de l'Etat. On justifie ainsi des politiques de démantèlement qui portent préjudice à la solidarité sociale et mettent à rude épreuve la stabilité démocratique de la société[11]. Un autre développement qui

---

9 En droit positif, la génération des droits économiques et sociaux naît à partir du début de ce siècle, et surtout après la fin de Seconde Guerre Mondiale. Après la Seconde Guerre Mondiale, on voit ainsi se dessiner une conception nouvelle et commune des droits de l'homme qui renoue d'une certaine manière avec la solidarité. Fondée sur la dignité de la personne humaine, elle met l'accent à la fois sur l'individu comme fin de la société et l'individu comme membre de la société. C'est ainsi que la Déclaration universelle des droits de l'homme de 1948 proclame, à côté des droits civils et politiques, également des droits économiques et sociaux. FRYDMAN Benoît et HAARSCHER Frydman-Guy, *Philosophie du droit,* Dalloz, 1998, p. 110.

10 DELMAS-MARTY Mireille, *Trois défis pour un droit mondial,* Editions du Seuil, 1998, p. 47–48.

11 En effet, durant la période de l'après Première Guerre Mondiale, on a vu se développer dans les démocraties prospères et pacifiques de l'Europe occidentale, des systèmes d'économie mixte qui ont permis l'extension des droits civiques, et pour la première fois, la réalisation effective des droits sociaux. La croissance explosive de l'économie

accompagne la mondialisation est l'accélération du processus d'institutionnalisation du fait régional[12]. L'Union européenne, processus en devenir, apparaît comme une « expérience unique de prise en compte de solidarités à un niveau super étatique-que l'on peut qualifier de régional -et de passage au politique à ce niveau. Même si l'on peut relever des limites et des échecs (...) la tentative d'intégration est suffisamment novatrice pour retenir l'attention »[13].

Le processus d'intégration européenne est d'autant plus novateur qu'elle est également perçue comme un instrument qui accélère le phénomène de « désintégration de l'Etat et de la nation »[14]. En effet, l'institution d'une nouvelle forme de puissance publique supranationale[15] engageait un processus qui, sans menacer les identités nationales, supprimait les droits exclusifs des Etats à agir en leur nom. Ce processus que la Communauté a poursuivi et que l'Union a pour mission de mener plus loin, peut être systématisé à partir des deux formules suivantes : la désétatisation de la nation et la dénationalisation de l'Etat. Il faut entendre par là que les deux structures subsistent, mais que le lien entre les deux, résumé dans le nom composé « Etat-nation », s'estompe progressivement. L'Etat comme appareil est graduellement érodé par le développement du droit communautaire. C'est en ce sens que l'on peut parler d'une désétatisation de la nation : le fait national subsiste, mais l'Etat n'est plus l'expression unique et exclusive de la nation dans l'ordre juridique et politique. Ce processus a deux implications. D'un côté, avec l'application du principe de non-discrimination, l'Etat ne sera plus le domaine

---

mondiale et le décuplement du commerce mondial des débuts des années 1970 avait aussi favorisé une disparité accrue entre régions pauvres et régions riches de la planète. Mais les gouvernements des pays de l'OCDE qui ont fourni les trois-quarts de la production mondiale, avaient pu conduire une politique économique soucieuse de la stabilité interne et instaurer, à une époque où la croissance était relativement élevée, de vastes systèmes de sécurité sociale. C'est ainsi que, sous la forme des démocraties de masse fondées sur l'Etat social, on a réussi pour la première fois dans l'histoire à domestiquer la forme économique hautement productive du capitalisme et à la mettre plus ou moins en accord avec l'idée normative qu'ont d'eux-mêmes les Etats à constitution démocratique. HABERMAS Jürgen, *Après l'Etat-nation- Une nouvelle constellation politique,* Fayard, 2000, p. 25 et suivant.

12 DUTHEIL de la ROCHERE Jacqueline, « Mondialisation et régionalisation », in LOQUIN Eric et KESSEDJIAN Catherine (dir.), L*a mondialisation du droit,* Editions Litec-CREDIMI, 2000, p. 435.

13 Ibid, p. 448.

14 SOULIER Gérard, « L'Union européenne et le dépérissement de l'Etat », in DUPRAT Gérard, *L'Union européenne : droit, politique, démocratie,* PUF, 1996, p. 293.

15 Le terme qui qualifiait la Haute Autorité dans le texte initial du traité CECA.

réservé des nationaux, d'un autre côté, la coïncidence entre une nation et un Etat perdra progressivement sa pertinence. De manière réciproque, la construction européenne induit ce que l'on peut appeler une dénationalisation de l'Etat, en ce sens que l'Etat n'est plus en charge des seuls intérêts de sa nation et ses nationaux, car l'opposition entre national et étranger perd progressivement sa signification en ce qui concerne les ressortissants communautaires.

Si la reconnaissance et la protection des droits fondamentaux nécessitent une prise de conscience autre que nationale, comment le processus d'intégration européenne répond à cette nécessité ? On sait que les origines sectorielles de la construction communautaire n'ont pas mis les droits fondamentaux au premier plan des préoccupations. On ne relève ainsi dans le Traité instituant la CEE qu'une disposition isolée, à savoir l'article 119, devenu, après modification, article 141 TCE, sur l'égalité de traitement entre hommes et femmes. Cette insertion était plus inspirée par le souci d'éviter des distorsions de concurrence que par celui de promouvoir les droits de l'homme[16]. L'article 164 du Traité CEE, devenu, après modification, article 220 TCE, en assignant à la Cour de Justice la tâche d'assurer le respect du droit dans l'application et l'interprétation du traité, constituait cependant l'indice de la haute valeur reconnue au droit. En dépit de cette carence originelle, inscrire les droits fondamentaux dans les traités est un objectif constant du développement communautaire. Les institutions communautaires ont effectivement produit plusieurs textes concernant les droits fondamentaux. La revendication d'une consécration de ces droits par le droit primaire s'inscrit d'abord dans la perspective de transformation des Communautés en une Union européenne comprise comme une Union politique, globale, voire constitutionnelle[17]. Même s'ils se distinguent des constitutions étatiques par leur nature fonctionnelle et la présence en leur sein des descriptions techniques de certaine politiques qui rappellent leur origine conventionnelle, les traités méritent, selon la doctrine répétée de la Cour de justice, l'appellation constitutionnelle. En effet, ils comportent dans leur domaine d'application les grands éléments qui font les constitutions : l'énonciation des valeurs fondamentales, la description de l'organisation des pouvoirs et l'affirmation de quelques droits fondamentaux.

---

16 GARCIA de ENTERRIRA Eduardo, « Les droits fondamentaux et la révision du Traité sur l'Union européenne », CDE, 1996/32, ULB, p. 607.

17 AKANDJI-KOMBE Jean-François, « Le développement des droits fondamentaux », in LECLERC Stéphane, AKANDJI-KOMBE Jean-François et REDOR Marie-Joëlle (dir), *L'Union européenne et les droits fondamentaux*, Bruxelles, Bruylant, 1999, p. 32.

Des tentatives de reconnaissance des droits fondamentaux, afin de pouvoir répondre aux besoins de la Communauté en matière économique et sociale sont multiples : Déclaration commune du Parlement européen, du Conseil et de la Commission du 5 avril 1977[18]; Résolution du Parlement européen du 12 avril 1989 adoptant une déclaration des droits et libertés fondamentales[19]; l'adoption de l'Acte unique européen de 1986 qui se réfère, dans son préambule, aux droits fondamentaux reconnus dans les constitutions et les lois des Etats membres, dans la Convention de sauvegarde des Droits de l'Homme et des libertés fondamentales et dans la Charte sociale européenne, ainsi qu'au respect du droit et des droits dans les relations extérieures ; ou encore la Charte communautaire des droits sociaux fondamentaux des travailleurs adoptée lors du Conseil européen de Strasbourg qui s'est tenu en décembre 1989. La Cour de justice n'a pas attendu que les textes se précisent pour affirmer, dès 1969, que le droit dont elle doit assurer le respect comprend les droits fondamentaux. Dans une jurisprudence initiée par son arrêt « Stauder »[20], elle a considéré que les droits fondamentaux de la personne étaient inclus « dans les principes généraux du droit communautaire » et elle a indiqué deux sources de références pour identifier ces droits et leur portée, à savoir les traditions constitutionnelles des Etats membres et les traités internationaux en la matière auxquels les Etats membres ont adhéré, spécialement la Convention des Droits de l'Homme précitée.

L'objectif politique d'une Union plus proche des citoyens, la volonté de franchir une nouvelle étape dans le processus d'intégration européenne[21], ont conduit à placer les aspects sociaux de la construction communautaire au centre des révisions des Traités. Le Traité d'Amsterdam, plaçant les droits de l'homme au cœur de l'intégration communautaire, a également renouvelé les références aux droits sociaux fondamentaux[22]. L'insertion d'un chapitre sur l'emploi dans le Traité CE est l'élément le plus visible de l'importance accordée aux questions sociales. Ces nouvelles compétences communautaires en matière d'emploi mises à part, l'innovation vient surtout de la référence aux droits sociaux fondamentaux. Expressément écrite dans le Traité sur l'Union européenne, la notion de droits sociaux fondamentaux s'accompagne d'une référence à la Charte sociale européenne signée à Turin le 18 octobre 1961 et à la Charte communautaire

---

18 JOCE, C 103, 27 avril 1977.

19 JOCE, C 120, 10 mai 1989.

20 CJCE, arret du 12 novembre 1960, Stauder, aff. 29/69, Rec., p. 419.

21 Traité d'Amsterdam, Préambule, premier considérant.

22 SUDRE Frédéric, *La Communauté européenne et les droits fondamentaux après le Traité d'Amsterdam,* JCP, 1998.

des droits sociaux fondamentaux des travailleurs de 1989[23]. Par ailleurs, le droit fondamental à l'égalité de traitement s'enrichit de dispositions devant permettre d'étendre le champ des discriminations prohibées[24] et de renforcer l'action en faveur de l'égalité entre hommes et femmes[25].

Ces références aux droits sociaux fondamentaux sont essentielles pour deux raisons. D'abord, elles témoignent d'une évolution du droit communautaire impliquant une redéfinition des principes fondamentaux qui le gouvernent. Ensuite, elles constituent un pas substantiel dans le processus de constitutionnalisation de l'Union européenne. A coté des libertés de circulation et des règles de concurrence, la référence aux droits sociaux fondamentaux renvoie à des droits tels que l'interdiction des discriminations fondées sur l'âge, le handicap ou l'orientation sexuelle, l'égalité entre hommes et femmes, mais aussi le droit au travail, à la sécurité sociale, à une rémunération équitable, au repos hebdomadaire et au congé annuel payé, à la liberté d'association et à la négociation collective, à la grève et à la protection de la santé.

Les modifications introduites dans l'ordre juridique communautaire par les traités de Maastricht et d'Amsterdam, sont révélatrices en ce qui concerne le processus de constitutionnalisation de l'Union. A première vue, la constitutionnalisation désigne le processus par lequel une norme dépourvue de ce caractère acquiert une valeur constitutionnelle, c'est-à-dire est placée au sommet des autres normes de l'ordre juridique considéré[26]. Le Professeur J. Weiler donne de ce concept la définition suivante, en le particularisant dans le contexte communautaire : « le mot constitutionnalisation implique un processus combiné et circulaire par lequel les traités ont été interprétés à l'aide des techniques utilisées pour les documents constitutionnels, plutôt qu'à l'aide de celles utilisées pour les traités multilatéraux, et à travers ce processus, les traités envisagés dans leur origine et leur effet, ont revêtu les qualités d'un 'droit supérieur', à l'instar d'une constitution »[27]. Cette définition suppose qu'il est légitime et juridiquement correct d'utiliser la notion de constitution pour qualifier les traités constitutifs de l'Union européenne. Ceux-ci, tels qu'interprétés par la Cour de justice, comportent manifestement tous les éléments que l'on trouve habituellement dans une

23 Traité sur l'Union européenne, quatrième considérant et l'article 136 du TCE.

24 Cf. le nouvel article 13 du TCE.

25 Cf. les articles 3, 137 et 141 du TCE.

26 CONSTANTINESCO Vlad, « La Constitutionnalisation de l'Union européenne », in Joël Rideau (dir), *De la Communauté de droit à l'Union de droit*, LGDJ, 2000, p. 137.

27 WEILER Joseph, *Supranationalism revisited-a retrospective-The European Community after 30 years*, cité par CONSTANTINESCO Vlad, op.cit.

constitution. Cette constitution communautaire procède indiscutablement d'une « idée de droit », elle repose sur des principes structurels et fonctionnels, ainsi que sur une répartition des compétences guidée par les principes de subsidiarité et de proportionnalité. Elle protège les droits fondamentaux en constitutionnalisant la jurisprudence de la Cour qui leur a assigné le statut de principes généraux du droit communautaire[28]. De ce point de vue, les apports significatifs du Traité de Maastricht et du Traité d'Amsterdam semblent être la réception au niveau de l'Union de certains principes constitutionnels nationaux qui assurent l'inscription des valeurs constitutionnelles, telles que la citoyenneté et le respect des droits fondamentaux[29]. L'une des originalités de cette constitution communautaire est qu'elle ne conduit pas à la disparition des Etats membres qui constituent la Communauté, mais « qu'elle en modifie peu à peu les comportements et les relations réciproques. Une telle constitution n'est pas immobile : elle évolue au gré des impératifs qui la sollicitent par la méthode dite de 'petits pas', peu spectaculaire, mais efficace. »[30]

La dernière manifestation en date de cette évolution qui n'a pas atteint son point final et doit continuer du même pas que l'intégration communautaire, est l'adoption de la Charte des droits fondamentaux de l'Union européenne[31]. La constitution de la Convention européenne[32], qui a eu pour mission de débattre et de formuler des propositions à la Conférence intergouvernementale qui s'est tenue en 2004, concernant les réformes de l'architecture communautaire, a pu porter loin ce processus. Le traité établissant une Constitution pour l'Europe issu de ce processus, signé le 29 octobre 2005 à Rome, n'a pas été préparé par un véritable pouvoir constituant ; il est le fruit d'une procédure intergouvernementale. En outre, il prévoit une procédure de révision qui, même si elle

---

28 CONSTANTINESCO Vlad, « l'Union européenne : par le droit vers le politique ? », in DUPRAT Gérard, *l'Union européenne : droit, politique, démocratie,* PUF, 1996, p. 185

29 BLUMANN Claude, « Rapport introductif général », in GAUDIN Hélène (dir), *Droit constitutionnel-Droit communautaire, vers un respect réciproque mutuel ?,* Colloque de la Rochelle, 6–7 mai 1999, Economica, 2001, p. 21–22.

30 CONSTANTINESCO Vlad, *l'Union européenne: par le droit vers le politique ?,* op cit., p. 186.

31 FERNANDEZ SOLA Natividad, « A quelle nécessité juridique répond la négociation d'une Charte des droits fondamentaux de l'Union européenne ? », RMCUE, n°442, octobre-novembre 2000, p. 595.

32 La Convention est constituée avec la participation des représentants du Parlement européen, de la Commission européenne, des parlements nationaux des pays membres et candidats, ainsi que des représentants des Chefs d'Etat et de Gouvernement des pays membres,

intègre l'expérience de la Convention, reste avant tout intergouvernementale[33]. Ces éléments plaident en faveur d'un traité international. Toutefois, la nouvelle procédure, plus transparente et plus démocratique, associant les parlements nationaux, le Parlement européen et les gouvernements nationaux, a pu devenir, dans une certaine mesure, l'expression « du pouvoir constituant communautaire »[34]. Aussi, le texte issu de la Convention et de la CIG 2004 ne se présente pas sous la forme d'une simple compilation du contenu des traités fondateurs de la Communauté et de l'Union, mais sous la forme d'un véritable acte fondateur, plus lisible. Par ailleurs, les travaux de la Convention ont contribué à l'affirmation de l'espace public européen en suscitant un véritable débat quasiment dans tous les Etats membres et les pays candidats. Enfin, par son contenu, le traité établissant une Constitution pour l'Europe peut être qualifié de véritable constitution matérielle : il consacre la répartition des compétences entre les institutions européennes et les Etats membres, établit un véritable statut du citoyen européen et formalise une forme d'organisation politique originale[35]. Ces éléments permettent légitimement de voir dans ce texte une Constitution, même si les exigences de la théorie constitutionnelle classique ne sont pas toutes réunies.

Le Traité de Lisbonne[36] qui a été préparé après une période de réflexion suivant les résultats négatifs des referendums français et hollandais en 2005, tout en abandonnant le concept constitutionnel, introduit dans les textes actuels, qui restent en vigueur, les innovations découlants des travaux de la Convention de 2004[37]. Ainsi, le nouveau traité modifie en substance le TUE et TCE. Alors que le premier garde son intitulé, le deuxième est appelé « traité sur le fonctionnement de l'Union », l'Union étant doté de personnalité juridique[38]. La Charte des droits

---

33 MOUTON Jean-Denis, « Préface à la présentation du Traité constitutionnel », Presse de l'Université de Sofia, 2005, p. 1.

34 CONSTANTINESCO Vlad, op. cit., p. 186

35 MOUTON Jean-Denis,, « Préface à la présentation du Traité constitutionnel », op. cit., p. 2.

36 Le Traité de Lisbonne comprend, en réalité, deux traités. Le premier traité porte sur l'Union européenne : en fait, il modifie le Traité sur l'Union européenne (TUE). Le second traité porte sur le fonctionnement de l'Union européenne : en fait, il modifie le Traité sur la Communauté europénne.

37 Mandat de la CIG 2007, POLGEN 74, 26 juin 2007, Secretariat general de l'Union europeenne, Bruxelles.

38 FERENCZI Thomas et RICARD Philippe, « Les Vingt-Sept approuvent le traité de Lisbonne », Le Monde, 20 octobre 2007, p. 8 ; Voir aussi, GISCARD d'ESTAING Valery, « La boite à outils du traité de Lisbonne », Le Monde, 27 octobre 2007, p. 21 ; et pour un point de vue critique voir SARRE George, « Non au traité simplifié européen : Copie

fondamentaux de l'Union européenne aura une valeur juridique contraignante sans être incluse dans le Traité, puisque « l'Union reconnaît les droits, les libertés et les principes »[39] qu'elle annonce.

Notre recherche sera divisée en deux parties. La première partie abordera la question de la constitution économique européenne et la place des droits sociaux fondamentaux **(Partie 1)**. La deuxième partie sera consacrée à l'étude du processus de constitutionnalisation politique et la question des droits sociaux fondamentaux **(Partie 2)**.

Conscient des difficultés que posent les tentatives d'encadrement des changements de nature constitutionnelle dans le contexte européen par la terminologie constitutionnelle classique, il sera question pour nous d'étudier la participation du social dans le processus de constitutionnalisation en cours. En effet, le role que devrait assumer le social devient d'autant plus déterminant que les politiques sectorielles de « petits pas » semblent avoir fait leurs preuves. Dans un contexte mondialisé, où les Etat-nations ont perdu une partie de leurs prérogatives traditionnelles, l'Union européenne devrait s'affirmer davantage comme une entité sociale, afin de créer chez les individus un sentiment d'appartenance. Le social d'une manière générale, et les droits sociaux fondamentaux plus particulièment, ont une place stratégique à cet égard. C'est cet aspect qui constituie le fil conducteur de notre travail. Dans cette perspective, il s'agira pour nous d'identifier les élements les plus pertinents du social ou de la politique sociale, qui, du fait de leur reconnaissance par le législateur et le juge européen, contribueront à la constitutionnalisation des traités européens. Or, l'Acte unique 1986, en dépit d'une avancée politiquement importante en ce qui concerne la place du social et les droits fondamentaux, ne modifie pas profondément la nature économique des traités fondateurs. La Charte des droits sociaux fondamentaux des travailleurs s'inscrit également dans cette orientation économique.

Ce processus change de nature, avec l'entré en vigueur du Traité de Maastricht. La transformation de la Communauté économique européenne en Communauté européenne, la création de l'Union européenne, l'instauration de la citoyenneté européenne et la constitutionnalisation de la jurisprudence de la Cour de justice en ce qui concerne les droits fondamentaux sont les signes les plus visibles de ce changement de cap. Ces changements ont pour vocation de munir l'Union

---

conforme de la Constitution rejettée en 2005, le nouveau texte doit être soumis à referendum», Le Monde, 18 octobre 2007, p. 20.

39 Mandat de la CIG 2007, POLGEN 74, 26 juin 2007, Secrétariat général de l'Union européenne, Bruxelles, Annexe I, Titre I: Dispositions communes, point 5.

européenne d'une identité avant tout politique. Les modifications introduites par le Traité d'Amsterdam qui confirme la place primordiale des droits fondamentaux y compris des droits sociaux fondamentaux, l'adoption de la Charte des droits fondamentaux de l'Union européenne et le projet de Traité établissant une constitution pour l'Europe qui intègre cette Charte, nous montrent, en dépit du rejet du concept constitutionnel par le Traité de Lisbonne[40], que le processus de constitutionnalisation en cours dans le cadre de l'Union européenne s'est engagé dans une perspective profondément politique. Ces changements traduisent le passage de l'Union économique à l'Union politique, passage qui est également traduit dans la jurisprudence récente de la Cour de justice. Ils concrétisent également une citoyenneté sociale dont les destinataires béneficient des droits transnationaux, qui pourraient former le fondement intitutionnel d'un espace public pour cette « communauté politique post nationale » qu'est l'Union européenne. Notre recherche, a pour but de montrer que la reconnaissance des droits sociaux fondamentaux, qui sont les premiers à être reconnus dans le contexte européen, a une importance déterminante dans ce processus.

40 Ibid, p. 3, point 3.

PARTIE 1: LA CONSTITUTION ECONOMIQUE ET LES DROITS SOCIAUX

La notion de « Constitution économique », créée par la doctrine allemande entre les deux guerres, développée par l'école libérale de Freiburg, est également utilisée en tant que concept juridico-économique pour qualifier « la Charte constitutionnelle » de la Communauté. Dans cette optique, la Constitution économique indique la structure légale qui détermine le type de système ou ordre économique qu'un Etat s'engage à mettre en œuvre, et définit l'ensemble des principes dans ce système qui gouvernent la politique économique[41]. Dans le cadre de cette théorie libérale, l'approche de la Constitution économique puise ses sources dans l'idée de l'Etat basé sur la règle de droit dans lequel les droits justiciables des individus limitent tant le pouvoir économique que celui politique. Dans un tel système, le recours à des procédures légales sert à résoudre les conflits entre les sphères politiques et économiques. La notion de Constitution économique fournit également un cadre légal qui a pour but de garantir le fonctionnement optimal de l'économie[42]. Ce cadre légal définit par ailleurs les relations entre les processus économique et politique par l'intermédiaire d'une séparation fonctionnelle stricte des pouvoirs. Un tel Etat est contraint de respecter la Constitution économique, car elle incorpore des critères justiciables. Ces contraintes peuvent prendre des formes variées telles que des objectifs clairement définis pour la politique de l'Etat, les limites imposées sur les compétences de celui-ci,

---

41 SAUTER Wolf, "The economic constitution of the European Union", Columbia Journal of European Law, volume 4, 1998, p. 46.

42 Ibid, p. 47.

les limites sur les instruments qu'utilise l'Etat dans son action, et plus particulièrement, les droits individuels qui sont directement justiciables[43].

Selon Léontin-Jean Constantinesco la Constitution économique se définit au sens juridique comme :

> « l'ensemble des normes juridiques qui précisent et ordonnent le cours du processus économique dans un ensemble économique donné. (..) La Constitution économique n'est pas un ensemble de normes constitutionnelles, mais un complexe de normes juridiques déterminant et régissant le déroulement du processus économique. Au sens matériel, la Constitution économique est donc l'ensemble des normes établissant les structures précisant les facteurs économiques, leurs fonctions et spécifiant les règles régissant le déroulement du processus économique qu'il soit ou non contenu dans un document constitutionnel».

Malgré les efforts doctrinaux, force est de constater que la notion de Constitution économique des Communautés européennes reste floue. Si l'on ne peut pas parler des normes constitutionnelles qui déterminent cette Constitution économique, il n'en demeure pas moins qu'il y a des principes structurels, tels que le principe de libre circulation, de non discrimination ou de libre concurrence, qui régissent le processus économique. Mais le principe structurel de base, c'est le principe d'intégration. C'est en ce sens que nous pouvons comprendre la Constitution économique des Communautés, puis de l'Union européenne. Ainsi, la Constitution économique, c'est l'intégration économique communautaire comme loi structurelle qui régit le développement économique de la Communauté. Or, le fonctionnement de cette constitution économique sur des bases prévues dans le Traité de Rome a fait apparaître la nécessité de surmonter les disparités existantes par la mise en œuvre d'une politique sociale communautaire **(Titre 1).** Par la suite, les éléments essentiels de cette politique sociale sont reconnus comme des droits sociaux (fondamentaux). Cette reconnaissance est le fait à la fois du juge, et du législateur **(Titre 2).**

---

43 HAYEK Friedrich-August, « Competition as a Discovery Procedure », in HAYEK Friedrich-August (eds), *New Studies in Fhilosophy, Politics, Economics and the History of Ideas,* 1978, p. 179.

TITRE 1: LA CONSTITUTION ECONOMIQUE ET SON DEVELOPPEMENT SOCIAL

La Constitution détermine les droits fondamentaux et les devoirs des citoyens, ainsi que le contenu et les limites des pouvoirs[44] de l'Etat. Cette notion est également utilisée dans un sens économique pour désigner l'ensemble des normes juridiques qui précisent et ordonnent le cours du processus économique dans un ensemble économique donné. Dans cette perspective, le Traité de Rome de 1957 constitue, sinon la constitution, « la Charte constitutionnelle » de la Communauté[45]. Cette constitution a des principes structurels, tels que le principe d'intégration, de libre circulation, de non discrimination ou de libre concurrence, qui régissent le processus économique. Le principe structurel de base est le principe d'intégration. Il convient d'étudier d'abord le fonctionnement de cette Constitution économique **(Chapitre 1).**

Les pères fondateurs des Communautés européennes, probablement pour pouvoir se réunir autour d'un plus grand dénominateur commun, s'étaient limités à la réalisation bien sûr de la paix sur le continent européen, mais aussi d'un espace économique commun où la circulation des personnes, des biens, des services et des capitaux, serait libre. Or, non seulement le fonctionnement de la Constitution économique sur ces bases n'arrive pas à pallier les disparités existantes, mais il ne peut non plus effacer les distorsions qui sont issues du fonctionnement des lois du marché. Ainsi, pour faire face à ces distorsions, la mise en œuvre d'une politique sociale européenne apparaît comme la conséquence inéluctable du fonctionnement de la Constitution économique **(Chapitre 2).**

---

44 PELKMANS Jacques, *European Integration: methods and economic analysis,* Open University of Nedherlands, Heerlan, 1997, p. 29.

45 CONSTANTINESCO Léontin-Jean, « La Constitution économique de la C.E.E. », RTDE, Vol. 3, 1977, p. 245.

CHAPITRE 1: LE FONCTIONNEMENT DE LA CONSTITUTION ECONOMIQUE EUROPEENNE

Dans cette perspective, le Traité de Rome est idéalisé comme la Constitution économique de la Communauté : une constitution qui s'est éloignée de son essence suivant les modifications successives **(Section 1).** Avec l'Acte unique européen, la Constitution économique acquiert une nouvelle dimension : le Marché intérieur. Les modifications introduites dans la Constitution économique de la CEE par l'Acte unique concernent aussi la cohésion économique et sociale qui s'annonce comme un élément important de cette constitution. C'est, en quelque sorte, la prise de conscience du fait que la libéralisation de l'espace économique ne suffit pas en elle-même et qu'il faut prendre des mesures pour faire face aux distorsions induites par le mécanisme du marché **(Section 2).** Le Traité de Maastricht est un tournant important dans l'histoire de l'intégration européenne, en ce qu'il transforme la Communauté économique européenne en la Communauté européenne, et établit l'Union européenne. Ce faisant, il reformule les principes et les objectifs de la Constitution économique européenne tout en enrichissant les instruments de celle-ci, en introduisant l'Union économique et monétaire **(Section 3).**

Section 1: Le Traité de Rome en tant que Constitution économique de l'Union européenne

§ 1: Principe constitutionnel de base : la notion d'intégration

L'intégration européenne est une expérience unique consistant dans l'intégration économique des nations différentes. Elle est unique par ses buts : établir une union sans cesse plus étroite entre les peuples européens. Elle est unique par ses institutions supranationales. Elle est unique enfin par ses réalisations : jamais dans l'histoire de l'humanité, des nations aussi différentes n'ont collaboré entre elles si intensément, n'ont mis en œuvre tant de politiques communes et n'ont rapproché des modes de vie et des situations économiques si différents au départ. Au-delà de la volonté apparente des fondateurs, ce développement ne pouvait se réaliser sans une structure institutionnelle régie par des principes structurels admis.

Afin de mieux percevoir les principes structurels de la Constitution économique européenne, il conviendrait d'identifier les « lois de composition » qui assurent la cohérence interne du système entier[46]. En effet, d'une part, en termes fonctionnels, le système communautaire est déterminé par un principe fondateur dont les caractéristiques juridiques sont développées par le Prof. Pescatore dans « le Droit de l'intégration »[47]. D'autre part, en termes substantiels, la Constitution économique communautaire incarne, comme les constitutions étatiques, l' « officialisation d'une idée de droit »[48].

Même si la notion d'intégration ne peut se comprendre que par renvoi aux conséquences qu'elle entraîne[49], il convient d'en chercher une définition. En effet, intégrer consiste à réaliser la combinaison des parties en un tout. Les traités de Paris et de Rome organisent toute une série d'actions communes et d'harmonisations qui devaient concourir à une véritable interpénétration des économies des pays membres. Par conséquent, l'objectif est de susciter un phénomène de fusion entre les économies nationales. De là vient probablement une sorte de pouvoir « magique » que prenait dans l'esprit des pères fondateurs des Communautés européennes, le terme d'intégration que le Professeur Alain Buzelay définit comme « la réunion des parties en un tout »[50]. Aussi, pour considérer un ensemble intégré du point de vu économique, il faut que les relations entre les éléments qui la composent soient stables et reflètent une certaine cohésion.

Ce sont avant tout des raisons politiques qui sont à l'origine des Communautés européennes. Elles étaient apparues comme le moyen de garantir la paix retrouvée avec l'Allemagne, suite au second conflit mondial. Venaient ensuite les raisons économiques tenant, en particulier, « aux besoins de reconstruction des futurs membres sur la base de l'ouverture et de la coopération »[51]. On opposait ainsi les résultats irrévocables de l'intégration à la précarité « qui frappe les différents engagements internationaux souscrits dans d'autres formes de

---

46 SIMON Denys, *Le Système juridique communautaire,* PUF, 2001, p. 83.
47 PESCATORE Pierre, *Le Droit de l'intégration,* Genève, IHEI, Leiden Sijthoff, 1972.
48 ROUSSEAU Dominique, « Une ressurection : la notion de constitution », RDP, 1990, p. 5.
49 MANIN Philippe, *Les Communautés européennes, l'Union européenne : droit institutionnel,* Paris, Pedone, 1993, p. 241.
50 BUZELAY Alain, *Intégration et désintégration européennes,* Economica, 1996, p. 5.
51 Ibid, p. 5.

coopération »[52]. Il semblait que l'on trouvât dans les Communautés européennes les aspects essentiels de l'intégration. D'abord, les Communautés européennes étaient créées pour permettre aux Etats européens de s'affirmer de manière plus efficace et autonome à l'échelle mondiale. Puis les Communautés européennes se sont dotées des structures institutionnelles que nécessite le processus de l'intégration. Par ailleurs, l'égalité de traitement des ressortissants de tous les pays membres se traduit par l'interdiction de toute discrimination fondée sur la nationalité ou sur d'autres critères[53]. Enfin, l'objectif de croissance et de développement solidaire concerne les activités économiques dans l'ensemble de la Communauté et doit engendrer « un relèvement accéléré du niveau de vie »[54]. Cette solidarité est consolidée, entre autres, par la politique régionale qui a pour objectif la mise en valeur des régions les moins favorisées et la création des institutions de financement qui doivent combler des déficiences de l'investissement privé dans certaines régions.

Toutefois, la notion d'intégration semble pouvoir etre abordée de plusieurs manières[55]. Ainsi, François Perroux la classe dans « la hiérarchie des mots obscurs et sans beauté, dont les discussions économiques encombrent notre langue »[56]. L'intégration économique est un processus et un fait à la fois. En tant que processus, «elle englobe les diverses mesures qui abolissent toute discrimination entre unités économiques appartenants à des Etats différents ; en tant que fait, on peut la présenter par l'absence de diverses formes de discriminations entre économies nationales »[57]. Balassa envisage un processus d'intégration fondé sur la concurrence qui va de l'union douanière à l'union économique en passant par le marché commun.

Force est de constater que beaucoup d'auteurs confondent la fin et les moyens de l'intégration. Ils sont alors amenés à définir l'idéal de l'intégration internationale en fonction des moyens qu'ils prévoient pour l'atteindre. Ainsi, pour Myrdal, l'intégration économique représente la réalisation de l'égalité des

52 BOURRINET Jacques, « L'explication économique de la genèse des Communautés européennes », in LASOK Dominik et SOLDATOS Panayotis (dir), *Les Communautés européennes en fonctionnement,* Bruxelles, Bruylant, 1981, p. 75.

53 Article 7 du TCEE, article abrogé par le TCE.

54 Article 2 du TCEE, devenu, après modification, article 2 TCE.

55 BOURRINET Jacques, op. cit., p. 76.

56 PERROUX François, *Europe sans rivage*, Paris, PUF, 1954, p. 419.

57 BELASSA Bela, "Toward a Theory of Economic Integration", in WIONCZEK Miguel (eds), *Latin American Integration: Experiences and Prospects*, New York, Praeger, 1966, p. 26.

chances : une économie ne sera intégrée que « si toutes les voies sont ouvertes à tous »[58]. G. Haberler considère que l'intégration se réalisera à son niveau le plus élevé par l'égalisation du prix des facteurs de production.

Quant à l'analyse structuraliste, elle retient trois réseaux de l'intégration : un réseau de pouvoirs, un réseau d'informations et un réseau d'échanges. A travers le processus d'intégration, les unités de production placées dans ces réseaux doivent bénéficier d'une réduction d'incertitudes et d'une augmentation du nombre de connections informelles. On suppose dans cette perspective que « les tensions sociales dommageables y seraient éliminées, qu'il y aurait unanimité sur les objectifs économiques, qu'il y aurait égalité des chances pour tous et internationalisation des objectifs de politiques économiques nationales rationnelles »[59]. Dans cette optique, le besoin d'une véritable solidarité internationale s'exprimant dans un projet collectif pour établir une cohésion sociale croissante dans un ensemble intégré est souligné. Pour cette approche de l'intégration économique, le concept de solidarité par lequel se définit l'intégration territoriale, contient une idée qui ne renferme pas celui de l'interdépendance[60]. L'intégration devient alors un phénomène complexe qui met en jeu la totalité de la vie sociale.

Compte tenu des différentes approches de l'intégration économique dont les principales lignes sont exposées ci-dessus, les effets de l'intégration seront variables selon les circonstances historiques et les espaces géographiques de son application. Ainsi l'impact de l'intégration sera plus rapide dans des regroupements de populations relativement homogènes. En revanche, lorsque l'intégration concerne des nations différentes du point de vue de leurs histoires, leurs traditions, leurs langues et leurs lois, ses effets ne pourront être que lents et fragmentaires. C'est bien le cas des pays membres des Communautés européennes où souvent plusieurs siècles de pratiques nationales, d'esprit national et de politiques nationales ont donné naissance à la « nation ». En outre, chaque peuple d'Europe a sa propre façon de concevoir et de sentir la nation et d'imaginer comment elle pourrait être remplacée par d'autres regroupements.

Ces obstacles sont tels que les rédacteurs du Traité de Rome n'ont pas pu établir un traité idéal définissant une fois pour toutes, en tous domaines, la Constitution et la vie d'une Europe intégrée. En effet, les tentatives de construction de l'Europe au cours des siècles, notamment pendant la décennie qui a précédé la signature du TCEE, ont montré qu'aucun accord ne pouvait être obtenu à propos

---

58 MYRDAL Gunnar, *Une économie internationale,* Paris, PUF, 1966, p. 13.

59 ERBES Robert, *Intégration économique internationale,* Paris, PUF, 1966, p. 10.

60 MARCHAL André, *Intégration territoriale,* Paris, PUF, 1966, p. 22.

de l'Europe, pas plus sur sa nature et ses objectifs que sur ses frontières, son contenu ou ses mécanismes[61].

Eu égard aux développements précédents, on pourrait prétendre que la notion d'intégration apparaît comme un système de référence incertaine dans la construction des Communautés européennes, de surcroît pour la Constitution économique européenne. En fait, rien de tel, et l'histoire du processus d'intégration européenne nous l'enseigne.

L'histoire du processus d'intégration européenne montre qu'elle s'inscrit dans le schéma définit par Tinbergen, à savoir la création d'une union douanière suivie du marché commun qui précède l'union économique et monétaire. Son objectif ultime est la réalisation d'une « union sans cesse plus étroite entre les peuples de l'Europe ». L'histoire de l'intégration nous enseigne également que cela est possible à condition de créer une solidarité de fait entre les peuples européens, conformément à la méthode fonctionnaliste d'intégration formulée par Robert Schuman[62]. En effet, le Ministre des Affaires Etrangères français disait que : « L'Europe ne se fera pas d'un coup, ni dans une construction d'ensemble. Elle se fera par des réalisations concrètes, créant d'abord une solidarité de fait ». Par sa déclaration, Robert Schuman proposait la création d'un Marché Commun dans les deux secteurs économiques importants qui avaient été utilisés à des fins militaires. Cinq pays, à savoir l'Allemagne, l'Italie, la Belgique, les Pays-Bas et le Luxembourg ayant répondu favorablement à cet appel, le traité instituant la Communauté Européenne du Charbon et de l'Acier (CECA), fut signé le 18 avril 1951. Avec l'entrée en vigueur du traité CECA le 25 juillet 1952, « l'Europe des Six » a commencé à se construire. Le traité préconisait un certain transfert de souveraineté à une Haute Autorité indépendante exerçant les pouvoirs détenus jusqu'alors par les Etats membres dans ces secteurs et dont les décisions lieraient ces derniers. La coopération des Etats membres dans ces secteurs serait tout à fait différente de celle existant au sein des organisations internationales classiques.

Le fonctionnement du marché commun de charbon et de l'acier démontrait que l'intégration économique était possible et utile et qu'elle devait s'étendre à l'ensemble des produits. C'est ainsi que les traités instituant la Communauté économique européenne (CEE) et la Communauté Européenne de l'Energie Atomique (CEEA) sont signés le 25 mars 1957 à Rome. Dans notre étude de la Constitution économique des Communautés/Union européenne, c'est le traité CEE que nous prendrons comme référence. Nous verrons également que cette

61 BOURRINET Jacques, op.cit., p. 79.

62 La Déclaration historique du 9 mai 1950.

Constitution économique est enrichie et modifiée par l'Acte unique européen et le Traité de Maastricht. Cette considération des traités comme une sorte de constitution économique nous permettra d'éviter des descriptions détaillées. Ce qui facilitera également la concentration sur les buts, les instruments et les objectifs de cette constitution. Afin de mieux comprendre l'évolution du régime d'intégration de la Communauté, les étapes de l'intégration économique seront aussi passées en revue.

§ 2: La Constitution économique et le Traité de Rome

D'une manière générale, la constitution détermine les droits fondamentaux et les devoirs des citoyens, ainsi que le contenu et les limites des pouvoirs[63] de l'Etat. Au-delà des droits et des devoirs fondamentaux des agents économiques, une constitution économique peut aussi être considérée comme un cadre contenant des règles et principes pour les fonctions économiques publiques. Si cette définition était appliquée à la notion d'intégration dans son sens négatif, elle n'aurait pas beaucoup d'intérêt, car dans ce cas il ne serait pas question de fonctions économiques conjointes. Or, le TCEE d'abord, puis les traités CE et UE se sont engagés dans une intégration positive extensive, qui s'est approfondie dans le temps. Dans cette perspective, considérer les traités comme une constitution économique est une approche utile pour cerner l'essence économique de l'entreprise. Un avantage supplémentaire serait de mettre en évidence l'ambition intégratrice dans les traités successifs et dans le même schéma d'analyse.

La Constitution économique se compose alors de trois sortes d'éléments principaux. Les premiers sont les buts ou les objectifs globaux à atteindre. Les seconds sont les instruments qui doivent servir à la réalisation de ces objectifs. Les troisièmes sont les principes qui déterminent le fonctionnement normal des institutions. Ces éléments sont complémentaires et corrélatifs. Cette Constitution économique n'est pas définie directement par les traités, mais elle résulte indirectement des articles de ceux-ci. Ainsi, si l'on prend en considération le traité CEE, les articles de la première partie intitulée « Principes », définissent la structure d'ensemble de la Communauté ; ils exposent les objectifs, précisent les instruments et indiquent les principes qui régissent son activité. Les objectifs et les instruments de réalisation ne forment un ensemble cohérent que si l'on reconnaît la portée de ces articles dans le cadre d'une Constitution économique. En effet, sans ces dispositions préliminaires, les autres dispositions seraient

---

63 PELKMANS Jacques, *European Integration: methods and economic analysis,* Open University of Nedherlands, Heerlan, 1997, p. 29.

difficilement compréhensibles. La présence de ces dispositions préliminaires du traité est capitale dans la mesure où elles définissent la structure de la Constitution économique de la CEE, en décrivant les objectifs et les instruments.

De là découlent les éléments structurels de la constitution économique. Ainsi, l'article 2 énumère les objectifs globaux, c'est-à-dire les finalités de la CEE. Il indique également les deux principaux instruments de réalisation de ces buts : le Marché commun et le rapprochement des politiques économiques. Alors que le rapprochement des politiques économiques traduit une approche d'intégration par intervention, l'instauration du Marché commun est l'expression d'une approche d'intégration par le marché consistant en la mise en œuvre des règles non-discriminatoires pour la Communauté dans son ensemble[64]. Ces deux instruments sont à créer en prenant les mesures suivant : à savoir l'élimination des droits de douanes et des restrictions quantitatives, l'établissement d'un tarif douanier commun et d'une politique commerciale commune envers les Etats tiers, l'abolition des obstacles à la libre circulation des personnes, des services et des capitaux, l'instauration des politiques communes dans les domaines de l'agriculture et des transports, l'établissement d'un régime assurant la concurrence, la mise en œuvre des procédures permettant la coordination des politiques économiques des Etats membres, la création d'un Fonds social européen, l'instauration d'une Banque européenne d'investissement et l'association des pays et territoires d'outre-mer. Elles constituent pour la Communauté des objectifs immédiats[65]. Une fois ces mesures prises, autrement dit, après la mise en place de deux instruments, il faut entreprendre la réalisation des objectifs sectoriels qui sont des objectifs à coloration sociale ou politique[66], ainsi que des objectifs à long terme ou les finalités de la CEE. Ces objectifs immédiats, avec le principe de non-discrimination en raison de la nationalité énoncé dans l'article 7 du traité CEE, devenu après modification l'article 12 TCE, devaient garantir le bon fonctionnement des institutions. Le tout est complété par un cadre institutionnel adéquat.

A) Des objectifs globaux ou lointains[67]

La promotion d'un développement harmonieux des activités économiques dans la CEE, la poursuite de l'expansion économique continue et équilibrée, une

64 STREIT Manfreid E and MUSSLER Werner, «The Economic Constitution of the European Community: From « Rome » to « Maastricht » », European Law Journal, vol. I, n°1, March 1995, p. 13

65 Article 3 du TCEE, devenu, après modification, l'article 2 TCE.

66 SIMON Denys, *Système juridique communautaire,* PUF, 2001, p. 84.

67 Professeur Denys Simon parle des fins dernières.

stabilité accrue, un relèvement accéléré du niveau de vie comme conséquence logique de l'expansion et le développement des relations étroites entre les Etats membres, sont énumérés dans l'article 2 du traité comme objectifs économiques globaux de la CEE. Ce dernier objectif est également mentionné dans le préambule du traité qui déclare que les « Etats membres sont déterminés à établir les fondements d'une union, sans cesse plus étroite entre les peuples européens». Ceci permet d'affirmer que la Communauté a, dès le départ, des objectifs qui vont au-delà des considérations exclusivement économiques.

En ce qui concerne le premier objectif, le terme « harmonieux » ne signifie ni unitaire, ni uniforme[68]. Les différences de développement des économies nationales ou de certains secteurs demeureront. Ce qui semble être visé, c'est un développement sain, commun et parallèle de toutes les économies nationales comme de tous les secteurs. Ce développement harmonieux débute dès la période transitoire. Ce premier objectif peut être considéré aussi comme ayant pour but de promouvoir un développement « social harmonieux »[69]. Deux éléments semblent soutenir cette interprétation : les dispositions du traité sur la politique sociale et le Fonds social européen. Même si l'interprétation sociale est acceptée, la primauté de cet objectif reste douteuse. En effet, le Fonds social n'était pas doté de ressources importantes au départ, et les dispositions sociales du traité sont faibles au point d'être une simple liste programmatique dépourvue d'instrument spécifique. L'Acte unique européen et le Traité de Maastricht changeront cette situation avec l'introduction de la notion de « cohésion économique et sociale ».

Le second objectif est une expansion économique continue et équilibrée. Il correspond aux attentes de cette époque : le désir d'une croissance économique permanente et élevée. Elle vise non seulement un accroissement de la production, mais aussi une réelle expansion qui nécessite une exploitation optimale des facteurs de production. Cette expansion doit être « continue », non pas instable, mais « équilibrée ». Tous les secteurs de l'économie doivent donc participer à l'expansion. En effet, la Communauté se trouvera pendant plus de quinze ans dans un cycle de croissance réelle élevée, dont une partie peut être attribuée à l'intégration économique. Le fait qu'il n'y ait pas de référence explicite à l'environnement dans le traité prouve que ses rédacteurs n'avaient pas conscience des effets néfastes que pourrait impliquer la croissance équilibrée pour l'environnement.

---

68 COSTANTINESCO Léontin-Jean, « La Constitution économique de la CEE », RTDE, 1977, vol. 13, p. 253.

69 PELKMANS Jacques, op. cit., p. 31.

Le troisième but fait référence à la stabilité macroéconomique. A cet effet, une section sur la coordination macroéconomique, ainsi que des dispositions sur les taux de change et la balance des paiements sont incluses dans le Traité[70]. Ainsi, il faut éviter les crises et les ralentissements de la conjoncture économique. Cela suppose l'équilibre des trois composantes : l'accroissement de la production, le plein emploi et la stabilité des prix. De ce fait, ce troisième objectif exprimerait également l'orientation sociale de la Communauté[71]. Toutefois, pour que cette coordination macroéconomique nécessaire soit effective et suffisante, il aurait fallu prévoir des dispositions pour la conduite des politiques monétaires et fiscales nationales. Le Traité de Rome ne va pas aussi loin et ces carences seront éliminées avec la mise en œuvre de l'Union économique et monétaire.

Le quatrième objectif serait une conséquence logique du deuxième : l'expansion économique équilibrée devait induire un relèvement accéléré du niveau de vie. En effet, l'accroissement de la production et l'expansion économique doivent en premier lieu permettre une augmentation du niveau de vie et une amélioration de la qualité de la vie des citoyens. Cet objectif aussi semble ambigu. Par ailleurs, le traité ne contient pas de dispositions pour la politique concernant la protection des consommateurs qui est un élément important du niveau de vie, et le Conseil n'a jamais accepté une approche dans ce sens jusqu'au Traité de Maastricht.

Le dernier objectif est le développement des relations plus étroites entre les Etats membres. Il traduit le souhait que, grâce aux échanges économiques, des relations se nouent et se développent dans les autres domaines. Cet objectif est également mentionné dans le préambule du traité qui déclare que les Etats membres « sont déterminés à établir les fondements d'une union sans cesse plus étroite entre les peuples européens ». C'est la raison pour laquelle la CEE ne peut pas être considérée comme un rassemblement poursuivant des buts exclusivement économiques ; elle est un moyen et une étape de l'intégration qui tend à dépasser le cadre économique pour se réaliser dans le domaine de la politique étrangère et de sécurité commune[72], de la culture et, comme les développements ultérieurs le confirment, dans le domaine de justice et affaires intérieures, notamment par la mise en œuvre d'un espace de liberté, de sécurité et de justice.

---

70 Articles 103, 107–109 du TCEE, devenus, après modification, les articles 99 et 108–111 TCE .

71 COSTANTINESCO Léontin-Jean, op. cit, p. 254.

72 COSTANTINESCO Léontin-Jean, op. cit.

La réalisation de la CEE est considérée comme un moyen et une étape de l'intégration européenne qui tendra à dépasser le cadre économique pour se réaliser sur des fondements établis par la CEE, dans les domaines de la politique étrangère et de sécurité commune, ainsi que dans le domaine de la justice et des affaires intérieures.

Les objectifs globaux de la Constitution économique européenne décrit ci-dessus, ne sont pas toujours précis. Ils présentent parfois certaines obscurités, lacunes, voire incohérences[73]. Par exemple, en ce qui concerne l'expansion équilibrée, s'agit-il d'un équilibre entre branche d'activité, entre régions ou même d'une expansion dans un climat de stabilité des prix ? Quelle est la différence entre expansion continue et relèvement accéléré du niveau de vie, y compris leurs aspects sociaux ? Par ailleurs, quelle est la signification précise du développement harmonieux des activités au niveau d'ensemble de la Communauté ? S'agit-il des composantes nationales ou régionales, cette notion est-elle différente de l'expansion équilibrée ? Il est possible d'allonger cette liste. Mais il faut être naïf pour croire que les imprécisions du traité résultent uniquement d'une mauvaise connaissance des mécanismes économiques. Les rédactions adoptées sont parfois volontairement vagues. Elles sont aussi souvent le fruit, soit de compromis de nature politique, soit du désir de ne pas vouloir envisager l'avenir[74].

En effet, les rédacteurs du Traité reconnaissent qu'ils n'apportent que des réponses « soigneusement ambiguës », car chaque délégation nationale voulait y exprimer sa conception et son interprétation d'un traité difficilement conclu. Ainsi que le précise J.F.Deniau, l'un des rédacteurs du traité, « On peut même dire que tout le traité de Rome est soigneusement ambigu. C'est là son pêché originel. Entre la conception politique d'Adenauer ou de Schuman et celle commerciale des milieux de Hambourg ou de Rotterdam, il ne pouvait y avoir accord que sur une ambiguïté ou un malentendu. Ils ne vont cesser de se développer et la vie du Traité va être largement faite de ces affrontements entre les deux interprétations, nées dès le début des négociations et que les négociateurs n'auront jamais pu tout à fait concilier, encore moins unifier»[75].

Cette ambiguïté générale permet-elle d'affirmer que toutes les mesures prévues par le Traité ont une double portée : une valeur immédiate, technique pour résoudre les problèmes matériels, et une valeur d'intention à plus long terme,

---

73 Institut d'études juridiques européennes Fernand Dehousse, *La Constitution économique européenne*, Liège, IEJE, 1971, p. 158.

74 Idem, p. 159.

75 DENIAU Jean-Francois, *l'Europe interdite,* Paris, PUF, 1977, p. 67.

moins précise, mais tout aussi importante qui est de concourir au fleurissement d'une « solidarité de fait » qui conduise à son tour à « une union sans cesse plus étroite » ? L'interaction systématique entre les différents domaines du Traité qui a conduit à l'enchaînement des différentes étapes de l'intégration européenne que sont l'Union douanière, le Marché commun, l'Union économique et monétaire et l'Union politique, même si cette dernière n'est pas encore complète, justifie ce raisonnement.

On peut également prétendre sans courir beaucoup de risques que cette rédaction volontairement vague n'est pas nécessairement mauvaise. En effet, des modifications substantielles des traités opérées lors des conférences intergouvernementales ultérieures ont aussi été facilitées par le fait que le traité fondateur ne contenait pas toujours des dispositions précises.

B) Les instruments de la Constitution économique

L'article 2 du traité CEE, devenu, après modification, l'article 2 TCE, prévoit deux instruments de réalisation des objectifs globaux de la Communauté qui sont le Marché commun et le rapprochement des politiques économiques des Etats membres.

1. Le Marché Commun

Le premier instrument, le Marché commun est l'expression du concept d'intégration économique qui constitue le principe constitutionnel de base. Il est également l'émanation de l'idée de solidarité entre les Etats membres. Le système communautaire est déterminé par cet axiome fondateur qui correspond aux caractères de ce que l'on appelle généralement le droit de l'intégration[76]. Tout comme la doctrine de la séparation des pouvoirs est à l'origine de l'Etat constitutionnel et démocratique moderne, les nouvelles structures mises en place dans le cadre du droit de l'intégration, tel qu'il s'est matérialisé dans les Communautés européennes, pourraient provoquer des transformations profondes à l'échelle internationale[77]. En effet, ce droit de l'intégration repose sur une prémisse qui est étrangère au droit international classique : celle de la divisibilité de la souveraineté. Les organisations internationales dans leur généralité reposent sur ce principe de structure : elles fournissent un cadre à la coopération, mais laissent intacte la souveraineté des Etats. Les rapports qui se développent dans de telles structures sont caractérisés par leur faiblesse et leur instabilité. En effet, à tout

76 PESCATORE Pierre, *Le droit de l'intégration*, Genève, IHEI, Leiden Sijthoff, 1972, p. 7.
77 Ibid, p. 14.

moment le droit international est susceptible d'être remis en cause par des actions des Etats. La création des Communautés a amené un véritable réaménagement des souverainetés étatiques, considérées indivisibles et intangibles. Or, la notion de souveraineté indivisible ferme les yeux au phénomène de l'intégration. Le deuxième instrument, le rapprochement des politiques économiques, par contre, exprime l'idée d'une simple coopération fondée sur le concept de souveraineté[78]. Certains auteurs, comme Denys Simon, qualifient ces instruments de réalisation comme des objectifs intermédiaires de la Communauté[79]. Les rapports entre la Communauté et les Etats membres sont verticaux dans le domaine de l'intégration alors qu'ils sont horizontaux dans le domaine de coopération.

Le Marché commun vise à établir une nouvelle entité économique, prévoyant notamment une modification des anciennes structures des Etats membres et l'élaboration de nouveaux centres de décision. Grâce à la mise en œuvre d'un important appareil doté de pouvoir de décision, il tend à la fusion partielle des économies nationales et la création d'une nouvelle entité économique, tout en limitant l'autonomie des Etats membres dans les secteurs économiques concernés. Le Marché commun n'est pas un concept fixe et il résulte des mesures immédiates que la Communauté doit progressivement prendre durant la période transitoire. Trois groupes de mesures sont distingués parmi les dispositions de l'article 3 TCEE, devenu, après modification, l'article 3 TCE à cet égard : le premier groupe concerne toutes les mesures nécessaires à l'établissement de l'Union douanière qui garantit la libre circulation des marchandises dans la Communauté[80]; le deuxième groupe de dispositions rassemble toutes les mesures qui réalisent les autres libertés, à savoir la libre circulation des travailleurs, de prestations de service, de l'initiative économique et des capitaux ; le troisième groupe prévoit l'instauration des politiques communes pour l'agriculture, ainsi que pour les transports. A cela s'ajoute la politique commerciale commune qui est la conséquence nécessaire de l'Union douanière[81].

L'article 3 du traité CEE prévoit les éléments nécessaires à la mise en place de ces deux instruments, ainsi que les principes de leur fonctionnement normal. Parmi ces éléments figurent particulièrement la création de l'Union douanière, la

---

78 COSTANTINESCO Léontin-Jean, op.cit., p. 259.

79 SIMON Denys, *Le système juridique communautaire,* PUF, Paris, 2001, p. 86.

80 TCEE, article 3a-b. Toutefois, dans l'article 3 TCE le terme « élimination est remplacé par le terme « interdiction »… des droits de douanes. L'article 3-b est maintenu sans modification dans le TCE.

81 TCEE, articles 3 d-e, devenus, après modification, les articles 3 d-e.

libre circulation des personnes, des biens, des services et des capitaux, ainsi que les politiques communes, le tout formant le Marché commun.

a L'Union douanière comme première étape de l'intégration

L'Union douanière est basée sur le principe de la libre circulation des marchandises. Mais contrairement à une zone de libre échange, la libre circulation concerne non seulement les produits fabriqués chez les partenaires, mais aussi tous les produits, quelle que soit leur origine, qui se trouvent sur les territoires des pays membres. Ainsi les pays membres démantelant les barrières douanières[82], éliminent les restrictions quantitatives aux échanges[83] et introduisent un tarif douanier commun[84].

Après dix réductions tarifaires successives depuis 1959, l'élimination des droits de douane à l'importation entre les pays membres fut réalisée[85] le 1er juillet 1968, soit avec un an et demi d'avance sur la date limite prévue par le Traité, c'est-à-dire la fin de la période transitoire. Parallèlement au cheminement vers l'Union douanière, les Six renoncent à leur autonomie douanière et parviennent le 1er juillet 1968 à l'établissement du tarif douanier commun, appliqué par tous les Etats aux importations en provenance des pays tiers. Ces importations doivent être dédouanées une seule fois à l'entrée d'un pays membre et ensuite elles peuvent circuler librement sur le territoire douanier commun. L'existence d'un tarif douanier commun s'est accompagnée, pour les pays membres, de la perte des recettes douanières qui alimentaient le budget de la Communauté, et de la perte de la possibilité de mener une politique douanière indépendante, car celle-ci relève des compétences des institutions européennes.

b La politique commerciale commune

Afin de gérer le tarif douanier commun, les pays membres doivent développer une[86] politique commerciale commune. Pour pouvoir être fondée sur des principes uniformes[87] les politiques nationales doivent être suffisamment unifiées.

---

82 Articles 3 a, 12–18 TCEE, devenus, après modification, les articles 3 a et 25. Les articles 13–18 TCEE sont abrogés.

83 Articles 3 a, 30–37 TCEE, devenus, après modification, les articles 3 a et 28–31 TCE. Articles 31–33 sont abrogés.

84 Articles 3 b, 18–29 TCEE, devenu, après modification, l'article 3 b TCE. Articles 18–29 TCEE sont abrogés.

85 Totalement pour les produits industriels, mais partiellement pour les produits agricoles.

86 Articles 3 b, 110–116 TCEE, devenus, après modification, les articles 3 b et 131–134 TCE. Articles 111, 114 et 116 TCEE sont abrogés.

87 Article 113 TCEE, devenu, après modification, l'article 133 TCE

Dans son rapport[88] général de 1969, la Commission semble répondre affirmativement à cette préoccupation, malgré les retards accumulés sur les dispositions du Traité, en particulier dans le domaine de l'encouragement aux exportations, de la politique à l'égard des ex-pays de l'Est et des régimes à l'importation, retards qui seront réduits grâce a une multitude d'instruments juridiques. Cette politique commerciale commune tient compte des effets favorables que la suppression des droits de douanes entre les membres peut exercer sur l'accroissement de la force concurrentielle des entreprises dans la Communauté. Après l'expiration de la période transitoire, cette politique est fondée sur des principes uniformes, notamment en ce qui concerne les modifications tarifaires, la conclusion des accords internationaux, l'uniformisation des mesures de libéralisation, la politique d'exportation, ainsi que les mesures de défenses commerciales, dont celles à prendre en cas de dumping et de subventions.[89] La mise en œuvre de la politique commerciale commune relève donc de la compétence communautaire. Les institutions européennes établissent et modifient le tarif douanier commun, concluent des accords douaniers et commerciaux, harmonisent les mesures de libéralisation du commerce avec les pays tiers, définissent la politique commune d'exportation et prennent les mesures de défense contre les pratiques de commerce déloyales.

c La nature du Marché Commun

Le Marché commun ne doit pas être confondu avec l'Union douanière, même si cette dernière en constitue le fondement. En effet, le fait que l'Union douanière ne soit pas le but final, mais une étape intermédiaire dans l'intégration européenne, est expressément stipulé dans les articles du Traité[90] relatifs à l'instauration de l'Union douanière. En tant que fondement du Marché commun, l'Union douanière a pour but de garantir la libre circulation des marchandises. Elle couvre le domaine de l'intégration en tant que telle, pour lequel le Traité a établi des centres de décision adéquats. Par conséquent, son instauration relève d'un processus quasi mécanique. Le Marché commun ne se limite pas à la seule instauration de l'Union douanière. Au-delà de cette dernière, le Marché commun vise à garantir la libre circulation des facteurs de production : libre circulation des

88 POELMANS Jacqueline, « Elaboration des clauses économiques d'un nouveau traité d'intégration européenne », in *La Constitution économique européenne*, op. cit., p. 110.
89 Article 113 (1), devenu, après modification, article 133 (1).
90 Articles 3 a, b ; 9 ; 12–28 du TCEE, devenus, après modification, les articles 3 a, b ; 23 et 25 TCE. Articles 13–28 TCEE sont abrogés.

travailleurs[91], libre circulation des services[92] et libre circulation des capitaux[93]. La mobilité des facteurs de production n'est pas absolue, mais sujette à des limitations essentiellement basées sur le principe de non-discrimination basé sur la nationalité. Nous nous pencherons davantage sur ces aspects dans les chapitres ultérieurs de notre travail.

La Politique agricole commune et la Politique commune des transports constituent les deux autres éléments du Marché commun. A la fin de cette étape d'intégration, toutes les entraves à la libre circulation des marchandises sont éliminées et tous les facteurs de productions peuvent circuler sans discrimination fondée sur la nationalité.

2. *Le rapprochement des politiques économiques*

Quant au deuxième instrument de la Communauté, le rapprochement des politiques économiques des Etats membres, il respecte les anciennes entités économiques et se réalise par une coordination des politiques dans certains secteurs de l'économie que le traité prévoit. Il s'agit donc d'une méthode de coopération et le Traité ne donne pas une idée précise de la teneur de cet instrument. La coordination et le rapprochement des politiques économiques sont réglés par le Titre II du Traité qui traite également des principes qui doivent assurer le bon fonctionnement du Marché Commun. Cela permet de conclure que le rapprochement des politiques nationales s'applique aussi au fonctionnement du Marché intérieur. Le Traité contient 19 articles relatifs à la coordination des politiques économiques[94], de conjoncture[95], monétaires et financières[96], des taux de change[97], sociales[98] et régionales[99]. Cet amalgame doit aussi faire l'objet de critique car la

---

91 Articles 30, 48–51 du TCEE, devenus, après modification, les articles 28 et 39–41 TCE.

92 Articles 30, 59–66 du TCEE, devenus, après modification, les articles 30 et 28–55 TCE. Article 62 TCEE est abrogé.

93 Articles 30, 67–73 du TCEE, devenus, après modification, article 28 TCE. Articles 67–73 TCEE sont abrogés.

94 Articles 3 g, 6(1) et 105 (1) TCEE, devenus, après modification, les articles 3 g, 98 et 99 (3) TCE.

95 Articles 6 (2) et 103 TCCE, devenus, après modification, les articles 98, 99 et 100 TCE.

96 Articles 3 g, 6 (2) et 105(2) TCEE, devenus, après modification, les articles 3 g, 98 et 99 TCE.

97 Article 107 TCEE, devenu, après modification, l'article 4 TCE.

98 Articles 3 i et 117–127 TCEE, devenus, après modification, les articles 3 et 136–150 TCE.

99 Principalement les articles 2 et 3 j TCEE, devenus, après modification, les articles 2 et 9 TCE.

politique commerciale, une conséquence directe de l'union douanière, n'appartient pas au domaine de la coordination mais de l'intégration.

La coordination est définie comme le fait « d'accorder des programmes élaborés indépendamment les uns des autres par des autorités différentes en vue d'un but parfois supérieur mais toujours commun »[100]. La politique poursuivie par un Etat membre peut avoir des effets perturbateurs pour les économies des autres Etats. La coordination a alors pour but d'éviter de telles perturbations. A ce titre, elle est plus une méthode de coopération entre les Etats indépendants que l'instrument d'une constitution économique, telle que le TCEE. Autrement dit, même si la coordination est admise dans le système communautaire comme un instrument, elle est avant tout un instrument intergouvernemental.

La coordination, l'harmonisation, le rapprochement ou encore l'ajustement des politiques entre les Etats membres dans le cadre communautaire sont déterminés par la réalisation des objectifs communs fixés par le Traité, par la diversité des situations nationales et par la mise en œuvre des mesures nationales visant la réalisation des objectifs communs. Souvent dans ce cadre, les Etats membres considèrent la coordination des politiques comme une « question d'intérêt commun », ce qui ne confère aux instances communautaires que des prérogatives limitées. Ainsi, la répartition des compétences dans la coordination des politiques économiques n'est pas systématique et varie selon les secteurs. Les compétences restent essentiellement nationales dans la coordination des politiques de conjoncture ; les Etats membres procèdent à un échange réciproque d'informations en ce qui concerne le rapprochement des politiques économiques et financières. Les organes communautaires ne se voient impartis que des compétences limitées et ne peuvent recourir qu'à des recommandations ou des avis, et exceptionnellement à des directives dans le domaine de la coordination des politiques des taux de change. Les instances communautaires ont la possibilité d'avoir recours aux instruments juridiques plus efficaces, règlements, directives et décisions pour mettre en place les Comités et régler les procédures dans les domaines de la politique sociale et régionale.

L'élimination des barrières techniques aux échanges de produits industriels se basait traditionnellement sur l'article 100 TCEE, devenu, après modification, l'article 94 TCE, permettant le rapprochement des dispositions législatives, réglementaires et administratives qui ont une incidence sur le fonctionnement du

---

100 SCHNEIDER E., « Planung, Programmierung und Koordinierung in der EWG », cité par, COSTANTINESCO Léontin-Jean, « La Constitution économique de la CEE », RTDE, 1977, vol. 13, p. 268.

Marché commun[101]. Pendant de longues années, la Communauté a tenté d'aligner les réglementations nationales sur une norme communautaire. Toutefois, cet alignement n'est pas aussi facile qu'il en a l'air. Car, les réglementions techniques concernent les systèmes de production, c'est à dire des investissements déjà effectués et leur harmonisation, impliquent parfois la nécessité pour les industriels de certains Etats membres de changer leurs systèmes de production en procédant à de nouveaux investissements

Le traité dans son article 189, devenu, après modification, article 249 TCE, a prévu des instruments juridiques différents selon que l'on se situe dans le domaine du Marché commun ou le rapprochement de politiques économiques des Etats membres. Toutes les mesures que les organes « dynamiques »[102] doivent prendre dans le cadre du Marché commun pour réaliser l'intégration sont en général prises par voie de règlement, car seuls ceux-ci sont, de par le caractère normatif général et leur application directe, propres à créer un droit uniforme dans tous les Etats membres[103]. Par contre, les mesures à prendre dans le domaine du rapprochement des politiques économiques des Etats membres devraient être, en règle générale, prises par voie de directives. Effectivement, elles constituent, de par leur caractère étatique, le type d'acte le plus approprié à la coopération.

En guise de conclusion de ce paragraphe, on peut déduire ce qui suit : alors que le premier élément, à savoir le Marché commun, est l'expression du concept d'intégration économique par le marché impliquant une idée de solidarité et des rapports verticaux entre la Communauté et les Etats membres, le rapprochement des politiques économiques exprime par contre l'idée de simple coopération, basée au moins implicitement sur le concept de souveraineté. Les relations entre la Communauté et les Etats membres sont du type intergouvernemental et horizontal. Le Marché commun visant à instaurer une nouvelle entité économique, conduit à une modification des anciennes structures économiques et prévoit la création de nouveaux centres de décisions avec le transfert de compétences adéquates, car l'instauration de ce Marché commun nécessite des mesures qui limitent l'autonomie des Etats membres dans les secteurs économiques concernées. Quant au rapprochement des politiques économiques, cet instrument est l'expression de l'intégration par intervention qui respecte les anciennes structures

---

101 MOUSSIS Nicolas, *Guide des politiques de l'Europe,* Mols/Pédone, 2001, p. 66.

102 La Commission et le Conseil sont ainsi désignés, étant donné que leur mission est de réaliser le Marché commun et d'en assurer le bon fonctionnement.

103 SIMON Denys, *Le système juridique communautaire,* PUF, Paris, 2001, p. 318

des économies et se réalise par la coordination des politiques dans les secteurs concernées.

C) *Les principes structurels régissant le fonctionnement de la Constitution économique*

Dans l'esprit du traité, le Marché commun n'est ni une entreprise statique, ni une fin en soi, mais un moyen destiné à servir la réalisation des objectifs finaux. C'est la raison pour laquelle les principes fondamentaux qui orientent le fonctionnement normal du Marché commun sont importants pour la Communauté. Le principe structurel de base est le principe d'intégration dont nous venons de tracer les contours ci-dessus. Il y a toutefois d'autres principes qui contribuent à la structuration de la Constitution économique des Communautés européennes.

Les principes constituent « la valeur ascendante » de la vie juridique contemporaine[104]. Selon J. Bouvier, l'existence de principes est inhérente à la notion même du droit : « par le terme principe, on entend des vérités ou des propositions tellement claires, qu'elles ne peuvent être prouvées, ni contredites, sauf par des propositions plus claires. (…) Un principe de droit existe avant qu'il ne soit exprimé dans la forme d'une règle ; le juge n'établit pas les principes du droit, il les reconnaît »[105]. Le terme « principe » correspond à une notion générique comprenant des catégories différentes de règles. Ainsi à coté des principes normatifs, il existe des principes d'interprétation : des méthodes et des techniques juridiques qui guident le juge dans l'accomplissement de sa mission. Si, dans ce dernier cas, le terme « principe » ne semble pas justifié, puisqu'il ne s'agit pas d'une règle de droit en tant que telle, elle révèle l'importance que revêtent ces techniques dans le processus d'élaboration et d'application du droit. Le juge emprunte alors l'une ou l'autre des méthodes à sa disposition, en fonction du caractère plus ou moins élaboré du système juridique dont il fait partie[106].

Les principes (généraux) du droit à caractère normatif peuvent être distingués, suivant la classification proposée par Joe Verhoeven, en fonction de leur origine, en principe axiomatique, structurelle et commune[107]. Les principes

---

104 PAPADOPOULOU Rébecca-Emmanuéla, *Principes généraux du droit et du droit communautaire,* Sakkoulas/Bruylant, Athènes/Bruxelles, 1996, p. 6.

105 J. Bouvier's Law Dictionary and Concise Encyclopedia, cité par Rébecca-Emmanuéla Papadopoulu, op. cit.

106 MONACO R., « Les principes d'interprétations suivis par La Cour de justice des Communautés européennes », in *Mélanges Rolin,* Paris, Pédone, 1964, p. 217.

107 VERHOEVEN Joe, *Droit International Public,* Première partie, U.C.L., éd., D.U.C., 1992, p. 95

axiomatiques sont inhérents à la notion même d'ordre juridique, et du fait de leurs caractères fondamentaux, le juge n'éprouve pas la nécessité de les rattacher à une origine particulière.

Les principes structurels se rattachent à un ordre juridique particulier dont ils traduisent les préoccupations et les objectifs. Ils se déduisent de la nature, des caractéristiques et de l'économie de chaque système. A ce titre, ces principes, comme par exemple ceux de la solidarité et de concurrence régissant la construction communautaire, permettent au juge d'assurer le bon fonctionnement de l'ordre juridique dont il relève.

Enfin, les principes communs s'appliquent au sein des organisations regroupant plusieurs systèmes nationaux, comme l'ordre juridique international ou les Communautés/Union européenne. Dans le cadre de notre travail, ce sont les principes structurels qui seront revus.

Ainsi, la signification des principes. qui doivent régir le fonctionnement du Marché commun, ressort des articles 3f[108], i[109] et j[110], devenus, après modification, les articles 3 g[111], i[112], et j TCE, ainsi que des articles 4 et 7 du traité CEE, devenus, après modification, les articles 7 et 12 TCE. On peut ainsi distinguer le principe de légalité, d'égalité, de loyauté communautaire, de liberté économique, de non-discrimination, de concurrence, ainsi que le principe social et le principe de solidarité. La plupart de ces principes, comme par exemple la concurrence ou l'interdiction de toute discrimination, se rapportent directement au fonctionnement du Marché commun dont ils régissent le fonctionnement normal. Pourtant, ces principes peuvent aussi se référer à toute la Communauté, soit directement par l'intermédiaire du Marché commun, soit indirectement. Ce sont alors des principes constitutionnels qui déterminent l'activité de la Communauté dans son ensemble et qui caractérisent sa Constitution économique[113]. Ils sont également d'une importance capitale pour l'interprétation des traités. Ainsi, la

---

108 « établissant un régime assurant que la concurrence n'est pas faussée dans le marché commun, »

109 « la création d'un Fonds social européen, en vue d'améliorer les possibilités d'emploi des travailleurs et de contribuer au relèvement de leur niveau de vie ».

110 « instauration d'une Banque européenne d'investissement… ».

111 « une politique dans le domaine social comprenant un Fonds social européen. »

112 « la promotion d'une coordination entre les politiques de l'emploi des Etats membres en vue de renforcer leur efficacité par l'élaboration d'une stratégie coordonnée pour l'emploi, »

113 COSTANTINESCO Léontin-Jean, op. cit., p. 274.

CJCE a souvent recours à ces principes pour mieux saisir la signification des autres articles du Traité.

1. Le Principe de légalité

Le principe de légalité, pour la CEE est inscrit dans sa Constitution économique, à savoir dans l'article 4 (2), devenu, après modification, l'article 7 TCE qui stipule que « chaque institution agit dans les limites des attributions qui lui sont conférées par le présent traité ». Le contrôle de légalité permet l'annulation de tout acte adopté en violation de ce principe.

2. Le principe d'égalité

Il est indéniable que le principe d'égalité constitue un principe général qui occupe une place primordiale dans le système communautaire. Ce principe d'égalité s'adresse à tous les destinataires du droit communautaire : Etats membres, organes communautaires, particuliers en tant que ressortissants communautaires, aucun de ceux-ci ne pouvant demander un traitement privilégié par rapport aux autres. Si des exceptions à ce principe sont admises pour quelques cas particuliers, ceux-ci doivent être prévus par le Traité. Tout traitement privilégié au profit d'un particulier ou d'une entreprise, qui n'est pas justifié par le Traité, constitue une violation de ce principe. Ainsi, l'article 119 du Traité, devenu, après modification, l'article 141 relevant de la politique sociale, invite les Etats membres à assurer « l'application du principe d'égalité des rémunérations » entre les hommes et les femmes. La notion d'égalité de traitement est également sous-jacente à l'article 95, devenu, après modification, l'article 90 TCE qui interdit aux Etats membres de frapper les produits des autres Etats membres d'impositions intérieures supérieures à celles qui frappent les produits nationaux similaires. La place primordiale du principe d'égalité (de traitement) ressort également de l'ensemble de la jurisprudence communautaire qui a souligné à plusieurs reprises sa signification. En effet, la Cour affirme pour la première fois que « le principe général d'égalité, dont l'interdiction de discrimination en raison de la nationalité n'est qu'une expression spécifique, est un des principes fondamentaux du droit communautaire »[114]. Elle considère une quinzaine d'années plus tard que « l'interdiction de discrimination énoncée à l'article 40, paragraphe 3, alinéa 2, devenu, après modification, l'article 34, paragraphe 2, alinéa 3 TCE, n'est que l'expression spécifique du principe général d'égalité qui appartient aux principes

114 CJCE, arrêt du 8 octobre 1980, aff. 810/79, Überschar c. Bundesversicherungsanstalt für Angestelte, Rec., 1980, p. 2747.

fondamentaux du droit communautaire »[115]. La jurisprudence ultérieure de la Cour a souvent repris et développé cette conception en la matière. Même si ses arrêts rendus à propos de l'article 40 (3) (2), devenu, après modification, l'article 34 (3) (2) sont plus nombreux[116], la Cour n'a pas manqué de réitérer cette affirmation dans le cas des dispositions relevant de domaines autres que le PAC, telles que l'article 119[117], article 141 TCE, des règlements concernant la sécurité sociale des travailleurs migrants[118] ou encore des dispositions du statut des fonctionnaires[119]. En outre, dans l'arrêt *Krohn* la Cour estime que le système imposant des contingents pour les importations de manioc en provenance de Thaïlande créait « une situation (...) contraire au principe d'égalité de traitement entre opérateurs économiques placés dans des situations comparables »[120].

Le fait que la Cour préfère souvent relever le principe sous-jacent de l'égalité et ne se contente pas d'appliquer les règles, démontre qu'elle entend lui attribuer une valeur et une fonction supérieure dans l'ordre juridique communautaire. Si ces arrêts montrent que l'égalité constitue un principe structurel de l'ordre juridique communautaire que la Cour consacre en dehors même de tout fondement direct dans le Traité de Rome, il ne faut pas perdre de vue que les matières en question rentrent dans un cadre précis où le principe d'égalité est de rigueur.

3. *Le principe de non-discrimination*

Le principe de non-discrimination, inscrit dans l'article 7 du TCEE, devenu, après modification, l'article 12 TCE, interdit « toute discrimination exercée en raison de la nationalité ». La non-discrimination dans la forme d'égalité de traitement avec les nationaux demeure le principe fondamental qui régit la libre

---

115 CJCE, arrêt du 19 octobre 1977, aff. jointes 117/76 et 16/77, Ruckdeschel et Hansa-Lagerhaus c. Hauptzollamt Hamburg-St-Annen, Diamalt c. Hauptzollant Itzehoe, Rec., p. 1753

116 Par exemple, arrêt du 15 juillet 1982, aff.245/81, Edeka Zentrale c. RFA, Rec., 1982, p. 2746 ; arrêt du 12 avril 1984, aff.281/82, Unifex c. Commission et Conseil, Rec., 1984, p. 1970 ; arrêt du 14 juillet 1994, aff. C-351/92 Graff c. Hauptzollant Köln-Rheinau, Rec., 1994,I, p. 3374.

117 « L'élimination des discriminations fondées sur le sexe fait partie des droits fondamentaux » qui « comptent parmi les principes généraux du droit communautaire dont la Cour assure le respect», arrêt du 15 juin 1978, aff. 149/77, Defrenne c. SABENA, Rec., 1978., 1365.

118 CJCE, arrêt du 8 octobre 1980, aff. 810/79, op. cit.

119 CJCE, arrêt du 6 octobre 1982, aff. 9/81, Williams c. Cour de Comptes, Rec., 1982, p. 3301.

120 CJCE, arrêt du 12 décembre 1985, aff. 165/84, Krohn c. BALM, Rec., 1985, p. 4015.

circulation des travailleurs, leur non-discrimination dans le domaine social, le droit d'établissement, la libre circulation des services, etc. Ce principe ne déploie d'effet que dans le cadre du système communautaire, mais la Cour lui attribue un contenu large afin d'éviter que les Etats membres ne le détournent en instaurant des discriminations indirectes. Au terme de l'article 7, c'est l'ordre juridique communautaire qui conditionne l'étendue de ce principe. Par conséquent, le principe de non-discrimination ne s'impose que dans le cadre des relations intracommunautaires : « il n'existe pas dans le Traité de principe général obligeant la Communauté, dans ses relations externes, à consentir, à tous égards, un traitement égal aux pays tiers et les opérateurs économiques ne sont en tout cas pas fondés à invoquer l'existence d'un tel principe général »[121] ; en outre, ne constituent pas de discriminations, les différences de traitements qui ne sont que la « conséquence automatique des différents traitements accordés aux pays tiers avec lesquels les opérateurs ont noué des relations commerciales »[122].

Le respect de ce principe, dans l'ordre juridique communautaire, ne s'impose pas, en principe, aux Etats membres lorsqu'ils agissent dans les matières se situant en dehors du champ d'application matérielle de ce droit, et relevant de ce fait « de l'appréciation du législateur national »[123]. En d'autres termes, « le principe de non-discrimination consacré par l'article 7 ne peut être appliqué à des situations purement internes à un Etat membre qui ne présentent aucun lien de rattachement à l'une quelconque des situations envisagées par le droit communautaire »[124], car cette disposition « n'impose pas à ceux-ci de traiter leurs propres ressortissants de façon égale »[125].

S'il ressort de la jurisprudence de la Cour que celle-ci a l'intention d'entraver le moins possible l'action des institutions dans les matières où elles disposent d'un large pouvoir d'appréciation et ne désire pas imposer le respect de ce principe aux Etats membres lorsqu'ils exercent des compétences nationales se situant en dehors du champ d'application matériel du droit communautaire, il n'en reste pas moins que dans le cas où elle juge ce principe applicable, elle lui attribue un contenu large. Elle cherche ainsi à repérer non seulement les mesures qui sont

121 CJCE, arrêt du 22 janvier 1976, aff. 55/75, Balkan Import-Export c. Haupzollamt Berlin-Packof, Rec., 1976., p. 19.

122 CJCE, arrêt du 28 octobre 1982, aff. 52/81, Faust c. Commission, Rec., 1982, p. 3745.

123 CJCE, arrêt du 11 juillet 1895, aff. Jointes 60 et 61/84 Cinéthèque e.a. c. Fédération nationale des cinémas français, Rec., 1985, p. 2618.

124 CJCE, arrêt du 29 mars 1979, aff. 175/78, La Reine c. Saunders, Rec., 1979, p. 1129.

125 CJCE, arrêt du 13 novembre 1990, aff. C-370/88, Procurator fiscal c. Marshall, Rec., 1990, I, p. 4087.

en contradiction directe avec l'interdiction expresse prévue dans l'article 7 et les dispositions spécifiques du traité en ce sens qu'elles fondent la différence de traitement sur la nationalité ou sur le sexe[126]. La Cour cherche également à repérer les interdictions plus difficilement détectables qui conduisent en réalité au même résultat et qui peuvent être qualifiées de « discriminations indirectes »[127].

La Cour a explicité, pour la première fois dans l'arrêt *Sotgiù* du 12 février 1974, cette position en affirmant que l'ensemble des règles du Traité relatives à l'égalité du traitement « prohibent non seulement les discriminations ostensibles, fondées sur la nationalité, mais encore toutes formes dissimulées de discrimination qui, par l'application d'autres critères de distinction, aboutissent en fait au même résultat »[128]. Cet arrêt est très significatif en tant qu'il élargit la notion de discrimination afin d'éviter que les institutions communautaires ou le législateur national ne contournent impunément le principe d'égalité de traitement en employant des critères en apparence irréprochables, mais discriminatoires en réalité.

4. *Le principe de libre concurrence*

Un autre principe fondamental pour le fonctionnement du Marché commun est la libre concurrence. L'article 3 f du TCEE, devenu, après modification, l'article 39 TCE, mentionne le principe de concurrence qui ne doit « pas être faussée dans le Marché commun ». En effet, la libre circulation des marchandises ne peut être assurée qu'en décloisonnant les marchés nationaux pour les unifier dans le cadre d'un marché unique, en éliminant tous les obstacles à la concurrence. On comptait ainsi sur une concurrence aussi large que possible pour assurer la fluidité du marché et la mise en contact de tous les utilisateurs, quelle que soit leur nationalité, avec toutes les entreprises de la Communauté. La concurrence effective est donc au centre du système établi par le Traité de Rome. Elle assure les comportements compétitifs des entreprises et permet de protéger les intérêts des consommateurs en leur permettant de se procurer les biens et services aux meilleures conditions. Elle favorise l'efficience économique en créant un climat propice à l'innovation et au progrès technique.

Toutefois, le modèle concurrentiel établi par le Traité pourrait comporter certains risques. Il est clair que les effets de la suppression des barrières douanières

---

126 LENAERTS Koen, « L'égalité de traitement en droit communautaire. Un principe unique aux apparences multiples », C.D.E, 1991, p. 3

127 Ibid, p. 12.

128 CJCE, arrêt du 12 février 1974, Sotgiu, aff. 152/73, Rec., 1974, p. 154.

seront compromis si les ententes entre entreprises permettent de fausser, de restreindre, voire d'abolir la concurrence à l'intérieur d'un marché élargi. En effet, certains entrepreneurs pourraient réagir négativement à la pression concurrentielle créée par le Marché commun. Ainsi, pour remédier à l'intensification de la concurrence, ils pourraient renforcer les ententes nationales existantes ou établir de nouvelles ententes à l'échelle européenne. D'autres producteurs, ayant une position dominante sur un marché spécifique, pourraient tenter de la transformer en monopole en absorbant leurs concurrents, en procédant à des ententes[129] ou à des concentrations[130]. Certains Etats membres pourraient prendre des mesures discriminatoires[131] en faveur des entreprises nationales. Pour pallier ces risques et établir les règles d'une concurrence consciemment praticable à l'échelle communautaire, les Traités de Paris et de Rome ont posé les principes de l'interdiction des accords et pratiques concertés qui avaient pour objet d'empêcher, de restreindre ou de fausser la concurrence. L'exploitation abusive de position dominante a été également interdite. Toute une politique de concurrence est développée à cet effet.

5. *Le principe de libre exercice des activités économiques*

Le principe de libre exercice des activités économiques découle du fait que le Marché commun se fonde sur l'économie de marché, ce qui explique d'ailleurs la place primordiale accordée au principe de libre concurrence. En outre, l'entrée en vigueur du TCEE ne modifie pas le régime de propriété dans les Etats membres. Même si le traité ne le précise pas explicitement l'article 222, devenu, après modification, l'article 295 TCE, il respecte « le régime de la propriété privé dans les Etats membres ». Cette formulation laisse entendre qu'il se veut indifférent aux régimes nationaux de propriété, autrement dit le Traité ne protège pas expressément le droit de propriété. Si le Traité semblait ainsi prôner un statut de neutralité en matière de droit de propriété[132], il trouve tardivement son expression dans l'ordre juridique communautaire avec l'introduction de la notion de droits fondamentaux. En effet, selon un leitmotiv jurisprudentiel bien connu,

---

129 Article 85 TCEE, devenu, après modification, l'article 81 TCE.

130 Article 86 TCEE, devenu, après modification, l'article 82 TCE.

131 Article 92 TCEE, devenu, après modification, l'article 87 TCE.

132 ALBERTON Ghislaine, « Le droit de propriété dans la jurisprudence communautaire », in SUDRE Frédéric et LABAYLE Henri (dir), *Réalité et perspectives du droit communautaire et des droits fondamentaux*, Bruylant, 2000, p. 342.

« les droits fondamentaux font partie intégrante du droit communautaire dont la Cour assure le respect »[133].

C'est en 1979, lors de l'examen de l'affaire *Hauer*[134] que la Cour a été confrontée à la question de savoir si la garantie accordée au droit de propriété par le Premier Protocole additionnel de la Convention européenne et les systèmes juridiques nationaux devait être intégrée dans l'ordre juridique communautaire. L'avocat général F. Capotorti estimait dans ses conclusions que « la règle exprimée dans l'article 222 du Traité, devenu, après modification, l'article 295 TCE, ne permettait pas de penser que la propriété privée était dans le droit communautaire plus nettement sauvegardée ou au contraire conçue d'une manière plus restrictive qu'au sein des droits nationaux…en vérité, cet article confirmait que le Traité n'avait pas voulu imposer aux Etats membres ou introduire dans l'ordre juridique communautaire aucune conception ou réglementation de la propriété »[135]. Les points de références permettant de résoudre le problème étaient constitués par les principes contenus dans les droits internes des Etats membres et les dispositions pertinentes du premier Protocole additionnel de la CEDH.

C'est ce raisonnement que la Cour résume en les termes suivants : « Le droit de propriété est garanti dans l'ordre juridique communautaire conformément aux conceptions communes aux Constitutions des Etats membres, reflétées également par le premier Protocole joint à la Convention européenne de sauvegarde des droits de l'homme »[136]. Si le droit de propriété est ainsi intégré dans l'ordre juridique communautaire et, si à ce titre, il bénéfice d'une protection communautaire effective, il faut tenir compte cependant du fait « qu'il est légitime de réserver aux droits fondamentaux l'application de certaines limites justifiées par les objectifs d'intérêt général poursuivis par la Communauté, dès lors qu'il n'est pas porté atteinte à la substance de ces droits »[137]. En d'autres termes, la protection accordée par la jurisprudence communautaire au droit de propriété ne saurait être absolue.

Dès l'arrêt *Hauer*, la Cour a pu considérer que l'interdiction des plantations nouvelles de vigne constituait une simple limitation du droit de propriété. En réalité, au niveau communautaire les atteintes portées à l'usage des biens,

---

133 CJCE, arrêt du 17 décembre 1970, aff. 11–70, International Handelsgesellschaft, Rec., 1970., p. 1125, p. 4.

134 CJCE, arrêt du 13 décembre 1979, aff. 44/79, Lisolette Hauer c. Land Rheinland-Pfalz, Rec., 1979, p. 3727.

135 CJCE, Hauer, précité, point.37.

136 CJCE, Hauer, précité, point 17.

137 CJCE, arrêt du 14 mai 1974, aff. 4–73 Nold, Rec., 1974, p. 491

s'analysent également en une atteinte portée « au libre exercice des activités économiques »[138]. Ce principe a été dégagé par la Cour dans l'arrêt *Nold* s'agissant de la perte de la qualité de négociant en gros de première main.

6. *Le Principe social*

Même si le caractère avant tout économique des traités fondateurs est souvent mis en avant, force est de constater que le TCEE contient des dispositions dans le domaine social. Dès lors, il est permis de dire que la Constitution économique de la Communauté n'a pas négligé le social, même si les engagements de départ dans ce domaine sont plutôt timides. Ainsi, le principe social ou le principe de justice sociale[139] qui n'est pas inscrit dans le traité dans ces termes, est d'abord assuré dans le TCEE par le principe de non-discrimination appliqué dans le domaine de libre circulation des travailleurs communautaires. Nous verrons ultérieurement que l'application de ce principe s'est constamment élargie par le fait que l'abolition des discriminations couvre progressivement toute discrimination dans le domaine du salaire, de l'accès à l'emploi, des conditions de travail, de la sécurité sociale etc., visant le travailleur communautaire, ainsi que sa famille. Ceci provient du fait que le fonctionnement du Marché commun ne peut pas et ne doit pas ignorer ses éventuels effets négatifs dans le domaine social. Ces effets négatifs doivent être évités, supprimés ou corrigés. C'est dans cette optique que le TCEE dans son article 3i, devenu, après modification, l'article 3 j TCE, a prévu « la création du Fonds social européen, en vue d'améliorer les possibilités d'emploi des travailleurs et de contribuer au relèvement de leur niveau de vie ».

La Cour de justice fait une nette allusion au principe de justice sociale dans l'affaire Defrenne :

> « ...Celle-ci (la Communauté) ne se limitant pas à une mission économique, mais devant assurer en même temps, par une action commune, le progrès social et poursuivre l'amélioration constante des conditions de vie et l'emploi des peuples européens, ainsi qu'il est souligné dans les traités »[140].

Si l'objectif de justice social n'est pas inscrit explicitement dans l'article 3 du TCEE, devenu, après modification, l'article 3 TCE, la présence dans le même traité de dispositions spécifiques, en particulier les articles 118, devenu, après modification, l'article 140 TCE, 118 A, devenu, après modification, l'article 137

---

138 Ghislaine Alberton, op.cit., p. 367.

139 JACQUE Jean-Paul, « La Constitution de la Communauté européenne », RUDH, 1995, p411.

140 CJCE, arrêt, du 8 avril 1976, aff.43/75, Defrenne c. SABENA, Rec., p. 455.

TCE et 119, devenu, après modification, l'article 141 TCE, montre que la Communauté a reçu mission de poursuivre sa réalisation. En outre, ce principe a été introduit dans le Préambule de l'Acte Unique qui y fait expressément référence. C'est ainsi que les Etats membres se déclarent « décidés à promouvoir (…) l'égalité et la justice sociale »[141], et « déterminés à améliorer la situation économique et sociale par l'approfondissement des politiques communes et par la poursuite des objectifs nouveaux, et à assurer un meilleur fonctionnement des Communautés, en permettant aux institutions d'exercer leurs pouvoirs dans les conditions les plus conformes à l'intérêt communautaire »[142].

Ces principes qui orientent le fonctionnement du Marché commun sont des principes constitutionnels qui déterminent toute l'activité de la Communauté et qui la caractérisent, ainsi que sa Constitution économique. L'importance que leur attribue la Cour de justice sous la dénomination de « disposition juridique fondamentale »[143], de « principe fondamental »[144], de « règle essentielle »[145], voire de « fondement de la Communauté »[146], illustre bien cette structuration.

En effet, la constitution économique des Communautés, telle que définie dans le TCEE, peut se résumer en termes de trois axes économiques : libéralisation, normalisation et développement. La libéralisation d'échanges des biens et services, ainsi que la libre circulation des personnes, créent un nouveau marché unifié dans lequel les conditions de compétition doivent être normalisées, le tout devant s'impliquer dans un vaste mouvement d'expansion économique et de développement[147].

7. *Le principe de solidarité*

Ce principe joue un rôle prédominant dans le cadre de la Constitution économique européenne. Selon L-J. Constantinesco, la Communauté en est tributaire dans la mesure où tout le Marché commun et l'Union douanière sont l'expression même de ce principe et que les principes déjà mentionnés d'égalité et de non-discrimination ne sont que des parties intégrantes du principe de solidarité[148].

---

141 Acte unique européen, Préambule, troisième considérant.

142 Acte unique européen, Préambule, sixième considérant.

143 CJCE, arrêt du 21 juin 1974, Reyners, 2/74, Rec., p. 631.

144 CJCE, arrêt du 13 juillet 1966, Hgenbeek, 4/66, Rec., p. 617.

145 CJCE, arrêt du 14 décembre 1962, Commission c. Belgique et Luxembourg, 2 et 3/62, Rec., p. 813, 827.

146 CJCE, arrêt du 8 avril 1976, Defrenne c. SBENA, Rec., p. 455.

147 LINDBERG Leon N., *The Political Dynamics of European Economic integration*, Oxford University Press, 1963, p. 16.

148 Précité, p. 277.

Par ailleurs, la notion de «préférence communautaire », mise en évidence dès 1968 par la jurisprudence dans l'arrêt *Beux* exprime la même idée de solidarité.

D'après l'article 5 du Traité, devenu, après modification, l'article 10 TCE, les Etats membres doivent prendre toutes les mesures générales ou particulières afin d'assurer l'exécution des obligations qui leur incombent en vertu du Traité ou résultant des actes des institutions de la Communauté et de faciliter l'accomplissement de ces missions par Communauté. Ils doivent, par ailleurs, s'abstenir de prendre des mesures susceptibles de compromettre la réalisation des buts du Traité.

Dans le but d'éviter les inégalités et les déséquilibres entre les Etats membres dans l'application du droit communautaire, la Cour a eu souvent recours aux notions de solidarité et de coopération sans se fonder expressément sur l'article 5, devenu, après modification l'article 10 TCE. Dans un arrêt de 1973, elle a évoqué les « devoirs de solidarité acceptés par les Etats membres du fait de leur adhésion à la Communauté » »[149]. Cette solidarité, qui est au cœur de la Constitution économique européenne, exclut en outre la notion de réciprocité qui est de rigueur en droit international. Si l'arrêt précité ne mentionne pas explicitement l'article 5 du Traité, nouvel article 10, le contenu de la solidarité qui y est défini correspond aux obligations imposées par cette disposition. Cette notion apparaît comme un principe structurel propre à l'ordre juridique communautaire, dont cet article ne constitue qu'une expression.

Par ailleurs, la Cour a donné à cet article des dimensions plus larges touchant à tous les domaines d'action communautaire. Ainsi, elle soulignait dans un arrêt de 1969 que dans les domaines caractérisés par une interdépendance économique l'exercice de la souveraineté des Etats membres doit se concilier avec « la solidarité qui est à la base (…) de l'ensemble du système communautaire conformément à l'engagement stipulé par l'article 5 du Traité »[150].

Le fait que la solidarité constitue effectivement un principe général structurel de la Constitution économique européenne est surtout démontré dans la jurisprudence qui s'est basée sur ce principe afin de modifier le champ d'application de l'article 5, article 10 TCE. En effet, la Cour a estimé que lorsqu'un Etat membre rencontre des difficultés imprévisibles rendant l'exécution de ses obligations impossible, il doit les soumettre à la Commission, et qu'en vertu de l'article 5, qui leur impose « des devoirs réciproques de coopération loyale, la Commission

149 CJCE, arrêt du 7 février 1973, aff. 39/72, Commission c. Italie, Rec., 1973, p. 101.

150 CJCE, arrêt du 10 décembre 1969, aff. Jointes 6 et 11/69, Commission c. France, Rec., 1969, p. 253.

et les Etats membres doivent collaborer de bonne foi en vue de surmonter ces difficultés dans le plein respect des dispositions du traité »[151].

Cette référence aux devoirs réciproques signifie que la solidarité et la coopération ne sont pas des notions à sens unique, mais qu'elles impliquent l'engagement tant des Etats membres que des institutions communautaires. Il ressort de la jurisprudence que le principe énoncé dans l'article 5 du Traité, devenu, après modification, l'article 10 TCE, n'a pas pour unique destinataire les Etats, mais aussi les institutions communautaires. Le fait que la Cour ait inclus les instances communautaires dans le champ d'application de l'article 5, nouvel article 10, alors que la lettre de celui-ci ne s'adresse qu'aux Etats membres, traduit la reconnaissance du principe structurel qui est à sa base et qui joue un rôle primordial pour l'accomplissement de « l'ordre juridique nouveau »[152] établit par les traités.

D) La structure institutionnelle créée par la Constitution économique

Comparée aux organisations internationales classiques où le « *policy making* » est concentré dans les mains d'organes composés de représentants des Etats, c'est-à-dire des représentants des intérêts nationaux, le droit de l'intégration tel qu'il est matérialisé dans les Communautés européennes présente une originalité. En effet, les Traités de Paris et de Rome constituent la première tentative, sur une échelle plus large et systématique, d'introduire dans la structuration d'un ensemble interétatique de nouveaux principes de représentativité[153]. La structure communautaire comporte en effet, en dehors du Conseil qui s'apparente encore aux organes internationaux représentatifs d'Etats, trois institutions qui donnent chacune des valeurs et forces distinctes: la Commission comme gardien de l'intérêt commun, le Parlement comme expression des forces populaires, la Cour de Justice enfin comme garante des valeurs juridiques. Même s'il y a des précédents, le plus important étant celui de la constitution tripartite de l'Organisation Internationale du travail, on peut affirmer que les traités instituant les Communautés sont les premières tentatives de créer de véritables pôles structurels de la représentation des Etats.

Le Conseil est formé par les représentants des Etats membres[154]. Cette institution se situe, du point de vue de la légitimité, dans le cadre traditionnel des rapports interétatiques. Mais déjà dans le chef de cet organe, les conceptions

---

151 CJCE, arrêt du 15 janvier 1986, aff. 52/84, Commission c. Belgique, Rec., 1986, p. 100.

152 CJCE, arrêt du 16 février 1976, aff. 52/75, Commission c. Italie, Rec., 1976, p. 285.

153 PESCATORE Pierre, *Le Droit de l'intégration,* IUHEI, Genève, 1972, p. 14.

154 Article 146 TCEE, devenu, après modification, l'article 203 TCE.

internationalistes sont à certains égards dépassées pour faire place à l'intérêt commun.

L'assemblée, formée aux termes de l'article 137 du TCEE, devenu, après modification, l'article 189 TCE, « de représentants des peuples des Etats réunis dans la Communauté », est composée, selon l'article 138, devenu, après modification, l'article 190 TCE, de délégués que les parlements sont appelés à designer en leur sein ». Sans doute, l'expression n'est-elle pas neutre. Elle permet d'exclure la formation de circonscriptions électorales transfrontalières, de même que la participation des ressortissants extracommunautaires aux élections européennes. Elle bloque enfin l'idée d'une représentation d'entités intra-étatiques.[155] Il convient de remarquer que le Traité se réfère ici à un principe, celui de la représentation populaire, qui est dans l'Etat démocratique le titre fondamental de la légitimité. Toutefois, tant que ne sera pas organisé un système d'élections directes, ce titre de légitimité restera incomplet.

Par une résolution du 30 mars 1962, l'assemblée décide de porter le nom de « Parlement européen ». L'expression eut à cette époque une portée politique malgré la fragilité « constitutionnelle » de cette mutation non prévue par les Traités. Il a fallu attendre l'Acte unique européen de 1986 pour voir cette appellation officialisée dans les traités. Elu au suffrage universel depuis 1979[156], le Parlement européen présente aujourd'hui un visage original par rapport à la grande majorité des assemblées des organisations internationales.

Il est plus malaisé de préciser la position de la Commission sur la base des textes institutionnels du Traité. Ses membres reçoivent leur investiture par une décision collective des Etats membres, mais une fois investis, ils sont indépendants pendant la durée de leur mandat. Ce sont les modalités de cette investiture et cette indépendance qui caractérisent la Commission. En face d'un Conseil très profondément imprégné par la qualité de ses membres, la Commission est le représentant et le défenseur de l'intérêt commun. « C'est dans la reconnaissance de cet intérêt que réside la raison d'être et le titre légitime de cette institution »[157].

Pour ce qui est de la Cour de justice, le choix de l'investiture de ses membres est opérée également par décision collective des Etats membres. Une fois nommés,

---

155 HARDY de BAULIEU (le) Louis, *l'Union européenne*, Presses universitaires de Namur, 1998, p. 86.

156 Article 189 TCE ; article 108 TCEEA, Voir aussi l'Acte portant élection des représentants au Parlement européen au suffrage universel direct, adopté par le Conseil le 20 septembre 1976, JOCE, L 278, modifié par la Décision du Conseil du 1er février 1993, JOCE, L 33 du 9 février 1993.

157 PESCATORE Pierre, *le Droit de l'intégration*, op. cit., p. 18.

ses membres aussi sont indépendants durant leur mandat. Elle a la mission d'assurer le respect du droit et c'est là son titre de légitimité. Tout comme pour la Commission, celle ci se définit par référence à un système de valeurs. Sa compétence est obligatoire et exclusive. Sa mission juridictionnelle est définie comme étant d'assurer le « respect du droit », sans référence aucune à la nature des règles juridiques applicables. En outre, le principe corrélatif selon lequel tous les litiges qui relèvent de l'interprétation et de l'application du droit communautaire sont justiciables, implique la prohibition du *non liquet,* avec comme corollaire le principe selon lequel le juge communautaire est toujours obligé de statuer sous peine de commettre un déni de justice[158]. Il s'en suit que la juridiction communautaire dispose d'une grande liberté dans le choix de ses méthodes d'interprétation et de l'identification des sources du droit applicables, et d'une liberté entière dans la construction des solutions judiciaires.

Une importante conséquence de cette liberté laissée au juge communautaire, est le rôle joué dans la pratique par ce qu'on appelle *les méthodes constructives d'interprétations*[159], à savoir la méthode systémique qui s'inspire de la structure communautaire et de son système juridique, ainsi que la méthode téléologique inspirée par les objectifs de la Communauté. La méthode systémique s'appuie sur les différents éléments du système que fournit le droit communautaire : l'esprit général des textes, la structure institutionnelle établie, la délimitation des pouvoirs et l'idée directrice des traités fondateurs. Par exemple dans l'arrêt du 5 février 1963[160], dans l'affaire Van Gend-Loos où il est principalement question de l'effet direct du droit communautaire, la Cour s'inspire principalement des objectifs de la Communauté, de la structure institutionnelle et du système général du Traité. La même approche est appliquée dans le cas de l'arrêt du 15 juillet 1964, Costa c. ENEL[161], pour démontrer la primauté du droit communautaire sur le droit interne.

La méthode d'interprétation téléologique est intimement liée aux objectifs de la Communauté. Cette méthode s'est avérée particulièrement féconde dans la résolution des questions de nature économique, commerciale ou fiscale. Il s'agit ici des notions, telles que l'Union douanière, l'égalité de traitement et la non-discrimination, la libre circulation, la solidarité mutuelle, etc, qui ont fourni les thèmes d'un grand nombre d'arrêts portant sur les problèmes soulevés par la

---

158 CJCE, arrêt du 12 juillet 1957, aff. 7/56 et 3 à 7/57, Algera, Rec., 1957, p. 81.

159 Ibid, p. 79.

160 Aff. 26/62, Rec., 1963, IX, p. 22.

161 Aff. 6/64, Rec., 1964, X, p. 1158.

mise en œuvre du Marché commun sur lequel nous reviendrons dans les sections suivantes.

Grâce à ces méthodes d'interprétation, la jurisprudence de la Cour est devenue un important facteur d'évolution du droit communautaire en direction des objectifs que nous avons déjà étudiés. Il convient de remarquer que cette action créatrice n'a été possible que grâce à une constellation de plusieurs facteurs[162] : une définition large des missions de la Cour de justice, en particulier sa mission de « gardienne du droit », une organisation de voies de recours diversifiée et l'existence d'un droit matériel qui permet l'application des méthodes d'interprétation constructives.

Le Traité sur l'Union européenne, en particulier sa version modifiée après Amsterdam, a élargi les compétences de la Cour de justice. La Cour de justice, et depuis le Traité de Nice, la Cour de justice et le Tribunal de première instance, « dans le cadre de leurs compétences respectives », sont investis de la mission d'assurer « le respect du droit dans l'interprétation et l'application du présent traité ». Cette disposition est riche de signification : d'une part, elle établit le fondement textuel de la nature « de Communauté de droit » qui caractérise l'ordre juridique des Communautés/Union européenne, d'autre part, elle reconnaît à la Cour de Justice une mission extrêmement large qui est d'assurer le respect par les institutions, les Etats membres et leurs ressortissants, de la « charte constitutionnelle de base »[163] que constituent les traités.

Section 2: Les modifications introduites dans la Constitution économique par l'Acte Unique Européen

L'Acte unique européen (AUE), signé les 17 et 28 février 1986 et entré en vigueur le 1er juillet 1987, se présente comme une collection d'amendements et d'additions au Traité CEE. Si nous l'analysons du point de vue de la Constitution économique telle qu'étudiée dans la section précédente, nous constatons que les objectifs économiques, la structure du Marché commun, les quatre politiques communes attachées à l'instrument d'approximation des politiques économiques, les principes fondateurs de cette Constitution économique, ainsi que la structure institutionnelle de base ne sont pas modifiés. Toutefois la Constitution économique est renforcée dans sa structure et dans son fonctionnement.

---

162 PESCATORE Pierre, op. cit., p. 82.

163 CJCE, arrêt du 23 avril 1986, aff. 294/83, « Les Verts » c. le parlement, Rec., 1986, p. 1339.

Sur le plan institutionnel, l'AUE apporte des changements considérables dans le fonctionnement des institutions communautaires. Dans cette perspective, il consacre, en marge des traités communautaires, l'existence du Conseil européen, généralise le système de délégation de pouvoirs par le Conseil à la Commission, crée une procédure de coopération avec le Parlement européen et établit le système de vote à la majorité qualifiée[164]. Ces avancées institutionnelles méritent d'être soulignées, car elles sont à l'origine d'une dynamique sociale qui est induite inévitablement par la Constitution économique européenne[165], même si l'Europe sociale souffre d'un cadre institutionnel communautaire adéquat actuellement[166].

En ce qui concerne la Constitution économique proprement dite, l'AUE donne une impulsion nouvelle et décisive en vue de l'achèvement du Marché intérieur qui consiste en la réalisation des libertés de circulation des marchandises, des personnes, des services et des capitaux, en procédant à une réécriture de certaines parties du Traité. En vue de soutenir cette impulsion, l'AUE introduit cinq nouvelles additions dans le Traité : (i) le système de vote à la majorité qualifiée au Conseil concernant les matières relatives à l'achèvement du Marché intérieur, (ii) une définition explicite et sans ambiguïté du Marché intérieur, (iii) le principe de la reconnaissance mutuelle comme un principe régulateur, (iv) l'harmonisation des politiques de santé et de sécurité dans le milieu de travail et (v) la cohésion économique et sociale.

§ 1: La nouvelle dimension de l'intégration par le marché : le Marché intérieur

Sans doute l'objectif de l'achèvement du Marché intérieur était aussi celui du TCEE, mais l'AUE en facilite les conditions de réalisation, notamment en créant une base juridique nouvelle, article 100 A, devenu, après modification, l'article 95 TCE, tout en prévoyant l'engagement d'une échéance. Il ne s'agit pas d'une nouvelle période de transition, mais d'une échéance pour que soient adoptées les mesures législatives communautaires nécessaires à l'élimination des derniers obstacles aux libertés de circulation, qui découlent de la disparité des législations nationales dans de nombreux domaines, de manière à réaliser le marché intérieur le 1er janvier 1993. La base juridique que prévoit l'article 100 A, nouvel

---

164 VAN RAEPENBUSCH Sean, *Droit institutionnel de l'Union et des Communautés européennes,* Bruxelles, 1998, p. 61.

165 CHAPON Séverine, « L'Europe sociale : Quelle réalité aujourd'hui ? », RMCUE, n°477, avril 2004, pp. 253–263, ici p. 253.

166 Ibid, p. 254.

article 95, est effectivement adoptée pour l'introduction du vote à la majorité qualifiée. Cette nouvelle méthode concerne également, tout au long du Traité les services, la libre circulation des capitaux et l'extension de la politique commune des transports, de manière à couvrir la politique maritime et aérienne.

Il convient de remarquer que le Traité instituant la Communauté européenne ignore le concept du « marché unique». Il se réfère généralement au stade du Marché commun et à son but final, le Marché intérieur qui, selon l'article 8 A de l'Acte unique, devenu, après modification, l'article 14 TCE, « comporte un espace sans frontière intérieure dans lequel la libre circulation des marchandises, des personnes, des services et des capitaux est assurée selon les dispositions du présent traité ». C'est l'aboutissement naturel du Marché commun en franchissant certains obstacles techniques. En effet, selon la Cour de Justice, le Marché commun est une étape de l'intégration qui « vise l'élimination de toutes les entraves aux échanges intracommunautaires, en vue de la fusion des marchés nationaux dans un marché unique réalisant les conditions aussi proches que celle d'un véritable marché intérieur »[167].

Les entraves techniques aux échanges proviennent des réglementations nationales qui imposent aux produits d'obéir à certains critères ou de correspondre à certaines normes spécifiques ou techniques. Celles-ci sont nécessaires pour différentes raisons. Le problème provenait non pas de leur existence, mais de la disparité qui existait d'un pays à l'autre. L'élimination des entraves techniques aux échanges se basait traditionnellement sur l'article 100 du Traité CEE, devenu, après modification, l'article 94 TCE, permettant le rapprochement des dispositions législatives, réglementaires et administratives qui ont une incidence sur le fonctionnement du Marché commun. Pendant de longues années, la Communauté a tenté d'aligner les réglementations nationales sur la norme communautaire convenue par le Conseil. Dans cette perspective, environ 250 directives d'harmonisation des législations ont été adoptées[168]. Cependant, alors que l'adoption de nouvelles dispositions réglait certains problèmes d'harmonisation de législation, les Etats membres adoptaient de nouvelles réglementations nationales et créaient d'autres entraves techniques aux échanges. C'est la raison pour laquelle la Commission a procédé à une nouvelle approche du problème, en se basant sur la jurisprudence de la Cour de justice.

En effet, dans son célèbre arrêt du 20 février 1979 dans l'affaire « Cassis de Dijon »[169], la Cour de Justice donnait une définition très large des obstacles à la

167 CJCE, arrêt du 5 mai 1982, aff. 15/81, Rec., 1982, 9. 1409.
168 MOUSSIS Nicholas, *Guide des politiques de l'Europe,* MOLS/PEDONE, 2001, p. 66.
169 CJCE; arrêt du 20 février 1979, aff. 120/78, Rec., 1979, p. 649.

liberté des échanges qui sont interdits par l'article 30, devenu, après modification, l'article 28 TCE, et suivants du traité CEE. Elle précisait dans ce contexte que tout produit légalement fabriqué dans un pays membre doit en principe être admis sur le marché de tout autre Etat membre. Autrement dit, peu importe qu'il n'y ait pas de discrimination directe ou indirecte, la réglementation nationale, quoique indistinctement applicable, doit être écartée dès lors qu'elle représente un obstacle aux échanges[170]. Cet arrêt, qui a donné lieu à une abondante littérature a marqué une étape décisive dans l'évolution de la jurisprudence relative à la prohibition des restrictions quantitatives et des mesures d'effet équivalent. Il écarte la thèse suivant laquelle l'application des articles 30 à 34 TCEE, devenus, après modification, les articles 28 et 29 TCE[171], supposait au préalable l'harmonisation des législations nationales[172]. Le principe de la reconnaissance mutuelle fonde cette jurisprudence : les Etats doivent reconnaître comme équivalents les techniques, normes, contrôles, prescriptions de toutes sortes exigées par les autres Etats membres. Selon un autre arrêt de la Cour qui limite et précise la portée de l'arrêt *Cassis de Dijon*, les réglementations nationales ne doivent pas être discriminatoires quant aux opérateurs économiques auxquels elles s'appliquent et quant à leurs effets sur la commercialisation des produits nationaux et de ceux en provenance des autres Etats membres[173]. Autrement dit, un pays ne doit pas créer des obstacles à l'entrée dans son territoire des produits concurrents d'un autre Etat membre, uniquement parce qu'ils sont légèrement différents des produits nationaux.

§ 2: Un nouveau moyen rapprochement des politiques économiques : le principe de la reconnaissance mutuelle

En ce qui concerne les règles et normes existantes, une nouvelle approche en matière d'harmonisation technique et normalisation a été adoptée en 1985[174]. La clé de la nouvelle approche en matière d'harmonisation technique est la normalisation, autrement dit l'établissement des normes qui fixent la spécification de la

---

170 BOULOUIS Jean, CHEVALIER Roger-Michel, FASQUELLE Daniel, BLANQUET Marc, *Les Grands arrêts de la jurisprudence communautaire,* Tome 2, Dalloz, 2002, p. 38.

171 Articles 31, 32 et 33 TCEE sont abrogés.

172 Ibid, p. 36

173 CJCE, arrêt du 24 novembre 1993, aff. Jointes C-267/91 et C-268/9, Keck et Mithouard, Rec., 1993, p. 6097.

174 JOCE, C 136, 4 juin 1985.

production industrielle. Les normes sont adoptées par des organismes reconnus par le pouvoir public, notamment le Comité européen de normalisation (CEN), le Comité européen de normalisation électrotechnique (CENELEC) et l'Institut européen de normalisation des télécommunications (ETSI). Ces organismes européens veillent à ce que les normes qu'ils adoptent résultent du consensus de toutes les parties intéressées : producteurs, consommateurs, administrations etc.

Pour pouvoir exercer leurs effets escomptés, les normes européennes doivent être certifiées. En d'autres termes, il ne suffit pas qu'un produit soit conforme à une norme européenne pour qu'il puisse accéder aux marchés ; il faut encore que cette conformité soit reconnue par les organismes nationaux de ressort. La reconnaissance mutuelle des certificats de conformité aux règles et aux normes est donc essentielle à la libre circulation des marchandises. Ainsi, une résolution du Conseil fixe les principes directeurs de la politique européenne en matière de reconnaissance mutuelle[175]. Tout en assurant la libre circulation des marchandises et de produits de toutes sortes, évitant ainsi le recours à l'harmonisation par des mesures législatives spéciales, ce principe garantit le maintien des diversités nationales et contribue à l'élargissement de l'éventail des produits offerts.

§ 3: La recherche et le développement technologique

Notre but n'étant pas de nous livrer à une étude approfondie de la politique communautaire dans le domaine de la recherche et du développement, nous nous contenterons d'indiquer dans quel cadre et selon quels motifs cette politique trouve une place dans la Constitution économique européenne.

Les articles 130 F-Q du Traité CEE modifiés par l'AUE, devenus, après modification, les articles 163–173 TCE[176], sont consacrés à la recherche et au développement. En effet, ces matières sont une nouvelle politique de la Communauté puisque l'article 130 F annonce que cette dernière a pour objectif de renforcer les bases scientifiques et technologiques de l'industrie européenne et de favoriser le développement de sa compétitivité internationale. Dans la réalisation de ces objectifs, il est spécialement tenu compte de la relation entre l'effort commun entrepris en matière de recherche et développement technologique, l'établissement du Marché intérieur et la mise en œuvre des politiques communes, notamment en matière de concurrence et d'échanges.

---

175 JOCE, C 10, 16 janvier 1990.

176 L'article 130-Q TCEE est abrogé.

Dans la poursuite de ces objectifs, la Communauté mène les actions prioritaires suivantes qui complètent les actions entreprises dans les Etats membres[177] : (i) mise en œuvre de programmes de recherche, de développement technologique et de démonstration en promouvant la coopération avec les entreprises, les centre de recherches et les universités ; (ii) promotion de la coopération en matière de recherche, de développement technologique et de démonstration communautaires avec les pays tiers et les organisations internationales ; (iii) diffusion et valorisation des résultats des activités de recherche, de développement technologique et de démonstrations communautaire ; stimulation de la formation et de la mobilité des recherches de la Communauté.

Les raisons qui peuvent expliquer la matérialisation de cette politique sont les suivantes: à l'aube du 21ème siècle, l'Europe connaissait et connaît une transformation profonde de son économie. Les structures industrielles traditionnelles subissaient des transformations rapides. Les industries traditionnelles comme le textile étaient délocalisées dans des pays à bas niveau de salaires. La compétitivité de l'Europe dépendait de sa capacité d'adaptation dans cette période rapide de transformation scientifique. Afin de réussir dans un environnement international de recherche et de développement scientifique concurrentiel, il était essentiel que la Communauté essaye de tirer les bénéfices des économies d'échelles et que les pays membres coordonnent leurs activités dans ce domaine. De tels paramètres militaient en faveur d'une approche communautaire des politiques de recherches. En effet, du fait du coût élevé de la recherche, une politique européenne s'imposait pour définir les objectifs économiques, sociaux, politiques, voire même militaires de la recherche. Sur ces considérations, une multitude de projets est lancée à l'échelle communautaire. Le dernier en date est le 6ème Programme qui est également ouvert aux pays candidats.

§ 4: La cohésion économique et sociale

L'AUE modifie aussi le Chapitre « politique sociale » et en inscrit un nouveau : celui de la « cohésion économique et sociale ». L'article 130 du Traité, devenu, après modification, l'article 158 TCE, précise qu'afin de promouvoir un développement harmonieux de l'ensemble de la Communauté, celle-ci développe et poursuit son action tendant au renforcement de sa cohésion économique et sociale, visant notamment la réduction de l'écart entre les niveaux de développement des différentes régions et le retard des régions les moins développées, y compris les zones rurales. Même si toutes les politiques de la Communauté peuvent contribuer au

177 Article 130 G, Acte unique européen.

renforcement de la cohésion économique et sociale, le rôle essentiel est à jouer par les Fonds structurels. On élargit ainsi la base juridique d'une politique initiée par le TCEE et par l'établissement en 1975 d'un Fonds régional de développement. Dans la terminologie communautaire, on entend par « Fonds structurel » le Fonds européen de développement régional (FEDER), le Fonds social européen (FSE), le Fonds européen d'orientation et de garantie agricole (FEOGA), et l'instrument financier d'orientation de la pêche (IFOP).

Le but poursuivi par l'instrumentalisation de la cohésion économique et sociale est de réduire les différences régionales dans le domaine de développement économique[178]. Comme le souligne le Président du Parlement européen, l'expression « cohésion économique et sociale » « est particulièrement heureuse dans la mesure où elle sous-entend l'idée que la dimension sociale de la Communauté est tout aussi nécessaire que son développement économique »[179]. L'objectif est de promouvoir un développement harmonieux dans l'ensemble de la Communauté en évitant un éventuel « dumping social ». Ce chapitre montre aussi, la corrélation entre la politique sociale, la politique économique et la politique régionale. Ainsi, dans son action de renforcement de la cohésion économique et sociale, la Communauté cherche à promouvoir un développement harmonieux, équilibré et durable des activités économiques, un niveau d'emploi élevé, l'égalité entre les hommes et les femmes et un niveau élevé de protection et d'amélioration de l'environnement. Afin de rendre les régions plus attractives sur le plan économique et social et de favoriser la création d'emplois durables, la Communauté soutient aussi le développement culturel, la qualité de l'environnement naturel et le développement du tourisme.

Pour la réussite du Marché intérieur, la Communauté a dû procéder à des réformes des fonds structurels. Ces réformes ont pour but de favoriser des actions intégrées entre une politique sociale et une politique régionale. Ainsi, le Fonds social, institué en vertu de l'article 123 du TCEE, devenu, après modification, l'article 146 TCE, est reformé en 1971, 1977, 1978 et 1983, pour répondre aux nouveaux besoins. Les Fonds existants dans les domaines social (FSE), agricole (FEOGA) et régional (FEDER) sont à nouveau reformés en 1988 pour pouvoir mettre en œuvre des actions intégrées dans le cadre de la réalisation des objectifs affichés par l'Acte unique. Cette reforme est articulée autour des principes

---

178 STREIT Manfred E and MUSSLER Werner, *The Economic Constitution of the European Communitiy: From "Rome" to "Maastricht"*, op. cit., p. 20.

179 La mise en œuvre des droits sociaux fondamentaux, les priorités pour 1991–1992, Office des publications de CE, 1991, p. 9.

suivants qui sont élaborés en tenant compte de carences des politiques mises en œuvre durant les périodes précédentes : concentration des interventions, partenariat, meilleure gestion des fonds, simplification, suivi et flexibilité.

Dans un souci d'efficacité, y compris au niveau budgétaire, les objectifs des politiques structurelles de la Communauté seront dans un premier temps concentrés et limités à cinq[180]. Focalisés sur les régions en retard de développement[181], les régions en reconversions industrielles[182], la lutte contre le chômage,

---

180 Les objectifs des Fonds structurel sont:

Objectif 1 : promouvoir le développement et l'ajustement des régions en retard de développement. Une région est considérée comme en retard de développement lorsque son PIB par habitant est inférieur ou proche de **75 %** de la moyenne communautaire. Ces régions cumulent plusieurs handicaps, à savoir des infrastructures insuffisantes, des structures industrielles faibles, une agriculture dominée par des structures dépassées et un niveau de chômage élevé, notamment parmi les jeunes et les travailleurs peu qualifiés. Des actions menées dans le cadre de cet objectif sont fondamentales pour la mise en œuvre d'une politique sociale européenne qui suppose une réduction des écarts entre les régions.
Objectif 2 : reconversion des régions, régions frontalières ou parties de régions gravement affectées par le déclin industriel. Il vise notamment les zones en mutation socio-économique dans les secteurs de l'industrie et de services: il a pour but de permettre la reconversion des régions, régions frontalières ou parties de régions affectées par le déclin industriel. Selon le règlement portant dispositions générales sur le Fonds structurel, la population de ces régions représente environ **18 %** de la population communautaire.
Objectif 3 : lutter contre le chômage de longue durée et plus particulièrement les chômeurs de plus de 25 ans, ainsi que les personnes qui sont au chômage depuis plus 12 ans.
Objectif 4 : faciliter l'insertion professionnelle des jeunes ; il a pour but de faciliter l'insertion professionnelle des jeunes de moins de 25 ans à la recherche d'un emploi.
Objectif 5 : il comprend deux volets s'inscrivant dans la reforme de la PAC. Il s'inscrit dans la perspective de la réforme de la politique agricole commune. Les critères pour déterminer de telles zones sont les suivants : un taux élevé de la part de l'emploi agricole dans l'emploi total, le bas niveau de revenues agricoles et le bas niveau de développement socio-économique. Cet objectif est d'autant plus important que les zones rurales de la Communauté couvrent environ **80 %** de son territoire.
Objectif 5 a : adapter les structures de production, de transformation et de commercialisation dans l'agriculture et la sylviculture
Objectif 5 b : promouvoir le développement des zones rurales.

181 SINTES Gilles, *la Politique sociale de l'Union européenne,* Presses inter- universitaires européennes, 1996, p. 177.

182 JOCE, L 194, 27 juillet 1999.

la lutte contre le chômage des jeunes et le développement des zones rurales, ces objectifs visent essentiellement à corriger les distorsions existantes et celles créées par le fonctionnement du marché[183].

Pour assurer l'efficacité de la Constitution économique, quatre principes sont adoptés en 1998 : partenariat, concentration, programmation et additionnalité[184]. Le principe de partenariat qui porte sur la répartition, le financement, le suivi et l'évaluation des actions, se fait entre la Commission, l'Etat membre et les autorités locales. Le principe suivant correspond à une meilleure gestion des Fonds et à un accroissement de leur montant financier. Ainsi entre 1987 et 1993, les fonds passent de 7 à 14 milliards d'Ecus en termes réels. Il convient de signaler qu'une nouvelle réforme des Fonds structurels interviendra en 1993, après la mise en œuvre du Traité sur l'Union européenne. Nous reviendrons sur ces développements dans la section suivante.

L'AUE approfondit la dichotomie entre « l'intégration par régulation et l'intégration par compétition »[185] et renforce les éléments hors marché du TCEE[186]. Selon certaines critiques néolibérales, la nouvelle approche introduite par le Traité est contradictoire en soi : dans cette perspective, même si l'article 100 B TCEE[187] introduit de manière préférentielle la méthode de reconnaissance mutuelle, les principes des pouvoirs énumérés dans l'article 100 A, devenu, après modification, l'article 95 TCE, concernant l'harmonisation des différentes politiques, ne limite pas clairement l'étendue de l'harmonisation des législations dans l'optique de la réalisation du marché intérieur. Ainsi que le montrent les développements précédents, le principe de reconnaissance mutuelle était surtout conçu pour surmonter les carences dans les procédures d'harmonisations communautaires en établissant un cadre réglementaire qui respecte les diversités et un processus de compétition réglementaire *(regulatory competion)*. On avait espéré que ces deux processus conduisent à un régime légal plus efficace. Même l'introduction du vote à la majorité qualifiée était considérée comme un moyen d'assurer la

---

183 SINTES Gilles, op. cit., p. 177.

184 MITCHELL James and McLEAVY Paul, "Promoting Solidarity and Cohesion", in CRAM Laura, DINAN Desmond and NUGENT Neil (eds), *Developments in the European Union,* Macmillan Press Ltd, 1999, pp. 174–192, ici p. 183.

185 GERBER David J., "Constitutionalizing the Economy : German Neo-liberalism", Competition Law and the "New" Europe, Journal of Comparative Law, 1994, p. 42.

186 SAUTER Wolf, *The economic constitution of the European Union,* op. Cit., p. 52.

187 Article abrogé par le TCE.

réalisation d'un agenda plutôt néolibéral[188]. Toutefois, force est de constater que le programme prévu pour la mise en œuvre du Marché intérieur n'a pas été à la hauteur des attentes : dans la mise en œuvre du principe de la reconnaissance mutuelle, on a rencontré des difficultés. Même dans les domaines où cette mise en œuvre a été la plus réussie, on a dû adopter un cadre plus réglementaire à l'échelle communautaire et nationale[189].

Section 3: La Constitution économique et le Traité sur l'Union européenne

De la réalisation d'une union douanière on est passé à l'établissement d'un marché commun, puis à l'achèvement du marché intérieur au 1er janvier 1993, avec l'entrée en vigueur du Traité sur l'Union européenne. Connu aussi sous le nom de « traité de Maastricht », le Traité sur l'Union a été négocié seulement trois années après la mise en œuvre de l'Acte unique européen. Il a été signé au mois de décembre 1991 et est entré vigueur le 1er novembre 1993, après une période tumultueuse de ratification marquée par les cas danois, britannique et allemand. Le Traité de Maastricht, comparé à l'acte unique, est une avancée considérable pour l'Union dans le domaine de l'approfondissement. En effet, alors que l'Acte unique poursuivait le but de faire aboutir le Marché commun à sa conclusion logique, le Traité de Maastricht signifie un grand départ du TCEE. Cela est vrai pour les aspects tant politiques qu'économiques que pour la structure économique du Traité. Ce n'est pas pour autant que l'on pourrait annoncer la fin de la Constitution économique[190].

En effet, les buts économiques dans le Traité sont reformulés et élargis. Ainsi, le deuxième instrument de la Constitution économique, le rapprochement des politiques économiques, est remplacé par les politiques communes[191]. Un troisième instrument général, à savoir l'Union économique et monétaire (UEM) comportant à terme une monnaie unique, est ajouté avec une base légale

188 JEORGES Christian, "European Economic Law, the Nation-State and The Maastricht Treaty", in DEHOUSSE Renaud (ed), *Europe After Maastricht: Un ever closer Union?*, p. 42.

189 REICH Norbert, "Comption Between Legal Orders : A New Paradigm of EC Law", CML Rev, 1992, p. 861.

190 JEORGES Christian, "What is left of the European Economic Constitution? A melancholic eulogy", E. L. Rev., 2005 (30), pp. 461–489, ici p. 474.

191 PELKMANS Jacques, *European Integration ; methods arnd economic analysis*, op. cit., p. 41.

appropriée. Certains principes sont aussi introduits. Avec la réalisation de la monnaie commune, l'EURO, une nouvelle étape est franchie

Avec le Traité de Maastricht, la Constitution économique de la Communauté se voit donc attribuer de nouveaux objectifs qu'il convient d'atteindre selon un calendrier comportant des étapes et des échéances déterminées. Elle vise toujours à encadrer le processus d'intégration des marchés nationaux et fixe à cet effet des objectifs. Avec TUE d'une part et les modifications que celle-ci apporte au TCEE qui devient TCE, nous assistons, en quelque sorte à une « actualisation » des objectifs assignés à la Communauté ou à l'Union. Les objectifs actualisés, avec une coloration plutôt socio-économique, sont énumérés dans les articles 1 à 3 TCE et B TUE, devenu, après modification, l'article 2 TUE. Cette actualisation remet à jour à son tour le contenu de la Constitution de la Communauté ou de l'Union.

§ 1: La reformulation des objectifs économiques et des principes dans le cadre de la Constitution économique européenne

L'objectif de l'établissement d'un Marché commun et d'une Union économique et monétaire entre les Etats membres, formulé par l'article 2 du TCE, joue en règle générale un rôle prédominant dans les analyses doctrinales de la Constitution économique de la Communauté, celle-ci se rapportant au processus d'intégration économique voulu par les traités fondateurs. Ce processus, qui n'est pas achevé, comprend une série d'étapes inscrites en tant qu'objectifs dans les articles préliminaires des traités. A chacune de ces étapes correspond ainsi un degré supplémentaire d'intégration économique **(A)**[192]. Le TCE enrichit la Constitution économique également au niveau des principes. Le plus significatif pour notre travail est le principe de subsidiarité **(B)**.

A) Les nouveaux objectifs de la Constitution économique européenne

L'article 2 du TCE qui fixe la « mission » de la Communauté, présente sans doute une importance primordiale pour sa constitution économique. En effet, cet article dispose que :

> « La Communauté a pour mission, par l'établissement d'un marché commun, d'une union économique et monétaire, et par la mise en œuvre des politiques ou des actions communes visées aux articles 3 et 3A[193], de promouvoir un développement harmonieux

192 SIMON Denys, *le Système juridique communautaire,* PUF, Paris, 2001, p. 30.

193 Devenu, après modification, l'article 4 TCE.

> et équilibré des activités économiques dans l'ensemble de la Communauté, une croissance durable et non inflationniste respectant l'environnement, un haut degré de convergence des performances économiques, un niveau d'emploi et de protection sociale élevé, le relèvement de la qualité de vie, la cohésion économique et sociale et la solidarité entre les Etats membres».

La rédaction de cet article traduit, lorsqu'on le compare à son contenu de 1957, les profondes mutations de l'environnement économique dans lequel se trouve l'entreprise d'intégration européenne[194]. En même temps, les termes de cette disposition contiennent les nouveaux objectifs de cette intégration. Ainsi, l'objectif de l'union économique et monétaire est affirmé à coté de celui du Marché commun. Il prend le relais du rapprochement des politiques économiques des Etats membres. « Il s'agit incontestablement de la plus importante novation apportée par le traité sur l'Union au système communautaire, mais aussi de celle qui risque de se révéler la plus contraignante pour les économies des Etats membres et tout particulièrement pour leurs politiques sociales.»[195].

1. *Le développement harmonieux et équilibré des activités économiques*

On y lit que le développement économique doit être « équilibré (…) dans l'ensemble de la Communauté ». Le traité considère donc que le développement équilibré des activités économiques est celui qui n'aboutit pas à des déséquilibres sociaux et territoriaux. En ce sens, cet adjectif annoncerait les objectifs liés à un niveau d'emploi et de protection sociale élevé, comme celui de la cohérence économique et sociale.

2. *Le niveau d'emploi et de protection sociale élevé*

> « Le niveau d'emploi et de protection sociale élevé » apparaît comme un objectif nouveau. Le traité, en ne séparant pas ces deux objectifs, indique la nécessite de leur poursuite simultanée et met l'accent sur les politiques de régulation du marché. « Le relèvement du niveau et de qualité de vie » et « la cohésion économique et sociale et la solidarité entre les Etats membres sont les autres objectifs qui sont inscrits à l'article 2 par le TUE ».

Cet article n'est pas la seule disposition consacrant les finalités économiques de l'intégration européenne. Mis à part les préambules des Traités de Paris, Rome et de Maastricht, l'article B, devenu, après modification, l'article 2 TUE, précise les

---

194 CONSTANTINESCO Vlad, « Commentaire de l'article 2 », in CONSTANTINESCO Vlad, JACQUE Jean-Paul, KOVAR Robert, SIMON Denys (ed), *Traité instituant la CEE, Commentaire article par article,* Paris, Economica, 1992, p. 92 ss.

195 Ibid., p. 94.

objectifs des trois « piliers » de l'Union européenne. L'alinéa 1 de cette disposition porte sur le domaine économique :

> « L'Union se donne pour objectif :
> de promouvoir un progrès économique et social équilibré et durable, notamment par la création d'un espace sans frontières intérieures, par le renforcement de la cohésion économique et sociale et par l'établissement d'une Union économique et monétaire comprenant à terme, une monnaie unique, conformément aux dispositifs du présent traité… »

Cet article énumère également d'autres objectifs pour l'Union, à savoir « d'affirmer son identité sur la scène internationale (..) », « de renfoncer la protection des droits et des intérêts des ressortissants des Etats membres par l'instauration d'une citoyenneté européenne », « de développer une coopération étroite dans le domaine de la justice et des affaires intérieures », « de maintenir intégralement l'acquis communautaire et de le développer (..). ».

3. *Le progrès économique et social équilibré*

On voit que le premier objectif affecté à l'Union européenne consiste dans la promotion d'un « progrès économique et social équilibré». Il faut souligner que dans cette formule tous les mots ont été longuement pesés[196]. C'est ainsi que la liaison immédiate du progrès social au progrès économique correspond à la volonté d'affirmer le caractère non exclusivement économique de la construction européenne, beaucoup plus clairement que ne le fait le Préambule ou l'article 2 originaire du Traité de Rome. Le rappel de l'obligation de promouvoir le progrès social, explicité en tant que premier objectif de l'Union, est loin d'être indifférent, comme les difficultés du consensus sur la dimension sociale du marché intérieur et *l'opting out* consenti au Royaume-Uni dans ce domaine le prouvent. On souligne également que ce progrès économique et social doit être « équilibré », ce qui correspond à une référence explicite au principe de cohésion économique et sociale. De même, la notion de progrès « durable » renvoie à l'idée d'une croissance non inflationniste.

La terminologie adoptée par les traités nous indique les éléments de cette Constitution économique. En effet, l'article B, devenu, après modification, l'article 2 du Traité sur l'Union, définit les « objectifs » de l'Union, l'article 2 TCE détermine la « mission » de la Communauté et les articles 3 et 3A, devenu, après modification, l'article 4 TCE, énumèrent les actions que les institutions et les

---

196 SIMON Denys, « Commentaire de l'article B », in CONSTANTINESCO Vlad, JACQUE Jean-Paul, KOVAR Robert, SIMON Denys (ed), *Traité instituant la CEE, Commentaire article par article*, Paris, Economica, 1992, p. 63 ss.

Etats membres doivent entreprendre en vue de réaliser les objectifs énoncés à l'article 2. Ainsi, selon l'article 3, l'action de la Communauté concerne l'élimination, puis l'interdiction des droits de douanes et les restrictions quantitatives à l'entrée et à la sortie des marchandises, la politique commerciale commune, le marché intérieur qui est caractérisé par l'abolition entre Etats membres des obstacles à l'exercice des quatre libertés, des mesures relatives à la libre circulation des personnes, la politique commune dans le domaine des transports, le rapprochement des législations nationales dans la mesure nécessaire au fonctionnement du Marché commun, la politique dans le domaine social comprenant un Fonds social européen, le renforcement de la cohésion économique et sociale, etc. Nous savons que le Traité d'Amsterdam a communautarisé en partie le Titre VI concernant la coopération dans le domaine de justice et affaires intérieures, et a introduit « la promotion d'une coordination entre les politiques de l'emploi des Etats membres en vue de renforcer leur efficacité par l'élaboration d'une stratégie coordonnée pour l'emploi » parmi les actions de la Communauté.

4. *Une approche plus dynamique de la cohésion économique et sociale*

Nous voyons que l'objectif de la cohésion économique et sociale est une fois de plus mis en avant par le Traité sur l'Union. Nous estimons nécessaire de nous attarder sur ce point, car depuis le Traité sur l'Union, la cohésion économique et sociale constitue un des piliers de la Communauté européenne[197]. Cette prise de conscience de l'ampleur du phénomène, à la suite de l'adhésion de la Grèce, du Portugal, et de l'Espagne, avait mis en œuvre le Fonds de cohésion le 17 mai 1994. Le Fonds a pour objectif de renforcer la solidarité communautaire, en contribuant financièrement à la réalisation des projets dans le domaine de l'environnement ou celui des réseaux transeuropéens. Les bénéficiaires ne sont pas des régions, mais des pays à part entière : ceux dont le PNB par habitant est inférieur à 90 % de la moyenne communautaire. Ainsi, à côté de la Grèce, l'Espagne et la Portugal, l'Irlande bénéficie de ce Fonds[198].

Cette instrumentalisation s'est accompagnée en parallèle des réformes des Fonds structurels, en vue de soutenir les objectifs assignés à l'Union. En effet, les Fonds structurels que nous avons introduits dans les sections précédentes ont été réformés en 1993 et en 1999. La réforme de 1999 reprend globalement les

---

197 DONY Marianne, *Le Droit de la Communauté et de l'Union européenne,* Editions de l'Université de Bruxelles, 2001, p. 258.

198 Depuis les derniers élargissements qui sont intervenus au mois de mai 2004 et au mois de janvier 2007, l'appel à ces fonds doit s'accroître considérablement.

perspectives dégagées en 1993, tout en renforçant les quatre principes que sont la concentration, le partenariat, la programmation et l'additionnalité. La réforme de la politique structurelle, qui constitue à nos yeux la première démonstration du caractère dynamique de la Constitution économique européenne, a été réalisée dans le cadre de l'Agenda 2000[199], afin d'améliorer l'efficacité des instruments structurels et de préparer le futur élargissement. Tout en affirmant la cohésion économique et sociale, il ne propose pas d'augmentation considérable de la part du budget européen allouée aux fonds structurels. Ainsi, il est proposé que celle-ci soit plafonnée à 0,46 % du PIB[200].

Selon les perspectives financières de l'Union relatives à la période 2000–2006, 31 milliards d'Euros en moyenne annuelle étaient prévus dans le cadre des actions structurelles[201]. En dépit de cet accroissement, qui a été permis avec le budget européen qui représente 1,27 % du PIB communautaire, l'objectif cohésion de la Constitution économique n'est pas pour autant considérablement honoré. Aussi contradictoire que cela puisse paraître, certaines des modifications introduites dans la Constitution économique par le Traité de Maastricht, comme le policy-mix européen[202], constituent de véritables obstacles[203] au fonctionnement efficace de celle-ci.

La mise en œuvre de cette politique structurelle doit avoir lieu dans le strict respect de l'acquis communautaire. Dans cette perspective, la Commission doit veiller à ce que les actions financées par les fonds et les autres instruments financiers soient conformes aux dispositions du Traité et des actes arrêtés en vertu de celles-ci, ainsi qu'aux politiques communes. A cet effet, quatre thèmes font l'objet d'une attention particulière[204] : l'égalité des chances entre les hommes et les femmes, les règles communautaires relatives aux marchés publics, la politique de concurrence et l'environnement.

La proposition par la Commission européenne de réformer les règlements communautaires relatifs aux Fonds structurels constitue à nos yeux un autre élément significatif du caractère dynamique de la Constitution économique

---

199 L'agenda 2000 a été adopté le 16 juillet 1997.

200 MITCHEL James and McALEAVEY Paul, *Promoting Solidarity and Cohesion,* op. cit., p. 186.

201 CHAPON Séverine, « l'Europe Sociale: Quelle réalité aujourd'hui? », RMCUE, n°477, avril 2004, pp. 253–263, ici p. 260.

202 Politique monétaires centralisé et politiques budgétaires nationales coordonnées.

203 CHAPON Séverine, « l'Europe Sociale: Quelle réalité aujourd'hui? », RMCUE, n°477, avril 2004, pp. 253–263, ici p. 260.

204 CHAPON Séverine, « l'Europe Sociale: Quelle réalité aujourd'hui? », op. Cit., p. 262.

européenne qui peut être observé dans le cadre de la cohésion économique et sociale. Dans le cadre de cette réforme, les objectifs de la cohésion économique et sociale sont réduits[205] de cinq à trois[206], et l'un des quatre principes gouvernant le gestion de ces fonds, la concentration, est privilégié. Le Conseil européen de Berlin du 1999 approuve l'Agenda social, ainsi que la proposition de réforme de la Commission concernant les règlements relatifs aux Fonds structurels. Dans le cadre de cette réforme, le total des dépenses des fonds structurels sera réduit de 29,4 milliards d'euros en 2000 à 26,7 milliards d'euros en 2006. En outre, la politique régionale de l'UE sera plus concentrée, plus simplifiée et plus décentralisée.

Toutefois, la politique de cohésion économique et sociale dans le cadre de la Constitution économique connaît, après les élargissements de 2004 et de 2007, un changement de nature : elle s'applique à un ensemble beaucoup plus hétérogène, la plupart des nouveaux adhérents ayant des niveaux de développement inférieurs à ceux de l'Union européenne à 15. L'agenda budgétaire étant revu à la baisse[207] pour la période 2007–2013, malgré les négociations de préadhésion, on peut avoir de sérieux doutes en ce qui concerne le développement adéquat de la constitution économique[208]. En effet, ces élargissements augmentent le PIB de l'Union européenne de 6 % environ pour un accroissement de la population de 24 %[209]. Cela fait passer de 73 à 154 millions d'habitants, soit près du tiers de la population totale de l'UE, la population éligible aux interventions des Fonds structurels. C'est la raison pour laquelle, une nouvelle dynamique de la politique de cohésion économique et sociale semble nécessaire. Cela impliquerait en particulier un accroissement sensible des crédits de cohésion.

---

205 MITCHEL James and McALEAVEY Paul, *Promoting Solidarity and Cohesion*, op. cit., p. 187.

206 – Nouveau Objectif 1 (Ancien Objectif 1 et 6) : Les régions en retard de développement.

- Nouveau Objectif 2 (Ancien Objectif 2 et 5 b) : Régions affectées par la reconversion économiques et sociale.
- Nouveau Objectif 3 (Ancien Objectif 2 et 3) : Le développement des ressources humaines.

207 Budget est ramené à 1 % du PIB communautaire.

208 EUZEBY Chantal, « La stratégie européenne pour l'emploi : Un improbable succès », RMCUE, n° 495, février 2006, pp. 73–81, ici p. 76.

209 BOURRINET Jacques, « Problèmes de la politique de cohésion économique et sociale dans une Union europénne à 27 membres », RMCUE, n°507, avril 2007, pp. 223–232, ici p. 226.

B) *L'enrichissement des principes de la Constitution économique européenne avec le Traité sur l'Union européenne : le principe de subsidiarité*

Le Traité de Maastricht ajoute deux groupes de principes à ceux contenus dans le Traité de Rome. Le nouvel article 3 A (3) inséré dans le Traité CE, devenu, après modification, l'article 4 TCE, précise que « Cette action des Etats membres de la Communauté implique le respect des principes directeurs suivants : prix stables, finances publiques et conditions monétaires saines et balance des paiements stable ». Selon l'article 3 A (1), « l'action des Etats membres et de la Communauté sera conduite conformément au respect du principe d'une économie de marché ouverte où la concurrence est libre ». Cette disposition est reprise dans l'article 3 A (2) qui, comme les précédents, est constitutionnel par nature[210]. Il convient de remarquer que ces principes étaient inexistants dans le TCEE, toutefois nous les avions étudiés comme des principes sous-jacents au Traité de Rome.

Ainsi, avec l'introduction des principes d'économie ouverte et de concurrence libre dans le traité, l'Union européenne semble avoir fait un saut qualitatif en avant, qui romp avec les pratiques interventionnistes des années 50. Les conséquences à long terme de ces principes seraient donc considérables. Les deux autres principes fondateurs inscrits dans le traité sont la « subsidiarité » et l'« acquis communautaire ». Le plus important de ces principes, la subsidiarité, est mentionné à plusieurs endroits dans le traité.

1. *Les fondements du principe de subsidiarité*

Le Préambule du TUE exprime la volonté des auteurs que les décisions soient « prises le plus près possible des citoyens, conformément au principe de subsidiarité »[211]. L'article 2 des Dispositions communes du TUE dispose que les « objectifs de l'Union soient atteints dans le respect du principe de subsidiarité… »[212]. Enfin, l'article 5 TCE, ancien article 3 B, contient dans son paragraphe 2 l'expression la plus accomplie de ce principe : « dans les domaines qui ne relèvent pas de sa compétence exclusive, la Communauté n'intervient conformément au principe de subsidiarité que si et dans la mesure où les objectifs de l'action envisagée ne peuvent pas être réalisés de manière suffisante par le Etats membres et peuvent donc en raison de ces dimensions ou des effets de l'action envisagée, être mieux réalisés au niveau communautaire ».

---

210 PELKMANS Jacques, European Integration …, op. cit., p. 42.
211 11ème considérant.
212 6ème alinéa.

Ce principe est apparu pour la première fois explicitement dans un texte communautaire dans le projet de Traité instituant l'Union européenne en 1984, dont le Préambule indiquait : « l'union n'agit que pour mener les tâches qui peuvent être entreprises en commun de manière plus efficace que les Etats membres œuvrent séparément ». Le Rapport Giscard d'Estaing[213] sur ce principe définit, à coté de la subsidiarité dite verticale qui concerne la distinction des pouvoirs de la Communauté des Etats et des régions, la subsidiarité dite horizontale qui distingue ce qui relève des pouvoirs publics et ce qui dépend de la société civile.

Dans ce rapport, la question du critère d'application du principe de subsidiarité est également soulevée. C'est en fonction du critère d'efficacité des tâches que la répartition des compétences doit être fixée. Par conséquent il y a lieu d'établir une double distinction. La première concerne le critère de définition de l'efficacité des tâches : « selon une première approche, les Etats ne transfèrent au niveau supérieur que les tâches qui seront mieux réalisées au niveau communautaire, alors que selon la deuxième approche, on ne transfert au niveau communautaire que les tâches dont les dimensions dépassent les frontières nationales. Quant à la deuxième distinction, elle porte sur la nature de la répartition des compétences : « il faut observer que le principe de subsidiarité peut apparaître sous deux angles différents : au niveau de la définition des compétences et dans l'exercice des compétences ».

Le rapport Padoa-Schioppa[214] a présenté l'essai de clarification le plus cohérent du principe de subsidiarité[215]. Ainsi, ce principe découle des principes économiques du gouvernement à plusieurs niveaux : « le critère essentiel pour déterminer le niveau de gouvernement le plus efficace pour une fonction donnée est l'incidence des coûts et avantages de l'action envisagée. Le niveau du gouvernement le plus approprié pour un bien public donné est, en principe, celui qui englobe la plus grande partie de ces coûts et avantages. Dès lors, le niveau de gouvernement adéquat est le niveau le plus bas auquel la fonction en cause peut être efficacement exercée. C'est ce qu'on appelle le principe de subsidiarité »[216].

---

213 Parlement européen, Commission institutionnelle, « Le principe de subsidiarité », rapporteur M. Valery Giscard d'Estaing, 5 avril 1990, PE 139.293.

214 *Efficacité, stabilité et équité. Une stratégie pour l'évolution du système économique de la Communauté européenne,* Rapport d'un groupe d'études nommé par la Commission et présidé par T. PADOA-SCHIOPPA, avril 1987.

215 VOGEL-POLSKY Eliane et VOGEL Jean, *L'Europe sociale 1993 : Illusion, alibi ou réalité ?,* Editions de l'Université de Bruxelles, 1991, p. 36.

216 PADAO SCHIOPPA Antonio, op. cit, p. 23.

En matière de politique sociale, le Rapport Padoa-Schioppa considère que le principe de subsidiarité n'a pas été respecté dans le passé, et que cela est dû à une grande intervention communautaire. En effet, le Rapport précise que, « dans le passé, les efforts accomplis par la Communauté pour légiférer dans certains de ces domaines n'ont, de l'avis du Groupe, pas été particulièrement fructueux, ni même nécessaires sur le plan fonctionnel »[217]. Par conséquent, il faut à l'avenir réaliser une plus grande sélectivité dans les responsabilités de la Communauté. Dans le domaine de la politique sociale et de la réglementation du marché de l'emploi, « le rôle attendu de la Communauté, au moins pour l'harmonisation des législations pourrait être réduit »[218].

2. La portée du principe de subsidiarité

Telle qu'exprimée dans le Préambule du TUE, la subsidiarité apparaît comme un principe politique qui préside à la répartition constitutionnelle des compétences et vise à concilier deux objectifs : la poursuite de l'intégration et la proximité[219]. Si l'on écarte la charge politique incluse, pour se concentrer sur la portée juridique de cette notion, on est conduit à préciser qu'il s'agit moins d'un principe de distribution de compétences que d'un principe visant à en réguler solennellement l'exercice[220]. En outre, sur la base de l'article 5 TCE, il faut insister tout d'abord sur le fait que le principe de subsidiarité n'a aucune incidence sur les compétences exclusives de la Communauté et ne peut être invoqué que dans le cas des compétences partagées. Il n'a pas pour objet de modifier les règles d'attribution des compétences, puisqu'il vise la situation où, dans un domaine déterminé, la Communauté s'est vue attribuer une compétence et a pour objet de dissocier compétences et pouvoir. Alors qu'auparavant la Communauté pouvait faire usage de tous les pouvoirs pour exercer une compétence, elle ne peut plus désormais exercer les pouvoirs liés à sa compétence que si le principe de subsidiarité le permet.

C'est sur cette base qu'a été adopté l'Accord inter-institutionnel entre le Parlement, le Conseil et la Commission sur les procédures pour la mise en œuvre de ce principe[221]. Il implique la justification du respect du principe de subsidiarité dans les propositions de la Commission et les amendements formulés par le Parlement et le Conseil, des actions envisagées[222]. Quant au Protocole sur

---

217 Ibid, p. 124.
218 Ibid, p. 14.
219 DONY Marianne, *Droit de la Communauté et de l'Union européenne,* op. cit., p. 101.
220 SIMON Denys, *Le système juridique communautaire*, op. cit., 151.
221 Bulletin de CE 10/93pt. 2.2.2 ; Code de l'UE, p. 511.
222 Cf. Rapport annuel de la Commission «Mieux légiférer », 1999, COM (99) 562.

l'application des principes de subsidiarité et de proportionnalité annexé au Traité d'Amsterdam, il « constitutionnalise » et « codifie »[223] l'ensemble des textes précédemment adoptés en vue de la mise en œuvre du principe de subsidiarité. En effet, ledit Protocole stipule dans son point 3 : « le principe de subsidiarité ne remet pas en question les compétences conférées à la Communauté européenne par le traité, telles qu'interprétées par la Cour de justice. Les critères énoncés à l'article 5, deuxième alinéa, du traité concernent les domaines dans lesquels la Communauté ne possède pas de compétence exclusive ». Le principe de subsidiarité donne une orientation pour la manière dont ces compétences doivent être exercées au niveau communautaire.

3. *Le contrôle du principe de subsidiarité*

Il appartient aux institutions tout d'abord de vérifier si l'action qu'elles envisagent est conforme au principe de subsidiarité. A cet égard, selon les termes du Protocole, une responsabilité particulière revient à la Commission qui doit motiver la pertinence de chacune de ses propositions au regard du principe de subsidiarité et fournir, si nécessaire, des explications dans l'exposé des motifs en s'appuyant sur des indicateurs qualitatifs et, chaque fois que c'est possible, quantitatifs. Quant au Conseil et au Parlement, ils doivent procéder à un examen de la conformité de ces propositions avec les dispositions de l'article 5 TCE.

La question de justiciabilité de ce principe avait fait objet de discussions depuis le Traité de Maastricht, mais les avis étaient partagés, du moins jusqu'à ce que la Convention européenne de 2004 ait commencé ses travaux. En effet, durant ces travaux, la question de contrôle du principe de subsidiarité par la Cour de Justice et par les Parlements nationaux a été longuement débattue. Un large consensus s'est dégagé dans les débats pléniers sur l'établissement d'un mécanisme de control *ex ante* par les Parlements nationaux, et *ex post* par la Cour de justice. Le rapport[224], préparé par le Groupe de travail pour étudier les modalités de mise en œuvre de ce principe, est également parvenu à des conclusions similaires et, a proposé l'inclusion des dispositions comprenant ces mécanismes de contrôle dans le Traité constitutionnel qui est le fruit des travaux de la Convention sur l'avenir de l'Europe.

---

223 Ces expressions sont empruntées au Prof. Vlad Constantinesco, « Les Clauses de « coopération renforcée », le Protocole sur l'application des principes de subsidiarité et de proportionnalité », RTDE, 1997, p. 751.

224 Voir la page internet ; http://www.european-convention.eu.int, sous la rubrique « Groupes de travail »

Cette proposition ayant trouvé une traduction efficace dans le Traité qui est adopté par la Conférence intergouvernementale réunie après les travaux de la Convention, que non seulement la justiciabilité du principe a été adoptée, mais plus encore, l'Union a fait un pas en avant en vue de réduire le « déficit démocratique » dont elle est tant critiquée. En plus de cette protection offerte par les textes du droit primaire, le principe de subsidiarité bénéficie d'un contrôle juridictionnel qui incombe naturellement, pour ce qui concerne l'article 5 TCE, à la Cour de justice en tant que garante des traités, et au Tribunal de première instance en ce qui concerne ses compétences[225]. Aucune procédure spécifique n'ayant été mise en place, sa violation peut être invoquée par toute voie de droit permettant de contester la légalité des actes communautaires. Le bien-fondé du recours à ce principe peut être examiné dans le cadre d'un recours en carence et l'exception d'illégalité. Mais l'examen du contrôle juridictionnel du principe de subsidiarité s'effectuera mieux dans le cadre du recours en annulation et du recours préjudiciel. Le recours en annulation ne parait concevable que sur recours formé par un Etat ou un particulier. Toutefois il semble plus probable que la Cour de justice sera amenée à se prononcer sur le respect du principe de subsidiarité à la suite d'un renvoi préjudiciel[226].

Saisi à plusieurs reprises de moyens relatifs au respect par un acte communautaire du principe de subsidiarité, le Tribunal de première instance ne semble pas avoir tranché sur la question en suspens. En effet, dans l'arrêt *Tremblay* il n'a pas repris l'argumentation de la Commission qui invoquait le principe de subsidiarité pour justifier l'absence de suite donnée à une plainte[227]. Dans sa jurisprudence *SPO E.A.*, le Tribunal a seulement précisé qu le principe de subsidiarité ne devait pas se voir conférer de portée rétroactive et ne constituait pas, avant l'entrée en vigueur du Traité de Maastricht, un principe général de droit au regard duquel devait être contrôlée la légalité des actes communautaires[228]. Deux arrêts récents du Tribunal confirment cette jurisprudence. Ainsi, dans les arrêts *GlaxoSmithKline*[229] et *Chafiq Ayadi*[230] le Tribunal a conclu qu'il n'existe pas d'infraction au principe de subsidiarité.

---

225 PHILIP Christian, « Subsidiarité (principe de-) », in BARAV Ami et PHILIP Christian (dir), *Dictionnaire juridique de l'Union européenne,* 2001, p. 1–15, ici p. 12.

226 Ibid, p. 13.

227 TPI, arrêt du 24 janvier 1995, Tremblay, aff. T-5/93, Rec., p. 185.

228 TPI, arrêt du 21 février 1995, PSO E :A., aff. T-29/92, Rec., p. II- 289.

229 TPI, arrêt du 27 septembre 2006, aff. T-168/01.

230 TPI, arrêt du 12 juillet 2006, aff. T-253/02.

La Cour de justice a également eu l'occasion de faire application du principe de subsidiarité. En effet, dans un arrêt du 12 novembre 1996, *Royaume-Uni c/ Conseil*[231], où il s'agissait d'apprécier la validité de la directive 93/104/CE du Conseil ayant pour object de fixer les prescriptions minimales en matière d'aménagement du temps de travail, la Cour a affirmé que le principe de subsidiarité était susceptible d'un contrôle juridictionnel, tout en laissant apparaître les limites de ce contrôle.[232] En effet, la Cour s'est contentée de relever que l'harmonisation des dispositions nationales concernant la durée du temps de travail ne pouvait être réalisée qu'à travers une action au niveau communautaire. Parmi les apports de la jurisprudence communautaire, on peut mentionner le fait que le principe de subsidiarité ne puisse pas s'appliquer rétroactivement[233]. En outre, malgré les diverses dispositions du Traité dans lesquelles on peut voir les prémices du principe de subsidiarité, le juge communautaire a également estimé qu'il ne constituait pas « avant l'entrée en vigueur du Traité sur l'Union européenne, un principe général de droit au regard duquel devait être coordonné la légalité des actes communautaires »[234]. Par ailleurs, il ne peut être invoqué en vue de justifier une violation du droit communautaire que ce soit par des associations privés[235] ou par les Etats membres[236].

L'invocation du principe de subsidiarité n'a jusqu'à présent jamais conduit la Cour de justice à annuler une décision adoptée par une institution européenne. Les caractéristiques du contrôle exercé par le juge communautaire pourraient expliquer cette situation[237]. Ainsi que le Professeur Mouton le précise, « la mise en œuvre du principe de subsidiarité suppose généralement une appréciation politique, économique et sociale d'une situation souvent complexe. »[238]. Comme

231 CJCE, arrêt du 12 novembre 1996, Royaume-Uni c/ Conseil, aff. C-84/94, Rec., p. I-5755.

232 MOUTON Jean-Denis et SOULARD Christophe, *la Cour de justice des Communautés européennes,* PUF, 1998, p. 90.

233 GUILLOUD Laetitia, « Le principe de subsidiarité en droit communautaire et en droit constitutionnel », LPA, 19 avril 2007, n°79, p. 53.

234 TPI, arrêt du 21 février 1995, Vereniging van Samenwerkende Prijsegelende Organisaties in de Bouwnijverheid et a. c/ Commission des Communautés européennes, aff. T 29/92, Rec., p. 289 et s., point 331.

235 CJCE, arrêt du 15 décembre 1995, Bosman, aff. C-415/93, Rec., p. 4921.

236 CJCE, arrêt du 10 septembre 1996, Commission c Belgique, aff. 11/95, Rec., p. 4115 et s.

237 GUILLOUD Laetitia, « Le principe de subsidiarité en droit communautaire et en droit constitutionnel », op. cit., p. 60.

238 Ibid, p. 91. La Belgique ne voulait pas invoquer le principe de subsidiarité pour se soustraire à l'obligation de transposer une directive.

résultat de cette connotation politique et subjective, le contrôle juridictionnel en la matière ne pourrait être, en tout état de cause, qu'un contrôle minimum. En cela, le contrôle de subsidiarité s'apparente à l'examen du principe de proportionnalité qui est pris en compte par la Cour comme élément d'interprétation pour la délimitation des compétences permettant aux institutions d'imposer des obligations aux particuliers[239]. Cependant dans un arrêt du 10 décembre 2002, la Cour de justice s'est livrée à un contrôle minutieux de l'appréciation portée par les institutions européennes sur le principe de subsidiarité[240], ce qui pourrait laisser envisager un changement de tendance dans le contrôle exercé par le juge communautaire.

§ 2: Les instruments de la Constitution économique d'après le Traité sur l'Union européenne : du Marché commun à l'Union économique et monétaire

Les instruments destinés à servir les objectifs lointains ou globaux de la Communauté se subdivisent en moyens constituant en même temps des objectifs intermédiaires et en actions et politiques plus précises[241]. Après les modifications apportées par le traité sur l'Union européenne, on peut énumérer, avec l'Union économique et monétaire trois instruments de la Constitution économique communautaire, alors qu'il n'y en avait que deux (le Marché commun et le rapprochement des politiques économiques) dans la Constitution économique de la CEE.

On peut distinguer quatre étapes de l'intégration économique européenne : l'Union douanière, le Marché commun, le Marché intérieur et l'Union économique et monétaire. Nous avions déjà tracé les lignes directrices de l'Union douanière et du Marché commun. Quant à la notion de marché intérieur, elle indique un degré supplémentaire de l'intégration économique. Introduite dans les traités avec l'Acte unique européen, elle se définit dès lors comme « un espace sans frontières intérieures dans lequel la libre circulation des marchandises, des personnes, des services, et des capitaux est assurée. ». Nous avions également vu que le Marché intérieur, aux termes de l'article 3 C TCE, est « caractérisé par l'abolition, entre les Etats membres, des obstacles à la libre circulation des marchandises, des personnes, des services et des capitaux ». Le Marché intérieur implique

239 PHILIP Christian, « Subsidiarité (principe de-) », in BARAV Ami et PHILIP Christian (dir), *Dictionnaire juridique de l'Union européenne*, op.cit., p. 13.

240 CJCE, arrêt du 10 décembre 2002, The Queen et Secretary of Stae for Health, aff. 491/01, Rec., p. I-11453.

241 GERKRATCH Jörg, *L'émergence d'un droit constitutionnel pour l'Europe*, op. cit., p312.

donc davantage d'homogénéité par rapport au Marché commun. Il implique l'élimination progressive des frontières physiques, techniques et fiscales, ainsi qu'une harmonisation plus élevée des législations nationales. Il implique également la réalisation d'un régime basé sur le principe de libre concurrence, ainsi que la création d'un espace dans lequel tous les acteurs économiques bénéficient des conditions égales, ce qui suppose un certain rapprochement des dispositions législatives, réglementaires et administratives des Etats membres, lorsqu'elles ont une incidence directe sur le fonctionnement du Marché intérieur[242].

Si, jusqu'à l'entrée en vigueur du Traité sur l'Union européenne, on voyait dans l'établissement du Marché commun et le Marché intérieur l'élément central de la Constitution européenne, s'y ajoute désormais l'objectif, ou moyen de mise en œuvre, d'union économique et monétaire entre les Etats membres. La réalisation de l'Union économique et monétaire constitue l'entreprise la plus ambitieuse du Traité de Maastricht[243]. Avant d'en examiner le contenu, il convient de s'attarder sur les raisons de son instauration.

A) Les raisons de l'Union économique et monétaire.

Nous avions vu que le Marché commun a éliminé les barrières douanières et techniques aux échanges entre les pays de la Communauté, mais il n'est pas en mesure d'empêcher les variations monétaires qui peuvent créer des barrières tout aussi nuisibles que les barrières douanières. Par exemple, la dévaluation de la monnaie d'un pays membre équivaut dans ses effets à l'imposition des tarifs douaniers à tous les produits importés et à la subvention des exportations de ce pays, avec l'avantage concurrentiel qu'elle procure, et vice versa. De plus la possibilité de changement en hausse et en baisse de la valeur de certaines monnaies communautaires signifie un risque de change en cas de vente à crédit à un partenaire de la Communauté, ce qui limite l'utilisation de cette pratique dans le commerce intra-communautaire. Les fluctuations monétaires peuvent aussi pénaliser les investisseurs qui ont financé des investissements à l'étranger. Le risque de change restreint alors l'interpénétration des marchés financiers.

Ainsi, au stade du Marché commun, les variations de taux de change deviennent de plus en plus gênantes pour tous les partenaires. En effet, pour créer les conditions d'un Marché unique, les partenaires adoptent un grand

---

242 Ibid, p. 315.

243 DEHOUSSE Franklin, « Commentaire de l'article 3A », in CONSTANTINESCO Vlad, JACQUE Jean-Paul, KOVAR Robert, SIMON Denys (éd), *Traité instituant la CEE, Commentaire article par article,* Paris, Economica, 1992, p. 101 ss.

nombre de politiques communes et communautaires et perdent une grande partie de leur marge de manœuvre dans le domaine économique. Si le Marché unique ressemblait à un Marché intérieur classique, cela ne serait pas gênant, car les pays membres pourraient compenser la perte de l'autonomie par un accroissement des disciplines collectives aux plans économiques et monétaires. Pour que le Marché unique devienne un vrai Marché intérieur, il doit être complété par une monnaie unique.

Du point de vue économique, le Marché intérieur accroît l'interdépendance entre les économies qui composent la Communauté. La réalisation des objectifs économiques d'un Etat membre dépend largement des conditions économiques dans les autres pays. Ainsi, une conjoncture favorable ou défavorable dans un pays membre aura inévitablement des effets sur les économies des autres. Cette interpénétration des économies nationales dans le cadre communautaire entraîne aussi l'affaiblissement de l'autonomie des politiques conjoncturelles. Si cette perte d'autonomie n'est pas contrebalancée par l'instauration de politiques communautaires, la maîtrise de l'ensemble de l'économie de l'Union deviendra de plus en plus difficile.

Compte tenu des développements précédents, si l'on veut que les conditions économiques dans un Marché commun ressemblent à celles d'un Marché intérieur, il faut éliminer les variations des taux de change, adopter des politiques monétaires communes et établir une coordination étroite entre les politiques économiques. C'est la raison pour laquelle, en vue de l'achèvement du Marché unique, les Etats membres ont décidé à Maastricht de s'engager dans la voie de l'Union économique et monétaire. Il s'agit, dans cette perspective, d'instaurer une coordination centralisée[244] excluant le maintien de politiques nationales autonomes. Cette coordination est liée au fait que la Banque centrale européenne a pour objectif principal le maintien de la stabilité des prix dans la zone euro.

B) Le contenu de l'Union économique et monétaire

Par l'établissement d'une Union économique et monétaire, les Etats membres doivent rendre leurs monnaies intégralement et irrévocablement convertibles à des taux fixes ou mieux encore adopter une monnaie commune. L'Union européenne a opté pour la deuxième solution qui a des avantages supplémentaires : la monnaie unique permettra une véritable comparaison des prix dans le Marché intérieur, elle deviendra l'une des principales monnaies d'échange et de réserve

244 BUZELAY Alain, « De la coordination des politiques économiques nationales au sein de l'Union européenne », RMCUE, n°467, avril 2003, pp. 235–241, ici p. 236.

dans le monde, et elle permettra aux Européens de régler dans leur propre monnaie leurs importations.

L'article 3 A du TCE, devenu, après modification, l'article 4, précise les actions que doivent mener les Etats membres pour réaliser les objectifs énumérés dans l'article 2 du même traité. Ainsi l'article 3 A stipule que :

> « 1. Aux fins énoncées à l'article 2, l'action des Etats membres et de la Communauté comporte, dans les conditions et selon les rythmes prévus par le présent traité, l'instauration d'une politique économique fondée sur l'étroite coordination des politiques économiques des Etats membres, sur le marché intérieur et sur la définition des objectifs communs, et conduite conformément au respect du principe d'une économie du marché ouverte où la concurrence est libre.
>
> 2. Parallèlement, dans les conditions et selon les rythmes prévus par le présent traité, cette action comporte la fixation irrévocable des taux de change conduisant à l'instauration d'une monnaie unique, l'EURO, ainsi que la définition de la conduite d'une politique monétaire et d'une politique de changes uniques dont l'objectif principal est de maintenir la stabilité des prix et, sans préjudice de cet objectif, de soutenir les politiques économiques générales dans la Communauté, conformément au principe d'une économie de marché ouverte où la concurrence est libre.
>
> 3. Cette action des Etats membres et de la Communauté implique le respect des principes directeurs suivants : prix stables, finances publiques et conditions monétaires saines et balance des paiements stable. »

Comme c'était le cas de la Constitution économique de la CEE, celle de l'Union et de la Communauté prévoit également des dispositions stipulant « l'instauration d'une politique économique fondée sur l'étroite coordination des politiques économiques des Etats membres ». En effet, la structure duale de la Communauté, qui est basée à la fois sur des méthodes d'intégration et de coopération, le rend nécessaire. De même, le nouvel article 3 A (2), devenu, après modification, l'article 4 (2) TCE, affirme que l'objectif principal de l'établissement d'une monnaie, d'une politique monétaire et d'une politique de change unique est « de maintenir la stabilité des prix, et sans préjudice de cet objectif, les politiques économiques générales de la Communauté ». Selon l'article 3 A (3), devenu, après modification, l'article 4 (3) TCE, « cette action des Etats membres et de la Communauté implique le respect des principes directeurs suivants : prix stables, finances publiques et conditions monétaires saines et la balance des paiements stable ». Autrement dit, les Etats membres n'ont pas voulu laisser la réalisation de l'intégration monétaire aux marchés. Comme conséquence de cette volonté, les compétences de la Communauté ont été fortement étendues en matière monétaire, où il conviendrait de parler d'une unification plutôt que d'une simple intégration[245].

Les modifications introduites par le TUE dans les objectifs de la Constitution économique de l'Union appellent trois remarques. D'abord, les changements apportés à l'article 2 TUE reflètent le fait que l'Union est désormais pourvue des règles détaillées pour la coordination intergouvernementale des politiques économiques et pour la poursuite d'une politique monétaire et de taux de change unique. Deuxièmement, en établissant une structure institutionnelle incluant la Banque centrale européenne et un calendrier de trois phases pour l'accomplissement de UEM, le TUE fournit un modèle général permettant le passage des politiques intergouvernementales à des politiques supranationales. Troisièmement, la juxtaposition du marché commun/marché unique, de l'UEM et des politiques définies dans les articles 3 et 3 A TCE, devenus, après modification, les articles 3 et 4 TCE, tendent à suggérer qu'il n'y ait pas de relation hiérarchique entre ces trois instruments.

C) La réalisation de l'Union économique et monétaire

Cette réalisation couvre les phases de l'UEM, ainsi que les conditions de participation.

1. Les étapes de l'Union économique et monétaire

Si la réalisation de l'UEM doit être envisagée comme un processus unique[246], on doit distinguer trois étapes.

La première étape a commencé le 1er juillet 1990. Elle a eu pour objet de permettre au Conseil d'évaluer les progrès réalisés en matière de convergence économique et monétaire et aux Etats membres d'adopter les mesures appropriées pour se conformer à certaines interdictions prévues par le Traité : interdiction d'établir des restrictions aux mouvements des capitaux, interdiction pour les banques centrales d'accorder des découverts aux autorités et entreprises publiques, interdiction de maintenir à leur profit un accès privilégié aux institutions financières[247].

Conformément à l'article 118 du TCE, devenu, après modification, l'article 140 TCE, la composition du panier de l'Ecu a été gelée au 1er novembre 1993,

---

245 DEHOUSSE Franklin, « Commentaire de l'article 3A », op. cit., p. 103.

246 MOUSSIS Nicolas, op. cit., p. 94.

247 Cf. Directive du Conseil, portant sur la libéralisation complète des capitaux, JOCE, L 78, 24 juillet 1990

date de l'entrée en vigueur du Traité de Maastricht, en se fondant sur la composition du panier définie le 21 septembre 1989 à l'occasion de l'entrée dans le panier de l'Escudo et de la Peseta. Le Conseil européen des 15–16 novembre 1995 a décidé que le nom de la monnaie unique sera l'Euro.

Le passage à la deuxième étape a eu lieu le 1er janvier 1994. Cette étape, qui n'était soumise à aucune condition[248], devait permettre aux Etats membres de faire des progrès significatifs dans la convergence de leurs politiques économiques et monétaires, de préparer la monnaie unique et la mise en place du Système européen de banques centrales (SEBC). Toutefois, au cours de cette étape, le Traité sur l'Union européenne engageait chaque Etat membre à effacer les déficits publics excessifs et entamer un processus conduisant à l'indépendance de sa banque centrale. Un règlement du Conseil précise certaines définitions visées par la procédure concernant le « déficit excessif »[249], y compris celle de la dette publique, et fixe les règles selon lesquelles les Etats membres communiquent les données à la Commission.

La troisième, étape qui marque le début de l'Union monétaire et le passage à la monnaie unique, est soumise à la réalisation d'un degré élevé de convergence durable, mesuré[250] par un certain nombre de critères objectifs définis dans le Traité. La politique monétaire est unifiée et et confiée au SEBC. Mis en place le 1er janvier 1998, sept mois avant l'avènement de la monnaie unique, le SEBC ne semble pas avoir acquis une crédibilité comparable à celle de Bundesbank[251].

2. *Les conditions de participation à l'Union monétaire*

Aux termes de l'article 109 du Traité CE, « chaque Etat membre veille à la compatibilité de sa législation nationale, y compris les statuts de sa banque centrale nationale, avec le présent traité et le statut du SEBC, et au plus tard à la date de la mise en place du SEBC». Par ailleurs, l'article 121 du Traité stipule que la Commission et l'Institut monétaire européen doivent faire des rapports sur les progrès réalisés par les Etats membres dans l'accomplissement de leurs obligations pour la réalisation de l'UEM et que ces rapports examinent notamment si la législation nationale des Etats membres, y compris les statuts de la banque centrale nationale, est compatible avec les dispositions du Traité et avec les statuts du

248 DONY Marianne, op. cit., p. 201.
249 JOCE, L 332, 31 décembre 1993.
250 Article 121 du TCE.
251 BUZELAY Alain, « De la crédibilité de la Banque centrale européenne », RMCUE, n°489, juin 2005, pp. 370–375.

SEBC. C'est le non-respect délibéré de ce principe qui a permis à la Suède de ne pas participer à la monnaie unique.

En plus des conditions évoquées, il faut un degré élevé de convergence durable concernant les quatre critères économiques suivants :

> **Taux d'inflation :** ne pas dépasser de plus de 1,5 % les taux des trois pays membres présentant les meilleurs résultats en matière de stabilité des prix,
> **Stabilité des taux de change :** respect de marges normales de fluctuations par les mécanismes de changes, sans tensions graves, ni d'évaluation, pendant une période de deux ans,
> **Taux d'intérêt à long terme :** ne pas dépasser de plus de deux points de pourcentage les taux de trois membres présentant les meilleurs résultats en matière d'inflation,
> **Finances publiques :** absence d'un déficit public excessif.

Si les trois premiers critères ont été définis de manière précise et purement mathématique, celui relatif au déficit public, le plus controversé et le plus délicat à atteindre, a été libellé de manière telle qu'il laisse une certaine marge de manœuvre dans l'appréciation de son respect par les Etats membres. Deux valeurs de références ont été fixées en ce qui concerne le rapport entre le déficit public annuel, d'une part, la dette publique accumulée d'autre part, et le produit intérieur brut, respectivement 3 % et 60 %. Mais ces chiffres n'ont pas une valeur absolue, l'essentiel étant que les rapports soient en diminution substantielle et constante, de manière à atteindre un niveau proche des valeurs de référence.

Le 1er mai 1998, le Conseil réuni au niveau de chefs d'Etats ou de gouvernement a décidé à l'unanimité que onze Etats membres, à savoir La Belgique, L'Allemagne, l'Espagne, la France, l'Irlande, l'Italie, le Luxembourg, les Pays-Bas, l'Autriche, le Portugal et la Finlande, remplissaient les conditions nécessaires pour l'adoption de la monnaie unique au 1er janvier 1999. La Grèce les a rejoints le 1er janvier 2001. Par ailleurs, selon la proposition de la Commission du 16 mars 2006, la Slovénie fait partie de la zone euro depuis le 1er janvier 2007[252]. Il s'agit du premier élargissement de la zone depuis 2001.

3. *Le rôle central du Marché unique*

La conséquence première de l'introduction de l'Euro est d'assurer une plus grande transparence du système des prix avec un accroissement significatif de l'ensemble de l'information pour les consommateurs. Par la suite, les conséquences immédiates sont observées dans les marchés de capitaux. Définis comme des

---

252 ANGEL Benjamin, « Zone euro : L'élargissement en marche », RMCUE, n°500, juillet-aout 2006, pp. 452–456.

marchés libéralisés, ces marchés ont été brusquement encadrés dans une monnaie unique[253]. Les opportunités financières à la fois en termes de demande et d'offre de fonds, seront désormais saisies à un niveau plus étendu du fait que le marché sera accessible à un plus grand nombre d'opérateurs et à un coût inférieur dû à l'absence du coût de taux de change et du risque de change. La transparence des prix accroîtra la concurrence entre les entreprises. Cette concurrence accrue implique des prix de production inférieurs. Un autre élément à ne pas négliger est la pression de la concurrence qui s'exercera sur le marché du travail avec pour conséquence un accroissement de la flexibilité et de la compétitivité.

Les arguments évoqués ci-dessus soulignent le rôle central du Marché unique dans le processus de l'établissement de l'UEM. Le Marché unique se présente en fait dans le « U » du sigle UEM[254]. Celui-ci est à la fois un instrument de la régulation et un facteur de croissance, d'emploi et de stabilité. En effet, une série d'études effectuées par des institutions met en avant le Marché unique comme un facteur de croissance et d'emploi[255], après avoir analysé les effets et le degré de mise en œuvre du Programme de Marché unique qui désigne l'ensemble des directives lancées par le Conseil pour réaliser celui-ci. Le Plan d'action du Marché intérieur adopté par le Conseil en 1997 a identifié la voie à suivre, la méthode qui consiste en la surveillance permanente de la mise en œuvre du Programme du Marché unique et le Plan d'action du Marché unique, qui est fixée par le *Single Market Scoreboard* de 1996.

Le Marché unique est aussi un facteur de stabilité. Cela met en avant la viabilité à long terme de l'Union économique et monétaire. En effet, la centralisation de la politique monétaire canalisera plus de tensions sur le comportement des marchés et les perturbations sur ceux-ci se reporteront à leur tour sur la viabilité de la monnaie unique. Le *Single Market Scoreboard* précité a suggéré également que les structures industrielles évoluent dans une direction plus homogène. Cette plus grande homogénéité des industries et des marchés européens implique à son tour que les économies européennes aient une plus grande chance de réagir en parallèle aux perturbations économiques.

---

253 CANDANI Angelo, « l'Union monétaire et le Marché unique », in POCHET Philippe et VANHERKE Bart (eds), *Les Enjeux sociaux de l'UEM,* Observatoire social européen, Presses universitaire européen, 1999, p. 123.

254 CANDANI Angelo, op. Cit., p. 125

255 CEE (1996a), Commission Staff Working Paper, The 1996 Single Market Review, SEC (96) 19962378 du 16 décembre 1996.

D) La discipline budgétaire dans le cadre de l'UEM

Dès la troisième étape de l'UEM, les politiques budgétaires des Etats membres de l'Union sont régis par trois règles : tout découvert ou tout autre déficit accordé par la Banque centrale européenne ou des banques centrales nationales aux autorités publiques sont interdits[256] ; tout accès privilégié des autorités publiques aux institutions financières est interdit[257] ; ni la Communauté, ni les Etats membres ne répondent des engagements des autorités, organismes ou entreprises publiques d'un Etat membre[258].

Le Pacte de stabilité et de croissance[259], dont l'instauration a été décidée lors du Sommet européen des 16 et 17 juin 1997, contribue à cet arsenal préventif à travers deux règlements[260]. En établissant ce Pacte, les Etats membres se sont engagés : à respecter un objectif budgétaire à moyen terme « proche de l'équilibre ou excédentaire » conformément à leur programme de stabilité et de convergence , à corriger les déficits excessifs le plus rapidement possible, à publier de leur propre initiative les recommandations qui leurs sont adressées conformément à l'article 104 TCE et à ne pas demander le bénéfice d'un exemption de la procédure du déficit excessif que s'ils faisaient face à une récession grave, caractérisée par une diminution du PNB en terme réel d'au moins 0,75 %.

Le Règlement relatif au renforcement de la surveillance des positions budgétaires, ainsi que sur la surveillance de la coordination des politiques économiques, oblige les Etats membres à présenter des programmes de stabilité indiquant leurs objectifs à moyen terme en vue de parvenir à une position budgétaire proche de l'équilibre ou excédentaire. Il prévoit également la mise en place d'un système d'alerte rapide afin de surveiller les évolutions budgétaires et de détecter les dérapages par rapport aux plans d'ajustement retenus. C'est la coordination forte mais décentralisée[261]. Il en est ainsi de la politique budgétaire subordonnée au pacte

---

256 Article 101 du TCE.

257 Article 102 du TCE.

258 Article 103 du TCE.

259 Résolutions du Conseil européen relatives au Pacte de stabilité et de croissance, JOCE, C 236 du 21 août 1997, p. 12.

260 Règlement (CE) n°1466/97 du Conseil du 7 juillet 1997 relatif au renforcement de la surveillance des positions budgétaires ainsi que la surveillance et la coordination des politiques économiques, JOCE, L 209 du 2 août 1997, p. 1 ; et le Règlement (CE) n°1467/97 du Conseil du 7 juillet 1997 visant à accélérer et à clarifier la mise en œuvre de la procédure concernant les déficits excessifs ; JOCE, L 209 du 2 août 1997. p. 6

261 BUZELAY Alain, « De la coordination des politiques économiques nationales au sein de l'Union européenne », RMCUE, n°467, avril 2003, pp. 235–241.

de stabilité et de croissance. Quant au deuxième règlement, il vise à accélérer et clarifier la mise en œuvre de la procédure concernant les déficits excessifs. Il fournit les détails concernant la mise en œuvre des dispositions de l'article 104 du traité CE, au cours de la troisième étape de l'UEM, notamment les sanctions imposées aux Etats membres qui n'auront pas pris les mesures appropriées pour endiguer les déficits excessifs.

Le second Règlement concerne aussi l'introduction de l'Euro et prévoit les conditions de remplacement des monnaies nationales participant à l'Euro à partir du 1er janvier 1999. Conformément au calendrier établi dans ce Règlement, la Banque centrale européenne et les Banques centrales nationales ont mis en circulation les billets libellés en Euro à partir du 1er janvier 2002 et, à partir de cette date, aussi bien les billets que les pièces en Euro ont cours légal.

Au terme des développements ci-dessus, on peut affirmer que le Pacte de stabilité apparaît avant tout comme un mécanisme précisant les conditions dans lesquelles un pays est soumis ou non à la procédure des déficits excessifs. En effet, ce Pacte définit une orientation de moyen terme claire de la politique budgétaire : l'objectif est d'obtenir des finances publiques durablement saines, ce qui implique une situation de référence proche de l'équilibre, voire excédentaire. De ce point de vue, l'orientation à moyen terme de la politique budgétaire permet d'accroître les marges de manœuvres des Etats membres en cas de retournement conjoncturel. Un pays peut d'autant plus répondre à un retournement conjoncturel que sa situation budgétaire initiale est proche de l'équilibre ou excédentaire.

Surtout, avec la mise en circulation de la monnaie unique, l'UEM devient chaque jour une réalité plus tangible. Indubitablement l'UEM marque un changement fondamental et positif dans l'histoire de l'intégration européenne, mais elle soulève aussi des questions, notamment concernant sa pertinence sur le plan technique et ses effets dans le domaine social[262].

E) Les questions soulevées par l'UEM à la réforme du Pacte de stabilité

1. Les questions soulevées par l'UEM

La logique sous-jacente à l'Union monétaire et surtout au Pacte de stabilité et de croissance met en avant la thèse de transmission de la politique budgétaire par les taux d'intérêt, l'effet inflationniste de la gestion de crise de liquidités

262 GALAN (de) Magda, « Introduction », in POCHET Philippe et VANHERKE Bart (eds), *Les Enjeux sociaux de l'UEM*, Observatoire social européen, Presses universitaire européen, 1999, p. 9.

et la nécessaire discipline des déficits publics. Selon Jean-Pierre Allégret cette approche est contestable[263].

En effet, il serait possible de contester l'externalité négative de la politique budgétaire en Union monétaire de deux manières principales : en premier lieu, cette thèse reposerait sur une condition restrictive importante, à savoir l'incapacité des marchés de dettes à discriminer les émetteurs de titres de la dette publique. Même s'il était possible de vérifier cette hypothèse dans les marchés émergents, il serait difficile de supposer dans les pays européens les investisseurs agissant de la même manière. En deuxième lieu, Allégret se réfère à la thèse selon laquelle les marchés de dettes publiques sont globalisés et conclut qu'ils obéissent à une logique d'arbitrage à l'échelle mondiale. Cet argument rendrait peu vraisemblable l'idée selon laquelle un pays pourrait influencer les taux d'intérêt à long terme de l'ensemble des autres pays.

Le Pacte de stabilité et de croissance semble se justifier si on considère les effets inflationnistes d'une dette publique excessive, d'une part, la contagion à l'ensemble des marchés des perturbations affectant un marché, d'autre part[264]. Si tel était le cas comment expliquer alors le fait que les périodes d'intenses interventions des autorités monétaires – crises boursières de 1929 et 1987 – n'ont pas entraîné de tensions inflationnistes ? Elles se seraient, au contraire, accompagnées de tensions déflationnistes dans la mesure où les autorités monétaires ont retiré les liquidités injectées une fois la crise de liquidité passée. Par analogie, ces résultats permettent de penser que les éventuels effets des transmissions négatives entre pays européens seraient limités.

Une autre idée sur laquelle est fondé le Pacte de stabilité et de croissance est qu'il est nécessaire de discipliner les politiques. Toutefois, il n'est pas totalement certain que cette croissance de la dette publique soit liée à un biais politique en faveur des dépenses publiques. Ce qui permet à Allégret de conclure que les arguments sous-jacents au Pacte de stabilité et de croissance paraissent d'une portée limitée, à l'exception de la question fondamentale des marges de manœuvre de la politique budgétaire.

Si les règles contenues dans le Pacte de stabilité sont facilement critiquables, cela provient également du fait que celles-ci sont quelque peu arbitraires[265].

---

263 ALLEGRET Jean-Pierre, « Quelle pouvoir de stabilisation à l'échelle de l'UEM : le Pacte de stabilité et de croissance et-il viable ? », in ECHINARD Yann (dir), *La Zone Euro et les enjeux de la politique budgétaire,* Presses Universitaires de Grenoble. 1999, p. 37.

264 ALLEGRET Jean-Pierre, op. cit., p. 44.

265 THYGESCEN Niels, « Pacte de stabilité, soutenabilité de la dette et Euro », in ECHINARD Yann (dir), *La Zone Euro et les enjeux de la politique budgétaire,* op. cit., p. 45.

Toutefois elles font beaucoup moins l'objet de critiques que les critères de convergences budgétaires applicables pour entrer dans l'UEM. On aurait pu donner plus de poids au concept de soutenabilité des finances publiques, mais il ne semble pas opérationnel. Le Pacte de stabilité laisse une assez grande marge de manœuvre aux stabilisateurs budgétaires, à condition que les participants à l'UEM prennent au sérieux leur engagement d'atteindre l'équilibre budgétaire à moyen terme. Un autre point fort du Pacte de stabilité semble être la transparence des procédures et des sanctions.

Nous nous pencherons sur les implications sociales de l'UEM dans le chapitre suivant de notre travail. Il convient à présent de souligner que la dimension sociale de l'UEM n'a guère été abordée au niveau communautaire, bien que dans de nombreux Etats membres la phase transitoire ait intensifié le débat sur les conséquences de l'Union économique et monétaire en matière de politique sociale[266]. En particulier, ceux qui ont une attitude sceptique à l'égard de l'UEM prétendent que l'UEM aura un impact négatif sur les systèmes de protection sociale nationaux et leur financement. Seul parmi les institutions européennes, le Parlement européen a exprimé, à de nombreuses reprises, des avis sur l'aspect social de l'UEM[267] et a parrainé des recherches dans ce domaine[268].

2. *La réforme du Pacte de stabilité comme nécessité d'ajustement de la Constitution économique*

Carcan indispensable ou glissière de sécurité, le Pacte de stabilité a, depuis sa création, suscité des nombreuses controverses. La détérioration des finances publiques en 2002 et 2003 a contribué à le placer au cœur des débats et a accrédité, pour la première fois, l'idée d'une mise en cause de son volet sanction[269]. Pourtant, né de trois constats simples – le budget européen est faible pour servir de vecteur à une politique économique européenne, le bien-fondé d'une saine gestion des finances publiques, le risque moral que comporte le partage d'une même monnaie unique pour les Etats de la zone euro – le Pacte de stabilité est le

266 PAKASLAHTI Johannes, « l'UEM et la protection sociale dans l'Union européenne », in POCHET Philippe et VANHERKE Bart (eds), *Les Enjeux sociaux de l'UEM, Observatoire social européen,* Presses universitaire européen, 1999, p. 54.

267 PE (1995), Avis du Comité Affaires sociales et Emploi, PE 211.363 du 23 février 1995

268 PE (1997), Rapport du 3 septembre 1997 sur les critères de convergence pour l'Union économique et monétaire et le financement de sécurité sociale dans les Etats membres de l'Union européenne, A4-0255/97.

269 ANGEL Benjamin, « Le Pacte de stabilité est-il mort ? », RMCUE, n°476, mars 2004, pp. 145–150.

seul contrepoids indispensable à l'absence d'un pouvoir budgétaire fort au sein de l'UE. Toutefois, l'expérience a montré qu'en se callant sur les stabilisateurs économiques, le PSC limite les marges de manœuvres des gouvernements[270]. Ainsi, les règles de coordination coercitives prévues devraient être appliquées sur toute la longueur d'un cycle économique et non dans les seules situations de non respect des normes ; l'application automatique de règles de coordination conduirait, dans l'hypothèse de croissance durable, à un non sens ; les sanctions prévues par le Pacte en cas de non-respect des normes ne sont pas applicables. Ces constats conduisirent certains observateurs à établir que l'orthodoxie du Pacte s'avérait être une voie particulièrement étroite et, qu'en conséquence, il semblait inévitable de s'orienter vers des voies alternatives de la flexibilité[271].

Cette prévision était largement confirmée par l'évolution budgétaire, dans la plupart des Etats membres dans la zone euro, de ces dernières années : en 2004, plus de la moitié des Etats dans la zone Euro ne respectaient pas les normes fixées par le pacte[272]. Les deux principaux Etats de la zone, l'Allemagne et la France, se trouvaient pour la troisième année consécutive en dehors des limites fixées par le pacte. En outre, la mise en œuvre des procédures prévues en cas de non respect des normes par la Commission européenne se trouvait bloquée par le Conseil Ecofin, qui refusait d'adopter les recommandations présentées dans le cadre d'une procédure de déficit excessif engagé contre la France et l'Allemagne et décidait de « tenir en suspens pour le moment » la procédure engagée. La Cour de justice, saisie de la Commission européenne, dans son arrêt du 13 janvier 2004, constate que lorsque la Commission recommande au Conseil d'adopter des décisions telles que celles en l'espèce et que la majorité requise n'est pas atteinte au Conseil, il n'existe aucune décision. En conséquence, la Cour constate que la non adoption par le Conseil des décisions recommandées par la Commission ne constitue pas un acte attaquable par un recours en annulation et déclare irrecevable le recours de la Commission.

C'est ainsi que certains assouplissements sont apportés au mois de mars 2005 dont l'objectif est d'atténuer la rigueur des chiffres concernant les déficits annuels et la dette publique[273]. Désormais, une croissance économique négative

---

270 DEVOLUY Michel, « Pacte de stabilité et de croissance », Europe-Editions du Juris-Classeur, Novembre 2002, pp. 3–7.

271 BOURRINET Jacques, « Reconnaissance et méconnaissance d'un principe. La nécessaire reforme du pacte de stabilité et de croissance. », RAE-LEA, 2005/1, pp. 97–104.

272 Limitation du déficit budgétaire à 3 % du PIB et limitation de l'endettement public à 60 % du PIB.

273 Voir les les propositions de la Commission europeenne le 3 septembre 2004, Document COM (2004) 581 final.

ou anémique (sans qu'une précision chiffrée soit déterminée) suffira à justifier un déficit excessif exceptionnel et temporaire restant proche de la valeur de référence qui est de 3 % du PIB. Pour les Etats ayant une dette publique qui dépasse 60 % du PIB, le Conseil se limitera à formuler de recommandations. En outre, les délais de la procédure de déficit excessif sont allongés[274].

3. *La Constitutionnalisation de la politique économique et monétaire*

Le Traité constitutionnel reprend et simplifie les dispositions pertinentes des traités européens en ce qui concerne les politiques économique[275] et monétaire[276]. Ainsi, « Les Etats membres conduisent leurs politiques économiques pour contribuer à la réalisation des objectifs de l'Union… »[277]. Ils considèrent en outre « leurs politiques économiques comme une question d'intérêt commun et les coordonnent au sein du Conseil… »[278]. Les dispositions du TCE relatives au Pacte de stabilité sont reprises par l'article III-184.

Sont également constitutionnalisées les dispositions du TCE concernant la politique monétaire. Ainsi, l'objectif principal du Système des banques centrales européennes est défini comme étant le maintien de la stabilité des prix[279]. La Banque centrale européenne est consultée sur tout acte de l'Union proposé dans les domaines relevant de ses attributions[280]. Elle est la seule habilitée à autoriser l'émission de billets de banque en euros dans l'Union, les pièces pouvant être émises par les Etats membres, sous réserve de l'approbation par la Banque centrale européenne[281].

Une disposition institutionnelle replace la raison d'être de l'entreprise, une fois de plus, dans la perspective du Marché intérieur : « En vue de promouvoir la coordination des politiques des Etats membres dans toute la mesure nécessaire

---

274 Chaque Etat disposera de six mois et non de quatre comme prévu dans les règlements initiaux du PSC pour proposer les mesures correctrices dès qu'un déficit excessif aura été identifié par la Commission et le Conseil. Ensuite, le délai pour mettre un terme à un déficit excessif pourra être porté de deux à trois mois. Par ailleurs, les délais fixés initialement pourront être prolongés en cas de développement économique défavorable ayant des effets majeurs sur la situation budgétaire.

275 Articles III-178 à III-184 TECE.

276 Articles III-185 à III-191 TECE.

277 Article III-178, TECE.

278 Article III-179.1, TECE.

279 Article III-185.1, TECE.

280 Ibid, paragraphe 2.

281 Article III-186.

au fonctionnement du marché intérieur, il est institué un comité économique et financier »[282].

Il est difficile d'affirmer que les modifications introduites par le Traité constitutionnel innovent dans le fonctionnement de la Constitution économique européenne. Toutefois, cette dernière bénéficie, comme toute autre disposition du TCE, de la simplification et de la lisibilité, dont le principal mérite appartient au TECE. En effet, les innovations introduites par ce dernier seront reprises par le Traité de Lisbonne, signé le 13 décembre 2007.

Conclusion du chapitre 1

En guise de conclusion de ce chapitre consacré à l'étude de la Constitution économique européenne, nous sommes en mesure d'affirmer qu'une constitution économique est constituée avant tout des principes structurels qui gouvernent le développement économique de l'entité de référence. L'application de celle-ci au Traité de Rome a montré qu'en termes d'objectifs, le TCEE a poursuivi le but de développement économique dans le cadre institué par le Traité. Les deux instruments de cette entreprise sont le Marché commun et le rapprochement des politiques économiques. En dépit des difficultés, 25 ans après la signature du Traité de Rome, on a pu réaliser le Marché commun. Mais le but essentiel se présente comme étant la complète réalisation du Marché intérieur.

L'Acte unique européen, sans changer la structure économique du Traité, a ajouté cinq éléments importants dans cette Constitution économique : le vote à la majorité qualifiée dans les matières relatives au Marché intérieur, une définition plus claire de la notion de Marché intérieur, la reconnaissance mutuelle comme un principe régulateur, le rapprochement des politiques relatives à la santé et à la sécurité dans le milieu de travail, et la cohésion économique et sociale.

Le Traité de Maastricht est caractérisé par une révision des buts économiques, l'addition d'un troisième instrument qui est l'Union économique et monétaire et l'introduction de nouveaux principes, en particulier le principe de subsidiarité. L'UEM s'inscrit profondément dans l'esprit d'une Constitution monétaire, basée sur la stabilité des prix et la centralisation des politiques monétaires. En outre, le Traité de Maastricht est explicite sur la nature économique de cette Constitution économique : les principes qu'il introduit comprennent le principe d'une « économie ouverte avec la libre concurrence » et des éléments pour mettre en œuvre de saines politiques macroéconomiques de stabilisation.

282 Article III-192. TECE.

Quant aux assouplissements introduits dans le Pacte de stabilité et de croissance, ils peuvent être considérés comme nécessaires pour rendre la Constitution économique européenne plus dynamique. Toutefois, il convient de remarquer que l'établissement d'une politique économique européenne suppose une double coordination : entre les Etats de la zone Euro, pour assurer une politique budgétaire coordonnée et entre l'Eurogroupe et la BCE pour coordonner la politique budgétaire et la politique monétaire. En admettant que la reforme introduite dans la Constitution économique par les assouplissements apportés au PSC puisse conduire à une meilleure coordination des politiques budgétaires, le policy-mix européen, deuxième niveau de coordination, reste toujours aussi incertain, puisque le Conseil des gouverneurs de la BCE s'est ouvertement déclaré « sérieusement préoccupé » par la réforme du pacte[283].

Il convient en outre de constater que l'Eurogroupe constitue l'un des éléments importants de la structure institutionnelle dans le cadre de la Constitution économique. Réunissant dans un cadre informel les ministres des finances des pays membres participant à la zone Euro, il n'en contribue pas moins à la coordination efficace entre des politiques monétaires entre les pays membres de l'UE participant à ce groupe et ceux qui n'y prennent pas part. C'est dans cette perspective que les réunions des ministres des finances de ce groupe ont généralement lieu juste avant la réunion des ministres ECOFIN. Ces réunions auraient une nature constitutionnelle, si le projet du Traité constitutionnel etait approuvé : « Les modalités des réunions entre ministres des Etats membres dont la monnaie est l'Euro sont fixées par le protocole sur l'Eurogroupe »[284].

Toutefois, les améliorations apportées dans la Constitution économique dans les domaines institutionnels, de la cohésion économique et sociale et budgétaire, ne parviennent pas à surmonter les distorsions. C'est la raison pour laquelle la politique sociale européenne apparaît comme un aboutissement inéluctable de la Constitution économique, en vue de corriger celles-ci.

---

283 Déclaration de Jürgen Stark au journal le Monde, 7 mars 2005.

284 Article III-195, TECE.

CHAPITRE 2: LA POLITIQUE SOCIALE COMME PROLONGEMENT INELUCTABLE DE LA CONSTITUTION ECONOMIQUE EUROPEENNE

Nous avons essayé dans le chapitre précédant de brosser une fresque de ce qu'est la Constitution économique de l'Union européenne. Or, en dépit des affirmations timides contenues dans le Traité de Rome, l'UE n'est pas une entité qui ne poursuit que des buts purement économiques. Elle poursuit une démarche résolue, volontaire ou peut-être nécessitée par les circonstances économiques, en vue de l'instauration progressive d'une politique sociale. Cette dynamique est bien réelle ; le tout est de savoir qu'elle est la nature du lien entre l'économie et le social. La question qui se pose à l'échelon communautaire, en ce qui concerne la politique sociale provient du fait que le Marché intérieur n'a d'homogénéité que par référence au concept économique, laissant subsister dans le domaine social la souveraineté nationale de l'Etat en vertu du principe de subsidiarité. Par conséquent nous sommes en présence d'un marché où coexistent autant d'approches sociales que d'Etats membres. Cette situation implique nécessairement une crainte de ce qu'on appelle « dumping social »[285], pratique qui consiste à vendre un produit à prix bas sur les marchés extérieurs plutôt que sur le marché intérieur[286]. Ce concept est un élément de l'analyse qui fait du social l'un des fondements de la réussite du Marché intérieur. D'une manière générale, on utilise ce concept pour qualifier la politique sociale et économique des pays où le prix de la main-d'œuvre permet l'obtention de prix de revient plus bas. Dans de tels cas, il est inévitable qu'il y aurait des répercussions sur le fonctionnement du marché. Ainsi, selon le Parlement européen, « sans mesures sociales adéquates, le Marché intérieur entraînera le risque de dumping social, et ceci à cause d'une concurrence par sous-enchères »[287].

---

285 *L'Europe : Défi social, Observatoire social européen,* Editions CIAO, Bruxelles, 1989, p. 36.

286 SINTES Gilles, *La politique sociale de l'Union européenne,* Presses universitaires européennes, 1996, p. 16

287 PE, 21 octobre 1998, Doc. A2-0226/88.

Selon le Professeur Alain Buzelay le dumping social engendre quatre effets déstabilisateurs[288]. Il aura d'abord pour effet de fausser la compétitivité et par conséquent la concurrence au sein d'un marché économique unique et d'entraîner un alignement par le bas des règles sociales et de protection sociale au sein de l'Union européenne. Puis le dumping social incite aux délocalisations. Ensuite le dumping social favorise le développement d'un marchandage salarial, « proposant la venue, dans des pays à niveau de salaires et acquis sociaux élevés, d'un prix de main-d'œuvre bénéficiant d'un niveau moindre dans pays d'origine ». Les trois effets précédents liés au dumping social convergent sur la surenchère à la baisse des acquis sociaux. Ainsi, la Commission européenne, utilise le terme de dumping social en 1988 en précisant que l'existence des règles différentes en matière sociale constitue un risque potentiel de délocalisation des entreprises vers les pays de l'Union européenne offrant plus d'avantages sociaux et fiscaux, ce processus pouvant en même temps se traduire par le détournement des investissements[289]. Aussi, les mesures concernant les politiques sociales ne devant pas dépendre uniquement d'une action au niveau national, certains instruments au niveau communautaire étaient également nécessaires pour diminuer directement ou indirectement l'influence des politiques économiques nationales[290]. Par conséquent, pour que l'accentuation de la concurrence et la réalisation des normes de convergences ne se fassent pas au détriment des acquis sociaux dans certains pays membres dans le cadre de la Constitution économique, il faut envisager la création d'un espace social ou une politique sociale européenne défini par un minimum de règles communes[291].

Pour mieux cerner les raisons de la mise en œuvre d'une politique sociale communautaire comme développement inéluctable de la Constitution économique, il convient de considérer celle-ci avec du recul et la remettre dans son contexte historique. En effet, le fait que les Etats membres, surtout pendant les années 70, aient mené leurs propres politique industrielle et que les politiques en matière de protection de la santé, du travail et de l'environnement aient continué selon des rythmes divergents, a contribué considérablement à la création de barrières techniques aux échanges. Cette situation n'était pas prévue par le Traité de Rome. Une telle divergence entre les politiques économiques est aussi révélatrice

288 BUZELAY Alain, *Intégration et désintégration européennes*, Economica, 1996, p. 92–94.

289 Commission des CE, Europe Sociale, Numéro spécial, « la Dimension sociale du Marché intérieur », 1988.

290 PAKASLAHTI Johannes, *La dimension sociale de l'Union européenne*, Presses Interuniversitaires Européennes, Bruxelles, 1999, p. 37.

291 BUZELAY Alain, *Intégration et désintégration européennes*, op. cit, p. 96.

des écarts de développement entre les différentes régions de la Communauté. La présence de fortes disparités sociales entre pays, traduit un processus de désintégration lié à des pratiques de dumping social. En effet, la Communauté d'aujourd'hui, avec les élargissements successifs, est devenue plus hétérogène[292]. Dans cette perspective, la politique sociale européenne devait naître d'un consensus permettant la progression des acquis sociaux de chaque Etat membre en fonction de leur productivité, de leurs performances économiques. Cela revient à ériger l'économie comme fondement du social, l'orientation qui qualifie les Communautés européennes jusqu'à l'Acte unique de 1986 (**Section 1**).

L'amorce d'une véritable action sociale communautaire suit la création de la cohésion économique et sociale, spécifique à l'Acte unique. Cette action communautaire, est une action de redistribution. Avec le Traité de Maastricht, l'objectif social de la communauté s'élargit à l'atténuation des disparités spatiales à celle des disparités entre normes sociales. Cette affirmation plus prononcée de la politique sociale européenne supposait également la possibilité d'organiser un système général de négociations collectives et plus généralement l'existence d'un dialogue social entre les travailleurs et les employeurs[293]. L'ancrage de la politique sociale européenne au travers des modifications successives des traités fondateurs jusqu'au traité modificatif, en passant par le Traité constitutionnel, sera aussi le fait d'un renforcement relatif des compétences communautaires en matière sociale, avec une reconsidération de l'emploi (**Section 2**).

Section 1: L'économie comme fondement du social : la dimension sociale du Marché Commun

Les mesures sociales prévues dans le Traité de Rome ont pour origine des objectifs économiques. Le social dans le Traité CEE est dépendant du concept économique du marché. L'esprit libéral du traité est certainement l'une des principales raisons de dépendance du social à l'économie dans le marché commun. L'ambiguïté contenue dans certains articles du traité n'a pas facilité l'apparition dès l'origine d'une véritable politique sociale, indépendamment de l'analyse économique. En effet, le Traité de Rome est plutôt un compromis, fondé sur un minimum, qui consiste à créer à terme une interdépendance des économies européennes pour englober la République Fédérale d'Allemagne dans une structure intégrée. De ce

292 RUYT (de) Jean, *L'Acte unique européen*, Editions de l'Université de Bruxelles, 1989, p. 189.

293 BUZELAY Alain, *Intégration et désintégration européennes*, op. cit, pp. 100–101.

traité d'inspiration libérale, découle l'étroitesse des bases juridiques en matière sociale. C'est la raison pour laquelle le progrès social dans le Traité de Rome est conçu comme une résultante du progrès économique. L'intitulé même du Traité -Communauté économique européenne – confirme la primauté de l'économie comme moyen de réaliser « une union sans cesse plus étroite entre les peuples ».

Brewster et Teague[294] situent les origines de la subordination de la politique sociale au cours de la période précédant le Traité de Rome. Un groupe de travail de haut niveau de l'organisation internationale du travail (OIT) avait été constitué pour examiner si la future organisation économique avait besoin de sa propre dimension sociale. Le Groupe de travail a conclu en général qu'une politique sociale active et interventionniste n'était pas une partie essentielle d'un nouvel arrangement économique en Europe. Parallèlement aux recommandations du groupe d'experts de l'OIT, le Traité de Rome a adopté une approche minimaliste en ce qui concerne la politique sociale[295]. Ce constat est partagé par d'autres auteurs. Ainsi, Hepple note que le Traité de Rome ne donne aucune reconnaissance à une politique sociale négociée[296]. La Constitution économique de l'Union européenne doit partir sur des bases aussi modestes dans le domaine social.

§ 1: La politique sociale dans le Traité de Rome

La place de la politique sociale dans le contexte du Traité de Rome ne peut pas être dissociée des objectifs du traité que nous avons étudiés longuement dans le chapitre premier. En effet, depuis le Traité de Rome les objectifs généraux de la Communauté n'ont pas changé. L'article 2 du traité initial, devenu, après modification, l'article 2 TCE, donnait à celle-ci, pour mission, à coté des autres missions générales, de promouvoir « un relèvement du niveau de vie ».

Pour instaurer les conditions favorables à l'épanouissement du Marché commun, puis du Marché intérieur comme un espace sans frontières intérieures, la politique sociale de la Communauté devait nécessairement définir les conditions d'accès à l'emploi et celles relatives à l'accès dans les Etats membres qui sont le corollaire des premières. Cela revient à éliminer les entraves à la libre circulation des travailleurs et promouvoir l'amélioration des conditions de travail à l'échelle

---

294 BREWSTER Chris and TEAGUE Paul, *European Community Social Policy. Its Impact on the UK,* Institute of Personal Management, London, 1989, pp. 51–54.

295 PAKASLAHTI Johannes, *La dimension sociale de l'Union européenne,* Presse Universitaires Européennes, Bruxelles, 1999, p. 27.

296 HEPPLE Bob, "The Implementation of the Community Charter of Fundamental Social Rights", Modern Law Review, 1990, p. 54.

communautaire. La liberté de circulation des travailleurs communautaires implique d'une part que tout ressortissant d'un Etat membre ait le droit d'accès à un emploi sur le territoire d'un autre Etat membre et qu'il y ait le droit d'y exercer son activité professionnelle dans les mêmes conditions que des ressortissants de l'Etat membre de l'accueil (**B**). D'autre part, le ressortissant d'un Etat membre jouit aussi d'un droit de libre déplacement sur le territoire des autres Etats membres et d'un droit de séjour dans l'Etat membre où il exerce son activité (**C**). Avant d'aborder ces aspects de la politique sociale communautaire, il convient de nous pencher sur les origines des compétences sociales dans le traité (**A**).

A) Les compétences sociales dans le Traité de Rome

1. La politique sociale sur la base des compétences générales.

Avant de commenter les articles les plus pertinents pour notre propos une remarque s'impose : selon le Traité de Rome, l'égalisation et l'amélioration des conditions de vie et de travail sont en quelque sorte une conséquence automatique de la constitution et du fonctionnement du marché. Cette considération, ajoutée à la conviction que la politique sociale touche directement à des éléments fondamentaux de la vie des Etats membres et de la souveraineté nationale, explique la faiblesse des dispositions du Traité de Rome dans le domaine social[297]. Ainsi, les objectifs sociaux affirmés dans le préambule font de « l'amélioration des conditions de vie et de travail de la main d'œuvre » et de « leur légalisation dans le progrès, une finalité ». Le titre III de la troisième partie du traité, consacré à la politique sociale, apparaissant comme un catalogue de mesures pouvant permettre la réalisation de la libre circulation des travailleurs.

Toutefois, le premier bilan à drésser concernant les possibilités d'action de la Communauté a pu longtemps être négative. Aucune attribution générale de compétences n'avait été donnée aux autorités communautaires. En effet, l'article 118 du traité CEE, devenu, après modification, l'article 140 TCE, dans sa rédaction du traité de Rome, se contente de confier à la Commission une mission tendant à promouvoir la coopération entre les Etats membres dans le domaine social. Aucune « base juridique » couvrant entièrement et spécifiquement le champ ne permettait le développement d'une politique sociale communautaire de force contraignante. Mais des attributions spécifiques de compétences ont permis de réaliser des objectifs sociaux déterminés. Par ailleurs, l'absence

297 Commission des CE, JUSletter Bulletin, La Dimension sociale du Marché intérieur, 2/89, p. 4

d'attribution spéciale de compétences a pu être suppléée par le recours à des pouvoirs d'actions prévus par le traité à des fins générales ou indéterminées. Ces données ont été considérablement améliorées par le traité d'Amsterdam qui, faisant suite à l'accord sur la politique sociale, détermine désormais avec précision, à l'article 137, dans quels domaines la Communauté est appelée à agir par voie de directives, donc par voie d'actes « qui lient », et fixe les règles d'exercices de compétences qui lui sont ainsi reconnues dans le domaine social.

L'article 117 du traité, devenu, après modification, l'article 136 TCE, affirme que « les Etats membres conviennent de la nécessité de promouvoir l'amélioration des conditions de vie et de travail de la main d'œuvre permettant leur égalisation dans le progrès ». Ils estiment qu'une telle évolution résultera tant du fonctionnement du marché commun, qui favorisera l'harmonisation des systèmes sociaux, que des procédures prévues par le présent traité et du rapprochement des dispositions législatives, réglementaires et administratives. Cet article constitue une application des principes généraux du Traité de Rome, tels qu'énumérés par les dispositions liminaires, et notamment l'article 2. L'harmonisation à laquelle se référait l'article 117, devenu, après modification, l'article 136 TCE, requérait l'unanimité du Conseil[298]. Cette référence a constitué une sorte de verrou juridique auquel se sont heurtés les responsables en charge des secteurs des politiques communautaires. Il a fallu attendre 1975, pour qu'une directive de la CEE soit adoptée dans le domaine social sur la base de l'article 100, devenu, après modification, l'article 94 TCE.

Il existe un autre courant doctrinal qui soutient les ingrédients du droit communautaire auxquels se réfère l'article 117, nouvel article 136, permettant ainsi de détecter une compétence générale en matière de politique sociale. Ainsi, selon Shnorr et Egger, l'article 117, nouvel article 136, dans son alinéa premier, constitue un accord pris par les Etats membres « sur la nécessité de promouvoir un progrès social »[299]. La portée de cet accord reçoit un éclairage de l'article 5 du traité, devenu, après modification, l'article 10 TCE. En effet, cette disposition énonce un principe dit de dédoublement fonctionnel qui assigne aux Etats membres une responsabilité spéciale dans la mise en œuvre des objectifs de la Communauté. Il stipule que « les Etats membres prennent toutes mesures générales ou particulières propres à assurer l'exécution des obligations découlant du présent traité ou résultant d'un acte des institutions des Communautés. Dans le domaine social,

---

298 Article 100 TCEE, devenu, après modification, l'article 94 TCE.

299 SHNORR G. and EGGER J., "European Communities", in *International Encyclopaedia for Labour Law and Industrial Relations,* Vol 1, Ed. In Chief R. Blanpain, p. 24.

la Cour a précisé « que l'obligation des Etats membres, découlant d'une directive, d'atteindre le résultat prévu par celle-ci, ainsi que leur devoir en vertu de l'article 5 du traité, article 10 TCE, de prendre toutes les mesures… s'impose à toutes les autorités des Etats membres, y compris dans le cadre de leurs compétences, aux autorités juridictionnelles[300]. On voit ainsi que, la lecture de l'article 117, devenu, après modification, l'article 136 TCE, faite à la lumière de l'article 5, donne un contenu beaucoup plus substantiel au concept de « nécessité de promouvoir l'amélioration des conditions de vie et de travail de la main-d'œuvre permettant leur égalisation dans le progrès ».

L'article 118, devenu, après modification, l'article 140, engageait les Etats membres à collaborer dans un vaste panel de matières sociales, concernant l'emploi, le droit du travail et les conditions de travail, la formation professionnelle, la sécurité sociale, la protection contre les accidents et les maladies professionnelles, l'hygiène au travail et les droits syndicaux. La liste non exhaustive des procédures par lesquelles la Commission est appelée à promouvoir la collaboration dans le domaine social ne fait pas échec à ces pouvoirs généraux, tels que le pouvoir de recommandation (article 152, devenu, après modification, l'article 208 TCE)[301]. Cet article a incontestablement une portée restrictive, puisque les compétences qu'il confère à la Commission sont limitées à une fonction de promouvoir « une collaboration étroite entre les Etats membres dans le domaine social ».

La nature restreinte de cette compétence a été rappelée par la Cour dans un arrêt du 9 juillet 1987[302]. En effet, la Cour a rappelé dans cet arrêt le caractère programmatique de l'article 117, devenu, après modification, l'article 136 TCE et a précisé que la Commission, n'ayant, dans le vaste domaine social énuméré par l'article 119, devenu, après modification, l'article 141 TCE, que le pouvoir de nature procédurale d'établir une consultation entre les Etats membres, elle ne saurait imposer des résultats à atteindre par cette consultation. L'article 118 TCEE, devenu, après modification, l'article 140 TCE ne permettant pas aux autorités communautaires d'adopter des actes normatifs obligatoires, l'Acte unique le complétera par l'article 118 A, devenu, après modification, l'article 137 TCE.

Nous pouvons donc conclure que ces dispositions ne prévoyaient pas de procédure normative, mais encourageait seulement la collaboration via des études, avis et consultations. Le seul moyen disponible étant alors le recours à l'article

---

300 CJCE, arrêt du 10 avril 1984, aff. 79/38, Dorith Harz c. Tradax, Rec., 1984, p. 1921.

301 Commission des CE. Op. cit., p. 5

302 Aff. Jointes 281/85, 283/85 à285/85 et 287/85, RFA et autres c. Commission des Communautés européennes, Rec., 1987, p. 3203.

235, devenu, après modification, l'article 308 TCE, pour établir des normes communes où l'article 100 TCEE, devenu, après modification, l'article 94 TCEE, pour le rapprochement des procédures nationales, deux bases juridiques qui supposaient qu'un lien avec les objectifs économiques soit démontré et que le Conseil statue à l'unanimité. La portée fragile de ces bases juridiques était en elle-même le signe d'une volonté politique faible en matière sociale. Il faut également rajouter que le traité dans ces articles n'envisageait que les droits sociaux de la "main d'œuvre", les "non-travailleurs" n'étaient pas concernés.

2. La politique sociale sur la base des compétences sociales subsidiaires

L'article 100 TCEE, devenu, après modification, l'article 94 TCE visant le rapprochement des législations pourrait-il permettre un développement de la politique sociale ? Cette compétence donnée au Conseil d'adopter un instrument de droit communautaire est conditionnée par le préalable suivant : il faut démontrer que l'harmonisation des législations des Etats membres qui serait imposée par voie communautaire a une incidence directe sur les objectifs économiques ou le fonctionnement de la CEE. Or une telle démonstration était pratiquement rendue impossible par l'article 118, devenu, après modification, l'article 140 TCE, qui constitue une clause de sauvegarde des compétences des Etats membres dans le domaine social[303].

On a pensé que l'article 235, l'article 308 TCE, pourrait constituer une base d'élargissement des compétences de la Communauté dans le domaine social. Selon cet article, « si une action de la Communauté apparaît nécessaire pour réaliser, dans le fonctionnement du marché commun, l'un des objets de la Communauté, sans que le présent traité ait prévu les pouvoirs d'action requis à cet effet, le Conseil, statuant à l'unanimité sur proposition de la Commission et après consultation de l'Assemblée, prend les dispositions appropriées ». On voit que les conditions d'application définies par cette disposition ne sont pas toujours faciles à réunir : (i) la nécessité d'une action communautaire, (ii) pour réaliser un des objectifs du traité, (iii) pour le fonctionnement du Marché commun et (iv) l'absence de pouvoir prévu dans le traité.

En dépit de cette volonté politique faible traduite dans le traité, certains articles étaient plus encourageants en ce qui concerne le développement de la politique sociale de la Communauté. Ainsi, l'article 127, devenu, après modification, l'article 150 TCE, définissant les objectifs et moyens du Fonds Social

303 VOGEL-POLSKY Eliane et VOGEL Jean, *l'Europe sociale 1993 : illusion, alibi ou réalité,* Editions de l'Université de Bruxelles, 1991, p. 110

Européen. Les décisions à cet égard pouvaient être adoptées à la majorité qualifiée. Le but poursuivi était de faciliter « la mobilité géographique et professionnelle des travailleurs »[304], et accessoirement, le reclassement et l'amélioration de leur formation[305]. On remarque que ces dispositions s'inscrivent essentiellement dans la continuité de la liberté de circulation de la main-d'œuvre. L'article 119, devenu, après modification, l'article 141 TCE en revanche, comptait une disposition générale formulée en des termes impératifs qui signalait son effet direct: « chaque Etat membre assure (..) l'application du principe de l'égalité des rémunérations entre les travailleurs masculins et les travailleurs féminins pour un même travail ».

La faiblesse des engagements initiaux explique l'anémie qui a longtemps frappé la politique sociale. Pour édicter des droits sociaux, il eut fallu que des modifications soient apportées aux traités ou que des dispositions législatives soient adoptées pour mettre en œuvre la politique envisagée. Ce qui, à l'exception des réglementations relatives aux travailleurs immigrés, ne fut pas fait avant les années 70. En effet, avec les tensions économiques et la montée des mouvements sociaux en Europe, on a adopté en 1974 un programme d'action sociale axé sur trois objectifs principaux: la réalisation du plein et meilleur emploi, l'amélioration des conditions de vie et de travail permettant leur égalisation dans le progrès et la participation croissante de partenaires sociaux aux décisions économiques et sociales de la Communauté et des travailleurs à la vie de leur entreprise[306].

B) Le libre accès à l'emploi comme un élément de définition du statut des travailleurs communautaires

La libre circulation des travailleurs est l'une des quatre libertés fondamentales du droit communautaire à côté de la libre circulation des biens, des services et du capital. La liberté de circuler d'un Etat membre à l'autre pour travailler, étudier et séjourner, représente une avancée considérable de l'intégration européenne et l'une des réalisations les plus concrètes, même si la mobilité professionnelle des travailleurs européens n'est que peu développée. L'introduction de la citoyenneté avec le Traité sur l'Union européenne, étape important dans le processus de constitutionnalisation de l'Union, a la prétention de placer le droit de circuler et de résider librement dans un contexte nouveau. En dépit des qualifications

304 Article 123, TCE
305 Articles 125–128, TCE
306 Cité par Odile Quintin-Brigitte Favarel-Dapras, op. cit.

d'impact symbolique[307] attribuées à la citoyenneté européenne, il convient de reconnaître que le statut politique et social du citoyen ainsi créé par le traité sur l'Union, ajoute en substance aux catégories précédentes celles de travailleur, travailleur en retraite, touriste ou personne financièrement indépendante.

Les dispositions de base régissant la libre circulation des travailleurs sont les articles 48 à 51 du traité CEE, devenus, après modification, les articles 39 à 42 TCE relatifs aux travailleurs salariés, et les articles 52 à 58, devenus, après modification, les articles 43 à 48 TCE relatifs au droit d'établissement des personnes exerçant des activités non salariées. Les dispositions du Traité, ainsi que les normes communautaires qui en découlent peuvent être analysées en deux étapes : on trouve d'abord les dispositions tendant à abolir les obstacles et les discriminations s'opposant à la liberté de circulation, ensuite les dispositions, pour que cette mobilité soit efficace et effective, relatives à la sécurité sociale des travailleurs.

1. Principes fondamentaux

Les dispositions du Traité de Rome traitent non seulement des travailleurs salariés **(b)** mais également des travailleurs non-salariés **(c)**. Avant de passer en revue ces dispositions, nous nous attarderons sur la notion de travailleurs **(a)**.

a La notion générale de « travailleur »

Le traité, ayant institué par les articles 48 à 51 la libre circulation des travailleurs, a de ce fait conféré à ce terme une portée communautaire. En effet, le fait d'avoir mentionné, dans le paragraphe 2, certains éléments de la notion de « travailleur », tels que l'emploi et la rémunération, montre que le Traité attribue à cette notion un sens communautaire[308].

Considéré à l'origine comme un facteur d'intégration économique, le principe de la liberté de circulation des personnes a pris une dimension humaine sous l'influence considérable de la Cour et il a contribué à la réalisation de l'un des objectifs indiqués par le préambule du traité, à savoir « établir les fondements d'une union sans cesse plus étroite entre les peuples européens. Le système repose donc sur le postulat que « la liberté de circulation des travailleurs est

---

307 CRAIG Paul and BURCA (de) Grainne, *EU Law : Text, cases and materials,* Oxford University Press, 1988, p. 665.

308 MARTIN Denis, *La libre circulation des personnes dans l'Union européenne,* Bruylant, 1995, p. 35.

assurée à l'intérieur de la communauté »[309]. Ce postulat aura permis à la Cour d'utiliser une méthode d'interprétation déductive qui a également été utilisée dans d'autres domaines. Toutefois, c'est dans celui de la libre circulation des personnes que l'évolution du droit communautaire a été spécialement le fait de la jurisprudence de la Cour de Justice.

La Cour a largement interprété la notion de travailleur: celle-ci ne saurait être interprétée restrictivement étant donné qu'elle détermine l'étendue des libertés fondamentales garanties par le traité[310]. Par ailleurs, cette notion doit se voir reconnaître une portée communautaire, sinon les Etats membres, en privilégiant leur propre définition du terme, risqueraient à terme d'altérer la portée des règles communautaires.

Ainsi, dans l'affaire *Levin*[311], la Cour a jugé que le travail à temps partiel n'était pas exclu du champ d'application du traité pourvu que l'intéressé exerce des activités réelles et effectives. Par conséquent, le travailleur qui exerce une telle activité est protégé par le traité, même s'il perçoit des revenus inférieurs au minimum d'existence.

Dans l'affaire *Kempf*[312], concernant un professeur de musique à temps partiel, de nationalité allemande, aux Pays-Bas, ne donnant que douze heures de cours par semaine, la Cour a été plus loin. Elle a considéré que l'activité salariée était réelle et effective et que sa qualité de travailleur ne pouvait lui être refusée du simple fait que sa rémunération était inférieure au moyens minimum d'existence et qu'il demandait à bénéficier d'une aide financière publique pour compléter ses revenus.

Une interprétation large a été également donnée dans l'affaire *Lawrie-Blum*[313], à propos d'une enseignante stagiaire, ressortissante britannique en Allemagne, donnant quelques heures de cours par semaine. Les autorités nationales avaient objecté que l'activité en cause n'était qu'un stage pédagogique, faisant partie de la

---

309 Commentaire J. Mégret, n°7, Politique sociale, éducation et jeunesse, Edition de l'Université de Bruxelles, p. 46.

310 JACOBS Francis G., *Jurisprudence de la cour de Justice des Communautés européennes,trente ans de libre circulation des travailleurs en Europe,* Acte du colloque, Bruxelles, du 17 au 19 décembre 1998, p. 36.

311 CJCE, 23 mars 1982, aff. 53/81, D. M. Levin c. Secrétaire d'Etat à la Justice, Rec., 1982, p. 1035.

312 CJCE, 3 juin 1986, aff. /139/85, R.H. Kempf c. Secrétaire d'Etat à la justice, Rec., 1986, p. 1741.

313 CJCE, 3 juillet 1986, aff. 66/85, Deborah Lawrie-Blum c. Land Baden-Würtenberg, Rec., 1986, p. 2121.

formation professionnelle. La Cour a répondu que la caractéristique essentielle de la relation de travail est qu'une personne accomplit pendant un certain temps, en faveur d'une autre et sous la direction de celle-ci, des prestations en contrepartie desquelles elle touche une rémunération. Sont ainsi travailleurs, des joueurs de football professionnels[314], des professeurs en stage rémunéré[315], des étudiants qui acceptent un emploi afin de poursuivre des études[316] ou des membres de communautés religieuses qui participent à des activités économiques[317].

Alors que les dispositions relatives à la sécurité sociale des travailleurs migrants s'appliquent à la fois aux travailleurs salariés et non salariés, celles qui concernent la libre circulation des catégories de travailleurs font l'objet de textes séparés. En ce qui concerne la libre circulation, nous nous intéresserons à ce dernier cas de figure.

b La liberté de circulation des travailleurs salariés

L'article 48 du Traité CEE, devenu, après modification, l'article 39 TCE, relatif à la liberté de circulation doit être rapproché des articles 6 et 119, devenus, après modification, les articles 12 et 141 TCE, relatifs au principe de non-discrimination en raison de la nationalité et à l'égalité entre les sexes en matière de rémunération. L'association de ces trois articles permettra de garantir l'égalité de traitement entre les travailleurs communautaires et les travailleurs nationaux. Les dispositions de l'article 48 TCEE[318], l'article 39 TCE fixe le cadre général de

---

314 CJCE, 14 juillet 1776, aff. 13/76, Gaetano Dona c. Mario Mantero, Rec., 1976, p. 1333.

315 CJCE, 3 juillet 1986, aff. 66/85, Deborah Lawrie-Blum, op. Cit.

316 CJCE, 21 juin 1988, aff./197/86, Stephen Malcom Brown c. The Secretary of State for Scotland, Rec., 1988, p. 3205

317 CJCE, 5 octobre 1988, aff.197/87, Udo Steymann c. Staatsecretaris van justice, Rec., 1988, p. 6159.

318 L'article 48 du TCCE :

« 1. La libre circulation des travailleurs est assurée à l'intérieur de la communauté.
2. Elle implique l'abolition de toute discrimination, fondée sur la nationalité, entre les travailleurs des Etats membres, en ce qui concerne l'emploi, la rémunération et les autres conditions de travail.
3. Elle comporte le droit, sous réserve des limitations justifiées par des raisons d'ordre public, de sécurité publique et de santé publique :
   a) de répondre à des emplois effectivement offerts,
   b) de se déplacer à cet effet librement sur le territoire des Etats membres,
   c) de séjourner dans un des Etats membres afin d'y exercer un emploi conformément aux dispositions législatives, réglementaires et administratives régissant l'emploi des travailleurs nationaux,

la libre circulation des travailleurs communautaires en reconnaissant les droits d'accès au territoire et à l'emploi dans l'ensemble des Etats membres.

Selon le premier alinéa de l'article 48, la liberté de circulation des travailleurs salariés devait être assurée au plus tard à l'expiration de la période transitoire, le 1er janvier 1970. Le Conseil a adopté progressivement l'ensemble des règlements et directives pour sa mise en œuvre. Les plus importants de ces actes législatifs sont la Directive n° 64/221 concernant les dérogations et exceptions à la liberté de circulation[319], la Directive n° 68/360 qui réglemente les formalités et les conditions d'entrée et de résidence des travailleurs[320] et le Règlement 1612/68 qui élabore les conditions d'application du principe de l'égalité du traitement et précise la plupart des droits substantiels des travailleurs et de leurs familles[321]. L'Acte unique européen a modifié la procédure d'adoption de ces textes, désormais le Conseil statue « à la majorité qualifiée sur proposition de la Commission en coopération avec le Parlement européen et après consultation du Comité économique et social »[322]. Par ailleurs, la Cour de justice a jugé que l'article 39 TCE est directement applicable dans l'ordre interne des Etats membres, et les juridictions nationales en garantissant le bénéfice aux ressortissants communautaires[323]. Il est interprété conformément aux articles 12[324] et 141 TCE qui définissent respectivement le principe de non-discrimination en fonction de la nationalité et celui de l'égalité de traitement entre les hommes et les femmes.

L'importance capitale accordée à la non-discrimination sur la base de la nationalité stipulée dans l'article 48, devenu, après modification, l'article 39 TCE, a été soulignée à plusieurs égards dans la jurisprudence. Ainsi dans les arrêts *Walrave*

---

d) de demeurer, dans des conditions qui feront l'objet de règlements d'application établis par la commission, sur le territoire d'un Etat membre, après y avoir occupé un emploi.

4. Les dispositions du présent article ne sont pas applicables aux emplois dans l'administration publique ».

319 JOCE, n° 56, du 4 avril 1964, p. 64.

320 JOCE, n° L 257 du 19 octobre 1968, p. 13.

321 JOCE, n° L 257 du 19 octobre 1968, p. 2.

322 Article 6.3 de l'Acte unique européen, JOCE n° L 169/5, 29 juin 1987. Par contre l'article 100 A du Traité CE, introduisant le vote à la majorité qualifiée dans le processus décisionnel »ne s'applique pas aux dispositions relatives à la libre circulation des personnes.

323 CJCE, arrêt du 4 avril 1974, Code du travail maritime, aff. 167/73, Rec., 1974, p. 359 ; et CJCE, arrêt du 14 juillet 1976, aff. 13/76, Rec., 1976, p. 1333.

324 L'Article 6 du Traité sur l'Union européenne, signé à Maastricht le 7 février 1992, a remplacé l'article 7 du Traité de Rome.

et *Bosman* précités, la Cour précise clairement que les provisions de cet article n'ont pas seulement d'effets verticaux mais aussi horizontaux. Par conséquent, la prohibition de la discrimination n'est pas seulement applicable à l'action de l'autorité publique, mais elle s'étend également à des décisions de toute nature ayant pour but de réglementer d'une manière collective l'emploi marchand et la prestation de services.

Bien que les articles 6 et 119, devenus, après modification, les articles 12 et 141 TCE, ne fassent pas directement partie des chapitres consacrés à la liberté de circulation des travailleurs, ces articles sont liés à l'article 48, article 39 TCE. En effet, « dans des situations relevant spécifiquement de l'article 48, la Cour se réfère à l'article 6 du traité, en tant que principe fondamental dont la mise en œuvre est assurée en l'occurrence par l'application dudit article 48; la Cour a précisé à cet égard que lorsqu'une réglementation est contraire à l'article 48, elle l'est également à l'article 6, devenu, après modification, l'article 12 TCE. Il en est de même d'une réglementation contraire à l'article 52 ou à l'article 59 »[325]. Quant à l'article 119, devenu, après modification, l'article 141 TCE, il contribue également à garantir l'égalité de traitement dans un domaine plus spécifique, celui des conditions de travail des hommes et de femmes.

L'article 12 TCE édicte une disposition de caractère général interdisant toute discrimination fondée sur la nationalité[326]. La Cour en a déduit un principe général : l'obligation de justifier objectivement toutes différences de traitement entre des cas *a priori* similaires et l'interdiction de mesures d'ordre global prises indépendamment des situations d'espèce[327]. Elle a précisé que cet article peut s'appliquer de façon autonome chaque fois que le Traité ne prévoit pas de disposition spécifique[328] ; il est alors directement applicable dans l'ordre interne des Etats membres[329].

---

325 MATTERA Alfonso, « La libre circulation des travailleurs à l'intérieur de la Communauté européenne », RMUE, 4/1993, p. 50.

326 « Dans le domaine d'application du présent traité, et sans préjudice des dispositions particulières qu'il prévoit, est interdite toute discrimination exercée en raison de la nationalité. Le Conseil, sur proposition de la Commission et après consultation de l'Assemblée, peut prendre, à la majorité qualifiée, toute réglementation en vue de l'interdiction de ces discriminations ».

327 CJCE, arrêt du 19 octobre 1977, Ruckdeschel, aff. 117/76 et16/77, Rec., p. 1753.

328 CJCE, arrêt du 30 mai 1989, Réglementation hellénique relative aux biens immobiliers situés dans les régions frontalières, aff. 305/87, Rec., 1989, p. 1461 ; CJCE, arrêt du 9 mars 1991, Masgio, aff. C-10/90, Rec., 1991, p. 1119.

329 CJCE, arrêt du 29 octobre 1980, Boussac, aff. 22/80, Rec., 1980, p. 3427.

Le Traité d'Amsterdam renforce encore les compétences communautaires pour lutter contre les mesures discriminatoires. Le nouvel article 13 inséré dans le Traité permet au Conseil, statuant à l'unanimité, sur proposition de la Commission et après consultation du Parlement européen, de « prendre les mesures nécessaires pour combattre toute discrimination fondée sur le sexe, la race ou l'origine ethnique, la religion ou les convictions, un handicap, l'âge où l'orientation sexuelle ». Toutefois, à la différence de l'article 12, l'article 13 n'a pas d'effet direct et sa mise en application reste subordonnée à l'unanimité du Conseil pour la législation dérivée.

Par ailleurs, en application de l'article 141 TCE, les discriminations fondées sur le sexe sont aussi prohibées. Il a d'ailleurs suscité une jurisprudence abondante[330]. Disposition par excellence de la Constitution économique de la Communauté/Union, à l'origine cet article se limite à imposer aux Etats membres l'obligation d'assurer l'application du principe d'égalité des rémunérations entre les travailleurs masculins et féminins pour un même travail et vise à écarter les distorsions de concurrence entre les entreprises. La Cour en a déduit un principe de portée générale interdisant toute discrimination fondée sur le sexe, tant en matière des conditions de travail[331] que des prestations sociales[332]. Cette jurisprudence a été favorisée par l'adoption de la directive du Conseil du 10 février 1975[333], puis par la directive du 9 février 1976, dont l'article premier énonce qu'elle « vise la mise en œuvre, dans les Etats membres, du principe de l'égalité de traitement entre hommes et femmes »[334]. Nous reviendrons sur ces instruments dans nos développements ultérieurs.

c La libre circulation des travailleurs non-salariés

La Constitution économique de la Communauté serait d'une portée encore plus restreinte si elle ne s'occupait que de la libre circulation des travailleurs salariés.

---

330 CJCE, arrêt du 8 avril 1976, Defrenne c/ Sabena, aff. 43/75, Rec., 1976, p. 455.

331 CJCE, arrêt du 15 juin 1978, Defrenne c/ Sabena, aff. 149/77, Rec., 1978, p. 1365.

332 CJCE, arrêt du 13 mai 1986, Bilka, aff. 170/84, Rec., 1986, p. 1607 et ; CJCE, arret du 17 mai 1990, Barber, aff. C-262/88, Rec., 1990, p. I-1889.

333 Directive n° 75/117/CEE du Conseil du 17 février 1975 concernant le rapprochement des législations en matière de l'égalité de rémunérations, JOCE, n° L 45/19, 19 février 1975.

334 Directive n° 76/207CEE du Conseil du 9 février 1976, relative à la mise en œuvre du principe de l'égalité de traitement entre hommes et femmes en ce qui concerne accès à l'emploi, à la formation et à la promotion professionnelle, et les conditions de travail, JOCE, n° L 39, p. 40.

Elle serait d'autant plus incomplète si la libre circulation qui en constitue la pierre angulaire n'était pas étendue aux catégories professionnelles telles que les médecins, les vétérinaires, les praticiens de l'art dentaire etc. Autrement dit, socialement parlant, une partie des citoyens communautaires ne pourrait pas bénéficier de la liberté de circulation. Ainsi, l'article 39 du TCE doit être rapproché des dispositions qui intéressent les travailleurs non salariés, et plus particulièrement de l'article 43 TCE relatif au droit d'établissement (i) et des articles 49 et 50 TCE définissant la libre prestation des services (ii). Libre circulation, libre prestation de services et liberté d'établissement sont donc les trois volets d'un même principe[335].

(i) Le droit d'établissement et la reconnaissance des diplômes

Cet article implique « la création, dans le pays d'établissement, d'une entreprise qui peut être le centre de l'activité économique du non-salarié ou seulement d'une filiale, succursale ou agence »[336]. Néanmoins l'article 43 précise que cette liberté doit respecter les conditions définies par la législation du pays d'établissement pour ses propres ressortissants. Pour bénéficier de la liberté d'établissement le ressortissant communautaire doit justifier d'une indépendance de gestion et d'une activité économique réelle dans l'Etat d'accueil. De plus, il doit attester des qualifications professionnelles et des diplômes exigés des nationaux ; cette dernière condition est de nature à réduire de manière considérable le droit d'établissement, même lorsque le principe du traitement national est acquis. Or, la Cour a précisé dans l'arrêt *Reyners* que « l'application éventuelle des restrictions à la liberté d'établissement prévues dans l'article 55, alinéa 1, doit être appréciée séparément, pour chaque Etat membre, au regard des dispositions nationales applicables à l'organisation et à l'exercice de cette profession »[337].

En application de l'article 47 du TCE, « afin de faciliter l'accès aux activités non-salariés et leur exercice, le Conseil…, arrête…, des directives visant à la reconnaissance mutuelle des diplômes, certificats et autres titres ». Les principales directives sectorielles adoptées par le Conseil, avant les directives n° 89/48[338] et n° 92/

335 LYON-CAEN Gérard et Antoine, *Droit social international et européen*, Paris, Dalloz, 7ème édition, 1991, p. 180.

336 PHILIP Christian, « L'égalité entre hommes et femmes », in : *Droit social européen*, Paris, Masson, 1985, p. 146.

337 CJCE, arrêt du 21 juin 1974, Reyners, aff. 2/74, Rec., p. 631.

338 Directive n° 89/48/CEE du Conseil du 21 décembre 1988 relative à un système général de reconnaissance des diplômes d'enseignement supérieur qui sanctionnent des

51[339] relatives au système général de reconnaissance des formations professionnelles, concernent en premier lieu les professions médicales, paramédicales et pharmaceutiques. Pour les médecins, les directives n° 75/362 et n° 75/383 du 16 juin 1975 réalisent le principe de l'équivalence des diplômes, moyennant une connaissance suffisante de la langue et l'affiliation à l'organisme professionnel compétent dans l'Etat d'accueil[340]. Selon la même procédure les infirmières[341], les praticiens de l'art dentaire[342] les vétérinaires[343] bénéficient aujourd'hui du droit d'établissement.

L'Acte unique européen en définissant un « espace sans frontières intérieures dans lequel la libre circulation des marchandises, des personnes, des services et des capitaux est assurée », accentue ce mouvement de libéralisation des échanges. En application des nouveaux articles 47.1 et 47.3[344], la procédure d'harmonisation concerne bien d'autres secteurs d'activités. Hormis les agents d'affaires qui ont précédemment fait l'objet d'une directive[345], on peut citer les activités salariées relevant du commerce de gros ou de détail, des industries alimentaires ou d'hôtellerie, de même que les activités de l'assurance ou de la banque. La Cour de Justice a précisé qu'en « l'absence d'harmonisations des conditions d'accès à une profession, les Etats membres pouvaient définir les qualifications nécessaires à l'exercice de cette profession et exiger la production d'un diplôme attestant

formations professionnelles d'une durée minimales de trois ans, JOCE, n° L 19 du 24 juillet 1989.

339 Directive n°92/51/CEE du Conseil du 18 juin 1992, relative à un système de reconnaissance des formations professionnelles qui complète la directive n° 89/48, JOCE, n° L 209 du 24 juillet 1992.

340 JOCE, n° L 167 du 30 juin 1975.

341 Directive n° 77/452/CEE et 77/453 du Conseil du 17 juin 1977, JOCE, n° L 176 du 15 juillet 1977.

342 Directive n° 78/686/CEE et 78/687 du Conseil du 25 juillet 1978, JOCE, n° L 233 du 24 août 1978.

343 Directive n° 78/1026/CEE et 78/1027 du Conseil du 18 décembre 1978, JOCE, n° L 362 du 23 décembre 1978.

344 Acte unique européen du 17 février 1986, articles 6 et 16, JOCE, n° L 169 du 29 juin 1987.

345 Directive n° 67/43/CEE du Conseil du 12 janvier 1967 concernant la réalisation de la liberté d'établissement et la libre prestation des services pour les activités non-salariées relevant du secteur des affaires immobilières et du secteur de certains « services fournis aux entreprises non classées ailleurs », JOCE, n° L 10 du 19 janvier 1967, pp. 140–143.

l'acquisition de ces qualifications »[346]. Cette jurisprudence sera confirmée par la suite pour les professions d'ostéopathes, de thérapeutes et de bio-thérapeutes[347]. La directive du 21 décembre 1988 relative à un système général de reconnaissance des diplômes d'enseignement supérieur qui sanctionnent des formations professionnelles d'une durée minimale de trois ans[348], et la directive du 18 juin 1992 relative à la reconnaissance mutuelle des diplômes et formations professionnelles,[349] sont venues compléter ce dispositif.

(ii) La libre prestation des services

La libre prestation des services est un droit corollaire du droit d'établissement. « Sont considérées comme services les prestations fournies normalement contre rémunération, (…) les services comprenant notamment : des activités de caractère industriel, des activités de caractère commercial, des activités artisanales, les activités des professions libérales[350]. Le Traité de Rome avait institué une période de transition pour la levée progressive des restrictions à la libre circulation des services. Cette suppression est organisée par la directive n° 64/224/CEE du 25 février 1964. A la différence du droit d'établissement qui implique un déménagement et un transfert d'activité économique entre deux Etats membres pour une durée relativement longue, la libre prestation de services s'apparente à la libre circulation des personnes et des biens[351]. Il s'agit essentiellement de la poursuite temporaire d'une activité économique dans un autre Etat membre[352].

La suppression des restrictions à la libre prestation des services trouvera sa pleine application grâce à la jurisprudence de la Cour de justice[353]. Cette jurisprudence fut par la suite confirmée et élargie. L'arrêt *Wesemael* du 18 janvier

---

346 CJCE, arrêt du 15 octobre 1987, Union nationale des entraîneurs et cadres techniques professionnels du football (UNECTEF) c/ Georges Heylens, aff. 222/86, Rec., 1987, p. 4116.

347 CJCE, arrêt du 3 octobre 1990, Procédures pénales c/ Nino, Pierini, Pandini et Goti, aff. C-54/88, C-91/88 et C-14/89.

348 Directive n° 89/48/CEE du Conseil du 21 décembre 1988 relative à un système général de reconnaissance des diplômes d'enseignement supérieur qui sanctionnent des formations professionnelles d'une durée minimale de trois ans, op. cit.

349 Directive n° 92/51/CEE, op. cit., art. 17.1.

350 Article 50, TCEE.

351 DOLLAT Patrick, *Libre circulation des personnes et citoyenneté européenne : enjeux et perspectives*, op. cit., p. 31.

352 CJCE, arrêt du 3 décembre 1974, Van Binsbergen, aff. 33/74, Rec., p. 1299

353 Il s'agit des affaires Binsbergen, op. cit ; et Walrave, arrêt du 12 décembre 1974, aff. 36/74, Rec., p. 1405.

1979[354] précise notamment que l'Etat dans lequel un service est fourni, ne saurait exiger une licence aux prestataires dès lors que celui-ci en est titulaire dans son pays d'origine et y est contrôlé à ce titre.

Les parties du Traité (titre III) définissant le principe de libre circulation des personnes et traitant essentiellement des travailleurs salariés et non salariés, restent conformes à la vocation économique de la Communauté. En conjuguant ces dispositions avec l'article 12 TCE, relatif au principe de non-discrimination, le droit dérivé et la jurisprudence ont donné au travailleur communautaire un statut privilégié qui le distingue des autres travailleurs étrangers.

2. La mise en œuvre du principe de non-discrimination

Le principe de l'égalité de traitement avec les travailleurs nationaux est l'un des éléments déterminant dans le cadre de la Constitution économique. La réussite de l'intégration européenne doit beaucoup, à notre sens, au rôle régulateur que joue ce principe. Il comprend « tout ce qui est nécessaire pour placer le travailleur étranger dans les conditions de droits, avantages, privilèges et facultés de toute sorte, qui sont reconnues par la législation aux travailleurs nationaux et nécessaires pour son intégration complète dans le cadre économique et social du pays d'accueil »[355]. En pratique, il traduit le principe de non-discrimination pour l'accès à l'emploi (a) et dans les conditions de travail, y compris les avantages sociaux (b).

a La suppression des restrictions entravant le libre accès à l'emploi

Le libre accès à l'emploi pour les travailleurs communautaires résulte essentiellement de la suppression des restrictions nationales entravant l'accès au marché du travail. Comme le droit d'établissement et la libre prestation des services, cette liberté devait être réalisée au plus tard à l'expiration de la période de transition qui s'achevait le 1er janvier 1970. Elle a été réalisée dès le 15 octobre 1968 avec l'adoption de trois règlements et trois directives: le règlement et la directive du Conseil du 16 août 1961[356] accordent la priorité au marché national du travail et maintiennent la nécessité d'obtenir une carte de travail. Le règlement n° 38/64

---

354 CJCE, arrêt du 18 janvier 1979, Chambre syndicale des agents artistiques de Belgique c/ Wesemael, aff. Jointes 110/78 et 111/78, Rec., p. 35.

355 LELEUX Paul, *Libre circulation des personnes et des services,* Bruxelles, Institut d'études européennes, 1980.

356 Règlement du Conseil n° 15 du 16 août 1961 relatif aux premières mesures pour la réalisation de la libre circulation des travailleurs à l'intérieur de la Communauté, JOCE, n° 57 du 26 août 1961, p. 1073. ; et Directive du Conseil n° 80 du 16 août 1961 concernant les procédures et pratiques administratives relatives à l'introduction,

et la directive n° 64/240 du 25 mars 1964[357] marquent l'ouverture d'une seconde phase transitoire préparée dès 1962. Ils se caractérisent par la substitution de la priorité européenne à la priorité nationale pour accéder au marché de l'emploi. A la différence des instruments de 1961 qui excluaient certaines catégories de travailleurs (frontaliers et saisonniers, artistes et musiciens, etc.), le règlement et la directive de 1964 ont une portée générale et bénéficient notamment aux salariés envoyés à l'étranger par l'employeur dans le cadre de la liberté d'établissement ou de la libre prestation de services. Ces textes reconnaissent au travailleur migrant « le droit de faire venir sa famille », ils en autorisent les membres à s'inscrire dans un établissement d'enseignement ou de formation professionnelle, voire même d'occuper un emploi, à la seule condition que le travailleur dispose d'un logement « normal ». Toutefois une clause de sauvegarde prévue à l'article 2 du règlement permet néanmoins aux Etats membres de suspendre la libre circulation s'il existe un excèdent de main-d'œuvre sur le marché national du travail. Il faudra attendre 1968 pour que les dernières restrictions à la liberté de circulation des travailleurs soient levées.

Le règlement n° 1612/68 et la directive n° 360/68 du 15 octobre 1968 obligeront finalement les Etats membres de supprimer toute disposition nationale restrictive ou discriminatoire[358]. Le statut privilégié des travailleurs communautaires est défini à l'article premier du règlement 1612/68 : « Tout ressortissant d'un Etat membre, quel que soit le lieu de sa résidence, a le droit d'accéder à une activité salariée et de l'exercer sur le territoire d'un autre Etat membre, conformément aux dispositions législatives, réglementaires et administratives régissant l'emploi des travailleurs nationaux de cet Etat ». Ce règlement organise conjointement le principe de compensation entre les offres et les demandes d'emploi. Avec la Directive n° 360/68, il reconnaît l'accès à l'emploi de la famille des travailleurs communautaires.

Pour les rédacteurs du règlement n° 1612/68, le libre accès à l'emploi et la libre circulation sont des droits fondamentaux devant bénéficier aux travailleurs

---

l'emploi te le séjour des travailleurs d'un Etat membre ainsi que leur famille dans les autres Etats membres de la Communauté, JOCE, n° 80 du 13 décembre 1961, p. 1513.

357 Règlement n°38/64 et directive n° 38/64 du 25 mars 1964, JOCE, n° 62 du 17 avril 1964, pp. 965 et 981.

358 Règlement n° 1612/68 du Conseil du 15 octobre 1968 relatif à la libre circulation des travailleurs à l'intérieur de la Communauté, et Directive du Conseil du 15 octobre 1968, n° 68/360/CEE relative à la suppression des restrictions au déplacement et au séjour des travailleurs des Etats membres et de leur famille à l'intérieur de la Communauté. JOCE, n° L 257 du 19 octobre 1968.

communautaires et à leur famille[359]. La Cour de justice a confirmé cette conception protectrice dans l'arrêt *Heylens*[360]. Dans un arrêt du 24 avril 1974, La Cour a réaffirmé « le caractère absolu de l'interdiction » de toute discrimination en matière d'accès à l'emploi et de conditions de travail[361].

Le préambule du règlement considère, entre autres, que « la libre circulation constitue pour les travailleurs et leur famille un droit fondamental » ; ce droit « exige, pour qu'il puisse s'exercer dans les conditions objectives de liberté et dignité,…, que soient éliminés les obstacles qui s'opposent à la mobilité des travailleurs notamment en ce qui concerne le droit pour le travailleur de se faire rejoindre par sa famille et les conditions d'intégration de cette famille dans le milieu du pays d'accueil »[362]. L'article 10 énumère les conditions dans lesquelles les membres de la famille du travailleur ont le droit de s'installer avec ce dernier[363]. La notion de « personne à charge » est déterminante pour définir la famille du travailleur communautaire et permettre à celle-ci de bénéficier de la protection du droit communautaire. Une fois de plus, c'est la Cour qui a défini le sens de cette expression : elle indique qu'il s'agit d'un membre de la famille dont « le soutien » est assuré par le travailleur communautaire[364].Toutefois les dispositions relatives à la libre circulation des personnes devant « être interprétées largement », elle n'a pas exigé de preuve contraignante. En outre, l'article 11 du règlement accorde le droit à l'épouse et aux enfants mentionnés à l'article 10 d'exercer une activité salariée.

Le statut de travailleur est maintenu dans la directive n° 2004/38/CE[365], qui le cite distinctement lorsqu'elle entreprend une énumération

---

359 Exposé des motifs du règlement n° 1612/68.

360 CJCE, arrêt du 15 octobre 1987, Heylens, aff. 222/86, op. cit., le quatorzième attendu.

361 CJCE, arrêt du 4 avril 1974, Commission c/ République française, aff. 167/73, Rec., p. 359.

362 Ce droit est précisé aux articles 10 et suivants de ce règlement, ainsi que dans plusieurs dispositions de la directive n° 68/360/CEE.

363 Ainsi, ont le droit de s'installer avec le travailleur ressortissant d'un Etat membre employé sur le territoire d'un autre Etat membre, quelle que soit leur nationalité : son conjoint et leurs descendants de moins de 21 ans ou à charge, les ascendants de ce travailleur et de son conjoint qui sont à charge.

364 CJCE, arrêt du 18 juin 1987, Lebon c/ CPAS Courcelles, aff. 316/85, Rec., 1987, p. 2382, les attendus 22 et 23 de l'arrêt.

365 La Directive n° 2004/38/CE du Parlement européen et du Conseil du 29 avril 2004 relative aux droits des citoyens de l'Union européenne et des membres de leur famille de circuler et de séjourner librement sur le territoire des Etats membres, JO, 2004, L 299, p. 35.

sectorielle[366]. En effet, les travailleurs salariés continuent à être régis, en plus de la nouvelle directive, par le règlement n° 1612/68, relatif à la libre circulation des salariés à l'intérieur de la Communauté[367]. Cette directive est souvent appelée « la refonte »[368] dans les milieux communautaires. Ce texte réalise effectivement une codification, mais pas à droit constant, du droit communautaire de la libre circulation des personnes. En effet, la directive ne remplace pas moins de neuf directives antérieures que son article 38 abroge, et elle modifie le règlement n° 1612/68[369]. Elle procède d'une part à une synthèse de différents textes et de jurisprudence, d'autre part à une reforme fondamentale, par la création d'un « droit de séjour permanent » offrant à tout citoyen européen un droit de séjour inconditionnel après cinq ans de résidence dans autre Etat membre.

b L'égalité de traitement dans les conditions de travail, y compris les avantages annexes

Le principe d'égalité de traitement implique « l'abolition de toute discrimination, fondée sur la nationalité, entre les travailleurs des Etats membres, en ce qui concerne l'emploi, la rémunération et les autres conditions de travail ». Le titre II du règlement 1612/68, intitulé « De l'exercice de l'emploi et de l'égalité de traitement », précise l'étendue de ce principe et confirme « la dimension humaine et sociale de la Communauté européenne »[370]. Le principe de non-discrimination est défini dans des termes suffisamment généraux qu'il peut s'appliquer aux actes émanant de personnes privées et qu'il n'impose pas une forme juridique

---

366 Article 7 : Travailleur, étudiant, le citoyen disposant de ressource suffisants, l'ancien travailleur en incapacité ou au chômage involontaire.

367 Philippe de Bruycker, « La libre circulation des citoyens européens entre codification et réforme », in CARLIER Jean-Yves et Elspeth (dir.), *L'avenir de la libre circulation des personnes dans l'UE,* Bruylant, 2006, pp. 21–43, ici p. 25.

368 BRUYCKER (de) Philippe, « La libre circulation des citoyens européens entre codification et réforme », in CARLIER Jean-Yves et GUILD Elspeth (dir.), *L'avenir de la libre circulation des personnes dans l'UE,* Bruylant, 2006, pp. 21–43, ici p. 22 ; ILIOPOULOU Anastasia, « Le nouveau droit de séjour des citoyens de l'Union et des membres de leur famille : la directive n° 2004/38/CE », RDUE, 2004, p. 523 ; CANDELA SORIANO Mercedes, « Libre circulation et de séjour dans l'UE : la directive 2004/8 au regard des droits de l'homme », J.T.D.E, 2005, p. 193.

369 La directive n° 2004/38/CE abroge au 30 avril 2006 les directives CEE 64/221, 68/360, 72/194, 73/148, 75/34, 75/35, 90/364, 90/365 et 93/96, ainsi que les articles 10 et 11 du règlement 1612/68/CEE.

370 SCHOCKWEILER Fernand, *La dimension humaine et sociale de la Communauté européenne,* RMUE, pp. 11–45.

particulière. Dans l'arrêt *Walrave*[371], la Cour a précisé que « l'interdiction des discriminations fondées sur la nationalité s'impose non seulement à l'action des autorités publiques », mais qu'il faut aussi étendre ce principe « aux réglementations d'une autre nature visant à régler, de façon collective, le travail salarié et les prestations des services ». Dans l'arrêt *Dona,* elle a même utilisé l'expression imprécise de «mesure étatique ». Ce principe a donc une portée large et concerne aussi bien les conditions de travail et d'emploi que les avantages sociaux et fiscaux, ou encore les droits syndicaux des travailleurs communautaires.

L'article 7.1 du règlement prévoit que : «le travailleur ressortissant d'un Etat membre ne peut, sur le territoire d'un autre Etat membre, être, en raison de sa nationalité, traité différemment des travailleurs nationaux, pour toutes conditions d'emploi et de travail, notamment en matière de rémunération, de licenciement, et de réintégration professionnelle ou d'emploi s'il est tombé au chômage ».

Parmi l'abondante jurisprudence rendue sur la base de cet article, nous retiendrons trois arrêts. Dans l'affaire *Ugliola*[372], la Cour a considéré comme devant entrer dans le calcul de l'ancienneté du salarié, la durée du service militaire effectué par un ressortissant italien travaillant en Allemagne, dans la mesure où les Allemands eux-mêmes peuvent bénéficier d'une telle disposition. Puis, dans l'affaire *Sotgiu*, concernant encore un ressortissant italien, la Cour a condamné « non seulement les discriminations ostensibles, fondées sur la nationalité, mais encore toutes formes dissimulées de discrimination qui, par l'application d'autres formes de distinction, aboutiraient en fait au même résultat »[373]. Enfin, toute disposition qui placerait dans une situation précaire les travailleurs ressortissants des autres Etats membres, en leur imposant notamment des contrats à durée déterminée sans garantie de renouvellement, constituent un traitement discriminatoire[374].

Le travailleur communautaire et sa famille[375] doivent bénéficier « des mêmes avantages sociaux et fiscaux que les travailleurs nationaux » (art 7.2), de l'égal accès à « l'enseignement des écoles professionnelles » (art. 7.3) et « de tous les droits et de tous les avantages accordés aux travailleurs nationaux en matière de logement, y compris l'accès à la propriété du logement dont il a besoin » (art. 9). Cette notion est devenue l'un des fondements de l'évolution du droit à la libre

---

371 CJCE, arrêt du 12 décembre 1974, Walrave, aff. 36/74, Rec., 1974, p. 1405, le dix-septième attendu de l'arrêt.

372 CJCE, arrêt du 15 octobre 1969, aff.15/69, Salvatore Ugliola, Rec, 1969, p. 363.

373 CJCE, arrêt du 12 février 1974, Sotgiu, aff. 152/73, Rec., 1974, p. 154.

374 CJCE, arrêt du 10 juin 1987, Commission c/ Italie, aff. 225/85, Rec., 2605.

375 CJCE, arrêt du 30 septembre 1975, Cristini, aff. 32/75, Rec., 1975, p. 1085.

circulation qui constitue la base de la Constitution économique de l'Union européenne. Là encore, c'est la jurisprudence de la Cour qui a précisé le sens de ces articles en donnant une définition très large de la notion d'avantages sociaux. Ainsi, le domaine d'application du principe d'égalité de traitement doit être considéré de manière à inclure tous les avantages sociaux que ceux-ci soient ou non attachés à un contrat de travail, telle que les réductions pour les familles nombreuses[376]. Aussi, selon la jurisprudence de la Cour, le droit à l'égalité de traitement n'est pas seulement applicable pour les travailleurs, mais également pour les membres de familles survivants, au terme du Règlement n° 1251/70[377].

La Cour permet également aux travailleurs migrants de bénéficier des droits suivants selon les dispositions du règlement 1612/68 : l'aide pour couvrir les frais d'inscription et de scolarité[378], l'octroi de prêts sans intérêts pour la naissance d'un enfant[379], du « minimex »[380] ; de facilités financières pour l'achat ou l'entretien du logement du travailleur migrant [381], la faculté d'utiliser sa propre langue dans une procédure judiciaire[382], l'assimilation du partenaire ou conjoint[383], ou encore droit pour le fils, déficient intellectuel, d'un travailleur migrant de bénéficier de l'action du fonds national de reclassement des handicapés ayant pour objet la formation professionnelle[384]. Toutefois, les avantages qui sont basés sur le schéma de reconnaissance nationale, ne peuvent pas être considérés comme des avantages accordés à des travailleurs nationaux pour raison de leur statut en tant que travailleur ou résident sur le territoire national. C'est la raison pour laquelle ces avantages ne remplissent pas les caractéristiques essentielles des « avantages sociaux mentionnés dans l'article 7 (2) du Règlement n° 1612/68 »[385].

La directive 2004/38 apporte quelques nouveautés qui renforcent le statut juridique des membres de la famille exerçant le droit de libre circulation. D'abord,

---

376 CJCE, arrêt du 30 septembre 1975, aff.32/75, Christini c/ SNCF, Rec., 1975, p. 1085.

377 CJCE, arrêt du 16 décembre 1976, aff.63/76, Inzirillo c/ Caisse d'allocations familiales de l'arrondissement de Lyon, Rec., 1976, p. 2057

378 CJCE, arrêt du 21 juin 1988, Lair, aff. 39/86, Rec., 1988, p. 386.

379 CJCE, arrêt du 14 janvier 1982, Reina, aff. 65/81, Rec., 1982, p. 33.

380 CJCE, arrêt du 18 juin 1987, Lebon, aff. 316/85, Rec., 1987, p. 2811..

381 CJCE, arrêt du 16 mai 1989, Réglementation allemande relative au séjour des ressortissants de la CE, aff. 249/86, Rec., p. 3945.

382 CJCE, arrêt du 11 juillet 1985, Mutsch, aff. 137/84, Rec., 1985, p. 2681.

383 CJCE, arrêt du 17 avril 1986, Reed, aff. 59/85, Rec., 1986, p. 1283.

384 CJCE, arrêt du 11 avril 1973, aff.76/72, Michel S c/ Fonds National de Reclassement des Handicapés, Rec., 1973, p,457.

385 CJCE, arrêt du 31 mai 1979, aff.207/78, Ministère Public c. Even and ONPTS, Rec., 1979, p. 2019.

l'article 22 de la directive concrétise le principe non-discrimination à l'égard du champ d'application territorial du droit de séjour, en permettant uniquement aux Etats membres d'établir des limitations territoriales dans le cas où elles sont prévues également pour leurs ressortissants. Par cette disposition, le législateur communautaire reprend la jurisprudence *Rutili*[386]. Puis, tous les membres de la famille ayant un droit de séjourner dans l'Etat membre d'accueil ont le droit d'y entamer une activité lucrative au titre de travailleur salarié ou non salarié[387]. Ensuite, tous les membres de la famille bénéficient du droit au traitement national, en particulier de tous les droits, notamment à caractère social garantis aux ressortissants de l'Etat membre en question[388].

3. *Les restrictions propres aux emplois dans l'administration publique.*

Aux termes de l'article 39.4 TCE, les Etats membres peuvent réserver pour leurs ressortissants les emplois dans l'administration publique. A notre sens cela doit être considéré comme une restriction en ce qui concerne la portée de la Constitution économique.

La notion « d'administration publique » a pourtant des significations différentes selon les pays. De la même manière, l'étendue du domaine d'activité relevant du secteur public peut varier d'un Etat à l'autre. De ce fait, il n'est pas possible de laisser à la discrétion de chaque Etat membre la définition de « l'administration publique ». « Si les Etats membres étaient libres de définir non seulement les conditions d'acquisition de leur nationalité (…), mais aussi de définir les conditions d'accès à l'administration publique, (…) tous les emplois dans l'administration même seraient alors réservés aux nationaux »[389]. La Cour de Justice a précisé la signification de cette notion fondamentale dans une série d'arrêts favorables à la liberté de circulation. Elle a exclu un certain nombre d'emplois du champ de l'administration publique.

Ainsi, dans l'arrêt *Sotgiu* précité, la Cour a refusé d'être liée par la création d'un lien juridique qui unit l'administration et le travailleur. Il importe peu qu'un « travailleur se trouve engagé en qualité d'ouvrier, d'employé ou de fonctionnaire, ou encore si son lien d'emploi relève du droit public ou privé », cette qualification

---

386 CJCE, arret du 28 octobre 1975, aff. 36/75, Rutili, Rec., p. 1219.

387 Article 23.

388 Article 24. Ici le législateur communautaire reprend la jurisprudence de la Cour dans l'arrêt du 12 mais 1988, aff. 85/96, Martinez-Sala, Rec., 1998, p. I-2691.

389 CURRAL J., « La Communauté et les fonctions publiques nationales », Revue Française de l'Administration Publique, n° 48, octobre-décembre 1988.

relève des législations nationales et ne saurait constituer « un critère d'appréciation approprié aux exigences du droit communautaire »[390]. Elle a précisé dans un autre arrêt qu'il convient d'éviter que l'effet utile et la portée des dispositions du Traité relatives à la libre circulation des travailleurs et l'égalité de traitement des ressortissants de tous les Etats membres, soient limités par des interprétations de la notion d'administration publique tirées du seul droit national et qui feraient échec à l'application des règles communautaires. L'article 48, paragraphe 4, du Traité CEE, devenu, après modification, l'article 39 TCE, en visant les emplois qui comportent l'exercice de la puissance publique et l'attribution des responsabilités pour la sauvegarde des intérêts généraux des Etats, permet aux Etats membres de réserver, « aux ressortissants nationaux l'accès aux emplois qui comportent l'exercice d'une telle puissance et de telles responsabilités… Une telle interprétation, qui a pour effet d'exclure les ressortissants des autres Etats membres de la généralité des emplois dans l'administration publique, ne peut être admise »[391]. Ainsi, la Haute Juridiction a refusé de considérer comme faisant patrie de l'administration publique les emplois exercés dans les chemins de fer[392], ceux d'infirmier[393], ainsi que ceux de chercheur et d'enseignant.

Les emplois exercés dans les ministères, les gouvernements régionaux, les collectivités territoriales, les banques centrales, relèvent de l'article 48.4, devenu, après modification, l'article 39.4 TCE, dans la mesure où ces personnels participent à l'élaboration, à la mise à exécution ou au contrôle de l'application d'actes juridiques de droit public. Par contre, les services opérationnels de la santé publique, l'enseignement ou la recherche menés à des fins civils dans des établissements publics, ainsi que les organismes chargés de gérer un service commercial, doivent bénéficier de la liberté de la circulation[394].

C) L'accès au territoire des Etats membres comme une conséquence du libre accès à l'emploi

Il était difficile pour les rédacteurs du Traité de Rome d'imaginer que le cadre qu'ils établissaient, allait avoir des effets d'engrenage dans plusieurs domaines. Ainsi que nous venons de le voir dans les développements précédents, ce qui

390 CJCE, arrêt du 12 février 1974, Sotgiu, aff. 152/73, op. cit.
391 CJCE, arrêt du 17 décembre 1980, Commission c/ Belgique, aff. 149/79, Rec., p. 388.
392 Ibid.
393 CJCE, arrêt du 3 juillet 1986, Lawrie-Blum, aff. 66/85, Rec., 1986, p. 2121.
394 DOLLAT Patrick, *Libre circulation des personnes et citoyenneté européenne : enjeux et perspectives*, op. cit. p. 47.

facilite/provoque le développement d'une politique sociale communautaire, c'est avant tout la liberté de circulation. En effet, il ne suffit pas de reconnaître aux travailleurs communautaires le droit à la libre circulation, il faut créer les conditions nécessaires pour sa réalisation efficace. Cela nécessite la lutte contre les discriminations de toutes sortes et dans tous les domaines. Sans cela, en dépit des stipulations évidentes du Traité, le projet de départ, une Communauté « sans cesse plus étroite », ne saurait se réaliser.

Nous avions également vu que, exceptions faites des limitations concernant la préservation de la santé, de la sécurité ou de l'ordre publics, l'article 39.3 TCE donne un contenu précis à la libre circulation des travailleurs communautaires, et identifie les conditions d'accès au territoire des Etats membres : il reconnaît les droits de se déplacer (1), de séjourner (2) et de demeurer (3). Aux termes de l'article 10 du règlement n° 1612/68 et des dispositions de la directive n° 360/68, ces droits bénéficient également aux membres de la famille du travailleur. Sans la reconnaissance de ces droits, la liberté de circulation prévue comme fondement de la Constitution économique ne connaîtrait pas son épanouissement actuel. C'est en cela qu'il convient d'analyser ces développements comme éléments constitutifs de la mise en œuvre de la politique sociale communautaire.

1. La liberté de déplacement des travailleurs communautaires

L'organisation de cette liberté fait l'objet de la directive n° 360/68[395] dont l'article premier, qui est une disposition audacieuse, supprime «les restrictions au déplacement, et au séjour des ressortissants des Etats membres et des membres de leurs familles auxquels s'applique le règlement n° 1612/68 ».

La suppression des restrictions au déplacement entre les Etats membres part du principe que « les travailleurs potentiels ne sont pas identifiables » ; ce principe suppose la reconnaissance aux ressortissants du droit d'entrer et de quitter librement le territoire des Etats membres en vue d'accéder à une activité salariée tout simplement en présentant une carte d'identité ou d'un passeport en cours de validité. Or, depuis 19ème siècle, le « franchissement d'une frontière constitue non seulement un acte juridique national et international… mais un acte juridique que les individus ne peuvent exercer sans l'autorisation ou tout du moins sans dispense d'autorisation »[396]. Cette autorisation préalable est désignée sous le nom de « visa ». Les cas de dispense de visa sont rares et les ressortissants

---

395 JOCE, n° L 257 du 19 octobre 1968, op. cit.

396 LARY (de) Henri, *La liberté de circulation des travailleurs dans la CEE*, Paris, PUF, 1992, p. 5.

communautaires en bénéficient au titre de la liberté de circulation, droit qui est exercé sur simple présentation de la carte d'identité ou d'un passeport en cours de validité[397]. Aucun visa d'entrée, ni obligation équivalente, ne peut être imposée[398], sauf aux membres de la famille qui ne possèdent pas la nationalité d'un Etat membre. La Cour de Justice a souligné ce principe dans l'arrêt *Pieck*[399]. En l'espèce, le Royaume-Uni s'est vu refuser le droit de lier l'accès au territoire britannique à l'apposition d'une mention en autorisant l'entrée pour six mois. De plus, la présentation d'une carte d'identité ou d'un passeport en cours de validité ne saurait conditionner l'entrée sur le territoire d'un Etat membre et elle ne doit pas constituer une entrave à la libre circulation en revêtant un caractère « systématique, arbitraire, ou inutilement contraignant »[400].

En dépit de garanties découlant du traité et de la jurisprudence en ce qui concerne la liberté de circulation, les Etats membres ne sont pas sans prérogatives pour prendre les mesures nécessaires en vue de contrôler les mouvements des non nationaux. Tout de même, le principe de proportionnalité des sanctions en cas de manquement aux formalités administratives apparaît comme fondamental. Ainsi, dans l'arrêt *Watson*[401], la Cour a précisé que les Etats membres disposent du droit d'avoir une information exacte en ce qui concerne les mouvements de population sur leur territoire. Toutefois, des mesures dites proportionnelles peuvent constituer un obstacle à la liberté de circulation ne sont pas justifiées. A cette fin, ils peuvent imposer aux migrants communautaires de signaler leur présence sur le territoire national. L'Etat d'accueil peut aussi sanctionner les ressortissants communautaires qui ne respectent pas les formalités fixées par la directive n° 68/360, sans toutefois que la nature de ces sanctions puissent constituer « une entrave à la libre circulation des personnes »[402]. La condamnation au paiement d'une amende reste la sanction la plus appropriée, mais les peines d'emprisonnement ou d'expulsion sont évidemment exclues car elles « constituent la négation du droit même conféré et garanti par le Traité »[403]. Ces garanties donnent à la liberté de déplacement un régime juridique très

397 Articles 1.1 et 3.1.

398 Articles 2.4 et 3.2.

399 CJCE, arrêt du 11 juillet 1980, Regina c/ Pieck, aff. 157/79, Rec., 1980, p. 2185.

400 CJCE, arrêt du 27 avril 1989, Commission c /Royaume de Belgique, aff. 3211/87, Rec., 1989, p. 997.

401 CJCE, arrêt du 7 juillet 1976, aff.118/75, Watson, Rec., 1976, p. 1185.

402 Ibid.

403 CJCE, arrêt du 11 juillet 1980, Régina c/ Pieck, op. cit.

favorable aux ressortissants communautaires. Il est complété par le droit de séjourner sur le territoire des Etats membres.

2. Le droit des travailleurs communautaires de demeurer

L'article 7 de la Directive n° 68/360/CEE prévoyait que « la carte de séjour en cours de validité ne peut être retirée au travailleur du seul fait qu'il n'occupe plus d'emploi, soit que l'intéressé ait été frappé d'une incapacité temporaire de travail résultant d'une maladie ou d'un accident, soit qu'il se trouve en situation de chômage involontaire dûment constatée par le bureau de main-d'œuvre compétent ». Cet article est complété par le règlement n° 1251/70 de la Commission[404] qui considère « que le droit de séjour, acquis pour les travailleurs actifs, a pour corollaire le droit contenu par le traité aux dits travailleurs de demeurer sur le territoire d'un Etat membre après y avoir occupé un emploi ». Les possibilités de reconnaissance du droit de demeurer sont au nombre de trois et font l'objet de l'article 2.1 du règlement n° 1251/70 : avoir atteint l'âge de la retraite, être victime d'une incapacité permanente de travail ou encore être devenu un travailleur frontalier. Cette directive est complétée par la directive n° 72/194[405] du Conseil du 18 mai 1972, qui étend « aux travailleurs qui exercent le droit de demeurer sur le territoire d'un Etat membre après y avoir occupé un emploi, le champ d'application de la directive du 25 février 1964 pour la coordination des mesures spéciales aux étrangers en matière de déplacement et de séjour justifiées par des raisons d'ordre public, de sécurité publique et de santé publique ».

Là encore, la reconnaissance de ces droits s'impose comme une nécessité dans le cadre de la Constitution économique, qui dès le début n'avait pas dissimulé ses ambitions sociales. C'est cette idée qui avait motivé la Commission à adresser une recommandation le 14 mai 1986 aux Etats membres pour les inviter à créer une carte de citoyen européen de plus de 60 ans. Cette carte devait permettre à ses détenteurs de « bénéficier des avantages réservés aux personnes âgés dans les Etats membres »[406]. Cette recommandation fait suite à la communication de la Commission sur « l'Europe des citoyens »[407] ; la Commission y dénonçait

404 Règlement n° 1251/70/CEE de la Commission du 29 juin 1970 relatif au droit des travailleurs de demeurer sur le territoire d'un Etat membre après y avoir occupé un emploi, JOCE, n° L 142 du 30 juin 1970, premier considérant.

405 JOCE, n° L 121/26 du 26 mai 1972.

406 JOCE, n° C 148 du 16 juin 1986.

407 COM (88) 331 final.

notamment l'attitude des Etats membres qui ne voulaient pas « reconnaître le droit de séjour aux retraités sous prétexte qu'ils ne seraient pas économiquement actifs ».

3. *L'exercice du droit à la libre circulation des membres de la famille du travailleur/citoyen*

a Le droit d'accès pour la famille du travailleur communautaire

La Constitution économique de la Communauté/Union ne pourrait rester indifférente à la famille des travailleurs. C'est pour compléter l'intégration sociale du travailleur dans son milieu d'accueil qu'elle a dû prévoir des dispositions permettant le libre accès au territoire des Etats membres, des membres de la famille de celui-ci. C'est la raison pour laquelle ce droit remplit à nos yeux une fonction sociale primordiale. Ainsi, la famille du travailleur communautaire doit également bénéficier du droit d'accès au territoire des Etats membres : le rapprochement familial ne doit pas être entravé par les formalités d'obtention de visa ou de la carte de séjour, il dépendra uniquement des conditions de logement. Les membres de la famille doivent également faire preuve d'un document sous le couvert duquel ils ont pénétré sur le territoire, ainsi que le document délivré par l'autorité compétente de l'Etat d'origine ou de provenance prouvant leur lien de parenté et un document prouvant qu'ils sont à la charge du travailleur ou qu'ils vivent sous son toit dans ce pays. Selon la directive n° 68/360, les membres de la famille d'un travailleur communautaire qui ont la nationalité d'un Etat membre, sont dispensés de l'obligation de présenter un visa, ils se verront délivrer « un document de séjour ayant la même validité que celui délivré au travailleur » qui leur ouvrira ce droit.

Une fois reconnu le lien de parenté avec le travailleur, le paragraphe 3 de l'article 10 de la directive n° 68/360/CEE pose la condition suivante pour le rapprochement familial : « le travailleur doit disposer d'un logement pour sa famille, considéré comme normal pour les travailleurs nationaux dans la région où il est employé, sans que cette disposition puisse entraîner de discriminations entre les travailleurs nationaux et les travailleurs en provenance d'autres Etats membres ». Cette condition ne saurait justifier le refus de la prolongation du titre de séjour des membres de la famille au motif que le logement occupé serait devenu ultérieurement inapproprié[408]. En outre, les membres de la famille du travailleur

408 CJCE, arrêt du 18 mai 1989, Commission c/ République Fédérale d'Allemagne, aff. 249/89, Rec., 1989, p. 1263.

communautaire ne sont pas obligés de résider en permanence avec lui. C'est ainsi que la Cour a admis qu'une femme sénégalaise venue rejoindre son mari français résidant à Berlin, prenne un logement distinct et occupe un emploi où elle désire sur l'ensemble du territoire allemand, sans que son droit au séjour puisse être remis en cause[409].

Dans cette perspective, la directive n° 2004/38/CE règle tout d'abord une réalité antérieure au séjour proprement dit, à savoir la sortie de l'Etat membre d'origine et l'entrée sur le territoire de l'Etat membre de l'accueil. A cet égard, la directive reprend une bonne partie des dispositions de la directive 68/360/CE. Il s'ensuit que les membres de la famille d'un citoyen de l'Union ayant eux-mêmes la nationalité d'un Etat membre doivent seulement être munis d'une carte de séjour ou d'un passeport en cours de validité pour entrer et sortir du territoire des Etats membres. En revanche, les membres de la famille du citoyen de l'Union, ayant la nationalité d'un Etat tiers, n'ont en principe pas le droit d'entrer librement sur le territoire de l'Etat membre d'accueil pour rejoindre le conjoint exerçant son droit de libre circulation. Toutefois, la directive introduit à cet égard trois nouveautés. En premier lieu, ils ne sont soumis qu'à l'obligation de visa d'entrée conformément au règlement n° 539/2001/CE, s'ils sont ressortissants d'un Etats tiers compris dans la liste dite « noire »[410]. En outre, lorsqu'ils sont en possession d'une carte de séjour en cours de validité, émise par un Etat membre, ils peuvent entrer librement dans le territoire d'un autre Etat membre. Enfin, lorsque le membre de la famille du ressortissant communautaire n'a pas de document de voyage, l'Etat membre d'accueil ne pourra lui refuser l'entrée sans lui avoir donné l'opportunité d'obtenir dans un délai raisonnable les documents nécessaires[411].

b Le séjour des membres de la famille

Avant les trois directives de 1990, le droit de séjourner librement ne pouvait s'exercer que pour une période de trois mois. Au-delà de ce délai, les travailleurs devaient détenir un titre de séjour. Ce droit était initialement reconnu pour «accéder à une activité salariée et l'exercer »[412], pour s'établir « afin d'exercer une activité non-salarié », ou encore pour recevoir une prestation de services[413].

---

409 CJCE, arrêt du 13 février 1985, Diatta c/ Land de Berlin, aff. 267/83, Rec., 1985, p. 568.

410 Article 5, paragraphe 2.

411 La directive intègre ainsi la jurisprudence MRAX ; arrêt du 25 juillet 2002, aff., C-459/99, Rec., p. I-6591.

412 L'article 2 de la directive 68/360.

413 L'article 1 de la directive 73/148.

Néanmoins l'article 39.3 TCE, énonce que la liberté de circulation comporte le droit « de répondre à des emplois effectivement offerts » et il est susceptible d'une interprétation plus ou moins favorable aux travailleurs communautaires.

La jurisprudence de la Cour a privilégié une lecture des normes communautaires très favorables à la liberté de circulation en y incluant la recherche d'emploi. Dans l'arrêt *Royer*[414], la Cour déclare que le droit de séjourner « aux fins voulues par le Traité, notamment pour y rechercher un emploi ou exercer une activité professionnelle, salariée ou indépendante, constitue un droit directement conféré par le Traité ou selon le cas par les dispositions prises pour la mise en œuvre de celui-ci ». Il suffit donc que les emplois soient globalement offerts pour les migrants communautaires et que le demandeur puisse rendre compte des démarches qu'il effectue pour trouver un travail.

La création d'une « carte de séjour de ressortissant d'un Etat membre de la Communauté », délivrée en application du règlement n° 1612/68, constitue l'une des principales innovations de la directive de 1968. Auparavant, la validité de la carte de séjour du travailleur communautaire était étroitement liée à celle de sa carte de travail. Avec la directive n° 360/68, tel n'est plus le cas, et les délais nécessaires à l'obtention de cette carte ne doivent plus entraver l'exécution immédiate d'un travail. Pour obtenir le permis, le travailleur doit présenter le document sous couvert duquel il est entré sur le territoire ainsi qu'une preuve d'engagement de l'employeur ou une attestation de travail. Les conditions d'attribution de cette carte permettent de distinguer clairement la situation du ressortissant d'un Etat membre de la Communauté et celle d'un autre étranger. Son attribution est de droit et n'implique aucun pouvoir d'appréciation des autorités nationales, dès lors que deux exigences sont satisfaites : détenir une carte d'identité ou un passeport et présenter une déclaration d'engagement de l'employeur au sens de la directive n° 73/148[415]. Cette carte a une durée de validité de cinq ans au moins sur l'ensemble du territoire de l'Etat d'accueil et elle est renouvelable automatiquement.

Il apparaît clair que les ressortissants communautaires ont le droit de résidence au terme du Traité et que l'absence de permis de séjour ne peut pas justifier une décision d'éloignement. Par contre, la situation est moins claire quant il s'agit

414 CJCE, arrêt du 8 avril 1976, aff.48/75, Jean-Noël Royer, Rec., 1976, p. 497.

415 Directive n° 73/148/CEE du Conseil du 21 mai 1973 relative à la suppression des restrictions au déplacement et au séjour des ressortissants des Etats membres à l'intérieur de la Communauté en matière d'établissement et de prestations de services. JOCE, n° L 172 du 28 juin 1973.

d'un travailleur qui quitte son emploi ou devient chômeur, ou d'une personne ayant des ressources limitées cherchant un travail depuis un certain temps sans pouvoir en trouver. L'unique mention du chômage dans la Directive n° 68/360 est l'article 7 (1) qui stipule que le permis de séjour ne peut être retiré au travailleur pour la simple raison que ce dernier est inemployé soit involontairement, soit pour cause d'incapacité due à une maladie ou un accident. La Directive ne prévoit pas de disposition concernant le cas des chômeurs volontaires[416].

Le droit communautaire se réfère à l'appartenance à des catégories, ce qui rend les normes applicables plus complexes. Le droit de séjour est aussi, le cas échéant, limité dans le temps. Concrètement, les pauvres, les sans-emploi, les travailleurs précaires et certains membres de famille peuvent se trouver exclus du droit de séjour. Les personnes sans emploi relèvent de solutions disparates. La personne arrivant dans un Etat membre pour chercher un emploi, bien qu'ignorée dans la Directive n° 68/360, bénéficie de la jurisprudence *Antonissen*[417], c'est-à-dire d'un droit de séjour pendant une « durée raisonnable », délai fixé en principe par l'Etat d'accueil et susceptible d'être prolongé si l'intéressé « apporte la preuve qu'il continue à chercher un emploi et qu'il a des chances véritables d'être engagé ». Pour les travailleurs titulaires des contrats à durée déterminée, la Directive n° 68/360 prévoit un titre de séjour temporaire dont la durée peut être limitée par celle de l'emploi. Pour eux, la précarité du séjour renforce donc celle de l'emploi. On peut prétendre que les périodes successives d'activité se totalisent et ouvrent le droit à la carte de cinq ans, mais la pratique des Etats membres semble être différente. Nous savons par ailleurs que les stagiaires professionnels sont ignorés de la Directive n° 68/380 dans son actuelle rédaction. Par exemple, le travailleur entreprenant des études est censé ne garder cette qualité que sous réserve de l'existence d'un lien avec son activité antérieure.

Le droit de séjour concerne l'exercice du droit à la libre circulation[418]. Avec l'adoption de la directive n° 2004/38/CE[419], le contexte juridique d'exercice du

---

416 CRAIG Paul et BURCA (de) Crainne, op. cit., p. 695.

417 CJCE, 26 février 1991, aff. C-292/89, Antonissen, Rec., 1991, I-745.

418 URBANO de SOUSA Constança, « Le droit des membres de la famille du citoyen de l'Union européenne de circuler et de séjourner sur le territoire des Etats membres dans la directive n° 2004/38/CE », in CARLIER Jean-Yves et GUILD Elspeth (dir.), *L'avenir de la libre circulation des personnes dans l'UE*, Bruylant, 2006, pp. 101–126, ici p. 113.

419 La Directive n° 2004/38/CE du Parlement européen et du Conseil du 29 avril 2004 relative aux droits des citoyens de l'Union européenne et des membres de leurs famille de circuler et de séjourner librement sur le territoire des Etats membres, JO, 2004, L 299, p. 35.

droit de libre circulation a profondément changé. En effet, elle concerne la libre circulation des citoyens de l'Union et des membres de leur famille. Le champ matériel de la « libre circulation » comme le champ personnel des « citoyens de l'Union et des membres de leur famille » y sont précisés. La directive ayant été rédigée très récemment, elle tient compte de l'expérience acquise et de la jurisprudence. Ainsi, d'emblée elle place le citoyen au centre de ses préoccupations. Cette approche s'inscrit évidemment dans la constitutionnalisation politique de l'Union européenne. Toutefois, les modifications introduites par cette directive affectent également la Constitution économique. Comme par le passé, la directive étend le champ d'application personnelle aux membres de la famille du citoyen, quelle que soit leur nationalité, le conjoint, le descendant direct de moins de 21 ans ou à charge, les ascendants directs à charge. S'agissant du conjoint, selon la jurisprudence classique, la cohabitation n'est pas exigée[420]. A l'inverse, en cas de dissolution du lien conjugal, un droit de séjour autonome sera accordé à l'ancien membre de la famille. S'agissant des ascendants à charge, on remarquera qu'un étudiant ne peut le faire bénéficier du droit de séjour[421]. Mais la directive élargit la notion de famille, au regard des textes antérieurs, en y ajoutant « le partenaire avec lequel le citoyen de l'Union a contracté un partenariat enregistré, sur la base de la législation d'un Etat membre, si, conformément à la législation de l'Etat membre d'accueil, les partenariats enregistrés sont équivalent au mariage »[422]. Ainsi, la directive intègre la jurisprudence *Reed*[423], même si on ne voit pas qu'entendre par des partenariats enregistrés équivalents au mariage.

La directive établit trois catégories de séjour dans le cadre de la Constitution économique, caractérisées par leur durée : le court séjour, jusqu'à trois mois, le séjour de trois mois à cinq ans et le séjour permanent, au delà de cinq ans. Le premier type, ouvrant un droit de séjour de moins de trois mois, est en réalité lié au droit d'entrée. Le séjour de longue durée permet à tout citoyen et aux membres de leur famille « de séjourner sur le territoire d'un autre Etat membre pour une durée de plus de trois mois ». La directive qui veut « dépasser l'approche sectorielle et fragmentaire du droit de circuler et de séjourner librement »[424], ne se contente pas de reconnaître ce droit à tout citoyen et aux membres de sa famille, mais reprend une énumération sectorielle à l'article 7, en visant le travailleur,

420 CJCE, arrêt du 13 février 1985, aff. 267/83, Diatta, Rec., p. 128.

421 Article 7, paragraphe 3, qui permet toutefois la faveur de séjour en renvoyant à l'article 3.

422 Article 2, paragraphe 2, b.

423 CJCE, arrêt du 17 avril 1986, aff. 59/85, Reed, Rec., p. 128.

424 Considérant 4.

l'étudiant, le citoyen disposant de ressources suffisantes et, séparément à l'article 8, l'ancien travailleur en incapacité ou chômage involontaire. Bien que regrettable, cette distinction permet à certaines catégories de personnes, particulièrement les travailleurs, de bénéficier de droits sociaux qui ne sont pas accordés à toute personne. En outre, contrairement à ce qui résulte de l'article 10 du règlement 1612/68 pour les travailleurs, le droit de séjour des membres de leur famille n'est plus subordonné à la condition d'un logement approprié. Seuls les membres de la famille ayant la nationalité d'un Etat tiers demeurent soumis à l'obligation de formaliser leur droit de séjour, moyennant « une carte de séjour ». Le droit de séjour permanent est certainement l'innovation majeure de la directive. Elle introduit, après cinq ans, un droit de séjour inconditionnel qui ne permet plus l'expulsion. Ce droit ne pourra être perdu que dans une situation d'absence pendant une période supérieure à deux ans consécutifs ou d'éloignement basé sur des motifs graves d'ordre public ou de sécurité publique[425].

4. *Mesures nationales de restriction des droits de libre circulation*

Les raisons d'ordre public et de santé publique peuvent justifier des mesures nationales de restriction ou de dérogation aux droits de libre circulation de personnes. Dans le cas de libre circulation des travailleurs, la clause d'exception prévue par l'article 39 TCE ne doit être considérée applicable qu'aux droits de mobilité territoriale. Il n'y aurait pas de raison suffisante pour limiter l'accès à un emploi pour des motifs d'ordre public, de sécurité publique ou de santé publique[426].

Appartenant à la première génération de la législation communautaire sur la réalisation de la libre circulation des travailleurs, du droit d'établissement et de la libre prestation des services, la directive n° 64/221[427] traduit une certaine conception de l'invocation des raisons d'ordre public, de sécurité publique et de santé publique en tant qu'exceptions au droit de mobilité territoriale des citoyens des Etats membres. Elle présente la caractéristique singulière d'être le seul acte communautaire applicable à tous ceux qui, sur la base de statuts distincts, sont titulaires du droit au libre déplacement et au séjour sur le territoire d'un Etat membre autre que celui dont ils sont ressortissants[428].

---

425 Article 16.

426 DUARTE Maria Louisa, « Droit de séjour des travailleurs et mesures d'exception », in *Trente ans de libre circulation en Europe*, op. cit., p. 189.

427 JOCE, n°L 14, du 20 janvier 1975, p. 14.

428 Les articles 2, 3 et 4 de la directive définissent les exigences à caractères fonctionnels conditionnant l'application de ces clauses d'exception. Par exemple, les raisons d'ordre public, de sécurité publique et de santé publique ne peuvent pas être invoquées à des

La jurisprudence de la Cour sur les mesures d'exception à la libre circulation des personnes et la directive n° 64/221 présentent les trois volets suivants[429]: limiter autant que possible l'incidence discriminatoire des mesures de police, interpréter de façon restrictive le pouvoir d'appréciation des autorités nationales et interpréter de façon large les normes et les principes visant à assurer aux destinataires des mesures d'exception une protection juridique efficace de leurs droits.

En effet, l'invocation des raisons d'ordre public ou de sécurité publique dépend de la constatation d'une menace réelle et suffisamment grave pour l'ensemble des valeurs et des intérêts fondamentaux de l'Etat membre d'accueil[430]. Une menace ne peut pas être considérée comme suffisamment grave, si elle découle d'un comportement individuel qui, au cas où il serait adopté par des citoyens nationaux, n'entraîne pas l'application des mesures de sanctions identiques, en termes de réactions juridiques, à celles prévues pour les citoyens étrangers. Le danger que représente l'étranger pour les intérêts fondamentaux de la société qui l'accueille doit être apprécié sur la base d'une exigence de discrimination minimale et de proportionnalité dans le choix de la mesure restrictive du droit

---

fins économiques. La directive établit une distinction entre, d'une part, les raisons d'ordre public et de sécurité publique et, d'autre part, les raisons de santé publique.
La directive n° 64/221 définit un régime de garanties procédurales en faveur des destinataires des mesures de police nationales basées sur les dites exceptions (Articles 5 à 9). Toute décision de refus d'entrée, de non acceptation de la demande de séjour ou d'expulsion doit être motivée et les fondements de telles décisions doivent être communiqués à l'intéressé. L'article 8 assure au destinataire de la mesure de restriction le droit d'en contester la légalité et d'utiliser à cet effet les recours ouverts aux nationaux contre les actes administratifs. L'article 9, applicable au processus d'élaboration de la décision fondée sur des raisons d'ordre public, de sécurité publique et de santé publique, prescrit l'obtention préalable d'un avis donné par une autorité compétente différente de celle qualifiée pour prendre la décision.
Ces clauses d'exception reflètent une prérogative connue de la souveraineté de l'Etat : limiter ou empêcher l'accès et les séjours de citoyens étrangers sur son territoire. Cette rentable « clause de souveraineté » en faveur des Etats membres présuppose des mesures discriminatoires en raison de la nationalité. Tout ressortissant d'un Etat membre qui présente une menace grave pour l'ordre public ne peut pas être expulsé de son propre pays. En effet, selon un principe général commun aux droits constitutionnels des Etats membres, l'expulsion de ses ressortissants est interdite. Par ailleurs, les raisons d'ordre public et de sécurité publique, notions juridiques indéterminées, investissent l'autorité nationale d'un pouvoir d'application assez vaste en ce qui concerne le besoin de mesure d'exception.

429 DUARTE Maria Louisa, op. cit., p. 192.

430 CJCE, arrêt Rutilli, op. cit.

à la libre circulation, comme cela a été précisé dans l'arrêt *Royer*[431]. Par ailleurs, dans l'affaire *Gül* de 1986, la Cour a déclaré que des raisons de santé publique ne peuvent pas justifier des mesures nationales de restrictions à l'exercice d'une activité salariée[432]. Dans son arrêt du 28 octobre 1998, la Cour a étendu la portée de la jurisprudence *Gül* aux raisons d'ordre public et de sécurité publique et elle a conclu que celles-ci visent, dans le cadre des articles 39 et 46 TCE, à permettre aux Etats de refuser l'accès ou le séjour sur le territoire.

A ce sujet, la directive n° 2004/38/CE introduit des innovations que l'ancienneté de la directive n° 64/221 rendait nécessaires. La directive s'attache tout d'abord aux dispositions de fond réglant le cas dans lequel un citoyen peut être éloigné de son Etat membre d'accueil. L'article 27.2 rappelle d'emblée le principe de proportionnalité auquel une importance particulière est accordée. L'article 28.1 fournit les critères d'application de ce principe, en précisant que « avant de prendre une mesure d'éloignement du territoire pour des raisons d'ordre public ou de sécurité publique, l'Etat membre d'accueil tient compte notamment de la durée du séjour de l'intéressé sur son territoire, de son âge, de son état de santé, de sa situation familiale et économique, de son intégration sociale et culturelle dans l'Etat membre d'accueil et de l'intensité de ses liens avec son pays d'origine ». Aussi, « le comportement de la personne concernée doit représenter une menace réelle, actuelle et suffisamment grave pour un intérêt fondamental de la société »[433], ce qui reprend l'enseignement des arrêts Rutili et Bouchereau[434].

5. *La coordination des systèmes de sécurité sociale comme garantie de la liberté de circulation*

Pour garantir une véritable liberté de circulation et le développement d'une politique sociale à l'échelle communautaire, il est nécessaire de coordonner les régimes de sécurité sociale. Cela garantit à tous les travailleurs ressortissants des Etats membres, ainsi qu'à leurs ayants droit, le bénéfice de prestation de sécurité sociale indépendamment de leur lieu d'emploi ou de résidence[435]. Sans cette protection, les travailleurs désireux de bénéficier du droit de libre circulation risqueraient de perdre les droits acquis, totalement ou partiellement, dans leur

---

431 CJCE, arrêt, op. cit.

432 CJCE, arrêt du 7 mai 1986, aff.131/85, Emir Gül c/ Regierungspraisident Düsseldorf, Rec., 1986, p. 1573.

433 Article 27, paragraphe 2, second alinéa.

434 CJCE, arrêt du 27 octobre 1977, aff. 30/77, Bouchereau, Rec., p. 1999.

435 QUINTIN Odile et FAVAREL-DAPAS Brigitte, *L'Europe sociale : Enjeux et réalités*, op cit., p. 64

pays d'origine[436]. Ainsi, la coordination des systèmes de sécurité sociale apparaît comme l'un des éléments constitutifs de la libre circulation.

L'article 51 du Traité de Rome (nouvel article 42) avait prévu que le Conseil adopte dans le domaine de la sécurité sociale, les mesures nécessaires pour l'établissement de la libre circulation des travailleurs, en instituant un système permettant d'assurer aux travailleurs migrants et à leurs ayants droit : (a) la totalisation de toutes périodes de prise en considération par les différentes législations nationales, pour l'ouverture et le maintien du droit aux prestations, ainsi que pour le calcul de celles-ci, et (b) le paiement des prestations aux personnes résidant sur le territoire des Etats membres. L'esprit de cet article correspond bien à la conception avant tout économique poursuivie par le traité.

La diversité des traditions et des systèmes, ainsi que la conception sociale du traité, expliquent que l'Union se soit limitée à la mise en œuvre d'un système de passerelles entre les systèmes de sécurités sociales des Etats membres. La Communauté n'aurait pas, dès lors, pour mission de mettre en place un système de sécurité sociale identique à travers toute l'Europe. Ce choix serait d'ailleurs impossible, en raison des traditions nationales et des structures économiques et sociales différentes des Etats membres.

a Les règles régissant la coordination

Les règles détaillées concernant la coordination des systèmes de sécurité sociale, applicables aux travailleurs, ainsi qu'à leur famille, sont élaborées dans le Règlement n° 1408/71[437] et le Règlement n° 574/72[438] relatifs à l'application de celui-ci. Ces deux instruments, modifiés à de nombreuses reprises, ont pour but de rendre applicable le principe de l'égalité de traitement/non-discrimination, en organisant les règles de mise en œuvre des régimes de sécurité sociale en faveur des travailleurs salariés et des membres de leur famille travaillant dans un Etat membre. Ces règlements prennent en compte également le cas particulier des travailleurs frontaliers. Ils mettent, par ailleurs, en place une commission administrative pour la sécurité sociale des travailleurs migrants, composée d'un représentant de chaque Etat membre et d'un représentant de la Commission européenne.

Dans le cadre de ces règlements, la coordination des systèmes de sécurité sociale est régie par les principes suivants :

---

436 MOUSSIS Nicholas, *Handbook of Social Europe,* European Study Service, 1997, p. 34.

437 Règlement n° 1408/71 du 14 juin 1971, JOCE n° L 149/71 du 5 juillet 1971, p. 2.

438 Règlement n° 574/72 du 21 mars 1972, JOCE n° 74/72 du 27 mars 1972, p. 1.

- l'unicité de la législation applicable : il faut éviter que le travailleur ne soit assuré dans aucun Etat membre ou qu'il bénéficie de plusieurs systèmes de sécurité sociale. La règle veut que la législation applicable soit celle du pays où travaille le travailleur salarié ou non salarié indépendamment de son lieu de résidence ;
- la non-discrimination ou l'égalité de traitement : ce principe garantit le même traitement en matière de sécurité sociale que celui accordé aux nationaux ;
- la totalisation des périodes d'assurance : ce principe garantit aux travailleurs et aux membres de la famille la reconnaissance et la prise en compte de l'ensemble des périodes d'assurance ou d'emploi effectué dans les autres Etats membres ;
- l'exportation des prestations : cela signifie que les prestations de sécurité sociale déjà acquises peuvent être exportées. Il n'y a pas de subordination du paiement d'une prestation à une clause de résidence. Toutefois, ce principe connaît certaines exceptions en ce qui concerne les prestations de chômage.

Selon le Règlement n° 1408/71, la coordination des régimes de sécurité sociale s'applique[439] : (i) aux travailleurs qui sont ou ont été soumis à la législation de l'un ou de plusieurs des Etats membres et qui sont ressortissants de l'un des Etats membres ou bien des apatrides ou des réfugiés résidant sur le territoire d'un des Etats membres, ainsi qu'aux membres de leur famille et à leurs survivants ; (ii) aux survivants des travailleurs qui ont été soumis à la législation de l'un ou de plusieurs des Etats membres, quelle que soit la nationalité de ces travailleurs ; (iii) aux fonctionnaires et au personnel qui, selon la législation applicable, leur sont assimilés.

b L'extension du champ d'application du Règlement 1408/71

Le champ d'application personnel du règlement a été étendu pour certaines dispositions aux étudiants[440]. Par ailleurs, depuis l'entrée en vigueur de l'accord sur l'Espace économique européen (EEE), les mêmes dispositions sont applicables aux ressortissants des pays membres de l'EEE. Pour résumer, la protection fournie par le Règlement n° 1408/71 s'étend à tous les travailleurs affiliés à un régime national de sécurité sociale qui se déplacent à l'intérieur de la Communauté et rencontrent, de ce fait, des difficultés dans le domaine de la sécurité sociale[441].

---

439 Article 2.

440 Règlement n° 307/99/CE.

441 QUINTIN Odile et FAVAREL-DAPAS Brigitte, *L'Europe sociale : Enjeux et réalités*, op cit., p. 65

D'une manière générale, le travailleur est assuré dans l'Etat membre où il travaille, même s'il réside dans un Etat membre autre que celui du siège de l'entreprise. Quant au champ d'application matériel du Règlement, aux termes de son article 4 il prévoit les catégories suivantes de prestations, donnant lieu à l'application de règles de coordination : les prestations de maladie et de maternité, les prestations d'invalidité, les prestations de vieillesse, les prestations de survivants, les prestations d'accident du travail et de maladie professionnelle, les allocations de décès, les prestations de chômage, les prestations familiales et des pensions.

Les dispositions conventionnelles sont exclues du champ d'application matérielle du Règlement. Par conséquent, la coordination ne s'applique qu'aux prestations garanties par les régimes légaux[442].

La coordination des législations nationales de sécurité sociales à laquelle procède le règlement 1408/71 repose sur plusieurs principes que la Cour n'a eu cesse de rappeler aux Etats membres : le principe d'égalité de traitement, le principe de l'unicité de la legislation applicable, les principes de la conservation des droits acquis et de la conservation des droits en cours d'acqisition ainsi que le principe de cooperation loyale[443]. Ainsi la Cour a condamné la France dans l'arrêt *Pinna*[444] à verser des prestations familiales à un travailleur étranger en France pour ses enfants résidant à l'étranger, alors même que l'article 73 du Règlement n° 1408/71/CE avait reconnu pour la France des dispositions particulières. La Cour a estimé en effet que « le travailleur soumis à la législation française a droit pour les membres de sa famille qui résident sur le territoire d'un Etat membre autre que la France, aux allocations familiales prévues par la législation de l'Etat sur le territoire duquel il travaille ». La Cour a donc jugé discriminatoire le critère du pays de résidence des membres de la famille. Tout aussi logiquement, la Cour a interprété le principe de traitement national de sorte que les discriminations indirectes, au sens de Sotgiu[445], sont également couvertes. Même si la Cour admet l'existence d'inégalités de traitement en présence de situations objectivement non comparables[446], elle a censuré des législations soumettant à une certaine durée de résidence sur le territoire national l'octroi d'allocations pour handicapés et du

---

442 SINTES Gilles, *La politique sociale de l'Union européenne,* op.cit., p. 251.

443 VAN RAEPENBUSCH Sean, *La sécurité sociale des travailleurs européens : principes directeurs et grands arrêts de la Cour de justice des Communautés européennes,* de Boeck, Bruxelles, 2001, nos 38 à 102.

444 CJCE, arrêt du 15 janvier 1986, aff. 41/84, Pinna c/ Caisse d'allocations familiales de la Savoie, Rec., 1986, p. 1

445 CJCE, arrêt du 12 février 1974, Sotgiu, aff. 152/73, Rec., p. 153, point 11.

446 CJCE, arrêt 16 décembre 1993, Leguaye-Neelsen, aff. C-28/92, Rec., p. I-6857.

revenu garanti pour personnes âgées[447] ou encore l'octroi d'allocation de naissance et de maternité[448].

La Cour adopte la même attitude en ce qui concerne le principe de l'unicité de la loi applicable, les règles, qui, selon le règlement n° 1408/71/CE, sont celles d'un Etat membre. Ces règles constituent un système complet et uniforme dont le but est de soumettre les travailleurs qui se déplacent à l'intérieur de la Communauté au régime de la sécurité sociale d'un seul Etat membre, de sorte que les cumuls de législations nationales applicables et les complications qui peuvent en résulter soient évités[449]. Quant au principe de la conservation des droits acquis, il vise à garantir qu'un salarié ne perde pas le bénéfice d'une prestation sociale du simple fait de sa résidence dans un Etat membre autre que celui sous la législation duquel il a acquis ou pourrait acquérir le droit. Ce principe vise à permettre la libre circulation en garantissant une couverture sociale[450]. Toutefois, les prestations spéciales à caractère non contributif sont octroyées sur le territoire de l'Etat de résidence du bénéficiaire, en ce sens qu'elles ne sont pas exportables[451]. Les soins de santé requis par un patient en cas de séjour temporaire, sont pris en charge sous certaines conditions : hormis le cas où l'état de santé de l'assuré nécessite d'urgence des soins pendant un séjour temporaire dans un autre Etat membre, l'obtention d'une autorisation préalable de l'institution de l'Etat compétent est nécessaire[452]. Pour être en droit de refuser la dite autorisation, pour un motif tiré de l'existence d'un délai d'attente pour un traitement hospitalier, l'institution compétente est tenue d'établir que ce délai n'excède pas le délai acceptable reposant sur une évaluation médicale objective des besoins cliniques de l'intéressé[453].

§ 2: Les impulsions engendrées par le Programme d'action sociale

La politique sociale européenne manque, selon certains, de consistance et le droit communautaire dans ce domaine est parcellaire : la relation de travail, comme les

---

447 CJCE, arrêt du 10 novembre 1992, Commission c/ Belgique, aff. C-326/90, Rec., p. I-5517

448 CJCE, arrêt du 10 mars 1993, aff. C-111/91., Rec., p. I-817.

449 CJCE, arrêt du 10 mai 1990, Kits van Heijningen, aff. C-2/89, Rec., p. I-1755, point 12.

450 CJCE, arrêt du 23 septembre 1982, Kuijpers, aff. 276/81, Rec., p. 3027 ; CJCE, arret du 29 juin 1988, Rebmann, aff. 58/87, Rec., p. 3467 ; CJCE, arrêt du 5 mars 1998, Molenaar, aff. C-160/96, Rec., p. I-843.

451 CJCE, arrêt du 11 septembre 2007, Hendrix, aff. C-287/05, non encore publié dans le recueil, point 38.

452 CJCE, arrêt du 12 avril 2005, Keller, aff. C-145/03, Rec., p. I-2529.

453 CJCE, arrêt du 16 mai 2006, Watts, aff. C-372/04, Rec., p. I-4325, point 79.

droits collectifs, reste essentiellement régie par les droits nationaux. L'absence de compétence suffisante au profit de la Communauté et la perspective purement économique donnée à l'intégration européenne en constituent les premières raisons. Mis à part l'article 119, devenu, après modification, l'article 141 TCE, stipulant le principe de l'égalité de rémunérations entre hommes et femmes dans le but d'égaliser les conditions de concurrence entre les Etats membres, la politique sociale était assise sur les articles 117 et 118, devenus, après modification, les articles 136 et 140 TCE, qui ne permettaient pas l'établissement de règles contraignantes. L'absence de bases juridiques spécifiques, susceptibles de permettre le développement d'une véritable politique sociale, pouvait être compensée par l'utilisation de textes à vocation générale, relatifs à l'ensemble des politiques de la Communauté, plus précisément les articles 100 et 235 TCEE, devenus, après modification, les articles 94 et 308 TCE. Il a fallu attendre le Programme d'action sociale de 1974 pour que la Communauté exploite ces dispositions afin de jeter les bases d'une politique sociale communautaire plus développée.

En effet, une prise de conscience, en ce qui concerne la nécessité d'une politique sociale plus active de la Communauté, avait commencé à gagner les milieux européens au début des années 70. Cette tendance s'est exprimée clairement dans la Déclaration finale de la Conférence au Sommet des Chefs d'Etats ou de gouvernement des Etats membres de la Communauté d'octobre 1972 à Paris, dans laquelle il était souligné « qu'une action vigoureuse dans le domaine social revêt la même importance que la réalisation de l'Union économique et monétaire ». Ainsi, ils ont obligé les institutions de la Communauté d'adopter, avant le 1er janvier d'un Programme d'action prévoyant des mesures concrètes et les moyens correspondants dans le domaine social[454]. Sur cette base, la Résolution relative au Programme d'action sociale est adoptée par le Conseil le 21 janvier 1974[455]. Ce programme, qui entraîne un changement idéologique dans la conception communautaire de la politique sociale, prévoit une quarantaine de mesures prioritaires qui doivent concourir à la réalisation de divers objectifs : le plein et le meilleur emploi, l'amélioration des conditions de vie et de travail, la participation des travailleurs et partenaires sociaux.

On peut alors souligner, qu'avec le premier Programme d'action sociale, la Communauté a abandonné dans sa Constitution économique le dogme néolibéral selon lequel l'intégration sociale suit automatiquement l'intégration

---

454 La politique sociale des Communautés européennes, Commission européenne, 1983, p. 22

455 JOCE, n° C 13/1, 12 février 1974.

économique et dépend de la croissance qu'elle crée. Bien des auteurs ont insisté sur l'importance d'un nouveau programme d'action et sur le changement idéologique qu'il reflète. Par exemple, selon Jacques Vandamme, « l'idée d'un Programme d'action sociale montre en effet que le social n'est plus l'accessoire de l'économique, mais un objectif en soi, conforme à celui des progrès escomptés par l'article 117 TCEE, devenu, après modification, l'article 136 TCE. Mais d'un autre côté, on n'échappe pas à l'impression que le catalogue des mesures préconisées, et d'ailleurs pour la plupart, mises en œuvre, se situe dans une voie à part, à côté du programme de politique industrielle, de politique régionale et de politique de l'environnement »[456]. Raymond Rifflet a ancré son analyse de ce programme dans une perspective plus équilibrée. Ainsi il fait remarquer que la plupart des propositions introduites par la Commission, en vertu du Programme en question, ont été transformées en décisions normatives, mais, poursuit-il, « cela n'empêche pas de constater que ce Programme, même très largement réalisé, ainsi d'ailleurs que ses prolongements ultérieurs, apparaît beaucoup plus comme une série d'acquis ponctuels (…) sans que l'on puisse dire qu'ait été réellement amorcée la création de l'Union sociale qui devait, dans l'esprit de ses promotteurs, compléter et finaliser le projet d'Union économique et monétaire »[457]. Quelles que soient les réserves exprimées, il convient de remarquer que l'adoption du premier Programme d'action sociale constitue un tournant dans l'histoire de la politique sociale communautaire. Nous étudierons dans ce paragraphe certains aspects de la politique sociale tels qu'ils sont stimulés par le Programme d'action sociale, à savoir l'harmonisation de la protection des travailleurs en ce qui concerne les conditions de travail.

A) L'harmonisation de la protection des travailleurs

Depuis la formation des Communautés, on a assisté à l'émergence de grandes entreprises multinationales de plus en plus nombreuses occupant souvent une position dominante sur le marché[458]. Pour éviter que les travailleurs engagés dans les entreprises annexées ne soient victimes des décisions prises en matière de restructuration, de réduction d'activité ou de transfert de production, la Commission a commencé, juste après l'adoption du Programme d'action sociale, à

---

456 VANDAMME Jacques (dir), *Pour une nouvelle politique sociale en Europe,* Economica, 1984, p. 9.

457 RIFFLET Raymond, « Bilan et évaluation de la politique sociale communautaire (1952–1982) », in VANDAMME Jacques, op. cit., p. 24.

458 La politique sociale de la Communauté européenne, OPOCE, 1983, 9. 34 et ss.

établir une série de normes minimales pour la protection des travailleurs dans la Communauté.

Ainsi, le Conseil a adressé en 1975 une recommandation aux Etats membres concernant le principe de la semaine des 40 heures et le principe de quatre semaines de congés annuels payés[459]. En 1975 également, le Conseil a adopté la Directive n° 75/129/CEE concernant le rapprochement des législations des Etats membres relatives aux licenciements collectifs[460]. En vertu de cette Directive, l'employeur qui envisage de procéder à des licenciements collectifs est tenu de consulter notamment les représentants des travailleurs, d'aviser par écrit l'autorité compétente et de respecter certains délais. Malheureusement, vu l'absence de sanctions en cas de non-respect de ces dispositions, de nombreuses entreprises transnationales n'ont pas appliqué cette Directive. La particularité de cet instrument provient du fait que, tranchant le conflit juridique[461] portant sur les contraintes nées de l'article 118 du Traité CEE, devenu, après modification, l'article 140 TCE, le Conseil s'est prononcé pour la première fois en faveur de l'adoption de directives sur le plan social. Ainsi, pour la première fois, la Communauté adoptait un instrument de droit communautaire sans compétence sociale propre mais sur la considération que les licenciements collectifs constituaient une matière qui pouvait « avoir une incidence directe sur le fonctionnement du Marché commun », hypothèse expressément prévue par l'article 100 du Traité CEE, devenu, après modification, article 94 TCE.

La Commission soumit ensuite d'autres propositions de Directives qui furent entérinées par le Conseil. Dans le domaine du droit de travail, il s'agit d'une directive du 14 février 1977 relative au maintien des droits des travailleurs en cas de cession d'entreprise[462]. Elle fut adoptée sur la base de l'article 100 TCEE, devenu, après modification, l'article 94 TCE. Selon cette directive, tous les droits et obligations à l'égard des travailleurs salariés qui résultent pour le cédant d'une convention collective ou d'un contrat en cours de validité, sont transférés au concessionnaire de l'entreprise jusqu'à l'expiration dudit contrat ou de ladite convention. Par conséquent, le changement de propriétaire ne constitue pas un motif de licenciement.

A la suite de la récession économique, de très nombreuses distorsions frappèrent beaucoup d'entreprises dans la CEE et la Directive du 20 octobre 1980[463]

459 JOCE, n°L 139 du 30 mai 1975.
460 JOCE, n°L 48 du 22 février 1975.
461 VOGEL-POLSKY Eliane, *L'Europe sociale 1993…*, op. cit., p. 114
462 JOCE, n° L 51 du 5 mars 1977.
463 JOCE, L 283 du 28 octobre 1980.

cherche à harmoniser les conditions de protection entre les Etats membres et à éliminer des facteurs de distorsion du Marché commun. Elle tend en particulier à garantir le paiement des créances impayées des travailleurs par des institutions nationales de garantie. Cette directive aussi a été adoptée sur la base de l'article 100 TCEE, devenu, après modification, l'article 94 TCE. Dans ces deux cas, l'intégration juridique dans des domaines de protection sociale a été reconnue nécessaire, car il est apparu que la disparité existant entre les droits nationaux constituait une entrave à la réalisation des objectifs communautaires.

Il convient de remarquer que ces directives constituent pour la plupart une ébauche du dialogue social que nous n'envisageons pas d'étudier à ce stade de notre analyse[464].

B) L'harmonisation sociale des droits de la femme au travail: l'égalité de traitement entre les hommes et les femmes

L'égalité entre les hommes et les femmes a fait l'objet d'un apport progressif et constant dans le cadre de la Constitution économique de la Communauté. Tandis que le principe d'égalité des rémunérations, conçu comme un moyen de prévenir les distorsions de concurrence, était inscrit dans le Traité de Rome, cinq directives puisant leur origine dans le Programme d'action de 1974 et pourvues d'une finalité sociale, furent adoptées de 1975 à 1986 : la directive du 10 février 1975 relative au principe d'égalité des rémunérations[465], la directive du 9 février 1976 relative à l'égalité de traitement en ce qui concerne l'accès à l'emploi, à la formation et à la promotion professionnelle et les conditions de travail[466], les directives du 19 décembre 1978[467] et du 24 juillet 1986[468] relatives à l'égalité de traitement respectivement dans les régimes légaux et professionnels de sécurité sociale, enfin la directive du 11 décembre 1986 relative à l'égalité de traitement

464 On trouvera un état d'application des directives en matière de droit du travail dans le Rapport du groupe interservices, *La dimension sociale du Marché intérieur, Europe sociale, numéro spéciale,* 1988, p. 104.

465 Directive n° 75/117/CEE du Conseil du 10 février 1975, JOCE, n° L 45 du 19 février 1975.

466 Directive n° 76/207/CEE du Conseil du 9 février 1976, JOCE, n° L 39 du 14 février 1976.

467 Directive n° 79/7/CEE du Conseil du 19 décembre 1978, JOCE, n° L 6 du 10 janvier 1979.

468 Directive n° 86/378/CEE du Conseil du 24 juillet 1986, JOCE, n° L 225 du 12 août 1986.

en faveur des travailleurs indépendants, y compris ceux qui exercent une activité agricole[469].

L'adoption de ce dispositif s'inscrit bien dans cette Constitution économique, car pour assurer son fonctionnement efficace, il était nécessaire de définir les conditions pouvant permettre la pleine réalisation de l'égalité de traitement entre les hommes et les femmes, aussi bien en ce qui concerne les conditions d'accès à l'emploi et que les conditions de travail. Ainsi, si le principe/droit de libre circulation est l'un des fondements de cette Constitution économique, le principe d'égalité de traitement joue un rôle déterminant dans la mise en œuvre sans distorsion de celle-ci. En cela, le long parcours qui débute avec l'égalité des rémunérations et qui culmine avec l'adoption des mécanismes communautaires pour la mise en œuvre du principe de l'égalité de traitement fera l'objet de ce paragraphe.

1. L'égalité des rémunérations.

a La notion d'égalité des rémunérations

Seule disposition parmi les « dispositions sociales » du TCEE à fixer une obligation précise et inconditionnelle aux Etats membres, l'article 119 (nouvel article 141)[470] pose dès l'origine du Marché commun le principe de l'égalité des rémunérations entre les hommes et les femmes. Conformément à la version de départ de la Constitution économique de la Communauté, cet article trouve son origine dans des considérations plus économiques que sociales. Il répond à la préoccupation du gouvernement français de supprimer une clause possible de distorsion de la concurrence[471].

---

469 Directive n° 86/613/CEE du Conseil du 11 décembre 1986, JOCE, n° L 359 du 19 décembre 1986.

470 « Chaque Etat membre assure, au cours de la première étape, et maintient, par la suite, l'application du principe de l'égalité des rémunérations entre les travailleurs masculins et féminins pour un même travail. Par rémunérations, il faut entendre, au sens du présent article, le salaire et le traitement ordinaire de base ou minimum et tous autres avantages payés directement ou indirectement en espèces ou en nature, par l'employeur au travailleur en raison de l'emploi de ce dernier.
L'égalité de rémunération, sans discrimination fondée sur le sexe implique :
- que la rémunération accordée pour un même travail payé à la tâche soit établie sur la base d'une même unité de mesure ;
- que la rémunération accordée pour un travail payé au temps soit la même pour un même poste de travail ».

471 Commentaire Jean Mégret, n°7, op. cit., 85.

Si cet article est la seule disposition sociale qui impose une véritable obligation aux Etats membres, il n'en demeure pas moins que sa portée est limitée à plusieurs égards[472]. Il faut souligner tout d'abord que pour les auteurs du Traité, il était plus important de prévenir les distorsions de concurrence due à des pratiques salariales différentes que de garantir certains droits aux travailleuses. La première finalité de cet article est donc essentiellement économique et sa lecture ne permet pas de conclure à une reconnaissance du principe de l'égalité des sexes. Dans cette perspective, l'égalité se limite à l'égalité des rémunérations et ne concerne, dans son sens littéral, que la discrimination la plus visible – la différence de salaire pour un travail identique. La lecture de l'article ne nous informe pas sur la notion de « rémunération ». Doit-on y inclure les prestations auxquels a droit le travailleur, les cotisations sociales payées par l'employeur, etc. ?[473] En ce sens, l'ajout de normes nationales ou supranationales pour spécifier la valeur identique du travail effectué devenait superflu.

En l'absence d'instructions de la Cour, il était difficile de savoir si cet article impliquait une même rémunération seulement pour le même travail ou aussi à travail égal. Il est également difficile de savoir dans quelle mesure les divers avantages liés à l'emploi constituaient un salaire et quelles normes s'appliquaient alors. Ces ambiguïtés ont été progressivement levées par des décisions du Conseil et de la Cour[474]. La Cour de justice a reconnu, pour sa part dans l'arrêt Defrenne II[475], une double finalité à cette disposition. La première de ces finalités est économique. Elle consiste à éviter que, dans la compétition intra-communautaire, les entreprises établies dans les Etats qui ont effectivement réalisé le principe de l'égalité des rémunérations, ne soient défavorisées en subissant un désavantage concurrentiel. La deuxième finalité répond à des préoccupations sociales. Cet article relève en effet de l'objectif social que doit poursuivre la Communauté

---

472 *La dimension sociale du Marché intérieur,* Commission des CE, JUS letter Bulletin, 2/89, p. 8.

473 BOUDARD Jean, « Le droit communautaire et les droits des Etats membres relatifs au principe de l'égalité de rémunération entre les travailleurs féminins et masculins », in VERMILGEN Michel (dir), *L'égalité entre femmes et hommes dans la Communauté européenne,* Presses universitaires de Louvain, LLN, 1986, p. 65.

474 OSTENR Ilona et LEWIS Jane, « L'égalité des chances entre hommes et femmes et les politiques sociales européennes », in LEIBFRIED Staphand et PIERSON Paul (eds), *Politiques sociales européennes entre intégration et fragmentation,* l'Harmatan, 1998, p. 189.

475 Op. cit., p.

européenne selon le préambule du Traité, à savoir l'amélioration des conditions de vie et d'emploi.

Cette double finalité économique et sociale amène la Cour à reconnaître que « le principe de l'égalité de rémunération fait partie des fondements de la Communauté». La Directive n° 75/117/CEE du Conseil, du 10 février 1975[476], précise la portée matérielle de l'article 119, devenu, après modification, l'article 141 TCE et prévoit diverses dispositions destinées à améliorer la protection juridictionnelle des travailleurs susceptibles d'être lésés par la non-application du principe de l'égalité des rémunérations. L'article 119, devenu, après modification, l'article 141 TCE consacre donc le principe de l'égalité des salaires. Les différences de traitement prohibées par cet article sont exclusivement celles fondées sur la différence de sexe des travailleurs[477].

b L'égalité des rémunérations expliquée

La mise en œuvre déficiente et chaotique de l'article 119, devenu, après modification, l'article 141 TCE a incité les autorités communautaires à adopter un texte réglementaire destiné à expliquer et à préciser son contenu. L'objet de la Directive n° 75/117/CEE concernant le rapprochement des législations des Etats membres relative à l'application du principe de l'égalité des rémunérations entre les travailleurs masculins et travailleurs féminins[478], était donc de faciliter l'application concrète du principe contenu dans cet article.

La Directive dispose que le principe de l'égalité des rémunérations qui figure à l'article 119 du traité, devenu, après modification, l'article 141 TCE, « implique pour un même travail ou pour un travail auquel est attribué une valeur égale, l'élimination dans l'ensemble des éléments et conditions de rémunération de toute discrimination fondée sur le sexe (article 1) et impose aux Etats membres de supprimer les dispositions législatives, réglementaires ou administratives discriminatoires (article 3). Elle adresse en outre aux Etats membres diverses injonctions, et notamment de prendre les mesures nécessaires « pour que les dispositions qui figurent dans les conventions, des barèmes ou accords de salaires ou de contrats individuels de travail et qui sont contraires au principe de l'égalité des rémunérations, soient nulles, puissent être déclarées nulles ou puissent être amendées » (article 4). Elle prévoit en outre que les Etats membres prennent, conformément à leur système juridique, « les mesures nécessaires pour garantir

---

476 JOCE, n°L 45 du 9 février 1975, p. 19.

477 ibid.

478 JOCE, n°L 45 du 19 février 1975, op. cit.

l'application du principe de l'égalité des rémunérations» et d'assurer « l'existence de moyens efficaces permettant de veiller au regret de ce principe (article 6).

La relation entre l'article 141 TCE et la Directive n° 75/117/CEE a fait l'objet d'un examen par la Cour de justice dans l'affaire *Defrenne II* précitée. Dans cet arrêt, la Cour a reconnu qu'il était possible, pour un particulier, d'invoquer l'article 141 devant une juridiction nationale et que l'application du principe de l'égalité des rémunérations devait être pleinement assurée à l'expiration de la première étape de la période de transition, soit au 1er janvier 1962. La Cour en conclut que la Directive n° 75/117/CEE ne saurait porter préjudice à l'effet direct de l'article 141 TCE et que le délai fixé par cette Directive est sans effet sur les échéances déterminées par le traité.

La jurisprudence ultérieure a confirmé cette approche, en soulignant que les dispositions de la Directive se bornent, au premier alinéa, à reprendre et à préciser le principe de l'égalité salariale[479]. Par ailleurs, l'article 1er de la Directive n° 75/117/CEE précise que cette égalité « implique, pour un même travail ou pour un travail auquel est attribuée une valeur égale, l'élimination, dans l'ensemble des éléments et conditions de rémunération, de toute discrimination fondée sur le sexe. En particulier, lorsqu'un système de classification professionnelle est utilisé pour la détermination des rémunérations, ce système doit être basé sur des critères communs aux travailleurs masculins et féminins et établi de manière à exclure les discriminations fondées sur le sexe ». La notion de discrimination ici concerne aussi bien la discrimination directe qu'indirecte. Une discrimination est dite directe lorsque deux individus se trouvant dans une situation identique sont traités formellement et expressément de manière différente. En matière d'égalité de rémunération entre les hommes et les femmes, il y a discrimination directe lorsque l'inégalité des salaires est fondée expressément sur la différence de sexe des travailleurs. Ce genre de discrimination, de plus en plus rare, est aisément décelable.

Un exemple de discrimination directe est fourni par l'arrêt Gillespie[480]. Selon cet arrêt, exclure le travailleur féminin d'une augmentation de salaire pendant son congé de maternité le discrimine en raison de son sexe, puisque, si elle n'avait pas été enceinte, elle aurait perçu le salaire augmenté. Pour la Cour, « le principe de non discrimination exige que le travailleur féminin qui continue à être lié à son employeur par le contrat ou la relation de travail durant le congé de maternité, bénéficie, même de manière rétroactive, d'une augmentation de salaire

479 CJCE, arrêt du 31 mars 1981, aff.96/80, Jenkins, Rec., p. 911.
480 CJCE, arrêt du 13 février 1996, aff.C-342/93, Gillespie, Rec., p.I-475, point 22.

intervenue entre le début de la période couverte par le salaire de référence et la fin du congé de maternité comme tout autre travailleur». Comme il résulte de la jurisprudence de la Cour, il y a discrimination indirecte, « lorsque, bien que n'appliquant pas de critère de distinction prohibée, une réglementation communautaire ou nationale applique d'autres critères de distinction dont les effets sont identiques ou du moins analogues à ceux auxquels aboutirait l'application du critère prohibé ou encore lorsqu'une réglementation communautaire ou nationale établit une distinction purement formelle de cas différents, mais leur applique, en réalité, un traitement identique »[481].

Aucune dérogation au principe de l'égalité salariale n'est prévue par l'article 141 TCE. Quant à la Directive n° 75/117/CEE du 10 février 1975, elle ne pouvait y introduire des exceptions. Toutefois le principe d'égalité ainsi posé n'exclut pas qu'une différence de rémunération entre travailleurs de sexe différent puisse s'expliquer par des facteurs objectivement justifiés et étrangers à toute discrimination basée sur le sexe. La possibilité pour l'auteur d'une mesure discriminatoire d'invoquer des facteurs objectifs de justification ne vaut pas pour les discriminations indirectes. Une différence de traitement qui serait fondée ouvertement sur le sexe ne saurait être justifiée par de tels facteurs. Il s'agirait là d'une pratique qui irait formellement à l'encontre d'un principe fondamental du droit communautaire. La Cour de justice n'a d'ailleurs admis l'existence de motifs de justification qu'à propos de cas de discriminations indirectes[482]. Par conséquent, les cas des discriminations directes ne sont pas susceptibles de justification selon la Cour.

Ainsi, pour que la mesure incriminée puisse être légitimée, il appartient à son auteur de prouver : qu'elle est motivée par des raisons objectives, indépendantes du sexe, qu'elle répond à un véritable besoin de l'entreprise, qu'elle est apte à atteindre l'objectif recherché et nécessaire à cet effet[483]. Cette situation conduit certains auteurs à conclure que l'article 141 TCE et la directive sur l'égalité des rémunérations n'ont pas éradiqué les différences de traitement ; ils obligent plutôt les Etats membres à justifier avec soin ces discriminations[484].

481 LENAERTS Koen, « L'égalité de traitement en droit communautaire : un principe unique aux apparences multiples », Ch.dr.eur., n°1–2, p. 3, point, cité dans Commentaire Mégret, op.cit., 126–127

482 CJCE, arrêts Jenkins, op.cit., points 10 à 15.

483 CJCE, arrêt du 8 novembre 1990, aff.C-177/88, Dekker, Rec., 1990, p. 3941

484 OSTENR Ilona et LEWIS Jane, op.cit., p. 193.

2. *De l'égalité des rémunérations à l'égalité de traitement : établissement d'un cadre général pour lutter contre les discriminations*

a Le cadre général

L'un des aspects importants de l'égalité de traitement entre les hommes et les femmes est relatif à l'accès à l'emploi et aux conditions de travail. En adoptant la Directive n° 76/207/CEE[485], le Conseil a voulu élargir le principe de la simple égalité salariale. Cette directive vise d'abord à assurer l'égalité de traitement dans les conditions d'accès à l'emploi, y compris l'accès à tous les types de formation et de promotion professionnelle, ainsi que dans les conditions de travail[486]. En définissant le contenu du principe d'égalité, la Directive précise que celui-ci implique l'absence de toute discrimination fondée sur le sexe, soit directement, soit indirectement, par référence à l'état matrimonial ou familial[487]. En matière de formation, le principe d'égalité implique, l'accès selon les mêmes critères, à tous les types et à tous les niveaux d'orientation professionnelle, de formation, de perfectionnement et de recyclage professionnel[488].

Pour la mise en œuvre du principe d'égalité de traitement dans les domaines précités, les Etats membres se voient imposer certaines obligations. En particulier, aux termes des articles 3 et 4, les Etats membres doivent supprimer toute forme de discrimination, tant dans leur législation nationale, que dans leurs pratiques administratives. Ils doivent aussi établir un dispositif législatif garantissant le respect du principe d'égalité dans les conventions collectives, dans les contrats individuels de travail, ainsi que dans les statuts des professions indépendantes. En matière de conditions de travail, l'article 5, paragraphe premier de la directive, précise que l'application du principe d'égalité comprend aussi les conditions de licenciement et qu'il implique que soient assurées aux hommes et aux femmes, les mêmes conditions sans discrimination fondée sur le sexe.

La jurisprudence a confirmé l'application de la Directive n° 76/207/CEE aux rapports d'emploi dans le secteur public, ainsi qu'aux offres d'emploi[489]. Au sujet des rapports d'emploi dans le secteur public, l'arrêt précité a admis l'application de cette directive, en indiquant que cette dernière a une portée générale, inhérente à la nature même du principe qu'elle vise à mettre en œuvre. Ainsi, selon

---

485 JOCE, n°L 39 du 14 février 1976, p. 40.

486 Article premier, paragraphe premier.

487 Article 2, paragraphe 2.

488 Article 4.

489 CJCE, arrêt du 21 mai 1985, aff.448/83, Commission c. RFA, Rec., 1985, p. 1459.

la Cour, on ne saurait introduire de nouvelles discriminations en excluant certaines catégories de l'application des dispositions. Il aura fallu environ quarante ans d'intégration communautaire et débats juridico-politiques pour que le Traité instituant la Communauté européenne intègre explicitement une disposition interdisant « toute discrimination fondée sur le sexe, la race ou l'origine ethnique, la religion ou les convictions, un handicap, l'âge ou l'orientation sexuelle »[490], et aille ainsi au-delà des principes de non-discrimination exercée en raison de la nationalité[491] ou « d'égalité des rémunérations, entre les travailleurs masculins et féminins pour un même travail » prévu par le Traité de Rome et bien établis dans le droit dérivé[492].

Avec l'entrée en vigueur du Traité d'Amsterdam le 1er mai 1999, l'article 13 du Traité CE relatif à l'égalité de traitement entre les personnes, est en effet venu traduire le lien, nécessaire dans une société démocratique, entre la réalisation d'un espace sans frontières intérieures et la protection des droits fondamentaux. Cet article introduit pour la première fois dans le droit communautaire une disposition d'interdiction de toute discrimination[493]. Il est à l'origine d'une véritable législation-cadre pour lutter contre toutes les formes de discrimination. Cette législation cadre est constituée de la directive du Conseil n° 2000/43/CE du 29 juin 2000 relative à la mise en œuvre du principe d'égalité du traitement entre les personnes sans distinction de race et d'origine ethnique[494], de la directive du Conseil n° 2000/78/CE du 27 novembre 2000 portant création d'un cadre général en faveur de l'égalité de traitement en matière d'emploi et de travail[495], de la décision cadre du Conseil du 27 novembre 2000 établissant un programme de lutte contre les discriminations pour la période 2001–2006[496], et la directive n° 2002/73/CE du 23 septembre 2002[497]. Les objectifs des trois directives sont complémentaires, sans être exactement de même nature.

La directive n° 2000/43/CE a pour « objet d'établir un cadre pour lutter contre la discrimination fondée sur la race ou l'origine ethnique, en vue de mettre en œuvre, dans les Etats membres, le principe de l'égalité de traitement »[498] tandis

490 Article 13, TCE.

491 Article 12, TCE (ex article 7 du TCEE)

492 Directive n° 76/207/CEE du Conseil, 9 février 1976, op. cit., p. 40

493 DOLLAT Partrick, « Vers la reconnaissance généralisée du principe de l'égalité de traitement entre les personnes dans l'Union européenne », JTDE, mars 2002, n°87, p. 58.

494 Directive n° 2000/43/CE., JOCE, n°L 180 du 19 juillet 2000, p. 22

495 Directive n° 2000/78/CE., JOCE, n°L 303 du 2 décembre 2000, p. 6.

496 Décision n° 2000/750/CE, JOCE, n°L 303, du 2 décembre 2000, p. 23.

497 JOCE du 5 octobre 2002.

498 Article premier.

que la directive n° 2000/78/CE a pour objet « d'établir un cadre général pour lutter contre les discriminations fondées sur la religion ou les convictions, le handicap, l'âge ou l'orientation sexuelle, en ce qui concerne l'emploi et le travail, en vue de mettre en œuvre, dans les Etats membres, le principe de l'égalité de traitement »[499]. La directive sur l'origine raciale peut être qualifiée de verticale dans la mesure où elle vise l'ensemble des domaines de la vie sociale, dont l'emploi, qui peuvent faire l'objet de discriminations raciales ou ethniques. Ces efforts s'étaient intensifiés à partir des communications de la Commission du 23 février 1994 et du 13 décembre 1995, qui avaient pour but de renforcer l'insertion des résidents étrangers[500]. Ces mesures ne permettaient pas de définir une véritable politique d'intégration fondée sur le principe de non-discrimination. Cette priorité s'est traduite concrètement par la création de l'observatoire européen des phénomènes racistes et xénophobes[501]. L'article 13 du TCE et les directives d'application du 29 juin et du 29 novembre 2000 renforcent considérablement ce dispositif. Conformément aux décisions des Sommets européens de Tampere des 15–16 octobre 1999, et d'Helsinki des 10–11 décembre 1999, l'interdiction de toute discrimination raciale est un principe absolu qui ne souffre pas d'exceptions. Il est opposable *ergo omnes* dans les domaines social ou civil[502].

La directive sur l'emploi par contre peut être qualifiée d'horizontale. Si elle ne porte que sur un domaine défini, le nombre des bénéficiaires rassemble de nombreuses catégories sociales. En effet, l'égal accès à l'emploi et au travail constitue un défi majeur pour la lutte contre les discriminations car il permet de remédier durablement aux phénomènes d'exclusion. Pour relever ce défit, la directive n° 2000/78/CE adopte une conception large de l'emploi et du travail : elle concerne tant l'accès à un emploi ou à une profession que la promotion, la formation professionnelle, les conditions de travail et l'affiliation à certains organismes de protection sociale. Les discriminations visées correspondent à celles énoncées dans l'article 13, à l'exception du sexe, car ce motif est couvert par l'article 141 TCE et fait l'objet d'une législation communautaire spécifique[503] que nous avons déjà étudiée. La directive en question prend néanmoins en compte le fait que les femmes soient souvent victimes de discriminations multiples. De manière

---

499 Article premier.

500 COM (94) 0023 final, 23 février 1994, et COM (95) 653 final, 13 décembre 1995.

501 Règlement (CE), n° 1035/97 du Conseil du 2 juin 1997, JOCE, n°L 151, 10 juin 1997, p. 1.

502 DOLLAT Patrick, « Vers la reconnaissance généralisée du principe de l'égalité de traitement entre les personnes dans l'Union européenne », op. cit., p. 59.

503 Directive n° 76/207/CEE, op. cit.

plus novatrice, elle prend en compte les discriminations, fondées sur l'orientation sexuelle, qui ne bénéficiaient pas jadis d'une protection juridique à l'échelon communautaire[504]. Les comportements sexuels sont pourtant exclus du champ d'application de la directive.

Quant à la directive de 2002, elle bénéficie d'un statut privilégié[505] par rapport aux directives de 2000. Elle est adoptée en effet sur le fondement de l'article 141, paragraphe 2 du Traité d'Amsterdam lequel est d'effet direct[506] alors que les directives de 2000 l'ont été sur celui de l'article 13 du même traité qui lui n'a pas d'effet direct. La démarche de la directive 20002 est dite « pro active » puisque « les Etats membres tiennent activement compte de l'objectif de l'égalité de traitement entre hommes et femmes dans l'élaboration et la mise en œuvre des dispositions législatives, réglementaires et administratives ainsi que des politiques et activités dans les domaines visés à l'article 1 », tandis que les directives adoptées sur le fondement de l'article 13 s'inscrivent dans un programme de lutte contre les discriminations[507].

Surtout avec la directive 2002, le développement social de la Constitution économique est plus visible. En effet, avec cette directive il s'agit de favoriser l'intégration sociale et professionnelle de certains groupes traditionnellement exclus du monde de travail dans une perspective d'abord macro-économique. Les personnes concernées seront moins dépendantes envers les pouvoirs publics. L'augmentation des taux d'emploi qui doit en résulter devrait aussi favoriser la croissance économique. Elle lie étroitement l'objectif de croissance économique à la nécessité de préserver une certaine cohésion économique et sociale. Elle prend appui sur les mécanismes de marché.

L'interdiction de toute discrimination couvre aussi bien les discriminations directes qu'indirectes.

b L'interdiction des discriminations directes

Sur la base de la Directive n° 76/207/CEE, la Cour de justice a condamné de nombreuses situations discriminatoires fondées sur le sexe. Les discriminations dans les domaines de l'accès à l'emploi sont rares ; par ailleurs, il n'est pas facile de les détecter. Toutefois, la Cour a eu l'occasion de se prononcer sur cette forme

---

504 CJCE, arrêt du 17 février 1998, Grant, aff./C-249/96, Rec., 1998, p.I-0621.

505 SCHRIECK Dagmar, "A new framework on equal treatment of persons in EC Law", European Law Journal, Vol. 8, n° 2, june 2002, pp 290–314.

506 Arrêt Defrenne II, op. cit.

507 Article 1 bis de la directive.

de discrimination dans l'arrêt Commission c. France[508], à propos de recrutement pour la fonction publique, et de juger que l'institution de quotas d'emplois réservés à un sexe est contraire au droit communautaire. Ainsi, la Cour précise qu'« il découle de ce qui précède que la République française a manqué aux obligations qui lui incombent en vertu du traité, en maintenant en vigueur des systèmes de recrutements distincts en fonction du sexe, non justifiés par la Directive n° 76/207/CEE, aux fins de la nomination dans le corps du personnel de direction et du personnel technique et de formation professionnelle des services extérieurement de l'administration pénitentiaire, ainsi que sans l'ensemble des cinq corps de la police nationale »[509].

La jurisprudence *Hertz*[510] constitue un bel exemple de discrimination dans le domaine des conditions de travail. Dans cette affaire où le licenciement était intervenu pour cause de maladies répétées survenues après un congé de maternité, mais qui trouvaient leurs origines dans la grossesse de l'intéressée, la juridiction nationale avait interrogé la Cour sur la question de savoir si la Directive n° 76/207/CEE interdisait le licenciement pour une raison liée à la grossesse ou à la maternité et si cette protection avait un effet illimité dans le temps. La Cour a opté pour une solution pragmatique qui distingue nettement la grossesse de la maladie, même dans l'hypothèse où cette dernière trouve son origine dans la grossesse mais survient après le congé de maternité[511]. En effet la Cour dit que le licenciement d'un travailleur féminin en raison de sa grossesse constitue une discrimination directe fondée sur le sexe. On peut en conclure que la jurisprudence de la Cour protège la femme contre le licenciement motivé par l'absence durant le congé de maternité. Toutefois, la femme n'est pas spécialement protégée, dans cette jurisprudence, contre les absences après le congé de maternité, même si elles sont le fait d'une maladie liée à la grossesse antérieure, ces absences pouvant donner lieu au licenciement dans les mêmes conditions que les hommes. Dans l'arrêt *P.c.S.* la Cour a eu à se prononcer sur le problème d'un licenciement motivé par l'intention du travailleur de changer de sexe[512]. Dans cet arrêt la Cour a estimé que l'article 5 (1) de la Directive 76/207 s'oppose au licenciement d'un transsexuel. En effet, le licenciement ainsi justifié constitue une discrimination fondée sur le sexe.

---

508 CJCE, arrêt du 30 juin 1998, aff.318/86, Commission c. France, Rec., p. 3559.

509 Arrêt précité, point. 141.

510 CJCE, arrêt du 8 novembre 1990, aff.C-179/88.

511 Commentaire Mégret, op.cit., p. 141.

512 CJCE, arrêt du 30 avril 1996, P c. S, op. cit., point 21.

Force est de constater que les actions positives en faveur des femmes constituent des discriminations fondées sur le sexe, et sont interdites, à moins qu'elles ne soient permises par une dérogation au principe d'égalité. Ainsi, dans l'arrêt *Kalanke*, la Cour a jugé contraire au principe d'égalité une règle nationale qui prévoit que, lors d'une promotion, les femmes ayant une qualification égale à celle de leurs concurrents masculins, bénéficient de la priorité dans les secteurs dans lesquels elles sont sous-représentées[513]. La jurisprudence *Kalanke* a provoqué des critiques et commentaires, pas seulement de la part des groupes d'intérêt féminins, des académiciens et juristes[514], mais aussi de la part la Commission qui a proposé une communication sur l'interprétation de l'arrêt[515]. En effet, la Commission a adopté le point de vue selon lequel toute détermination de quotas ne serait pas illégale, et a proposé des amendements à l'article 2 (4) de la Directive 76/207, amendements qui constitueraient plutôt une clarification qu'une modification substantielle.

c *L'interdiction des discriminations indirectes*

La Directive n° 76/207/CEE, tout en exigeant dans son article 2, paragraphe premier, l'absence de discrimination indirecte, ne définit pas pour autant la notion. La jurisprudence rendue sur les discriminations indirectes en matière d'égalité des rémunérations est aussi valable pour les domaines couverts par la directive n° 76/207/CEE. L'Arrêt *Kirsammer-Hack* confirme cette extension[516]. Il faut alors admettre que, en matière d'accès à l'emploi et à la formation, ainsi que de conditions de travail, il y a discrimination indirecte dès qu'une mesure semblant neutre affecte les travailleurs d'un sexe déterminé sans qu'il faille établir préalablement l'intention de discrimination.

L'article 2 des directives 2000 définit « le principe de l'égalité de traitement » en se référant à l'absence de toute discrimination directe ou indirecte fondée sur un des motifs visés à l'article premier et faisant l'objet de chacune des directives. Cette définition est compatible avec celle de la directive n° 76/207/CEE. Toutefois, la notion de discrimination directe est relativement facile à déterminer, alors que la discrimination indirecte n'est pas facile à circonscrire. Ainsi, selon les directives, « une discrimination directe se produit lorsqu'une personne est

---

513 CJCE, arrêt du 17 octobre 1995, aff.C-450/93, Kalanke, Rec., 1995, p.I-3051, motif 16.

514 CRAIG Paul et BURCA (de) Crainne op. cit., p. 845.

515 COM (96) 88 (final).

516 CJCE, arrêt du 30 novembre 1993, aff. C-189/91, Kirsammer-Hack, Rec., 1993, p.I-6185.

traitée de manière moins favorable qu'une autre ne l'est, ne l'a été ou ne le serait dans une situation comparable ». Par contre, la discrimination indirecte doit être interprétée selon la jurisprudence de la Cour et les règles générales énoncées sur la charge de la preuve à l'article 8 de la directive n° 2000/43/CE ou à l'article 10 de la directive n° 2000/78/CE. La définition de la discrimination indirecte s'inspire en effet de la jurisprudence de la Cour dans l'arrêt O'Flynn[517] relatif à la libre circulation des travailleurs. Ainsi, « une discrimination indirecte se produit lorsqu'une disposition, un critère ou une pratique, apparemment neutre, est susceptible d'entraîner un désavantage particulier pour les personnes visées par les directives en faveur de l'égalité de traitement par rapport aux autres personnes ». Néanmoins, une discrimination indirecte peut être objectivement justifiée dès lors qu'elle poursuit « un objectif légitime et que les moyens de réaliser cet objectif sont appropriés et nécessaires ».

Alors que la directive n° 2002/73/CE s'inspire de la définition de la discrimination directe donnée dans les directives de 2000, elle donne une définition de la discrimination indirecte : « la situation dans laquelle une disposition, un critère ou une pratique, apparemment neutre, désavantagerait particulièrement des personnes d'un sexe par rapport à des personnes de l'autre sexe, à moins que cette disposition, ce critère ou cette pratique ne soit objectivement justifié par un but légitime et que les moyens pour parvenir à ce but soient appropriés et nécessaires».

d Les exceptions à l'interdiction des discriminations.

Nous avions vu que la directive n° 76/207/CEE contient des exceptions au principe de l'égalité de traitement. Nous pouvons classer celles-ci selon qu'elles sont relatives à la nature de l'activité ou qu'elles sont justifiées par la volonté de protéger les femmes.

L'article 2 (2) de la directive admet la faculté pour les Etats membres d'exclure « des activités professionnelles, et, le cas échéant, des formations y conduisant pour lesquelles, en raison de leur nature ou des conditions de leur exercice, le sexe constitue une condition déterminante». Par ailleurs, le deuxième paragraphe ajoute que les Etats membres devront procéder « périodiquement à un examen des activités professionnelles visées à l'article 2, paragraphe 2, afin d'apprécier, compte tenu de l'évolution sociale, s'il est justifié de maintenir les exclusives en question ».

517 CJCE, arrêt du 23 mai 1996, O'Flynn c. Adjudication Officer, Aff./C-237/94, Rec., 1996, p. 2617.

En vertu de cette disposition, les Etats membres doivent par conséquent relever de manière complète les professions et activités exclues de l'application du principe de l'égalité de traitement et en communiquer les résultats à la Commission[518]. En l'état actuel de la jurisprudence de la Cour, les emplois énumérés ci-dessous peuvent être réservés à un seul sexe :

- les emplois de sage-femme, dans la mesure où à l'heure actuelle des susceptibilités personnelles peuvent jouer un rôle important dans les relations entre la sage-femme et sa patiente[519] ;
- certains emplois dans les résidences privées pour lesquels le principe du respect de la vie privée pourrait être pris en considération[520] ;
- certains emplois de police, dans une situation interne caractérisée par des attentats fréquents et compte tenu des exigences de sécurité publique[521] ;
- les emplois de surveillants de l'administration pénitentiaire, dans la mesure où leurs titulaires sont en contact journalier avec les détenus[522] ;
- les emplois de surveillants-chefs, directeurs de maison d'arrêt, bien que leurs fonctions ne supposent pas de contacts fréquents avec les détenus dans la mesure où un Etat membre peut avoir des raisons pour n'admettre comme surveillants-chefs que les personnes ayant exercé les fonctions de surveillant, notamment dans la nécessité de créer des possibilités de promotion dans le corps de surveillants[523].

Nous voyons que, selon cette jurisprudence, l'application de la dérogation prévue à l'article 2(2) de la directive est limitée par des conditions rigoureuses. Tout d'abord, cet article se réfère à des activités professionnelles et à des emplois[524]. Ensuite, il ne permet pas aux Etats membres d'instituer une clause d'exclusion générale et abstraite. « La dérogation prévue ne peut viser que des activités professionnelles spécifiques. Elle doit avoir une certaine transparence permettant un être susceptible d'adaptation à l'évolution sociale »[525].

---

518 CJCE, arrêt du 21 mai 1985, aff.243/83, Commission c. Allemagne, Rec., 1459.

519 CJCE, arrêt du 8 novembre 1983, aff.165/82, Commission c. Royaume-Uni, Rec., 1983, p. 3441.

520 Arrêt précité.

521 CJCE, arrêt du 15 mai 1986, aff.222/84, Johnston, Rec., 1986, p. 1651.

522 CJCE, arrêt du 30 juin 1998, aff.318/86, Commission c. France, Rec., 1988, p. 3559.

523 CJCE, arrêt du 30 juin 1988, aff.318/86, Commission c/France, précité.

524 Arrêt précité, point 24.

525 Arrêt précité, point 1 des considérations générales.

Les dérogations doivent également respecter le principe de proportionnalité, qui est l'un des principes fondamentaux du droit communautaire. En « …déterminant la portée de toute dérogation à un droit individuel, tel que l'égalité de traitement entre hommes et femmes, consacrée par la directive, il faut respecter le principe de proportionnalité qui a fait partie des principes généraux du droit qui sont à la base de l'ordre juridique communautaire. Ce principe exige que ces dérogations ne dépassent pas les limites de ce qui est approprié et nécessaire pour atteindre le but recherché et il exige de concilier, dans toute la mesure du possible, le principe de l'égalité de traitement avec les exigences de la sécurité publique qui sont déterminantes pour les conditions d'exercice de l'activité en question »[526].

Selon la jurisprudence, cette possibilité de dérogation doit faire l'objet d'une interprétation stricte : « l'article 2, paragraphe 3 de la directive n° 76/207/CEE, tant qu'il autorise une dérogation au droit de l'égalité de traitement entre hommes et femmes en matière d'accès à l'emploi et de conditions de travail, doit être interprété strictement. La protection de la femme qu'il envisage ne comprend pas la protection contre les risques et dangers qui ne concernent pas spécifiquement les femmes en tant que telles, tels ceux auxquels est exposé tout policier armé dans l'exercice de ses fonctions dans une situation donnée »[527].

Sur la base de ces considérations, la Cour a reconnu compatible avec le principe de l'égalité, l'octroi d'un congé de maternité supplémentaire à la seule mère afin de protéger les rapports particuliers entre la femme et son enfant au cours de la période qui fait suite à la grossesse et à l'accouchement et éviter ainsi que ces rapports soient troublés par l'exercice simultané d'une activité professionnelle[528].

Ainsi, l'interdiction du travail de nuit pour les femmes, imposée par le code pénal français, a été déclarée incompatible avec le principe de l'égalité de traitement, dans la mesure où cette interdiction visait la protection de la femme contre les risques qui ne lui sont pas spécifiques. La Cour a précisé dans l'arrêt *Stoeckel*[529] que les objectifs de protection de la main-d'œuvre féminine ne pourraient être valablement retenus qu'en cas de justification de la nécessité d'une différence de traitement entre les hommes et les femmes. Par conséquent, quels que puissent être les inconvénients du travail de nuit, il n'apparaît pas selon la Cour, le cas de grossesse et de maternité mis à part, que les risques auxquels les femmes sont

526 Arrêt du 15 mai 1986, Johnston, précité, point 38.
527 Arrêt Johnston précité, point 5.
528 CJCE, arrêt du 12 juillet 1984, aff.184/83, Hoffmann, Rec., 1984, p. 347.
529 CJCE, arrêt du 25 juillet 1991, aff. C-345/89, Rec., 1991, p. I-4047.

exposées dans un tel travail, soient en général différents par leur nature de ceux auxquels sont également exposés les hommes.

Section 2: La dimension sociale du Marché intérieur : la politique sociale de l'Acte unique européen au Traité de Lisbonne

Avec l'Acte Unique européen, la CEE se livre à un véritable chantier touchant quasiment toutes les politiques communautaires. En effet, la réalisation de cet « espace sans frontière » implique la mise en œuvre simultanée de six politiques[530] mises en exergue par l'Acte unique : la réalisation d'un grand marché sans frontières, la cohésion économique et sociale, une politique commune de développement scientifique et technologique, le renforcement du système monétaire européen, l'émergence d'une dimension sociale européenne et l'action coordonnée en matière d'environnement. C'est dans cet esprit qu'il convient de situer l'importance de l'Acte unique dans le processus d'intégration européenne.

Nous l'avons souligné que les impulsions engendrées par le programme d'action sociale sont d'une importance non négligeable pour le développement social de la Constitution économique. Mais après l'adoption de quelques directives dont nous avons étudié les grandes lignes, cette nouvelle approche a connu une période de latence, entravée par la règle de vote à l'unanimité et par le contexte politique de certains Etats membres touchés d'un vent d'euroscepticisme[531]. En outre, à la fin des années 1980, la philosophie politique change. L'idée de préserver le modèle social européen et de construire l'Europe sociale s'impose désormais, même si les finalités ne sont pas univoques. A la volonté d'établir un socle minimum de droits sociaux[532], se mêle en effet le souci d'éviter les distorsions de concurrence par le jeu d'un certain « dumping social ». C'est dans une telle atmosphère qu'est adopté l'Acte unique européen, qui introduit des éléments nouveaux dans la Constitution économique européenne pouvant accélérer le développement de la politique sociale européenne **(§ 1)**. Les acquis de la politique sociale européenne seront renforcés et élargis avec les modifications successives des traités fondateurs, jusqu'à l'adoption du du Traité de Lisbonne **(§ 2)**.

---

530 Bulletin de CE, Supplément 1/87, p. 7.

531 NAZET-ALLOUCHE Dominique, « Droits sociaux », Rép. Communautaire Dalloz, septembre 2002, p. 3.

532 L'analyse des droits sociaux fera l'objet du chapitre suivant.

§ 1: Redéfinition des compétences sociales de la Communauté

A) L'esprit de l'Acte unique européen.

Signé en février 1986, entré en vigueur l'année suivante, l'Acte Unique européen confirme l'objectif de réaliser le marché unique européen. L'Acte Unique adapte les procédures communautaires de prise de décision en associant le Parlement européen et en élargissant le champ d'application du vote à la majorité, en lieu et place du vote à l'unanimité. La Communauté doit pouvoir maintenant décider mieux selon une optique communautaire (majorité qualifiée), décider plus rapidement (renforcement des compétences d'exécution des règles confiées à la Commission par le Conseil), et plus démocratiquement (organisation de la procédure dite de coopération). Nous verrons que cette approche sera reprise et ses effets amplifiés par les Traités de Maastricht et d'Amsterdam.

Il apparaît que l'Acte unique a une vocation avant tout économique, la politique sociale y est un élément complémentaire à la réalisation du marché intérieur. Mais cet objectif est également considéré comme un projet de croissance devant stimuler l'emploi[533]. Néanmoins, l'Acte unique européen apporte les premières modifications procédurales au dispositif originel. Il semble ouvrir la voie à une nouvelle époque de politique sociale européenne. D'abord, de nouvelles bases juridiques générales concernant la politique sociale sont énoncées. Elles avaient pour but de donner à cette politique son autonomie par rapport aux exigences du Marché commun et de faciliter la prise de décision. Les nouvelles bases juridiques introduites par l'Acte unique en matière de politique sociale étaient de deux ordres: d'une part, les articles 8 A, 8 B, 100 A et 118 A, devenus, après modification, les articles 14, 14.3, 95 et 137 TCE, communautarisaient davantage la prise de décision liée au marché unique. Dorénavant le Marché intérieur se bâtira par des processus de décisions majoritaires ; la menace de veto d'un seul Etat membre qui pourrait paralyser le processus prévu, est écartée[534].

L'Acte unique a redéfini explicitement ou implicitement les compétences sociales de la Communauté. En effet, il a conféré, explicitement et implicitement, des compétences sociales à la Communauté par les articles 118 A, devenu, après modification, l'article 137 TCE (santé, sécurité, hygiène/milieu de travail, 118 B, devenu, après modification, l'article 139 TCE (le dialogue social), 130 A à 130 E,

---

533 SINTES Gilles, *La politique sociale de l'Union européenne,* Presses Universitaires européennes, 1996, p. 49.

534 VOGEL-POLSKY Eliane, « Quel future pour l'Europe sociale après le sommet de Strasbourg? », Droit social, n°2, février 1990, p. 219.

devenus, après modification, les articles 158 à 162 TCE (cohésion économique et sociale).

B) Les compétences sociales nécessaires à la réalisation du Marché intérieur

Le nouvel article 8 A du traité, l'article 14 TCE, donne pour la réalisation du Marché intérieur une définition[535], une échéance et les moyens d'action à utiliser. Toutefois, la définition donnée dans le premier paragraphe n'est pas éloignée de la définition qui figure dans le TCE. La notion d'« espace sans frontière » correspond à une vision de libre circulation qui dépasse celle du simple « marché ». Ainsi, la suppression des frontières devient un objectif autant politique que simplement économique.

Cet article dans son paragraphe premier précise que « La Communauté arrête les mesures destinées à établir progressivement le Marché intérieur au cours d'une période expirant le 31 décembre 1992… ». Cette affirmation était limitée car la Déclaration n° 3 annexée à l'Acte unique avait créé des doutes sur la réalisation de cet objectif selon le calendrier fixé. En effet, selon le paragraphe 2 de cette Déclaration « la fixation de la date du 31 décembre 1992 ne crée pas d'effets juridiques ». Il faut dès lors comprendre que l'année 1992 allait marquer le point de départ d'une nouvelle procédure permettant de réaliser la libre circulation là où le rapprochement des législations n'avait pas été opéré[536].

En outre, les articles 8 A, devenu, après modification, article14 TCE et 100 A alinéa premier, devenu, après modification, l'article 95.1 TCE, posent une règle importante puisqu'ils disposent que, sauf si le traité en dispose autrement, le Conseil statuera dorénavant à la majorité qualifiée sur proposition de la Commission lorsqu'il arrêtera les mesures relatives à la réalisation du Marché intérieur. La portée de cette modification est considérable car, dans l'intérêt de l'intégration européenne, but poursuivi par le Marché intérieur, la souveraineté des Etats membres peut s'atténuer. Aux termes de l'article 8 B, repris par l'article 14 TCE, la Commission « fait rapport au Conseil avant le 31 décembre 1988 et avant le 31 décembre 1990 sur l'état d'avancement des travaux en vue de la réalisation du Marché intérieur dans le délai prévu à l'article 8 A ».

---

535 « Le Marché intérieur comporte un espace sans frontière intérieure dans le quel la libre circulation des marchandises, des personnes, des services et des capitaux est assurée selon les dispositions du présent traité ».

536 RUYT (de) Jean (commentaire), *Acte unique européen*, op. cit., p. 158.

La réalisation du Marché intérieur est confiée aux institutions communautaires qui sont dotées de compétences spécifiques. Dans cette perspective, la Commission va jouer le rôle moteur par les propositions qu'elle formulera au Conseil en vue d'établir progressivement le Marché intérieur. Le même article impose au Conseil de définir les orientations et les conditions nécessaires pour assurer un progrès équilibré dans l'ensemble des secteurs concernés, qui statuera à la majorité qualifiée.

Si l'achèvement du Marché intérieur est une étape décisive dans le développement de la Constitution économique de la Communauté, il convient d'admettre que cela a eu inévitablement des conséquences sociales. Si la base juridique d'une proposition faite par la Commission réside dans la constatation qu'il s'agit d'une mesure nécessaire à la réalisation du Marché intérieur, le processus décisionnel en est immédiatement affecté, car la décision est prise à la majorité qualifiée au Conseil, en coopération avec le Parlement européen. Ce dispositif institutionnel s'applique également lorsqu'il s'agit de la dimension sociale du marché intérieur. En effet, les mesures de libération du marché affectent nécessairement l'emploi, la rémunération, la durée et l'aménagement du temps de travail. Aussi, les vastes opérations de fusions et d'acquisitions[537] par lesquelles les groupes industriels ont cherché à atteindre la taille critique dans la perspective du grand marché, ont posé inévitablement les problèmes du droit à l'information, à la consultation et à la participation des travailleurs. Face à ce mouvement de concentration qui ne manquerait pas de façonner le paysage économique européen, les mesures qui mettaient en place le Marché intérieur ne pouvaient pas négliger la dimension sociale. Ces mesures sociales d'accompagnement ont la même importance que des mesures économiques, les négliger peut mettre en cause les équilibres sociaux nécessaires à une croissance économique, objectif avoué du Marché intérieur.

L'entrée en vigueur de l'AUE a donné une nouvelle impulsion aux institutions communautaires et des textes de portée générale et particulière ont été adoptés. Ainsi, la Directive n° 89/391/CEE définissant les règles générales applicables pour la mise en œuvre des mesures visant à promouvoir l'amélioration de la sécurité et la santé des travailleurs[538], la Directive n° 89/654/CEE fixant les prescriptions minimales de sécurité et de santé pour les lieux de travail[539], la Directive n° 89/

537 Le Monde du 13 mars 1990, « les rachats d'entreprises en RFA : un marché en pleine expansion, cité par VOGEL-POLSKY Eliane, op. cit., p. 125.

538 COM (89) 281 ; JOCE, 1989, L 183.

539 JOCE, 1989, L 393

655/CEE relative aux prescriptions minimales de santé et de sécurité pour l'utilisation au travail d'équipement de travail[540], la Directive n° 89/656/CEE concernant les prescriptions minimales de sécurité et de santé pour l'utilisation par les travailleurs d'équipement de protection individuelle sur le lieu de travail[541], la Directive n° 90/269/CEE fixant les prescriptions minimales de sécurité et de santé relative à la manutention manuelle des charges comportant des risques[542], la Directive n° 90/270/CEE concernant les prescriptions minimales de sécurité et de santé relative au travail sur des équipements à écran de visualisation[543], la Directive n° 93/104/CE concernant certains aspects de l'aménagement du temps de travail[544], ont été adoptées.

C) Des compétences sociales explicites

1. La santé, la sécurité et l'hygiène en milieu de travail

L'article 118 A TCEE, devenu, après modification, l'article 137 TCE, définit un objectif qui est de « protéger la santé et la sécurité des travailleurs, ainsi qu'un moyen consistant à «promouvoir l'amélioration, notamment du milieu de travail ». Du point de vue méthodologique[545], il annonce « l'harmonisation dans le progrès, des conditions existant dans ce domaine » (paragraphe 1). Ainsi, ce nouvel article se veut une prolongation de l'article 118 du traité CEE, devenu, après modification, l'article 140 TCE, qui se limite à donner, dans ce domaine, à la Commission la mission d'encourager les Etats membres à coopérer.

Le paragraphe 2 précise que le Conseil arrête « les prescriptions minimales applicables progressivement » à la majorité qualifiée après avoir consulté le Comite économique et social et selon la procédure de coopération avec le Parlement. Cette possibilité pour le Conseil de pouvoir adopter des règlements à la majorité qualifiée constitue un véritable progrès par rapport à la situation précédente[546]. En effet, le rapprochement des législations sociales en ce qui concerne les conditions de travail faisait l'objet de directives, mais celles-ci devaient être adoptées à l'unanimité. Toutefois, ces directives évitent d'imposer des contraintes

540 COM (94) 56 ; JOCE, 1994, C 104.
541 JOCE, 1989, L 393.
542 JOCE, 1990, L 156.
543 JOCE, 1990, L 156.
544 JOCE, 1993, L 307.
545 DEHOUSSE Franklin, la Politique sociale européenne, CRISP, 1995, p. 12.
546 RUYT (de) Jean (commentaire), Acte unique européen, op. cit., p. 193.

administratives, financières et juridiques telles qu'elles contrarieraient la création et le développement des petites et moyennes entreprises.

2. *Le dialogue social*

L'une des innovations de l'Acte unique est le dialogue social[547]. Elle ouvre la voie à l'établissement des conventions collectives sur le plan européen. « La Commission s'efforce de développer le dialogue entre partenaires sociaux au niveau européen, pouvant déboucher, si ces derniers l'estiment souhaitable, sur des relations conventionnelles »[548]. On doit remarquer la faiblesse des termes utilisés lorsqu'on assigne à la Commission la tâche de s'efforcer de développer le dialogue. Ce dialogue peut déboucher sur des relations conventionnelles entre partenaires sociaux à la condition que ces derniers l'estiment souhaitable. Sur la base du système de dialogue social ainsi établi, les partenaires sociaux ont conclu trois accords-cadres au niveau européen : accord-cadre sur le congé parental (1995); accord sur les contrats de travail à temps partiel (1997) et accord sur les contrats de travail à durée déterminée (1999)[549].

D) *La modification du système institutionnel dans le cadre du rapprochement des législations*

Cette modification dans la Constitution économique consiste avant tout en l'introduction de la majorité qualifiée dans le système décisionnel. Ainsi, l'article 100 A, devenu, après modification, l'article 95 TCE, visant le rapprochement des dispositions législatives, réglementaires et administratives, prévoit que lorsqu'il s'agira de la réalisation des objectifs énoncés à l'article 8 A, devenu, après modification, l'article 14 TCE, le Conseil statuera à la majorité qualifiée pour arrêter les mesures relatives au rapprochement des législations qui ont pour objet l'établissement et le fonctionnement du Marché intérieur. Ceci est d'une importance capitale si on le compare à l'article 100 TCEE, nouvel article 94 selon lequel le rapprochement des législations ne pouvait être utilisé que lorsqu'il s'agissait des matières ayant une incidence directe sur l'instauration et le fonctionnement du Marché commun. Cette condition préalable avait joué également dans le domaine social. L'article 100 A, dispose d'un caractère intégrateur puisque, en

547 Article 118 B, TCEE, repris par l'article 139.1 TCE.

548 Ibid.

549 QUINTIN Odile et FAVAREL-DAPAS Brigitte, *L'Europe sociale, enjeux et réalités*, La documentation française, 1999, p. 114.

vertu de celui-ci, le Conseil peut légiférer à la majorité qualifiée par la technique de rapprochement en vue de la réalisation des objectifs du Marché intérieur.

En outre, dans le cadre de l'article 100 A, devenu, après modification, l'article 95 TCE, il s'agit de mesures et non de directives. Autrement dit, pourront être pris sur base de cet article, des règlements ou d'autres décisions pour lesquels auparavant le recours à l'article 235 TCEE, devenu, après modification, l'article 308 TCE, ou à la coopération intergouvernementale, était nécessaire. Cette possibilité semble précieuse si l'on ne tient pas compte de la Déclaration n° 4 de l'Acte final, adoptée par la Conférence qui confirme que « La Commission privilégiera, dans ses propositions au titre de l'article 100 A, paragraphe 1, le recours à l'instrument de la directive si l'harmonisation comporte, dans un ou plusieurs Etats membres, une modification des dispositions législatives ». Par ailleurs, selon le paragraphe 2 de cet article, « l'article 1 ne s'applique pas aux dispositions fiscales, aux dispositions relatives à la libre circulation des personnes et à celles relatives aux droits et intérêts des travailleurs salariés ». Autrement dit, les dispositions relatives à ces domaines doivent etre adoptées à l'unanimité.

En résumé, l'Acte unique a ouvert une brèche. La santé, la sécurité des travailleurs, la reconnaissance des partenaires sociaux comme éléments indispensables à la mise en œuvre d'une politique sociale communautaire, tout cela signifie un développement important, un développement amplifié par l'annonce d'un Protocole social annexé au Traité de Maastricht.

§ 2: Le Traité sur l'Union européenne et la politique sociale

Les modifications introduites avec le traité de Maastricht tracent plutôt d'une voie étroite en ce qui concerne le développement de la politique sociale, car ce que l'on pourrait considérer comme une véritable avancée, l'Accord sur la politique sociale qui est annexé au Traité n'a pas de force contraignante. Nous verrons toutefois que, étant intégré par la suite par le Traité d'Amsterdam, il constitue un pas important vers la reconnaissance des droits économiques et sociaux, par conséquent, dans le processus de constitutionnalisation de ceux-ci.

A) Les apports du Traité de Maastricht à la politique sociale

Les modifications introduites par la Traité de Maastricht concernent l'adoption du protocole sur l'accord social **(1)** et l'extension des compétences communautaires dans le domaine social **(2)**.

1. Le Protocole d'accord sur la politique sociale

La nouveauté dans le domaine de la politique sociale avec le Traité de Maastricht, c'est la signature du Protocole sur la politique sociale annexé au traité, autorisant les Etats membres à procéder à des avancées sociales par le biais d'un « Accord sur la politique sociale ». Cet accord reprend, pour une large part, les dispositions contenues dans la Charte des droits sociaux fondamentaux des travailleurs adoptée en 1989. L'Accord stipule que le Conseil statue à la majorité qualifiée selon la procédure de coopération avec le Parlement, et après consultation du Comité économique et social, dans les domaines suivants:

- amélioration, en particulier, des lieux de travail au bénéfice de la santé et de la sécurité des travailleurs,
- les conditions de travail,
- l'information et la consultation des travailleurs,
- l'égalité entre hommes et femmes en ce qui concerne leurs chances sur le marché du travail et le traitement dans le travail,
- l'intégration des personnes exclues du marché du travail (Article 1).

L'article 2 de l'accord prévoit que le Conseil statue à l'unanimité sur proposition de la Commission, après consultation du Parlement européen et du Conseil économique et social dans les domaines suivants:

- la sécurité sociale et la protection sociale des travailleurs ;
- la protection des travailleurs en cas de résiliation du contrat de travail ;
- la représentation et la défense collective des intérêts des travailleurs et des employeurs ;
- les conditions d'emploi de ressortissants des pays tiers se trouvant en séjour régulier sur le territoire de la Communauté, les conditions financières visant la promotion de l'emploi et la création d'emplois (Article 2).

Par ailleurs, l'accord reconnaît un rôle fondamental aux partenaires sociaux, tant au niveau national que communautaire.

Plusieurs changements sont significatifs d'une approche nouvelle : d'abord, la référence au progrès a disparu, même si l'amélioration des conditions de vie et de travail reste l'un des objectifs affichés. La promotion d'un niveau d'emploi élevé et durable fait son apparition, en association directe avec le « développement des ressources humaines ». L'introduction de « la lutte contre les exclusions est un autre signe de modernisation[550]. Puis, la méthode se présente-t-elle aussi sous une forme différente par rapport à l'article 117 du Traité de Rome :

> « estimant qu'une telle évolution résultera tant du fonctionnement du marché commun, qui favorisera l'harmonisation des systèmes sociaux, que des procédures prévues par le présent traité et du rapprochement des dispositions législatives, réglementaires et administratives».

En effet, le dialogue social entre en scène et avec lui la fonction primordiale qui, dans l'esprit de l'Accord sur la politique sociale, doit être celle des partenaires sociaux dans la politique sociale. Par ailleurs, le principe de subsidiarité et la distinction entre harmonisation spontanée et rapprochement décidé, cèdent devant une formule régulièrement utilisée par le Traité de Maastricht. La Communauté, est-il dit à l'article 2 de l'Accord, « soutient et complète l'action des Etats membres » en vue de réaliser les objectifs visés à l'article 1. Le respect de la diversité nationale y est expressément mentionné, car la Communauté et les Etats membres en tiennent compte comme ils tiennent compte de « la nécessité de maintenir la compétitivité de l'économie de la Communauté ». C'est de cette façon que l'accord sur la politique sociale a prévu la liaison entre l'économie et le social qui marque encore la modération des objectifs.

2. *L'extension des compétences communautaires dans le domaine social*

Le Traité de Maastricht marque par ailleurs, l'extension des compétences communautaires et autorise le vote des textes à la majorité qualifiée dans de nouveaux domaines, élargissant ainsi la brèche ouverte par l'Acte unique. Peuvent désormais bénéficier d'un vote à la majorité qualifiée des questions ayant trait à l'amélioration du milieu de travail et des conditions de travail, à l'égalité entre hommes et femmes, à l'information et la consultation des travailleurs et l'intégration des personnes exclues du marché de travail[551]. Cette extension du champ d'application du vote à la majorité qualifiée est d'autant plus importante qu'elle concerne les matières sociales. Il va sans dire que sur cette base, on pourra œuvrer plus facilement pour l'affirmation de la politique sociale européenne.

De plus le Traité de Maastricht consolide les orientations données par l'Acte unique en reconnaissant aux partenaires sociaux un véritable champ de responsabilités. Ces derniers deviennent des acteurs à part entière à l'échelle européenne. Le traité fait passer d'une logique de consultation en une logique

---

550 RODIERE Pierre, *Droit social de l'Union européenne,* LGDJ, 2002, p. 27
551 CHAPON Sévérine, « L'Europe sociale : Quelle realité aujourd'hui ? », RMCUE, n° 477, avril 2004, pp. 253–263, ici p. 255.

de co-régulation. Il dénote un élargissement de l'objectif social de la Communauté : d'une atténuation des disparités sociales de la croissance à l'atténuation des disparités entre normes sociales.

B) Le Traité d'Amsterdam et la politique sociale

En dépit du fait que ni la politique d'emploi ni la politique sociale ne figuraient pas parmi les sujets les plus importants à négocier lors de la Conférence intergouvernementale de 1996, c'est dans ces domaines que les résultats les plus substantiels ont été obtenus. Cela a été rendu possible grâce au rôle déterminant joué par la Commission et les partenaires sociaux[552].

Les modifications à caractère social introduites par le traité d'Amsterdam semblent traduire le souci d'assurer une protection plus efficace des droits fondamentaux dans l'Union. La communautarisation de la politique de visas, d'asile, d'immigration, de libre circulation, et d'autres politiques liées à la libre circulation des personnes, dans le cadre novateur d'un espace de liberté, de sécurité et de justice vont dans ce sens.

1. Les nouvelles dispositions de la Constitution économique sur la politique de l'emploi

Le Conseil européen d'Essen en décembre 1994, puis celui de Madrid un an plus tard, avaient consacré une partie de leurs travaux à l'Europe sociale, mais ils n'avaient pas été en mesure d'avancer des propositions concrètes : ils s'étaient contentés d'inviter les Etats membres à coordonner les politiques nationales, alors que la création d'emplois devenait de plus en plus importante. Avec l'initiative qu'avait pris Jacques Santer en diffusant le 31 janvier 1996 le document intitulé « Action pour l'emploi – un pacte de confiance », ce sujet regagnait du terrain. Ce document repose sur quatre piliers : une politique macro-économique saine, l'achèvement du Marché intérieur, l'adaptation des politiques structurelles et l'accélération de la réforme des systèmes de lutte pour l'emploi. Sur la base de ce dernier pilier, la Commission a élaboré une série de recommandations[553] par l'intermédiaire desquelles elle a tenté d'organiser le suivi des programmes nationaux pluriannuels que devaient présenter les Etats membres selon les Conclusions du Sommet d'Essen. Cette position a été confirmée par le Groupe de réflexion qui a

552 GOETSCHY Janine, in TELO Mario et MAGNETTE Paul (dir), *De Maastricht à Amsterdam : L'Europe et son nouveau Traité,* Editions Complexes, 1988, p. 155.

553 Avis de la Commission pour renforcer l'Union politique et préparer l'élargissement, février 1996, RTDE, 1996, n° 1, pp. 186–196.

préparé la Conférence intergouvernementale. Dans son rapport[554], le Groupe de réflexion mettait l'accent sur l'emploi dans les termes suivants : « nous pensons que c'est principalement aux Etats membres qu'il incombe, au sein de l'Union européenne, d'assurer le bien-être économique et social des citoyens. Mais dans un espace économique intégré comme le nôtre, l'Union a également pour responsabilité de fixer les conditions adéquates permettant la création d'emplois».

Aussi, le Traité révisé consacre un nouveau titre VIII à l'emploi, il complète le précédent consacré à la politique économique et monétaire, il en reprend la construction juridique, mais ne comporte pas de mesure contraignante. A l'image de la Constitution économique, ces deux titres posent les prémices d'un « gouvernement économique européen » dont l'emploi serait un objectif prioritaire. Le nouveau titre consacre l'articulation entre politique économique et politique de l'emploi, les politiques d'emploi devant être compatibles avec les orientations économiques déterminées par l'Union. Pour compléter l'action des Etats membres, une nouvelle compétence est attribuée à la Communauté « l'élaboration d'une stratégie coordonnée pour l'emploi »[555] dans le respect des « grandes orientations des politiques économiques des Etats membres de la Communauté, adoptées en application de l'article 99, paragraphe 2 »[556]. Ainsi, dans le nouveau titre sur l'emploi, deux grands types de modalités sont retenus pour promouvoir l'emploi : intégration de l'emploi dans les autres politiques de la Communauté et la mise en place des mécanismes de coordination des politiques d'emploi communautaires.

L'article 193 du Traité de Maastricht, devenu, après modification, l'article 257 TCE, prévoit la création d'un Comité de l'emploi à caractère consultatif, avec un rôle de soutien et de coordination des politiques nationales en matière d'emploi.

Le Traité d'Amsterdam opère une extension des droits sociaux et l'emploi devient une question d'intérêt commun: c'est l'un des objectifs essentiels de l'Union. De manière générale, l'emploi se voit renforcer dans les principes et objectifs généraux de l'Union. Dans les principes et objectifs de l'Union, la notion « d'un niveau d'emploi élevé » est désormais clairement mise en avant comme une priorité. S'agissant des objectifs, il faut remarquer que « l'emploi doit pour l'essentiel demeurer de la compétence des Etats membres » et que le rôle du niveau européen consiste à appuyer les mesures nationales.

---

554 Rapport du Groupe de réflexion sur la Conférence intergouvernementale pour la révision des Traités, RTDE, 1996, n° 1, pp. 186–196.

555 Article 125 du TCE.

556 Article 126 du TCE.

Le parallélisme des réformes adoptées pour le titre VII consacré à la politique économique et monétaire et le titre VIII consacré à l'emploi a une portée juridique limitée : les mesures de coordination des politiques de l'emploi sont dépourvues de toute force contraignantes, elles restent subordonnées « aux orientations des politiques macro-économiques des Etats membres de la Communauté »[557] et des politiques d'assainissement des finances publiques prioritaires. En fait, les politiques pour l'emploi figurent encore parmi les compétences exclusives des Etats et la Communauté ne se voit reconnaître aucune compétence nouvelle. A la différence de la politique monétaire, le non respect des lignes directrices n'est assorti d'aucune sanction et la coordination des politiques de l'emploi ne débouchera pas « sur une harmonisation des politiques législatives et réglementaires des Etats membres ».

Sur le plan institutionnel, avec les modifications introduites par le Traité d'Amsterdam dans la Constitution économique, le Conseil peut adopter, à la majorité qualifiée et selon la procédure de codécision, des actions d'encouragement sur l'emploi visant la coopération entre les Etats membres. La procédure désormais connue sous le nom de « méthode ouverte de coordination » (MOC), est alors officialisée. Il s'agit, ce faisant, de rechercher la convergence des politiques nationales par la coopération et l'échange de meilleures pratiques, plutôt que par la contrainte[558]. Trois facteurs viennent limiter nettement la portée de ces actions. D'abord, une disposition spécifique précisant que « ces mesures ne comportent pas d'harmonisation des dispositions législatives et réglementaires des Etats membres ». Ensuite, une Déclaration ayant pour but de contrôler le recours à de telles actions en prévoyant des conditions limitatives. Une deuxième Déclaration précise que les dépenses relatives aux actions d'encouragement ne peuvent émerger des fonds structurels et sont à imputer à la rubrique 3 du budget communautaire. Ces restrictions s'avèrent nécessaires pour que l'Allemagne accepte le principe même des actions d'encouragement[559].

Le Conseil européen d'Amsterdam avait convenu de donner un effet immédiat aux nouvelles dispositions du Traité sur l'emploi, sans attendre la ratification par tous les Etats membres. Cet engagement figure dans la résolution sur « La croissance et l'emploi » adoptée le 16 juin 1997 pour compléter celle sur « Le Pacte de

557 Article 126 du TCE

558 CHAPON Séverine, « L'Europe sociale : Quelle realite aujourd'hui ? », RMCUE, n°477, avril 2004, op cit, p. 255.

559 GOESTSCHY Janine, in TELO Mario et MAGNETTE Paul (dir), *De Maastricht à Amsterdam : L'Europe et son nouveau Traité*, op. cit., p. 149.

stabilité et de croissance » que nous avons étudié dans le chapitre premier. Ces deux résolutions d'une même valeur juridique, sont liées par un chapeau commun qui précise que « Des politiques macro-économiques et budgétaires saines vont de pair avec une croissance forte et durable en terme de production et emploi. Les deux résolutions contribuent à la stabilité macro-économique, à la croissance et à l'emploi ». Face au pilier monétaire, la résolution du Conseil sur la croissance et l'emploi marque une première avancée du pilier économique. La coordination renforcée des politiques économiques complétera la procédure prévue dans le nouveau titre du Traité sur l'emploi. Conformément à la procédure d'Essen, le Conseil tiendra compte de programmes pluriannuels pour l'emploi lorsqu'il établit ses grandes orientations et il pourra adresser ses recommandations aux Etats membres. En outre, les Etats développeront l'esprit d'entreprise en soutenant l'activité indépendante, en favorisant la création d'emplois dans l'économie sociale, ainsi que dans l'ensemble des activités qui ne peuvent être satisfaite par le marché. Ils encourageront aussi la capacité d'adaptation des entreprises et de travailleurs en mobilisant les partenaires sociaux. Enfin, ils renforceront les politiques d'égalité des chances en luttant notamment contre les discriminations entre les hommes et les femmes. Ce faisant, c'est la stratégie européenne pour l'emploi (SEE) qui est née. Il s'en est suivi le Pacte européen pour l'emploi en 1998, qui a ouvert le champ de la coordination des politiques économiques nationales pour l'emploi ; coordination fondée sur la méthode ouverte de coordination à partir des objectifs et des lignes directrices définies en commun en vue du repérage et de la diffusion des « bonnes pratiques »[560].

Cette évolution témoigne de volonté de rééquilibrer les dimensions économique et sociale de la Construction européenne. Elle est confirmée lors du Sommet européen de Lisbonne de mars 2000 à l'issue duquel la stratégie européenne pour l'emploi est associée à des objectifs quantitatifs et qualitatifs dans le but de faire de l'Europe « l'économie de la connaissance la plus compétitive et la plus dynamique du monde, capable d'une croissance économique durable accompagnée d'une amélioration quantitative de l'emploi et d'une plus grande cohérence sociale »[561]. Le développement de l'emploi régulier et l'augmentation

560 EUZRBY Chantal, « La Stratégie européenne pour l'emploi : un improbable succès », RMCUE, n°495, février 2006, pp. 73–81, ici p. 73.

561 Le Conseil européen de Lisbonne estime que les pays de l'Union doivent porter leurs taux d'emploi à un niveau proche de 70 % d'ici à 2010 (contre 63 % en moyenne en 2000), tandis que la proportion des femmes occupées (54 % en moyenne) doit être élevée à 60 % dans le temps. Des objectifs intermédiaires furent définis en matière d'emploi, lors du Conseil européen de Stockholm de mars 2001. Il envisage que l'UE

de la participation au travail sont placés au cœur de la SEE et sont considérés comme un instrument privilégié de lutte contre les exclusions et de la maîtrise des finances publiques. L'emploi est donc considéré comme un lien entre l'économie et le social dans le cadre de la Constitution économique, lequel est censé être tiré vers le haut via la MOC. Mais sous l'effet conjugué de la soumission de la SEE aux impératifs de la stabilisation monétaire, et donc de sa mise sous la tutelle de la BCE et du Pacte de stabilité, la diminution de la part des fonds sociaux dans le budget européen, la lourdeur et le caractère peu contraignant de la MOC[562] et la limitation des accords-cadres à des prescriptions minimales en vue de la constitution des normes communes, la SEE n'a pas produit les effets escomptés. Suite aux mauvais résultats enregistrés en 2002–2003, la SEE a été reformulée en 2003. La nouvelle stratégie à l'horizon 2010 est ciblée sur le plein emploi, la qualité et la productivité du travail, le renforcement de la cohésion et l'inclusion sociale[563].

L'ensemble de ces normes juridiques et de ces orientations politiques, qui posent les prémices de l'Europe sociale, a été complété par une nouvelle rédaction du chapitre relatif aux « Dispositions sociales ».

2. La révision du chapitre sur les « Dispositions sociales » de la Constitution économique, ébauche d'un espace social européen

Les divergences entre les législations sociales nationales pouvant constituer un frein à la réalisation des objectifs de la Constitution économique, le Traité avait prévu une harmonisation progressive. En effet, ces divergences, par exemple dans le cas particulier de la libre circulation, qui est l'un des fondements de cette constitution, peuvent freiner la mobilité des travailleurs, ces derniers refusant de séjourner dans un Etat où ils bénéficieraient d'un niveau de protection moindre. Par contre, certaines entreprises profitent de la fluidité des marchés et de la mondialisation de l'économie pour pratiquer le « dumping social », pour tirer parti d'un niveau moindre de protection sociale ou de rémunération ; de ce fait, sans un minimum de règles, l'Europe sociale risque de se faire « dans une sorte de

---

atteigne en 2005 des taux d'emploi de 67 % pour la population dans son ensemble et de 57 % pour les femmes.

562 Elle est trop peu contraignante, lourde à gérer et pas toujours bien adaptée. Certains la qualifient de **soft law** ou du droit « mou » car elle repose uniquement sur le bon vouloir des Etats. On lui reproche aussi d'être trop bureaucratique pour une efficacité limitée. Les activités administratives engendrent des dépenses de fonctionnement lourdes pour des décisions qui, au final, ne sont pas impératives.

563 EUZEBY Chantal, « La Stratégie européenne pour l'emploi : un improbable succès », RMCUE, n°495, février 2006, pp. 73–81, ici p. 74.

progrès social à l'envers »[564] et de battre en brèche le principe de l'égalité de traitement entre les travailleurs des Etats membres. C'est aussi pour empêcher de telles dérives que la Constitution économique devait s'accompagner du développement progressif d'une politique sociale dont le traité d'Amsterdam témoigne de quelques avancées.

Le principe d'égalité de traitement et la lutte contre le « dumping social » relèvent de la politique sociale définie dans la troisième partie du Traité de Rome, complété par l'Acte unique et le TUE ; « bien que ce risque de dumping social ne doive pas être exagéré, il pousse certains Etats membres à affirmer leur volonté d'égaliser 'vers le haut', les conditions de travail et d'emploi. L'objectif à atteindre est que les pays les moins avancés accomplissent les efforts nécessaires et qu'il y ait aucune régression sociale dans les pays développés »[565]. La Cour de justice avait déjà donné une définition de ces droits sociaux, ceux-ci recouvrent notamment l'amélioration des conditions de vie et de travail, l'harmonisation vers le haut de la protection sociale, l'égalité de traitement entre les hommes et les femmes, la liberté d'association et les négociations collectives…[566]. La Communauté a complété ce dispositif juridique avec la Charte sociale européenne signé à Turin le 18 octobre 1961, puis avec la Charte communautaire des droits sociaux fondamentaux des travailleurs de 1989. La Charte elle-même était complétée par le Protocole n° 14 sur la Politique sociale annexé au Traité sur l'Union européenne[567].

Désormais, l'article 136 du Traité d'Amsterdam intègre dans le TCE le Protocole sur la politique sociale, ainsi que l'Accord sur la politique sociale. Cette intégration restaure l'unité et la cohérence de la politique sociale de la Communauté. Finalement, le Traité d'Amsterdam a réuni ensemble, dans l'article 136 actuel, l'article 117 TCEE et son double, où l'alinéa 1 de l'ancien article 117 est remplacé par le texte de l'article 1 de l'Accord sur la politique sociale. S'y glisse toutefois « l'égalisation dans le progrès » que l'article 1 de l'Accord sur la politique sociale avait fait disparaître. Le deuxième alinéa de l'article 117 TCEE est également conservé, avec la distinction entre harmonisation par les Etats membres et rapprochement des législations par l'action de la Communauté qu'il contient. Est

564 Jacques Delors, Président de la Commission européenne, « Une idée neuve », Après demain, n° 288, 1986, p. 3.

565 CATALA Nicole et BONNET René, « Charte communautaire des droits sociaux fondamentaux », in *Droit social européen*, op. cit., pp. 119–121.

566 CJCE, arrêt du 27 septembre 1986, Pinna, aff. 41/84.

567 « De Rome à Maastricht : la longue marche de l'Europe sociale », Droit social, 1993, p. 194.

ainsi maintenue la référence implicite au principe de subsidiarité que contenait déjà l'ancien article 117. L'article 136 nouveau puise également dans le protocole sur la politique sociale. Il proclame ainsi la « conscience » que la Communauté et les Etats membres ont des « droits sociaux fondamentaux », mais vise sous cette notion à la fois la Charte sociale européenne du 18 octobre 1961 et la Charte communautaire des droits sociaux fondamentaux des travailleurs de 1989, alors que le protocole sur la politique sociale faisait référence seulement à « la Charte sociale de 1989 ».

Ainsi que nous l'avons vu, l'article 2 de l'Accord sur la politique sociale a entendu à la fois définir les domaines dans lesquels la Communauté est compétente pour agir en matière sociale et fixer les règles d'exercice de ces compétences. Il a divisé le droit social en trois blocs, selon les possibilités d'actions ouvertes à la Communauté, que celle-ci puisse le faire par directives adoptées à la majorité qualifiée du Conseil, qu'elle le puisse par des actes décidés à l'unanimité au Conseil après consultation du Parlement ou qu'enfin l'action de la Communauté soit exclue[568]. Ces dispositions ont été intégrées sans changement dans l'article 137 du traité. Concernant les domaines d'action pour lesquelles les directives sont adoptées à la majorité qualifiée, l'article 2.1 et 2.2 de l'accord ; la procédure de codécision parlementaire est substituée à la procédure de coopération. Ainsi, ces articles deviennent l'article 137.1 où il est prévu que la Communauté « soutient et complète l'action des Etats membres » dans l'amélioration du milieu de travail, des conditions de travail, de l'information et la consultation des travailleurs, de l'égalité entre hommes et femmes et de l'intégration des personnes exclues. Aux termes de l'article 137.2 TCE (l'article 2.3 de l'Accord), le Conseil peut également agir, mais à l'unanimité et après consultation du Parlement européen dans le domaine de la sécurité sociale, de la résiliation du contrat de travail, de la représentation et la défense collective des travailleurs, des conditions d'emploi des ressortissants des pays tiers et les contributions financières visant la promotion et la création d'emploi. Quant à l'article 137.6 TCE qui intègre le paragraphe 6 de l'article 2 de l'Accord, le Traité d'Amsterdam a exclu par cet article, les compétences attribuées à la Communauté : la question des rémunérations, le droit d'association, le droit de grève et de lock-out.

L'intégration du Protocole social a pour conséquence de modifier le titre relatif à la politique sociale de la Communauté. Elle renforce le poids politique des partenaires sociaux dans le processus décisionnel communautaire ; elle permet d'infléchir la jurisprudence de la Cour de justice en autorisant les mesures

---

568 RODIERE Pierre, op. cit., p. 36.

positives en faveur des salariés du sexe sous-représenté ; elle établira la base juridique nécessaire au programme communautaire de lutte contre les exclusions.

C) Le Traité de Nice et la politique sociale

Le Traité de Nice entré en vigueur au mois de février 2003 ne modifie pas les objectifs sociaux assignés à l'Union dans l'article 2 TUE. Quant au Traité CE, les principales modifications sont introduites dans l'article 137. Ainsi, pour réaliser les objectifs visés à l'article 136, la Communauté soutient et complète l'action des Etats membres également dans les domaines de (c) « la sécurité sociale et la protection des travailleurs », (d) « la protection des travailleurs en cas de résiliation du contrat de travail », (f) « la représentation et la défense collectif des travailleurs et des employeurs, y compris la cogestion sous réserve du paragraphe 5 », (g) « les conditions d'emploi des ressortissants des pays tiers se trouvant en séjour irrégulier sur le territoire de la Communauté », (j) « la lutte contre l'exclusion sociale », (k) « la modernisation des systèmes de protection sociale, sans préjudice du point (c) ». Le Conseil peut arrêter, dans ces domaines, par voie de directives des prescriptions minimales applicables progressivement compte tenu des conditions et des réglementations techniques existantes dans chacun des Etats membres. Toutefois le Conseil doit statuer à l'unanimité en ce qui concerne les points c), d), f) et g). En plus de cette volonté affichée de sauvegarder les souverainetés nationales dans ces domaines, le Conseil peut décider à l'unanimité d'étendre la majorité qualifiée dans les points d), f) et g).

Cette question est également traitée durant les travaux de la Convention sur l'avenir de l'Union. Ainsi, le groupe de travail intitulé « l'Europe Sociale » a proposé dans son rapport[569] final que les dispositions contenues dans le Traité de Nice constituent le minimum en deçà duquel le Traité constitutionnel ne pourrait descendre, l'idéal étant d'entendre la majorité qualifiée dans des domaines couverts par ces points.

D) Le Traité constitutionnel et la politique sociale

Le Traité constitutionnel, dans un premier temps, reprend dans ses articles III-203III-208, presque mots pour mots, les articles 125–130 TCE concernant l'emploi. Dans cette perspective, « L'Union et les Etats membres s'attachent » à élaborer une stratégie pour l'emploi[570]. Elle contribue à la réalisation d'un niveau

---

569 Convention européenne, Le Secrétariat général, Rapport final du groupe de travail XI « Europe sociale » du 4 février 2003, CONV 516/03, REV 1.

570 Article III-203, TECE.

d'emploi élevé en encourageant la coopération entre les Etats membres[571]. Les actions d'encouragement destinées à favoriser la coopération entre les Etats membres sont établies par la loi ou loi-cadre européenne[572].

En ce qui concerne la politique sociale proprement dite, le TECE reprend dans ses articles III-209 à III-219, les articles 136–145 TCE. Ainsi, l'Union et les Etats membres sont conscients des droits sociaux fondamentaux[573]. La prudence étant encore de mise, selon l'article III-210.3, comme l'article 137 TCE tel que modifié par le Traité de Nice l'avait stipulé, le Conseil adopte la loi ou la loi-cadre dans les domaines de la sécurité sociale et la protection sociale des travailleurs (III-210-c), la protection des travailleurs en cas de résiliation du contrat de travail (III-210-d), la représentation et la défense collective des travailleurs et des employeurs, y compris la cogestion (III-210-f) et les conditions d'emploi des ressortissants des pays tiers se trouvant en séjour régulier sur le territoire de l'Union (III-210-g). Là encore, le Conseil peut décider à l'unanimité d'étendre la majorité qualifiée dans les points d), f) et g). Par ailleurs, « le présent article ne s'applique ni aux rémunérations, ni au droit d'association, ni au droit de grève, ni au droit de lock-out ».

En dépit de cette rédaction timide, le TECE introduit des avancées considérables dans les domaines de politique sociale que nous étudierons dans la deuxième Partie de notre thèse consacrée à la Constitution politique.

E) Le Traité de Lisbonne et la politique sociale

Le Traité de Lisbonne, comprenant les modifications apportées au Traité sur l'Union européenne et TCE devenu le Traité sur le fonctionnement de l'Union européenne-TFUE, adopté par les chefs d'Etat ou du gouvernement des 27 Etats membres lors du Sommet européen des 18–19 octobre 2007 et signé le 13 décembre 2007 avait avant tout pour but, conformément au mandat de la CIG, de modifier « les traités actuels en vue de renforcer l'efficacité et la légitimité démocratique de l'Union élargie et d'améliorer la cohérence de son action extérieure »[574]. La période de

571 Article III-205.1, TECE.
572 Article III-207, TECE.
573 Article III-209, « tels que ceux énoncés dans la Charte sociale européenne signé à Turin le 18 octobre 1989, ont pour objectifs la promotion de l'emploi, l'amélioration des conditions de vie et de travail, permettant leur égalisation dans le progrès, une protection sociale adéquate, le dialogue social, le développement des ressources humaines permettant un niveau d'emploi élevé et durable, et la lutte contre les exclusions. (…) ».
574 Conseil de l'Union européenne, Mandat de la CIG du 26 avril 2007, POLGEN 74.

réflexion[575], qui a précédé cette conférence intergouvernementale, était d'abord stimulée par une Communication[576] de la Commission déplorant que, « dans les circonstances actuelles, il ne soit guère probable que le Traité constitutionnel soit ratifié dans un proche avenir ». Le Conseil européen des 21 et 22 juin 2007[577] adopte, suivant « La Déclaration[578] à l'occasion du cinquantième anniversaire de la signature des Traités de Rome »[579] du 25 mars 2007 du Parlement, de la Commission et de la Présidence, et la Résolution da Parlement[580], le mandat de la CIG.

Le mandat adopté compterait la liste des modifications, y compris des modifications sociales, qui seraient apportées par rapport aux résultats de la CIG 2004. L'annexe 2 du Mandat précisait déjà, la place des dispositions sociales dans le Traité sur le fonctionnement de l'Union, nouvelle appellation du TCE[581]. Il convient de constater que le nouveau traité, ne fait preuve d'aucune innovation en ce qui concerne les dispositions sociales et se contente des aboutissements du projet de Traité constitutionnel. Plus précisément, les compétences partagées entre l'Union et les Etats membres s'appliquent aussi à la politique sociale, pour les aspects définis par le traité ainsi qu'à la cohésion économique, sociale et territoriales[582]. Le TFUE reprend, tout comme le Traité constitutionnel l'avait fait, les articles du TCE concernant l'emploi. L'intitulé du titre XI « Politique sociale, éducation, formation professionnelle et jeunesse » est remplacé par « Politique

575 Déclaration sur « la ratification du traité établissant une Constitution pour l'Europe » appelant « une période de réflexion », à la suite du « non » français et néerlandais à la Constitution, Le Conseil européen du 18 juin 2005, http://www.europea-eu.int

576 Communication de la Commission au Conseil, au Parlement européen et au Comité des régions du 13 octobre 2005, « Contribution de la Commission à la période de réflexion et au-delà : Le Plan D comme Démocratie, Dialogue et Débat », http://www.europea-eu.int, p. 1.

577 Conseil européen de Bruxelles, 21–22 juin 2007, Conclusion de la Présidence, 11177/1/07, REV 1, CONCL 2.

578 TOMUSCHAT Christian, « La déclaration de Berlin », RMCUE, n°508, mai 2007, pp. 283–285.

579 Conseil de l'Union européenne, http://www.europea-eu.int. Pour une analyse de la Déclaration voir Jean-Victor Louis, « De Messine à Berlin », CDE, 2007, n°1–2, pp. 9–18.

580 Résolution du Parlement européen du 1juillet 2007 sur la convocation de la conférence intergouvernementale (CIG) ; avis du Parlement européen, 11626/07, PU 230, POLGEN 84.

581 Mandat de la CIG 2007, POLGEN 74, 26 juin 2007, Secretariat general de l'Union europeenne, Bruxeles, p 17.

582 Article 4 b) et c), TFUE.

sociale » renuméroté IX ; « Chapitre 1- Dispositions sociales » est supprimé. Le rôle des partenaires sociaux est reconnu[583].

Comme l'article 137 TCE modifié l'avait stipulé, le Conseil statue conformément à une procédure législative spéciale, à l'unanimité, dans les domaines de la sécurité sociale et la protection sociale des travailleurs, de la protection des travailleurs en cas de résiliation du contrat de travail, de la représentation et la défense collective des travailleurs et des employeurs, y compris la cogestion et des conditions d'emploi des ressortissants des pays tiers se trouvant en séjour régulier sur le territoire de l'Union[584]. Cela étant, le Traité de Lisbonne n'apporte pas d'éléments supplémentaires du point de vue de la Constitution économique. Toutefois, il est permis de dire que, tout en abandonnant la terminologie constitutionnelle, le Traité de Lisbonne s'approprie le contenu du projet de Traité constitutionnel aussi bien dans le domaine social que dans les autres domaines[585].

Conclusion du chapitre 2

Nous avons essayé, dans ce chapitre, d'étudier la politique sociale de la Communauté/Union européenne, comme complément nécessaire de la Constitution économique des Communautés. Il est donc essentiel que le Marché intérieur soit doté des mécanismes d'accompagnement pour prendre en compte tous les aspects de l'intégration, dont la dimension sociale. La prise en compte de la dimension sociale, abordée timidement dans le Traité de Rome, semble maintenant attirer

583 Article 136bis, TFUE.

584 Article 137 TCE tel que modifié par TFUE.

585 Le Traité modificatif devait se contenter d'amender les traités existants. Les références aux symboles constitutionnels (drapeau, hymne, devise et mention selon laquelle la monnaie de l'Union est l'euro) seront rayées du texte. La France obtient que la concurrence libre et non faussée ne soit plus un objectif mais un moyen, le Royaume-Uni peut se prévaloir de la disparition de la primauté dans le texte du traité et de la mort annoncée du ministre des affaires étrangères rebaptisé « haut représentant pour les affaires étrangères et de la politique de sécurité ». Les innovations institutionnelles du traité constitutionnel sont à peu près maintenues, et notamment la présidence stable, l'extension du vote à la majorité qualifiée, la répartition des compétences, la suppression des piliers, l'initiative citoyenne et le renforcement du rôle des parlements nationaux. La règle de double majorité voit son application reportée en 2014, avec pour les trois ans qui suivront le « compromis Ioaninna ». Enfin, le pays de l'Habeas Corpus et la Pologne se réjouissent d'avoir obtenu un opting out sur la Charte des droits fondamentaux. SIMON Denys, « Mini-traité », « traité simplifié » ou « traité mutilé » : l'Europe entre le possible et le souhaitable. Europe, juillet 2007, pp. 7–9.

plus d'attention à l'échelle communautaire, comme en témoignent les actes de droit dérivé ainsi que les modifications introduites dans les traités avec l'Acte unique, le Traité de Maastricht et le Traité d'Amsterdam. A y regarder de près, la démarche qui gouverne la réalisation progressive du Marché intérieur comme un espace sans frontière[586] est beaucoup plus didactique qu'on ne le reconnaît généralement ; elle illustre l'indissociabilité de l'économique et du social. Car, il ne peut y avoir progrès social sans progrès économique et à l'inverse la réussite économique ne s'obtient pas sans cohésion sociale. Ainsi, la réalisation de l'espace sans frontières a apporté sans doute plus de compétition, mais elle a aussi favorisé la coopération économique et technique entre les entreprises et les Etats membres[587].

En effet, le traité instituant la Communauté économique européenne avait consacré la libre circulation des marchandises et des travailleurs dans la Communauté. C'est ainsi que certaines dispositions du traité devaient prendre en compte les conséquences sociales des telles libertés. Dans cette perspective, d'autres dispositions du même traité soulignaient la nécessité d'améliorer les conditions de travail, d'harmoniser les systèmes de sécurité sociale et d'assurer une meilleure coordination entre les Etats membres dans les domaines suivants : l'emploi, les conditions de travail, l'éducation professionnelle, sécurité sociale et la protection contre les accidents de travail[588]. C'est ainsi que des directives et règlements ont été adoptés pour la mise en œuvre le la Constitution économique, afin d'éviter les distorsions. C'est ainsi que la liberté de circulation, l'égalité des rémunérations, l'égalité entre les hommes et les femmes, la suppression des barrières à l'emploi,

---

586 La notion de « Marché commun » n'est pas définie dans le Traité de Rome. Les articles 2 et 3 de ce traité permettent cependant d'en déterminer le contenu et les objectifs. Ces articles définissent la mission qui est assignée à la Communauté comme étant de « promouvoir un développement harmonieux des activités économiques dans l'ensemble de la Communauté, une expansion continue et équilibrée une stabilité accrue… ». Le Marché commun est conçu comme l'un des instruments de réalisation de cet objectif. L'article 3 prévoit, l'élimination des droits de douane, l'établissement d'un tarif douanier commun, l'abolition des obstacles à la libre circulation et l'instauration de certaines politiques communes comme moyen à mettre en œuvre pour réaliser cet instrument de « Marché commun ». Par ailleurs, l'article 8a du Traité CEE introduit par l'article 13 de l'Acte unique, définit le Marché intérieur comme « un espace sans frontières intérieures dans lequel la libre circulation des marchandises, des personnes, des services et des capitaux est assurée (…) »

587 VENTURINI Patrick, op. cit., p. 8.

588 LEAPER R.A.B., "Social Policy", in LASOK Dominik et SOLDATOS Panayotis (ed), *The European Communities in Action*, Bruylant, 1981, p. 276.

la suppression de toute sorte de discriminations directes et indirectes sont placées au cœur de cette politique sociale. Cette dimension sociale est, en outre, consolidée par les modifications introduites dans le Traité par l'Acte unique, le Traité de Maastricht et le Traité d'Amsterdam. Les modifications, apportées par ce dernier traité, montrent que l'emploi est considéré comme un lien entre l'économie et le social dans le cadre de la Constitution économique. Alors, la prise en compte de la dimension sociale du Marché commun, puis du Marché intérieur, ne résulte pas d'une obsession consistant à vouloir mettre du social partout, mais du constat que les risques de déséquilibres sont tels que, sans prendre les mesures appropriées, de graves tensions, voire des blocages empêcheront la réussite de l'entreprise, même si le développement de la politique sociale européenne n'est pas à la hauteur des attentes. Force est de constater que, sous l'effet conjugué de la soumission de la Stratégie européenne pour l'emploi aux impératifs de la stabilisation monétaire et donc de sa mise sous la tutelle de la BCE et du Pacte de stabilité, la diminution de la part des fonds sociaux dans le budget européen, la lourdeur et le caractère peu contraignant de la méthode ouverte de coordination, ainsi que la limitation des accords-cadres à des prescriptions minimales en vue de la constitution des normes communes, la politique sociale européenne n'a pas encore produit les effet escomptés.

L'apport principal du TECE était de constitutionnaliser, d'une manière générale, également le social. Même si le Traité de Lisbonne s'approprie le contenu social du Traité constitutionnel, le fait qu'il abandonne le concept constitutionnel constitue un retrait du moins symbolique dans le processus d'affirmation de la Constitution économique.

Les développements dans ce chapitre nous conduisent à un autre constat : la naissance/reconnaissance des droits économiques et sociaux comme résultat du développement de la politique sociale européenne. Ce que nous étudierons dans le cadre du Titre II de cette partie.

Conclusion du Titre 1

Dans le cadre de ce titre, nous avons essayé de donner une définition de ce qu'on entend par constitution économique et de développer sa fonction structurante dans le cadre de l'intégration européenne. A ce niveau, il a été surtout question d'analyser un processus de nature économique consistant à libéraliser l'espace, en mettant en œuvre le quartet de libertés bien connu dans la littérature communautaire, tout en puisant aussi dans le Traité de Rome, mais surtout, dans l'Acte unique européen et le Traité sur l'Union européenne de 1992. L'appellation de « constitution » dans cette perspective nous parait justifiée dans la mesure où les lois et les principes qui structurent la Communauté européenne, y ont été étudiés.

Le Traité de Rome, que nous pouvons considérer comme la constitution économique de la Communauté, ne contenait pas de politique sociale et se contentait d'annoncer un principe social parmi les autres qui structurent le fonctionnement de cette constitution. Nos développements dans le cadre de ce titre ont monté que la politique sociale, qui n'est pas une politique communautaire au départ, est apparue inéluctablement. Cette apparition est d'autant plus inéluctable que l'on ne peut pas se contenter de libéraliser un espace, il faut nécessairement mettre en oeuvre une politique sociale pour surmonter les distorsions. Par conséquent, le social ne pouvant pas être complètement absent du processus, la logique de l'intégration économique a forcement généré le développement de la politique sociale. Cette politique sociale, qui se présente au départ comme la dimension sociale du Marché Commun, change quelque peu de nature dans une direction positive suivant les modifications introduites dans les traités fondateurs avec l'Acte Unique de 1986 et le Traité de Maastricht de 1992. Ainsi « La Communauté a pour mission, par l'établissement du Marché Commun, …., de promouvoir dans l'ensemble de la Communauté un développement harmonieux, équilibré et durable des activités économiques, un niveau d'emploi et de protection sociale élevé, l'égalité entre les hommes et les femmes, …., la cohésion économique et sociale et la solidarité entre les Etats membres »[589], même si la Communauté et les Etats membres estiment qu'une telle évolution résultera avant tout du fonctionnement du Marché Commun.

589 TCE, article 2.

TITRE 2: DE LA POLITIQUE SOCIALE AUX DROITS SOCIAUX FONDAMENTAUX

Nous avons vu dans nos développements précédents que cette « Constitution » elle-même attribue aux ressortissants des Etats membres un certain nombre de droits liés au statut de travailleur, droits qui ont, dans la perspective générale du projet communautaire initial, des finalités économiques, mais aussi sociales. La législation adoptée en vue de réaliser son application a pu conduire également à l'attribution aux ressortissants des pays membres de nouveaux droits. La mise en œuvre de la politique sociale, prévue dans le traité initial et étendue au fil de ses réformes successives, a engendré la nécessité de reconnaître des droits économiques et sociaux, dont le caractère fondamental a été progressivement précisé par la jurisprudence de la Cour de justice[590], qui sont la traduction subjective de l'ordre économique organisé par le droit communautaire. La Communauté s'est ainsi affirmée comme un ordre « socio-économique », au point qu'on puisse qualifier le traité de Constitution économique[591]. La reconnaissance des droits sociaux fondamentaux[592] comme la nouvelle assise du modèle social européen dans le cadre de cette Constitution économique est à la fois le fait du législateur[593] et du juge. La consécration de ces droits et plus particulièrement leur mise en œuvre d'abord dans le cadre de la Communauté puis de l'Union, développe sans

---

590 COHEN-JONATHAN Gérard, *Aspects européens des droits fondamentaux,* ed. Montchrestien, Paris 1996, p. 177.

591 MAGNETTE Paul, *La citoyenneté européenne,* Editions de l'Université de Bruxelles, 1999, p. 79.

592 BUZELAY Alain, « La libre circulation des travailleurs en Europe et protection sociale », RMCUE, n°470, juillet-août 2003, pp. 448–453.

593 Nous utiliserons le terme législateur à la fois pour designer le constituant communautaire qui adopte le droit primaire, et le législateur en tant que tel, le triplet européen, à savoir la Commission, le Conseil et le Parlement qui adopte le droit dérivé.

cesse ce que l'on appelle « l'Europe sociale » ou « le modèle social européen » ou encore « la politique sociale européenne », qui est le résultat d'une lente mutation[594].

En ce qui concerne la reconnaissance du fait du législateur entendu au sens de constituant communautaire, les instruments juridiques qui marquent à notre sens l'histoire de l'intégration européenne sont la Charte communautaire des droits sociaux fondamentaux des travailleurs ainsi que le programme d'action de la Commission pour sa mise en œuvre, l'Accord sur la politique sociale adopté par le Traité Maastricht et intégré par le Traité d'Amsterdam et surtout la Charte des droits fondamentaux de l'Union européenne. Nous étudierons dans un premier temps, l'apport de ces instruments tout en essayant de voir leur interaction avec les instruments internationaux (**Chapitre 1**).

Nous nous livrerons par la suite à une évaluation de l'apport du juge en ce qui concerne la reconnaissance des droits sociaux fondamentaux dans le cadre de la Constitution économique. Dans cette perspective l'approche de la Cour de justice repose sur l'objectif de protection des textes dont l'interprétation uniforme lui est confiée[595]. Il convient de souligner par ailleurs que la Cour prend soin de respecter l'équilibre qui caractérise l'architecture de l'Union en termes, d'une part, de compétences respectives de la Communauté et des Etats membres et, d'autre part, d'obligations que les Etats membres se sont assignées, en souscrivant à la Carte constitutionnelle que représente le traité[596] (**Chapitre 2**).

594 QUINTIN Odile et FAVAREL-DAPAS Brigitte, *L'Europe sociale,* la Documentation française, Paris. 1999, p. 5.

595 Sur le rôle de la Cour, voir LENAERTS Koen, *Le juge et la Constitution aux Etats-Unis d'Amérique et dans l'ordre juridique communautaire,* Bruylant, Bruxelles, 1988, nos 1 et 2.

596 CJCE, arrêt du 23 avril 1986, Les Verts c/ Parlement européen, aff. 294/83, Rec., p. 1339, p. 23.

CHAPITRE 1: LES SOURCES DES DROITS SOCIAUX FONDAMENTAUX EN DROIT COMMUNAUTAIRE

Comme l'ensemble du droit communautaire, les dispositions sociales étaient issues d'abord des Traités, ensuite du droit dérivé, auquel il convient d'ajouter la jurisprudence de la Cour de justice des Communautés. Dès l'origine, les objectifs de la Communauté, loin d'être exclusivement économiques, ont été aussi d'ordre social. Ainsi, le Préambule du Traité de Rome lui assignait pour but d'assurer le progrès économique et social et de permettre une amélioration des conditions de vie et d'emploi des peuples européens[597]. La liberté s'exprime à travers les principes de libre concurrence[598] et de libre circulation, ce dernier concernant aussi bien les marchandises[599], que les travailleurs[600], l'établissement[601], les services[602], les capitaux[603], ainsi que le libre établissement, sachant que le contenu de ces libertés a été précisé ultérieurement par différents actes de droit dérivé, directives et règlements pour la plupart. Parmi ces libertés, c'est la liberté de circulation des travailleurs qui a connu le développement le plus spectaculaire[604]. Bien que le

597 Son article 2, devenu, après modification, l'article 2 TCE, l'invitait à favoriser « un relèvement accéléré du niveau de vie » et, d'après l'article 117, devenu, après modification, article 136 TCE « Les Etats membres conviennent de la nécessité de promouvoir l'amélioration des conditions de vie et de travail de la main-d'œuvre permettant leur égalisation dans le progrès ». Depuis lors ces finalités n'ont cessé de s'affirmer.

598 Art 58 TCEE, devenus, après modification, article 48 TCE.

599 Art 30–37 TCEE, devenus, après modification, articles 28 à 31 TCE.

600 Art 48–51 TCEE, devenus, après modification, articles 39 à 42 TCE.

601 Art 52–58 TCEE, devenus, après modification, articles 43 à 48 TCE.

602 Art 59–66 TCEE, devenus, après modification, articles 49 à 55 TCE.

603 Art 67–73 TCEE, articles abrogés par TCE.

604 Limité au départ aux seuls travailleurs ressortissants des Etats membres, elle a été progressivement étendue. La première extension est le fait de la jurisprudence de la Cour de Justice et bénéficie aux différents opérateurs économiques qui ne sont pas seulement les travailleurs: consommateur d'un produit dans le contexte de la libre circulation des marchandises, destinataires des services ou encore étrangers participant en tant qu'employés à une prestation de service dans le cadre de l'article 52 du TCE, devenu, après modification, l'article 43 TCE. L'article 119, devenu, après modification, l'article 141 TCE, prévoyait l'égalité de traitement entre les hommes et les femmes.

traité ne soit pas explicite à cet égard, il semble que l'action communautaire ait été envisagée alors comme une harmonisation progressive des droits sociaux des Etats membres, autour de standards communs[605]. Cette situation est expliquée par le fait que la construction européenne est une entreprise avant tout de nature économique.

Toutefois la conviction reste forte que c'est avant tout de la croissance que l'on peut escompter l'amélioration de l'emploi et le progrès social[606]. Cette conviction semble expliquer le caractère succinct des dispositions sociales du Traité originaire, alors qu'avec l'adoption de la Charte communautaire des droits sociaux fondamentaux des travailleurs en décembre 1986 et surtout le Traité Maastricht la situation change sensiblement. C'est l'annonce d'une nouvelle architecture caractérisée par la proclamation des droits fondamentaux[607].

Dans le cadre de la Constitution économique c'est l'Acte unique européen qui relance en quelque sorte l'activité de la Communauté dans le domaine social. Son objet premier est l'extension du recours à la majoritée qualifié dans les prises de décisions du Conseil, notamment lorsque la construction du Marché intérieur est en jeu[608]. Le bilan fourni par le Traité de Maastricht – TCE dans le domaine social apparaît plutôt modeste. Les propositions de nouvelles rédactions des textes concernant les matières sociales ont fait l'objet d'un compromis dans le domaine social, consistant en ce que les 12 accordent, dans un Protocole annexé au Traité, le pouvoir à 11 Etats de conclure un Accord instaurant des nouvelles

605 MAGNETTE Paul, op. cit., p. 80.

606 CATALA Nicole, *Sources du droit social européen,* J.- Cl. Europe, 1995, Fasc. 600.

607 BUZELAY Alain, « La libre circulation des travailleurs en Europe et protection sociale », RMCUE, n°470, juillet-août 2003, pp. 448–453, ici p. 452.

608 Par dérogation à ce principe, l'article 100 A, devenu, après modification, l'article 95 TCE, prévoit le vote à l'unanimité quant « aux dispositions relatives à la libre circulation des personnes et celles relatives aux droits et intérêts des travailleurs ». Mais l'idée est aussi de rendre compte de la nécessité d'une harmonisation de la législation sociale qui accompagne la création d'un vaste espace économique. Ainsi qu'on l'avait remarqué, le Traité CEE était complété par l'article 118 A, repris, après modification par les paragraphes 2 et 3 de l'article 137 TCE, qui donne une compétence législative à la Communauté pour adopter les prescriptions minimales relatives à l'amélioration de la santé et de la sécurité dans le milieu de travail. Le nouvel article 118 B, devenu, après modification, article 139.1 TCE prévoit le dialogue social. L'Acte unique introduit enfin un nouveau titre V intitulé « cohésion économique et sociale ». Les suites de l'acte unique seront surtout marquées par l'adoption de la Charte communautaire des droits sociaux fondamentaux des travailleurs.

règles de référence dans le domaine social[609]. Par la suite, l'Autriche, la Finlande et la Suède rejoignirent les signataires[610]. S'y est jointe la promotion d'« un niveau d'emploi élevé », objectif depuis toujours présent dans le Traité, mais que l'on rencontrait seulement dans les dispositions relatives aux politiques de la Communauté : politique économique[611], politique agricole[612] et politique des transports[613].

Le Traité d'Amsterdam procède à une consolidation des acquis antérieurs et à la mise en œuvre d'une politique de l'emploi originale, en faisant d'abord une référence explicite aux droits sociaux fondamentaux dans article 136 TCE. Même si la Charte communautaire des droits sociaux fondamentaux n'est pas reprise dans le corps du Traité, la capacité d'action de l'Union dans le domaine de la lutte contre les discriminations est renforcée par l'introduction, dans le Traité sur l'Union européenne, de l'article 13 sur la lutte contre les discriminations[614]. Deuxièmement, le Traité d'Amsterdam procède à l'intégration de l'Accord social dans le Traité instituant la Communauté européenne[615], le texte en annexe du Traité de Maastricht devenant applicable à l'ensemble des Etats membres[616]. En

609 KESSLER Francis et LHERNOUD Jean-Philippe, *Droit social et politiques sociales communautaires,* op. cit., p. 64.

610 En d'autres termes, ce Protocole et cet Accord instaurant un ***opting out*** pour le Royaume-Uni ont conduit à l'existence de deux bases juridiques distinctes en matière de politique sociale. L'article 117, dans sa rédaction après le traité de Maastricht, a maintenu l'objectif de promouvoir les conditions de vie et de travail de la main d'œuvre.

611 Article 146 TCE (ancien article 123), relatif au Fonds social.

612 Article 33 TCE (ancien article 39), « la politique agricole commune a pour but d'assurer…un emploi optimum des facteurs de production, notamment de la main d'œuvre ».

613 Article 71 TCE (ancien article 75) énonçant que la politique commune des transports doit participer au relèvement du niveau d'emploi dans les régions de la Communauté souffrant de sous-emploi.

614 Cette disposition confère à la Communauté des compétences spécifiques dans le domaine de lutte contre la discrimination fondée sur le sexe, la race ou l'origine ethnique, la religion ou les convictions, le handicap, l'age et l'orientation sexuelle.

615 Dans les faits l'exception britannique en matière sociale à été levée dès 1997 bien avant l'entrée en vigueur du Traité d'Amsterdam et suppression formelle du Protocole sociale.

616 Son article 136 (ancien article 117) rappelle que la politique sociale relève d'une compétence partagée entre la Communauté européenne et les Etats membres. L'article 137 (ancien article 118 et article 2 de l'Accord réorganisent les compétences de la Communauté dans le domaine social.

outre, le Traité d'Amsterdam va innover en assignant à l'Union européenne un objectif de promotion d'un niveau d'emploi élevé[617]. La Communauté doit également promouvoir « une coordination entre les politiques de l'emploi des Etats membres en vue de renforcer leur efficacité par l'élaboration d'une stratégie coordonnée pour l'emploi »[618].

Du Traité de Rome à la Charte des droits fondamentaux (**Section 3**), en passant par la Charte communautaire des droits sociaux fondamentaux des travailleurs (**Section 1**), l'Accord sur la politique sociale et le Traité de Maastricht (**Section 2**), le législateur-constituant européen procède à la reconnaissance des droits sociaux fondamentaux. Cette reconnaissance est synthétisée avec la Charte des droits fondamentaux de l'Union européenne. Nous étudierons la contribution successive de ces étapes à l'affirmation d'un corpus des droits sociaux fondamentaux dans le cadre de la Constitution économique européenne.

Section 1: Les droits économiques et sociaux dans la Charte communautaire des droits fondamentaux des travailleurs de l'Union européenne

Nous avons vu dans le Titre premier que l'introduction de la majorité qualifiée avec l'Acte unique européen dans le domaine des conditions de travail a permis l'adoption de nombreuses directives édictant les prescriptions minimales dans ce domaine. Toutefois, l'impact de l'Acte unique ne se limite pas à ce seul domaine. D'une part, ses dispositions ont été comprises comme postulant l'extension de la liberté de circulation à tous les ressortissants communautaires, qu'ils soient actifs ou inactifs. D'autre part, la présentation de ce nouveau Traité a ravivé la volonté de lier la politique sociale et la politique économique. Déjà, le Conseil européen du 22 juin 1984 avait déclaré que « la politique sociale doit être développée, au niveau de la Communauté, au même titre que la politique économique, monétaire et industrielle ». C'est ce souci qui a conduit à préconiser la constitution d'un « espace social européen », puis, au moment de l'Acte unique, celle d'une « Europe sociale ». Pourtant, le contenu d'une telle formule n'a pas été clairement défini. Pour certains, il s'agit de prendre en compte les conséquences sociales du Marché unique, de manière à ce que tous les travailleurs de la Communauté puissent en bénéficier à égalité. Ceci implique : qu'ils puissent se déplacer sans obstacles avec la garantie de disposer de droits sociaux comparables et que soit

---

617 Article 2 TCE.

618 Article 3 TCE.

encouragé le dialogue social. Il faut aussi éviter que les entreprises ne transfèrent leurs activités dans des pays où le coût du travail est moins élevé et la législation dans le domaine social moins contraignante. Pour d'autres, l'« *Europe sociale* », embryonnaire, peut être caractérisée selon deux axes fondamentaux[619] :

- l'axe législatif, qui comprend un « corpus » de directives à caractère social portant notamment sur les conditions de travail, la santé et la sécurité, etc. ;
- l'axe financier qui se traduit par le financement d'actions et de projets dans le domaine social (emploi, formation professionnel, etc.) au travers des fonds structurels.

On rajoute à ces deux éléments une forme de dialogue social entre les interlocuteurs sociaux communautaires qui emprunte aux modèles nationaux des relations industrielles certaines caractéristiques afin d'aboutir à des accords sociaux sectoriels ou interprofessionnels. Ainsi, au moyen de directives, d'aides financières et d'accords conventionnels, l'Union agit dans des domaines aussi divers que la santé et la sécurité des travailleurs, l'égalité entre les hommes et les femmes, la santé publique, la formation professionnelle, l'éducation, la lutte contre l'exclusion sociale, la promotion de l'emploi, les actions en faveur des cibles publiques spécifiques, telles que les personnes âgées ou handicapées, migrantes etc.

Il convient de remarquer que les progrès de cette Europe sociale sont soumis aux contextes et aux contraintes politiques et économiques dans lesquels se trouvent l'Union et ses Etats membres. Si cette « Europe sociale » demeure embryonnaire, c'est également parce que son action dans les domaines sociaux n'est conçue qu'en complément à l'action de ses membres, pour autant que et dans la mesure où l'initiative communautaire permet d'apporter une valeur ajoutée par rapport aux initiatives nationales. Mais elle demeure surtout embryonnaire, en l'absence de grands instruments spécifiques dont sont pourvus les Quinze, tels que les systèmes de protection sociale, l'existence de budgets sociaux importants, de mécanismes de redistribution et de transferts financiers internes en faveur des populations défavorisées. De ce point de vue, rien n'existe au niveau européen[620].

Pour mettre en lumière cette « dimension sociale » du Grand Marché, la Commission a constitué, dans la phase préparatoire, un groupe de travail chargé d'en faire l'analyse et de formuler des propositions[621]. Les conclusions du groupe

619 DEGRYSE Christophe, *Comprendre l'Europe sociale : Le rôle des syndicats*, Bruxelles, 2000, p. 11.

620 Ibid, p. 12 et suivants.

621 « Dimension sociale du Marché intérieur, Rapport d'étape du groupe interservices », Commission des CE, Europe sociale, numéro spécial 1988.

mettent en avant un constat : la réalisation du grand marché intérieur est un projet de croissance qui, par la dynamique qu'il engendrera, offrira un surcroît de croissance et de compétitivité aux économies européennes. Il apparaît que la réussite de ce projet est d'abord l'affaire de tous les acteurs économiques et sociaux. Les effets attendus étaient donc globalement positifs et substantiels. Mais, un tel projet ne peut réussir que si les coûts qu'il engendre sont correctement repartis, si tous sont appelés à participer à sa réalisation, bref si la dimension sociale joue pleinement son rôle. Pour le groupe, la « dimension sociale du Marché intérieur » ne doit pas être confondue avec la notion d' « espace social européen », même si elle contribue à en « tracer certains contours ». Aussi, le groupe définit son champ d'investigation de la manière suivante : « Par *'dimension sociale'* il faut entendre plusieurs aspects :

- les conditions de libre circulation effective des personnes au sein de la Communauté ;
- les aspects sociaux des dispositions contribuant à la réalisation du grand marché (exemples : normes, droits des sociétés, etc.) ;
- les mutations sociales à venir qui seront engendrées, ou accélérées, par la réalisation du marché intérieur : leur anticipation, leurs modalités d'accompagnement »[622].

Si le premier point couvre l'une des quatre libertés de circulation que nécessite la réalisation d'un espace sans frontière, le deuxième et le troisième point concernent les incidences sociales qu'a et aura la mise en œuvre des autres libertés.

Pour sa part, le Président de la Commission définissait le contenu de l'Europe sociale en mettant l'accent sur l'Emploi, l'aide aux secteurs et aux régions défavorisées, l'adoption d'une Charte instaurant des « droits sociaux fondamentaux » pour l'ensemble de la Communauté. Quelle que soit la vision que l'on en ait, la prise en compte de la dimension sociale du grand Marché impliquait des mesures aussi bien d'ordre économique que juridique. La plus spectaculaire d'entres elles, a été l'adoption, en décembre 1989, d'une Charte communautaire des droits sociaux fondamentaux des travailleurs[623]. La Charte sociale peut être considérée comme le reflet de la conscience sociale de l'Union. Cette conscience aurait pour but d'apaiser les craintes selon lesquelles le projet de Marché intérieur n'était pas plus qu'un exercice visant à transformer l'Union en une zone de

622 Ibid, p. 15.

623 Pour le texte de la Charte, voir la revue *l'Europe sociale* 1/90, p. 48–50

libre échange[624]. Considérée dans cette optique comme la conscience sociale de l'Union ; la Charte peut être aussi considérée comme le développement logique de la politique sociale de l'Union européenne.

§ 1: Le contenu et la portée de la Charte communautaire des droits sociaux fondamentaux des travailleurs

Inspirée par le désir que les pays les moins avancés accomplissent les efforts nécessaires sans qu'il y ait de régression sociale dans les pays les plus développés, l'idée d'une telle Charte a été débattue au Conseil des ministres des affaires sociales du 26 mai 1987. Elle a été reprise par la suite lors de plusieurs Conseils européens, notamment le Conseil européen de Hanovre et de Rhodes en 1988 puis à Madrid en 1989. Entre temps le Comité économique et social avait émis un avis[625] et le Parlement européen avait adopté une résolution le 15 mars 1989. Après avis du Comité économique et social, la Commission présente une « Charte des droits sociaux fondamentaux » en douze points. Les droits garantis dans ce texte ne découlent pas de documents internationaux, comme les conventions de l'OIT ou du Conseil de l'Europe mais du Traité de Rome. L'avant-projet de cette Charte est un catalogue de l'acquis social des Etats membres et de la Communauté. Les droits consacrés sont: le droit à la libre circulation, emploi et rémunération, l'amélioration des conditions de vie et de travail, le droit à la protection sociale, le droit à la liberté d'association et à la négociation collective, le droit à la formation, le droit à l'égalité de traitement entre hommes et femmes,le droit à l'information, à la consultation et à la participation des travailleurs, le droit à la protection de la santé et de la sécurité sur les lieux de travail et protection des enfants et des adolescents, des personnes âgées et des handicapées.

Le Royaume-Uni, cependant, refuse catégoriquement que la Charte devienne le point de départ d'une législation européenne et le Danemark émet les plus grandes réserves. Ainsi, des modifications importantes ont été apportées au projet de la Commission: le titre de « charte », d'abord, est modifié et devient « charte communautaire des droits sociaux fondamentaux des travailleurs ». Le préambule qui exprime cette volonté, a été expurgé de toute référence aux « citoyens » qui existait auparavant.

Une seconde modification présente une charge symbolique non négligeable. La référence à un « droit fondamental à … » disparaît des douze têtes de chapitre

---

624 LODGE Juliet, « Social Europe », Revue d'intégration européenne, Vol. XIII, no-23, Hiver 1990, pp. 135–150, ici p. 140.

625 CES, avis du 22 février 1989, n°270/89.

citées précédemment dans le projet de la Commission. Il n'en reste qu'une table des matières correspondant aux droits préalablement proposés[626].

Finalement, la Charte communautaire des droits fondamentaux des travailleurs sera adoptée par onze Etats membres à l'exception du Royaume Uni, lors du Conseil européen de Strasbourg, le 3 décembre 1989. Il s'agira alors d'une déclaration solennelle, non contraignante, n'impliquant pas une extension des compétences de la Communauté, mais ayant pour objectif de « consacrer les progrès déjà réalisés », et aussi « d'affirmer de façon solennelle que la mise en oeuvre de l'Acte Unique doive pleinement prendre en compte la dimension sociale de la Communauté entière, et la création d'emplois ».

A) Les principes et les droits contenus dans la Charte des droits sociaux fondamentaux des travailleurs

La Charte se décompose en deux titres. Le premier énumère les principes (et non pas les droits) et établit pour chacun d'entre eux des prescriptions minimales et les bases d'un programme de réalisation. On note l'usage largement fait des qualificatifs vagues comme « juste », « équitable », « suffisant » ou « décent »[627]. L'introduction de la Charte précise qu'elle est inspirée des Conventions de l'OIT, de la Charte sociale européenne adoptée dans le cadre du Conseil de l'Europe et du Traité de Rome tel qu'il est modifié par l'Acte unique européen. Ainsi, les articles 7 et 48 à 51[628], devenus, après modification, articles 12 et 39 à 42 TCE ; les articles 117 à 122[629], devenus, après modification, articles 137 à 145 TCE ; l'article 118 A[630], devenu, après modification, article 137 TCE ; l'article 118 B[631], devenu, après modification, article 139 TCE ; article 119[632], devenu, après modification, article 141 TCE ; l'article 128[633], devenu, après modification, article 151 TCE et les articles 13 A à 130 E[634], devenus, après modification, articles 158 à 162 TCE, et plus généralement les articles 100, 100 A et 235[635] du Traité de Rome, devenus,

---

626 VOGEL-POLSKY Eliane et VOGEL Jean, *L'Europe Sociale 1993 : Illusion, alibi ou réalité,* Editions de l'Université de Bruxelles, 1991, p. 168.
627 RODIERE Pierre, *Droit social de l'Union européenne,* LGDJ, 2002, p. 128.
628 La libre circulation des travailleurs.
629 Le domaine social.
630 L'amélioration des conditions de travail.
631 Le développement du dialogue social entre les partenaires sociaux au niveau européen.
632 L'égalité des rémunérations.
633 Une politique commune de formation professionnelle.
634 La cohésion économique et sociale.
635 Le rapprochement des législations.

après modification, articles 94, 95 et 308 TCE, sont repris comme bases juridiques des actions futures prévues par la Charte[636].

La Charte a, d'une manière générale, pour objectif de consolider les progrès réalisés par la Communauté dans le domaine social, d'assurer au niveau approprié le développement des droits sociaux des citoyens en particulier des travailleurs indépendants, la mise en œuvre des droits sociaux en accord avec le principe de subsidiarité et d'assurer que cette mise en œuvre ne se traduise pas par un retour en arrière dans le domaine des droits sociaux fondamentaux dans les Etats membres.

Les Etats membres, par l'adoption de cette Charte s'engagent à prendre des mesures nécessaires en vue de garantir les droits sociaux que celle-ci contient. Dans cette perspective :

- le droit à la libre circulation implique, notamment, le droit d'exercer toute profession et tout métier dans les mêmes conditions que les nationaux, la reconnaissance des diplômes et des qualifications professionnelles, l'égalité de traitement, le droit à la même protection sociale[637] ;
- tout emploi doit être justement rémunéré, un salaire « décent » doit être institué[638] ;
- les conditions de vie et de travail doivent être améliorées dans le progrès[639] ;
- tout citoyen de la Communauté a droit à une protection sociale adéquate. Ceux qui, exclus du marché du travail, n'auraient pas de moyens d'existence suffisants, doivent bénéficier d'un revenu minimum et d'une assistance sociale appropriée[640] ;
- les employeurs et les travailleurs de la Communauté ont le droit de s'associer librement dans les organisations professionnelles et syndicales de leur choix. En sus de la liberté syndicale, ils disposent de la liberté de négocier et de contracter des conventions collectives ainsi que du droit de grève. Mais la mise en œuvre de procédure de conciliation, de médiation et d'arbitrage devra être favorisée[641] ;

---

636 LODGE Julie, Social Europe, op. cit., p. 141.
637 Article premier.
638 Article 2.
639 Article 3.
640 Article 4.
641 Article 5.

- tout travailleur de la Communauté doit pouvoir poursuivre sa formation professionnelle au cours de sa vie active. Il ne peut y avoir dans les conditions d'accès à cette formation de discrimination fondée sur la nationalité[642] ;
- l'égalité de traitement entre les hommes et les femmes est garantie et l'égalité des chances entre les hommes et les femmes doit être développée[643] ;
- l'information, la consultation et la participation des travailleurs doivent être accrues, « en tenant compte des dispositions légales et conventionnelles ainsi que des pratiques en vigueur dans les Etats membres ». Ceci concerne, en particulier, l'introduction des changements technologiques, les structurations et les fusions des d'entreprises ainsi que des procédures de licenciement collectif[644] ;
- tout travailleur doit pouvoir bénéficier de conditions satisfaisantes de protection de santé et de sécurité dans son milieu de travail. « Des mesures adéquates doivent être prises pour poursuivre l'harmonisation dans le progrès des conditions existantes dans ce domaine »[645] ;
- l'âge d'accès au travail est de 16 ans. Tout jeune de 16 ans, occupant un emploi doit percevoir une rémunération équitable et pouvoir bénéficier sur son temps de travail, une formation professionnelle complémentaire[646] ;
- tout citoyen de la Communauté en retraite ou préretraite doit bénéficier d'un revenu lui assurant un niveau de vie décent. Une protection sociale adéquate doit être assurée aux personnes âgées[647] ;
- l'insertion des personnes handicapées dans la vie active doit être favorisée par des mesures concrètes et leur intégration sociale recherchée par l'amélioration de l'accessibilité et de la mobilité des moyens de transport et du logement[648].

La Charte mentionne en outre « la possibilité de déboucher au niveau européen sur des relations conventionnelles entre les partenaires sociaux si ceux-ci l'estiment souhaitable ». « A cette fin, le dialogue entre partenaires sociaux au niveau européen doit être développé, notamment au plan professionnel et sectoriel ».

642 Article 6.
643 Article 7.
644 Article 8.
645 Article 9.
646 Article 10.
647 Article 11.
648 Article 12.

B) La portée politique et juridique de la Charte communautaire des droits sociaux fondamentaux des travailleurs

La Charte des droits sociaux fondamentaux des travailleurs a une portée politique (**1**) et une portée juridique (**2**).

1. La portée politique de la Charte communautaire des droits sociaux fondamentaux des travailleurs

La Charte est un instrument unique dans le droit communautaire. Il ne correspond pas à des instruments législatifs ou politiques utilisés normalement par la Communauté dans l'exercice de ses compétences en vue d'atteindre ses objectifs[649]. Nulle part dans le Traité on a fait mention de la Charte comme un instrument légal. Par conséquent, elle n'est pas plus qu'une déclaration, tel qu'il est stipulé dans son Préambule, proclamée solennellement à onze. Cela étant, elle n'est pas tout à fait sans effet légal. Elle peut être utilisée dans le cadre de la procédure législative communautaire d'une part, et comme moyen d'interprétation de la législation communautaire et nationale d'autre part[650].

L'adoption par onze des douze Etats membres (le Royaume-Uni s'étant abstenu) d'un texte solennel qui reconnaît un « socle minimum » de droits sociaux garantis aux travailleurs européens est considéré comme la reconnaissance du modèle social européen et le signal donné par les plus hauts responsables des Etats membres que le Marché unique européen doit aller de pair avec la constitution d'un « espace social européen » excluant toute notion de « dumping social »[651].

---

649 L'article 189 du TCEE mentionne cinq types d'instruments ainsi que leurs effets dans l'ordre juridique communautaire : **Règlements** sont contraignants et directement applicables dans les Etats membres. Les **directives** sont contraignantes pour les Etats membres quant aux buts à atteindre, les Etats membres étant libres d'utiliser l'instrument interne de leur choix pour sa transposition dans l'ordre juridique interne. Les **décisions** sont contraignantes pour les personnes auxquelles elles sont adressées. Les **recommandations** et les avis n'ont pas d'effets contraignants mais ils peuvent avoir une valeur interprétatative. En plus de ces instruments, le Conseil peut adopter de temps en temps des **résolutions** qui précisent des objectifs de la Communauté dans un domaine précis.

650 WATSON Philip, "The Community Social Charter", Common Market Law Review, 1991, p. 37–68, p. 45.

651 Olivier Dutheillet de Lamothe, « Du Traité de Rome au Traité de Maastricht : La longue marche de l'Europe sociale », Droit social, n°2, fevrier 1993, 9. 198.

Avant même que la Charte ne soit adoptée, il avait été souligné, notamment en juin 1989 au Conseil des ministres des affaires sociales, qu'à coté des droits dont le respect devrait être garanti, il conviendrait de définir une série d'objectifs à poursuivre au moyen d'un programme d'action et de politiques communes[652]. Aussi, un tel Programme tendant à la mise en œuvre de la Charte fut élaboré par la Commission et adopté par elle le 29 novembre 1989 avant que le Conseil européen n'adopte la Charte elle-même[653].

2. *La portée juridique de la Charte des droits sociaux fondamentaux des travailleurs*

La Charte n'a certainement pas la portée d'une directive, d'un règlement, d'une décision individuelle ou voire même d'une recommandation ou d'un avis. Un tel système n'est nullement prévu par les traités. Elle appartient aux décisions *sui generis* prises depuis l'instauration des Conseils européens[654]. Cet instrument, n'ayant aucune portée juridique sur le plan communautaire et ne faisant pas l'objet de ratification par les Etats membres, ne crée aucune obligation juridique à l'égard des Etats membres et des organes communautaires. Il est d'ailleurs rappelé dans le préambule de la Charte que sa mise en œuvre ne saurait entraîner une extension des compétences de la Communauté telles qu'elles sont définies dans les Traités. Par conséquent, la Charte n'élargit pas les compétences communautaires en matière sociale. La référence systématique aux pratiques nationales et le renvoi généralisé aux législations des Etats membres traduisent plutôt un recul dans le processus d'intégration, au lieu d'un pas en avant vers l'élargissement des compétences communautaires. Ce texte, non contraignant de surcroît et limité aux travailleurs, fait apparaître la Charte non pas comme une finalité, mais comme une étape. Sa mise en œuvre reposera sur le programme d'action sociale de la Commission, qui définit les mesures à prendre[655], ainsi que sur le Protocole social annexé au traité sur l'Union européenne, offrant les bases juridiques et facilitant l'adoption de textes par une extension du vote à la majorité qualifiée.

Dès lors, il est permis de dire que, sans portée juridique, ni mécanisme de contrôle, laissant les Etats membres définir librement leurs politiques sociales, la Charte des droits sociaux fondamentaux des travailleurs ne constitue pas un

652 CATALA Nicole, Sources du droit social européen, op. cit., p. 10.
653 Communication de la Commission sur ce programme, COM (89) 568 final.
654 PETTITI Christophe, *La Charte communautaire des droits sociaux fondamentaux des travailleurs : Un progrès ?*
655 COM (89) 568 final, Bruxelles, 29 novembre 1989.

progrès tangible dans le processus de constitutionnalisation de l'Union européenne. En dépit des limites évidentes de la Charte communautaire, il convient de ne pas perdre de vue son caractère politique important. La volonté politique que traduit ce texte permettra de relancer les initiatives de la Commission en matière sociale.

Les dispositions concernant la mise en œuvre de la Charte sont un recul qualitatif important. En effet, toute référence à un engagement des Etats membres a été éliminée, la formulation choisie se borne à un simple constat des faits, à un « statement ». En ce qui concerne les voies et moyens nécessaires pour la mise en œuvre de la Charte, il est seulement indiqué que la garantie des droits sociaux fondamentaux ainsi que la mise en œuvre des mesures sociales indispensables ne relèvent plus, dans le cadre d'une stratégie de cohésion économique et sociale, de la responsabilité particulière des Etats membres selon leurs pratiques nationales[656]. La Charte sociale communautaire laisse en effet la garantie des droits sociaux et leur mise en place aux Etats membres et notamment aux partenaires sociaux. Par ailleurs, elle invite la Commission à prendre des initiatives permettant la réalisation effective des droits/principes relevant des compétences communautaires[657]. La Commission s'est empressée de suivre cette invitation, avec succès dans plusieurs domaines : la santé et la sécurité, y compris par des mesures relatives au temps de travail[658], l'information et la consultation des travailleurs[659] et la protection des enfants et adolescents[660].

C) *L'apport de la Charte sociale européenne et ses articulations avec la Charte communautaire des droits fondamentaux des travailleurs*

La Charte des droits fondamentaux des travailleurs, adoptée dans le cadre de la Communauté européenne n'est pas la première tentative d'organiser un socle des

656 VOGEL-POLSKY Eliane et VOGEL Jean, op. cit., p. 169.

657 PETTITI Christophe, op. cit.

658 Directive 93/104 sur l'aménagement du temps de travail, JOCE n°L 307 du 13 décembre 1993, p. 13. Cette Directive est modifiée par la Directive 2000/34/CE du Parlement européen et du Conseil du 20 juin 2000. Cette dernière a pour but de couvrir les secteurs et activités exclus par la première.

659 Directive 94/45 du Conseil du 22 septembre 1994 sur le comite d'entreprise européenne, JOCE, n°L 254 du 30 septembre 1994, p. 64. Cette Directive est modifiée par la Directive 97/74/CE du Conseil du 15 décembre 1997, JOCE, n°L 10 du 16 janvier 1998, p. 22, qui l'étend au Royaume-Uni.

660 Directive n°94/33 du 22 juin 1994, relative à la protection des jeunes au travail, JOCE n°L 216 du 20 août 1994.

droits sociaux fondamentaux entre les différents Etats du Continent européen. Dès 1961 le Conseil de l'Europe adopta une Charte sociale européenne[661]. Signée à Turin en 1961 par les 11 membres du Conseil de l'Europe, la Charte sociale est conçue à l'origine comme le complément naturel de la Convention européenne des droits de l'homme et des libertés fondamentales, ajoutant la protection des droits sociaux à la garantie des droits civils et politiques assurés par ce dernier instrument. Ce trait fait incontestablement de la Charte un texte fondamental, unique parmi les conventions à caractère social élaboré par le Conseil de l'Europe. Elle est peu connue et très rarement invoquée par les partenaires sociaux. Elle est soit confondue avec d'autres instruments internationaux, et en particulier avec la Charte communautaire des droits sociaux fondamentaux des travailleurs, soit considérée comme un texte vieilli et dépourvu de portée, parce qu'il ne s'accompagne pas d'un mécanisme de controle juridictionnel[662].

1. Les droits sociaux dans la Charte sociale européenne

L'examen de la Charte sociale européenne montre qu'elle est le premier instrument juridique international qui énonce des droits sociaux tout en traçant les perspectives et contenus des politiques sociales au plan européen. Son catalogue de droits sociaux fondamentaux fait partie des droits qui doivent être reconnus dans le cadre de l'Europe des citoyens[663]. Les droits contenus dans la Charte sociale européenne s'orientent autour de deux axes. Le premier est la protection des travailleurs, que ce soit pour l'accès à une activité professionnelle, pour l'exercice de cette activité ou pour sa cessation. La plupart des droits consacrés relève de cette catégorie. La deuxième catégorie concerne la cohésion économique et sociale et participe d'une certaine idée de la citoyenneté sociale. Il s'agit ici de protéger les personnes en leur qualité de membres du corps social et non pas en tant que travailleurs[664]. L'œuvre d'interprétation est si importante qu'on a pris l'habitude de la qualifier de

---

661 Charte sociale européenne, Conseil de l'Europe, Turin le 18 octobre 1961.

662 GREVISSE Suzanne, « Le renouveau de la Charte sociale européenne », Droit social, n°9/10 septembre-octobre 2000, p. 884.

663 VOGEL-POLSKY Eliane et VOGEL Jean, *L'Europe Sociale 1993 : Illusion, alibi ou réalité,* op. cit., p. 245.

664 Avec la Charte sociale, les Etats signataires s'engagent à mener une politique tendue vers « la réalisation des conditions propres à assurer l'exercice effectif des droits » énumérés dans sa première partie, d'une part et, à protéger et à mettre en œuvre les mêmes droits dans la mesure exigée dans la deuxième partie, d'autre part. Pour la garantie de ces droits, la Charte a prévu un mécanisme classique de contrôle international fondé initialement sur l'examen, par un Comité d'expert indépendant, de rapport soumis

« jurisprudence »[665]. Pour autant elle n'a pas réussi à imposer l'image d'un instrument pouvant faire l'objet d'une application principalement juridique. Cela tient, au-delà des *a priori* négatifs dont souffrent les droits sociaux, à la faiblesse du mécanisme de controle international et à la carence de publicité entourant les conclusions du Comité[666].

Si la partie I énonce 19 droits et principes économiques et sociaux, les 19 articles de sa partie II définissent des lors, les obligations auxquelles les Etats contractants s'engagent pour assurer la mise en œuvre de ces droits. C'est cette partie II que la Charte organise son contrôle. Ainsi, elle contient des provisions substantielles en ce qui concerne les droits économiques et sociaux : droit au travail (art. 1), droit à des conditions de travail équitables (art. 2), droit à la sécurité et à l'hygiène dans le travail (art. 3), droit à une rémunération équitable (art. 4), droit syndical (art. 5), droit de négociation collective (art. 6), droit des enfants et des adolescents à la protection (art. 7), droit des travailleurs à la protection (art. 8), droit à l'orientation professionnelle (art. 9), droit à la formation professionnelle (art. 10), droit à la protection et à la santé (art. 11), droit à la sécurité sociale (art. 12), droit à l'assistance sociale et médicale (art. 13), droit au bénéfice des services sociaux (art. 14), droit des personnes physiquement et mentalement diminuées, à la formation professionnelle et à la réadaptation professionnelle et sociale (art. 15), droit de la famille à une protection sociale, juridique et économique (art. 16), droit de la mère et de l'enfant à une protection sociale et économique (art. 17), droit à l'exercice d'une activité lucrative sur le territoire des autres parties contractantes (art. 18) et droit des travailleurs migrants et de leur famille à la protection et à l'assistance (art. 19)[667].

Si l'on a pu relever dans la Charte quelques lacunes[668] et regretter qu'elle n'aille pas, sur bien de points, au-delà des exigences des conventions de l'Organisation internationale du travail, il s'agissait d'un texte ambitieux par l'ampleur des domaines couverts et qui comportait des avancées importantes.

---

périodiquement par les Etats signataires. Le Comité a contribué considérablement, à travers les cycles successifs de contrôle, à éclairer le contenu de la Charte.

665 PETEAU Denis, « Jurisprudence sans juridiction », in *La Charte sociale du XXIème siècle,* Actes du colloque de Strasbourg, 14–16 mai 1997, Ed. du Conseil de l'Europe, 1997, p. 308.

666 AKANDJI-KOMBE Jean-François, « L'application de la Charte sociale européenne : la mise en œuvre de la procédure de réclamations collectives », Droit social, n°9/10 septembre-octobre 2000, p. 888–889.

667 La Carte sociale européenne, http://conventions.coe.int/treaty/fr/treaties/html/035.htm.

668 Ce texte ambitieux présente quelques faiblesses qu'il convient de rappeler : (i) La Charte ne comporte pour les Etats que des engagements de caractère international, soumis au seul contrôle qu'elle prévoit. Elle ne reconnaît pas aux citoyens une

2. La Charte sociale révisée

Pour remédier aux lacunes de la Charte sociale, un processus de « relance » a été engagé[669]en 1988 avec l'adoption d'un premier protocole additionnel consacrant de nouveaux droits. La relance fut formellement décidée par la conférence ministérielle de Rome du 5 novembre 1990. Le Protocole de 1988 est une première réponse aux besoins d'actualisation des droits consacrés dans le texte signé en 1961. Ce Protocole a étendu la portée matérielle de la Charte en ajoutant de nouveaux droits[670] dont la plupart concernent précisément l'emploi[671]. Ces reformes n'avaient pas seulement pour but d'actualiser le catalogue des droits mais aussi de renforcer leur garantie. Tel est précisément l'objet du Protocole[672] de Turin adopté en 1995[673].

---

possibilité de recours individuel devant une juridiction internationale. (ii) Par ailleurs, elle ne s'applique aux étrangers que « dans la mesures où ils sont ressortissants des autres parties contractantes résidant légalement ou travaillant régulièrement sur le territoire de la partie contractante intéressée ». (iii) En outre, les Etats ne sont pas tenus d'accepter toutes les dispositions de la Charte. (iv) Enfin, le mécanisme de contrôle instauré par la Charte, inspiré de ceux en vigueur à l'OIT, ne fait cependant pas appel à des organes tripartites, et ne donne aux partenaires sociaux qu'un rôle d'observateurs. Il s'agit d'un mécanismes complexe qui, à partir des rapports que les Etats doivent présenter périodiquement, fait intervenir le Comité d'Experts indépendants, un Comité gouvernemental composé des représentants des Etats et le Comité des ministres du Conseil de l'Europe qui peut adresser aux Etats qui ne respectent pas leurs engagement des « recommandations ».

669 PUCCI du BENISICHI Paolo, « Les reformes de la Charte depuis 1989 », in *La Charte sociale du XXIème siècle,* op. cit., pp. 45 et s.

670 Ainsi l'article 1 concerne le droit à l'égalité des chances et de traitement en matière d'emploi et de profession, sans discrimination fondée sur le sexe. L'article 2 porte sur le droit à l'information et à la consultation. Les Etats doivent permettre aux travailleurs ou à leurs représentants d'être informés régulièrement en temps opportun de la situation économique et financière de leur entreprise. Quant à l'article 3, il vise le droit de prendre part à la détermination et à l'amélioration des conditions de travail et du milieu du travail.

671 La Charte sociale européenne, Protocole de 1988, http://conventions.coe.int/treaty/fr/treaties/html/128.htm.

672 Il permet aux organisations professionnelles et syndicales européennes représentatives comme à celles de chacun des Etats concernés de dénoncer l'«application non satisfaisante » d'une disposition de la Charte. C'est au Comité d'experts indépendants de se prononcer sur le bien fondé de ces réclamations.

673 Pour une analyse du Protocole, voir SUDRE Frédéric, « Le Protocole additionnel à la Charte sociale européenne prévoyant un système de réclamations collectives », RDGIP, 1996–3, pp. 715 te s.

La révision opérée au sujet de la Charte sociale européenne en 1996 permet une actualisation particulièrement importante des droits originaires. Cet instrument révisé rassemble au sein du même texte les droits garantis par la Charte de 1961, ainsi que le Protocole additionnel. Des retouches apportées par ce texte vont, dans la quasi-totalité des cas, dans le sens d'un renforcement des droits.

Les nouveaux droits incorporés dans la Charte sociale européenne sont inspirés par les développements récents réalisés au sein de l'Union européenne, en particulier, l'adoption de la Charte communautaire des droits sociaux fondamentaux des travailleurs de 1989 et surtout l'Accord social annexé au Traité d'Amsterdam. Ces nouveaux droits sont :

- le droit à la protection en cas de licenciement (art. 24) ;
- le droit des travailleurs à la protection de leurs créances en cas de licenciement (art. 24) ;
- le droit des travailleurs à la protection de leurs créances en cas d'insolvabilité de leur employeur (art. 25) ;
- le droit à la dignité au travail (art. 26) ;
- le droit à l'égalité des chances et de traitement des travailleurs ayant des responsabilités familiales (art. 27) ;
- le droit des représentants des travailleurs à la protection dans l'entreprise et des facilités à leur accorder (art. 28) ;
- le droit à l'information et à la consultation dans les procédures de licenciements collectifs (art. 29) ;
- le droit à la protection contre la pauvreté et l'exclusion sociale (art. 30) ;
- le droit au logement (art. 31)[674].

Il résulte de tout cela un texte dont l'architecture interne n'a pas l'harmonie de la Charte de 1961 mais qui comble ses lacunes et prend en compte les problèmes sociaux. La Charte sociale révisée porte à neuf le nombre des articles qui constituent le noyau dur en y ajoutant l'article 7 (protection des enfants et adolescents) et l'article 20 (égalité dans le travail sans distinction fondée sur le sexe), chaque Etat devant accepter au moins six de ces articles.

La Charte n'a pas l'importance de la Convention européenne, mais on voit se profiler une évolution en ce sens.

Même si la version modifiée de la Charte protège la plupart des droits sociaux, certaines omissions sont à relever. C'est ainsi, par exemple, que le droit

---

674 La Charte sociale européenne (révisée), http://conventions.coe.int/treaty/fr/treaties/html/163.htm.

à l'éducation n'est pas véritablement garanti, l'article 17 se bornant à obliger les parties contractantes à assurer aux enfants et aux adolescents un enseignement primaire et secondaire gratuit. Cette omission est grave, en raison des implications pour les autres droits, comme le droit au travail, pour lesquels l'éducation est une condition préalable[675]. Une autre faiblesse de la Charte provient du fait que, contrairement à la Convention européenne, les droits consacrés par la Charte ne s'appliquent pas à toutes les personnes se trouvant dans le territoire des parties contractantes. Ainsi, la première partie de l'annexe à la Charte précise qu'elle ne s'applique aux étrangers que dans la mesure où ils sont des ressortissants des autres parties résidant légalement ou travaillant régulièrement sur le territoire de la partie intéressée. Même si l'on peut prétendre que cette provision est basée sur le principe de réciprocité du droit international traditionnel, cela ne semble pas correspondre au principe de l'égalité de toute personne devant la loi. Par ailleurs, contrairement aux provisions de la Convention européenne, les droits consacrés par la Charte sociale ne peuvent pas être invoqués par les individus devant les juridictions nationales ou internationales. La seule exception qui confirmerait cette règle est l'article 6 (4) de la Charte concernant le droit de grève, qui peut être invoqué devant la juridiction aux Pays-Bas[676]. L'absence de justiciabilité dont est victime la Charte semble être la raison principale pour qu'elle reste ignorée du public pendant longtemps. Toutefois, la Charte sociale européenne donne lieu à une jurisprudence évolutive[677] qui, tout en restant fidèle

675 RENUCCI Jean-François, *Droit européen des droits de l'homme,* L.G.D.J., 2001, p. 290 et suite.

676 BETTEN Lammy and GRIEF Nicholas, op. cit., p. 47.

677 La méthode de supervision ou le mécanisme de contrôle prévu par la Charte présente les caractéristiques d'une procédure mixte quasi judiciaire et politique. La faiblesse de cette méthode est due au fait que le dernier mot appartient aux instances politiques. En effet, les systèmes de supervision consistent en une procédure de présentation de rapports, soumis par les parties contractantes de manière régulière, examinés par le Comité des Experts indépendants qui a pris récemment le nom de Comité européen des droits sociaux, le Comité des Représentants des Gouvernements et l'Assemblée Parlementaire. En définitive, les rapports ainsi que les commentaires des instances précédentes sont transmis au Comité des Ministres qui formule les recommandations. Ce mécanisme, quoi qu'imparfait, n'est pas sans qualités. Il présente l'avantage

aux principes d'interprétation, s'adapte aux données économiques et sociales nouvelles[678].

La Charte et ses Protocoles dans leur forme actuelle contiennent un noyau de droits socio-économiques nécessaires pour former la base d'une politique sociale communautaire et une politique sociale européenne au sens large. Elle apporte une base constitutionnelle appropriée[679] pour une législation en matière de politique sociale. « En tant que Traité international, elle possède un statut juridique et une force normative plus élevée que la législation secondaire communautaire. Contrairement à la Charte communautaire contenue dans une déclaration du Conseil européen, la Charte sociale européenne apporterait une garantie solide contre toutes les déclarations, règles ou directives ultérieures pouvant s'en écarter. (…) Alors qu'une Charte communautaire séparée ne constituerait que la base juridique d'une politique sociale européenne à l'intérieur des Communautés européennes, la Charte sociale européenne permet également de disposer d'une

---

de permettre une observation permanente de la situation des Etats et un contrôle systématique de leur politique sociale. Il a conduit le Comité d'experts, à élaborer au fil des années avec l'assistance d'un représentant du Bureau international de travail, une « jurisprudence » qui a eu pour objet de définir de manière précise les obligations découlant de la Charte. Cette jurisprudence présente deux caractéristiques principales : (i) C'est en premier lieu une jurisprudence ferme qui insiste sur le caractère dynamique d'un grand nombre de stipulations et tend à leur faire produire leur plein effet. Ainsi, en dépit de la rédaction prudente de l'article 19 paragraphe 6, par lequel les Etats s'engagent à « faciliter autant que possible le regroupement familial des travailleurs migrants, cette jurisprudence a su dégager un véritable droit au regroupement familial. (ii) De même une portée générale a été donnée au principe d'égalité entre les travailleurs de deux sexes.

678 GREVISSE Suzanne, *Le renouveau de la Charte sociale européenne,* op. cit., p. 886.

679 Avec les récentes améliorations apportées à la procédure de supervision on peut s'attendre à un accroissement du rôle de la Charte sociale. (Possibilité pour le Comité des Experts de s'adresser directement aux parties contractantes si nécessaire; introduction de vote à majorité qualifiée au sein du Comité des Ministres; introduction d'un système de plaintes collectives).
Pour accroître d'avantage le rôle et l'importance de la Charte, plusieurs options sont avancées dans la doctrine. L'une, qui nous semble la plus intéressante, consiste à établir une relation plus étroite entre les droits économiques et sociaux ainsi que les droits civils et politiques. Pour œuvrer dans cette voie, certaines provisions de la Charte pourraient être transférées à la Convention avec une éventuelle création d'une « Chambre Sociale » au sein de la Cour européenne des droits de l'homme.

base pour la coopération économique et sociale entre les Etats européens par-delà les frontières de la Communauté »[680].

3. *Comparaison de la Charte communautaire des droits fondamentaux des travailleurs avec la Charte sociale européenne*

Une lecture parallèle de la Charte communautaire et la Charte sociale européenne permet de constater une certaine similitude quant au contenu de ces deux textes. On peut toutefois observer que l'article 10 de la Charte prévoit de mettre en place des prestations et des ressources suffisantes pour les personnes exclues du marché du travail et qui sont dépourvues de moyens de subsistance. Cette formulation vise à instaurer, dans les Etats membres, un revenu minimum garanti que connaissent certains pays comme la France. On peut sur ce point observer qu'il s'agit probablement du premier instrument international visant à établir de manière indirecte une telle garantie[681].

La comparaison des deux instruments nous permet de constater que l'on trouve dans leur sein des notions communes. Ainsi, l'amélioration des conditions de vie et de travail dans le progrès[682], l'égalité de traitement et lutte contre les discriminations fondée sur le sexe, la couleur, la race, les opinions et les croyances[683], la rémunération équitable[684], les prestations et ressources suffisantes[685] se trouvent dans la Charte communautaire des droits sociaux fondamentaux et la Charte sociale européenne. Tandis que le niveau de vie décent et satisfaisant[686], la protection sociale adéquate[687] et prestations de sécurité sociale suffisantes[688] ne sont consacrés que par la Charte communautaire des droits sociaux fondamentaux des travailleurs. Quant à la protection de sécurité sociale appropriée[689] et

680 Mémorandum de Prof. P. Van Dijk, adopté par la Commission des affaires sociales, cité par VOGEL-POLSKY Eliane, op. cit.

681 PETTITI Christophe, « La Charte communautaire des droits sociaux fondamentaux des travailleurs : Un progrès ? », Droit social, n°4, avril 1990, p. 388.

682 La Charte Communauté européenne, Préambule et article 3 ; Charte sociale européenne, Protocole additionnel, Partie 2. Art. 3

683 Préambules de la Charte Communauté européenne, et de la Charte sociale européenne.

684 Articles 2 et 10 de la Charte Communauté européenne et l'article 10 de la Charte sociale européenne.

685 Articles 4 et 11 de la Charte Communauté européenne et l'article 13 du Protocole aadditionnel, Partie 2, ainsi que l'article 4 de la Charte sociale européenne.

686 Les articles 4 et 11 de la Charte Communauté européenne.

687 L'article 4 de la Charte Communauté européenne.

688 Ibid.

689 Articles 16 et 17 de la Charte sociale européenne.

le régime de sécurité sociale suffisant[690], sont eux stipulés par la Charte sociale européenne. Il convient de remarquer qu'à ce stade de la Constitution économique européenne, il y a une interaction entre la Charte communautaire des droits sociaux fondamentaux des travailleurs et la Charte sociale européenne, dans la mesure où la dernière inspire la première. Mais ce mouvement s'observe aussi dans un sens opposé : lors de la révision de la Charte sociale européenne, on a fait appel à des instruments communautaires tels que la Charte des droits fondamentaux des travailleurs et surtout l'Accord sur la politique sociale.

§ 2: La mise en œuvre de la Charte communautaire des droits fondamentaux des travailleurs

Nous verrons dans un premier temps les principes qui gouvernent la Charte **(A)** et nous étudierons par la suite les modalités de sa mise en œuvre **(B)**.

A) Les principes qui gouvernent la mise en œuvre dans le cadre de la Constitution économique

L'action communautaire pour la mise en œuvre de la Charte s'est inspirée, conformément aux principes de la Constitution économique, de l'amélioration des conditions de vie et de travail, notamment des trois principes fondamentaux suivants :

- le principe de subsidiarité en tenant compte de la spécificité du domaine social, selon lequel il est nécessaire de proposer pour chacun des thèmes d'action la fonction la plus appropriée (harmonisation, coordination, convergence, coopération, etc..), compte tenu des besoins identifiés et de la valeur ajoutée potentielle de l'action communautaire ;
- le principe du respect de la diversité des systèmes, cultures et pratiques nationales lorsqu'elle est positive en ce qui concerne les exigences de la réalisation du Marché intérieur ;
- la préservation de la compétitivité des entreprises, tout en conciliant l'économique et le social.

La méthode suivie par la Commission dans la mise en œuvre des initiatives nécessaires se caractérise par un large recours à la consultation préalable tant des Etats membres que des partenaires sociaux dans le cadre des comités consultatifs,

690 Article 12 de la Charte sociale européenne.

de consultation « ad hoc » ou encore dans le cadre du dialogue social[691]. En ce qui concerne le rôle du dialogue social, la Commission souligne la contribution positive apportée par les partenaires sociaux au développement de la dimension sociale par l'adoption de nombreux avis communs et de déclarations[692].

Il convient ici de souligner également le rôle important que jouent le Parlement européen et le Comité économique et social. En ce qui concerne le Parlement européen, il a souligné à maintes reprises que la dimension sociale est une condition fondamentale de la réalisation du Marché intérieur, que « L'Europe communautaire d'aujourd'hui propose deux nouveaux cadres pour l'enrichissement juridique de notre modèle social européen : la Charte communautaire des droits sociaux fondamentaux des travailleurs et le futur statut du citoyen européen qui devrait voir le jour avec l'Union politique, parallèlement aux reformes politiques de l'Union économique et politique »[693]. La mise en œuvre en tant que telle est le fait du programme d'action de la Commission européenne.

---

691 Commission des CE, Quatrième rapport sur l'application de la Charte communautaire des droits sociaux fondamentaux des travailleurs, OPOCE, 1996, p. 3.

692 Avis commun concernant la création d'un espace européen de mobilité professionnelle et géographique et l'amélioration du fonctionnement du marché du travail en Europe, 13 février 1990 ; sur l'éducation de base, et de la formation initiale et de formation professionnelle des adultes, 19 juin 1990 ; Nouvelles technologies, organisation du travail, adaptabilité du marché du travail, 10 janvier 1991 ; Transition de l'école à la vie adulte et professionnelle, 5 avril 1991 ; Modalités susceptibles de permettre l'accès effectif le plus large possible à la formation, 20 décembre 1991 ; sur les qualifications professionnelles et leur validation, 13 octobre 1992 sur les actions et le rôle futur de la Communauté dans le domaine de l'éducation et de la formation, en tenant compte du rôle des partenaires sociaux, 28 juillet 1993 ; sur les femmes et la formation, 3 décembre 1993.
Accord du 31 octobre 1991 sur le rôle des partenaires sociaux.
Une nouvelle stratégie de coopération pour la croissance et l'emploi, 3 juillet 1992, Déclaration conjointe sur l'avenir du dialogue social, 3 juillet 1992. Recommandation de la Confédération européenne des Syndicats, de l'Union des Confédérations de l'Industrie et des Employeurs de l'Europe et du Centre européen des Entreprises à participation publiques concernant le fonctionnement des Comités Consultatifs interprofessionnels, juin 1993. Le schéma directeur pour les grandes orientations des politiques économiques, 5 décembre 1993.

693 Parlement européen, affaires sociales, Projet de rapport sur le marché européen du travail après 1992, Partie IX : le modèle social européen, PE 151. 130/IX du 30 mai 1991 et Résolution A3-0238/92 du 8 juillet 1992.

B) Le Programme d'action de la Commission

L'adoption d'un programme relatif à la mise en œuvre de la Charte des droits fondamentaux des travailleurs était rendue nécessaire par le fait que la Charte n'était pas juridiquement contraignante[694]. Ainsi, le programme présenté et adopté par la Commission a pour but de traduire dans le droit communautaire, les objectifs fixés par la Charte. Ce programme comprend treize sections dont douze sont relatives aux sections de la Charte et une relative aux fonds structurels. Dans ces 13 sections relatives à la Charte, il comporte 47 mesures dont dix sept directives qui couvrent un champ très large du droit du travail[695].

En plus de ces directives, trois règlements, quatre décisions, cinq recommandations, quatre communications, un avis, huit rapports et d'autres instruments étaient prévus par le programme.

Pour la Commission, conformément à l'article 118 A tel que modifié par l'Acte unique européen, repris, après modification, par l'article 137 TCE, qui prévoit cette procédure pour l'amélioration des conditions de travail, la plupart des directives proposée au Conseil serait adoptée à la majorité qualifiée. Cette interprétation de la notion de majorité qualifiée était largement supportée par le Parlement européen et la Confédération européenne des syndicats (ETUC), mais pas par la l'Union des Employeurs européens (UNICE) ni par le mouvement conservateur

---

694 GEYER Robert, "EU Social Policy in the 1990s : Does Maastricht Matter ?", in *Journal of European Integration,* 1996, Automn, Vol XX, n°1., p. 5.

695 Une directive concernant certains aspects de l'aménagement du temps de travail ; trois directives sur le travail précaire concernant respectivement un meilleur fonctionnement du Marché intérieur et une plus grande transparence du marché dans le cadre de la cohésion économique et sociale, une amélioration des conditions de vie et de travail des travailleurs, la protection de la santé et de la sécurité des travailleurs sur le lieu de travail ; une directive relative à un élément de preuve de relation de travail ; une directive concernant le rapprochement des législations des Etats membres relatives aux licenciements collectifs ; une directive relative au détachement des travailleurs effectué dans le cadre d'une prestation de service ; une directive relative à la protection au travail de la femme enceinte et venant d'accoucher ; une directive concernant la protection des travailleurs contre les risques liés à une exposition à l'amiante pendant le travail ; une directive pour promouvoir une meilleure assistance médicale à bord des navires ; une directive concernant la santé et la sécurité dans les industries extractives ; une directive concernant les chantiers temporaires et mobiles ; une directive concernant la signalisation sur les lieux de travail ; une directive concernant la santé et la sécurité sur les bateaux de pêche ; une directive relative au transport en sécurité sur le chemin du travail des travailleurs à mobilité réduite ; une directive concernant la protection des jeunes au travail.

britannique[696]. La Commission a présenté fin 1991 toutes les propositions relatives aux initiatives prévues dans le programme, mais comme le premier rapport sur l'application de la Charte le précise, elle y fait état de sa déception quant au rythme selon lequel le Conseil finalise celles-ci. Ainsi, elle précise dans le rapport que la Commission a présenté toutes les propositions conformément au principe de subsidiarité, mais le Conseil n'a pas été à la hauteur des attentes[697]. Cela provient aussi du fait que le Traité de Maastricht a eu un effet perturbateur sur la mise en œuvre de la Charte. En effet, avec ce dernier le rôle consultatif du Parlement s'est accru[698] : le vote à la majorité qualifiée au Conseil est étendu dans certains domaines de la politique sociale[699], la consultation des travailleurs[700] ainsi que l'élimination de la discrimination entre hommes et femmes en ce qui concerne la rémunération étaient encouragées[701]. La phase de ratification du Traité de Maastricht est aussi celle de la stagnation du développement de la politique sociale européenne. Cette période est également celle durant laquelle les conservateurs britanniques accèdent au pouvoir au Grande-Bretagne. Il faudra attendre la deuxième moitié de 1993, la présidence belge, pour assister à nouveau à une relative relance de la politique sociale européenne. En effet, à cette époque, la Commission a accéléré toutes les initiatives nécessaires pour la mise en œuvre de la Charte. Des 47 initiatives contenues dans le programme pour la mise en œuvre de celle-ci, 29 ont eu l'approbation du Conseil, et 16 ont été adoptées. Ainsi, les deux pièces maîtresses de la politique sociale européenne, la directive sur le temps de travail[702] et celle concernant la protection des jeunes au travail[703], ont été adoptées par le Conseil au mois de novembre 1994.

La Commission, dans son programme d'action relatif à la mise en œuvre de la Charte indiquait que « devant le développement considérable et les formes très diverses des contrats de travail autres qu'à durée déterminée, il convient qu'un

---

696 GEYER Robert, op. cit., p 15

697 Premier rapport sur la mise en œuvre de la Charte des droits sociaux fondamentaux des travailleurs, COM (91) 511 Final, para 5.

698 Article 118, TCEE, devenu, après modification, article 140 TCE.

699 Ibid, par 1 et 2.

700 Article 118 A, TCEE, repris, après modification, par l'article 137 TCE ; article 118 B, TCEE, repris, après modification, par l'article 139 TCE ; article 138 TCE.

701 Article 119, TCE, devenu, après modification, l'article 141 TCE.

702 COM (93) 35, février 1993, JOCE, C 77, 18 mars 1993.

703 Dans les deux cas l'Angleterre a eu des dérogations pour la mise en œuvre de ces directives ; dix ans pour la directive sur le temps de travail et six ans pour la directive sur les jeunes.

cadre communautaire assure un minimum de cohérence entre ces différentes formes de contrats, au risque, sinon, de favoriser des distorsions de concurrence et dans le but de renforcer, au niveau communautaire, la transparence du marché de travail ». Il s'agissait en effet de définir un certain nombre de dispositions fondamentales qui respectent, d'une part le besoin de flexibilité des entreprises et, d'autre part, les aspirations d'un certain nombre de travailleurs, en tenant compte des diversités des situations dans les Etats membres et de l'autonomie des partenaires sociaux[704].

Partant de ces considérations, la Commission a proposé un socle de dispositions fondamentales dans le domaine du « travail atypique », qui se compose de trois instruments (le travail à temps partiel, le travail à durée déterminée et le travail intérimaire), répondant à trois exigences :

- assurer un meilleur fonctionnement du marché intérieur et une plus grande transparence du marché du travail dans le cadre de la cohésion économique et sociale base juridique 100 A TCEE, devenu, après modification, article 95 TCE) ;
- promouvoir l'amélioration des conditions de vie et de travail des travailleurs (base juridique 100 TCEE, devenu, après modification, article 94 TCE) ;
- garantir la protection de la santé et de la sécurité des travailleurs (base juridique 118 A TCEE, repris, après modification, par l'article 137 TCE).

Parmi ces trois propositions, seule celle fondée sur l'article 118 A, nouvel article 137 TCE, qui concerne les travailleurs ayant une relation de travail à durée déterminée ou une relation de travail intérimaire, a pu être adoptée par le Conseil le 25 juin 1991, pour des raisons que nous avons évoquées ci-dessus[705]. Les autres propositions qui couvrent également les travailleurs à temps partiels ont rencontré de sérieuses difficultés au sein du Conseil ; difficultés que la Commission évoque de la manière suivante dans son quatrième rapport sur la mise en œuvre de la Charte :

« La Commission regrette vivement que le Conseil n'ait pas réussi à progresser sensiblement sur les propositions de la Commission relatives au travail atypique. Elle estime notamment que des actions urgentes sont nécessaires pour rendre le travail à temps partiel attrayant et pour que les travailleurs à temps partiel soient correctement traités, afin de renforcer la contribution que ce type

---

704 Quatrième rapport sur la mise en œuvre de la Charte communautaire des droits sociaux fondamentaux des travailleurs, op. cit., p. 9

705 COM (90) 228 final-SYN 280 et syn. 281 du 13 août 1990.

de travail peut apporter à la réduction de chômage. Comme l'indique le Livre Blanc[706] sur la politique sociale européenne, la Commission engagera, au titre de l'Accord sur la politique sociale, des consultations avec des partenaires sociaux sur les conditions de travail des travailleurs « atypiques », en particuliers les travailleurs à temps partiel, les travailleurs à durée indéterminée et les travailleurs intérimaires »[707].

La Charte réaffirme le principe selon lequel tout emploi doit être justement rémunéré, en indiquant qu'il faut « selon les modalités propres à chaque pays, soit assurée aux travailleurs une rémunération équitable, c'est-à-dire une rémunération suffisante pour leur permettre d'avoir un niveau de vie décent ». Dans cette perspective, et dans le plein respect du principe de subsidiarité, la Commission s'est abstenue de légiférer et de proposer des instruments contraignants en matière de rémunérations. Elle considérait qu'il était opportun de dégager certains principes de base sur les rémunérations équitables, en tenant compte des réalités sociales et économiques et en utilisant les instruments habituels de la politiques économiques et sociale. Dans ce contexte, la Commission a adopté le premier septembre 1993 un avis sur une rémunération équitable[708].

La proposition de directive concernant certains aspects de l'aménagement du temps de travail[709] a été adoptée sur la base de l'article 118 A du TCEE, article 137 TCE, par le Conseil le 23 novembre 1993[710]. Cette directive s'applique à tous les secteurs d'activité à l'exception des transports, des activités en mer et des activités de médecins en formation et ne porte pas atteinte à la faculté des Etats membres d'appliquer ou d'introduire des dispositions plus favorables aux travailleurs. Selon la directive les Etats membres doivent prendre les mesures nécessaires pour que le travailleur bénéficie (i) d'un repos journalier d'au moins onze heures consécutives par période de vingt-quatre heures ; (ii) d'un repos hebdomadaire d'au moins 35 heures consécutives en moyenne ; (iii) d'un travail journalier supérieur à six heures ; (iv) d'un congé annuel rémunéré d'au moins quatre semaines, conformément aux conditions prévues par les législations et/ou pratiques nationales ; (v) d'une durée hebdomadaire de travail limitée à quarante huit heures en moyenne, y compris les heures supplémentaires. En ce qui concerne le travail de nuit la directive prescrit que la durée de travail normal d'un travailleur de nuit ne

---

706 Commission des CE, Le Livre blanc sur la politique sociale, COM (93) 333 final.

707 Quatrième rapport de la Commission…, op. cit., p. 10.

708 Commission des CE, avis sur une rémunération équitable, COM (93) 388 final

709 Commission des CE, COM (90) 317 final-SYN 295 du 20 septembre 1990.

710 Directive 93/104/CE du 23 novembre 1993 concernant certains aspects de l'aménagement du temps du travail, JOCE n°L 307 du 13 décembre 1993.

doit pas dépasser huit heures en moyenne par période de vingt-quatre heures et que les travailleurs bénéficient d'une évaluation gratuite de leur santé avant d'être affectés à un travail de nuit, et régulièrement par la suite.

Le 14 octobre 1991 le Conseil a adopté la directive relative à un élément de preuve de la relation de travail[711]. Elle prévoit l'obligation pour l'employeur d'informer le travailleur des conditions applicables au contrat ou à la relation de travail. Elle contribue ainsi à l'amélioration de la transparence sur un marché du travail qui connaît des transformations susceptibles d'altérer la situation des travailleurs exerçant désormais leurs activités dans le cadre de rapport de travail qui échappent le plus souvent au modèle traditionnel de relation de travail.

La mise en œuvre de la Charte se poursuit avec la proposition de la Commission relative à une directive modifiant la directive 75/129/CEE concernant le rapprochement des législations des Etats membres relatives aux licenciements collectifs[712]. L'impact du Marché intérieur rendait nécessaire cette révision. En effet, dans le contexte de l'accélération des restructurations transnationales des sociétés à la veille de l'achèvement du Marché intérieur, il arrivait que les licenciements soient décidés à un niveau de direction plus élevé que celui de l'employeur direct des travailleurs concernés, c'est-à-dire par une entreprise qui exerce le controle du groupe. La directive modifiée élargit le champ d'application de la directive 75/129/CEE aux licenciements envisagés par de tels centres décisionnels en garantissant que ceux-ci fournissent à l'employeur tous renseignements utiles aux fins de l'information et de la consultation des représentants des travailleurs et de la notification du projet à l'autorité compétente.

La protection sociale relevant avant tout de la responsabilité des Etats membres, l'action de la Communauté dans ce domaine s'est limitée aux instruments non-contraignants. Ainsi, la Commission a adopté le 23 décembre 1992 une Communication intitulée « Vers une Europe des solidarités : intensifier la lutte contre l'exclusion sociale, promouvoir l'intégration »[713]. Dans le respect du principe de subsidiarité, la Commission y propose des orientations de d'ensemble pour l'action que la Communauté pourrait développer dans ce domaine. Elle adopte le 22 septembre 1993 un nouveau programme d'action à moyen terme de lutte contre l'exclusion et de promotion de la solidarité[714]. En outre, le Conseil a adopté une

711 Directive n°91/533/CEE relative à l'obligation de l'employeur d'informer le travailleur des conditions applicables au contrat ou à la relation de travail, JOCE n°L 288 du 18 octobre 1991.

712 JOCE n°L 48 du 22 février 1975.

713 COM (92)542 final.

714 COM (93) 435 final

recommandation le 24 juin 1992, portant sur des critères relatifs à des ressources et prestations suffisantes dans le système de sécurité sociale[715]. En application de cette recommandation, la Commission a publié fin 1993 un premier rapport[716] qui décrit la situation de la protection sociale dans les Etats membres, analyse les politiques suivies par ceux-ci et examine les principaux problèmes auxquels ils sont confrontés dans ce domaine. Des instruments non contraignants sont également utilisés dans le domaine de la participation des travailleurs aux bénéfices et à la croissance du capital de leur entreprise[717]. L'objectif de cette recommandation est d'encourager un large usage des diverses formes de participation des salariés aux bénéfices et aux résultats des entreprises, soit au moyen d'un intéressement aux bénéfices, soit par le biais de l'actionnariat des salariés, soit par une combinaison des deux.

Par ailleurs, le Conseil a adopté le 22 septembre 1994 la directive[718] 94/45/CE sur l'information et la consultation transnationale des travailleurs dans les entreprises et groupes d'entreprises de dimension communautaire.

L'égalité de rémunération occupe une place particulière dans la Charte des droits sociaux fondamentaux des travailleurs. Afin de s'assurer de la pleine mise en œuvre du droit fondamental à l'égalité des rémunérations, la Commission a adopté le 23 juin 1994 un Mémorandum sur l'égalité des rémunérations[719], qui explique et analyse la législation en vigueur ainsi que les arrêts pertinents de la Cour. Ce document est destiné notamment aux employeurs, syndicats, juristes, organismes nationaux d'égalité et autres acteurs qui sont appelés à mettre en œuvre la législation sur l'égalité de rémunération.

Fondée sur l'article 118 A du Traité CEE, devenu, après modification, article 137 TCE, la proposition de directive concernant la protection au travail de la femme enceinte ou venant d'accoucher constitue une directive particulière au sens de la directive-cadre 89/391/CEE relative à la mise en œuvre des mesures pour promouvoir la santé et la sécurité des travailleurs au travail[720]. Elle vise à améliorer la protection des femmes enceintes ou venant d'accoucher. Les mesures contenues dans cette directive portent sur les arrêts de travail, la durée

715 JOCE, n°L 245 du 28 août 1992.

716 La protection sociale en Europe, COM (93) 531 final.

717 La recommandation du Conseil concernant la promotion de la participation des salariés aux bénéfices et aux résultats de l'entreprise (y compris la participation au capital), JOCE n°L 245 du 26 aout 1992.

718 JOCE n°L 254 du 30 septembre 1994.

719 COM (94) 6.

720 JOCE n°L 183 du 29 juin 1989.

de travail, les droits liés au travail et sur les conditions de travail. Adoptée le 19 octobre 1992, cette directive[721] répond à un besoin important et est de nature à contribuer de manière significative à la promotion de la santé et de la sécurité des travailleuses dans leur milieu de travail.

En dépit du fait que les directives[722] concernant l'égalité de traitement entre les femmes et les hommes aient un champ d'application assez large, elles ne tenaient pas suffisamment compte de la situation particulière des travailleurs (euses) indépendant(e)s . C'est la raison pour la quelle le Conseil a adopté une directive relative à l'égalité de traitement entre les femmes et les hommes exerçant une activité indépendante, y compris une activité agricole, ainsi que la protection de la maternité[723]. Le rapport[724] adopté par la Commission pour la mise en œuvre de cette directive a montré que, si du point de vue strictement juridique la directive pouvait être considérée comme mise en œuvre dans les Etats membres, les résultats pratiques n'étaient pas entièrement satisfaisants par rapport à l'objectif visé. Des efforts supplémentaires seront déployés dans les années ultérieures pour la pleine réalisation des objectifs de départ.

La protection de la santé et de la sécurité au travail est assurée au niveau communautaire par un ensemble de dispositions contraignantes fondées, après l'entrée en vigueur de l'Acte unique européen, sur l'article 118 A, devenu, après modification, article 137 TCE. Ainsi que nous l'avons signalé plus haut, le Programme mettant en œuvre la Charte communautaire a inclus de nouvelles propositions d'initiatives dans quelques secteurs où la sécurité posait des problèmes importants. Il s'agit des propositions spécifiques relevant pour la plupart de la mise en œuvre de la directive-cadre 89/391/CEE. Ainsi, la plupart des propositions de directives de la Commission présentées dans le cadre du programme d'action a été adoptée avant la fin de l'année 1996[725].

---

721 Directive 92/85/CEE du Conseil du 19 octobre 1992, JOCE n°L 348 du 28 novembre 1992.

722 Directives 75/117/CEE, 76/207/CEE, 79/7CEE et 86/378/CEE du Conseil.

723 Directive 86/613/CEE, JOCE n°L 359 du 19 décembre 1986.

724 Recommandation du Conseil 92/241/CEE, du 13 mars 1992, JOCE n°L 123 du 8 mai 1992.

725 **Directive 92/29/CEE** du Conseil, du 31 mars 1992, concernant les prescriptions minimales de sécurité et de santé pour promouvoir une meilleure assistance médicale à bord des navires de penche, JOCE n°L 113 du 30 avril 1992 ; **Directive 92/57/CEE** du Conseil, du 24 juin 1992, concernant les prescriptions minimales de securité et de santé à mettre en œuvre sur les chantiers temporaires ou mobiles, JOCE n°L 245 du 26 août 1992 ; **Directive 92/91/CEE** du Conseil, du 3 novembre 1992, concernant les prescriptions minimales visant à améliorer la protection en matière de sécurité

Les enfants et les adolescents constituent encore aujourd'hui une réserve considérable de main-d'œuvre plus ou moins importante selon les Etats membres. Il s'agit souvent d'une main-d'œuvre invisible, difficile à appréhender par les outils statistiques. Tout laisse à croire que le récent élargissement va amplifier ce phénomène. La Charte communautaire des droits sociaux fondamentaux des travailleurs avait déjà réservé une place privilégiée à la protection des enfants et adolescents. Ainsi le paragraphe 22 contient des objectifs de principes tels que l'aménagement des « règles de droit du travail applicable aux jeunes travailleurs afin qu'elles répondent aux exigences de leur développement et aux besoins de leur formation professionnelle et de leur accès à emploi », la limitation de la durée du travail et l'interdiction du travail de nuit pour les moins de 18 ans. Le paragraphe 20 fixe un contenu matériel aux droits sociaux : « l'âge minimal d'admission au travail ne doit pas être inférieur à l'âge auquel cesse la période de scolarité obligatoire ni, en tout cas, à 15 ans ».

Aussi, au chapitre 11 de son programme relatif à la mise en œuvre de la Charte, la Commission avait affirmé sa volonté de protéger les jeunes contre les conditions de travail et d'emploi qui peuvent porter préjudice à leur santé, leur sécurité et leur développement. Dans cette perspective, le Conseil a adopté une directive le 22 juin 1994[726]. Cette directive s'applique à toute personne âgée de moins de 18 ans ayant un contrat de travail ou une relation de travail définie par le droit en vigueur dans un Etat membre et/ou soumis au droit en vigueur dans un Etat membre. Elle définit en outre les groupes de jeunes comme suit :

---

et de santé des travailleurs des industries extractives par forage, JOCE n°L 348 du 28 novembre 1992 ; **Directive 92/104/CEE** du Conseil, du 3 décembre 1992, concernant les prescriptions minimales visant à améliorer la protection en matière de sécurité et de santé des travailleurs des industries extractives à ciel ouvert ou souterrain, JOCE n°L 404 du 31 décembre 1992 ; **Directive 93/103/CE** du Conseil, du 23 novembre 1993, concernant les prescriptions minimales de sécurité et de santé au travail à bord des navires de pêche, JOCE n°L 307 du 13 décembre 1993 ; **Recommandation 90/326/CEE** de la Commission, du 22 mai 1990, concernant l'adoption d'une liste européenne des maladies professionnelles, JOCE L n°160 du 26juin 1990 ; **Directive 92/58/CEE** du Conseil, du 26 juin 1992, concernant les prescriptions minimales pour la signalisation de sécurité et/ou de santé au travail, JOCE n°L 245 du 26 août 1992 ; **Directive 91/385/CEE** du Conseil, du 25 juin 1991, modifiant la **Directive 83/477/CEE** concernant la protection des travailleurs contre les risques liés à une explosion à l'amiante pendant le travail, JOCE n°L 206 du 29 juillet 1991.

726 Directive 94/33/CEE du Conseil du 22 juin 1994 relative à la protection des jeunes au travail, JOCE n°L 216/12 du 20 août 1994.

- Jeune : toute personne âgée de moins de 18 ans ;
- Enfant : tout jeune qui n'a pas atteint l'age de 15 ans ou qui est encore soumis à l'obligation scolaire à temps plein imposée par la législation nationale ;
- Adolescent : tout jeune âgé de quinze ans au moins et de moins de 18 ans et qui n'est plus à l'obligation scolaire à temps plein imposée par la législation nationale.

La Charte n'étant pas intégrée dans le corps du Traité, elle n'a pas d'effet direct et son application n'est pas garantie par la Cour de justice. Elle porte comme son nom l'indique, principalement sur les droits des travailleurs, et les droits sociaux des autres personnes (jeunes, chômeurs, retraités) sont peu ou pas pris en compte[727]. Cela est compréhensible si l'on tient compte de la nature économique de la Constitution des Communautés. Toutefois, elle représente une étape importante dans la prise de conscience, par la Communauté, de l'importance des questions sociales liées au travail. Si, en pratique, elle n'a guerre été relayée par des négociations entre partenaires sociaux, contrairement à ce qui a été espéré, elle a justifié les programmes d'action sociale menés par la Commission européenne. Nous constatons par ailleurs, que quasiment l'ensemble du dispositif utilisé pour la mise en œuvre de la Charte des droits sociaux des travailleurs par l'intermédiaire des programmes sociaux, est formé par des instruments qui ne sont pas ou peu contraignants. Cela s'avère une caractéristique qui mérite d'être soulignée alors que nous étudions l'affirmation des droits sociaux dans le cadre de la Constitution économique européenne. En témoignent l'adoption avant tout de directives, de directives-cadres, de recommandations ou de communications, lors de la mise en œuvre de la Charte, dans les domaines de l'aménagement du temps de travail, de la preuve de la relation de travail, du rapprochement des législations des Etats membres relatives aux licenciements collectifs, de la protection au travail de la femme enceinte, de l'égalité de traitement entre les femmes et les hommes exerçant une activité indépendante et la protection des jeunes contre les conditions de travail et d'emploi. Toutefois, nous savons que la Charte communautaire des droits sociaux fondamentaux des travailleurs a été relayée par le protocole social du Traité de Maastricht. Elle peut ainsi être considérée comme une étape « pré constitutionnelle »[728] préalable à l'incorporation des droits sociaux au Traité sur l'Union européenne.

727 Rapport du Comité des Sages, présidé par Maria de Lourdes Pintasiglio, Pour une Europe des droits civiques et sociaux, Bruxelles, octobre 1995-février 1996, p. 39.

728 Le terme est emprunté au Rapport du Comité des Sages, op.cit.

Section 2: L'Accord sur la politique sociale dans la Constitution économique européenne

Le Traité de Maastricht marque une rupture profonde avec l'organisation originaire de la Communauté européenne. Alors que celle-ci avait jusque-là consolidé l'acquis communautaire, il est pour la première fois admis que certains Etats pourront se tenir à l'écart de telle ou telle politique européenne. Cette faculté de dérogation, d'abord admise pour le Royaume-Uni mais par la suite étendue au Danemark marque la naissance d'une Europe à géométrie variable. En effet, le Royaume-Uni ne voulait pas adhérer aux dispositions contraignantes concernant la monnaie unique et la politique sociale. La « solution » fut trouvée en admettant qu'il pourrait ou non entrer dans l'union monétaire, et qu'en tout cas il restait à l'écart de l'Europe sociale. Il n'est donc, comme nous l'avons remarqué, signataire ni du Protocole ni de l'Accord sur la politique sociale annexés au Traité[729]. En revanche lui demeurent applicables les dispositions sociales des Traités précédents qui forment l'« acquis communautaire ». Onze Etats ont par conséquent[730] convenu d'un Accord créant des bases juridiques, des transferts de compétences et des procédures particulières d'adoption de normes qui n'auront d'effet que sur leur territoire. Par la suite, l'Autriche, la Finlande et la Suède rejoignirent les signataires. En d'autres termes, ce Protocole et l'Accord instaurant un *opting out* pour le Royaume-Uni ont conduit à l'existence de deux bases juridiques distinctes en matière de politique sociale. L'article 117, dans sa rédaction après le traité de Maastricht (nouvel article 136), a maintenu l'objectif de promouvoir les conditions de vie et de travail de la main d'œuvre ; s'y est jointe la promotion d'« un niveau d'emploi élevé », objectif depuis toujours présent dans le Traité, mais que l'on rencontrait seulement dans les dispositions relatives aux politiques de la Communauté : politique économique[731], politique agricole[732] et politique des transports[733].

---

729 Mais ce résultat n'est qu'un compromis à 11 dans le domaine social. Le compromis a consisté en ce que les 12 accordent, dans un Protocole annexé au Traité, le pouvoir à 11 Etats de conclure un Accord instaurant des nouvelles règles de référence dans le domaine social.

730 KESSLER Francis et LHERNOUD Jean-Philippe, Droit *social et politiques sociales communautaires*, op. cit., p. 64.

731 Article 146 CE (ex article 123), relatif au Fonds social.

732 Article 33 CE (ex article 39), « la politique agricole commune a pour but d'assurer... un emploi optimum des facteurs de production, notamment de la main d'œuvre ».

733 Article 71 CE (ex article 75) énonçant que la politique commune des transports doit participer au relèvement du niveau d'emploi dans les régions de la Communauté souffrant de sous-emploi.

Le Traité d'Amsterdam procède à une consolidation des acquis antérieurs et à la mise en œuvre d'une politique de l'emploi originale. Ce Traité fait d'abord une référence explicite aux droits sociaux fondamentaux dans article 136 TCE[734]. Deuxièmement le Traité d'Amsterdam procède à l'intégration de l'Accord sur la politique sociale dans le Traité instituant la Communauté européenne[735], le texte en annexe du Traité de Maastricht devenant applicable à l'ensemble des Etats membres. Son article 137 (ancien article 118 A) rappelle que la politique sociale relève d'une compétence partagée entre la Communauté européenne et les Etats membres. Cette intégration donne plus de constance à la Constitution économique de l'Union européenne. Créant ainsi deux régimes de politiques sociales **(§ 1)**, l'Accord introduit la différenciation dans l'harmonisation des politiques sociales **(§ 2)**. La véritable nouveauté de l'Accord est le rôle qu'est accordé aux partenaires sociaux **(§ 3)**.

§ 1: Deux régimes alternatifs de politiques sociales dans la Constitution économique européenne

Le Traité de Maastricht a créé deux régimes de politiques sociales alternatifs : le cadre classique basé sur le Traité de Rome et les mécanismes alternatifs créés par le Protocole sur l'Accord social[736]. Aussi, la Commission avait-elle précisé, dans sa Communication[737] sur l'application de l'Accord sur la politique sociale, qu'il

734 Même si la Charte communautaire des droits sociaux fondamentaux n'est pas reprise dans le corps du Traité, on notera que la capacité d'action de l'Union dans le domaine de la lutte contre les discriminations est renforcée par l'introduction, dans le Traité sur l'Union européenne de l'article 13, qui confère à la Communauté des compétences spécifiques dans le domaine de lutte contre la discrimination fondée sur le sexe, la race ou l'origine ethnique, la religion ou les convictions, le handicap, l'age et l'orientation sexuelle.

735 Dans les faits l'exception britannique en matière sociale à été levé dès 1997 bien avant l'entrée en vigueur du Traité d'Amsterdam et la suppression formelle du Protocole sociale.

736 McGLYNN Care, "Opting-Out of Community Social Policy :Some Legal, Practical and Political Consequences", in EHLERMANN Claus Dieter (ed), *Multi-Speed Europe-the Legal Framework of Variable Geometry in the European Union*, p. 85.

737 COM (93) 600 final du 14 décembre 1993.

existait dès lors deux cadres légaux de référence autonomes en ce qui concerne la politique sociale. Le parti ainsi pris est lourd d'incertitudes et de défauts. Il provoque d'abord une brèche majeure dans deux données de base de l'Union européenne : l'élimination des distorsions de concurrence et la recherche de la cohésion économique et sociale. En effet, le transfert sur le territoire britannique, en 1993, de plusieurs entreprises établies sur le continent a mis en lumière les conséquences de la dérogation accordée à la Grande-Bretagne[738]. Alors au sein du Marché commun les règles de fonctionnement ne sont plus les mêmes pour tout le monde.

On peut aussi, s'interroger sur le fondement juridique de l'auto-exclusion du Royaume-Uni. Le partage entre les matières relevant des douze et des onze n'est pas toujours facile à repérer. La Commission estime, quant à elle, qu'il lui appartient de choisir les textes à adopter avec une base juridique dans le Traité ou avec une base juridique dans l'Accord social. Si la Commission se fonde sur l'Accord à onze, l'application du texte en question à cet Etat sera exclue ; si en revanche il est fondé sur l'article 118 A, devenu, après modification, article 137 TCE, il s'appliquera aux douze, même si il est adopté à la majorité et non à l'unanimité.

Le but du Protocole sur la politique sociale était d'assurer le fonctionnement d'une Union à onze. Il est à cette fin précisé que les onze Etats signataires pourront recourir « aux institutions, procédures et mécanismes » du Traité pour prendre les actes et décisions nécessaires à la mise en œuvre de la nouvelle politique sociale. Le Royaume-Uni ne participera ni aux délibérations, ni à l'adoption par le Conseil des propositions faites par la Commission en ce sens. L'unanimité dans le Conseil s'établira bien entendu sans la participation britannique et la majorité qualifiée sera réunie avec quarante-quatre voix[739]. Par contre, le Protocole ne fournit pas d'indication sur la part que pourront ou non, prendre les députés européens britanniques aux débats concernant les questions sociales.

L'Accord porte d'abord sur la définition des objectifs communs : « la promotion de l'emploi, l'amélioration des conditions de vie et de travail, une protection sociale adéquate, le dialogue social, le développement des ressources humaines permettant un niveau d'emploi élevé et durable et la lutte contre les exclusions »[740]. L'Accord détermine ensuite les procédures et les moyens que les organes communautaires pourront utiliser pour atteindre les objectifs ainsi

---

738 CATALA Nicole, « Sources du droit social européen », Juris Cl. Europe, Fasc. 600, 1995, p. 10.

739 Article 2 du Protocole sur l'Accord social.

740 Article premier.

définis. Indépendamment du rôle reconnu aux partenaires sociaux par les articles 3 et 4, l'Accord prévoit qu'il appartiendra à la Commission d'encourager la coopération entre les Etats membres et de faciliter la coordination de leurs actions dans les domaines qu'il couvre[741].

Faut-il déduire des termes de l'article 1 du Protocole que l'accord doit être considéré comme un accord interétatique ?[742] Toute réflexion sur la nature juridique de ces instruments doit s'interroger sur la question de savoir s'ils constituent un amendement au Traité CEE[743]. L'article 236 TCEE, abrogé par le TCE, précise la procédure pour l'adoption des amendements, qui consiste en la convocation d'une Conférence intergouvernementale et en l'adoption à l'unanimité[744]. Le Protocole satisfait cette condition, dans la mesure où il est issu de l'Accord de tous les Etats membres. Par ailleurs. L'article 239 TCEE, devenu, après modification, article 311 TCE, précise que le Protocole annexé au Traité forme une part intégrante de celui-ci.

Toutefois, c'est le statut de l'Accord qui a donné lieu à des incertitudes. En effet, il a été signé par onze Etats sur douze seulement et par conséquent ne satisfait pas à la condition requise dans l'article 236. Néanmoins, il faut rappeler que le Protocole précise que l'Accord « est annexé au Protocole » et qu'il constitue une partie intégrante de celui-ci, qui lui-même est inséparable du Traité au terme de l'article 239[745], article 311 TCE. Même si ceci est le cas, des incertitudes demeurent quant au statut de l'Accord : est-il un instrument intergouvernemental ou faut-il partie du droit communautaire ?

C'était le point de vue du gouvernement britannique d'alors qui considérait que l'Accord n'était pas plus qu'un instrument intergouvernemental de coopération. C'était aussi l'avis du professeur Vogel-Polsky qui a affirmé dans son rapport rédigé pour le Parlement européen que l'Accord est indiscutablement un instrument intergouvernemental[746]. Si tel était le cas et que l'Accord n'était que d'une

741 Article 5.

742 SECHE Jean-Claude, « L'Europe sociale après Maastricht », CDE, n°29, 1993, p. 528.

743 McGLYNN Care, "Opting-Out ouf Community Social Policy : Some Legal, Practical and Political Consequences",, op. cit., p. 88.

744 En outre, la Cour de justice a précisé dans l'arrêt Defrenne en 1996 que « le Traité peut être seulement modifié par amendement introduit selon la procédure définie à l'article 236 TCEE »

745 WHITEFORD Elaine, "Social Policy after Maastricht", European Law Review, n°18, 1993, p. 205.

746 DEC EN/CM/202155. Cité par Watson, Social policy after Maastricht. Common Market Law Review, n°30, 1993, p. 484–485.

nature intergouvernementale, les conséquences en seraient considérables. Ainsi la Cour de justice aurait la compétence de juridiction sur un accord intergouvernemental. En plus elle devrait interpréter une politique sociale communautaire contraignante pour quinze Etats membres et une politique intergouvernementale qui ne lierait que quatorze membres seulement.

Même si l'Accord sur la Politique sociale est un instrument intergouvernemental, peut-il respecter, dans sa mise en œuvre, l'ordre juridique communautaire ? Concevable sur le plan théorique, cela serait en contradiction avec l'attitude des Etats membres et des institutions communautaires qui ont tous considéré l'Accord sur la politique sociale comme faisant partie intégrante de l'ordre juridique communautaire. Un auteur comme Falkner décrit ceci comme la « normalisation »[747] de l'Accord dans le contexte communautaire. Il note que dans la pratique l'Accord est considéré comme faisant partie du droit communautaire. C'est la raison pour laquelle, il serait hautement improbable que la Cour de justice adopte une voie alternative de commentaire. Ce faisant Falkner se réfère à la déclaration de la Commission selon laquelle l'Accord est solidement ancré dans le droit communautaire et que des mesures prises selon l'Accord sont sans doutes de nature communautaire[748].

Par ailleurs, les arguments qui soutiennent la nature communautaire de l'Accord se trouvent également dans le Protocole et dans l'Accord. Le terme « Communauté » est utilisé tout au long de l'Accord pour décrire l'entité qui est responsable pour agir ainsi que les mesures envisagées. De plus, l'Accord utilise le terme « directive » pour décrire les actes législatifs à utiliser. Comme le souligne Watson, si l'Accord était conçu comme un instrument intergouvernemental, l'utilisation d'une telle terminologie n'aurait pas de signification[749]. En effet, pour ce dernier le fait que l'Accord ne concerne que onze Etats n'a pas d'importance ; tous les Etats membres ayant donné leur accord pour que cet arrangement puisse se réaliser. Faisant partie intégrante du droit primaire, le Protocole et l'Accord qui lui est annexé font partie de la « Constitution » communautaire, la *grundnorm* du droit communautaire et de ce fait ne peuvent pas être mis en cause.

Un auteur, comme Brian Bercusson[750] base son analyse à cet égard, sur une comparaison entre le Protocole 11, sur l'Union économique et monétaire, et le

---

747 FALKNER Gerda, "The Maastricht Protocol on Social Policy : Theory and Practice", Journal of European Social Policy, n°6, 1996, p. 1–16, ici pp. 2–3.

748 Communication de la Commission sur la mise en œuvre de l'Accord, op. cit.

749 WATSON Philippa op. cit., p. 494.

750 BERCUSSON Brian, "Social Policy at the Crossroads : European Labour Law after Maastricht", in DEHOUSSE Renaud (ed*), Europe after Maastricht : an ever closer Union ?*, München, 1994, pp. 155–157.

Protocole sur l'Accord social. On sait, dit-il, que l'article 7 de celui-là précise que le droit de vote de la Grande Bretagne dans les matières économiques et monétaires serait suspendu au Conseil, alors que son article 10 autorise ce pays à intégrer l'UEM. Tandis que, poursuit-il, le Protocole social autorise les onze Etats membres à « recourir aux institutions, procédures et mécanismes du Traité » en vue d'adopter parmi eux, et dans la mesure où ils sont concernés, des actes et décisions dans la mise en œuvre de l'Accord. Bercusson remarque qu'on fait référence à onze Etats seulement. L'Accord, est-il en dehors du droit communautaire pour autant ? En outre, selon l'article 1 (2) du Protocolen°11 « le Royaume-Uni n'est pas tenu de passer à la troisième phase, sauf s'il notifie au Conseil l'intention de le faire », alors qu'au terme de l'article 10 du même Protocole « si le Royaume-Uni ne passe pas à la troisième phase, il peut modifier sa notification à tout moment après le début de cette phase ». Autrement dut, selon la procédure prévue par le Protocole 11, le Royaume-Uni est exclu de l'UEM.

S'agissant du Protocole sur l'Accord social « le Royaume-Uni de Grande Bretagne et d'Irlande du Nord ne participe pas aux délibérations et à l'adoption par le Conseil des propositions de la Commission faites sur la base du présent protocole et de l'accord susmentionné »[751]. En outre, le Protocole ne contient pas de mécanismes explicites pour le « opting in » britannique par voie de notification et stipule que « les actes adoptés par le Conseil et toutes les conséquences financières autres que les coûts administratifs encourus par les institutions ne s'appliquent pas au Royaume-Uni et de l'Irlande du Nord ».

Dès lors, la question est de savoir si les dispositions du Protocole sur l'Accord social avaient exclu à jamais la participation de la Grande-Bretagne alors que celles du Protocole 11 avaient prévu son éventuelle participation dans l'UEM. Le Protocole sur l'Accord social ne serait pas interprété, conclu Bercusson, comme ayant exclu à jamais le Royaume-Uni de la politique sociale communautaire[752].

Si l'Accord fait partie du droit communautaire, plusieurs alternatives se présentent : (i) les dispositions de l'Accord remplacent celles du Traité, relatives au domaine social, en ce qui concerne les onze Etats signataires ; (ii) ces dispositions sont additionnelles à celles du Traité, toujours en ce qui concerne les onze Etats signataires ; (iii) elles sont à la fois additionnelles à celles du Traité et elles les remplacent pour ce qui concerne les onze Etats dans le domaine de la politique sociale.

751 Article 2.
752 Ibid, p. 177

Cela a pour conséquence procédurale que deux sortes de bases juridiques peuvent être utilisées, les anciennes dispositions du Traité et celles contenues dans l'Accord, en ce qui concerne les propositions législatives dans le domaine social. Il convient de mentionner le rôle déterminant que peuvent jouer les partenaires sociaux qui selon l'Accord de Maastricht ont le droit d'être consultés et, s'ils le désirent, de solliciter la recherche d'un accord entre eux. Il va sans dire que ces aspects affecteront sensiblement la manière dont les droits sociaux fondamentaux participent au processus de constitutionnalisation de l'Union européenne.

§ 2: Les dispositions sociales et l'harmonisation des législations à onze (quatorze) ou douze (quinze) ?

La compétence du Conseil de légiférer à onze coexiste avec celle qu'il détient en application des dispositions du Traité CE. Le moment venu il appartiendra aux institutions communautaires, en premier lieu à la Commission qui détient le monopole du droit d'initiative d choisir la base juridique adéquate. Elle agit selon divers critères : la volonté des onze, puis des quatorze d'aller de l'avant dans le cadre communautaire ; la position des partenaires sociaux. Cela demande une comparaison des compétences communautaires à onze (quatorze) et douze (quinze).

Le rapprochement des législations dans le domaine de la politique sociale suivant la mise en œuvre de l'Accord peut être réalisé au moyen de directives **(A)** ou de décisions **(B)**. Tandis que les questions relatives aux rémunérations, au droit d'association, ainsi qu'au droit de grève et de lock-out sont hors du champ des compétences communautaires,

A) Au moyen de directives

Il s'agit là d'un domaine dans lequel le Conseil pourra adopter à la majorité qualifiée, selon la procédure prévue par l'article 189 C du traité CEE, devenu, après modification, l'article 252 TCE, des directives « fixant des prescriptions minimales applicables progressivement, compte tenu des conditions et des réglementations techniques existantes dans chacun des Etats membres ». Il s'agit de (i) « l'amélioration, en particulier, du milieu de travail, pour protéger la santé et la sécurité des travailleurs ; (ii) des conditions de travail ; (iii) de l'information et consultation des travailleurs ; (iv) de l'égalité entre hommes et femmes en ce qui concerne les chances sur le marché de travail et le traitement dans le travail ; (v) de l'intégration des personnes exclues du marché de travail »[753], sans

753 Article 137 TCE, devenu, après modification, l'article 153 TFUE.

préjudice des dispositions de l'article 127 du Traité CEE, devenu, après modification, l'article 150 TCE.

Dans ces domaines précités, la majorité qualifiée à onze (quatorze) est possible. Or pour certains de ces domaines une action à douze (quinze) est également possible. Il en est ainsi par exemple des conditions de travail dans les transports[754] ou de l'application de l'article 100 A[755], devenu, après modification, l'article 95 TCE. Mais, dans ce cas, la démonstration doit être faite d'un lien avec « l'établissement et le fonctionnement du Marché intérieur ». En second lieu, une mention doit être faite de l'article 118 A, devenu, après modification, article 137 TCE, sur la santé et la sécurité sur le lieu de travail, dont les dispositions sont reprises textuellement à l'article 2, paragraphe premier précité.

Toutefois il y avait des domaines où la majorité qualifiée à onze (quatorze) était seulement valable. En effet, le TUE a poursuivi l'extension de la majorité qualifiée au Conseil, introduit par l'Acte unique. Dans ce domaine également, une telle extension était prévue. La décision de ne pas modifier les dispositions sociales du Traité CEE, et de transférer dans l'Accord les modifications prévues, a comme conséquences que certains domaines ne pourront faire l'objet qu'à onze (quatorze) de décisions à la majorité qualifiée. Tel est le cas de l'information et de consultations des travailleurs qui a fait l'objet de propositions de la Commission fondée sur l'article 100 TCEE[756], devenu, après modification, l'article 94 TCE ; de l'égalité entre hommes et femmes en ce qui concerne les chances sur le marché de travail et le traitement dans le travail qui a fait l'objet, avant Amsterdam en tout cas, de directives fondées sur l'article 235 TCEE[757], devenu, après modification, article 308 TCE ; de l'intégration des personnes exclues du marché de travail,

754 Conditions de travail au sens de l'article 2, paragraphe premier de l'Accord.

755 Proposition de directive du Conseil, du 29 juin 1990, relative à certaines relations de travail en ce qui concerne les distorsions de concurrence, JOCE n°C 224 du 8 septembre 1990 p. 6.

756 Proposition de directive du Conseil sur l'information et la consultation des travailleurs des entreprises à structure complexe, en particulier transnationale, JOCE n°C 297, 13 novembre 1980, p. 3. ; proposition de directive du 12 décembre 1990, concernant la constitution des comités d'entreprise européens dans les entreprises ou les groupes d'entreprises de dimension communautaire en vue d'informer et de consulter les travailleurs, JOCE n°C 39 du 15 février 1991, p. 10 ; proposition modifiée du 20 septembre 1991, JOCE n°C 336 du 31 décembre 1991, p. 11.

757 Voir BANKS Karen, « L'Article 118 A : élément dynamique de la politique sociale communautaire », CDE, n°29, 1993, p. 537–553.

domaine qui peut relever des articles 100 et 235, devenus, respectivement, après modification, articles 94 et 308 TCE.

Sur le premier point ainsi visé, l'Accord met un terme aux interrogations suscitées par l'ambiguïté de l'article 118 A en ajoutant explicitement les conditions de travail aux mesures concernant la santé et la sécurité des travailleurs. En revanche sa rédaction crée une ambiguïté nouvelle : l'information et la consultation des travailleurs. En son paragraphe premier, l'article 2 de l'Accord soumet ce point à la majorité qualifiée, alors que son paragraphe 3 nécessite l'unanimité en ce qui concerne la représentation des travailleurs. Il est dès lors illogique de procéder à une dissociation, du point de vue de règles applicables, entre l'information, la consultation et la représentation des travailleurs[758]. Cette incohérence apparaît dans le choix fait pour les projets de directives concernant le comité d'entreprise européen. Le projet de directive entrait dans le champ du paragraphe 3 et non celui de l'article 1 paragraphe 2 et relevait ainsi de la règle de l'unanimité, contrairement à la thèse soutenue par la Commission.

B) Au moyen de décisions

Dans les domaines suivants le Conseil devra arrêter ces décisions à l'unanimité : la sécurité sociale et la protection des travailleurs, la protection de ces derniers en cas de résiliation du contrat de travail, la représentation et la défense collective des intérêts des travailleurs et des employeurs, les conditions d'emploi des ressortissants des pays tiers se trouvant en séjour régulier sur le territoire de la Communauté et les contributions financières visant la promotion de l'emploi et la création d'emplois, sans préjudice des dispositions relatives au Fonds social. Demeurent soumises à l'unanimité des questions aussi sensibles que la protection sociale, le licenciement et la représentation des salariés au sein de l'entreprise.

Les auteurs du TUE n'avaient pas envisagé, au cours des travaux préparatoires, de supprimer la règle de l'unanimité dans le domaine social. C'est ainsi que dans l'accord à onze[759] (quatorze) les domaines cités ci-dessous font objet de décisions à l'unanimité. Ici encore, le recours aux articles 100 et 235, devenus, respectivement, après modification, articles 94 et 308 TCE, pourrait se justifier.

---

758 CATALA Nicole, *Sources du droit social européen*, op. cit., 11.

759 Article 2, paragraphe 3.

C) Les domaines hors des compétences communautaires

L'article 2, paragraphe 6 de l'Accord place explicitement hors du champ des compétences communautaires, les questions relatives aux rémunérations, au droit d'association, au droit de grève et de lock-out. Le TUE n'avait pas prévu que le Conseil, même à l'unanimité, statue dans tous les domaines concernant les droits sociaux fondamentaux des travailleurs au sens de la Charte sociale. Il avait en effet fait exception pour les trois domaines ci-dessus. On comprend les réticences des Etats membres à faire entrer le droit de grève et son corollaire le droit de lock-out dans les compétences communautaires, bien que le premier soit mentionné dans le Charte sociale[760].

L'exclusion de la rémunération est moins explicable si l'on considère une action communautaire dans ce domaine comme étant susceptible de limiter les effets de « dumping social ». Cette exclusion est d'autant moins explicable que la rémunération est aussi mentionnée dans la Charte des droits sociaux fondamentaux des travailleurs[761]. Du point de vue juridique, on peut considérer la rémunération comme condition de travail[762] au sens de l'article 118 TCEE, devenu, après modification, article 136 TCE, disposition non modifiée par le TUE. Le recours aux articles 100 ou 235 (à 12 ou quatorze), devenus, respectivement, après modification, articles 94 et 308 TCE, serait, dès lors justifié, par référence à l'acquis communautaire, alors qu'un rapprochement des législations est interdit sur la base de l'accord à onze. Que l'Accord à onze (quatorze) exige l'unanimité ou la majorité qualifiée, la différence essentielle quant au recours à l'article 100 ou à l'article 235 TCEE, devenus, respectivement, après modification, articles 94 et

760 « 13. Le droit de recourir en cas de conflits d'intérêts à des actions collectives inclut le droit de grève sous réserve des obligations résultant des réglementations nationales et des conventions collectives. Afin de faciliter le règlement des conflits du travail, il convient de favoriser, conformément aux pratiques nationales, l'institution et l'utilisation, aux niveaux appropriés, des procédures de conciliation, de médiation et d'arbitrage ».

761 SECHE Jean-Claude, « L'Europe sociale après Maastricht », CDE, n°29, 1993, p. 532.

762 « Conditions de travail » est une notion à contenu large et se réfère à toutes les conditions dans lesquelles un travail est accompli par un travailleur au profit d'un employeur. Cela peut inclure entre autres les différentes catégories de travailleurs, les contrats individuels de travail, les droits et devoirs des parties durant la durée du contrat, le temps de travail, l'incapacité à travailler, la protection de certaines catégories des travailleurs, etc. Pour plus de détail voir, BLANPAIN Roger and ENGELS Christian, *European Labour Law,* 4th ed, 1997, Kluwer, the Netherlands, n°134, pp. 100–101. Les auteurs dressent une longue liste des conditions de travail.

308 TCE, réside en ce que, dans le cadre de l'Accord, la simple identification du domaine suffit pour établir la compétence communautaire. Alors que le recours à l'article 100 suppose la démonstration de l'incidence directe sur l'établissement ou le fonctionnement du Marché commun.

Le problème analogue se pose dans le cas de l'article 235, article 308 TCE. Pour son utilisation une « action de la Communauté apparaît nécessaire pour réaliser, dans le fonctionnement du Marché commun, l'un des objets de la Communauté ». Si le Conseil estime que tel est le cas, son utilisation pourrait se justifier dans le cas (i) de propositions traitant à titre principal d'un des domaines exclus de l'accord (rémunération, association, droit de grève et de lock-out) mais pas du Traité (conditions de travail au sens de l'article 118, devenu, après modification, l'article 140 TCE.) ou (ii) de l'extension à douze (quinze) d'une directive adoptée préalablement par les onze (quatorze).

Même si certains auteurs[763] ne croient pas au principe de subsidiarité, dans sa définition traditionnelle[764], la subsidiarité est conçue comme le principe régulateur pour la mise en œuvre des compétences partagées par la Communauté et par les Etats membres. Mais est-ce que le même standard est applicable entre (i) action par les partenaires sociaux au niveau communautaire versus action par les Etats membres ou (ii) action communautaire versus action des partenaires sociaux dans les Etats membres ou encore (iii) action par les partenaires sociaux au niveau communautaire versus action par les partenaires sociaux dans les Etats membres[765]. Nous tenterons de voir les implications de ces questions à travers le paragraphe suivant.

§ 3: Le rôle des partenaires sociaux comme législateur dans le cadre de la Constitution économique européenne

Au-delà de son statut juridique dans l'ordre juridique communautaire, la particularité principale de l'Accord sur la politique sociale est qu'il constitutionnalise

---

763 VERHOVEN Joe, « Analyse et contenu du principe de subsidiarité », in DELPEREE Francis (dir), *Le principe de subsidiarité,* Bruylant, Bruxelles, 2002, p. 375 et s. Ainsi, selon cet auteur, « il n'y a pas grand crédit à prêter à la subsidiarité, du moins telle que l'Union et la Communauté européenne l'envisagent, tant demeurent confus les termes de l'ancien article 3 B, devenu 5, CE ou les dispositions du deuxième protocole annexé au traité d'Amsterdam ».

764 FERAL Pierre-Alexis, « Le principe de subsidiarité : progrès ou statu quo après le traité d'Amsterdam ? », Revue du Marché unique européen, 1/1998, p. 95 et s.

765 BERCUSSON Brian, *Social Policy at the Crossroads : European Labour Law after Maastricht,* op cit., p. 166

en quelque sorte le rôle des partenaires sociaux dans le processus législatif communautaire. Cette particularité tient au fait que les initiatives/actions prises jadis au niveau communautaire, peuvent maintenant être entreprises aussi par les partenaires sociaux. De la même manière, les initiatives nécessaires au niveau national pour la mise en œuvre d'une mesure communautaire peuvent maintenant inclure les partenaires sociaux comme les Etats membres. La question est, dès lors, de savoir comment le principe de subsidiarité peut être appliqué dans ces conditions nouvelles ?

Le Protocole et l'Accord sur la politique sociale annoncent une étape décisive dans la construction d'un espace social européen de négociation collective, notamment interprofessionnelle[766]. En effet, l'Accord social confirme la reconnaissance déjà introduite par l'article 118 B de l'Acte unique, repris, après modification, par l'article 139 TCE, du rôle fondamental des partenaires sociaux. Cette reconnaissance s'opère à deux niveaux :

- au niveau national puisque « un Etat membre peut confier aux partenaires sociaux, à leur demande conjointe, la mise en œuvre des directives prises dans le cadre de l'Accord »[767] ;
- au niveau communautaire, puisque la Commission a pour tache de promouvoir la consultation des partenaires sociaux et de prendre toutes mesures utiles pour faciliter leur dialogue, qui peut conduire à des relations conventionnelles, y compris des accords, en veillant à un soutien équilibré des parties[768].

La politique sociale est donc soumise à deux encadrements juridiques autonomes et complémentaires[769]. Ces deux encadrements s'opèrent, eux aussi, selon le principe de subsidiarité qui est propre aux systèmes sociaux.

766 GOETSCHY Janine, « Quel avenir pour le dialogue social interprofessionnel européen après Maastricht ? », in TELO Mario (ed), *Quelle Union sociale européenne ?: Acquis institutionnels, acteurs et défis,* Etudes européennes, 1994, p. 213.

767 Article 2, paragraphe 4.

768 Article 3, paragraphe 4.

769 La Commission des CE, Quatrième rapport sur la mise en œuvre de la Charte des droits sociaux fondamentaux des travailleurs, 1996, p. 37. L'article 7 de l'Accord sur la politique sociale dispose que la Commission établit chaque année un rapport sur l'évolution de la réalisation des objectifs visés à l'article premier, y compris la situation démographique dans la Communauté. Dans sa Communication du 13 décembre 1993 sur la mise en œuvre de l'Accord su la politique sociale (COM-93 600 final), la Commission a décidé que ce rapport sera fondu, pour des raisons pratiques, avec celui de l'application de la Charte. Dans ce rapport on trouve également des développements concernant la mise en œuvre de l'Accord social.

A) L'action communautaire par rapport à celle des partenaires sociaux

L'Accord sur la politique sociale innove également en attribuant aux partenaires sociaux des facultés nouvelles dans la formation du droit communautaire. Les onze ont tout d'abord prévu qu'avant de présenter des propositions dans le domaine social, la Commission les consulterait « sur l'orientation possible d'une action communautaire »[770] dans le domaine de la politique sociale. C'est à ce niveau qu'intervient la subsidiarité de l'action communautaire par rapport à celle des partenaires sociaux. Une telle obligation de consultation n'étant pas prévue pour l'adoption des actes à douze, un changement de base juridique, pour passer de douze à onze nécessitait une telle consultation. Si aux termes de cette consultation les partenaires sociaux ne font pas usage de cette faculté de négociation prévue par l'article 4 de l'Accord, qui peut les conduire à des relations conventionnelles, y compris des accords, la Commission agit[771], selon les procédures du droit commun, pour faire aboutir la proposition.

Les partenaires sociaux peuvent user de la possibilité qui leur est offerte par l'article 4 de l'Accord. Cet article prévoit en effet que les partenaires sociaux pourront établir entre eux des relations conventionnelles susceptibles d'aboutir à des accords. Une négociation est engagée entre partenaires sociaux soit de façon spontanée, soit pour donner suite à une proposition de la Commission. Si, après consultation des partenaires sociaux, la Commission estime alors qu'une directive doit être adoptée, elle est tenue de leur soumettre son projet afin qu'ils expriment un avis ou une recommandation. C'est à l'occasion de cette deuxième consultation qu'apparaît la subsidiarité spécifique à la politique sociale. Les partenaires sociaux, d'accord entre eux, peuvent informer la Commission de leur intention d'engager le dialogue social au niveau communautaire. Ces derniers ont la faculté de tenter d'aboutir à des relations conventionnelles dans un délai de neuf mois, délai qui peut être prolongé par accord entre eux et la Commission[772].

770 Article 3, paragraphe 2 de l'Accord.

771 Le pouvoir d'initiative de la Commission peut, selon les cas, tendre (i) soit à l'accord par le Conseil sans modification de contenu, (ii) soit à la proposition de directive au Conseil, fondée sur l'article 2 de l'Accord, portant sur le même domaine mais d'un contenu laissé à l'appréciation de la Commission.

772 Dans leur déclaration conjointe du 3 juillet 1992 l'UNICE, la CES et le CEEP ont demandé que la Commission accepte une extension de cette période de neuf mois, le temps de parvenir à un accord.

Dans le cas où un accord serait conclu entre les partenaires sociaux, plusieurs éventualités sont envisageables pour sa mise en œuvre au terme de l'article 4 de l'Accord :

- l'application des procédures et pratiques propres aux partenaires sociaux des Etats membres[773] mais sans obligation pour ceux-ci, conformément à la déclaration annexée à l'Accord. Cette formule, peu précise, est envisageable si l'accord ne porte pas sur l'une des matières visées dans l'article 2. Si l'accord concerne l'une de ces matières, la Commission peut sur demande des parties intéressées, proposer une décision au Conseil. Les rédacteurs de l'Accord ne l'ayant pas précisé, la question se pose quant à la nature de cette décision. On peut imaginer qu'elle prend la forme d'un règlement ou une directive, mais rien n'exclut qu'il s'agisse d'une autre forme juridique;
- La mise en œuvre par le Conseil créant une obligation pour les Etats membres[774]. Dans ce cas, il est prévu que le Conseil « statue », ce qui pourrait laisser croire qu'il peut modifier le contenu de l'accord entre partenaires sociaux qui lui est présenté[775].

B) L'action des Etats membres par rapport aux partenaires sociaux

Par ailleurs, en vertu de l'article 2, paragraphe 4 de l'Accord, un Etat membre peut confier aux partenaires sociaux, à leur demande conjointe, la mise en œuvre d'une directive arrêtée dans un domaine couvert par l'article 2 de l'Accord. La négociation collective devient alors un instrument de transposition comparable à la loi. L'innovation consiste à donner la possibilité à chaque Etat membre de confier aux partenaires sociaux de cet Etat la mise en œuvre de cette directive. La responsabilité de la transposition continue d'incomber à l'Etat membre conformément à l'article 189 TCEE, devenu, après modification, l'article 249 TCE. Par conséquent, deux cas sont envisageables :

- les partenaires sociaux de l'Etat membre considéré ont mis en œuvre les dispositions prévues par voie d'accord qui garantissent les résultats exigés par la directive ; aucune action complémentaire de l'Etat n'est alors supposée nécessaire ;

---

773 Article 4, paragraphe 2, alinéa premier de l'Accord.

774 Article 4, paragraphe 2, alinéa deuxième de l'Accord

775 SECHE Jean-Claude, « L'Europe sociale après Maastricht », op. cit., p. 535.

- les partenaires sociaux ne peuvent garantir de tels résultats. L'Etat membre est alors tenu de prendre les mesures nécessaires pour le garantir, dans le respect des compétences accordées à cet effet à ses instances nationales.

Les directives qui seront ainsi adoptées seront-elles des textes du droit communautaire ou des textes du droit international soumis à la ratification des Parlements nationaux? Même si les objectifs de l'article premier de l'Accord rejoignent ceux de divers articles du Traité, et notamment ceux des articles 130 A et B[776], 117[777] et 118 A[778]. Il est permis d'hésiter, le Traité n'ayant pas prévu qu'une partie du droit dérivé pourrait n'être forgé et appliqué qu'a onze. Faisant en outre valoir que l'article premier du Protocole permettait aux onze Etats de recourir « aux instituions, procédures et mécanismes » du Traité, la Commission a émis le point de vue contraire : il s'agira des dispositions de droit communautaire[779].

Force est de constater que la détermination du champ d'action des instances communautaires et la répartition des compétences entre les procédures à onze et les procédures à douze souffrent d'une imprécision. Sur le premier point on fait recours au principe de subsidiarité. Ce faisant, c'est de la Commission que l'on attend la définition de ce qui est subsidiaire et ce qui ne l'est pas. On peut s'attendre ainsi à une définition extensive des compétences communautaires. C'est en tout cas ce qui ressort de la Communication sur le principe de subsidiarité présentée par la Commission en 1992[780]. Selon ce document, la Commission pourrait agir sans avoir démontré la nécessité d'une action communautaire, dans tout ce qui relève de sa compétence exclusive, autrement dit, tout ce qui concerne le Marché intérieur. Elle le devait en revanche dans les domaines des compétences partagées[781].

Avec l'entrée en vigueur du Protocole et l'Accord sur la politique sociale, le paysage offert par le droit communautaire dans le domaine social, a profondément changé de nature. Jadis limitée à la coordination des régimes de protection sociale, le droit dérivé est en train de devenir dans ce domaine, extrémement abondant. L'extension des sujets déclarés et la multiplication des votes à la

---

776 Devenus, respectivement, après modification, les articles 158 et 159 TCE.

777 Devenu, après modification, l'article 136 TCE.

778 Devenu, après modification, l'article 137 TCE.

779 Voir la réponse de la Commission aux questions écrites d'un député européen, M. Vandemeulebrouke, le 19 mars 1992, JOCE n°C 40/12 du 15 février 1993et 16 juin 1992, Voir aussi JOCE n°C 95 du 5 avril 1993/17 ainsi que RTDE, 1993, p. 557.

780 RTDE, 1992, p. 728.

781 Notamment pour les questions visées à l'article 2, alinéa 1 et l'article 3 de l'Accord sur la politique sociale.

majorité qualifiée ont profondément changé le cadre juridique dans lequel s'inscrivaient auparavant les compétences respectives des Etats membres et de la Communauté. Ainsi que nous le verrons dans le chapitre deuxième de ce titre, celle-ci semble vouloir avancer à un rythme accéléré[782].

C) Bilan du dialogue social : une contribution mitigée à la consolidation de la Constitution économique européenne

Le dialogue social apparu avec l'Acte unique européen des 17 et 28 février 1986[783], instauré par l'Accord sur la politique sociale puis intégré par le Traité d'Amsterdam, apparaît comme un instrument d'élaboration de normes communautaires. Le droit communautaire permet en effet une étroite association de la négociation collective au processus normatif. Cette procédure a déjà fonctionné en matière de congé parental[784], de travail à temps partiel[785], de temps de travail des gens de mer[786], du personnel de l'aviation civil[787], de contrat à durée déterminée[788], de stress au travail[789] ou harcellement et violence au travail[790].

---

782 Après avoir publié pour 1993 un programme comportant cent mesures de nature législative, la Commission a publié pour 1994 un programme presque aussi abondant. En matière sociale, elle a fait adopter en 1992–1993 un certains nombres de textes : Le Conseil de novembre 1993 a adopté deux directives sur l'aménagement du temps de travail et sur la protection sociale. Il a dégagé un large accord sur deux autres, sur le congé parental et la charge de la preuve. Ces directives ont été adoptées par la suite. Elle a fait aboutir également plusieurs règlements relatifs au marché du travail, une directive relative aux licenciements collectifs, une recommandation pour la promotion de la participation des salariés aux bénéfices et aux résultats de l'entreprise, plusieurs directives concernant soit la santé et la sécurité sur le lieu de travail (Voir l'Europe sociale, janvier 1992-juin 1993 : 18 mois de politique sociale communautaire, 2/93). Elle a également présenté un Livre Vert, « Politique sociale européenne : Options pour l'Union, qui fait le point des « acquis » communautaires, des enjeux sociaux de l'Europe et, des problèmes prioritaires communs aux Etats membres.

783 Article 139 : « Le dialogue entre partenaires sociaux au niveau communautaire peut conduire, si ces derniers le souhaitent, à des relations conventionnelles, y compris des accords ».

784 Directive du 3 juin 1996.

785 Directive du 15 décembre 1977 et la directive du 7 avril 1988.

786 Directive du 21 juin 1999.

787 Directive du 27 novembre 2000.

788 L'accord-cadre du 18 mars et la Directive du 28 juin 1999.

789 L'accord-cadre du 8 octobre 2004.

790 L'Accord-cadre du 26 avril 2007.

La question d'une responsabilisation accrue des organisations syndicales est posée dans des termes nouveaux, depuis que l'exigence d'une Europe sociale est apparue comme un élément déterminant de l'adhésion des citoyens au projet européen. C'est dans cette perspective que le Traité établissant une Constitution pour l'Europe dispose, dans son article I-48 et sous le titre « Les partenaires sociaux et le dialogue social autonome », que « L'Union européenne reconnaît et promeut le rôle des partenaires sociaux du l'Union, en prenant en compte la diversité des systèmes nationaux ». Ceci revient à stabiliser l'équilibre institutionnel et l'exercice d'un « soft power » des organisations syndicales qui pouvaient activement œuvrer à la mise en œuvre d'un « common law ». Mais cette procédure semble avoir épuisé ses effets ou plus exactement subi une métamorphose. En effet, les organisations syndicales préfèrent désormais fixer des objectifs à atteindre et laisser le soin aux partenaires sociaux dans chaque Etat membre, de préciser les modalités de mise en œuvre de l'accord entre partenaires européens[791]. La tendance est alors aux accords-cadres d'une valeur contraignante minime dont l'accord sur le stress au travail et harcellement et violence au travail fournissent les dernières illustrations.

Par ailleurs, dans une Europe à 27 ou plus, il sera difficile d'élaborer un accord qui puisse satisfaire l'ensemble des parties en présence. Si l'on tient compte du fait que depuis sa création, la procédure a pu donner lieu à l'adoption de peu d'accords-cadres, dans un avenir proche des probabilités de recours à cette procédure seraient réduites[792]. Est-ce à dire que cet instrument privilégié de la Constitution économique a des limites ? Même si la réponse à cette question ne semble pas évidente, il est permis d'affirmer que la production de textes juridiques ne devraient pas être le seul objectif de dialogue social. Cette lente procédure ne contribue-elle pas à l'émergence d'une conscience en Europe[793] ?

---

791 GARABIOL-FURET Marie-Dominique, « Le partenariat social peut-il relancer l'idée européenne ?», RMCUE, n°500, juillet-aout 2006, pp. 435–440, ici p. 438.

792 GARABIOL-FURET Marie-Dominique,, « Le partenariat social peut-il relancer l'idée européenne ?», op. cit., p. 440.

793 Ces questions seront étudiées dans le cadre du Titre Deux de la Deuxième Partie de notre travail.

Section 3: Les droits sociaux dans la Charte des droits fondamentaux de l'Union européenne : le point de vue économique

En réunissant dans un même texte des droits éparpillés jusque là dans les divers instruments internationaux, la Charte constituerait l'essence même de l'acquis européen en matière de droits fondamentaux[794]. Elle a surtout une signification du point de vue de la constitutionnalisation politique de l'Union que nous étudierons dans la Deuxième Partie. Le propre de cette Charte est avant tout de réunir, de surcroît de constitutionnaliser dans un seul document, l'ensemble des droits fondamentaux, y compris les droits sociaux fondamentaux. Toutefois, elle n'interdit pas la régression sociale. En effet, elle ne contient pas de dispositions relatives au rattrapage social pour les nouveaux Etats membres. Cette carence explique en partie le rejet du Traité constitutionnel par les électeurs français et néerlandais[795].

§ 1: Débat sur les droits sociaux : du point de vue de la constitutionnalisation économique

Du Traité de Rome au Traité d'Amsterdam, en passant par l'Acte unique européen et le Traité de Maastricht un chemin considérable a été parcouru dans le domaine social. Même si ces réalisations ne sont pas négligeables, notamment à travers le droit dérivé et la jurisprudence, il ressort du texte du traité une impression assez floue[796]. Il est difficile de définir ce que l'on peut ou doit réaliser au niveau européen en matière sociale. Certaines questions sont expressément exclues des compétences communautaires, il s'agit des rémunérations, du droit d'association et du droit de grève et de lock-out[797]. C'est dans ce contexte que la Convention a dû se mettre à la rédaction de la Charte des droits économiques et sociaux fondamentaux, qui a suscité, aussi bien au sein de la Convention que parmi les observateurs de la société civile, les polémiques les plus vives. Ces droits ont posé de nombreux problèmes à la fois pour parvenir à les identifier en ciblant les titulaires et pour obtenir le consensus indispensable au sein de la Convention.

---

794 Communication de la Commission, COM (2000) 644 final.

795 EUZEBY Chantal, « Redynamiser l'Europe sociale par un socle de droits minimaux : Une nécessité ? », RMCUE, n°502, octobre-novembre 2006, pp. 575, 585, ici p. 582.

796 DUTHEIL de la ROCHERE Jacqueline, « La Charte des droits fondamentaux de l'Union européenne », Editions du Juris Cl., fascicule n°160, juin 2001.

797 Article 137, paragraphe 6 du Traité CE.

A) Droits ou objectifs ?

Selon les Conclusions du Sommet de Cologne, la Convention devait écarter ce qui pourrait apparaître comme « uniquement des objectifs pour l'action de l'Union ». Il fallait distinguer alors ce qui n'est qu'un objectif de politique économique et sociale de ce qui peut être un droit subjectif. Relèvent clairement de cette deuxième catégorie le droit syndical, le droit de grève, la non-discrimination dans le travail, tous pouvant être invoqués devant le juge. Plus contestable est l'invocabilité en justice des droits dont la jouissance nécessite l'engagement des ressources financières privées ou publiques : droit de rémunération équitable, droit à une protection sociale adéquate, droit à un logement décent. Ainsi, l'essentiel des débats durant les premiers mois des travaux de la Convention s'est déroulé entre les partisans des seuls droits subjectifs (les membres Allemands en particulier) et ceux qui souhaitaient inscrire (notamment les Français) un certain nombre de droits plus proches d'objectifs ou de valeurs communes. Pour respecter le mandat de Cologne, on a pu soutenir que ce n'est pas parce qu'un droit est rédigé sous forme d'objectif qu'il est dépourvu de toute valeur juridique. Les Espagnols ont contribué à ce débat en proposant que la Charte contienne des droits et des objectifs, ces derniers n'étant pas susceptibles d'une application immédiate. Même si cette proposition n'a pas été retenue en tant que telle, il en reste des traces : selon la dernière phrase du Préambule « l'Union reconnaît les droits, les libertés et les principes », et selon l'article 51 (1) ils observent les principes. Ce débat concerne donc directement la question des bénéficiaires des droits sociaux : tout travailleur, toute personne y compris les ressortissants des pays tiers. Finalement la Charte définit des droits économiques et sociaux dont le degré d'invocabilité en justice varie selon le cas. Ainsi, la version définitive de la Charte, notamment dans le chapitre relatif à la « Solidarité » est ambiguë sur ce point[798]. En fonction des droits concernés, ceux-ci peuvent bénéficier aux travailleurs[799] ; à toute personne[800] ou à tous ceux qui ne disposent pas de ressources suffisantes[801]. Il arrive même que l'Union se contente de reconnaître et de respecter « le droit à »[802].

---

798 PECHEUL Armel, « La Charte des droits fondamentaux de l'Union européenne », RFD adm., op. cit, p. 17.

799 Articles 30 et 31, pour la protection contre les licenciements injustifiés et les conditions de travail justes et équitables.

800 Articles 29 et 35, pour le droit d'accès aux services de placement et la protection de la santé.

801 Article 34.3, pour le droit à une aide sociale et à une aide au logement.

802 Articles 34.1 et 34.3 pour la sécurité sociale et l'aide sociale.

B) L'interaction avec la Charte sociale européenne

La plupart des droits économiques et sociaux reconnus par la Charte des droits fondamentaux sont une reprise des dispositions de la Charte sociale européenne et de la Charte communautaire des droits sociaux fondamentaux des travailleurs. C'est ainsi que les travailleurs ou leurs représentants, ont le droit d'être informés et consultés au sein de leur entreprise, en temps utile, au niveau approprié dans les cas et conditions prévus par le droit communautaire et les législations et pratiques nationales. Ils ont le droit à des conditions de travail respectant leur santé, leur sécurité et leur dignité et aux repos annuels[803]. Les jeunes travailleurs font l'objet d'une protection particulière: l'âge minimal d'admission au travail ne doit pas être inférieur à l'âge auquel cesse la période de scolarité obligatoire, sans préjudice de règles plus favorables aux jeunes et sauf dérogations limitées; de plus, les jeunes admis au travail doivent bénéficier de conditions de travail adaptées à leur âge et protégées contre l'exploitation économique et toute activité dangereuse[804]. Tout travailleur a le droit de concilier sa vie familiale et sa vie professionnelle.

Certains droits reconnus par la Charte sont inspirés soit du traité de l'Union, comme le droit des handicapés aux mesures d'insertion sociale et professionnelle[805], soit encore de la convention européenne, comme la liberté syndicale[806]. La jurisprudence communautaire est à l'origine de l'article 15 sur la liberté professionnelle et du droit de travailler, alors que d'autres droits, comme celui à la sécurité sociale, découlent des traités et de la Charte sociale européenne[807].

C) Innovation en dépit des droits modestes

En lisant les dispositions de la Charte qui portent sur les droits sociaux, on peut dire qu'il s'agit de droits modestes : pas de droit au travail proprement dit mais un droit d'accès aux services de placement[808] ; pas de droit au logement proprement dit, mais le droit à une aide sociale et à une aide au logement (article 34)[809]. Ces droits correspondent certes à des progrès sociaux légitimes mais ne sont pas

---

803 Article 31.
804 Article 32.
805 Article 26.
806 Article 28.
807 Article 35.
808 Article 29.
809 MAYER Franz C., La Charte européenne des droits fondamentaux et la Constitution européenne », op. cit., p. 191.

pour autant justiciables. D'autres droits sociaux ne sont pas explicités pour eux-mêmes comme le droit syndical et le droit de grève. Le droit à un revenu minimum équitable n'apparaît pas du tout pour sa part. Par contre, d'autres droits sont clairement visés[810].

Malgré l'influence plus ou moins sensible des instruments juridiques existants, en ce qui concerne les droits économiques et sociaux, deux domaines sont vraiment novateurs. Il s'agit de la consommation et de l'environnement, sujets particulièrement sensibles. Ainsi, l'article 38 de la Charte stipule qu'un niveau élevé de protection des consommateurs doit être assuré dans les politiques de l'Union. En ce qui concerne la protection de l'environnement, l'article 37 précise que l'environnement aussi doit bénéficier d'un haut niveau de protection. Par ces nouveaux droits qu'elle consacre, la Charte se veut résolument contemporaine. L'article 17 de la Charte consacre le droit de propriété. Certains droits sociaux, comme liberté de circulation et de séjour[811], sont liés à la citoyenneté de l'Union.

Il n'est pas aisé de définir exactement ce qu'on doit entendre par droits sociaux. Les rédacteurs de la Charte ont épprouvé cette difficulté, du fait que certains droits s'apparentent à la fois aux droits civils et politiques et aux droits économiques et sociaux. Les droits sociaux proprement dits se trouvent dans la Charte sous le titre « Solidarité ». Quant aux droits sociaux qui s'apparentent aussi aux droits de la première génération, ils sont classés dans les chapitres « Liberté » et « Egalité » de la Charte. Nous proposons une rapide revue de ces droits.

§ 2: Les Droits sociaux contenus dans la Charte

La logique qui avait guidé la rédaction de la Charte, il faut le reconnaître, puisait dans l'universalité des droits fondamentaux. Ainsi ce principe est magistralement consacré, car sont recensés dans le même texte, à coté des droits classiques, les droits économiques et sociaux mais aussi des droits contemporains, les évolutions technologiques à la société post-industrielle n'ayant pu être ignorées. Toutefois, il faut constater que, les droits sociaux dans la Charte sont quelque peu éparpillés, de telle sorte qu'on peut parler de certains droits à aspects sociaux **(A)**, à coté des droits sociaux proprement dits **(B)**, sans oublier les droits modernes qui constituent la véritable plus-value de la Charte des droits fondamentaux de l'Union européenne (C).

---

810 Voir infra, point A et B de ce paragraphe.

811 Article 45.

A) *Les droits à aspects sociaux ou la réunion du « civil » et du « social »*

Certains articles qui se trouvent dans les Chapitres « Libertés » et « Egalité » de la Charte, sans être des droits sociaux, s'apparentent aux droits sociaux. Ainsi, il convient de citer dans cette perspective la liberté de réunion et d'association[812], le droit à l'éducation (article 14)[813], la liberté professionnelle et droit de travailler (article 15)[814], la liberté d'entreprise (article

812 Ce droit est consacré par l'article 12 de la Charte. Cet article, bien qu'il se trouve dans le chapitre « Libertés », touche également à des aspects sociaux, comme le droit syndical et certains aspects de la citoyenneté. Son deuxième paragraphe traite de la liberté de réunion et d'association et du droit de fonder des syndicats et de s'y affilier. Cet article s'inspire de la Charte communautaire des droits sociaux fondamentaux des travailleur ainsi que de l'article 11 (1) de la Convention européenne, avec cette différence que l'article de la Charte fait à la liberté de réunion et d'association « à tous les niveaux, notamment dans le domaine politique, syndical et civique ». Cette formulation entend tenir compte de la possibilité d'action collective tant au niveau national qu'européen.

813 Bien qu'il s'apparente à un droit économique et social, ce droit aussi se trouve dans le chapitre consacré aux libertés, en raison probablement de son lien avec la liberté d'expression. Puisant sa source dans le Protocole additionnel n°2 à la Convention européenne, le droit à l'éducation se voit rajouter la formation professionnelle continue qui figure également dans la Conte communautaire des droits sociaux fondamentaux des travailleurs de 1989. Un autre apport de la Charte est la référence faite à la gratitude comme corollaire du caractère obligatoire de l'enseignement. Au titre d'enrichissement supplémentaire par rapport au système établi par la Convention européenne la Charte prévoit la liberté de créer des établissements d'enseignement.

814 Le traitement de ces droits dans le chapitre « Libertés » semble s'expliquer par la volonté de la Convention qui a souhaité mettre l'accent sur ce concept. Par conséquent, le droit au travail n'est pas reconnu dans la Charte. En s'inspirant de la Charte communautaire des droits sociaux fondamentaux des travailleurs et de la Charte sociale européenne, on lui a préféré une formule de compromis qui consacre le droit de travailler et exercer une profession librement choisie. L'absence d'un droit au travail ne satisfait pas, bien sur, les travailleurs, mais il convient d'observer qu'aucun texte européen ne reconnaît le droit au travail comme droit subjectif, pouvant être invoqué en justice. Alors quelle est l'utilité de la reconnaissance de droit de travaille ? Semble-il, il pourrait être invoqué en justice en cas de discrimination dans l'accès à l'emploi.
Cet article consacre dans son deuxième les paragraphe principes fondamentaux du droit communautaire : la libre circulation des travailleurs salariés ; la liberté d'établissement ; la libre prestation des services pour les ressortissants communautaires. Quant au troisième paragraphe, il concerne les conditions de travail dans le territoire des pays membres des ressortissants des pays tiers. Dans l'esprit et la lettre de l'article 137 TCE, ces conditions devront être « équivalentes » à celles réservées aux ressortissants communautaires. Il convient de souligner que sont considérés seuls les ressortissants

16)[815] et la non-discrimination en raison de nationalité (article 21)[816]. On se souvient que de façon concomitante à l'élaboration de la Charte des droits fondamentaux, le Conseil avait adopté la directive relative à la mise en œuvre du principe de l'égalité de traitement entre les personnes sans distinction de race ou d'origine ethnique[817], première directive sur la base de l'article 13 TCE. Sur la même base juridique était adoptée la directive portant création d'un cadre général en faveur de l'égalité de traitement en matière d'emploi et de travail[818].

Egalité entre hommes et femmes[819], droits des personnes âgées[820] et intégration des personnes handicapées[821] sont également à citer dans cette perspective. En ce qui concerne le premier de ces droits, l'un des principaux apports de la Charte réside à nos yeux en ce qu'elle bouleverse les définitions classiques de l'égalité entre homme et femmes. Si la Convention européenne, la Déclaration universelle des droits de l'homme et le Pacte international relatif aux droits civils et politiques interdisent toute discrimination à raison du sexe, ces instruments

des pays tiers résidant légalement dans les territoires des pays membres. Ces conditions devront désormais être équivalentes à celles réservées aux ressortissants communautaires.

815 Nous avons vu dans la première partie de notre travail que le principe de libre concurrence figurait parmi les principes fondateurs qui gouvernent la Constitution économique de l'Union européenne, au même titre que la liberté professionnelle et les quatre libertés de circulation. Avec l'article 16 de la Charte, on peut dire que cette philosophie libérale qui a inspiré les traités fondateurs trouve une consolidation politique, dans la mesure où la liberté d'entreprise est un des fondements de la philosophie libérale. Il s'agit toutefois d'une liberté qui s'exercera « conformément au droit communautaire et aux pratiques nationales ».

816 La non-discrimination, comme forme particulière d'égalité de traitement occupe une place particulière dans l'ordre juridique communautaire, ainsi que nous l'avons vu dans le cadre de la Constitution économique de l'Union, il y a une jurisprudence abondante en la matière. Cette notion apparaît dans la Charte comme un complément au principe d'égalité (article 20). La Convention s'est inspirée de la Convention européenne pour déclarer interdite toute discrimination fondée sur le sexe, la race, la couleur, la langue, la religion, les opinions politiques ou toute autre opinion, l'origine sociale, l'appartenance à une minorité sociale, la fortune, la naissance et du traité CE (article 13) pour interdire toute discrimination fondée sur les origines ethniques, un handicap, l'âge ou l'orientation sexuelle.

817 Directive 2000/45 du Conseil du 29 juin 2000, JOCE n°L 180, 19 juillet 2000.

818 Directive 2000/78 du Conseil du 27 novembre 2000, JOCE n°L 3003, 2 décembre 2000.

819 Article 23.

820 Article 25.

821 Article 26.

ne comportent pas d'affirmation positive du principe général de l'égalité entre les hommes et les femmes. Quant au Traité de Rome, il n'avait envisagé ce problème qu'au prisme de « l'égalité de rémunération entre travailleurs masculins et travailleurs féminins pour un même travail ».Toutefois, la jurisprudence de la Cour avait progressivement établi le principe général de l'égalité de traitement dans le cadre du droit communautaire[822]. Pour cette affirmation fondamentale de l'égalité entre les hommes et femmes la Charte doit faire date[823]. L'expression la plus importante à cet égard réside dans les termes « dans tous les domaines» du premier alinéa, où on trouve également emploi, travail et rémunération. Ces dispositions n'ont été maintenues que pour souligner leur importance, elles n'ont plus un caractère limitatif, à la différence du traité CE dont l'article 141 relatif à l'égalité des sexes était inséré dans le chapitre intitulé « Dispositions sociales ».

La Charte va plus loin avec l'affirmation de l'égalité dans tous les domaines. C'est sans doute la première fois dans un texte international de caractère juridique[824]. Comme une suite logique de cette affirmation générale, la Charte précise son contenu dans le domaine du travail et de l'emploi. En effet, l'explication précise que la Charte s'inspire de l'article 20 de la Charte sociale européenne et du point 16 de la Charte communautaire des droits sociaux fondamentaux des travailleurs[825]. Cela n'empêche pas le maintien des mesures prévoyant des avantages spécifiques en faveur du sexe sous-représenté. Il s'agit alors d'une admission implicite de « discriminations positives », afin de favoriser la réalisation du principe de l'égalité. La Charte reprend ainsi la formule introduite avec l'article 141 (4) du Traité d'Amsterdam.

Quant aux droits des personnes âgées et l'intégration des personnes handicapées, le fait que ces droits soient traités dans le cadre du chapitre « Egalité » peut être justifié par la volonté de déborder la seule dimension sociale pour relever

---

822 Voir chapitre 2, Titre II, Première Partie.

823 DUTHEIL de la ROCHERE Jacqueline, « La Charte des droits fondamentaux de l'Union européenne, Editions du Juris Cl., fascicule n°160, juin 2001.

824 BRAIBANT Guy, *La Charte des droits fondamentaux de l'Union européenne,* Seuil, novembre 2001, p. 163.

825 On sait qu'il existe dans ce domaine une importante base du droit communautaire originaire (article 141 TCE) et dérivé, notamment la directive 76/207/TCEE du 9 février 1976, relative à la mise en œuvre du principe de l'égalité de traitement entre hommes et femmes en ce qui concerne l'accès à l'emploi, à la formation et à la promotion professionnelle et les conditions de travail (JOCE, n°L 39, 14 février 1976, p. 40), ainsi qu'une abondante jurisprudence communautaire.

plus fondamentalement d'une égalité en droit des personnes[826]. Au-delà de cette question conceptuelle, il convient de remarquer que la rédaction retenue par la Convention est loin d'être innovante. En effet, il n'y est question de ni de ressources suffisantes, ni de soin de santé, ni de conditions de logement.

B) Les droits et principes sociaux

Il était connu de tous que les droits économiques et sociaux constituaient le terrain de difficulté politique et juridique pour la Convention qui a rédigé la Charte. En effet, la principale difficulté provenait du fait qu'il n'y avait pas de consensus en ce qui concerne l'approche des questions sociales dans l'Union européenne[827]. Ensuite, de par l'absence d'un texte de référence en la matière, la Charte sociale européenne de 1961, révisée en 1996 et la Charte communautaire des droits sociaux fondamentaux des travailleurs ne puisant pas la même source que la Convention européenne. Finalement, l'hétérogénéité européenne de l'appréhension du concept de droit social a fait ressurgir le problème récurrent de la justiciabilité des droits sociaux. En effet, d'aucuns les assimilent à des droits « subjectifs », directement invocables devant le juge, d'autres ne les considèrent que sous la forme de programmes, d'objectifs à atteindre que le législateur devra mettre en œuvre. Nous nous souvenons des efforts persistants du représentant français, M. Guy Braibant, afin que soit adoptée une distinction formelle opératoire entre droits invocables et donc justiciables et « principes » faisant référence à des « objectifs à l'encontre desquels les autorités publiques ne peuvent pas aller ». Ainsi ont été retenus un certain nombre de droits, les uns plus proches de l'interdiction et d'autres plus proches de la créance de prestation.

1. Les droits sociaux

Ainsi, avec le droit à l'information et la consultation des travailleurs[828], le droit de négociation et d'actions collectives[829], des conditions de travail justes et équitables[830], la protection en cas de licenciement injustifié[831], on assiste à l'irruption du social en tant que tel dans la Charte.

---

826 GRUBER Annie, « La Charte des Droits fondamentaux de l'Union européenne...., op cit., p. 15.

827 DUTHEIL de la ROCHERE Jacqueline, « La Charte des droits fondamentaux de l'Union européenne : quelle valeur ajouté, quel avenir ? », RMCUE, n°443, décembre 2000, pp. 675–680.

828 Article 27.

829 Article 28.

830 Article 31.

831 Article 30.

Nous savons que l'article 137.1 TCE fait de l'information et de la consultation des travailleurs des objectifs de politique sociale et les articles 138 et 139 CE prévoient la consultation des partenaires sociaux. En outre plusieurs directives prévoient l'information et la consultation des travailleurs dans des domaines précis : licenciements collectifs (1998), transfert d'entreprises (1997), comité d'entreprises européen (1994)[832]. Toutefois, il convient de remarquer que, comme cela sera le cas pour les autres dispositions de ce chapitre « Solidarité », l'expression « droit à »[833] figure dans le titre de l'article mais pas dans le texte ; cette expression signifiant qu'il s'agit d'un principe qui doit être mise en œuvre par des mesures d'application plutôt que d'un droit subjectif pouvant être invoqué en justice. Cela étant, le principal apport de la Charte consiste en la transformation d'un principe politique en droit général inscrit dans un document juridique[834], qui a, avec l'adoption du Traité de Lisbonne, une valeur contraignante.

Quant au droit de grève, absent dans la Convention européenne des droits de l'homme, reconnu dans la Charte communautaire des droits sociaux fondamentaux des travailleurs au point 13, ainsi que dans la Charte sociale européenne qui lui font expressément référence sous forme de manifestation d'actions collectives, il fait son apparition à la fin de l'article 28 consacré au droit de négociation et d'action collectives sous la forme suivante : « y compris la grève »[835]. Le règlement du Conseil n°2679/98 du 7 décembre 1998 relatif au fonctionnement du marché intérieur[836] précisant que les mesures prises pour faciliter la libre circulation des marchandises « ne doivent pas porter atteinte à l'exercice des droits fondamentaux, y compris le droit ou la liberté de faire grève », l'inscription de ce droit ne rencontre pas de difficulté majeure. D'autre part, le droit de négocier et de conclure des conventions collectives s'exerce au niveau « approprié » pour

---

832 Voir nos développements dans le chapitre 2, Titre II, Première Partie.

833 Pour une étude approfondie de la notion de « droit à », qui n'est pas seulement rattachée seulement aux droits sociaux, mais aussi à certains droits civils et politiques comme par exemple le droit au procès équitable, le droit à ne pas subir de traitement inhumain et dégradant (article 3 de la Convention européenne des droits de l'homme), voir COHEN Dany, « Le droit à… », in *L'avenir de droit* , Mélanges en l'hommage à François Terré, PUF, Editions du Juris Cl., pp. 393–400.

834 BRAIBANT Guy, op. cit., p. 173.

835 BRAIBANT Guy, Représentant du gouvernement français à la Convention qui a rédigé la charte tenait beaucoup, à ce qu'il y ait une mention dans ce texte concernant le droit de grève. On peut dire que l'apparition de ce droit, aussi limitée soit-il, est le fruit de ses efforts.

836 JOCE, n°L 337 du 12 décembre 1998, p. 8

tenir éventuellement compte de la dimension européenne prévue aux articles 138 et 139 TCE[837].

L'article sur les conditions de travail justes et équitables apparaît particulièrement riche et précis[838]. En effet, la limitation de la durée de travail, le droit au repos journalier et hebdomadaire ainsi qu'à des congés payés annuels figurent parmi les acquis sociaux les plus anciens. En effet, mis à par le fait que ces droits sont évoqués dans la Charte sociale européenne dans son article 2, ainsi qu'au point 8 de la Charte communautaire des droits sociaux fondamentaux des travailleurs, une directive du Conseil[839], fixe les prescriptions minimales en ce qui concerne l'aménagement du temps de travail. C'est sur cette base que la Charte constitutionnalise le droit à une limitation de la durée de travail maximale, des périodes de repos journalier et hebdomadaire ainsi qu'à une période annuelle de congés payés.

Taxé d'une formulation faible[840], l'article relatif à la protection en cas de licenciement injustifié est porteur d'une plus-value surtout en période de chômage et dans la perspective d'un retour au plein emploi, d'autant plus que la place réservée à ce droit dans l'article 24 de la Charte sociale européenne ne suffisait pas en faire un droit subjectif pour les travailleurs. Quant à la Charte communautaire des droits sociaux fondamentaux des travailleurs, elle était muette en ce qui concerne ce droit, alors qu'il existait déjà des instruments du droit primaire et dérivé, qui pourraient inspirer ses rédacteurs[841]. Cet article, en énonçant un

---

837 DUTHEIL de la ROCHERE Jacqueline, « la Charte des droits fondamentaux de l'Union européenne », op. cit., p. 23.

838 Cet article se fonde sur un acquis européen assez solide. En effet, les concepts de santé et de sécurité des travailleurs sont évoqués dans les articles 2 et 3 de la Charte sociale européenne et au point 19 de la Charte communautaire des droits sociaux fondamentaux des travailleurs. En outre, il existe une directive-cadre qui traite des risques particuliers susceptibles d'affecter la santé et la sécurité des travailleurs et propose un certain nombre de mesures à cet égard.
Le premier paragraphe de l'article innove par rapport aux formulations existantes en ce qu'il ajoute aux conditions de travail à respecter dans le cadre de ce droit, la « dignité » des travailleurs. Même si cette notion est assez large, les rédacteurs de la Charte avaient pour en l'intégrant dans le cadre de cet article de couvrir également les notions de harcèlement sexuel ou moral.

839 Directive 92/104 du 23 novembre 1993.

840 Les conditions de mise en œuvre de ce droit ne sont pas précisées dans la Charte et l'article renvoie « au droit communautaire et pratiques nationales ».

841 Voir l'article 137 (3) TCE prévoyant que le Conseil statuera à l'unanimité « sur la protection des travailleurs en cas de résiliation du contrat de travail ». Voir aussi directive 77/187 du 14 février 1987 sur la protection des droits des travailleurs en cas

droit à une protection contre tout licenciement injustifié, représente alors une avancée si l'on tient compte de l'état actuel du droit communautaire. Et c'est en cela qu'il contribue, indépendamment de l'intégration de la Charte dans le Traité constitutionnel européen puis dans le Traité de Lisbonne, à la constitutionnalisation de l'Union européenne.

2. *Les principes sociaux*

Nous avons indiqué que certains des articles de la Charte des droits fondamentaux, faute de mieux, se contentent d'énoncer des principes sociaux.

Ainsi en est-il de l'article relatif à l'interdiction du travail des enfants[842] et à la protection des jeunes au travail[843], qui énonce les deux principes qui sont dans son titre : l'interdiction du travail des enfants et la protection des jeunes au travail. Le premier concerne les enfants, définis par rapport à la période de scolarité obligatoire, sans que soit retenu un minimum absolu. Le deuxième principe reconnaît les droits des jeunes qui travaillent : conditions de travail adaptées à leur age, protection contre l'exploitation économique et contre « tout travail susceptible de nuire à leur sécurité, à leur santé, à leur développement physique, mental, moral ou social ou de compromettre leur éducation ». Cet article doit être rapproché de l'article 24 qui traite plus particulièrement des droits des enfants. Selon l'un des éminents conventionnels, Guy Braibant, l'article 24 concerne plutôt l'enfant-citoyen alors que l'article 32 concerne l'enfant-travailleur.

Dans cette perspective, doit être cité l'article 33 relatif à la vie familiale et vie professionnelle, dont le paragraphe premier[844] indique que la protection de la

---

de transfert d'entreprises, et directive 80/987 du 20 octobre 1980 sur la protection des travailleurs en cas d'insolvabilité de l'employeur, ainsi que nos développements dans le chapitre 4 de la Première partie de ce travail.

842 Article 32

843 Cet article s'inspire de plusieurs textes : la Convention internationale sur les droits des enfants, l'article 7 de la Charte sociale européenne, les points 20 à 23 de la Charte communautaire des droits sociaux fondamentaux des travailleurs et plus particulièrement la directive 94/33 du 22 juin 1994 relative à la protection des jeunes au travail, JOCE, n°L 216, 20 août 1994, p. 12.

844 Cette disposition est complémentaire de l'article 7 « sur le respect de la vie privée et familiale » et de l'article 9 sur le « droit de se marier et de fonder une famille », qui s'inspirent eux-mêmes des articles 8 et 12 de la Convention européenne des droits de l'homme. Ces articles constituent une sorte de statut européen de la famille. Par rapport aux articles 7 et 9, ce paragraphe ajoute une dimension sociale qui figure également dans la Charte sociale européenne. Par contre, la Charte communautaire des droits sociaux fondamentaux des travailleurs ne faisait pas d'allusions aux problèmes

famille est assurée sur le plan juridique, économique et social. Cette protection de la famille est le type même des principes, qui, tout en étant assimilés à des droits, n'ont pas un caractère subjectif et qui doivent être mis en œuvre avec des mesures d'accompagnement dans le cadre du droit communautaire et des législations nationales. Plus précis, le deuxième paragraphe de l'article formalise le droit à un congé parental et de maternité et le droit de ne pas être licencié pour un motif lié à la maternité. Les sources d'inspiration de ces dispositions sont l'article 8 de la Charte sociale européenne et l'article 27 de la Charte sociale révisée, ainsi que la directive 92/85CEE du 19 octobre 1992[845] concernant la mise en œuvre des mesures visant à promouvoir l'amélioration de la sécurité et de la santé des travailleuses enceintes, accouchées ou allaitantes au travail, et la directive 96/34 du 3 juin 1996[846], concernant l'accord-cadre sur le congé parental conclu par l'UNICE, le CEEP et la CES. L'intégration de ces « principes », si l'on tient compte de l'éventuelle activité jurisprudentielle dont ils pourront bénéficier, se trouve ancrée dans le processus de constitutionnalisation politique de l'Union européenne.

L'article 36, consacré à l'accès aux services d'intérêt économiques général[847] ne crée pas de droit ; il n'est question que d'accès aux services d'intérêt économique général. En dépit d'un acquis non négligeable en la matière[848], même

traités dans le cadre de cet article. Cela est du probablement au fait qu'elle était conçue seulement pour les travailleurs. Par conséquent ce paragraphe s'applique à la protection générale de la famille, indépendamment de la vie professionnelle.

845 JOCE, n°L 348, 28 novembre 1992, p. 1.

846 JOCE, n°L 145, 19 juin 1996, p. 4

847 Pour l'affirmation de l'Union en tant qu'entité politico-sociale il était nécessaire de reconnaître à ses services une place dans la Charte, car, il existe bien un lien entre la notion de « service d'intérêt économique général » celle de « droits sociaux », dans la mesure où ces services de bases, comme l'eau, l'électricité, le téléphone ou les transports en commun, peuvent conditionner la jouissance effective des droits fondamentaux.

848 Le traité de Rome prévoyait déjà dans son article 90 (2) devenu l'article 86 (2) que les entreprises chargées de la gestion de services d'intérêt économique général étaient normalement soumises aux dispositions relatives à la concurrence du Traité, sans donner une définition de la notion de service d'intérêt économique général. Toutefois, l'application de ces dispositions ne devait pas faire obstacle à la jouissance d'un droit. Par la suite, la jurisprudence et le droit dérivé ont reconnu cette qualité à un certain nombre d'activités économiques correspondant à des besoins d'intérêt général appréciés comme tels par les pouvoirs publics nationaux.

si la jurisprudence de la Cour dans ce domaine fut quelque peu restrictive au départ[849], les difficultés rencontrées pendant sa rédaction étaient révélatrices, une fois de plus, de l'effort qu'il faudrait fournir pour passer d'une conception économique à une conception politique de l'intégration européenne. Pourtant quelques années plus tard, la Cour avait adopté une approche plus souple pour permettre la survie de certaines activités de service public telle que la distribution du courrier[850] ou de l'électricité[851].

L'affirmation d'objectifs de politique économique semble être la mieux formulée dans le cas de l'article consacré à Sécurité sociale et aide sociale. Cet article traitant une matière qui n'a pas encore été consolidé et dont le contenu varie selon les pays a fait objet de vives discussions lors des débats de la Convention. En effet, les expressions « sécurité sociale », « services sociaux », « aide sociale », « avantages sociaux » n'ont pas le même sens selon les pays membres. En outre, il s'agit d'un ensemble de « droits de créance » ou de droits de prestations qui, pour être réalisés, nécessitent l'engagement des pouvoirs publics. Le trait commun des trois paragraphes de l'article est constitué par la reprise du « refrain »[852] : « selon les modalités établies » ou « conformément aux droits communautaires et aux législations et pratiques nationales ». Cet article illustre une autre particularité de la théorie des droits sociaux appliquée dans la Charte : l'atténuation de la formule « droit à ». Elle ne figure pas dans le titre et elle est remplacée dans le texte par des formulations telles que « l'Union reconnaît et respecte le droit ». Toutefois cette formule serait suffisante pour permettre au juge d'identifier un principe juridique et de lui appliquer la technique de « justiciabilité normative », autrement dit l'interdiction de diminuer le niveau de protection d'un droit ainsi reconnu. Dans l'ensemble c'est le droit d'accès aux prestations correspondantes qui est reconnu sans que les modalités d'organisation et de financement du système de protection sociale soient précisées.

---

849 CJCE, arrêt du 20 mars 1985, aff. 41/83, Italie c/ Commission, British Telecom, Rec., p. 873 ;

850 CJCE, arrêt du 19 mai 1993, aff. C-320/91, Corbeau, Rec., I, p. 2533.

851 CJCE, arrêt du 27 avril 1994, aff. C-393/92, Commune d'Almeo, Rec., I, p. 1477.

852 Terme utilisé par M. Guy Braibant, représentant du gouvernement français à la Convention qui a rédigé la Charte, pour évoquer l'atténuation apportée aux contenus des droits consacrés dans la Charte, du fait de la délimitation de compétences entre l'Union et ses Etats membre. Autrement dit, c'est une référence indirecte au principe de subsidiarité, qui s'applique tout particulièrement à la mise en œuvre des droits sociaux.

L'article relatif à la protection de la santé ne confère pas non plus aux individus un droit à la santé, tout au plus ils peuvent prétendre à la protection de la santé. La formulation de l'article montre bien que cette question n'a été abordée par la Convention que de manière timide. C'est d'autant plus compréhensible que les instruments internationaux tels que la Déclaration universelle des droits de l'homme[853], ainsi que le Pacte international relatif aux droits économiques et sociaux[854] abordent cette question de façon assez succincte. Quant à la Convention européenne des droits de l'homme, la santé n'y est même pas évoquée. Cela étant, les questions relatives à la santé relèvent à titre principal de la compétence des Etats membres et n'ont été introduites dans le traité que très tardivement, avec la révision du Traité de Maastricht[855], sous formes de compétences complémentaires. On peut s'attendre à ce que l'Union soit plus active dans ce domaine, dans la mesure où le Traité constitutionnel et le Taité de Lisbonne entendent élargir les compétences de L'Union dans le domaine de la santé. En effet, l'article I-14, paragraphe 2.k) du Traité constitutionnel et l'article 4, paragraphe 2.k du Traité sur le fonctionnement de l'Union énumèrent, parmi les domaines de compétence partagée, également « les enjeux communs de sécurité en matière de santé publique », alors que « la protection et l'amélioration de la santé humaine » reste dans « les domaines d'action d'appui, de coordination ou de complément »[856].

Conclusion du chapitre 1

La Charte communautaire des droits sociaux fondamentaux des travailleurs, le Protocole et l'Accord social et la Charte des droits fondamentaux de l'Union européenne constituent des développements considérables dans le processus de d'affirmation des droits sociaux fondamentaux à l'échelle communautaire. Cette reconnaissance est certes lente. Il est difficile d'en appréhender les raisons sans tenir compte du caractère spécifique de l'Europe sociale que le professeur Langlois définit comme « une voie étroite tracée entre, d'une part, les fortes contraintes économiques résultant de la réalisation d'un marché commun tout

---

853 Article 25.

854 Article 12, paragraphe premier.

855 Article 129 devenue article 152 à la suite de la révision apportée par le Traité d'Amsterdam.

856 Projet de Constitution pour l'Europe, article 16, paragraphe 2, et l'article 6, paragraphe a) du Traité sur le fonctionnement de l'Union européenne.

d'abord, d'un Marché unique ensuite, d'une Union économique et monétaire enfin et, d'autre part, les profondes disparités nationales »[857].

En plus du principe de subsidiarité, dont l'existence est jugée par certains auteurs[858] comme un frein au développement de la politique sociale communautaire, il convient de considérer les impulsions engendrées par la Charte communautaire des droits sociaux fondamentaux et l'Accord sur la politique sociale à la lumière de deux autres principes qui en gouvernent la mise en œuvre : le respect des diversités nationales et la préservation de la compétitivité des entreprises. Nous avons vu que l'article 235 TCEE, devenu, après modification, articles 308 TCE, permettait d'étendre les compétences de la Communauté dans le cadre des objectifs de son traité constitutif. Cette disposition ne consacrait pas une compétence subsidiaire à celle des Etats membres, mais garantissait une compétence générale aux organes de la Communauté toutes les fois où elle apparaissait nécessaire. Avec l'adoption de l'Acte unique un pas supplémentaire était franchi en droit communautaire par l'adoption de l'article 130 R paragraphe 4[859], devenu, après modification, articles 174 TCE, qui prévoit expressément la subsidiarité de la Communauté[860]. Cette disposition constitue la première référence à la condition selon laquelle le déclenchement de la compétence communautaire se produira si le but déclaré peut être mieux réalisé au niveau communautaire qu'au niveau des Etats membres pris isolement[861], dont la diversité des systèmes nationaux sont déterminants[862].

857 LANGLOIS Philippe, « Europe sociale et principe de subsidiarité », Droit social, n°2, février 1993, p. 201.

858 VOGEL-POLSKY Eliane, *l'Europe sociale 1993 : Illusion…*, op.cit., p. 179–185.

859 Cet article est relatif à la politique de Communauté dans le domaine de l'environnement. Le paragraphe 4 précise que « Dans le cadre de leurs compétences respectives, la Communauté et les Etats membres coopèrent avec les pays tiers et les organisations internationales compétentes. (…).

860 « La Communauté agit en matière d'environnement dans la mesure où les objectifs visés au paragraphe 1 peuvent être mieux réalisés au niveau communautaire qu'au niveau des Etats membres pris isolement. Sans préjudice de certaines mesures ayant un caractère communautaire, Les Etats membres assurent le financement et l'exécution des autres mesures ».

861 Contrairement à l'article 235, il ne s'agit plus de réaliser un objectif nécessaire à la réalisation du marché commun, mais d'apprécier si l'objectif existant sera mieux réalisé au niveau communautaire.

862 En ce qui concerne la diversité des systèmes nationaux, en effet, comment concilier un système de participation et de négociation allemand dans lequel le rôle des négociations collectives est fondamental, le système anglais pour lequel la liberté des parties à la négociation collective au niveau le plus bas est la règle, le système français

La sensibilité du traitement réservé aux droits sociaux fondamentaux observée dans les traités de base, l'Accord social et dans le programme relatif à sa mise en œuvre, trouve également sa traduction dans le Traité de Nice[863]. Cette sensibilité a été également évoquée par plusieurs membres de la Convention sur l'avenir de l'Europe. Ainsi, selon le rapport[864] du groupe de travail « Europe Sociale » de la Convention, en ce qui concerne la question du vote à la majorité qualifiée, le consensus obtenu se limite au maintien dans la Constitution du compromis établi à Nice qui autorise le Conseil à décider à l'unanimité de passer à la codécision et au vote à la majorité qualifiée pour l'article 137 TCE, paragraphe 1, points d), f) et g), le point c) du même article restant soumise à l'unanimité. En effet, comme l'a démontré l'utilisation qui a été faite de l'article 118 A du TCEE, devenu, après modification, articles 137 TCE, le système de vote à la majorité qualifiée, a permis, dans le passé, à l'Europe sociale d'avancer. Pour permettre à l'Europe sociale de poursuivre dans cette voie, il faudrait au moins que la procédure progressive prévue dans le Traité de Nice en vue de l'extension de la majorité qualifiée aux domaines couverts par les paragraphes d, f et g de l'article 137 (1), trouve sa place dans le Traité constitutionnel[865] et dans le Traité de Lisbonne[866].

Par ailleurs, peut-on assister à un épanouissement véritable des droits économiques sociaux sans avoir en vue une union politique en tant que telle, ne considérant pas le social comme un élément subsidiaire de ce qui est économique ? La Convention européenne sur l'avenir de l'Europe de 2004, apporte également

---

dans lequel le rôle des réglementations étatiques est essentiel et le système danois dans lequel la négociation interprofessionnelle joue un rôle capital ? Ces disparités ont constitué sans doute un frein au développement de l'action communautaire dans le domaine social. On comprend ainsi aisément l'insistance des Etats membres à conserver les compétences relatives aux aspects sensibles de la politique sociale dans le cadre des compétences qui leurs sont réservées.

863 Ainsi, selon l'article 137 (1) TCE, tel que modifié par le Traité de Nice, le Conseil statue à l'unanimité dans les domaines de la sécurité sociale et de la protection sociale des travailleurs (point c) ; la protection des travailleurs en cas de résiliation de contrat de travail (point d) ; la représentation et la défense collective des intérêts des travailleurs et des employeurs, y compris la cogestion sous réserve du paragraphe 5 du même article (point f) ; les conditions d'emplois des ressortissants des pays tiers se trouvant en séjour régulier sur le territoire de la Communauté (point g).

864 Rapport final du groupe de travail XI « Europe sociale », op. cit., p. 3.

865 Oğuz Demiralp, Ambassadeur, Délégué permanent de Turquie auprès de l'Union européenne, membre suppléent de la Convention européenne, intervention lors de l'Assemblée générale du 6 février 2003, consacrée à l'Europe sociale.

866 TFUE, article 153, paragraphe d, f et g.

une réponse à cette question en intégrant aux traités la Charte des droits fondamentaux, y compris les droits sociaux fondamentaux. On peut affirmer que le Traité constitutionnel, conformément à la procédure[867] proposée par le Praesidium, consolide et constitutionnalise davantage les droits sociaux fondamentaux. Toutefois, le Traité de Lisbonne signé le 13 décembre 2007 abandonne le concept constitutionnel, même si il reprend les innovations du projet de Traité constitutionnel.

L'analyse de la Charte communautaire des droits sociaux fondamentaux des travailleurs qui s'inspire de la Charte sociale européenne, les programmes d'action de la Commission pour sa mise en œuvre, l'Accord sur la politique sociale adopté à Maastricht et intégré par le Traité d'Amsterdam nous a montré comment la politique sociale issue de la Constitution économique de l'Union européenne a donné naissance à des droits sociaux fondamentaux. En outre, le processus d'interaction révèle que celui-ci n'est pas à sens unique, et que les instruments communautaires inspirent également les instruments internationaux comme c'est le cas de l'Accord sur la politique sociale dont plusieurs articles sont repris en partie par la Charte sociale révisée. Quant aux droits sociaux fondamentaux contenus dans la Charte des droits fondamentaux de l'Union européenne, ils constituent une bonne synthèse des instruments communautaires et internationaux. Le fait qu'elle n'interdit pas la régression sociale ne peut qu'être regretté.

La reconnaissance des droits sociaux fondamentaux dans le cadre de la Constitution économique n'est pas seulement l'œuvre du législateur constituant ou du législateur ayant le pouvoir de faire des actes de droit dérivé, mais également du juge. C'est ce que nous proposons d'étudier dans le chapitre suivant.

867 Projet d'articles 1 à 16 du Traité constitutionnel, La Convention européenne, CONV 528/03, Bruxelles, 6 février 2003, article 5, p. 3.

CHAPITRE 2: L'ŒUVRE PRETORIENNE DE LA COUR DE JUSTICE COMME OUTIL PRINCIPAL DE RECONNAISSANCE DES DROITS SOCIAUX FONDAMENTAUX

La réalisation du Marché commun postulait dès l'origine que soient levés tous les obstacles susceptibles d'entraver la libre circulation des personnes. Certaines de ces entraves sont d'ordre juridique ; la disparité des législations sociales nationales peut constituer un frein à la mobilité de la main-d'œuvre. Considérée dans cette perspective, le rapprochement des législations apparaît comme un facteur favorable à une libre circulation effective[868]. On a vu que des instruments juridiques communautaires visant le rapprochement des législations peuvent être adoptés sur base de l'article 100 TCEE, devenu, après modification, article 94 TCE[869].

On constate aisément que, dès le départ, les fondateurs avaient assigné à la Communauté, au-delà des objectifs économiques, une finalité sociale, même si elle devait dépendre, du moins durant les premières décennies de l'intégration et du développement économique[870]. La Communauté ne pourra renforcer sa cohésion économique face à la concurrence internationale si, en même temps, elle ne renforce pas sa cohésion sociale. La politique sociale devait donc être encouragée

868 CATALA Nicole, « L'Union européenne : Harmonisation des législations, Charte des droits sociaux fondamentaux, Protection de l'emploi et Condition d'emploi et de travail », Juris Cl. Europe, Fasc. 610, p. 1.

869 Cet article autorise le Conseil statuant à l'unanimité sur proposition de la Commission, à arrêter des directives pour le rapprochement des dispositions législatives, réglementaires et administratives des Etats membres qui ont une incidence directe sur l'établissement et le fonctionnement du Marché commun.

870 Article 118 TCEE : « promouvoir une collaboration étroite entre les Etats membres dans le domaines social, notamment en matière d'emploi, de droit de travail et de conditions de travail, de formation et de perfectionnement professionnels, de sécurité sociale, de protections contre les accidents, d'hygiène du travail, de droit syndical et de négociation collectives entre employeurs et travailleurs ». Devenu, après modification, article 140 TCE.

au niveau de la Communauté[871]. Toutefois, notre thèse est que, dans le processus d'intégration européenne, on passe, à un moment donné, de la politique sociale à la reconnaissance de droits sociaux fondamentaux. Ce moment n'est pas, à notre avis, repérable chronologiquement. Il n'empêche que le processus lui-même est saisissable : ce passage est le fait non seulement du législateur constituant ou du législateur ayant le pouvoir de faire les actes de droit dérivé, mais aussi du juge.

Des instruments, souvent des directives, tout en tendant à un rapprochement des législations nationales, annoncent la naissance et la consolidation dans le cadre de la Constitution économique, des droits sociaux fondamentaux. Ce processus de reconnaissance, qui implique une harmonisation et une convergence des législations nationales, devant respecter l'identité nationale des Etats membres. Ainsi, devant les réticences de certains Etats en ce qui concerne le développement des droits sociaux fondamentaux au niveau communautaire, on fait appel au principe de subsidiarité que l'on a développé dans le chapitre précédent. Pour poursuivre dans cette voie dans le domaine social, l'Union européenne dispose aujourd'hui d'instruments juridiques diversifiés. Préconisant non pas l'uniformisation mais la convergence, les actes communautaires dans le domaine social (i) doivent prendre en considération la situation de tous les Etats membres, (ii) imposer à aucun d'entre eux des exigences très élevées ou le démantèlement des droits sociaux, (iii) ne doivent pas être surchargés de détails mais doivent s'en tenir aux principes contraignants et (iv) doivent être suffisamment souples[872].

Dans ce chapitre, sur la base des instruments adoptés, nous voulons mettre en lumière l'apport de la Cour de justice dans le processus de passage de la politique sociale à l'affirmation des droits sociaux. Autrement dit, essentiellement jurisprudentiel, ce chapitre aura pour but de mettre en évidence en quoi la Cour de justice tire des sources de la politique sociale de l'Union (Charte communautaire des droits sociaux fondamentaux des travailleurs, Accord sur la politique sociale, Traités fondateurs, droit dérivé etc.), de véritables droits sociaux pour les ressortissants communautaires, tout en restant dans logique de la constitution économique. Dans cette perspective, nous analyserons d'abord l'apport de la Cour dans le domaine de protection de l'emploi et du travail (**Section 1**). Il convient par la suite de nous pencher sur la jurisprudence de la Cour de justice dans le processus de reconnaissance des droits fondamentaux d'une manière générale (**Section 2**).

---

871 Déclaration du Conseil européen du 22 juin 1984.

872 Résolution 94/C 363/03 du Conseil du 6 décembre 1994, op.cit.

Section 1: L'œuvre prétorienne dans le domaine de la protection de l'emploi et du travail

§ 1: L'œuvre prétorienne dans le domaine de la protection de l'emploi

Dans la mesure où cette jurisprudence constitue également une base prétorienne pour la reconnaissance des droits sociaux fondamentaux dans le cadre de la Constitution économique européenne, il convient à présent de nous pencher sur la reconnaissance des droits sociaux fondamentaux dans le domaine de protection de l'emploi. Cette entreprise, qui concerne également l'harmonisation des législations nationales dans le domaine de la protection de l'emploi, a été recherchée par des directives : (i) celle du 17 février 1975 concernant les licenciements collectifs[873], modifiée en 1992 et codifiée par la directive 89/59 du 20 juillet 1998 ; (ii) celle du 14 février 1977 relatives au maintien des droits des travailleurs en cas de transfert d'entreprises[874], modifiée par la directive 98/50 du 29 juin 1998[875] et (iii) celle du 20 octobre 1980 qui tend à assurer le paiement des créances salariales en cas d'insolvabilité de l'employeur[876]. Les paragraphes suivants seront consacrés à l'étude de l'apport de la jurisprudence en ce qui concerne la précision du contenu des droits ainsi reconnus. Ces droits concernent les licenciements collectifs **(A)**, les droits des travailleurs en cas de transfert d'entreprises **(B)** et les conditions d'emploi et de travail **(C)**. L'étude de ces droits à ce stade de notre travail est aussi justifiée par le fait qu'ils constituent, en quelque sorte, la phase ultime du développement de la Constitution économique européenne.

A) En ce qui concerne les licenciements collectifs

A la suite de la Charte communautaire des droits sociaux fondamentaux des travailleurs, la directive 75/129/CEE du 17 février 1975 a été modifiée et complétée par la directive 92/56/CEE du Conseil du 24 juin 1992[877]. Celle-ci élargit la notion de licenciement collectif visée par la directive initiale et renforce les procédures d'informations et de consultations préalables à un tel licenciement. Ces deux textes ont été codifiés le 20 juillet 1998 par une directive 98/59/CE[878]. La réflexion

---

873 Directive 75/129/CEE, JOCE, n°L 48, 17 février 1975, p. 29.
874 JOCE, n°L 61, 5 mars 1977, p. 26.
875 JOCE, n°L 201/88, 17 juillet 1998.
876 Directive n°80/987 du Conseil, 20 octobre 1980, JOCE, n°L 283.
877 JOCE, n°L 245, 26 août 1992.
878 JOCE, n°L 225, 12 août 1998, p. 16.

sur la protection des salariés contre des licenciements massifs a d'autre part été relancée par la fermeture en 1997 de l'Usine Renault de Vilvoorde (Belgique)[879].

Ces textes visent à rapprocher les législations nationales relatives aux procédures de licenciements collectifs pour motif économique. A cet effet, deux obligations sont imposées aux employeurs : information et consultations des représentants des travailleurs, et l'information des autorités publiques compétentes.

Le principal apport de la Cour de justice a été de clarifier le domaine d'application de la directive précitée. En effet, selon la jurisprudence de la Cour[880], l'objectif des normes communautaires établi sur la base de ces directives n'est pas de limiter le droit pour l'employeur de réduire les effectifs de l'entreprise. La Cour avait souligné dans cette perspective que la première directive adoptée par le Conseil, comme répondant à la nécessité de promouvoir l'améliorations des conditions de vie et de travail de la main-d'œuvre, devait servir à l'établissement des bases d'une réglementation commune, applicable dans tous les Etats membres, tout en leur laissant la possibilité d'appliquer des dispositions plus favorables aux travailleurs[881]. Alors que la directive de départ s'appliquait seulement aux entreprises poursuivant un but lucratif, la directive modifiée s'applique plus largement à tout organisme exerçant une activité économique[882]. Son article premier détermine son champ d'application en effectuant une synthèse des critères qualitatifs et quantitatifs auxquels se réfèrent les législations nationales. Les licenciements concernés sont les licenciements économiques, effectués pour un ou plusieurs motifs non inhérents à la personne des salariés. Il s'agit des licenciements *sticto sensu*, y compris depuis 1998, ceux provoqués par la cessation de l'activité de l'établissement résultant d'une décision de la justice, mais aussi des cessations de contrats intervenues, sur l'initiative de l'employeur. Ainsi que statue la Cour, le fait, pour les salariés, de cesser leur travail à la suite de la déclaration, par l'employeur, de sa cessation de paiements ne peut être considérée comme un licenciement collectif[883].

Le droit communautaire laisse aux législateurs nationaux une certaine latitude pour définir les licenciements collectifs, tout en assujettissant à ces propres dispositions ceux qui revêtent une certaine importance. Etaient aussi exclus de son

879 CATALA Nicole, « Union européenne », Juris-Cl Europe, 2000, Fasc. 610, p. 5.

880 CJCE, arrêt du 12 février 1985, Dansk Metalarbejderfonbund c. Nielsen, aff. 284/83, Rec., p. 553.

881 CJCE, arrêt du 8 juin 1982, Commission c/ Italie, aff. C-91/81, Rec., p. 2133, point 11.

882 CJCE, arrêt du 23 avril 1991, aff. C-4/90, Höfner, Rec., p. 1979.

883 CJCE, arrêt du 12 février 1985, op. cit.

champ d'application, les travailleurs touchés par la cessation des activités de l'établissement, lorsque celle-ci résultait d'une décision de justice. Cette disposition restrictive a été supprimée par la directive du 24 juin 1992, les Etats ayant simplement la faculté de prévoir que le texte ne s'appliquera pas en pareille circonstance. Sont également soustraits à son domaine d'application les équipages de navires de mer, les travailleurs des administrations publiques ou des établissements du droit public, les salariés titulaires de contrats de travail conclus pour une durée ou pour une tache déterminée, à moins que la cessation du contrat n'intervienne avant son terme ou l'accomplissement de la tache. Quant à la notion d'établissement à laquelle renvoie la directive, elle doit, selon la Cour de justice, s'entendre de l'unité à laquelle sont affectés les travailleurs concernés par le licenciement, sans qu'il soit nécessaire qu'à la tête de cette unité se trouve une direction pouvant effectuer de manière indépendante des licenciements collectifs[884].

Avec le souci de respecter les diversités nationales, la Cour reconnaît la nature minimale de l'harmonisation réalisée. Dans cette perspective, elle a toutefois précisé que la notion de licenciement, visée dans la directive 98/59/CE, a une portée communautaire et ne peut pas être définie par un renvoi aux législations des Etats membres. Elle doit être interprétée en ce sens qu'elle n'englobe pas uniquement les licenciements pour des raisons de nature structurelle ou autres, mais toute cessation de contrat non voulue par le travailleur. Les objectifs de la directive visant notamment à renforcer la protection des travailleurs en cas de licenciements collectifs ne seraient que partiellement être atteints si une telle cessation du contrat de travail était exclue du champ d'application de la directive[885].

B) En ce qui concerne le maintien des droits des travailleurs en cas de transfert d'entreprises.

Adoptée le 14 février 1977, la directive 77/187/CEE visait à protéger les travailleurs contre les conséquences des restructurations d'entreprises au sein du Marché commun. Elle érigeait à cette fin en principe de droit communautaire le maintien des salariés dans leur emploi, malgré une cession conventionnelle de l'entreprise ou une fusion.

La nécessité d'un tel principe est maintenant unanimement admise. Il s'est révélé d'autant plus nécessaire que le nombre d'acquisitions ou de fusions n'a cessé d'augmenter, en impliquant un nombre croissant d'entreprises d'Etats

---

884 CJCE, arrêt du 7 décembre 1995, aff. C-44/93, Rockfon, Rec., I, p. 4291.

885 CJCE, arrêt du 12 octobre 2004, Commission c/ Portugal, aff. C-55/02, Rec., p. I-9387, points 49,50, 52, 53, et 66.

différents[886]. Cette directive a fait l'objet d'un important contentieux communautaire qui a permis d'en préciser la portée et d'inspirer la directiven°98/50 du 29 juin 1998 venue toiletter le texte antérieur. En outre, pour des raisons de clarté et de rationalité, les deux textes ont été réunis dans la directive du 12 mars 2001[887]. La jurisprudence de la Cour qui la concerne peut être étudiée en deux niveaux : champ d'application matériel et droit des salariés.

1. Définition et champ d'application

La directive est applicable aux entreprises publiques ou privées, exerçant une activité économique, qu'elles poursuivent ou non un but lucratif. La directive définit comme cédant toute personne physique ou morale qui, du fait d'un transfert, perd la qualité d'employeur à l'égard de l'entreprise ou de l'établissement. Les représentants des travailleurs sont ceux désignés par la législation ou la pratique nationale[888]. C'est également la législation nationale qui définit la relation de travail.

Accompagnant les mouvements de plus en plus nombreux de restructuration des entreprises, l'objectif de la directive est de protéger les travailleurs en cas de changement du chef d'entreprise, tant en ce qui concerne le maintien dans l'emploi que la préservation des conditions de travail. La référence dans le préambule de la directive « codifiée », à la Charte communautaire des droits sociaux fondamentaux des travailleurs, en ce qui concerne l'amélioration des conditions de vie des travailleurs et l'information des salariés, est révélatrice des objectifs sociaux de ce texte[889].

La Cour a explicitement précisé que le but de ce texte était « de sauvegarder, dans l'intérêt des employés et dans toute la mesure de possible, les relations de travail existantes »[890] mais il n'est pas d'instaurer un niveau de protection uniforme pour l'ensemble de la Communauté en fonctions de critères communs[891]. L'objectif des modifications introduites par la directive du 29 juin 1988 étant de clarifier la notion de transfert sans modifier le champ d'application de la directive de 1977, il convient d'admettre que c'est selon les arrêts de la Cour de justice qu'il faudra mettre en œuvre les dispositions nouvelles. A cet effet, trois questions

886 CATALA Nicole, « Union européenne », op. cit., p. 6.
887 Directive n°2001/23 du Conseil, 12 mars 2001, JOCE. n°L 82 du 12 mars 2001.
888 Article 2.
889 KESSLER Francis et LHERNOUD Jean-Philippe, *Droit social et politiques sociales communautaires*, Editions Liaisons, Paris, 2003, p. 153.
890 CJCE, arrêt du 16 décembre 1992, Katsikas, aff. C-132, 138 et 139/91, Rec., I, p. 6577.
891 CJCE, arrêt du 12 novembre 1992, Watson Rask, aff. C-209/04, Rec., I, p. 5755.

sont à relever : que faut-il entendre par transfert, comment définir l'entité et quelles sont les règles à appliquer quand l'entreprise est insolvable ?

a Opération de transfert

La directive de 1997 déterminait de façon restrictive les opérations qu'elle qualifiait de transfert : il s'agissait des cessions conventionnelles et des fusions. La jurisprudence ayant imposé le maintien des contrats de travail bien au-delà de ces deux hypothèses, on pouvait penser que le texte de 1998 élargirait le domaine ainsi couvert, ce qui n'a pas été le cas. En effet ce dernier vise les transferts résultant d'une cession conventionnelle ou d'une fusion. Selon la Cour de justice, les salariés doivent être maintenus dans leur emploi même si le transfert ne résulte ni d'une fusion ni d'une convention entre les exploitations successives[892].

De nombreux arrêts relèvent le fait que le transfert soit intervenu « dans le cadre des relations contractuelles »[893]. Toutefois il n'est pas nécessaire que la cession elle-même résulte d'un contrat ou de la résiliation d'un contrat. Il en va de même quand le propriétaire reprend l'exploitation après la résiliation d'un contrat de location-gérance par le jeu d'une clause résolutoire[894]. La Cour applique le même principe au salarié employé par une société qui exploitait un restaurant dans le cadre d'un contrat de concession « non transférable » ; ce contrat ayant été résilié le travailleur a du être maintenu dans son emploi par le nouveau concessionnaire[895].

b La notion d'entreprise, entité économique conservant son identité

Amenée à rendre une jurisprudence abondante, la Cour de justice a adopté une conception extensive de la notion de transfert, s'opposant ainsi à certaines juridictions nationales dont la Cour de Cassation française[896]. Pour la Cour de Luxembourg et aux termes de la formulation la plus souvent utilisée : « le critère décisif pour établir l'existence d'un transfert au sens de la directive est de savoir si l'entité économique transférée garde son identité »[897]. Il faut donc qu'il y ait,

892 CJCE, arrêt du 10 décembre 1998, F. Sanchez Hidalgo, aff. C-/173/96 et C-247/96, Rec., I, p. 8237.

893 CJCE, arrêt du 5 mai 1998, Berg et Busschers, aff. 144 et 145/87, Rec., p. 2559.

894 CJCE, arrêt du 17 décembre 1987, Ny Molle Kro, aff. 287/86, Rec., p. 5465.

895 CJCE, arrêt du 10 février 1998, Daddy's Dance Hall A/S, aff. 324/86, Rec., p. 739.

896 NAZET-ALLOUCHE Dominique, « Droits sociaux », Rep. Communautaire Dalloz, septembre 2002, p. 14.

897 CJCE, arrêt du 18 mars 1986, Spijkers c/ Benedik, aff. 24/85, Rec., 1119 ; CJCE, arrêt du 11 mars 1997, Süzen c/ Zehnacker Gebaudereinigung Krankenhausservice, aff.

d'une part, une entité économique[898] et, d'autre part, la conservation de son identité en dépit du transfert[899]. « L'entreprise garde son identité lorsque (…) l'entité économique étant encore existante, l'exploitation est effectivement poursuivie ou reprise par le nouveau chef, avec les mêmes activités économiques ou des activités analogues »[900]. Pour apprécier si tel est bien le cas, le juge doit procéder à « une évaluation d'ensemble » dans laquelle aucun des critères auxquels il doit se référer n'est à lui seul décisif. Ainsi, la directive peut être déclarée applicable bien que les éléments incorporels ou les contrats en cours n'aient pas été transférés ; inversement il peut y avoir transfert au sens de la directive même si des éléments incorporels seuls ont été cédés, sans transfert d'actifs matériels[901]. Plus récemment la Cour a affirmé que la « notion d'entité économique renvoie à un ensemble organisé de personnes et d'éléments permettant l'exercice d'une activité économique qui poursuit un objectif propre »[902]. La notion de transfert d'entreprise implique toutefois une entité économique organisée de manière stable, dont l'activité ne se borne pas à l'exploitation d'un ouvrage déterminé[903].

La Cour a adopté une même approche extensive en ce qui concerne le régime de transfert. Pour la Cour, le régime protecteur est applicable dès tout changement de la personne physique ou moral responsable de l'entreprise[904] qu'il y ait ou non transfert de la propriété de l'entreprise[905].

C-13/95, Rec., I, p. 1259 ; CJCE, arrêt du 14 avril 1994, Schmidt, aff. C-392/92, Rec., I, p. 1311.

898 CJCE, arrêt du 10 décembre 1998, Hernandez Vidal, aff. C-127/96, aff. C-229/96 etaff. C-74/97, Rec., p. I-8179 ; CJCE, arrêt du 2 décembre 1999, Allen e.a, aff. C-234/98, Rec., p. I- 8643 ; CJCE, arrêt du 25 janvier 2001, Liikenne Ab, aff. C-17299, Rec., p. I-745.

899 CJCE, arrêt du 24 janvier 2002, Temco Service Industruies, aff. C-51/00, Rec., p. I-969.

900 CJCE, arrêt du 15 juin 1998, P. Bort International A/S e.a., aff. 101/87, Rec., p. 3057.

901 Voir concl. Sir Gordon Slynn sous CJCE, arrêt du 18 mars 1986, Spijkers, op. cit., p. 1122.

902 CJCE, arrêt du 10 décembre 1998, F. Sanchez Hidalgo, aff. C-/173/96 et C-247/96, op. cit.

903 CJCE, arrêt du 10 décembre 1998, Hernandez Vidal, aff. Jointes C-127/96, C-229/96 et C-74/97, Rec., p. 8179.

904 CJCE, arrêt du 15 juin 1988, Bork Intrnational, aff. 101/87, Rec., p. 3057 ; CJCE, arrêt du 7 mars 1996, Meercks t Neuhuys, aff. C-171/94 et C-172/94, Rec., p.I-1253.

905 CJCE, arrêt du 17 décembre 1987, Molle Kro, aff. 287/86, Rec., p. I-5465 ; CJCE, arrêt du 5 mai 1988, Berg et Busschers, aff. 144 et 145/87, Rec., p. 2559.

c Les solutions applicables en cas de faillite

Aucune disposition de la directive de 1977 ne prévoyait son application en cas de faillite, et les solutions applicables avant 1998 étaient exclusivement jurisprudentielles. Selon la Cour les Etats ne sont pas tenus d'imposer le maintien des contrats de travail dans le cas de « transferts (...) intervenus dans le cadre d'une procédure de faillite visant, sous le contrôle de l'autorité compétente, à la liquidation des biens du cédant »[906]. Toutefois, « le seul fait que le transfert est intervenu après cessation de paiement de la société cédante ne suffit pas à exclure ces transactions du champ de la directive »[907]. Le point crucial est de savoir si la procédure engagée tend ou non à permettre le maintien de l'activité et donc la sauvegarde de l'emploi. C'est ainsi que la directive s'applique aux transferts qui s'inscrivent dans le cas des procédures telles que la procédure néerlandaise de « sursis de paiement »[908]. Par ailleurs, dans un arrêt[909] du 12 mars 1998 la Cour a estimé qu'il pouvait exister des différences entre la situation d'une entreprise en faillite et celle d'une entreprise en liquidation judiciaire. Dans cette dernière hypothèse, l'activité de l'entreprise peut se poursuivre durant la période de liquidation et les travailleurs doivent être alors maintenus dans leurs emplois.

Les principes ainsi dégagés doivent être aujourd'hui replacés dans le cadre de la directive 98/50 modifiant la directive de 1977. Cette directive, stipule dans son article 4 bis que, « sauf si les Etats en disposent autrement », le maintien de contrats de travail qu'elle-même prescrit dans ses articles 3 et 4 ne s'impose pas à la cession d'une entreprise, d'un établissement ou d'une partie de l'une ou l'autre « lorsque le cédant fait objet d'une procédure de faillite ou d'une procédure d'insolvabilité analogue ouverte en vue de la liquidation des biens du cédant et se trouvant sous le contrôle d'une autorité publique compétente ».

2. Maintien des droits des travailleurs

Aux termes de l'article 3–1 de la directive du 12 mars 2001, les droits et obligations du cédant résultant des contrats ou relations de travail en cours sont transférés au cessionnaire. Ce changement d'employeur s'effectue de plein droit, du seul fait du transfert et à sa date, malgré la volonté contraire du cédant ou du cessionnaire qui peut en reporter les effets[910]. Cette orientation est maintenue

---

906 CJCE, arrêt du 7 février 1985, H. B. M. Abels, aff. 135/83Rec., p. 469.

907 CJCE, arrêt du 11 juillet 1985, A/S Danmols Inventar, aff. 105/84, Rec., p. 2639.

908 CJCE, arrêt du 7 février 1985, Industriebond FNV, aff. 179/83, Rec., p. 511.

909 Jules Dethier Equipement S A, aff. C-319/94, Rec, I, p. 1061.

910 CJCE, arrêt du 14 novembre 1996, C. Rostard de Hertaing, aff. C-305/94, Rec, I, p. 5927.

selon une jurisprudence récente[911], dans laquelle la Cour a jugé que le transfert de contrats et des relations de travail en application de la directive 77/187 a nécessairement lieu à la même date que celle du transfert de l'entreprise, la date de ce transfert correspondant à la date à la quelle s'opère le transfert du cédant au cessionnaire. Cette date est un moment précis, qui ne peut pas être reporté au gré du cédant ou du cessionnaire à une autre date. Ainsi, les obligations instituées par la directive ont un caractère impératif. Les salariés peuvent néanmoins refuser le transfert de leur contrat de travail au cessionnaire[912]. L'objectif poursuivi est moins d'assurer le maintien de l'emploi que de permettre aux salariés de conserver le bénéfice des conditions d'emploi et de salaire acquises antérieurement au transfert de l'entreprise[913]. Le cessionnaire est en quelque sorte subrogé au cédant avec les mêmes droits et les mêmes obligations au regard des salariés dont la relation de travail survit dans tous ses éléments. Toutefois, afin d'éviter une charge financière jugée trop lourde, le cessionnaire n'est pas tenu par les régimes complémentaires professionnels ou interprofessionnels assurant de relation de vieillesse, d'invalidité ou de survie[914].

Les salariés concernés sont ceux qui sont employés dans l'entreprise au moment du transfert[915]. Dès lors que le travailleur affecté par le transfert fait l'objet d'une protection contre le licenciement au titre du droit national il peut invoquer la directive du 14 février 1977. Les salariés ainsi définis doivent être maintenus dans leurs emplois. Selon l'article 4 de cette directive : « le transfert d'une entreprise, d'un établissement ou d'une partie de l'établissement ne constitue pas en lui-même un motif de licenciement pour le cédant ou pour le cessionnaire ». Force est de constater que ce principe énoncé dans l'article 4 est neutralisé par la suite du texte, selon lequel « cette disposition ne fait pas d'obstacle à des licenciements pour des raisons économiques, techniques ou d'organisation. Ainsi, si la cession n'est pas une cause de rupture du contrat de travail d'autres causes peuvent entraîner une telle résiliation.

Selon la Cour de justice, « pour déterminer si le licenciement a été motivé par le seul fait du transfert, contrairement à l'article 4 paragraphe 1, il convient de prendre en considération les circonstances objectives dans lesquelles le licenciement est intervenu et notamment le fait qu'il a pris effet à une date rapprochée

911 CJCE, arrêt du 26 mai 2005, Celtec, aff. C-478/03, Rec., p. I-4389, points 39 à 44.
912 CJCE, arrêt du 16 décembre 1992, Katsikas, op. cit., p. 6577.
913 NAZET-ALLOUCHE Dominique, « Les droits sociaux », op. cit., p. 15.
914 CJCE, arrêt du 7 février 1985, Abels, aff. C-135/83, Rec., p. 469.
915 CJCE, arrêt du 7 février 1985, K. Wendelboe, aff. 19/83, Rec., p. 457.

de celle du transfert et que les travailleurs en cause ont été réembauchés par le cessionnaire »[916].

Le principe du maintien dans l'emploi n'interdit pas à l'employeur de procéder à une modification substantielle du contrat de travail. Ainsi, dans son arrêt du 10 février 1988, *Daddy's Dance Hall* (précité) la Cour de justice a mis en évidence ce principe en précisant que « la relation de travail peut être modifiée à l'égard du cessionnaire dans les mêmes limites qu'elle aurait pu l'être à l'égard du cédant, étant entendu que dans aucune hypothèse, le transfert de l'entreprise ne saurait constituer en lui-même le motif de cette modification ». Toutefois, les travailleurs conservent leur liberté en ce qui concerne la poursuite de la relation de travail avec le nouvel employeur. En effet, la Cour de justice estime que les travailleurs sont libres, après le transfert de ne pas poursuivre la relation de travail avec le nouveau chef d'entreprise : le salarié « doit être libre de choisir son employeur et ne peut être obligé de travailler pour un employeur qu'il n'a pas librement choisi »[917].

Le maintien de l'emploi s'accompagne du transfert, sur la tête du cessionnaire, des droits et obligations qui résultaient pour le cédant du contrat de travail[918]. Le principe couvre toutes les obligations nées antérieurement à la date du transfert sur la tête du cédant[919], mais il n'oblige pas les Etats à transférer sur la tête du cessionnaire les obligations en matière de congés payés ou d'indemnité à l'égard des salariés qui n'étaient pas employés de l'entreprise au moment du transfert[920].

Ainsi que l'on vient de le voir, l'élément crucial de cette directive est l'obligation pour le cessionnaire de reprendre le personnel de cédant. Consolidée par la jurisprudence de la Cour en la matière, cela constitue sans doute un enforcement des droits de travailleurs dans le cadre de la Constitution économique européenne. Toutefois, cette solution, qui défie le principe du droit des obligations, peut paraître discutable pour deux raisons[921] : d'une part, l'obligation de reprendre le personnel du concurrent à qui l'on vient de succéder sur un marché altère la concurrence qui existe entre les opérateurs successifs : le nombre de salariés employés, le coût de la main d'œuvre, en un mot la manière d'envisager l'exécution du marché sont autant d'éléments déterminants lors du choix d'un

---

916 CJCE, arrêt du 15 juin 1988, Bork International, aff. 101/87, op. cit.
917 CJCE, arrêt du 7 mars 1996, Merckx et Neuhuys, aff. C-171/94 et C-172/94, Rec., I, p. 1253
918 Article 3–1 de la directive du 29 juin 1998, op. cit.
919 CJCE, arrêt du 7 février 1985, Abels, aff. C-135/83, op. cit.
920 CJCE, arrêt du 7 février 1985, K. Wendelboe, aff. 19/83, op. cit.
921 KESSLER Francis et LHERNOUD Jean-Philippe, op. cit., p. 154.

prestataire de service ou d'un concessionnaire. D'autre part, le fait que les considérations de libre concurrence passent au second plan derrière les considérations sociales (volonté de préserver la stabilité de l'emploi) n'est pas en cohérence avec le fondement juridique de la directive, à savoir l'article 100 du traité CEE, devenu, après modification, article 94 TCE. C'est à dire que cette base juridique a été instrumentalisée par les autorités communautaires au profit de la protection des travailleurs.

C) La protection des salariés contre l'insolvabilité de l'employeur

Un autre domaine où la jurisprudence de la Cour de justice contribue considérablement à préciser le contenu du droit des travailleurs est la protection des salariés contre l'insolvabilité de l'employeur. Ce domaine a déjà été réglementé par le droit dérivé en 1980. En effet, la directive 80/987[922] du 20 octobre 1980 tend à assurer le paiement des créances salariales en cas d'insolvabilité de l'employeur au-delà du droit de faillite, par un mécanisme indépendant de ceux de procédure collective. Ce texte tend à réduire les différences existant entre les Etats membres pour assurer la protection des salariés en cas d'insolvabilité de l'employeur. Compte tenu de la diversité des régimes nationaux, la directive ne vise qu'une harmonisation partielle[923]. Les Etats membres disposant d'une importante marge de manœuvre pour régler l'organisation, le fonctionnement et le financement des institutions de garantie prévues par la directive, la Cour en a déduit que celle-ci ne produisait pas d'effet direct permettant aux particuliers de s'en prévaloir devant les juridictions nationales[924].

La directive concerne les entreprises en état d'insolvabilité. Ainsi, un employeur est considéré insolvable lorsque a été demandée, par application du droit national, l'ouverture d'une procédure portant sur son patrimoine et visant à désintéresser collectivement les créanciers ou que l'autorité nationale compétente a décidé d'ouvrir une telle procédure ou a constaté la fermeture définitive de l'entreprise[925]. Le rôle de la législation nationale est à souligner à cet égard, dans la mesure où la Cour de justice en tient compte dans sa jurisprudence. En effet, la Cour a fait application des dispositions de l'article 2 de la directive à un ressortissant italien qui avait travaillé pour un employeur qui, bien qu'en état d'insolvabilité évidente, se trouvait exclu des procédures de désintéressement

---

922 JOCE n°L 283/23, du 28 octobre 1980.

923 CJCE, arrêt du 9 novembre 1995, Francovich, aff. 473/93, Rec., I, p. 3843.

924 CJCE, arrêt du 16 décembre 1993, T. Wagner Miret, aff. C-334/92, Rec., I, p. 6911.

925 Article 2 de la directive 80/987.

collectif des créanciers par le droit italien. Pour rejeter la demande du salarié, la Cour déclare que seul peut être considéré comme insolvable, au sens de la directive 80/987 du Conseil, l'employeur envers lequel les conditions de l'article 2 se trouvent réunies[926]. La Cour a jugé par ailleurs que la survenance de l'insolvabilité de l'employeur qui détermine les créances impayées couverte par la garantie doit s'entendre de la date à laquelle est demandée l'ouverture de la procédure de désintéressement collectif[927].

La directive a fixé les grandes lignes du régime de garantie et laissé aux Etats membres la plus grande liberté en ce qui concerne son organisation, son financement et son fonctionnement. Elle impose simplement le respect des trois principes nécessaires à la réalisation de ses objectifs : (i) l'autonomie patrimoniale du fonds de garantie ; (ii) la nécessité d'une participation patronale au financement de l'institution dès lors que celui-ci n'est pas intégralement assumé par les pouvoirs publics ; (iii) l'indépendance entre les droits du travailleur au paiement de ses créances par l'institution de garantie et le versement de la contribution patronale. L'institution compétente est celle de l'Etat dans lequel la procédure collective est ouverte. La jurisprudence de la Cour de justice a eu à déterminer l'institution de garantie responsable lorsque l'employeur est établi dans un autre Etat membre que celui de la résidence du travailleur ou du lieu dans lequel où celui-ci exerçait son activité. Après avoir constaté que l'ouverture de la procédure est le plus souvent demandée dans l'Etat dans lequel l'employeur est établi, la Cour estime conforme à la directive que l'institution de garantie compétente pour régler les créances impayées des salariés soit celle qui a perçu ou aurait du percevoir les cotisations de l'employeur insolvable[928].

Si la directive prévoit la faculté pour les Etats membres de fixer un plafond pour la garantie de paiements des créances impayés des travailleurs salariés, cette finalité consiste à garantir aux travailleurs salariés un minimum communautaire de protection en cas d'insolvabilité de l'employeur. Partant, la Cour a jugé qu'un Etat membre ne peut pas interdire le cumul des montants garantis par la directive avec d'indemnité qui vise à subvenir aux besoins d'un travailleur licencié pendant les trois mois qui suivent la cessation du rapport de travail[929]. C'est dans le

---

926 CJCE, arrêt du 9 novembre 1995, Francovich, aff. 473/93, précité.

927 CJCE, arrêt du 10 juillet 1997, Bonifaci e.a. et Berto e.a, aff. C-94/95 et 95/95, Rec., I, p. 3969.

928 CJCE, arrêt du 17 septembre 1997, Danmarks Aktine Handelsrejsende, aff. C-117/96, Rec., I, p. 5017.

929 CJCE, arrêt du 10 juillet 1997, Maso e.a et Gazzetta e.a., aff. C-373/95, Rec., p. I-4051, point 55.

contexte de la directive 80/987/CEE que la Cour a posé le principe de responsabilité de l'Etat pour violation du droit communautaire dans l'arrêt Francovich[930]. En effet, la pleine efficacité des normes communautaires serait mise en cause et la protection des droits qu'elles reconnaissent serait affaiblie si les particuliers n'avaient pas la possibilité d'obtenir réparation lorsque leurs droits sont lésés par la violation du droit communautaire imputable à un Etat membre[931]. Au-delà de l'invocabilité de réparation résultant de la responsabilité de l'Etat, la Cour a jugé dernièrement que, dans le champ d'application de la directive 80/987/CEE, le principe général d'égalité, tel que reconnu dans l'ordre juridique communautaire, exige que, lorsque, selon une réglementation nationale, des indemnités légales dues pour cessation du contrat de travail, reconnues par un jugement, sont à la charge de l'institution de garantie en cas de l'insolvabilité de l'employeur, des indemnités de même nature, reconnues dans un accord entre travailleurs et employeurs conclu en présence du juge et entériné par l'organe juridictionnel, doivent être traitées de la même façon[932].

§ 2: L'apport de la jurisprudence dans le domaine des conditions d'emploi et de travail

Cet apport concerne l'égalité de traitement et la non discrimination **(A)**, l'aménagement de la durée de travail et le détachement des salariés **(B)** et la consolidation de l'acquis constitutionnel dans le cadre de la Constitution économique **(C)**.

A) Le principe de l'égalité de traitement et de non discrimination

Le Traité de Rome avait interdit simplement les discriminations exercées en raison de la nationalité dans le domaine d'application du traité et les discriminations entre hommes et femmes en matière de rémunération pour un même travail. Le droit dérivé a permis d'élargir considérément le domaine d'application de l'interdiction des discriminations entre hommes et femmes, aboutissant à imposer celle-ci pour l'ensemble de la vie professionnelle des hommes et des femmes.

La jurisprudence de la Cour de justice a également joué son rôle en précisant les méthodes d'application du principe de non-discrimination. Toutefois, le droit communautaire n'en restait pas moins cantonné à la seule prohibition des discriminations entre hommes et femmes et entre nationaux et ressortissants

---

930 CJCE, arrêt du 9 novembre 1995, Francovich, aff. 473/93, précité, point 26.

931 CJCE, arrêt du 9 novembre 1995, Francovich, aff. 473/93, précité, points 31 à 46.

932 CJCE, arrêt du 7 septembre 2006, Cordero Alonso, aff. C-81/05, Rec., p. I-7569, point 42.

communautaires. Cette prohibition ne couvre par conséquent, à l'instar du droit communautaire, que le seul exercice de libertés économiques ou les bénéfices des droits sociaux.

1. La non-discrimination en raison de la nationalité

L'interdiction des discriminations en raison de la nationalité est un principe fondamental du droit communautaire, à double titre. Tout d'abord, il est l'une des conditions de base pour le fonctionnement du Marché intérieur[933]. L'objectif fondamental du traité est de réaliser une économie intégrée dans laquelle tant les facteurs que les fruits de la production peuvent circuler librement. Le premier des obstacles à la réalisation de cet objectif était l'existence de règles et pratiques discriminatoires pour lesquelles les gouvernements nationaux protégeaient traditionnellement leurs propres producteurs et travailleurs. Par conséquent, l'abolition de ces règles et pratiques étaient une condition *sine qua non* à un degré d'intégration plus élevé.

Ensuite l'interdiction de la discrimination en raison de la nationalité revêt une importance symbolique, dans la mesure où elle démontre que la Communauté n'est pas simplement un accord commercial, mais une entreprise commune à laquelle tous les citoyens de l'Europe participent. Les ressortissants de chaque Etat ont le droit de vivre, travailler et faire des affaires dans les autres Etats membres dans les mêmes conditions que la population locale. Ce traitement identique doit permettre de développer un sens de l'identité et de destinée communs, indispensables à la réalisation d'une « union sans cesse plus étroite entre les peuples ».

Affirmée au détour de divers articles du traité, l'interdiction de discrimination en raison de la nationalité fait l'objet d'un article propre, article 12 TCE. Sa portée est double : d'une part, il proscrit les discriminations en raison de la nationalité « dans le domaine d'application du présent traité », se présentant ainsi comme une prohibition générale, une limitation constitutionnelle aux décisions communautaires ou aux décisions nationales qui s'inscrivent dans le domaine d'application du traité ; d'autre part, le même article constitue une base juridique permettant au Conseil de mener une politique positive de lutte contre les discriminations en adoptant toute réglementation en vue de leur interdiction.

Conformément à l'article 39 du Traité CE, le principe de l'égalité de traitement s'applique à toutes les relations d'emploi, à la rémunération et aux conditions de travail. Ce principe est développé dans le règlement 1612/68 qui prévoit

---

933 RODIERE Pierre, *Droit social de l'Union européenne*, LGDJ, 2002, p. 153.

l'interdiction de discrimination en matière de conditions d'emploi et de travail, d'avantages sociaux et fiscaux, d'accès aux écoles professionnelles et de recyclage et de logement. L'importance de ce règlement, qui a été analysé dans le chapitre consacré à l'étude juridique de la politique sociale, est essentiellement une conséquence de la jurisprudence relative à l'article 7 (2) concernant les avantages sociaux. La Cour a introduit cette approche des avantages sociaux dans l'arrêt *Cristini*[934] de 1975. Cette affaire concernait une carte de réduction des chemins de fer pour familles nombreuses et la requérante était la veuve d'un travailleur migrant. L'arrêt présente deux caractéristiques qui sont la marque de la jurisprudence : « une interprétation extensive de la notion des avantages sociaux » et l'octroi de ces avantages non seulement au travailleur, mais aussi aux membres de sa famille. La deuxième caractéristique consiste à interpréter cette disposition de manière à faciliter la libre circulation. Par la suite, l'interprétation élargie aux « avantages sociaux » s'est établie pour des avantages comme le prêt à la naissance, le minimum de moyens d'existence, les bourses d'études, etc. Cette idée a même été étendue de manière à couvrir le droit d'utiliser une langue minoritaire dans les procédures pénales[935] et le droit de cohabitation avec un partenaire non marié[936]. La volonté de la Cour est la réalisation de l'égalité en fait et en droit.

A partir des années 1980, la Cour a étendu sa construction à l'égalité des hommes et des femmes. Mais le recours à cette notion n'a pas eu la même fonction en matière de libre circulation des travailleurs et en matière d'égalité entre les hommes et les femmes. Dans le premier cas il s'agissait de ne pas porter atteinte à la libre circulation des travailleurs migrants par des discriminations fondée sur leur nationalité. Dans le second cas, la question centrale était de faire prendre conscience des différences de traitement entre les hommes et les femmes et donc l'accent a été mis sur la preuve de discrimination. C'est dans ce domaine que la Cour a été la plus innovante en élaborant un processus probatoire, construit au fil des arrêts et pris dans la directive 97/80/CE sur la charge de la preuve. L'arrêt de principe est l'arrêt Bilka[937] du 13 mai 1986 où la Cour conclu que « l'article 119 est violé lorsqu'une mesure frappe un nombre beaucoup plus élevé de femmes que d'hommes, à moins que l'entreprise n'établisse que la mesure s'explique par

934 CJCE, arrêt du 30 septembre 1975, aff. 32/75, Anita Cristini « Société nationale des chemins de fer français », Rec., 1975, p. 1085.

935 CJCE, arrêt du 11 juillet 1985, aff. 137/84, Ministère publique c. Maria Mutsch, Rec., 1985, p. 2681.

936 CJCE, arrêt du 17 avril 1986, aff. 59/85, Etat néerlandais, c. Anne Florence Reed, Rec., 1986, p. 1283.

937 CJCE, arrêt du 13 mai 1986, aff. 170/84, Bilka, Rec., 1986, p. 1607.

des facteurs objectivement justifiés et étrangers à toute discrimination fondée sur le sexe».

L'approche de la Cour dans les années 1990 consiste en une pratique rigoureuse au sujet de la discrimination dissimulée ou indirecte. Il y a discrimination dissimulée ou indirecte dès que le droit national applique une différenciation fondée sur d'autres critères que la nationalité, mais que le résultat est tout de même discriminatoire. Ainsi, selon l'arrêt John O' Flynn[938], à moins qu'elle ne soit pas objectivement justifiée et proportionnelle à l'objectif poursuivi, une disposition du droit national doit être considérée comme indirectement discriminatoire dès qu'elle est susceptible, par sa nature même, d'affecter davantage les travailleurs migrants que les travailleurs nationaux et qu'elle risque, par conséquent, de défavoriser plus particulièrement les premiers.

Dans le règlement 1612/68, les dispositions relatives à l'égalité de traitement concernant les avantages sociaux s'appliquent uniquement aux travailleurs salariés. Cependant, les travailleurs non-salariés peuvent revendiquer des droits comparables en vertu de l'article 43 du traité CE, ancien article 52), et ce malgré l'absence de droit dérivé. Vu qu'ils sont bénéficiaires de services, les touristes se voient également attribuer le droit de non-discrimination[939].

En ce qui concerne les personnes qui n'ont pas d'activités économiques, y compris les demandeurs d'emploi, la protection offerte par le droit communautaire est plus faible. Ces personnes n'étant pas couvertes par les dispositions du droit communautaire, il leur faut exciper la clause générale de non-discrimination prévue à l'article 12 du traité CE, ancien article 6, mais celle-ci ne s'applique qu'aux questions régies par le droit communautaire. L'on se souvient qu'en vertu de cette disposition, le droit à l'égalité de traitement est reconnu aux étudiants pour l'accès à l'éducation mais pas pour les bourses d'études[940]. Après l'entrée en vigueur du traité sur l'Union européenne, d'aucuns se sont demandés si les dispositions relatives à la citoyenneté de l'Union ajoutaient quoi que ce soit à cet état des choses[941]. Bien que les règles proprement dites ne prévoient pas de droits sociaux, elles peuvent élargir le champ d'application du principe de

938 CJCE, arrêt du 23 mai 1996, aff. C-237/94, John O 'Flynn c. Adjudication Officer, Rec., 1996, p. I.-2617.

939 Op. cit., n°8.

940 Op. Cit, supra, arrêt Gravier.

941 STOOR Hakan, « Les droits sociaux des travailleurs et des citoyens », in BONNECHERE Michele (dir), *Trente ans de libre circulation des travailleurs en Europe*, op. cit., p. 128.

non-discrimination. Les arrêts Martinez Sala, Bickel et Franz abordent pour la première fois cette question.

L'affaire *Martinez Sala*[942] concernait une ressortissante espagnole résidant en Allemagne depuis 1968. Jusqu'en 1984, les autorités allemandes lui ont toujours délivré un titre de séjour. Or, à partir de cette date, elle n'a pu obtenir que des documents attestant que son titre de séjour était sollicité sans pour autant disposer d'un document formel.

En janvier 1993, elle sollicite une allocation d'éducation pour son enfant. Les autorités ont rejeté sa demande au motif qu'elle n'avait ni la nationalité allemande, ni le permis de séjour.

La Cour estime que :

> « En tant que ressortissante d'un Etat membre résidant légalement sur le territoire d'un autre Etat membre, la requérante au principale relève du domaine d'application *ratione personae* des dispositions du traité consacrées à la citoyenneté européenne. »

Or l'article 17, § 2 (ex. 8, § 2) du traité attache au statut du citoyen de l'Union des droits et des devoirs prévus par le traité, dont celui prévu à l'article 12 (ex. 6) du traité de ne pas subir de discrimination en raison de la nationalité dans le champ d'application *ratione materiae* du traité ». (points 61–62)

La conclusion fut que le droit communautaire interdit à un Etat membre d'exiger des ressortissants d'autres Etats membres, autorisés à résider sur son territoire, qu'ils produisent un permis de séjour officiel lorsque ses nationaux sont seulement tenus d'avoir dans l'Etatt membre leur domicile ou leur lieu de résidence ordinaire.

L'affaire *Bickel et Franz*[943] qui concerne les droits linguistiques des ressortissants de l'UE séjournant temporairement dans un autre Etat membre, nous conduit aux mêmes réflexions. M. *Bickel*, ressortissant autrichien, et M. Franz, ressortissant allemand, commettent des infractions en Italie. Des procédures pénales sont alors diligentées à leur encontre. Il s'agissait de savoir s'ils avaient le droit d'utiliser leur langue maternelle, l'allemand, dans une procédure pénale dans la province de Bolzano en Italie, puisque ce droit est accordé aux résidents de cette province. La Cour a estimé que :

> « L'article 12 (ex. 6) du traité s'oppose à une réglementation nationale qui confère aux citoyens d'une langue déterminée, autre que la langue principale de l'Etat membre

942 CJCE, 12 mai 1988, Maria Martinez Sala, C. Freistaat Bayern, aff. C-85/96, Rec., 1988, p. I-2691.

943 CJCE, arrêt du 24 novembre 1998, aff. C-274/96, Procédure pénale c. Horst Otto Bickel et Ulrich Franz, Rec., 1998, p. I-7637.

concerné, et qui résident sur le territoire d'une collectivité déterminée, le droit d'obtenir que la procédure pénale se déroule dans leur langue, sans conférer le même droit aux ressortissants des autres Etats membres, de la même langue, qui circulent et séjournent sur le même territoire».

La Cour a conclu dans ce même arrêt que la possibilité pour les citoyens de l'Union de communiquer dans une langue donnée, avec les autorités administratives et judiciaires d'un Etat, au même titre que les nationaux, est de nature à faciliter l'exercice de la liberté de circuler et de séjourner dans un autre Etat membre.

Ces deux arrêts supposent que quiconque exerce le droit qu'a un citoyen de l'Union de se déplacer et de résider librement sur le territoire des Etats membre, entre dans le champ d'application personnel du principe de non-discrimination visé à l'article 12 (ex article 6) du traité.

2. *L'égalité de traitement entre les hommes et les femmes*

L'égalité de traitement est un concept structurel de base de la Communauté européenne qui peut être qualifié de fondement principal de l'ordre juridique communautaire. Il comporte une dimension institutionnelle qui régit les relations entre les Etats ou entre les institutions communautaires, impliquant qu'ils soient traités sur le même pied d'égalité. Par conséquent, l'égalité des acteurs est une condition essentielle d'une communauté de droit[944].

Le principe de non-discrimination en vertu de la nationalité constitue l'une des dimensions du principe d'égalité de traitement, qui recouvre également l'interdiction de discrimination en fonction du sexe, selon l'article 141 TCE. Cet article du traité, qui établit et garantit une égalité de rémunération entre les travailleurs masculins et féminins pour un même travail, puise davantage son inspiration dans des considérations économiques que dans des préoccupations d'ordre social. C'est la raison pour laquelle le principe d'égalité de traitement entre les hommes et les femmes s'incarne primitivement dans le seul domaine de la rémunération. Pourtant l'évolution des mentalités et la situation économique des années soixante-dix conduit à une transformation du principe énoncé par le Traité de Rome[945]. Cette mutation se réalise tant quantitativement que qualitativement.

---

944 MAGNETTE Paul, *La Citoyenneté européenne,* op. cit., p. 38.

945 LECLERC Stéphane, « L'égalité de traitement entre les hommes et les femmes : ascension d'un droit social fondamental », in *l'Union européenne et les droits fondamentaux,* op. cit., p. 197.

Sur le plan quantitatif, le Conseil adopte par voie de directive, une législation complémentaire à l'article 141 TCE qui va étendre le champ d'application du principe de l'égalité des rémunérations et le métamorphoser en un concept plus large d'égalité de traitement. Ensuite, d'un point de vue quantitatif, le principe d'égalité de traitement fait objet d'une triple reconnaissance : politique avec les Conseils européens d'Essen[946], de Cannes[947] et de Madrid[948] qui soulignent que la promotion de l'égalité des chances pour les hommes et pour les femmes est une tâche fondamentale de l'Union européenne ; institutionnelle dans la mesure où la Commission place désormais le principe d'égalité au rang de préoccupation majeure dans le développement de ses politiques. C'est ce dernier aspect qui nous intéresse le plus à présent du fait de la jurisprudence de la Cour de Justice des Communautés européennes.

a Egalité de rémunération comme origine du principe de l'égalité de traitement

L'instauration d'une politique sociale n'était pas la préoccupation première du Traité de Rome qui comportait toutefois un Titre III intitulé « La politique sociale » qui comprenait des dispositions à caractère programmatique, tels que les articles 117 et 118 TCEE, devenus, après modification, articles 136 et 140 TCE. Seul l'article 119 TCEE, nouvel article 141, établissait l'égalité de rémunération entre les travailleurs masculins et les travailleurs féminins. Sans doute, la présence de cette disposition, susceptible de comporter une obligation envers les Etats membres était due aux travaux antérieurs de l'Organisation internationale du travail[949].

L'intervention de la Cour va être déterminante dans la mesure où elle va déduire, de l'ensemble du dispositif juridique du droit primaire et de droit dérivé, un principe général d'interdiction de toute discrimination fondée sur le sexe en ce qui concerne les relations de travail et leurs conséquences. En effet, la Cour affirme, dans son arrêt *Defrenne II* du 8 avril 1976, que le principe d'égalité de rémunération entre les hommes et femmes prévu par l'article 141 TCE, ancien article119, « fait partie des fondements de la Communauté[950]. Elle affirme par la suite dans son arrêt *Worringham* le droit fondamental à l'égalité

946 Conclusions du Conseil européen d'Essen des 9 et 10 décembre 1994.

947 Conclusions du Conseil européen de Cannes des 26–27 juin 1995.

948 Conclusions du Conseil européen de Madrid des 15 et 16 décembre 1995.

949 Convention n°100, recommandation n°90, adoptées en 1951 à la 34eme session de la Conférence internationale du travail.

950 CJCE, 8 avril 1976, aff. 43/75, Defrenne c. SABENA , point 12, Rec., 455.

des rémunérations[951]. La particularité de la jurisprudence de la Cour en matière d'égalité de traitement réside dans le fait que cette juridiction se livre à une analyse téléologique des dispositions communautaires s'appuyant sur la double finalité économique et sociale du traité de Rome.

Ainsi elle affirme pour la première fois dans l'arrêt *Defrenne II* qu'à côté de la préoccupation de concurrence loyale : « Cette disposition relève des objectifs sociaux de la communauté, celle-ci ne se limitant pas à une Union économique, mais devant assurer en même temps, par une action commune, le progrès social et poursuivre l'amélioration constante des conditions de vie et d'emploi des peuples européens, ainsi qu'il est souligné dans le préambule du traité (point 10) ».

En matière de rémunération, la Cour reconnaît dans cet arrêt l'effet direct de l'article 141 TCE, ancien article 119, seulement à l'encontre des « discriminations directes et ouvertes, susceptibles d'être constatées à l'aide des seuls critères d'identité de travail et d'égalité de rémunérations » (point 18).

> « Le principe d'égalité de rémunération de l'article 119 est susceptible d'être invoqué devant les juridictions nationales (…). Celles-ci ont le devoir d'assurer la protection des droits que cette disposition confère aux justiciables » (point 40).

La Cour définit la notion de rémunération comme visant « tous les avantages, en espèce ou en nature, actuels ou futurs, pourvu qu'ils soient payés, fut-ce indirectement, par l'employeur au travailleur en raison de l'emploi de ce dernier »[952]. La Cour a une conception large de la notion de rémunération[953]. Ni le caractère sporadique du versement des sommes au travailleur par l'employeur[954], ni le fait que les sommes soient versées après la cessation du lien d'emploi, ni le caractère de versement[955], ni l'origine judiciaire de l'obligation pour l'employeur de verser les sommes au travailleur[956] ne sont des critères pertinents.

En application de la conception jurisprudentielle de la notion de rémunération, plusieurs éléments se sont ainsi vus reconnaître la qualité de rémunération. Des pensions complémentaires d'entreprise instituées par un accord entre l'employeur et le conseil d'entreprise[957] ; des fractions du salaire brut prélevées

---

951 CJCE, arrêt du 11 mars 1981, Worringham, aff. 69/80, Rec., p. 767.
952 CJCE, arrêt du 9 février 1982, Garland, aff. 12/81, Rec., p. 359.
953 HUGLO Jean-Guy, « Egalité de traitement entre les hommes et les femmes », Juris Cl. Europe, Fasc. 612, p. 5
954 CJCE, arrêt du 16 septembre 1999, Abdoulaye, aff. C-218/98, Rec., I, p. 5723.
955 CJCE, arrêt du 21 octobre 199, Lewen, aff. C-33/97, Rec., I, p. 7243
956 CJCE, arrêt du 9 février 1999, Seymour Simith et Perez, aff. C-167/97, Rec., I, p. 623.
957 CJCE, arrêt du 13 mai 1986, Bilka, aff. 170/84, Rec., p. 1607.

par l'employeur et versées, pour le compte de l'employé, à un fonds de pension conventionnel[958] ; le salaire minimum en cas de maladie, bien qu'une fraction de ce salaire soit remboursée à l'employeur par les caisses d'assurance maladie[959] ; les indemnités journalières versées à la femme enceinte par l'employeur durant son congé de maternité[960] ; une prime annuelle de fin d'année[961] ; une prime de Noël, en dépit du fait que cette prime soit versée volontairement par l'employeur[962] ; une allocation de mariage versée par l'employeur[963] ; les indemnités octroyées au travailleur à l'occasion de son licenciement[964] ; une indemnité complémentaire de pré-pension qui s'ajoute aux indemnités de chômage prévues par la législation nationale et instituée par une convention collective[965] ; l'indemnité versée au membre du comité d'entreprise qui, durant les heures de travail, est tenu de suivre des cours de formation en droit de travail et en droit social[966]. La Cour a en effet considéré que si l'indemnisation ne découle pas, en tant que telle, du contrat de d'emploi, elle est néanmoins payée par l'employeur, en vertu des dispositions législatives, en raison de l'existence de rapport de travail salarié.

b Egalité de traitement comme droit fondamental ou droit fondamental à l'égalité des sexes

Depuis l'adoption du Traité Rome, plus particulièrement de son article 119, devenu, après modification, article 141 TCE, les organes de la Communauté n'ont pas cessé d'élargir et de préciser le champ d'application du principe de l'égalité de traitement entre hommes et femmes. En ce qui concerne la Cour de justice, elle a érigé le principe de l'égalité de traitement comme un droit fondamental, étendu le champ d'application personnel de ce principe en interdisant une discrimination opérée à l'encontre d'un transsexuel et affiné sa jurisprudence en ce qui concerne la possibilité d'une discrimination positive en faveur des femmes.

958 CJCE, arrêt du 11 mars 1981, Worringham et Humpheys, aff. 69/80, Rec., p. 3225.
959 CJCE, arrêt du 13 juillet 1989, Rinner-Kühn, aff. 171/88, Rec., p. 2743.
960 CJCE, arrêt du 13 février 1996, Gillespie, aff. C-342/93, Rec., I, p. 475
961 CJCE, arrêt du 9 septembre 1999, Krüger, aff. C-281/97, Rec., I, p. 5127.
962 CJCE, arrêt du 21 octobre 1999, Lewen, précité.
963 CJCE, arrêt du 28 octobre 1999, Commission c/ Conseil, aff. C-187/98, Rec., I, p. 7713.
964 CJCE, arrêt du 17 mai 1990, Barber, précité, point 13.
965 CJCE, arrêt du 13 juillet 2000, Defreyn, aff. C-166/99, Europe, octobre 2000, comm, n°305.
966 CJCE, arrêt du 4 juin 1992, Bötel, aff. C-360/90, Rec., p. I- 3589, point 14.

(i) L'égalité de traitement comme droit fondamental

L'arrêt *Defrenne III,* rendu le 15 juin 1978, opère une distinction importante en qualifiant le principe d'égalité de traitement comme faisant partie des droits fondamentaux de la personne humaine et non plus des fondements de la Communauté[967].

> « Le respect des droits fondamentaux de la personne humaine fait partie des principes généraux du droit communautaire dont la Cour a pour mission d'assurer le respect ; que l'on saurait mettre en doute le fait que l'élimination des discriminations fondées sur le sexe fait partie de ces droits fondamentaux ». (point 26)

Dès lors, on remarque que la Cour devient de moins en moins prudente et réservée lorsqu'elle est confrontée à un droit fondamental de dimension sociale[968]. Ainsi, à la faveur de l'évolution du droit dérivé et plus précisément de la directive du 9 février 1976 relative à le mise en œuvre de l'égalité professionnelle entre les hommes et les femmes, elle affirme encore dès 1984, c'est-à-dire bien avant que la promotion de l'égalité entre hommes et femmes soit inscrite dans le traité d'Amsterdam, que l'égalité de traitement entre les deux sexes fait partie des droits fondamentaux dont elle a pour mission d'assurer le respect[969]. Toutefois, comme dans l'affaire *Defrenne I*[970], la Cour a dû constater que cette situation dans laquelle était alléguée une discrimination sexiste liée à la clause d'un contrat de travail fixant un âge limite d'emploi à quarante ans, ne relevait pas du champ d'application matériel de l'article 119 du traité CE et que, à l'époque des fait au principal, des années 60 au début des années 70, il n'existait pas de règle de droit communautaire prohibant les discriminations entre travailleurs masculins et travailleurs féminins en matière de conditions de travail autre que le régime de rémunération[971].

Ces arrêts *Defrenne,* ont eu, avec d'autres, un effet catalyseur sur l'action du législateur communautaire en matière de lutte contre les discriminations sexistes, non seulement en ce qui concerne les rémunérations, mais également dans les domaines de la formation professionnelle[972], de la sécurité sociale[973]et de

---

967 CJCE, arrêt du 15 juin 1978, aff. 149/77, Defrenne III c. SABENA , point 12, Rec., p. 455.

968 LECLERC Stéphane, op. cit, p. 200.

969 CJCE, arrêt du 20 mars 1984, Razzouk et Beydoun, aff. 75/82 et 117/82, Rec., p. 1509.

970 CJCE, arret du 24 mai 1971, Defrenne I, aff. 80/70, Rec., p. 445.

971 Arrêt précité, points 30 à 32.

972 Directive 76/207/CEE, précité.

973 Directive 79/7/CEE, précité.

la protection de la maternité[974]. Ce paquet législatif devenant intense, le législateur communautaire a procédé dernièrement à un travail de refonte dans le cadre de la directive 2006/54/CE[975].

(ii) L'apport de la Cour concernant l'étendue *ratione personae* del'interdiction de la discrimination fondée sur le sexe.

Le principe de non-discrimination fondée sur le sexe a toujours été entendu comme l'interdiction de différencier en fonction de l'appartenance à l'un ou l'autre sexe et était synonyme d'égalité entre hommes et femmes. Or, la jurisprudence de la Cour a connu un développement impressionnant su ce point à l'occasion de l'arrêt *P. contre S.* et *Cornwall Country Council* du 30 avril 1996[976], puisque cet arrêt interdit aussi la discrimination fondée sur le changement de sexe. Toutefois, l'arrêt Lisa Grant contre South-West Trans Limited du 17 février 1998[977] est venu limiter la portée de l'arrêt *P. contre S.*

L'arrêt *P. contre S.* et Cornwall Country Council ne saurait passer inaperçu, non seulement en raison de la solution qu'il apporte mais encore pour les faits de l'espèce. Le tribunal national était saisi par P., gestionnaire dans un établissement d'enseignement contre S., le directeur de cet établissement. Un an après son engagement P. avait informé S. de son intention de se soumettre à une conversion sexuelle, lui permettant de passer du sexe masculin au sexe féminin. Par la suite, alors que P venait de subir une opération chirurgicale, son employeur l'a informé de sa volonté de le licencier en raison d'un sureffectif. Selon le juge national la véritable raison du licenciement tenait à la conversion sexuelle de P.

La Cour, saisie de cette affaire, a produit un raisonnement elliptique qui a le mérite de conduire à une meilleure protection des droits des transsexuels dans la Communauté. Selon la Cour, qui analyse dans un premier temps la directive 76/207/CEE, le principe d'égalité entre hommes et femmes « implique, comme l'indiqueront notamment les articles 2 paragraphe 1, et 3, paragraphe 1, l'absence de toute discrimination fondée sur le sexe »[978]. Dans ces conditions, selon la Cour, « le champ d'application de la directive ne saurait être réduit aux seules

---

974 Directive 92/85/CEE du Conseil, du 19 octobre 1992, concernant la mise en œuvre des mesures visant à promouvoir l'amélioration de la sécurité et de la santé des travailleuses enceintes, accouchées ou allaitantes ou travail., JO 1998, L14, p. 6.

975 Directive 2006/54/CE du Parlement et du Conseil, du 5 juillet 2006, relative à la mise en œuvre du principe de l'égalité des chances et de l'égalité de traitement entre hommes et femmes en matière d'emploi et de travail, JO L, 204, p. 23.

976 Aff. C-13/94, Rec., I, p. 2143

977 Aff. C-249/96, Rec., I, p. 636.

978 Point 17 de l'arrêt.

discriminations découlant de l'appartenance à l'un ou l'autre sexe. Compte tenu de son objet et de la nature des droits qu'elle vise à protéger, la directive a également vocation à s'appliquer aux discriminations qui trouvent leur origine, comme en l'espèce, dans la conversion sexuelle de l'intéressée»[979]. Enfin, la Cour conclut : « Ainsi, lorsqu'une personne est licenciée au motif qu'elle a l'intention de subir ou qu'elle a subi une conversion sexuelle, elle fait l'objet d'un traitement défavorable par rapport aux personnes du sexe auquel elle était réputée appartenir avant cette opération »[980].

Il convient de noter que la Cour a décidé d'étendre l'application de l'article 5, paragraphe 1 de la directive au cas de la discrimination fondée sur la conversion sexuelle en se basant sur le fait que cet article, qui vise l'interdiction de toute discrimination entre hommes et femmes, est l'expression, dans le domaine considéré, du principe d'égalité qui est l'un des principes fondamentaux du droit communautaire[981]. Or, la conclusion qu'en tire la Cour ne va pas de soi. L'intitulé de la directive et son article 5 visent la notion d'égalité de traitement mais dans un cas particulier, elle ne peut donc s'appliquer en principe que dans ce cas. Néanmoins, la Cour juge préférable de procéder à une interprétation extensive de la directive, ce qui présente le mérite de garantir aux transsexuels l'application d'un texte précis qui a fait ses preuves.

Ainsi que nous l'avons précisé, l'arrêt Grant qui précise l'étendue de la discrimination fondée sur l'orientation sexuelle, limite la portée de l'arrêt *P. contre S.* Dans l'affaire *Grant* du 17 février 1998[982], la Cour de justice a été appelée à se prononcer sur le statut des couples homosexuels au regard du droit communautaire. Mme Grant a demandé de bénéficier des réductions sur les tarifs des chemins de fer octroyées aux salariés mariés ou vivants en concubinage stable. Cette demande a été rejetée sur le motif que les avantages accordés par la réglementation applicable dans l'entreprise concernée ne sont pas attribués aux « cohabitant de même sexe ».

Mme Grant conteste cette décision devant une juridiction britannique et faisant valoir notamment le fait que l'article 119 du Traité, devenu, après modification, article 141 TCE, s'oppose au refus d'accorder des réductions dans les

979 Point 20 de l'arrêt.

980 Point 21 de l'arrêt.

981 FLAUSS Jean-François (dir), « Les Droits de l'homme dans l'Union européenne : l'interdiction de la discrimination fondée sur le sexe », Petites affiches, 28 juillet 1999, n°149, p. 5–6.

982 CJCE, arrêt du 17 février 1998, Grant c-SWT Ltd., aff. C-249/96, Rec., p. I-621.

transports, en tant que partie de sa rémunération, à co-habitante ; alors qu'un agent de sexe masculin dans des circonstances similairesle peut.

La requérante estime qu'il y a discrimination fondée sur le sexe dans la mesure où son employeur accorde des réductions sur le prix des transports à un travailleur masculin vivant avec une femme et non à une femme vivant avec une autre femme. Le refus opposé à cette demande constitue une discrimination fondée sur l'orientation sexuelle, prohibée par l'article 141 TCE, ancien article 119 du traité CEE, comme la Cour l'a admis dans l'arrêt Cornwall du 30 avril 1996 sur les transsexuels[983].

Pourtant la Cour de justice, procédant par étapes, va refuser d'étendre la jurisprudence *P. contre S.* au cas des homosexuels. Elle juge en effet qu'un travailleur homosexuel ne peut invoquer une violation du principe communautaire d'égalité de traitement si son employeur lui refuse une réduction sur le prix des transports, qu'il accorde au travailleur marié ou vivant en concubinage hétérosexuel. Dans un premier temps, la Cour rejette l'idée que la discrimination dont Lisa Grant fait l'objet est une « discrimination fondée directement sur le sexe »[984]. A ce stade, apparaît une nouvelle notion de discrimination fondée directement sur le sexe, qui semble correspondre à celle fondée sur l'appartenance à l'un au l'autre sexe et d'une discrimination fondée indirectement sur le sexe quand c'est un autre aspect de la sexualité qui est en jeu[985].

C'est une attitude timorée, dont la Cour a fait preuve, qui va à l'encontre de sa jurisprudence précédente, car dans le cas de l'affaire *Cornwall* la Cour avait reconnu que la protection de la trans-sexualité faisait partie du respect de la dignité et de la liberté de la personne humaine. On pourrait imaginer que la Cour adopte la même attitude qu'à l'occasion de l'arrêt *P. contre S.*, mais elle refuse d'adopter ce point de vue. Elle explique que le raisonnement de l'arrêt *P. contre S.* « est limité au cas de la conversion sexuelle et ne s'applique donc pas aux différences de traitement fondées sur l'orientation sexuelle d'une personne »[986].

La conclusion de la Cour peut paraître déroutante, si l'on exclut toute considération sociale. A cet égard le point 35 du même arrêt est révélateur. En effet la Haute juridiction affirme que :

983 CJCE, arrêt du 30 avril 1996, aff. C-13/94, précité.

984 Point 24 de l'arrêt Grant.

985 Flauss Jean-François (dir), « Les Droits de l'homme dans l'Union européenne ... », op. cit., p. 7.

986 Point 42 de l'arrêt Grant.

> « en l'état actuel au sein de la Communauté, les relations stables entre deux personnes de même sexe ne sont pas assimilées aux relations entre personnes mariées ou aux relations stables hors mariage entre personnes de sexe opposé. Par conséquent, un employeur n'est pas tenu par le droit communautaire d'assimiler la situation d'une personne qui a une relation stable avec un partenaire de même sexe à celle d'une personne qui est mariée ou qui a une relation stable hors mariage avec un partenaire de sexe opposé ».

Nous voyons que la Cour n'assimile pas à une relation entre deux personnes mariées la relation, même stable, entre les personnes du même sexe. Il va sans dire que la Cour, même si elle doit évoquer les incertitudes quant à sa jurisprudence antérieure, n'hésite pas à revenir sur la dimension sociale des cas qui lui sont soumis. Par ailleurs, il faut reconnaître que l'extension aux homosexuels de la protection accordée aux transsexuels en droit social communautaire entraînerait des conséquences trop importantes, ne serait-ce que sur le plan numérique, pour qu'on puisse y procéder de façon purement jurisprudentielle. En effet, l'avocat général Tesauro, dans ses conclusions présentées sous l'arrêt P. contre S., avait estimé à une personne de sexe masculin sur 30.000 et une personne de sexe féminin sur 100.000 la part des personnes désirant changer de sexe.

Dans ce même arrêt, la Cour précise que l'article 13 du TCE, permettra au Conseil, suivant l'entrée en vigueur du Traité d'Amsterdam, de prendre les mesures nécessaires à l'élimination de différentes formes de discrimination. Cette référence invite deux observations :

- sur le plan juridique, la Cour refusera de sanctionner de telles discriminations jusqu'à ce que le Conseil ait adopté les mesures nécessaires en vue de combattre une telle discrimination ;
- sur le plan politique, la référence à l'article 13 témoigne de la sensibilité du sujet. En renvoyant à la responsabilité du Conseil de prendre des mesures nécessaires à l'élimination de cette discrimination, la juridiction communautaire évite de se prononcer sur une affaire qui constitue, avant tout, un débat de société[987].

Ce redéploiement significatif du champ d'application communautaire en matière d'égalité de traitement se concrétise rapidement sur plan du droit communautaire dérivé[988]. L'importance pour les salariés européens de ces instruments comme

---

987 LECLERC Stéphane, op. cit., p. 22.

988 Directive 2000/43/CE du Conseil, du 29 juin 2000, relative à la mise en œuvre du principe de l'égalité de traitement entre les personnes sans distinction de race ou d'origine ethnique, JO L 180, p. 22 ; Directive 2004/113/CE du Conseil du 13 décembre 2004, mettant en œuvre le principe de l'égalité de traitement entre les hommes et les femmes dans l'accès à des bien et services et la fourniture de bien et services, JO L 373, p. 37.

facteur de renforcement de la lutte contre les discriminations, n'a pas tardé à se manifester. Ainsi, dans l'arrêt *Mangold,* la Cour était saisie d'un litige concernent la directive 2000/78/CE portant création d'un cadre général en faveur de l'égalité de traitement en matière d'emploi et de travail[989]. Dans cet arrêt la Cour constate que la législation allemande, en prévoyant la possibilité pour les employeurs de conclure sans restriction des contrats à durée déterminée avec les travailleurs ayant atteint l'âge de 52 ans, instaurait une différence de traitement directement fondée sur l'age, laquelle ne pouvait par être justifiée sur la base de la directive[990]. Egalement en relation avec la directive 2000/78/CE, la Cour a récemment dit pour droit que, si une personne qui a été licenciée par son employeur exclusivement pour cause de maladie ne relève pas du cadre général établi en vue de lutter contre la discrimination fondée sur le handicap par la directive en question, l'interdiction, en matière de licenciement, de la discrimination fondée sur le handicap, inscrite de la directive 2000/78, s'oppose à un licenciement fondée sur le handicap qui, compte tenu de l'obligation de prévoir des aménagements raisonnables pour les personnes handicapées, n'est pas justifié par le fait que la personne concernée n'est pas compétente, ni capable, ni disponible pour remplir les fonctions essentielles de son poste[991].

Le principe d'égalité de traitement entre les hommes et les femmes a donc parcouru, sous l'impulsion de la jurisprudence, un long chemin. Tout en s'aiguisant, il constitue incontestablement la pierre angulaire du droit communautaire du travail[992]. D'une disposition d'inspiration économique, la Cour a pu, à travers sa jurisprudence, mettre à jour un droit social fondamental à dimension multiple. Il va sans dire que cette consécration jurisprudentielle contribue positivement au processus de constitutionnalisation de l'Union européenne, même s'il reste beaucoup à réaliser.

---

989 Directive 2000/78/CE du Conseil, du 27 novembre 2000, portant création d'un cadre général en faveur de l'égalité de traitement en matière d'emploi et de travail, JO L 303, p. 16.

990 CJCE, arrêt du 22 novembre 2006, Mangold, aff. C-144/04, Rec., p. I-9981, points 56 et 57.

991 CJCE, arrêt du 11 juillet 2006, Chacon Navas, aff. C-13/05, Rec., p. I-6467, point 1 et 2.

992 LENAERTS Koen, « Le développement de l'Union sociale européenne dans la jurisprudence de la Cour de justice », op. it., p. 10.

(iii) La jurisprudence de la Cour concernant les discriminations positives envers les femmes

Le domaine des actions positives est celui où la contribution de la Cour est l'une des plus précieuses, car là aussi cette jurisprudence permet de mieux cerner le contenu des droits accordés. Ce faisant, elle met en évidence les fonctions sociales que ces droits doivent véhiculer dans le cadre de la Constitution économique. Nous avons vu, dans le premier chapitre de cette partie, que les directives 76/207, 79/7 et 86/378 prévoient que le principe d'égalité ne fait pas obstacle « aux dispositions relatives à la protection de la femme, notamment en ce qui concerne la grossesse et la maternité »[993]. Il s'agit en effet de permettre l'adoption de mesures dérogeant à la stricte égalité de traitement afin de tenir compte de la condition physiologique de la femme.

Malgré le « notamment » figurant à l'article 2 (3) de la Directive 76/207 TCEE, la Cour avait limité cette possibilité de « discriminations positives » à la protection de deux ordres de besoins de la femme, d'une part sa condition biologique, d'autre part le rapport particulier existant entre la mère et son enfant au cours de la période qui suit l'accouchement[994]. Ainsi la Cour a reconnu compatible avec le principe de l'égalité de traitement l'octroi d'un congé de maternité supplémentaire, afin de protéger les rapports particuliers de la femme avec son enfant au cours de la période qui fait suite à la grossesse et à l'accouchement. N'est pas davantage discriminatoire une disposition de droit national réservant aux mères adoptives l'octroi d'un congé de maternité pendant les trois premiers mois qui suivent l'entrée de l'enfant dans sa famille adoptive[995]. En revanche, les droits particuliers accordés aux femmes ne sont pas justifiés lorsqu'ils les protègent contre les risques qui ne leurs sont pas spécifiques, en fonctions de qualités qu'elle partage avec les hommes. Ainsi, l'avancement de l'âge de la retraite, l'octroi de prime de crèche, de garde d'enfants ou d'équipement scolaire, les congés liés aux avancements rythmant la vie des enfants prévus par voie conventionnelle sont injustifiés[996]. De même, sont contraires au principe d'égalité l'interdiction du travail de nuit des femmes ou l'instauration de régimes différenciés dans la mesure où il s'agit de protéger la femme contre des risques qui ne leur sont pas propres[997].

993 Directive 76/207 TCEE, article 2 (1) ; Directive 79/7, article 4(2) ; Directive 86/78, article 5(2).

994 CJCE, arrêt du 12 juillet 1984, Hofmann, aff. 184/83, Rec., p. 3047.

995 CJCE, arrêt du 26 octobre 1983, Commission c/Italie, aff. 163/82, Rec., p. 3173.

996 CJCE, arrêt du 25 octobre 1988, Commission c/ France, aff. 312/86, Rec., p. 6315.

997 CJCE, arrêt du 25 juillet 1991, Stoeckel, aff. C-345/89, Rec., p. I- 4047.

Les discriminations positives en faveur des femmes concernent également la femme enceinte et le maintien des droits du travailleur durant le congé de maternité. Selon la jurisprudence *Hertz*[998], l'interdiction de licenciement de la femme n'était applicable que durant le congé de maternité. Avec la jurisprudence *Brown,* la Cour a étendu l'interdiction de licenciement à la période allant du début de la grossesse à la fin du congé de maternité, en jugeant que « le licenciement d'un travailleur féminin qui intervient au cours de la grossesse pour causes d'absences dues à l'incapacité de travail découlant de la grossesse est liée à la survenance des risques inhérents à la grossesse et doit donc être regardé comme fondé essentiellement sur la grossesse »[999].

En ce qui concerne le congé de maternité, l'acquisition des droits aux congés annuels payés doit être maintenue. Un tel droit n'existe pas en revanche durant le congé de maternité supplémentaire accordé par l'employeur[1000]. De la même manière, durant le congé de maternité, la femme doit bénéficier, même de façon rétroactive, des augmentations de salaires intervenues durant son congé comme tout autre travailleur[1001]. En revanche, les femmes en congé de maternité ou en congé d'éducation ne bénéficient pas de primes de Nöel dès lors qu'elles ne sont pas en activité au moment du versement de la prime[1002].

Il convient de remarquer que, dans le cadre de la Constitution économique de l'Union européenne, la possibilité d'adopter des mesures d'actions positives doit être considérée comme une exception au principe d'égalité de traitement : elle a pour but d'autoriser des mesures qui visent effectivement à éliminer ou à réduire l'inégalité de fait pouvant exister dans la réalité de la vie sociale. Ainsi, dans un arrêt contesté, *Kalanke*, la Cour de justice a considéré que la directive 76/207/CEE relative à l'égalité de traitement en matière d'emploi entre les hommes et les femmes s'oppose à une réglementation nationale qui accorde automatiquement, en vue d'une promotion professionnelle, à qualification égale entre candidats de sexes différents, une priorité aux candidats féminins[1003]. On se souvient que, dans le chapitre relatif aux dispositions sociales le nouvel article 137 du Traité CE, tel que modifié à Amsterdam du TCE, prévoyait que la Communauté soutient et complète l'action des Etats membres pour « l'égalité entre hommes et femmes en ce qui concerne leurs chances sur le marché de travail et le traitement dans le

---

998 CJCE, arrêt du 8 novembre 1990, Hertz, aff. C-179/88, Rec., p. I-3979, point 15.
999 CJCE, arrêt du 30 juin 1998, Brown, aff. C-394/96, Rec., p. I-4185.
1000 CJCE, arrêt du 27 octobre 1999, Boyle, aff. C-411/96, Rec., p I- 6401, points 69 et 71.
1001 CJCE, arrêt du 13 février 1996, Gillespie, aff. C-342/93, Rec., p. I- 475, point 22.
1002 CJCE, arrêt du 21 octobre 1999, Lewen, précité.
1003 CJCE, arrêt du 17 octobre 1995, Kalanke, aff. C-450/93, Rec., p. I-3051.

travail ». De plus, en réponse[1004] à l'arrêt *Kalanke*, l'article 141 paragraphe 4 autorisait déjà un Etat membre à maintenir ou adopter des mesures prévoyant des avantages spécifiques destinés à faciliter l'exercice d'une activité professionnelle par le sexe sous-représenté ou à « prévenir ou compenser des avantages dans la carrière professionnelle » ; la Déclaration relative à l'article 141 TCE, paragraphe 4, confirme cette orientation politique en faveur des femmes[1005].

Toutefois, la question des discriminations positives en faveur des femmes n'était pas définitivement réglée et cet arrêt a rapidement été nuancé par l'arrêt *Marschall*[1006]. En effet, dans cette affaire, la Cour a estimé conforme au droit communautaire, une réglementation nationale allemande qui dispose que « si, dans le secteur de l'autorité compétente pour la promotion, les femmes sont en nombre inférieur aux hommes au niveau du poste concerné de la carrière, les femmes sont à promouvoir par priorité, à égalité d'aptitude, de compétences et de prestations professionnelles, à moins que des motifs tenant à la personne d'un candidat ne fassent pencher la balance en sa faveur ». En effet, dans le cadre de cette affaire, une candidate à un poste dans un établissement scolaire était choisie, alors qu'un candidat masculin ayant des qualifications identiques s'était présenté. Selon la Cour, la différence entre cette législation et celle examinée dans l'affaire *Kalanke* réside dans cette nuance apportée à la notion de discrimination positive. En effet, une mesure favorisant spécialement les candidats féminins ne saurait garantir la priorité absolue et inconditionnelle aux femmes lors d'une promotion sans dépasser les limites de l'exception prévue à cette disposition. Selon certains, la différence faite dans l'arrêt *Marschall* n'est que le résultat des critiques dont la Cour a fait l'objet à la suite de l'arrêt *Kalanke*. La Cour, ne voulant pas « donner l'image d'une juridiction rétrograde freinant une évolution inéluctable »[1007], établit une nuance qui est virtuelle et sans réel impact sur les faits.

3. *La limitation des droits garantis*

Les droits de libre circulation et de non-discrimination ne sont pas illimités. Certaines restrictions sont prévues par le traité lui-même : particulièrement pour

---

1004 DOLLAT Patrick, *La libre circulation de personnes et citoyenneté européenne: enjeux et perspectives*, Bruxelles, Bruylant, 1998, p. 22–23.

1005 « Lorsqu'ils adoptent les mesures visées à l'article 141, paragraphe 4, les Etats membres devraient viser avant tout à améliorer la situation des femmes dans la vie professionnelle ».

1006 CJCE, arrêt du 11 novembre 1997, Marschall, aff. C-409/95, Rec., p. I-6363.

1007 FLAUSS Jean-François, « Les Droits de l'homme dans l'Union européenne : interdiction de la discrimination fondée sur le sexe », op. cit., p. 9

des raisons d'ordre public, de sécurité publique et de santé publique en vertu de l'article 39 (ex. 18) § 3, ou s'il s'agit d'emplois dans l'administration publique, en vertu du paragraphe 4 du même article.

Les limitations ont été interprétées par la Cour conformément à la règle générale selon laquelle les restrictions aux droits fondamentaux doivent faire l'objet d'une d'interprétation stricte. Une exception apparente fut retenue dans l'affaire Van Duyn[1008], où la Cour a adopté une conception large de la réserve d'ordre public. Mme Van Duyn, de nationalité hollandaise, s'était vur refuseer l'autorisation d'entrée au Royaume-Uni pour occuper un emploi de secrétaire auprès de l'Eglise de Scientologie, alors qu'un ressortissant britannique aurait été libre d'occuper un tel emploi. La Cour de justice a légitimé la position des autorités nationales sur le fondement de l'exception d'ordre public. La Cour a retenu une conception beaucoup plus restrictive dans l'arrêt *Adoui et Cornouille*[1009], où elle a jugé qu'un Etat membre ne pouvait invoquer la réserve d'ordre public pour justifier des mesures aboutissant à une distinction arbitraire entre les nationaux et les autres ressortissants communautaires. La Cour a également interprété restrictivement l'article 39 § 4 TCE dans l'affaire Sotgiu[1010] où un travailleur italien travaillant dans l'administration des postes allemandes, se plaignait de percevoir une indemnité de séparation, accordée sous certaines conditions, à des travailleurs affectés dans un autre lieu que celui de leur domicile, moins élevée que celle octroyée aux nationaux. La Cour a estimé que l'exception prévue par l'article 39 (ex. 48) concerne exclusivement l'accès à des emplois relevant de l'administration publique et ne justifie pas de discriminations en matière de rémunération ou d'autres conditions de travail à l'encontre des travailleurs, une fois admis au service de l'administration.

L'interprétation restrictive de la Cour en ce qui concerne la réserve d'ordre public et de sécurité publique est également confirmée par la jurisprudence ultérieure. Ainsi la Cour affirme dans l'arrêt Bonsignore que la « raison d'ordre public, de sécurité publique et de santé publique, fait obstacle à l'expulsion d'un ressortissant d'un Etat membre si celle-ci est décidée dans un but de dissuasion à l'égard des autres étrangers »[1011]. Dans l'arrêt Régina/Bouchereau elle précise que «… le

1008 CJCE, arrêt du 4 décembre 1974, Yvonne Van Duyn C., Home office, aff. 41/74, Rec., p. 1337.

1009 CJCE, arrêt du 18 mai 1982, Regguia Adoni, c. Etat Belge et Ville de Liège, Dominique Cornouille, c. Etat belge, aff. Jointes 115 et 116/81, Rec, p. 1665.

1010 CJCE, arrêt du 12 février 1974, Giovanni Maria Sotgiu, c. Deutsche Bundespost, aff. 152/73, Rec., p. 153.

1011 CJCE, Bonsignore, arrêt précité.

recours par une autorité nationale à la notion d'ordre public suppose, en tout cas, l'existence en dehors du trouble pour l'ordre social que constitue tout infraction à la loi, d'une menace réelle et suffisamment grave, affectant un intérêt fondamental de la société »[1012]. En outre, la réserve que l'article 39 du traité CE prévoit en ce qui concerne le libre déplacement sur le territoire des Etats membres, à savoir les limitations justifiées par des raisons d'ordre public, de sécurité publique et de santé publique, « doit être comprise non comme une condition préalable posée à l'acquisition du droit d'entrée et de séjour, mais comme ouvrant la possibilité d'apporter, dans des cas individuels et en présence d'une justification appropriée, des restrictions à l'exercice d'un droit directement dérivé du traité »[1013]. Le fait que les activités de sécurité soient exercées par une personne ou une entreprise possédant la nationalité d'un autre Etat membre n'atténue pas la portée de cette jurisprudence. En excluant ces personnes de cette activité « un Etat membre manque aux obligations qui lui incombent en vertu des articles 48 et 52 du traité »[1014]. Cette interprétation restrictive s'oppose aussi à « ...l'expulsion à vie du territoire des ressortissants des autres Etats membres reconnus coupables des délits d'acquisition et de détention de stupéfiants pour leur seul usage personnel »[1015]. Une telle sanction constitue une entrave aux libertés fondamentales énoncées auxdits articles du traité. Cette tendance est confirmée par l'interprétation des directives 64/221/CEE, 68/360/CEE et 73/148/CEE ainsi que le règlement n°2317/95[1016]. Toutefois, en l'état actuel du droit communautaire, « le droit des ressortissants d'un Etat membre de circuler et de séjourner sur le territoire d'un autre Etat membre n'est pas inconditionnel. Cela découle, d'une part, des dispositions en matière de libre circulation des personnes et des services contenus au titre III de la troisième partie du traité, à savoir les articles 39 CE, 43 CE, 46 CE, 49 CE et 55 CE, ainsi que les dispositions du droit dérivé prises pour leur application, et, d'autre part, des dispositions de la deuxième partie du traité, et plus spécialement l'article 18 CE, (...) »[1017].

Le principe de non-discrimination en vertu de la nationalité, associé à l'idée d'une communauté fonctionnelle, a joué un rôle important depuis la fondation

---

1012 CJCE, arrêt du 27 octobre 1977, Regina/Bouchereau, aff. 30/77, Rec., p. 1999, point 35.

1013 CJCE, arrêt du 3 juillet 1983, Regina/Pieck, aff. 157/19, Rec., p. 2171, point 9.

1014 CJCE, arrêt du 29 octobre 1998, Espagne, aff. C-114/97, Rec., p. I-6717.

1015 CJCE, arrêt du 19 janvier 1999, Calfa, aff. C-348/96, Rec., p. I-11, point 29.

1016 CJCE, arrêt du 25 juillet 2002, MRAX, aff. C-459/99.

1017 CJCE, arrêt du 29 octobre 2004, Orfanopoulos, aff. Jtes. C-482/01 et C-493/01, Rec., p. I-5257.

des Communautés. Il s'agit en effet d'ouvrir les droits de citoyenneté nationale aux non-nationaux. Force est de constater qu'elle n'ouvre ces droits de citoyenneté nationaux que dans la mesure de son objet. Ce fut d'abord au temps du marché commun, une isopolitie de producteurs, réservée aux travailleurs d'une société de plein emploi et limitée aux droits afférents à leurs statuts professionnels. Il s'agissait d'accompagner la circulation de la main-d'œuvre, motif économique et de favoriser son intégration dans le pays d'accueil, préoccupation sociale. Puis ce fut, au temps du marché unique, une isopolitie de « citoyens de marché », actifs quand ils sont travailleurs ou passifs quand ils ne sont que consommateurs : la libre circulation fut étendue, sous l'impulsion de la jurisprudence suivant l'Acte unique, à tous. Conjuguée au principe d'égalité de traitement, cette liberté interdit aux Etats de traiter les ressortissants des autres Etats membres d'une manière discriminatoire. Nous sommes loin pourtant d'une égalité de traitement absolue : le principe pose que chacun doit être traité, *dans sa situation,* sans discrimination fondée sur la nationalité. Il n'indique pas que tout « citoyen » peut jouir de l'ensemble des droits sur le territoire de l'Etat où il réside. En effet, le travailleur d'un autre Etat membre sera traité comme le travailleur national, le consommateur comme un consommateur national, le prestataire de service comme un prestataire de service… Nous voyons que les origines fonctionnelles de la Communauté restent derrière cette logique juridique. L'égalité de droit s'arrête où commencent les statuts, lesquels sont définis par rapport au rôle de l'individu sur le marché. C'est une première limite qui différencie l'Union. Elle n'appréhende pas l'individu comme des citoyens égaux en droit, mais dans leurs statuts économiques respectifs.

Une autre limite provient du fait que l'ouverture des droits de citoyenneté se réalise sur une base réciproque et laisse à l'écart les ressortissants des pays tiers. En règle générale, ils ne jouissent pas de la liberté fondamentale de circulation. L'intégration communautaire a pourtant indirectement un effet sur les droits civils et sociaux des résidents des pays tiers. La Communauté a conclu de nombreux accords d'association ou de coopération avec les pays tiers qui, s'ils ne donnent aucun droit de séjour en eux-mêmes, assurent à ceux qui en bénéficient l'égalité de traitement pour les conditions de travail, les rémunérations et les prestations familiales. Cette consécration jurisprudentielle donne en effet naissance à un statut de citoyenneté à l'échelle européenne dont l'édification renforce le processus de constitutionnalisation politique de l'Union européenne, que nous étudierons dans la Deuxième Partie de notre travail.

4. *L’organisation des voies de recours et la reconnaissance du droit de recours individuel*

Des instruments internationaux tels que la Déclaration universelle des droits de l’homme ou la Convention n°11 de l’Organisation mondial du travail participent de la lutte contre les discriminations et contre le racisme. Cependant, ces textes internationaux énoncent des principes généraux applicables mais ils n’organisent pas de voies de recours directs pour les personnes et il appartient aux Etats contractants de prendre les mesures d’application complémentaires. Certes, tous les Etats membres ont déjà pris des mesures ayant pour but d’affirmer les droits des personnes contre les discriminations, mais la portée, le contenu et la force exécutoire de celles-ci varient considérablement d’un Etat à l’autre.

Le triple paquet de mesures de lutte contre les discriminations fondées sur l’article 13 TCE procède différemment et constitue, conformément aux décisions des Sommets de Tempere et de Helsinki, « sans équivoque une déclaration de politique générale pour l’égalité de traitement »[1018] dans le cadre communautaire. Elles mettent en place, au bénéfice des victimes un véritable droit de recours individuel contre l’auteur des discriminations et veillent à l’application de ce droit dans les Etats membres.

Le droit de recours individuel est défini dans des termes similaires par les deux directives en faveur de l’égalité de traitement. Cette définition commune porte respectivement sur les procédures d’accès à la justice, sur la charge de la preuve et sur la protection contre d’éventuelles mesures de rétorsion. Dans cette perspective, « les personnes qui s’estiment lésées par le non-respect à leur égard du principe de l’égalité de traitement » doivent pouvoir engager une procédure judiciaire et/ou administrative pour faire valoir leurs droits. Suivant la jurisprudence *Coote*[1019], ce recours peut être engagé même après la cessation de la relation de travail. Le droit des victimes à une protection juridique est encore renforcé par la possibilité reconnue aux associations défendant les droits de la personne d’engager une procédure en justice pour le compte et avec l’accord d’un plaignant.

La charge de la preuve incombe généralement au plaignant. Cependant, en matière de discriminations, l’obtention des preuves peut s’avérer difficile. Pour surmonter cet obstacle réel, les directives procèdent à un déplacement de la charge de la preuve : ainsi, dès lors que le plaignant est en mesure d’établir « devant une juridiction ou une autre instance compétente, des faits qui

---

1018 Avis du Comite économique et social, JOCE, n°C. 204, 18 juin 2000, p. 84.

1019 CJCE, arrêt du 22 septembre 1988, Coote, aff. C-185/97, Rec., p. I-5199.

permettent de présumer une discrimination directe ou indirecte, il incombe à la partie défenderesse de prouver qu'il n'y a pas eu violation du principe de l'égalité de traitement ». Force est de constater qu'il ne s'agit pas ici d'une solution originale, les directives ayant repris la solution déjà utilisée par la Cour de justice[1020].

Afin de garantir l'application du droit à l'égalité de traitement, les deux directives prévoient conjointement des dispositions spécifiques pour assurer la « Diffusion de l'information »[1021] et d'organiser le « Dialogue social » entre les partenaires sociaux mais aussi « avec les organisations non gouvernementales »[1022]. La diffusion de l'information concerne l'ensemble des mesures adoptées en faveur de l'égalité de traitement, afin qu'elles soient portées à la connaissance des personnes concernées par tous les moyens appropriés. Par ailleurs, aux termes des articles pertinents des directives, les Etats membres doivent prendre les mesures appropriées afin de promouvoir le dialogue social « y compris par la surveillance des pratiques sur le lieu de travail, par des conventions collectives, des codes de conduites, et par la recherche ou l'échange d'expériences et de bonnes pratiques ».

B) *Dans le domaine de l'aménagement de la durée de travail et le détachement des salariés*

La Charte communautaire des droits sociaux fondamentaux des travailleurs avait prévu un rapprochement dans le progrès des conditions de vie et de travail, « notamment pour la durée et l'aménagement du temps de travail et les formes de travail autres que le travail à durée indéterminée telles que le travail à durée déterminée, le travail à temps partiel, le travail intérimaire, le travail saisonnier »[1023]. Elle déclarait, en outre, que « tout travailleur de la Communauté européenne a droit au repos hebdomadaire et à un congé annuel payé dont les durées doivent être rapprochées dans le progrès, conformément aux pratiques nationales ». La Charte ne comportait donc pas de novation notable. C'est le Traité de Maastricht, son article 118 A, devenu, après modification, article 137 TCE[1024] et le Protocole sur la politique sociale annexé à ce traité qui ont entraîné des changements sensibles en la matière. L'article 118 A alinéa 1 prescrivait aux Etats membres de s'attacher « à promouvoir l'amélioration, notamment du milieu de travail, pour protéger la sécurité et la santé des travailleurs » et de se

1020 CJCE, arrêt du 17 octobre 1989, Danfoss, aff. C-109/88, Rec., p. 3199.
1021 Article 10, dir. 2000/43/CE ; article 12, dir. 2000/78/CE.
1022 Article 11 et 12, dir. 2000/43/CE ; articles 13 et 14 dir. 2000/78/CE
1023 Charte, article 8.
1024 Cet article reprend les paragraphes 2 et 3 de l'ancien article 118 A.

fixer pour objectif « l'harmonisation dans le progrès des conditions existant dans ce domaine ».

L'Accord sur la politique sociale poursuivait les mêmes objectifs, avec une rédaction légèrement différente[1025]. Devenu avec l'intégration de ce Protocole par le Traité d'Amsterdam l'article 137 nouveau, ce texte prévoit que la Communauté « soutient et complète l'action des Etats membres dans les domaines suivants : (i) l'amélioration, en particulier, du milieu de travail pour protéger la santé et la sécurité des travailleurs ; (ii) les conditions de travail, etc. ». Les possibilités ouvertes par ces textes ont été utilisées : l'article 118 A, devenu, après modification, article 137 TCE, a servi de base juridique à une directive[1026] du 23 novembre 1993 concernant certains aspects de l'aménagement du temps de travail. Les partenaires sociaux, eux, se sont saisis de deux sujets, le congé parental et le travail à temps partiel. Ces deux derniers, à notre connaissance, n'ont pas fait objet d'une jurisprudence.

1. *L'aménagement du temps de travail*

Ayant pour objet la protection de la santé et la sécurité des travailleurs, cette directive n'aborde que les aspects liés à celle-ci et ne traite pas de l'aménagement du temps de travail dans sa globalité. Elle édicte des prescriptions en matière de durée de travail et de temps de repos constitutives d'un socle minimum de protection, atténuant ainsi la diversité des droits nationaux en matière de durée et d'organisation du temps de travail. De portée quasiment générale, depuis la directive du 22 juin 2000 qui ouvre les secteurs d'activités que la directive de 23 novembre 1993 avait exclus de son champ d'application, les normes communautaires prévoient une période minimale de repos de onze heures consécutives chaque jour et un temps de pause lorsque le temps de travail journalier est supérieur à six heures. Elle impose aussi un repos minimal de vingt-quatre heures par semaine, une durée maximale de travail de quarante-huit heures par semaines en moyenne, y compris les heures supplémentaires, un congé annuel payé de quatre semaines et une durée de travail journalier limitée à huit heures en moyenne pour le travailleur de nuit.

Cette directive a fait l'objet d'une jurisprudence peu abondante. La première décision de la Cour concernant cette directive est prise à la suite d'une demande d'annulation de la Grande-Bretagne[1027]. Ce recours avait pour motif que : l'article

1025 Accord sur la politique sociale, article 2.

1026 Directive n°93/104/CE, JOCE n°L 307/18 du 13 décembre 1993.

1027 CJCE, arrêt du 12 novembre 1996, Royaume-Uni c/ Conseil, aff. C-84/94, Rec., I, p. 5755.

118 A, devenu, après modification, l'article 137 TCE, sur lequel elle est fondée constitue une base juridique d'interprétation stricte dont elle excéderait les limites, que le principe de proportionnalité aurait été méconnu et que la directive engloberait des mesures sans lien avec les objectifs déclarés. Ce recours a été rejeté par la Cour de justice, à l'exception de la disposition relative au repos dominical : le Conseil n'ayant pu expliquer en quoi le dimanche, institué comme jour de repos dominical par l'article 5, alinéa 2 (originaire) de la directive, présenterait un lien plus important avec la santé et la sécurité des travailleurs qu'un autre jour de la semaine. Ce texte a été annulé.

Outre l'arrêt précité, deux arrêts méritent d'être mentionnés. Le premier est l'arrêt *Simap*[1028] qui précise la notion de temps de travail. Ainsi, le temps de garde assurée par un régime de présence physique doit être considéré en totalité comme du temps de travail. Le temps astreint à domicile, pour sa part, place le travailleur sous un régime d'accessibilité : il ne peut être considéré comme du temps de travail que pour la durée de travail effectif compris dans cette période, sans pour autant devoir être appréhendée comme du temps de repos. Le second arrêt considère le droit au congé annuel payé « comme un principe du droit social communautaire… auquel il ne s'aurait être dérogé ». Par ailleurs, un Etat membre ne peut subordonner l'acquisition du droit à congé payé à l'accomplissement d'une période d'emploi d'une amplitude telle, treize semaines en l'espèce, qu'elle prive certains salariés du bénéfice du droit à un congé.

2. *Le détachement des travailleurs*

Nous avons vu que la directive 96/71/CE du 16 décembre 1996 était aussi le fruit de la jurisprudence Rush Portuguesa. Fixant les conditions applicables aux travailleurs temporairement détachés, notamment pour le compte d'une entreprise de sous-traitance, elle cherchait à concilier les éléments suivants : la mise en œuvre de la libre prestation des services, l'organisation d'une concurrence équitable et la protection des travailleurs détachés.

Là aussi la jurisprudence de la Cour de justice contribue à la précision du contenu des droits accordés. Il convient de remarquer que derrière cette analyse méticuleuse à laquelle se livre la Cour se trouve, encore une fois le souci d'assurer le parfait fonctionnement de la concurrence loyale. Cela n'est pas sans amélioration du bénéfice « réel » que les droits apportent aux travailleurs. Ainsi, la Cour de justice considère que la protection des travailleurs constitue une raison impérieuse d'intérêt général susceptible de limiter le principe de libre prestation

1028 CJCE, arrêt du 3 octobre 2000, Simap, aff. C-303/98, Rec., p. I-7963.

des services[1029]. Il faut toutefois que la réglementation mise en œuvre comporte un avantage réel qui contribue de façon significative à la protection des travailleurs. Pour la Cour de justice, un Etat membre peut étendre sa législation ou les conventions collectives à toute personne effectuant un travail salarié sur son territoire et en imposer le respect par des moyens appropriés[1030]. Mais imposer aux employeurs établis dans les autres Etats membres le paiement du salaire fixé par une convention collective d'application générale, alors que les entrepreneurs nationaux peuvent pratiquer des salaires inférieurs du fait d'un accord collectif d'entreprise, constitue une restriction injustifiée à la libre prestation des services[1031].

C) La consolidation de l'acquis constitutionnel dans le cadre de la constitution économique de l'Union européenne

Les développements précédents ont montré que la notion de l'égalité de traitement occupe une place considérable dans le cadre de la Constitution économique, tant pour ce qui concerne le droit primaire et le droit dérivé que la jurisprudence de la Cour de justice. En effet, l'apport de la Cour, en précisant le contenu de ce droit, ainsi que celui des autres droits sociaux que nous avons tentés d'analyser, contribue considérablement à l'affirmation progressive du caractère constitutionnel de ces droits dans le cadre de la Constitution économique européenne. Ce processus évolutif facilitera la tache du législateur européen qui par touches successives, constitutionnalisera d'abord l'œuvre prétorienne, avant de se lancer dans un processus constitutionnel de nature politique, surtout avec l'adoption de la Charte des droits fondamentaux de l'Union européenne, puis par l'incorporation de celle-ci dans le Traité constitutionnel durant les travaux de la Convention sur l'avenir de l'Europe.

1. La consolidation du droit social qu'est l'égalité de traitement

Sans dresser un bilan exhaustif de la jurisprudence de la Cour de justice, dans le domaine de l'égalité de traitement, car elle est abondante, nous avons vu que celle-ci procède à une consolidation sensible de ce droit. En effet, la jurisprudence de la Cour a eu un impact considérable dans les Etats membres dans la

---

1029 CJCE, arrêt du 23 novembre 1999, Arblade, aff. Jointes C-369/96 C-376/96, Rec., p. I- 8453.

1030 CJCE, arrêt du 27 mars 1990, Rush Portuguesa, aff. C-113/89, Rec., p. I-1417

1031 CJCE, arrêt du 24 janvier 2002, Portugaia Construçoes, aff. C-164/99, Rec., p. I-787.

mesure où elle a posé le principe de l'effet direct du principe de l'égalité de traitement dans les ordres juridiques internes.

Ainsi, l'effet direct a été reconnu aux dispositions suivantes des directives que nous venons d'étudier :

L'article 4, paragraphe 1er, de la directive relative à l'égalité de traitement pour les régimes légaux de sécurité sociale[1032].

Article 2, paragraphe 1er, 3, paragraphe 1er, et 4 de la directive 70/207 instituant l'égalité de traitement pour l'accès à l'emploi, les conditions de travail, l'accès à la formation professionnelle[1033].

L'article 5, paragraphe 1er, de la directive 76/207 relatif à l'égalité de traitement en ce qui concerne les conditions de travail et de licenciement[1034].

L'article 6 de la directive 76/207 prévoyant le droit pour les victimes de discriminations de faire valoir leurs droits par voie juridictionnelle[1035].

Par ailleurs, le principe de l'égalité de traitement entre les hommes et les femmes sort considérablement renforcé du traité d'Amsterdam qui l'élève au rang de droit social fondamental.

Ainsi, outre la référence faite à la Charte sociale européenne et à la Charte communautaire des droits sociaux fondamentaux des travailleurs de 1989 (considérant 4), l'article 2 du traité CEE, devenu, après modification, l'article 2 TCE, mentionne que la promotion de l'égalité entre les hommes et les femmes constitue désormais une mission et un objectif de la Communauté. L'article 3.2 TCE apporte une dimension supplémentaire au principe de l'égalité hommes/femmes dans la mesure où le traité prévoit que « pour toutes les actions visées aux présents articles, la Communauté cherche à éliminer les inégalités, et à promouvoir l'égalité entre les hommes et les femmes ». L'article 13 TCE permet une action appropriée pour combattre tous les types de discrimination puisqu'il prévoit que « sans préjudice des autres dispositions du présent traité, et dans la limite des compétences que celui-ci confère à la Communauté, le Conseil statuant à l'unanimité sur proposition de la Commission et après consultation du Parlement européen, peut prendre les mesures nécessaires en vue de combattre toute discrimination sur le sexe, la race, ou l'origine ethnique, la religion ou les convictions, un handicap, l'âge ou l'orientation sexuelle ». L'article 119, devenu,

---

1032 CJCE, arrêt du 4 décembre 1986, aff.71/85, op.cit.

1033 CJCE, arrêt du 15 mai 1986, aff.222/84, op.cit.

1034 CJCE, arrêt du 26 février 1986, aff.152/84, Marshall, Rec., p. 723.

1035 CJCE, arrêt du 8 novembre 1990, aff.C-177/88, Dekker, Rec., p.I-3941.

après modification, article 141 TCE, est le reflet de la situation du droit communautaire en matière d'égalité des rémunérations, d'égalité des chances et d'égalité de traitement[1036].

Par conséquent, le traité d'Amsterdam consacre explicitement le principe de l'égalité de traitement entre hommes et femmes comme un droit social fondamental de l'ordre juridique communautaire, conférant ainsi à ce droit un caractère constitutionnel. Ainsi, le traitement réservé à ce principe dans le traité est, à nos yeux, un témoignage évident du processus de constitutionnalisation de l'Union européenne.

2. *L'œuvre prétorienne et la précision du système des sanctions*

Les directives sur l'égalité de traitement obligent les Etats membres à mettre en place un système de sanctions efficaces en cas de violation du principe de l'égalité. Cette obligation est également imposée par l'article 10 du traité CE. Par contre, il n'y a pas d'indication claire sur la nature des sanctions dans les directives, les Etats membres conservant à cet égard le libre choix. Là aussi, la jurisprudence de la Cour est exigeante ; en effet elle demande à ce que les sanctions choisies soient effectives et efficaces. Ainsi, elles doivent être proportionnées à la gravité de la violation et/ou au préjudice subi ; avoir un effet dissuasif à l'égard de l'auteur de la violation[1037] et doivent satisfaire au principe de non-discrimination ou de comparabilité[1038].

Les sanctions peuvent être administratives, pénales ou civiles. Les sanctions administratives consistent principalement en annulation par voie juridictionnelle d'actes ou omissions discriminatoires. La seule constatation de la violation du principe de l'égalité doit suffire pour engager la responsabilité. Il suffit dès lors à la victime de prouver l'existence d'une discrimination, d'un préjudice et d'un lien de causalité entre les deux. Aussi, les causes d'exonération de responsabilité reconnues par le droit national ne doivent pas s'appliquer. Ainsi, la Cour a souligné dans l'affaire Dekker que : « si la responsabilité d'un employeur pour violation du principe de l'égalité de traitement était subordonnée à la preuve d'une faute et à l'absence de toute cause d'exonération reconnue par le droit national applicable, l'effet utile de ces principes serait sensiblement affaibli »[1039].

1036 LECLERC Stéphane, « Egalité de Traitement », in *L'Union européenne et les droits fondamentaux*, op. cit., p124 et suite.

1037 CJCE, arrêt du 10 avril 1990, aff.14/83, Von Calson, Rec., p. 1981.

1038 CJCE, arrêt du 21 septembre 1989, Commission c. Grèce, Rec., p. 2965.

1039 CJCE, arrêt du 8 novembre 1990, Dekker, aff.C-177/88, Rec., p. 3941.

En dépit du silence en ce qui concerne les sanctions, les directives que nous avons étudiées, obligent les Etats membres à introduire les mesures nécessaires dans leur ordre juridiques interne, pour permettre aux intéressés de faire valoir leurs droits par voie juridictionnelle. De plus, les directives communautaires contiennent des dispositions qui protègent les travailleurs contre les représailles éventuelles[1040]. Selon la jurisprudence de la Cour, le contrôle juridictionnel « est un principe général de droit qui se trouve à la base des traditions constitutionnelles communes aux Etats membres. Ce principe a également été consacré par la Convention européenne de sauvegarde des Droits de l'Homme et des libertés fondamentales du 4 novembre 1950. (…), il convient de tenir compte des principes dont s'inspire cette convention dans le cadre du droit communautaire »[1041].

La protection juridictionnelle comprend également la mise en cause de la responsabilité de l'Etat en cas de violation des dispositions communautaires : « la pleine efficacité des normes communautaires serait mise en cause et la protection des droits qu'elles reconnaissent serait affaiblie si les particuliers n'avaient pas la possibilité d'obtenir de réparation lorsque leurs droits sont lésés par une violation du droit communautaire imputable à un Etat membre ; la possibilité de réparation à charge de l'Etat membre est particulièrement indispensable lorsque, comme en l'espèce, le plein effet des normes communautaires est subordonné à la condition d'une action de la part de l'Etat et que, par conséquent, les particuliers ne peuvent pas, à défaut d'une telle action, faire valoir devant les juridictions nationales les droits qui leurs sont reconnus par le droit communautaire »[1042].

Afin de mieux apprécier la portée de ce qui vient d'être dit en ce qui concerne la possibilité pour les particuliers d'obtenir réparation, il faut considérer en même temps que la notion de manquement. En effet, si un manquement aux obligations du traité est constaté par la Cour, il en résulte aux termes de l'article 228 TCE, ancien article 171, pour l'obligation pour cet Etat membre « de prendre les mesures que comportent l'exécution de l'arrêt de la Cour de justice». Aux termes du paragraphe 2, alinéa 3 du même article, la Cour de justice peut infliger à l'Etat membre condamné pour manquement, le paiement d'une somme forfaitaire ou d'une astreinte lorsque l'Etat en question ne se conforme pas à l'arrêt de la Cour. Le recours en manquement d'Etat n'étant pas ouvert aux particuliers, la portée de cette procédure est limitée.

1040 Commentaire Mégret, op.cit., p. 185.

1041 CJCE, arrêt du 15 mai 1985, Johnston, aff. 222/84, Rec., p. 1651.

1042 CJCE, arrêt du 19 novembre 1991, aff. C-6/90, Francovich, Rec., p.I-5357, points 53 et 54.

3. *La consolidation de l'acquis de la Constitution économique.*

La jurisprudence de la Cour en ce qui concerne la reconnaissance des droits sociaux fondamentaux et son incorporation dans les traités par des modifications successives de ceux-ci, consacrent bien le développement d'un acquis constitutionnel pour l'Union européenne. Cela n'est pas sans évoquer un projet de société fondée sur une éthique propre.

En effet, l'Union connaît aujourd'hui le concept de citoyenneté introduit par le traité de Maastricht. Nous savons que cette consécration est le résultat d'une évolution progressive. Le point de départ, à savoir la reconnaissance du droit à la libre circulation est un développement capital, puisqu'elle suffit à démarquer le projet européen d'un processus de création d'une zone de libre échange ou d'une union douanière. Il y a lieu d'observer à cet égard le mouvement d'extension opéré par la jurisprudence de la Cour de justice dans un double sens : extension de la catégorie des personnes et extension de la catégorie des droits acquis[1043].

En ce qui concerne la notion de personne, une première extension est perçue comme un corollaire nécessaire des droits de l'opérateur économique : le regroupement familial est nécessaire à la liberté de circulation du travailleur[1044]. Suivant la jurisprudence Cowan[1045], le droit de circuler est reconnu au ressortissant communautaire sans que soit mise en évidence une relation entre la personne et l'activité économique.

En ce qui concerne l'extension de la catégorie des droits acquis, le travailleur s'est vu reconnaître progressivement un ensemble d'«avantages sociaux », à savoir le bénéfice de tout élément pouvant favoriser son intégration dans le milieu social ou il vit : accès à l'éducation, et à la formation professionnelle[1046], à la justice[1047] et à un régime de compensation organisé par l'Etat concerné[1048]. Dans cette perspective, l'extension faite par la réglementation communautaire du droit à la libre circulation bénéficiant aux conjoints et membres de la famille du travailleur communautaire, s'est avérée un dispositif d'une très grande capacité intégratrice. Ce sont autant d'éléments mettant en évidence le fait qu'il y a « déjà-là » un développement constitutionnel à l'échelle de l'Union européenne, articulé

1043 FALLON Marc, « Les préambules et principes de la Constitution européenne », in *La Constitution de l'Europe,* op.cit, p. 99

1044 CJCE, arrêt du 7 juillet 1992, aff.C-370/90, Singh, Rec., 1992, p.I-4265

1045 CJCE, arrêt du 2 février 1989, aff.186/87, Cowan, Rec., 1989, p. 195.

1046 CJCE, arrêt du 3 juillet 1974, aff.9/74, Casagrande, Rec., p. 773

1047 CJCE, arrêt du 11 juillet 1985, aff.137/84, Mutsch, Rec., p. 2681.

1048 Arrêt Cowan précité

autours d'un mode de développement social dont nous venons de développer les composantes dans les chapitres précédents.

Section 2: La jurisprudence de la Cour dans le processus de reconnaissance des droits fondamentaux

A cet égard, l'œuvre accomplie par la Cour de justice invite à des observations. En dépit du fait qu'aucune disposition du traité ne le prévoit, elle a finit par dégager les principes généraux du droit dont les appellations varient : principes généraux du droit communautaire, principes fondamentaux du droit communautaire, principes généraux du droit, dispositions juridiques fondamentales de la Communauté. Par ailleurs, l'absence de toute référence explicite dans les traités à des droits fondamentaux dans l'ordre juridique communautaire semblait ôter à la Cour les ressources utiles à l'affirmation des droits fondamentaux. Pourtant elle a résolument avancé dans cette voie[1049]. Dans une large mesure la Cour de justice a procédé par emprunts. L'emprunt qui a la signification la plus forte est celui qu'elle fait, en vue de garantir les droits fondamentaux dans la Communauté, aux instruments internationaux de protection des droits de l'homme. Ainsi, elle proclame que « le respect des droits fondamentaux fait partie intégrante des principes généraux du droit dont la Cour de justice assure le respect », ce qui lui permet de faire référence aux dispositions de la Convention européenne des droits de l'homme, relatives notamment à la liberté syndicale[1050], au respect de la vie privée[1051] ou à l'inviolabilité du domicile[1052]. Mais l'emprunt ne se limite pas aux instruments internationaux : la Cour s'est déclarée « tenue de s'inspirer des traditions constitutionnelles communes aux Etats membres »[1053].

§ 1: La jurisprudence dans le domaine des droits fondamentaux comme fondement de la reconnaissance des droits sociaux fondamentaux

Néanmoins, la Cour restera pendant un certain temps assez réticente.

1049 ibid, p. 114

1050 CJCE, arrêt du 28 octobre 1975, aff. 36/75

1051 CJCE, arrêt 26 juin 1989, National Panasonic c. Commission, aff. 136/79, Rec., p. 2033

1052 CJCE, arrêt du 21 septembre 1989, Hoechst c. Commission, aff. 46/87 et 227/88, Rec., 2859.

1053 CJCE, arrêt du 14 mai 1974, Nold, aff. 4/73, Rec., p. 491

A) Le temps de la réticence

Bien que les traités instituant les Communautés ne contiennent, dans leur forme initiale, aucune prévision concernant les droits fondamentaux, cette matière a fait couler beucoup d'encre parmi les spécialistes du droit communautaire. Ceci est dû à l'importance sans cesse croissante que revêt le respect des droits de l'homme dans un système qui rompt avec les modèles traditionnels de coopération internationale et inaugure une forme poussée d'intégration.

Si certains articles du traité énoncent les principes d'égalité de traitement, de non-discrimination en raison du sexe ou de libre circulation, ces droits sont étroitement liés à la structure et aux objectifs communautaires[1054] . Les droits de l'homme au sens traditionnel du terme, dont la garantie protège les individus des abus de la puissance publique et qui sont énoncés dans les textes constitutionnels nationaux ne sont pas reconnus dans l'ordre juridique communautaire. En dépit de cette carence de départ, dans un premier temps, la Cour a refusé d'admettre cette évidence. Ce n'est qu'au début des années 70 qu'elle a abandonné sa réticence et introduit la protection des droits fondamentaux dans l'ordre juridique communautaire, en se tournant vers les principes généraux du droit.

La question de la protection des droits de l'homme s'est posée dès 1958, dans l'affaire *Stork*. En l'occurrence, il était reproché à la Haute Autorité d'avoir violé « certains droits fondamentaux qui sont protégés dans presque toutes les constitutions des Etats membres et qui viennent limiter l'application du traité, dont notamment les articles 2 et 12 de la Loi Fondamentale de la République fédérale qui accordent à chaque citoyen le droit inviolable de développer librement sa personnalité et d'exercer sa profession sans entrave». La Cour de justice s'est déclarée incompétente pour se prononcer sur la violation des règles de droit interne et donc des principes constitutionnels allemands[1055]. Cette position a été confirmée en 1960, lorsqu'il a été souligné qu'« il n'appartient pas à la Cour d'assurer le respect des règles de droit interne, même constitutionnelles, en vigueur dans l'un ou l'autre des Etats membres »[1056]

L'attitude prudente qu'a adoptée la Cour dans ces arrêts peut s'expliquer par son besoin de définir d'abord son territoire et de s'affirmer en tant qu'organe

---

1054 PAPADOULOU Rébecca-Emmanuèla, *Principes Généraux du Droit et du Droit Communautaire,* 1999, Bruylant, p. 138.

1055 CJCE, arrêt du 4 février 1959, aff. 1/58, Rec., 1958/59

1056 CJCE, arrêt du 15 juillet 1960, aff. Jtes 36,37,38/59 et 40/60, Comptoirs de vente de charbon de la Ruhr « Prasident », « Mausegatt », entreprise Nold KG c/H.A., Rec., p. 862.

juridictionnel propre à un nouvel ordre juridique, assurant le respect d'un droit qui est distinct des droits nationaux. Mais cette prudence était susceptible de porter atteinte à l'unité de l'ordre juridique communautaire et d'affaiblir la position de la Cour elle-même, car elle conduisait à une impasse: les individus étaient privés de protection, puisqu'ils ne pouvaient faire valoir leurs droits ni en vertu du droit national, ni en vertu du droit communautaire, le premier étant inapplicable dans la Communauté, le second ne garantissant pas ces droits.

B) Le temps de la consécration

Il aura fallu presque dix ans pour que la Cour prenne conscience des conséquences de son refus d'apprécier le droit communautaire dérivé au regard des droits fondamentaux, et pour qu'elle décide de surmonter l'obstacle que constitue l'absence de règles écrites consacrant ces droits. Le revirement de jurisprudence a eu lieu en 1969 dans l'arrêt *Stauder*[1057]. La question préjudicielle posée en l'occurrence concernait la compatibilité d'une mesure communautaire avec les principes du droit communautaire[1058]. Au lieu de se déclarer incompétente, comme l'aurait laissé croire sa jurisprudence antérieure, la Cour a répondu que la disposition soumise à son contrôle ne comprend « aucun élément susceptible de mettre en cause les droits fondamentaux de la personne compris dans les principes généraux du droit communautaire, dont la Cour assure le respect ». Ainsi la Cour se sert d'une technique juridique éprouvée, les principes généraux du droit, pour imposer l'idée du respect des droits fondamentaux par le droit communautaire. Le recours à ce principe va permettre à la Cour d'incorporer les droits fondamentaux, issus soit des objectifs généraux contenus dans les préambules ou les articles liminaires des Traités institutifs, soit des principes communs aux Etats membres, soit du droit supranational. L'élément nouveau consiste en sa détermination d'inclure les droits fondamentaux dans le champ d'application du droit communautaire en dépit de l'absence de règles écrites. Mais cet arrêt ouvre la voie à une jurisprudence des droits fondamentaux qui va rapidement dépasser les références nationales.

Dans les années qui suivirent, la Cour a confirmé cette position, tout en l'enrichissant afin de ménager les susceptibilités des juridictions constitutionnelles nationales. L'arrêt du 17 décembre 1970, *Internationale Handeslgesellschaft*

1057 CJCE, arrêt du 12 novembre 1969, Stauder, aff. 22/69.

1058 Le requérant au principal a fait valoir que sa dignité humaine était violée du fait que, afin de bénéficier de la cession de beurre à prix réduit, il devait se faire connaître auprès du vendeur en tant que bénéficiaire du régime d'assistance sociale.

constitue un pas important dans ce sens. Dans cette affaire la juridiction de renvoi faisait valoir que le régime de cautionnement en matière de la PAC portait atteinte aux principes de liberté d'action et de disposition, de liberté économique et de proportionnalité, garantis par la Loi Fondamentale allemande et devant être sauvegardés dans la Communauté. Si la Cour a jugé qu'en raison de l'autonomie de l'ordre juridique communautaire l'invocation d'atteintes portées, soit aux droits fondamentaux tels qu'ils sont formulés par la Constitution d'un Etat membre, soit aux principes d'une structure constitutionnelle nationale, ne saurait affecter la validité d'un acte de la Communauté ou son effet sur le territoire de cet Etat, elle n'en a pas moins repris l'affirmation contenue dans l'arrêt *Stauder*. La Cour y souligne également que le respect des droits fondamentaux fait partie intégrante des principes généraux du droit communautaire et que la sauvegarde de ces droits, tout en s'inspirant des traditions constitutionnelles communes aux Etats membres, doit être assurée dans le cadre de la structure et des objectifs de la Communauté[1059]. On remarque que la Cour dans cet arrêt répond également au Tribunal Constitutionnel Allemand[1060], en affirmant que « le recours à des règles ou notions juridiques du droit national, pour appréciation de la validité des actes arrêtés par les institutions de la Communauté, aurait pour effet de porter atteinte à l'unité et à l'efficacité du droit communautaire; que la validité de tels actes ne saurait être appréciée qu'en fonction du droit communautaire; qu'en effet le droit du traité, issu d'une source autonome, ne pourrait en raison de sa nature, se voir juridiquement opposer des règles de droit national quelles qu'elles soient… ». La Cour affirme ainsi que les principes de l'unité et l'autonomie du droit communautaire, sont des principes constitutionnels.

Un autre arrêt ayant une signification particulière dans ce domaine est celui rendu en 1974 à propos de l'affaire *Nold*[1061], dans laquelle la requérante invoquait la violation du droit de propriété ainsi que du droit au libre exercice des activités professionnelles, garantis tant par les constitutions nationales que par la Convention européenne des Droits de l'Homme. Rappelant que « les droits fondamentaux font partie intégrante des principes généraux du droit dont la Cour assure le respect », elle ajoute « qu'en assurant la sauvegarde de ces droits, elle est tenue de s'inspirer des traditions constitutionnelles communes aux Etats membres, et ne saurait, dès lors, admettre des mesures incompatibles avec les droits fondamentaux reconnus et garantis par les constitutions de ces Etats; que

---

1059 CJCE, arrêt du 17 décembre 1970, Internationale Handelsgesellschaft, aff. 11/70.
1060 Voir précité, Solange I.
1061 CJCE, arrêt du 4 mai 1974, aff. 4/73.

les instruments internationaux exerçant la protection des droits de l'homme auxquels les Etats ont coopéré ou adhéré peuvent également fournir des indications dont il convient de tenir compte dans le cadre du droit communautaire ». Même s'il n'y a pas de référence explicite à la Convention européenne cette approche ouvre la voie vers l'intégration des droits fondamentaux par référence aux documents extérieurs à la Communauté.

Cet arrêt de la Cour vient à la suite d'une décision de la Commission concernant les conditions de vente dans le secteur charbonnier. La décision de la Commission est attaquée par la société *Nold*, négociante en gros dans les produits miniers. La société requérante avait fait valoir une violation de certains de ces droits fondamentaux en raison du fait que les restrictions apportées par la nouvelle réglementation commerciale autorisée par la Commission auraient pour effet, en éliminant l'approvisionnement direct, de porter atteinte à la rentabilité de son entreprise et au libre déploiement des affaires de celle-ci au point d'en compromettre l'existence. On le voit, la formulation par la société requérante soutenait que serait atteint en son chef un droit assimilable au droit de propriété ainsi que le droit de libre exercice de ses activités professionnelles.

Dans l'arrêt en question, la Cour souligne que ces droits, même protégés par l'ordre constitutionnel de tous les membres, doivent être considérés en vue de la fonction sociale des biens et activités protégées et que pour cette raison « les droits de cet ordre ne sont garantis régulièrement que sous réserve de limitations prévues en fonction de l'intérêt public; que dans l'ordre juridique communautaire, il apparaît de même légitime de réserver à l'égard de ces droits l'application de certaines limites justifiées par les objectifs d'intérêt général poursuivis par la Communauté, dès lors qu'il n'est pas porté atteinte à la substance de ces droits ». La Cour réglemente donc les droits fondamentaux – économiques dans ce cas précis – en leur conférant un statut constitutionnel. Ainsi cet arrêt opère la consécration jurisprudentielle des droits fondamentaux. Le respect de ces droits constitue désormais un élément intrinsèque de l'ensemble de l'ordre juridique communautaire. Cet arrêt démontre que la Cour a voulu construire, à partir des éléments qui s'offrent à elle, un système de garanties des droits de l'homme propre à la Communauté, adapté à ses structures et ses finalités.

C) La prise en considération des instruments internationaux

La Cour, pour la promotion continue des droits fondamentaux dans la Communauté, utilise une perméabilité accrue aux diverses sources qui sont susceptibles de générer des principes généraux. Cette ouverture se manifeste concrètement par une prise en considération du Pacte sur les droits civils et politiques[1062], de la Charte sociale européenne[1063] ou encore la Convention de l'OIT[1064]. Parmi ces références extérieures une source occupe toutefois une place prédominante: la Convention européenne des Droits de l'Homme.

1. *La place prédominante de la Convention européenne des Droits de l'Homme.*

Dès l'arrêt *Rutilli*[1065], la Cour cite expressément cette Convention: selon la Cour, les limitations apportées au pouvoir des Etats membres en matière de la police des étrangers constituent « la manifestation spécifique d'un principe plus général consacré par les articles 8, 9, 10 et 11 de la Convention de sauvegarde des Droits de l'Homme et des Libertés fondamentales signée à Rome le 4 novembre 1950 ratifiée par tous les Etats membres, et de l'article 2 du protocole 4 de la même Convention ». La place privilégiée qu'occupe cet instrument est encore renforcé par l'arrêt Hoescht, par lequel la Cour estime que la Convention européenne revêt une signification particulière dans sa jurisprudence: « En effet, selon une jurisprudence constante, les droits fondamentaux font partie intégrante des principes généraux du droit dont la Cour assure le respect, conformément aux traditions constitutionnelles communes aux Etats membres ainsi qu'aux instruments internationaux auxquels les Etats membres ont coopéré ou adhéré. La Convention européenne de sauvegarde des Droits de l'Homme et des Libertés fondamentales du 4 novembre 1950, revêt à cet égard une signification particulière ». La Cour précise dans le même arrêt que les exigences découlant du droit fondamental à l'inviolabilité du domicile ne concernent pas les entreprises, car les systèmes juridiques des Etats membres présentent des divergences non négligeables en ce qui concerne le degré de protection des locaux commerciaux face aux interventions des pouvoirs publics et que l'article 8 de la Convention européenne prévoyant l'inviolabilité de la vie privée et du domicile ne saurait être étendu aux locaux commerciaux.

Pourtant, avec l'arrêt Cinéthèque[1066], la Cour a opposé une fin de non recevoir à la demande des parties qui cherchaient à faire vérifier le respect de la libre expression reconnue par l'article 10 de la Convention européenne. La même

1062 CJCE, arrêt du 21 septembre 1989, Hoescht, aff. Jointes, 26/87 et 227/88.

1063 CJCE, arrêt du 8 avril 1976, Defrenne, aff. 43/75.

1064 Ibid.

1065 CJCE, arrêt du 28 octobre 1975, Rutili, aff. 36/75, Rec.p. 1219.

1066 CJCE, arrêt du 11 juillet 1985, Cinéthèque, aff. 66/84, Rec. 2965.

solution est retenue par l'arrêt Demirel[1067], rendu à propos du droit au regroupement familial des travailleurs turcs, dans lequel la Cour ne veut pas « vérifier la compatibilité avec la Convention européenne d'une réglementation nationale qui ne se situe pas dans le cadre du droit communautaire ».

Par contre, il est évident que toute réglementation nationale d'exécution du droit communautaire est tenue de respecter les droits de l'homme en tant que tels, indépendamment de leur intégration formelle dans le droit communautaire. Ainsi, l'arrêt *Wachauf* estime que des mesures incompatibles avec les droits fondamentaux ne peuvent être admises dans la Communauté, parce que ces droits lient également les Etats membres lorsqu'ils mettent en œuvre une réglementation communautaire[1068]. Selon le même arrêt, la Cour estime que les droits fondamentaux reconnus par elle « n'apparaissent toutefois pas comme des prérogatives absolues, mais doivent être pris en considération par rapport à leur fonction dans la société. Par conséquent, des restrictions peuvent être apportées à l'exercice de ces droits (...) à condition que ces restrictions répondent effectivement à des objectifs d'intérêt général poursuivis par la Communauté et ne constituent pas, compte tenu du but poursuivi, une intervention démesurée et intolérable, qui porterait atteinte à la substance même de ces droits ».

2. *Le Droit communautaire et les conventions de l'Organisation internationale du travail (OIT)*

a Structure, compétences et instruments de l'OIT

L'OIT est une organisation à vocation universelle de type inter-étatique. Fondée en 1919, après la première guerre mondiale, elle a pour mission fondamentale de développer le droit social au niveau international par l'élaboration de conventions internationales de travail et de recommandations internationales de travail. Le corpus d'instruments internationaux adopté par cette organisation constitue un véritable code international du travail qui comporte également un certain nombre de traités consacrés à la reconnaissance des droits sociaux fondamentaux.

La caractéristique la plus singulière de l'OIT consiste en sa nature tripartite (gouvernements-employeurs et travailleurs). Il s'agit en effet d'une organisation internationale dont la structure et le fonctionnement reposent sur la collaboration directe entre gouvernements, employeurs et travailleurs[1069]. Ni l'UE, ni la CE

1067 CJCE, arrêt du 30 septembre 1987, Demirel, aff. 72/86, Rec. 37/9.

1068 CJCE, arrêt du 13 juillet 1989, Wachauf, aff. 5/88, Rec. 2609.

1069 VOGEL-POLSKY Eliane, op. cit., p. 256

ne sont membre de l'OIT mais la CE a un statut d'observateur. La participation directe et autonome des représentants des partenaires sociaux à l'élaboration des décisions des organes de l'OIT, ainsi qu'à l'élaboration, à l'adaptation et au contrôle des conventions et des recommandations internationales du travail, constitue la raison principale des réticences à toute intégration institutionnelle de l'Union comme telle dans le système de l'OIT. Ce sont principalement les organisations syndicales nationales qui craignent que leur influence au sein de cette organisation ne diminue si l'Union était amenée à se substituer aux quinze, vingt-cinq, vingt-sept ou plus Etats membres. Ses compétences dans le domaine social sont très variées. Il s'agit d'une part, d'une action normative se traduisant par la formulation des normes internationales du travail sous la forme de conventions et de recommandations ; d'autre part, une action opérationnelle au niveau international dans les différents domaines de la coopération technique : formation professionnelle, emploi, relations interprofessionnelles, coopératives, formation syndicale etc.

L'idéal de la justice sociale qui est à la base est une notion essentiellement dynamique. Cet idéal et l'affirmation du préambule de sa constitution selon laquelle « le travail n'est pas une marchandise » traduisent sa philosophie de base. Depuis sa création, l'OIT est à l'origine de cent quatre vingt Conventions internationales et autant de recommandations. Il y a des Conventions[1070] de l'OIT relatives aux conditions de travail notamment la Convention n°153 sur le temps de travail et la Convention n°170 concernant les substances chimiques dans le milieu de travail[1071]. Ces conventions ont provoqué des commentaires conflictuels entre la Commission, le Conseil et les Etats membres, en ce qui concerne la compétence de la Communauté à adhérer à l'OIT. Quant à la Cour de justice,

---

1070 Les conventions sont des traités internationaux. Elles doivent être adoptées à une majorité des 2/3 des voix des délégués présents à la Conférence, organe législatif, qui réunit tous les Etats membres. Il en est de même pour les recommandations. Les voix des délégués non gouvernementaux sont sur le même pied d'égalité avec celles des délégués gouvernementaux. Dès lors, on comprend mieux l'importance qu'y attachent les organisations syndicales de travailleurs et les organisations patronales. Les conventions adoptées sont transmises à tous les Etats membres en vue de ratification. Chaque membre s'engage à soumettre dans le délai d'un an la convention à l'autorité ou aux autorités compétentes nationales. Les membres sont tenus par la suite de communiquer au BIT les mesures prises pour la mise en œuvre de la convention. Les obligations des Etats sont quasiment les mêmes avec les recommandations.

1071 NIELSEN Ruth and SZYSZCZAK Erika, *The social Dimension of the European Union*, Cpenhagen Business School Press, 1997, p. 368.

elle a précisé dans son opinion du 13 mars 1993, rendue sur la base de l'article 228 TCE, que la Communauté et les Etats membres partagent la compétence d'adhésion à la Convention n°170 de l'OIT[1072].

b Droit communautaire et conventions de l'OIT

En ce qui concerne les rapports de travail, il n'y a pas de conflit entre le droit communautaire et les règles issues du Conseil de l'Europe, mais plutôt une complémentarité. Pour ce qui est de la Convention européenne de sauvegarde des Droits de l'Homme, cette complémentarité a été consacrée par le Traité sur l'Union européenne, selon l'article F.2, devenu, après modification, article 6.2 TCE, duquel « L'Union respecte les droits fondamentaux, tels qu'ils sont garantis par la Convention européenne de sauvegarde des droits de l'homme et des libertés fondamentales, signé à Rome le 4 novembre 1950 et tels qu'ils résultent des traditions constitutionnelles communes aux Etats membres en tant que principes généraux du droit communautaire ».

Toutefois, de véritables conflits peuvent surgir entre le droit communautaire et le droit international issu de l'OIT[1073]. Ces conflits, apparus notamment à propos du travail de nuit des femmes, posent le problème de la hiérarchie des normes entre le droit européen et les normes de l'OIT. En effet, l'interdiction du travail de nuit des femmes a été jugée non conforme au droit communautaire par la Cour de justice. L'article 5 de la Directive 76/207 du 9 février 1976, est, selon la Cour « suffisamment précis pour créer à la charge des Etats membres l'obligation de ne pas poser en principe législatif l'interdiction de travail de nuit des femmes, même si cette obligation comporte des dérogations, alors qu'il n'existe aucune interdiction de travail de nuit pour les hommes »[1074]. Par cet arrêt, la Cour déclarait l'article pertinent du Code du travail français, pourtant conforme aux exigences de l'OIT, incompatible avec le principe d'égalité professionnelle entre les hommes et les femmes. Ce problème est résolu par la dénonciation par la France de la Convention n°89 de l'OIT, avec lequel le Code de travail français était en accord.

La Cour de justice a sensiblement infléchi en 1993 la position qu'elle avait adoptée dans l'arrêt *Stoeckel* en 1991. Dans cet arrêt, tout en rappelant que le juge national doit assurer le respect de la directive 76/207, elle le soustrait à cet impératif. Elle l'invite à appliquer la règle nationale qui lui est contraire si l'application d'une telle disposition est nécessaire pour assurer l'exécution, par l'Etat

---

1072 CJCE, opinion 2/91, Rec., 1993, p. I-1061

1073 CATALA Nicole, « Politique sociale européenne », Juris Cl. Europe, Fasc. 600, p. 14.

1074 CJCE, arrêt du 25 juillet 1991, Stoeckel, aff. C-345/89, Rec., p. I-407.

membre concerné, d'obligations résultant d'une convention conclue antérieurement à l'entrée en vigueur du Traité avec des Etats tiers[1075]. La prééminence du droit communautaire affirmée par l'arrêt *Stoeckel* se trouve ainsi nuancée. C'est au juge national de vérifier qu'elles sont les obligations qui s'imposent, en vertu d'une convention internationale antérieure, à l'Etat membre concerné.

Ces principes ont été à nouveau énoncés dans une décision du 3 février 1994[1076]. Ainsi, le droit national pris en exécution d'une convention internationale, et en particulier une convention de l'OIT, n'est plus évincé purement et simplement par le droit communautaire. Dans la mesure où cela est nécessaire, ce dernier cède le pas à la convention internationale dès lors que celle-ci est antérieure.

§ 2: De la libre circulation des ressortissants communautaires au débat sur la notion de droit fondamental/liberté fondamentale

L'objet des traités fondateurs étant la mise en place et le développement d'une communauté économique, les libertés fondamentales concernées en premier lieu sont les droits économiques et sociaux. C'est à ce niveau que les difficultés apparaissent car la protection juridique de ces droits n'a pas reçu, dans les divers systèmes nationaux des Etats membres la même consécration juridictionnelle et les droits économiques et sociaux présentent des difficultés particulières en ce qui concerne leur structure juridique et leur mise en œuvre. Il s'agit des « droits à » par opposition au « droits de » apparus dans le régime traditionnel des droits de l'homme. Pourtant, même si les droits sociaux fondamentaux supposent une intervention active des pouvoirs publics destinés à les garantir, ces droits ne peuvent souvent pas générer un droit subjectif direct autorisant une revendication judiciaire immédiate de leur titulaire à l'encontre des pouvoirs publics ou des tiers[1077].

Toutefois, la jurisprudence de la Cour de justice est révélatrice en ce qui concerne la consolidation de la place des droits sociaux dans l'ordre juridique communautaire. Développée en particulier pour préciser la portée exacte des dispositions du droit primaire et secondaire relatives aux libértés fondamentales, cette jurisprudence donne lieu à un développement juridique significatif

---

1075 CJCE, arrêt du 2 août 1993, Levy, aff. C-158/91, Rec., p. I- 4287.

1076 CJCE, arrêt du 3 février 1994, Office national de l'emploi c/ Minne, aff. C-13/93, Rec., p. I- 373.

1077 VOGEL-POLSKY Eliane et VOGEL Jean, *L'Europe Sociale 1993 : Illusion, alibi ou réalité ?*, Editions de l'Université de Bruxelles, 1991, p. 149.

constitué par la mise en balence des droits et libertés fondamentaux. Pour saisir la portée de ce développement, il convient d'étudier d'abord la libre circulation comme une liberté fondamentale à la lumière de la jurisprudence de la Cour (**A**), avant d'essayer de cerner le débat droit fondamental/libérté fondamentale dans le contexte communautaire (**B**). L'approche nous parait d'autant plus justifiée qu'elle fournira des éléments d'appréciation relatifs au processus de transformation dont la Communauté/Union fait l'objet.

A) La libre circulation, une liberté fondamentale du ressortissant communautaire

1. La nature de la libre circulation : une jurisprudence hésitante

La libre circulation des personnes est une revendication permanente au titre des droits de l'homme. Elle n'est cependant que partiellement satisfaite par la Convention européenne des Droits de l'Homme et par la Charte sociale européenne. Comparativement le droit communautaire apparaît particulièrement original[1078]. Si l'on se réfère à la jurisprudence de la Cour, il n'y a pas de doute qu'il s'agit un droit fondamentaul, même si elle a été extrêmement réservée au départ. L'interprétation de certains droits sociaux fondamentaux reconnus explicitement par le traité, soit dans le cadre de la libre circulation des personnes, soit dans celui des rémunérations féminines et masculines pour un même travail, ou celui du droit à la non-discrimination, s'est faite par conséquent dans l'optique des finalités à atteindre et des objectifs du traité. A de nombreuses reprises, la Cour de justice a donné des interprétations novatrices à des notions rattachées au droit communautaire, comme par exemple la notion de « travailleur communautaire »[1079] ou l'éxtension du droit de séjour[1080] aux membres de famille à la charge du travailleur[1081] ou encore le contenu et l'ampleur des avantages sociaux en y incluant des bourses d'études et l'accès à toutes formes d'enseignement[1082].

S'agissant des articles relatifs à la libre circulation dans le traité, ils sont considérés à travers cette jurisprudence comme « principe fondamental du droit communautaire »[1083], « principe fondamental de la libre circulation des

---

1078 COHEN-JONATHAN Gérard, *Aspects européens des droits fondamentaux,* Montchrestien, 1999, p. 147.

1079 CJCE, arrêt du 19 mars 1964, Unger, aff.75/63, Rec., p. 351.

1080 CJCE, arrêt du 8 avril 1976, Royer, aff. 48/75, Rec., p. 497.

1081 CJCE, arrêt du 18 juin 1987, CPAS de Courcelles c. Lebon, aff. 316/85, Rec., p. 281.

1082 CJCE, arrêt du 3 juillet 1974, Cassagrande c. ville de Munich, aff. 9/74, Rec., p. 773.

1083 CJCE, arrêt du 4 décembre 1974, Van Duyn, aff. 41/74, Rec., p. 1337.

personnes »[1084], « libre circulation des personnes »[1085], « des dispositions fondamentales de la Communauté »[1086]. La liberté est qualifiée tour à tour « de règle essentielle »[1087], « de ce principe fondamental »[1088] ou encore de « liberté fondamentale »[1089] du ressortissant communautaire. Cette dernière qualification est reprise également par les jurisprudences *Reina*[1090], *Lawrie-Blum*[1091], *Blaizot*[1092], Luisi et *Carbone*[1093] et *Kempf*[1094]. Dans la jurisprudence *The Queen*[1095] la Haute juridiction rappelle qu'elle a admis dans l'arrêt *Watson et Belmann*[1096] que les dispositions des articles 48 à 52 du traité, devenus, après modification, articles 39 à 42 TCE, ainsi que celles du règlement 1612/68 du Conseil, relatif à la libre circulation des travailleurs à l'intérieure de la Communauté, de la directive 68/360 du Conseil relative à la suppression des restrictions au déplacement et au séjour des travailleurs dans les Etats membres et de leur famille à l'intérieur de la Communauté et de la directive 73/48, mettaient en œuvre un principe fondamental consacré par le traité. Partant du constat que l'ensemble des dispositions relatives à la libre circulation des personnes visent à faciliter, pour les ressortissants communautaires, les activités professionnelles de toute nature sur l'ensemble du territoire de la Communauté, la Cour affirme dans son arrêt *Micheletti*[1097] qu'un Etat membre ne pourrait restreindre les effets d'attribution de la nationalité par un autre Etat membre, en exigeant une condition supplémentaire pour la reconnaissance de cette nationalité en vue de l'exercice d'une liberté fondamentale prévue par le traité. Dans l'arrêt *Calfa*[1098], la Cour poursuit dans la même perspective en

---

1084 CJCE, arrêt du 24 février 1975, Bonsignore, aff. 67/74, Rec., p. 297.
1085 CJCE, arrêt du 13 février 1985, Gravier, aff. 293/83, Rec., p. 593.
1086 CJCE, arrêt du 28 avril 1977, Thieffry c. Conseil de l'Ordre des avocats de Paris, aff. 71/76, Rec., 765.
1087 CJCE, arrêt du 14 décembre 1962, Commission c. Belgique et Luxembourg, aff. Jointes 2 et 3/62, Rec., 813.
1088 CJCE, arrêt du 7 février 1985, Procureur de la République c. A.D.B.H.U., aff. 240/83, Rec., 531.
1089 CJCE, arrêt du 14 juillet 1983, Procédure pénale c. Sandoz, aff. 174/82, Rec., 2445.
1090 CJCE, arrêt du 14 janvier 1982, aff. 65/81, Rec., p. 33.
1091 CJCE, arrêt du 13 juillet 1986, aff. 66/85, Rec., p. 2121.
1092 CJCE, arrêt du 2 février 1988, aff. 24/86, Rec., p. 379.
1093 CJCE, arrêt du 31 janvier 1984, aff. Jtes 286/82 et 26/83, Rec., p. 377.
1094 CJCE, arrêt du 3 juin 1986, aff. 139/85, Rec., p. 1741.
1095 CJCE, arrêt du 7 juillet 1992, aff. C-370-90, Rec., p. I-04265.
1096 CJCE, arrêt du 7 juillet 1976, aff. 118/75, Rec., p. 1185.
1097 CJCE, arrêt du 7 juillet 1992, aff. C-369-90, Rec., p. I-04239.
1098 CJCE, arrêt du 19 janvier 1999, aff. C-348-96, Rec., p. I-11.

affirmant « qu'une telle sanction constitue une entrave aux libertés fondamentales » énoncées dans le traité.

En ce qui concerne la liberté de circulation elle-même, l'un des arrêts les plus significatifs est assurément l'arrêt *Bosman*[1099], qui a eu un retentissement considérable dans le monde du football professionnel à l'échelle communautaire. Les questions posées à la Cour étaient les suivantes : l'article 39 TCE, ancien article 48 du traité interdit-il à un club de football d'exiger le paiement d'une somme d'argent lorsque le joueur est engagé, en fin de contrat, par un club d'un autre Etat membre ? Et, cet article s'oppose-t-il aux clauses de nationalités, figurant dans les règlements de l'UEFA et de la plupart des associations nationales des Etats membres, en ce qui concerne l'alignement des joueurs lors des matches de compétition? La Cour a jugé que l'article 39 TCE s'opposait tant à l'application des règles relatives aux transferts qu'à la clause de nationalité. Sur le plan juridique, l'arrêt de la Cour n'a pas constitué une surprise, car, déjà dans ses arrêts *Walrave*[1100] et *Donà*[1101], la Cour avait estimé que l'exercice du sport, dans la mesure où il constitue une activité économique, relève du droit communautaire. En particulier dans l'arrêt *Walrave*, la Cour avait considéré que l'article 39 TCE ne régissait pas seulement l'action des autorités publiques mais également les réglementations privées concernant le travail salarié. Ces positions ont été rappelées dans l'arrêt *Bosman* et la Cour a rejeté plusieurs arguments. Ainsi, elle a estimé que l'analogie proposée entre le sport et la culture, domaine dans lequel la Communauté ne dispose que de compétences limitées, était sans pertinence dès lors que les questions posées par le juge national concernaient la libre circulation des travailleurs. De même, ont été écartés les arguments tirés de la liberté d'association et du principe de subsidiarité. D'une part, les règles relatives aux transferts ne sont pas nécessaires pour garantir la liberté d'association et n'en constituent pas une conséquence inéluctable. D'autre part, le principe de subsidiarité ne peut avoir pour effet de limiter les droits que le traité confère aux particuliers.

La Cour a également rejeté les arguments avancés pour justifier l'entrave à la libre circulation des travailleurs[1102]. Tout en reconnaissant l'importance sociale

1099 CJCE, arrêt du 15 décembre 1995, aff. C-415/93, Union royale belge des sociétés de football association ASBL e.a c/ Jean-Marc Bosman, Rec., p.I 4921.

1100 CJCE, arrêt du 12 décembre 1974, aff. 36/74, BNO Walrave, LJN Koch C. Association Union cycliste internationale, Rec., p. 1405.

1101 Ibid.

1102 Voir également les arrêts Van Duyn, Bonsignore, Reina, Adoui et Cornouille, Espagne, Calfa, MRAX précités.

du sport et notamment du football, la Cour a considéré que les règles relatives aux transferts ne sont pas de nature à assurer le maintien de l'équilibre financier et sportif dans le monde du football puisqu'elles empêchent les clubs les plus riches de s'assurer les services des meilleurs joueurs sur le marché[1103].

2. *L'extension familiale de la libre circulation*

L'extension, faite par la réglementation communautaire du droit à la libre circulation aux conjoints et membres de la famille du travailleur communautaire, s'est avérée un dispositif d'une très grande capacité intégratrice[1104]. Quelle que soit leur nationalité, le bénéfice des droits issus de la libre circulation des travailleurs est étendu aux conjoints, aux enfants et aux parents du travailleur suivant un critère de dépendance économique[1105]. Cette extension comprenant les travailleurs indépendants et les familles des personnes non-actives, est relative aux directives du 28 juin 1990 sur le droit de séjour généralisé, sur les retraites, ainsi que la nouvelle directive du 29 octobre 1993, sur le droit de séjour des étudiants.

Dans l'affaire *Cabanis*[1106], la Cour de justice abolit l'ancienne distinction, en matière de droits sociaux, entre les droits propres et les droits dérivés dont peuvent bénéficier les membres de la famille d'un travailleur tout en disant :

> « La distinction entre droits propres et droits dérivés (...) peut avoir pour conséquence de porter atteinte à l'exigence fondamentale de l'ordre juridique communautaire que constitue l'uniformité d'application de ses règles, en faisant dépendre leur applicabilité aux particuliers de la qualification de droit propre ou de droit dérivé donné pour la législation nationale applicable aux prestations en cause, au regard des particularités du régime interne de sécurité sociale».

La logique de rattachement au travailleur voulait que les membres de la famille ne puissent bénéficier de droits que lorsque ces derniers étaient dérivés de la qualité du travailleur, de leur conjoint ou de leur parenté. Ainsi l'arrêt Canabis reconnaîtra à une ressortissante française, qui avait résidé aux Pays-Bas avec son mari défunt, le droit de bénéficier d'une pension de retraite qui, dans le droit hollandais n'est nullement lié à la situation ou a l'histoire professionnelle du

---

1103 JACOBS Francis G., *La jurisprudence de la Cour de Justice des Communautés Européennes,* op. cit., p. 38.

1104 Blanca Vilà Costa, « La notion générale du travailleur », in *Trente ans de libre circulation des travailleurs en Europe,* op. cit., 78.

1105 CJCE, arrêt du 3 juillet 1974, aff. 9/74, Conato Casagrande c. Landeshauptstadt München, Allemange, Rec., p. 773.

1106 CJCE, arrêt du 30 avril 1996, aff. C-308/93, Bestuur van de Sociale Verzekeringsbank c. J-M. Cabanis-Issarte, Rec., p. I-2097.

conjoint, mais constitue un droit personnel pour tout résident ayant atteint l'âge de la retraite.

Dans l'arrêt *Gravier*[1107], la Cour élargit le champ d'application personnel du traité au-delà des travailleurs ou des membres de leur famille en y incluant les étudiants. La Cour réalisera un autre élargissement du champ d'application personnel du traité en y insérant les touristes, en qualité de destinataires de prestations de services. Il s'agit de plus en plus de libre circulation des travailleurs. C'est le cas de l'arrêt Cowan[1108], où un ressortissant britannique, victime lors d'un séjour à Paris d'une violente agression dont les auteurs n'ont pu être identifiés. Il a pu avec succès réclamer une indemnité pour acte intentionnel de violence alors qu'il était en séjour à l'étranger, puisque la qualification de cette indemnité comme avantage social au sens du droit communautaire la faisait entrer dans le champ d'application matériel du traité, les deux conditions d'application de l'article 12 TCE, ancien article 6, sur l'égalité de traitement étant réunies. S'il est vrai qu'au-delà des travailleurs furent inclus dans le champ d'application personnel du traité les étudiants et les touristes, il n'en reste pas moins que les ressortissants communautaires qui ne sont ni travailleurs, ni touristes, ni résidents, ni membres de la famille d'un travailleur, doivent encore, pour séjourner dans un Etat membre de la Communauté autre que le leur, démontrer qu'ils ont des moyens d'existence suffisants ainsi qu'une assurance sociale. La jouissance des droits fondamentaux offerts par le traité reste donc subordonnée à une certaine capacité économique[1109].

La jurisprudence bien établie de la Cour de justice que nous venons d'évoquer montre bien l'insistance de la Haute juridiction communautaire sur la nature de « liberté » de la libre circulation des personnes. Il convient de constater que la Communauté européenne n'avait aucune vocation en matière de droits fondamentaux et que les textes institutifs ne faisaient aucune référence à la question des droits et libertés, mis à part la liberté de circulation, le principe de non-discrimination et l'égalité de rémunération. Cette tendance bien particulière de la constitution économique semble se poursuivre même après l'adoption du traité de Maastricht qui consacre la citoyenneté de l'Union. Toutefois, la Cour de justice ne manque pas de tirer les conséquences du rattachement, depuis le traité

1107 CJCE, arrêt du 13 février 1985, aff. 293/83, Françoise Gravier, c. Ville de Liège, Rec., p. 593.

1108 CJCE, arrêt du 2 février 1989, aff. 186/87, Ian William Cowan c. Trésor Public, Rec., p. 195.

1109 WHATELET Melchior, « Citoyenneté et libre circulation dans la jurisprudence », in *Trente ans de libre circulation des travailleurs en Europe*, op. cit., p. 282.

de Maastricht, de la liberté de circulation à la citoyenneté de l'Union. S'intégrant plutôt dans le processus de constitutionnalisation politique, cet aspect sera étudié dans la Deuxième Partie de notre travail. Nous nous attarderons à présent sur la relation entre les droits fondamentaux et les libertés fondamentales.

B) Débat sur la notion de droit fondamental/liberté fondamentale

Selon une jurisprudence bien établie, le respect des droits fondamentaux dont la Cour assure le respect en tant que principes généraux du droit communautaire s'impose à tous les Etats membres dans la réalisation du Marché intérieur. A ce niveau, des interrogations s'imposent : quel est le rapport entre les droits fondamentaux[1110] et les libertés fondamentales dans le fonctionnement du Marché intérieur ? Comment les exigences de la protection des droits fondamentaux s'insèrent-elles dans l'application des règles régissant les libertés fondamentales ?

La Cour, jusqu'à présent, a intégré les exigences d'une telle protection de trois manières dans son application du traité[1111]. D'abord, le respect des droits fondamentaux tels que reconnus par le droit communautaire a été imposé par la Cour aux Etats membres pour autant qu'ils agissent dans le champ d'application du droit communautaire[1112]. Puis, le respect des droits fondamentaux tels que reconnus par le droit communautaire a été introduit comme une limite à leur faculté d'invoquer des dérogations aux libertés fondamentales[1113]. Enfin, la protection des droits fondamentaux, tels que reconnus par les constitutions nationales, a été

1110 Les droits fondamentaux se réfèrent aux droits de l'homme tels que contenus dans la CEDH et résultant des traditions communes des Etats membres. Alors que le terme « liberté fondamentale » se réfère aux quatre libertés bien commues : la libre circulation des biens, des services, du capital et des personnes. La différence essentielle entre droits fondamentaux et libertés fondamentales et qu'il y a une dichotomie en ce qui concerne leur contenu. Corollairement les libertés ne procurent pas de droit fondamental. Elles procèdent plutôt de considérations économiques et de protection des libertés fondamentales ne donne lieu à l'apparition de droit fondamental qu'accidentellement. Voir KOMBOS Costas, « Fundamental Rights and Fundamental Freedoms: A Symbiosis on the Basis of Subsidiarity », European Public Law, pp. 433–460, ici p. 435.

1111 ALEMANNO Alberto, « A la recherche d'un juste équilibre entre libertés fondamentales et droit fondamentaux dans le cadre du marché intérieur », RDUE, 4/2004, pp. 709–751, ici p. 712.

1112 Parmi l'abondante jurisprudence voir en particulier CJCE, arrêt du 13 juillet 1989, Wachauf, C-5-88, Rec., p. 19 ; CJCE, arrêt du 4 octobre 1991, Grogan, aff. C-159/90, Rec., I-4685.

1113 CJCE, arrêt du 25 juillet 1991, Stichting, aff. C-288/89, Rec., p. I-4007.

invoquée par des Etats membres pour justifier une restriction à l'une des libertés fondamentales du traité[1114]. Selon une jurisprudence constante, les droits fondamentaux, résultant d'une « opération de filtrage opérée à partir des traditions constitutionnelles communes[1115], font partie intégrante des principes généraux du droit dont la Cour assure le respect »[1116]. Sur la base de cette formule la Cour se déclare compétente pour vérifier la conformité de toute mesure nationale avec les droits fondamentaux reconnus par le droit communautaire. En d'autres termes, lorsqu'un Etat membre adopte une mesure, celle-ci n'est pas seulement soumise au respect des interdictions de restrictions aux échanges, mais elle doit de plus ne pas être incompatible avec les droits fondamentaux reconnus par le droit communautaire[1117]. Il ressort de ce qui précède que dans les deux première situations l'intégration des droits fondamentaux réalisée par la Cour de justice dans l'application des règles régissant le Marché intérieur laisse une certaine marge de manœuvre aux Etats membres, alors que dans le dernier cas l'exigence de protéger les droits fondamentaux a été soutenue par des Etats membres qui ont invoqué les droits fondamentaux consacrés par leur constitutions nationales[1118]. En effet, ces affaires soulèvent pour la première fois la problématique de l'intégration des droits fondamentaux tels que reconnus par les constitutions nationales dans le cadre d'application des règles régissant le Marché intérieur. Il est par conséquent question de déterminer la façon de concilier les libertés fondamentales établies par le traité avec la protection des droits fondamentaux tels que reconnus par les constitutions nationales.

Le juge communautaire se trouve confronté, dans l'affaire *Schmidberger*[1119], à un conflit direct entre la réalisation de la libre circulation des marchandises et la protection des droits fondamentaux. En effet, aucun Etat membre n'avait auparavant invoqué la nécessité de sauvegarder les droits de l'homme pour justifier

---

1114 JCE, arrêt du 12 juin 2003, Schmidberger, aff. C-112/00, Rec., p. I-5659 ; CJCE, arrêt du 14 octobre 2004, Omega, aff. C-36/02.

1115 Selon la terminologie de SIMON Denys, *Le systeme juridique communautaire,* 2001, p. 359.

1116 CJCE, arrêt du 17 décembre 1970, Internationale Handelsgesellschaft, aff. C-11/70, Rec., p. I-1125.

1117 CJCE, arrêt du 25 mars 2004, Karner, aff. C-71/02, Rec., p. 49.

1118 ALEMANNO Alberto, « A la recherche d'un juste équilibre entre libertés fondamentales et droit fondamentaux dans le cadre du marché intérieur », RDUE, op. cit, p. 715.

1119 CJCE, arrêt du 12 juin 2003, Schmidberger, aff. C-112/00, Rec., p. I-5659.

l'atteinte portée à l'une des libertés de circulation prévues par le TCE[1120]. Cette affaire démontre cependant que les Etats membres peuvent être amenés à entraver la libre circulation des marchandises pour des raisons tenant au respect des droits de l'homme et qu'il appartient à a Cour de justice de concilier les intérêts en présence. En l'espèce, la juridiction de renvoi interroge la Cour sur la question de savoir si le fait pour les autorités compétentes d'un Etats membre de ne pas avoir interdit un rassemblement à finalités environnementales, qui a pour effet le blocage complet, pendant près de trente heures, d'une voie de communication importante telle que l'autoroute du Bremer, constitue une entrave non justifiée au principe fondamental de libre circulation des marchandises prévu aux articles 28 et 29 du Traité CE. Avant de répondre à la question préjudicielle la Cour rappelle que la libre circulation des marchandises constitue « l'un des principes fondamentaux de le Communauté »[1121]. Ce principe fondamental est mis en œuvre par les articles 28 et 29 du traité qui, selon jurisprudence *Dassonville*[1122], « doivent être compris comme tendant à l'élimination de toutes entraves, directes ou indirectes, actuelles ou potentielles, aux courants d'échanges dans le commerce intracommunautaire »[1123]. A la lumière de cette considération, la Cour parvient dans son arrêt Fraises[1124], à considérer que l'article 28 ne prohibe pas seulement les mesures d'origine étatique qui créent des restrictions au commerce entre Etats membres, mais peut également s'appliquer lorsqu'un Etat membre s'abstient de prendre les mesures requises pour faire face à des entraves à la libre circulation des marchandises qui ne sont pas d'origine étatique. Par conséquent, le fait pour un Etat membre de s'abstenir d'adopter des mesures adéquates pour empêcher les restrictions à la libre circulation créées par des particuliers, est de nature à entraver les échanges intracommunautaires. Dans cette perspective, les articles 28 et 29 du traité CE, lus en combinaison de l'article 5 TCE, imposent aux Etats membres non seulement de ne pas adopter des actes ou de comportements susceptibles de constituer un obstacle aux échanges, mais également de prendre toutes les mesures nécessaires pour assurer, sur leur territoire, le respect de la libre circulation des marchandises.

1120 VIAL Claire, « Libre circulation des marchandises et protection des droits fondamentaux : à la recherche d'un équilibre », RTDH, 58/2004, pp. 439–459.

1121 Point 51 de l'arrêt.

1122 CJCE, arrêt du 11 juillet 1974, Dassonville, aff. C-8/74, Rec., p. I-837.

1123 Point 56 de l'arret.

1124 CJCE, arrêt du 9 décembre 1997, Commission c/ France, aff. C-265/95, Rec., p. 29.

A la lumière des ces considérations[1125], la Cour déclare que le défaut d'interdiction du rassemblement de la part des autorités compétentes nationales, qui a entraîné le barrage d'une voie de communication importante, est de nature à restreindre le commerce intracommunautaire de marchandises et « … doit être considéré comme constituant une mesure d'effet équivalent à des restrictions quantitatives, en principe incompatible avec les obligations du droit communautaire résultant des articles 28 et 29 du TCE, lus en combinaison avec l'article 5 de celui-ci… »[1126]. Ce constat étant fait, la Cour cherche à vérifier si l'objectif poursuivi par les autorités nationales en autorisant la manifestation serait susceptible de tenir en échec les obligations régissant la libre circulation des marchandises. Cela revient à poser, dans le cadre de la Constitution économique, la question de savoir si le respect des droits fondamentaux des manifestants, en matière de liberté d'expression et de réunion pourrait prévaloir sur la libre circulation des marchandises. Il y a lieu de rappeler que la libre circulation des marchandises est souvent qualifiée de principe fondamental[1127], voire de principe général du droit communautaire[1128]. Il s'agit en effet d'une liberté essentielle à l'établissement du marché intérieur, l'un des principaux objectifs que poursuivent les Communautés dans le cadre de la Constitution économique.

Selon la Cour, le respect des droits fondamentaux, s'imposant tant aux Etats membres qu'à la Communauté, constitue un « intérêt légitime » de nature à justifier une restriction à une liberté garantie par le Traité, comme la libre circulation des marchandises[1129]. Cet intérêt légitime est-il susceptible de justifier une restriction à libre circulation des marchandises ? Or, comme nous savons que, depuis la jurisprudence *Cassis de Dijon*[1130], la libre circulation des marchandises peut, sous certaines conditions faire l'objet de restrictions pour les raisons énumérées à l'article 30 du Traité CE ou au titre des exigences impératives d'intérêt général, les droits fondamentaux sont également susceptibles de faire l'objet de certaines limitations justifiés par les objectifs d'intérêt général. Dans ce contexte la Cour met l'accent sur la nécessité de mettre en balance les intérêts en présence

---

1125 MORJIN John, « Balancing Fundamental Rights and Common Market Freedoms in Union Law: Schimidberger and Omega in light of the European Constitution», European Law Journal, Vol. 12, n°1, january 2006, pp. 15–40, ici p. 24.

1126 Arrêt Schmidberger, point 60.

1127 CJCE, arrêt du 10 décembre 1968, Commission c. l'Italie, aff. 7/68, Rec., p. 617.

1128 BOULOUIS Jean, « Principes généraux », Encyclopédie Dalloz, Répertoire Droit communautaire, avril 1992, pp. 5–6.

1129 Arrêt Schmidberger, point 74.

1130 CJCE, arrêt du 20 février 1979, Rewe-Zentral, aff. C-120-78, Rec., p. 649.

et déterminer, « eu égard à l'ensemble des circonstances de chaque espèce », si un juste équilibre a été respecté entre ces intérêts[1131]. Elle constate que « dans les circonstances telles que du cas de l'espèce », les autorités nationales compétentes n'auraient pas pu interdire cette manifestation sans donner lieu à « une interférence inacceptable dans les droits fondamentaux des manifestants de se réunir et d'exprimer paisiblement leur opinion publique »[1132]. Elle parvient ainsi à justifier la décision des autorités nationales d'autoriser la manifestation car « le rassemblement ne pouvait pas en l'occurrence être atteint par des mesures moins restrictives des échanges communautaires »[1133]. Il apparaît ainsi que les autorités nationales sont tenues au respect des droits de l'homme lorsqu'elles doivent assurer la libre circulation des marchandises sur leur territoire, ce qui implique que des restrictions peuvent être apportées à cette liberté pour des motifs tenants à la sauvegarde des droits fondamentaux. C'est d'ailleurs ce qu'affirme la Cour dans l'arrêt *Schmidberger* les droits des manifestants priment le principe de l'interdiction des obstacles au commerce intracommunautaire.

La jurisprudence *Omega*[1134] s'inscrit dans la ligne jurisprudentielle *Schmidberger* et concerne les restrictions qui peuvent être apportées à la libre circulation, en l'espèce la libre prestation de services, sur le fondement de la dignité humaine, telle qu'énoncée par une constitution nationale[1135]. Cet arrêt aussi concerne une sorte de mise en balance entre la libre prestation de services et la protection des droits fondamentaux. Au cœur de cette jurisprudence se trouve l'interprétation des traditions constitutionnelles communes aux Etats membres comme source des droits fondamentaux faisant partie des principes généraux de droit dont la Cour assure le respect[1136]. En d'autres termes, jusqu'au quel point un Etat membre peut-il s'appuyer sur les valeurs consacrées par son droit constitutionnel pour prendre des mesures qui certes protégent l'ordre public mais au prix d'une mise en cause des libertés fondamentales du traité CE ? En effet, « si l'on considère que la protection des droits fondamentaux est assurée en droit communautaire par

---

1131 Arrêt Schmidberger, point. 81.

1132 Ibid, point 89.

1133 Ibid, poit 93.

1134 CJCE, arrêt du 14 octobre 2004, Omega, aff. C-36/02 ; Conclusions de l'avocat général Mme STIX-HACKL, présentées le 18 mars 2004.

1135 STREHO Imola, « Cour de justice, 14 octobre 2004, Omega », R.A.E, 2003–2004/4, pp. 681–685.

1136 MORJIN John, « Balancing Fundamental Rights and Common Market Freedoms in Union Law: Schimidberger and Omega in light ou the European Constitution», European Law Journal, Vol. 12, n°1, january 2006, op. cit., p. 33.

la reconnaissance des principes généraux qui sont tirés notamment des traditions constitutionnelles communes aux Etats membres, force est de conclure, par rapport à la question du renvoi que la nécessité supposée d'une conception commune à tous les Etats membres pour trancher un cas d'espèce au regard des droits fondamentaux relève en filigrane l'existence d'un conflit direct entre les libertés fondamentales- ici la libre circulation des services- et les droits fondamentaux reconnus par le droit communautaire »[1137].

La Cour constate que la mesure litigieuse affecte la libre circulation des services garantie par 49 du Traité CE. La cour par la suite déplace son analyse sur le terrain des justifications afin de vérifier si l'objectif poursuivi par les autorités nationales lors de la décision d'interdiction était susceptible de faire échec aux obligations découlant des règles de libre prestation de services. Ce faisant, elle rappelle que, « selon une jurisprudence constante, les droits fondamentaux font partie intégrante des principes généraux du droit dont la Cour assure le respect et que, à cet effet, cette dernière s'inspire des traditions constitutionnelles communes aux Etats membres ainsi que des indications fournies par les instruments internationaux concernant la protection des droits de l'homme auxquels les Etats membres ont coopéré ou adhéré »[1138]. Nous savons que la Convention européenne revêt dans ce contexte une signification particulière[1139]. Se fondant sur les conclusions de l'avocat général, la Cour reconnaît que « l'ordre juridique communautaire tend indéniablement à assurer le respect de la dignité humaine en tant que principe général du droit »[1140]. Ainsi, l'objectif poursuivi par l'Etat allemand de protéger la dignité humaine est compatible avec le droit communautaire. La Cour a conclu que le droit communautaire ne s'oppose pas à ce qu'une activité économique, consistant dans l'exploitation commerciale de jeu de simulation d'actes d'homicides, fasse l'objet d'une mesure nationale d'interdiction adoptée

1137 Conclusions de l'avocat général Mme Stix-Hackl, présentées le 18 mars 2004, dans l'affaire Omega, C-36/02, p. 42.

1138 CJCE, Omega, arret précité, point 33.

1139 Voir, notamment, CJCE, arrêt du 18 juin 1991, ERT, aff. C-260/89, Rec., p. I-2925, point 41; CJCE, arrêt du 6 mars 2001, Conolly c. Commission, aff. C-274/99, Rec., p. I-1611, point 37; CJCE, arrêt du 22 octobre 2002, Roquette Frères, aff. C-94/00, Rec., p. I-9011, point 25; CJCE, arrêt du 12 juin 2003, Schmidberger, aff. C-112/00, Rec., p. I-5659, point 71.

1140 Point 34 de l'arrêt.

pour des motifs de protection de l'ordre public en raison du fait que cette activité porte atteinte à la dignité humaine[1141].

Les 11 et 18 décembre 2007, la Cour de justice a rendu deux arrêts portant sur des actions collectives transnationales et mettant en question les libertés économiques d'établissement et de prestation de services[1142]. L'affaire Viking concerne la liberté d'établissement. En l'éspèce, *Viking Line ABP*, un exploitant finlandais de services de ferry entre Helsinki et Tallin souhaitait transférer son lieu d'établissement vers l'Estonie pour profiter de niveaux de salaires inférieurs et fournir ses services depuis ce pays. Le FSU, syndicat finlandais de marins, soutenu par ITF, l'association internationale de syndicats, a tenté d'empêcher cette délocalisation et menacé la société de grève et de boycotts si celle-ci devait déménager sans maintenir les niveaux de salaires qu'elle pratiquait alors. Il était question, dans le cadre de cet arrêt, de savoir si, entre autres, la mise en œuvre par une association de syndicats d'une politique selon laquelle les navires devraient battre le pavillon du pays dans lequel se trouve la propriété effective et le contrôle du navire, de sorte que, les syndicats établis dans le pays de la propriété effective d'un navire, ont le droit de conclure des conventions collectives de travail en ce qui concerne ce navire, respecte-elle un juste équilibre entre, d'une part, le droit social fondamental de mener une action collective et, d'autre part, la liberté d'établissement et la libre prestation des services. La Cour, rappelant sa jurisprudence *Schmidberger*, observe

> « que le droit de mener une action collective qui a pour but la protection des travailleurs constitue un intérêt légitime de nature à justifier, en principe, une restriction à l'une des libertés fondamentales garanties par le traité et que la protection des travailleurs figure parmi les raisons impérieuses d'intérêt général déjà reconnues par la Cour »[1143].

La Haute juridiction communautaire ajoute que l'action de la Communauté comporte non seulement « un marché intérieur caractérisé par l'abolition, entre les Etats membres, des obstacles à la libre circulation des marchandisess, des personnes, des services et des capitaux », mais également « une politique dans le domaine social »[1144]. La Communauté « ayant non seulement une finalité

1141 ALEMANNO Alberto, « A la recherche d'un juste équilibre entre libertés fondamentales et droit fondamentaux dans le cadre du marché intérieur », RDUE, 4/2004, op. cit., p. 728.

1142 CJCE, arrêt du 11 décembre 2007, ITF et FSU c/ Viking, aff. C-438/05, non encore publié dans le recueil ; CJCE, arrêt du 18 décembre 2007, Laval, aff. C-341/05, non encore publié dans le recueil.

1143 Point 77.

1144 Point 78.

économique, mais également une finalité sociale, les droits résultant des dispositions du traité relatives à la libre circulation des marchandise, des personnes, des services et des capitaux doivent être mis en balance avec les objectifs poursuivis par la politique sociale, parmi lesquels figurent, notamment, ainsi qu'il ressort de l'article 136, premier alinéa, CE, l'amélioration des conditions de vie et de travail, permettant leur égalisation dans le progrès, une protection sociale adéquate et le dialogue social »[1145]. Alors, la Haute juridiction communautaire considère cette affaire de deux points de vues : la conciliation d'un droit fondamental et d'une liberté fondamentale, d'une part, et la conciliation d'un droit fondamental et la protection des travailleurs. La CJCE met l'accent sur le deuxième cas de figure : le droit de mener une action collective qui a pour but la protection des travailleurs constitue un intérêt légitime de nature à justifier, en principe, une restriction à l'une des libertés fondamentales garanties par le Traité et la protection des travailleurs figure parmi les raisons impérieuses d'intérêt général déjà reconnues par la Cour. Ces restrictions peuvent être justifiées à condition qu'il soit établi qu'elles sont aptes à garantir la réalisation de l'objectif légitime poursuivi et ne vont pas au-delà de ce qui est nécessaire pour atteindre cet objectif[1146].

L'affaire *Laval* concerne la liberté de prestation de services au sein du marché commun, le détachement des travailleurs dans le domaine du bâtiment et des travaux publics, par une entreprise lettone sur des chantiers suédois. Par une action collective bloquant les chantiers, plusieurs organisations syndicales suédoises cherchent à contraindre l'entreprise à appliquer une convention collective suédoise. Cette action est-elle compatible avec la directive 96/71/CE du Parlement européen et du Conseil du 16 décembre 1996, concernant le détachement des travailleurs effectué dans le cadre d'une prestation de service et avec le principe de non discrimination ? L'action collective peut-elle avoir pour but de faire prévaloir la convention collective suédoise sur la convention collective lettone, applicable dans l'entreprise lettone ?

La Cour décide que la directive 96/71/CE ne permet pas à l'Etat membre d'accueil de subordonner la réalisation d'une prestation des services sur son territoire à l'observation des conditions de travail et d'emploi allant au-delà des règles impératives minimales. Le droit de mener une action collective doit être reconnu en tant que droit fondamental faisant partie intégrante des principes généraux du droit dont la Cour assure le respect. La circonstance que l'article 137 TCE ne s'applique ni au droit de grève, ni au droit de lock-out, n'est pas de nature à soustraire

1145 Point 79.

1146 Point 90.

une action collective telle que celle en cause au principal au domaine de la libre prestation de sevice[1147]. Aussi, le droit de mener une action collective ayant pour but la protection des travailleurs de l'Etat d'accueil contre une pratique de dumping social peut constituer une raison impérieuse d'intérêt général[1148]. Toutefois, au vu des obligations spécifiques liées à l'adhesion à la convention collective du bâtiment que les organisations syndicales cherchent à imposer aux entreprises établies dans d'autres Etats membres par une action collective, l'entrave que cette action collective comporte ne saurait être justifiée au regard d'un tel objectif[1149]. A cet égard, la Cour estime que l'entrave constituée par l'adhésion obligatoire à la convention collective du bâtiment est excessive, compte tenu du fait que l'employeur est déjà tenu de respecter un noyau de règles impératives de protection minimale dans le pays d'accueil. Quant à l'obligation d'entreprendre des négociations salariales, elle est egalement disproportionnée en l'absence de dispositions nationales suffisamment précises et accessibles pour permettre à l'entreprise de determiner quelles doivent être ses obligations en terme de salaire minimal[1150]. On le voit, ces affaires soulèvent des questions majeures, au-delà des conidérations techniques, au regard des enjeux politiques et sociaux de la construction européenne[1151].

Nous voyons qu'après l'arrêt *Schmidberger*, la Cour de justice des Communautés européenne est revenue, dans l'affaire Omega, sur la question des rapports existant entre les libertés fondamentales établies par le traité et la protection des droits fondamentaux tels que reconnus par les constitutions des Etats membres. Ces affaires invoquent la violation du droit communautaire, notamment des règles régissant les échanges de marchandises ainsi que la prestation de services, découlant respectivement de l'inaction et de l'action des autorités nationales. Elles soutiennent que la non interdiction du rassemblement dans Schmidberger, ainsi que l'interdiction du lasersport dans *Omega*, auraient pour effet de restreindre les libertés fondamentales garanties par le Traité. Cependant, les mesures des

1147 CHAUMETTE Patrick, « Les actions collectives syndicales dans le maillage des libertés communautaire des entreprises », Droit social, n°2 février 2008, pp. 210–220, ici p. 14.

1148 Voir CJCE, arrêt du 18 décembre 2007, ITF et FSU c/ Viking, aff. C-438/05, non encore publié dans le recueil, point 77.

1149 Ibid, point 110.

1150 SIMON Denys, « Libre circulation des entreprises, conventions collectives et actions syndicales », Europe, février 2008, comm. 40, pp. 18–20.

1151 Pour une lecture critique voir Alain Supiot, « Voilà l'« économie communiste de marché » », le Monde, 24 janvier 2008.

autorités publiques étaient motivées par l'exigence de protéger les valeurs fondamentales dans leurs constitutions respectives, s'agissant de la liberté d'expression dans la première affaire et du respect de la dignité humaine dans la deuxième. Dans les arrêts *Viking et Laval*, la Cour rappelle que la Communauté n'a pas seulement des objectifs économiques, mais également une finalité sociale et précise que le droit de mener une action collective est de nature à justifier une restriction à l'une des libertés fondamentales garanties par le traité. Toutefois, dans l'affaire Viking ce qui justifie la restriction à une liberté fondamentale c'est la protection des travailleurs, considérée comme une raison impérieuse d'intérêt général. La protection des travailleurs est également considérée comme une raison impérieuse, mais la restriction est jugée disproportionée.

Autrement dit, l'exigence de la Cour de justice ne va pas dans le sens de la protection des libertés fondamentales, mais dans celui des droits fondamentaux. Ainsi, ces arrêts sont indiscutablement en faveur d'une interprétation selon laquelle, pour la Cour, la protection des droits fondamentaux devient de plus en plus importante, même si c'est par une confrontation avec ce qui est considéré comme une liberté fondamentale. Aussi, il est légitime de présenter ces arrêts comme consacrant un véritable renversement de perspective, dans la mesure où jusque-là les droits fondamentaux étaient considérés à travers le prisme des objectifs du droit communautaire, en particulier les libertés fondamentales. Dorénavant c'est le droit communautaire qui, lui-même, sera interprété à l'aune des droits fondamentaux et des objectifs sociaux de l'Union. Pourquoi ? En dehors de l'argumentation juridique, qu'est-ce qui justifie aujourd'hui que la Cour de justice attache une importance plus prononcée aux droits fondamentaux? Elle va interpréter les objectifs communautaires à l'aune du respect des droits fondamentaux. En effet, dès lors que la CEE se transforme en union politique, la défense des droits fondamentaux en elle-même devient un des éléments importants de cette union qui est fondée sur une constitution, notamment sur le respect des droits fondamentaux. Par conséquent, il est tout à fait logique qu'au moment où l'union veut devenir une union politique, la défense des droits fondamentaux devienne déterminante. Cela étant, on assiste à un renversement de perspective de la part de la Cour de justice, renversement qui témoigne du passage de l'Union économique à l'Union politique.

Conclusion du chapitre 2

L'histoire de l'intégration européenne nous montre que la reconnaissance des droits fondamentaux d'une manière générale et des droits sociaux fondamentaux d'une manière particulière est un processus continu. Toutefois, les droits économiques et sociaux sont quand même les premiers consacrés au sens propre du terme et ceci, d'abord, dans le cadre de la constitution économique que nous avons étudié dans les premiers développements de notre travail. Nous avons tenté, dans le cadre de ce chapitre, de mettre en évidence l'apport particulier de la jurisprudence dans la précision du contenu et l'affirmation plus prononcée du caractère de ces droits à l'échelle de l'Union européenne. Considérés dans le contexte de la constitution économique, ces droits sont avant tout de nature sociale, dans la mesure où ils permettent de mieux mettre en évidence le caractère économique des traités fondateurs, en particulier le Traité de Rome.

Il est à souligner que la jurisprudence de la Cour a joué et joue encore un rôle déterminant dans cette perspective. C'est sur la base de cet acquis jurisprudentiel que le législateur, non sans difficultés, a pu se livrer à un processus de constitutionnalisation de nature politique des traités. Ainsi, l'égalité des rémunérations entre hommes et femmes[1152], l'élimination des discriminations fondées sur le sexe[1153], l'égalité de traitement entre les deux sexes[1154] et le libre accès à l'emploi[1155] sont consacrés comme droits (sociaux) fondamentaux dont la Cour a pour mission d'assurer le respect. Par ailleurs, la considération de l'égalité de traitement comme fondement principal de l'ordre juridique communautaire ; la consécration de l'interdiction des discriminations en raison de la nationalité comme un principe fondamental; la prohibition du licenciement de la femme enceinte et le maintien des droits du travailleur durant le congé de maternité ; le renforcement des procédures d'informations et de consultations préalables en cas de licenciement ; l'édiction de prescriptions en matière de durée de travail et de temps de repos constitutives d'un socle minimum de protection ; l'interprétation restrictive par la Cour de la réserve d'ordre public, de sécurité publique et de santé publique même si le droit des ressortissants d'un Etat membre de circuler et de séjourner sur le territoire d'un autre Etat membre n'est pas inconditionnel, sont autant d'acquis de droits sociaux dans le cadre de la Constitution économique.

Nous estimons que le développement le plus notable de la Constitution économique dans cette perspective, est la mise en balance des rapports existant entre les libertés fondamentales établies par le traité et la protection des droits fondamentaux tels que reconnus par les constitutions des Etats membres. En

1152 CJCE, arrêt du 11 mars 1981, Worringham, aff. 69/80, Rec., p. 767.

1153 CJCE, arrêt du 15 juin 1978, aff. 149/77, Defrenne III c. SABENA , Rec., p. 455, point 12.

1154 CJCE, arrêt du 20 mars 1984, Razzouk et Beydoun, aff. 75/82 et 117/82, Rec., p. 1509.

1155 CJCE, arrêt du 17 octobre 1987, Heylens, aff. 222/86, Rec., p. 4097.

effet, les arrêts *Schmidberger et Omega* concernent la violation du droit communautaire, notamment des règles régissant les échanges de marchandises ainsi que la prestation de services découlant respectivement de l'inaction et de l'action par les autorités nationales. Ils soutiennent que la non interdiction du rassemblement dans *Schmidberger*, ainsi que l'interdiction du lasersport dans *Omega*, auraient pour effet de restreindre les libertés fondamentales garanties par le Traité. Cependant les mesures des autorités publiques étaient motivées par l'exigence de protéger des valeurs fondamentales garanties par leur constitution respective, s'agissant de la liberté d'expression dans la première affaire et du respect de la dignité humaine dans la deuxième. L'exigence de la Cour de justice dans cette perspective ne va pas dans la direction d'une protection des libertés fondamentales, mais des droits fondamentaux. Ainsi, ces arrêts sont indiscutablement en faveur d'une interprétation selon laquelle, pour la Cour, la protection des droits fondamentaux devient de plus en plus importante, même si c'est par une confrontation avec ce qui est considéré comme une liberté fondamentale. Dans les jurisprudences *Viking et Laval*, la Cour, plutôt que de rechercher une conciliation droit fondamental/liberté fondamentale, considère la restriction du point de vue de la protection des travailleurs qui est un objectif de la politique sociale. C'est ainsi qu'elle précise dans le cas de l'arret *Viking* que le droit de mener une action collective qui a pour but de protéger les travailleurs justifie, en principe, une restriction à l'une des libertés fondamentales garanties par le traité. Alors que dans l'arret *Laval* elle juge que, compte tenu des circonstances en l'éspèce, une telle restriction est excessive.

Aussi, il est légitime de présenter ces arrêts comme consacrant un véritable renversement de perspective, dans la mesure où jusque-là les droits fondamentaux étaient considérés à travers le prisme des objectifs du droit communautaire, en particulier des libertés fondamentales. Dorénavant c'est le droit communautaire qui, lui-même, sera interprété à l'aune des droits fondamentaux. Alors, il est tout aussi légitime de s'interroger sur les causes de ce changement de perspective ? Autrement dit, en dehors de l'argumentation juridique, qu'est-ce qui justifie aujourd'hui que la Cour de justice attache une importance plus prononcée aux droits fondamentaux et qu'elle interprète les objectifs communautaires à la mesure du respect des droits fondamentaux. En effet, dès lors que la CEE se transforme en Union politique, la défense des droits fondamentaux en elle-même devient un des éléments importants de cette union. Toutefois, elle est fondée sur une constitution, notamment sur le respect des droits fondamentaux. Ce changement de perspective, en ce qui concerne les objectifs sociaux de la Communauté est encore plus explicite dans les jurisprudences *Viking et Laval* selon lesquelles « La Communauté ayant (…) non seulement une finalité économique, mais également une finalité sociale, les droits résultant des dispositions du traité (…) doivent être mis en balance avec les objectifs poursuivis par la politique sociale (…) »[1156]. Par conséquent, il est tout à fait logique que, au moment où l'Union veut devenir une Union politique, la défense des droits fondamentaux devienne déterminante. Le renversement de perspective de la part de la Cour ne fait que de témoigner ce passage.

C'est bien ce passage à l'Union politique qui nous permet d'étudier la Constitution européenne également d'un point de vue politique **(Deuxième Partie)**.

Conclusion du Titre 2

Afin de donner une consistance juridique à l'aspect social de la Communauté, il fallait s'interroger sur la mise en oeuvre de la politique sociale. En effet, tout comme la politique sociale qui s'est annoncée comme un aboutissement inéluctable de la constitution économique de l'Union européenne, la mise en oeuvre de celle-ci nous a conduit inévitablement à l'apparition de droits fondamentaux de nature sociale. Autrement dit, les éléments les plus fondamentaux de la politique sociale sont apparus comme devant constituer les droits sociaux fondamentaux. Nos développements dans le cadre de ce titre ont été consacrés à ce passage tout en restant dans une logique de constitution économique. Ce passage inévitable à cette notion de droits sociaux fondamentaux, à partir d'une telle logique économique, est réalisé par le législateur[1157] constituant et le législateur ayant le pouvoir des actes de droit dérivé et surtout par le juge. La démarche nous paraît d'autant plus justifiée que, contrairement à l'ordre de l'apparition historique, ce sont les droits sociaux fondamentaux qui sont les premiers consacrés dans l'ordre juridique communautaire. Dans cette perspective, l'analyse relative aux sources des droits sociaux fondamentaux en droit communautaire, a mieux fait apparaître l'apport du législateur constituant européen. A cet égard, l'œuvre du législateur européen est constitué par la Charte des droits sociaux fondamentaux des travailleurs de l'Union européenne et par l'Accord sur la politique sociale annexé au Traité de Maastricht. La prise en considération de leur articulation avec les

---

1156 CJCE, arrêt du 11 décembre 2007, ITF et FSU c/ Viking, aff. C-438/05, précité, point 79 ; CJCE, arrê du 18 décembre 2008, Laval, aff. 341/05, précité, point 105.

1157 Pour éviter les confusions, il y a lieu de préciser que, dans le cadre de notre travail, le terme « législateur » a deux significations. D'une par il définit le législateur constituant l'auteur du droit primaire. De l'autre, il concerne le législateur auteur des actes du droit dérivé.

instruments internationaux est également un élément d'enrichissement en ce qui conserne les droits sociaux fondamentaux.

La consécration des droits sociaux fondamentaux par le juge vient en quelque sorte comme une consolidation nécessaire de ce qui était en partie érigé par le législateur européen. Ainsi, tout en restant dans une logique économique, nous avons pu constater que la Cour de justice, s'est lancée dans une démarche de consécration des droits fondamentaux, tout en prenant en considération les instruments internationaux dans ce domaine. Dans cette perspective, la liberté de circulation, l'égalité de traitement comme droit fondamental, sont consacrées. Les droits des travailleurs en cas de transfert d'entreprises, la protection des salariés contre l'insolvabilité de l'employeur, le droit des travailleurs en cas de licenciements collectifs, le droit à la non-discrimination en raison de la nationalité, le droit au recours individuel, etc., sont reconnus. Les développements dans le cadre de ce titre nous ont permis, par ailleurs, de mettre en évidence que, l'exigence ne va pas dans la direction d'une protection des libertés fondamentales mais des droits fondamentaux. En effet, la protection des droits fondamentaux devient de plus en plus importante pour la Cour de justice, même si c'est par une confrontation avec ce qui est considéré comme une liberté fondamentale. En effet, il y a lieu de considérer les jurisprudences *Schmidberger*[1158] et *Omega*[1159] comme consacrant un véritable changement de perspective : jusque-là, les droits fondamentaux étaient considérés à travers du prisme des objectifs du droit communautaire, en particulier des libertés fondamentales. Dorénavant c'est le droit communautaire qui sera interprété à l'aune des droits fondamentaux, même si les récents arrêts Viking[1160] et Laval restructurent cette perspective.

Conclusion de la Première Partie

La constitution économique et en particulier sa fonction structurante a une place prépondérante dans le cadre de l'intégration européenne. A ce niveau, il est surtout question d'analyser un processus de nature économique consistant à libéraliser l'espace, en mettant en œuvre le quartet de libertés bien connu dans la littérature communautaire, tout en puisant dans le Traité de Rome, mais aussi et surtout, dans l'Acte unique européen et le Traité sur l'Union européenne de 1992. L'appellation de « constitution » dans cette perspective nous parait justifiée dans

1158 CJCE, arrêt du 12 juin 2003, Schmidberger, aff. C-112/00, Rec., p. I-5659.
1159 CJCE, arrêt du 14 octobre 2004, Omega, aff. C-36/02, Rec., p.
1160 CJCE, arrêt du 11 décembre 2007, ITF et FSU c/ Viking, aff. C-438/05, non encore publié dans le recueil.

la mesure où les lois et les principes qui structurent la Communauté européenne, y ont été étudiés. Le Traité de Rome que nous pouvons considérer comme la constitution économique de la Communauté, ne contenant pas de politique sociale, le fonctionnement de cette constitution économique a abouti inéluctablement à la politique sociale au niveau européen. Cette apparition est d'autant plus inéluctable que l'on ne peut pas se contenter de libéraliser un espace, mais il faut nécessairement mettre en oeuvre une politique sociale pour surmonter les distorsions.

Par ailleurs, tout comme la politique sociale qui s'est annoncée comme un aboutissement inéluctable de la constitution économique de l'Union européenne, la mise en oeuvre de celle-ci nous a conduit inévitablement à l'apparition des droits fondamentaux de nature sociale. Autrement dit, les éléments les plus fondamentaux de la politique sociale sont apparus comme devant constituer les droits sociaux fondamentaux. La consécration des droits sociaux fondamentaux par le juge vient en quelque sorte comme une consolidation nécessaire de ce qui était en partie initié par le législateur européen. Ainsi, tout en restant dans une logique économique, nous avons pu constater que la Cour de justice, s'est lancée dans une démarche de consécration des droits fondamentaux, tout en prenant en considération les instruments internationaux dans ce domaine.

PARTIE 2: CONSTITUTION POLITIQUE ET DROITS SOCIAUX FONDAMENTAUX

L'utilisation de la notion de constitution, ainsi que la rhétorique constitutionnelle dans les discours sur l'Union européenne, nous l'avons vu, est un phénomène relativement ancien. Au plan doctrinal, l'usage de cette rhétorique est aussi ancien que les Communautés européennes[1161]. En 1986[1162] et 1991[1163], le juge communautaire a accordé crédit aux réflexions jusqu'alors développées, en qualifiant le Traité CEE de « Charte constitutionnelle d'une Communauté de droit ». Le Parlement européen a emprunté sans tarder la même voie. Souvenons-nous du projet de Communauté politique établi par l'assemblée ad hoc en 1953, du projet Spinelli en 1984 et du projet « Herman » de Constitution européenne de 1994. Avec la rédaction de la Charte des droits fondamentaux de l'Union européenne, le mouvement vient de connaître une accélération importante. Déjà au cours de son élaboration certains ont vu dans ce texte une nouvelle avancée de la Constitution européenne. C'est ainsi que dans un discours prononcé à l'Université Humbolt de Berlin, le 12 juin 2000, le Ministre fédéral des Affaires étrangères Joschka Fischer a affirmé que la Charte formera le premier pas vers le traité constitutionnel de la « Fédération européenne »[1164]. Les Présidents italien Ciampi et allemand Rau, ont souligné la dimension constitutionnelle du projet

1161 GERKRATH Jorg, *L'émergence d'un droit constitutionnel pour l'Europe*, Bruxelles, éd. de l'ULB, 1997, p. 123.

1162 C.J.C.E, arrêt du 23 avril 1986, *Les Verts c. Le Parlement européen*, Rec., p. 1365, point 23.

1163 Avis 1/91 du 14 décembre 1991 sur le projet d'accord portant création de l'EEE, Rec., p. 6102

1164 Discours reproduit en annexe de la Constitution de l'Europe, op. cit., p173

européen à plusieurs reprises[1165]. C'est le Président de la République française, Jacques Chirac, qui a été le premier chef d'Etat européen à suggérer l'élaboration d'une constitution européenne dans un proche avenir en proposant de commencer le travail sur une constitution européenne immédiatement après le Sommet de Nice[1166]. Il est permis de penser que le premier pas sur ce chemin difficile, si l'on se souvient le destin du rapport Spinelli de 1984, qui mènera peut-être un jour à un acte qui s'appellera la Constitution européenne, soit la Charte des droits fondamentaux de l'Union européenne[1167]. La procédure nouvelle et originale, à savoir l'établissement d'une « Convention », sert également de modèle pour l'élaboration des réformes concernant l'avenir de l'Union européenne.

En effet, c'est ce nouveau modèle qui a été retenu par les chefs d'Etats et de gouvernements, lors du Sommet européen de Laeken[1168], pour élaborer des réformes tant nécessitées par l'élargissement en cours, ainsi qu'une Constitution pour l'Union européenne. Cette Convention était chargée de formuler des propositions sur trois sujets : rapprocher les citoyens du projet européen et des institutions européennes, structurer la vie politique et l'espace politique européen dans une Union élargie, faire de l'Union un facteur de stabilisation et un repère dans l'organisation nouvelle du monde. Les travaux de la Convention, qui avaient commencé le 28 février 2002 par une séance inaugurale, ont finalement abouti a l'élaboration d'un Projet de Traité instituant une Constitution pour l'Europe[1169], texte qui a recueilli un large consensus[1170] lors de la session plénière du 20 juin

---

1165 RAU Johannes, « Une constitution fédérale pour l'Europe ? », Le Monde, 4 Novembre 1999, p. 1. ; CIAMPI C., « Eine Verfassung fur Europa », Frankfurter Allgemine Zeitung, 7 juillet 2000, p. 6

1166 Le discours « Notre Europe » du 27 juin 2000 devant le Bundestag allemand, http://www.elysee.fr/disc_.htm.

1167 Les Conclusions de la Présidence, Conseil européen de Cologne, 3–4 juin 1999, annexe IV.

1168 Les Conclusions de la Présidence, Conseil européen de Laeken, 14–15 décembre 2001, http://ue.eu.int/fr/Info/eurocouncil/index.htm.

1169 Projet de Traité instituant une Constitution pour l'Europe, remis au Conseil européen réuni à Thessalonique le 20 juin 2003, OPOCE, 2003.

1170 On pourrait dire « un consensus par recoupement ». Le terme est utilisé par John Rawls pour définir sa conception politique de justice. Ainsi, une conception de la justice soutenue par un consensus par recoupement signifie qu'elle est soutenue par un consensus qui inclut les doctrines conflictuelles d'ordre religieux, philosophique ou moral, qui sont susceptibles de durer pendant des générations dans une société efficacement organisée par cette conception de la justice. Dans cette perspective, la conception politique de la justice a les caractéristiques essentielles suivantes : (i) elle est une conception morale, elle demeure conçue en vue d'un certain objet, à savoir les

2003. L'adoption d'un projet de Constitution pour l'Union européenne contribue certes de manière substantielle à la nature du débat constitutionnel au sein de l'Union, ainsi qu'à la reconnaissance des droits fondamentaux, y compris des droits sociaux fondamentaux. Toutefois, avec le Traité de Lisbonne, signé le 13 décembre 2007, le concept constitutionnel est abandonné[1171].

Avant même d'aborder le cœur du sujet, on peut faire trois observations pour suggérer que bien des malentendus se cachent derrière cet engouement pour le « discours constitutionnel européen ». D'abord, certains parlent de « constitution » européenne, avec ou sans guillemets, d'autres encore de « pacte constitutionnel »[1172] ou de « traité constitutionnel ». Ici apparaissent les premières controverses. Puis, pour d'autres, il serait d'ores et déjà permis de constater l'existence d'une Constitution européenne, alors que certains estiment que celle-ci reste largement à faire. Enfin, les plaidoyers en faveur d'une Constitution européenne sont loin d'être ambitieux. Certains[1173] ne soutiennent qu'une revendication technique et formelle de simplification : il s'agirait de réunir et de codifier à droits et institutions constants les dispositions essentielles du droit communautaire devenu illisible. Pour d'autres, la constitution européenne fournirait les remèdes aux déficits de tous ordres qui caractérisent actuellement l'Union : déficit démocratique, déficit de protection juridictionnelle etc. D'autres enfin voient la constitution européenne comme un projet de fondation politique, impliquant tout à la fois la définition des finalités de la construction européenne et l'abandon de ce fonctionnalisme pragmatique qui a, jusqu'à présent, guidé la construction européenne[1174].

---

institutions politiques, sociales et économiques ; (ii) elle ne doit pas être comprise en tant que conception morale générale et compréhensive qui s'appliquerait au domaine politique, comme si ce domaine n'était qu'un parmi d'autres ; elle ne peut être formulée dans les termes d'une doctrine religieuse, philosophique ou morale générale et compréhensive. Voir RAWLS John, *Justice et démocratie*, traduit de l'anglais par AUDARD C., LARE (de) P., PIRON F. Et TCOUDNOWSKY A., Editions Seuil, 1993, pp. 245–282, chapitre intitulé « L'idée d'un consensus par recoupement ».

1171 Voir nos développements dans le chapitre 2 de la première partie.

1172 Le Rapport du Groupe présidé par J.-L. Quermonne, *L'Union européenne en quête d'institutions légitimes et efficaces*, Paris, La Documentation française, 1999, pp. 136 et s.

1173 LEQUESNE Christian, « De l'utilité d'une constitution pour l'Europe », in *La Constitution de l'Europe*, op. cit., p. 81.

1174 DEHOUSSE Renaud, « Rediscovering Functionalism », Harward Jean Monnet Working Paper. Symposium 7/00 : Responses to Joschka Fischer.

En dépit de ces observations, il convient de constater que l'intégration fonctionnelle a montré ses limites. Ce constat annonce, non pas la fin de la constitutionnalisation économique de l'Union européenne, mais sur cette base le début d'un processus de constitutionnalisation politique, avec l'adoption de la Charte des droits fondamentaux de l'Union européenne et le Traité constitutionnel, même si le Traité de Lisbonne abandonne le concept constittionnel. L'un des éléments marquant de ce processus est la participation des droits sociaux fondamentaux. Ainsi, le **Titre 1** de cette Partie a pour objet d'étudier dans quelle mesure les droits sociaux fondamentaux constituent un aspect de la constitutionnalisation politique de l'Union européenne.

Les effets de la constitutionnalisation des droits sociaux fondamentaux par le législateur constituant, le législateur ayant le pouvoir de faire le droit dérivé et le juge européen sont concrétisés par la citoyenneté sociale. Cette dernière, en effaçant les différences de traitement entre les nationaux et les ressortissants communautaires, contribue à l'émergence d'un espace public européen. Ce qui nous mène à étudier, dans le cadre du **Titre 2**, l'importance des droits sociaux fondamentaux dans l'affirmation d'un espace public européen, tout en mettant en avant le thème de la citoyenneté sociale. S'intégrant bien dans une perspective kantienne et cosmopolitique, ces éléments sont révélateurs d'un sentiment d'appartenance nouveau et d'une forme d'identité nouvelle : le patriotisme constitutionnel et l'identité post nationale.

TITRE 1: LES DROITS SOCIAUX FONDAMENTAUX COMME UN ASPECT DE LA CONSTITUTIONNALISATION DE L'UNION EUROPEENNE

En tant que Communauté de droit, l'UE peut être perçue comme un Etat de droit supranational ou mieux, comme un « constitution composée » d'Etats de droits respectant en leur sein la logique constitutionnaliste et répétant celle-ci au niveau supérieur du droit communautaire[1175]. A l'issue d'un processus de constitutionnalisation de ce dernier mené d'abord par la Cour de Justice, connu des juristes européens comme l'effet direct et la primauté du droit communautaire, les traités sont devenus en effet l'équivalent fonctionnel d'une « Constitution » (ils s'imposent directement aux Etats et le juge communautaire, relayé par les juges nationaux, doit être le seul juge de dernier recours de ce droit supranational). Elle confère des droits aux particuliers lesquels s'en sont rapidement saisis pour faire valoir leurs droits « européens » de façon stratégique contre les Etats membres[1176]. Le constitutionnalisme européen peut ainsi s'entendre comme une métaphore juridique, évoquant la « soumission des décisions étatiques et individuelles à l'empire du droit, l'octroi de pouvoirs de contrôle à des organes judiciaires »[1177].

Toutefois, l'analogie constitutionnaliste ne semble pas si aisée, dans la mesure où la protection des droits fondamentaux n'entrait pas dans le champ initial de compétence de la CE et qu'il revenait aux juges constitutionnels nationaux de défendre cette prérogative. En effet, favorable à l'intégration et à l'interprétation des textes de façon « téléologique », la CJCE a été taxée de « gouvernement des juges », pratiquant un activisme « politique » au profit du marché[1178]. Il lui

---

1175 ROUYER Muriel, « Les promesses du constitutionnalisme », in Raisons politiques, n°10, mai 2003, p. 7–23.

1176 WEILER Joseph, « Une révolution tranquille. La CJCE et ses interlocuteurs », Politix, 32, 1995, p. 119–138.

1177 DEHOUSSE Renaud, « Naissance d'un constitutionnalisme transnational », Pouvoirs, 96, Les Cours européennes, 19–30.

1178 RASMUSSEN Hjalte, "On Lax and Policiy in the European Court of Justice. A Comparative Study in Judicial Policymaking, cité par Muriel Rouyer, op. cit., p. 18.

est souvent reproché de ne pas «prendre les droits au sérieux »[1179] pour ne les protéger que s'ils contribuaient à l'intégration communautaire et pour certains acteurs économiques seulement. On le sait, l'attachement des juges constitutionnels nationaux à leur protection constitutionnelle a contraint la CJCE à améliorer ses critères de protection des droits de l'homme, non exempts de tension entre « principes du marché » et « principes des droits de l'homme ». Ainsi, dans un ordre juridique européen dual, mais coopératif, marqué par la convergence des jurisprudences de la CEDH et de la CJCE, la Charte constitutionnelle jurisprudentielle élaborée par les juges offre un niveau de protection des droits qui n'est jamais inférieur à celui pratiqué dans les démocraties nationales. Par conséquent, ce constitutionnalisme à l'échelle européenne apparaît comme porteur des mêmes espoirs démocratiques que le constitutionnalisme tout court, nous dirions « classique », dans la mesure où il favorise le tissage des valeurs démocratiques communes à la communauté politique et la création juridique d'un « peuple » européen[1180]. Dans cette optique, la Convention qui a rédigé une Constitution formelle pour l'Europe n'a fait qu'actualiser un processus déjà en cours depuis des décennies.

L'un des éléments cardinaux qui caractérisent les constitutions classiques est le fait que celles-ci consacrent les droits fondamentaux qui sont également reconnus, mais tout au long d'un processus de constitutionnalisation original, dans le cadre de l'Union européenne. Aussi, l'étude des particularités intrinsèques de cette constitution est nécessaire pour en cerner la portée formelle et matérielle. Cette étude est révélatrice, entre autres, de la conception fonctionnelle que l'on a des droits fondamentaux durant le processus d'intégration européenne **(Chapitre 1)**.

Nous avons précisé lors de nos développements précédents que les droits sociaux fondamentaux étaient les premiers à être consacrés dans le cadre de l'intégration européenne. Il convient dès lors de s'intéresser au rôle que ces derniers assument durant le processus de constitutionnalisation politique de l'UE. Cette étude doit en particulier tenir compte du fait que la constitutionnalisation politique des droits sociaux fondamentaux doit tenir compte de la place particulière qui est réservée à ces droits dans le cadre national. Dans cette perspective, tout aussi significatif est le niveau de protection dont ces droits bénéficient, sachant entre autres que l'UE n'est pas, nous dirions « pas encore », membre de la CEDH **(Chapitre 2)**.

1179 COPPEL Jason and O'NEIL Aidan, "The European Court of Justice: Taking Rights Seriously", Common Market Law Review, 29, 1992, p. 669–692.

1180 Nous développerons davantage cet aspect dans le Chapitre 7 de ce travail.

CHAPITRE 1: LA PLACE DES DROITS FONDAMENTAUX DANS UN PROCESSUS DE CONSTITUTIONNALISATION POLITIQUE DE L'UE

La notion de constitutionnalisation des traités européens, nous l'avons souligné, est un processus évolutif qui commence, dans une perspective économique, avec le traité CEE. Toutefois, il n'est pas toujours aisé de cerner la portée et la signification du terme, pourtant nécessaire dans le cadre d'une analyse. Les éléments caractérisant ce processus, dans le contexte de l'Union européenne, sont les doctrines de l'effet direct, de la primauté, de la préemption, ainsi que la protection accordée par la Cour de justice aux droits fondamentaux. C'est la transformation de l'ordre légal communautaire d'un ensemble de normes contraignant par des Etats souverains, à un régime légal intégré verticalement conférant des droits et des devoirs justiciables à toutes personnes ou entités légales, qu'elles soient publiques ou privées, dans le domaine d'application du droit communautaire[1181].

Alors que la constitutionnalisation économique a fait apparaître les éléments les plus significatifs de la politique sociale européenne comme des droits sociaux fondamentaux, la constitutionnalisation politique de l'Union européenne est, entre autres, caractérisée par la mise en relief des droits fondamentaux d'une manière générale. Ce faisant, le cadre constitutionnel dans lequel s'insèrent les droits fondamentaux revêt les caractéristiques d'un processus original en devenir **(Section 1)**. La question qui nous préoccupe tout d'abord est relative aux aspects matériels et formels de la constitution européenne. Alors qu'il semble difficile de qualifier les traités européens de constitution formelle en dépit de certaines modifications de nature constitutionnelle apportées aux traités, le processus de constitutionnalisation matérielle des traités est d'abord le fait de la jurisprudence de la Cour de Justice. Cela étant, les dernières années de l'histoire de l'intégration européenne ont témoigné de deux événements majeurs qui constituent un tournant tant pour la constitutionnalisation politique de l'Union que pour sa

1181 HALTERN Ulrich, "Pathos and Patina : The Failure and Promise of Constitutionalism in the European Imagination", European Law Journal, Vol. 9, n°1, fevrier 2003, pp14–44, ici p. 15.

constitution formelle : la Charte des droits fondamentaux et le Traité établissant une Constitution pour l'Europe.

L'adoption de la Charte des droits fondamentaux de l'Union européenne constitue pour l'Union un développement dans la voie de constitutionnalisation politique à plusieurs égards : elle réunit dans le même catalogue aussi bien les droits fondamentaux que les droits sociaux fondamentaux. La démarche adoptée pour sa préparation, dans le cadre d'une Convention, est une méthode inédite qui associe les représentants des institutions européennes, les gouvernements et les parlements des pays membres et candidats, ainsi que la société civile. Enfin, la Charte n'est pas le résultat d'un travail de codification à droit constant.

Déjà, le langage utilisé par la Cour de Justice dans la qualification du Traité de Rome de 1957 de « Charte constitutionnelle de base »[1182] des Communautés européennes, laissait entendre que cette constitution, d'abord économique, puis, surtout suivant l'adoption du traité sur l'Union européenne, politique, est tout de même une constitution originale, si l'on se situe dans le contexte constitutionnel classique. Le fait que les traités institutionnels incorporent des éléments de nature constitutionnelle, aussi bien du point de vue matériel que formel, ne changera pas cette originalité de la constitution européenne.

Les droits fondamentaux dans ce processus original sont à aborder dans une perspective fonctionnelle et constitutionnelle **(Section 2)**. Cette approche fonctionnelle, bien connue depuis l'établissement des Communautés européennes, nécessite de mettre en évidence l'insuffisance initiale des traités fondateurs, alors que la reconnaissance des droits fondamentaux en tant que telle est une œuvre prétorienne. Quant à la conception constitutionnelle, elle est le résultat d'un enrichissement du droit dérivé, des nouvelles dispositions introduites dans les traités fondateurs, de l'adoption du traité instituant une Constitution pour l'Europe, ainsi que les dispositions relatives aux droits fondamentaux incluses dans les accords internationaux. En formalisant une forme d'organisation politique originale, le Traité établissant une Constitution pour l'Europe institutionnalise une fédération d'Etats et de citoyens[1183].

1182 CJCE, Avis 1-76, 26 avril 1977, Rec., p. I-758.

1183 MOUTON Jean-Denis, « Préface à la Présentation du Traité constitutionnel », Presse de l'Université de Sofia, 2005, pp. 1-4, ici p. 2 et suivant

Section 1: La constitutionnalisation politique de l'Union européenne : un processus en devenir

La constitutionnalisation politique de l'Union suit un mouvement progressif tout au long du processus de l'intégration européenne. Cette constitution communautaire est d'abord conçue pour cerner un processus dynamique d'intégration dont la finalité n'est pas clairement déterminée, alors que l'établissement d'une constitution étatique se présente comme une tentative de création dans l'histoire d'un peuple. L'Union européenne est indéniablement composée de plusieurs peuples, comme la TCE l'énonce dans son préambule : « une union sans cesse plus étroite entre les peuples européens », peuple étant au pluriel.

Puis, les compétences attribuées à la Communauté dans le domaine social sont limitées. Cela étant, le système communautaire n'est pas un système tranché se caractérisant uniquement par un transfert aux instances supranationales de certaines attributions qui appartenaient auparavant aux Etats membres. Aussi, l'UE et la Communauté européenne, contrairement aux Etats, ne jouissent pas de la « compétence de leur compétence ». Au contraire, la Communauté européenne est régie par le principe d'attribution des compétences, qui est inscrit dans le traité CE : « La Communauté agit dans les limites des compétences qui lui sont conférées et des objectifs qui lui sont assignés par le présent traité »[1184].

Ensuite, la Communauté manque d'un pouvoir constituant propre. La constitution étant un acte souverain, il faut identifier qui sont les titulaires des pouvoirs constituant originaire et dérivé. Par ailleurs, on peut admettre qu'une constitution peut naître d'un pacte entre les Etats. Mais, une fois entrée en vigueur, la constitution devient obligatoire pour tous ceux qui y sont soumis. Or, le Traité de Maastricht méconnaît cette obligation inhérente à toute Constitution, dans la mesure où le Danemark a fait des réserves à ce traité, concernant sa participation à la défense commune et à l'Union économique et monétaire[1185].

Enfin, le pouvoir de révision des Traités n'est pas sans relation avec la notion de l'autonomie de l'ordre communautaire. Toute considération sur l'autonomie d'un ordre juridique devrait tenir compte des modalités de révision

---

1184 TUE, article 5, 1er alinéa.

1185 BEAUD Olivier, « La légitimité d'un referendum européen », op. cit., p. 161.

constitutionnelle[1186]. Cela indique clairement que, même si le pouvoir de révision des traités implique une certaine participation des institutions communautaires, la constitution de la Communauté ne peut pas être révisée sans avoir recours aux procédures constitutionnelles nationales respectives des Etats membres[1187]. Tant que la procédure de révision relève à la fois du droit communautaire, du droit international (par l'exigence de l'unanimité) et du droit interne des Etats membres, il sera difficile de parler d'une constitution communautaire au sens formel.

Même s'ils se distinguent des constitutions étatiques par leur caractère fonctionnel et par la présence en leur sein des descriptions techniques de certaines politiques qui rappellent leurs origines conventionnelles, les traités communautaires méritent, selon la doctrine répétée de la Cour, l'appellation « constitutionnelle ». En effet, ils comportent, dans leurs domaines d'application, les grands éléments qui font les constitutions : l'énonciation des valeurs fondamentales, la description de l'organisation des pouvoirs et l'affirmation progressive de quelques droits fondamentaux des individus. Certains affirment toutefois, il faut en convenir, qu'il s'agit d'une constitution économique[1188]: elle fixe des objectifs économiques à ses membres, organise des pouvoirs et énonce des droits qui ont eux aussi une orientation, essentiellement sinon exclusivement, économique. Ainsi que nous l'avons étudié dans la première partie de notre travail, cette vocation essentiellement économique de la Communauté économique européenne, le droit communautaire contient bien une constitution économique au sens matériel et le Traité de Rome peut s'analyser comme la Constitution économique de cette entreprise.

Même si la Constitution européenne n'existe pas, pour le moment, en tant que telle, il est possible de l'étudier comme un processus en devenir (**§ 1**) et d'en aborder les particularités dans le contexte de l'Union européenne (**§ 2**).

1186 HARCKLEY Trevor C., "The Community Legal Order", in *L'Etat Mondial et l'Europe*, op. cit.

1187 Il est à noter que la procédure de révision des traités fondateurs de la Communauté est plus rigide que celle de la plupart des organisations internationales. En effet, d'après l'article 48 du TUE qui contient les modalités de révision des traités, les modifications doivent faire l'objet d'un commun accord et n'entrent en vigueur qu'une fois ratifiées par tous les Etats membres selon leurs procédures constitutionnelles propres. Toutefois, il faut admettre que dans le cadre communautaire, de nombreuses modifications sont intervenues de manière informelle, soit par le biais de l'article 308 TCE, soit par celui de la jurisprudence de la Cour de justice.

1188 CONSTANTINESCO Vlad, « La Constitution économique de la CEE », RTDE, 1977, Vol. XIII, n°2, p. 244.

§ 1: La constitutionnalisation dans le processus de l'intégration européenne

Le professeur Weiller définit ce processus évolutif, à travers lequel les traités communautaires se transforment en constitution de manière progressive, dans les termes suivants :

> « le mot 'constitutionnalisation' implique un processus combiné et circulaire par lequel les traités sont interprétés à l'aide des techniques utilisées pour les documents constitutionnels plutôt qu'à l'aide de celles utilisées pour les traités multilatéraux et à travers ce processus les traités envisagés dans leur origine et dans leur effet, ont revêtu les qualités d'un droit supérieur à l'instar d'une constitution »[1189].

La constitutionnalisation des traités n'a pu se développer que grâce au concours de plusieurs facteurs et sur la base des conditions qui lui étaient favorables. Parmi les conditions qui ont pu favoriser le processus de constitutionnalisation par la voie judiciaire, trois méritent d'être soulignés : le caractère des traités fondateurs, la place assignée à la Cour de Justice dans le système institutionnel communautaire et la carence du législateur communautaire. Ainsi il est permis d'affirmer que le caractère lacunaire des traités fondateurs en ce qui concerne les droits fondamentaux constitue une condition favorable au développement jurisprudentiel du droit communautaire dont la Cour n'a pas manqué de tirer parti. Par ailleurs, il ne serait pas possible pour la Cour de Justice d'opérer de manière efficace si elle n'avait pas été investie, conformément à l'article 164 du Traité de Rome, devenu, après modification, l'article 220 TCE, de la mission d'assurer d'une manière générale le respect du droit. En établissant un système complexe de recours et en ouvrant l'accès au prétoire communautaire, les Etats membres ont également donné à la Cour des instruments qui lui ont permis d'œuvrer dans la voie de la constitutionnalisation. La Cour exerce en effet trois types d'attributions, à savoir des compétences contentieuses, une compétence préjudicielle et une compétence consultative. C'est à travers de ses compétences, précisément à travers la procédure du renvoi préjudiciel, que la Cour a pu exercer un certain pouvoir normatif[1190].

1189 WEILER Joseph, "Supranationalism revisited – a retrospective – the European Communities after 30 years", in MAIHOFER Werner, *Noi Si Mura, Selected working papers of the European University Institute,* 1996, p. 341.

1190 BETTATI Mario, « Le "Law-Making Power" de la Cour », Pourvoirs n°48, 1989, Europe, p. 57.

Dans cette perspective, il convient de préciser que le terme constitutionnalisation comprend, dans le cadre de notre travail, deux versants complémentaires : la constitutionnalisation matérielle **(A)** el la constitutionnalisation formelle **(B)**.

A) La constitutionnalisation matérielle

La constitutionnalisation matérielle renvoie à la substance de nature constitutionnelle d'un acte juridique sans que celui-ci se présente, du point de vue de sa forme, comme une constitution. Dans cette perspective, les traités institutifs de la Communauté/Union, dans la mesure où ils intègrent des éléments constitutionnels, sont de nature constitutionnelle. Le processus de constitutionnalisation matérielle des traités est d'abord le fait de la jurisprudence de la Cour de Justice. En outre, certaines modifications apportées aux traités sont également de nature constitutionnelle.

1. La constitutionnalisation jurisprudentielle

L'histoire de l'intégration européenne nous livre un bel exemple de « processus constitutionnalisant », surtout au travers de la juridiction de la Cour de Justice des Communautés européennes. Federico Mancini, juge à la Cour de Justice, avait écrit en 1989 que, « si on était demandé de synthétiser la direction dans laquelle s'est orientée la jurisprudence produite à Luxembourg depuis 1957, on aurait pu dire que cela coïncide avec la constitutionnalisation (des Traités) »[1191]. En effet, la Cour a fini par consacrer le caractère constitutionnel du traité instituant les Communautés européennes. Une première référence à cette idée apparaît dès 1956 dans les conclusions de l'Avocat général Maurice Lagrange : « Le Traité dont la Cour a pour mission d'assurer l'application, s'il a bien été conclu dans la forme des traités internationaux, et s'il en est un incontestablement, du point de vue matériel, la Charte de la Communauté, les règles de droit qui s'en dégagent constituent le droit interne de la Communauté »[1192].

Cette formulation a le mérite de mettre en évidence qu'il n'est pas question d'occulter l'origine de droit international des traités, mais d'indiquer que le « processus de constitutionnalisation inhérent à la logique interne de ces traités conduit inéluctablement à la constatation qu'ils remplissent la fonction d'une

1191 MANCINI G. Federico, "The making of a Constitution for Europe", CMLR, n°26, 1989, pp. 595–614, ici p. 595.

1192 CJCE, 16 juillet 1956, Fédération Charbonnière de Belgique, aff. 8/56.

constitution dans l'ordre interne de la Communauté[1193]. Dans cette perspective la Cour constate par la suite que :

> « La Communauté constitue un nouvel ordre juridique de droit international au profit duquel les Etats ont limité, bien que dans des domaines restreints, leurs droits souverains et dont les sujets sont non seulement les Etats membres, mais également leurs ressortissants »[1194].

Dans l'arrêt *Costa c. Enel*, le lien entre le droit international et l'ordre juridique communautaire est coupé quelques mois plus tard :

> « à la différence des traités internationaux ordinaires, le traité de la CEE institue un ordre juridique propre, intégré aux systèmes juridiques des Etats membres lors de l'entrée en vigueur du traité et qui s'impose à leurs juridictions ; qu'en effet, en instituant une communauté de durée illimitée, dotée d'attributions propres, de la personnalité, de la capacité juridique, d'une capacité de représentation internationale, et plus précisément de pouvoirs réels issus d'une limitation de compétence ou d'un transfert d'attributions des Etats à la Communauté, ceux-ci ont limité, bien que dans de domaines restreints, leurs droits souverains et créé ainsi un corps de droit applicable à leurs ressortissants et à eux-mêmes »[1195].

Les doctrines de la suprématie et de l'effet direct, ainsi que le principe de préemption sont généralement considérées comme les éléments principaux de la constitutionnalisation jurisprudentielle[1196]. C'est bien ces doctrines que les arrêts précités instituent. Il convient en outre de citer les arrêts « *Internationale Handelsgesellschaft* », « *Simmental* » et « *Factortame* » qui sont considérés comme des pierres angulaires de la doctrine de primauté[1197].

Force est de constater que la Cour, pour consacrer les droits fondamentaux et, se faisant, développer la constitutionnalisation du traité, va attendre jusqu'aux années 1970 pour agir enfin sous l'impulsion des Etats membres, qui, en voulant éradiquer les souvenirs totalitaires qui avaient ravagé l'Europe, avaient décidé non seulement de placer la sauvegarde des droits fondamentaux de la personne dans leur charte fondamentale, mais aussi de leur assurer une protection maximale dans leur charte fondamentale. On comprend alors aisément que pour des Etats comme l'Allemagne et l'Italie, le concept de communauté de droit, au sens

---

1193 SIMON Denys, *Le système juridique communautaire,* op. cit., p. 76.

1194 CJCE, arrêt du 5 février 1963, *Van Gend en Loos*, aff. 26/62, Rec., p. 3

1195 CJCE, arrêt du 15 juillet 1964, *Costa c/Enel*, aff.6/64, Rec., p. 1141.

1196 MANCINI G. Federico, "The Making of a Constitution for Europe", op. cit., p. 603.

1197 DOUGLQS-SCOT Sionaidh, *Constitutional Law of the European Union,* London, Pearson Uducation Limited, 2002, p. 517.

d'une communauté garante du respect des droits fondamentaux, était vide de sens, car tout simplement inexistant dans les années 1970. Ces Etats membres furent logiquement ceux qui ont exprimé des réserves constitutionnelles relatives aux droits fondamentaux. Ainsi la Cour constitutionnelle italienne (*Arrêt San Michele*) et le Tribunal constitutionnel allemand (Arrêt du 18 octobre 1967, *Solange I*) ont clairement souligné les déficiences du système communautaire de protection des droits fondamentaux[1198].

L'arrêt *Internationale Handelsgesellschaft,* connu aussi sous le nom de *Solange I*, est révélateur de l'impulsion donnée par une Cour nationale en ce qui concerne le développement des droits fondamentaux dans l'ordre juridique communautaire. Il s'agissait dans ce cas de figure, pour le tribunal constitutionnel allemand, d'apprecier si un règlement communautaire établissant un système de dépôts pour les exportateurs était conforme aux principes constitutionnels allemands. Ledit Tribunal a observé que, même si les règlements communautaires ne sont pas des lois nationales, ils doivent respecter les droits fondamentaux garantis par la constitution allemande[1199]. Les analystes sont unanimes sur le fait que les conséquences de cet arrêt sont capitales pour le développement de la protection des droits fondamentaux dans l'ordre communautaire.

En effet, la Cour s'est prononcée en 1986 sans ambiguïté en précisant que « la Communauté économique européenne est une communauté de droit en ce que ni ses Etats membres, ni ses institutions n'échappent au contrôle de conformité de leurs actes à la charte constitutionnelle de base qu'est le traité »[1200]. Cette formule de charte constitutionnelle a ensuite été régulièrement réaffirmée dans la jurisprudence de la Cour. Elle a été proclamée de façon particulière dans l'avis 1–1991 relatif au projet d'accord concernant la création de l'Espace économique européen :

> « L'Espace économique européen doit être réalisé sur la base d'un traité international qui ne crée, en substance, que des droits et obligations entre les parties contractantes et ne prévoit aucun transfert de droits souverains au bénéfice des organes intergouvernementaux qu'il institue. En revanche, le Traité CEE, bien que conclu sous la forme d'un traité international, n'en constitue pas moins la charte constitutionnelle d'une communauté de droit. Selon une jurisprudence constante de la Cour de Justice, les traités

1198 BOURGOGNE-LARSEN Laurence, « Les Résistances des Etats de Droit », in *De la Communauté de droit à l'Union de Droit,* op. cit.

1199 BETTEN Lammy and GRIEF Nicholas, *EU Law and Human Rights,* Longman, 1998, p. 64.

1200 CJCE, Avis 1–76, 26 avril 1977, Rec., p. I-758.

communautaires ont instauré un nouvel ordre juridique au profit duquel les Etats ont limité, dans des domaines de plus en plus étendus, leurs droits souverains et dont les sujets sont non seulement les Etats membres, mais également leurs ressortissants »[1201].

Malgré les carences de départ, l'inscription des droits fondamentaux dans les traités est un objectif constant du développement communautaire[1202]. Ce développement concerne aussi et surtout les droits économiques et sociaux dans la mesure où jusqu'à l'instauration de l'Union européenne, on ne voit pas de références faites aux droits de l'homme dans les traités. Cela sera avant tout l'œuvre prétorienne de la Cour de Justice qui, en consacrant la protection des droits fondamentaux, renforcera le statut constitutionnel du Traité de Rome qu'elle avait déjà qualifié de « Charte constitutionnelle ». Ce faisant, la Cour de Justice opérera ce que le professeur Weiller avait qualifié de constitutionnalisation des traités communautaires.

Au-delà de ces prises de positions juridiques, c'est devenu un lieu commun dans la littérature sur le droit européen de considérer les traités institutionnels des Communautés comme les constitutions communautaires : « le fonctionnement des institutions des Communautés semble ainsi de plus en plus régi par un véritable droit 'constitutionnel' communautaire et non plus simplement par ce qu'il est convenu de nommer le droit institutionnel communautaire. Nous assistons en effet au passage d'un mode d'organisation politique de société qui a duré quelques siècles à quelque chose d'inédit, de nouveau, de différent qui cherche encore ses marques et qui peut difficilement être appréhendé avec les concepts, les notions et les logiques qui président à l'organisation politique et constitutionnelle de nos Etats nationaux »[1203]. L'utilisation des guillemets traduit tout de même un certain doute quant à l'emploi des notions de droit interne pour décrire des phénomènes communautaires.

Telle que définie précédemment, une constitution se caractérise par ses fonctions, par sa forme et son contenu et elle se présente comme la norme fondamentale placée au sommet de chaque ordre juridique autonome. De façon plus élaborée, on dira que la constitution définit l'objectif ou les objectifs de la structure qu'elle crée. Elle annonce les droits fondamentaux des citoyens. Elle organise les rapports entre les différents pouvoirs. S'il s'agit d'une entité composée, elle

1201 ibid.

1202 AKANDJI-KOMBE Jean-François, « Le Développement des droits fondamentaux dans les Traités », in *l'Union européenne et les droits fondamentaux*, Bruylant, Bruxelles, 1999, p. 31.

1203 CONSTANTINESCO Vlad, « Contribution à la table ronde », in M.F. Labouz (sous la direction de), *Les Accords de Maastricht et la Constitution de l'Union européenne*, Acte du Colloque du 27 juin 1992, Paris Montchrestien 1992, p. 199.

règle les compétences respectives des différents niveaux de pouvoirs[1204]. Que le droit communautaire forme un ordre juridique propre distinct de la loi du droit international et des droits nationaux, n'a plus besoin d'être démontré. Il dispose de ses propres mécanismes d'édiction de droit et de juridiction et ses sources « se singularisent tant par leur diversité que par leur hiérarchisation qui n'ont pas d'équivalent dans l'ensemble des organisations internationales. Sans prétendre à une assimilation qui fausserait la nature des Communautés, leur système normatif possède bien des traits qui le rapprochent de celui d'un Etat »[1205].

2. *Les Traités européens vus dans une optique de constitutionnalisation matérielle*

a Les moments constituants au travers des modifications des Traités.

Dans notre première patrie consacrée à la « Constitution économique », nous avons essayé de mettre en évidence en quoi le Traité de Rome peut être considéré comme la « constitution » communautaire. Les développements qui ont marqué l'histoire du processus d'intégration européenne ont montré que cette constitution économique était de nature à induire quelque chose, en tout cas plus qu'économique, qui était timidement prévu dans les termes « une union sans cesse plus étroite entre les peuples de l'Europe ». Outre l'apport de l'abondante jurisprudence de la Cour, nous pouvons déceler d'autres moments constituants pour l'Union européenne, comme le Traité établissant une Constitution pour l'Europe, adopté le 29 octobre 2004 à Rome, dont le texte s'apparente le plus à une constitution formelle, même si le Traité de Lisbonne[1206] adopté le 18 octobre 2007 abandonne le concept constitutionnel.

Le tout premier de ces moments « constituants » est à rechercher dans la place réservée aux droits fondamentaux dans la Communauté/Union européenne. En effet, d'une simple inscription dans le Préambule de l'Acte unique européen à l'incorporation de la Charte des droits fondamentaux dans la Constitution européenne, les droits fondamentaux se sont placés maintenant au cœur de l'action de l'Union. Leur élévation au rang de norme constitutionnelle suprême constitue

---

1204 LOUIS Jean-Victor, « Le modèle constitutionnel européen », op. cit., p. 34.

1205 KOVAR Robert, « Ordre juridique communautaire », Juris Classeur Europe, Fas. 410, n°11.

1206 Projet de Traité modifiant le Traité sur l'Union européenne et le Traité instituant la Communauté européenne, CIG 1/1/07 REV 1, http://www.europea-eu.int Voir aussi Mandat de la CIG 2007, POLGEN 74, 26 juin 2007, Secretariat general de l'Union europeenne, Bruxeles.

à l'évidence le développement le plus remarquable à noter dans ce long mouvement de constitutionnalisme européen.

Le traité fondateur de l'Union européenne, par le simple fait qu'il institue une « entité » politique, constitue à nos yeux un autre moment « constituant » important, malgré les limites qui se trouvent dans la structure en piliers de la nouvelle entité créée. Les bases, mêmes timides, de ce processus constitutionnalisant sont également jetées par le nouveau traité. En effet, outre le fait que les droits fondamentaux se voient attribuer une place relativement importante, l'institution de la notion de la citoyenneté européenne[1207] doit être considérée comme un moment capital de constitutionnalisation. En effet, par ce développement, l'Union a créé une institution qui jadis, était propre à l'Etat nation. Cette affirmation ne doit pas être sous estimée. Sa reprise en tant que telle et sa mise au service des citoyens européens sous forme « d'initiative citoyenne » laisse entendre que cette notion est susceptible de contribuer à la création d'un sentiment d'appartenance des ressortissants des Etats membres à l'Union européenne.

La notion de la « monnaie » est traditionnellement considérée comme un élément spécifique des entités politiques. Dans cette perspective, la voie tracée par le Traité de Maastricht qui a mené, depuis, à la mise en circulation en 2002 de l'Euro, doit être également prise en compte comme l'un des aspects les plus constitutionnalisants du traité sur l'Union européenne. L'établissement de l'Union économique et monétaire, dont la monnaie unique est l'aboutissement le plus concret, semble être la réalisation la plus ambitieuse des développements qui ont marqué l'histoire de l'intégration européenne[1208]. En transformant les agendas politiques des gouvernements nationaux, en favorisant certains acteurs politiques par rapport à d'autres et en créant une nouvelle structure institutionnelle qui opère, selon certains, comme un pilier particulier au sein de l'architecture institutionnelle, l'UEM a induit le transfert des compétences constitutionnelles du niveau national au niveau transnational. En effet, l'importance et la portée du changement engendré par la création de l'UEM, en termes de transferts de souveraineté dans des secteurs délicats d'organisation et de gestion du pouvoir économique et monétaire dans les Etats membres, d'incidences sur les groupes, les

1207 Voir nos développements dans le chapitre VII de ce travail.

1208 Pour une analyse detaillée voir FEATHERSTONE Kevin, « The political Dynamics of The Economic and Monetary Union », in CRAM Laura, DINAN Desmond and NUGENT Neil (éd.), *Developpments in The European Union,* Macmillan Press LTD., 1999, pp. 311–329.

individus et les intérêts organisés, ne pouvaient pas ne pas toucher directement l'organisation constitutionnelle de l'Union dans son ensemble[1209].

En établissant l'UEM on a également constitutionnalisé la flexibilité[1210]. En effet, l'UEM n'est pas seulement un exemple réussi d'intégration différenciée, elle nous aide à discerner la voie et les principes crédités par l'Union dans le processus de constitutionnalisation[1211]. Dans cette optique, la différenciation apparaît comme un moyen d'encourager les Etats membres à maintenir des relations de coopération dans le cadre du traité au lieu de la coopération intergouvernementale en dehors de la structure communautaire. Les développements, allant de l'adoption de la Charte des droits sociaux fondamentaux des travailleurs de 1989 au Protocole social et l'Accord qui lui est attaché, de l'abolition de ce Protocole et de l'Accord à l'intégration de la Grande Bretagne dans la dimension sociale dans le cadre du traité tel que modifié à Amsterdam et la communautarisation partielle du nouveau Titre IV du traité sur les « visas, asile, immigration et autres politiques liées à la libre circulation des personnes », montrent bien que la différenciation est une étape intermédiaire dans la voie de l'intégration européenne. Cette interaction entre la coopération intergouvernementale en dehors du traité et l'incorporation de celle-ci dans le cadre du traité apparaît comme un instrument important permettant le développement constitutionnel dans le cadre de l'Union européenne. En pratique, la différenciation se transforme en une étape importante dans la communautarisation d'une matière donnée, qui n'est autre chose que la constitutionnalisation.

b Du point de vue matériel

Si l'on peut difficilement nier la nature constitutionnelle au sens matériel des traités, est-il légitime de reconnaître la même qualification aux dispositions non communautaires du traité sur l'Union ? En effet, la situation crée après le Traité de Maastricht est paradoxale. Les principes énoncés dans les articles liminaires à contenu manifestement constitutionnel étaient déclarés non justiciables, et ceci

1209 Commentaire de TIZZANO Antonio, in SNYDER Francis (ed), *Constitutionnel Dimensions of European Economic Integration*, SNYDER Francis (ed), Kluwer Law International, 1996, pp. 29–33.

1210 VAN RAEPENBUSCH Sean and HANF Dominik, « Flexibility in Social Policiy », in WHITTE (de) Bruno, HANF Dominik and VOS Ellen (eds), *The Many Faces of Differentiation in EU Law*, Intersentia, Antwerpen-Oxford-New York, 1999, pp. 65–80.

1211 TUYTSCHAEVER Filip, « EMU and Catch-22 of EU Constitution-making », in BURCA (de) Graine and SCOTT Joanne (eds), *Constitutional Changes in the EU. From Uniformity to Flexibility*, Oxford-Portland Oregan, 2000, pp. 173–189.

valait également pour l'article F, devenu l'article 6.1 TUE, consacré au respect des droits de l'homme. Le traité sur l'Union européenne annonce que « l'Union est fondée sur les communautés européennes complétées par les formules de coopérations instaurées par le présent traité »[1212]. Il introduit ainsi dans cet ensemble des processus de coopération et non d'intégration, sans véritable transfert de compétences et sans les garanties suffisantes pour « l'Etat de droit ». Il ne peut dès lors être tenu pour fonder une constitution et il rompt, en quelque sorte, le processus de constitutionnalisation progressive lancé par la Cour.

Les améliorations introduites par le traité d'Amsterdam en ce qui concerne la communautarisation des dispositions du troisième pilier relatives à l'espace de liberté, sécurité et de justice, la définition des objectifs pour la coopération en matière judiciaire et policière, l'adaptation des instruments, la reconnaissance à la Cour d'un certain rôle dans l'interprétation des actes et pour le règlement des conflits, constituent un pas dans la voie de la constitutionnalisation. Quant au Traité de Lisbonne, il fait état d'un recul qualitatif par rapport au Traité établissant une Constitution pour l'Europe en abandonnant le concept constitutionnel. Il n'en demeure pas moins qu'il introduit dans les traités actuel, qui restent en vigueur, les innovations découlant des travaux de la Convention 2004 : la Charte des droits fondamentaux de l'Union européenne ne figure pas dans les traités mais l'Union reconnaît les droits, les libertés et les principes qu'elle énonce en y attribuant la même valeur juridique que les traités[1213]. Le nouveau Titre II contient les dispositions agréées lors de la CIG de 2004 sur l'égalité démocratique, la démocratie représentative, la démocratie participative et l'initiative citoyenne[1214]. Selon la version modifiée du TUE, « L'Union a la personnalité juridique »[1215], et la version modifiée du TUE et du TFUE qui remplacera le TCE auront la même valeur juridique[1216].

Cet ordre juridique demeure tout de même une singularité. Les Etats membres gardent en effet leur qualité d'Etat au sens du droit international public mais ils ont limité leurs droits souverains en acceptant qu'un grand nombre de questions soient désormais réglées au sein du cadre des institutions communautaires, conformément aux procédures et avec les effets juridiques que les traités fondateurs prévoient. Au sein de cet ordre juridique, les traités fondateurs exercent certaines des fonctions généralement reconnues aux constitutions nationales. Ils

1212 Traité sur l'Union européenne, article 1er
1213 Nouvel article 6 TUE, tel que modifié par le Traité de Lisbonne.
1214 Les articles 8, 8 A et 8 B du Traité de Lisbonne.
1215 Article 32 TUE, tel que modifié par le Traité deLisbonne.
1216 Article premier, paragraphe 2 du TFUE.

constituent le fondement des compétences communautaires et ils établissent des institutions, qui ne peuvent agir que dans les limites des attributions qui leur sont conférées par le traité. Par-là, les traités organisent une certaine forme de séparation horizontale des pouvoirs que l'on peut qualifier de 'fonctionnelle'.

Même s'il n'est pas possible de parler d'une constitution formelle de l'Union européenne, la jurisprudence de la Cour, comme la doctrine, s'accordent pour reconnaître que les traités contiennent des dispositions qui n'en répondent pas moins aux exigences de toute constitution. D'abord, les traités contiennent des dispositions générales de garantie de la démocratie et de l'Etat de droit et organisent des pouvoirs entre institutions, ce qui est le propre d'une constitution[1217]. Ensuite, les traités répartissent les compétences entre le niveau communautaire et le niveau national, ce qui est le propre d'une constitution fédérale. Ils protègent les droits fondamentaux en constitutionnalisant la jurisprudence de la Cour qui leur a assigné le statut de principes généraux du droit communautaire[1218]. Les traités donnent également des renseignements sur le mode de nomination aux emplois dans les différentes institutions, encadrent leurs pouvoirs et prévoient des moyens d'actions. Les traités règlent par ailleurs, les relations entre les Communautés et les Etats membres, ainsi qu'avec leurs ressortissants. Enfin, l'inscription des traités dans la plupart des constitutions des Etats membres, combinée avec la qualification des traités par la Cour en termes de charte constitutionnelle, évoque une nature constitutionnelle des traités.

On peut dès lors considérer que, dans le cas de l'Union européenne, les traités remplissent les fonctions aussi fondamentales que le ferait une constitution dans l'Etat. Ainsi, les positions des spécialistes du droit communautaire, qui considèrent les traités comme étant la Constitution de l'Union européenne, ne semblent pas infondées[1219]. Cependant, si l'on tient compte des deux éléments de base du constitutionnalisme moderne évoqués ci-dessus, il faut admettre que la concordance se limite à un élément seulement, à savoir l'Etat de droit. Tandis que cet élément s'est épanoui pleinement au niveau communautaire, le volet démocratique apparaît largement sous-développé. En effet, contrairement aux Constitutions, les traités communautaires ne découlent pas du peuple. La source et l'origine du pouvoir dans l'Union européenne ne sont pas à rechercher dans sa population, ce rôle étant plutôt dévolu aux Etats membres, qui ont participé à l'élaboration des traités et disposent seuls de la

1217 CHALTIEL Florence, « Droit constitutionnel et droit communautaire », RTDE, 35 (3), juillet-sept. 1999, p. 395.

1218 CONSTANTINESCO Vlad, « L'émergence d'un droit constitutionnel européen », RUDH, 1995, p. 449

1219 GRIMM Dierter, « Le moment est-il venu d'élaborer une Constitution pour l'Union européenne », op. cit., p72

capacité de les modifier ou de les résilier. Autrement dit, alors que les Etats se dotent, en général, eux-mêmes d'une Constitution, l'Union européenne a reçu sa Constitution. Par conséquent, les traités communautaires disposent de tous les attributs des Constitutions sauf l'un d'entre aux : l'attribut démocratique. Ainsi, la différence fondamentale entre les traités communautaires et une Constitution provient du fait que le pouvoir constituant n'a pas été transféré à la nouvelle entité créée par ceux-ci.

L'une des originalités de cette constitution est qu'elle n'entraîne pas la disparition des Etats qui constituent la Communauté, mais qu'elle en modifie peu à peu le comportement et les relations réciproques. Une telle constitution n'est pas immobile : elle évolue selon les impératifs qui la sollicitent par la méthode dite des petits pas. C'est ce que définit le terme constitutionnalisation, d'origine anglo-saxonne. Il est utilisé pour désigner le processus à travers lequel les traités communautaires se transforment progressivement en une constitution[1220].

Toutefois, la Constitution de l'Union est nécessairement une constitution partielle. Cela découle du principe d'attribution des compétences, expresses et implicites, qui régit le droit de l'intégration et du maintien des Etats membres, en tant que fondement, avec les peuples, de la légitimité de l'Union. Les rapports entre les constitutions nationales et les traités communautaires requièrent une attention particulière à cet égard. En effet, il y a une relation de complémentarité fonctionnelle entre les constitutions nationales et celle de l'Union. Il est dès lors compréhensible que la Cour se réfère aux principes généraux communs aux constitutions nationales des Etats membres et qu'elle soit amenée à faire application des principes que l'on ne trouve pas nécessairement dans l'ensemble des chartes fondamentales, dès lors que la solution promue par une constitution lui paraît pertinent parce qu'elle assure une meilleure protection des valeurs qu'elle doit défendre. C'était le cas, en tout cas, en l'absence de catalogue des droits fondamentaux. Complémentarité aussi parce que l'on ne pourrait admettre que les Etats démocratiques attachés aux principes de l'état de droit puissent avoir adhéré à des institutions créées par des traités qui ne respecteraient pas l'essence de ces principes. C'est ainsi que certains auteurs proposent de concilier les éléments de constitutionnalisme présent dans le point de vue supranational à l'échelle communautaire avec l'existence incontestable des ordres constitutionnels des Etats membres[1221]. A l'image de la constitution d'un Etat membre, qui ne peut être

1220 JACQUE Jean-Paul, « La Constitution de la Communauté européenne », RUDH, 1995, p. 401.

1221 PERNICE Ignolf et MAYER Franz C., « De la Constitution composée de l'Europe », RTDE, 36, oct-déc 2000, p. 631.

comprise dans sa totalité sans tenir compte du droit communautaire, le droit primaire de l'Union européenne ne fonctionne et ne s'explique pas dans sa nature et dans sa structure sans tenir compte des constitutions nationales. Les deux ordres constitutionnels sont complémentaires. Dès lors, il est permis de concevoir les constitutions nationales et le droit primaire de l'Union européenne comme deux éléments dans un système constitutionnel unique, composé ou intégré ou plus simplement, de considérer cet ensemble de normes constitutionnelles à deux niveaux comme « la constitution européenne ». Cette « constitution » n'est pas un ordre statique immuable, mais elle est en développement permanent par les révisions successives des traités, mais également par l'exercice des compétences, qui s'opère par l'application des dispositions des traités. Par conséquent, il s'agit d'un « processus constitutionnel », d'une interaction dynamique conduisant vers une union sans cesse plus étroite entre les peuples d'Europe. Cette approche suppose que l'Union européenne constitue un système constitutionnel composé d'un niveau national et d'un niveau supranational de pouvoirs publics, qui s'influencent réciproquement et qui englobent les mêmes citoyens ou sujets de droit[1222].

B) *La constitutionnalisation formelle*

1. *D'une manière générale*

La constitutionnalisation formelle fait référence à la présentation formelle en tant qu'une constitution, d'un traité international ou autres actes ou documents similaires. Dans cette perspective, il convient de préciser que les modalités de préparation et de révision se présentent comme des éléments cardinaux, en ce qui concerne la constitution formelle.

Ainsi, les traités communautaires sont difficilement comparables aux constitutions nationales classiques. Ils forment, malgré la présence des éléments de nature politique, introduits par les traités de Maastricht et d'Amsterdam, en quelque sorte, une Constitution « économique » rigide qui jouit d'une primauté sur le droit communautaire dérivé, ainsi que sur les droits des Etats membres et qui ne peut être modifiée qu'en suivant une procédure de révision particulièrement contraignante. Il est également vrai que la suprématie de la constitution « économique » communautaire est efficacement assurée par un système complet de voies de recours devant la Cour de justice. Celle-ci joue à cet égard le rôle d'une juridiction nationale comparable à celui de la Cour Suprême des

1222 ibid, p. 632.

Etats-Unis. Cela constitue également la principale différence entre la constitution communautaire et les chartes constitutives des organisations internationales classiques[1223]. Cela étant, il ne faut pas perdre de vue que ce que l'on appelle la constitution communautaire consiste en plus de quinze traités internationaux regroupant un millier de dispositions de nature différente.

Au sens juridique moderne du terme, les constitutions doivent leur apparition à un double facteur : le pouvoir politique et sa soumission à l'approbation des gouvernés ainsi que la limitation de ce pouvoir en faveur des libertés des gouvernés[1224]. La constitution a dès lors deux fonctions fondamentales. La première réside dans la soumission du pouvoir politique au droit : ceci concerne l'Etat de droit dans le constitutionnalisme moderne. Le deuxième aspect concerne la légitimation du pouvoir politique par le peuple : il s'agit alors de l'aspect démocratique du constitutionnalisme moderne. Ces deux conditions ne peuvent être remplies que si la Constitution émane du peuple et si elle a la préséance sur les règles établies par les institutions étatiques.

La personnalité juridique doit être vue comme le complément indissociable de la constitution formelle. Selon le Traité de Maastricht, ce système englobe les trois Communautés, l'Union et ses Etats membres. L'Union européenne se présente ainsi, d'après la terminologie adoptée, comme un édifice reposant sur trois piliers, l'un relevant de la méthode communautaire et des techniques d'intégration, les deux autres, à savoir la Politique étrangère et de Sécurité commune et la Coopération dans le domaine de la Justice et des Affaires intérieures, relevant du domaine de la coopération intergouvernementale. Les trois Communautés qui constituent le premier pilier de l'Union européenne demeurent pour l'instant juridiquement séparées, chacune étant fondée sur un traité propre. Mais il existe entre elles des liens organiques suffisamment forts pour que l'on puisse parler d'une seule communauté. Les trois Traités fondateurs, tels qu'ils sont modifiés par le Traité de fusion du 8 avril 1965, l'Acte unique européen de 1986, ainsi qu'une série d'actes appartenant également au droit originaire, forment en effet un seul ordre juridique. Les Communautés sont investies de personnalités juridiques alors que l'Union européenne ne jouit pas de cette qualité. Les trois Communautés ont la personnalité juridique non seulement parce que le traité le prévoit, mais surtout, parce que des compétences spécifiques donnent vie à cette personnalité sur le plan international. L'article 281 du TCE prévoit en effet que la Communauté européenne a la personnalité juridique, elle peut donc

1223 GERKARTH Jörg, op. cit, page 126.

1224 GRIMM Dierter, « Le moment est-il venu d'élaborer une constitution européenne », in *Une Constitution pour l'Europe,* DEHOUSSE Renaud (dir), p. 70.

conclure des traités internationaux. L'article 282 TCE précise que dans chaque Etat membre la Communauté possède la capacité juridique la plus large reconnue aux personnes morales par les législations nationales. Elle peut donc, à ce titre, acquérir ou aliéner des biens mobiliers ou immobiliers et enfin ester en justice[1225]. Suivant l'article 32 du Traité de Lisbonne, l'Union européenne a la personnalité juridique.

Il est à noter que la procédure de révision des traités fondateurs de la Communauté est plus rigide que celle de la plupart des organisations internationales. En effet, d'après l'article 48 du TUE qui contient les modalités de révision des traités, les modifications doivent faire l'objet d'un commun accord et n'entrent en vigueur qu'une fois ratifiées par tous les Etats membres selon leurs procédures constitutionnelles propres. Toutefois, il faut admettre que dans le cadre communautaire, de nombreuses modifications sont intervenues de manière informelle, soit par le biais de l'article 308 TCE, soit par celui de la jurisprudence de la Cour de justice. Selon l'article 33 du Traité de Lisbonne, qui remplace l'article 48 TUE, les traités peuvent être modifiés conformément à une procédure ordinaire qui consiste en la méthode conventionnelle. Ils peuvent également l'être selon des procédures de révision simplifiées, ces dernières ne concernant que la troisième partie du TFUE. Dans les deux cas, les traités modifiés ne peuvent entrer en vigueur qu'après ratification par tous les Etats membres.

S'agissant de la constitution formelle, il convient par ailleurs de préciser la place et le rôle qui sont attribués à la notion de pouvoir constituant. Nous savons que la constitution européenne n'est pas l'œuvre d'un pouvoir constituant, comme dans le cas des constitutions classiques.

Toutefois, en ce qui concerne l'Union européenne, il est légitime d'affirmer que la Charte des droits fondamentaux constitue la première étape de la constitutionnalisation formelle. Le projet de Traité établissant une Constitution pour l'Europe, adopté le 29 octobre 2004, constitue l'exemple le plus récent de constitution véritablement formelle pour l'UE, même si le Traité de Lisbonne du 13 décembre 2007 a abandonné le concept constitutionnel.

1225 CHEVALIER-GOVERS Constance, « Actes constitutifs des organisations internationales et constitutions nationales », Revue Générale du Droit international public, op.cit., p. 400.

2. *La contribution de la Charte des droits fondamentaux à la constitutionnalisation politique de l'UE*

L'adoption de la Charte des droits fondamentaux de l'Union européenne constitue pour l'Union un développement dans la voie de constitutionnalisation politique à plusieurs égards : comprenant non seulement les droits fondamentaux, mais aussi et surtout les droits sociaux fondamentaux, elle constitue le premier catalogue de droits complets de l'Union. La démarche adoptée pour sa préparation, dans le cadre d'une Convention, est une méthode inédite qui associe les représentants des institutions européennes, les gouvernements et les parlements des pays membres et candidats, ainsi que la société civile. Enfin, la Charte n'est pas le résultat d'un travail de codification à droit constant.

a La Charte des droits fondamentaux comme première étape de la constitutionnalisation formelle de l'Union européenne

En dépit des critiques formulées à son égard, le Sommet européen de Nice du 11 décembre 2000 est aussi un moment politique fort, celui de l'adoption solennelle de la Charte des droits fondamentaux de l'Union européenne. L'Europe en quête de symbole, d'identité veut parler directement au citoyen[1226]. Elle veut s'en rapprocher pour lui lancer un message : l'Europe est une « entité » qui respecte les « valeurs fondatrices communes » des Etats européens. C'est aussi dire que l'Europe n'est pas seulement celle des marchands, des capitaux et de l'Euro, c'est aussi celle des « droits fondamentaux ». L'Europe, d'abord fonds commun de placement, aspire à devenir « fonds commun des valeurs »[1227].

En dépit des objections[1228] qui, à nos yeux, sont issues d'une interprétation incomplète de l'histoire de l'intégration européenne, la Charte des droits fondamentaux constitue la première phase d'une constitutionnalisation formelle de l'Union européenne[1229]. Certains considèrent même la Charte comme un

1226 BURBORGUE-LARSEN Laurence, « La Charte des droits fondamentaux de l'Union européenne racontée au citoyen », R.A.E, 2000, .398–409, ici p. 398.

1227 BRAIBANT Guy, « Les enjeux pour l'Union », Vers une Charte des Droits fondamentaux de l'Union (Table ronde du 18 mai 2000 de l'Université Panthéon Assas), *Regards sur l'actualité,* Paris, La Documentation française, n°spécial 264, août 2000, p. 11.

1228 FAVOREU Louis, « Une démarche constituante », Vers une Charte des Droits fondamentaux de l'Union…, op. cit., p. 25.

1229 LYON-CAEN Antoine, « Les droits économiques et sociaux », Vers une Charte des Droits fondamentaux de l'Union…, op. cit., p. 48

premier pas vers une constitution fédérative[1230] de l'Union. En effet, il est souvent prétendu qu'entre l'idée constitutionnelle et l'expérience étatique existerait un lien essentiel qu'il serait vain d'oublier. Cette objection puise dans l'histoire et lui emprunte sa relativité. Or, le processus qui a mené l'Union européenne à la rédaction et à l'adoption d'un Traité constitutionnel obéit à une quête originale. Il est encore soutenu qu'une constitution réunit des règles d'organisation de pouvoirs publics, ce qui disqualifierait la Charte des droits fondamentaux. Il convient de souligner que cette objection méconnaît les évolutions qui ont affecté l'idée constitutionnelle, une Constitution étant souvent autant une charte des pouvoirs publics qu'une charte de la société. Il est dès lors possible d'envisager la Charte des droits fondamentaux comme une pièce d'une architecture constitutionnelle.

En optant pour l'intégration de la Charte dans le corps de la future constitution, conformément aux recommandations du Groupe de travail intitulé « la Charte »[1231] de la Convention qui a rédigé le Traité constitutionnel, une étape capitale dans la voie de la constitutionnalisation politique de l'Union était franchie[1232]. Cette intégration fut facilitée par la méthode de travail qui avait été adopté par la première Convention qui avait rédigé la Charte. En effet, suivant la doctrine du Président Herzog, cette Convention s'était efforcée de rédiger la Charte « comme si » elle devait être ultérieurement insérée dans les traités communautaires avec une force juridique contraignante[1233]. Aussi, la Convention sur l'avenir de l'Europe n'avait pas à modifier la formulation des droits substantiels de la Charte. Elle s'est contentée de légères modifications rédactionnelles des dispositions générales notamment des articles 51 et 52 qui définissent le champ d'application de la Charte et organisent les

1230 DIX Wolfgang, « La Charte des droits fondamentaux et la Convention : de nouvelles voies pour réformer l'UE ? », RMCUE, n°448, mai 2001, pp. 305–310, ici p. 305.

1231 Le Rapport final de ce Groupe, Document CONV 354/02 du 22 octobre 2002. La Convention sur l'avenir de l'Union européenne comportait 11 groupes de travail. Le Groupe II était chargé de l'examen de deux questions : les modalités et les conséquences d'une éventuelle intégration de la Charte aux traités d'une part, les modalités et conséquences d'une éventuelle adhésion de la Communauté/de l'Union à la Convention européenne des Droits de l'Homme d'autres part. Une large majorité du Groupe avait préféré l'intégration des 54 articles de la Charte dans le Traité constitutionnel.

1232 Toutefois, avec l'adoption du Traité de Lisbonne, la Charte se trouve classe dans l'annexe du TUE, tout en ayant la même valeur juridique que le traité.

1233 Le « Compte- rendu de la première réunion de l'enceinte chargée d'élaborer un projet de Charte des droits fondamentaux pour l'Union européenne », Document CHARTE 4105/00 (BODY 1), 17 décembre 1999.

relations entre celle-ci et la Convention de sauvegarde des Droits de l'Homme[1234]. Le lancinant problème de la coexistence entre les deux instruments reste donc posé[1235].

L'idée de rédiger une Charte européenne des droits fondamentaux n'est pas nouvelle. Le Parlement européen, dans ses résolutions du 12 avril 1989[1236] et du 10 février 1994[1237], avait déjà demandé l'adoption d'une seule déclaration à insérer dans le cadre d'une « constitution » européenne. Mais la décision de lancer la préparation de la Charte a été prise lors du sommet européen de Cologne, qui a décidé le 4 juin 1999 qu'« à ce stade du développement de l'Union européenne il conviendrait de réunir les droits fondamentaux en vigueur au niveau de l'Union dans une Charte, de manière

---

1234 Voir CONV 726/1/03, « Projet-Texte de la deuxième partie, assortie de commentaires » du 27 mai 2003, relatif à l'intégration de la Charte des droits fondamentaux en tant que deuxième partie de la Constitution. Ainsi, les adaptations techniques suivantes ont été apportées au texte de la Charte : (i) les termes « Communauté » et « Traité instituant la Communauté européenne »/ « Traité sur l'Union européenne » ont été remplacés par « Constitution » ; (ii) les 7 « chapitres » de la Charte deviennent les 7 « titres » de la deuxième partie de la Constitution ; (iii) l'intitulé du titre 7 a été modifié pour devenir « **Dispositions générales régissant l'interprétation et l'application de la Charte** » ; (iv) là où il est question dans le texte original de la Charte des « institutions et organes de l'Union », c'est la formule « institutions, organes et **agences** de l'Union » qui doit désormais être utilisée.
En ce qui concerne l'article 51, la formulation «**et dans le respect des limites et des compétences de l'Union telles qu'elles lui sont conférées dans les autres parties de la Constitution** » est ajoutée au paragraphe premier et la formulation « la présente Charte n'étend pas le champ d'application du droit de l'Union au-delà des compétences de l'Union » est introduite au début du deuxième paragraphe. Ici on remarque l'emploi du terme « **dans** » au lieu de « **par** » la Constitution pour bien souligner que les compétences de l'Union sont des compétences d'attribution.
En outre, pour établir une liaison entre les articles de la Charte faisant l'objet des autres parties de la Constitution (paragraphe 2) ; **pour prévoir la mise en œuvre des dispositions de la Charte qui contiennent des principes (paragraphe 4)** et pour revenir à l'importance de la prise en compte des législations et pratiques nationales de nouveaux paragraphes sont ajoutés à l'article 52.

1235 LE BOT Olivier, « Charte de l'Union européenne et Convention de sauvegarde des droits de l'homme : La coexistence de deux catalogues de droits fondamentaux », RTDH, 55/2003, pp. 781–811, ici p. 782.

1236 JOCE, 16 mai 1989, p. 51.

1237 JOCE, 28 janvier 1994, p. 65.

à leur donner une plus grande visibilité »[1238]. L'objectif recherché par le Conseil européen ne consistait donc pas à créer ou à innover en matière de droits de l'homme. Il s'agissait de les ancrer dans l'Union d'une manière visible pour les citoyens afin de marquer l'entrée de l'intégration européenne dans une nouvelle phase : une phase politique[1239]. En effet, c'est une recherche de légitimité politique et morale que le Conseil européen a poursuivi avec « la réaffirmation solennelle de ce qui est en fait le socle de la construction européenne, d'une Europe politique, humaine et inscrite dans le droit »[1240]. Cette légitimité a aussi pour but d'accompagner les dernières étapes de l'intégration communautaire : la citoyenneté européenne, la création d'un espace de liberté, de sécurité et de justice, les relations extérieures de l'Union etc.

La Charte[1241] a ainsi pour vocation de conférer à l'Union et aux Communautés une légitimité politique. La Convention[1242] qui avait pour mission de la rédiger était dès lors plus chargée d'un travail de révélation que d'une œuvre de création. Cette révélation devait résulter de plusieurs sources : la Convention européenne des Droits de l'Homme, les traditions constitutionnelles communes aux pays membres, la Charte sociale européenne, la Charte communautaire des droits sociaux fondamentaux des travailleurs, le droit communautaire primaire et dérivé, diverses Conventions internationales, la jurisprudence de la Cour de justice et celle de la Cour européenne de Droits de l'Homme. Ainsi la Charte regroupe toutes les sources d'inspiration actuelles du juge communautaire: elle

---

1238 Point 44 des Conclusions de la Présidence.

1239 PECHEUL Armel, « La Charte des droits fondamentaux de l'Union européenne », RFD adm. 17 (3) mai-juin 2001, pp. 688–700, ici p. 699.

1240 COHEN-JONATHAN Gérard, « La Charte des droits fondamentaux de l'union européenne », Petites Affiches, 27 juin 2000, n°127, p. 4.

1241 Charte des droits fondamentaux de l'Union européenne, Charte 4473/00, fundamental.rights@consilium.eu.int.

1242 Le Conseil européen a chargé une « enceinte » de rédiger un projet de charte. La composition, les méthodes de travail et les modalités pratiques de l'enceinte, baptisée "Convention", sont décidées lors du sommet de Tampere. Cette Convention était composée de 62 membres : 15 représentants de chefs d'Etats et de gouvernement ; 16 membres du Parlement européen et 30 membres des parlements nationaux, ainsi que par un commissaire représentant le Président de la Commission européenne. Un Comité a procédé à la rédaction successive des différents droits et les a soumis au fur et à mesure à la Convention qui les a examinés par groupes de travail. La Convention a abouti à un consensus au mois d'octobre 2000 sur le projet de la charte, soumis ensuite au Conseil européen de Nice. Les Chefs d'Etat et de gouvernement, le président du Parlement européen, le président de la Commission et la présidence tournante de l'Union ayant signé le projet lors du sommet européen de Nice, le document a été proclamé comme déclaration politique.

contient en effet les principes généraux visés dans la Convention européenne des Droits de l'Homme, celles résultant des traditions constitutionnelles communes aux Etats membres ainsi que les droits fondamentaux garantis aux citoyens de l'Union, les droits économiques et sociaux énoncés dans la charte européenne et dans la Charte communautaire des droits sociaux fondamentaux des travailleurs.

La Charte a vu le jour dans un contexte où malgré certaines carences, les droits fondamentaux bénéficiaient déjà d'une protection effective dans le cadre communautaire, surtout grâce à la Cour de justice qui, non pas par choix politique ou idéologique, mais au nom de « l'unité et de l'efficacité du droit communautaire »[1243], avait posé pour règle que « le respect des droits fondamentaux fait partie intégrante des principes généraux du droit dont la Cour de justice des Communautés européennes assure le respect »[1244]. Parti sur cette base, le droit communautaire s'est engagé dans une voie étroite bordée par le droit national et par la Convention européenne, le juge communautaire ne manifestant aucun enthousiasme dans un exercice d'équilibrisme où il « répugne manifestement à se positionner par rapport aux juridictions suprêmes de droit interne ou à la Cour européenne »[1245]. Faisant de la Convention européenne une source privilégiée, la Cour de justice, mettra ainsi l'accent sur la place tenue par les droits fondamentaux en droit communautaire, en dressant un inventaire extrêmement varié. C'est sur cette base qu'elle aborde le droit au juge[1246], le principe de non-rétroactivité[1247], la protection de la vie privée et familiale[1248], la liberté de pensée[1249], la liberté de d'expression[1250], la liberté d'association[1251], le droit à un recours juridictionnel[1252].

Cette consécration jurisprudentielle est provoquée surtout par le juge national, en particulier allemand. On retiendra tout d'abord l'arrêt Solange I[1253], rendu par la Cour constitutionnelle allemande (BverfGE) en 1974, où elle a décidé

1243 LABAYLE Henri, « Droits fondamentaux et droit européen », AJDA, 20 juillet/20 août 1998 spécial, pp. 75–91, ici, p. 80.

1244 CJCE, arrêt du 17 décembre 1970, aff. 11/70, Internationale Handelsgesellschaft, Rec., p. 1125, point 4.

1245 LABAYLE Henri, « Droits fondamentaux et droit européen », op. cit., p. 80

1246 CJCE, arrêt du 15 mai 1985, aff. 22/84, JohnstonRec., p. 1651.

1247 CJCE, arrêt du 10 juillet 1984, aff. 63/83, Kirk, Rec., p. 2689.

1248 CJCE, arrêt, du 26 juin 1980, aff. 136/79, National Panasonic, Rec., p. 2033.

1249 CJCE, arrêt du 18 juin 1991, aff. C-260/89, ERT, Rec., p. 2925.

1250 Ibid.

1251 CJCE, arrêt du 28 octobre 1975, Rutili, précité.

1252 CJCE, arrêt du 18 juin 1991, ERT, précité.

1253 BverfGE 39 1- Schwangersschafssabbruch.

qu'aussi longtemps que « le respect général des droits fondamentaux à l'échelon communautaire ne sera pas garanti par le juge de Luxembourg, la Cour constitutionnelle allemande exercera un contrôle du droit communautaire ». C'est à partir de la même année que l'on peut suivre le développement accéléré d'une jurisprudence de protection des droits fondamentaux par la Cour de Justice. L'efficacité de cette protection a été reconnue par la Cour de Karsruhe dans l'arrêt Solange II de 1986[1254], où elle a déclaré une sorte d'armistice entre la Cour de justice et elle-même sujet de la protection des droits fondamentaux : aussi longtemps que la jurisprudence de la Cour de Justice assure d'une manière générale la protection des droits fondamentaux, la Cour constitutionnelle allemande n'exercera plus sa juridiction quant à l'applicabilité du droit communautaire dérivé en Allemagne[1255]. La décision de la Cour constitutionnelle du 7 juin 2000 relative au règlement du marché de banane[1256] a confirmé Solange II.

Même si l'activisme juridique de la Cour se solde par la quasi appropriation du catalogue fourni par la Convention européenne, la Cour intègre ces droits, si l'on peut dire à sa manière, jusqu'aux arrêts *Schmidberger*[1257], *Omega*[1258], *Viking*[1259] et *Laval*[1260]. En effet, avant ces jurisprudences, qui constituent un véritable changement de perspective en ce qui concerne la protection des droits fondamentaux, la sauvegarde de ces droits devait être assurée dans le cadre de la structure et des objectifs de la Communauté[1261]. Dans cette perspective, la démarche jurisprudentielle trouvait sa justification et sa limite. C'est dire que dans cette conception « économique » de la Constitution européenne, le prisme communautaire dominait le jeu des principes fondamentaux dans son ordre juridique. La finalité communautaire des droits consacrés déterminait leur incorporation et leur utilisation, voire leur limitation. Par ailleurs, les droits fondamentaux dans cette

---

1254 BverfGE 73, 399,-Solange II, traduction française dans RTD eur., 1987.537.

1255 MAYER Franz C., « La Charte européenne des droits fondamentaux et la Constitution européenne », RTDE, 39 (2), avril-juin 2003, pp175–196, ici p. 179.

1256 GREWE Constance, « Le « traité de paix » avec la Cour de Luxembourg : l'arrêt de la Cour constitutionnelle allemande du 7 juin 2000 relatif au marché de la Banane », RTDE, 2001.1. Voir aussi PERNICE Ingolf, « les bananes et les droits fondamentaux : La Cour constitutionnelle allemande fait le point », CDE, 2001.427.

1257 CJCE, arrêt du 12 juin 2003, Schmidberger, aff. C-112/00, Rec., p. I-5659.

1258 CJCE, arrêt du 14 octobre 2004, aff. C-36/02, op. cit.

1259 CJCE, arrêt du 11 décembre 2007, ITF et FSU c/ Viking, aff. C-438/05, non encore publié dans le recueil.

1260 CJCE, arrêt du 18 décembre 2007, Laval, aff. C-341/05, non encore publié dans le recueil.

1261 JACQUE Jean-Paul, « La Constitution communautaire », RUDH, 1995, p. 397.

conception économique ne s'intègrent pas dans l'ordre juridique communautaire par eux-mêmes, mais par le prisme des principes généraux du droit. Ils ne font leur apparition que de manière indirecte. Ainsi la protection efficace des droits fondamentaux, dans le cadre communautaire, reconnus dans les conditions et le contexte que l'on vient d'évoquer, souffre de deux limites. D'une part, les voies de recours permettant au justiciable de faire valoir ses droits fondamentaux devant le juge communautaire présentent un caractère fermé. En l'absence de recours spécifique, le contrôle du respect des droits et libertés fondamentaux s'inscrit dans le cadre des voies de droit générales et est soumis aux limites de celles-ci. D'autre part, le catalogue de droits et libertés élaborées par la Cour de justice était difficilement lisible pour le profane. La technique des principes généraux du droit nuit à la clarté des droits fondamentaux et à leur « prévisibilité ». « Cette méthode d'interprétation des droits fondamentaux, par renvoi ou par source d'inspiration, ne permet pas d'éclairer le citoyen de l'Union sur l'étendue de ces droits »[1262]. Or, les arrêts *Schmidberger, Omega et Viking* sont indiscutablement en faveur d'une interprétation selon laquelle, la protection des droits fondamentaux devient de plus en plus importante pour la Cour de justice. En effet, la Haute juridiction communautaire met en balance dans le premier cas la liberté de réunion et la libre circulation des marchandises ; dans le deuxième cas la dignité humaine et la libre prestation des services te plus récemment dans le troisième les droits résultant des dispositions du traité relatives aux libertés de circulation et les objectifs poursuivis par la politique sociale. Aussi dans ce dernier arrêt la Cour affirme que le droit de mener une action collective qui a pour but la protection des travailleurs constitue un intérêt légitime pouvant justifier une restriction à l'une des libertés fondamentales garantie par le Traité. Cela n'empêche pas que la liberté de réunion, la dignité humaine comme le droit de mener une action collective soient des droits fondamentaux reconnus aussi bien dans l'ordre juridique communautaire que par la CEDH. Jusqu'à présent les droits fondamentaux étaient considérés à travers le prisme du droit communautaire. Dorénavant c'est le droit communautaire qui sera interprété à l'aune des droits fondamentaux.

Dans les jurisprudences *Viking et Laval*, la Cour, plutôt que de rechercher une conciliation droit fondamental/liberté fondamentale, considère la restriction du point de vue de la protection des travailleurs qui est un objectif la politique sociale. En effet, comme le rappelle les arrêts Viking et Laval, la Communauté a non seulement une finalité économique, mais également une finalité sociale.

1262 GUIGOU Elisabeth, Intervention lors du colloque intitulé « La Charte des droits fondamentaux de l'Union européenne », 24 avril 2000, p. 14.

Cette approche parait conforme au renversement de perspective déclenché par les jurisprudence Schmidberger et Omega qui témoignent du passage de l'Union économique à l'Union politique.

Aussi, pour franchir une étape supplémentaire en vue d'une meilleure protection des droits fondamentaux, l'Union devait soit confectionner un catalogue de droits fondamentaux, soit adhérer à la Convention européenne[1263]. L'adoption d'un catalogue de droits fondamentaux qui soit propre à l'Union a toujours trouvé des adeptes dans la doctrine[1264]. En outre, l'idée d'une déclaration des droits spécifiques à l'Union a été proposée par de nombreuses études, notamment le rapport du Comité des sages[1265] en 1996 et le rapport Simitis[1266] en 1999. Cette idée a même été concrétisée par l'adoption de plusieurs catalogues écrits dont deux par le Parlement européen : la Déclaration des droits et libertés fondamentaux[1267] de 1989 et le titre intitulé « Droits de l'homme garantis par l'Union » du projet de la Constitution européenne de 1984. En dehors du Parlement européen, la seule déclaration de droits qui a été adoptée dans le cadre communautaire est la Charte des droits sociaux fondamentaux des travailleurs qui, en dépit des références que la jurisprudence y fait, présente un caractère essentiellement programmatique. La Charte des droits fondamentaux de l'Union européenne est donc l'aboutissement de cette idée de développement d'un catalogue de droits fondamentaux pour l'Union européenne. Au-delà de son importance politique et symbolique, son apport principal réside dans le domaine des droits sociaux fondamentaux qui sont érigés au rang de droits fondamentaux proprement dits. En effet, ces droits qui sont les premiers à être reconnus dans le cadre communautaire, participent, surtout avec l'intégration de la Charte dans le projet de Constitution européenne, au processus de constitutionnalisation politique de

---

1263 VERGES Jacques, « Droits fondamentaux de la personne et principes généraux du droit communautaire », in *L'Europe et le Droit*-Mélanges en hommage à Jean Boulouis, Dalloz, Paris. 1991, p. 515.

1264 BLUMAN Claude, « Vers une Charte des droits fondamentaux de l'Union européenne », in *Territoires et Liberté*-Hommage au doyen Yves Madiot, Bruylant, Bruxelles, 2000, p. 2002, p. 202

1265 Rapport du Comité des sages « Pour une Europe des droits civils et sociaux », sous la Présidence de Mme Pintasilgo, http://www.conciluim.eu.int sous la cote CHARTE 4552. Voir aussi le commentaire de E. Garcia de Enterira, « les droits fondamentaux et la révision du Traité sur l'Union européenne », CDE, 1996, n°5–6, pp. 607–612.

1266 SMITIS Spiros « Affirmation des droits fondamentaux dans l'Union européenne : il est temps d'agir », février 1999, p. 18. Rapport accessible sur le site Internet http://www.europa.eu

1267 Résolution du Parlement européen, 12 avril 1989, JOCE, 10 mai 1989, C-120, p. 51.

l'Union. Ce développement, aussi majeur soit-il, ne résout par pour autant, du moins complètement, la question de protection efficace des droits fondamentaux au niveau de l'Union.

b La Charte des droits fondamentaux de l'UE : une démarche constituante particulièrement originale

La préparation de la Charte des droits fondamentaux de l'Union européenne constitue sans doute une avancée considérable dans le processus constitutionnel de l'Union[1268]. Cette « démarche constituante » est particulièrement originale parce qu'elle ne ressemble ni aux démarches constituantes qui se déroulent dans le cadre étatique, ni à une révision classique des traités communautaires, qualifiés par la Cour de « charte constitutionnelle d'une communauté de droit »[1269]. L'un des apports de la Charte au processus de constitutionnalisation réside sans doute dans son processus d'élaboration. Le Conseil européen de Cologne[1270] a estimé que, dans l'évolution de l'Union européenne, le moment était venu d'une proclamation solennelle des droits fondamentaux afin de rendre ceux-ci plus visibles et plus compréhensibles pour les citoyens et, plus généralement, pour tous ceux qui, à un titre ou à un autre, relèvent des règles de l'Union. La dimension politique, économique et sociale de l'Union fournit un champ assez large pour dire autre chose que ce qui figure dans la Convention européenne des droits de l'homme, même si la Charte s'en inspire considérablement. Puis le Conseil européen de Tempere[1271], en décidant d'associer à la tache d'élaboration de la Charte des parlementaires européens et nationaux, a clairement envisagé de poursuivre la construction européenne autrement qu'à travers le seul canal

---

1268 DUMONT Huges et VAN DROOGHENBROECK Sébastien, « La contribution de la Charte à la constitutionnalisation du droit de l'Union européenne », in CARLIER Jean-Yves et SCHUTTER (de) Olivier (dir), *La Charte des droits fondamentaux de l'Union européenne,* Bruxelles, Bruylant, 2002, p. 85.

1269 DUTHEIL de la ROCHERE Jacqueline, « Une Charte pour qui ? », *Vers une Charte des Droits fondamentaux de l'Union* (Table ronde du 18 mai 2000 de l'Université Panthéon Assas), Regards sur l'actualité, Paris, La Documentation française, n°spécial 264, août 2000, p. 19.

1270 Conclusions du Conseil européen de Cologne des 3–4 juin 1999, www.concilium.eu.int

1271 Conclusions du Conseil européen de Cologne des15–16 octobre 1999, www.concilium.eu.int

diplomatique. Par conséquent, la composition[1272] de l'organe, qui s'est autoproclamé « Convention » et auquel la rédaction de la Charte a été confiée, est sans précédent dans l'histoire de la construction communautaire et rompt radicalement avec l'inter gouvernementalisme diplomatique, dont la dernière utilisation en date a abouti au traité de Nice. Cette composition reposait en effet sur une double mixité : « Législatif-Exécutif », d'une part, « Europe-Nations », d'autre part. Partant de cette originalité, on n'a pas hésité à affirmer[1273] que l'organe de rédaction de la Charte préfigurait ce que pourrait être le futur « pouvoir constitutionnel européen ».

La Convention qui a rédigé la Charte a semblé ouvrir la voie à une nouvelle méthode pour élaborer des textes fondateurs. Le soutien croissant dont bénéficie l'idée de la constitution européenne incite à s'interroger sur le lien entre la Convention et la Constitution. S'agit-il d'une méthode qui pourrait conduire à l'élaboration d'une constitution?[1274] Eu égard aux résultats de la Convention qui a préparé la Charte des droits fondamentaux, la Convention sur l'avenir de l'Europe a été considérée comme une méthode susceptible de renforcer la légitimité du système politique européen, pouvant favoriser la production d'un texte clair[1275]. Le projet de traité instituant une Constitution pour l'Europe adopté à un large consensus, montre l'efficacité de cette méthode.

Cette méthode, tout en démontrant son efficacité, tend à justifier, par ailleurs, que « les normes évolutives du constitutionnalisme »[1276] à l'échelle européenne, dans la mesure où les éléments classiques, tels que l'identité nationale et la souveraineté, ne sont plus les seuls versants du processus de constitutionnalisation. Le terme doit être entendu, dans cette perspective, non pas comme un processus vertical, conférant aux individus des droits et obligations justiciables, mais plutôt comme un processus horizontal, développant un ensemble de pratiques, droits, principes et valeurs. Dans le premier cas, l'accent est mis sur le symbolisme et la forme qui ne sont pas d'ailleurs d'une moindre importance ; alors que dans

1272 La Convention sur la Charte a réunit 15 représentants des chefs d'Etat et de Gouvernement, 16 membres du Parlement européen, 30 membres des parlements nationaux, soit deux pour chaque Etat, ainsi qu'un représentant du président de la Commission.

1273 BRAIBANT Guy, in « Conclusions », La Charte des droits fondamentaux de l'Union européenne, RUDH, 2000, p. 66.

1274 DELOCHE-GODEZ Florence, « La Convention pour l'élaboration de la Charte de droits fondamentaux : Une méthode constituante ? », in DEHOUSSE Renaud, *Une Constitution pour l'Europe ?*, Paris, Presse de Science Po, 2002, p. 178.

1275 Ibid, p. 223–224.

1276 WINNER Antje, « Evolving Norms of Constitutionalism », European Law Journal, vol. 9, n°1, février 2003, pp. 1–13.

le deuxième cas, il s'agit plutôt de la substance. C'est probablement pour insister sur cet aspect substantiel qu'on a tendance à réduire l'essentiel du débat sur l'avenir de l'Union européenne, entre autres, à la qustion « que voulons-nous faire avec ? ». Basée sur la négociation et la renégociation, comme les débats dans le cadre de la Convention, c'est le processus de constitutionnalisation à l'échelle post nationale[1277]. Cette affirmation ne signifie nullement que l'UE est « l'après » l'Etat-nation, que ce soit en terme légal ou politique. Mais elle permettrait de saisir « la nature évolutive (open-ended) indéterminée, discursive, suis generis et contestée du projet européen »[1278].

La méthode d'élaboration de la Charte est considérée comme une méthode de constitutionnalisation efficace, inclusive et fonctionnelle, par rapport au processus intergouvernemental classique exclusif et incapable de dégager un consensus. Elle peut aussi être rapprochée de ce que James Tully avait proposé comme définition de constitution[1279] : « une constitution peut être considérée comme une forme d'activité, un dialogue interculturel faisant intervenir les citoyens souverains appartenant à des cultures différentes dans la société contemporaine, négociant dans le temps dans un cadre organisé, des accords conformément à la reconnaissance mutuelle, consentement et la continuité culturelle ». Dans un travail plus récent examinant la coexistence des principes du constitutionnalisme et la démocratie, Tully cherche à trouver une philosophie qui peut nous aider dans nos efforts pour évaluer la légitimité constitutionnelle et démocratique des constellations contemporaines, ou pour reprendre la terminologie de Habermas, des « constellations post-nationales »[1280]. Tully propose alors «un projet de recherche pratique » qu'il envisage en quatre étapes : l'initiation, la négociation, l'évaluation des capacités à mettre en œuvre le projet et l'application[1281]. Même si cela n'est pas complètement transposable, l'examen de la méthode de Convention comme processus constitutionnel selon le schéma général proposé par Tully nous conduit à nous poser les questions suivantes[1282] : (i) Est-elle autonome ? (ii) Est-elle représentative ? (iii) Quelles sont ses principales dynamiques internes ?

1277 SHAW Jo, « Proces, Responsability and inclusion in EU Constitutionalism», European Law Journal, vol. 9, n°1, février 2003, pp. 45–68.

1278 Ibid, p. 49.

1279 TULLY James, *Strange Multiplicity,* Cambridge University Presse, 1995, p. 30.

1280 HABERMAS Jürgen, *Apres l'Etat-nation :une nouvelle constellation politique,* Fayard, 1988, pp. 43–124.

1281 TULLY James, « The unfreedom of the Moderns in comparison to their ideals of Constitutional Democracy », Modern Law Review, n°65, 2002, p. 204.

1282 SHAW Jo, op. cit., p. 54.

(iv) Peut-elle délibérer et le cas échéant comment délibère-t-elle ? (v) Est-elle réceptive aux idées ? (vi) Peut-elle prendre des décisions ?

Ayant suivi et assisté nous mêmes aux travaux de la Convention qui a rédigé la Charte des droits fondamentaux de l'Union européenne, nous sommes en mesure de dire que, oui elle était autonome, puisqu'elle a opéré quasiment en tant qu'institution. Elle était représentative car elle réunissait les représentants des chefs d'Etats et de gouvernement des Etats membres, du Parlement européen, un représentant de Commission européenne, des parlements nationaux. Les représentants de la Cour de justice et du Conseil de l'Europe ont assisté aux travaux en qualité d'observateur. Des auditions ont été organisées avec le Comité économique et social, le Comité des régions, avec les représentants des pays candidats à l'adhésion, ainsi qu'avec les organisations de la « société civile », même si le poids relatif des un et des autres doit être relativisé. C'est donc une forte majorité parlementaire qui domine cette composition dont chaque membre peut être remplacé par un suppléant. En ce qui concerne ses dynamiques internes, une mention particulière doit être faite au rôle joué par le président et le Présidium. Leur influence ne doit pas être négligée pour l'orientation des travaux. La procédure suivie a prévu que, dans un premier temps, le Présidium propose un programme précis et, sur cette base, un comité de rédaction procède à la rédaction successive des articles qui seront par la suite débattus en assemblée plénière où les membres peuvent intervenir et proposer des amendements. Au terme des travaux de la Convention, il n'y a pas eu de vote sur le projet final de la Charte, les membres ont délibéré par consensus, d'ailleurs c'est ce qui explique le caractère peu prononcé de certains droits sociaux fondamentaux de la Charte. Dans cette perspective, il convient de remarquer qu'une certaine affinité était visible entre les membres des deux composantes parlementaires. Le même constat s'est vérifié durant les travaux de la Convention sur l'avenir de l'Europe. La réceptivité et la transparence étaient des notions étroitement liées à la Convention en tant qu'instance de délibération. Conformément aux prescriptions du Conseil européen de Tempere, les débats et les documents présentés lors des débats ont été rendus accessibles pour les utilisateurs extérieurs grâce à un site Internet[1283] mis en place à cet effet, même si le processus n'exclut pas les débats internes et les influences diverses[1284] « difficilement décelable de l'extérieur ». C'est là un élément nouveau de cette procédure exemplaire. Finalement, il convient de souligner que

---

1283 http://www.europarl.eu.int/charter/default_fr.htm et http://db.concilium.eu.int/df/default.asp?lang = fr.

1284 DRAGO Guillaume, Les Petites Affiches, n°248 du 13 décembre 2000, p. 10.

s'interroger sur la qualité de la Convention en tant que décideur, méconnaîtrait son mandat. La question a d'ailleurs été plusieurs fois évoquée durant les travaux de la Convention, surtout par le représentant britannique, Lord Goldsmith quant il soulevait le problème du statut juridique de la Charte. M. Guy Braibant, le représentant français lui avait répondu en disant « essayons de faire une bonne Charte et si nous atteignons ce résultat, la question du caractère obligatoire se résoudra d'elle-même »[1285]. C'est ainsi que le sujet était marqué à l'ordre du jour de la Convention sur l'avenir de l'Europe dès le Sommet européen de Nice[1286] et de Laeken[1287].

c Le rapprochement vis-à-vis du Citoyen européen

Même si cela apparaît moins tangible et immédiat, la Charte a été une tentative de rapprochement entre l'Union et son citoyen et une tentative de contribution à l'édification du « peuple européen » qui fait largement défaut à l'Union[1288]. Cette volonté s'est traduite durant les travaux de la Convention par l'organisation des contacts divers entre les membres de la Convention et les ONG censées représenter la société civile. Inédits et imparfaits, ils ont été aussi inégaux selon les organisations. La même démarche a été poursuivie par la Convention sur l'avenir de l'Union européenne.

Les référendums maastrichtiens et l'abstentionnisme massif aux élections européennes de 1999 l'ont démontré : l'Union accuse un véritable déficit de séduction dans le chef du citoyen européen. Elle ne suscite guère auprès de ce dernier, un véritable « patriotisme constitutionnel ». La Charte des droits fondamentaux fut indéniablement une tentative de remédier à ce déficit d'image, même si la société civile et surtout certaines organisations sociales ont considéré que les dispositions de la Charte particulièrement dans le domaine des droits sociaux sont insuffisantes et ont souhaité que la Convention sur l'avenir de l'Europe remédie à cette situation. La Convention n'ayant pas procédé à une nouvelle rédaction des articles de la Charte mais se contentant tout simplement d'une adaptation de son langage nécessité par l'intégration de celle-ci dans le Traité

1285 JACQUE Jean-Paul, « La démarche initiée par le Conseil européen de Cologne », RUDH, 2000, pp. 3–6, ici p. 6

1286 Voire notamment la Déclaration n°23 annexée au Traité de Nice, JOCE, n°C-80 du 10 mars 2003.

1287 Conclusions de la présidence, Conseil européen de Laeken, 15 décembre 2001, SN 300/01, annexe I, http://ue.eu.int.

1288 FERNANDEZ-SOLA Natividad, « A quelle nécessité juridique répond la Charte des droits fondamentaux de l'Union européenne ? », RMCUE, 2000, p. 596.

constitutionnel, on ne peut pas dire que cette attente ait été satisfaite. En effet, comme le Commissaire Vitorino l'a remarqué à plusieurs reprises durant ses interventions pendant les séances plénières de la Convention, ouvrir un nouveau débat sur la Charte aurait eu l'effet de la boite de pandore et il serait fort probable d'aboutir ainsi à « une plus mauvaise Charte ». Cela étant, les perspectives d'avenir de la Charte se sont prometteuses de résultats probants. Outre le fait que la Charte a, selon le Traité de Lisbonne, la même valeur juridique que les traités, ses résultats sont déjà perceptibles grâce à l'activisme jurisprudentiel[1289]. C'est le Tribunal de première instance qui a d'abord voulu « donner vie » à la Charte[1290]. Par ailleur, dans un arrêt récent, la Cour de justice considère pour la première fois que le législateur est tenu de respecter le Charte des droits fondamentaux de l'Union européenne[1291].

3. *Le Traité instituant une Constitution pour l'Europe comme première Constitution formelle de l'UE*

a D'une manière générale

Depuis plus de dix ans, le thème de la Constitution européenne est développé. Il suscite à la fois l'attrait et la réticence. Elle a été proposée par une Convention[1292] composée de représentants des peuples, des Etats et des institutions européennes[1293].

Le Traité établissant une Constitution pour l'Europe est un projet politique ambitieux qui ne peut que ravir les européanistes, fédéralistes ou non[1294]. Ce projet, fruit d'un travail considérable et qui ne peut au demeurant que laisser

1289 Voir infra.

1290 DUTHEIL de la ROCHERE Jacqueline, « Charte des droits fondamentaux de l'Union européenne », Juricsclasseur Europe, Fasc. 160, 5, 2006, pp. 1–43.

1291 CJCE, arrêt du 27 juin 2006, Parlement c. Conseil de l'UE, aff. C-540/03.

1292 La Convention comprenait 56 représentants des parlements nationaux (deux pour chaque Etat) et 28 représentants des gouvernements (un par Etat), 16 représentants du Parlement européen et deux de la Commission. Les quinze Etats membres comme les treize Etats officiellement candidats à l'adhésion, étaient représentés de la même manière et chaque membre titulaire de la Convention était doublé d'un suppléant.

1293 CHALTIEL Florence, « Constitutionnalité de l'Union européenne », Editions du Juris-Classeur, 2004, Fasc.430, p. 14.

1294 MONJAL Pierre-Yves, « Le Projet de traité établissant une Constitution pour l'Europe : quels fondements théoriques pour le droit constitutionnel de l'Union européenne? », RTDE. 40 (3), juillet-septembre 2004, pp. 443–475.

admiratif, est le produit d'une assemblée politique multiculturelle[1295], la Convention, qui a su trouver les mots pour traduire sa volonté de poursuivre la construction européenne. Avant les élections européennes, peu de débats ont été consacrés au traité constitutionnel dont l'adoption était annoncée comme imminente. Le débat, initié à partir de l'été 2004, a mis en lumière différentes questions sans que l'on échappe souvent à l'argumentaire du pire : « si le projet constitutionnel n'est pas adopté, c'est un tremblement de terre ». Par ailleurs, nombre d'argumentaires se sont penchés sur des questions de choix politiques, voire idéologiques[1296].

L'intitulé du traité établissant une Constitution pour l'Europe laisse pour le moins perplexe. En effet, comment concevoir dans la même formule la réunion de deux termes aux significations différentes relevant d'ordres juridiques différents ? Par soucis de simplicité, il est possible de considérer que cette expression est adaptée dans la mesure où le texte revêt les caractéristiques d'un traité international tout en ayant un objet constitutionnel[1297]. On ne peut nier que sa nature reste à certains égards celle d'un traité international. Toutefois, l'aspect constitutionnel demeure présent. Ainsi, comme le Professeur Mouton l'affirme, le Traité établissant une Constitution pour l'Europe est un traité international pour au moins trois raisons[1298]. D'abord, il n'existe pas aujourd'hui un véritable pouvoir constituant qui incarnerait un peuple européen. Puis, ce traité relève d'une procédure intergouvernementale et sera ratifié dans chaque Etat membre selon les procédures nationales. Enfin, le traité prévoit une procédure de révision qui, tout en intégrant l'expérience de la convention pour l'Europe, reste intergouvernementale. Toutefois les aspects constitutionnels y sont présents : son élaboration a suivi dans la première phase une procédure originale, la Convention pour l'avenir de l'Europe unissant plus d'une centaine de membres représentant

1295 Le terme multiculturel, emprunté au professeur Monjal, est entendu au sens large : culture politique différente, selon que les conventionnels sont parlementaires ou ministres, selon que ces derniers représentent les Etats candidats ou les Etats membres de l'Union , selon qu'ils appartiennent à des familles politiques différentes.

1296 BUGUET Béatrice, « Union européenne, projet de traité constitutionnel : éléments d'analyses », Revue du droit public, n°2005, pp. 464–474.

1297 MICHEL Valérie et BOUVERESSE Aude, « La notion de constitution », in *Le traité établissant une Constitution pour l'Europe : Analyse et Commentaires,* CONSTANTINESCO Vlad, GAUTIER Yves et MICHEL Valérie (dir), Presse Universitaires de Strasbourg, 2005, p. 31.

1298 MOUTON Jean-Denis, « Introduction », in *Les mots de la Constitution europeenne, Actes des journées d'études du CRUCE,* Amiens, 12 décembre 2003 et 15 octobre 2004, PUF, Paris, 2005, pp. 15–28; MOUTON Jean-Denis, « Sur la nature de la Constitution européenne », pp. 1–4, ici p. 1.

les institutions européennes, les gouvernements et les parlements des Etats membres, ainsi que des pays candidats. Le travail dans le cadre de la Convention a suscité un véritable débat dans la plupart des pays membres et les pays candidats, ce qui représente un acquis considérable pour la formation d'un espace public européen. Ensuite, les membres de la Convention n'ont pas réalisé un travail à droits constants, mais se sont livrés à la rédaction d'un véritable acte fondateur beaucoup plus lisible, surtout pour le citoyen. Enfin, par son contenu le traité établissant une Constitution pour l'Europe peut être qualifié de véritable constitution matérielle : il procède à une répartition des compétences entre les Etats membres et les institutions européennes et il établit un véritable statut pour les citoyens des Etats membres et de l'Union.

Le Traité établissant une Constitution pour l'Europe s'inscrit dans un processus continu, en formalisant une forme d'organisation politique originale, une fédération d'Etats et des citoyens[1299] qui s'est progressivement installée au fur et à mesure des révisions des traités fondateurs. Pour juger pleinement de l'expression « Traité établissant une constitution pour l'Europe » et de son raccourci « Constitution européenne », il est nécessaire de rechercher les conditions auxquelles chacun de ces termes peut être transposé dans l'ordre juridique communautaire. A l'évidence, l'emploi du terme « traité » s'impose car l'Union européenne est un sujet dérivé de la volonté des Etats. Ainsi créée par ceux-ci, son existence ne peut se fonder que sur un acte constatant l'accord des Etats, autrement dit un traité international. L'essentiel du débat porte par conséquent sur la transposition de constitution dans l'ordre juridique européen. Ici encore la difficulté provient du fait que l'on doit expliquer le phénomène européen par l'usage des concepts du droit interne. Pourtant, il convient de confronter le texte européen aux divers éléments de référence sans exclure toutefois une évolution possible de ceux-ci. Cela nous mènera à constater que le traité établissant une Constitution pour l'Europe formalise des éléments matériellement constitutionnels, tout en se présentant à bien des égards comme une constitution inachevée.

b Des éléments de nature constitutionnelle

Pour que l'on puisse qualifier le Traité établissant une Constitution pour l'Europe de Constitution européenne, il doit remplir un certain nombre de critères dont il faudra vérifier l'existence. En effet, une Constitution doit, d'un point de vue matériel, organiser les pouvoirs publics, leur fonctionnement, leurs rapports

1299 Ibid, p. 4.

mutuels et prévoir la détermination et la garantie des droits fondamentaux[1300]. L'organisation des pouvoirs politiques s'appuie sur des principes structurels et fonctionnels qui permettront de fonder en droit et d'aménager l'exercice du pouvoir politique[1301]. Ces règles sont par nature constitutionnelles. Le texte européen en comporte un certain nombre. Toutefois, si le Traité établissant une Constitution pour l'Europe possède dorénavant cet attribut, il reste à mesurer l'avancée qu'il réalise dans la reconnaissance des droits fondamentaux.

i L'analyse de la structure institutionnelle de l'Union conduit à un relatif consensus en ce qui concerne le caractère matériellement constitutionnel du texte élaboré par la Convention. Cette constatation était également valable pour les traités institutifs. En effet, « dès lors qu'une institution créée par les Etas dispose d'une grande autonomie par rapport aux Etats et qu'elle possède des institutions propres chargées d'exprimer sa volonté, elle se meut dans un cadre matériellement constitutionnel »[1302]. La nature constitutionnelle du texte peut être appréhendée en distinguant au sein de la structure institutionnelle de l'Union deux dimensions. Tout d'abord, la dimension verticale de la répartition des compétences. Dans ce cadre là, le texte n'apporte pas de modifications notables par rapport aux traités antérieurs. Toutefois, en posant le principe de répartition des compétences dans un texte supérieur, le Traité établissant une Constitution pour l'Europe s'inscrit parfaitement dans une démarche constitutionnelle. Le contenu constitutionnel semble plus apparent en ce qui concerne la répartition horizontale des compétences. Elle converge à première vue davantage vers des modèles étatiques. La convergence serait presque parfaite si la répartition horizontale reposait sur un principe structurel commun aux constitutions étatiques, à savoir le principe de séparation des pouvoirs, même si des indices vers une répartition plus nette des pouvoirs apparaissent à la lecture du nouveau traité. En effet, la reconnaissance expresse d'un pouvoir législatif, par la distinction entre la loi et la loi-cadre[1303], marque un premier pas vers une séparation fonctionnelle plus claire des pouvoirs.

1300 TROPER Michel, *Dictionnaire encyclopédique de la théorie et la sociologie du droit,* 2eme édition, Paris, LGDJ, 1993, p. 103–104.

1301 BURDEAU Georges., *Traité de science politique,* tome IV, Paris, LGDJ, p. 12.

1302 JACQUE Jean-Paul, « La Constitution de la Communauté européenne », RUDH, 1995, p. 397–423.

1303 Article I-34 de la Constitution.

Il convient toutefois de relever que le Traité constitutionnel ne satisfait pas totalement aux exigences de l'article 16 de la Déclaration 1789, et surtout au principe de séparation des pouvoirs : il y est en effet prévu que la fonction législative soit exercée conjointement par le Parlement et le Conseil de Ministres[1304] qui partage également le pouvoir exécutif avec la Commission[1305]. La Constitution européenne entretient donc « la confusion existante dans les traités actuels s'agissant de l'attribution des différentes fonctions »[1306].

D'autres suggestions répondent également à une impulsion constitutionnelle. Tel est le cas de l'octroi de la personnalité juridique à l'Union qui permet de mettre fin à la structure en piliers héritée de Maastricht et de fusionner, dans un document unique, les précédents Traités. De même, les efforts consentis en faveur de la valorisation de la citoyenneté européenne, le rapprochement du statut de la Cour de justice de celui des Cours constitutionnelles[1307], la consécration de la primauté du droit communautaire, ainsi que la nouvelle terminologie pour les instruments de l'Union[1308], témoignent des avancées constitutionnelles importantes.

ii La formulation des seules règles concernant le fonctionnement des pouvoirs publics ne saurait suffire à l'Union. En effet, toute société démocratique suppose une déclaration des droits de l'homme.

Dans cette perspective, l'insertion de la Charte des droits fondamentaux dans le Traité établissant une Constitution pour l'Europe, était un progrès constitutionnel significatif. Ce développement est d'autant plus significatif qu'il donne par la même occasion une valeur juridique contraignante à celle-ci. Certes, l'accès restreint des particuliers au prétoire des juridictions communautaires relativise la portée de la Charte. Pourtant, cette avancée est considérable à plusieurs égards. D'abord, si l'on doit comparer la Charte à la CEDH, son domaine d'application se révèle encore plus étendu, puisqu'il dépasse la consécration des droits civils et politiques. En effet, la Charte vise également les droits sociaux des travailleurs, la bioéthique : interdiction du clonage reproductif ou encore la protection des

---

1304 Voir Articles I-19 et I-22.

1305 Voir notamment l'article I-34 sur les actes législatifs.

1306 DELPIERRE Nicolas, « Le Traité établissant une Constitution pour l'Europe », RDP, n°3–2004, pp. 609–631, ici p. 619.

1307 La Cour n'est pas à proprement parler une cour constitutionnelle, mais plusieurs des missions qui lui sont attribuées, vont dans cette direction. Elle est ainsi chargée d'assurer « le respect du droit dans l'interprétation et l'application de la Constitution », Article 28.

1308 Leur nombre est diminué de près des deux tiers.

données à caractère personnel. Puis, si le fonctionnement des pouvoirs publics était inscrit dans les Traités, tel n'était pas le cas des droits fondamentaux. C'est donc à ce niveau que doit se lire la principale innovation constitutionnelle inaugurée par la Convention européenne. La reprise de la Charte des droits fondamentaux dans la deuxième partie de la Constitution européenne confère indéniablement un contenu constitutionnel au texte. Il est légitime de considérer que cette avancée constitutionnelle est maintenue avec le traité modificatif, même s'il ne prévoit pas l'intégration de la Charte dans le TUE. En effet, en classant la Charte dans une annexe, le Traité de Lisbonne lui confère la même valeur juridique que les traités[1309].

Par ailleurs, le Traité constitutionnel place une nouvelle fois le citoyen au centre des préoccupations de l'Union[1310]. Reprise par le Traité Lisbonne[1311], cette disposition introduit la possibilité pour un million de citoyens, ressortissants d'un nombre significatif d'Etats membres, d'inviter la Commission à présenter une proposition législative. Ces propositions émanant directement des citoyens, voire du « peuple européen », consacrent une démocratie supranationale accrue au sein de l'Union. En vertu de cette procédure le citoyen se trouve directement associé au processus législatif de l'Union. Jointe au rôle accru des parlements nationaux, cette disposition accentue une fois de plus le contenu constitutionnel du texte.

c La portée du contenu constitutionnel

La contribution du Traité constitutionnel au processus de constitutionnalisation de l'Union nécessite également de considérer le texte adopté du point de vue formel, c'est-à-dire concernant l'architecture du texte, sa division en parties, titres et chapitres et sa longueur.

Malgré les limites à la construction d'une entité indépendante des Etats, la volonté de simplification et d'unicité, au cœur des préoccupations des conventionnels, démontre que les véritables destinataires du Traité constitutionnel sont les citoyens et non les Etats[1312]. Cette volonté se traduit sur le plan formel par un souci de lisibilité du texte. A la même préoccupation de lisibilité répond la reprise du langage étatique pour la désignation des outils législatifs. On emploie

---

1309 Article 6 TUE, tel que modifié par le Traité de Lisbonne.

1310 Article 45, paragraphe 4 du Traité constitutionnel.

1311 Article 10, paragraphe 4 TUE, tel que modifié par le Traité de Lisbonne.

1312 PINCEMAILLE Delphine, « Le Traité établissant une Constitution pour l'Europe », RDP, n°3-2004, pp. 609-631, ici p. 613.

de plus en plus la terminologie empruntée au vocabulaire constitutionnel national : on parle de loi, et plus de règlements européens. La définition des articles est rationalisée[1313] : les termes génériques comme « décide » et « exécute » sont proscrits. L'agencement des parties illustre également cette préoccupation. Ainsi, la première partie est comparable à une constitution descriptive. Elle a pour « seul objet de présenter les organes de l'Etat et leur compétence »[1314]. La Charte des droits fondamentaux est ensuite codifiée sans modification du texte original rédigé par la Convention en 2000.

Les hésitations sur ces éléments constitutionnels sont étroitement liées à la troisième partie intitulée « les politiques et le fonctionnement de l'Union[1315] ». Les jugements à son égard sont loin de faire l'unanimité : « imperfection »[1316], « reflet d'une imprécision »[1317], voire « totalement insensée »[1318]. En effet, cette partie prend en compte des sujets allant de la protection de l'environnement au bien-être des animaux en tant qu'êtres sensibles, des accords internationaux au fonctionnement des institutions de l'Union.

Les critiques formulées concernent essentiellement les dispositions relatives aux actions de l'Union, en d'autres termes, le droit matériel. Lié essentiellement au droit économique, cet ensemble de règles ne devrait pas être inséré dans un texte constitutionnel. Toutefois, force est de constater que la Constitution européenne n'est pas le premier exemple dans l'histoire constitutionnelle à contenir des dispositions aussi « disparates ». Ainsi, on peut citer l'une des lois constitutionnelles de la troisième République française stipulant que « le dimanche qui suivra la rentrée, les prières publiques seront adressées à Dieu dans les églises et dans les temples, pour appeler son secours sur les travaux de l'Assemblée »[1319]. On peut aisément constater que la Constitution helvétique s'attache également à

1313 PIRIS Jean-Claude, « La rationalisation des instruments de l'Union », 22/10, WD 006/WG IV.

1314 ZOLLER Elisabeth, *Droit constitutionnel,* Paris, PUF, Coll. Droit fondamental, 1998, p. 11.

1315 Articles III-115 à III-436 du projet de Traité constitutionnel.

1316 LEVADE Anne, « Quel avenir pour l'Europe ? Réflexions croisées sur l'avant projet et le projet de traité constitutionnel », RAE-LEA, 2001–2002, n°7, pp. 823–861, ici p. 842.

1317 MONJAL Pierre-Yves, « Le projet de Traité établissant une Constitution pour l'Europe : quels fondements théoriques pour le droit constitutionnel de l'Union ? », RTDE, 2004, p. 443–475, ici p. 450.

1318 Ibid.

1319 Article 1er de la loi constitutionnelle du 16 juillet 1875 sur les rapports des pouvoirs publics.

réglementer des domaines se trouvant dans le Traité établissant une Constitution pour l'Europe.

En situant la notion de Constitution dans une perspective historique et dynamique, on constate que « depuis les textes de la Révolution, nos Constitutions régissent des domaines de moins en moins nombreux, moins vastes et les organisent moins en profondeur »[1320]. Il en résulte donc « un appauvrissement de la matière constitutionnelle ». Cela signifie qu'au fil du temps, «la matière constitutionnelle a été réduite à un fond commun composée autour du chef de l'Etat, du gouvernement et du parlement »[1321]. Alors la société civile disparaîtrait de nos constitutions ! Alors on peut soutenir que la troisième partie de la Constitution se présente à certains égards comme réglant la situation des membres de la société civile de l'Union européenne. En d'autres termes, tout comme les Constitutions passées plaçaient le citoyen dans son environnement social, les dispositions du Traité établissant une Constitution pour l'Europe situent ces diverses catégories de personnes dans un environnement déterminé : celui créé par l'Union européenne[1322].

Même si les propos précédents plaident en faveur de l'acquis constitutionnel que contient le Traité constitutionnel, il n'en demeure pas moins que celui-ci reste une sorte de constitution inachevée. Ses modalités d'élaboration, sa forme et son régime juridique conduisent inéluctablement à conclure en l'existence d'un traité international comme les précédents. Nul ne conteste qu'en la forme, le texte proposé soit un traité et semble toujours avoir été conçu comme tel. Le titre du texte fait penser que sa nature conventionnelle n'est autre chose que l'emploi du terme « traité ». En effet, la nature conventionnelle du texte résulte de l'utilisation des formules issues du vocabulaire international, telles celles de plénipotentiaires[1323], de hautes parties contractantes[1324], de pleins pouvoirs[1325], de textes authentiques et de traductions[1326], ratification et d'instrument de ratification[1327]

1320 ARDANT Philipe, « Le contenu des constitutions : variables et constantes », Pouvoirs, 1989, n°50, p. 31–42, ici p. 32.

1321 Ibid.

1322 MICHEL Valérie et Aude Bouveresse, « La notion de constitution », in CONSTANTINESCO Vlad, GAUTIER Yves et MICHEL Valérie (dir), *Le traité établissant une Constitution pour l'Europe : Analyse et Commentaires,* op. cit., p. 31.

1323 Dans le préambule du texte et en fin du texte, concernant sa signature.

1324 Article IV/447 relatif à la ratification et à l'entrée en vigueur.

1325 Préambule.

1326 Article IV-448.

1327 Article IV-443.

et de retrait[1328]. En outre, la persistance de l'unanimité concernant la révision du Traité démontre l'attachement des Etats au consensualisme si caractéristique du droit international.

Suivant l'observation de Charles Eisenman, un processus novateur est possible. En effet, « dès que le traité prévoit que ses clauses sur l'organisation de la collectivité qu'il crée pourront être révisées selon une procédure de législation interne, de révision constitutionnelle, c'est-à-dire selon une règle de majorité, et non plus d'unanimité, elles prennent un caractère de règles constitutionnelles, de constitution ; bien qu'elles aient été originairement des règles de droit international, la règle posée pour leur modification ultérieure les transforme en règle de droit étatique »[1329]. Ce n'est pas le cas, ou pas encore, pour le Traité établissant une Constitution pour l'Europe.

Au vu des développements précédents qui se focalisent sur la définition dans un cadre étatique de la notion de constitution, la question est de savoir s'il est possible d'imaginer un sens européen à celle-ci. Cela suppose une relativisation certaine du lien entre constitution et Etat, comme le Professeur Grard le formule, en soulignant que « la conception classique de l'assimilation de la constitution de l'Etat doit être dépassée…Le lien est moins constitution/Etat que constitution/pouvoirs politiques »[1330]. Le processus de constitutionnalisation en cours au niveau européen pourrait se résumer de la manière suivante : « à la différence de la plupart des actes constituants historiques qui sont le plus souvent nés en opposition à un ordre politique déterminé, le processus de constitutionnalisation de l'Europe se caractérise par une synthèse de valeurs et de principes constitutionnels existants. Le droit constitutionnel européen est le point de départ et le produit de cette synthèse »[1331]. Par conséquent, le dilemme qui se pose est le suivant : soit on explique le phénomène européen avec des concepts nouveaux au risque de ne donner aucun crédit à l'explication donnée, soit on veut faire entrer le phénomène nouveau dans les concepts classiques, au risque de les distendre, voire de les faire disparaître. C'est à ce besoin de donner un sens à la notion de constitution au niveau européen que les thèses relatives à la « constitution

1328 Article I-60.

1329 *Cour de droit administratif,* 1954, p. 184.

1330 GRARD Loic, « Brèves réflexions autour de l'idée de Constitution pour l'Europe », *Mélanges en l'hommage de C. Gelard,* Paris, Montchrestien, pp. 399–405.

1331 Traduit et repris dans la thèse du Professeur Gerkarth, *L'émergence d'un droit constitutionnel pour l'Europe,* op. cit. p. 61.

interétatique »[1332], de « constitution composée »[1333] ou encore la « constitutionnalisation des traités européens », essayent de répondre[1334].

§ 2: L'originalité intrinsèque de la constitution européenne

Déjà, le langage utilisé par la Cour de Justice dans la qualification du Traité de Rome de 1957 de « Charte constitutionnelle de base »[1335] des Communautés européennes, laissait entendre que cette constitution, d'abord économique, puis, surtout après l'adoption du traité sur l'Union européenne, politique, est tout de même une constitution originale, si l'on se situe dans le contexte constitutionnel classique. Le fait que les traités institutionnels incorporent des éléments de nature constitutionnelle, aussi bien du point de vue matériel que formel, ne changera pas cette originalité de la constitution européenne.

A) Constitution européenne : difficulté d'encadrement par la terminologie classique

La définition classique de la notion de constitution[1336], liant celle-ci à l'Etat, condamne à l'inexistence ou au malentendu la «Constitution européenne » que certains voient dans l'ordre juridique communautaire. Nous avons assisté toutefois à l'adoption par la Convention sur l'avenir de l'Europe d'un projet de «Traité constitutionnel ». Cela montre avant tout que le processus existe bel et bien et le produit qui en est issu ressemble de plus en plus à ce qu'on appelle une Constitution dans le cadre d'une nation. Est-ce pour autant dire que les peuples d'Europe constituent une nation ? Est-ce que cette entité ou cette « communauté politique

---

1332 MONJAL Pierre-Yves, « Le Projet de traité établissant une Constitution pour l'Europe : quels fondements théoriques pour le droit constitutionnel de l'Union européenne? », op. cit.

1333 PERNICE Ingolf et MAYER Franz, « De la constitution composée de l'Europe », RTDE, oct-déc 2000, p. 623–647.

1334 Voir nos développements infra.

1335 CJCE, Avis 1–76, 26 avril 1977, Rec. 1977–1, p. 758.

1336 Au sens juridique moderne, le terme « constitution » est étroitement lié à l'apparition de deux facteurs, à savoir le pouvoir politique et sa légitimation par les gouvernés, ainsi que la limitation de ce pouvoir en faveur des gouvernés. La constitution remplit ainsi deux fonctions : la soumission du pouvoir politique au droit et la légitimation du pouvoir par le peuple. Or, si l'on considère la notion de constitution politique à l'échelle de l'Union européenne, on aperçoit l'absence du pouvoir politique au sens traditionnel du terme et que la limitation du droit de l'Union en faveur des « gouvernés » n'est qu'incomplète.

post-nationale »[1337] a déjà son peuple, son démos, son pouvoir constituant qui lui conférerait une constitution? Si tel était le cas, la petite phrase que l'on trouve dans les Préambules des Traités européens, à commencer par le Traité de Rome, à savoir « une union sans cesse plus étroite entre les peuples de l'Europe » a perdu toute signification?

S'interroger sur l'existence éventuelle d'un pouvoir constituant dans le contexte européen est le préalable nécessaire à toute réflexion sur les possibilités d'émergence d'une constitution européenne. Le pouvoir constituant incarne en effet ce moment fondateur privilégié qui donne à voir une communauté politique, « un groupe social distinct animé d'un vouloir vivre ensemble, donc une nation, dans son aspect dynamique, c'est-à-dire dans sa volonté de vivre un destin commun ordonné à une conception idéale de l'ordre social et dans son effort pour se donner les organes et les moyens de réaliser cet idéal »[1338]. La constitution apparaît alors comme le résultat, daté et contingent, d'un effort du corps social pour se constituer en société politique se définissant en tant que nation et s'organisant en tant qu'Etat. Ce moment fondateur est une situation de pur fait, comme la Révolution française et non pas un acte juridique.

Nous ne voyons rien de tel dans l'histoire de l'intégration européenne : l'on ne trouve ni moment fondateur, ni pouvoir constituant, ni peuple ou nation

---

Au sens matériel strict, une constitution se définit comme un ensemble de règles ayant pour objet l'organisation, le fonctionnement et les compétences des organes supérieurs d'un Etat, d'une part, et les droits fondamentaux des individus et des groupes, d'autre part. Cette définition associe les notions de Constitution et d'Etat. Si on utilise ce terme en un sens matériel, la Constitution désigne tout statut qui s'interpose entre un pouvoir et ceux qui l'exercent. Tout pouvoir institutionnalisé et donc tout ordre juridique possèdent par définition une constitution. Aussi, une institution comme l'Organisation internationale du Travail (OIT) a t-elle pu se doter en 1919 d'une convention qualifiée de Constitution. On soutiendra alors que l'ordre juridique communautaire européen trouve dans ces traités fondateurs une Constitution. Des auteurs, tels que Jörg Gertrath Jean-Paul Jacque et Jean-Victor Louis, ont emprunté cette voie.

Si l'on revient aux sens stricts du terme de constitution, on constatera que, parmi ces sens stricts, figure une deuxième définition sous l'angle formel. Une constitution au sens formel désigne un ensemble de règles suprêmes issues d'un acte unilatéral de fonction posé par un pouvoir souverain et dont la modification exige le respect des règles procédurales plus contraignantes que celles qui lui sont hiérarchiquement subordonnées. On trouve dans cette dernière définition le lien qui unit la Constitution à l'Etat.

1337 FERRY Jean-Marc, *La question de l'Etat européen,* Editions Gallimard, 2000, p. 109

1338 PIERRE-CAPS Stéphane, « Problématique de la Constitution européenne », Civitas Europa, n°5, septembre 2000, PUDN, p. 127

européen. Le Parlement européen aurait été le mieux à même de revendiquer ce pouvoir constituant, mais il reste trop prisonnier des contingences nationales. Les juges européens ont bien, pour leur part, exprimé ce moment fondateur en affirmant que la Communauté constituait « un nouvel ordre juridique dont les sujets sont non seulement les Etats membres mais leurs ressortissants »[1339]. S'il y a bien un acte de fondation, parce que procédant d'une affirmation *ex nihilo*, cela n'a pourtant rien à voir avec un quelconque pouvoir constituant. Celui-ci relève d'une dialectique du fait et du droit : au départ c'est bien d'un fait que naît une situation constitutionnelle, même si ce fait est légitimé par un concept juridique[1340]. Alors que la démarche européenne est inverse : elle crée du droit avant le fait, elle évacue tout simplement le fait qu'une constitution, c'est d'abord la volonté d'un groupe social conscient de lui-même, de la volonté d'une nation. C'est donc la réalité sociale qui s'impose au droit et non le contraire.

B) Les questions du pouvoir constituant et de souveraineté dans le débat sur l'avenir de l'Europe

Comment alors poser la question du pouvoir constituant européen, faute de l'existence du peuple européen, si le sujet et le titulaire du pouvoir constituant ne sont que la nation selon le postulat énoncé par Sieyès[1341] : « la nation existe avant tout, elle est l'origine de tout »? On trouve le prolongement de cette idée également chez Carl Schmitt, pour qui le pouvoir constituant ne peut jamais se constituer par des lois constitutionnelles. Car « le peuple, la nation, reste l'origine de tout évènement politique. La source de toutes les énergies qui s'extériorisent dans des formes toujours nouvelles, qui produit en son sein des formes et des organisations toujours nouvelles, mais qui ne soumet elle-même jamais son existence politique à une mise en forme définitive »[1342]. Ce qui est donc à l'œuvre ici, c'est le peuple ou la nation, en tant qu'entité capable d'action politique. Ainsi, l'exercice du pouvoir constituant et la question essentielle de l'établissement de la constitution ne relèvent pas d'une situation juridique mais d'une situation de fait. Il en résulte que non seulement la nation est le titulaire originaire du pouvoir constituant, mais qu'elle est antérieure aux pouvoirs constitués. Dans ces conditions, l'hypothèse d'un pouvoir constituant européen semble devoir être écartée,

---

1339 CJCE, arrêt du 5 février 1963, Van Gend en Loos, op. Cit.

1340 La fonction de la théorie de la souveraineté nationale en 1789 est de cette nature.

1341 Sieyès, Qu'est-ce que le Tiers-Etat ?

1342 SXHMITT Carl, *Théorie de la Constitution,* PUF, Collection Léviathan, Paris, 1993, p. 215.

faute de l'existence d'un *demos* européen. Ni le droit de vote et d'éligibilité des ressortissants communautaires à l'élection du Parlement européen qui continue à se dérouler selon des règles électorales nationales, ni la citoyenneté européenne qui « complète la citoyenneté nationale et ne la remplace pas », ne peuvent à eux seuls contribuer à l'émergence de ce corps social unifié et homogène des citoyens titulaires du pouvoir constituant.

Le lien entre la nation et le pouvoir constituant paraissant ainsi indissoluble, le Professeur Rousseau propose de poser autrement la question : faute d'un peuple européen, il convient de concevoir que ce sont les peuples européens qui disposent du pouvoir constituant européen[1343]. Il s'agit ici de savoir comment une nation peut partager avec d'autres nations l'exercice d'un tel pouvoir constituant européen.

1. La convergence des pouvoirs constituants nationaux

Une première réponse réside dans une convergence des pouvoirs constituants nationaux, au fond, dans une co-gestion nationale du pouvoir constituant. La situation concrète de l'Europe étant faite d'Etats, « une démarche réaliste implique de partir de cette réalité et de concevoir le pouvoir constituant européen comme un pouvoir associant les peuples et les parlements nationaux, chaque acteur pouvant intervenir de manière différente selon les phases de la procédure »[1344]. L'on remarque que cette façon de voir n'est pas fondamentalement éloignée de la jurisprudence de la Cour constitutionnelle allemande. En effet, l'arrêt du 12 octobre 1993, portant sur la conformité du Traité de Maastricht avec la Loi fondamentale, a pour conséquence de fonder la légitimité de l'Union européenne sur les peuples des Etats membres, par le truchement des parlements nationaux et du Parlement européen[1345]. La première partie de cet arrêt est centrée sur la souveraineté populaire. Le peuple, comme la Cour constitutionnelle le précise, est « le point de départ du pouvoir de l'Etat ; dans une politique démocratique, tout pouvoir émane du peuple ». En distinguant entre le peuple et le pouvoir étatique et en subordonnant le dernier au précédant, la Cour constitutionnelle évoque implicitement la distinction bien connue entre *le pouvoir constituant* et le

---

1343 ROUSSEAU Dominique, « Pour une Constitution européenne », le Débat, n°108, janvier-février 2000, p. 63.

1344 Ibid, p. 64.

1345 Commentaire de GERKRATH Jörg, « La critique de la légitimité de l'Union européenne selon la Cour constitutionnelle fédérale de Karlsruhe », in *L'Union européenne : droit, politique, démocratie*, op. cit., p. 209.

pouvoir constitué[1346]. C'est aussi l'argument de Dieter Grimm : « le pouvoir public européen ne puise pas sa source dans le peuple, mais dans les Etats »[1347].

On trouve une critique virulente de cette approche qui lie, d'une manière classique, le pouvoir au peuple, à savoir l'équation, d'abord le peuple, puis le pouvoir étatique, chez le Professeur Weiler[1348]. En effet, selon Weiler, il est possible, même souhaitable d'inverser cet ordre : d'abord l'Etat, puis le peuple. Dans cette perspective, contrairement à l'affirmation de la Cour constitutionnelle, et comme cela fut le cas de l'Allemagne et de l'Italie, le demos européen avec une identité supranationale, devrait être le résultat d'un processus constructiviste.

Nous remarquerons que le raisonnement développé par Lindahl, qui prend comme point de départ la définition du droit donnée par Kelsen[1349], permet de trouver le point d'équilibre entre ces deux approches *a priori* inconciliables. Selon Kelsen, le droit est un système normatif dynamique, cela signifie qu'il régule sa propre création dans le cadre d'un processus continu par lequel les normes générales deviennent progressivement concrètes et individuelles. Kelsen résume la structure sur laquelle est basé ce processus de la manière suivante : la plupart des actes légaux sont à la fois acte de création et d'application du droit. Avec chacun de ces actes légaux, une norme supérieure (a higher level norm) est appliquée et une norme inférieure (lower-level norm) est créée. Se basant sur cette définition, Lindahl[1350] précise que la dialectique qui gouverne les actes légaux nécessite la manière traditionnelle de considérer la relation entre le pouvoir constituant et le pouvoir constitué. Le pouvoir souverain, poursuit-il, prend sa légitimité du peuple qui est le pouvoir constituant. Mais dans la mesure où l'identité du peuple ne conditionne pas seulement, mais aussi est conditionnée par le pouvoir légal, le peuple, est toujours plus ou moins le pouvoir constitué et le pouvoir légal le pouvoir constituant. Cette approche nous paraît plus conforme au cas de l'Union européenne, qui est une entité qui est le produit du droit. Approche plus conforme à la réalité européenne, car les modifications successives des Traités, nous l'avons vu, ont, dans une certaine mesure, favorisé les conditions légales propices au développement d'une certaine « identité », dans le cadre d'une communauté politique, même si l'on ne peut pas parler d'un Etat européen *stricto sensu*. On

1346 LINDHAL Hans, "European integration : Popular Sovereignty and a politics of Boundaries", European Law Journal, Vol 6, n°3, 3 September 2000, pp. 239–256, ici p. 241.

1347 GRIMM Dierter, cité par Hans Lindahl, op. cit., p. 249.

1348 WEILER Joseph, "Does Europe Need a Constitution? Demos, Telos and the German Maastrict Decision", European Law Journal, Vol 1, n°3, novembre 1995, pp. 219–258.

1349 KELSEN Hans, *Introduction to the Problems of Legal Theory*, traduction, Bonnie Litschewski Paulson and Stanlel L. Paulson, Clarendon Press, 1992.

1350 LINDAHL Hans, op cit., p. 248.

voit également disséminée dans le projet du Traité instituant une Constitution européenne, cette hantise, au travers de plusieurs articles qui ont pour but de faire dire et sentir au citoyen européen que l'Union est la sienne.

2. La conception normative de la constitution

Une deuxième réponse tient au succès rencontré par la conception normative de la constitution. En ce sens, la normativité constitutionnelle entend opérer une véritable « dédramatisation du pouvoir constituant », ce qui revient à le considérer de plus en plus comme un pouvoir légal qui peut être limité et donc contrôlé[1351]. En privant ainsi le pouvoir constituant de son caractère dynamique et volontaire, et sans pour autant mettre en cause l'idée du pouvoir constituant du peuple ou de la nation, cette intrusion normative dans le pouvoir constituant laisse entrevoir la possibilité d'une constitution détachée de son substrat national, dénationalisée en quelque sorte, pur engrenage des normes hiérarchisées. C'est également sous cet aspect que se pose la question de dimension constitutionnelle de l'Union européenne[1352].

3. La question de la souveraineté des Etats membres

Dans le débat sur le sens et l'avenir de l'Union européenne, un des arguments les plus fréquemment utilisés est celui de la souveraineté des Etats membres. Une lecture raffinée de ce concept figure dans l'arrêt déjà cité de la Cour constitutionnelle allemande du 12 octobre 1993, intitulé « Maastricht ». Même s'il déclare conforme à la constitution l'adhésion allemande au Traité de Maastricht, cet arrêt est riche en réticences. En effet la Cour y explique que toute reforme future de l'Union européenne qui comporte un accroissement de l'intégration des Etats membres se heurterait à des obstacles constitutionnels en Allemagne. La première de ces limites proviendrait du manque de légitimité démocratique de l'Union européenne, alors que la deuxième résulterait de la souveraineté étatique qui constitue un *primus* par rapport à l'Union européenne. Or, la notion de constitution est étroitement liée à celle de la souveraineté, dans la mesure où celle-ci est la manifestation par excellence d'un pouvoir souverain et que seuls les Etats disposent en droit de la souveraineté au sens formel du terme[1353]. Aussi, il n'y a pas plus d'Etat européen que de souveraineté européenne.

1351 KLEIN Claude, *Théorie et pratique du pouvoir constituant,* PUF, Paris, 1996, p. 188.

1352 PIERRE-CAPS Stéphane, *Problématique de la Constitution européenne,* op.cit., p. 133.

1353 DUMONT Hugues, « La notion juridique de souveraineté aujourd'hui : de l'absolu au relatif », in *La souveraineté,* Cahier n°7 du Centre de recherche en histoire du droit et des institutions, Bruxelles, Facultés universitaires Saint-Louis, 1977, p. 115–134.

Cette position classique, mais juridiquement incontestable, se justifie de la manière suivante selon François Luchaire : « il manque en effet à l'Union européenne un élément incontournable de la souveraineté : c'est la compétence de sa propre compétence, l'Union n'a que des attributions limitativement énumérées. La compétence de principe, c'est-à-dire la souveraineté, reste à l'Etat membre »[1354]. Olivier Beaud pose cette question par rapport à la notion de globalité : « Alors qu'une véritable constitution saisit le corps politique dans sa globalité, les traités fondateurs sont bornés dans leur objet car ils sont contraints de régir les missions conférées aux Communautés ou à l'Union européenne. Tel est le principe de l'habilitation limitée »[1355].

Partant du caractère *sui generis* de l'Union européenne, certains auteurs considèrent que l'on assiste « à la naissance progressive d'un nouveau type de souveraineté »[1356], à savoir une souveraineté matériellement divisible, telle qu'une souveraineté européenne aurait déjà pris forme sans avoir détruit la souveraineté des Etats membres. Dans cette perspective, après avoir distingué une « souveraineté matérielle concrète » et une « souveraineté matérielle abstraite »[1357], Florence Chaltiel considère que ces deux variantes se sont révélées divisibles à l'aune de l'expérience européenne, la distinction trouvant son origine dans les travaux de Carré de Malberg[1358]. Cette terminologie est contestée par Huges Dumont et Sébastien Van Drooghenbroeck qui préfèrent parler de la « souveraineté formelle » et de la « souveraineté matérielle ». La première désignant le caractère suprême de l'autorité qui en dispose et la seconde, divisible, visant certaines compétences concrètes. La souveraineté formelle reste logiquement indivisible. A cet égard, il convient de constater que le problème qui se pose pour l'UE n'est pas celui de la souveraineté, mais de l'identité. En effet, ce qui caractérise l'UE, c'est qu'on est face à une interdépendance voulue entre les Etats-nations et l'Union,

1354 LUCHAIRE Francois, « Que devient la souveraineté nationale ? », in MAUSS Didier et PASSELCQ Olivier, *Le traité d'Amsterdam face aux constitutions nationales*, Paris, La Documentation française, 1998, p. 108

1355 BEAUD Olivier, « Propos sceptiques sur la légitimité d'un referendum européen ou plaidoyer pour plus de réalisme constitutionnel », in AUER Andreas et FLAUSS Jean-Francois (éd), *Le Referendum européen,* Bruxelles, Bruylant, 1997, p. 158.

1356 CHALTIEL Florence, *La Souveraineté de l'Etat et de l'Union européenne, L'exemple français, Recherche sur la souveraineté de l'Etat membre,* Paris, LGDJ, 2000,

1357 Ibid, p. 44

1358 CARRE de MALBERG Raymond, *Contribution à la Théorie générale de l'Etat,* 1922, reed. 1962, Paris, CNRS, Tome I, p. 79.

qui doit respecter cette forte identité. A l'avenir l'UE devrait plus focaliser sur ce problème d'identité que sur celui de souveraineté si elle veut réussir.

Cela a des répercussions sur la notion même de constitution : un traité conclu entre plusieurs Etats, comme le Traité de Rome ou de l'Union européenne et modifiable moyennant l'unanimité des pays fondateurs, se différencie sensiblement d'une constitution qui suppose l'unicité d'un peuple constituant. Or, aussi longtemps que les traités fondateurs se modifieront à l'unanimité des Etats membres, il sera difficile de parler d'un peuple européen, de surcroît d'une Constitution européenne[1359].

C) *Les difficultés d'appréhension : opposition fédération et confédération*

Le débat actuel sur la Constitution européenne ne peut pas être appréhendé sans avoir défini préalablement la forme que pourrait avoir l'Europe de demain, une fois les élargissements annoncés accomplis. Attribuer une dénomination à la prochaine étape de la construction européenne, c'est aussi lui conférer un sens. C'est également indiquer à l'opinion publique quelles structures juridico-politiques devraient recevoir son assentiment. Fédération et confédération sont les appellations qui se trouvent au cœur de ce débat. Entre ces deux notions, il existe un seuil qualitatif. Lorsque les Etats souverains décident de coopérer, leur association se limite dans un premier temps à gérer en commun un certain nombre de domaines relatifs aux compétences externes, telles que la diplomatie, les relations extérieures, qui forment ainsi les matières privilégiées qui justifiant la création d'une confédération entre Etats. Le lien confédéral formé se limite souvent à une simple réunion diplomatique. Si les forces centrifuges deviennent prédominantes, la confédération se dissout ; si la pression vers davantage d'unité l'emporte, la confédération cède la place à une fédération. Ces deux organisations politiques se distinguent du point de vue de leurs structures juridiques : structures institutionnelles et attribution des compétences[1360].

En ce qui concerne les fondements juridiques, il est admis que la confédération repose sur un traité international alors qu'une fédération se fonde sur une constitution. Cette opposition a le mérite de distinguer la nature interétatique de la confédération et la nature étatique de la fédération. Comme tout traité, le pacte confédéral est modifié à l'unanimité, alors que le pacte fédéral est révisé à la

1359 FRANCK Christian, « Traité et Constitution : les limites de l'analogie », in MAGNETTE Paul (éd), *La Constitution de l'Europe,* Bruxelles, Editions de L'ULB, 2000, p. 37–39.

1360 CONSTANTINESCO Vlad, « L'Europe fédérale ou Fédération des Etats nations ? », in Une *Constitution pour l'Europe,* op. cit., p. 122.

majorité. Il est également admis que tout Etat peut se retirer de la confédération, sans conditions particulières, alors que le lien fédératif ne comporte pas de droit à la sécession[1361]. L'Union européenne se trouverait dans une position intermédiaire entre ces deux entités. Se situant au-delà d'une confédération, elle n'aurait pas atteint le stade de la fédération[1362] de manière à ce que la structure juridique de l'Union puisse être caractérisée par un mélange de la logique confédérale et la logique fédérale. Autrement dit, les schémas classiques ne permettent pas de saisir cette structure juridique hybride. Peut-on trouver une figure juridique capable de rendre compte d'une telle entité ?

1361 Autant la confédération comporte une structure minimale de caractère diplomatique, autant la fédération comporte une structure complexe : aux institutions des Etats fédérés se superpose une structure étatique complète, celle de l'Etat fédéral.
Quant à la technique de répartition des compétences, les ordres considèrent que la compétence de principe appartient aux entités composantes, la compétence de l'entité composée n'étant qu'une compétence d'attribution. Un autre élément de ressemblance serait le principe de subsidiarité qui signifie : (...) aux associés, tous les pouvoirs qu'ils peuvent exercer eux-mêmes, à l'association exclusivement ceux qui dépassent les forces individuelles de ses membres et dont l'exercice a le concours de tous.
La principale différence entre la confédération et la fédération se trouve au niveau de la localisation de la souveraineté. Dans la confédération, la souveraineté demeure au niveau de chaque Etat confédéré. Alors que dans la fédération, elle se situe au centre. La localisation de la souveraineté est ainsi le principal critère qui permet de distinguer les deux formes d'organisation. D'un coté, il n'y a pas création d'un nouvel Etat, mais association d'Etats souverains, alors que de l'autre, c'est bien le cas. MOUSKHELI Michel, *Structures fédérales,* Paris, Presses d'Europe, 1964, p. 20 et suivantes.

1362 Le cadre institutionnel des Communautés peut être considéré comme la préfiguration d'une entité fédérale : la Commission représenterait l'exécutif collégial, en charge d'intérêt commun ; le Conseil serait la Chambre des Etats, comme le Sénat américain, partageant le pouvoir législatif avec le Parlement européen et la Cour de Justice serait l'équivalent de Cour suprême. Ces traits sont, à l'évidence, constitutionnels. Mais il existe d'autres traits qui, de nature constitutionnelle, rattachent les Communautés au modèle fédéral : la primauté du droit communautaire, son effet direct, ses méthodes d'interprétation et la consécration sous une forme embryonnaire et jurisprudentielle des droits et valeurs fondamentaux. Sans doute, aucun de ces éléments, considérés isolément, ne suffit à singulariser la construction européenne. Ce qui fait l'originalité de la construction communautaire n'est pas tant la présence de tel ou tel élément de nature fédérale, mais la synthèse qui en a été réalisée et le degré atteint. C'est ce qui permet de saisir la portée des arrêts de la Cour de Justice qui qualifient le traité CEE de « Charte constitutionnelle d'une communauté de droit ».

Lorsque des catégories juridiques ne parviennent pas à encadrer la réalité, il peut être judicieux d'essayer de réajuster ces mêmes catégories « afin de leur faire acquérir la plasticité nécessaire pour pouvoir leur permettre de rendre compte du réel »[1363]. Une manière de réaliser ceci consiste à dépasser l'opposition entre les deux catégories qui tient à la localisation controversée de la souveraineté en forgeant une nouvelle catégorie, celle de la « fédération », forme d'organisation politique non étatique, capable de désigner à l'avenir la forme que pourrait prendre l'Union européenne. Ainsi, la Fédération se caractérise par l'union d'entités politiques afin de former une autre entité politique. C'est une entité ayant sa propre réalité et regroupant des entités ayant leur réalité propre[1364]. Une telle union n'implique ni la fusion ni l'absorption des Etats dans un ensemble fédératif. Quand Montesquieu définissait la « république fédérative » comme étant « une convention par laquelle plusieurs corps politique consentent à devenir citoyens d'un Etat plus grand qu'ils veulent former », il fait état d'une même préoccupation. Carl Schmitt poursuit cette tradition en proposant, lui aussi, une définition de la notion de Fédération : « une union durable, reposant sur une libre convention, servant au but commun de la conservation politique de tous les membres de la Fédération ; elle modifie le statut politique de chaque membre de la Fédération en fonction de ce but

---

Mais d'autres traits déterminants maintiennent les Communautés et l'Union proches du modèle confédéral : le mode de révision des traités, la résistance opposée des juridictions nationales à la supériorité du droit communautaire sur les constitutions nationales, les limites qui affectent les pouvoirs du Parlement, de la Commission, de la Cour, la participation du Comité des représentants permanents (COREPER) aux processus décisionnels, les domaines communautaires soumis à l'unanimité au Conseil et les piliers intergouvernementaux, à savoir la politique étrangère et de la sécurité commune, ainsi que la coopération policière et judiciaire en matière pénale. Voir Huges Dumont et Sébastien Van Drooghenbroeck, *La Constitutionnalisation du droit de l'U.E.*, op. cit., p. 78 et suivantes.

1363 CONSTANTINESCO Vlad, « Europe fédéral ou Fédération d'Etat-Nations », op.cit., p. 131.

1364 BAESCHLER Jean, « Europe et Fédération », in *La pensée politique n°1,* 1993, EHESS, Gallimard, le Seuil, p. 246.

commun »[1365]. Cette Fédération « plurinationale »[1366] repose sur un pacte constitutionnel fédératif[1367], négocié entre les entités nationales codétentrices du pouvoir constituant[1368].

1365 SCHMITT Carl, *Théorie de la Constitution,* op. cit., p. 512.

1366 L'adjectif est emprunté à Hugues Dumont et Sébastien Van Drooghenbroeck, op. cit., p. 81, pour mieux souligner la différence avec l'Etat fédéral.

1367 Le pacte fédératif est doublement rattaché à une communauté politique puisqu'il vise à la fois à créer une nouvelle entité politique qui est la Fédération et à changer le statut politique des Etats. D'une part, le pacte fédératif crée une nouvelle constitution. Tous les membres de la Fédération reçoivent un nouveau statut politique global, si bien que l'on voit coexister l'unité politique de la fédération en tant que telle et l'existence politique de membres de la fédération. En effet, l'entrée dans une fédération signifie toujours une modification pour le membre qui y adhère, une modification de sa constitution. Par ailleurs, ce pacte est constitutionnel au sens positif du terme, car il résulte d'un acte de volonté des parties intéressées.
Ce pacte fédératif, même s'il est de nature constitutionnelle, n'est pas identique à la constitution d'un Etat : conclu entre Etats, il est nécessairement un pacte interétatique, alors qu'une constitution d'un Etat n'est jamais un pacte. Toutefois, le propre de la fédération tient au fait que sa création ne fait pas disparaître le caractère d'unité politique aux Etats membres qui l'ont conclue. Autrement dit, il n'y a pas de fusion des unités politiques constituantes dans un ensemble plus vaste, c'est-à-dire pas d'absorption des Etats dans la Fédération.
Si nous devions préciser davantage, ce pacte se situe à mi-chemin entre le traité interétatique et la Constitution ordinaire. Il se confirme ainsi que la Fédération plurinationale n'est pas à confondre avec un Etat fédéral, puisqu'elle n'est pas un Etat proprement souverain comme l'est tout Etat fédéral, en raison de la pluralité des pouvoirs constituants. En effet, il ne saurait y avoir un Etat souverain là où la souveraineté constituante est divisée entre plusieurs autorités. La notion de pacte/traité constitutionnel suggère bien ce caractère non étatique d'une fédération plurinationale. *Théorie de la Constitution,* op. cit., p. 197 et suivantes.

1368 L'appellation constitutionnelle s'explique par le fait que l'une des conditions d'existence de la constitution est qu'elle se greffe à une communauté politique.

Il est permis, dans cette perspective, de penser que c'est bien vers cette figure de pacte constitutionnel[1369], véhiculé par le terme « Fédération »[1370], que les traités instituant les Communautés et l'Union européenne évoluent. On parle ainsi d'un processus de constitutionnalisation non pas pour désigner un mouvement inéluctable de transformation des traités en une future constitution fédérale, mais pour viser l'accentuation dans l'ordre juridique communautaire des caractères constitutionnels qui s'y trouvent déjà, étant entendu que ces caractères ne cesseront probablement pas de devoir se concilier avec une logique conventionnelle. Sur le plan symbolique, la consécration d'un Pacte/Traité constitutionnel aurait un effet de fondation politique de l'Union européenne[1371]. Sur le plan procédural, une implication accrue du Parlement européen dans l'élaboration de ce texte pourrait être justifiée. Force est de constater que, sur le plan instrumental, même les projets les plus modestes de pacte/traité constitutionnel européen, consistant simplement à codifier pour assurer une simplification des traités existants et une meilleure lisibilité de ceux-ci par les citoyens, éléments de constitutionnalisation acquis[1372], impliqueraient nécessairement des modifications du droit

1369 Les notions de pacte constitutionnel peuvent-elles s'appliquer à l'intégration européenne ? Selon Carl Schmidt, il existe plusieurs analogies entre elles : la requalification possible des traités fondateurs en pacte constitutionnel et la relativisation de la question de la répartition des compétences. Mais la principale analogie porte sur l'interprétation des ordres juridiques « fédéral » et « fédéré » et sur l'imbrication des ordres juridiques européens et nationaux. Ainsi, « la notion de pacte fédératif » permet de décrire de manière originale les rapports entre la « constitution fédérale » et la constitution de chaque Etat membre. Voir *la Théorie de la Constitution,* p. 514.

1370 Selon professeur Beaud, l'Europe institutionnelle est actuellement une fédération économique et non pas une fédération politique, et une simple association économique, par exemple union douanière ou union économique et monétaire n'a pas pour effet de créer une véritable fédération. Dans cette perspective, même si les Communautés exercent des fonctions juridiques proches de celles d'un Etat (législative, administrative et juridictionnelle) et des fonctions économiques, elles n'assurent pas cette fonction politique, qui est au cœur de tout ordre politique, de l'état comme de la Fédération. Même après le Traité de Maastricht qui a ajouté les deux piliers sur la politique étrangère et de la sécurité commune, et la justice et la sécurité intérieures, l'Union européenne semble aujourd'hui en deçà de ce que voulaient faire ses pères fondateurs. BEAUD Olivier, « Propos sceptiques sur la légitimité d'un referendum européen »,…, op. cit., p174

1371 QUERMONNE Jean-Louis, « L'architecture institutionnelle de l'Union européenne et le processus de décision », in *La Constitution de l'Europe*, op. cit., p. 133.

1372 LEQUESNE Christian, « De l'utilité d'une constitution pour une Union élargie », in *La constitution de l'Europe,* op. cit., p. 81–84.

communautaire de portée considérable. Une telle opération ne s'aurait s'opérer « à droit constant ». Les éléments de constitutionnalisation sont actuellement éparpillés dans le droit communautaire primaire, la jurisprudence de la Cour et les principes généraux du droit communautaire. Il s'agira de les identifier dans le cadre du processus de constitutionnalisation en cours.

Nous constatons que l'Union européenne a vécu récemment ce processus de fondation politique avec l'adoption par la Convention européenne d'un projet Traité établissant une Constitution pour l'Europe le 13 juin 2003. Le texte a été approuvé le 29 octobre à Rome, suivant les modifications introduites par la Conférence intergouvernementale, par les chefs d'Etats et de gouvernement. Cette Constitution, qui intègre la Charte des droits fondamentaux, consolide la nature politique de la construction européenne. Le caractère politique est d'autant plus prononcé que ce texte est rédigé par une « assemblée » intitulée « Convention » qui regroupe en son sein les représentants des gouvernements nationaux, des instances européennes, du Parlement européen et des parlements nationaux. Elle forme en quelque sorte, un type de « pouvoir constituant particulier », à l'image de la nature *suis generis* de l'Union européenne.

La problématique d'une constitution pour l'Europe peut être aussi envisagée à partir de la perspective kantienne qui retient trois niveaux d'organisation possibles selon le droit public[1373] : (i) le droit étatique qui correspond au niveau interne, (ii) le droit des gens[1374] qui correspond au niveau international, (iii) le droit cosmopolitique qui correspond au niveau transnational. Dans cette perspective, le droit cosmopolitique culminerait dans une Constitution valant pour tous les Etats. Cet ordre de droit cosmopolitique rendrait alors positifs, par conséquent justiciables à l'échelle transnationale les droits fondamentaux individuels, en tant que principes à valeur constitutionnelle qui seraient opposables aux Etats nationaux. De ce point de vue, certains traits de l'état cosmopolitique

---

1373 FERRY Jean-Marc, *La question de l'Etat européen,* op. cit, p. 87 et suite.

1374 Pour une définition libérale de cette expression voir RAWLS John, *Le Droit des gens,* traduction par Bertrand Guillaume, Editions Esprit, 1996. J'entends par droit des gens, écrit John Rawls, « une conception politique de droit et de la justice qui s'applique aux principes et aux normes du droit international et à sa pratique », op cit., pp., 45–46. Aussi pour approche critique voir, FERRY Jean-Marc, *La Question de l'Etat européen,* op. cit., pp. 99–101.

sont réalisés ou en cours de réalisation dans la Communauté européenne[1375]. Il manquerait cependant une véritable Constitution pour l'Union et une subordination du droit communautaire aux droits fondamentaux, lesquels seraient rendus positifs dans l'Union par leur intégration à son ordre juridique interne. Rien ne s'opposerait à ce qu'un Etat cosmopolitique résulte « d'une constitutionnalisation méta-nationale du spectre entier des droits fondamentaux, soit non seulement des droits civils fondamentaux, ou droits d'intégrité, mais aussi des droits civiques (politiques) fondamentaux, ou droits de participation, et encore des droits sociaux fondamentaux, ou droits de solidarité, sans négliger les droits moraux fondamentaux, ou droits de personnalité »[1376]. Force est de constater qu'en incorporant la Charte des droits fondamentaux de l'Union européenne dans le Traité instituant une Constitution pour l'Europe, c'est bien dans cette voie que s'est engagée la Convention sur l'avenir de l'Europe.

En formalisant une forme d'organisation politique originale, le Traité établissant une Constitution pour l'Europe institutionnalise une fédération d'Etats et de citoyens[1377]. Dans cette perspective, une fédération d'Etats n'est pas un Etat fédéral, mais c'est plus qu'une organisation internationale qui, tout en laissant aux Etats la souveraineté dans ses aspects les plus fondamentaux[1378], leur impose des obligations qui constituent la source des droits fondamentaux. Le deuxième volet de cette fédération est constitué par le citoyen de l'Union, dont le statut est renforcé par le Traité constitutionnel, surtout avec le développement de la

1375 Jean-Marc Ferry parle d'« état cosmopolitique » (avec minuscule) pour désigner une situation où plusieurs états formeraient ensemble une société des peuples, dont le système juridique interne intégrerait des références à un droit commun transnational (par exemple, la libre circulation de leurs ressortissants sur tout l'espace de juridiction d'un tel droit). Il réserve l'expression « Etat cosmopolitique » (avec majuscule) à une situation où, en outre, les droits fondamentaux des individus et des peuples formeraient la structure de base d'une Constitution reliant l'union de plusieurs Etats. De ce point de vue également, qui n'est pas celui d'une intégration politique des Etats en un seul, certains traits cosmopolitiques sont en cours de réalisation dans l'Union européenne.

1376 İbid, p. 99

1377 MOUTON Jean-Denis, « La Constitution européenne », 2006, pp. 1–4, ici p. 2 et suivant

1378 L'article I-5 de la Constitution affirme que l'Union respecte l'identité nationale des Etats membres. En outre, selon l'article I-), les Etats gardent « la compétence de la compétence ». L'article I-59 instaure le droit pour les Etats membres de se retirer de l'Union.

démocratie représentative et la consécration de la démocratie participative. Il est à remarquer que, le traité modificatif, tout en abandonnant le concept constitutionnel, intègre la démocratie représentative comme la démocratie participative[1379].

Section 2: Les droits fondamentaux dans le processus de constitutionnalisation de L'UE

Nous avons précisé, lors de nos développements dans le cadre de la première partie que, la reconnaissance des droits fondamentaux y compris les droits sociaux fondamentaux, était le fait, à la fois du législateur et du juge européen. Dans une perspective politique, depuis le Traité d'Amsterdam, signé le 2 octobre 1997 et entré en vigueur le 1er mai 1999, les droits fondamentaux sont placés au cœur de l'intégration communautaire. En effet, le même traité portant révision du Traité sur l'Union européenne et du Traité instituant la Communauté européenne, érige les droits de l'homme en fondements de l'Union européenne : « L'Union est fondée sur le principe de la liberté, de la démocratie, du respect des droits de l'homme et des libertés fondamentales, ainsi que l'Etat de droit, principes qui sont communs aux Etats membres »[1380]. Ainsi, le Traité d'Amsterdam « dessine une véritable Charte communautaire des droits fondamentaux »[1381]. Une nouvelle étape dans la constitutionnalisation politique et formelle des traités est ainsi constituée.

Les droits fondamentaux dans ce processus original sont à aborder dans une perspective fonctionnelle (**§ 1**) et constitutionnelle (**§ 2**). Cette approche fonctionnelle, bien connue depuis l'établissement des Communauté européennes, permet mieux de mettre en évidence l'insuffisance initiale des traités fondateurs, alors que la reconnaissance des droits fondamentaux en tant que telle est l'œuvre de la construction prétorienne. Tandis que la conception constitutionnelle, du point de vue politique, est une nouvelle fois l'œuvre du législateur constituant. Cette manière d'aborder la question nous semble d'autant plus légitime que, même si l'on se situe à présent dans une optique de constitutionnalisation

1379 Article 8 A, paragraphe premier et troisième, ainsi que article 8 B, paragraphe 4, TUE, tels que modifiés par le traité modificatif.

1380 Article 6.1, TUE.

1381 SUDRE Frédéric, « La Communauté européenne et les droits fondamentaux après le Traité d'Amsterdam : vers un nouveau système européen de protection des droits de l'homme ? », JCP, éd G, 1998, I, 100.

politique, ses premiers germes étaient déjà perceptibles dans le cadre de la constitution économique.

§ 1: D'une conception fonctionnelle des droits fondamentaux

En ce qui concerne l'Union européenne, la conception fonctionnelle est présente aussi bien dans le cadre de la constitution économique que politique. Elle a ainsi commandé une reconnaissance pragmatique des droits fondamentaux qui est à l'origine de la constitution progressive d'un corpus jurisprudentiel de droits fondamentaux. L'importance de la contribution jurisprudentielle **(C)** à cet égard ne pourrait être mieux perçue, sans une comprehension adéquate de la notion de droit fondamental **(A)**, ni une mise en évidence du fait que les Traités souffraient initialement d'une carence dans cette perspective **(B)**.

A) La notion de droit fondamental

Il convient de préciser à titre préliminaire que la Cour de justice n'a pas éprouvé le besoin de définir ce qu'était un droit fondamental et que l'article 6.2 du TUE définit les droits fondamentaux comme étant les droits et les libertés individuelles garantis par la Convention européenne des droits de l'homme et par les droits constitutionnels nationaux et consacrés par le juge communautaire. L'idée même des droits fondamentaux est issue, on le sait, de la tradition juridique européenne alimentée par la philosophie de l'Antiquité, la réflexion judéo-chrétienne, les doctrines du droit naturel, les courants de pensée du Siècle des Lumières et leurs aboutissements contemporains[1382]. La promotion de l'individu détenteur des droits inhérents à la nature humaine et par là-même antérieurs et supérieurs à l'Etat-nation, a été assurée par l'inscription dans les chartes constitutionnelles, elle-même étayée et parfois relayée par la montée en puissance des juridictions constitutionnelles européennes.

Les droits fondamentaux ou les droits humains, par opposition aux libertés fondamentales[1383], sont dès lors définis comme les droits qui s'attachent à tout individu, en sa qualité de personne humaine, indépendamment de tout autre critère relatif à sa situation géographique, économique ou culturelle. La force

---

1382 MODERNE Frank, « La notion de droit fondamental dans les traditions constitutionnelles des Etats membres de l'Union européenne », in SUDRE Frédéric et LABAYLE Henri (dir), *Réalités et perspectives du droit communautaire des droits fondamentaux*, Bruylant, 2000, p. 59.

1383 Voir nos développements dans le Chapitre 2, du Titre II de la Première Partie.

et le sens des « droits fondamentaux » résideraient précisément dans leur universalité et la possibilité pour toute personne de s'en prévaloir devant le juge, sans discrimination fondée sur la race, le sexe ou la nationalité notamment. A priori, on pourrait imaginer que le noyau dur des droits fondamentaux est constitué par les droits et libertés fondamentaux consacrés par la Convention européenne, puisque tous les Etats membres l'ont ratifiée et l'ont intégrée d'une manière ou d'une autre dans leur droit interne, soit en vertu des dispositions constitutionnelles expresses, soit de lois d'incorporation dont le dernier exemple est le Human Rights Act du 9 novembre 1998, voté par le Parlement britannique après plusieurs années d'hésitation[1384].

Nous savons que la Cour de justice a procédé par touches successives à la consécration de quelques-uns des droits fondamentaux les plus significatifs reconnus par la Convention européenne [1385] : le droit de propriété, la liberté professionnelle, la liberté de religion, la liberté de pensée et d'expression, le droit à la protection de la vie privée et familiale, la liberté d'association, le droit au juge, le doit à un procès équitable, le principe de non-rétroactivité des dispositions pénales. Mais on sait également que la Convention européenne ne couvre pas les droits économiques, sociaux et culturels ; il a fallu que d'autres instruments juridiques, telle la Charte sociale européenne, tentent de combler ces lacunes.

Toute analyse des droits fondamentaux dans le cadre de l'Union européenne se doit de tenir compte de la structure éclatée dans ce domaine à laquelle a conduit le processus d'intégration européenne. En effet, les droits fondamentaux à l'échelle de l'Union couvrent trois catégories de droits à statuts totalement différents : les droits et libertés fondamentaux de la personne, les droits liés à la citoyenneté de l'Union et les droits économiques et sociaux.

La Cour de justice a accepté de faire figurer les droits fondamentaux de la personne parmi les principes généraux du droit communautaire dont elle assure le respect. La CEDH occupe une place particulière dans reconnaissance progressive de ces droits par la jurisprudence de la Cour[1386]. En tant que principes généraux

---

1384 MODERNE Frank, La notion de droit fondamental dans les traditions constitutionnelles des Etats membres de l'Union européenne, in SUDRE Frédéric et LABAYLE Henri (dir), *Réalités et perspectives du droit communautaire des droits fondamentaux*, Bruylant, 2000, p. 70.

1385 SUDRE Frédéric, « Introduction », in SUDRE Frédéric et LABAYLE Henri (dir), *Réalités et perspectives du droit communautaire des droits fondamentaux*, Bruylant, 2000, p. 40.

1386 CARLIER Jean-Yves et SCHUTTER (de) Olivier (dir), *La Charte des droits fondamentaux de l'Union européenne*, Bruylant, 2002, p. 3.

du droit communautaire, ces droits étaient justiciables, avant les jurisprudences Schmidberger[1387] et Omega[1388], uniquement « dans le domaine d'application du droit communautaire ; ils ne bénéficiaient pas alors d'une garantie indépendante. Leur raison d'être était de garantir la primauté et l'uniformité d'application du droit communautaire. Dans la deuxième catégorie figurent les droits liés à la citoyenneté de l'Union[1389] que nous avons déjà étudié et qui ont un statut tout à fait différent. Reconnus aux citoyens de l'Union, c'est-à-dire à toute personne qui a la nationalité d'un Etat membre, ces droits fondamentaux ne sont pas considérés par la Cour parmi les principes fondamentaux du droit communautaire : ils figurent dans le droit primaire. Ils ont pour but d'ancrer la légitimité politique de l'Union européenne et de créer le sentiment d'une appartenance commune.

Le statut et la signification des droits sociaux dans l'ordre juridique communautaire sont encore différents. Certains droits sociaux figurent parmi les principes généraux du droit communautaire dont la jurisprudence de la Cour assure le développement. D'autres font l'objet d'instruments de droit dérivé, surtout sous la forme de directives, au sein des compétences que la Communauté s'est vue attribuées dans le domaine social. Si ces droits ont pu commencer à être identifiés et garantis à l'échelle de l'Union, c'est parce qu'ils sont encore perçus comme devant constituer le complément nécessaire à l'accomplissement des libertés fondamentales de circulation et de l'imposition de la libre concurrence par le droit communautaire[1390] : puisant leurs sources dans la Charte sociale européenne et la Charte communautaire des droits sociaux fondamentaux des travailleurs, ils sont le contrepoids obligé de l'établissement du Marché intérieur.

B) L'insuffisance initiale des Traités

La reconnaissance des droits fondamentaux dans le cadre de l'Union européenne est caractérisée par un mouvement évolutif, amorcé, nous l'avons vu, par l'activisme juridique de la Cour de Justice. Les traités fondateurs étant insuffisants à protéger les droits fondamentaux, par ailleurs garantis par les constitutions nationales, la Cour de justice consacre leur reconnaissance et protection au titre des principes généraux du droit. Le droit primaire de l'Union européenne s'enrichit avant tout en entérinant l'œuvre de la Cour. La reconnaissance des droits

1387 CJCE, arrêt du 12 juin 2003, Schmidberger, aff. C-112/00, op. cit.

1388 CJCE, arrêt du 14 octobre 2004, Omega, aff. C-36/02, op. cit.

1389 Articles 17 à 22 du TCE.

1390 CARLIER Jean-Yves et SCHUTTER (de) Olivier (dir), *La Charte des droits fondamentaux de l'Union européenne*, Bruylant, 2002, p. 4

fondamentaux par les traités fondateurs des Communautés a pu paraître insuffisante en raison de l'absence de catalogue des droits fondamentaux et du caractère épars des dispositions qui consacrent de tels droits.

1. *L'absence de « catalogue » de droits dans les traités fondateurs*

Le caractère singulier de la construction communautaire par rapport aux autres organisations à l'échelle du continent européen est bien connu. En raison de sa vocation d'intégration économique, le traité instituant la CEE a été présenté comme une Constitution d'organisation économique susceptible d'évoluer vers une constitution politique dans le temps. En effet, les traités fondateurs des Communautés européennes n'ont été ni assortis d'une déclaration des droits de l'homme, ni ont procédé à un énoncé des droits fondamentaux. On attendra la déclaration de Copenhague adoptée par les chefs d'Etat et de gouvernement des Etats membres sur l'identité européenne du 14 décembre 1973, qui constitue une source essentielle pour comprendre l'orientation des Communautés vers une dimension politique constitutionnelle[1391], orientation qui se trouvera confirmée par la l'article F des « dispositions communes » du Traité de Maastricht, devenu l'article 6.1 TUE.

Dès lors il a paru étonnant que les traités fondateurs, confiant aux institutions communautaires d'importants pouvoirs de réglementation et de gestions dans de nombreux secteurs de l'économie, n'aient pas prévu des garanties pour la protection des droits fondamentaux en cas d'atteinte à ces derniers par les institutions communautaires. Les Traités fondateurs étaient également en retrait par rapport à la Convention européenne des droits de l'homme[1392]. Les rédacteurs des traités fondateurs s'étaient abstenus d'établir un catalogue de droits. Cette absence de catalogue de droits peut également trouver des explications dans la structure

1391 CONSTANTINESCO Vlad, « La structure du Traité instituant l'Union européenne », CDR, vol. 29, 1993, p. 251–267.

1392 Ce retrait semble compréhensible. En effet, il est fort probable que les rédacteurs des traités fondateurs soient influencés par des projets avortés, tels que le traité signé en 1950, instituant la Communauté européenne de défense, qui imposait à la Communauté, dans son article 3, de respecter « les libertés publiques et les droits fondamentaux des individus », ou encore le projet de traité portant statut de la Communauté européenne, adoptée par le l'Assemblée ad hoc en 1953, qui prévoyait que les dispositions du Titre I de la Convention européenne des droits de l'homme, ainsi que celle de son protocole additionnel signé en 1952, feraient partie intégrante du statut et qui attribuait une compétence à la Cour de Justice en la matière.

particulière de délimitations des compétences dans l'Union européenne. Ce sujet a été l'une des questions les plus débattues, non seulement durant les révisions antérieures des traités, mais aussi et surtout dans le cadre des Conventions qui ont respectivement préparé la Charte des droits fondamentaux de l'Union européenne et le Traité instituant une Constitution pour l'Europe. En effet, la reconnaissance de droits n'est pas neutre par rapport à l'attribution des compétences initiales, et cela semble vrai surtout pour les droits sociaux fondamentaux[1393]. L'absence de « catalogue » de droits fondamentaux a pu trouver une justification dans le caractère principalement économique du projet d'intégration européenne, surtout dans les premières décennies suivant la signature du Traité de Rome[1394].

2. Des dispositions éparses

Le traité instituant la CECA contenait plusieurs références à l'égalité de traitement et à la non discrimination dans ses dispositions liminaires. Les articles 3 et 4 interdisaient, d'une manière générale, les discriminations entre les producteurs, acheteurs ou utilisateurs en ce qui concerne les conditions de prix. De telles dispositions, complétées par des dispositions plus spécifiques[1395], étaient justifiées par l'étendue de l'intégration propre à des secteurs précis de l'économie.

L'instauration d'un « marché commun » n'avait, on le comprend, nulle vocation à protéger les droits fondamentaux, « ce noyau des droits essentiels et inaliénables de la personne humaine »[1396]. En effet, élargi aux principaux champs de l'économie, le traité instituant la CEE a été conçu différemment. Ses dispositions liminaires ne contenaient qu'une disposition ayant trait aux droit fondamentaux : l'article 7, devenu l'article 6, puis après modification l'article 12 TCE, qui a interdit « toute discrimination en raison de la nationalité ». Il précise également que cette interdiction valait « dans le domaine d'application du présent traité, et sans préjudice des dispositions particulières qu'il prévoit ». En raison de son insertion dans la première partie du traité posant « Les principes »,

1393 Les plus prudents ont pu ressentir, dans l'établissement d'un catalogue de droits, une tentative d'extension des compétences, fussent-elles implicites, de la Communauté.

1394 PESCATORE Pierre, « Les droits de l'homme et l'intégration européenne », CDE, 1968, n°6, p. 631.

1395 Voir articles 60, 63, 69 et 70,.

1396 PICOD, rubrique « droits fondamentaux », in BARAV Ami et PHILIP Christian (dir), *Dictionnaire juridique des Communautés européennes*, PUF, 1993, p. 418.

cette disposition a été présentée comme une disposition cardinale[1397]. En dépit de sa portée générale, la Cour lui a reconnu un caractère d'effet direct[1398]. Cette disposition a donné lieu à une jurisprudence abondante[1399]. La Cour de justice préférera examiner la réglementation nationale au regard de cette disposition générale, plutôt que de rattacher son examen à des dispositions spécifiques dont l'applicabilité à l'espèce n'est pas établie avec précision[1400].

Les dispositions établissant la liberté de circulation[1401], la liberté d'établissement[1402] ont en même temps interdit ce type de discrimination. L'article 48, devenu après modification l'article 39 du traité CE établi la libre circulation des travailleurs et impose expressément « l'abolition de toute discrimination, fondée sur la nationalité, entre les travailleurs des Etats membres, en ce qui concerne l'emploi, la rémunération et les autres conditions de travail ». L'article 52, devenu, après modification l'article 43 TCE, a posé le principe de la liberté d'établissement, sur le territoire d'un Etat membre, des ressortissants des autres Etats membres dans les conditions définies pour ses propres ressortissants. De la même manière, l'article 59, devenu, après modification article 49 TCE stipule la libre prestation des services des ressortissants des Etats membres établis dans un Etat de la Communauté autre que celui du destinataire de la prestation. Ces dispositions ont fait l'objet d'interprétations constructives de la part de la Cour de Justice tant en ce qui concerne le champ d'application matériel et personnel que leurs conditions d'invocabilité[1403]. Sous certaines conditions, ces dispositions ont conféré directement aux ressortissants des Etats membres un véritable droit d'entrée et de séjour sur le territoire d'un autre Etat membre, et ont ont répondu à « une revendication permanente au titre des droits de l'homme »[1404].

1397 VIGNES Daniel, in J. Mégret et a., *Le droit de la Communauté économique européenne,* vol. I, Bruxelles, ed., de l'Université, 1ère èd., 1997, p. 25.

1398 CJCE, arrêt du 20 octobre 1993, Phil Collins et a., C-92/92 et C-326/92, Rec., p. I-5145.

1399 Voir particulièrement, CJCE, arrêt du 13 février 11985, Gravier, 293/83, Rec., p. 593 ; CJCE, arrêt du 26 février 1992, Raulin, C-357/89, Rec., p. I-1027.

1400 CJCE, arrêt du 20 octobre 1993, Phil Collins et a., aff. précité; CJCE, arrêt du 20 mars 1997, Hayes C-323/95, Rec., p. I-1711; CJCE, arrêt du 26 novembre 1998, Bickel et Franz, C-274/96, Rec., I-7641.

1401 Articles 48 à 51, TCEE, devenus, après modification, articles 39 à 41 TCE.

1402 Articles 52 à 58, TCEE, devenus, après modification, articles 43 à 48 TCE.

1403 Voir nos développements dans la Première partie sur la Constitution économique de l'Union européenne.

1404 COHEN-JONATHAN Gérard, « La Cour des Communauté européennes et les droits de l'homme », RMC, 1978, n°214, pp. 74 et s.

Outre les discriminations liées à la nationalité[1405] ou au sexe[1406], le traité a interdit à travers des dispositions spécifiques, plusieurs types de discriminations. Au titre des droits fondamentaux, il convient de mentionner deux dispositions importantes : article 119, devenu, après modification, l'article 141 TCE qui a posé le principe, applicable dans tous les secteurs de l'économie, de l'égalité de rémunération entre les travailleurs masculins et les travailleurs féminins. Par ailleurs, l'article 40, paragraphe 3, alinéa 2, devenu, après modification, l'article 34 TCE, paragraphe 2, alinéa 2, interdit dans le secteur agricole toute discrimination entre producteurs ou consommateurs de la Communauté. Pour compléter cette énumération, il convient de mentionner enfin l'article 214, devenu, après modification, l'article 287 TCE qui a permis la protection du secret professionnel[1407]. La jurisprudence a fait de cette règle un principe général s'appliquant même à des informations fournies par des personnes physiques, dans la mesure où ces informations sont, par nature, confidentielles[1408].

En dehors de ces mentions fort limitées, le Traité CEE n'a incorporé ni de catalogues sur les droits de fondamentaux, ni de renvoi à un autre instrument international. Par conséquent, contrairement à d'autres organisations internationales, telles que le Conseil de l'Europe, la sauvegarde des droits n'est pas un objectif originel du droit communautaire. Cette faille devient de plus en plus difficile à défendre à mesure que le processus d'intégration s'accélère, car la carence initiale de départ va progressivement se transformer en un vide inacceptable, pour une organisation institutionnelle et politique qui se déclare comme une « Communauté de droit » et à mesure que les traités fondateurs sont modifiés comme une « Union de droit ».

C) L'importance de la construction prétorienne dans la découverte des droits fondamentaux

Malgré l'absence de garanties complètes des droits fondamentaux dans les traités communautaires, la protection des droits fondamentaux ne constitue nullement

1405 Articles 7, 48 et 220 TCEE, devenus, après modification, articles 12, 39 et 293 TCE.

1406 Article 119 TCEE, devenu, après modification, article 141 TCE.

1407 Cet article prévoit en effet que « les membres des institutions de la Communauté, les membres des comités, ainsi que les fonctionnaires et agents de la Communauté, sont tenus, même après la cessation de leurs fonctions, de ne pas divulguer des informations qui, par leur nature, sont couvertes par le secret professionnel, et notamment les renseignements relatifs aux entreprises et concernent leurs relations commerciales ou les éléments de leur prix de revient ».

1408 CJCE, arrêt du 7 novembre 1985, Adams c. Commission, 145/83, Rec., 3539, point 34.

un objectif marginal de la Communauté/Union européenne. Toutefois, son caractère supranational ne pouvait lui permettre de rester neutre à l'égard d'une question aussi actuelle, celle de la protection des droits fondamentaux, alors que le problème était réglé dans les Constitutions des Etats membres de la Communauté.

L'exercice des prérogatives attribuées à la Communauté lui permettant d'intervenir dans plusieurs domaines ne pouvait pas ne pas avoir d'incidences sur les droits fondamentaux. Dans cette perspective, les interdictions d'importations et d'exportations, les règles de production et de commercialisation, les réglementations des prix, les systèmes de quotas dans les organisations de marchés agricoles et dans le secteur sidérurgique, ainsi que les règles de concurrence offrent des points de contacts avec le droit de propriété et le droit au libre exercice professionnel. La liberté d'association peut entrer en conflit avec l'ordre public des Etats membres, qui s'incorpore au droit communautaire. La liberté de religion et de conscience limite le pouvoir d'organisation de la Communauté, en tant qu'employeur, dans le cadre du droit de la fonction publique. Enfin, l'ordre communautaire est inspiré par le principe d'égalité et de proportionnalité[1409]. En effet, le transfert des droits de souveraineté à la Communauté, opéré par une cession des prérogatives de puissance publique, ne pouvait conduire à une réduction du niveau de protection accordée aux droits fondamentaux garantis par les ordres constitutionnels nationaux. Des droits de souveraineté ne peuvent dès lors être transférés à la Communauté que moyennant la garantie d'une protection des droits fondamentaux qui répondent aux exigences du niveau national. C'est ainsi que nous pourrions comprendre le débat initié par l'arrêt dit *Solange I*[1410].

Le fond de la démarche concernant les droits fondamentaux en droit communautaire consiste alors à garantir que, malgré l'absence d'un catalogue des droits fondamentaux dans les traités, la protection de ces droits ne reste pas en deçà des ordres constitutionnels, basés sur la démocratie et la notion d'Etat de droit, des Etats membres. Nous savons que l'accomplissement de cette mission incombe à la Cour de justice qui protège les droits fondamentaux au titre des principes généraux du droit communautaire.

Alors qu'elle n'était habilitée de manière spécifique par aucune autre disposition que l'article 164 du traité CEE, devenu, après modification, l'article 220 TCE

1409 DAUSES Manfred A, « La protection des droits fondamentaux dans l'ordre juridique des Communautés européenne », R.A.E, n°4, 1992, pp. 9–21.

1410 BverfGE 39 1- Schwangersschafssabbruch.

qui lui a confié la mission d'assurer « le respect du droit dans l'interprétation et l'application du présent traité », la Cour de Justice a réussi à élaborer un ensemble de garanties des droits fondamentaux[1411]. La découverte des droits fondamentaux a été réalisée par la mise en œuvre des principes issus des traités et la réception des droits issus des sources nationales et internationales.

1. *La mise en œuvre des principes issus des Traités*

Dans la première partie de notre travail, nous avons étudié le Traité CEE comme étant la Constitution économique de la Communauté, dans la mesure où la philosophie sous-jacente avait une orientation avant tout économique. Toutefois, au-delà des objectifs à court terme consistant à établir un marché commun et à rapprocher les politiques économiques des Etats membres, le traité CEE fixait des objectifs ambitieux dépassant largement le cadre de l'économie. Ainsi, l'intégration économique n'apparaissait pas comme une fin en soi mais comme un moyen de réaliser les objectifs énoncés dans le préambule et les dispositions liminaires du traité. Les rédacteurs du traité semblent avoir en vue, dés l'origine, une mission plus lointaine, nous dirions politique, dépassant largement le simple cadre économique. En effet, dans le même traité les pères fondateurs confiaient à la Communauté la mission non seulement « de promouvoir un développement harmonieux des activités économiques dans l'ensemble de la Communauté, une expansion continue et équilibrée, une stabilité accrue », mais également « un relèvement accéléré du niveau de vie »[1412], en vue d'établir « les fondements d'une union sans cesse plus étroite entre les peuples européens »[1413]. La récente étape de l'intégration européenne qui a donné naissance à une Charte des droits fondamentaux d'une part, et à un Traité instituant une Constituant pour l'Europe, se situe, à nos yeux dans cette perspective de départ.

Sur cette base, privilégiant le recours à la méthode d'interprétation téléologique, la Cour de Justice se livre à une interprétation extrêmement féconde qui induit quasiment un catalogue des droits fondamentaux. Les thèmes de la non-discrimination, de la liberté et de la proportionnalité ont constitué des vecteurs de nombreux droits reconnus aux ressortissants communautaires.

Le Traité accorde une place particulière à la notion de non-discrimination. S'agissant d'un thème structurant la réalisation du Marché commun, elle est

1411 Concernant les autres traités, voir l'article 31 du traité CECA et l'article 136 du traité CEEA.

1412 Article 2 du traité CEE, devenu, après modification, l'article 12 TCE.

1413 Préambule du traité CEE.

appliquée à la nationalité des personnes physiques, au lieu de rattachement des personnes morales et à l'origine des marchandises et des services. L'œuvre prétorienne dégage de cette notion un principe général de droit. En effet, elle a considéré que l'interdiction énoncée par l'une des dispositions du traité relative à la politique agricole commune n'était que « l'expression spécifique du principe d'égalité qui appartient aux principes fondamentaux du droit communautaire », exigeant que « les situations comparables ne soient pas traitées de manière différente, à moins qu'une différenciation ne soit objectivement justifiée »[1414]. Cette extension sera également appliquée à la fonction publique[1415], à la sécurité sociale des travailleurs migrants[1416], au droit de la concurrence[1417], à la politique des transports[1418] et à la politique commerciale commune[1419].

Par ailleurs, l'exigence du principe d'égalité des rémunérations posée par le traité a conduit la Cour de justice à sanctionner les violations de ce principe entre les fonctionnaires masculins et féminins de la Communauté, en ce qui concerne des questions dépassant le cadre des rémunérations[1420]. Dans le prolongement de ce mouvement, la Cour affirmera que l'élimination des discriminations fondées sur le sexe fait partie des droits fondamentaux faisant partie des principes généraux du droit communautaire dont la Cour assure le respect. Comme le révèle la jurisprudence *Razzouk et Beydoun*[1421], « les exigences qu'impose ce principe ne sont nullement limitées à celles découlant de l'article 119 du traité CEE ou des directives communautaires adoptées dans ce domaine », la Cour annulera une décision de la Commission jugée contraire à ce principe. Aussi, ainsi que nous l'avons indiqué auparavant, la Cour, dans le cadre des relations de travail, étendra le bénéfice de la directive 76/207 relative à l'égalité de traitement entre hommes

---

1414 CJCE, arrêt du 19 octobre 1977, Moulins Pont-à-Mousson, Rec., p. I-1795, points 16 et 17. ; CJCE, arrêt du 19 octobre 1977, Ruckdeschel, 117/76 et 16/77, Rec., p. 1733, point 7.

1415 CJCE, arrêt du 17 octobre 1980, Hochstrass c. Cour de justice, 147/79, Rec., p. 3005.

1416 CJCE, arrêt du 8 octobre 1980, Überschar, 810/79, rec., p. 2747, point 7.

1417 TPI, arrêt du 17 décembre 1991, Hercules Chemicals c. Commission, T-7/89, Rec., p.I1711, point 295 ; TPI, arrêt du 6 avril 1995, Martinelli c. Commission, T-150/89, Rec., p. I-1165, point 57.

1418 CJCE, arrêt du 17 juillet 1997, SAM Scheffart Stapf, C-248/95 et C-249/95, Rec., p. 4475, point 50.

1419 TPI, arrêt du 14 septembre 1995, Lefèvre frères et sœurs et a. c. Commission, T-571/93, Rec., p. I-2379, point 78.

1420 CJCE, arrêt du 7 juin 1972, Sabbatini, 20/71, Rec., p. 345, point 12.

1421 CJCE, arrêt du 20 mars 1984, Razzouk et Beydoun c. Commission, 75/82 et 117/82, Rec., p. 1509, points 17 et 18.

et femmes, aux transsexuels victimes de discrimination en raison de leur conversion sexuelle. En effet, la Cour révèle dans ce contexte que « la directive n'est que l'expression, dans le domaine considéré du principe d'égalité qui est l'un des principes fondamentaux du droit communautaire »[1422]. Toutefois, on sait que la Cour a refusé d'étendre l'application d'un tel principe aux discriminations fondées sur l'orientation sexuelle. Cette position considérée peu cohérente[1423], peut s'expliquer par l'existence d'une base juridique, inséré par le Traité d'Amsterdam, habilitant le Conseil à adopter les mesures nécessaires en vue d'éliminer les différentes formes de discriminations et notamment celles fondées sur l'orientation sexuelle.

Le thème de la liberté est généralement présenté comme un principe cardinal de la Communauté[1424]. Toutefois, cela ne doit pas laisser entendre que la philosophie d'inspiration libérale qui oriente l'Europe conduit à l'établissement d'un système de laisser faire dans le cadre communautaire, sans aucune réglementation spécifique. C'est dans cette perspective que le traité prévoit le maintien de nombreuses réglementations dans la mesure où elles n'entravent pas les échanges ou sont justifiées par des objectifs légitimes. Cela étant, le principe d'égalité n'a pas été énoncé comme tel dans le traité. La liberté consacrée par le traité et développée par la jurisprudence est une liberté de circulation des marchandises, des personnes, des services et des capitaux entre les Etats membres dans la perspective de création d'un Marché commun, puis d'un Marché intérieur. Dans cette optique, la Cour de Justice a observé que la libre circulation des marchandises, la libre circulation des personnes et la libre prestation des services mettaient en œuvre des principes fondamentaux de la Communauté[1425] ou constituaient des libertés fondamentales dans le système de la Communauté. Elle a parfois considéré l'un des droits concourant à la réalisation de ces libertés comme « droit fondamental »[1426].

1422 CJCE, arrêt du 30 avril 1996, P c. C, C-13/94, Rec., p. I-2143, point 8.

1423 SCIOTTI Claudia, « Les droits de l'homme dans l'Union européenne », LPA, 1999, n°149, p. 5.

1424 Concernent la libre circulation des marchandises, CJCE, arrêt du 23 octobre 1986, Driancourt, aff. 355/85, Rec., p. 3231, point 12 ; concernant la libre circulation des personnes, CJCE, arrêt du 18 février 1987, Mathot, aff. 98/86, Rec., p. 809, points 7 à 12.

1425 CJCE, arrêt du 4 décembre 1986, Commission c. France, aff. 220/83, Rec., p. 3663, point 17.

1426 CJCE, arrêt du 7 février 1979, Knoors, aff. 115/78, Rec., p. 399, att.20.

Le principe de proportionnalité, inscrit dans plusieurs dispositions[1427] du traité, assure que les actes communautaires et étatiques se limitent à poursuivre les objectifs énoncés. S'appuyant sur ces dispositions, la Cour va dégager un principe général de proportionnalité[1428]. Si ce n'est pas un droit fondamental, il doit être rattaché aux droits fondamentaux en tant qu'il permet de protéger contre des interventions des l'autorités publiques. C'est ainsi qu'elle affirmera dans la jurisprudence Schraeder que ce principe «...fait partie, selon la jurisprudence constante de la Cour, des principes généraux du droit communautaire. En vertu de ce principe, la légalité des mesures imposant des charges financières aux opérateurs est subordonnée à la condition que ces mesures soient proportionnées et nécessaires à la réalisation des objectifs légitimement poursuivis par la réglementation en cause, étant entendu que lorsqu'un choix s'offre entre plusieurs mesures appropriées, il convient de recourir à la moins contraignante et que les charges imposées ne doivent pas être démesurées par rapport aux buts visés »[1429].

Fait également partie des principes élémentaires d'une procédure propre à l'Etat de droit, le respect des droits de la défense. La vigilance de la Cour a conduit les institutions communautaires, plus particulièrement la Commission, à aménager des systèmes de sanctions progressifs qui ont été jugés compatibles avec le principe de proportionnalité[1430]. Principe s'imposant également aux Etats membres, lorsqu'ils fixent des sanctions pour non-respect de la réglementation communautaire[1431], il s'applique enfin lorsque les Etats membres prévoient des sanctions en cas de non-respect d'obligations étatiques, relatives par exemple au droit de séjour ou à l'exercice de certaines activités dans le cadre du droit communautaire[1432].

En dépit de leur importance dans le cadre du droit communautaire, les principes que nous venons de passer en revue ne pouvaient suffire à protéger les droits fondamentaux. L'invocation des droits fondamentaux non prévus par les traités communautaires devait conduire la Cour à se livrer dans une consécration

1427 Voir par exemple, les articles 40, 36, 48 et 85 du traité CEE, devenus après modification respectivement les articles 34, 30, 39 et 81. En outre, le traité CE contient un article 3 B, devenu l'article 5 prévoyant que « l'action de la Communauté n'excède pas ce qui est nécessaire pour atteindre les objectifs du présent traité ».

1428 BURCA (de) Grainne, « The Principe of Proportionality and its Application in EC Law », YEL, 1993, pp. 105 et s.

1429 CJCE, arrêt du 11 juillet 1989, Schrader, 265/87, Rec., p. 2237.

1430 CJCE, arrêt du 27 novembre 1991, Italtrade, C-199/90, Rec., p. I-5545, points 12 à 15.

1431 CJCE, arrêt du 10 juillet 1990, Hansen, C-326/88, Rec., p. I-2911, point 17.

1432 CJCE, arrêt du 7 juillet 1976, Watson et Belman118/75, Rec., p. 1185, points 21 et 22.

progressive de ces droits en tant que principes généraux du droit communautaire.

2. La réception des droits issus des sources nationales et internationales

En traitant de la Constitution économique de la Communauté/l'Union européenne, nous avons précisé que la Cour de Justice avait hésité quelque peu en ce qui concerne les questions relatives aux droits fondamentaux et que cette période d'hésitation a été suivie d'une consécration abondante en ce qui concerne ces mêmes droits. En effet, la Cour avait considéré dans la jurisprudence *Stork*[1433] qu'il ne lui appartenait pas de se prononcer sur la violation de règles de droit interne, mêmes constitutionnelles, dans l'un ou l'autre des Etats membres. Invitée pour la première fois à se pencher sur des droits fondamentaux en 1960, elle s'est encore imposée une prudence perceptible. Elle s'est bornée à la constatation lapidaire qu'elle n'était pas compétente, ni pour interpréter, ni pour appliquer la Loi fondamentale de la République Fédérale d'Allemagne[1434]. Or, l'absence de prise en considération des droits fondamentaux garantis par les constitutions des Etats membres pouvait conduire des juridictions nationales à examiner les actes communautaires au regard des garanties constitutionnelles des Etats membres et mettre en cause l'unité du droit communautaire[1435].

Le virage a été amorcé par l'arrêt du 12 novembre 1969 dans l'affaire *Stauder*[1436]. Il s'agissait de se prononcer sur des dispositions constitutionnelles nationales, mais la Cour a saisi l'occasion de préciser que la décision litigieuse ne relevait « aucun élément susceptible de mettre en cause les droits fondamentaux de la personne compris dans les principes généraux du droit communautaire, dont la Cour assure le respect ». Ainsi, la Cour se déclarait prête à recourir à des principes qu'elle consacrait, conformément à une méthode déjà usitée de création de droit, pour protéger les droits fondamentaux[1437]. Par recours à des principes généraux de droit, la Cour avait déjà protégé certains droits fondamentaux comme le

---

1433 CJCE, arrêt du 4 février 1959, Stork c. Haute Autorité CECA, 1/58, Rec., p. 42.

1434 CJCE, arrêt du 15 juillet 1960, Ruhrkohlen-Verkaufsgesellschaft e.a, aff. 36–38/59 et 40/59, Rec., p. 857.

1435 COHEN-JONATHAN Gérard, « Les droits de l'homme dans les Communautés européennes », in *Recueil d'études en hommage à Charles Eisenmann*, Paris, CUJAS, 1977, pp. 399 et s.

1436 CJCE, arrêt du 12 novembre 1960, Stauder, 29/69, Rec., 9. 419, att. 7. Voir aussi les conclusions de l'avocat général K. Rohmer, Rec., p. 427.

1437 SIMON Denys, « Y a-t-il des principes généraux du droit communautaire ?», Droits, n°14, 1991, pp. 73 et s.

principe du respect du contradictoire[1438] et les droits de la défense[1439], mais elle n'avait jamais fait expressément référence aux droits fondamentaux. Il s'agissait de trancher sur la question de savoir quels droits feraient l'objet de protection.

C'est à l'occasion de la jurisprudence *Internationale Handelgesellshaft* que la Cour répond à la question en précisant que la sauvegarde des droits fondamentaux, « tout en s'inspirant des traditions constitutionnelles communes aux Etats membres », devrait être assurée « dans le cadre de la structure et des objectifs de la Communauté »[1440]. Il apparaissait ainsi que la Cour voulait emprunter aux droits nationaux, tout en tenant compte des spécificités de la Communauté. Par conséquent, dans le cadre des politiques de la Communauté, certaines contraintes ressenties par les opérateurs économiques étaient considérées légitimes[1441]. La jurisprudence *Nold* amplifie l'importance des traditions constitutionnelles communes aux Etats membres comme sources d'inspiration de la Cour qui déclare qu'elle était « tenue de s'en inspirer ».

Elle élargit toutefois le champ des sources d'inspiration en déclarant que « les instruments internationaux concernant la protection des droits de l'homme auxquels les Etats membres ont coopéré ou adhéré, peuvent également fournir des indications dont il convient de tenir compte dans le cadre du droit communautaire »[1442]. Dans l'arrêt *Wachauf*, la Cour adopte une formulation plus ferme en la matière. Ainsi, elle déclare que « Les droits fondamentaux font partie intégrante des principes généraux du droit dont la Cour assure le respect. En assurant la sauvegarde de ces droits, la Cour est tenue de s'inspirer des traditions constitutionnelles communes des Etats membres, de telle sorte que ne sauraient être admises dans la Communauté des mesures incompatibles avec les droits fondamentaux reconnus par les constitutions de ces Etats. Les instruments internationaux concernant la protection des droits de l'homme auxquels les Etats membres ont coopéré ou adhéré peuvent également fournir des indications dont il convient de tenir compte dans le cadre du droit communautaire »[1443]. La formulation timide, la Cour faisant référence à des « indications » que peuvent fournir les instruments internationaux, permettait de visualiser la Convention européenne des

1438 CJCE, arrêt du 28 mai 1970, Lacroix c. Commission, 30/68, Rec., p. 301.

1439 CJCE, arrêt du 1er juillet 1964, Degreef c. Commission, 80/63, Rec., p. 767.

1440 CJCE, arrêt du 17 décembre 1970, Internationale Handelgesellschaft, 11/70, Rec., p. 1125, att. 4.

1441 Ibid, att. 5 à 20.

1442 CJCE, arrêt du 14 mai 1974, Nold c. Commission, 4/73, Rec., p. 491.

1443 CJCE, arret du 13 juillet 1983, Wachauf, Rec., p. 2609.

Droits de l'Homme, qui n'était pas, à l'époque, ratifiée par la France[1444]. Deux années plus tard, dans l'affaire Rutili[1445], la Cour fera expressément référence à la Convention européenne, et la singularisera par rapport aux autres instruments internationaux.

Même si elles n'ont pas exercé une influence décisive, la Cour de Justice a fait référence à d'autres sources internationales du droit. Ainsi, la Charte sociale européenne[1446] du 18 novembre 1961, la Convention 111 du l'OIT du 25 juin 1958 concernant les discriminations en matière d'emploi et profession[1447] et le Pacte international relatifs aux droits civils et politiques[1448] ont été d'autres sources internationales auxquelles la Cour a fait référence.

Toutefois, la Convention européenne des Droits de l'Homme reste l'instrument international de référence par excellence pour la Cour de justice. On peut observer que la Cour n'a pas hésité à citer la jurisprudence de la CEDH. C'est le cas des décisions relatives au droit à l'égalité de traitement des transsexuels[1449], au principe de la légalité des délits et des peines[1450], à la liberté de la presse[1451], au droit à l'égalité de traitement des homosexuels[1452], au droit à un procès équitable dans un délai raisonnable[1453], au principe de la présomption de

1444 COHEN-JONATHAN Gérard, « La Convention européenne des droits de l'homme et la Communauté européenne », in Mélanges Fernand Dehousse, vol. I, Paris-Bruxelles, Hatan-Labor, 1979, pp. 157.

1445 CJCE, arrêt du 28 octobre 1975, Rutili, aff. 36/75, Rec., p. 1219, att.32.

1446 SCHUTTER (de) Olivier, « Les droits fondamentaux dans le traité d'Amsterdam », in LEJEUNE Yves (dir.), *Le traité d'Amsterdam. Espoirs et déceptions,* Bruxelles, Bruylant, 1998, pp. 153 et s.

1447 CJCE, arrêt du 15 juin 1978, Defrenne, 149/77, Rec., p. 1365, point 28.

1448 CJCE, arrêt du 18 octobre 1989, Örkem c. Commission, 374/87, Rec., p. 3283, point 31.

1449 CJCE, arrêt du 30 avril 1996, P/S et Cornwall Country Council, aff. C-13/94, Rec., I-1763. Voir cron. Fabrice. Picod, RAE, 1996, 171.

1450 CJCE, arrêt du 12 décembre 1996, procédures pénales poursuivies, c. X, aff. C-74/95 et C-129/95, Rec., p. I-6609, note, A. Rigaux et SIMON Denys, Europe, fevrier 1997, comm. n°30.

1451 CJCE, arrêt du 26 juin 1997, Vereinigte Familiapress Zertungesverglas-und Vertribes GmbH, aff. C-^&(/95, note SIMON Denys, Europe, aout-septembre 1997, comm. no 273.

1452 CJCE, arrêt du 17 février 1998, Grant c. South West Trains Ltd, aff. C-249/96, Rec., p. I-621, note A. Weyemberg, JTDE, 1998, 110.

1453 CJCE, arrêt du 17 décembre 1998, Baustahhlgewebe GmbH c. Commission, aff. C-185/95, Rec., p. I-8417, note SIMON Denys, Europe, février 1999, comm. n°50.

l'innocence[1454]. Ainsi, de l'évocation en substance de la CEDH la CJCE passe à une application directe du droit de la Convention, telle qu'interprétée par la Cour européenne des droits de l'homme.

La Cour de justice observe le plus souvent que les droits qu'elle reconnaît découlent des traditions constitutionnelles communes aux Etats membres et ont trouvé leur consécration dans la Convention européenne des Droits de l'Homme[1455]. Ainsi, ces deux sources semblent être mises sur le même plan. Toutefois, l'évolution de la jurisprudence va conduire davantage les sources internationales, en particulier la Convention européenne que les constitutions des Etats membres. En effet, il apparaît que la notion de « traditions constitutionnelles communes » est difficile à cerner. En outre, la recherche d'une solution commune peut conduire à écarter les exigences les plus élevées des Etats, ainsi que certaines exigences qui sont spécifiques à un ou plusieurs Etats[1456]. Sont reconnus de la sorte un certain nombre de droits, tels que le respect de la vie privée et familiale, du domicile et de la correspondance, de la dignité et de la liberté, le droit de propriété, des droits et de libertés collectifs tels que la liberté de religion, la liberté d'association, les droits de la défense, le droit au recours juridictionnel effectif, le droit à un procès équitable.

Les arrêts *Schmidberger*[1457] et *Omega*[1458] constituent un tournant dans ce processus de reconnaissance des droits fondamentaux par le Cour de justice. En effet, à la suite de ces arrêts, la protection des droits fondamentaux devient de plus en plus importante pour la Cour de justice, même si cela passe par une confrontation avec ce qui est considéré comme une liberté fondamentale. Ce renversement de perspective témoigne, sur le plan jurisprudentiel, du passage de l'union économique à l'Union politique. Ainsi, c'est le droit communautaire qui sera interprété à travers le prisme des droits fondamentaux.

1454 CJCE, arrêt du 8 juillet 1999, Montecatini, SpA c. Commission, aff. C-325/92, point 176.

1455 Voir dans l'abondante jurisprudence, CJCE, arrêt du 10 juillet 1984, Kirk, aff. C-63/83, Rec., p. 2689, point 22; CJCE, arrêt du 15 mai 1986, Johnston, C-222/84, Rec., p. 1611, point 18

1456 DAUSES M. A., « La Protection des droits fondamentaux dans l'ordre juridixue communautaire », RTDE, 1984, pp. 401,

1457 CJCE, arrêt du 12 juin 2003, Schmidberger, aff. C-112/00, op. cit.

1458 CJCE, arrêt du 14 octobre 2004, Omega, aff. C-36/02, op. cit.

§ 2: Une conception constitutionnelle des droits fondamentaux : l'enrichissement du droit écrit

Dans le processus d'affirmation des droits fondamentaux dans l'ordre juridique communautaire, en plus de la reconnaissance jurisprudentielle, on peut relever trois étapes qui s'ancrent bien dans l'histoire de la constitutionnalisation politique : l'adoption des actes par les institutions européennes (**A**), l'insertion de nouvelles dispositions dans les traités institutionnels (**B**) et la contribution des accords internationaux liant la Communauté (**C**).

A) La contribution du législateur constituant ayant le pouvoir d'adopter les actes de droit dérivé

Les instances communautaires s'efforcent toujours de développer les droits consacrés par les traités et parfois par la jurisprudence. Ainsi, en se basant sur l'article 49 du Traité CEE, devenu, après modification, l'article 40 TCE, le Conseil a adopté des règlements et des directives en vue de réaliser la libre circulation des travailleurs. Le principe de la non-discrimination fondée sur la nationalité entre les travailleurs des Etats membres, prévu par l'article 48 du traité, devenu, après modification, l'article 39 TCE, en ce qui concerne l'emploi, la rémunération et les autres conditions de travail, a été étendu aux avantages sociaux et fiscaux[1459], à l'enseignement et à la réadaptation professionnelle[1460], à l'affiliation aux organismes syndicales, à l'exercice des droits syndicaux et à l'éligibilité aux organes de représentation des travailleurs dans l'entreprise[1461], au logement et à l'accès à la propriété[1462]. Ont également été reconnus le droit au regroupement familial[1463] et le droit d'accès aux activités professionnelles du conjoint et des enfants de moins

---

1459 Article 7 (2), du règlement (CEE) n°1612/68 du Conseil, du 15 décembre 1968, JOCE, n°L 257, p. 2.

1460 Article 7 (3), du règlement (CEE) n°1612/68 du Conseil, du 15 décembre 1968, JOCE, n°L 257, p. 2.

1461 Article 8 du règlement (CEE) n°1612/68 du Conseil, du 15 décembre 1968, JOCE, n°L 257, p. 2, tel que modifié par le règlement (CEE) n°312/76 du Conseil, du 9 février 1976, JOCE, n°L 39, p. 2.

1462 Article 9 du règlement (CEE) n°1612/68 du Conseil, du 15 décembre 1968, JOCE, n°L 257, p. 2. Voy. également CJCE, arrêt du 30 mai 1989, Commission c. Grèce, 305/87, Rec., p. 1461, points 18–19.

1463 Article 10 du règlement (CEE) n°1612/68 du Conseil, du 15 décembre 1968, JOCE, n°L 257, p. 2 ; aussi, CJCE, arrêt du 18 mai 1989, Commission c/ Allemagne, aff. C-249/86, Rec., p. 1263, points 11 à 21.

de vingt et un an ou à charge, quelle que soit leur nationalité[1464]. Par ailleurs, sur le fondement de l'article 56, paragraphe 2, du traité, devenu, après modification, l'article 46, paragraphe 2, TCE, le Conseil a adopté en 1964 une directive[1465] relative à la coordination des mesures spéciales aux étrangers en matière de déplacement et de séjour, justifiées par des raisons d'ordre public, de sécurité publique et de santé publique. Cette directive a visé tous les ressortissants des Etats membres se déplaçant dans un autre Etat membre, ainsi que les membres de leur famille[1466]. La directive reconnaît en outre le droit de recours ouvert aux nationaux[1467] et le droit de présenter ses moyens de défense et se faire assister ou représenter devant une autorité compétente distincte de celle ayant pris la mesure restrictive[1468].

Les autorités communautaires adoptent des textes qui contiennent parfois des mesures protectrices des droits fondamentaux dans des matières qui ne relèvent pas, de prime abord, des droits fondamentaux. Ainsi, le Conseil a adopté sur la base de l'article 87, devenu, après modification, l'article 83, le règlement[1469] n°17/62 dont certaines dispositions se rapportent aux droits fondamentaux. Ainsi, le principe de secret professionnel a été précisé par ce règlement. Le principe du respect des droits de la défense est issu de plusieurs de ses dispositions[1470] dont certaines ont fait l'objet d'un règlement d'application[1471]. La jurisprudence a observé que les dispositions de ces règlements faisaient application « d'un principe fondamental du droit communautaire qui exige le respect des droits de la défense dans toute procédure »[1472].

1464 Article 11 du règlement (CEE) n°1612/68 du Conseil, du 15 décembre 1968, JOCE, n°L 257, p. 2 ; aussi, CJCE, arrêt du 7 mai 1986, Gül, aff. C-131/85, Rec., p. 1573, points 14 à 21.

1465 Directive 64/221/CEE du Conseil, du 25 février 1964, JOCE, n°L 64 du 4 avril 1964, p. 850.

1466 Article 1er de la Directive 64/221/CEE

1467 Article 8 de la Directive 64/221/CEE ; aussi, CJCE, arrêt du 8 avril 1976, Royer, aff. C-48/75, Rec., p. 497, point 55 à 62.

1468 Article 9 de la Directive 64/221/CEE ; aussi, CJCE, arrêt du 8 avril 1976, Royer, aff. C-48/75, Rec., p. 497, point 55 à 62.

1469 Règlement (CEE) n°17/62 du Conseil du 6 février 1962, JOCE, n°13, du 21 février 1962, p. 204, modifié par le règlement (CE) n°1216/1999, JOCE, n°L 148, du 15 juin 1999, p. 5.

1470 Articles 11 à 15 et 19 du règlement n°17.

1471 Règlement (CEE) n°99/63 de le Commission du 25 juillet 1963 relatif aux auditions prévues par l'article 19 du règlement n°17.

1472 CJCE, arrêt du 7 juin 1983, Musique diffusion française et a. c/ Commission, aff. Jtes 100 à 103/80, Rec., p. 1825, point 10.

D'autre part, étant donné l'étroitesse du champ d'application de l'article 119, devenu article, après modification, l'article 141, ne prévoyant pas l'application du principe de l'égalité de traitement entre hommes et femmes en matière de rémunération des travailleurs, le Conseil a adopté, sur proposition de la Commission, deux directives, l'une relative à l'égalité de traitement entre hommes et femmes, en matière d'accès à l'emploi, de formation professionnelle et des conditions de travail[1473], l'autre relative à la sécurité sociale[1474]. Ce dispositif sera complété par la suite, avec l'adoption, sur la base des modifications introduites par le Traité d'Amsterdam de nouveaux règlements étendant le champ d'application du principe de l'égalité de traitement et de non-discrimination[1475].

B) La Contribution du pouvoir constituant en tant que tel : l'insertion de nouvelles dispositions dans des traités institutifs

1. L'Acte unique et la première référence aux droits fondamentaux

Ce n'est que l'Acte unique européen qui fait une référence explicite aux droits primaires fondamentaux: « décidés à promouvoir ensemble la démocratie en se fondant sur les droits fondamentaux reconnus dans les constitutions et lois des Etats membres, dans la convention européenne de sauvegarde des droits de l'homme des libertés fondamentales, ainsi que dans la Charte sociale européenne, notamment la liberté, l'égalité et la justice sociale »[1476]. C'est encore l'Acte unique qui a fait sauter le verrou, « la liberté de circulation des personnes n'étant plus cantonnée uniquement aux travailleurs et autres opérateurs économiques, mais devenant un objectif de la Communauté, lié à la constitution d'un marché intérieur, en tant qu'espace sans frontière »[1477].

Cette première référence aux droits fondamentaux dans le traité a sans doute une importance symbolique et politique, constituant l'un des premiers éléments de la constitutionnalisation politique. Toutefois, vu le fait que cette avancée en matière de droits fondamentaux n'est pas significative, la Cour ne fera qu'exceptionnellement référence à l'engagement introduit dans le Préambule du traité[1478].

1473 Directive 76/207CEE du 9 février 1976, JOCE, n°L 39, du 14 février 1976, p. 40.

1474 Directive 79/7/CEE du 19 décembre 1978, JOCE n°L 6, du 10 janvier 1979, p. 6

1475 Voir l'article 12 du traité relativf à la non-discrimination, ainsi que nos développements dans le chapitre 1er de la première Partie de ce travail.

1476 *Traité Acte Unique européen,* Préambule, paragraphe 3.

1477 Art. 8 A, alinéa 2, devenu, après modification, article 14 TCE.

1478 RUYT (de) Jan, *L'Acte unique européen,* Bruxelles, Edition de l'Université, 2ème édition, 1989, p. 102.

2. Les innovations du Traité de Maastricht

Même si le Traité de Maastricht est l'acte fondateur de l'Union européenne, acte profondément politique constituant un tournant dans la constitutionnalisation de l'Union, il est également apparu très en retrait par rapport aux résolutions du Parlement européen. En effet, en ce qui concerne les droits fondamentaux, le traité se contentait de mouler sous forme constitutionnelle des droits existants, en consacrant le travail juridique élaboré par la Cour de Justice. Le préambule du traité rappelle « son attachement au principe de liberté, de démocratie et de droits de l'Homme, ainsi que des libertés et des fondements de l'état de droit ». L'article F 2 du même traité, devenu, après modification, l'article 6.2 TUE, stipule que l'Union « respecte les droits fondamentaux, tels qu'ils sont garantis par la Convention européenne des Droits de l'Homme et des Libertés fondamentales, signée à Rome le 4 novembre 1950, et tels qu'ils résultent des traditions constitutionnelles communes aux Etats membres, en tant que principes généraux du droit communautaire »[1479].

On peut considérer que cette disposition a expressément consacré la jurisprudence de la Cour de Justice en matière de droits fondamentaux, sans pour autant ériger ces derniers au rang de principes ayant une valeur équivalente à celle du droit originaire, ou pour renforcer l'analogie avec une constitution, de principes constitutionnels[1480]. Toutefois, la compétence de la Cour ne s'étendait pas, en vertu de l'article L de ce traité, devenu après modification, l'article 46 TUE, à l'interprétation de cette disposition. Aussi, la Cour s'est-elle gardée de fonder son contrôle sur l'article F, paragraphe 2, devenu l'article 6.2 TUE, comme s'il s'agissait d'une nouvelle norme de référence[1481]. La Cour et le Tribunal l'ont néanmoins cité à titre supplétif, afin de marquer l'importance des droits fondamentaux dans le droit communautaire[1482].

Par ailleurs, l'article K. 2, paragraphe 2, devenu, après modification, l'article 33 TUE souligne que les questions relatives aux domaines de la coopération en matière de justice et affaires intérieures, étaient traitées « dans le respect de la

1479 SUDRE Frédéric (dir), *Droit communautaire des droits fondamentaux*, Bruylant, Bruxelles, 1999, p. 6.

1480 CONSTANTINESCO Vlad, « La structure du traité instituant l'Union européenne », CDE, 1993, pp. 251 et s.

1481 PICOD Fabrice, « Les sources », in SUDRE Frédéric et LABAYLE Henri (dir), *Réalité et perspectives du droit communautaire et des droits fondamentaux*, Bruxelles, Bruylant, 2000, p. 172.

1482 CJCE, arrêt du 15 décembre 1995, Bosman, C-415/93, Rec., p. I-4921, p. 79 ; TPI, arret du 14 avril 1964, A. c. Commission, T-10/93, Rec., FP, p. I/387, point 49.

Convention européenne de sauvegarde des droits de l'homme et des libertés fondamentales (…) et de la Convention relative au statut des réfugiés ». La compétence de la Cour n'a toutefois pas été étendue à ces deux dispositions[1483].

Toutefois, l'une des innovations les plus remarquées du Traité de Maastricht se retrouve dans l'insertion, au cœur du Traité de Rome, d'une seconde partie évoquant la citoyenneté de l'Union. L'article 8 A et suivants, devenus, après modification, l'article 18 TCE et suivants établissent de nouveaux droits au profit des ressortissants des Etats membres. Ce qui correspond à l'adoption d'une perspective moins économique que celle prévalant dans le Traité de Rome. Ainsi, en introduisant sur tout le territoire de l'Union, le principe de libre circulation des citoyens de l'ensemble des Etats membres, et pas seulement des actifs communautaires, le traité affirme la vocation de la Communauté européenne de protéger les droits fondamentaux de l'individu. L'article 8, paragraphe 1 du TUE, devenu, après modification, l'article 17 TUE précise « qu'est citoyen de l'Union toute personne ayant la nationalité d'un Etat membre ». Non seulement, cette citoyenneté se situe dans le prolongement de la citoyenneté communautaire, mais elle est une « citoyenneté de superposition par rapport à la citoyenneté nationale de deux points de vue: par le fait que la nationalité d'un des Etats membres est une condition à la citoyenneté; par le fait aussi que la citoyenneté n'interfère en aucune manière avec la citoyenneté nationale, qui demeure »[1484].

En effet, le Traité de Maastricht a transformé de façon qualitative le statut communautaire des citoyens des Etats membres. Les articles 17 à 22 de ce traité concrétisent un statut de citoyen. Ainsi, surgit un nouveau statut qui intègre un ensemble de droits dont l'exercice ne dépend plus de conditions économiques, car l'agent économique a cédé la place au citoyen. En prévoyant le droit de circulation et le droit de séjour sur le territoire des Etats membres en faveur des citoyens de l'Union, l'article 18 du traité confère un caractère politique à ces droits. Cette interprétation appelle les observations suivantes du point de vue du régime normatif communautaire applicable au droit de séjour : (i) l'exercice du droit de séjour ne peut être soumis à des conditions, directement ou indirectement, liées à la situation économique de son titulaire ; (ii) tout en reconnaissant le droit de séjour, l'article 18 (1), sauvegarde l'applicabilité des « limitations et

1483 Le paragraphe 2 est supprimé suivant les modifications introduites par le Traité d'Amsterdam. Alors, le nouvel article 33 reprend seulement le paragraphe premier de l'ancien article K.

1484 MOUTON Jean-Denis, *La Citoyenneté de l'Union : passé, présent et avenir,* Europa-Institut Universität des Saarlandes Saarbrücken, 1995, p. 10.

conditions prévues par le présent traité ». Cela vise notamment les clauses d'exception fondées sur des raisons d'ordre public, de sécurité publique et de santé publique.

Compte tenu de ce qui précède, il est permis d'affirmer que l'Europe communautaire, avec l'entrée en vigueur du Traité sur l'Union européenne, a disposé des bases nécessaires au développement des droits fondamentaux. La consécration progressive de ces droits dans les traités contribue, sans aucun doute, au processus de constitutionnalisation politique de l'Union européenne.

3. *Le traité d'Amsterdam : les Droits de l'Homme comme fondement de la construction européenne*

Le Traité d'Amsterdam, portant révision du Traité instituant l'Union européenne et du Traité instituant la Communauté européenne, entré en vigueur le 1er mai 1999, fait apparaître d'une manière plus prononcée la contribution du législateur constituant européen en ce qui concerne la constitutionnalisation politique de l'Union européenne.

a En effet, dans une optique de constitutionnalisation éminemment politique, le Traité d'Amsterdam érige les Droits de l'Homme en fondement de la construction européenne. Dans le préambule du Traité, les Etats membres proclament « leur attachement aux droits sociaux fondamentaux tels qu'ils sont définis dans la Charte européenne, signée à Turin le 18 octobre 1961, et dans la Charte communautaire des droits sociaux fondamentaux des travailleurs de 1989 »[1485]. Même s'il s'agit là d'une reprise intégrale de l'article 6, paragraphe 2 du Traité (de Maastricht), le Traité d'Amsterdam inscrit cette disposition dans un cadre normatif différent, lui donnant dès lors une toute autre portée. Il s'agit d'une avancée radicale: « l'Union est fondée sur le principe de liberté, de la démocratie, du respect des droits de l'homme et des libertés fondamentales, ainsi que de l'état de droit, principes qui sont communs aux Etats membres ».

Nous avons vu que le juge communautaire, dès le début des années 70, a assuré la protection des droits fondamentaux en tant que principes généraux du droit. Il est également vrai que l'article 6 (2) TUE se rapporte aux droits fondamentaux d'origine constitutionnelle et conventionnelle. Par conséquent, l'importance de l'article 6 (1) TUE réside dans la qualification des droits fondamentaux comme principe essentiel et fondateur de l'UE. Le caractère politico-constitutionnel de cet article est indéniable. Les droits fondamentaux

---

1485 Quatrième considérant.

ont une valeur juridique directe sur le plan de leur concrétisation par les Etats membres. Cette conclusion revêt une importance renforcée et nous conduit au domaine des exceptions ou des restrictions aux libertés fondamentales. Par exemple, l'application et l'exécution de mesures de police, basées sur des raisons d'ordre public, de sécurité publique et de santé publique ne peuvent pas imposer aux destinataires un « traitement inhumain et dégradant » interdit par l'article 15 de la Déclaration universelle des droits de l'homme et par l'article 3 de la Convention européenne.

On le voit, les droits de l'Homme ne sont pas seulement des droits subjectifs qui viennent limiter l'action des institutions communautaires et des Etats membres, mais ils constituent dorénavant un principe directeur de l'Union européenne et de la Communauté européenne. L'emprise matérielle des droits de l'Homme est également étendue par le Traité d'Amsterdam. En premier lieu, une clause de non-discrimination est introduite dans le traité: le Conseil, statuant à l'unanimité sur proposition de la Commission, et après consultation du Parlement européen, peut prendre toutes les mesures pour combattre toute discrimination fondée sur le sexe, la race ou l'origine ethnique, la religion, les convictions, un handicap, l'âge ou l'orientation sexuelle. On remarquera que les trois derniers motifs de discrimination n'étaient pas couverts jusqu'à présent, ni par les instruments de protection nationaux, ni par la Convention européenne des Droits de l'Homme, ni par les textes de droit interne[1486].

b L'article 7 du nouveau Traité UE, et l'article 309 du Traité CE prévoient et organisent la suspension de la participation aux communautés et à l'Union, d'un Etat membre s'étant rendu coupable d'une violation grave et persistante des principes fondant l'Union (Art. 6). Selon la procédure retenue, la constatation des manquements aux principes de l'article 6, paragraphe 1, est faite par le Conseil réuni au niveau des chefs d'Etat et de gouvernement et statuant à l'unanimité sur proposition d'un tiers des Etats membres, ou de la Commission, après avis du Parlement européen. A la suite de cette constatation, le Conseil peut, à la majorité qualifiée, décider de suspendre certains droits de l'Etat concerné, y compris son droit de vote au Conseil.

c Par ailleurs, avec les modifications introduites dans le traité, la recevabilité des Etats candidats à l'adhésion est subordonnée formellement au respect, par ces Etats, des principes énoncés par l'article 6, paragraphe 2 (démocratie, Etat de

---

1486 RENUCCI Jean-François, *Droit européen des droits de l'homme*, L.G.D.J., 2001, p. 372.

droit, respect des Droits de l'Homme). Le mérite du Traité d'Amsterdam aura surtout été de « constitutionnaliser » cette condition (article 49 TUE).

d Une autre nouveauté du Traité d'Amsterdam tient au fait qu'il introduit un objectif général de l'Union, à savoir le maintien et le renforcement d'un espace de liberté, de sécurité et de justice. La réalisation de cet objectif et des principes fondamentaux de l'Union s'avère d'une importance capitale en vue de la constitutionnalisation politique. La philosophie des révisions introduites par le Traité d'Amsterdam à cet égard, a été de faire coïncider, dans le domaine de libre circulation des personnes, le but avec les moyens juridiques d'action. La création d'un espace sans frontières intérieures, dans lequel la libre circulation des personnes est assurée, est une finalité communautaire qui est au moins aussi ancienne que l'Acte unique européen[1487]. Tout de même, les pouvoirs nécessaires à la concrétisation de ce but se trouvaient dispersés entre le pilier communautaire et le pilier intergouvernemental. Avec l'entrée en vigueur du Traité d'Amsterdam, le but et les pouvoirs coïncident dans le cadre du Titre IV T.C.E., « visas, asiles, immigration et autres politiques liées à la libre circulation des personnes »[1488]. De plus, l'acquis de Schengen sur la libre circulation des personnes a été intégré pleinement dans le titre IV, selon les termes prévus par le protocole annexé au Traité. Le Conseil européen de Tampere (Finlande), en octobre 1999, a consacré une réunion spéciale aux mesures à prendre en vue de la réalisation de l'espace de liberté, sécurité et justice dans l'Union. Par la suite, sur proposition de la Commission, le Conseil a adopté un « tableau de bord » des travaux à réaliser entre 2000 et 2004 pour concrétiser ce projet.

e Par ailleurs, le Traité d'Amsterdam apporte des changements significatifs au domaine de la libre circulation des personnes. Ces changements affectent le sens et l'application des clauses d'exception fondées sur les raisons d'ordre public, de sécurité publique et de santé publique. Ces changements peuvent évoluer, à partir des modifications introduites à deux niveaux, d'une part, celui des droits fondamentaux, d'autre part, la création progressive d'un espace de liberté, de sécurité et de justice.

Outre cette convergence normative et institutionnelle, la libre circulation des personnes sera soumise au contrôle juridictionnel de la Cour. Au terme de l'Article 68 T.C.E., la Cour est compétente pour interpréter le titre IV du traité et pour interpréter et statuer sur la validité des actes adoptés par les

1487 Article14, TCE.

1488 Article 61 et suivants, TCE.

institutions communautaires sur la base du titre IV. Toutefois le paragraphe 2 de l'article 68 établit une exception : «en tout état de cause, la Cour de Justice n'est pas compétente pour statuer sur les mesures ou décisions prises en application du paragraphe 1 de l'article 62 portant sur le maintien de l'ordre public et la sauvegarde de la sécurité intérieure».

f Le contenu de l'article 119 n'a pas été modifié par le Traité de Maastricht, mais le Traité d'Amsterdam opère des modifications importantes. En effet, le Traité d'Amsterdam a changé le Protocole et l'Accord sur la politique sociale dont il a incorporé le contenu dans les articles 117 à 120 du traité, devenus, après modification, les articles 136 à 142 TCE. A cet effet, l'article 6 de l'accord, ainsi que le paragraphe 3 de cet article, deviennent le paragraphe 4 de l'article 141 TCE. Un nouveau paragraphe 3 est ajouté, il prévoit que le Conseil, statuant selon la procédure de codécision, peut « adopter des mesures visant à assurer l'application du principe de l'égalité des chances et de l'égalité de traitement entre les hommes et les femmes, en matière de l'emploi et de travail, y compris le principe de l'égalité des rémunérations pour un même travail ou un travail de même valeur».

Le Traité d'Amsterdam semble favoriser le développement d'un véritable code communautaire des droits fondamentaux, bénéficiant d'un ancrage dans le droit primaire, mais aussi dans la jurisprudence. Dès lors, il est permis d'affirmer que les changements introduits dans l'ordre juridique communautaire par le Traité d'Amsterdam sont autant de progrès dans la constitutionnalisation de l'Union européenne. En effet, le fait de placer ainsi les droits fondamentaux au cœur du processus d'intégration introduit un important changement de perspective. Au-delà de l'organisation de l'Union qu'il induit, il n'y a pas de manière plus claire d'indiquer que la construction européenne est engagée dans un processus de développement politique irréversible et qu'elle fait sienne, dans cette optique, le patrimoine européen articulé dans un autre cadre, celui du Conseil de l'Europe. L'idée d'une « Constitution politique » de l'Europe acquiert par là même un surcroît de légitimité[1489]. Mais, en dépit de ces développements significatifs, le Traité d'Amsterdam n'a pu résoudre toutes les questions dans les domaines des droits fondamentaux: il n'y a pas dans l'ordre communautaire un catalogue contraignant de droits fondamentaux[1490]. C'est la raison pour laquelle le Conseil européen de Cologne a engagé un processus d'élaboration d'une Charte des droits

1489 AKANDJI-KOMBE Jean-François, « Le Développement des droits fondamentaux », op. cit., p. 50.

1490 RENUCCI Jean-François, op. cit, p. 375.

fondamentaux, qui, avec l'adoption et l'incorporation de celle-ci dans le traité instituant la Constitution pour l'Europe, devient une référence pour le juge communautaire.

4. Le Projet de Traité instituant une Constitution pour l'Europe et la reconnaissance des droits fondamentaux

Avec l'adoption du projet de traité établissant une Constitution pour l'Europe par le sommet européen de Rome du 29 octobre 2004, on a assisté à une véritable constitutionnalisation des droits fondamentaux dans l'Union européenne. C'est un développement considérable dans l'histoire de l'intégration européenne en vue de la reconnaissance des droits fondamentaux d'une manière générale. Cela provient notamment de l'intégration de la Charte des droits fondamentaux[1491] dans le Traité constitutionnel. Or, ainsi que nous l'avons remarqué précédemment, selon le Traite de Lisbonne, signé le 13 décembre 2007, la Charte des droits fondamentaux aura la même valeur juridique que les traités[1492], mais figurera en annexe du TUE. Aussi, il est légitime de considérer que, même si le concept constitutionnel est abandonné avec le Traité de Lisbonne, le caractère juridiquement contraignant de la Chante ne manquera pas de produire des effets similaires. Toutefois, le Royaume-Uni, de même que la Pologne, ont obtenu une dérogation concernant la Charte des droits fondamentaux. Le Protocole sur l'application de la Charte à la Pologne[1493] et au Royaume-Uni précise que la Charte n'étend pas la faculté de la Cour de justice ou d'une juridiction nationale d'un de ces Etat d'estimer que des lois, règlements ou dispositions, pratiques ou actions administratives nationales « sont incompatibles avec les droits, les libertés et les principes fondamentaux qu'elle affirme »[1494]. Le protocole confirme par ailleurs que, le chapitre IV de la Charte, consacré à la solidarité « ne crée des droits justiciables applicables » à ces Etats, que dans la mesure où ils ont prévu pareils droits dans leur législation nationale.

1491 Les droits sociaux fondamentaux contenu dans la Charte seront étudiés dans le deuxième chapitre de ce titre.

1492 Article 6.1, TUE, tel que modifié par le Traité de Lisbonne.

1493 Le nouveau gouvernement polonais a décidé de maintenir cette dérogation pour éviter les difficultés de ratification.

1494 DONY Marianne, *Après la réforme de Lisbonne les nouveaux traités européens,* Editions de l'Université de Bruxelles, 2008, p. xxxvii.

En effet, au terme de l'article I-7, intitulé « les droits fondamentaux », l'Union reconnaît les droits et les libertés, ainsi que les principes énoncés dans la Charte des droits fondamentaux qui constitue la deuxième Partie de la Constitution. Les droits fondamentaux garantis par la Convention européenne de sauvegarde des Droits de l'Homme et des libertés fondamentales et tels qu'ils résultent des traditions constitutionnelles communes aux Etats membres, font partie du droit de l'Union en tant que principes généraux. Mise à part l'intégration de la Charte des droits fondamentaux, cet article reprend d'une manière générale l'article 6 du TUE tel que modifié à Amsterdam. Toutefois, l'innovation concerne l'ouverture qui est prévue pour l'adhésion de l'Union dans la CEDH. L'article I-7, paragraphe 2 précise en effet que « L'Union adhère à la Convention européenne de sauvegarde des droits de l'homme et des libertés fondamentales ». Neanmoins, l'adhésion à cette Convention ne devrait pas modifier « les compétences de l'Union telles qu'elles sont définies dans la présente Constitution ». Cette orientation dans la voie de l'adhésion à la Convention européenne est maintenue également par le Traité de Lisbonne[1495].

La Constitution reprend la notion de citoyenneté de l'Union telle qu'elle a été complétée par le Traité d'Amsterdam avec une modification toutefois : cette citoyenneté européenne « s'ajoute » (ou lieu de compléter). Là aussi, le Traité de Lisbonne reste fidèle au Traité constitutionnel[1496]. La véritable entité détentrice du pouvoir d'attribution de la nationalité étant les Etats membres, cette modification ne change rien à la nature superposée de cette citoyenneté. Nous avions vu dans les paragraphes précédents que cette citoyenneté de l'Union est qualifiée de « statut fondamental » et que cela a des répercutions considérables sur les libertés de circulation et de prestation de services, ainsi que sur le droit de séjour. C'est ainsi que la citoyenneté de l'Union commence à avoir des effets immédiats sur la vie quotidienne des ressortissants des Etats membres. Il est permis de s'attendre à ce que ce processus évolutif continue. Nous aurons l'occasion de revenir sur cette fonction indéniablement sociale que joue la citoyenneté dans le cadre du Titre 2 de la deuxième partie de notre travail.

La Constitution consacre sous le Titre « La vie démocratique de l'Union » certains principes relatifs à l'égalité démocratique, à la démocratie représentative et à la démocratie participative. Parmi ces principes, celui de la démocratie participative requiert une importance singulière dans le cadre de notre analyse, car selon ce principe, les instances de l'Union donnent aux citoyennes et citoyens

1495 Article 6.2, TUE, tel que modifié par le Traité de Lisbonne.
1496 Article 9 TUE, tel que modifié par le Traité de Lisbonne.

et aux associations représentatives la possibilité de faire connaître et d'échanger publiquement leurs opinions sur l'action de l'Union, entretiennent un dialogue ouvert et régulier avec les associations représentatives de la société civile ; la Commission procède à de larges consultations des parties concernées. En outre, la Constitution consacre l'initiative citoyenne, selon laquelle la Commission sur la demande des citoyens peut soumettre des actes législatifs[1497]. Le Traité de Lisbonne, là aussi, intègre les innovations du Traité constitutionnel[1498]. Cela nous permet de dire que, le fait d'abandonner le concept constitutionnel ne signifie pas nécessairement un recul dans le processus de constitutionnalisation politique de l'Union européenne.

C) L'insertion de ces dispositions dans les accords internationaux

L'insertion des droits fondamentaux dans les accords internationaux peut permettre d'accorder des droits aux ressortissants des Etats tiers sur le territoire des Etats membres d'une part et peut tendre à imposer aux Etats tiers le respect des droits fondamentaux, d'autre part.

De nombreux accords liant la Communauté aux Etats tiers ont établi des droits au profit des ressortissants de ces Etats. Les droits, ainsi reconnus par ces accords, se rattachent principalement à l'égalité de traitement en raison de la nationalité en ce qui concerne les conditions d'emploi et de rémunération en matière de sécurité sociale[1499]. Le droit de séjour et d'accès à une activité salariée est parfois reconnu sous réserve de l'exercice d'emploi régulier dans l'Etat membre[1500]. La revendication de tels droits donne lieu à un contentieux de plus

1497 L'article I-46 de la Constitution, relatif au principe de la démocratie participative, stipule que : « La Commission peut, sur l'initiative d'au moins un million de citoyens de l'Union issus d'un nombre significatif d'Etats membres, être invitée à soumettre une proposition appropriée sur des questions pour lesquelles ces citoyens considèrent qu'un acte juridique de l'Union est nécessaire aux fins de l'application de la présente Constitution. Une loi européenne arrête les dispositions relatives aux procédures et conditions spécifiques requises pour la présentation d'une telle initiative citoyenne ».

1498 Article 11.4 TUE, tel que modifié par le Traité de Lisbonne.

1499 STANGOS P.N., « Les ressortissants des Etats tiers au sein de l'ordre juridique communautaire », CDE, 1992, nos 3–4, pp. 306 ; MARTIN Denis, « La protection des ressortissants des pays tiers dans l'ordre juridique communautaire », in LECLERC Stéphane (Dir), *L'Union européenne et les droits fondamentaux,* Bruxelles, Bruylant, 1999, pp. 173 et s.

1500 La décision 1/80 du Conseil d'association institué par l'Accord d'association Turquie-Union européenne.

en plus important devant les juridictions nationales qui saisissent la Cour de justice[1501].

En ce qui concerne la protection des droits fondamentaux par l'inclusion des clauses dans les accords signés avec les pays tiers, on peut observer que cela peut soulever des difficultés dans le cadre général des relations internationales. En dépit de ces difficultés, la Communauté s'est progressivement engagée dans une politique extérieure attentive au développement des droits fondamentaux[1502]. La Communauté, dans la perspective tracée par l'Acte unique européen, a décidé d'imposer des dispositions relatives au respect des droits fondamentaux, lors de la révision de la Convention de Lomé, dont la quatrième signée en 1989, servira de référence en la matière dans les relations avec les pays en développement.

La place réservée aux droits fondamentaux dans les relations internationales de la Communauté est prise en considération d'une manière plus prononcée, par le Traité sur l'Union européenne signé en 1992. En effet, le Traité de Maastricht fait également référence aux droits fondamentaux dans chacun des deux piliers non communautaires de l'Union européenne. L'article J., paragraphe 2, devenu, après modification, l'article 11 TUE, a placé parmi les objectifs de la PESC « le développement et le renfoncement de la démocratie et de l'Etat de droit, ainsi que le respect des droits de l'homme et des libertés fondamentales ». Aussi, le traité CE a assigné à la politique de la Communauté, dans le domaine de la coopération au développement, le développement et la consolidation de la démocratie[1503].

Par ailleurs, le Conseil a adopté en 1999 un règlement « fixant les exigences pour la mise en œuvre des actions de coopération au développement et à la consolidation de la démocratie et de l'Etat de droit, ainsi qu'à celui du respect des droits de

---

1501 En ce qui concerne le permis de séjour et de travail des travailleurs turc : CJCE, arrêt du 20 septembre 1990, Sevince, C-192/89, Rec., p. 3461, points 27 et suivants ; CJCE, arrêt du 16 décembre 1992, Kuş, C-237/91, Rec., p. I-6781, points 11 et s. ; CJCE, arrêt du 5 octobre 1994, Eroğlu, C-355/93, Rec., p. I-5113, points 9 et s. ; CJCE, arrêt du 6 juin 1995, Tetik, C-171/95, Rec., p. I-329, points 15 et s. ; CJCE, arrêt du 17 avril 1997, Kadiman, C-351/95, Rec., p. I-2133, points 24 et s. ; CJCE, arrêt du 29 mai 1997, Eker, C-386/95, Rec., p. I-2697, points 17 et s. ; CJCE, arrêt du 5 juin 1997, Kol, C-285/95, Rec. P. I-3069, points 19 et s. ; CJCE, arrêt du 30 septembre 1997, Günaydın, C-36/96, Rec., p. I-5143, points 19 et s. ; CJCE, arrêt du 18 novembre 1998, Akman, C-210/97, Rec., P. I-7519, points 20 et s. ; CJCE, arrêt du 20 novembre 1998, Birden, C-1/97, Rec., p. I-7747, points 19 et s.

1502 L'histoire des relations Turquie-Union européenne est révélatrice, à beaucoup d'égards, à ce propos.

1503 L'article 130 U, devenu l'article 177 du traité CE.

l'homme et des libertés fondamentales »[1504]. La contribution extérieure de la Communauté au respect des droits de l'homme ne s'est pas limitée à la politique de coopération au développement. En effet, elle a pris pour habitude, à partir des années 1990, d'inclure dans les accords commerciaux de coopération et d'association, une clause relative au respect des droits de l'homme[1505]. Le Conseil a également adopté en 1999 un règlement « fixant les exigences pour la mise en œuvre des actions communautaires, autres que celles de coopération au développement qui, dans le cadre de la coopération communautaire, contribuent à l'objectif général de développement et de la consolidation de la démocratie et de l'Etat de droit, ainsi qu'à celui du respect des droits de l'homme et des libertés fondamentales dans les pays tiers »[1506].

Force est de constater que les mécanismes visant le respect des droits fondamentaux, dans ces domaines également, font l'objet de perfectionnement avec l'adoption de la Constitution européenne. A cet égard, on devrait parler d'une constitutionnalisation car les dispositions qui gouverneront désormais l'action extérieure de l'Union, reposent sur les principes de « ….la démocratie, l'Etat de droit, l'universalité et l'indivisibilité des droits de l'homme et des libertés fondamentales, le respect de la dignité humaine, les principes d'égalité et de solidarité et le respect du droit international conformément aux principes de la Charte des Nations Unies »[1507].

Conclusion du chapitre 1

Nous venons d'étudier l'interrelation des droits fondamentaux dans le processus de constitutionnalisation de l'Union européenne, en mettant l'accent sur le fait que même s'il n'est pas, ou pas encore permis de parler d'une constitution européenne, le processus entamé dans une optique économique, revêt maintenant un caractère politique. L'affirmation de ce caractère politique du processus de constitutionnalisation de l'Union européenne est, une fois de plus, le fait conjugué du législateur[1508] et du juge. Avec les jurisprudence *Schmidberger*, *Omega* et surtout

---

1504 Règlement CE, n°975/1999 du Conseil, du 29 avril 1999, JOCE, n°L 120 du 8 mai 1999, p. 1.

1505 FLAUSS Jean-Francois, « Droits de l'homme et les relations extérieurs de l'Union européenne », in LECLERC Stéphane (éd), *L'Union européenne et les droits fondamentaux*, Bruxelles, Bruylant, 1999, pp. 137156.

1506 Règlement CE n°976/1999 du Conseil, du 29 avril 1999, JOCE, n°L 120 du 8 mai 1999, p. 8.

1507 Projet de traité établissant une Constitution pour l'Europe, article III-193.

1508 Législateur constituant et le législateur ayant le pouvoir d'adopter les actes de droit dérivé.

Viking, le juge communautaire se positionne clairement dans une perspective de constitutionnalisation politique. Ce processus est révélateur de la place prédominante qu'occupent les droits fondamentaux dans l'ordre juridique communautaire, à l'instar des constitutions étatiques en tant que telles. Même si l'encrage des droits fondamentaux, comme éléments cardinaux, dans le processus d'intégration ne permet d'emprunter l'appellation traditionnelle de « constitution » pour la constitution communautaire, il n'en demeure pas moins que cette dernière présente les caractéristiques matérielles d'une constitution étatique. Même s'il est difficile d'encadrer cette constitution européenne par la terminologie classique, les dispositions générales des traités qui garantissent la démocratie, l'Etat de droit, ainsi que celles qui organisent les pouvoirs entre institutions ; la répartition des compétences entre le niveau communautaire et le niveau national ; la protection des droits fondamentaux en tant que principes généraux du droit communautaire, sont autant d'éléments de nature constitutionnelle qui justifient cette qualification. En outre, les réticences à cet égard sont largement atténuées avec l'adoption de la Charte des droits fondamentaux, qui figure, avec force juridique contraignante à l'annexe du TUE tel qu'ammendé par le Traité de Lisbonne.

Avec l'adoption du Traité de Lisbonne, le législateur constituant européen a abandonné le concept constitutionnel. Toutefois, comme nous venons de l'étudier également dans ce chapitre, le nouveau traité intègre dans une large mesure les innovations du Traité constitutionnel : la Charte des droits fondamentaux ne figure qu'à l'annexe du TUE, mais elle a la même valeur juridique que le traité. L'objectif d'adhésion de l'Union à la CEDH est maintenu. La démocratie représentative et participative ainsi que l'initiative citoyenne reprennent leur place dans le traité modifié. Aussi, le nouveau traité reconnaît, comme le Traité constitutionnel, l'importance du dialogue ouvert et régulier avec les associations représentatives de la société civile. Cela étant, il nous parait légitime de dire que, le fait d'abandonner le concept constitutionnel ne signifie pas nécessairement un recul dans le processus de constitutionnalisation politique de l'Union européenne. La présence de ces éléments dans le traité renforcera en tout cas le contenu politiquement constitutionnel de celui-ci.

Le propre de ce processus de constitutionnalisation politique est que l'incorporation des droits sociaux dans cette perspective présente un enjeu crucial. En dépit de la nature particulière des droits sociaux fondamentaux, l'apport du Traité constitutionnel qui est repris dans une large mesure par le Traité de Lisbonne à cet égard est considérable. C'est ce que nous proposons d'étudier dans le chapitre suivant.

CHAPITRE 2: LES DROITS SOCIAUX FONDAMENTAUX COMME UN ELEMENT DE CONSTITUTIONNALISATIN POLITIQUE DE L'UNION EUROPEENNE

Les développements contemporains récents témoignent d'une reconnaissance progressive des droits sociaux fondamentaux dans les constitutions nationales, à côté des droits fondamentaux[1509]. Progressivement, à la notion de droits de l'homme[1510] et libertés publiques, allait se substituer celle des droits fondamentaux correspondant à une positivisation des droits de l'Homme avec cette possibilité de faire entrer sous sa bannière un certain nombre de droits, et notamment les droits sociaux[1511]. Les droits sociaux élémentaires protégeant, entre autres, la dignité du travailleur, entrent également dans cette catégorie. Dans le même

---

1509 MOULY Jean, « Les droits sociaux à l'épreuve des droits de l'Homme », Droit social, n°9/10, septembre-octobre 2002, pp. 799–805.

1510 Le contexte dans lequel les droits de l'homme se sont affirmés au XXème siècle est connu : il a fallu vivre les évènements tragiques de la Première et de la Seconde Guerre Mondiale pour pouvoir œuvrer à l'échelle planétaire à la mise en place des instruments internationaux. Mais les droits ainsi proclamés étaient essentiellement des droits civils et politiques. En outre, il s'agissait d'établir au profit du citoyen un rempart face aux interventions d'un Etat considéré comme dangereux. Ces proclamations remettaient au goût du jour leurs aînées révolutionnaires de 1789. Ces textes sont connus : il s'agit de la Déclaration universelle de droits de l'homme de 1948, du Pacte de 1966 sur les droits civils et politiques et du Pacte sur les droits économiques, sociaux et culturels, également de 1996. On était alors, du moins sur le plan international, aux antipodes des droits sociaux. On cherchait dans ces déclarations procédant d'une philosophie néolibérale consacrant les préceptes individualiste et universaliste, une trace de l'Etat-Providence à laquelle se rattache cette catégorie de droits. Elle paraissait alors difficilement conciliable avec le particularisme du droit social qui met l'accent sur l'individu dans sa vie professionnelle et familiale, privilégiant ainsi les rapports collectifs au détriment des liens interindividuels.

1511 Grâce à cette conception, une théorie **humaine** par opposition à celle **jusnaturaliste** des droits de l'Homme s'est peu à peu développée. Les droits de l'homme deviennent alors **les droits de l'Humain et ceux de la dignité humaine.**

temps, le juge des droits de l'Homme admettait l'existence d'obligations positives à la charge des Etats, transformant ainsi l'ennemi héréditaire des droits de l'Homme en nouvel allié[1512]. Les droits sociaux sont désormais jugés à l'aune des droits de l'homme[1513]. Cette admission facilite la vérification de l'hypothèse de l'indivisibilité[1514] des droits de l'homme, ces droits incluant désormais les droits sociaux[1515]. En effet, toutes les chartes relatives aux droits de l'Homme comportent aujourd'hui un volet social[1516].

Quant à l'Union européenne, elle n'est pas en reste puisque le Traité d'Amsterdam fait expressément référence aux droits fondamentaux dans le domaine social et que, après la Charte communautaire des droits sociaux fondamentaux des travailleurs de 1989, s'est mise en place la Charte des droits fondamentaux de l'Union européenne intégrant les droits sociaux[1517]. En outre, le projet du Traité

1512 SUDRE Frédéric, « Les obligations positives dans les jurisprudence européenne des droits de l'homme », RTDH, 1995, p. 363.

1513 MOULY Jean, op.cit., p. 802.

1514 Nous reviendrons sur cet aspect des droits fondamentaux dans le chapitre suivant. L'indivisibilité qui doit être rapprochée de l'universalité, procède du caractère universel des droits de l'Homme. Ils présentent un caractère « objectif », dans ce sens que chaque individu les possède, en raison de la dignité attachée à chaque individu, et non de la volonté du Pouvoir. Cela étant, leur mise en œuvre peut différer selon les pays, les régions. L'universalité n'est pas l'uniformité et elle n'est pas affaiblie par le fait que, selon les sociétés ou les cultures, des accents particuliers soient mis sur certains droits plutôt que d'autres. Pour plus de développements voir, IMBERT Pierre-Henri, « L'apparente simplicité des droits de l'homme », RUDH, 1989, pp. 19–29 ; et Antoine Cassese, « Les droits de l'homme sont-ils véritablement universels ? », RUDH, 1989, pp. 13–18.

1515 LANQUETIN Marie-Thérèse, « Principe d'égalité entre homme et femmes. Individualisation des droits en matière de protection sociale » in *Droit syndical et droits de l'homme à l'aube du XXIe siècle [Texte imprimé]: mélanges en l'honneur de Jean-Maurice Verdier*, Dalloz, 2001, p. 409.

1516 Charte sociale européenne pour la Convention EDH, Pacte international relatif aux droits économiques, sociaux et culturels pour la Déclaration universelle. Même si leur contenu était timide et en retrait par rapport aux conventions et recommandations de l'OIT, la situation a profondément changé et on peut dire qu'on assiste aujourd'hui à une renaissance des chartes sociales, plus complètes et plus précises. Ainsi, la Charte sociale européenne a été remaniée et est devenue la Charte sociale révisée, comportant des droits nouveaux, comme le droit à la protection contre la pauvreté et le droit au logement.

1517 Nous traiterons de cette Charte dans le chapitre suivant. Voir notamment BRAIBANT Guy, « La charte des droits fondamentaux, Droit social, 2000, p. 69.

instituant une Constitution pour l'Europe avait intégré, dans sa deuxième partie, la Charte des droits fondamentaux, leur conférant ainsi un statut constitutionnel. L'adoption du traité modificatif ne se fait pas au détriment de la Charte, puisque cette dernière figure en annexe du nouveau TUE avec force juridique contraignante.

Cela étant, force est de constater que la constitutionnalisation politique des droits sociaux fondamentaux à l'échelle de l'Union européenne, est imprégnée significativement de la place particulière qui est réservée à ces droits à l'échelle nationale. En effet, du fait que les constitutions nationales abordent ces droits de manière différente, il devient difficile d'obtenir un concept commun à cet égard. Cela rend difficile leur affirmation politique au niveau européen. Cette difficulté est perceptible dans l'architecture de la Charte des droits fondamentaux de l'Union européenne, malgré la plus value qu'elle comporte en ce qui concerne les droits sociaux fondamentaux. Toutefois, cette difficulté n'empêchera pas la Cour de Justice de donner, à travers sa jurisprudence extensive, un contenu social plus fort aux droits sociaux fondamentaux, en se fondant sur la notion de citoyenneté de l'Union (**Section 1**).

Un autre aspect qui mérite de l'attention quant à la constitutionnalisation politique de l'Union européenne et l'affirmation des droits sociaux fondamentaux, concerne le niveau de protection dont ces droits bénéficient. Dans les démocraties européennes contemporaines, le niveau de protection a deux volets complémentaires : interne et externe. En cas de non satisfaction sur le plan national, les particuliers, du moins pour une large partie des pays européens, peuvent recourir à la Cour européenne des Droits de l'Homme. Pour ce qui est de l'Union européenne, non seulement les garanties juridictionnelles et l'accès à la justice sont limités, mais l'ordre juridique communautaire souffre d'une absence de contrôle externe du respect des droits fondamentaux. Se fondant sur ce constat, il est avancé, comme d'ailleurs prévu dans le Traité constitutionnel et le traité modificatif, que l'adhésion de l'Union à la CEDH permettra de palier ces déficits, avec les difficultés que le processus envisagé comporte. La démarche soulève par ailleurs la délicate question de compatibilité de l'adhésion de l'Union à la CEDH, en même temps qu'elle affirme une identité politique en adoptant la Charte, et surtout le Traité établissant une Constitution pour l'Europe. La question s'avère être d'autant plus délicate quand le processus de constitutionnalisation politique est abordé à travers les droits sociaux fondamentaux (**Section 2**).

Section 1: La particularité des droits sociaux fondamentaux parmi les droits fondamentaux

La nature particulière des droits sociaux fondamentaux parmi les droits fondamentaux a souvent été une difficulté majeure en vue de leur reconnaissance en tant que droit fondamental justiciable au niveau national, européen et international. Cette difficulté provient en particulier du fait que la jouissance de ces droits, en tant que droits-créances, nécessite l'intervention active des autorités publiques. Cette particularité même de ces droits avait rendu difficile la rédaction de la Charte des droits fondamentaux de l'Union européenne. Toutefois, malgré l'affirmation quelque peu « molle » des droits sociaux dans la Charte, son incorporation dans la Constitution européenne constitue sans doute un événement majeur, non seulement dans l'histoire de l'Union européenne, mais aussi dans celle des droits fondamentaux.

Outre ce développement majeur, les articles préliminaires du Traité constitutionnel relatifs aux objectifs de l'Union consacrent les principes et droits sociaux fondamentaux. Ainsi, la solidarité et la non-discrimination sont reprises parmi les valeurs de l'Union[1518] ; l'objectif « du développement durable de l'Europe fondé sur une croissance économique équlibrée et la stabilité des prix, une économie sociale de marché hautement compétitive, qui tend au plein-emploi et au progrès social », ainsi que le fait que l'Union « combat l'exclusion sociale et les discriminations, et promeut la justice et la protection sociales, l'égalité entre femmes et hommes » ainsi que « la cohésion économique, sociale et territoriale », qui avait caractérisé tant la CEE, la CE que l'Union Européenne, sont repris dans la Constitution[1519]. L'objectif de la cohésion économique et sociale était inscrit dans les traités dès le Traité de Rome. La Constitution enrichit cette notion en lui conférant une dimension territoriale[1520]. Cette dimension et les autres innovations du Traité constitutionnel, sont reprises par le traité modificatif, signé lors du sommet européen de décembre 2007.

Avec l'incorporation de l'Accord sur la politique sociale par le Traité d'Amsterdam, nous avions assisté à la constitutionnalisation du dialogue social qui pouvait aussi aboutir, si les partenaires sociaux le souhaitaient, à une proposition

1518 Article I-2, Les valeurs de l'Union.

1519 Article I-3, Les objectifs de l'Union.

1520 Cette notion de « cohésion territoriale » est développée et défendue avec beaucoup d'habilité, il faut le reconnaître, durant les travaux de la Convention par Monsieur Michel Barnier, Commissaire responsable de la politique régionale et des réformes institutionnelles. Nos manuscrits des Assemblées plénières de la Convention

législative de la part de la Commission. Le dialogue social est également consacré dans la Constitution européenne[1521]. Toutefois, la nouveauté avec cette Constitution réside dans le fait que nous voyons le citoyen européen relevé au « rang de législateur »[1522], nous dirions « constituant ». Cela constitue sans doute un acquis considérable pour les citoyens, obtenu, il faut le reconnaître, suite à des initiatives insistantes de certaines organisations de la société civile[1523]. La libre circulation des personnes, des biens, des services et des capitaux, ainsi que la liberté d'établissement, sont garanties[1524] par l'Union et l'interdiction de la discrimination exercée en raison de la nationalité est interdite.

Toutefois, cette promotion des droits sociaux fondamentaux au rang des droits de l'Homme ne doit pas écarter le cas particulier de ces droits dans les constitutions nationales (**§ 1**), leur affirmation limitée au niveau européen (**§ 2**) et la liberté qu'ont les Etats membres au niveau de l'Union en ce qui concerne le traitement à réserver à ces droits (**§ 3**).

§ 1: Les Droits sociaux fondamentaux dans les Constitutions nationales

La consécration des droits sociaux constitutionnels dans les pays d'Europe occidentale constitue l'une des évolutions majeures des systèmes durant la deuxième moitié du siècle dernier. De plus, on assiste à une convergence de ces droits à l'heure de leur mondialisation[1525]. Sous des formes diverses, ces pays consacrent

---

1521 Article I-47, Constitution européenne, op. cit.

1522 C'est nous qui soulignons.

1523 Dans les versions initiales du projet de la Constitution européenne, cette « initiative citoyenne » n'était pas prévue. Ont insisté à ce que ce droit soit accordé aux citoyens, les observateurs du Comité économique et social et le Comité des régions. En outre, certaines organisations de la société civile ont travaillé activement durant les dernières sessions plénières de la Convention auprès de conventionnels. C'est ainsi que la « clause citoyenne » apparaît dans l'article I-46 du document CONV 797/1/3 Rev 1 du 12 juin 2003. Son texte est légèrement modifié dans la version du projet de la Constitution présenté au Sommet européen de Thessalonique qui a eu lieu les 20 et 21 juin 2003. C'est un développement majeur au nom de la démocratie participative sur laquelle nous reviendrons durant le Titre 2 de cette partie.

1524 Article I-4, Libertés fondamentales et non-discrimination.

1525 SCOFFINI Guy, « Observations comparatives sur la place des droits sociaux constitutionnels dans les systèmes de common law et de droit mixte », in GAY Laurence, MAZUYER Emmanuelle et NAZET-ALLOUCHE Dominique (dir.), *Les droits sociaux fondamentaux : entre droits nationaux et droit européen*, Bruylant, Bruxelles, 2006, pp. 167–184.

des éléments de garantie du droit à la protection sociale, à l'instruction et à la culture, à la solidarité nationale ou du droit à mener une vie familiale normale[1526].

A) Des statuts différents selon les Etats…

Il convient de placer les droits sociaux fondamentaux dans les contextes constitutionnels respectifs des Etats membres de l'Union européenne, pour pouvoir mieux cerner la place que leur réserve le droit communautaire. S'il n'est pas possible ici de nous livrer à une étude détaillée de ces droits dans les systèmes constitutionnels internes, il sera tout de même utile d'en donner les lignes principales. Ces textes consacrent souvent des droits proches de ceux inscrits dans la Charte sociale européenne et la Charte communautaire des droits sociaux fondamentaux des travailleurs[1527].

Au Royaume-Uni, les droits sociaux occupent une place modeste. En effet, les systèmes constitutionnels de *common law* délaissent quelque peu ce terrain. Au-delà de quelques tentatives ou situations particulières, l'absence de reconnaissance des droits sociaux constitutionnels dans ces systèmes s'explique, dans la tradition libérale, par la priorité accordée à la notion de « libertés négatives ». Cette conception repose sur la notion de droits négatifs qui ne confère pas aux individus le droit de mener une action mais garantissent l'absence de limitation par le gouvernement d'une telle action. La Constitution irlandaise est plus généreuse. Elle comporte d'abord un article 45 intitulé « Principes directeurs de la politique sociale » dans lequel l'accent est mis sur le bien-être du peuple entier. D'autres dispositions de la Constitution font de la famille « le regroupement primaire, naturel et fondamental de la société »[1528]. Le droit à la vie de l'enfant à naître[1529], le droit à l'instruction[1530], la liberté syndicale, ainsi que la liberté d'association[1531] y sont mentionnés.

Cette réticence, quant à la reconnaissance des droits- créances, se trouve encore plus nettement dans l'éventuelle application par le juge constitutionnel de tels droits. Si l'incapacité du juge est généralement formulée en jurisprudence, en

1526 GREWE Constance, « Les droits sociaux constitutionnels : propos comparatifs à l'aube de la Charte des droits fondamentaux de l'Union européenne », RUDH, vol. 12, nos 3–5, 2000, pp. 85–92.

1527 Ibid, p. 86.

1528 Article 41–1.

1529 Article 40–3.

1530 Article 42–4.

1531 Article 46-6-1-iii.

Irlande, elle est expressément consacrée par la Constitution[1532]. Ainsi, l'article 45 de la Constitution irlandaise prévoit que « l'application des principes de politique sociale… constituera exclusivement le soin de l'Oireachtas (Parlement) et ne sera de la compétence d'aucun tribunal selon aucune disposition de la présente Constitution ». On admet dans ce système qu'imposer au législateur l'obligation de prévoir un niveau minimal de subsistance pour l'ensemble des particuliers touche directement aux prérogatives financières du politique.

La Loi fondamentale allemande s'avère très réservée quant à la consécration des droits sociaux. Elle comporte une clause générale « Etat social ». Le seul mandat constitutionnel direct semble être l'article 6 alinéa 4 LF : « Toute mère a droit à la protection et à l'assistance de la communauté ». Tandis que l'article 6 alinéa 5 LF apparaît comme un mandat adressé au législateur afin de créer les conditions égales en disposant que[1533] : « La législation doit assurer aux enfants naturels les mêmes conditions qu'aux enfants légitimes en ce qui concerne leur développement physique et moral et leur statut social ». Toujours sur le plan constitutionnel fédéral, l'article 20 al.1 LF prévoit que la RFA est un Etat démocratique et social de droit. Le principe directeur de l'Etat social est l'un des principes cardinaux de la Loi fondamentale. Dans cette perspective, le principe de l'Etat social s'apparente à un droit subjectif, bien que non encore énoncé par la Constitution. Parmi les éléments constitutifs du principe de l'Etat social, on énonce encore la garantie d'un système de sécurité sociale, l'existence des conditions matérielles indispensables pour l'exercice des droits et libertés, l'équilibre des clivages sociaux et un ordre social juste[1534]. Par ailleurs, sont consacrés dans la Loi Fondamentale le principe de la dignité de la personne humaine[1535], le droit au mariage et à la famille[1536], la liberté syndicale[1537] et la liberté de profession[1538].

1532 SCOFFINI Guy, « Observations comparatives sur la place des droits sociaux constitutionnels dans les systèmes de common law et de droit mixte », in GAY Laurence, MAZUYER Emmanuelle et NAZET-ALLOUCHE Dominique (dir.), *Les droits sociaux fondamentaux : entre droits nationaux et droit européen*, Bruylant, Bruxelles, 2006, pp. 177.

1533 WEBER Albrecht, « Les droits sociaux constitutionnels en République fédérale d'Allemagne », in Laurence GAY Laurence, MAZUYER Emmanuelle et NAZET-ALLOUCHE Dominique (dir.), *Les droits sociaux fondamentaux : entre droits nationaux et droit européen*, op. cit., pp. 21–29, ici p. 23.

1534 Ibid, p. 24.

1535 Article 1er

1536 Article 6.

1537 Article 9–3.

1538 Article12.

La Constitution grecque consacre sa deuxième partie aux droits sociaux. Y sont reconnus le droit à l'instruction, la liberté de l'art et de la science[1539], la nécessaire protection de la famille, les droits à la santé et à un logement décent[1540], le droit au travail[1541], la liberté syndicale et la grève[1542], ainsi que la protection de l'environnement et de l'aménagement du territoire[1543].

La Constitution de la Belgique du 17 février 1994 n'est pas des plus prolixes sur les droits économiques, sociaux et culturels.[1544] Ainsi, l'article 23 de la Constitution énonce un principe général selon lequel « chacun à le droit de mener une vie conforme à la dignité humaine ». Il indique par la suite le travail, la santé, la sécurité sociale, le logement, l'environnement et l'épanouissement culturel et social comme domaines particuliers dans lesquels les pouvoirs publics sont appelés à mettre en œuvre les droits économiques, sociaux et culturels. L'article 24 consacre en outre le droit à l'enseignement et à l'instruction et l'article 27 garantit la liberté d'association qui couvre aussi la liberté syndicale.

Le préambule de la Constitution française de 1946, consacre les principes politiques, économiques et sociaux. Le Préambule consacre tout d'abord une série de droits formant le « statut de travailleur »[1545] : la liberté syndicale (alinéa 7), le droit de grève et le principe de participation à la détermination collective des conditions de travail et à la gestion d'entreprises (alinéa 8). Les droits au repos et à la protection de la santé trouvent un fondement dans l'alinéa 11 qui dispose : « Elle (la Nation) garantit à tous, notamment à l'enfant, à la mère et aux travailleurs, la protection de la santé, la sécurité matérielle, le repos et le loisir ».

Le Préambule consacre, dans un second ensemble certains droits créances. Ainsi, dans le cadre des principes, fondements des droits à prestations matérielles, il est précisé que « Tout être humain qui, en raison de son âge, de son état physique ou mental, de la situation économique, se trouve dans l'incapacité de travailler a le droit d'obtenir de la collectivité des moyens convenables d'existence » (alinéa 11). Les principes de protection de ces éléments doivent être rapprochés du droit à l'éducation, qui n'est pas consacré par le Préambule, puisque

---

1539 Article 16.

1540 Article 21.

1541 Article 22.

1542 Article 23.

1543 Article 24.

1544 MODERNE Franck, « La notion de droit fondamental »,…, op. cit., p. 73.

1545 RIVERO Jean et VEDEL Georges, « Les principes économiques et sociaux de la Constitution: le Préambule», Droit social, 1947, reproduit in *Page de doctrine*, LGDJ, 1980, tom 1, p. 115.

son alinéa 13 évoque seulement l'accès à l'instruction[1546]. La disposition précise néanmoins que « l'organisation de l'enseignement public gratuit et laïque à tous les degrés est un devoir de l'Etat ». Il proclame le droit au développement individuel et familial, le droit à la santé, à la sécurité, au repos et au loisir. Il consacre le droit au travail, la liberté syndicale et le droit de grève. Il entend garantir les conditions minimales d'existence et l'égale solidarité de tous devant les calamités nationales. Il reconnaît enfin le droit à l'instruction. Selon l'alinéa 12, « La Nation proclame la solidarité et l'égalité de tous les Français devant les charges qui résultent des calamités nationales ». Par ailleurs, l'alinéa 5 du Préambule dispose que : « Chacun a le devoir de travailler et le droit d'obtenir un emploi ». Aussi, on pourrait déduire des alinéas 10 et 11 un « droit à des conditions minimales de logement ».

Selon Laurence Gay les premiers bilans de la jurisprudence constitutionnelle relative aux droits sociaux tendraient à en affirmer la faible portée[1547]. Ainsi, trois tendances se dégageraient des décisions du Conseil constitutionnel : (i) une palette classique de techniques pour garantir les droits d'exercice collectifs des travailleurs ; (ii) les droits au repos et à la protection de la santé et les droits à prestations matérielles, ensuite, font l'objet d'une jurisprudence plus réservée, ne leur offrant qu'une protection atténuée ; (ii) quant au « droit d'obtenir un emploi » et à l'objectif d'un logement décent, ils interviennent essentiellement pour justifier les restrictions apportées à des droits fondamentaux[1548].

L'originalité de la Constitution espagnole, c'est qu'elle procède à une classification des droits fondamentaux en fonctions des règles juridiques qui en garantissent le respect[1549]. Tout d'abord, il y a des droits fondamentaux au sens strict du terme qui sont proclamés par les articles 14 à 29 de la Constitution. Bénéficiant des garanties maximales[1550], il s'agit pour l'essentiel des droits de première

---

1546 Laurence Gay, « Les droits sociaux constitutionnels en France : Particularisme ou 'normalisation' ? », in GAY Laurence, MAZUYER Emmanuelle et NAZET-ALLOUCHE Dominique (dir.), *Les droits sociaux fondamentaux : entre droits nationaux et droit européen,* op. cit., pp. 75–115, ici p. 90.

1547 Ibid, p. 95.

1548 Ibid. p. 96.

1549 BON Pierre, « Les droits sociaux fondamentaux en Espagne : le régime », in GAY Laurence, MAZUYER Emmanuelle et NAZET-ALLOUCHE Dominique (dir.), *Les droits sociaux fondamentaux : entre droits nationaux et droit européen,* op. cit., pp. 35–148.

1550 D'abord ils sont protégés par une réserve de loi organique qui n'est nécessaire que lorsque l'on prétend définir le régime général du droit ou, du moins, ses caractéristiques essentielles, abordant notamment la question de sa portée. Puis, lorsqu'un

génération. Ensuite, il y a les principes directeurs de la politique économique et sociale contenus dans les articles 39 à 52, traitant notamment de la famille, du progrès social, de la santé, de la culture, de l'environnement, du patrimoine historique, culturel, artistique, du logement, des droits de la jeunesse, des handicapés, du troisième âge, des consommateurs et des usagers. Bénéficiant des garanties les plus réduites[1551], ils correspondent aux droits économiques et sociaux. Quant aux articles 30 à 38, ils contiennent une catégorie intermédiaire de droits, comme le droit de propriété. Cette catégorie de droit bénéficie d'une protection inférieure[1552] aux droits de premier rang, mais supérieure à ceux du deuxième.

Même si les droits économiques et sociaux sont particulièrement présents dans la troisième catégorie, ils ne sont pas absents de la première catégorie. Ainsi, si l'on se limite aux droits sociaux, le droit syndical (article 28–1) et le droit de grève (article 28–2) sont classé dans la première catégorie. Sont recensés dans la deuxième catégorie le droit au travail (article 35), le droit à la négociation collective en matière de travail (article 37–1) et le droit des travailleurs et des employeurs d'adopter des mesures de conflit collectif (article 37–2). Appartiennent à la troisième catégorie le droit à la sécurité sociale (article 41), le droit à la santé (article 43), le doit au logement (article 47) et le droit à pension (article 50).

B) … à l'absence de concept européen commun

Cette analyse de reconnaissances constitutionnelles des droits sociaux fondamentaux montre qu'il n'en existe pas de concept européen commun. Il est difficile de déceler les hiérarchies formelles entre les droits fondamentaux, tels qu'ils sont constitutionnalisés dans ces pays de l'Union européenne. Ainsi, le titre générique change d'un pays à l'autre : « Droits fondamentaux »[1553], « Droits »[1554], « Droits et

---

droit de première catégorie est violé, la victime peut saisir le juge ordinaire. Ensuite, si la victime n'obtient pas satisfaction de la part du juge ordinaire, elle a le droit de saisir le juge constitutionnel d'un recours amparo, autrement dit il peut faire appel. Les modification constitutionnelles les concernant n'obéissent pas à la procédure normale prévu par l'article 167. Ces droits bénéficient par ailleurs, des garanties des droits de la deuxième catégorie.

1551 Ils ont la force juridique. Toutefois, ils ne sont pas directement applicables. Il est vraisemblable que les droits de troisième catégorie bénéficient d'une réserve de loi.

1552 Ils ont pleine force juridique. Puis, ils sont directement applicables. Ensuite, ils sont protégés par une réserve de loi, dans la mesure où seule une loi pourra en réglementer l'exercice. La loi qui peut réglementer l'exercice des droits de deuxième catégorie de droit, doit en respecter en contenu essentiel.

1553 Constitution de l'Allemagne fédérale, Titre Premier

1554 Constitution de la Belgique, Titre II

devoirs fondamentaux »[1555], « Libertés publiques et droits sociaux »[1556], « Droits et devoirs des citoyens »[1557], « Préambule »[1558] ou « Principes directeurs de la politique sociale »[1559]. Est-ce à dire que les droits économiques et sociaux sont assimilés aux droits fondamentaux, sans aucune différenciation ? Les constituants belge et grec semblent assimiler les droits sociaux aux droits fondamentaux et accorder en ce sens une promotion substantielle aux premiers. Néanmoins, l'identification avec les droits fondamentaux n'est pas totale si l'on regarde le contexte de ces reconnaissances. En effet, la Constitution belge précise que c'est « la loi, le décret ou la règle visée à l'article 134 » qui garantit les droits économiques et sociaux. En revanche, les droits à l'instruction et à la liberté d'association sont garantis directement par la Constitution.

L'existence d'une différenciation entre les droits apparaît mieux lorsque le constituant procède à une reconnaissance « éclatée »[1560]. Cet éclatement se réalise par une division des droits économiques et sociaux, certains se trouvant reconnus avec les droits fondamentaux, d'autres étant proclamés dans une autre partie du texte. Cette technique s'inspire apparemment de la vision conflictuelle entre les droits-libertés et les droits créances. Autrement dit, les droits sociaux qui n'exigent pas de l'Etat la fourniture d'une prestation, comme la liberté syndicale, le droit à l'instruction ou le libre choix de la profession figurent parmi les droits fondamentaux classiques, ainsi que l'illustrent les Constitutions irlandaise et allemande. Quant à la Constitution française, elle se réfère dans son préambule à la Déclaration des droits de l'homme de 1946, consacre ensuite les principes fondamentaux reconnus par la loi de la République et proclame enfin les droits politiques, économiques et sociaux.

La Constitution espagnole distingue « les droits fondamentaux et libertés publiques », « les droits et devoirs des citoyens » et « les principes directeurs de la politique sociale et économique », les droits sociaux étant repartis entre ces trois groupes. Sont ainsi assimilés aux droits fondamentaux, la création artistique, le droit à l'instruction et la liberté syndicale, alors que la liberté professionnelle, le droit au travail et celui de la négociation collective des conditions de travail, sont qualifiés de droit. Enfin, la protection de la famille, le progrès social, la sécurité sociale, la santé, la culture, l'environnement, le patrimoine historique, culturel

1555 Constitution de l'Espagne, Titre premier
1556 Constitution de la Grèce, Deuxième Partie
1557 Constitution de l'Italie, Première Partie
1558 Constitution française, Préambule
1559 Constitution irlandaise, Article 45
1560 GREWE Constance, op. cit., p. 90.

et artistique, le logement, ainsi que les politiques relatives à la jeunesse, au troisième âge, à la défense des consommateurs, sont rangés dans la catégorie des principes directeurs.

Il ressort de cette analyse que la France apparaît comme le seul pays étudié qui pratique une reconnaissance homogène des droits sociaux, en considérant ces derniers comme de véritables droits fondamentaux[1561]. Dans tous les autres cas, deux types de régimes juridiques prédominent : on peut qualifier le premier comme étant celui des droits fondamentaux et le deuxième comme celui d'un droit atténué ou de principes constitutionnels[1562].

Le premier signifie que le droit est reconnu pleinement comme droit constitutionnel, qu'il est directement applicable, même sans mise en œuvre législative et qu'il crée ainsi au bénéfice des individus un droit subjectif. C'est ce régime très protecteur dont bénéficient d'abord les droits civils et politiques, mais également ceux des droits économiques et sociaux qui y sont assimilés, à savoir la liberté syndicale, le droit de grève, la liberté professionnelle et le droit à l'instruction. A côté de ce régime, celui réservé aux autres droits sociaux ou les droits créances contraste. Les particuliers ne tirent pas de bénéfices de leur consécration constitutionnelle et seul le législateur est en mesure de lui procurer cette garantie.

C) L'absence d'obligation des Etats membres à protéger les droits sociaux fondamentaux

L'insuffisance de l'affirmation de l'Europe sociale s'explique également par la liberté qui est reconnue, en principe, aux Etats membres en matière sociale. Cette liberté signifie que si les Etats membres ne sont pas tenus de diminuer le niveau de protection sociale qu'offre leur législation nationale, il ne leur est pas interdit d'y procéder par exemple afin de rendre plus compétitives les entreprises qui opèrent sur leur territoire et d'attirer ainsi des investissements.

L'autonomie des Etats membres de l'Union européenne dans la protection des droits sociaux résulte principalement de la combinaison de deux libertés que le droit communautaire leur reconnaît. D'abord les Etats membres peuvent respecter ou non les droits sociaux fondamentaux des personnes situées sur leur territoire, car le droit communautaire n'impose pas le respect d'un catalogue complet

---

1561 Ibid, p. 92

1562 ILIOPOULOS-STRANGAS Julia (dir.), *La protection des droits sociaux fondamentaux dans les Etats membres de l'Union européenne. Etude de droit comparé,* Ed. Ant. N. Sakoulas Athènes, Bruylant, Bruxelles, et Nomos Verlagsgessellschaft Baden-Baden, 2000, p. 854.

des droits sociaux. Il est en principe indifférent à la violation de ceux-ci, sauf si certaines dispositions du droit communautaire primaire ou dérivé sont en jeu[1563]. Puis, les Etats membres peuvent diminuer le niveau de protection déjà atteint des droits sociaux sur leur territoire, sans que le droit communautaire s'y oppose.

Sauf là où les dispositions du traité CE ou le droit dérivé en disposent autrement, il est permis de soutenir qu'en principe, les Etats membres n'ont pas d'obligation, en vertu du droit communautaire, de garantir les droits sociaux fondamentaux. Les tentatives d'imposer la reconnaissance de ces droits dans le droit communautaire n'ont débouché que sur des résultats partiels et peu satisfaisants du point de vue juridique. En effet, la Charte communautaire des droits sociaux fondamentaux des travailleurs du 9 décembre 1989 ne constitue qu'une déclaration d'intention politique, dépourvue de valeur juridique contraignante. Elle ne poursuivait pas d'autre objectif que d'inciter les Etats membres et la Communauté européenne à œuvrer à la reconnaissance de certains droits sociaux fondamentaux. Son mérite principal est d'avoir encouragé la Commission à faire des propositions en matière sociale, dans les domaines relevant de la compétence communautaire.

Quant à l'Accord sur la politique sociale auquel renvoie le Protocole sur la politique sociale annexé au Traité de Maastricht, il avait voulu préciser les modalités selon lesquelles les Etats partis à l'Accord peuvent établir des coopérations renforcées dans le domaine social. En effet, le Protocole les autorise à « faire recours aux institutions, procédures et mécanismes du traité aux fins de prendre entre eux et d'appliquer, dans la mesure où ils sont concernés, les actes et décisions nécessaires à la mise en œuvre de l'Accord »[1564]. Cette double précision sur la portée des actes et décisions souligne qu'il s'agit bien d'une politique intergouvernementale (entre eux) ayant des répercussions sur les institutions et pratiques nationales (pour ce qui les concerne) menées sur la base de l'Accord et non d'actes et décisions communautaires[1565]. Le Protocole social dispose avec netteté que « le présent protocole et ledit accord ne portent pas atteinte aux dispositions du traité, notamment celles relatives à la politique sociale qui font partie intégrante de l'acquis communautaire ».

1563 SCHUTTER (de) Olivier, « La Contribution de la Charte des droits fondamentaux de l'Union européenne à la garantie des droits sociaux dans l'ordre juridique communautaire », RUDH, 2000, p. 33.

1564 Point 1 du protocole.

1565 VOGEL-POLSKY Eliane, « Maastricht ou la voie étroite du social », in TELO Mario (dir.), *Quelle Union sociale européenne, Etudes européennes,* 1994, Bruxelles, p. 83.

Le Traité d'Amsterdam du 2 octobre 1997 a essentiellement réintégré au sein du traité CE l'Accord sur la politique sociale. Le chapitre du traité CE qui contient à présent les dispositions sociales ne reconnaît pas formellement les droits sociaux fondamentaux. Bien que les Communautés et les Etats membres agissent en matière sociale « conscients des droits sociaux fondamentaux, tels que ceux énoncés dans la Charte sociale européenne signée à Turin le 18 octobre 1961 et dans la Charte communautaire des droits sociaux fondamentaux de 1989 »[1566], l'article 137 TCE prévoit modestement que « la Communauté soutient et complète l'action des Etats membres » dans un certain nombre de domaines, tels que la santé et la sécurité des travailleurs, les conditions de travail, l'information et la consultation des travailleurs, l'intégration des personnes exclues du marché du travail et l'égalité entre hommes et femmes par l'adoption des directives, lesquelles doivent contenir des prescriptions minimales applicables progressivement. A tout ceci se rajoute la Charte des droits fondamentaux de l'Union européenne qui n'est pas pour le moment juridiquement contraignante.

Ainsi, l'imposition par le droit communautaire d'un ensemble complet de droits sociaux ne semble pas pouvoir être envisagée dans l'état actuel des compétences communautaires, cela rend impossible la voie d'harmonisation dite positive en matière sociale. Il n'en demeure pas moins que le respect de certains droits sociaux fondamentaux semble pouvoir s'imposer aux Etats membres en tant que principes généraux du droit communautaire, lorsque ces Etats prennent des actes qui s'inscrivent dans le champ d'applicatio du droit communautaire. La Cour de Justice a accepté d'inclure au sein des droits fondamentaux figurant parmi les principes généraux du droit communautaire dont elle assure le respect, le droit au libre exercice de l'activité professionnelle[1567] et à la liberté syndicale[1568]. Il est significatif que ces droits ne soient qualifiés de « sociaux » ou, plus exactement, ne soient considérés comme se rattachant à la catégorie des droits économiques et sociaux qu'en raison du lien qu'ils présentent avec l'activité économique. La nature des obligations dont ils permettent de revendiquer le respect devrait nous inciter à les ranger parmi les droits dits de première génération, puisqu'ils ne permettent pas à l'individu de réclamer la fourniture de prestations de la part de l'Etat. On pourrait prétendre que le libre exercice d'une activité professionnelle présente d'étroites affinités avec le droit de propriété et que la liberté

1566 Article 136 TCE.

1567 CJCE, arrêt du 14 mai 1974, Nold, aff. 4/73, Rec., p. 491, point 14 ; CJCE, arrêt du 13 décembre 1979, *L. Hauer*, aff. 44/79, Rec., p. 1727, point 32.

1568 CJCE, arrêt du 28 octobre 1975, R. Rutili, aff. 36/75, Rec., p. 1219, point 32.

syndicale figure traditionnellement aussi bien parmi les droits civils et politiques que parmi les droits économiques et sociaux[1569].

Ainsi il est permis de soutenir que jamais la Cour de justice n'a enrichi les principes généraux du droit communautaire des droits sociaux impliquant la fourniture des prestations de la part de l'Etat, c'est-à-dire des droits sociaux constituant de véritables droits créances. Cela est lié sans doute au statut particulier des droits fondamentaux inclus dans le droit communautaire par la médiation des principes généraux. Ceux-ci ne peuvent être invoqués devant le juge communautaire que pour autant qu'il soit d'abord acquis que la situation litigieuse présente un lien de rattachement avec le droit communautaire. Il serait alors contradictoire d'y inclure des droits créances qui permettent à leurs titulaires de réclamer du débiteur contre lequel le droit est invoqué qu'il exerce une compétence qu'il n'a pas exercée déjà par ailleurs.

D) L'bsence d'une obligation de non-rétrogression (standstill) dans le domaine des droits sociaux fondamentaux.

Les Etats membres de l'Union européenne ne se voient pas imposer par le droit communautaire de ne pas descendre en dessous du niveau de protection sociale qu'ils auraient déjà atteint. En effet, ils sont tenus au respect des droits sociaux fondamentaux en tant que principes généraux de droit communautaire, mais sans que la liste des droits sociaux intégrés à ces principes puisse s'entendre à des droits sociaux-créances permettant de réclamer de l'Etat en question la fourniture des prestations.

Les tentatives de fonder une telle obligation de non-rétrogression pour les Etats membres sur les dispositions du Traité de Rome qui font référence à des objectifs sociaux ont jusqu'à présent toujours échoué. L'article 2 du traité CEE, devenu l'article 2 TCE après modification, prévoyait que « la Communauté a pour mission, par l'établissement du marché commun et par le rapprochement progressif des politiques économiques des Etats membres (…), un relèvement accéléré du niveau de vie »[1570]. L'article 117 du traité CEE devenu, après modification, l'article 136 TCE, indiquait, dans le même sens, que « les Etats membres conviennent de la nécessité de promouvoir l'amélioration des conditions de vie et de travail de la main-d'œuvre permettant leur égalisation dans le progrès »; l'alinéa 2 précisait qu'une telle évolution « résultera tant du fonctionnement du marché

1569 SCHUTTER (de) Olivier, op. ct., p. 34.

1570 L'article 2 CE fait actuellement référence à l'objectif du « relèvement du niveau et de la qualité de vie ».

commun (…) que des procédures prévues par le présent traité et du rapprochement des dispositions législatives, réglementaires et administratives »[1571]. Enfin, l'article 118 du traité CEE, devenu l'article 137 TCE après modification, donnait mission à la Commission de « promouvoir une collaboration étroite entre les Etats membres dans le domaine social », dont les domaines étaient énumérés. La Cour de Justice des C.E. a cependant estimé que la définition, aux articles 2, 117 et 118 du Traité de Rome, devenus les articles 2, 136 et 137 TCE après modification, de certains objectifs sociaux de la Communauté européenne, n'avait pas pour conséquence de priver les Etats membres de la possibilité de diminuer le niveau de la protection des droits sociaux par leurs législations nationales. Dans l'affaire *Gimenez Zaera*, la thèse du demandeur devant la juridiction espagnole ayant adressé la question préjudicielle à la Cour de justice des C.E. était que ces dispositions faisaient obstacle à ce qu'une modification législative le prive d'une pension de retraite qu'il percevait au titre d'un emploi occupé auparavant dans le secteur privé, dès lors qu'il avait pris un poste dans l'administration publique. Selon les termes de la première question préjudicielle adressée à la Cour de Justice, il serait en contradiction avec les articles précités du Traité de Rome que le législateur national d'un Etat membre « diminue la quantité ou dégrade la qualité de protection sociale acquise jusqu'aujourd'hui eu égard à un aspect concret de l'efficacité du régime public de sécurité sociale ». La Cour refusa cependant de suivre cette invitation à faire produire à ces dispositions du traité CEE un effet de standstill. Elle déduisit au contraire du caractère programmatique de ces dispositions[1572] que celles-ci sont inaptes à imposer, par elles-mêmes, des obligations

---

1571 Dans l'article 136 CE a été intercalé un alinéa faisant référence en outre à la « nécessité de maintenir la compétitivité de l'économie de la Communauté ». Des modifications ont en outre été apportées à certaines formulations de l'article 117 du traité CE, mais le principe selon lequel les Etats membres (à présent: la Communauté et les Etats membres) estiment que l'amélioration des conditions de vie et de travail permettant leur égalisation dans le progrès, « résultera tant du fonctionnement du marché commun qui favorisera l'harmonisation des systèmes sociaux, que des procédures prévues par le présent traité et du rapprochement des dispositions législatives, réglementaires et administratives », demeure posé.

1572 Voir sur ce caractère programmatique C.J.C.E., 10 mai 1960, **Barbara Erzbergbau e.a.**, aff. jtes 3 à 18, 25 et 26/58, Rec., p. 367; C.J.C.E., 15 juin 1978, **Defrenne (n°2)**, 149/77, Rec., p. 1365, points 19 et 31; C.J.C.E., 13 mai 1986, Bilka-Kaufhaus GmbH, 170/84, Rec., p. 1607.

aux Etats membres ou à conférer aux particuliers des droits dont ils puissent revendiquer le respect[1573].

Cet enseignement a été confirmé ultérieurement avec l'arrêt Sloman Neptun[1574]. Dans ce cas, la Cour de Justice était confrontée à une législation nationale (allemande en l'occurrence) à laquelle il était reproché de ne pas interdire l'embauche de marins de nationalité étrangère (il s'agissait en l'espèce de cinq marins philippins) désavantagés par le versement d'un bas salaire (situé à un niveau d'environ 20 % du salaire des marins allemands) et bénéficiant en général de conditions de travail défavorables. La Cour de justice était invitée, par un comité d'entreprise, à constater que pareille législation est incompatible avec le droit communautaire, soit parce qu'elle constituerait une aide d'Etat prohibée, soit parce qu'elle violerait l'article 117 du traité CEE, devenu, après modification, l'article 136 TCE. Elle écarta cependant la thèse selon laquelle cette dernière disposition contraindrait les Etats membres à « surveiller l'afflux de la main-d'œuvre de pays tiers, afin d'éviter un 'dumping salarial' et d'autres perturbations du marché du travail, et d'autre part, adopter des mesures permettant à cette main-d'œuvre de participer au progrès social lorsqu'elle est employée dans la Communauté », au nom du caractère « essentiellement programmatique » de l'article 117 du traité CEE, devenu l'article 136 TCE après modification: « Cet article ne vise que des objectifs sociaux dont la mise en œuvre doit être le résultat de l'action de la Communauté, de la collaboration étroite entre les Etats membres et du fonctionnement du marché commun »[1575].

Cela signifie que, si les Etats membres sont bien tenus au respect des règles relatives à l'établissement d'un Marché intérieur qui constitue, dans la hiérarchie des objectifs que le Traité de Rome assigne à la Communauté européenne, l'*instrument de réalisation* d'objectifs plus vastes tels que, notamment, celui d'un « relèvement accéléré du niveau de vie » (l'article 2 du traité CE évoque aujourd'hui le « relèvement du niveau et de la qualité de la vie »), ils ne sont néanmoins pas

---

1573 C.J.C.E., 29 septembre 1987, **F. R. Giménez Zaera,** 126/86, Rec., p. 3697, point 11: « En ce qui concerne plus particulièrement la promotion d'un relèvement accéléré du niveau de vie, il convient donc de constater qu'il s'agit d'un objectif inspirateur de la création de la Communauté économique européenne qui, de par sa généralité et par son rattachement systématique à l'établissement du marché commun et au rapprochement progressif des politiques économiques, ne saurait avoir pour effet de créer des obligations juridiques à la charge des Etats membres ni des droits au profit de particuliers ».

1574 C.J.C.E., 17 mars 1993, **Sloman Neptun,** C-72/91, Rec., p. I-887.

1575 Ibid, point 25.

tenus de s'abstenir d'agir de manière à éloigner la perspective de réalisation de ces derniers objectifs, ou de prendre des mesures qui, pourtant, semblent aller à leur encontre. Que l'établissement d'un Marché intérieur ne constitue pas une fin en soi dans le Traité de Rome, mais soit plutôt un moyen par lequel atteindre certaines fins sociales, cela n'implique donc pas selon la Cour que les Etats membres devraient contribuer à ces fins, dans l'exercice qu'ils font des compétences qui demeurent entre leurs mains.

§ 2: L'affirmation limitée des droits sociaux au niveau européen

A) Limites de la lettre des textes communautaires

Ni la référence aux Chartes sociales de 1961 et 1989, ni la Charte des droits fondamentaux de l'Union européenne, ni l'article 13 TCE, relatif au principe de non-discrimination ne paraissaient de nature à faire naître des droits nouveaux au profit des citoyens européens. Quant à la Constitution pour l'Europe dont le principal apport est l'intégration de la Charte des droits fondamentaux, elle a le mérite de réunir dans un texte unique l'ensemble des droits fondamentaux, sans pour autant dissimuler les incertitudes concernant la protection accordée aux droits que contient la Charte.

Ces droits sociaux correspondent soit à des droits sociaux fondamentaux des travailleurs que ceux-ci peuvent revendiquer dans le contexte du rapport d'emploi, soit à des droits créances de l'individu qui, en vertu de ces droits, peut réclamer certaines prestations de la part des pouvoirs publics (droits de solidarité). Or l'effet qui résulte de l'inscription de ces droits dans les traités et dans la Charte des droits fondamentaux, du point de vue notamment de leur justiciabilité, est difficile à anticiper, étant donné le statut précaire des droits sociaux dans l'acquis du droit de l'Union européenne.

Sauf là où le traité CE ou le droit communautaire dérivé en disposent autrement par l'octroi de certaines garanties spécifiques, les Etats membres n'ont pas l'obligation, en vertu du droit communautaire, de garantir les droits sociaux fondamentaux aux personnes résidant sur leur territoire. Les tentatives d'imposer la reconnaissance de ces droits dans le droit communautaire n'ont débouché, jusqu'à présent, que sur des résultats partiels, et peu satisfaisants du point de vue juridique. Adoptée le 9 décembre 1989 par onze Etats membres sur les douze Etats composant alors la Communauté économique européenne, la Charte communautaire des droits sociaux fondamentaux des travailleurs[1576] et la Charte

1576 COM (89) 471 final.

sociale européenne signée à Turin le 18 octobre 1961 – bien qu'elles soient citées aujourd'hui à l'article 136 CE – ne constituent qu'une déclaration d'intention politique, dépourvue de valeur juridique contraignante[1577]. La prudence est de mise : la Communauté et ses Etats membres se déclarent « conscients » de ces droits, le préambule du TUE confirme leur « attachement » à ceux-ci, formule moins ferme que celle de l'article 6 TUE accompagnant le renvoi à la Convention européenne (l'Union respecte). A première vue, les termes de l'article 136 ne permettent pas d'affirmer que le droit communautaire impose désormais le respect des droits sociaux fondamentaux contenus dans les Chartes sociales. La nouvelle mention des droits sociaux fondamentaux parait avoir pour fin de situer les objectifs sociaux assignés à la Communauté et aux Etats membres dans le contexte des références communes que constituent les Chartes de 1961 et 1989. La Charte communautaire ne poursuivait, de toute manière, pas d'autre objectif que d'inciter les Etats membres comme la Communauté européenne, dans les limites de leurs compétences respectives, à œuvrer à la reconnaissance de certains droits sociaux fondamentaux: son mérite principal est d'avoir encouragé la Commission à faire au Conseil des propositions en matière sociale, dans les domaines relevant de la compétence communautaire. Bien qu'elle contribue de ce fait à déterminer le programme d'action de la Communauté, à guider la politique sociale communautaire, il ne lui est reconnu qu'une valeur déclaratoire, car l'article 136 se contente d'indiquer que la Communauté et les Etats membres sont « conscients » de l'existence des droits fondamentaux énoncés dans des instruments, tels que les Chartes qui n'ont pas de caractère contraignant[1578].

Conclu également par onze Etats sur douze Etats alors membres de l'Union européenne, l'Accord sur la politique sociale auquel renvoie le Protocole sur la politique sociale annexé au Traité de Maastricht instituant l'Union européenne du 7 février 1992, avait voulu préciser les modalités selon lesquelles les Etats parties à l'Accord peuvent établir des coopérations renforcées en matière sociale, puisque le Protocole les autorise à « faire recours aux institutions, procédures et mécanismes du traité aux fins de prendre entre eux et d'appliquer, dans la mesure où ils sont concernés, les actes et décisions nécessaires à la mise en oeuvre de

---

1577 Pour plus de développements, BERCUSSON Brian, "The European Community's Charter of Fundamental Social Rights of Workers", *Mod. L. Rev.*, vol. 52, 1990, p. 624; HEPPLE Bob, "The Implementation of the Community Charter of Fundamental Social Rights", *Mod. L. Rev.*, vol. 53, 1990, p. 643; WATSON Philippa, "The Community Social Charter", *C.M.L. Rev.*, vol. 28, 1991, p. 37.

1578 ROBIN-OLIVIER Sophie, « La référence aux droits sociaux fondamentaux dans le Traité d'Amsterdam », Droit social, n°6, juin 1999, p. 609.

l'accord »[1579] . Le traité d'Amsterdam du 2 octobre 1997 a essentiellement réintégré au sein du traité CE, l'Accord sur la politique sociale de 1992, ce qu'avait rendu possible le changement de majorité politique intervenu entre-temps au Royaume-Uni. Le résultat demeure dans l'ensemble peu satisfaisant[1580]. Le chapitre du traité C.E. qui contient à présent les « dispositions sociales » ne reconnaît pas formellement les droits sociaux fondamentaux. Bien que la Communauté et les Etats membres agissent en matière sociale « conscients des droits sociaux fondamentaux, tels que ceux énoncés dans la Charte sociale européenne signée à Turin le 18 octobre 1961 et dans la Charte communautaire des droits sociaux fondamentaux des travailleurs de 1989 »[1581], l'article 137 CE prévoit seulement que la Communauté « soutient et complète l'action des Etats membres » dans un certain nombre de domaines (santé et sécurité des travailleurs, conditions de travail, information et consultation des travailleurs, intégration des personnes exclues du marché du travail, égalité entre hommes et femmes) par l'adoption de directives, lesquelles doivent contenir "des prescriptions minimales applicables progressivement"; sont exclues de toute forme d'harmonisation les rémunérations, le droit d'association et d'action collective (grève ou lock-out).

Par ailleurs, l'énumération des droits sociaux que contient la Charte, principalement au sein des chapitres III (Egalité) et IV (Solidarité), ne conduit pas à imposer aux Etats membres qu'ils garantissent, à un niveau déterminé la protection des droits sociaux fondamentaux, là où le droit de l'Union européenne primaire ou dérivé n'impose pas pareille obligation de manière indépendante. Voir dans la Charte des droits fondamentaux de l'Union européenne un socle commun de droits sociaux fondamentaux que les Etats membres devraient respecter en vertu du droit communautaire, irait d'abord à l'encontre de la volonté des auteurs de la Charte et contredirait ensuite les limites qui s'imposent quant au champ d'application des dispositions de la Charte[1582]. Pareille solution serait en outre difficilement praticable, dans la mesure où, à l'exception des règles

---

1579 Protocole sur la politique sociale annexé au traité sur l'Union européenne, signé à Maastricht le 7 février 1992, point 1. Sur ceci, voir WATSON Philippa, "Social Policy After Maastricht", C.M.L. Rev., vol. 30, 1993, p. 480; et WHITEFORD A., "Social Policy After Maastricht", *E.L. R.*, vol. 18, 1993, p. 202.

1580 Voir BETTEN Lammy, "The Amsterdam Treaty: Some General Comments on the new Social Dimension", International J. of Comp. Labour Law and Indus. Relations, vol. 13, 1997, p. 188; ROBIN-OLIVIER Sophie, "La référence aux droits sociaux fondamentaux dans le traité d'Amsterdam", Dr. soc., 1999, p. 609.

1581 Article 136 TCE.

1582 Article 51 § 1 de la Charte.

d'égalité et de non-discrimination[1583], de la protection contre le licenciement fondé sur la maternité[1584] et de l'exercice du droit de grève ou d'autres actions collectives[1585], les droits sociaux qu'énumère la Charte sont simplement *identifiés* par celle-ci, sans que soit défini leur contenu précis, ni l'étendue de la garantie qu'ils accordent: la référence aux conditions prévues par le droit communautaire et les législations et pratiques nationales, fréquente dans ces dispositions, témoigne, si besoin en est, de cette limite.

Quant au nouvel article 13 du traité instituant la Communauté européenne, il prévoit que le Conseil peut prendre les mesures nécessaires en vue de combattre toute discrimination fondée sur le sexe, la race ou l'origine ethnique, la religion ou les convictions, un handicap ou l'orientation sexuelle. Cette disposition qui élargit les compétences communautaires dans la lutte contre les discriminations, ne consacre pas l'interdiction des discriminations fondées sur les critères mentionnés. Loin de constituer une extension expresse de l'ancien article 6 du traité, devenu l'article 12 TCE après modification, interdisant les discriminations fondées sur la nationalité, à d'autres types de discriminations de droit dérivé, elle a pour seul objet d'autoriser le Conseil à adopter des mesures de lutte contre les discriminations[1586]. Simple base juridique pour l'adoption des dispositions du droit dérivé, sa portée paraît essentiellement symbolique. En effet, subordonnée à l'unanimité des Etats, l'action du Conseil est limitée aux mesures qui relèvent déjà des compétences communautaires, car le Conseil doit statuer « dans les limites des compétences » que le traité confère à la Communauté. Cependant, une telle lecture néglige un aspect essentiel du droit communautaire. En effet, la méthode d'interprétation suivie par la Cour et le recours aux principes généraux du droit communautaire est propre à faire produire des effets à des dispositions sans force juridique évidente.

Un autre trait qui caractérise le développement des droits sociaux est « l'individualisation » de ceux-ci, ce qui signifie l'abolition des droits dérivés fondés sur la relation de famille, de mariage ou de cohabitation et leur remplacement par des droits propres[1587]. En d'autres termes, ce processus aborde la question de l'acquisition des droits sociaux. Or historiquement, il existe en Europe deux modes d'acquisition des droits sociaux : l'activité professionnelle à travers les assurances

---

1583 Articles 20, 21 et 22 de la Charte.

1584 Article 33 § 2 de la Charte.

1585 Article 28 de la Charte.

1586 ROBIN-OLIVIER Sophie, op. cit., p. 610

1587 KERCHEN Nicole, « Vers une individualisation des droits sociaux : approche européenne et modèles nationaux », Dr. Soc., n°2, février 2003, pp. 216–222.

sociales (Bismark) et la citoyenneté sociale a travers la sécurité sociale de Beveridge[1588]. L'Allemagne et la France ont conservé un système de protection sociale reposant sur les droits propres acquis par la personne exerçant une activité salariée et sur des droits dérivés reconnus aux personnes économiquement dépendantes du bénéficiaire de ces droits propres.

Ces dernières années nous avons assisté à un processus de promotion de l'individualisation, par la Commission européenne. Dans sa Communication intitulée « Moderniser et améliorer la protection sociale en Europe »[1589], la Commission a rappelé que l'Union a la charge de la coordination de régimes nationaux de sécurité sociale pour les travailleurs qui exercent leur droit de libre circulation dans l'Union. Dans cette perspective, elle a proposé une nouvelle méthode consistant à définir les objectifs communs susceptibles de guider les politiques des Etats membres vers les objectifs fondamentaux de la Communauté. Cette méthode est appelée « stratégie concertée de modernisation de la protection sociale » et elle s'inscrit dans la « méthode ouverte de coordination » applicable aujourd'hui à plusieurs domaines du social, tel que « l'emploi »[1590], la

---

1588 Dans le premier cas, les assurances sociales couvrent une classe sociale qui vit de sa seule force de travail. Ces assurances offrent aux travailleurs des droits propres moyennant des cotisations sociales obligatoires, ainsi que des droits dérivés pour les membres de leur famille. Les droits dérivés prennent en compte la dépendance économique entre les travailleurs et les membres de sa famille. Alors que dans le deuxième cas de figure, la sécurité sociale couvre l'ensemble de la population contre des risques sociaux. Il s'agit du principe de l'universalité qui constitue encore aujourd'hui la contribution essentielle du modèle Beveridge à la conception moderne de la sécurité sociale. Les femmes mariées en âge de travailler n'exerçant pas d'activité professionnelle se voient reconnaître ainsi des droits propres moyennant une contribution payée par l'époux. Les droits ne sont pas fonction de la dépendance économique que l'individu entretient avec un autre individu qui bénéficie des droits sociaux grâce à son activité professionnelle. L'épouse ou époux qui n'exerce pas d'activité salariée, ainsi que les enfants disposent de droits propres. C'est la citoyenneté sociale qui fonde dans ce cas les droits sociaux. KERCHEN Nicole, « L'individualisation des modèles historiques de protection sociale », in AISS, *Redistribuer les responsabilités pour moderniser et améliorer la protection sociale,* Série européenne, Documentation de sécurité sociale, n°27, p. 21.

1589 Commission des Communautés européennes, Communication du 12 mars 1997, COM (1997) final, p. 102.

1590 QUINTIN Odile et FAVAREL-DAPAS Brigitte, *Europe sociale, Enjeux et réalités,* Documentation française, 1999, p. 120.

santé et la dépendance[1591], la protection sociale en général[1592], les retraites[1593], la lutte contre l'exclusion sociale[1594] et l'immigration[1595]. Il s'agit d'un processus politique original de construction du modèle social européen qui consiste à laisser converger les différentes politiques nationales entre les Etats membres tout en mettant l'accent sur les pratiques qui ont fait leurs preuve, de telle façon qu'une politique communautaire se mette en place sans qu'il y ait d'instrument juridique contraignant.

Le thème de l'individualisation des droits s'intègre dans une réflexion sur l'adaptation des systèmes de protection sociale aux mutations de la société. A cet égard, la Commission prend en compte notamment la participation accrue des femmes au marché de travail. Dans cette perspective, l'individualisation (le passage des droits dérivés vers les droits propres) est justifiée par trois problèmes liés à l'extension des droits sociaux par les droits dérivés : (i) le problème d'insécurité pour les titulaires des droits dérivés, (ii) le problème de non incitation au travail et (iii) le problème de justice sociale en matière de pension[1596]. A partir de l'identification de ces problèmes, la Commission plaide pour une individualisation progressive ayant pour but de mettre fin à la pratique consistant à tenir compte des liens familiaux pour assurer la protection sociale de l'individu. Pour ce faire, la Commission demande aux Etats membres d'éviter que l'individualisation des droits ne conduise à une détérioration de certaines situations, ensuite elle encourage à aborder cette question différemment suivant les cas. Dans cette perspective, l'Union européenne propose deux modèles d'individualisation des droits : le modèle nordique fondé sur des droits universels et le modèle germanique de

1591 Commission des Communautés européennes, Communication du 5 décembre 2001, « avenir des soins de santé et des soins pour les personnes âgées : garantir l'accessibilité, la qualité et la viabilité financière », COMM (2001) 723 final.

1592 Commission des Communautés européennes, Communication du 14 juillet 1999, « la stratégie concertée pour moderniser la protection sociale », COMM (199) 347 final

1593 Commission des Communautés européennes, Communication du 3 juillet 2001, « une approche intégrée aux services des stratégies nationales visant à garantir des pensions sures et viables », COMM (2001) 362 final.

1594 Voir « processus pour l'inclusion sociale », le site internet : http://www.europa.eu.int.

1595 Commission des Communautés européennes, Communication du 11 juillet 2001 au Conseil et au Parlement européen sur une méthode ouverte de coordination de la politique communautaire en matière d'immigration, COMM (2001) 387 final.

1596 Pour plus de détails voir KERCHEN Nicole, « Vers une individualisation des droits sociaux : approche européenne et modèles nationaux », op. cit., p. 218.

l'Etat social caractérisé par la mise en œuvre récente du « care » et le « splitting »[1597].

B) *La jurisprudence de la Cour en matière sociale et la constitutionnalisation politique*

Nous avons introduit les droits sociaux fondamentaux dans le cadre du Titre II de notre première partie, en soulignant que leur reconnaissance était le fait à la fois du législateur constituant ou législateur auteur du droit dérivé et du juge. En effet, l'œuvre prétorienne de la Cour a souvent précédé l'effort du législateur constituant ou législateur auteur du droit dérivé, dans la mesure où les modifications successives des traités n'on fait que constitutionnaliser cette jurisprudence. On peut dire aujourd'hui que, dans le processus de constitutionnalisation politique sous l'effet de la citoyenneté de l'Union, la liberté de circulation se présente comme un fondement, la jurisprudence le confirme, de la citoyenneté sociale. Autrement dit, on assiste curieusement à l'apparition d'une véritable citoyenneté sociale grâce au recours par la CJCE à la citoyenneté de l'Union. Cela va permettre à la Cour, lors de l'interprétation de certains textes, de donner un contenu social plus fort à la citoyenneté. Ce développement, lié à la liberté de circulation, relève de la constitutionnalisation politique.

La constitutionnalisation des droits sociaux dans les traités fera l'objet d'un autre paragraphe de cette section. Ici, nous nous permettrons de revenir sur le

1597 L'Allemagne considère la famille fondée sur le mariage comme la base de régulation sociale. Mais ce modèle est aujourd'hui en transition, comme deux évolutions d'individualisation en témoignent : le « care » et le « splitting ». Le premier concerne le travail des femmes dans le foyer, et le deuxième concerne le droit à des pensions. Ainsi, le travail des femmes dans l'éducation des enfants et dans la prise en charge des personnes dépendantes au sein de la famille (le « care ») a été reconnu comme « une activité socialement utile » et assimilé pour l'attribution des droits propres à la retraite, à une activité professionnelle donnant lieu au versement par l'Etat de cotisations à la caisse de retraite. Ainsi, dès 1986, des avantages vieillesse ont été attribués pour les périodes consacrées à l'éducation des enfants. Le « splitting » des droits à pension constitue l'autre originalité du modèle allemand. Il a été introduit, en cas de divorce, par la réforme du droit de la famille et du mariage de 1997. Ainsi, au moment de divorce, la totalité des droits futurs de retraite, acquis par les deux époux grâce à une activité professionnelle ou à des activités assimilées pendant la période de mariage, sont réunis, puis partagés par moitié entre les époux. Ces droits partagés ont pour finalité de « récompenser » l'époux qui aura consacré sa vie aux tâches domestiques et à l'éducation des enfants.

processus de la constitutionnalisation par la reconnaissance des droits sociaux dans le cadre de l'Union en rappelant quelques arrêts, à notre sens, significatifs de l'attitude de la Cour. Les cas choisis auront pour but d'éclairer le processus de constitutionnalisation jurisprudentielle dans le cadre de la Constitution politique de l'Union européenne.

1. *Les libertés fondamentales de circuler et de séjourner vue dans une optique de citoyenneté*

a L'Office national de l'emploi belge pouvait-il refuser des allocations d'attente à Mme D'Hoop[1598], ressortissante belge, au seul motif qu'elle avait effectué ses études secondaires en France, alors même qu'en raison des accords de coopérations, une jeune marocaine, Mlle Kziber[1599], ayant terminé sa scolarité en Belgique devait bénéficier de ces allocations ? En effet, selon la Cour, « Le droit communautaire s'oppose à ce qu'un Etat membre refuse à l'un de ses ressortissants, étudiant à la recherche d'un premier emploi, l'octroi des allocations d'attente au seul motif que cet étudiant a terminé ses études secondaires dans un autre Etat membre ».

Le raisonnement de la Cour se situe dans le prolongement de l'approche qu'elle avait adoptée dans son arrêt *Grzelczyk*[1600] dans lequel elle avait qualifié le statut du citoyen de l'Union comme un « statut fondamental ». Elle poursuit et développe ce raisonnement dans l'arrêt *D'Hoop* en élargissant le champ d'application personnel et matériel: l'article 17 « confère à toute personne ayant la nationalité d'un Etat membre, le statut de citoyen de l'Union »[1601]. « Ce statut de citoyen de l'Union à vocation à être le statut fondamental des ressortissants des Etats membres permettant à ces derniers qui se trouvent dans la même situation d'obtenir, dans l'application *ratione materiae* du traité, indépendamment de leur nationalité et sans préjudices des exceptions expressément prévues à cet égard, le même traitement juridique »[1602]. Et « parmi les domaines relevant du domaine d'application du droit communautaire, figurent celles relatives à l'exercice des libertés fondamentales garanties par le Traité, notamment celles relevant de la liberté de circuler et de séjourner sur les territoires des Etats membres »[1603]. La Cour a relié d'office la citoyenneté de l'Union au

1598 CJCE, arrêt du 11 juillet 2002, aff. C-224/98, **D'Hoop,** Rec., I-6191.
1599 CJCE, arrêt du 31 janvier 1991, aff. C-18/90, *Kziber,* REC., I-99.
1600 CJCE, arrêt du 20 septembre 2001, aff. C-184/99, Grzelczyk, Rec., I-6193.
1601 İbid, point 27.
1602 İbid, point 28.
1603 İbid, point 29.

problème posé. Ce réflexe de la Cour reflète la volonté de faire primer la qualité du citoyen sur celle de travailleur. Le principe de non discrimination et le droit de séjour sont dorénavant considérés comme des attributs directs de la citoyenneté et sont applicables indépendamment de la qualité du travailleur migrant. La Cour de justice reprend cette formule dans sa jurisprudence *Schempp* en affirmant que «…, le statut de citoyen de l'Union a vocation à être le statut fondamental des ressortissants des Etats membres permettant à ceux parmi ces derniers qui se trouvent dans la même situation d'obtenir, indépendamment de leur nationalité et sans préjudices aux exceptions prévues à cet égard, le même traitement juridique »[1604].

b La Cour de justice a surtout reconnu l'effet direct de l'article 18.1 relatif à la citoyenneté européenne dans l'affaire *Famille Baumbast*[1605]. La Cour a affirmé dans cette affaire que « S'agissant en particulier du droit de séjourner sur le territoire des Etats membres prévu à l'article 18, paragraphe 1, CE, il convient de constater que celui-ci est reconnu directement à tout citoyen de l'Union par une disposition claire et précise du traité CE. En sa seule qualité de ressortissant d'un Etat membre, et partant de citoyen de l'Union, M. Baumbast a donc le droit de se prévaloir de l'article 18, paragraphe 1, CE »[1606], « sous réserve des limitations et conditions prévues par le traité CE, ainsi que par les dispositions prises pour son application »[1607]. Cela permet de résoudre la question du séjour des enfants d'un citoyen, quelle que soit sa nationalité, pour poursuivre des cours. La Cour précise que le droit de séjour doit être reconnu à l'enfant qui souhaite poursuivre ses études dans l'Etat d'accueil, même si celles-ci pouvaient être poursuivies dans le pays d'origine[1608]. En conséquence, pour donner un « effet utile » au droit de séjour reconnu à l'enfant, « il faut nécessairement que ledit enfant ait le droit d'être accompagné par la personne assurant effectivement sa garde »[1609]. En d'autres termes, cela revient à reconnaître au parent ayant la garde de ses enfants un droit de séjour dérivé. Et le statut fondamental de citoyenneté permet de résoudre la question de séjour du parent européen non gardien de l'enfant.

En affirmant l'effet direct du droit de séjour lié à la citoyenneté européenne et la pondération de toute limite à l'exercice de ce droit par le principe de

---

1604 CJCE, arret du 12 juillit 2005, Schempp, aff. C- 403/03, point 15.
1605 CJCE, arrêt du 17 septembre 2002, aff. C-413/99, non encore publié au Recueil.
1606 Ibid, point 84.
1607 Ibid, point 85.
1608 Ibid, point 53.
1609 Ibid, point 73.

proportionnalité, la Cour réunit deux évolutions majeures de sa jurisprudence : d'une part, celle qui élargit le champ d'application personnel de la libre circulation, de l'agent économique au citoyen, d'autre part, celle qui élargit la condamnation des entraves à la libre circulation[1610]. Malgré l'instauration de la citoyenneté, la Cour affirme dans son arrêt Kaba[1611] que, « en l'état actuel du droit communautaire, le droit de séjour des ressortissants d'un Etat membre sur le territoire d'un autre Etat membre n'est pas inconditionnel ». Tout en restant conditionnel, le droit de séjour ne s'en est pas moins élargi, par l'effet de la citoyenneté, à l'ensemble des ressortissants communautaires, alors que le Traité le réservait jusque là aux actifs. Cette interprétation extensive concerne aussi les conditions de reconnaissance du titre de séjour. Dans une décision n'ayant pas directement trait à la citoyenneté, la Cour de Justice a eu à s'interroger sur la reconnaissance du droit de séjour d'un ressortissant communautaire, lorsque celui-ci ne produit pas de carte d'identité, ni de passeport en cours de validité. Le droit de séjour doit-il malgré tout être reconnu à l'intéressé ? Dans la jurisprudence Oulane[1612], la Cour répond par l'affirmative, s'il peut rapporter la preuve requise par d'autres moyens.

c La formule Grzelczyk, selon laquelle « le statut de citoyen de l'Union a vocation à être le statut fondamental des ressortissants des Etats membres », poursuit son succès[1613] avec les jurisprudences *Chen*[1614], *Collins*[1615], *Trojani*[1616] et *Bidar*[1617]. Tantôt le juge communautaire se place directement sur le terrain de la citoyenneté, tantôt il l'évoque comme complément aux dispositions relatives à la libre circulation des travailleurs (Chen et Collins). En réalité, se développe une distinction entre le migrant économique, travailleur ou assimilé et le migrant non économique, en sa qualité de citoyen. Les citoyens entendent se prévaloir de leur droit de séjour, mais aussi de leurs droits sociaux à partir du principe de non discrimination. La Cour tente de préciser l'étendue du

---

1610 CARLIER Jean-Yves, « La libre circulation des personnes dans l'Union européenne », JTDE, Mars 2003, n°97, p. 82.

1611 CCJE, arrêt du 11 avril 2000, Kaba, aff. C-356/98, Rec., p. I-2623.

1612 CJCE, arrêt du 17 février 2005, Oulane, aff. C-215/03, Rec., p. I-1215.

1613 CJCE, arrêt du 15 mars 2005, Bidar, aff. C- 209/03, Rec., p. I-2119.

1614 CJCE, arrêt du 19 octobre 2004, Chen, aff. C-200/02, Rec., p. I-9925.

1615 CJCE, arrêt 23 mars 2003, Collins, aff. C-138/02. Voir aussi, BERTRAND Christine, « Cour de justice, 23 mars 2004, Collins… », R. A. E., 2003–2004/3, pp. 435–440.

1616 CJCE, arrêt du 7 septembre 2004, Trojani, aff. C-456/02. Voir aussi, SIMON Denys, « Vers une autonomisation limitée des droits attachés à la citoyenneté », Europe, novembre 2004, pp. 10–11.

1617 CJCE, arrêt du 15 mars 2005, Bidar, aff. C-209/03, Rec., p. I-2119

droit de séjour et des droits sociaux qui en découlent. On peut résumer l'enseignement de cette jurisprudence de la manière suivante :

i Selon la jurisprudence *Chen*, tout citoyen, quelque soit le mode d'acquisition de sa nationalité, son âge et la source de ses moyens de subsistance, bénéficie du droit de séjour. Ce droit s'étend à la famille nucléaire, conjoint, descendants, ascendants, quelle que soit leur nationalité. La Cour précise ainsi l'interprétation extensive du droit fondamental au séjour reconnu par l'article 18 CE à tout citoyen. Ce faisant la Cour introduit une sorte de circulation fictive : ce n'est plus la personne, mais la nationalité qui circule.

ii Ce droit emporte un principe d'égalité de traitement entre les citoyens migrants et sédentaires sous la réserve des droits sociaux. Comme la Cour relève dans l'arrêt Trojani, «si les Etats membres peuvent conditionner le séjour d'un citoyen de l'Union économiquement non actif à la disponibilité des ressources suffisantes, il n'en découle pas pour autant qu'une telle personne ne peut pas bénéficier, pendant son séjour légal dans l'Etat membre d'accueil, du principe fondamental relatif à l'égalité de traitement, tel que consacré par l'article 12 CE »[1618]. C'est ainsi que ce ressortissant français sans logis, vivant dans un foyer de l'Armée de Salut en Belgique, se voit attribuer une aide sociale, minimex, pour vivre de manière autonome.

iii Ce droit au séjour peut être refusé en l'absence de moyens de subsistance suffisants, mais dans le respect du principe de proportionnalité. Une demande d'aide sociale à la suite de la perte des moyens de subsistance ne conduira pas automatiquement à la perte du droit de séjour[1619].

iv La reconnaissance préalable d'un droit de séjour conduit, suivant la jurisprudence Trojani, à reconnaître un droit à une aide sociale. Toutefois, selon l'arrêt Collins, ce droit peut être conditionné par un « lien réel », comme la résidence entre le citoyen et l'Etat membre d'accueil. La Cour considère que la conjonction du statut de demandeur d'emploi avec le « statut fondamental » du citoyen ne permet plus « d'exclure du champ d'application de l'article 39.2 CE, qui est une énonciation du principe fondamental de l'égalité de traitement garanti par l'article 12 CE, une prestation de nature financière destinée à faciliter l'accès à l'emploi sur le marché du travail de l'Etat membre »[1620].

1618 Point 40 de l'arrêt.
1619 Ibid point 45.
1620 Arrêt Collins, point 63.

d Comme le droit de séjour, l'égalité de traitement est placée, grâce à la citoyenneté, sous le signe de l'extension à tout citoyen de l'Union, alors qu'antérieurement elle n'était reconnue de façon pleine et entière qu'à l'égard des ressortissants communautaires ayant une activité économique[1621]. La citoyenneté conduit même au-delà du droit de séjour en en dissociant l'égalité. La présence légale du citoyen de l'Union sur le territoire d'un Etat membre suffit à lui donner droit à l'égalité de traitement, même s'il n'est pas titulaire du droit de séjour conféré par le droit communautaire. En matière de liberté de circulation des personnes, la Cour de Justice fait désormais systématiquement reposer ses décisions relatives à l'égalité de traitement sur la citoyenneté, en tant que statut fondamental des ressortissants de l'Union, « permettant à ceux qui se trouvent dans la même situation d'obtenir, indépendamment de leur nationalité..., le même traitement juridique »[1622]. L'importance accordée à l'égalité de traitement est reprise récemment dans l'arrêt Ema-Sevinger[1623] où la Cour dit pour droit que, « En l'état actuel du droit communautaire, ..., le principe d'égalité de traitement fait toutefois obstacle à ce que les critères choisis aient pour effet de traiter de manière différente des ressortissants se trouvant dans des situations comparables, sans que cette différence de traitement soit objectivement justifiée ». Ainsi, la Cour de justice, a reconnu à un étudiant le droit de bénéficier de l'aide financière sous forme d'un prêt subventionné aux étudiants, en suivant une ligne de motivation déjà utilisée dans les décisions précédentes relatives aux liens entre citoyenneté et non discrimination[1624]. La détermination du domaine d'application du principe de non discrimination posé par l'article 12 du Traité doit se décider « en combinaison avec les dispositions du traité sur la citoyenneté »[1625]. Si la Cour de justice avait pu juger dans le passé[1626] qu'une aide accordée aux étudiants pour leur entretien et leur formation échappe au domaine du droit communautaire, il

---

1621 RODIERE Pierre, « Libre circulation des personnes et citoyenneté européenne dans la jurisprudence de la Cour deJustice », RTDE, 42(1), janvier-mars, 2006, p. 171.

1622 CJCE, arrêt du 20 septembre 2001, aff. C-184/99, Grzelczyk, op. cit., point 31.

1623 CJCE, arrêt du 12 septembre 2006, Eman, Sevinger, C-300/04.

1624 CJCE, arrêt du 15 mars 2005, Bidar, aff. C-209/03, Rec., p. I-2119.

1625 Ibid, point 31.

1626 CJCE, arrêt du 26 juin 1988, Lair, aff. 39/86, Rec., p. 3161 ; CJCE, arrêt du 21 juin 1988, Brown, aff. 197/86, Rec., p. 3205. Voir aussi, ZAMPINI Florence, « La jurisprudence de Cour de justice et les étudiants : Du droit à la non discrimination en matière d'accès à l'enseignement universitaire dans l'Etat d'accueil à l'octroi des prestations sociales... », R. A. E. », 2005/1, pp. 63–82.

en va désormais autrement en raison de l'introduction de la citoyenneté européenne. Ainsi, l'arrêt *Bidar* constitue un revirement d'une jurisprudence de la Cour de justice de 1988, appliquée depuis lors[1627]. Comme le rappelle la jurisprudence *Ioannidis*, « le principe de l'égalité de traitement prohibe non seulement les discriminations ostensibles, fondées sur la nationalité, mais encore toutes formes dissimulées de discrimination qui, par application d'autres critères de distinction, aboutissent en fait au même résultat »[1628]

e Le ressortissant d'un Etat membre, entrant sur le territoire de son propre Etat en provenance d'un autre Etat membre, peut il refuser de produire des documents d'identité permettant d'établir sa nationalité ? La citoyenneté européenne n'implique-t-elle pas la suppression des contrôles lors du franchissement des frontières internes ? Les Etats membres n'ont-ils pas perdu toute compétence dans ce domaine ? La Cour de justice a répondu par la négative dans l'arrêt *Wijsembeek*[1629] avec la motivation suivante : le libre franchissement des frontières intérieures et la suppression des contrôles présupposent l'exercice d'une harmonisation des règles relatives aux franchissements des frontières extérieures, et plus largement, des conditions d'immigration en provenance des pays tiers. Ils peuvent aussi sanctionner celui qui prétend ne pas s'y soumettre, pourvu que la sanction soit comparable à celle qui s'applique à des infractions nationales similaires et qu'elle ne soit pas disproportionnée[1630].

2. *Le regroupement familial*

a Par son arrêt *Carpenter*[1631], la Cour consacre un droit fondamental au respect de la vie familiale. Cet arrêt ne manquera pas de retenir l'attention, car il illustre de manière éclatante la manière dont les droits fondamentaux garantis par la CEDH peuvent venir combler les lacunes du droit communautaire. L'épouse philippine d'un ressortissant britannique peut-elle se prévaloir d'un droit au séjour sur le territoire britannique au motif que son époux exerce son droit à la libre circulation en tant que prestataire de services ? Telle était la question posée. La Cour considère que M. Carpenter « fait usage du droit

---

1627 ROFES i PUJOLMaria Isabel et STREHO Imola, « Cour de justice, 15 mars 2005, Bidar », R. A. E., 2005/2, pp. 333–338.

1628 CJCE, arrêt du 15 septembre 2005, aff. C-258/04, point 26.

1629 CJCE, arrêt du 21 septembre 1999, Wijsenbeek, aff. C-378/97, Rec., p. I-6207.

1630 Ibid, points 40 à 44.

1631 CJCE, arrêt du 11 juillet 2002, aff. C-60/00, Carpenter, Rec., I-6279.

à la libre prestation de services garanti par l'article 49 du traité CE » : non seulement parce qu'il se rend dans un Etat destinataire, mais aussi « tant qu'il fournit les services frontaliers se déplaçant dans l'Etat membre dans lequel il est établi »[1632]. Même si le droit dérivé ne réglemente pas le droit de séjour des membres de famille d'un prestataire de services, la protection de la vie familiale est de nature à « éliminer les obstacles à l'exercice des libertés fondamentales ». Par conséquent, « la séparation des époux Carpenter nuirait à leur vie familiale et, partant, aux conditions de l'exercice d'une liberté fondamentale »[1633]. Se référant au droit au respect de la vie familiale au sens de l'article 8 de la CEDH, la Cour estime que l'expulsion de Mme Carpenter « ne respecte pas un juste équilibre entre les intérêts en présence »[1634]relevant notamment qu'il s'agit d'un « mariage authentique » et d'une « vie familiale effective »[1635].

L'apport principal de l'arrêt *Carpenter* parait bien résider ailleurs,dans une interprétation plus souple des situations purement internes qui deviennent moins susceptibles d'être exclues du champ d'application du droit communautaire[1636]. Le dispositif de l'arrêt à cet égard est éclairant : « L'article 49 C. E., lu à la lumière du droit fondamental au respect de la vie familiale, doit être interprété comme s'opposant à ce que (…) l'Etat membre d'origine d'un prestataire de service établi dans ce même Etat, qui fournit des services à des destinataires établis dans un autre Etat membre, refuse le séjour sur son territoire au conjoint de ce prestataire, ressortissant d'un pays tiers ». Nous voyons que, seule est ici retenue l'hypothèse la plus large de la fourniture de services dans un autre Etat membre, sans déplacement du prestataire lui-même.

b La jurisprudence *MRAX c. Belgique*[1637] se situe dans la même logique que la précédente. Selon la Cour, le conjoint, ressortissant d'un Etat tiers, ne peut faire l'objet d'une mesure de refoulement, de refus de séjour ou d'une mesure d'éloignement du territoire parce qu'il serait entré irrégulièrement, par exemple sans visa ou parce que son séjour serait devenu irrégulier. C'est une confirmation de la distinction entre le droit de séjour et le titre qui ne fait que de le constater. L'omission des formalités relatives à l'accès, au déplacement et

---

1632 Ibid, point 29.
1633 Ibid, point 39.
1634 Ibid, point 49.
1635 Ibid, point 44.
1636 CARLIER Jean-Yves, « La libre circulation des personnes dans l'Union européenne », JTDE, Mars 2003, n°97, p. 82
1637 CJCE, arrêt du 25 juillet 2002, aff. C-459/99, M.R.A.X, Rec., p. I-6591

au séjour des ressortissants des pays tiers sur le territoire des Etats membres ne peut constituer, par elle-même, une menace à l'ordre ou à la sécurité publique[1638]. Une décision de refus de titre de séjour et une mesure d'éloignement, fondées exclusivement sur le non-respect de ces formalités, « porteraient atteinte à la substance même du droit de séjour directement conféré par le droit communautaire et seraient manifestement disproportionnée à la gravité de l'infraction »[1639].

On assiste incontestablement à l'émergence progressive d'un statut juridique communautaire accordé aux ressortissants des pays tiers[1640]. Comme la Cour l'a progressivement affirmé à propos des ressortissants communautaires[1641], les ressortissants des pays tiers disposent, sur le territoire de la Communauté européenne, de droits propres, le premier d'entre eux étant le droit au respect de la vie privée et familiale. En outre, la portée de ce droit fondamental est conditionnée par les liens qui unissent ou non le ressortissant d'un pays tiers avec un citoyen de l'Union européenne. Le renforcement du statut juridique des ressortissants des pays tiers est sans doute un élément qui contribue au processus de constitutionnalisation de l'Union européenne.

La jurisprudence de la Cour de Justice, tout particulièrement en matière sociale, par le recours effectif à la méthode d'interprétation téléologique, a permis l'extension progressive des droits sociaux reconnus aux travailleurs migrants en considération des objectifs généraux de la construction communautaire[1642]. Dans la mise en œuvre de cette méthode d'interprétation, la Cour n'hésite pas à s'appuyer sur les préambules des traités ou les dispositions liminaires[1643]. En outre, elle confère un effet juridique à des dispositions dépourvues de force contraignante, comme le sont par exemple les avis et les recommandations du Conseil ou de la Commission : les juges nationaux sont tenus de les prendre en compte lorsqu'elles éclairent l'interprétation des dispositions nationales. Cette solution, par laquelle des dispositions non contraignantes ou à caractères programmatique sont dotées d'un effet juridique, surtout lorsqu'elles correspondent

1638 Ibid, point 79.

1639 Ibid, point 78.

1640 MAUBERNARD Christophe, « Droit communautaire des droits fondamentaux », RTDH, n°55/2003, p. 875.

1641 CJCE, arrêt du 20 février 2001, aff. C-192/99, M. Kaur, Rec., I-1237.

1642 BARON Frédéric, « Marché intérieur et droit social dans l'Union européenne », PUAM, 1998, p. 140.

1643 ISAAC Guy, *Droit communautaire général,* Armand Collin, 6eme édition, 1998, p. 1998.

aux objectifs fondamentaux de la construction communautaire, trouve une illustration dans la jurisprudence relative aux conditions d'accès à la formation professionnelle[1644]. Pour décider que cette question relevait du droit communautaire, la Cour s'est référée à des « orientations générales » établies par le Conseil en 1971 pour l'élaboration d'un programme d'activités au niveau communautaire en matière de formation professionnelle[1645] et de plusieurs résolutions[1646].

Cette méthode d'argumentation est de nature à intégrer les références nouvelles aux droits sociaux fondamentaux. Cela semble d'autant plus probable que la Cour de Justice s'est déjà servie de la Charte sociale de 1961 pour éclairer le sens d'une notion communautaire[1647]. Elle a par ailleurs accepté d'inclure parmi les principes du droit communautaire un certain nombre de droits sociaux à caractères fondamentaux. C'est ce qu'elle a décidé pour le droit aux congés payés annuels, dans une affaire concernant les intermittents du spectacle au Royaume-Uni, qui se voyaient privés de ce droit en raison du caractère restrictif de la législation britannique sur les congés payés[1648]. La solution est d'autant plus remarquable que la Cour, pour justifier sa décision, s'est appuyée sur la Charte communautaire des droits sociaux fondamentaux des travailleurs de 1989 afin d'interpréter la directive en cause (n° 93/104, article 7(1)). Les droits sociaux sont donc désormais intégrés au noyau dur des droits fondamentaux communautaires, cette intégration autorisant à son tour une interprétation progressiste des textes techniques édictés par l'Union européenne[1649].

Cependant, pour mesurer la difficulté technique que pose le statut des droits sociaux inscrits dans les instruments juridiques communautaires (droits sociaux fondamentaux propres à la relation d'emploi et droits de solidarité), il faut rappeler deux propositions supplémentaires[1650]. D'une part, en l'état actuel du

---

1644 CJCE, arrêt du 13 février 1985, Gravier, aff.293/83, Rec., 983 et CJCE, arrêt du 2 février 1988, Blaizot, aff. 24/86, Rec., p. 379.

1645 JOCE, n° C 81, p. 5

1646 Résolution du 15 décembre 1976 concernant les mesures à prendre en vue d'améliorer la préparation des jeunes à l'activité professionnelle, JOCE, n° C 308, p. 1 ; résolution du 11 juillet 1983 prévoyant les politiques de formation professionnelle dans la Communauté européenne pour les années 1980, JOCE, n° C 183, p. 2.

1647 CJCE, arrêt du 2 février 1988, Blaizot, aff.24/86, Rec., 379.

1648 CJCE, arrêt du 26 juin 2001,

1649 MOULY Jean, op. cit., p. 83.

1650 Pour plus de développements, SCHUTTER (de) Olivier, « La contribution de la Charte des droits fondamentaux de l'Union européenne à la garantie des droits sociaux dans l'ordre juridique communautaire », RUDH, 2000, vol. 12, n° 1–2, p. 33.

développement du droit communautaire, ni les Etats membres, ni, selon toute apparence, les institutions de l'Union européenne, ne sont tenues, en matière de droits sociaux, à une obligation de non rétrogression (*standstill*). D'autre part, la Cour de Justice des Communautés européennes n'a pas fait figurer les droits sociaux parmi les principes généraux du droit communautaire dont elle assure le respect.

C) L'absence d'une intégration des droits sociaux fondamentaux parmi les principes généraux du droit de l'Union européenne dont la Cour assure le respect

La part active prise par la Cour de Justice au développement du droit communautaire s'est traduite par l'élaboration d'un corps de principes généraux de droit communautaire, à travers lequel la Cour a pu assurer le respect des droits fondamentaux de l'Homme. Il est ainsi admis que « le respect des droits fondamentaux fait partie intégrante du droit communautaire dont la Cour assure le respect » dans le cadre de la structure et des objectifs de la Communauté[1651]. Ces principes généraux du droit sont issus des traditions constitutionnelles communes aux Etats membres, ainsi que des instruments internationaux concernant la protection des Droits de l'Homme auquel les Etats membres ont coopéré ou adhéré et, en particulier la Convention européenne des Droits de l'Homme[1652]. Le respect des droits fondamentaux de l'Homme s'applique, comme des principes généraux du droit communautaire, dans tous les domaines du droit communautaire et constitue ainsi la limite de toute activité communautaire. Tout acte par lequel s'exercent les compétences communautaires est soumis à cette limite. Cette construction jurisprudentielle pourrait être étendue par la Cour de Justice aux droits sociaux fondamentaux, notion jusque-là absente de la jurisprudence de la Cour. La reconnaissance de la place des droits de l'Homme au sommet de la hiérarchie des normes communautaires pourrait être complétée par la consécration des droits sociaux fondamentaux, pour que s'affirme la dimension sociale de la Communauté.

On ne peut ignorer que la consécration des droits sociaux fondamentaux se heurte à des difficultés plus grandes que celle des droits civils et politiques. En effet, les droits sociaux fondamentaux ne sont pas seulement des droits destinés

---

1651 CJCE, arrêt du 12 novembre 1969, Stauder, aff. 29/69, Rec., 419 ; CJCE, arrêt du 17 décembre 1970, Handelgessellschaft, aff. 11/70, Rec., p. 1125 ; CJCE, arrêt du 18 juin 1991, ERT, aff. C 260/89, Rec., p. I-2629.

1652 Voir aff. ERT précité.

à protéger la liberté de l'individu face aux interventions des Etats ou des autorités communautaires. Ils se définissent pour partie comme des droits d'exiger de la société certaines prestations et supposent donc l'intervention publique destinée à les garantir[1653]. La Cour de justice des Communautés européennes inclut, parmi les droits fondamentaux figurant parmi les principes généraux du droit communautaire dont elle assure le respect, l'interdiction de la discrimination[1654], le droit au libre exercice de l'activité professionnelle[1655] ou la liberté d'association syndicale[1656] . De tels droits ne sont cependant considérés comme se rattachant à la catégorie des droits « économiques et sociaux » qu'en raison du lien qu'ils présentent avec l'activité économique. La nature des obligations dont ils permettent de revendiquer le respect devrait plutôt nous inciter à les ranger parmi les droits dits « civils et politiques », puisque si ces droits font obstacle à l'imposition de certaines entraves disproportionnées à l'activité professionnelle de l'individu ou à certaines formes d'ingérences dans l'exercice de la liberté syndicale, ils ne permettent pas pour autant à l'individu de réclamer la fourniture de prestations de la part de l'Etat, mais seulement que celui-ci s'abstienne de certaines immixtions dans l'exercice que l'individu choisit de faire de ces libertés. Le droit au libre exercice d'une activité professionnelle présente d'ailleurs d'étroites affinités avec le droit de propriété. La garantie contre la discrimination, ainsi que la liberté d'association syndicale figurent traditionnellement aussi bien dans les instruments reconnaissant les droits civils et politiques et dans les instruments reconnaissant les droits économiques et sociaux.

Le contraste entre les droits civils et politiques d'une part, et les droits sociaux d'autre part, semble alors frappant. En effet, si la Cour de justice n'hésite pas à faire figurer les premiers parmi les principes généraux du droit communautaire dont elle assure le respect, en revanche, elle n'a pas explicitement élevé les droits sociaux au même statut. Aussi, la Cour a fait figurer parmi les principes généraux du droit communautaire le droit à la liberté syndicale, le libre exercice de l'activité professionnelle ou, sous diverses formes, le principe de non-discrimination. Mais ces droits se situent à l'intersection des droits civils et politiques et des droits

---

1653 BETTENE Lammy, *The protection of Fundamental Social Rights in the European Union,* Editions Kluwer, 1996, p. 14.

1654 C.J.C.E., 30 avril 1996, P. c. S. et Cornwall City Council, C-13/94, Rec., p. I-2143.

1655 C.J.C.E., 14 mai 1974, J. Nold, Kohlen- und Baustoffgrosshandlung c. Commission des C.E.,aff. 4/73, Rec., p. 491, pt 14 (libre exercice du commerce, du travail et d'autres activités professionnelles); C.J.C.E., 13 décembre 1979, L. Hauer, 44/79, Rec., p. 3727, point 32 (libre exercice des activités professionnelles).

1656 C.J.C.E., 28 octobre 1975, R. Rutili, aff. 36/75, Rec., p. 1219, point 32.

sociaux, dans les classifications classiques. Ils imposent des interdictions et non des obligations de prestation[1657]. Toutefois, ainsi que le précise la jurisprudence *Viking*, il convient de relativiser la place des droits sociaux dans cette perspective. En effet, en l'espèce, la restriction à la libeté fondamentale d'etablissement est justifiée, au titre de la protection d'une raison impérieuse d'intérêt général telle que la protection des travailleurs, qui est un objectif de la politique sociale.

Ainsi, il est permis de soutenir que jamais la Cour de Justice des Communautés européennes n'a enrichi les principes généraux du droit communautaire de droits sociaux impliquant la fourniture de prestations de la part de l'Etat, c'est-à-dire de droits sociaux constituant de véritables droits-créances. Il y a deux explications à cela. Une première explication tient au statut propre des droits fondamentaux inclus dans le droit communautaire par la médiation des principes généraux: ceux-ci ne pouvant être invoqués devant le juge communautaire que pour autant qu'il soit d'abord acquis que la situation litigieuse présente un lien de rattachement avec le droit communautaire – ce que nous qualifions d'*absence d'application indépendante* des principes généraux -, il serait contradictoire avec cet usage d'y inclure des droits-créances qui permettent en réalité à leurs titulaires de réclamer du débiteur contre lequel le droit est invoqué qu'il exerce une compétence qu'il n'a pas exercée déjà par ailleurs. Les droits fondamentaux relevant des principes généraux du droit communautaire font l'objet d'un usage purement *négatif* ou limitatif de compétences reconnues, soit aux institutions de l'Union, soit aux autorités étatiques. Si l'on suit la distinction qu'établit la doctrine de langue anglaise, ce sont des droits "boucliers" ("shield") en raison même du statut qui est celui des principes généraux, et donc de la fonction que peuvent remplir les droits qui en relèvent. Au contraire, les droits sociaux permettant de demander l'octroi de certaines prestations sont des droits "épées" ("sword"), ils permettent d'exiger de l'institution ou de l'autorité envers laquelle ils sont invoqués que cette institution ou cette autorité intervienne afin de fournir la prestation due.

A cette première circonstance qui peut expliquer la réticence de la Cour de Justice des Communautés européennes à faire figurer les droits sociaux parmi les principes généraux de droit communautaire dont elle assure le respect, en tout cas lorsqu'il s'agit de droits de solidarité, s'ajoute le poids du préjugé selon lequel les droits sociaux ne constituent pas véritablement des garanties que l'individu pourrait revendiquer vis-à-vis de l'Etat, notamment dans le cadre juridictionnel.

1657 BRIBOSIA Emmanuel et SCHUTTER (de) Olivier, « La Charte des droits fondamentaux de l'Union européenne », JT, 24 mai 2001, n°6005, p. 292.

Ainsi, notamment si la Charte sociale européenne du 18 octobre 1961[1658] a parfois servi de guide à l'interprétation du droit communautaire, un membre de la Cour de Justice des Communautés européennes a estimé qu'elle n'aurait pas à être prise en compte par celle-ci au même titre que la Convention européenne des Droits de l'Homme dans l'identification des principes généraux de droit communautaire dont il appartient à la Cour d'assurer le respect, car la « structure » de la Charte sociale européenne serait telle « que les droits dont elle fait mention représentent plus des objectifs politiques que des droits contraignants, et les Etats signataires ne sont tenus que de choisir, parmi ceux énoncés, les droits qu'ils décident de protéger »[1659].

§ 3: Les droits et principes sociaux dans la Charte des droits fondamentaux de l'Union européenne

En réunissant dans un même texte des droits éparpillés jusque là dans les divers instruments internationaux, la Charte constituerait l'essence même de l'acquis européen en matière de droits fondamentaux[1660]. La qualification de « Charte »[1661] des droits fondamentaux qui a été retenue suscite des interrogations de fond. On a ainsi pu se demander si cette Charte ne devait pas être qualifiée de « constitution », terme déjà utilisé par la Cour de justice, ce qui permettrait de faire disparaître le caractère antinomique de l'expression retenue: la charte étant un acte par lequel le pouvoir souverain accorde à ses sujets des droits et libertés dont ils ne sauraient jouir sinon. Et pourtant, ces droits fondamentaux sont censés exister par eux-mêmes. Il y a là une forte contradiction: s'il s'agit d'une Charte, les droits consacrés par elle, ne peuvent être qualifiés de fondamentaux; et si les droits dont il est question sont fondamentaux, il ne peut s'agir d'une « Charte »[1662].

Nous avons vu que les valeurs fondamentales de l'Union étaient à maintes reprises introduites dans l'ordre juridique communautaire et dans celui de

---

1658 Les États membres de l'Union européenne sont parties à la Charte sociale européenne, ouverte à la signature des États membres du Conseil de l'Europe le 18 octobre 1961. La Charte sociale européenne présente la particularité que les États parties choisissent, parmi l'ensemble des 19 droits énumérés, ceux au respect desquels ils s'obligent, pourvu qu'un nombre minimum de garanties soient accepté.

1659 Concl. de l'avocat général JACOBS préc. C.J.C.E., 21 septembre 1999, Albany International BV, C-67/96, Rec., p. I-5751.

1660 Communication de la Commission, COM (2000) 644 final.

1661 JOCE, la Charte des droits fondamentaux des Communautés européennes, n° d'information 2000/C-364/01.

1662 RENUCCI Jean-François, op. cit., p. 377.

l'Union européenne avec des révisions successives des traités, culminant lors du Traité d'Amsterdam qui consacre les droits fondamentaux en tant que valeur fondatrice de l'Union. Avec la Charte des droits fondamentaux, une étape supplémentaire, considérable, est franchie à cet égard. En effet, le deuxième paragraphe du préambule de la Charte précise que « consciente de son patrimoine spirituel et moral, l'Union se fonde sur les valeurs indivisibles et universelles de dignité humaine, de liberté, d'égalité et de solidarité; elle repose sur le principe de démocratie et de l'Etat de droit. Elle place la personne au cœur de son action, en instituant la citoyenneté de l'Union et en créant un espace de liberté, de sécurité et de justice».

Le préambule de la Charte contient des éléments cardinaux qui sont de nature constitutionnelle. Ainsi, le paragraphe premier stipule que « les peuples d'Europe, en établissant entre eux une Union sans cesse plus étroite, ont décidé de partager un avenir pacifique fondé sur des valeurs communes ». Le terme de « peuples de l'Europe » semble vouloir intégrer la démarche dans le cadre constitutionnel en l'éloignant du contexte intergouvernemental qui a si profondément caractérisé la construction européenne jusqu'à présent. En effet, le traité fondateur de la Communauté européenne, et les textes qui l'ont modifié par la suite, portent tous la signature de chefs d'Etat et de gouvernement. La nouveauté réside dans l'inscription du « patrimoine spirituel et moral » dans la Charte telle qu'elle a été adoptée. Nous savons que cette formulation est le résultat d'un compromis[1663] obtenu après de longues discussions au sein de la Convention entre les délégations allemande et française. En effet, l'approche chrétienne démocrate, soutenue par les délégués allemands, consistait à inscrire le terme de « patrimoine religieux »[1664] des peuples européens dans la Charte. Les délégations française[1665]

1663 Formule inspirée du statut du Conseil de l'Europe de 1949 : « inébranlablement attachés aux valeurs spirituelles et morales qui sont le patrimoine commun de leurs peuples… »

1664 Le souci d'insérer dans la Charte une référence à l'universalité des droits de l'homme s'est d'abord exprimé dans les termes suivant : « L'Union est fondée sur les principes indivisibles et universels de la dignité des hommes et de femmes, de la liberté, de l'égalité et de la solidarité », (CONVENT 45, 7 septembre 2000). Les représentants du Parlement européen, soutenus par les membres allemands et un certain nombre d'Espagnols, ont souhaité insérer dans le Préambule, à côté des références aux principes universels, une référence au fait religieux et ont suggéré l'adjonction suivante : « S'inspirant de son héritage culturel, humaniste et religieux, l'Union se fonde sur les principes indivisibles et universels etc. ».

1665 « Le gouvernement français n'acceptera pas de signer le texte de la Charte des droits fondamentaux de l'Union européenne si son préambule fait référence à « l'héritage

et portugaise[1666], elles, souhaitaient une formulation plus neutre plus proche des conceptions laïques. Néanmoins, on peut légitimement s'interroger sur cette formule de « patrimoine spirituel et moral ». Dans quelle mesure la connotation religieuse figure-t-elle ou ne figure-t-elle pas dans ce texte ? Il est vrai, le spirituel et le moral ont aussi une dimension philosophique. Mais l'innovation, à notre avis, de la formulation définitive est que, en ecartant toute allusion directe au religieux, évite d'aborder la question suivante: quelle religion? Cette formulation est probablement une base textuelle importante pour ceux qui défendent l'idée selon laquelle l'Europe n'est pas une association de « peuples chrétiens ».

A) Le débat sur les droits sociaux du point de vue de la constitutionnalisation politique

Nous avons évoqué la partie sociale de la Charte des droits fondamentaux de l'Union européenne du point de vue économique dans la Première Partie de notre travail[1667]. Nous aborderons à présent le même texte, du point de vue de la constitutionnalisation politique. Cette approche consiste, d'une certaine manière, à admettre que la Constitution économique et le processus de constitutionnalisation politique sont interdépendants et imbriqués, dans le contexte de l'UE. Ainsi quatre aspects de la Charte sont à prendre en considération du point de vue de la constitutionnalisation politique.

1. La Cohabitation des différentes catégories de droits

La Charte des droits fondamentaux réunit pour la première fois les droits civils, politiques, économiques, sociaux et ceux de la société, dits de la « troisième génération », alors qu'ils étaient exprimés dans des sources diverses, internationales,

religieux » de l'Europe. L'introduction de mot « religieux » pose des problèmes à la fois philosophiques, politiques et constitutionnels à la France. Problème philosophique, parce que nos sociétés sont diverses du point de vue des religions. Difficulté politique, car notre République est une République laïque et que nous sommes attachés fondamentalement au principe de la laïcité. Difficulté constitutionnelle, parce que ce texte de la Charte est censé s'inspirer des traditions constitutionnelles nationales. Or dans notre constitution, il n'existe aucune forme de référence à un héritage religieux », Pierre Moscovici, ministre français des Affaires européennes, le 26 septembre 2000, http://europa.eu.int/comm/justice_home/unit/charte/fr/charter03.html

1666 Le Portugal, avec la France est l'un des deux pays laïcs de l'Union européenne, qui érige la laïcité en principe juridique de valeur constitutionnelle.

1667 Titre II, Chapitre 1.

européennes et nationales. Pour parvenir à ce résultat, la Convention a su franchir les principaux obstacles rédactionnels, en distinguant, selon le mandat de Cologne, trois « corbeilles » de droits fondamentaux[1668]. La première concerne les droits civils et politiques, la deuxième rassemble les droits fondamentaux réservés aux citoyens de l'Union et la troisième est relative aux droits économiques et sociaux.

Dans l'ensemble[1669], la Charte des droits fondamentaux reprend les droits déjà garantis, en particulier par la Convention européenne des Droits de l'Homme et d'autres textes internationaux, y compris les traités communautaires. Dans la Charte, les dispositions de la Convention européenne des droits de l'Homme sont, à juste titre, prises comme référence pour les droits de l'homme les plus « classiques », appelés parfois droits politiques et civils. Ainsi, de nombreux articles de la Charte reproduisent la Convention européenne. Il en est particulièrement ainsi du droit à la vie, qu'il s'agisse d'une affirmation générale ou de l'une de ses applications particulières, interdisant la peine de mort[1670].

Mais la Charte ne se limite pas à ces instruments, son contenu déroge parfois au principe qui se dégage de Conclusions du Sommet de Cologne, d'une codification à droits constants[1671]. Elle énumère des droits nouveaux, des droits qui tendant à répondre aux nouvelles aspirations des peuples européens: droit à l'intégrité physique et mentale – y compris l'interdiction de pratiques eugéniques et du clonage reproductif des êtres humains[1672], l'interdiction de la traite des êtres humains[1673], la protection des données à caractère personnel[1674], le droit d'asile[1675]

1668 GRUBER Annie, « La Charte des droits fondamentaux de l'Union européenne : un message clair hautement symbolique », Petites Affiches, 22 janvier 2001, n° 15, pp. 4–17, ici p. 11.

1669 La Charte se compose d'un préambule et de sept chapitres: chapitre I, « Dignité » ; chapitre II, « Libertés » ; chapitre III, « Egalité » ; chapitre IV, « Solidarité » ; chapitre V, « Citoyenneté » ; chapitre VI, « Justice » ; Chapitre VII, « Dispositions générales ». Sans le préambule, le texte compte 54 articles au total.

1670 Article 2.

1671 DELOCHE-GAUDEZ Flaurence, « La Convention pour l'élaboration de la Charte des droits fondamentaux : Une méthode «constituante »? » , in DEHOUSSE Renaud (dir.), *Une constitution européenne,* Presse de Sciences Politiques, 2002, p. 178.

1672 Article 3.

1673 Article 5, paragraphe 3.

1674 Article 8.

1675 Article 18.

et le droit à une bonne administration[1676]. On sait que l'interdiction de la traite des êtres humains ne s'appuie sur un texte de droit positif de l'Union européenne.

2. *Le compromis sur les droits sociaux*

Le compromis sur les droits sociaux n'a pas été obtenu facilement, la difficulté tenant au caractère particulier de ces droits qui, pour être effectifs, nécessitent l'intervention des pouvoirs publics. Nous nous souvenons ainsi des échanges assez tendus qui avaient opposé le représentant français, M. Guy Braibant, ardent défenseur des droits sociaux dans la Charte et son homologue britannique, Lord Goldsmith, qui avait des réserves à cet égard. Nous estimons que la présence de cette liste des droits sociaux, même incomplète, dans la Charte est due pour une large part à l'insistance du premier qui avait dit clairement que, soit le texte de la Charte incorporera des droits sociaux, soit il n'y aura pas de Charte[1677]. Cette réticence se comprend aisément : les droits sociaux sont généralement considérés comme appelant des mesures de mise en œuvre, à défaut desquelles il leur manquerait la justiciabilité qui permettrait de leur reconnaître la qualité de droits véritables. Cela ne signifie-t-il pas que l'inscription des droits sociaux dans la Charte aurait pour effet d'investir la Communauté européenne de compétences nouvelles, en matière sociale, sous prétexte de réaliser les droits sociaux que contient la Charte[1678] ?

3. *La réalisation de l'indivisibilité*

La présence de droits économiques et sociaux dans la Charte témoigne d'une évolution conceptuelle et juridique considérable vers l'indivisibilité des droits fondamentaux. Ainsi, la Charte traduit l'interdépendance qui existe incontestablement entre les droits civils et politiques et les droits économiques et sociaux. Même si les formules retenues comportent rarement le terme « droit », mais des expressions moins fortes comme « pourront bénéficier » ou « l'Union reconnaît et protége » telle ou telle action, comme l'aide au logement, ce sont des avancées importantes : Sur ces bases-là, un juge peut très bien construire une théorie équivalente à la reconnaissance d'un droit[1679]. C'est une avancée d'autant plus

1676 Article 39.

1677 Nos manuscrits des séances plénières de la Convention.

1678 SCHUTTER (de) Olivier, « La garantie des droits et principes sociaux dans la Charte des droits fondamentaux de l'Union européenne », in *La Charte des droits fondamentaux de l'Union européenne,* op. cit., p117.

1679 BRAIBANT Guy, *La Charte des droits fondamentaux de l'Union européenne,* Editions du Seuil, novembre 2001, p. 46.

importante que pour la première fois, les droits sociaux figurent à coté des autres droits dans un même document international/supranational avec le même statut et la même garantie juridictionnelle. Cependant, il faut remarquer que par rapport aux droits de première génération, qui se fondent sur le traité européen et la Convention européenne, les sources européennes de droit économique et social sont beaucoup plus incertaines, dans la mesure où la force contraignante de la charte sociale européenne et de la Charte communautaire des droits sociaux fondamentaux des travailleurs est relative, et ne peut donc être comparée avec celle émanant de la Convention européenne et des traités européens.

La dissociation classique des droits fondamentaux entre droits civils et politiques d'une part, et des droits économiques et sociaux d'autre part, est critiquée du point de vue théorique et pratique[1680]. D'un point de vue pratique, on ne peut mettre en œuvre les droits d'une catégorie sans tenir compte des droits de l'autre. Ainsi, pour une personne sans logement, la plupart des droits civils et politiques, tels que vie privée et familiale, droit de vote etc., sont inaccessibles. Inversement, la suppression des principales libertés civiles et politiques affecte de manière négative le dynamisme économique et social, partant les droits économiques et sociaux. En outre il existe de nombreux droits inclassables dans l'une ou l'autre des catégories : le droit syndical, étroitement lié au droit de travail, donc aux droits sociaux, est aussi constitutif des libertés publiques au même titre que la liberté d'association et de réunion, ou encore le droit de propriété qui est un droit à la fois civil et économique et également un droit individuel et collectif. Du point de vue théorique, les critères semblent hétérogènes. La division catégorielle de départ des droits fondamentaux se fonde sur un critère essentiellement politique qui renvoie au rôle de l'Etat ; selon cette distinction connue les droits civils et politiques sont opposables à l'Etat, alors que les droits économiques et sociaux sont exigibles de celui-ci. En d'autres termes : « D'un côté des limitations imposées à l'Etat, de l'autre un très grand devoir, et donc un très grand pouvoir, sont exigibles de lui[1681]. » La dissociation des droits fondamentaux ainsi opérée s'expliquerait avant tout par l'histoire. Toutefois il n'est pas certain qu'elle exprime une véritable différence de nature entre les droits qu'elle sépare, alors que la réalité les rapproche parfois.

1680 DELMAS-MARTY Mireille, *Trois défis pour un droit mondial,* op. cit., p. 47

1681 MEYER-BISCH Patrice, *Le Corps des droits de l'homme, l'indivisibilité comme principe d'interprétation et de mise en œuvre des droits de l'homme,* Fribourg, Editions universitaires, 1992, p. 129.

Les faiblesses évoquées de la distinction ainsi opérée sont critiquées, non pour renoncer à la terminologie employée, mais pour lui donner une signification nouvelle[1682]. On pourrait ainsi considérer que chaque droit énoncé est déterminé par quatre types de relations : une relation civile (de reconnaissance comme citoyen), politique (de participation active à l'Etat), économique (de réciprocité de l'échange) et culturelle (d'appartenance à une communauté). L'affirmation du principe d'indivisibilité conduit nécessairement à la création de nouveaux organes de contrôle pour les droits économiques, sociaux et culturels. A l'échelle européenne, la Cour européenne des droits de l'homme étend peu à peu son contrôle, en principe limité aux droits civils et politiques, en affirmant qu'« il n'y a pas d'étanchéité entre les droits civils et politiques et les droits économiques et sociaux[1683] ». Elle a même jugé que le refus d'une allocation d'urgence à un chômeur étranger avait un caractère discriminatoire au sens de la Convention européenne des droits de l'homme[1684]. Quant à la CJCE, nous avons vu dans la partie intitulée Constitution économique qu'elle consacre et assure les droits économiques et sociaux, sans toutefois les considérer comme des principes généraux du droit communautaire, qualification qu'elle ne manque pas de consacrer pour les droits civils et politiques.

Au nom de ce principe d'indivisibilité, on essaye d'élever les droits économiques et sociaux au même niveau que les droits civils et politiques. Par ailleurs, cette notion n'a pas manqué de faire l'objet de réflexions au niveau communautaire. C'est ainsi que le rapport établi par le groupe d'experts de la Commission européenne en matière de droits fondamentaux entend fermement souligner l'indivisibilité des « droits civils » et des « droits sociaux » dans le droit communautaire[1685]. Le texte souligne que toute démarche visant à la reconnaissance explicite des droits fondamentaux doit inclure à la fois les droits civils et politiques. Ignorer cette interdépendance, c'est compromettre la protection des uns comme des autres. Mais l'indivisibilité ainsi revendiquée ne signifie pas une simple juxtaposition de deux catégories de droits ; elle implique à la fois une réinterprétation des droits civils traditionnels et l'extension des droits fondamentaux. Il n'y aurait pas alors de cloisonnement « étanche » entre droits civils et politiques. Cependant, poursuit le rapport, les droits sociaux, dont la reconnaissance passe par la

1682 DELMAS-MARTY Mireille, op. cit., p. 48.

1683 CEDH, arrêt du 9 octobre 1979, Airey c. Irlande du Nord, § 26, serie A n° 32.

1684 Voir CEDH, arrêt 16 septembre 1996, Gaygusuz c. Autriche, D. 1998, p. 438

1685 Commission européenne, DG Emploi, relations industrielles et affaires sociales, Rapport du groupe d'experts en matière des droits fondamentaux, Bruxelles, février, 1999.

nouvelle interprétation des droits civils traditionnels ou par l'élargissement de la liste des droits fondamentaux, ne couvrent pas tout le champ des politiques sociales fondamentales.

Il conviendrait par conséquent d'aborder ces derniers séparément, en tant qu'éléments essentiels des objectifs généraux du droit communautaire. Car la Charte consacre, à côté de droits civils et politiques dits classiques ou de première génération, une série de droits économiques et sociaux. Le Traité constitutionnel adopté le 29 octobre 2004 à Rome, intègre dans sa deuxième partie la Charte des droits fondamentaux. La Charte figure également en annexe du Traité de Lisbonne signé le 13 décembre 2007 avec force juridique contraignante. Toutefois, il était légitime de penser que la Charte, par sa simple existence, pourrait devenir une source d'inspiration nouvelle. A cet égard, les propos de Mme Fontaine, alors Présidente du Parlement européen, sont révélateurs. Lors de la cérémonie de signature de la Charte, elle avait déclaré: « signer, c'est s'engager. Le Parlement européen tiendra compte de la Charte dans ses activités »[1686].

4. *L'universalité des droits fondamentaux*

On vient de le voir, la Charte rassemble dans un même texte tous les droits fondamentaux, civils, politiques, économiques, sociaux et les droits des citoyens. Elle affirme ainsi le principe d'indivisibilité des droits, rompant avec la division observée dans les textes européens et internationaux. De plus, les droits énumérés dans la Charte sont pour la plupart attribués à toute personne, quelle que soit sa nationalité. Il en va différemment avec les droits liés à la citoyenneté européenne. En agissant de la sorte, les rédacteurs de la Charte s'attachent à respecter le « principe d'universalisme». Mais les droits fondamentaux sont-ils vraiment universels ? Certains droits, ceux auxquels on ne peut déroger en aucune circonstance sont, à l'évidence, universels. C'est le noyau dur des droits qui se rapporte à la dignité et à l'intégrité de la personne humaine, ainsi qu'à l'interdiction de la torture ou de l'esclavage[1687]. Il en va de même de l'égalité entre les sexes ou encore les droits de l'enfant, qui ont fait l'objet d'une Convention internationale spécifique, ainsi que les principes relatifs à la justice. En outre, « l'universalité des droits de l'homme renvoie davantage à l'univers mental qu'à l'univers réel »[1688]. Affirmée par la Déclaration « universelle » de 1948, elle semble pour l'essentiel à construire. Il s'agit donc, comme la mondialisation économique, d'un processus

---

1686 Discours prononcé lors de la cérémonie de signature, le 17 décembre 2000 à Nice.

1687 BRAIBANT Guy, op cit., p. 67.

1688 DELMAS-MARTY Mireille, op. cit., p25.

en cours, malgré les interrogations suscitées par son apparente fragilité[1689]. L'affirmation de l'universalité des droits de l'homme ne tiendrait pas compte des différents instruments existant dans ce domaine : rappelons que les Pactes de l'ONU, précédés par la Convention européenne des Droits de l'Homme, ont été suivis par toute une série d'instruments internationaux de protection des droits de l'homme, limités à l'Amérique[1690], à l'Afrique[1691] ou aux Etats de la Ligue arabe[1692]. Les droits sociaux, eux, ont valeur de principes, mais leur mise en œuvre varie en fonction des circonstances locales et du niveau de richesse et de développement des pays.

B) Les modalités de l'insertion des droits et principes sociaux fondamentaux dans la Charte des droits fondamentaux de l'Union européenne

Le Mandat conféré à la Convention par le Sommet de Cologne était porteur d'une difficulté qui, à nos yeux, a conditionné les travaux de celle-ci. La difficulté technique dont il s'agit résulte de l'ambiguïté contenue dans ce mandat. En effet, celui-ci faisait référence aux « droits économiques et sociaux, tels qu'énoncés dans la Charte sociale européenne et dans la Charte communautaire des droits sociaux fondamentaux des travailleurs (…) dans la mesure où ils ne justifient pas uniquement des objectifs pour l'action de l'Union ». Cette formulation devrait-elle exclure, du catalogue qui serait élaboré, les garanties qui n'auraient pas la forme des droits subjectifs invocables en justice, mais qui constitueraient plutôt des recommandations adressées au législateur, européen ou national ? Ainsi que le souligne Olivier de Schutter, une telle compréhension assimile indûment l'invocabilité en justice de telle disposition, c'est-à-dire la question de savoir si le juge peut puiser en elle la motivation du dispositif de sa décision, à l'effet direct qu'elle produit, c'est-à-dire à la possibilité pour cette décision de fournir la solution au litige porté en justice[1693]. En effet, ainsi qu'il ressort de la jurisprudence

1689 IMBERT Pierre-Henri, « L'apparente simplicité des droits de l'homme », RUDH, 1989, p. 7.

1690 Convention américaine de 1969.

1691 Charte africaine des droits de l'homme et des peuples de 1981.

1692 Charte arabe des droits de l'homme de 1981.

1693 SCHUTTER (de) Olivier, « La garantie des droits et principes sociaux dans la Charte des droits fondamentaux de l'Union européenne », in *La Charte des droits fondamentaux de l'Union européenne,* op. cit., p118.

Francovich[1694], bien que les directives qui n'ont pas été transposées par les Etats membres auxquels elles s'adressent, ne confèrent pas aux particuliers des droits directement applicables, elles peuvent fournir la base d'une action en responsabilité introduite contre l'Etat dont le défaut de transposition a causé un dommage au particulier auquel la directive visait à conférer certains droits. Elles obligent le juge national à interpréter son droit national, en conformité avec leurs objectifs.

C'est bien pour justifier cette distinction, entre les « droits sociaux » proprement dits et les « objectifs programmatiques », des directives adressées au législateur compétent, que la Convention a choisi d'intégrer la notion de « principes sociaux » bien que ces principes ne figurent pas dans la Charte de manière distincte. C'est bien cet argument qui a justifié que figurent dans la Charte, en dépit de la restriction imposée par le mandat de Cologne, des garanties qui constituent des « principes », plutôt que des « droits », tels que la protection de l'environnement[1695]. Au-delà de cette distinction, on ne pourrait comprendre le caractère restreint de l'apport de la Charte des droits fondamentaux en matière sociale qu'en gardant à l'esprit les deux limites que celle-ci fixe à la portée de la garantie qu'elle énonce. Ces limites figurent dans l'article relatif au champ d'application de la Charte qui figure parmi les dispositions horizontales. En effet, l'article 51 (1) stipule que :

> «1. Les dispositions de la présente Charte s'adressent aux institutions et organes de l'Union dans le respect du principe de subsidiarité, ainsi qu'aux Etats membres lorsqu'ils mettent en œuvre le droit de l'Union. En conséquence, ils respectent les droits, observent les principes et en promeuvent l'application, conformément à leurs compétences respectives.
> 2. La présente Charte ne crée aucune compétence ni aucune tâche nouvelle pour la Communauté et pour l'Union et ne modifie pas les compétences et tâches définies par les traités».

Cette clause exprime lee fait que les droits de la Charte des droits fondamentaux de l'Union européenne sont conçus sur le modèle des droits fondamentaux figurant parmi les principes généraux du droit communautaire dont la Cour assure le respect. Ces droits sont en effet invocables d'une part vis-à-vis des actes des institutions de la Communauté et de l'Union européenne, d'autre part, vis-à-vis des actes des Etats membres qui s'inscrivent dans le domaine d'application du

---

1694 CJCE, arrêt du 19 novembre 1991, Francovich, C-6/90 et C-9/90, Rec., p. I-5337 (pt.39).

1695 Article 37.

droit communautaire[1696]. La lecture suivante de ces conflits, partira de l'hypothèse que la Charte, loin de ne constituer qu'une déclaration solennelle de portée symbolique, constitue en réalité un accord inter institutionnel entre le Conseil, la Commission et le Parlement et va servir de source d'inspiration pour la Cour de Justice des Communautés européennes. C'est bien de la jurisprudence de la Cour relative à ce texte que dépendra l'effet utile de l'inscription des droits sociaux dans la Charte des droits fondamentaux de l'Union européenne.

C) Droits sociaux, principes sociaux et l'effet de la reconnaissance des principes sociaux sur la répartition des compétences entre la Communauté/Union européenne et les Etats membres

En dépit de l'apport limité de certains de ses articles, le mérite de la Charte est de réunir, dans un document concis ouvert à interprétation donc à l'évolution, les valeurs fondamentales dans un texte unique, visible par le citoyen. Aujourd'hui, nous savons qu'elle est intégrée dans le projet de Constitution (politique) de l'Union. Cela, en tant que tel, constitue un évènement de constitutionnalisation par excellence. L'Union ne fera plus désormais objet de critiques, parce que ses textes constitutionnels ne contiennent pas un socle des droits et des libertés fondamentales[1697]. Force est de reconnaître que, sans même être intégrée, dans la Constitution, avec force juridique contraignante, l'élaboration même de celle-ci a revêtu un caractère politique et constitutionnel. Ce processus de constitutionnalisation s'est réalisé avec des affirmations très nettes qu'il ne modifierait pas la répartition des compétences entre l'Union et ses Etats membres, garantie qui est posée surtout par les termes «selon les modalités établies par le droit communautaire et les législations et pratiques nationales ». En est-il vraiment ainsi ?

1. L'effectivité des droits sociaux et la question des compétences

Un petit nombre de droits sociaux figurant dans la Charte, en dépit du fait qu'il s'agit des droits invoqués dans le cadre de la relation d'emploi, ce qui justifie

---

1696 SCHUTTER (de) Olivier, « La Contribution de la Charte des droits fondamentaux de l'Union européenne à la garantie des droits sociaux dans l'ordre juridique communautaire », RUDH, 2000, p. 46.

1697 « Une constitution moderne comporte trois éléments : les institutions, le système normatif et les droits et libertés fondamentaux. Or, tout d'abord on ne trouve pas dans les traités communautaires qualifiés de constitution une déclaration des droits qui fasse partie du pacte fondamental accepté par le peuple ». FAVOREU Louis, « Débats sur Rapport Jacqué », RUDH, 1995, p. 426,

leur appartenance à la catégorie des droits sociaux, ne constitue pas des droits à la fourniture par l'autorité compétente de certaines prestations. Ils constituent, plutôt que des « droits-créances », des « droits libertés». L'on peut mentionner comme relevant de ces droits la liberté professionnelle, la liberté d'association syndicale, le droit à la protection contre les licenciements injustifiés ou abusifs ou le droit des travailleurs migrants à l'égalité de traitement. La caractéristique de ces droits est en effet qu'ils peuvent être exercés par leurs titulaires sans que cet exercice soit subordonné à l'intervention préalable de l'autorité compétente, afin d'en assurer la mise en œuvre.

La Charte reconnaît aux droits sociaux qu'elle fait figurer dans les chapitres « Egalité » et « Solidarité », un statut juridique équivalent à celui des droits civils et politiques. Cette reconnaissance affirme de façon nette la justiciabilité des droits sociaux, c'est-à-dire la capacité pour le juge d'en assurer le respect. Comme dans le cas des droits civils et politiques, cette reconnaissance implique d'abord des obligations négatives aux acteurs auprès desquels ils peuvent être revendiqués, obligation dont le juge peut alors assurer le respect sans affecter la répartition des compétences entre les différents acteurs. Ces obligations négatives consistent à la fois en une obligation de ne pas porter atteinte directement au droit en cause et en une obligation de garantir celui-ci dans les conditions qui respectent l'exigence de non-discrimination. Il convient de remarquer que le Comité économique et social considère aussi que les droits sociaux contenus dans la Charte ont un statut juridique équivalent aux droits civils et politiques[1698]. En effet, le CES estime que :

« …l'affirmation des droits sociaux fondamentaux dans la Charte (…) ne préjuge pas de l'identité de l'auteur de l'acte-institution de l'Union européenne ou autorité étatique contre lequel le bénéfice des droits peut être revendiqué, ou envers qui le respect du principe peut être réclamé. (…) L'inscription des droits et principes sociaux dans la Charte des droits fondamentaux de l'Union européenne ne revient nullement à investir la Communauté ou l'Union européenne de compétences que celles-ci ne détiendraient pas déjà. Elle signifie uniquement que les actes des institutions de l'Union ou les actes étatiques adoptés dans le domaine d'application du droit communautaire doivent :

- respecter les droits sociaux que la Charte affirme,
- ne pas constituer des mesures aboutissant à diminuer le degré de réalisation déjà atteint des principes,

1698 CES, 1005/2000-SOC/013, pt. 3.1.3

- et respecter les exigences de non discrimination, notamment dans la mise en œuvre des droits sociaux ».

Lorsque l'on peut identifier au départ des droits sociaux, pareille obligation de type « négatif » implique que la reconnaissance de ces droits n'affecte pas nécessairement la répartition des compétences entre les différents acteurs qui peuvent contribuer à leur réalisation progressive, par l'adoption de mesures qui les garantissent. Quant aux craintes exprimées à cet égard par certains représentants durant les travaux de la Convention, on pourrait répondre en reprenant les termes suivants de Guy Braibant : « poser un droit n'est pas créer une compétence ; c'est au contraire, encadrer des compétences existantes »[1699]. Ainsi que nous l'avons souligné, cette approche a bien trouvé sa formulation dans l'article 51 de la Charte qui dispose qu'elle s'adresse aux institutions et organes de l'Union européenne, ainsi qu'aux Etats membres uniquement lorsqu'ils mettent en œuvre le droit de l'Union. Celle-ci ne pourrait en effet imposer à ses membres des obligations et des charges nouvelles. Le deuxième alinéa du même article dispose que « la Charte ne crée aucune compétence, ni aucune tâche nouvelle pour la Communauté et pour l'Union ».

Mais la reconnaissance d'un droit à un individu n'impose pas uniquement à l'autorité qu'elle s'abstienne d'y porter atteinte. Elle implique aussi que l'autorité protège le droit et elle l'oblige à mettre en œuvre ledit droit, autrement dit, à en assurer l'effectivité par l'adoption des mesures adéquates qui en facilitent l'exercice[1700]. La reconnaissance à l'individu d'un droit n'implique pas seulement une obligation, dans le chef de l'autorité envers laquelle le droit est invoqué, de « respecter » celui-ci. Cette deuxième implication, liée à la reconnaissance d'un droit, est particulièrement importante en matière de droits sociaux. En effet, en raison du caractère vague des termes par lesquels ces droits sont exprimés, les obligations négatives que le juge peut vouloir imposer en se basant sur ces droits n'offrent qu'une protection restreinte. Ce constat peut expliquer les réticences dont certains Etats ont fait preuve durant les travaux de la Convention en ce qui concerne l'inscription des droits sociaux-créances dans la Charte[1701]. Ceux-ci craignaient que la reconnaissance des droits sociaux dans la Charte ne débouche

---

1699 Contribution de Guy Braibant, représentant du gouvernement français à la Convention, 19 mai 2000, CHARTE 4322/00, CONTRIB.188.

1700 VAN HOOF G.J.H., "The Legal Nature of Economic, Social and Cultural Rights: A Rebuttal of Some Traditional Views", in ALSTON Philip and TOMAEVSKI Katarina (eds), *The Right to Food,* Utrecht, SIM, 1984, p. 97.

1701 BRAIBANT Guy, op. cit., p. 46.

sur une extension des compétences de la Communauté européenne en matière sociale. Cette crainte, bien qu'elle néglige la face « négative » des droits sociaux et la jucticiabilité immédiate de ceux-ci, n'est pas sans fondement. Cette position prend appui sur le constat que les droits sociaux fondamentaux peuvent être plus ou moins complètement réalisés, en fonction des mesures qui pourraient en concrétiser la signification. Par exemple, si tout travailleur a droit à des conditions de travail qui respectent sa santé, sa sécurité et sa dignité[1702], ces conditions de travail peuvent être améliorées progressivement par l'adoption de certaines réglementations, comme elles peuvent se dégrader à la suite de dérégulations. De même, si, aux termes de l'article 31–2 de la Charte, tout travailleur a droit à une limitation de la durée maximale du travail et à des périodes de repos journalier et hebdomadaire, ainsi qu'à une période annuelle de congés payés, cette durée peut évoluer[1703].

2. *La reconsidération des principes sociaux et la question des compétences*

A l'opposé de cette première catégorie des droits sociaux se situent les « principes sociaux » énoncés dans la Charte. Ceux-ci doivent être mis en œuvre par l'autorité compétente : ils réclament de celle-ci une intervention préalable. Pour autant, ces « principes sociaux» ne constituent pas des objectifs purement programmatiques. Nous avons souligné que le Conseil européen de Cologne avait invité la Convention à « prendre en considération des droits économiques et sociaux tels qu'énoncés dans la Charte sociale européenne et dans la Charte communautaire des droits sociaux fondamentaux des travailleurs, dans la mesure où ils ne justifient pas uniquement des objectifs pour l'action de l'Union ». Par conséquent, il est permis de présumer la justiciabilité des droits sociaux énumérés dans la Charte, même si cette justiciabilité n'est pas nécessairement à définir sur le modèle de celle reconnue aux droits sociaux proprement dits, c'est-à-dire sur le mode d'invocabilité directe.

Le projet de Constitution européenne innove également pour la mise en œuvre de ces principes sociaux. En effet, l'article 52 de la Charte tel que modifié par la Convention prévoit que « les dispositions de la présente Charte qui contiennent des principes, peuvent être mises en œuvre par des actes législatifs et exécutifs pris par les institutions et organes de l'Union, ainsi que par des actes

---

1702 Article 31–1 de la Charte.

1703 Directive n° 96/34/CE du Conseil, du 3 juin 1996, concernant l'accord-cadre sur le congé parental conclu entre l'UNICE, le CEEP, et le CES (JOCE, n° L 145 du 19 juin 1996, p. 4)

des Etats membres lorsqu'ils mettent en œuvre le droit de l'Union, dans l'exercice de leurs compétences respectives. Leur invocation devant le juge n'est admise que pour l'interprétation et le contrôle de la légalité de tels actes ». Même si les principes sociaux ne sont pas expressément évoqués dans cet article, en qualité de « principes » ils s'y intègrent. L'innovation majeure, malgré la limitation de la justiciabilité, réside dans cette compétence qui est maintenant reconnue, à coté des Etats membres, à l'Union pour leur mise en œuvre. En dépit des formulations expresses de la Charte concernant sa neutralité affichée en ce qui concerne la répartition des compétences entre l'Union et les Etats membres, nous voyons dans la rédaction modifiée de cet article un élargissement implicite des compétences de l'Union. Alors, on peut légitimement s'attendre à ce que la Commission européenne se serve de cette base juridique de rang constitutionnel pour favoriser la jouissance, pour les citoyens, de ces principes.

3. *La Charte en tant que socle des droits fondamentaux par rapport à la répartition des compétences*

a D'une manière générale

Les traités constitutionnels en définissant la répartition des compétences entre l'Union et les Etats membres remplissent une fonction fondamentalement constitutionnelle. Quant à la Charte des droits fondamentaux, son article 51 (1) précise que ses destinataires sont les institutions et les organes de l'Union dans le respect du principe de subsidiarité et conformément à la jurisprudence de la Cour de justice et les Etats membres uniquement lorsqu'ils mettent en œuvre le droit de l'Union à tous les niveaux, national, régional ou local. S'inspirant de la jurisprudence de la Cour, les rédacteurs de la Charte ont retenu une formule assez restrictive, tirée d'un arrêt récent[1704] : « les Etats membres lorsqu'ils mettent en œuvre ». Il est à noter que la formule traditionnellement utilisée par la Cour[1705] qui vise les situations où les Etats membres agissent dans le cadre du droit communautaire n'a pas été retenue à cet effet. Il convient de remarquer que les rédacteurs de la Charte ont préféré utiliser les termes « droit de l'union » à celui du droit communautaire auquel se limite la jurisprudence de la Cour de Justice et du Tribunal de Première Instance. La Charte a alors anticipé sur le devenir de

---

1704 CJCE, arrêt du 13 avril 2000, aff. C-292/97, Kjell Karlson, Rec., p. I-2737.

1705 CJCE, arrêt du 13 juillet 1989, aff. 5/88, Wachauf, Rec., p. 2609 ; arrêt du 18 juin 1991, aff. C-260/89, Rec., p. I-2925.

l'Union, prédiction qui est confirmée avec son intégration dans le projet de Traité constitutionnel.

L'article 52 (2) affirme que « la Charte ne crée aucune compétence ni aucune tache nouvelle pour la Communauté et pour l'Union et ne modifie pas les compétences et tâches définies par les traités ». Comme si cette formule n'était déjà « tautologique »[1706], les Britanniques ont insisté pour qu'à la version de la Charte incluse dans la Constitution, l'on ajoute qu'elle « n'étend pas le champ d'application de l'Union au-delà des compétences de l'Union ». Cette précision apaise les craintes, plusieurs fois reprises durant les travaux de la Convention, que la Charte soit l'occasion de créer de nouvelles obligations à la charge des Etats membres. A la phrase suivante, d'une manière un peu « obsessionnelle »[1707], il est indiqué que les Etats membres et les organes de l'Union devront appliquer la Charte conformément à leurs compétences respectives.

b De cette immuabilité des compétences

La rédaction de l'article 51 (2) souligne en réalité ce qui va de soi : la reconnaissance expresse des droits fondamentaux par l'Union ne peut pas avoir pour effet d'étendre les compétences de la Communauté et de l'Union, qui sont des compétences d'attribution. Dans cette perspective, la Charte peut avoir un effet stabilisateur au profit des Etats membres. En effet, une disposition telle que l'article 30 de la Charte, selon laquelle chaque travailleur a droit à une protection contre tout licenciement injustifié, « conformément au droit communautaire et aux législations et pratiques nationales », ou l'article 35 qui prévoit que toute personne a le droit d'accéder à la prévention en matière de santé « dans les conditions établies par les législations et pratiques nationales », sont de nature à confirmer que la prévention en matière de santé relève du domaine de la compétence nationale.

C'est pour cette raison que la question de répartition des compétences a fait l'objet d'avis exprimé sur la Charte. Ainsi, la Commission a estimé dans sa Communication du 11 octobre 2000 sur la nature de la Charte des droits fondamentaux de l'Union européenne, que « la Charte ne peut être le véhicule permettant de transférer de nouvelles compétences à la Communauté ou de nouvelles tâches à l'Union ». Toutefois, en dépit de cette proclamation, la Commission dans sa Communication du 28 juin 2000 sur l'Agenda pour la politique sociale,

1706 Cette qualification est empruntée à Franz. C. Mayer, in « La Charte européenne des droits fondamentaux de l'Union européenne », ..., op. cit., p. 192.

1707 Le terme est emprunté au Professeur Jacqueline Dutheil de la Rochère, « la Charte des droits fondamentaux de l'Union européenne », Juris Cl. Europe, fasc. 160, p. 31.

mentionne que « La Charte des droits fondamentaux pourrait peser sur l'avenir de la politique sociale »[1708], la législation dont elle prévoit l'adoption dans le domaine social visant notamment à « garantir le respect des droits sociaux fondamentaux »[1709]. On peut, par conséquent prévoir que la Charte des droits fondamentaux de l'Union européenne favorise une relance de la politique sociale européenne, dans le but de garantir les droits sociaux fondamentaux qui y figurent, lorsque la réalisation de telle garantie suppose une intervention au niveau communautaire. On aurait pu difficilement imaginer que la Commission européenne n'utilise pas cette voie[1710].

En effet, les droits fondamentaux, figurant parmi les principes généraux du droit communautaire dont la Cour assure le respect, sont invocables contre les Etats membres, non seulement lorsqu'ils mettent en œuvre le droit communautaire, mais encore lorsqu'ils font une exception aux libertés fondamentales de circulation que le Traité de Rome prévoit[1711]. On voit alors que la Charte, dans son article 51, omet apparemment d'envisager la situation où les droits fondamentaux dans l'ordre juridique communautaire ne constituent plus des limites imposées aux autorités. Le champ d'application, des droits et principes dans le domaine social, est défini de manière à ce qu'ils remplissent la fonction qui est reconnue aux droits fondamentaux figurant parmi les principes du droit communautaire. Toutefois, il procède de manière à prévenir les autorités à adopter ou maintenir certaines mesures qui ne seraient pas conformes aux exigences du droit communautaire.

L'intervention communautaire, qui offrirait à la Charte des droits fondamentaux le prolongement qu'elle peut requérir dans le domaine des droits sociaux, présente ce paradoxe d'être favorable à la fois à l'établissement du marché intérieur et aux libertés de circulation qui le constituent, ainsi qu'à la préservation des droits sociaux fondamentaux contre la dérégulation compétitive. Elle est favorable aux libertés de circulation du traité car plus on progressera vers une définition harmonisée de certains droits sociaux fondamentaux, moins les Etats membres auront la possibilité d'utiliser les droits sociaux en vue de conduire des politiques protectionnistes. Elle est favorable à la préservation des droits sociaux fondamentaux car plus on imposera le respect d'un seuil minimal de droits

1708 Agenda pour la politique sociale, 28 juin 2000, COM (2000) 379 final, p. 9.

1709 Ibid, p. 16.

1710 SCHUTTER (de) Olivier, « La Charte des droits fondamentaux de l'Union européenne », op. cit., p. 128.

1711 CJCE, arrêt du 28 octobre 1975, Rutili, 36/75, Rec., p. 1219, point 32.

sociaux à l'ensemble des Etats, plus on évitera que les réglementations nationales qui visent la protection des intérêts sociaux, soient soumises à l'épreuve du marché, autrement dit à la concurrence que se livrent les Etats, en adoptant des régimes régulateurs favorisant toujours davantage les opérateurs économiques situés sur leur territoire national.

La Directive concernant le détachement des travailleurs[1712] illustre ce paradoxe. L'objectif de cette Directive était d'éviter le « dumping social » en provenance des Etats membres ne reconnaissant que des garanties moindres aux travailleurs, du point de vue des rémunérations, des conditions ou horaires de travail ou de la durée des congés payés, que n'en offre la loi de l'Etat destinataire des services. L'écart entre les réglementations en la matière permet en effet aux entreprises établies dans les Etats les moins protecteurs d'offrir à un destinataire de services, établi dans un autre Etat membre, d'effectuer pour lui certains travaux à des prix normalement moindres que ceux exigés par les entreprises de ce dernier Etat. Dès lors, l'affirmation qui figure dans le Préambule de la Directive en question, selon laquelle « c'est la promotion de la prestation des services dans un cadre transnational qui nécessite une concurrence loyale et des mesures garantissant le respect des droits des travailleurs », n'est pas sans fondement. Sachant que la Cour avait admis que la protection des travailleurs pouvait figurer dans certaines conditions parmi les raisons d'intérêt général qui sont de nature à justifier une réglementation étatique constituant une entrave à la libre prestation des services, l'argument que « l'harmonisation partielle » réalisée par la Directive sur le détachement des travailleurs présente certains avantages, pour celui-ci et pour le prestataire de service lui-même ne peut être écarté.

Les développements précédents confirment également dans quelle mesure le processus de constitutionnalisation politique obéit encore à la logique de départ de la construction européenne qui est d'éliminer les entraves pouvant gêner le bon fonctionnement du Marché commun/intérieur. Ceci étant, il est permis d'affirmer que le destin naturel de la Charte des droits fondamentaux de l'Union européenne est d'influencer la répartition des compétences entre les Etats membres et l'Union européenne dans la protection des droits sociaux fondamentaux, surtout que maintenant on est sûr que la Charte figure en annexe du Traité de Lisbonne avec force juridique contraignante. Toutefois, « il sera injustifié de présenter la Charte comme ayant joué le rôle d'un cheval de Troie de

---

1712 Directive n° 96/71/CE du 16 décembre 1996 concernant le détachement des travailleurs effectué dans le cadre d'une prestation de services, JOCE, n° L 18 du 21 janvier 1997, p. 1.

l'extension des compétences communautaires. Car cette extension, si elle a lieu, n'aura été qu'une simple conséquence : celle que parait aujourd'hui commander à la fois l'établissement d'un marché intérieur dans lequel la concurrence n'est pas faussée et dans lequel les libertés de circulation sont garanties, et la garantie effective des droits sociaux que viennent menacer les progrès de ces libertés économiques »[1713].

c *La Charte des droits fondamentaux et le socle commun de droits fondamentaux pour l'Union ?*

Parallèlement aux craintes exprimées durant les travaux de l'élaboration de la Charte quant à une éventuelle extension des compétences communautaires en matière sociale par celle-ci, les représentants de la société civile, eux, soucieux d'avoir une liste complète des droits avec la Charte, souhaitaient que la Charte soit une occasion de rééquilibrage entre les droits civils et politiques, dans le cadre communautaire. Ils souhaitaient par ailleurs que la Charte contienne en particulier le droit au travail, le droit à une rémunération équitable et le droit au logement[1714].

Un socle commun contraignant de droits fondamentaux et de surcroît de droits sociaux fondamentaux faisait défaut à l'Union européenne. Son absence n'avait été compensée ni par la Charte communautaire des droits fondamentaux des travailleurs de 1989, ni par l'Accord sur la politique sociale auquel renvoie le Protocole sur la politique sociale annexé au Traité de Maastricht instituant l'Union européenne de 7 février 1992, ni encore par le rapatriement de cet Accord au sein du Traité CE avec le Traité d'Amsterdam[1715]. En effet, le seul catalogue visible qu'était la Charte communautaire des droits sociaux fondamentaux des travailleurs n'avait pas de force juridique contraignante. De plus, telle qu'elle était conçue, probablement sous l'influence de la conception économique et fonctionnaliste qui a marqué la « période d'adolescence »[1716] de l'Union, elle ne contenait que les droits sociaux des travailleurs. Quant à l'Accord[1717] sur la

---

1713 SCHUTTER (de) Olivier, « Garantie des droits et principes sociaux dans la Charte des droits fondamentaux de l'Union européenne », in, *La Charte des droits fondamentaux de l'union européenne…*, op cit., p. 129.

1714 Respectivement articles 15, 31 et 34 de la Charte.

1715 ROBIN-OLIVIER Sophie, « La Référence aux droits sociaux fondamentaux dans le Traité d'Amsterdam », Droit social, 1999, p. 609.

1716 C'est nous qui soulignons.

1717 Pour la Charte communautaire des droits sociaux fondamentaux des travailleurs et l'Accord sur la politique sociale, voir nos développements dans le chapitre 1, Titre II de la première partie.

politique sociale qui avait créé un certain dualisme dans le cadre constitutionnel de l'Union, il n'a été intégré dans le traité qu'avec les modifications introduites par le Traité d'Amsterdam.

La Charte des droits fondamentaux de l'Union européenne telle qu'elle a été conçue ne paraît cependant pas en mesure de palier le risque qui résulte de cette carence. Il n'est pas douteux que sans la définition d'un seuil minimal de droits sociaux valables à l'échelle de l'Union, les Etats membres soient tentés de recourir à des formes des dérégulations compétitives, soit qu'ils souhaitent attirer à eux des investissements, par une réduction des garanties sociales accordées aux travailleurs employés sur leur territoire, soit qu'ils souhaitent réduire le niveau de protection pour des raisons macroéconomiques[1718].

Pour autant que l'on demeure fidèle aux intentions des rédacteurs de la Charte, elle ne crée aucune compétence nouvelle en matière sociale ; elle n'est donc pas de nature à permettre à l'Europe d'effectuer ce saut qualitatif. C'est bien cette intention qui explique le nombre de renvois aux « conditions prévues par le droit communautaire et les législations et les pratiques nationales »[1719]. Son apport n'est pas négligeable mais limité. Il s'agit là d'éviter que les Etats membres, qui mettent en œuvre le droit communautaire ou les institutions de l'Union qui exercent leurs compétences, n'amènent, par leurs actions, une réduction de la protection des droits sociaux énumérés dans la Charte. Il n'est pas ici question d'obliger les Etats membres à respecter certains droits sociaux fondamentaux minimalement définis, dans l'ensemble des situations qui relèvent de leur compétence. L'espoir qu'il était permis de nourrir à propos de l'insertion de droits sociaux dans la Charte, par conséquent, était plus modeste. Il portait sur le renforcement du statut de droits sociaux dans la jurisprudence de la Cour de Justice. A l'heure actuelle, il existe un contraste frappant entre les droits dits de la « première génération » et les « droits économiques et sociaux ». En effet, si la Cour n'hésite pas à faire figurer les premiers parmi les principes généraux du droit communautaire dont elle assure le respect, en revanche, elle n'a jamais élevé les droits sociaux au même rang.

Dès lors, on peut dire que l'énumération des droits sociaux dans la Charte des droits fondamentaux de l'Union européenne présente un avantage et un

1718 BRIBOSIA Emmanuelle et SCHUTTER (de) Olivier, « La Charte des droits fondamentaux de l'Union européenne », *JT*, 24 mars 2001, n° 6005, p. 293.

1719 Cf. Article 27, relatif au droit à l'information et à la consultation des travailleurs au sein de l'entreprise ; article 35, relatif à la protection de la santé ; article 28, relatif au droit de négociation et d'actions collectives ; article 34 relatif à la sécurité sociale et à l'aide sociale.

inconvénient. L'avantage est que la Charte propose une définition autorisée des droits sociaux reconnus comme correspondant aux traditions constitutionnelles communes des Etats membres. Ainsi la liste des droits sociaux que la Charte contient permettra à la Cour de maintenir sa jurisprudence, voire de la prolonger sans s'exposer aux critiques. Le défaut présenté par la Charte est que par l'identification qu'elle opère, elle risque de geler la liste des intérêts sociaux jugés suffisamment importants. En retenant certains droits à l'exclusion d'autres droits, tels que le droit à la rémunération équitable ou le droit au logement, la Charte risquerait, au prix de la garantie des premiers, de faciliter le sacrifice des seconds aux exigences du marché intérieur.

La deuxième attente de la société civile dans le cadre des travaux de la Convention chargée de préparer la Charte des droits fondamentaux de l'Union européenne portait sur le contenu de la liste des droits sociaux qui seraient reconnus. Cette attente n'a été que partiellement satisfaite. Du fait d'une timidité excessive de la part de certains représentants dans la Convention, la Charte reflète un compromis entre les différentes sensibilités. En effet, affirmer « un droit de travailler et d'exercer une profession librement choisie ou acceptée »[1720] et refuser de reconnaître un « droit au travail » a d'autant moins de sens que le droit au travail, ce n'est rien d'autre que le droit à ne pas être soumis à un travail forcé, d'une part, et le droit de ne pas être discriminé dans l'accès à l'emploi, d'autre part[1721]. Pourtant, chacune de ces garanties figure dans la Charte[1722]. Reconnaître explicitement un « droit au travail » aurait présenté un avantage symbolique. Les mêmes remarques peuvent être faites à propos du droit au logement.

Le « droit » à une rémunération équitable, qui ne figure pas dans la Charte, mais que reconnaît la Charte sociale européenne, a également été oublié. On a sans doute redouté qu'en faisant figurer ce droit dans la Charte, on ne crée l'impression que dorénavant les échelles salariales devraient être uniformes dans les Etats membres, ou que le salaire minimum devrait être défini dans tous les Etats membres à un même niveau. Cette crainte ne semble pas justifiée, dans la mesure où selon la jurisprudence du Comité européen des droits sociaux, on impose aux Etats un « seuil de décence » dont l'appréciation est fixée en fonction du salaire moyen national dans l'Etat en question.

1720 Article 15-1 de la Charte.

1721 SAMUEL Lenia, *Droits sociaux fondamentaux*, Edition du Conseil de l'Europe, Strasbourg, 1997, p. 22.

1722 Articles 5-2 (nul ne peut être astreint à accomplir un travail forcé ou obligatoire), 21(non-discrimination) et 30 (protection contre les licenciements injustifiés).

Il est permis de conclure, à ce stade de notre travail que, pour reprendre l'expression du professeur Jean-Paul Jacqué, la Charte a rendu visible ce qui était invisible, a modernisé des droits et libertés contenus dans la CEDH tout en les adaptant aux besoins de l'Union et a explicité les droits économiques et sociaux. De ce fait, la Charte devrait procurer une meilleure sécurité juridique et faciliter les recours à la Cour de Justice des Communautés européennes[1723].

Section 2: Les insuffisances de la protection des droits fondamentaux dans l'ordre constitutionnel européen

La vocation économique initiale de la construction européenne explique l'absence d'un catalogue contraignant des droits fondamentaux. Nous avons vu, dans nos développements précédents, que la Cour de Justice, par sa jurisprudence, a comblé cette lacune de manière considérable, et que cette jurisprudence a alimenté les modifications successives introduites dans les traités. La rédaction d'une charte fondamentale, réunissant aussi bien les droits dits classiques que les droits économiques et sociaux, est certainement un développement important à cet égard. Son intégration dans le Traité constitutionnel avec force juridique contraignante et son nouveau statut suivant le Traité de Lisbonne, sont de nature à effacer dans une large mesure les incertitudes[1724] en ce qui concerne la protection efficace des droits fondamentaux d'une manière générale dans le cadre de l'Union. Néanmoins, la structure institutionnelle[1725] établie par l'Union

---

1723 KERCHOVE (de) Giles, SCHUTTER (de) Olivier, TULKENS Françoise, *La Charte des droits fondamentaux de l'Union européenne : Dialogue à trois voies,* Anales d'études européennes de l'UCL, Bruylant, 2000, p. 22.

1724 BRIBOSIA Emmanuelle, « Protection des droits fondamentaux », in MAGNETTE Paul (éd.), *La Constitution de l'Europe,* Editions de l'Université de Bruxelles, 2000, p. 110.

1725 Voir ALSTON PHILIP and J.H.H. Weiller, op. cit, p. 13 et suivantes. Les auteurs rappellent que selon les organes des Nations Unies chargés de superviser les performances des Etats dans le domaine du respect des droits fondamentaux, la présence de systèmes efficaces de "monitoring" est indispensable pour le fonctionnement effectif des mécanismes nationaux de protection des droits de l'homme. Alors qu'il existe une quantité d'informations non négligeable sous-tendant certaines lacunes quant à la protection des droits fondamentaux dans le domaine d'application du droit communautaire, il ne semble pas évident de pouvoir en réaliser un dessin adéquat, car il n'y a pas d'agence au sein de l'Union qui aurait pour charge de collecter de telles informations d'une manière systématique. Comme corollaire de cette lacune, la Communauté ne disposerait pas d'informations adéquates qui constitueraient une base importante lors du processus de décision. Dès lors, le besoin principal à cet

ne semble pas adéquate pour mener une politique efficace dans le domaine des droits fondamentaux. Cette inadéquation institutionnelle[1726], qui est considérée comme étant le résultat d'un manque d'observatoire effectif au sein de l'Union, vient d'être corrigée, dans une certaine mesure, avec la création de l'Agence européenne des droits fondamentaux de l'Union européenne[1727]. De plus, le traitement réservé aux droits de la « seconde » génération ne pousse pas à l'optimisme quant à la mise en œuvre du principe d'indivisibilité[1728].

Des brèches subsistent en outre, du fait de l'absence de contrôle du respect des droits fondamentaux par un organe extérieur à l'Union et des limites posées en matière de garanties juridictionnelles et d'accès à la justice. Certaines de ces limites n'ont plus raison d'être après les jurisprudence *Schmidberger*[1729],

---

égard semble être la rédaction de rapports annuels sur les droits fondamentaux dans l'Union européenne. En vue de combler cette carence, deux solutions sont proposées: (i) la création d'un observatoire séparé des droits fondamentaux pour l'Union européenne; (ii) extension du champ de responsabilité du Centre d'observation sur le racisme et la xénophobie de Vienne, en vue de collecter les informations nécessaires dans le domaine des droits fondamentaux dans les pays communautaires. Il semble que pour des raisons politiques et pratiques, il serait plus facile de restructurer le Centre de Vienne, de manière a lui impartir de nouvelles compétences afin qu'il puisse également préparer des rapports annuels sur l'état des droits fondamentaux dans l'Union européenne.

1726 En ce qui concerne la structure institutionnelle relative à la protection des droits fondamentaux, l'Union européenne présente les apparences d'une compartimentation complexe et disparate. Nous savons que la Commission dispose des unités chargées des droits de l'homme avec des mandats spécifiques. Il en est ainsi pour l'unité 2 de la Direction A de la Direction générale IA, qui est responsable des droits de l'homme et de la démocratisation; et l'unité 4 de la Direction générale VIII responsable de la coordination des sujets concernant l'Etat de droit, les libertés fondamentales, la démocratisation et le support institutionnel.
La structure fragmentaire et complexe de ces arrangements est bien illustrée dans la composition du Groupe de coordination interdépartemental pour les droits de l'homme de la Commission qui établit les orientations générales pour le financement des projets dans le domaine des droits de l'homme. E Groupe est composé des représentants des DG IA, I, IB, II, V, VIII, X, XI, XII, XIII, XV, XIX, XXII et l'ECHO. Cela revient à dire qu'au moins cinq commissaires sont responsables dans le domaine des droits fondamentaux.

1727 KAUFF-GAZIN Fabienne, « Entree en fonction de l'Agence des droits fondamentaux », Jurisclasseur-Europe, avril 2007, comm. 109, pp. 23–24.

1728 ALSTON ALSTON PHILIP and WEILER Joseph, "An Ever closer Union", in ALSTON Philip (dir.), *The European and Human Rights*, Oxford, 1999, p. 11,13,31.

1729 CJCE, arrêt du 12 juin 2003, Schmidberger, aff. C-112/00, op. cit.

Omega[1730] et surtout *Viking*[1731]. En particulier, d'abord avec l'intégration de la Charte des droits fondamentaux dans le Traité constitutionnel, puis avec la reprise de celle-ci en annexe du TUE suivant l'adoption du traité modificatif, on assiste à une concurrence entre deux instruments à l'échelle européenne. Ce développement étant de nature à affecter la sécurité juridique, l'effet conjugué de ces facteurs ne plaide pas toujours en faveur d'une « européanisation » des droits sociaux fondamentaux[1732]. Ces interrogations invitent à aborder les insuffisances de la protection des droits fondamentaux dans l'Union européenne (**§ 1**) tout en considérant l'absence de contrôle par un organe externe à l'Union (**§ 2**).

§ 1: Le caractère insuffisant des garanties juridictionnelles et de l'accès à la justice dans l'Union européenne

Le respect effectif des droits reconnus dans un système juridique donné se mesure par l'étendue des garanties juridictionnelles dont ces droits sont pourvus, et plus particulièrement aux possibilités d'accès à la justice des particuliers, victimes d'une violation des droits fondamentaux[1733]. Dans l'état actuel des traités, les particuliers ne bénéficient pas d'une protection juridique complète et effective de leurs droits fondamentaux dans l'Union européenne. Par ailleurs, d'autres déficits résultent du fait que la compétence de la Cour de Justice est limitée dans certains domaines et notamment ceux ayant trait à la justice et aux affaires intérieures.

Le système de voie de recours qu'organisent les traités de l'UE souffre en effet de deux défaillances. La première défaillance concerne donc l'ouverture aux particuliers des voies de recours (**A**), alors que la deuxième est relative à la question des éventuels déficits de protection juridictionnelle (**B**).

1730 CJCE, arrêt du 14 octobre 2004, Omega, aff. C-36/02, op. cit.

1731 CJCE, arrêt du 11 décembre 2007, ITF et FSU c/ Viking, aff. C-438/05, non encore publié dans le recueil.

1732 SCIARRA Silviana, "European social Rights Policy Convergence", in ALSTON PHILIP, op. cit., p. 484.

1733 BRIBOSIA Emmanuelle et SCHUTTER (de) Olivier, « La Charte des droits fondamentaux de l'Union européenne », JT, n° 6005, 24 mars 2001, p. 281.

A) *La limite de la protection inhérente à l'organisation de recours des particuliers*

1. *Conditions tenant à l'organisation des recours*

L'ouverture aux particuliers des voies de recours dans les domaines couverts par les traités communautaires, et spécialement le recours en annulation, est limitée, malgré certaines évolutions jurisprudentielles dans des domaines spécifiques. Ce recours a pour objet de faire annuler un acte émanant d'une institution communautaire. Les Etats membres, le Conseil et la Commission sont des « requérants privilégiés »[1734]. Ils peuvent formuler des recours en annulation contre tout acte décisif qu'il soit de portée générale ou individuelle, qu'il leur soit adressé ou non.

La recevabilité de recours en annulation des particuliers, personnes physiques ou morales, désormais introduits devant le Tribunal de première instance se différencie de ceux qui sont introduits par les requérants privilégiés. La distinction affecte aussi le recours en carence. En effet, selon l'article 230 TCE, les personnes privées doivent démontrer, outre leur intérêt à agir, qu'elles sont concernées directement et individuellement en cas de recours contre les décisions adressées à une autre personne ou contre des décisions prises sous l'apparence d'un règlement. C'est surtout la double exigence d'être « directement et individuellement concerné » qui constitue pour l'individu une barrière quasi infranchissable à l'accès au prétoire de la Cour de justice, lorsque la décision entreprise ne lui est pas adressée[1735]. Le traité permet des recours dans des conditions plus restrictives que ne le prévoient la plupart des traités internationaux pour introduire des recours en annulation des actes réglementaires de portée générale[1736].

Le Traité d'Amsterdam n'ayant pas modifié cette situation, la recevabilité des recours en annulation des particuliers présente d'incontestables lacunes et se situe en deçà de la plupart des standards nationaux et du standard fixé par la Convention européenne. Il est en effet plus simple pour les particuliers d'introduire une requête en vertu de l'article 34 de la Convention européenne, que d'agir devant le juge communautaire en annulation des actes communautaires de portée générale. Quant au Traité de Nice, la seule modification normative qu'il a apportée au recours en annulation de l'article 230 concerne le Parlement

---

1734 MOUTON Jean-Denis et SOULARD Christophe, *La Cour de Justice des Communautés européennes,* op. cit., p. 31 et suite.

1735 VANDERSANDEN George et BARAV Ami, *Contentieux communautaire,* Bruylant, Bruxelles, 1997, p. 163.

1736 BRIBOSIA Emmanuelle et SCHUTTER (de) Olivier, op. cit., p. 286.

européen, dont le droit de recours ne sera à l'avenir plus limité aux cas ou ses prérogatives sont en cause. Cette formulation est reprise et étendue aux actes réglementaires[1737], dans le projet de Constitution européenne dans son article III-266. Le souci d'éviter une surcharge des juridictions de l'Union semble l'avoir emporté sur celui de garantir une protection efficace des droits fondamentaux des justiciables[1738].

La Charte des droits fondamentaux ne remédie pas directement à cette situation. Elle proclame, en son article 47, le droit de toute personne, dont les droits et les libertés garantis par le droit de l'Union ont été violés, à un recours effectif devant un tribunal. La reconnaissance d'un droit au recours effectif dans la Charte est-elle de nature à remédier aux lacunes dans la protection juridictionnelle des droits fondamentaux dans le cadre de l'Union européenne ? L'exposé des motifs de cet article précise que le droit à un recours effectif qui y est consacré n'a pas pour objet de modifier les règles relatives à la recevabilité des recours. Il n'est toutefois pas exclu que cet article soit de nature à inciter les juridictions communautaires à revoir leur jurisprudence et à atténuer, en cas de violation des droits fondamentaux, les exigences strictes actuellement mises à l'ouverture aux particuliers du recours en annulation.

Les limites de la protection sont également évidentes pour les recours contre les Etats membres. Les particuliers sont privés de tout accès à la juridiction communautaire, les recours en constatation de manquement étant réservés à la Commission et aux Etats membres. Leur seule chance d'obtenir une protection est de déposer une plainte auprès de la Commission en espérant qu'elle agisse[1739]. L'article 241 du traité permet à toute partie d'invoquer devant la Cour de justice l'inapplicabilité d'un règlement du Conseil ou de la Commission à l'occasion d'un litige mettant en cause ce règlement. Cette voie de recours, appelée l'exception d'illégalité, est nécessairement subordonnée à une autre procédure devant la Cour. « Sa raison d'être principale est de permettre aux particuliers, qui n'ont

---

1737 Voir l'article I-32 du projet de Constitution européenne. Selon la nouvelle liste simplifiée des actes juridiques de l'Union, les actes réglementaires, sont des actes non législatifs de portée générale pour la mise en œuvre des actes législatifs qui sont les lois et les lois-cadres européennes et de certaines dispositions spécifiques de la Constitution.

1738 WAELBROECK Denis, Editorial : « Vers une nouvelle architecture judiciaire européenne ? », CDE, 2000, p. 3–7.

1739 RIDEAU Joel, « Les limites de la protection juridictionnelle des droits de l'homme », in *Réalité et perspectives des droits fondamentaux*, Bruylant, Bruxelles, 2000, pp. 399–427, ici p. 418.

généralement pas le droit d'attaquer un règlement, d'en soulever l'illégalité à l'occasion d'un recours formé contre une décision individuelle prise sur la base de ce règlement »[1740].

2. L'apport du Traité constitutionnel

Le Traité constitutionnel ne prévoit pas la mise en place d'une voie juridictionnelle spécifiquement destinée à la protection des droits fondamentaux. Il institue, malgré quelques avancées, un système juridictionnel complexe et peu accessible au citoyen.

L'article II-107 du Traité constitutionnel précise que « Toute personne dont les droits et libertés garantis par le droit de l'Union ont été violés a droit à un recours effectif devant un tribunal » Cette formulation fait du droit à un recours effectif une garantie de l'efficience des droits fondamentaux[1741]. On procède ainsi à un certain nombre d'avancées en la matière en élargissant les accès au juge, mais sans parvenir pour autant à simplifier le système juridictionnel de l'Union. En premier lieu, l'article II-369[1742] du Traité constitutionnel prévoit une extension des conditions d'exercice du renvoi préjudiciel en élargissant les actes susceptibles de contrôle puisque sont visés les actes de toutes les institutions, y compris ceux du Conseil européen[1743], ainsi que l'ensemble des organes et organismes de l'Union. En outre, l'article précédant prévoit une modification considérable : l'extension du champ d'application matérielle de la procédure préjudicielle[1744]. En effet, il est précisé que le renvoi préjudiciel concerne la Constitution, y compris les deux piliers non communautaires dont la spécificité disparaît.

1740 MOUTON Jean-Denis et SOULARD Christophe, op. cit., p. 36.

1741 CORREARD Valérie, « Constitution européenne et protection des droits fondamentaux : Vers une complexité annoncée », RTDH, 67/2006, pp. 500–529, 1ci p. 513.

1742 « La Cour de Justice de l'Union européenne est compétente pour statuer, à titre préjudiciel sur :

a) l'interprétation de la Constitution
b) la validité et l'interprétation des actes des institutions, organes et organismes de l'Union. (…) »

1743 Article I-19 du TECE.

1744 MITTLEBERGER-LEPRETRE Marie et SOULARD Christophe, « Le statut du citoyen : recours », in *Le traité établissant une Constitution pour l'Europe : Analyses et commentaires,* CONSTANTINESCO Vlad, GAUTIER Yves et MICHEL Valérie (dir), Presse universitaire de Strasbourg, 2005, p. 425.

Le Traité constitutionnel prévoit par ailleurs un certain nombre d'évolutions en matière de recours en annulation notamment en ce qui concerne les conditions de recevabilité de celui-ci. Dans cette perspective, l'article III-365 (4) prévoit que tout justiciable peut former un recours contre les actes dont il est destinataire ou qui le concerne directement Ainsi, le Traité constitutionnel va plus loin que traité CE qui ne prévoit un recours individuel que dans le cadre des « décisions »[1745]. Par ailleurs, l'article mentionné précédemment stipule également qu'un recours individuel est possible contre les actes réglementaires qui ne comportent pas de mesures d'exécution. L'avancée est considérable dans la mesure où le traité CE ne permet un recours qu'en présence des mesures d'exécution. Ces avancées doivent être nuancées par la persistance d'une norme bénéficiant d'une « immunité juridictionnelle » sous le régime du Traité constitutionnel : la loi européenne. De surcroît, le Traité constitutionnel n'instaure pas un recours spécifique visant à protéger les droits fondamentaux. Le Traité de Lisbonne n'innove pas à cet égard.

B) Les déficits éventuels de protection juridictionnelle

Le deuxième aspect de la question de la protection des droits fondamentaux dans le cadre de l'Union concerne les éventuels déficits de protection juridictionnelle dans l'ordre juridique communautaire provenant des limites apportées à la compétence de la Cour de Justice. L'extension des comences de la Cour de justice au nouveau titre IV « Visa, asile, immigration et autres politiques liées à la libre circulation des personnes » et la juridictionnalisation du nouveau troisième piler suivant le Traité d'Amsterdam ont certes, atténué ces limites. Par ailleurs, du fait des jurisprudences *Schmidberger, Omega, Viking et Laval,* il est légitime d'affirmer que, dorénavant, c'est le droit communautaire qui sera considéré à l'aune des droits fondamentaux et plus l'inverse.

1. La protection des droits fondamentaux d'une manière générale

La Cour de Justice des Communautés européennes a une compétence d'attribution qui découle des traits constitutifs. Cette compétence traditionnelle provenait à l'origine de l'article 164 du traité, devenu, après modification, l'article 220 TCE, repris par l'article I-28 de la Constitution. Cette compétence s'étendait à l'ensemble du droit communautaire, ainsi qu'aux actes extérieurs à ce droit mais s'y intégrant, comme des accords internationaux ou autres normes internationales. Cette situation n'avait pas été modifiée par l'Acte Unique.

1745 Article 230 alinéa 4 du traité CE : « Toute personne physique ou morale peut former (…) un recours contre les décisions dont elle est destinataire (…) ».

La situation créée par le Traité de Maastricht n'invitait pas de commentaire en ce qui concerne la compétence de la Cour de justice : le paragraphe 2 de l'article F, nouvel article 6.2 TUE, soustrayait à l'interprétation de la Cour une disposition inspirée directement de sa jurisprudence. Le Tribunal de Première Instance avait pourtant fait référence à cette disposition dans un arrêt du 23 février 1995[1746]. La compétence reconnue à la Cour de Justice pour interpréter ce texte devenu le paragraphe 2 de l'article 6, tel que modifié par le Traité d'Amsterdam, fournit à la Cour une base juridique qui l'encourage à renforcer sa protection, au renforcement du catalogue jurisprudentiel et au développement des références à la Convention européenne des droits de l'homme et des libertés fondamentales[1747].

Par ailleurs, des modifications ont été introduites par le TUE qui, en créant trois piliers distincts, a imposé une nouvelle définition des compétences de la Cour. L'article L, devenu, après modification, l'article 46 TUE attribuait compétence à la Cour pour les dispositions portant modification du traité CEE, du traité CECA et du traité Euratom. La Cour était également compétente pour l'interprétation de l'article K.3 (2) (c)[1748], devenu, après modification, l'article 34 (2) (d). En plus des dispositions relatives à la politique étrangère et de sécurité commune, la Cour n'avait, en particulier, pas de compétence pour interpréter l'article F paragraphe 2, devenu, après modification, article 6.2 TUE qui consacre le respect des droits fondamentaux en tant que principes généraux du droit communautaire[1749].

Le Traité d'Amsterdam a apporté de nouveau éléments en matière d'extension de la compétence de la Cour de Justice. Cette extension concerne l'article 6 (2) relatif à la protection des droits fondamentaux, le nouveau titre IV « Visa,

---

1746 TPI, aff. T-535/93, F c/ Conseil, Rec., FP II-163.

1747 SUDRE Frédéric, « la Communauté européenne et les droits fondamentaux après le Traité d'Amsterdam : Vers un nouveau système européen de protection des droits de l'homme ? », JCP, 1998, p. I-100, p. 12 et s.

1748 Le conseil peut « c) sans préjudice de l'article 220 du traité instituant la Communauté européenne, établir des conventions dont il recommandera l'adoption par les Etats membres selon leurs règles constitutionnelles respectives. (…) Ces conventions peuvent prévoir que la Cour de justice est compétente pour interpréter leurs dispositions et pour statuer sur tout différent concernant leur application. Selon les modalités qu'elles peuvent préciser ».

1749 « L'Union respecte les droits fondamentaux, tels qu'ils sont garantis par la Convention européenne des droits de l'homme et des libertés fondamentales, signée à Rome le 4 novembre 1950, et tels qu'ils résultent des traditions constitutionnelles communes aux Etats membres, en tant que principes généraux du droit communautaire ».

asile, immigration et autres politiques liées à la libre circulation des personnes » et le nouveau titre VI sur la coopération policière et judiciaire en matière pénale.

La limite, à ce niveau, tient d'abord à l'absence de compétence de la Cour pour le paragraphe 1 du nouvel article 6 TUE qui précise que « l'Union est fondée sur les principes de la liberté, de la démocratie, du respect des droits de l'homme et des libertés fondamentales, ainsi que l'Etat de droit, principes qui sont communs aux droits des Etats membres ». Toutefois, il convient de relativiser cette limite dans la mesure où l'activité jurisprudentielle peut la dépasser. C'est le cas par exemple pour le contrôle politique prévu par le Traité d'Amsterdam[1750], développé par le Traité de Nice[1751] et repris par la Constitution[1752] européenne. La Cour de Justice, sans intervenir directement dans ce contrôle, a compétence pour interpréter l'article 309 TCE relatif à la suspension des droits de vote concernant le TCE et de certains des droits découlant de l'application du traité. La Cour est également compétente pour interpréter l'article 49 TUE[1753] relatif à l'adhésion des nouveaux membres faisant référence parmi les conditions exigées au respect des principes énoncés dans l'article 6 (2) (article I-2 de la Constitution sur les valeurs de l'Union) ».

1750 Article 7 TUE et article 309 TCE. Voir PINGEL-LENUZZA Isabelle, « la garantie politique », in SUDRE Frédéric et LABAYLE Henri (dir.), *Réalité et perspectives du droit communautaire des droits fondamentaux*, op. cit, pp. 429–461.

1751 Tirant leçon de l'Affaire autrichienne, le Traité de Nice procède à un remaniement assez poussé de l'article 7 (1) TUE. Cet article a été révisé sur cinq points : (i) d'abord, c'est la formation ordinaire du Conseil des ministres, et non plus, comme dans la version d'Amsterdam, le Conseil réuni au niveau des Chefs d'Etat et de gouvernement qui est compétent pour constater le risque de violation des droits fondamentaux ; puis, le Parlement européen est désormais associé au système d'alerte avec la Commission et un tiers des pays membres ; (iii) en outre, l'exigence initiale de l'unanimité des membres du Conseil est remplacée par une majorité renforcée des quatre cinquièmes ; par ailleurs, le nouvel article 7 (1) ne requiert plus l'existence d'une violation grave des droits fondamentaux, mais se contente « d'un risque de violation grave » ; enfin, cet article offre la faculté au Conseil de demander aux personnalités indépendantes d'examiner la situation litigieuse et de rédiger un rapport.

1752 Article I-58 de la Constitution européenne.

1753 Article I-57 de la Constitution européenne.

2. *L'extension de la compétence juridictionnelle au nouveau titre IV « Visa, asile, immigration et autres politiques liées à la libre circulation des personnes »*

Le Traité d'Amsterdam a communautarisé partiellement le troisième pilier en inscrivant dans le traité instituant la Communauté européenne un titre IV « Visa, asile, immigration et autres politiques liées à la libre circulation des personnes ». Ces politiques intègrent désormais la compétence communautaire. Cette communautarisation est évolutive, puisque l'article 42 du TCE prévoit que « le Conseil statuant conformément à la procédure visée à l'article 251, adopte dans le domaine de la sécurité sociale, les mesures nécessaires pour l'établissement de la libre circulation des travailleurs, en instituant notamment un système permettant d'assurer aux travailleurs migrants et à leurs ayants droit: a) la totalisation, pour l'ouverture et le maintien du droit aux prestations, ainsi que pour le calcul de celles-ci, de toutes périodes prises en considération par les différentes législations nationales, b) le paiement des prestations aux personnes résidant sur le territoires des Etats membres ». Le nouveau titre IV du traité CE engage la Communauté dans la construction d'un espace de liberté, sécurité et de justice et donne compétence au Conseil pour sa mise en œuvre (art. 61). Nous savons que ce dernier a pris certaines mesures, conformément au calendrier établi dans le cadre du « tableau de bord » adopté au mois de mars 2000, concernant en particulier une politique commune de migration et les règles minimales à appliquer en vue de déterminer l'Etat responsable pour traiter les demandes d'asile.

Cette communautarisation partielle du troisième pilier a pour conséquence l'extension du contrôle juridictionnel de la Cour de Justice aux matières visées par le titre IV, avec cette réserve que le contrôle de la Cour, dans le domaine des droits de l'homme, est limité par l'article 46, alinéa d) du traité sur l'Union européenne. Un problème important en résulte notamment pour les juridictions nationales dont les décisions sont susceptibles de recours en droit interne. En effet, celles-ci se voient soumises, depuis le Traité d'Amsterdam à des obligations contradictoires lorsqu'elles s'estiment en présence d'un acte adopté dans le cadre du titre IV du Traité CE qui serait contraire au droit primaire et en particulier aux droits fondamentaux. D'une part, en vertu de l'article 68 du traité CE, ces juridictions ne peuvent adresser à la Cour de Justice une question préjudicielle sur la validité d'un acte puisque cette possibilité est réservée aux juridictions nationales dont les décisions ne sont pas susceptibles d'un recours juridictionnel de droit interne. D'autre part, elles sont tenues d'appliquer le droit communautaire, puisqu'en vertu de la jurisprudence Foto-Frost, les juridictions nationales ne statuant pas en dernier ressort n'ont pas la compétence de constater l'invalidité d'une norme communautaire sans s'en référer à la Cour de justice[1754]. Dès lors, à moins de considérer que cette jurisprudence n'est pas applicable en ce qui concerne les actes adoptés dans le cadre du titre IV, l'on doit estimer que ces juridictions nationales, dont les décisions sont susceptibles de faire l'objet de recours, doivent présupposer la validité des actes adoptés dans le cadre du nouveau titre IV sans pouvoir soumettre à la Cour la question de leur validité[1755].

La Cour est de plus incompétente aux termes de l'article 68, paragraphe 2, « pour statuer sur les mesures ou décisions prises en application de l'article 62, point 1, portant sur le maintient de l'ordre public et la sauvegarde de la sécurité publique », c'est-à-dire les mesures qui visent conformément à l'article 14, à assurer l'absence de tout contrôle des personnes, qu'il s'agisse des citoyens de l'Union ou des ressortissants des pays tiers, lorsqu'elles franchissent les frontières intérieures. Nous assistons ainsi, pour la première fois, à la création en droit communautaire d'une zone d'immunité[1756].

3. *La juridictionnalisation du nouveau troisième pilier*

Le nouveau troisième pilier, constitué par la coopération en matière de police et de la justice pénale, reste gouverné par les principes de la coopération intergouvernementale. Une lecture rapide de l'article 35 du Traité sur l'Union peut laisser entendre que la Cour de Justice possède une compétence préjudicielle de plein droit. En fait, rien de tel, car cette compétence est subordonnée à des déclarations d'acceptation par les Etats membres, « au moment de la signature du Traité d'Amsterdam ou, à tout autre moment postérieur à ladite signature… »[1757]. L'Etat acceptant a le choix entre ouvrir la possibilité de saisir la Cour de Justice aux seules juridictions dont les décisions ne sont pas susceptibles de recours juridictionnel en droit interne ou à l'ensemble de ses juridictions. Dans l'un ou l'autre cas, il s'agit en principe d'une saisine facultative mais, aux termes de la Déclaration adoptée par la Conférence, il sera loisible aux Etats acceptants de prévoir que la saisine de la Cour soit rendue obligatoire pour les juridictions suprêmes[1758].

1754 CJCE, arrêt du 22 octobre 1987, Foto-Frost, aff. 314/85, Rec., p. 4225.

1755 BRIBOSIA Emmanuelle et SCHUTTER (de) Olivier, op. cit.

1756 BLUMAN Claude, « Contribution du Traité d'Amsterdam à la transformation de la Communauté de droits en Union de droit », in *De la Communauté de droit à l'Union de droit,* op. cit., p. 367.

1757 TUE, article 35, paragraphe 2

1758 WASCHMANN Patrick, « Les Droits de l'homme », RTDE, 1997, p. 182.

Certes, les instruments adoptés dans le cadre du nouveau titre VI, à savoir les décisions et les décisions-cadres, n'ont pas d'effet direct dans les ordres juridiques internes[1759]. Cela signifie en principe que ces actes ne pourront pas voir d'effet dans les ordres juridiques nationaux sans l'entremise des mesures nationales d'exécution ou de transposition. Or, ces mesures peuvent faire l'objet de recours dans l'ordre juridique étatique, et après épuisement de ces recours, donner lieu à une requête introduite auprès de la Cour européenne des Droits de l'Homme, en cas de violation d'une disposition de la Convention. Aussi, dans certains cas, les mesures adoptées dans le cadre du titre VI, même si elles n'ont pas d'effet direct, sont susceptibles de fournir des instructions aux administrations ou aux juridictions nationales quant à la manière d'interpréter le droit national dans ces domaines. L'influence qu'elles traduisent ainsi ne se traduira pas nécessairement par des instruments juridiques susceptibles d'être attaqués par la voie juridictionnelle dans l'ordre juridique national. Seules les voies de recours prévues au niveau de l'Union pourraient éviter que cela ne risque de déboucher sur des violations des droits fondamentaux, commises en toute impunité, dans le domaine de la coopération policière et judiciaire en matière pénale.

Par ailleurs, toujours au terme de cet article 35, paragraphe 5, la Cour de Justice n'est pas compétente pour vérifier la validité ou la proportionnalité d'opérations menées par la police ou d'autres services répressifs dans un Etat membre, ni pour statuer sur l'exercice des responsabilités qui incombent aux Etats membres pour le maintien de l'ordre public et la sauvegarde de la sécurité intérieure. L'article 35 prévoit également la compétence de la Cour de Justice pour contrôler la légalité des décisions-cadres et des décisions sur recours intenté, dans les deux mois à compter de la publication de l'acte, par un Etat membre ou par la Commission. L'exclusion du Conseil et du Parlement s'explique par la nature non communautaire des actes en cause, tandis que la reconnaissance d'un droit d'agir à la Commission traduit la force du lien existant entre la coopération ici examinée et l'action communautaire destinée à assurer la libre circulation[1760]. Il résulte de ce dispositif instauré par le Traité d'Amsterdam que la Cour de Justice ne dispose que d'une compétence à géométrie variable dans les matières couvertes par le nouveau troisième pilier. Une telle situation entraîne donc une réelle carence en ce qui concerne le contrôle juridictionnel du respect des droits fondamentaux. Toutefois, le Traité établissant

1759 VEYEMBERGH Anne (dir), *Vers un espace judiciaire pénal européen,* Bruxelles, Editions de l'Université de Bruxelles, 2000, pp. 55–75.

1760 WASCHMANN Patrick, op.cit.

une Constitution pour l'Europe, en supprimant la structure en piler de l'Union met fin à cette situation disparate, et le Traité de Lisbonne s'engage dans cette voie[1761].

En effet, alors que l'espace de liberté, de sécurité et de justice avait été eclaté entre le premier et le troisième pilier au moment de sa consécration officielle, il fait désormais l'objet d'un titre unique dans le Traité sur le fonctionnement de l'Union européenne, avec une amélioration substantielle de son fonctionnement[1762]. Le champ de la coopération judiciaire en matière civile comme en matière pénale est étendu ; le role d'Europol et d'Eurojust est renforcé ; un « système intégré de gestion des frontière extérieures » sera mis en place ; un parquet européen pourra être mis en place par le Conseil, dans un premier temps pour protéger les intérêts financiers de l'Union, mais éventuellement aussi pour lutter contre la criminalité grave ayant une dimension transfrontalière. Parallèlement, les compétences de la Cour de justice européenne[1763] sont élargies tout particulièrement dans le domaine de l'espace de liberté, de sécurité et de justice, prèsque entièrement soumis à son contrôle[1764]. Dans le même temps, l'accès des particuliers à la Cour est légèrement amélioré puisque, aux termes de l'article 263 du TFUE, ils peuvent exercer un recours contre les actes réglementaires qui les concernent directement (et plus nécéssairement individuellement) et qui ne comportent pas de mesures d'execution.

L'extension des compétences de la Cour permet sans doute une protection plus efficace des droits fondamentaux. Probablement dans un climat marqué par des extensions significatives suivant les modifications successives des traités fondateurs, la Cour a procédé à un renversement de perspective en ce qui concerne la protection des droits fondamentaux. En effet, les arrêts *Schmidberger*[1765] et

---

1761 Une conséquence de l'octroi de la personnalité juridique à l'Union est la suppression de la structure en piliers. Le Traité de Lisbonne le confirme : l'Union « se substitue et succède à la Communauté européenne » (article premier du nouveau Traité sur l'Union européenne) et elle « a la personnalité juridique » (article 47 de ce traité).

1762 DONY Marianne, *Après la réforme de Lisbonne les nouveaux traités européens,* Editions de l'Université de Bruxelles, 2008, p. XXII.

1763 Selon l'article 19 du TUE, la « Cour de justice de l'Union européenne » est un terme « générique », comprenant la Cour de justice, le Tribunal et des tribunaux spécialisés.

1764 Sous rèserve de l'application de l'article 276 du TFUE, qui dans les domaines de la coopération judiciaire en matière pénale et de la coopération policière en matière pénale exclut la compétence de la Cour « pour vérifier la validité ou la proportionnalité d'opérations menées par la police ou d'autres services répressifs dans un Etat membre, ni pour statuer sur l'exercice des responsabilités qui incombent aux Etets membres pour le maintien de l'ordre public et la sauvegarde de la sécurité intérieure ».

1765 CJCE, arrêt du 12 juin 2003, Schmidberger, aff. C-112/00, op. cit.

Omega[1766] prouvent indiscutablement que la protection des droits fondamentaux devient de plus en plus importante pour la juridiction communautaire. Aussi, les arrêts *Viking*[1767] et *Laval*[1768] constituent un tournant en ce qui concerne l'importance attachée par la Cour aux objectifs de politique sociale de l'Union. Ce renversement de perspective de la Cour, témoigne du passage de l'Union économique à l'Union politique. Par conséquent, il est tout à fait logique qu'avec cette transformation qualitative, la défense des droits fondamentaux devienne déterminante.

§ 2: L'absence de contrôle du respect des droits fondamentaux par un organe externe à l'Union européenne : débat sur l'adhésion de l'Union à la Convention européenne

Ni la Communauté, ni à fortiori l'Union ne sont parties à la Convention européenne des Droits de l'Homme ou à d'autres instruments européens ou internationaux de protection des droits de l'homme auxquels les Etats membres ont adhéré. L'avis 2/94, rendu le 28 mars 1996 par la Cour de justice semble éloigner une perspective d'adhésion de la Communauté à la Convention européenne[1769].

1766 CJCE, arrêt du 14 octobre 2004, Omega, aff. C-36/02, op. cit.

1767 CJCE, arrêt du 11 décembre 2007, ITF et FSU c/ Viking, aff. C-438/05, précité.

1768 CJCE, arrêt du 18 décembre 2007, Laval, aff. C-341/05, précité,

1769 Avis 2/94, 28 mars 1996, Rec., p. I-1759. Selon La Cour « en l'état actuel du droit communautaire, la Communauté n'a pas compétence pour adhérer à la Convention européenne de sauvegarde des droits de l'homme et des libertés fondamentales, car, d'une part, aucune disposition du traité ne confère aux institutions communautaires, de manière générale le pouvoir d'édicter des règles en matière des droit de l'homme ou de conclure des conventions internationales dans ce domaine et, d'autre part, une telle adhésion ne s'opère pas par le recours à l'article 235 du traité. En effet, le respect des droits de l'homme constitue une condition de la légalité des actes communautaires, l'adhésion de la Communauté à la Convention européenne de droits de l'homme entraînerait un changement substantiel du régime actuel de la protection des droits de l'homme, en ce qu'elle comporterait l'insertion de la Communauté dans un système institutionnel international distinct, ainsi que l'intégration de l'ensemble des dispositions de le Convention européenne dans l'ordre juridique communautaire. Une telle modification du régime de protection des droits de l'homme dans la Communauté, dont les implications institutionnelles seraient également fondamentales, tant pour la Communauté que pour les Etats membres, revêtirait une envergure constitutionnelle et dépasserait donc par sa nature les limites de l'article 235. Elle ne saurait être réalisée que par la voie d'une modification du traité. »

Par conséquent pour la Cour de justice, l'article 5 (ex. article 3B) du Traité ne dote la Communauté que de compétences d'attribution. La Cour souligne par ailleurs que l'adhésion à la Convention européenne implique un changement radical dans l'ordre juridique communautaire, en ce qu'elle comporterait l'insertion de celui-ci dans un système institutionnel international distinct. En outre, l'adhésion revêtirait une telle envergure qu'elle dépasserait les limites de l'article 235 et ne pourrait être réalisée que par une modification du Traité. Par ailleurs, elle subordonne l'adhésion à la Convention européenne des Droits de l'Homme, en raison de son envergure constitutionnelle, à une révision préalable du Traité instituant la Communauté européenne. On sait également que le Traité d'Amsterdam opérant des modifications considérables, en ce qui concerne le respect des droits fondamentaux, a observé un silence total à cet égard. A notre sens, c'est sur ce manque de volonté politique qu'il convient de réfléchir pour pouvoir mieux cerner les véritables enjeux de ce débat.

La question de l'adhésion[1770] de l'Union à la Convention européenne fut à l'ordre de toutes les discussions, surtout après l'adoption de la Charte des droits fondamentaux de l'Union européenne comme un socle des droits fondamentaux incluant tous les droits de l'homme, y compris les droits sociaux fondamentaux.

1770 Parmi l'abondante bibliographie consacrée à ce sujet, voir surtout : Gisela Gori et Fabienne Kaff-Guzin, « Les Droits de l'homme à Nice », in CONSTANTINESCO Vlad, GAUTIER Yves et SIMON Denys (dr.), *Le Traité de Nice : Premières analyses*, Presses universitaires de Strasbourg, 2001, pp. 231–256 ; KRUGER Hans Christian et POLAKIEWICZ Jörg, « Proposition pour la création d'un système cohérent de protection des droits de l'homme en Europe », RUDH, Vol. 13, n°1–4, 2001, pp. 1–14 ; LE BOT Olivier, « Charte de l'Union européenne et Convention de sauvegarde des droits de l'homme : la coexistence de deux catalogues de droits fondamentaux », RTDH, 55/2003, pp. 781–811 ; JACQUE Jean-Paul, « La démarche initiée par le Conseil de Cologne », RUDH, 2000, pp. 3–6 ; Witte (de) Bruno, « The Legal Status of the Charter : Vital Question or Non-Issue ? », Maastricht Journal, 2001(8), pp. 81–89 ; LENAERTS Koen and SMITJER (de) Eddy, « A « Bill of Rights » for the European Union », CML Rev., 2001 (38) pp. 273–300 ; WOUNTERS Jan, « The EU Charter of Fundamental Rights-Some reflection on its External Dimension », Maastricht Journal, 2001 (8), pp. 3–13. ; LEMMENS Paul, « The Relation between the Charter of Fundamental Rights of the European Union and the European Convention on Human Rights-Substantive Aspects », Maastricht Journal, 2001 (8), pp. 49–67. ; LENAERTS Koen and SMITJER (de) Eddy, « The Charter and the Role of the European Courts », Maastricht Journal, 2001 (8), pp. 91–101 ; BURCA (de) Grainne, « The Drafting of the European Union Charter of Fundamental Rights », E :L.Rev., 2001(26), pp. 126–138.

Pour les uns, maintenant qu'existent deux catalogues de droits fondamentaux pour l'Union européenne, la Charte et la Convention européenne, le conflit entre eux serait inévitable. Ce conflit résulterait de l'obligation pour les autorités nationales de respecter deux standards dans ce domaine, ainsi que de la faculté pour les particuliers de se prévaloir des droits consacrés dans chacun des deux instruments[1771]. Pour d'autres, la meilleure façon d'établir la cohérence nécessaire entre la Convention européenne et le droit communautaire est l'adhésion des Communautés européennes ou de l'Union à la Convention[1772]. Pour d'autres encore, la Charte ne change absolument rien à la situation actuelle en ce qui concerne les rapports entre le droit communautaire et la Convention européenne. « Avec une Charte ou sans Charte, le problème des rapports avec la Convention européenne des droits de l'homme et de l'éventualité de conflits d'interprétation est posé »[1773]. La question était devenue d'autant plus actuelle et réelle que le Traité constitutionnel prévoit dans article I-7, comme le fait le TUE dans son article 6.1, tel que modifié par le Traité de Lisbonne que « L'Union s'emploie à adhérer à la Convention européenne de sauvegarde des droits de l'Homme et des libertés fondamentales. L'adhésion à cette convention ne modifie pas les compétences de l'Union telles qu'elles sont définies dans la présente Constitution ». Quant au texte définitif de la Constitution, il précise dans son article I-9 que l'Union adhère à la CEDH. Cet engagement est poursuivi avec le traité modificatif[1774]. Le débat initié sur la forme et la nature juridique de la Charte **(A)**, se voit maintenant déplacé sur le terrain de l'intégration de celle-ci dans la Constitution sous forme de conflit de catalogues **(B)**. Il n'en demeure pas moins que la Charte des droits fondamentaux de l'Union européenne, dans ce conflit, semble avantager la protection des droits sociaux fondamentaux par rapport au système conventionnel **(C)**.

1771 LE BOT Olivier, « Charte de l'Union européenne et Convention de sauvegarde des droits de l'homme : la coexistence de deux catalogues de droits fondamentaux », op. cit., p. 796.

1772 KRUGER Hans Christian et POLAKIEWICZ Jörg, « Proposition pour la création d'un système cohérent de protection des droits de l'homme en Europe », RUDH, Vol. 13, n° 1–4, 2001, pp. 1–14, ici p. 3.

1773 JACQUE Jean-Paul, « La démarche initiée par le Conseil de Cologne », RUDH, 2000, pp. 3–6, ici p. 4.

1774 Article 6 TUE, alinéa 2, tel que modifié par le Taité de Lisbonne.

A) *La nature juridique de la Charte et la Constitution politique de l'Union européenne*

La question de la nature juridique de la Charte est dépassée nous dira-t-on, avec son intégration dans le Traité constitutionnel et surtout avec l'adoption du Traité de Lisbonne. En effet, c'est l'une des grandes réussites de la Convention sur l'avenir de l'Europe de pouvoir dégager un consensus sur l'avenir juridique de cet instrument, dont le principal mérite fut tout d'abord d'exister[1775]. Toutefois, un rappel du chemin parcouru nous semble utile.

Les Chefs d'Etat et de gouvernement décidèrent, lors du Sommet européen de Cologne, de donner à cette question une réponse en plusieurs étapes. Tout d'abord, la Charte doit être solennellement proclamée par le Parlement européen, la Commission et le Conseil. Ce qui fut fait à Nice en décembre 2000. Ensuite, il faudra examiner « si, et le cas échéant comment, la Charte peut être intégrée aux traités »[1776]. C'est dans cet esprit que dès le début, les travaux de la Convention sur la Charte avaient cherché à rédiger un texte « éventuellement » intégrable dans les traités, sans préjuger d'un choix qui revient au Conseil européen.

La question de la nature juridique de la Charte a fait l'objet de plusieurs prises de position dans les milieux européens. C'est ainsi que le Parlement européen, dans deux résolutions adoptées le 16 mars[1777] et le 2 octobre 2000[1778], s'est prononcé en faveur d'une Charte juridiquement contraignante, intégrée dans le traité. Sa résolution du 16 mars invite la conférence intergouvernementale à inscrire à son ordre du jour l'incorporation dans les traités de la Charte des droits fondamentaux, en tenant compte du rôle crucial qui lui incombe dans la perspective de la réalisation d'une Union sans cesse plus étroite entre les peuples de l'Europe. La Commission a fait le pari[1779] que la Charte fera sentir ses effets, y compris sur le plan juridique, et ce, quelle que soit la nature qui lui sera attribuée. Elle précise par ailleurs qu'il sera difficile pour le Conseil et pour la Commission, appelés à proclamer solennellement la Charte, de l'ignorer dans le futur lorsqu'ils agiront comme législateur. La Commission poursuit sa communication: « il est vraisemblable, qu'à son tour, la Cour de justice s'en inspirera comme elle le fait

1775 GRUBER Annie, « La Charte des droits fondamentaux de l'Union européenne : Un message clair hautement symbolique », Petites Affiches, op. cit, p. 16.

1776 Conclusion de la Présidence du Conseil européen de Cologne, 3–4 juin 1999, annexe 1, p. 2.

1777 Résolution A5-0064/2000 du Parlement européen.

1778 Résolution B5-767/2000 du Parlement européen.

1779 COM (2000) 844 finale, 11.10.2000.

déjà avec d'autres textes concernant les droits fondamentaux. On pouvait déjà s'attendre à ce que la Charte devienne en toute hypothèse contraignante par le biais de son interprétation par la Cour de justice, en tant que principes généraux du droit communautaire »[1780]. Toutefois, la Commission a souhaité que la Charte soit intégrée tôt ou tard dans les traités et devienne, par elle-même, contraignante, plutôt que par l'interprétation jurisprudentielle. C'est cette position que le Commissaire Antonio Vitorino, l'un des représentants de la Commission dans la Convention sur l'avenir de l'Europe, a défendu sans cesse, tout en soulignant que l'intégration de la Charte dans les traités et l'adhésion de l'Union à la Convention européenne ne s'excluent pas mutuellement. En ce qui concerne les modalités techniques de l'incorporation, la Commission observe que le Conseil européen pourrait, le moment venu, envisager par exemple la simple insertion des articles de la Charte dans le traité européen sous un titre intitulé « droits fondamentaux » ou encore l'incorporation de la Charte dans un protocole annexé au traité[1781]. Par ailleurs, le Comité économique et social[1782] et le Comité des régions[1783] ont, dans leurs avis respectifs, au cours du mois de septembre 2000, plaidé pour une charte juridiquement contraignante, incorporée dans les traités.

En effet, la question du statut juridique de la Charte des droits fondamentaux a figuré parmi les quatre principaux sujets à l'ordre du jour du débat sur l'avenir de l'Europe, lancé le 7 mars 2001, à l'occasion d'une réunion solennelle organisée dans l'enceinte du Parlement européen. Sur cette base, le sujet a été repris par la Déclaration de Laeken, la Convention sur l'avenir de l'Europe et la Conférence intergouvernementale qui l'a suivie. La version finale du Traité établissant une Constitution pour l'Europe, signé le 24 octobre 2004 à Rome, tout en intégrant la Charte l'a constitutionnalisée en même temps. Comme les textes constitutionnels classiques, la Constitution européenne consacrait alors les droits et libertés fondamentaux. C'est en cela que cette démarche s'était inscrite dans le processus de constitutionnalisation politique de l'Union européenne. Par la même occasion, les droits sociaux fondamentaux étaient élevés au rang constitutionnel au sein de l'Union.

La Charte, dont la valeur juridique a été tant discutée, a vu ses premières applications avant même son intégration dans le Traité constitutionnel et a été dotée d'une valeur juridique contraignante avec leTraité de Lisbonne. Aussi, les avocats

1780 Ibid, p. 6.
1781 Ibid, p. 6.
1782 Résolution CES 1005/2000, 20 septembre 2000.
1783 Résolution CdR 140/2000, 20 septembre 2000.

généraux n'hésitent pas à utiliser la Charte au support des argumentations qu'ils développent. Ce texte a ainsi été évoqué pour confirmer le caractère de droit fondamental qui s'attache au principe de la légalité des délits et des peines[1784], au principe non bis in idem[1785], à la présomption d'innocence[1786], au droit de propriété[1787], au droit à un recours effectif[1788], au principe de l'Etat de droit[1789], au droit à l'avocat[1790], au droit à des conditions de travail qui respectent la santé et la sécurité des travailleurs[1791], au droit à une bonne administration[1792], au droit à un congé annuel payé[1793], à la liberté de circulation et de séjour[1794], à la liberté d'association[1795], au droit à l'information et à la consultation des travailleurs dans

1784 Conclusions de l'avocat général Stix-Hackl, du 12 juillet 2001 sur CJCE, aff. 131/00, Ingemar Nilson c/ Lansstyrelsen i Norbottens Ian, points 18 et 44.

1785 Conclusions de l'avocat général Damaso Ruiz-Jarabo Coomer du 19 septembre 2002 sur CJCE, aff. C-387/01, Procédure pénale c/Gözütok, point 57.

1786 Conclusions de l'avocat général Damaso Ruiz-Jarabo Coomer du 17 octobre 2002 sur CJCE, 99 : Volkswagen AG c/ Commissions des Communautés européennes, point 94.

1787 Conclusions de l'avocat général Geelhoed du 12 juillet 2001 sur CJCE, aff. C-313/ 99, Mulligan e.a c/ Minitre de l'Agriculture de la République d'Irlande, point 28 ; Conclusions de l'avocat général Mischo du 10 juillet 2003, aff. C-20/00Rec., p. I-7411.

1788 Conclusions de l'avocat général Damaso Ruiz-Jarabo Coomer du 4 decembre 2001 sur CJCE, aff. C-208/00, Überseeing BV c/ HCC Nordic Construction Company Baumanagement GmbH, point 59.

1789 Conclusionss de l'avocat général Léger du 10 juillet 2001sur CJCE, aff. C-303/99, Wouters et autres c/ Algemene Raad van de Nederlandse Orde van Advocaten, point 173.

1790 Conclusion de l'avocat général Léger du 10 juillet 2001sur CJCE, aff. C-303/99, Wouters et autres c/ Algemene Raad van de Nederlandse Orde van Advocaten, point 175.

1791 Conclusions de l'avocat général Stix-Hackl, du 31 mai 2001 sur CJCE, aff. C-49/00, Commission c/ Italie, point 57.

1792 Conclusions de l'avocat général Jacobs du 22 mars 2000 sur CJCE, aff. C-270/99, Z. c/ Parlement européen, point 40.

1793 Conclusions de l'avocat général Tizzano du 8 février 2001 sur CJCE, aff. C-173/ 99, B.C.T.U. c/ Secrétaire d'Etat au commerce et à l'industrie, point 28. Après avoir rappelé que ce droit est énoncé dans plusieurs textes, l'avocat général affirme qu'il est « encore plus significatif que ce droit trouve aujourd'hui une confirmation solennelle dans la Charte des droits fondamentaux de l'Union européenne (…) »

1794 Conclusions de l'avocat général Geelhoed sur CJCE, 5 mars 2005, aff. C-209/03, Bidar, Rec., p. I-2119.

1795 Conclusions de l'avocat général Ruiz-Jarabo Colomer sur CJCE, 9 mars 2006, aff. C-499/04, Werhof.

l'entreprise[1796], au droit d'accès au prestations sociales[1797], au respect de la diversité linguistique[1798], à l'accès aux services d'intérêt économique général[1799] ou encore à la liberté d'expression et de réunion[1800].

On se rappelle que la Cour avait fait la même utilisation de la Charte sociale européenne dans les arrêts *Defrenne*[1801] et *Blaizot*[1802]. La Cour pourrait également veiller au respect des droits énoncés par la Charte en tant que principes généraux du droit communautaire ou en ce qu'elle exprime les traditions constitutionnelles communes. En effet, c'est le même schéma[1803] qui avait conduit la Cour à s'inspirer de la Convention européenne des Droits de l'Homme. On pourrait s'attendre à ce que la Cour de Justice considère la Charte comme un accord interinstitutionnel[1804], auquel s'applique l'adage « patere legem quam ipse fecisti », les particuliers pouvant exiger des institutions qu'elles respectent à leur égard les droits que la Charte reconnaît.

Force est de constater que le juge communautaire a déjà commencé à se référer à la Charte des droits fondamentaux. Ainsi, dans un arrêt du 30 janvier 2002[1805], le Tribunal de Première Instance s'est fondé sur la Charte pour reconnaître l'existence de deux droits fondamentaux : le droit à une bonne administration et le droit à un contrôle juridictionnel. Puis, dans une ordonnance du 4

1796 Conclusions de l'avocat général Kakott sur CJCE, 8 juin 2004, aff. C-220/02, Österreichischer Gewerkschaftsbund, Rec., p. I-5907.

1797 Conclusions de l'avocat général Poiares Maduro sur CJCE, 13 janvier 2005, aff. C-191/03 P, Nardone c/ Commission, Rec., p. I-199.

1798 Conclusions de l'avocat général Poiares Maduro sur CJCE, 15 mars 2005, aff. C-160/03, Espagne c/ Eurojust, Rec., p. I-2077.

1799 Conclusions de l'avocat général Jacobs du 30 avril 2002 sur CJCE, aff. C-126/01, Min. de l'économie, des finances et de l'industrie c/ GEMO SA, point 40.

1800 Conclusions de l'avocat général Jacobs du 11 juillet 2001sur CJCE, aff. C-112/00, Schimidberger Internationale Transporte Planzüge c/ République d'Autriche, point 101.

1801 CJCE, arrêt du 15 juin 1978, Defrenne c. Sabena, aff. 149/77, Rec., p. 379.

1802 CJCE, arrêt du 2 février 1988, Blaizot c. Université de Liège, aff. 24/86., Rec., p. 379.

1803 WHATELET Melchior, « Editorial : La Charte des droits fondamentaux : un bon pas dans une cours qui reste longue », CDE, 2000, p. 591.

1804 BRAIBANT Guy, Représentant de la France à la Convention qui a rédigé la Charte, celle-ci est juridiquement un accord inter-institutionnel : ce sont des arrangements de comportements entre institutions, qui ne sont pas créateurs de droits, mais qui lient politiquement et moralement. Cf. BRAIBANT Guy, op. Cit., p. 57

1805 TPI, arrêt du 30 janvier 2002, aff. T-54/99, Max. mobile Telecommunication Service, GmbH c/ Commission, points 48 et 57.

avril 2002[1806], le Président du TPI a invoqué la Charte en tant que synthèse des traditions constitutionnelles communes aux Etats membres. De plus, dans un arrêt du 3 mai 2002[1807], le même tribunal considère comme équivalente la vocation de la Charte et de la Convention européenne à servir de fondement pour la « découverte » des principes généraux du droit communautaire. Il en est ainsi du droit à un recours effectif[1808] et du respect à la vie privée et familiale[1809]. L'arrêt *Manesmannröhren*[1810] confirme cette substitution de la Charte à la Convention européenne. Ce n'est pas autre chose que l'existence de deux standards différents ayant vocation à coexister en Europe, avec toutes les conséquences que cela comporte.

En ce qui concerne la Cour de justice, elle a considéré dans un arrêt[1811] récent que le législateur est tenu de respecter la Charte des droits fondamentaux de l'Union européenne, en tant que norme de référence. Sur le fond, le Parlement demandait l'annulation de certaines dispositions de la directive 2003/86/CE du Conseil du 22 septembre 2003 relative au droit au regroupement familial au motif principalement que la liberté accordée aux autorités nationales en la matière contrevenait aux normes de protection communautaires et internationales des droits de l'homme[1812]. Si le juge communautaire rejette l'ensemble des moyens, il n'en effectue pas moins un contrôle rigoureux de la protection du droit respect de la vie familiale. En s'appuyant désormais sur la jurisprudence de la CEDH, il en déduit que l'atteinte au regroupement des membres d'une famille constitue une ingérence dans le droit au respect de la vie familiale[1813], les Etats étant tenus de remplir en la matière un certain nombre d'obligations positives. Cela étant, la question du statut juridique était résolue par la jurisprudence.

1806 TPI, ordonnance du 4 avril 2002, aff. T-198-01, Techniche Glaswerke Ilmenau GmbH c/ Commission, point 85.

1807 TPI, arrêt du 3 mai 2002, aff. T-177/01, Jégo-Quéré et Cie SA c/ Commission, Rec., p. II-2365, point 47.

1808 TPI, arrêt du 15 janvier 2003, aff. T-377/00, T-380/00, T-260/01 et et T-270/01, Philip Morris International c/Commission, Rec., p. II-1.

1809 TPI, arrêt du 10 novembre 2004, aff. T-165/03, Vonier c/Commission.

1810 TPI, arrêt du 20 février 2001, aff. T-112/98, Manesmannröhren-Werke AG, point 76

1811 CJCE, arrêt du 27 juin 2006, aff. C-54-/03, Parlement c/ Conseil de l'UE.

1812 MAUBERNARD Christophe, « Les droits substantiels », in PICHERAL PICHERAL Caroline et SURREL Hélène (dir), *Droit communautaire des droits fondamentaux : Chronique de la jurisprudence de la Cour de justice des Communautés europeennes,*2006, RTDH, 71/2007, pp. 712–714.

1813 CJCE, arrêt du 27 juin 2006, aff. C-54-/03, Parlement c/ Conseil de l'UE, point 52.

En conformité avec la jurisprudence, le Traité de Lisbonne, même s'il abandonne le concept constitutionnel, place la Charte des droits fondamentaux en annexe du TUE et lui reconnaît la valeur juridique contraignante, au même titre que le TUE et le TFUE. Ce développement mérite d'être souligné en ce qui concerne également la place des droits sociaux fondamentaux dans l'ordre juridique communautaire. En effet, ces droits, tels qu'ils sont affirmés dans la Charte, se trouvent, pour la première fois dans l'histoire de l'intégration européenne, élevés au rang de droits fondamentaux par le législateur constituant au même titre que les droits fondamentaux dits de la première génération. Cela constitue un développement remarquable du point de vue de la constitutionnalisation politique de l'Union européenne.

B) *Du conflit des catalogues au débat sur l'adhésion de l'Union à la Convention européenne*

Le risque de voir s'instaurer, avec l'adoption de la Charte, une disparité entre les droits et libertés reconnus par la Convention européenne des droits de l'Homme et ceux inscrits dans la Charte d'une part, et les risques de divergences entre la Cour de Strasbourg et celle de Luxembourg d'autre part, étaient soulignés déjà par les observateurs du Conseil de l'Europe au sein de la Convention chargée de préparer la Charte[1814].

1814 Contribution de M.M. Fischbach et Krüger, Observateur du Conseil de l'Europe, CHARTE 4136/00, 21 février 2000. Ainsi, pour ces observateurs, la Charte pourrait raisonnablement, au-delà d'un catalogue de droits civils et politiques, comprendre également des droits sociaux et économiques.
Dans l'hypothèse où la Charte serait appelée à devenir juridiquement contraignante, un autre facteur pour sa réussite sera la mesure dans laquelle elle trouvera une place harmonieuse parmi les autres instruments internationaux de protection des droits fondamentaux existants, en particulier la Convention européenne des Droits de l'Homme. Pour assurer cette harmonie nécessaire, il faudra tout d'abord éviter qu'un même droit puisse être conçu et interprété différemment, selon que l'on applique la Convention ou la Charte.
Une première manière de réaliser cet objectif serait de s'écarter le moins possible du texte de la Convention européenne. Mais une telle référence ne serait pas suffisante. Car la conformité de l'application des dispositions de la Charte, empruntées à la Convention européenne, ne pourrait faire l'objet d'un contrôle par la Cour européenne des droits de l'Homme. Par ailleurs, une telle référence à la Convention ne résoudrait pas le problème provenant du fait que les organes des Communautés et de l'Union européenne ne sont pas soumis à la Convention européenne des Droits de l'Homme. A la différence des

Le projet de résolution adoptée par l'assemblée parlementaire du Conseil de l'Europe, sur rapport de M. Magnusson, membre suédois, avait invité les Communautés européennes à adhérer à la convention européenne des droits de l'Homme[1815]. Toutefois, il semble que jusqu'à la CIG 2004, le projet d'adhésion à la Convention européenne n'a pas fait l'unanimité entre les pays membres. Ainsi, l'Autriche, la Belgique, le Danemark, la Finlande, l'Allemagne, la Grèce, l'Italie et la Suède considèrent que l'adhésion, portant la soumission de la Communauté au système établi par la Convention, ne serait pas contraire aux articles 164 et 219 du TCE. Contrairement à ces pays membres, la France, l'Espagne, le Portugal, l'Irlande et la Grande-Bretagne étaient contre l'adhésion de la Communauté à la Convention européenne[1816].

A la lecture du Traité établissant une Constitution pour l'Europe, on a assisté à un phénomène de multiplication des sources juridiques garantissant les droits fondamentaux : d'un point de vue externe, avec l'adhésion de l'Union à la CEDH, d'un point de vue interne, avec l'intégration de la Charte des droits fondamentaux de l'Union européenne. Cette situation ne change pas avec le Taité de Lisbonne, puisqu'il reconnaît à la Charte des droits fondamentaux la valeur juridique contraignante. La multiplicité des textes ne sera-t-elle pas source de confusions pour les justiciables, les avocats et les juges ?[1817]

1. Deux Cours pour un même catalogue

Jusqu'à l'adoption de la Charte des droits fondamentaux, « le catalogue » communautaire des droits fondamentaux était quasiment identique au catalogue développé dans le cadre du système du Conseil de l'Europe, la Cour de Justice

---

Etats membres qui eux ont à répondre devant Strasbourg, en lieu et place des organes communautaires, des effets du droit communautaire dans leur ordre juridique interne. Ainsi, la seule solution efficace serait de prévoir l'adhésion des Communautés européennes et de l'Union – lorsque le droit communautaire le permet – à la Convention européenne des droits de l'Homme. La Cour européenne des droits de l'Homme exercerait le contrôle des dispositions de la Charte européenne empruntées à la Convention européenne. En ce sens, l'adhésion apparaîtrait comme le complément logique et naturel de l'adoption de la charte.

1815 Council of Europe, Parliamentary Assembly, Charter of fundamental rights of the European Union, Doc. 8819, 11 septembre 2000.

1816 BETTEN Lammy and GRIEF Nicholas, *EU and Human Rights*, op. cit., p. 112.

1817 FATIN ROUGE STEPHANIN Marthe et GAY Laurence, « A qui revient la protection des droits fondamentaux en Europe. La France », in *Justice conditionnelle, Justice ordinaire, Justice supranationale : A qui revient la protection des droits fondamentaux en Europe ?*, A.I.J.C, P.U.A.M, 2004, p. 240.

procédant à une transposition du standard européen. Sous l'effet de l'adoption et de l'intégration de la Charte des droits fondamentaux dans la Constitution européenne, « le catalogue communautaire va s'émanciper du catalogue conventionnel »[1818].

Le fait que la Convention européenne constitue la source privilégiée d'inspiration pour la Cour de justice des Communautés européenne n'est pas nouveau. Ainsi, la Haute Juridiction européenne, s'est référée pour la première fois dans l'arrêt *Rutilli* du 28 octobre 1975[1819], aux articles 8, 9, 10 et 11 de la Convention européenne, en matière de police des étrangers. Avec les arrêts *Cinéthèque* du 7 juillet 1976[1820], *Demirel* du 30 septembre 1987[1821] et *Wachauf* du 13 juillet 1989[1822], les références à la Convention européenne se multiplient, même si la Cour affirme dans ces arrêts « qu'il ne lui appartient pas, pour autant, d'examiner la compatibilité, avec la Convention européenne, d'une loi nationale qui se situe, en l'occurrence, dans un domaine qui relève de l'application du législateur national ». Dans l'arrêt *Hoescht* du 21 septembre 1989[1823], la Cour marque la singularité que la Convention européenne revêt dans sa jurisprudence, même s'il arrive qu'elle ne donne pas tout à fait le même sens que la Cour européenne des Droits de l'Homme à certains articles de la Convention européenne[1824]. C'est ainsi que dans l'arrêt *Hoescht*, la Cour de justice estime que l'article 8 de la Convention européenne ne s'applique pas aux locaux commerciaux.

Ces recours réguliers à la Convention européenne avait conduit certains auteurs à affirmer que la Cour de Strasbourg et celle de Luxembourg « pétrissent la même matière »[1825], la Cour de justice se fondant quasi exclusivement sur la Convention européenne pour la découverte des principes généraux du droit. Représentant une synthèse des droits fondamentaux acceptés par les Etats membres, la Convention européenne « offre à la Cour un certain confort car

1818 LE BOT Olivier, « Charte de l'Union européenne et Convention de sauvegarde des droits de l'homme :... », op. cit., p. 787.

1819 Aff. 36/75, précité, Rec., p. 1219

1820 Aff. 118/75, précité, Rec., p. 1185.

1821 Aff. 12/86, précité, Rec., p. 3719.

1822 Aff.5/88, précité.

1823 Aff. 41/87, précité, Rec., 2859.

1824 MOUTON Jean-Denis et SOULARD Christophe, *La Cour de Justice des Communautés européennes,* Que Sais-je?, PUF, 1988, p. 112 et suite.

1825 BONICHOT Jean-Claude, « La Cour de Justice des Communautés européennes, la Cour européennes des droits de l'homme et l'intégration de l'Europe », in *Quelle Europe pour les droits de l'homme ?,* Bruylant, Bruxelles, 1996, p. 98.

les recours aux traditions constitutionnelles des Etats membres est parfois peu maniable »[1826]. La Cour de justice reconnaît donc à la Convention européenne une « signification particulière » et la plupart des principes généraux relatifs aux droits fondamentaux trouvent des origines dans ce texte : interdiction des discriminations sur la nationalité[1827], sur le sexe[1828] ou la religion[1829], droit de propriété[1830], droit à un procès équitable[1831] et protection de la vie privée[1832], de la liberté d'association[1833], de la liberté de pensée ou de la liberté d'expression[1834].

Cette consécration jurisprudentielle a été entérinée par le législateur d'une manière timide à Maastricht, et d'une façon plus prononcée à Amsterdam, à tel point qu'on a pu dire qu'avec les modifications introduites par le Traité d'Amsterdam, la perspective d'adhésion semble durablement écartée. Le Traité d'Amsterdam rompt avec la philosophie du Traité de Maastricht, qui effectuait simplement une opération de constitutionnalisation de l'existant, en consacrant la construction prétorienne de la Cour de justice[1835]. On ne saurait le dire d'une Union qui érige les droits fondamentaux comme ses fondements.

2. Deux Cours, deux catalogues

En raison de l'adoption, puis de l'intégration de la Charte des droits fondamentaux, le catalogue de l'Union européenne va se différencier du catalogue conventionnel. C'est une différenciation avant tout matérielle, car la Charte de l'Union européenne réunit dans le même texte les droits civils et politiques et les droits économiques et sociaux fondamentaux. C'est la première fois que des droits dits de première et deuxième génération son réunis dans un même document à l'échelle internationale. C'est un hommage historique rendu surtout aux droits

1826 Ibid.

1827 CJCE, arrêt du 12 juillet 1984, Prodest, aff. 237/83, Rec., p. 3153.

1828 C.J.C.E., 15 juin 1978, Defrenne (n°2), 149/77, Rec., p. 1365.

1829 CJCE, arrêt du 27 octobre 1976, Paris c/Conseil, aff. 130/75, Rec., p. 1589.

1830 CJCE, 4 mai 1974, Nold, Kohlen- und Baustoffgrosshandlung c. Commission des C.E., 4/73, Rec., p. 491

1831 CJCE, arrêt du 29 novembre 1980, Landeweyk et a., aff. Jointes 209/78 à 215/78, Rec., p. 3125.

1832 CJCE, arrêt du 10 juillet 1984, Kent Kirk, aff. 63/84, Rec., p. 2680.

1833 CJCE, arrêt du 15 décembre 1995, Bosman, aff. C-415/93, Rec. I, p. 4921.

1834 CJCE, arrêt du 18 juin 1991, ERT, aff. C-260/89, Rec., p. 2925.

1835 SUDRE Frédéric, « Renforcement de la protection des droits de l'homme au sein de l'Union européenne, in de la communauté de droit à l'Union de droit », op. cit, p. 212.

économiques et sociaux par cette opération de prise en considération du principe de l'indivisibilité des droits fondamentaux. En plus de ce développement majeur, la Charte a à son actif, cette particularité de pouvoir répondre au progrès technologique qui se traduit par la consécration du droit à l'intégrité physique et mentale de la personne[1836] et du droit à la protection des données à caractère personnel[1837].

Puisque l'Union n'a fait que s'approprier les droits consacrés par la Convention européenne, pourquoi alors cette réticence en ce qui concerne l'adhésion au système conventionnel ? Quels atouts, présents dans la Charte, peuvent nourrir ces réticences ?

a Il est admis que l'application de la Convention européenne pose à la Cour de Justice certaines difficultés et que la Charte dispose pour sa part de certains atouts. D'abord, l'application de la Convention européenne par la Cour de Justice repose sur des bases juridiques fragiles, ce texte n'ayant « toujours pas fait l'objet d'une intégration explicite dans l'ordre juridique communautaire »[1838]. L'étendue de l'engagement n'étant pas le même pour tous les Etats, la Convention européenne n'est pas totalement homogène pour la Cour. Puis, la Cour de Justice a toujours affirmé qu'elle entendait s'inspirer de la norme garantissant le niveau de protection le plus élevé. Or, la Charte de droits fondamentaux de l'Union européenne dépasse la Convention européenne par le fait qu'elle consacre des droits qui sont absents dans ce texte (droit à la protection des données à caractère personnel, droit à l'intégrité de la personne) d'une part, et par le fait qu'elle énonce de manière plus large certains droits équivalents (la discrimination entre les hommes et les femmes, le droit au recours effectif et les droits du citoyen), d'autre part. Pour reprendre les termes de l'avocat général Damaso Ruiz-Jarabo Colomer, il s'agit d'un « catalogue de droits et de libertés plus large et plus moderne que la Convention »[1839]. Par ailleurs, à la différence de la Convention européenne qui a été importée, en quelque sorte, de l'extérieur, la Charte des droits fondamentaux a été conçue au sein de l'Union européenne. Ce texte qui est l'aboutissement de l'accord de toutes les

1836 Article 3.

1837 Article 8.

1838 LARRALDE Jean-Manuel, « Convention européenne des droits de l'homme et jurisprudence communautaire », in *L'Union européenne et les droits fondamentaux*, Bruylant, Bruxelles, 1999, p. 120

1839 Conclusions du 11 juillet 2002 sur CJCE, aff. C-446/00, Arben Kaba c. Secretary of State for the Home Department.

composantes institutionnelles et politiques de l'Union européenne, ne manquerait pas de susciter l'apparition et le développement d'un « patriotisme de la Charte »[1840], patriotisme qui pourrait nourrir à son tour le « patriotisme constitutionnel » européen, dont l'adoption du projet constitutionnel serait le premier pas. Enfin, et ce n'est pas rien, la Charte intègre les droits économiques et sociaux au même titre que les droits civils et politique.

b Ces atouts expliquent une partie non négligeable des réticences relatives à l'adhésion de l'Union européenne à la Convention européenne. La réponse qui semble plus convaincante à cet égard est issue de l'un des atouts précédemment développés : « La Convention européenne des droits de l'homme est un instrument daté et la protection qu'elle offre, si elle est indispensable, n'est plus suffisante aujourd'hui pour l'Union européenne »[1841]. Cette perspective est confirmée par la protection contre les discriminations entre hommes et femmes, plus large en droit communautaire ; et l'existence de nouveaux droits qui répondent au progrès technique pour lesquels la Convention européenne n'apporte que des réponses limitées.

Une autre réponse, plus directe et encourageante à notre avis, est avancée par Frédéric Sudre qui la formule en deux termes : exclusion et concurrence. Exclusion, car il serait inutile désormais de continuer à réfléchir sur la protection des droits fondamentaux en terme d'adhésion de la Communauté à la Convention européenne, puisque cette perspective semble durablement écartée avec l'avis 2/94 de la Cour de Justice. Concurrence ensuite, parce que l'élargissement du Conseil de l'Europe à des Etats qui ne respectent pas les principes cardinaux du Conseil de l'Europe[1842] emporte inévitablement un abaissement des standards du Conseil de l'Europe, dont on peut craindre qu'il soit tiré vers le bas[1843].

Par ailleurs, il convient de revenir sur un autre développement politique majeur que constitue l'instauration du contrôle politique avec le Traité d'Amsterdam, procédure qui, nous l'avons vu, est enrichie à Nice avant d'être reprise

---

1840 FLAUSS Jean-Francois, « Les droits de l'homme dans l'Union européenne : chronique d'actualité 1999–2000 », (première partie), le Petites Affiches, 6 août 2001, p. 9

1841 JACQUE Jean-Paul, « La démarche initiée par le Conseil européen de Cologne », op cit., p. 4.

1842 Article 3 du statut du Conseil de l'Europe : « Tout membre du Conseil de l'Europe reconnaît le principe de prééminence du droit et le principe en vertu duquel toute personne placée sous sa juridiction doit jouir des droits de l'homme et des libertés fondamentales ».

1843 « Introduction », in SUDRE Frédéric et LABAYLE Henri (dir.), *Réalité et perspectives du droit communautaire des droits fondamentaux,* op. cit, pp. 7–34, ici p. 21.

dans le Traité constitutionnel[1844]. La consolidation de cette procédure peut être considérée comme une volonté de défiance à l'égard du Conseil de l'Europe, voire de marginalisation. Ce qui fait dire au professeur Labayle que ce contrôle politique ayant le même objet que l'article 3 du statut du Conseil de l'Europe, il faut admettre que l'adhésion au Conseil de l'Europe ne vaut plus « label démocratique »[1845]. Le mécanisme de garantie politique communautaire aboutit par conséquent à une situation de concurrence avec la Cour européenne des Droits de l'Homme, qui n'apparaît plus le seul organe habilité à interpréter la Convention européenne.

Par ailleurs, une telle adhésion impliquerait un contrôle de la jurisprudence communautaire par la Cour européenne des Droits de l'Homme, qui ne serait pas conciliable avec l'autonomie de l'ordre juridique communautaire. La voie du catalogue propre à l'Union européenne, présenté comme un substitut à l'adhésion, permettrait d'échapper au contrôle extérieur[1846].

3. *Des fins des réticences à l'adhésion à la Convention européenne*

Toutefois, certains arguments existent en faveur de l'adhésion de l'Union à la Convention européenne.

a En intégrant la Charte, le Traité constitutionnel opère une distinction dans son article I-9 en ce qui concerne la notion de droit fondamental. D'une part, il reconnaît les droits, les libertés et les principes énoncés dans la Charte, d'autre part il reconnaît que « les droits fondamentaux, tels qu'ils sont garantis par la Convention européenne de sauvegarde des droits de l'Homme et des libertés fondamentales et tels qu'ils résultent des droits constitutionnels communs aux Etats membres, font partie du droit de l'Union en tant que principe généraux ». Le TUE tel que modifié par le Traité de Lisbonne, reprend la même formule[1847], qui, on le sait, n'est pas nouvelle. Ainsi, même si le statut des droits fondamentaux reste celui des principes généraux, ce statut est accordé à tous les droits garantis par la Convention qui fait une entrée indirecte dans l'ordre juridique communautaire, ce qui milite, pour le professeur Jean-Paul Jacqué,

1844 Voir la note 165 supra.

1845 LABAYLE Henri, « Droits fondamentaux et droit européen », AJDA, 1998, p. 87, (no spécial sur les droits fondamentaux)

1846 LE BOT Olivier, op cit., p. 786.

1847 Article 6.3 TUE, tel que modifié par le Traité de Lisbonne.

en faveur de l'adhésion de la Communauté à la Convention[1848]. L'adhésion de la Communauté permettrait de combler une lacune importante du droit communautaire car, en dépit du fait que les Etats membres sont soumis au respect des droits de l'homme par la Cour européenne des Droits de l'Homme instaurée, la Communauté, qui proclame son engagement envers le respect des valeurs démocratiques, n'est pas soumise à ce mécanisme de contrôle et ses institutions bénéficient, au regard de la Convention, d'une sorte « d'immunité » quant à leurs actes. Comme la Communauté/l'Union n'a que des compétences d'attribution, elle ne devrait adhérer à la Convention que dans les limites de ses compétences et, l'adhésion ne pourrait avoir pour effet d'élargir les compétences communautaires et d'autoriser la Communauté/l'Union à contrôler, au regard des droits fondamentaux, l'ensemble des activités nationales.

b Un autre argument en faveur de l'adhésion à la Convention provient du fait que, en l'absence d'adhésion formelle de l'Union ou de la Communauté à la Convention européenne, la responsabilité des violations de ladite Convention par le droit communautaire ne peut être imputée directement aux institutions de l'Union. Ce risque ne semble pas être purement théorique. En effet, la Cour européenne des Droits de l'Homme a précisé dans l'arrêt Matthews du 18 février 1999 qu'elle entendait bien reporter cette responsabilité sur les Etats membres qui doivent, dès lors, assumer les violations de la Convention européenne découlant de l'application du droit communautaire[1849]. Cette situation pourrait être gênante pour les Etats membres qui risquent de se voir condamner pour violation de la Convention européenne des Droits de l'Homme, alors même qu'ils ne font que se conformer aux obligations qui découlent de leur appartenance à la Communauté à l'Union européenne[1850].

c Ces arguments semblent avoir été honorés par le proje de Traité constitutionnel dont l'article I-9 prévoit que l'Union adhère à la CEDH. D'un autre coté, l'article 17 du Protocole additionnel 14 à la CEDH, adopté par le Conseil de Ministres du Conseil de l'Europe le 12 mai 2004, prévoit que l'Union

---

1848 JACQUE Jean-Paul, « Communauté européenne et Convention européenne des droits de l'homme », in *La Convention européenne des droits de l'homme,* Louis-Edmond Pettiti (dir), p. 94 et suite.

1849 Cour EDH., arrêt du 18 février 1999, Matthews c. Royaume-Uni, http://www.dhcour.coe.fr/.

1850 BRIBOSIA Emmanuelle, « La protection des droits fondamentaux », in MAGNETTE Paul (éd.), *La Constitution de l'Europe,* op. cit., p. 112.

européenne peut adhérer à la Convention de sauvegarde[1851]. Ainsi, tant du côté de l'Union que du coté du Conseil de l'Europe, l'hypothèse d'une adhésion est prévue. Cela permettrait d'inscrire la CJCE et la Cour européenne dans une logique de complémentarité. En effet, « de plus en plus fréquemment, la Cour européenne des droits de l'homme est saisie des affaires mettant en cause indirectement la conformité du droit communautaire au regard des droits garantis par la Convention européenne »[1852]. L'arrêt Matheuws c. Royaume-Uni[1853] illustre bien qu'un Etat membre peut être mis en cause en raison d'une application du droit communautaire, alors qu'il ne dispose pas de marge d'appréciation[1854].

d Il convient de constater que le projet de Traité constitutionnel, tout en incorporant une Charte des droits fondamentaux à valeur constitutionnelle, et le Traité de Lisbonne, en lui reconnaissant la valeur juridique contraignante[1855], laissent en même temps ouverte la possibilité par l'UE d'adhérer la CEDH. Qu'est-ce que cela veut dire en terme de constitutionnalisation ?

L'adoption de la Charte constitue un tournant dans le long processus d'affirmation de l'identité politique de l'Union. Ainsi, la Charte participe au « processus de légitimation de l'Europe, par l'association des citoyens, ce que traduit la reconnaissance des droits fondamentaux »[1856]. Avec l'adoption d'un catalogue « complet » et « lisible », l'Union européenne s'est ralliée à la « noble cohorte des ensembles institutionnels dotés d'une charte de droits »[1857] respectant ainsi

---

1851 Dont l'entrée en vigueur est conditionnée par la ratification de celui-ci par tous les Etats membres du Conseil de l'Europe (article 19 du Protocole).

1852 BENOIT-RHOMER Florence, « Valeurs et droits fondamentaux dans la Constitution », RTDE, n°41, avril-juin 2005, p. 278.

1853 Cour EDH, arrêt du 18 février 1999, req. n°24833/94. Voir aussi, COHEN-JONATHAN Gérard, A propos de l'arrêt Matheuws contre Royaume-Uni, RTDE, 1999, n°4, pp. 637 et s.

1854 Dans cet arrêt, la Cour de Strasbourg avait relevé que le transfert de compétences au profit de la Communauté n'a pas pour effet d'exonérer les Etats de leur responsabilité en ce qui concerne la garantie des droits consacrés par la Convention.

1855 Article 6.1 TUE, tel que modifié par le Traité de Lisbonne.

1856 DUTHEIL de la ROCHERE Jacqueline, « La place de la Charte des droits fondamentaux de l'Union dans la Constitution européenne », in COHEN-JONATHAN Gérard et Jacqueline Dutheil de la Rochère (dir.), *Constitution européenne, démocratie et droits de l'homme*, Bruxelles, Bruylant, 2003, p. 231.

1857 BRAIBANT Guy, La Charte des droits fondamentaux de l'Uninon européenne, Paris, Seuil, 2001, p. 17.

l'article 16 de la Déclaration française des droits de l'Homme et du citoyen selon laquelle « toute société dans laquelle la garantie des droits n'est pas assurée (…) n'a point de constitution ». On peut rejoindre ainsi l'idée selon laquelle la Charte « contribue à la construction d'une identité européenne fondée sur la préservation et le développement d'un patrimoine collectif de principes et de valeurs et dans lequel doivent se reconnaître les citoyens de l'Union »[1858].

En effet, l'adoption, de surcroît l'incorporation de la Charte dans le Traité constitutionnel et la reconnaissance de valeur juridique à celle-ci par le traité modificatif sont des actes éminemment politiques, qui doivent être compris comme une affirmation de l'identité politique de l'Union. Dans cette perspective, le fait que l'Union se voit dotée d'une Charte des droits fondamentaux à valeur constitutionnelle n'empêche pas précisément qu'au moment où on affirme une identité politique, cela passe aussi par la CEDH. A cet égard, l'adhésion de l'Union à la Convention européenne est surtout significative du point de vue de la protection des droits fondamentaux. Nous savons que les traités n'intégrant pas de catalogue de droits fondamentaux, leur consécration et le degré de protection à accorder furent l'œuvre de la Cour de Justice. Avec la Charte des droits fondamentaux, l'Union se dote enfin d'un catalogue complet, maintenant à valeur juridique contraignante, intégrant non seulement les droits fondamentaux classiques, mais aussi les droits sociaux fondamentaux. La protection interne des droits fondamentaux est assurée. Mais qu'en est-il du contrôle externe ? Nous savons que la protection effective des droits fondamentaux nécessite également un contrôle externe, du moins dans les démocraties modernes occidentales.

On peut également poser la question de savoir « pourquoi la Cour du Luxembourg posséderait une immunité particulière à l'égard d'un contrôle externe, alors que toutes les Cours constitutionnelles nationales sont soumises au contrôle du juge de Strasbourg, juge suprême des libertés en Europe selon la volonté des quarante et un Etats parties à la Convention européenne des Droits de l'Homme » ?[1859] Ce sont les citoyens européens qui sont visés par cette adhésion qui permettra que les actes communautaires soient « justement sanctionnés ». C'est fort heureux car les titulaires de ces droits sont les individus et ils

---

1858 BENOIT-RHOMER Florence, « La Charte des droits fondamentaux de l'Union européenne », Dalloz, 2001, n°19, chroniques, p. 1453.

1859 COHEN-JONATHAN Gérard, « La protection des droits fondamentaux dans l'Union européenne et la Convention européenne des droits de l'homme », in *Les mutations contemporaines du droit public*, Mélanges en l'honneur de Benoît Jeanneau, Dalloz, 2002, p. 10.

tiennent à ce que leurs droits soient préservés quel que soit le détenteur du « pouvoir législatif », Etat ou Communauté[1860].

Toutefois, certaines inquiétudes peuvent être exprimées. Le premier obstacle rencontré en cas d'adhésion de l'Union européenne à la CEDH consisterait en la hiérarchisation des relations entre les deux Cours. Sur ce point, il apparaît incontestable que la Cour de justice doive se conformer aux décisions de la Cour européenne des Droits de l'Homme en cas de condamnation conformément à l'article 46 de la Convention. Il est concevable que si l'UE est condamnée suite à un litige devant la Cour, elle doive se conformer à l'arrêt de condamnation. De plus, pourrait se développer un phénomène qui aboutirait à la remise en cause du principe de l'autonomie du droit communautaire[1861]. Par ailleurs, on peut imaginer que la Cour de justice, par la recherche de consensus, se focalise davantage sur la valeur ajoutée de la Charte que sur les droits correspondants à ceux de la Convention de sauvegarde. Ainsi, par souci de cohérence, on pourrait aboutir à un résultat consistant à ralentir le développement des droits fondamentaux dans l'Union européenne. Par conséquent, en voulant constitutionnaliser davantage les droits fondamentaux, on obtiendrait le résultat inverse. En effet, « même si le seul procédé susceptible d'éliminer véritablement toute divergence d'interprétation et d'établir une hiérarchie entre les systèmes, serait l'adhésion de l'Union à la Convention de sauvegarde »[1862], il faut prendre en compte le fait que « ce contrôle externe ne concerne, exclusivement, que les droits fondamentaux : il ne s'agit donc nullement de subordonner la Cour de Luxemburg pour l'ensemble de son activité à la Cour de Strasbourg »[1863]. Ces inquiétudes s'avéreront encore plus pertinentes pour ce qui concerne les droits sociaux, dans la mesure où la protection dont ils bénéficient dans l'ordre juridique communautaire est supérieure à celle accordée par la Convention européenne de sauvegarde.

1860 Ibid, p. 10.

1861 CORREARD Valérie, « Constitution européenne et protection des droits fondamentaux : vers une complexité annoncée ? », RTDH, 67/2006, p. 512.

1862 DUTHEIL de la ROCHERE Jacqueline, « La Charte des droits fondamentaux de l'Union européenne: quel apport à la protection des droits? », in *Les Mutations contemporaines du droit public*, Mélanges en l'honneur de Benoît Jeanneau, Dalloz, 2002, p. 104.

1863 Ibid.

C) *Les implications par rapport à la protection des droits sociaux fondamentaux*

L'histoire de la reconnaissance des droits sociaux fondamentaux dans l'ordre juridique communautaire, ainsi que la protection juridique dont ils bénéficient est à présent connue. Toutefois cette reconnaissance, qui est le fait à la fois du législateur constituant, du législateur ayant le pouvoir de faire le droit derivé et du juge, a eu un développement lié à la Constitution économique de la Communauté/Union européenne. Cela étant, sur le plan juridique, comparer le niveau de protection accordée aux droits sociaux fondamentaux par l'ordre juridique communautaire d'une part et le système conventionnel d'autre part, avait plus de sens dans le contexte de la « Constitution économique » de la Communauté dont la logique existentielle rendait ces droits tributaires du progrès économique. L' « économique » était d'une certaine manière l'écran du « social ». C'est cette logique qui est à notre sens véhiculée par l'article 136 TCE qui précise que « La Communauté et les Etats membres, conscients des droits sociaux fondamentaux, tels que ceux énoncés dans la Charte sociale européenne signée à Turin le 18 octobre 1961 et dans la Charte communautaire des droits sociaux fondamentaux des travailleurs de 1989, ont pour objectif la promotion de l'emploi, … ». Cette attitude timide en la matière revient dans le dernier paragraphe du même article aux termes duquel « Ils estiment qu'une telle évolution résultera tant du fonctionnement du marché commun, qui favorisera l'harmonisation des systèmes sociaux, … ». Autrement dit, ce que le législateur n'a pas été à même de consacrer, la été par la jurisprudence de la Cour de justice[1864].

Aussi, le système conventionnel n'accorde pas une protection efficace aux droits sociaux fondamentaux. En dépit des améliorations, les mécanismes établis pour le suivi de la Charte sociale européenne sont loin d'être satisfaisants, les droits sociaux fondamentaux ne relèvent pas de sa compétence.

La comparaison de ces deux instruments conventionnels, la Convention européenne et la Charte sociale européenne, met en évidence des domaines d'application assez distincts : seule la liberté syndicale figure dans les deux instruments[1865], au titre de la liberté d'association. Il s'agit du seul droit « social » véritablement inscrit dans la Convention européenne. La protection des droits sociaux dans le cadre de la Convention européenne se heurte donc inévitablement aux limites matérielles de la Convention. A l'exception de ce droit (syndical), le non-respect d'un droit socia ne peut être invoqué devant la Cour européenne des Droits de

---

1864 Voir nos développements dans le chapitre 2, Titre II, Première partie.

1865 L'article 5 de la Charte sociale européenne et l'article 11 de la Convention européenne.

l'Homme. Cela étant, les interférences entre la Charte des droits fondamentaux et la Convention européenne semblent être négligeables dans le domaine des droits sociaux fondamentaux[1866].

En dépit de la lettre de la Convention, la réalité jurisprudentielle est quelque peu différente : en effet, la Cour européenne des Droits de l'Homme, dans sa décision Airey du 9 octobre 1979 a précisé que « nulle cloison étanche » ne sépare la «sphère des droits économiques et sociaux » du domaine de la Convention et affirme que si la Convention européenne « énonce pour l'essentiel des droits civils et politiques, nombre d'entre eux ont des prolongements d'ordre économique et social ». Il est donc possible pour le juge européen de promouvoir certains droits sociaux comme le montre la jurisprudence européenne. D'abord, la Cour européenne consolide le droit syndical en affirmant d'une manière nette que l'article 11 de la Convention européenne consacre un droit d'association négative. Donc, la liberté syndicale garantie par la Convention européenne couvre aussi bien la liberté « positive » de fonder un syndicat ou d'y adhérer que la liberté « négative » de se retirer d'un syndicat ou de ne pas y adhérer[1867]. Cette jurisprudence est confirmée par l'arrêt Gustavson du 25 avril 1996, par lequel le droit de négociation collective est reconnu d'une manière implicite. Puis, la Cour européenne des droit de l'homme dans sa décision Gaygusuz du 16 septembre 1996 affirme que refuser au requérant de nationalité turque l'octroi d'une allocation d'urgence, pour le seul motif qu'il n'est pas de nationalité autrichienne, alors qu'il remplit les autres conditions nécessaires, à savoir être apte et disposé à travailler, ainsi que se trouver en situation d'urgence, « ne repose sur aucune justification objective et raisonnable »[1868]. Cette décision est la première sanction directe dans la jurisprudence européenne du droit à l'égalité de traitement en matière de prestations sociales[1869]. Enfin, elle a refusé d'inclure dans le droit au respect de la vie privée le droit des handicapés à l'intégration sociale dans l'arrêt Botta c/ Italie. La Cour affirme dans cet arrêt que la requête concernant l'absence d'équipements et de services dans les établissements de bains privés d'une station balnéaire pouvant permettre au requerrant, handicapé physique, d'accéder à la plage et à la mer « concerne des relations interpersonnelles d'un contenu si ample et indéterminé que…» l'article 8 de la Convention est inapplicable. On peut penser que par cette

1866 SUDRE Frédéric, « Les droits sociaux et la Convention européenne des droits de l'homme », RUDH, 2000, p. 28–32.

1867 Cour EDH, arrêt du 30 juin 1993, Affaire Sigurjonsson, série A, n°264.

1868 Rec., 1996, p. 1129, paragraphe 50.

1869 SUDRE Frédéric, « Les droits sociaux et la Convention européenne des droits de l'homme », op cit., p. 30.

décision, la Cour européenne a voulu exclure du mécanisme de contrôle de la Convention européenne les droits figurant dans la Charte sociale européenne. En effet, l'article 15 de la Charte sociale européenne révisée garantit le droit des personnes handicapées « à l'autonomie, à l'intégration sociale et à la participation à la vie de la Communauté ».

Cette brève présentation avait pour but de montrer que la « matière sociale » peut indirectement entrer dans le champ d'application de la Convention européenne, y compris comme composante du droit à un procès équitable. Les procédures relatives à un droit social tombent dans le champ d'application de l'article 6 de la Convention européenne, dès lors que le droit social en cause s'analyse en un droit subjectif de caractère patrimonial et, par conséquent, comme un « droit civil » au sens de l'article 6 (1) de la Convention. Il est permis de penser que la jurisprudence européenne avance à l'avenir dans la voie de cette passerelle jetée par le moyen de procès équitable pour élargir le champ de protection accordé aux droits sociaux fondamentaux. Ceux qui évoquent l'éventualité de l'adoption d'un Protocole additionnel[1870] par le Conseil de l'Europe consacrant les droits sociaux élémentaires sont alors optimistes sur les résultats escomptés de ce processus initié par le juge européen.

La présente situation, caractérisée par le dualisme de catalogues de droits fondamentaux en Europe, peut plaider en faveur d'une telle évolution, pour ceux qui souhaitent que l'Union européenne adhère à la Convention européenne. Souhaitable, peut-être, mais dans quelle mesure réaliste, surtout en ce qui concerne la protection les droits sociaux fondamentaux! En effet, tout au long de nos développements, nous avons essayé de mettre en évidence la place accordée aux droits sociaux fondamentaux dans l'ordre juridique communautaire. Ils sont tout de même les premiers reconnus par l'Union européenne. Aussi, la protection qui leur est accordée dans l'Union n'est pas des moindres et en tout état de cause, est supérieure à celle accordée par la Convention de sauvegarde. Dans cette perspective, une hiérarchisation totale au nom d'un contrôle externe entre les deux ordres juridiques, ne pourrait garantir une protection plus efficace pour les droits sociaux fondamentaux tels que consacrés dans le projet de Traité constitutionnel par l'intégration de la Charte des droits fondamentaux. Cette observation est validée par le fait que la Charte est reprise en annexe du Traité de Lisbonne avec force juridique contraignante.

1870 Voir LE BOT Olivier, « Charte de l'Union européenne et la Convention des droits de l'homme :… », op. cit., p. 785 ; SUDRE Frédéric, « Les droits sociaux et la Convention européenne des droits de l'homme », op cit., p. 32.

Conclusion du chapitre 2

Les développements tout au long de ce chapitre nous donnent certaines indications en ce qui concerne les difficultés que rencontrent les droits sociaux fondamentaux pour être pleinement consacrés, non seulement à l'échelle nationale, mais aussi à l'échelle européenne. En effet, la reconnaissance de ces droits comme tels, en d'autres termes, leur justiciabilité, ne manque pas d'engager les administrations concernées. C'est en cela qu'ils sont qualifiés de droits « sword-épée », par opposition aux droits fondamentaux de première génération qui sont qualifiés de « boucliers ». Toutefois, pour la pleine jouissance des droits politiques, la reconnaissance des droits sociaux fondamentaux revêt une importance capitale. Cette difficulté est également perceptible dans la Charte des droits fondamentaux de l'Union qui faute de mieux, a dû se contenter de consacrer, à coté des droits sociaux, des principes sociaux qui n'ont qu'un caractère programmatique pour les autorités. En effet, la Charte a rendu visible ce qui était invisible, a modernisé des droits et des libertés contenus dans la CEDH tout en les adaptant aux besoins de l'Union, et a explicité les droits économiques et sociaux.

Les développements dans ce chapitre témoignent par ailleurs d'un autre constat : les carences, nous dirions conjoncturelles, du législateur européen sont comblées par la jurisprudence de la Cour de justice. La récente jurisprudence de la Cour qui, se fondant sur la citoyenneté de l'Union, donne un contenu plus affirmé aux droits sociaux est révélatrice à cet égard. En cela, la jurisprudence rend plus lisible et visible la contribution des droits sociaux fondamentaux au processus de constitutionnalisation politique de l'Union. Nous étudierons cet aspect de la jurisprudence dans nos développements ultérieurs. Il est également à constater que, depuis les jurisprudences *Schmidberger, Omega, Viking et Laval*, les droits fondamentaux d'une manière générale, bénéficient d'une protection encore plus efficace dans l'ordre juridique communautaire. En mettant en balance les libertés fondamentales et les droits fondamentaux dans les deux premiers arrêts, la Cour de justice a montré qu'elle attache une importance plus prononcée en faveur des droits fondamentaux. Alors que dans les arrêts *Viking et Laval* une éventuelle restriction à une liberté fondamentale est considérée, du point de vue de la protection des travailleurs, comme justifiée. Ici, la raison impérieuse d'intérêt général n'est pas la protection des droits fondamentaux mais la protection des travailleurs.

Toute reconnaissance de droits n'a de signification que si une protection effective est assurée. Or, dans le cadre de l'Union européenne, en plus de ces carences, même si elles sont atténuées avec le Traité constitutionnel et le traité modificatif concernant les voies de recours, il n'y a pas de contrôle externe en ce qui concerne les droits fondamentaux. Si ce mécanisme existait, l'Union européenne serait soumise au contrôle de la Cour européenne des droits de l'homme de Strasbourg. C'est bien cela que prévoit l'article I-9 du Traité constitutionnel, comme l'article 6.2 TUE, tel que modifié par le Traité de Lisbonne. La démarche est d'autant plus révélatrice qu'elle est entreprise au moment où justement l'Union réalise des étapes considérables afin d'affirmer son identité politique. En effet, l'adhésion de l'Union européenne à la CEDH implique avant tout une hiérarchisation des relations entre les deux Cours. Cette hiérarchisation apparaît encore plus préoccupante pour les droits sociaux fondamentaux, dans la mesure où la protection dont ils bénéficient dans l'ordre juridique communautaire est supérieure à celle accordée par la Convention européenne de sauvegarde.

Conclusion du Titre 1

L'un des traits particuliers des constitutions est qu'elles consacrent entre autres les droits fondamentaux. Avec l'adoption de la Charte des droits fondamentaux, l'Union européenne acquiert pour la première fois un texte qui fait la synthèse des droits fondamentaux, y compris les droits sociaux fondamentaux. A ce titre, elle constitue un pas considérable en ce qui concerne la place des droits fondamentaux dans le processus de constitutionnalisation politique de l'Union. Ce processus constitutionnel est encore consolidé par les arrêts *Schmidberger et Omega* qui constituent un changement de perspective en ce qui concerne la place des droits fondamentaux dans le processus de constitutionnalisation. Les jurisprudences *Viking et Laval* mettent en évidence l'importance qu'il convient d'accorder aux objectifs sociaux de l'Union. Ces développements sont révélateurs du fait que la terminologie constitutionnelle classique ne suffit pas pour encadrer la notion de constitution dans le contexte européen et les Traités institutionnels peuvent être étudiés dans une optique constitutionnelle.

Dès lors que l'on passe à un véritable processus de constitutionnalisation politique, en tant qu'élément se rattachant aux droits fondamentaux, on retrouve les droits sociaux dans une logique politique de véritable constitutionnalisation. L'affirmation des droits sociaux fondamentaux dans cette perspective s'opère par le biais de la Charte des droits fondamentaux qui est une partie importante de l'affirmation de l'Union européenne comme entité politique. En effet, les droits sociaux sont un élément important des droits fondamentaux et ils participent, de manière inévitable, au processus de constitutionnalisation politique de l'Union européenne mais avec leur particularité intrinsèque. Cette particularité provient du fait que les droits sociaux fondamentaux souffrent de l'absence d'un concept commun au niveau européen, absence expliquée par des statuts différents selon les Etats membres en ce qui concerne ces droits. Ce statut particulier est à prendre en considération avec l'insuffisance de la protection des droits fondamentaux d'une manière générale dans l'Union européenne.

TITRE 2: LA CITOYENNETE SOCIALE ET LA DIFFICILE AFFIRMATION D'UN ESPACE PUBLIC EUROPEEN

La citoyenneté européenne, instaurée par le Traité de Maastricht, sous l'effet de la jurisprudence, se présente comme un élément actif dans le processus de constitutionnalisation politique de l'Union européenne. En se fondant sur ce concept, la Cour de Justice interprète les textes communautaires d'une manière extensive, elle leur donne ainsi un contenu plus fort, en particulier à ceux relatifs aux droits sociaux fondamentaux. Autrement dit, l'instauration de la citoyenneté européenne ne revient pas seulement à conférer un statut politique et social aux individus, elle implique également la création d'un espace pour l'action du citoyen[1871]. Ce faisant, la citoyenneté européenne, avec l'effet conjugué de la reconnaissance des droits sociaux fondamentaux, apparaît comme une composante de la constitutionnalisation politique de l'Union européenne **(Chapitre 1)**.

L'Union européenne, en tant qu'association d'Etats, établie par accord entre ses membres et dotée d'un appareil permanent d'organes, est chargée de poursuivre la réalisation d'objectifs d'intérêts communs[1872]. Le premier de ces objectifs est la nécessité d'établir une union sans cesse plus étroite entre les peuples européens[1873] et de réaliser un espace sans frontières intérieures garantissant la

1871 COLSA Carlos, « Supranational Citizenship and Democracy: Normative and Empirical Dimensions », in LA TORRE Massimo (ed), *European Citizenship: An institutionnal Challenge,* Kluwer Law International, 1998, op. cit., p. 429.

1872 M. Virally, « Le droit international en devenir: essais écrits au fil des ans », in DUTHEIL de la ROCHERE Jacqueline et COLAS Bernard (coord.), *Organisation sinternationales à vocation régionale,* Paris, La documentation française, 1995, p. 5.

1873 Préambule du Traité sur la Communauté économique européenne, deuxième paragraphe, « Déterminés à établir les fondements d'une union sans cesse plus étroite entre les peuples européens ».

liberté de circulation des personnes, des capitaux, des services et des biens[1874]. Dans le processus de mise en œuvre de cet espace, la citoyenneté sociale européenne, caractérisée par le droit pour tous les citoyens européens, indépendamment de leur activité économique, de bénéficier des systèmes sociaux des pays membres de résidence, joue également un rôle capital. Or, la reconnaissance de droits sociaux fondamentaux contribue, dans cette perspective, à l'affirmation de l'espace public européen. Cet espace assure le lien entre l'autorité politique et les citoyens et de ce fait constitue une source importante de légitimité[1875]. C'est dans cet espace que les citoyens, porteurs de l'opinion publique, peuvent s'organiser et exercer une certaine influence sur les politiques. C'est la raison pour laquelle il y a lieu d'étudier dans un deuxième temps les droits sociaux comme élément de la citoyenneté sociale, tout en mettant en évidence la contribution de cette forme de citoyenneté à la formation de l'espace public européen (**Chapitre 2**).

1874 Article 14 du TCE (ex article 7.A.2 du TCE: « Le marché intérieur comporte un espace sans frontières intérieures dans lequel la libre circulation des marchandises, des personnes, des services et des capitaux est assurée selon les dispositions du présent traité ».

1875 La légitimité peut être comprise comme l'acceptation et le respect par le peuple des décisions d'un ordre politique au-delà de toute coercition ou de toute représentation contingente d'intérêts. D'un point de vue normatif, la légitimité démocratique résulte d'un accord rationnel entre individus libres et égaux.

CHAPITRE 1: LA CITOYENNETE EUROPEENNE COMME COMPOSANTE DE LA CONSTITUTIONNALISATION POLITIQUE ET LA RECONNAISSANCE DES DROITS SOCIAUX FONDAMENTAUX

Historiquement, la citoyenneté a été une institution cardinale en ce qui concerne les rapports entre l'administration/Etat et l'individu. Son attachement à l'Etat s'explique par le caractère avant tout politique de la notion. C'est ce pas politique qualitatif qui a été franchi par l'Union européenne avec le Traité de Maastricht.

Toutefois, l'histoire de l'intégration européenne est aussi celle du développement d'une citoyenneté communautaire, forgée par l'évolution jurisprudentielle et législative communautaire, tout spécialement en matière de libre circulation des travailleurs. La logique avant tout économique de la liberté de circulation reconnue aux ressortissants communautaires[1876] par le traité avait permis le développement d'une citoyenneté communautaire. En effet, dès le début de la construction communautaire, la Cour de justice a refusé de voir dans la libre circulation des travailleurs, un simple volet de l'intégration économique[1877]. La citoyenneté européenne, construite sur cet acquis communautaire, en consolidant les droits déjà reconnus et en accordant de nouveaux droits, consolide les statuts des ressortissants communautaires et des ressortissants des pays tiers acquis grâce à l'activité jurisprudentielle. S'érigeant comme statut fondamental des ressortissants communautaires, la citoyenneté européenne élargit l'éventail des bénéficiaires des droits et consolide l'acquis constitutionnel de l'Union (**Section 1**).

1876 « D'une manière générale, le ressortissant communautaire est le ressortissant d'un Etat membre en situation de pouvoir bénéficier du statut communautaire », MOUTON Jean-Denis, « Ressortissants communautaires », Rép., communautaire Dalloz, février 2000.

1877 WHATELET Melchior, « Citoyenneté européenne et la libre circulation dans la jurisprudence », in *Trente ans de libre circulation des travailleurs en Europe,* op. cit., p. 277.

Parler de la citoyenneté dans le contexte européen nous conduit inévitablement à la notion de la citoyenneté sociale qui, malgré les difficultés d'encadrement, s'annonce comme un statut perceptible, surtout grâce à l'activité de la Cour de justice. Elle est caractérisée par le droit de tous les citoyens européens, indépendamment de leur activité économique, de bénéficier des systèmes sociaux des pays membres, dans les limites prévues par le droit communautaire dérivé. En effet, en se fondant sur la notion de citoyenneté européenne, elle donne un contenu social plus fort aux textes communautaires. Ainsi, dans la jurisprudence *Grzelczyk*[1878], et plus récemment dans l'arrêt *Bidar*[1879], la Cour a reconnu le droit à l'assistance sociale sous forme d'un revenu minimum pour les étudiants. Dans l'arrêt *Trojani*[1880], elle a décidé qu'un ressortissant français, résidant en Belgique pour une certaine durée, a droit au « minimex » belge. Dans l'affaire *Collins*[1881], la Cour décide qu'un américano-irlandais avait droit à une allocation de recherche d'emploi au Royaume-Uni et que cette allocation ne peut pas être refusée pour défaut de résidence habituelle. Se présentant comme une construction progressive, cette citoyenneté sociale intègre dans un premier temps le droit de libre circulation et de séjour par l'intermédiaire du principe de non discrimination, dans la mesure où l'activité économique à elle seule n'est plus le critère d'appréciation. Par ailleurs, cette citoyenneté sociale est consolidée par le modèle européen d'entreprise dont la particularité est de faire apparaître des critères sociaux de l'entreprise, au lieu de l'intégration seule des critères de concurrence. Le principe d'information et de consultation des travailleurs dans l'entreprise en est le trait le plus notable. Ces éléments institutifs de la citoyenneté sociale sont consolidés par le Traité constitutionnel qui, en dépit du statut équivoque accordé à l'individu, incorpore la Charte des droits fondamentaux de l'Union européenne **(Section 2)**.

1878 CJCE, arrêt du 20 septembre 2001, Grzelczyk, aff. C-184/99, Rec., p. I-6193.
1879 CJCE, arrêt du 15 mars 2005, Bidar, aff. C-209/03, Rec., p. I-2119.
1880 CJCE, arrêt du 7 septembre 2004, aff. C-456/02, Rec., p. I-07573
1881 CJCE, arrêt 23 mars 2004, Collins, aff. C-138/02, Rec., p. I-2703.

Section 1: De la citoyenneté communautaire à la citoyenneté de l'Union

§ 1: Sur la notion de citoyenneté

La citoyenneté au sens traditionnel national est un rapport d'appartenance complète à un Etat, rapport auquel certains droits et devoirs sont attachés. Dans cette perspective, le concept de citoyenneté précède l'idée de nation qui est apparue en Europe à la fin du Moyen Age et la définition moderne de la nationalité. La citoyenneté revêt ainsi une double signification : elle fonde et exprime l'appartenance à une communauté politique et sociale, mais elle distingue dans le même temps les individus extérieurs à cette dernière[1882]. Néanmoins, la nature et le contenu de ces droits n'ont jamais été clairs et ont varié dans le temps et dans l'espace. Ainsi, l'expulsion et la déchéance de la citoyenneté sont des pratiques qui ont été fréquemment utilisées. Les droits varient selon les ordres juridiques.

La citoyenneté est essentiellement déterminée par la législation nationale de chaque Etat, mais également par des règles de droit international et des règles régissant la protection des droits de l'homme et des libertés fondamentales. C'est la raison pour laquelle il est difficile d'en donner une définition universelle. L'article 4 de la nouvelle convention européenne sur la nationalité du 6 novembre 1997 prévoit que toute personne a droit à une nationalité. La Déclaration universelle des droits de l'homme des Nations Unies[1883] prévoit également que chacun a droit à une nationalité.

Conformément au droit international, chaque pays a le droit de décider qui doit être titulaire de sa nationalité[1884]. La nationalité doit être respectée par les Etats, étant entendu qu'elle doit être conforme aux conventions internationales en la matière. Cette convention n'est pas ratifiée par l'ensemble des pays membres de l'Union européenne. Toutefois elle est considérée comme obligatoire en vertu de la coutume.

Par ailleurs, l'article 3 de la convention sur la nationalité du Conseil de l'Europe stipule ce qui suit : « Il appartient à chaque Etat de déterminer par sa législation quels sont ses ressortissants. Cette législation doit être admise par les autres

1882 DOLAT Patrick, *Libre circulation des personnes et citoyenneté européenne: Enjeux et perspectives*, Bruxelles, Bruylant, 1998, p. 405.

1883 Résolution 217 A (III) (1948). Dans Nation Unies, Instruments internationaux, volume I, première partie (1994). 1.

1884 La Convention de La Haye de 12 avril 1930 concernant certaines questions relatives aux conflits de nationalités, 179 LNTS 89.

Etats, pourvu qu'elle soit en accord avec les conventions internationales applicables, le droit international coutumier et les principes généralement reconnus en matière de nationalité ». L'Etat ne peut imposer la citoyenneté à des étrangers contre leur volonté.

La citoyenneté est une réalité d'ordre légal, politique, social mais également une idée sinon un idéal, une manière distinctive d'organiser, de penser et d'évaluer cette appartenance. Ainsi, il est permis de distinguer quatre composantes essentielles de citoyenneté comme figure idéale[1885] : la citoyenneté comme manifestation de l'identité nationale **(A)**, la citoyenneté comme un statut juridique conférant des droits et des obligations vis-à-vis de la collectivité politique **(B)**, la citoyenneté comme un ensemble des rôles sociaux spécifiques liés à la participation active à la vie de la cité **(C)** et la citoyenneté comme un ensemble de qualités morales **(D)**.

A) La correspondance avec la nationalité

Dans la plupart des pays modernes la citoyenneté a toujours entretenu un rapport étroit avec la nationalité. La citoyenneté se définit en effet par référence à une communauté politique et son attribut essentiel est le droit de participer, directement ou indirectement à l'exercice du pouvoir politique. Dans le cadre de l'Etat-nation, le citoyen est titulaire d'une partie de la souveraineté nationale. Par conséquent, seuls les nationaux sont citoyens et seulement eux sont admis au bénéfice de l'exercice des droits politiques. Le citoyen se définit ainsi par opposition à l'étranger, et la citoyenneté apparaît à cet égard comme un sous ensemble de la nationalité, lequel définit le lien juridique qui rattache une personne physique à un Etat particulier. La nationalité est posée comme une condition nécessaire à l'accès à la citoyenneté, tous les nationaux ne sont pas pour autant considérés comme des citoyens. L'idée d'exclusion aussi, trouve ses origines dans l'antiquité grecque. En effet, pour renforcer l'identité d'un groupe social et d'une civilisation vis-à-vis des étrangers, « barbares », la Grèce avait privilégié une définition exclusive de la citoyenneté. « Face aux barbares, les Grecs prennent conscience de l'existence d'une communauté grecque fondée sur une langue, un culte, des traditions et des coutumes communes ; la figure de barbare renforce ce sentiment d'appartenance et contribue à forger l'identité et l'unité hellénique...»[1886].

Cette correspondance formulée entre la citoyenneté et la nationalité, sans la prétention d'un constat socio-historique pourrait conduire aux propositions

---

1885 CONSTANT Fred, *La citoyenneté,* Editions Montchrestien, 1998, p. 27.

1886 LOCHAK Daniel, *Etrangers: de quel droit?*, Paris, PUF, 1985, p. 16.

suivantes : a) le citoyen est avant tout un national, au sens où il est membre de la nation ; b) cette appartenance à la nation et à l'Etat doivent se recouvrir : l'Etat doit se fonder sur la nation qui elle doit s'exprimer en lui, la communauté politique formant simultanément une communauté culturelle ; c) cette appartenance doit être unitaire : héritée de la révolution française, elle s'oppose à l'appartenance plurielle et différenciée de l'Ancien Régime, ainsi, l'appartenance nationale et citoyenne est considérée comme le pôle d'identification principale des individus et elle est vue comme la valeur cardinale par rapport à laquelle toutes les autres affiliations doivent s'ordonner ; d) cette appartenance est sacralisée, les citoyens devant faire des sacrifices, des actes sacrés pour la patrie, y compris jusqu'à mourir pour elle ; e) cette appartenance doit être unique : chaque citoyen ne doit appartenir qu'à un seul Etat. En effet, la loyauté exclusive représente une dimension essentielle du lien de la nationalité. Aussi, le principe de nationalité soulève des questions pour un Etat fédéral, dans la mesure où le principe de loyauté est indivisible ; f) cette appartenance doit être démocratique, impliquant une participation à l'exercice de la souveraineté ; g) enfin, cette appartenance doit consacrer une communauté solidaire de bien-être, marquée par la soumission à des obligations sacralisées et la jouissance des droits, qui distinguent les membres des non-membres de la nation.

B) La citoyenneté comme ensemble des droits et obligations

Dans un article souvent cité[1887], le sociologue anglais Thomas Hemphrey Marshal distingue trois étapes et trois formes de réalisation de la citoyenneté moderne : affirmation des droits civils au XVIIIème siècle corollaire à la construction de l'Etat libéral : la liberté de parole, de pensée et de religion, l'égalité devant la loi, le droit de propriété et de passer contrat, c'est dire l'essentiel des droits de l'homme célébrés par les révolutions française et américaine ; conquête des droits politiques au XIXème siècle corollaire à l'institutionnalisation progressive de la démocratie représentative, avec le droit d'élire, d'être élu et de participer au gouvernement avec l'extension des franchises et l'abolition progressive de la distinction entre le citoyen actif et passif et donc l'extension de suffrage à des couches plus nombreuses de la population ; organisation des droits sociaux au XXème siècle corollaire à la mise en place de l'Etat providence, avec la reconnaissance que des conditions minimales d'instructions, de santé, de bien-être économique et social commandent l'exercice réel des droits civils et politiques. A ces trois

1887 MARSHALL Thomas Humphrey, "Citizenship and Social Class", in *Class, Citizenship and Social Development,* 1964, Ch.4, pp 65–122.

étapes et formes de réalisation de la citoyenneté correspond la mise en place des trois institutions qui en deviendront symbole : les tribunaux au XVIIIème siècle, les assemblées politiques représentatives au XIXème siècle, le développement des écoles et des services sociaux au XXème siècle. Ainsi, selon une classification juridique devenue classique, la citoyenneté se décompose en droits civils, politiques et sociaux. Les droits civils correspondent aux droits libertés qui protègent le sujet de droit privé contre les interventions illégales de l'Etat qui porteraient atteinte à sa liberté et sa propriété. Les droits politiques correspondent aux droits de participation qui permettent au citoyen de prendre part activement au processus démocratique de formation de l'opinion et de la volonté générale. Quant aux droits sociaux, ils correspondent aux droits créances garantissant au bénéficiaire de l'Etat-providence un revenu minimum et la sécurité sociale.

Selon la thèse de Marshall, le statut du citoyen dans les sociétés modernes s'est progressivement étendu et consolidé : d'abord les droits politiques, ensuite les droits sociaux venant compléter les droits civiques selon une diffusion en cercles concentriques de plus en plus larges au sein de la population. Le succès de cette trinité conceptuelle tient davantage à sa commodité typologique qu'à sa valeur heuristique[1888]. S'il s'applique aux cas anglais et américain, ce schéma ne semble pas aussi pertinent pour d'autres pays comme l'Allemagne et la France. Il présente en outre l'inconvénient de suivre une chronologie institutionnelle qui ignore les ruptures qui ont marqué le passage des monarchies oligarchiques aux communautés politiques modernes et les tendances contradictoires qui opposent les dynamiques des appartenances politiques, religieuses, ethniques et de classe.

Les droits et obligations des citoyens peuvent varier considérablement d'un pays à l'autre. Pour l'individu, la citoyenneté est en dernière analyse une question concernant la possibilité d'entrer et de résider librement dans son pays. Il existe d'autres droits, mais le principe de jus domicili doit être considéré comme fondamental. Ce droit peut être ébranlé si l'expulsion est autorisée, mais l'aspect essentiel de la citoyenneté est toujours le droit de résidence dans le pays en cause. Ce droit est habituellement qualifié de liberté de circulation du citoyen. Cette liberté de circulation comprend trois éléments : le droit d'accéder au territoire, le droit d'y séjourner et le droit de le quitter. En conséquence, le droit de pénétrer dans un pays peut généralement être tributaire de la citoyenneté. Selon les accords internationaux, tout Etat a l'obligation d'autoriser ses propres nationaux à pénétrer dans son territoire. La Cour de justice de Luxembourg a déclaré à

1888 ROSANVALLON Pierre, « *Le sacre du citoyen* », *Histoire du suffrage universel en France*, Paris, Gallimard, 1992, p. 16.

cet égard ce qui suit : « ... un principe de droit international, que le traité CEE ne peut pas être censé méconnaître dans les rapports entre les Etats membres, s'oppose à ce qu'un Etat refuse à ses ressortissants le droit d'avoir accès à son propre territoire et d'y séjourner... »[1889]. Néanmoins, l'Etat n'est pas tenu d'autoriser les non nationaux à quitter le territoire ou à y entrer. Tout pays se prononce souverainement sur le point de savoir si une personne qui n'est pas un national sera autorisée à entrer sur son territoire. Par conséquent, le droit d'entrer ou de résider dans un pays étranger n'est pas un droit de l'homme reconnu au niveau international. Il est donc possible de traiter différemment les ressortissants d'un Etat et les étrangers.

Conformément à la Convention européenne sur la nationalité du Conseil de l'Europe, les Etats membres doivent prendre les mesures nécessaires afin de pouvoir permettre la naturalisation des personnes résidant légalement sur leur territoire. Par conséquent, dans certaines circonstances, il est permis de dire qu'il existe un droit à l'acquisition de la nationalité d'un pays. Néanmoins, il n'existe aucun droit à l'acquisition de la citoyenneté de l'Union. Même si cette constatation n'est pas erronée, il convient de la relativiser tenant compte de la jurisprudence de la Cour de justice. En effet, la Cour de justice a examiné dans l'arrêt du 12 septembre 2004[1890], connu aussi sous le nom de Gibraltar, le droit de vote et d'éligibilité aux élections européennes. Le Royaume-Uni, dont dépend Gibraltar, n'y avait pas organisé d'opérations électorales pour le Parlement européen en 1994. En 1999[1891], la CEDH a jugé que le Royaume-Uni avait méconnu de ce fait le droit de la requérente de participer à des élections libres garanties par l'article 3 du premier protocole additionnel à la Convention européenne. Donnant suite à cet arrêt, le Royaume-Uni a adopté une loi organisant les élections parlementaires européennes à Gibraltar[1892], texte qu'il justifie par ses traditions constitutionnelles. Le texte, dont l'élaboration a donné lieu à une consultation avec l'Espagne, prévoit notamment la participation des *qualifying Commonwealth citizens*, qui ne sont pas des ressortissants britanniques au sens du droit communautaire, et donc pas des citoyens européens. L'Espagne estimant cette disposition contraire

---

1889 CJCE, Van Duyn/Homme Office, aff. C-41/74, Rec., p. 1337.

1890 CJCE, arrêt du 12 séptembre 2004, Espagne c/ Royaume-Uni, Aff. C-145/04.

1891 CEDH, arrêt du 18 février 1999, Matthews c/ Royaume-Uni.

1892 PRISO-ESSAWE Samuel, « Le droit de vote et d'éligibilité aux élections européenne », in PICHERAL Caroline et SURREL Hélène (dir), *Droit communautaire des droits fondamentaux : Chronique de la jurisprudence de la Cour de justice des Communautés europeennes-2006*, RTDH, 71/2007, pp. 714–716.

au droit communautaire, initie un recours en manquement sur la compatibilité de cette disposition avec le droit communautaire.

Le point de départ de la Cour est le suivant: en l'absence de toute définition communautaire du corp électoral, il revient aux Etats membres d'identifier les personnes qui en font partie[1893]. La Cour dissocie donc la citoyenneté européenne et l'exercice des droits politiques européens d'élire le Parlement européen. Autrement dit, le droit communautaire admet qu'à coté des principes communs à tous les Etats, il y a des principes constitutionnels propres à chaque Etat qui sont acceptables.

C) La citoyenneté comme participation à la vie de la société

Ici, il s'agit d'un portrait social du citoyen idéal dessiné par un « ensemble de rôles sociaux spécifiques (…) par lesquels chaque citoyen, quelle que soit sa place dans la division du travail politique est en mesure d'opérer des choix entre propositions contradictoires, même si celles-ci sont également légitimes à ses yeux »[1894]. La citoyenneté, ainsi entendue, désigne un agir politique lié à l'implication des citoyens particulièrement concernés par les affaires politiques. Elle est la pierre angulaire d'un projet purement politique qui ne vise pas seulement le changement du centre du pouvoir, mais à l'autonomie du pouvoir.

Ainsi, dans la démocratie athénienne directe du Vème siècle avant notre ère, le citoyen participe à l'assemblée du peuple sur l'Agora et peut y prendre la parole. Des milliers de personnes décident ainsi, ensemble, à la majorité simple des présents, des affaires les plus générales de la cité : la guerre et la paix, les travaux d'infrastructure, les finances publiques, les conclusions des traités, les lois et règlements. Tout citoyen peut être désigné pour accomplir des fonctions publiques ou accéder à des magistratures. Les tâches publiques et administratives sont ainsi reparties entre un plus grand nombre de personnes, souvent désignées par tirage au sort pour une courte période moyennant une faible rétribution. Le citoyen d'une cité comme Athènes est un homme libre dans une société démocratique et les citoyens sont égaux devant la loi[1895]. Toutefois cette liberté doit être relativisée dans la mesure où une faible minorité de la population est considérée comme citoyenne, les femmes, les esclaves, les métèques, les étrangers sont exclus et n'ont aucune vocation à être intégrés dans la communauté des citoyens.

1893 CJCE, arrêt du 12 septembre 2004, Espagne c/ Royaume-Uni, Aff. C-145/04, point 78.

1894 LECA Jean, « Questions sur la citoyenneté », Projet, 171/172, janvier-février 1983, pp. 113–126.

1895 LE PORS Anicet, *La citoyenneté,* Que sais-je, PUF, 2002, p. 3–11.

La Rome républicaine témoigne d'une disjonction de la citoyenneté et des fonctions sociales. La citoyenneté n'est plus associée au pouvoir effectif et peut être attribuée aux hommes libres des terres conquises, en vue de leur assimilation. Par conséquent, à l'inverse de la citoyenneté athénienne la citoyenneté romaine est intégratrice.

Cette extension du champ de la citoyenneté enrichit progressivement sa signification. Avec le Moyen-âge, on s'engage pour près d'un millénaire dans une longue marche de la citoyenneté qui ne naîtra réellement qu'avec les Révolution américaine et surtout française. Tour à tour, chaque théoricien contribue à cette évolution qui est aussi celle du citoyen actif : « vertueux » selon Montesquieu, « participant actif » selon John Stuart Mill, « ayant le goût pour les affaires publiques » pour Alexis de Tocqueville, « disponible et intéressé aux affaires publiques » selon Emmanuel Sieyès. C'est surtout l'Esprit des Lois de Montesquieu et du Contrat social de J.-J. Rousseau qui influencèrent de manière significative le développement du contre-pouvoir et l'affirmation de la supériorité de « la volonté générale sur l'absolutisme monarchique, préparant ainsi l'avènement du citoyen moderne ». La formation de cette citoyenneté s'effectuera dans le cadre des Etat-nations qui s'étaient constitués en France puis en Europe.

D) La citoyenneté comme ensemble de qualités morales

Ensemble des rôles sociaux spécifiques, la citoyenneté apparaît ainsi comme un ensemble de prescriptions morales considérées nécessaires à l'existence du « bon citoyen ». Dans plusieurs pays, l'empressement à s'acquitter du devoir civique est qualifié de civisme. Ce terme s'entend de deux manières : tantôt il désigne la conduite des personnes politiques ayant un rapport spécifique à l'Etat et est entendu comme le dévouement à la chose publique. Tantôt il désigne les conduites des personnes citoyennes ayant un rapport indifférencié à l'Etat et voudrait dire sens des devoirs collectifs au sein d'une société. Dans les deux cas, le civisme manifeste un zèle envers la chose publique en vertu duquel on estime devoir s'intégrer à une collectivité nationale et collaborer à la vie sociale. Cette définition éclaire l'ambiguïté de la définition de la nation ; d'une part le civisme se présente comme une vertu ou un devoir ; d'autre part, il est une orthopédie sociale dans la mesure où il incite à un certain conformisme vis-à-vis d'un modèle politique, historiquement situé et géographiquement déterminé. En France, par exemple, le civisme désigne la formation individuelle du citoyen et la qualité du bon citoyen, ce que Robespierre et Saint-Just appellent la vertu et Condorcet la raison. Ainsi, la notion recouvre au moins trois obligations : le devoir de voter, le devoir militaire et le devoir fiscal. Plus tard, la République devait en ajouter deux autres : le devoir de s'instruire et le devoir de solidarité.

Etre citoyen, c'est avant tout être électeur, prendre part à la vie démocratique de la nation, prendre part régulièrement à l'élaboration des décisions politiques. Le vote est ainsi érigé comme un véritable devoir moral, comme une donnée quasi naturelle de la vie en société. Puis, être citoyen implique le devoir de service militaire corollaire de l'amour pour la patrie, le désir de se sacrifier pour la défendre, en particuliers contre les attaques armées. Il a fallu faire valoir aux citoyens l'importance de cet impôt du sang par un enchantement de la patrie. De l'impôt du sang on passe à l'impôt de l'argent. En effet, l'impôt est un aspect essentiel de la souveraineté, « la liberté du peuple est toute dans l'impôt »[1896].

E) L'Etat-nation et la « nouvelle » citoyenneté

L'importance porte aujourd'hui prioritairement sur les limites nationales et politiques de la citoyenneté. Les sociétés fondées sur la citoyenneté ont jusqu'à présent toujours été des sociétés nationales, par définition, particulières. Elles se sont efforcées de conjuguer les vocations universelles de la citoyenneté et les limites des sociétés nationales. C'est cette forme de conjugaison entre l'universel et le national qui est désormais contestée[1897]. Le débat, de nos jours, semble porter sur deux problèmes politiques concrets. D'une part, comment faire évoluer le droit de nationalité, autrement dit quelle politique adopter à l'égard des nombreux résidents étrangers, régulièrement installés de manière permanente, qui ne sont pas des citoyens. Faut-il modifier le droit de nationalité, l'ouvrir plus largement aux résidents étrangers, devrait-on leur accorder des droits politiques particuliers ? A travers ce débat, on s'interroge dans la plupart des pays européens, implicitement ou explicitement, sur le sens de la citoyenneté et de la nation, sur l'évolution et la philosophie sociale qui fonde cette évolution[1898]. En dissociant la

---

1896 CONSTANT Fred, *La citoyenneté,* Editions Monchrestien, 1998, p. 33.

1897 SCHNAPPER Dominique, *La Démocratie providentielle,* NRF Essai, Gallimard, 2002, p. 104.

1898 Dans les pays de l'Union européenne, les résidents communautaires disposent du droit de vote aux élections locales où ils résident et aux élections européennes selon le Traité de Maastricht. Avant le traité, des conseils communaux consultatifs pour les étrangers avaient été créés en Belgique en 1972, en Allemagne et au Pays-Bas en 1975, le droit de vote aux élections locales avait été accordé aux étrangers en Irlande en 1963, en Suède en 1976, aux Pays-Bas en 1985, au Danemark en 1981, en Norvège en 1982 ainsi qu'en Suisse, dans le canton de Neuchâtel en 1948 et dans le Jura en 1979. En Norvège, le droit de vote à tous les citoyens nordiques en 1978 et la Finlande en

citoyenneté de la nationalité, ne franchirait-on pas l'ultime étape du processus démocratique visant à assurer l'autonomie de l'individu ?

La nationalisation croissante durant le XIXème siècle et le nationalisme ont progressivement élevé une distinction juridique entre les nationaux qui jouissaient des droits des citoyens et les étrangers qui n'en disposaient pas[1899]. La nationalité et la citoyenneté tendaient à se confondre, d'autant que les nationaux ne disposant pas des droits de citoyenneté étaient de moins en moins nombreux, au fur et à mesure que les différentes catégories des citoyens passifs des années 1790 étaient progressivement incluses dans le corps politique.

L'Etat moderne est né en tant qu'Etat administratif et fiscal, en tant qu'Etat territorial souverain et il a pu se développer dans le cadre de l'Etat-nation pour prendre la forme d'un Etat de droit démocratique et social[1900]. Cette forme d'institutionnalisation mise en œuvre par l'Etat national subit de plus en plus la pression de la mondialisation. Habermas emploie ce terme pour décrire un processus, et non un état final[1901]. Dans cette perspective, la mondialisation caractérise l'extension croissante et l'intensification au-delà des frontières nationales, à la fois des transports, des communications et des échanges. Le niveau le plus élevé est atteint par la mondialisation économique que l'on peut illustrer par les faits suivants : (i) l'extension et l'intensification du commerce interétatique des bien manufacturés attestées depuis plusieurs décennies ; (ii) les entreprises transnationales disposant des chaînes de production et de distribution font preuve d'une croissance rapide et d'une influence grandissante sur l'accroissement de l'investissement direct à l'étranger ; (iii) on assiste à une accélération sans précédent des mouvements des capitaux sur les marchés financiers, reliés entre eux par des réseaux électroniques. L'effet cumulatif de ces évolutions est une intensification notable de la concurrence internationale. Aussi, ces évolutions affectent les éléments qualificatifs de l'Etat-nation au sens classique, tels que l'organisation de l'appareil administratif, la souveraineté de l'Etat territorial, l'identité collective, etc.

1981. De manière générale, la participation électorale des étrangers a été inférieure à celle de nationaux et elle est régulièrement en baisse. Ibid, pp. 298–299.

1899 NOIREL Gérard, *La tyrannie du national. Le droit d'asile en Europe,* Paris, Calmann-Lévy, 1991.

1900 HABERMAS Jürgen, « L'Etat-nation européen », in *L'intégration républicaine,* trad. R. Rochlitz, Paris, Fayard, 1998, pp. 95–119.

1901 HABERMAS Jürgen, *Après l'Etat-nation: une nouvelle constellation politique,* Paris, Fayard, 2000, pp. 54–55.

C'est cette évolution que remet en cause l'affaiblissement objectif des Etats nations et du lien juridique et identitaire entre les individus et les nations, sous l'effet de la mondialisation. Avec la délégitimisation, en quelque sorte, de l'idée où l'idéal national et la création d'entités politiques dépassent le cadre national, comme la Communauté/Union européenne, le refus d'accorder des droits de la citoyenneté aux non nationaux paraît de plus en plus illégitime. On est ainsi ammené à proposer une nouvelle conception de la citoyenneté qui serait en train de se construire au niveau européen.

Les limites nationales de la citoyenneté sont perçues dès lors comme illégitimes, dans la mesure où elles ne sont pas à même d'intégrer les non nationaux. Toute organisation, par nature, inclut les uns, exclut les autres. L'Etat démocratique pour sa part obéit à cette règle. Il est fondé sur un principe d'inclusion des nationaux et d'exclusion des non nationaux de la pratique de la citoyenneté politique. Aussi, la citoyenneté moderne a une capacité d'ouverture potentielle, mais celle-ci est jugée de plus en plus insuffisante dans la mesure où elle est fondée sur la nationalité. La solution traditionnelle, consistant à accorder aux étrangers facilement la nationalité, et ainsi leur reconnaître le droit d'entrer dans la communauté politique, ne semble pas suffisante. La citoyenneté traditionnelle est critiquée pour deux motifs : elle ignorerait les conditions nouvelles de la vie collective et elle est liée à la nation et la nationalité. La nouvelle citoyenneté devrait tout à la fois être renouvelée dans son contenu en intégrant un caractère économique et social, et dépasser le cadre national en étant désormais liée à la personne, et non à la relation de la personne à un Etat.

L'aspect le plus essentiel de cette « nouvelle » citoyenneté semble être son caractère économique et social, conféré par les droits économiques et sociaux dont l'affirmation est relativement récente dans l'histoire des droits de l'homme[1902]. Ces droits ne sont pas seulement des conditions de l'exercice de la citoyenneté politique, ils sont devenus de véritables droits politiques. Ainsi la citoyenneté politique classique est dévaluée par le fait que les droits économiques et sociaux, eux aussi, accèdent au rang des droits politiques proprement dits. L'histoire récente du Traité établissant une Constitution pour l'Europe qui intègre la Charte des droits fondamentaux, en livre à notre sens l'exemple le plus récent et le plus significatif[1903].

Sans doute, seul le citoyen dans une nation démocratique se voit reconnaître la plénitude des droits politiques. Toutefois, les étrangers en situation régulière,

---

1902 SCHNAPPER Dominique, op. cit., p. 108.

1903 Voir nos développements dans le Chapitre precedent.

s'ils ne sont pas des citoyens, n'en disposent pas moins des mêmes droits civils, économiques et sociaux que les nationaux. Ainsi, ils ont le droit libre circulation, de se marier, d'avoir un avocat pour se défendre, etc. A ces droits civils, s'ajoutent les droits économiques et sociaux. Même si les premières mesures de protection sociale avaient été pour l'essentiel réservées aux nationaux, le statut juridique des étrangers en Europe suivant la Seconde Guerre Mondiale a été progressivement assimilé à celui des nationaux, en matière de salaire, de droit de travail, de droit à la retraite, et d'indemnités de chômage. Ils peuvent voter aux élections des conseils liés au travail et aux élections syndicales. Ils disposent du droit d'association. Cette législation sur les droits sociaux des étrangers a été consacrée par la législation européenne des années 1960. Les institutions européennes ont en effet développé le droit social : elles définissent la qualité de salarié et les droits qui sont attachés, elles garantissent la liberté du travail, les droits civils et sociaux des étrangers, l'égalité des sexes. Elles traitent les problèmes de pauvreté, de l'emploi, de l'éducation, de la rénovation urbaine, etc.

Les sociétés étant de moins en moins politiques, les étrangers en situation régulière jouissent désormais de l'essentiel des moyens de participer à la vie collective. La citoyenneté nationale devient alors de moins en moins significative parce que le rôle essentiel de l'Etat national n'est plus militaire et politique. Son action essentielle consiste à réguler la production et la distribution des biens collectifs, en organisant le marché du travail, les services d'éducation et de protection sociale. La construction européenne et les droits ainsi donnés aux étrangers dans les pays membres contribuent à cette évolution, puisque les citoyens de l'Europe communautaire disposent non seulement des mêmes droits civils, économiques et sociaux que les nationaux, mais aussi d'un certain nombre de droits politiques liés à la citoyenneté européenne, en particulier le droit de vote aux élections locales. Cette transformation est annonciatrice d'une nouvelle conception de la citoyenneté, fondée non plus sur le lien juridique et politique des individus à un Etat, mais sur un ensemble de valeurs et de pratiques sociales élaborées par les institutions communautaires, en particulier par la jurisprudence de la Cour de justice.

Les institutions européennes sont en train de forger une nouvelle citoyenneté, qui non seulement remet en cause le lien historique entre l'Etat-nation et la citoyenneté, mais qui élabore une nouvelle forme de citoyenneté. Dans cette perspective, il n'est pas permis que les droits économiques et sociaux soient, en termes classiques, la condition de l'exercice de la citoyenneté politique. En réalité, ces droits sont au fondement de la nouvelle citoyenneté, dans la mesure où ils ont des conséquences également sur le statut politique des individus : des droits, des pratiques et des loyautés s'expriment désormais au niveau de l'Europe politique.

Le droit communautaire est en train de faire naître une citoyenneté spécifique fondée sur une conception, commune à tous les européens, de la solidarité et de la justice sociale. Autrement dit, parler de la notion de citoyenneté dans le contexte de l'Union européenne nous conduit inévitablement à la notion de la citoyenneté sociale, notion qui est construite pierre par pierre, par la jurisprudence de la Cour de justice et la législation communautaire en la matière.

§ 2: La citoyenneté communautaire

L'article 17 du traité instituant la Communauté européenne, dans la version du Traité d'Amsterdam, énonce catégoriquement qu'il est institué une citoyenneté de l'Union. Cette initiative procède d'une intention dont le sens ne laisse guère de place au doute. A cet égard, le choix des mots n'est certainement pas innocent[1904]. Il s'agit de montrer que la construction européenne ne se veut pas seulement économique ou même sociale, mais vise une ambition politique. L'objectif est de susciter le sentiment des nationaux des Etats membres d'appartenir à une collectivité fondée sur le partage de valeurs communes et de renforcer l'identité européenne. La nouvelle formulation de l'article 17 (1) qui stipule que la citoyenneté de l'Union complète la citoyenneté nationale et ne la remplace pas, souligne le fait que la citoyenneté n'est pas une sorte de « nationalité » européenne. Force est de constater que cette citoyenneté de l'Union, si l'on tient compte de ses antécédents communautaires, « n'est pas la révolution que l'on peut croire »[1905].

En effet, dans un premier temps, cette citoyenneté, a été forgée par l'évolution jurisprudentielle et législative communautaire, tout spécialement en matière de libre circulation des travailleurs. La logique, à priori exclusivement économique de la liberté de circulation reconnue aux ressortissants communautaires[1906] par le traité, a permis l'amorce d'une citoyenneté communautaire avant la citoyenneté de l'Union. Dès le début de la construction communautaire, la Cour de justice a refusé de voir dans cette libre circulation des travailleurs un simple volet de l'intégration économique, de voir dans le travail des hommes un simple facteur

---

1904 KOVAR Robert, « L'Emergence et l'affirmation du concept de citoyenneté européenne dans le processus d'intégration européenne », in PHILIP Christian et SOLDATOS Panayotis (dir), *La Citoyenneté européenne,* Université de Montréal, 2000, p. 81.

1905 MOUTON Jean-Denis, « La Citoyenneté de l'Union : passé, présent et avenir », op. cit., p. 3.

1906 « D'une manière générale, le ressortissant communautaire est le ressortissant d'un Etat membre en situation de pouvoir bénéficier du statut communautaire », MOUTON Jean-Denis, « Ressortissants communautaires », Rép., communautaire Dalloz, février 2000.

de production, un type de marchandise[1907]. Progressivement, la libre circulation des travailleurs a pris une dimension humaine conformément aux objectifs du traité, à savoir « établir les fondements d'une union sans cesse plus étroite entre les peuples européens. » Parallèlement à cette jurisprudence, le droit dérivé a vite associé le droit fondamental de libre circulation des travailleurs à des notions telles que la promotion sociale ou la dignité de la personne humaine. Les dispositions du règlement 1612/68 sont révélatrices à cet égard.

Tout d'abord, sur la base des dispositions du Traité de la CE et de la réglementation communautaire, la Cour de justice a interprété un certain nombre de notions, telles que l'avantage social, les prestation familiales, les prestations sociales etc., de sorte que le ressortissant communautaire jouisse pleinement de son statut social[1908]. Pour sa part, la Cour de Justice n'a pas hésité à le faire même lorsque les Etats arguaient que les avantages sociaux pouvaient être réservés aux nationaux du fait qu'ils participent à la solidarité nationale[1909]. Le ressortissant communautaire se voit donc, dans une large mesure, intégré à la communauté d'accueil, principe qui se trouve au fondement sociologique de la nationalité.

Par ailleurs, dans sa jurisprudence ultérieure relative à la libre circulation, dans l'arrêt *Pieck*[1910] notamment, la Cour estime que la simple présentation du passeport ou de la carte d'identité s'oppose à toute formalité supplémentaire. De même, dans l'arrêt *Commission c. Pays-Bas*[1911], elle considère que le ressortissant communautaire qui entre sur le territoire d'un Etat « n'a pas à justifier son appartenance à l'une des catégories de personnes visées par les articles 48, 52 et 59 du traité et qu'en maintenant en vigueur une législation au titre de laquelle les ressortissants d'un Etat membre pourraient être tenus de répondre aux questions des fonctionnaires chargés de surveiller la frontière avant d'être autorisés à entrer sur le territoire, les Pays-Bas avaient manqué à leurs obligations

---

1907 WHATELET Melchior, « Citoyenneté européenne et la libre circulation dans la jurisprudence », in *Trente ans de libre circulation des travailleurs en Europe,* op. cit., p. 277.

1908 MOUTON Jean-Denis, « Ressortissants communautaires », Rép., communautaire Dalloz, février 2000, p. 7.

1909 Voir en particulier, CJCE ; arrêt du 14 janvier 1982, Reina c/Landeskreditbank Baden w-Würrtemberg, aff. 65/81, Rec, p. 3 ; arrêt du 13 février 1885, Gravier c/Ville de Liège, aff. 293/83, Rec., 593 ; arrêt du 3 juin 1986, Kempf c/Secrétaire d'Etat à la justice, aff. /139/85, Rec., 1741 ; arrêt du 2 février 1989, Cowan, c/Trésor public, aff. 186/87, Rec., 195.

1910 MOUTON Jean-Denis, « La Citoyenneté de l'Union : passé, présent et avenir », op. cit. p. 4.

1911 Ibid, p. 5.

communautaires». Avec l'extension du droit de libre circulation aux conjoints et membres de la famille du travailleur, y compris les étudiants et les touristes, la communautarisation de ce droit se poursuit (voir les arrêts Bosman, Cabanis, Gravier et Cowan précités).

A cette tendance à faire émerger une « citoyenneté sociale », s'ajoute une tendance à faire apparaître une citoyenneté dans son sens plus classique. Cette deuxième tendance est également due à la jurisprudence de la Cour de Justice et concerne l'interprétation qui a été donnée de l'article 48–4 du Traité, devenu l'article 39–4 TCE après modification, selon lequel « les dispositions de la libre circulation des travailleurs ne sont pas applicables aux emplois dans l'administration publique ». Cette réserve de nationalité est liée à la coïncidence traditionnelle entre la nationalité et la citoyenneté, dans la mesure où ces emplois supposent, de la part de leurs titulaires, l'existence d'un rapport particulier de solidarité envers l'Etat, ainsi que la réciprocité des droits et des devoirs qui sont les fondements du lien de nationalité[1912].

Décidant de donner une définition communautaire à la notion d'emploi dans l'administration publique, elle allait transformer ce qui était un principe en une exception. En donnant une définition fonctionnelle de la notion, elle allait limiter l'exception aux « activités spécifiques de l'administration publique en tant qu'elle est investie de l'exercice de la puissance publique et de la responsabilité pour la sauvegarde des intérêts de l'Etat »[1913]. La Cour de Justice n'hésite pas alors à adopter une approche par secteurs[1914]. Ainsi la logique économique qui avait été à la base de la construction communautaire, a été utilisée dans une direction qui rapproche le statut du ressortissant communautaire du statut du citoyen ressortissant des Etats membres de l'Union. La citoyenneté de l'Union vient évidemment compléter cette tendance.

Il faut également noter que l'idée d'une véritable citoyenneté communautaire s'est développée aussi à travers la construction jurisprudentielle relative à la protection des droits fondamentaux du ressortissant communautaire. Le développement de cette jurisprudence s'est amorcé dans l'arrêt Stauder[1915] où la Cour

---

1912 CJCE, arrêt du 3 juillet 1986, Lawrie-Blum c/Land Baden-Würtemberg, aff. 66/85, Rec., 2121, point 27.

1913 CJCE, arrêt du 17 décembre 1980, Commission c/Belgique, aff. 149/79, Rec., 3881.

1914 CJCE, arrêt du 2 juillet 1996, Commission c/Luxembourg, aff. C-473/93, Rec., I, p. 3207; arrêt du 2 juillet 19996, Commission c/Belgique, aff. C173/94, Rec.I, 3265; arrêt du 2 juillet 1996, Commission c/Grèce; aff. C-290/94, Rec., I, 3265.

1915 Arrêt précité.

précise que « le respect des droits fondamentaux fait partie intégrante des principes généraux du droit dont la Cour assure le respect ».

§ 3: La citoyenneté de l'Union

A) Signification et portée de la citoyenneté européenne

La citoyenneté de l'Union a été intégrée par le traité sur l'Union européenne qui a été signé à Maastricht en 1992. Elle est essentiellement régie par les articles 17 à 22[1916]. Il semble qu'il s'agisse là d'un nouveau type de citoyenneté, d'une création suis generis. Au regard de la théorie juridique et politique, elle apparaît de prime abord comme un objet politique non identifié[1917]. Dépourvue de tout lien avec une nationalité européenne encore inexistante, elle constitue le corollaire des nationalités multiples conférées aux ressortissants communautaires au gré des Etats membres. Elle offre l'exemple d'une citoyenneté à l'état pur, détachée d'une nationalité correspondante, mais adossée cependant à des nationalités multiples dont il existe autant de statut que d'Etats membres.

Les citoyens de l'Union sont les ressortissants des Etats membres. Toutefois, ils ne sont pas titulaires des droits que dans les Etats membres mais dans la Communauté européenne. La citoyenneté de l'Union est à l'évidence destinée à constituer une importante étape dans la voie de création d'une Union sans cesse plus étroite entre les peuples de l'Europe. Elle constitue une tentative de créer une « Europe des peuples ». Son objectif est de rapprocher l'Union européenne des citoyens et de donner à cette Union une nouvelle dimension politique et sociale[1918]. En outre, elle vise à renforcer la protection des individus tant dans la Communauté que dans les Etats membres. Néanmoins, le lien entre la protection des droits de l'homme dans le contexte de l'Union européenne et le statut

1916 Pour une analyse détaillée voir SIMON Denys, « Les droits du citoyen de l'Union », RUHD, 2000, p. 22. ; D'OLIVERE J., « European Citizership : Its Meaning, Its Potintial », in DEHOUSSE Renaud (réd), *Europe After Maastricht : An Ever Closer Union? (1994);* MARIAS Epaminondas (red), *European Citizenship (1994);* S. O'LEARY Siofra, *The Evolving Concept of Communitiy Citizencship (1996).*

1917 QUERMONNE Jean-Louis, « Citoyenneté et nationalité dans l'Union européenne : Problèmes et perspectives », in MAGNETTE Paul (dir.), *De l'étranger au citoyen : Construire la citoyenneté européenne,* Editions de l'université, Bruxelles, 1998, p. p. 25.

1918 Voir, HABERMAS Jürgen, "Citizenship and National Identity : Some reflexions on the Future of Europe", (1992), Praxis International 1; Jo Shaw, "Citizenship of the Union : Towards Post-National Membership", 6 AEL (1995), 237.

récemment constitutionnalisé de la citoyenneté de l'Union européenne reste complexe. En effet, l'Union européenne n'a pas de compétence pour se prononcer sur la question de savoir qui est le citoyen de l'Union. Au terme de l'article 17 du traité, toute personne ayant la nationalité d'un Etat membre est citoyen de l'Union. Le passage de la Communauté à l'Union permettra finalement la reconnaissance politique de la citoyenneté définie en termes juridiques dans le traité.

La citoyenneté de l'Union met en cause, elle aussi, dans une certaine mesure, la souveraineté des Etats membres. En effet, des conflits entre les intérêts des Etats et de l'Union européenne, sont inévitables. Les tergiversations danoises lors de la ratification du Traité de Maastricht à cet égard sont révélatrices. Ces conflits sont causés essentiellement par les divergences entre les législations régissant la citoyenneté dans les Etats membres. C'est la raison pour laquelle toute analyse sur la citoyenneté de l'Union, qui a la prétention d'être d'une « nouvelle » citoyenneté, doit tenir compte de cet aspect.

La citoyenneté de l'Union souffre d'une absence d'indépendance. Cette absence est imputable au fait que cette citoyenneté est entièrement fondée sur les conceptions nationales divergentes de la nationalité. La possibilité d'acquérir la citoyenneté de l'Union varie d'un pays membre à l'autre. Un moyen de résoudre ces divergences et, de ce fait, de renforcer la citoyenneté de l'Union serait l'harmonisation des législations régissant la citoyenneté dans les Etats membres. C'est là une décision décisive, mais dans la situation actuelle, harmonisation ne semble pas être une perspective proche.

Une autre faiblesse de cette citoyenneté de l'Union tient au fait que, contrairement à la notion de la citoyenneté classique, elle ne reflète pas une relation statutaire entre le particulier et un Etat. Par ailleurs, cette citoyenneté de l'Union se distingue de la citoyenneté nationale par le fait qu'elle est un faisceau de droits. Le lien juridique entre l'individu et l'Union est bien plus ténu que celui qui existe entre le citoyen et l'Etat.

B) Les caractéristiques de la citoyenneté de l'Union

Au-delà des considérations précédentes, la citoyenneté de l'Union se distingue de celle des Etats membres d'un triple point de vue. Il s'agit d'une citoyenneté inverse quant à son mode de formation, subordonnée quant à son statut et inachevée quant à son contenu[1919].

1919 KOVAR Robert, « L'Emergence et l'affirmation du concept de citoyenneté européenne dans le processus d'intégration européenne », op. cit, p. 82.

1. Le caractère inversé de la citoyenneté européenne

Le caractère inversé de la citoyenneté de l'Union concerne les rapports entre citoyenneté et nationalité. La nationalité est définie comme le lien juridique qui rattache la personne humaine à l'Etat ; elle définit et délimite ainsi la nation. Alors que la citoyenneté est un sous-ensemble de la nationalité ; elle est le statut juridique qui détermine le peuple souverain dans l'Etat en fixant les droits et libertés de participation à la formation et à l'exercice de la volonté collective. Dans un Etat, la nationalité et la citoyenneté sont intimement associées, la qualité de citoyen supposant celle de national. Une personne ne peut être le citoyen d'un Etat que si elle en est le national. Or, si le Traité de Maastricht crée une citoyenneté européenne, il ne crée pas une nationalité de l'Union. La citoyenneté de l'Union ne postule, ni n'entraîne une quelconque nationalité de l'Union, mais découle au contraire d'une appartenance nationale préalable[1920]. L'institution de la citoyenneté de l'Union dissocie deux notions qui se superposent dans la plupart des Etats. La citoyenneté de l'Union, au contraire ne se fonde pas sur une nationalité européenne. C'est à dire que ce concept de citoyenneté est d'une nature différente de la citoyenneté telle qu'elle est connue dans un cadre étatique.

La citoyenneté de l'Union procède également d'une inversion des rapports entre les droits civiques et les droits économiques et sociaux. En partant d'une vision essentiellement économique et en appréhendant le citoyen communautaire sous cet angle, le droit communautaire a su progressivement consacrer l'émergence de valeurs qui sont celles du respect des impératifs démocratiques et des exigences d'une communauté de droit à travers une interprétation extensive des termes des traités en matière de libre circulation des personnes et des droits sociaux. Plus encore, la construction jurisprudentielle des droits fondamentaux traduit la volonté de conférer à la Communauté des missions qui ne soient pas seulement celles d'une organisation d'intégration économique.

Par comparaison avec les citoyennetés nationales, la citoyenneté de l'Union fait figure de citoyenneté inversée. En effet, alors que la citoyenneté nationale semble suivre une évolution, sinon linéaire du moins constante, du civique vers l'économique et le social en passant par le politique, à l'échelle de l'Union, la citoyenneté s'est construite sur la base du marché. Cette idéologie du citoyen de marché est présente dès l'origine et pour ne pas confiner la citoyenneté à cette seule dimension, les Etats membres l'ont délibérément rattachée à l'Union.

1920 CONSTANTINESCO Vlad, « La Citoyenneté de l'Union », in SCHWARZE Jürgen (dir), *Binnenmarkt zur Europaischen Union*, Baden-Baden, Nomos, 1993,p. 28.

Toutefois, la substance des droits, qui sont attachés à la citoyenneté de l'Union, est dans une large mesure, la consolidation d'un acquis communautaire. Elle s'appuie sur le droit de libre circulation et de séjour dans l'Union et sur le droit de pétition, déjà prévu par le règlement intérieur du Parlement européen. Au titre des nouveautés, hormis les questions du droit de vote, figurent la protection diplomatique et consulaire pour tout citoyen de l'Union dont l'Etat d'origine n'est pas représenté dans un Etat tiers ainsi que le droit de s'adresser au médiateur[1921]. La consécration des droits politiques ne représente qu'un apport limité. Les droits de nature économique et sociale continuent à être prévalents. De plus, ils continuent à bénéficier de l'avantage de leur antériorité. On peut dire dès lors que l'instauration de la citoyenneté de l'Union a formalisé en quelque sorte la marginalisation des droits politiques à l'échelle de l'Union.

2. La Citoyenneté de l'Union est une citoyenneté subordonnée

La citoyenneté de l'Union se situe fondamentalement dans le prolongement de la citoyenneté communautaire dans la mesure où, par rapport à la citoyenneté nationale, elle est aussi une citoyenneté de superposition ou de subordination, dans la mesure où la nationalité d'un Etat membre de l'Union est une condition de la citoyenneté. De plus, cette citoyenneté ne remplace pas la citoyenneté nationale, mais elle la complète.

Conditionner l'accès à la citoyenneté de l'Union au rattachement à la nationalité d'un Etat membre constitue la marque d'une réaffirmation de la souveraineté nationale. Par rapport au modèle étatique fédéral, la citoyenneté de l'Union semble être une inversion de perspective. L'Etat fédéral a, d'ordinaire, une place prépondérante dans la détermination des bénéficiaires de la citoyenneté. Ce critère de la nationalité médiatise la relation entre le citoyen et l'Union avec toute une série de conséquences[1922]. D'abord, cette corrélation implique que la citoyenneté de l'Union est attribuée automatiquement et durablement aux nationaux des Etats membres. Tant qu'une personne ne renonce pas à sa nationalité, elle demeure le citoyen de l'Union. Puis, il résulte de cet accès conditionné que la citoyenneté de l'Union fait davantage figure d'institution confédérale. Toute proportion gardée, l'exemple suisse peut éclairer cet esprit confédéral. Selon la Constitution de 1874, tout citoyen d'un canton est citoyen suisse. S'agissant de la condition de jouissance, la citoyenneté de l'Union semble porter les traces

---

1921 BLANCHARD David, *La Constitutionnalisation de l'Union européenne*, Editions Apogée, 2001, p. 221.

1922 BLANCHARD David, *La Constitutionnalisation de l'Union européenne*, op. cit., p. 201

d'un développement confédéral. Enfin, cette ressemblance confédérale place la citoyenneté de l'Union dans une situation d'étroite dépendance à l'égard de la définition par les Etats membres des conditions d'accès à la nationalité.

Cette notion de citoyenneté européenne apparaît comme une citoyenneté moderne dont l'attribut essentiel, au terme de l'article 17 du traité CE, est la liberté de circulation, d'établissement et de travail pour les européens de l'Union. Il s'agit d'une citoyenneté de réciprocité, fondée sur des droits entre ressortissants européens, d'attribution décernée par la nationalité d'appartenance à l'un des pays membres, hiérarchisée, où la libre circulation crée avec le système des visas, un nouveau clivage entre Européens et extra-Européens[1923]. Si elle contribue à l'union des nationaux des Etats membres, la citoyenneté de l'Union participe à l'inverse à l'exclusion des ressortissants des Etats tiers. Les tiers subissent, du fait de leur exclusion de la citoyenneté de l'Union, une inégalité renforcée de leur situation et une relative dépossession de leur statut[1924] dans les Etats membres. Une telle situation est susceptible de nourrir le reproche de déficit démocratique adressé à l'Union.

3. *La citoyenneté de l'Union est une citoyenneté inachevée*

Suite au Traité d'Amsterdam, l'article 17 TCE précise que la citoyenneté de l'Union complète la citoyenneté nationale et ne la remplace pas. Dans l'article 20 introduit dans le TCE par le Traité de Lisbonne, le mot « complète » est remplacé par « s'ajoute à ». Etant complémentaires, ces citoyennetés doivent être perçues l'une par rapport à l'autre. En insistant sur la nature complémentaire de la citoyenneté de l'Union, le Traité d'Amsterdam met la citoyenneté nationale en relief. Les citoyennetés cohabitent, mais la citoyenneté nationale est première qualifiable, par analogie, de nationalité de droit commun. La citoyenneté de l'Union ne forme alors qu'une citoyenneté d'attribution[1925].

Pour bien garantir la place de la citoyenneté nationale, le traité précise que la citoyenneté de l'Union ne la remplace pas. La préservation des citoyennetés nationales constitue la marque du respect par l'Union de l'identité constitutionnelle,

---

1923 WITHOL de WENDEN Catherine, « La citoyenneté européenne et la libre circulation », in *Trente ans de libre circulation des travailleurs en Europe,* op. cit., p. 267.

1924 SCHMITTER Catherine, « Droits économiques, sociaux, politiques et différences de traitement entre les ressortissants des pays tiers et les ressortissants communautaires », in BRIBOSIA Emmanuelle (dir), *Union européenne et nationalité,* Bruylant, 1999, p. 151–188

1925 KOVAR Robert, « L'émergence et l'affirmation de citoyenneté européenne », op. cit. p. 88

politique, historique, voire sociale des Etats membres. Le non-remplacement de la citoyenneté nationale signifie aussi que l'Union respecte l'identité de l'Etat en tant qu'Etat et en tant que société politique distincte.

Il convient maintenant de s'interroger sur la portée juridique des dispositions générales de l'article 17 (2), qui stipule que les citoyens de l'Union jouissent de droits et sont soumis aux devoirs prévus par le présent traité. En effet, le traité n'aide pas beaucoup à définir la structure de base de la citoyenneté de l'Union. S'il semble assez inutile de confirmer que les citoyens de l'Union peuvent exercer leurs droits, la référence supplémentaire aux « devoirs » semble indiquer qu'il existe effectivement des devoirs. Or, le traité ne prévoit aucune disposition stipulant des devoirs pour les citoyens de l'Union, à moins d'interpréter comme des « devoirs » les limites à l'exercice des libertés du marché. La reconnaissance générale de la jouissance des droits prévus par le traité semble être une pétition de principe. Quel contenu peut-on donner à une soumission aux « devoirs » prévus par le traité ? Il y a tout lieu de croire que ces termes revêtent davantage les traits de l'emblème que d'une règle de droit. En effet, le terme de «devoir », à connotation morale, est utilisé au lieu du terme plus juridique d' « obligation ». En outre, il est acquis de longue date que les dispositions du traité concernant la libre circulation ont un « effet direct » pour le particulier, sans que l'adoption préalable d'actes d'exécution soit nécessaire[1926]. Toutefois, une telle explicitation dans le traité contribue à assurer le caractère fondamental de cet effet direct et répond à un objectif de sécurité juridique.

La citoyenneté européenne, comme structure nouvellement constitutionnelle, présente donc certaines limites. Tout d'abord, la notion de citoyenneté européenne n'est pas une notion autonome et son acquisition dépend de celle de la citoyenneté nationale d'un Etat membre. De ce fait, elle induit une discrimination envers les ressortissants des Etats tiers. Puis, l'Union ne peut décider de l'octroi de cette citoyenneté du fait d'absence de compétence à cet égard. Ceci étant, l'acquisition de la citoyenneté de l'Union reste dépendante de procédures nationales qui sont largement divergentes: dans certains Etats membres, il est relativement facile d'avoir la nationalité par rapport à d'autres. Aussi, la conception de la nationalité diverge également d'un pays à l'autre. Ainsi, la nationalité est acquise dans les pays scandinaves selon le principe de *jus sanguinis*. Dans ces pays, l'acquisition de la nationalité ne semble pas être subordonnée à de lourdes procédures. En Allemagne également, c'est le principe de *jus sanguinis* qui régit

---

1926 CJCE, arrêt du 4 décembre 1974, Van Duyn, Rec., 1974, p. 1337.

le régime d'octroi de la nationalité. Tout de même, il est plus difficile d'avoir la nationalité allemande que celle d'un pays scandinave[1927].

L'une des faiblesses principales de la citoyenneté de l'Union est l'absence d'autonomie qui est due au fait que cette citoyenneté est totalement basée sur les concepts nationaux de citoyenneté. Ainsi la possibilité de devenir citoyen européen de l'Union varie dans chaque pays membre où il se trouve. Un moyen de surmonter ces différences et de renforcer partout la citoyenneté de l'Union serait d'harmoniser les lois sur la nationalité dans les pays membres. Néanmoins, les différentes traditions juridiques des pays membres font qu'il semble difficile de s'attendre à une telle harmonisation. Par ailleurs, le terme même de citoyenneté de l'Union laisse entendre que l'Union serait à même d'accorder cette citoyenneté, en conformité avec le droit communautaire. Ce n'est pas le cas, car l'Union n'a pas de compétence dans ce domaine. Puisque ce sont seuls les citoyens d'un Etat membre qui peuvent devenir les citoyens de l'Union, les Etats membres restent les seuls maîtres pour décider de l'octroi de la citoyenneté de l'Union. Une dernière faiblesse de la citoyenneté de l'Union provient du fait qu'elle manque d'une relation légale fondamentale entre l'individu et l'Union. Cette citoyenneté reste donc une relation indirecte où la véritable relation directe se trouve entre l'Etat membre et l'Union d'une part, et l'Etat membre et l'individu de l'autre part.

En dépit des faiblesses évoquées ci-dessus, la citoyenneté de l'Union constitue un pas constitutionnel dans le processus d'intégration européenne. Les plus significatifs des droits de ce citoyen de l'Union, nous l'avons vu, sont relatifs à la liberté de circulation et de séjour. Ces droits sont avant tout de caractère économique et social.

C) Les effets de la citoyenneté européenne

Deux types d'effets peuvent être imputés à l'instauration de la citoyenneté de l'Union. L'un, de nature générale, est la jouissance des droits et la soumission aux devoirs prévus par le traité[1928]. Les autres, ponctuels, concernent le droit de circuler et de séjourner librement sur le territoire des Etats membres[1929], le droit de vote et d'éligibilité aux élections municipales et aux élections au Parlement européen dans l'Etat membre de résidence[1930], le bénéfice de protection de la part

1927 "Human Rights and European Identity: The debate about European Citizenship", in *EU and Human Rights,* op. cit., p. 505.

1928 Article 17.2, TCE. Voir aussi, FALLON Marc, « La citoyenneté européenne », JTDE, n°8, 22 avril 1994, p. 67.

1929 Article 18, TCE.

1930 Article 19, TCE.

des autorités diplomatiques et consulaires de tout Etat membre dans un Etat tiers ou l'Etat membre dont le citoyen est ressortissant n'est pas représenté[1931], le droit de pétition devant le Parlement européen et celui de s'adresser au médiateur[1932]. D'autres droits complémentaires peuvent être attribués par le Conseil selon la procédure fixée par l'article 22. Ces droits spéciaux, énoncés par le traité, présentent une double nature[1933]. D'un côté, on y trouve des droits politiques analogues à ceux qui caractérisent la qualité du citoyen dans l'ordre juridique national, tel le droit de participation aux élections. D'un autre coté, le droit de libre circulation, dont l'incidence pour la personne est de nature plus socio-économique que politique, est plutôt un attribut de la nationalité, celle-ci ayant pour effet principal le droit de libre accès au territoire national.

En ce qui concerne le droit de pétition devant le Parlement européen et le droit de s'adresser au médiateur, il s'agit bien dans ces cas de relations directes entre les citoyens et l'Union. Mais il s'agit aussi de droits que l'on peut qualifier de secondaires : en eux-mêmes ils ne donnent aux citoyens aucun droit substantiel, mais permettent seulement de faire respecter les droits. Ce sont, en d'autres termes, plus des garanties que des droits à proprement parler. Ceci est, en soit, révélateur de la manière dont les Etats membres conçoivent la structure constitutionnelle de l'Union : la citoyenneté de l'Union ne crée pas de droits supranationaux mais des garanties supranationales de l'ouverture des droits nationaux[1934].

La consécration de la citoyenneté européenne à Maastricht, les avancées timides d'Amsterdam étaient déjà des grands pas sur les principes, même si les droits correspondants étaient conçus dans une perspective minimaliste. Toutefois, cette consécration avait une nature constitutionnelle. La rédaction de la Charte des droits fondamentaux de l'Union européenne, puis celle du Traité établissant une Constitution pour l'Europe, nous l'avons souligné, renforce cette tendance constitutionnelle.

1. *Effet de la citoyenneté de l'Union sur la liberté de circulation*

Une appréciation adéquate de la citoyenneté de l'Union décrétée, à l'article 17, devra tenir compte du fait qu'il existe des limites nettes à l'interprétation extensive des droits individuels particuliers dérivés de cette citoyenneté. Ainsi l'article 18 accorde le droit de circuler et de séjourner librement sur le territoire des Etats

1931 Article 20, TCE.
1932 Article 21, TCE.
1933 FALLON Marc, « La citoyenneté européenne », op. cit. , p. 68
1934 MAGNETTE Paul, *La citoyenneté européenne*, op. cit., p. 145.

membres « sous réserve des limitations et conditions prévues par le présent traité et par les dispositions prises pour son application.

En outre, il est difficile d'affirmer que l'article 17 est dépourvu de tout contenu juridique. La citoyenneté de l'Union semble avoir été introduite dans le traité pour compléter les droits à caractère économique et social existants, découlant des libertés du marché par un concept plus global qui considère les ressortissants des Etats membres non seulement comme des acteurs économiques, mais comme des êtres humains jouissant de certains droits fondamentaux[1935].

Indépendamment des limites prévues pour l'exercice du droit à la libre circulation, force est de constater que ce droit était aussi un élément de la citoyenneté communautaire. Il convient alors de s'interroger sur la modification introduite par le traité sur l'Union européenne en ce qui concerne le droit à la libre circulation.

Le droit de circulation et de séjour dont bénéficient les citoyens de l'Union en vertu de l'article 17 (1) du traité s'inscrit dans le prolongement du traité instituant la CEE, de l'œuvre prétorienne de la Cour de Justice et de l'activité législative développée dans ce domaine par les institutions communautaires. Si ces droits étaient réservés aux ressortissants communautaires exerçant une activité économique et aux membres de leur famille par les directives adoptées le 28 juin 1990, l'une relative aux étudiants (90/336), l'autre relative aux retraités (90/365), la dernière aux autres ressortissants (90/364), le Conseil a étendu le bénéfice de cette liberté aux personnes non actives, aux travailleurs, salariés ou non, qui ont cessé d'exercer leur profession et aux étudiants. La directive sur les étudiants, annulée par la Cour pour erreur de base juridique[1936], sera remplacée par une directive du 29 octobre 1993. Elle reprend les dispositions essentielles de la directive annulée. Les étudiants concernés par la directive doivent remplir trois conditions pour la reconnaissance du droit de séjour[1937] : i) ils doivent être inscrits dans des établissements agréés pour y suivre, à titre principal, une formation professionnelle ; ii) les étudiants et les personnes qui les accompagnent doivent disposer de ressources suffisantes pour éviter d'être une charge pour l'assistance sociale de l'Etat

---

1935 HAULBONNER Karl, « Union européenne et citoyenneté de l'Union : des termes génériques ? », in *Trente ans de libre circulation des travailleurs en Europe*, op. cit., p. 296.

1936 CJCE, arrêt du 7 juillet 1992, Parlement c. Conseil, aff.C.295/90, Rec.1992, p.

1937 WTTERWULGHE Robert, « Du concept économique de travailleur européen au concept politique de citoyen européen », in PHILIP Christian et SOLDATOS Panayotis, op.cit., p131.

d'accueil ; iii) les étudiants et ces personnes doivent disposer d'une assurance maladie couvrant l'ensemble des risques dans l'Etat membre d'accueil.

La libre circulation des personnes connaît son apogée avec le Traité de Maastricht qui consacre la notion de citoyenneté[1938]. Le progrès le plus sensible procède du fait que désormais le droit de se déplacer et de séjourner dans l'espace communautaire est reconnu aux citoyens de l'Union, et non plus seulement aux ressortissants communautaires. Ce changement signifie avant tout que la possession de ces droits est détachée de toute référence à la condition économique des personnes qui peuvent en bénéficier. Avec le Traité d'Amsterdam, « l'Union se donne pour objectif de maintenir et de développer l'Union en tant qu'espace de liberté, de sécurité et de justice au sein duquel est assurée la libre circulation des personnes, en liaison avec des mesures appropriées en matière de contrôle des frontières extérieures, d'asile, d'immigration, ainsi que de prévention de la criminalité et de la lutte contre ce phénomène »[1939]. Nous voyons que la libre circulation des personnes figure parmi les objectifs ainsi énumérés de l'Union. Le titre IV, inséré dans le Traité CE, fait entrer dans la compétence communautaire, à côté de la libre circulation qui figure déjà, des mesures d'accompagnement qui lui sont nécessaires et qui la conditionnent[1940] :

- celles qui concernent le franchissement des frontières intérieures, sans contrôle des personnes, pour les citoyens de l'Union, comme pour les ressortissants des pays tiers ;
- celles qui concernent le franchissement des frontières extérieures et notamment la question des visas ;
- les conditions dans lesquelles les ressortissants des pays tiers peuvent circuler librement sur le territoire de l'Union pendant une durée maximale de trois mois.

Le Traité d'Amsterdam franchit une étape supplémentaire en matière de libre circulation des personnes en intégrant les accords de Schengen. Cette incorporation se réalise de la manière suivante[1941] :

1938 WTTERWULGHE Robert, « Du concept économique de travailleur européen au concept politique de citoyen européen », in PHILIP Christian et SOLDATOS Panayotis, op.cit., p133

1939 Traité d'Amsterdam, article 2, quatrième tiret.

1940 MASCLET Jean-Claude, « La libre circulation des personnes au sens politique et juridique », in PHILIP Christian et SOLDATOS Panayotis, op.cit.,p. 152.

1941 MASCLET Jean-Claude, « La libre circulation des personnes au sens politique et juridique », in PHILIP Christian et SOLDATOS Panayotis, op.cit.,p. 154.

- les dispositions adoptées sur la base des accords de Schengen seront sans changement insérées dans le droit de la Communauté ou de l'Union ;
- Les Etats membres non partis aux accords de Schengen pourront bénéficier de ces dispositions, moyennant une période de transition ;
- en ce qui concerne les dispositions nouvelles, qui seront adoptées dans le cadre du nouveau traité dans les domaines jusqu'ici couvert par la Convention de Schengen, les Etats non-membres de Schengen pourront rester explicitement à l'écart.

Ces accords acquerront ainsi le caractère de droit européen. Des régimes spécifiques sont néanmoins accordés au Royaume-Uni, à l'Irlande et au Danemark. Les deux premiers peuvent maintenir les contrôles aux frontières internes, le troisième n'est pas lié par les décisions prises dans le cadre de Schengen. Par ailleurs, le Traité impose au Conseil d'arrêter les mesures nécessaires pour assurer la libre circulation des personnes et l'absence de tout contrôle lors du franchissement des frontières intra-communautaires en faveur des ressortissants de l'Union ou des ressortissants des pays tiers.

La citoyenneté européenne, comme statut fondamental, tend sinon à s'affranchir complètement des questions liées aux migrations économiques, du moins à les englober. C'est ce qui a conduit le législateur européen à codifier le droit d'entrée et de séjour des citoyens de l'Union dans la directive 2004/38 du 29 avril 2004 relative aux droits des citoyens de l'Union et des membres de famille de circuler et de séjourner librement sur le territoire des Etats membres[1942]. Ainsi que nous l'avons introduit dans le Chapitre premier de ce travail, la directive procède à l'abrogation de textes antérieurs et codifie les conditions d'entrée et de séjour du ressortissant communautaire et de sa famille. On y retrouve donc les éléments classiques qui figuraient déjà, épars, dans les différents textes préexistants. La notion de citoyenneté européenne trouve sa place dans le troisième considérant qui souligne que la citoyenneté de l'Union devrait constituer le statut de base des ressortissants des Etats membres lorsqu'ils exercent leurs droits de circuler et de séjourner librement. Il est rappelé qu'il « convient d'éviter que les personnes exerçant leur droit de séjour ne deviennent une charge déraisonnable pour le système d'assistance sociale de l'Etat membre d'accueil pendant une première période de séjour »[1943]. Chaque Etat est libre d'accorder ou non des droits sociaux aux citoyens, autres que les agents économiques, pendant la première période

1942 J.O.C.E, L 158 du 30 avril 2004, pp. 77–123; rectificatif au JOUE n°L 129 du 29 juin 2004, pp. 35–38.

1943 Considérant 10.

de trois mois ou plus pour les demandeurs d'emploi. Le souci d'équilibre entre droit de séjour et moyens de subsistance a pour conséquence, selon la formule puisée dans la jurisprudence, qu'une mesure d'éloignement ne peut pas être la conséquence automatique du recours à l'assistance sociale ». « L'Etat membre d'accueil devra examiner si, dans ce cas, il s'agit des difficultés d'ordre temporaire et prendre en compte la durée de séjour, la situation personnelle et le montant de l'aide accordée, afin de déterminer si le bénéficiaire constitue une charge déraisonnable pour son système d'assistance sociale et de procéder, le cas échéant, à son éloignement »[1944].

Par ailleurs, ce texte homogénéise le droit d'entrée et de séjour du citoyen et élargit sensiblement la catégorie des bénéficiaires. Ainsi, la directive n° 2004/38/CE abroge la directive n° 64/221/CE du 25 février 1964 et revoit dans leur intégralité les possibilités qu'ont les Etats membres d'invoquer l'ordre public, la sécurité publique et la santé publique pour faire échec à la libre circulation[1945]. En ce qui concerne l'ordre public et la sécurité publique, la directive reprend la teneur de la directive n° 64/221, tout en prenant en considération la jurisprudence. De ce point de vue, la lecture des articles 27 et 28 de la directive est révélatrice de la volonté du législateur communautaire de restreindre le plus possible les hypothèses d'invocation des exceptions fondées sur l'ordre public, la santé publique et la sécurité publique. Ainsi, elle exclut l'éloignement de l'agent économique, y compris le demandeur d'emploi, pour toute autre raison que l'ordre public ou la sécurité publique. Conformément à la jurisprudence *Chen*, chaque Etat peut « adopter des mesures nécessaires pour se préserver de l'abus de droit ou de la fraude »[1946]. Dans cette perspective fortement réaffirmé, les droits de libre circulation et de séjour des citoyens européens devraient rendre plus aisée la mobilité intra-communautaire et contribuer au rapprochement effectif des populations et à une meilleure connaissance réciproque[1947].

1944 Considérant 16 et article 14.

1945 GAUTIER Yves, « La directive n° 2004/38/CE : simplification et élargissement des droits d'entrée et de séjour reconnus aux citoyens de l'Union », Europe, octobre 2004, p. 4

1946 Considérant 28 et article 35.

1947 BLUMAN Claude, « Citoyenneté européenne et déficit démocratique », in PHILIP Christian et SOLDATOS Panayotis, op.cit., p236.

2. *La citoyenneté de l'Union comme solution au problème de la base juridique*

Même si la notion de citoyenneté ne semble pas de nature à modifier substantiellement les droits conférés aux ressortissants des Etats membres dans le domaine de la libre circulation, son incorporation dans le traité a une importance non négligeable « dans la mesure où elle permettra une certaine rationalisation de la base juridique... »[1948]. En effet, les trois directives adoptées en 1990 étaient fondées sur l'article 308 (ex. 235) du traité CE. Or, pour l'une d'entre elles, celle concernant les étudiants, pareil choix était contesté. L'article 18 (1) permet de résoudre ce type de conflit inter institutionnel en offrant au Conseil une base juridique claire[1949]. Selon cet article 18 (1), le droit de circuler et de séjourner étant un droit du citoyen, cette disposition du traité devient la base juridique sur laquelle sera fondé le droit communautaire dérivé concernant cette liberté.

En outre, il est incontestable que l'article 18 (1) du traité instituant la Communauté européenne permet de clarifier la situation du point de vue des personnes bénéficiaires du droit d'accès et séjour. Jusqu'à l'adoption de cet article, les personnes, bénéficiant du droit d'accès et de séjour, en jouissaient soit en vertu du traité soit en vertu d'un acte du droit dérivé. Désormais, le droit d'accès et séjour des ressortissants des Etats membres est susceptible d'être directement fondé, et à titre principal, sur l'article 18. Pour les travailleurs ou les indépendants, ainsi que les membres de leur famille ou pour la catégorie des non actifs, le droit de séjour est fondé à titre principal sur l'article 18 (1) et à titre secondaire sur les dispositions pertinentes du traité ou du droit dérivé.

Néanmoins, cette innovation dans la base juridique ne semble pas fondamentalement modifier le contenu de ce droit. En effet, il convient de remarquer que les limitations de nature constitutionnelle ne sont pas visées, aux termes même de l'article 18 (1), par cette modification. Ainsi en est-il des limites prévues par les articles 39 (3), 46 (1) et 55 relatifs aux motifs d'ordre public, de sécurité publique et de santé publique.

En ce qui concerne le développement futur de ce droit, l'exigence d'unanimité au sein du Conseil des Ministres prévue par l'article 18 (1) rend hypothétique toute modification radicale du contenu du droit à la libre circulation. On peut dès lors dire que la liberté de circulation du citoyen ne semble pas présenter

---

1948 MOUTON Jean-Denis, op. cit., p. 13.

1949 CONSTANTINESCO Vlad, KOVAR Robert, SIMON Denys, *Traité sur l'Union européenne, commentaire article par article,* Economica, 1994, p. 140

de changements radicaux par rapport à la liberté de circulation du ressortissant communautaire.

3. *La citoyenneté européenne, facteur d'élargissement des sujets du droit communautaire*

a La citoyenneté européenne comme facteur d'élargissement du champ d'application matériel du droit communautaire

« Dès l'origine (…), le marché commun souhaiterait réaliser la libre circulation des personnes. Certes, les personnes en question étaient envisagées sous l'angle économique : travailleurs indépendants, salariés, membres des professions libérales, mais un tout petit pas suffit pour que l'ensemble des individus profite de ce grand principe général du droit communautaire »[1950]. Ce pas a été franchi grâce à la notion de citoyenneté européenne, qui permet de faire des libertés exprimées par le droit communautaire des attributs directs du citoyen de l'Union. En effet, aujourd'hui la libre circulation et la liberté de séjour constituent une entité à part entière, en tant qu'elles se rattachent non plus à la qualité de travailleur, mais à celle de citoyen européen. La jurisprudence, d'abord timorée, a pris progressivement acte de ces changements. En effet, la CJCE avait refusé de se servir du statut de citoyen de l'Union pour trancher un certain nombre d'affaires relatives à la libre circulation des personnes[1951]. Elle finit par s'en saisir dans l'affaire *Martinez Sala*[1952] et semble avoir confirmé cette appréhension avec l'arrêt *Bickel et Franz*[1953], et l'arrêt *D'Hoop*[1954]. La Cour fit ainsi découler de la citoyenneté les libertés attachées antérieurement à l'exercice d'une activité économique. Le principe de non discrimination et le droit de séjour sont dorénavant considérés comme des attributs directs de la citoyenneté et sont applicables indépendamment de la qualité du travailleur migrant[1955].

Dans l'affaire *Martinez Sala*, la CJCE a établi qu'un citoyen de l'Union résidant légalement dans un Etat membre relève du champ d'application personnel des traités. A ce titre, il peut bénéficier du droit à la non discrimination en raison

---

1950 BLUMAN Claude, « L'Europe des citoyens », RMCUE, 1991, p. 284.

1951 CJCE, Karl Uecker et Vera Jacquet, aff. jtes, C-64/96 et C-65/97, Rec., p.I-3171.

1952 CJCE, arrêt du 12 mai 1988, Maria Martinez Sala c/ Freistaat Bayern, aff. C-85/96, Rec.,p. I-2691.

1953 CJCE, Bickel et Franz, C-27/96, Rec., p. I7637.

1954 CJCE, arrêt du 11 juillet 2002, D'Hoop, aff. C-224/98, Europe, 2002, comm. 316, obs. GAUTIER Yves.

1955 CJCE, arrêt du 17 septembre 2002, Baumast, aff. C-413/99, Rec., p. I-7091.

de la nationalité dans toutes les situations couvertes par le traité. La situation de Mme Martinez Sala laisse apparaître un lien avec une activité économique. Dans l'affaire Bickel et Franz, le lien avec une activité économique est moins apparent puisqu'il s'agit de ressortissants d'un Etat membre se déplaçant vers un autre Etat membre. Plus nettement que la première affaire, la citoyenneté de l'Union est utilisée pour inclure dans le champ d'application personnel du traité tous ses bénéficiaires et non pas seulement ceux engagés dans une activité économique. Ce faisant, la Cour ne tire pas une conclusion radicale, laissant penser que le simple fait d'être citoyen de l'Union suffise à satisfaire les conditions d'application des traités. Dans l'affaire *Bickel et Franz,* les personnes impliquées exercent leur droit à la mobilité. Il n'en reste pas moins que la perspective de la Cour est désormais celle de la citoyenneté de l'Union et non pas celle des particuliers ayant un lien plus ou moins direct avec une activité économique.

Pourtant, il ne semble pas évident que la Cour ait reconnu un droit général de libre circulation et de séjour indépendant des dispositions spécifiques. L'article 18 TCE rattache à la citoyenneté de l'Union le droit de circuler et de séjourner librement sur le territoire des Etats membres « sous réserve des limitations et conditions prévues par le présent traité et par les dispositions prises pour son application ». Or, on ne peut pas nier que la création de la citoyenneté de l'Union ait une incidence sur le champ d'application du traité, sous un double angle. D'abord, on confère à l'individu un nouveau statut, une qualité objective en plus, par rapport aux autres déjà prévus. Ensuite, l'article 18 du traité rattache à la qualité subjective de citoyen de l'Union le droit de circuler et de résider dans tous les Etats membres[1956]. Aussi, après l'entrée en vigueur de l'article 18 (1) du traité, le droit de circuler et de séjourner librement dans toute l'Union européenne est prévu de manière générale par une norme primaire et son existence ou sa disparition ne sont pas fonction du fait qu'il est limité ou non par d'autres dispositions communautaires, même de droit secondaire. Les limitations prévues par l'article 18 (1) concernent donc l'existence concrète et non l'existence du droit. La nouveauté de cette disposition n'est pas d'avoir consacré directement dans le traité la libre circulation des personnes. Cette liberté était reconnue avec celles qui concernent la circulation des biens, services et des capitaux sans l'Acte unique, par la disposition qui définit le Marché intérieur comme un espace sans frontières. L'article 18 (1) a donc extrait du noyau des autres libertés de circulation cette liberté qui prend désormais la forme d'un droit de circuler, mais

---

1956 CJCE, arrêt du 12 mai 1988, Maria Martinez Sala c/ Freistaat Bayern, aff. C-85/96, Rec., p.I-2691. Conclusions La Pergola, point 20.

également de résider dans tous Etats membres : un droit primaire, en effet, au sens où il constitue le premier des droits attachés à la citoyenneté de l'Union. Par conséquent, c'est un droit qui est inséparable de la citoyenneté de l'Union, qui est par le biais de la norme primaire, attribuée directement à l'individu, désormais formellement reconnu comme sujet de droit. La qualité de citoyen découle alors une fois pour toute du traité[1957].

La modification fondamentale, introduite par la citoyenneté de l'Union en ce qui concerne la libre circulation des personnes, est plus perceptible après l'affaire *Rudy Grzelczyk*[1958], où la Cour affirme que « le statut de citoyen de l'Union a vocation à être le statut fondamental des ressortissants des Etats membres permettant à ceux parmi ces derniers qui se trouvent dans la même situation d'obtenir, indépendamment de leur nationalité et sans préjudice des exceptions expressément prévues à cet égard, le même traitement juridique. (...). Un citoyen de l'Union qui réside légalement sur le territoire de l'Etat membre d'accueil peut se prévaloir de l'article 6 du traité dans toutes les situations relevant du domaine de l'application *ratione materiae* du droit communautaire. Ces situations comprennent notamment celles relevant de l'exercice des libertés fondamentales garanties par le traité et celles relevant de l'exercice de la liberté de circuler et de séjourner sur le territoire des Etats membres, tel que conférée par l'article 18 (1) du traité »[1959].

Avec l'instauration de la citoyenneté, la liberté de circuler aurait entamé une évolution nouvelle. La liberté de circulation semble entraîner une modification qualitative du statut communautaire des citoyens de l'Union. Elle aurait gagné en importance par rapport à l'approche suivie dans le traite CE, qui était de ne considérer la personne qu'en tant que acteur économique. Les conditions auxquelles la libre circulation peut être accordée, ne seraient désormais plus de nature économique. Les limitations et conditions à la libre circulation ne seraient plus que celles fondées sur des raisons d'ordre public, de sécurité publique et de santé publique.

Il apparaît clairement que la citoyenneté de l'Union est un phénomène *sui generis*. Les citoyens de l'Union ont la nationalité des Etats membres, mais ils ont des droits dans les Etats membres et dans l'Union. Son instauration basée sur un compromis entre les Etats membres, a pour but d'introduire une nouvelle

---

1957 Ibid, point 18.

1958 CJCE, arrêt du 20 septembre 2001, Rudy Grzelczyk c/ Centre public d'aide sociale d'Ottignies-Louvain-la -neuve, C-184/99, Rec., p I-6193.

1959 Ibid, point 1.

dynamique constitutionnelle dans le processus d'intégration communautaire, tout en essayant de rendre l'Union la plus proche possible du citoyen.

b L'exercice des libertés communautaires par des citoyens européens mineurs

La Cour de justice a effectué une avancée considérable en reconnaissant désormais des « droits dérivés aux ressortissants extracommunautaires ayant un lien effectif et affectif avec des citoyens de l'Union »[1960]. Afin que le statut du citoyen de l'Union prenne toute sa vigueur, la Cour de justice ne s'est pas contentée d'en limiter les effets aux seuls ressortissants des Etats membres de l'Union. Le changement le plus notable réside dans les conséquences de la reconnaissance de la qualité du citoyen aux enfants mineurs. A cet effet, l'arrêt *Chen*[1961] est le plus caractéristique des potentialités liées à la citoyenneté. La Cour s'est attachée à montrer qu'un enfant en bas âge est susceptible de se prévaloir des droits à la libre circulation et de séjour : « l'aptitude d'un ressortissant d'un Etat membre à être titulaire des droits garantis par le Traité et le droit dérivé en matière de libre circulation des personnes ne saurait être subordonnée à la condition que l'intéressé ait atteint l'âge requis pour avoir la capacité juridique d'exercer lui-même lesdits droits ». Ainsi, la Cour considère qu' « en sa seule qualité de ressortissant d'un Etat membre, et partant de citoyen de l'Union, l'enfant a le droit de prévaloir de l'article 18, paragraphe 1, CE ». Dès lors que le citoyen, quelque soit son age, remplit les conditions posées par le droit communautaire originaire et dérivé, il peut se prévaloir du droit à la liberté de circulation et du droit de séjour au sein de l'Union. « Toute autre solution reviendrait à opérer une confusion entre la capacité de jouissance de ces droits et la capacité d'exercice de ces mêmes droits et à refuser à un mineur la qualité de sujet de droit. De plus, aucune disposition de droit communautaire originaire ou dérivé ne peut être interprétée comme subordonnant la jouissance des droits à la libre circulation à une condition d'âge minimal »[1962].

Si la notion de citoyenneté est entendue de plus en plus largement par la jurisprudence, la législation communautaire n'est pas en reste pour autant. Comme en témoigne la directive n° 2004/38/CE, l'affaire Chen était annonciatrice d'un mouvement global de renforcement de la citoyenneté. Cette directive reconnaît justement le bénéfice du droit de séjour, outre l'ascendant ayant la garde

---

1960 ACH Nelly, « La citoyenneté européenne au service d'une Europe sociale », JTDE, mai 2006, n° 129, pp. 129–137.

1961 CJCE, arrêt du 19 octobre 2004, Chen, aff. C-200/02, Europe, 2004, comm. 401, p. 14.

1962 SIMON Denys, Europe, 2004, comm. 401, p. 15.

effective de l'enfant, «aux membres de la famille n'ayant pas la nationalité d'un Etat membre s'ils accompagnent ou rejoignent dans l'Etat membre de l'accueil le citoyen de l'Union ». Cela amène fatalement à s'interroger sur les droits reconnus au conjoint du citoyen de l'Union.

c L'exercice des libertés communautaires par le conjoint ressortissant d'un Etat tiers

Si la liberté de circulation a d'emblée bénéficié aux travailleurs communautaires, le règlement n° 1612/68 et la directive n° 73/148/CEE[1963] ont rapidement répondu aux impératifs du regroupement familial indispensable afin de rendre effective la mobilité professionnelle. Dès lors que le conjoint du travailleur communautaire est lui-même ressortissant d'un Etat membre ou non, il doit bénéficier de la liberté de circulation et de séjour. Cependant, il convient de garder à l'esprit l'idée que le droit communautaire n'est applicable qui si un élément transnational entre en ligne de compte. Or, dans les affaires *MRAX et Carpenter*, la question de savoir si les situations en cause étaient susceptibles d'être régies par le droit communautaire, posait problème[1964]. Dans l'affaire Carpenter, il s'agissait de savoir si le droit communautaire pouvait résoudre la situation de Mme Carpenter, de nationalité philippine, épouse de M. Carpenter, ressortissant britannique, alors qu'il n'y avait aucun déplacement au sein de l'Union. La Cour devait se prononcer sur le point de savoir si l'épouse d'un ressortissant d'un Etat membre, elle-même ressortissante d'un Etat tiers, pouvait prétendre à droit de séjour au Royaume-Uni, Etat membre d'origine de son mari. Cela revient à répondre à la question de savoir si la liberté de circulation et de séjour était à même de régir et par là même résoudre la situation de Mme Carpenter ? Pour répondre à la question, la Cour ne s'est pas fondée sur les droits de Mme Carpenter, mais sur ceux de son mari au titre de l'article 49 CE. Puisque M. Carpenter bénéficie de la libre prestation de services pour mener son activité professionnelle, interdire le séjour de son épouse sur le territoire du Royaume-Uni nuit indirectement à la libre circulation de son époux et porte atteinte à ses droits fondamentaux, principalement au droit de mener une vie familiale normale.

1963 Règlement (CEE) du 15 octobre 1968 relatif à la libre circulation des travailleurs à l'intérieur de la Communauté, JOCE, n°L 257, 19 octobre 1968, p. 2 ; directive du 21 mai 1973 relative à la suppression des restriction au déplacement et au séjour des ressortissants des Etats membres à l'intérieurs de la Communauté en matière d'établissement et de prestation de services, JOCE, n° L 172, 28 juin 1973, p. 14.

1964 CJCE, arrêt du 25 juillet 2002, MRAX, aff. C-459/99, Rec., p. I-6951 ; CJCE, arrêt du 11 juillet 2002, Mary Carpenter, aff. C-60/00, précité.

Dans l'affaire MRAX, la Cour tient le même raisonnement. Etant donné que le droit communautaire protége la vie familiale, le refoulement du ressortissant d'un Etat tiers porte atteinte à la vie familiale de son conjoint, lui-même ressortissant d'un Etat membre de l'Union. En définitive, dans les deux hypothèses, la Cour considère que si le ressortissant d'un pays tiers ne peut apporter la preuve de son identité et du lien conjugal qui l'unit au ressortissant communautaire, et si, objectivement, il ne présente aucun danger pour l'ordre public, une mesure d'expulsion ou de refoulement est disproportionnée. En effet, mis à part si le conjoint de ressortissant communautaire représente un danger pour l'ordre public, le non- accomplissement des formalités obligatoires pour pénétrer ou demeurer sur le territoire de l'Etat membre, ne suffit pas à justifier le refus d'un titre de séjour ou une mesure d'éloignement. En découle un droit d'entrer et de séjourner dans un Etat de l'Union entendu très largement, puisque la situation familiale prime sur la régularité de l'établissement.

Force est de constater que les arrêts *Carpenter et MRAX* restent centrés sur la liberté de circulation des travailleurs, la libre prestation de services et la liberté d'établissement. Or la notion de citoyenneté devait permettre d'aborder sous un angle différent la situation du conjoint communautaire[1965]. Dans l'affaire *Akrich*[1966], la Cour a opéré un double mouvement par rapport à sa jurisprudence antérieure. Elle a d'abord élargi le droit de séjour du conjoint, en cessant de le relier à la liberté de circulation et de séjour du ressortissant communautaire. Désormais, l'existence du lien conjugal avec un citoyen communautaire suffit à justifier la liberté de circulation et de séjour du conjoint, sans que le droit au respect de la vie familiale entre en jeu. Par ailleurs, la Cour a parallèlement restreint le droit de séjour du conjoint, en estimant que le ressortissant d'un pays tiers, conjoint d'un ressortissant communautaire, doit justifier de la régularité de son entrée dans l'un des Etats membres de l'Union.

Il ressort de ce qui précède que la jurisprudence relative aux droits fondamentaux, et notamment celle qui repose sur cet instrument permettant une « consécration européenne » de ces droits, constitue un formidable facteur d'intégration[1967]. Cela met également en lumière que c'est avant tout à la Cour de

1965 ACH Nelly, « La citoyenneté européenne au service d'une Europe sociale », JTDE, mai 2006, n°129, pp. 129–137, ici p. 132.

1966 CJCE, arret du 23 septembre 2003, aff. C-109/01, Rec., p. I-9607.

1967 LARRALDE Jean-Manuel, « Convention européenne des droits de l'homme et la jurisprudence communautaire », in *L'Union européenne et les droits fondamentaux,* op.cit.

justice que l'on doit la théorisation, donc la constitutionnalisation, des principes proclamés par les traités constitutifs en droits fondamentaux.

Section 2: La citoyenneté sociale comme élément indispensable de la citoyenneté de l'Union

§ 1: La notion de citoyenneté sociale

La notion de citoyenneté dans le contexte de l'Union européenne débouche inévitablement sur la citoyenneté sociale. La citoyenneté se définit le plus souvent par défaut, le citoyen par le non-citoyen, c'est-à-dire celui qui ne dispose pas des droits civiques. Elle s'exprime par son contenu juridique et sa référence déterminante à la nationalité.

T.H. Marshall avait posé dans son analyse intitulée « Citizenship and Social Class » la question de savoir si la citoyenneté était compatible avec les inégalités de classes sociales[1968]. Dans ses versions préliminaires, la citoyenneté confère à l'homme des droits civiques qui ne devaient pas avoir de grandes significations pour ceux qui ne disposaient pas des moyens suffisants pour en jouir pleinement. Ainsi, les droits politiques ou la citoyenneté politique vient compléter la citoyenneté légale, autrement dit les droits civiques. Le droit de vote et celui à être élu, le droit d'association et le droit d'expression ont ajouté des éléments substantiels à ce statut qu'est la citoyenneté légale. Toutefois, ces droits politiques aussi devaient demeurer insuffisants aussi longtemps que les différences économiques et sociales constitueraient des obstacles pour la pleine réalisation de ces droits. C'est la raison pour laquelle, selon Marshall, les droits sociaux étaient nécessaires pour donner à la notion de citoyenneté sa signification intégrale.

Autrement dit, la citoyenneté ne pouvait pas se cantonner à la sphère politique, à l'exercice des droits civiques et politiques. Elle intègre tous les aspects de la vie en société, notamment les relations de travail, qui ont pris une importance considérable avec le développement du salariat. Les choix les plus générales ne sont pas sans influence sur l'exercice de la citoyenneté. Ainsi, une politique de réduction forte des dépenses publiques n'est pas neutre sur les dépenses de protection sociale dans la mesure où elle pourrait avoir pour effet de fragiliser les solidarités sociales, d'affaiblir les grandes fonctions collectives comme la santé,

---

1968 DAHERENDORF Ralf, « Citizenship and Beyond : The Social Dynamics of an Idea », in *Citizenship: Critical Concepts,* Edited by Bryan S. Turner and Peter Hamilton, Routledge, 1994, p. 296.

l'école, les transports et d'accroître les inégalités, faussant par là les règles de la démocratie[1969]. A dire vrai, dans tous les lieux de misère résident des revendications de citoyenneté : droit à un logement décent comme préalable à toute possibilité d'insertion, défense du système de protection sociale fondé sur la solidarité, exigence d'accès aux meilleurs soins pour tous, action pour une école conforme aux besoins de formation, etc. Le social apparaît ainsi comme une dimension essentielle de la citoyenneté, dans la mesure où le social permettra à l'individu de jouir pleinement des droits civiques et politiques. La notion de citoyenneté sociale découle normalement de ces aspects politiques et économiques de la citoyenneté.

Ce concept de citoyenneté sociale constitue la base de la solidarité et de la participation : la solidarité existe dans la mesure où les ressources sont redistribuées pour s'assurer que les individus bénéficient pleinement de leurs droits. Quant à la participation, sa raison d'être est justifiée pour assurer que la redistribution soit réalisée démocratiquement[1970]. Toutefois, la théorie de la citoyenneté telle que développée depuis Marshall ne correspond pas nécessairement à la réalité de l'UE ou de la Communauté. Aussi bien les conditions d'émergence de la citoyenneté de l'Union que son environnement politique, sont sensiblement différents par rapport à la notion de la citoyenneté théorisée par Marshall. En effet, la citoyenneté de l'Union est une construction légale et non l'expression légale de quelque chose qui est donné d'une manière ontologique. L'UE ne possède pas de territoire spécifique, par conséquent pas de souveraineté territoriale. Sa souveraineté résulte des engagements conventionnels. Ainsi, la légitimation de la citoyenneté doit également être construite. Cela étant, il n'y a pas de base légale pour la citoyenneté dans le cadre de l'Union sans référence aux Etats membres nationaux[1971]. La pratique de la citoyenneté de l'Union est avant tout liée aux droits économiques et sociaux, ainsi qu'à la libre circulation des personnes, plutôt qu'à la question fondamentale des droits fondamentaux et de la participation politique. L'histoire de la construction européenne est riche d'enseignements à cet égard : les droits économiques et sociaux sont les premiers apparus dans le cadre de l'Union. C'est par le biais de ces droits que les citoyens peuvent se sentir

1969 LA PORS Anicet, *La Citoyenneté*, PUF, 2002, p. 56.
1970 REICH Norbert, "Union Citizenship-Metaphor or Source of Rights", European Law Journal, Vol. 7, n° 1, March 2001, pp. 4–23, ici p. 7.
1971 BROEKMAN Jean, *A Philosophy of European Law*, Peeters, 1999, p. 142.

plus près de l'Union et des institutions communautaires[1972]. C'est un véritable défi en soi, ce qui montre l'importance des débats théoriques en la matière.

Pour Marshall aussi, la citoyenneté était constituée par la possession des droits sociaux, comme les droits civils et politiques. Ces droits étaient essentiels si les individus devaient être membres à part entière de la Communauté. Mais est-ce que la réalisation complète de la citoyenneté sociale constitue une voie appropriée pour créer ce sentiment d'allégeance à l'Union européenne ?

La citoyenneté sociale met en avant les droits et les devoirs, issus de la citoyenneté, relatifsau bien-être dans son sens général, incluant le travail, l'éducation et la qualité de vie[1973]. Cette définition sera adoptée ici avec la qualification suivante : le but de la citoyenneté sociale est de permettre aux individus de participer à la vie de la Communauté. Il est bien établi que les droits sociaux sont une condition *sine qua non* à la jouissance par les individus des principes de liberté et d'égalité[1974]. Les individus dépourvus de revenus, d'un toit ou d'une protection sociale décente, peuvent difficilement s'attendre à faire prévaloir leurs intérêts. La même chose est vraie si la personne travaille longtemps pour un revenu modeste, car elle ne dispose plus du temps nécessaire pour faire valoir ses libertés politiques[1975]. Alors la sécurité sociale apparaît comme une condition nécessaire pour la mise en œuvre de la liberté politique au sens large.

Ainsi la citoyenneté n'est pas seulement constituée des droits nécessaires pour l'exercice de la liberté politique ou du droit de participer à l'exercice du pouvoir politique, mais également du droit à partager l'héritage social de la société et le droit à une vie civilisée, selon les standards valables dans la société en question[1976].

La citoyenneté sociale réalisée par la reconnaissance des droits sociaux et de la justice sociale, semble être un élément essentiel pour contenir les effets socialement « exclusionnistes » du marché. Les droits sociaux garantissent aux individus la jouissance des avantages issus de leurs libertés civiques et politiques. Comme l'affirme John Rawls, en dessous d'un certain niveau matériel et social

---

1972 BELLAMY Richard, "The Constitution of Europe: Rights or Democracy", in BELLAMY Richard,, BUFFACCHI Vittorio and CASTIGLIONE Dario (eds), *Demoracy end Constitutional Culture in the Union of Europe*, Lothian Foundation Press, 1995.

1973 ROCHE Maurice, *Rethinking Citizenship: Welfare, Ideology and Change in Modern Society*, Polity Press, p. 3.

1974 EWING Keith, "Social Rights and Constitutional Law", 1999, Public Law, p. 104.

1975 Ibid.

1976 MARSHALL Thomas Humphrey, *Citizenship and Social Class*, Cambridge University Press, 1950, p. 11

de bien-être, ainsi que de formation et d'éducation, les individus ne peuvent pas prendre part dans la société comme citoyen[1977]. Remédier à cela par les droits sociaux satisfait la demande d'inclusivité, mise en avant comme une nécessité de la citoyenneté post nationale. La reconnaissance de la citoyenneté sociale donne également lieu à une conception différente de la personne, vue plutôt comme un être humain, dans la mesure où le travailleur est perçu non pas comme un facteur de production, mais comme un être humain permettant ainsi le développement des identités multiples que les individus peuvent posséder.

Les réactions contre l'idéologie libérale véhiculée par le projet d'intégration européenne, autrement dit, le 'déficit social' dont souffre l'Union, ont donné lieu à des recherches alternatives de reconstruction d'une citoyenneté sociale. Ainsi que nous l'avons étudié dans la première partie de ce travail, ce processus est passé par l'affirmation d'une politique sociale européenne, pour ensuite donner lieu à des droits sociaux, puis à des droits fondamentaux. La possibilité d'une citoyenneté sociale pour l'Union était également d'une importance particulière, compte tenu du fait que l'Union économique et monétaire allait exerçer des effets inévitables sur les politiques économiques nationales, donc sur les systèmes de protection sociale[1978]. De plus, l'inclusion de l'aspect social dans la compréhension de la citoyenneté européenne peut affecter la qualité de la législation sociale. A ce niveau d'étude, deux points méritent d'être soulignés.

D'abord, la citoyenneté sociale déplace le lieu de la discussion de l'appartenance à une communauté (identité) à l'adhésion complète à cette communauté. Cela étant, sa capacité de pouvoir promouvoir la cohésion sociale fait d'elle la pierre angulaire d'une identification post nationale, dans la mesure où elle offre une alternative d'identité européenne sociale, plutôt que civile. Ensuite, cette citoyenneté est liée à la politique sociale, en ce sens qu'elle offre un cadre normatif de soutien à ceux qui prétendent qu'un traitement sur une base égalitaire est moralement supérieur au système de laisser-faire. Ces deux points sont reliés sous le parapluie conceptuel de la solidarité. Certains auteurs soutiennent un modèle de citoyenneté sociale pour l'Union, basé sur la pensée socialiste et l'expérience des politiques sociales nées dans les pays scandinaves[1979]. Néanmoins,

---

1977 RAWLS John, *Political Liberalism*, Colombia University Press, 1993, p. 166.

1978 PRENTOULIS Nikos, "On the Technology of Collective Identity: Normative reconstruction of the Concept of European Citizenship", European Law Journal, Vol. ', No. 2, juin 2001, pp. 196–218.

1979 CLOSE P., "Citizenship the Union and Nationality of Member States", in O'KEFFLE David and TWOMEY Patrick (eds), *Legal Issues of the Maastricht Treaty*, Chancery Press, 1994, pp. 193–195.

la citoyenneté sociale européenne est susceptible d'émerger sur deux piliers différents, puisant ses sources en partie dans le modèle scandinave et en partie dans les systèmes conservateurs en France et en Allemagne[1980].

§ 2: La construction progressive de la citoyenneté sociale dans l'Union européenne

La citoyenneté sociale européenne, comme la citoyenneté européenne, est à la recherche de son propre contenu et de ses frontières. De nouvelles citoyennetés pourraient se construire autour de la liberté de circulation des travailleurs ou des populations immigrées dans les pays de l'Union européenne[1981]. Toutefois, les racines de la citoyenneté peuvent être recherchées dans l'ordre juridique communautaire, « dont les sujets sont non seulement les Etats membres, mais également leurs ressortissants »[1982] à qui sont reconnus des droits invocables devant les juridictions nationales. Par conséquent, la citoyenneté renvoie aux droits fondamentaux reconnus par l'Union, qui dans le domaine social comprennent, selon la Charte des droits fondamentaux de l'Union de 2000, aussi le droit syndical, le droit de négociation et d'action collective, le droit de chaque travailleur à une protection contre tout licenciement injustifié et le droit à l'information et à la consultation des travailleurs dans l'entreprise.

Les développements sociaux en cours, à travers le droit primaire et dérivé et la jurisprudence communautaire, font apparaître deux pôles qui sont caractéristiques des de la citoyenneté d'une manière générale, mais surtout de la citoyenneté sociale dans l'Union européenne : d'une part, l'affirmation progressive d'un droit propre du citoyen de circuler, et d'être traité sans discriminations dans les Etats membres, d'autre part, l'émergence d'un modèle social européen imposant à l'entreprise, qu'elle ait ou non une dimension transnationale, une information et une consultation des travailleurs préalables à la prise de décision affectant en particulier leur emploi[1983].

Nous l'avons vu, le Traité d'Amsterdam avait intégré l'Accord sur la politique sociale du 2 février 1992, tout en visant les droits sociaux fondamentaux énoncés

---

1980 Ibid, p. 203–222.

1981 LEVEAU Remy, WITHOL de WENDEN Catherine, MOHSEN-FIDJAN Kadija, *Nouvelles citoyennetés: réfugiés et sans papiers dans l'espace européen,* IFRI, travaux et recherches, 2001.

1982 CJCE, arrêt du 5 février 1963, Van gen en Loos, aff. 26/62, Rec, p. 3.

1983 BONNECHERE Michèle, « Citoyenneté européenne et Europe sociale », Europe, Editions du Juris-Classeur, juillet 2002, p. 6.

dans la Charte sociale européenne du Conseil de l'Europe ainsi que la Charte communautaire des droits sociaux fondamentaux des travailleurs. La constitutionnalisation de ces deux textes fondamentaux, ainsi que la jurisprudence bien établie de la Cour de justice, ont permis de redéfinir plus nettement les objectifs sociaux de la Communauté : « ...la promotion de l'emploi, l'amélioration des conditions de vie et de travail permettant leur égalisation dans le progrès, une protection sociale adéquate, le dialogue social, le développement des ressources humaines permettant un niveau d'emploi élevé et durable et la lutte contre l'exclusion ». Le premier de ces objectifs, le droit de libre circulation des ressortissants communautaires et spécialement des travailleurs, est désormais défini comme un droit personnel rattaché à la citoyenneté. Le deuxième, beaucoup plus progressif, est relatif à l'entreprise qui se définit certes par son activité économique, mais à laquelle le droit communautaire assigne désormais un but : « promouvoir l'association des travailleurs à sa marche et à son avenir »[1984].

Nous nous efforcerons de faire apparaître les tendances profondes susceptibles de contribuer au développement de la citoyenneté sociale européenne comme complément du modèle social communautaire.

A) La citoyenneté sociale et la libre circulation des travailleurs

La jurisprudence de la Cour, comme le droit dérivé, montre que la liberté de circulation s'est transformée. C'est un phénomène typiquement communautaire auquel nous assistons : en effet, la libre circulation des personnes, qui est à l'origine un droit fondamental par excellence, remplit désormais des fonctions avant tout sociales, contribuant ainsi à l'émergence d'un « espace public » à l'échelle communautaire[1985]. Réservée à l'origine aux salariés qui répondaient à un travail effectivement offert dans un Etat membre, la liberté de circulation devient avec la jurisprudence *Antonissen*[1986] la liberté pour le travailleur d'aller chercher un travail en se déplaçant. Parallèlement au développement des libertés d'établissement et de prestation de services pour les non salariés, il a fallu une quinzaine d'années pour que le Conseil adopte les directives n° 90/365[1987], n° 90/364[1988] et n° 93/96[1989]

1984 Directive n° 2001/86 CE du Conseil du 8 octobre 2001, JOCE du 10 novembre 2001, L 294/22.

1985 Voir nos développements dans le chapitre suivant.

1986 CJCE, arrêt du 26 février 1991, aff. C-292/89, Rec., I, p. 745.

1987 Pensionnés et retraités.

1988 Non actifs.

1989 Etudiants.

reconnaissant aux personnes, n'exerçant pas d'activité économique, un droit de séjour. Avec le Traité de Maastricht, un pas considérable est franchi : « tout citoyen de l'Union a le droit de circuler et de séjourner librement sur le territoire des Etats membres, sous réserve des conditions et des limitations prévues par le présent traité et par les dispositions prises pour son application »[1990]. La liberté de circulation devient ainsi un élément essentiel de la citoyenneté, sachant que son contenu concret restait à préciser. C'est là un aspect dynamique propre à l'intégration européenne. A ce jour, il est difficile d'affirmer que la liberté de circulation a pris toute sa dimension, tout comme la citoyenneté sociale européenne en émergence. Toutefois, il est permis à ce stade d'être optimiste quant au rôle que pourrait encore jouer cette liberté fondamentale dans l'affirmation de la citoyenneté sociale européenne, par le fait qu'elle contribue à l'élargissement de l'espace national dont les individus travailleurs peuvent se réclamer au-delà des frontières étatiques classiques (**1**). De plus, le principe de non discrimination, un droit fondamental à caractère social dans la mesure où il permet l'intégration de l'individu dans la société d'accueil, s'affirme comme un élément constitutif de cette citoyenneté sociale en émergence, même si la question se pose de savoir si la citoyenneté européenne peut se construire sur l'exclusion des ressortissants des Etats tiers (**2**).

1. Le droit de circulation et de séjour du travailleur citoyen

La libre circulation communautaire implique, comme un droit subjectif, le droit de séjour conféré au travailleur par le traité[1991]. Cela donne un caractère déclaratif à la carte de séjour délivrée par l'Etat membre d'accueil, l'absence de ce titre ne pouvant compromettre la jouissance de ce droit[1992]. En faisant du droit de séjour une prérogative de la personne, l'approche communautaire tranche avec celle des réglementations nationales de l'immigration, en évacuant tout pouvoir discretionnaire des autorités nationales dès lors que les conditions du droit communautaire sont satisfaites. Ceci revalorise le contrôle exercé par les autorités compétentes en matière d'immigration et rend impossible une interprétation minimaliste des droits en cause. Le but, non affiché, de cette jurisprudence communautaire serait, à notre sens, de franchir une étape supplémentaire dans la marche vers cette citoyenneté sociale que l'on construit pièce par pièce.

1990 Ex article 8a, repris à l'article 18 par le Traité d'Amsterdam.

1991 CJCE, arrêt du 8 avril 1986, Royer, aff. 48/75, Rec., p. 497 ; CJCE, arrêt du 3 juillet 1980, S. Pieck, aff. 157/79, Rec., p. 2171.

1992 CJCE, arrêt du 15 mars 1989, Echternach, aff. 389 et 390/87, Rec., 723.

Le fait que la mise en œuvre de ces droits soit confiée aux Etats membres en atténue certes la portée. Force est de constater que c'est un phénomène propre à l'intégration européenne. En outre, le droit communautaire comporte des insuffisances et des ambiguïtés. Dans la mesure où il se réfère encore à des catégories de bénéficiaires de la libre circulation, non seulement les personnes inactives et sans ressources suffisantes n'en relèvent pas d'après les directives n° 90/364 et n° 90/365, mais la définition de travailleur donnée par la Cour de justice reste inachevée[1993]. Si l'emploi à temps partiel[1994] ou une rémunération très faible[1995] n'en sont pas exclusifs, l'arrêt *Bettray*[1996], refusant d'assimiler des activités rémunérées exercées dans le cadre d'un régime de réinsertion à des activités réelles et effectives, n'a pas été infirmé. Par ailleurs, si le Règlement n° 1612/68 du 15 octobre 1968 s'applique indistinctement aux travailleurs permanents, saisonniers, frontaliers ou détachés dans le cadre d'une prestation de service de l'employeur, les travailleurs titulaires des contrats précaires n'ont pas vocation à bénéficier des mêmes titres de séjour et de la même sécurité juridique.

L'adoption d'un seul document législatif permettrait de mettre fin à une mise en œuvre sectorielle et fragmentaire du droit de libre circulation et de séjour régi actuellement par deux règlements et neuf directives. Ainsi que l'avait proposé la Commission dans le cadre d'une « nouvelle approche »[1997], pour les travailleurs salariés et non salariés, c'est-à-dire les actifs, la seule condition au droit de séjour resterait l'exercice d'une activité économique prouvée par simple déclaration. Pour les « non actifs », la condition de ressources suffisantes et d'une assurance maladie serait maintenue pendant les quatre premières années de résidence. Les citoyens de l'Union relèveraient d'une simple formalité d'enregistrement auprès des autorités de l'Etat membre d'accueil. Quant aux membres de la famille, dont la définition inclurait le partenaire non marié et les enfants non à charge n'ayant pas la nationalité d'un Etat membre, ils se verraient délivrer une carte de séjour valable au moins cinq ans et leur droit de séjour serait maintenu en cas de décès ou départ du citoyen de l'Union ou encore de divorce, ainsi que le souhaitait le

1993 BONNECHERE Michèle, « Citoyenneté européenne et Europe sociale », Europe, Editions du Juris-Classeur, juillet 2002, p. 7.

1994 CJCE, arrêt du 23 mars 1982, D. M. Levin, aff. 53/81, Rec., p. 1035.

1995 CJCE, arrêt du 3 juin 1986, R. H. Kempf, aff. 139/85, Rec., p. 1741.

1996 CJCE, arrêt du 31 mai 1989, Bettray, aff. 344/87, Rec., p. 1621.

1997 Proposition, 23 mai 2001, COM (2001) 257 final, relative aux droits des citoyens de l'Union et des membres de leur famille de circuler et de séjourner librement sur le territoire des Etats membres.

rapport du groupe d'experts présidé par Madame Simone Veil[1998]. L'innovation principale serait enfin l'introduction d'un droit de séjour permanent après quatre années de résidence régulière et continue dans un Etat membre.

Le droit de séjour, comme élément principal de la citoyenneté sociale, est un vecteur d'intégration du migrant. Il est indissociable de l'égalité de traitement en matière d'emploi et de droit sociaux. Cet aspect explique l'échec des propositions novatrices antérieures de la Commission[1999] . La perspective de voir les ressortissants des nouveaux Etats membres bénéficier non seulement d'un droit de circulation et de séjour, mais de meilleures garanties, ne semble pas favoriser l'adoption des textes de la Commission. La crainte des Etats provient du fait que les bénéficiaires de la libre circulation puissent devenir une charge pour les finances publiques. Cela rend difficile la création d'un marché communautaire de l'emploi. C'est la raison pour laquelle le migrant communautaire qui perd son emploi ne peut chercher du travail dans un autre Etat membre que pendant trois mois, à l'issue desquels il perd son droit à l'indemnisation, les tentatives de modification du règlement n° 1408/71 (article 69, paragraphe 2) ayant été refusées[2000].

2. *Une citoyenneté construite sur la non discrimination, mais définie par l'exclusion des autres*

Le droit communautaire avait donné une dimension humaine à la libre circulation des personnes à travers l'égalité de traitement et le droit au regroupement familial notamment. L'on se demandait alors si les articles 17 et suivants du traité CE ne consacrent pas l'aboutissement, mais également les limites de l'évolution antérieure. En effet, l'article 18 TCE affirme le droit de libre circulation du citoyen de l'Union « sous réserve des conditions et limitations prévues par le présent traité et par les dispositions prises pour son application ».

L'ambiguïté de texte du traité repris par le Traité constitutionnel était apparue dans l'affaire *Sala*[2001]. La Cour n'avait pas suivi le raisonnement de la Commission pour qui les citoyens de l'Union tirent directement du traité le droit de circuler et de résider sur tout le territoire de celle-ci, les limites et les conditions

1998 Rapport du groupe de haut niveau sur la libre circulation des personnes, 18 mars 1997, OPOCE, 1997.

1999 Propositions, 22 juillet 1998, COM (1998), 394 final.

2000 Sur la conformité de l'article 69 (2) au traité, Voir CJCE, arrêt du 19 juin 19980, Testa et autres, aff. jtes 41/79, 121/79, 796/79, Rec., p. 1979. Aussi, proposition de règlement du Conseil portant sur la coordination des systèmes de sécurité sociale COM (1998) 077 final, JOCE n°C 038, 12 février 1999 porte à six moi ce délai.

2001 CJCE, arrêt du 12 mai 1998, M. M. Sala, aff. C-85/96. Rec., I, p. 2691.

visées par l'article 17 ne concernant que l'exercice de ce droit, non son existence. Elle s'est appuyée sur l'article 17.2 pour en dégager une règle : «tout citoyen de l'Union résidant légalement sur le territoire d'un Etat membre d'accueil peut se prévaloir du principe de non discrimination inscrit à l'article 6 (devenu l'article 12) du traité CE, dans toutes les situations relevant « ratione materiae » du droit communautaire ». Donnant un contenu concret au concept de citoyenneté, la Cour faisait donc du principe de non discrimination un élément du « statut primaire » du citoyen de l'Union. Cet arrêt est important en ce qu'il met fin au traitement inégal du citoyen de l'Union, basé sur la situation économique de celui-ci[2002]. C'est la première fois que la Cour fait référence aux dispositions du traité sur la citoyenneté. Il n'y avait pas de doute que l'exigence de possession du permis de résidence était incompatible avec le principe de non discrimination stipulé par l'article 12 du traité. On voit que la Cour a tout simplement établi que la demande d'aide sociale par Mme Sala relève du champ d'application matériel du traité. Cet arrêt est considéré comme un tournant dans la jurisprudence bien établie, dans la mesure où la Cour pour la première fois n'éprouve pas le besoin de justifier sa décision par les articles concernés de la législation dérivée, mais se réfère directement aux dispositions du traité relatives à la citoyenneté. Dans ce cas, il importe peu pour la Cour de savoir si l'individu peut être considéré comme travailleur ou salarié. Nous assistons par conséquent au franchissement d'une nouvelle étape marquée par le caractère humain de l'individu et non sa situation économique, comme c'était le cas des arrêts *Lair*[2003] et *Lebon*[2004] où le droit à l'attribution des bénéfices sociaux dépendait du statut économiquement actif de l'intéressé. Dans le premier arrêt, la Cour avait argué que le maintient de l'aide pour les étudiants ne relève pas du domaine d'application de l'article 12 du traité, alors que dans le deuxième arrêt, elle stipule que ceux qui cherchent du travail ne peuvent bénéficier des mêmes avantages sociaux que les travailleurs. En cela, la portée sociale de l'arrêt Sala et sa contribution à la constitution de la citoyenneté sociale ne doivent pas être sous estimées. Alors, si un bénéfice social peut être attribué selon le droit communautaire, il tombe automatiquement dans le domaine d'application de l'article 12 du traité.

2002 JACQUESON Catherine, "Union citizenship and the Court of Justice: something new under the sun? Towards social citizenship", ELR, june, 27 (2002). P. 264.

2003 Sylvie Lair, Aff. 39/86, Rec., 1988, p. 3161

2004 Centre public d'aide sociale de Courcelles c/ Marie-Christine Lebon, aff. 316/85, Rec., p. 2811.

Ainsi que le montre l'arrêt *Grzelcyk*, la jurisprudence continue à œuvrer en vue de consolider la citoyenneté sociale[2005], se basant sur les articles du traité relatifs à la citoyenneté : un étudiant français inscrit à l'université catholique de Louvain peut se prévaloir, en tant que citoyen de l'Union, de l'article 12 du traité CE. Il il faut néanmoins vérifier que sa situation relève bien du droit communautaire, en application de la directive n° 93/96 sur le droit de séjour des étudiants. Cette fois-ci, l'introduction de la citoyenneté de l'Union a pour conséquence d'imposer une interprétation restrictive des limites du droit de séjour, dès lors que le principe de non discrimination est en cause. La Cour relève en quelque sorte la souplesse du système établi par la directive n° 93/96 et considère que le recours par l'étudiant à l'aide sociale de l'Etat d'accueil n'est pas un obstacle au bénéfice de l'égalité, dès lors que l'Etat en question ne supporte pas une charge « déraisonnable ». Cela signifie que la directive admettrait une certaine solidarité financière des ressortissants de cet Etat avec ceux des autres Etats membres, notamment si les difficultés sont d'ordre temporaire. En conséquence, sur le principe de non discrimination, il n'est pas possible de refuser à un étudiant étranger le bénéfice de prestations sociales non contributives, lorsque les étudiants nationaux y ont droit[2006]. Un étudiant étranger ne peut donc pas être exclu du minimex parce qu'il n'a pas la qualité de travailleur, alors que cette qualité n'est pas exigée des étudiants belges. Ce qui constituerait un dépassement des catégories bénéficiaires du droit à la libre circulation[2007].

L'interprétation des textes est audacieuse. Sous couvert de se conformer à la jurisprudence antérieure, le sens de la Directive n° 93/96 est, semble-il, forcé. Il est vrai que celle-ci ne fixe pas avec précision le statut de l'étudiant qui, en cours de séjour, se trouve en position de demander l'assistance sociale du pays d'accueil. Mais, s'il faut trouver un fondement à l'arrêt *Grzelcyk*, il pourrait être le suivant : la CJCE, désireuse d'accompagner le passage d'une conception économique à une conception « sociale » du droit communautaire, restreindrait les exceptions aux droits de circuler et de séjourner de l'article 18 du traité CE aux motifs d'ordre public, de santé et de sécurité publique. Les motifs économiques ne seraient plus systématiquement recevables ; ils ne pourraient plus justifier ni une atteinte à l'égalité de traitement, ni une entrave au droit de séjour.

2005 Professeur Bonnechère précise qu'après la jurisprudence Sala, la prudence a dominé, dans la mesure d'une lecture stricte de l'article 17 du traité.

2006 Jean-Philippe LHERNOULD, « L'accès aux prestations sociales des citoyens de l'Union européenne », Droit social, n°12, décembre 2001, p. 1105.

2007 BONNECHERE Michèle, « Citoyenneté européenne et Europe Sociale », op. cit., p. 8.

Ce qui importe à notre sens est la volonté persistante affichée par la Cour de déterminer le domaine d'application à la lumière des articles du traité relatifs à la citoyenneté. Elle qualifie la citoyenneté de l'Union comme étant le statut fondamental des nationaux des Etats membres. Ce statut fondamental implique le principe de l'égalité de traitement qui s'applique à tous les citoyens de l'Union[2008]. Conformément à la ligne adoptée dans la jurisprudence Sala, les citoyens de l'Union, résidant légalement dans un Etat membre, peuvent bénéficier de la protection prévue par le principe de l'égalité de traitement dans toutes les situations qui relèvent du domaine d'application « ratione materiae » du traité.

Ces analyses nous ont conduit à nous interroger sur les incidences de l'arrêt Grzelczyk sur la citoyenneté sociale. D'abord, au regard des termes employés dans cet arrêt, la solution devrait être transposable à l'ensemble des étudiants accueillis dans les Etats membres. Par conséquent, comme le concept de citoyenneté sociale le permet, dès lors qu'une législation nationale accorde un droit quelconque à une prestation sociale non contributive à ses propres étudiants, elle ne peut pas exclure les étudiants communautaires placés dans la même situation et résidant légalement dans le territoire de cet Etat. Puis, concernant la situation des individus titulaires d'un droit de séjour en application des deux autres directives[2009], le raisonnement développé pour la Directive n° 93/96 devrait être transposable. En effet, même si la CJCE reconnaît que la rédaction de ces directives diffère de la directive étudiante, elle conclut que « la directive 93/96, tout comme les directives 90/364 et 90/365 d'ailleurs, admet une certaine solidarité financière des ressortissants de cet Etat avec ceux des autres Etats membres, notamment si les difficultés que rencontre le bénéficiaire sont d'ordre temporaire »[2010]. Enfin, l'arrêt *Grzelczyk* marque-il le point de départ pour la généralisation des avantages sociaux à l'ensemble des citoyens de l'Union résidant légalement sur le territoire d'un Etat membre ? Force est de constater que dans cet arrêt, la Cour ne dit pas exactement que les avantages sociaux doivent être généralisés à l'ensemble des citoyens de l'Union résidant légalement sur le territoire d'un Etat membre, mais que la condition d'entrée dans le champs des bénéficiaires des avantages sociaux ne peut pas être imposée aux étudiants étrangers par une législation nationale, si elle ne l'est pour les nationaux. Toutefois, il est permis de penser que cet arrêt

2008 Point 31.

2009 Directive n°n° 90/365 du 28 juin 1990 relative au droit de séjour des travailleurs salariés et non salariés ayant cessé leur activité professionnelle, JOCE n° L 180, p. 28 ; Directive n° 90/364 relative au droit de séjour, JOCE n° L 180, p. 26.

2010 Point 44.

constitue le point de départ d'une généralisation des avantages sociaux à l'ensemble des citoyens de l'Union résidant sur le territoire d'un Etat membre. En effet, si l'un de ces Etats devait accorder aux ressortissants nationaux une prestation qui correspond à un avantage au sens du règlement 1612/68, cet avantage serait dû sans discrimination non seulement à l'égard des travailleurs, mais aussi, selon le principe de l'égalité de traitement, à l'égard de l'ensemble des citoyens de l'Union résidant légalement sur le territoire de cet Etat membre. Ceci étant, la jurisprudence *Grzelczyk* constitue un progrès indéniable pouvant provoquer une généralisation qui ne peut que consolider l'acquis dans le domaine de la citoyenneté sociale dans le contexte de l'Union européenne.

Cependant la force d'attraction ainsi constatée du principe de non discrimination se heurte au contenu de la citoyenneté européenne. Ainsi, une partie de la doctrine s'est interrogée sur la dissociation de la citoyenneté et de la nationalité dans le Traité de Maastricht comme dans le traité Constitutionnel. En effet, la citoyenneté européenne se définit par rapport à un cadre de référence supra national (toute personne ayant la nationalité d'un Etat membre), mais les citoyens de l'Union établis dans un Etat membre dont ils ne sont pas ressortissants demeurent dans une situation spécifique : obligation de solliciter un titre de séjour, exposition à des mesures d'éloignement pour des raisons d'ordre public, de sécurité ou de santé publique, droit de vote limité au niveau municipal, absence d'accès aux emplois comportant une « participation directe ou indirecte à l'exercice de la jouissance publique et aux fonctions qui ont pour objet la sauvegarde de l'Etat ou des autres collectivités publiques »[2011]. La citoyenneté de l'Union découlant des traités demeure fondée sur la nationalité et la réciprocité des droits entre Européens[2012].

La situation des ressortissants des pays tiers est différente de celle des ressortissants communautaires depuis l'origine de l'intégration européenne. Mais on peut se demander aujourd'hui si la citoyenneté européenne peut avoir une autre logique que celle d'exclure les ressortissants des Etats tiers. De manière plus fondamentale, cet aspect ne compromet-il pas la citoyenneté sociale que l'on construit pièce par pièce ? La condition des ressortissants des pays tiers constitue en effet une redoutable épreuve dans l'évolution de la relation entre la citoyenneté européenne et les droits fondamentaux. La création de la citoyenneté de l'Union crée un effet identitaire fondé sur la relation nationale d'un Etat membre/citoyen

2011 CJCE, arrêt du 17 décembre 1980, Commission c/ Belgique, aff. 149/79, Rec., p. 3881.
2012 LOCHAK Danièle, « Libre circulation et citoyenneté », in *Trente de libre circulation des travailleurs,* op. cit. p. 194 s.

européen. Elle est donc porteuse d'exclusion vis-à-vis des étrangers[2013]. Deux dynamiques contradictoires se développent. La première correspond à une tendance à la communautarisation de la situation des ressortissants des pays tiers, qu'ils soient membres de la famille d'un migrant communautaire[2014], travailleurs détachés dans le cadre d'une prestation de services[2015], ou bénéficiaires d'accords d'association, de coopération ou de partenariat. La seconde est celle d'une définition de citoyenneté européenne qui refuse de prendre la résidence durable pour fondement.

Les normes communautaires sont fruits de deux logiques. Ainsi, toute personne résidant dans un Etat membre peut exercer le droit de pétition[2016] devant le Parlement européen et le droit de saisir le médiateur européen et les accords évoqués comportent des clauses en matière de travail et de sécurité sociale[2017]. Mais le concept de l'absence de discrimination fondée sur la nationalité ne joue que partiellement au profit des travailleurs ressortissants des pays contractants. Ainsi, les clauses s'appliquent aux personnes employées et résidant « légalement » sur le territoire d'un Etat membre ; le problème de leur invocabilité directe, clairement tranchée pour les ressortissant turcs[2018] ou ceux des pays du Magreb[2019], est au cœur des débats s'agissant des accords de Lomé ou des accords avec les NEI. S'agissant de ces derniers, s'ils octroient le droit à l'égalité de traitement pour les conditions de travail, de rémunération ou de licenciement aux travailleurs russes, il n'en va pas de même pour ceux d'autres Etats (Ukraine, Moldavie…) qui ne bénéficient que d'un « encouragement » à la non discrimination.

Il est douteux que l'Union européenne puisse faire économie d'une réflexion en ce qui concerne la notion de citoyenneté d'une manière générale. La citoyenneté sociale, qui est la variante la plus prononcée de la citoyenneté à l'échelle de

2013 DUBOUISLouis, « Citoyenneté européenne et droits fondamentaux de la personne », in BOURRINET Jacques (collection dirigé par), *L'intégration européenne au XXIème siècle,* Documentation française, Paris, 2004, p. 92.

2014 Règlement n° 1612/68, article 10; Directive n° 73/148, article 1; Directive n° 90/364 et n° 90/365, article 1; Directive n° 93/96, article 1.

2015 Directive n° 96/71 du 16 décembre 1996, JOCE n° L 18, 21 janvier 1997.

2016 Traité CE, article 194, article I-10 du Traité constitutionnel.

2017 IDOT Laurence, « Libre circulation et les accords de coopération et d'association », in *Trente ans de libre circulation des travailleurs,* op. Cit., p. 151.

2018 CJCE, arrêt du 30 juillet 1987, M. Demirel, aff. 12/86, Rec., p. 3719; arrêt du 20 septembre 1990, S. Z. Sevince, aff. C-192/89, Rec., p. 3461.

2019 CJCE, arrêt du 31 janvier 1991, ONE c. B. Kziber, aff. C- 18/90, Rec. I, p. 199.

l'Union, en sortira certainement enrichie. Le Traité constitutionnel comporte des éléments encourageants à cet égard que nous étudierons ultérieurement.

B) La citoyenneté sociale et l'intervention des travailleurs

Nous avons précisé que toute discussion sur la citoyenneté européenne débouche nécessairement sur la citoyenneté sociale, pour la simple raison que les droits sociaux sont les premiers à être reconnus par la Communauté/Union. De la même manière, on ne peut pas faire économie du rôle fondamental que devrait jouer l'entreprise dans le développement de la citoyenneté sociale. Les rapports entre les concepts de citoyenneté sociale et d'entreprise, ainsi que de société commerciale, peuvent être analysés selon plusieurs approches. La Commission européenne n'a pas hésité à développer la notion de « d'entreprise citoyenne » pour mettre en évidence les « responsabilités sociales » de l'entreprise[2020]. On a aussi dit que la Société européenne résultant du règlement n° 2157/2001 « fait le pendant sur le terrain des personnes morales et du droit économique à la citoyenneté européenne »[2021]. Mais il est tentant, si l'on suit la référence faite au travailleur-citoyen, et si l'on considère qu'à la citoyenneté s'attache la reconnaissance d'une identité et d'un droit de participation aux discussions, de reconsidérer ceci sous la lumière du règlement sur le statut de la Société européenne[2022], de la directive sur l'information, la consultation et la représentation des travailleurs[2023] et celle complétant le statut de la Société européenne[2024]. Comme l'avait souligné Gérard–Lyon Cahen, « l'idée relève d'une conception moderne des droits de l'homme et de la démocratie : on ne saurait disposer du sort des hommes sans les avoir informés, sans en avoir discuté avec eux, et si possible, sans qu'ils aient consenti à des mesures qui les concernent directement »[2025].

2020 *Livre Vert de la Commission européenne,* 2001 et Communication du 2 juillet 2002, COM 374 final.

2021 MOREAU Marie-Ange, « L'implication des travailleurs dans la société européenne », Droit social, n°11, novembre 2001, p. 967.

2022 Règlement CE n° 2157/2001 du Conseil du 8 octobre 2001 relatif au statut de la société européenne, JOCE n° L 294/1, du 10 novembre 21.

2023 Directive n° 2004/14 du 11 mars 2202 établissant un cadre général relatif à l'information et à la consultation des travailleurs dans la Communauté européenne, JOCE n° L 80, 23 mars 2002.

2024 Directive n° 2001/86 du 8 octobre 2001, complétant le statut de la SE pour ce qui concerne l'implication des travailleurs, JOCE n° L 294 du 10 novembre 2001.

2025 « Le Royaume-Uni, mauvais élève ou rebelle indomptables? », Droit social, 1994, p. 914.

1. *La notion d'entreprise en droit communautaire : de l'intégration des critères de la concurrence à l'émergence des critères sociaux de l'entreprise*

Pour la Commission européenne, la notion de « la responsabilité sociale des entreprises » signifie essentiellement que celles-ci décident de leur propre initiative de contribuer à améliorer la société et rendre plus propre l'environnement[2026]. Avec l'adoption du statut de la société européenne[2027], elles pourraient plus

2026 Livre Vert du 18 juillet 2001, Promouvoir un cadre européen pour la responsabilité sociale des entreprises, COM (2001) 366 final, p. 4

2027 Le projet de constitution d'une Société Européenne (SE) est très ancien puisque l'idée avait été lancée en 1959. Elle fut mise en œuvre, après de longues années de travaux préparatoires, en 1970. Ce projet a donc plus de trente ans. Pendant plus d'un quart de siècle, le projet était bloqué autour de la question de participation des salariés au Conseil d'administration ou de surveillance de la société. Toutefois, les conditions économiques, sociales et politiques se sont profondément modifiées en Europe en trente ans et ont conduit à surmonter l'obstacle de la participation. Ainsi, l'adoption du statut de la société européenne a pu être annoncée lors du Conseil européen de Nice, le 20 décembre 2000.

La question de la participation constitue un élément important des systèmes de relations sociales en entreprise dans une grande partie des pays européens avec les modèles de représentation très éloignés les uns des autres. Elle est prévue en Allemagne et en Autriche où les sociétés sont de structures dualiste, prévoyant un organe de gestion, le directoire, un organe de contrôle, le conseil de surveillance. La participation existe aussi au Luxembourg et les pays nordiques où les sociétés sont de structure moniste, où l'organe unique est le Conseil d'administration. En France, avec le système de la délégation du comité d'entreprise au Conseil d'administration, et aux Pays-Bas avec le système de recommandation sur la nomination au conseil de surveillance, existent des formes différentes de participation. Harmoniser ces systèmes nationaux de représentation et d'intervention des salariés n'est apparu ni possible ni souhaitable. C'est la raison pour laquelle les solutions recherchées devaient associer l'adaptation aux différentes situations.

La multiplicité des obstacles rencontrés est aussi liée à la spécificité de la construction européenne, faite d'exigences institutionnelles, de compromis politiques et de techniques juridiques de plus en plus sophistiquées. Mais elle est également due à la dimension symbolique de la société européenne qui réalise comme on vient de le souligner, sur le terrain des personnes morales, ce qui a été mis en place par la citoyenneté européenne pour les personnes physiques : un dépassement de l'espace économique européen de la nationalité.

L'objet du statut de la SE est de donner aux entreprises installées dans plusieurs pays européens la possibilité d'adopter un statut unique. Cette Société européenne constituera un nouveau type de société anonyme, de droit communautaire à caractère optionnel. Elle peut être constituée de quatre façons différentes : (i) par la constitution

facilement et à moins de coùt, assumer cette responsabilité qui devrait contribuer à la consolidation de l'Europe sociale. En effet, au moment où l'Union européenne s'efforçait d'identifier des valeurs communes en adoptant une Charte des droits fondamentaux, un nombre croissant d'entreprises reconnaissaient de plus en plus clairement leur responsabilité sociale et considéraient celle-ci comme élément intégrant de leur identité[2028].

En droit communautaire, l'entreprise se conjugue principalement avec le droit de la concurrence[2029]. Est-ce à dire que l'entreprise n'existe pas en tant qu'entité en droit social communautaire ?

Les dispositions codifiées du droit communautaire ne définissent pas l'entreprise[2030]. Mais la Cour de Justice a eu l'occasion d'en élaborer les critères à l'occasion de l'application de textes divers, principalement l'article 49 TCE relatif à la libre prestation de services, ainsi que l'article 81 TCE interdisant tous les accords entre entreprises, toutes les décisions d'association d'entreprises et toutes les pratiques concertées qui sont susceptibles d'affecter la libre concurrence entre les Etats membres. C'est donc par le biais de leun application que sont définis les pourtours de l'entreprise. Dans cette perspective, la perméabilité entre le droit social et le droit de la concurrence tient au fait que la Cour définit l'entreprise comme une entité exerçant une activité économique. Cela étant, conformément à la logique originelle de l'intégration européenne, la Cour développe une approche fonctionnelle de l'entreprise en envisageant les différentes activités dans une recherche globale de leurs finalités. Les missions d'emploi et de représentation collectives ou de protection sociale ne sont pas analysées pour elles-mêmes dans une logique distincte des éléments constitutifs de l'entreprise.

---

d'une société holding qui regroupera les sociétés implantées dans au moins deux Etats membres ; (ii) par la constitution d'une filiale commune, regroupant deux sociétés au moins établies de façon stable dans l'Union européenne ; (iii) la fusion des sociétés établies dans au moins deux Etats membres ; (iv) la transformation d'une société ayant deux filiales dans au moins deux Etats membres, établies depuis plus de deux ans.

2028 Communication de la Commission concernant la responsabilité sociale des entreprises: Une contribution des entreprises au développement durable du 2 juillet 2002, COM (2002) 347 final.

2029 HENNINON-MOREAU Sylvie, « La notion d'entreprise en droit social communautaire », Droit social, n°11, novembre 2001, p. 957.

2030 Sur la notion d'entreprise, voir entre autres, BRUHNES Bernard, « Réflexions sur la gouvernance », Droit social 2001, p. 115; « L'émergence européenne d'une entreprise, sujet de droit », Transmitting, 15 mai 1991; PAILUSSEAU Jean, « Qu'est-ce qu'une entreprise », in *L'entreprise. Nouveaux apports,* Economica, 1987, p. 72; SAVATIER Jean, Droit du travail, PUF, Coll. Thémis, 1993, p. 170;

Toutefois, la rencontre entre le droit social et le droit de la concurrence est désormais une réalité et a des conséquences directes sur la notion d'entreprise[2031]. Ainsi, définie comme « une collectivité des travailleurs qui réunit durablement une activité économique pouvant correspondre à une entreprise économique »[2032], la définition donnée initialement par la Cour relève principalement d'une conception institutionnelle. Mais, il faut constater que la Cour de Justice a pris récemment en considération les objectifs affichés de la politique sociale intégrée dans les traités consolidés. L'engagement européen dans cette direction est clair avec l'intégration de l'Accord sur la politique sociale du 2 février 1992 par le Traité d'Amsterdam[2033]. Par ailleurs, l'adoption lors du Conseil européen de Nice[2034] de la Charte des droits fondamentaux de l'Union européenne et de l'accord sur le volet social de la société européenne[2035], ainsi que l'intégration de la Charte par le Traité constitutionnel, renforcent inévitablement cette évolution.

(i) L'affirmation du caractère social de l'entreprise est avant tout le fait de la jurisprudence. En effet, la Cour entraîne une véritable intégration des critères du droit de la concurrence dans le champ du droit social communautaire. Une jurisprudence constante affirme que : « La notion d'entreprise comprend toute entité exerçant une activité économique, indépendamment du statut juridique de cette entité et de son mode de financement »[2036]. Le statut d'établissement public n'est pas un critère d'incompatibilité avec la qualification d'entreprise[2037]. Le seul fait que l'activité exercée n'est pas lucrative n'enlève pas la nature économique de l'entité qui l'a poursuivie[2038]. Ainsi, une entité peut « être regardée comme une entreprise pour l'application des normes communautaires, même si elle ne poursuit pas un but lucratif »[2039]. Aussi,

---

2031 LYON-CAEN Antoine, « Droit social et droit de la concurrence: observations sur une rencontre », Ecrits en l'honneur du professeur J. Savatier, 1992, p. 331.

2032 CJCE, arrêt 10 décembre 1998, Hernandez Vidal, aff. C- 127/96 et C 74/97, Journal des tribunaux, 1999, p. 63

2033 Article 136.

2034 Le Traité de Nice, RTD européen, 2001, p. 166

2035 FRIZON-ROCHE Marie-Anne, « la Société européenne », 2001, Cah. du Droit des affaires, p. 290.

2036 CJCE, arrêt du 23 avril 1991, Höfner et Elser, aff. C-41/90, Rec., p. I-1979.

2037 CJCE, arrêt du 26 novembre 2000, Mayeur, aff. 175/99, Rec., p. I-7755.

2038 CJCE, arrêt du 16 novembre 1995, Fédération des sociétés d'assurance, aff.C-244/94, point 21.

2039 CJCE, arrêt du 8 juin 1994, Commission c. Royaume-Uni, C-383/92, Rec., p. I-2435, point 44.

une communauté religieuse exerçant une activité en vue d'assurer sa propre indépendance financière relève de la qualification d'entreprise[2040]. Les activités à caractères exclusivement sociaux sont exclues de cette qualification.

A la lecture des décisions de la Cour de justice, il apparaît que l'activité considérée comme normale est de nature économique. La Cour examine donc avec attention les activités qui échappent. Elle 'admet de dérogation que s'il s'agit d'une activité exclusivement sociale. Ainsi, selon la jurisprudence Poucet et AGF et Camulrac et Pistre et Cavana du 17 février 1993[2041], où la Cour explicite l'opposition entre l'activité exclusivement sociale et l'activité économique : « les caisses de maladie ou les organismes qui concourent à la gestion du service public de la Sécurité sociale remplissent une fonction exclusivement sociale. Cette activité est en effet fondée sur le principe de solidarité nationale et dépourvue de tout but lucratif. Les prestations versées sont des prestations légales et indépendantes du montant des cotisations ». « Il s'ensuit que cette activité n'est pas une activité économique et que dès lors les organismes qui en sont chargés, ne constituent pas des entreprises au sens des articles 85 et 86 du traité »[2042].

Cette évolution est la conséquence du développement du droit social originaire par l'Accord sur la politique sociale intégré au Traité d'Amsterdam. Nombre de Conseils européens ont par ailleurs marqué la volonté politique de développer la dimension sociale de la Communauté/Union européenne[2043].

(ii) Ainsi que nous avons pu le constater, l'entreprise n'apparaît plus comme une notion déterminée uniquement par le droit de la concurrence et l'évolution de la jurisprudence de la Cour témoigne de l'émergence des critères sociaux de l'entreprise. Elle reconnaît notamment une notion d'entreprise propre au droit social communautaire. En effet, la Cour a fortement modifié son approche lorsque qu'il s'agit de l'application des dispositions du droit social. C'est ainsi qu'elle conclut dans l'arrêt *Allen* que des salariés ayant travaillé dans le cadre de sous-traitances continues pour une première filiale, puis pour la seconde, pour ensuite être réembauchés dans la première entraient

2040 CJCE, arrêt du 5 octobre 1988, Udo Steyman, aff. 196/87, Rec., 1988, p. 6159.

2041 Aff. C-159/91 et C-160/91, Rec., p. I637, point 18.

2042 Op. cit., point 19.

2043 Notamment le Conseil européen de Lisbonne des 22 et 23 mars 2000, le Conseil de Nice des 7, 8 et 9 décembre 2000, ainsi que le Conseil européen de Stockholm. Voir les Conclusions sur le site internet : « europa.eu ».

dans le cadre de la Directive n° 77/187/CE relative aux transferts d'entreprises et bénéficaient des droits afférents[2044].

« Rien ne justifie que pour l'application de la directive, l'unité de comportement sur le marché de la société mère et de ses filiales, prime la séparation formelle des sociétés qui ont des personnalités juridiques distinctes. En effet, une telle solution qui aboutirait à exclure les transferts entre sociétés du même groupe du champ d'application de la directive, irait précisément à l'encontre de l'objectif de cette dernière qui est, selon la Cour, d'assurer autant que possible le maintien des droits des travailleurs en cas de changement de chef ». L'adaptation de la notion d'entreprise aux objectifs des directives applicables a amené la Cour à admettre l'existence d'une collectivité de travail pouvant bénéficier de moyens de représentation effectifs.

Elle a vocation à être définie en tant que structure de l'entreprise. L'affirmation de son autonomie ne s'est affirmée que progressivement. Pendant longtemps elle n'a servi que d'indice d'activité économique justifiant la qualité d'entreprise. Ainsi, en matière de transfert d'entreprise, la notion d'entité renvoie à « un ensemble organisé de personnes permettant l'exercice d'une activité économique qui poursuit un objectif propre »[2045]. La jurisprudence considère en particulier que lorsqu'une activité repose essentiellement sur la main d'œuvre, « une collectivité de travailleurs qui réunit durablement une activité commune, peut correspondre à une entité économique »[2046].

L'arrêt *Rockfon*[2047], relatif à la détermination de l'établissement en matière de licenciements collectifs, est révélateur en ce qui concerne l'autonomie de la notion d'entreprise en droit social communautaire. Répondant à la question préjudicielle portant sur l'application de la directive n° 75/129 CEE du Conseil concernant le rapprochement des législations des Etats membres relatives aux licenciements collectifs, elle a précisé que la directive « ne s'oppose pas » à ce que deux ou plusieurs entreprises faisant partie d'un groupe, mettent en place un service d'embauche commun ou de licenciement. Mais cette liberté n'occulte pas le fait que la relation de travail est essentiellement caractérisée par le lien qui existe entre le travailleur et la partie de l'entreprise à la quelle il est affecté[2048]. « Il y a donc lieu de définir la notion de l'établissement comme désignant, selon

2044 CJCE, arrêt du 2 décembre 1999, Allen, aff. C-234/98, Rec., p. I-8643.
2045 CJCE, arrêt du 11 mars 1997, Süzen, aff. C-13/95, Rec., p. I-1259, point 13.
2046 Op. cit., point 21.
2047 CJCE, arrêt du 7 décembre 1998, aff. C-449/93, Rec., p. I-4291.
2048 CJCE, arrêt du 7 février 1985, aff. 186/83, Rec., p. 19.

les circonstances, l'unité à laquelle les travailleurs concernés par le licenciement sont affectés pour exercer leur tâche »[2049]. Les structures de l'entreprise sont par conséquent déterminées non pas en fonction de la finalité économique, mais en fonction de l'effectivité des dispositions sociales applicables.

La Cour de justice maintient cette approche dans son arrêt du 29 mars 2001 relatif à l'interprétation de la directive n° 94/45/CE concernant l'institution d'un comité d'entreprise européen ou d'une procédure dans une entreprise de dimension communautaire ou les groupes d'entreprise de dimension communautaire[2050]. Dans ce cas, le groupe Bofrost comprenait plusieurs sociétés en Allemagne et dans les autres Etats membres. Les différentes entreprises de ce groupe établies dans le territoire européen avaient conclu entre elles un accord particulier visant à établir une parité entre les diverses entreprises appartenant au groupe afin qu'aucune ne domine et qu'aucun rapport de subordination n'existe entre elles. Le comité d'entreprise d'une des entreprises avait demandé la communication d'informations sur les effectifs et les structures des entreprises du groupe afin de préparer la mise en place d'un comité d'entreprise européen. Cette demande a été rejetée.

La Cour de justice considéra la nécessité de rendre effective la faculté pour les travailleurs concernés ou leurs représentants d'accéder aux informations nécessaires pour qu'ils puissent apprécier s'ils ont ou non le droit d'exiger l'ouverture de négociations. Elle en a déduit que « l'article 11 de la directive 94/45/CE du Conseil, du 22 septembre 1995 doit être interprété en ce sens qu'il impose à une entreprise faisant partie d'un groupe d'entreprise l'obligation de fournir des informations aux organes internes de représentations des travailleurs, même s'il n'est pas établi que la direction à laquelle les travailleurs s'adressent est celle d'une entreprise exerçant le contrôle au sein d'un groupe d'entreprise ».

La liberté contractuelle des sociétés ne peut donc avoir pour effet d'interdire le jeu normal de l'information et de la représentation du personnel. La collectivité de travail a une légitimité distincte de celle du droit des sociétés. Les critères sociaux émergent parfois par des voies complexes et détournées. Force est de constater que, même si la notion sociale d'entreprise est alors en grande partie à définir, l'intégration des critères du droit de la concurrence a permis de mettre en lumière l'existence d'objectifs propres aux relations de travail dans l'entreprise et la nécessité d'une évolution sociale communautaire vers leur reconnaissance.

2049 Op. cit., point 30.

2050 CJCE, arrêt du 29 mars 2001, Bofrost, aff. C- 62/99, rev. Europe, mai 2001, com. n° 169.

C'est à notre sens une évolution importante dans l'histoire de l'intégration européenne qui contribuera à la consolidation de la citoyenneté sociale dans son versant qui implique les personnes morales. Nous verrons que cette tendance déclenchée par la Cour de Justice s'affirmera d'avantage avec l'information et consultation des travailleurs.

2. *Le principe d'une information et d'une consultation préalable des travailleurs*

Des normes fondées sur le traité[2051]avaient voulu instituer l'information et la consultation des travailleurs en matière de licenciements collectifs[2052]ou de transfert d'entreprises ou d'établissements[2053] depuis les années 1970. La Cour de justice en a déduit que les ordres juridiques nationaux ne peuvent pas subordonner la désignation des instituons représentatives, dont l'existence est rendue nécessaire par les directives, à la conclusion d'un accord collectif[2054]. Nous nous souvenons d'ailleurs que le Traité de Maastricht avait ensuite permis l'adoption de la directive 94/45 du 22 septembre 1994 concernant l'instauration d'un comité d'entreprise européen et de groupes d'entreprises de dimension communautaire, dont la Cour de Justice a dégagé l'économie générale : « assurer que les travailleurs employés dans des entreprises ou des groupes de dimension communautaire soient correctement informés et consultés lorsque des décisions qui les affectent sont prises dans un Etat membre autre que celui dans lequel ils travaillent »[2055].

Les insuffisances des directives précédentes sont révélées par les conditions de fermeture de l'usine de Vilvorde du groupe Renault en 1998. Ainsi la Directive n° 2002/14/CE affirme dans son préambule que « L'existence, au niveau communautaire et national, des cadres juridiques visant à assurer l'association des travailleurs à la marche de l'entreprise et aux décisions qui les concernent, n'a pas toujours empêché que des décisions graves concernant les travailleurs soient prises et rendues publiques sans que des procédures adéquates d'informations et de consultation aient été préalablement mises en place ». Ce constat annonce une

2051 L'article 100 du traité CEE, devenu l'article 94 TCE après modification.

2052 Directive 75/129 du 17 février 1975, modifiée par la Directive n° 92/56 du 24 juin 1992 et codifiée par la Directive n° 98/59 du 20 juillet 1998, JOCE n° L 225 du 12 août 1998.

2053 Directive n° 77/187 du 14 février 1997, modifiée par la Directive n° 98/50 du 29 juin 1998, JOCE n° L 201 du 17 juillet 1998.

2054 CJCE, arrêt du 8 juin 1994, Commission c. Royaume-Uni, aff. C-382/92 et 382/92, Droit social, 1994, p. 923.

2055 Bofrost, aff. C-62/99, précité.

évolution dans les techniques juridiques utilisées : l'impulsion d'une négociation collective transnationale suivie d'une obligation généralisée d'information et de consultation.

La Directive n° 2001/86 qui, dans le cadre des SE, a pour but d'offrir aux entreprises « un cadre juridique uniforme dans lequel des sociétés des différents Etats membres devraient être en mesure de planifier et de mener à bien la réorganisation de leurs activités à l'échelle de la Communauté »[2056], propose le schéma éprouvé de la Directive n° 94/45 : l'obligation de négocier sur les modalités relatives à l'implication des travailleurs[2057], la constitution d'un groupe spécial de négociation représentant l'ensemble des travailleurs, l'encadrement de la négociation avec une liberté presque totale quant au contenu de l'accord. La composition de l'organe créé, ses attributions, la procédure, la fréquence des réunions et les ressources financières relèvent de l'autonomie contractuelle, sauf dans des cas très spécifiques comme le refus patronal de négocier ou la décision négative du groupe de négociation. Cela n'est pas sans conséquences sur les relations sociales.

En effet, selon le Règlement n° 2157/2001, qui doit être considéré parallèlement à la Directive précitée[2058], lorsqu'une société européenne est constituée par voie de fusion de sociétés préexistantes, « les droits et obligations des sociétés participantes en matière de condition d'emploi résultant de la législation, de la pratique et des contrats de travail individuel ou des relations de travail au niveau national et existant à la date de l'immatriculation, sont transférés à la SE au moment de l'immatriculation du fait même de celle-ci »[2059]. Lorsqu'une SE est créée par constitution d'un holding, les organes de direction ou d'administration des sociétés qui promeuvent l'opération, établissent un projet de constitution de la SE comportant un rapport qui indique entre autres les conséquences pour les travailleurs de la création d'une société européenne[2060]. De même, lorsqu'une société européenne est créée par transformation d'une société anonyme, l'organe de direction ou d'administration de la société considérée établit un rapport indiquant les conséquences pour les travailleurs de l'adoption de la forme de la SE[2061].

2056 Préambule, 2e considérant.

2057 Quelle que soit la voie empruntée pour créer la SE, les travailleurs doivent être impliqués dans son fonctionnement.

2058 Le règlement n° 2157/2001 et la Directive n° 2001/86constituent un tout indivisible : les dispositions de la seconde forment un complément indissociable de la première.

2059 Article 29, paragraphe 4.

2060 Article 32, paragraphe 2.

2061 Article 37, paragraphe 4.

Ici, l'enjeu essentiel réside dans le pari qui a été fait sur la force de négociation des représentants des travailleurs. Les acteurs économiques souhaiteront-ils opérer le passage vers la SE, avec les contraintes créées par l'obligation de négocier avant la constitution de la société européenne sur le volet social ? Même s'il est difficile de répondre actuellement, on peut souligner que la société européenne va se fonder sur des cultures sociales existantes.

Il est probable que la société européenne provoque une onde de choc dans des Etats membres qui ne connaissent pas la participation des travailleurs. Dans ce sens, il est permis d'affirmer que la société européenne va conduire à une « déterritorialisation » des droits collectifs puisque les travailleurs d'un établissement situé dans un pays ignorant la participation des travailleurs aux organes de décisions pourront bénéficier de représentants au sein des organes de la société européenne qui les emploie. Cela conférera inévitablement des droits supplémentaires aux travailleurs et permettra encore davantage la concrétisation de la notion de citoyenneté sociale. Une fois de plus, l'adoption de la société européenne fut le pendant sur le terrain des personnes morales et du droit économique, de la citoyenneté sociale européenne. Elle constitue par conséquent un pas considérable dans l'intégration européenne et devrait permettre d'accélérer l'affirmation d'une culture sociale transnationale qui se met lentement en place dans les entreprises de dimension communautaire, depuis que les comités d'entreprises européennes sont constitués.

Ainsi que le précise Marie-Ange MOREAU[2062], la Directive 2001/86 « conduit à un nouvel éclairage sur les fonctions de protection du droit communautaire dans les entreprises transnationale : grâce à ce second texte, fortement inspiré de la directive du 22 septembre 1994, il apparaît que la protection des travailleurs dans les entreprises transnationales ressort essentiellement de l'encadrement des conditions de la négociation ». Fondée sur l'article 308 du traité, elle s'inscrit dans le cadre du marché commun, la création d'une société européenne coïncidant avec un mouvement de restructuration. Ce modèle généralisant l'espace juridique des secteurs concernés, contribuera aussi à l'encrage de l'espace public au niveau européen, dans la mesure où il permet d'ouvrir une voie juridique nouvelle pour le traitement social des restructurations. La société européenne est donc une vraie nouveauté dans l'intégration européenne qui cherche à concilier les objectifs économiques et sociaux proclamés dans l'Union européenne.

2062 MOREAU Marie-Ange, « Implication des travailleurs dans la société européenne », Droit social, n° 11, 2001, p. 975.

La Directive n° 2002/14/CE du 11 mars 2002 procède d'une démarche différentesi on la compare à la Directive n° 2001/86/CE. Elle a pour but d'établir un cadre général relatif à des prescriptions minimales pour l'information et la consultation des travailleurs. Fondée, comme la Directive n° 94/45, sur l'Accord sur la politique sociale et l'article 137 (2) du traité CE, la Directive n° 2002/14 vise le point 17 de la Charte des droits sociaux fondamentaux des travailleurs et fait preuve d'une logique offensive, celle du socle social[2063]. Son article 4 précise les domaines couverts par l'information et la consultation. Ainsi, l'information porte sur « l'évolution récente et l'évolution probable des activités de l'entreprise ou de l'établissement, ainsi que de sa situation économique » : information et consultation «sur la situation, la structure et l'évolution probable de l'emploi au sein de l'entreprise ou de l'établissement, ainsi que sur les éventuelles mesures d'anticipation envisagées, notamment en cas de menace sur l'emploi,..., sur les décisions susceptibles d'entraîner des modifications importantes dans l'organisation du travail ou dans les contrats de travail, y compris dans celles visées par les dispositions communautaires mentionnées à l'article 9, paragraphe 1 ». Le souci est de centrer l'information-consultation sur les questions économiques et stratégiques, en amont de leurs conséquences sociales. Cette directive transpose expressément le principe figurant dans la Charte des droits sociaux fondamentaux des travailleurs d' « une information et une consultation en temps utile ». Dans cette perspective, l'information correspond à « la transmission par l'employeur des données aux représentants des travailleurs afin de leur permettre de prendre connaissance du sujet traité et de l'examiner » ; la consultation est comme dans la Directive 94/45, « l'échange de vues et l'établissement d'un dialogue entre les représentants des travailleurs et l'employeur »[2064].

A la lecture de l'article 4 de la Directive 2002, on constate qu'elle ne laisse pas de doute sur le caractère préalable à la décision patronale de la consultation qui doit s'effectuer « à un moment, par des moyens et avec un contenu appropriés » et « de façon à permettre aux représentants des travailleurs de se réunir avec l'employeur et d'obtenir une réponse motivée à tout avis ». Cette antériorité nécessaire de l'information et de la consultation existe aussi, pour l'organe de représentation des travailleurs dans la SE.

2063 BONNECHERE Michèle, « Citoyenneté européenne et Europe sociale », Europe-Editions du Juris-Classeur, 6 juillet 2002, p. 9

2064 Article 2, paragraphes f et g.

C) Le Traité constitutionnel et la citoyenneté sociale

La création par le Traité de Maastricht de la citoyenneté européenne s'inscrivait déjà dans cette recherche historique de création d'une Europe politique. On reviendrait ainsi aux sources en recentrant le projet européen par une prise en considération sans précédent du citoyen. La jurisprudence et le législatif avaient œuvré parallèlement dans cette perspective, sans toutefois pouvoir faire preuve de lisibilité. Ce manque dont souffrait l'architecture économique, politique, sociale et administrative de l'Union ne pourrait être surmontée que par une réorganisation, une refondation et un recentrage des textes fondateurs, afin de pouvoir permettre aux citoyens de mieux percevoir le message désormais politique qui leur est adressé. C'est bien ce constat simple qui se trouve au départ du processus politique qui a mené à la rédaction d'un Traité constitutionnel pour l'Europe.

Si l'on se réfère aux termes du rapport du Parlement européen sur le Traité établissant une Constitution pour l'Europe, c'est le citoyen européen le véritable bénéficiaire du nouveau texte[2065]. Ce texte constitutionnel répondrait aux vœux de la Déclaration de Laeken invitant le pouvoir de révision des traités européens à améliorer la transparence, à renforcer l'efficacité décisionnelle des institutions et surtout, à renforcer la démocratisation de l'Union européenne. En rédigeant une Constitution, les fondateurs n'ont-ils pas voulu définir le lien d'allégeance qui unit les Européens à « l'unité politique européenne » ? En quête de réduction de son déficit démocratique, l'Union n'a-t-elle pas voulu adresser un message politique fort aux citoyens[2066] ?

La valeur ajoutée du Traité constitutionnel semble considérable. Les citoyens se voient reconnaître une place de choix au sein du nouveau texte. Désormais, c'est pour eux que l'Europe se construit : la Constitution européenne est établie

2065 Rapport sur le Traité établissant une Constitution pour l'Europe, Commission des affaires constitutionnelles, 9 décembre 2004, Final A6-0070/2004: « les rapporteurs estiment que les véritables triomphateurs sont les citoyens européens parce que cette constitution représente la plus grande avancée depuis le Traité de Rome de 1957… », p. 43. Voir aussi les propos optimistes des parlementaires européens convaincus comme Alain Lamassoure, « Ce sera une autre Europe » in *Irruption du peuple va être la l'évolution majeure de la nouvelle Union politique,* note de la Fondation Robert Schuman n°14, www.robert-schuman.org, p. 18.

2066 KAUFF-GAZIN Fabienne, « Introduction au chapitre intitulé « le statut du citoyen » », in *Le Traité établissant une Constitution pour l'Europe,* sous la direction de CONSTANTINESCO Vlad, op. cit., p. 331.

aussi en leur nom[2067]. Le fonctionnement de l'Union doit être orienté dans le respect de l'égalité des citoyens qui bénéficient d'une égale attention des institutions, organes et organismes[2068]. Leur participation directe à l'élaboration des lois européennes est consacrée. La participation citoyenne indirecte, à travers les élections des membres du Parlement européen, au processus législatif constituant est renforcée. Par conséquent, le citoyen européen semble occuper une place centrale dans le Traité établissant une Constitution pour l'Europe et l'Union semble consacrer le pouvoir « du peuple, par le peuple et pour le peuple »[2069].Toutefois, il y a lieu de voir si ces développements sont réellement significatifs du point de vue de la citoyenneté sociale européenne. Pour ce faire, il convient d'aborder le thème du point de vue terminologique (1), du point de vue des droits sociaux fondamentaux (2) et du point de vue des différents articles de la Constitution concernant ce qu'on appelle l'Europe sociale (3).

1. L'individu au sein du Traité constitutionnel

L'intégration européenne s'est intéressée à l'individu dans ses multiples dimensions économique et sociale, administrative, judiciaire ou humaine. Les droits fondamentaux universels s'adressent à toute personne et non pas seulement aux résidents sur le territoire de l'Union. Même si le Traité de Maastricht institue la citoyenneté européenne, réservée seulement aux citoyens européens définis comme les nationaux des Etats membres, corrélativement apparaît une catégorie intermédiaire d'individus qui jouissent d'une partie des droits du citoyen européen, des droits principalement du type administratif et sociaux, sans pour autant être assimilés aux citoyens, faute de leur reconnaître des droits politiques. Il s'agit des résidents.

Apparaissent alors trois notions : personne, résident et citoyen qu'il conviendrait d'identifier. Une « européanité » naissante ayant la volonté de créer un lien d'appartenance privilégié entre les citoyens européens pourrait justifier l'existence de ces catégories différentes. Des différences de traitement entre ces individus seraient justifiées par l'intensité de leur lien d'attachement à l'Union européenne[2070]. Il convient de constater qu'une tendance à la dilution de la

---

2067 Article I-1, « Inspirée par la volonté des citoyens et des Etats membres d'Europe de bâtir leur avenir en commun, la présente Constitution établit l'Union européenne,.... »

2068 Article I-45 du Traité constitutionnel.

2069 Devise proclamée par la République française.

2070 KAUFF-GAZIN Fabienne, « Introduction au chapitre intitulé « le statut du citoyen » », in CONSTANTINESCO Vlad (dir), *Le Traité établissant une Constitution pour l'Europe*, op. cit., p. 332.

notion du citoyen doit être relevée et que le Traité constitutionnel s'inscrit aussi dans cette tendance.

L'opérateur économique, qu'il soit un travailleur, un membre d'une profession libérale ou un fonctionnaire, a pu depuis les années 70, exercer des libertés professionnelles sous la forme de liberté de circulation et libre exercice d'une profession sur le Marché commun. Par ailleurs, les individus se sont vus reconnaître le droit en justice devant les juges nationaux et devant le juge communautaire. Enfin, l'individu, pris dans sa dimension la plus globale, s'est vu accorder la protection par l'ordre juridique communautaire des droits fondamentaux, y compris les droits sociaux fondamentaux, les premiers à être reconnus dans l'Union européenne. Par conséquent, le droit communautaire saisit l'individu dans ses multiples fonctions. Le Traité constitutionnel confirme la vocation du droit communautaire de saisir les différentes appartenances de l'être humain. Une première lecture permet d'identifier trois sortes de catégories d'individus dont la qualité est fonction du lien d'appartenance à l'Union européenne : la personne, le résident et le citoyen.

Le Traité constitutionnel, à coté des déclinaisons de type économique et social issus du droit européen, multiplie les qualifications qui saisissent l'individu dans sa dimension sociale[2071], familiale[2072] ou religieuse/philosophique[2073]. L'individu s'est vu judiciairement reconnaître des droits fondamentaux opposables aux institutions communautaires et aux Etats membres lorsque ceux-ci appliquent le droit communautaire. Ces droits fondamentaux développés au cas par cas par le juge communautaire, ont pendant longtemps été protégés en tant que principes généraux du droit communautaire. Nous voyons que le Traité constitutionnel accorde à ces droits une attention particulière, car ils sont codifiés au sein de la Charte des droits fondamentaux et élevés au rang du droit communautaire primaire. Cela constitue une opération de constitutionnalisation par excellence. Il faut en outre souligner que c'est avant tout la personne qui se voit reconnaître des droits fondamentaux souvent à caractères universels[2074]. En outre, ces droits fondamentaux comprennent également les droits sociaux fondamentaux. Par conséquent, l'inclusion de la Charte des droits fondamentaux de l'Union européenne qui comprend non seulement les droits fondamentaux, mais aussi les

---

2071 Article I-48, les partenaires sociaux; Article II-94, assuré social.

2072 Article II-93, sur la vie familiale et professionnelle.

2073 Voir l'article I-52, sur le rôle reconnu aux associations et communautés religieuses et aux organisations non confessionnelles et philosophiques.

2074 Pourtant, certains droits rangés au titre des droits fondamentaux ne sont reconnus qu'aux citoyens européens.

droits sociaux fondamentaux, contribue doublement à la consolidation de la citoyenneté sociale européenne. D'une part, en reconnaissant à tout individu les droit fondamentaux, l'Union généralise/socialise l'espace européen dans lequel des droits uniformes sont justiciables. D'autre part, la reconnaissance des droits sociaux fondamentaux, tout en consolidant les acquis de la citoyenneté sociale depuis les origines de l'intégration européenne, facilite la réalisation des droits fondamentaux de première et deuxième génération à l'échelle de l'Union.

Dans certains cas, le Traité constitutionnel s'adresse au résident sur le territoire européen, ou plus précisément à la « personne physique ou morale résident ou ayant son siège statutaire dans un Etat membre ». La notion de résident est indirectement précisée par l'article II-205.2 qui vise les ressortissants des pays tiers en séjour légal sur le territoire d'un Etat membre. Ils se voient reconnaître certains droits, dont les droits fondamentaux attribués à toute personne, mais aussi d'autres droits relevant de la citoyenneté européenne. Ces droits sont essentiellement de nature administrative, régissant les rapports entre les bénéficiaires et l'administration européenne. Il s'agit précisément du droit de saisir le médiateur européen[2075], du droit de déposer une pétition[2076], du droit d'accès aux documents des institutions européennes[2077]. Certains droits, comme la liberté de circulation et de séjour, réservés aux citoyens européens, peuvent être étendus aux résidents.

Le Traité constitutionnel s'adresse aussi à l'individu-citoyen. La notion de citoyenneté revient à plusieurs reprises dans le Traité. Elle est présente dans toute la première partie. Elle apparaît au sein du préambule, de l'établissement de l'Union, de ses objectifs, de l'article consacré à la citoyenneté de l'Union, des institutions européennes au service du citoyen, du Parlement européen érigé en représentant des citoyens de l'Union etc. Elle resurgit ensuite au sein de la Charte[2078] des droits fondamentaux intégrée dans le Traité constitutionnel, et de manière moins prononcée, dans la troisième partie[2079]. Le citoyen européen est défini par le Traité constitutionnel comme « toute personne ayant la nationalité d'un Etats membre ». Si l'on ne tient pas compte des droits administratifs qui sont reconnus aux résidents, le citoyen européen se voit attribuer des

2075 Article II-103.

2076 Article II-105.

2077 Articles I-50 et II-102.

2078 Article I-10, pour un rappel des droits conférés au citoyen

2079 Les dispositions se rapportant à l'article I-10 et précisant les modalités de l'exercice des droits, Articles III-125, III-126, III-127 et III-128, ainsi que la procédure à suivre pour l'extension des droits liés à la citoyenneté.

droits essentiellement civils[2080] et politiques[2081]. La distinction entre le citoyen et résident s'opère principalement à partir des droits politiques.

Au delà de ces développements, on assiste à une dilution des différentes catégories mentionnées. En effet, dans le préambule de la Charte il est précisé que l'Union « place la personne au cœur de son action en instituant la citoyenneté de l'Union et en créant un espace de liberté, de sécurité et de justice ». Un rapprochement s'opère également entre le citoyen et le résident. Alors que la première partie du texte réserve certains droits aux citoyens, la deuxième partie, qui intègre la Charte des droits fondamentaux, élargit le champ des bénéficiaires de certains droits qui ne sont plus réservés aux citoyens, mais octroyés à tout résident sur le territoire d'un Etat membre. C'est le cas du droit de recourir au médiateur européen et d'adresser des pétitions au Parlement européen, droits qui étaient réservés jadis aux citoyens de l'Union. En outre, la liberté de circulation et de séjour peut être étendue aux ressortissants des pays tiers résidant légalement sur le territoire de l'un des Etats membres[2082]. De manière plus évidente, le Traité autorise l'extension des droits de vote et d'éligibilité pour « tout citoyen de l'Union…dans l'Etat membre où il réside sans être le ressortissant de cet Etat »[2083]. Même si l'on peut prétendre que c'est la notion de citoyen qui semble souffrir de cette dilution[2084], nous sommes d'avis qu'au prix de cette utilisation « équivoque », le Traité contribue à l'élargissement du champ de la citoyenneté sociale, dans la mesure où il rétrécit tant que possible le nombre des exclus dans l'espace européen.

2. *La contribution de l'incorporation de la Charte des droits fondamentaux dans le Traité constitutionnel*

En réponse au « reliquat » de Nice, l'article I-9 du Traité établissant une Constitution pour l'Europe incorpore, dans la deuxième partie du texte, la Charte des droits fondamentaux. Quoi que l'on en dise, c'est un bouleversement[2085] dans la protection des droits fondamentaux dans l'ordre juridique

2080 Liberté de circulation et de séjour, article I-10.2a.

2081 Droit de vote et d'éligibilité aux élections locales et européennes, article I-10.2b.

2082 Article II-105.2

2083 Article III-126.

2084 KAUFF-GAZIN Fabienne, « Introduction au chapitre intitulé « le statut du citoyen » », in CONSTANTINESCO Vlad (dir.), *Le Traité établissant une Constitution pour l'Europe*, op. cit., p. 335.

2085 Ce développement n'interviendrait non comme un bouleversement, mais comme un complément de ce qui existait déjà. Voir TINÇ Mehmet, « L'article I-9 du Traité établissant une Constitution pour l'Europe », in CONSTANTINESCO Vlad (dir.), *Traité établissant une Constitution pour l'Europe,* op. cit., p. 349.

communautaire[2086]. Déjà lors de la cérémonie de la signature et de la « proclamation » de la Charte au sommet de Nice, les présidents de la Commission, du Conseil et du Parlement européen avaient mis un point d'honneur à annoncer leur intention de la respecter. Quelques avocats généraux de la Cour de Justice commencèrent également à s'y référer comme source complémentaire d'interprétation[2087]. La force contraignante et l'inclusion dans le Traité constitutionnel de la Charte des droits fondamentaux devraient néanmoins changer les choses de manière considérable, parce qu'elle s'imposera à toutes les juridictions nationales et cmmunautaires, dans l'interprétation et l'application du Traité constitutionnel et du droit dérivé. Elle sera aussi plus facilement invoquée par les parties à un litige, du fait de la lisibilité qui lui est donnée par son incorporation dans le Traité constitutionnel[2088]. Cette incorporation est capitale pour l'affirmation de la citoyenneté sociale européenne. La reconnaissance de valeur conventionnelle à la Charte par le Traité de Lisbonne confirme cette orientation, même si, au lieu d'être insérée dans le texte même des traités, elle fait seulement l'objet d'un renvoi par le nouvel article 6.1 du TUE. Quelque soit la signification politique de cette regression symbolique, il est indéniable que ce renvoi lui confère la valeur de droit primaire et surtout lève les doutes sur sa justiciabilité[2089]. Ce renvoi s'inscrit, d'ailleurs dans le processus de constitutionnalisation en cours.

Les droits sociaux qui figurent dans le titre IV « Solidarité », de ce qui est maintenant la deuxième partie du Traité constitutionnel, sont particulièrement importants pour deux raisons[2090]. D'abord, les droits sociaux fondamentaux ont exactement la même valeur que les autres dispositions de la Charte relative à la dignité, aux libertés, à l'égalité, à la citoyenneté et à la justice. En d'autres termes,

---

2086 Même si la Cour de justice des Communautés européennes avait très tôt affirmé que les droits fondamentaux faisaient « partie intégrante du droit communautaire » et, ce faisant, avait comblé le silence des traités, il faut en convenir, c'est la première fois que l'Union se donne un catalogue des droits fondamentaux.

2087 Voir nos développements dans le chapitre 2 de cette partie.

2088 ZILLER Jacques, « Europe sociale dans la Constitution européenne », Droit social, n°2, février 2005, p. 196.

2089 SIMON Denys, « Les droits fondamentaux dans le traité de Lisbonne », Europe, février 2008, p. 2.

2090 Il s'agit des articles II-87 à II-98 consacrant le droit à l'information et à consultation des travailleurs au sein de l'entreprise, le droit de négociation et d'actions collectives (y compris la grève), le droit d'accès aux services de placement, la protection en cas de licenciement injustifié, les conditions de travail justes et équitables, l'interdiction du travail des enfants et la protection des jeunes au travail, le droit à concilier vie familiale et vie professionnelle, le droit d'accès aux prestations de la Sécurité sociale

les droits sociaux fondamentaux ont exactement le même rang que les droits politiques fondamentaux. Ce développement était d'autant moins acquis que les constitutions nationales réservent un traitement différencié à ces deux catégories de droits[2091], au même titre que les instruments européens et internationaux. Cette égalité a plus qu'une valeur symbolique. Ce développement majeur qu'est l'incorporation des droits sociaux fondamentaux dans la Charte et leur inclusion dans le Traité constitutionnel est à notre sens un élément capital pouvant rendre visible la citoyenneté sociale européenne. En effet, en cas de conflit entre différents droits fondamentaux, une différenciation entre droits politiques et droits sociaux risquerait d'être faite à l'encontre de ces derniers, ce qui n'est pas possible dans le système de la Charte. L'identification d'autres droits sociaux fondamentaux dans les autres titres de la Charte renforce davantage cette qualité. Dans ce processus d'affirmation de la citoyenneté sociale, c'est bien l'aspect général du processus qu'il convient de prendre en considération. L'individu, quelque soit le pays membre où il se trouve, pourra bénéficier des ses droits fondamentaux, même si certains de ceux-ci sont annoncés comme des principes.

Par ailleurs, l'ensemble des droits fondamentaux contenus dans la Charte a une valeur supérieure, en cas de conflits, aux autres droits et principes contenus dans le Traité constitutionnel, à moins qu'un autre article du Traité ne contienne une limite explicite à un droit qu'il mentionne[2092]. Cela ressort de l'article II-112.2 qui reprend les éléments de la théorie des droits fondamentaux, à savoir la « réserve de loi » et la proportionnalité :

> « Toute limitation de l'exercice des droits et libertés reconnus par la présente Charte doit être prévue par la loi et respecter le contenu essentiel desdits droits et libertés. Dans le respect du principe de proportionnalité, des limitations ne peuvent être apportées que si elles sont nécessaires et répondent effectivement à des objectifs d'intérêt général reconnus par l'Union ou au besoin de protection des droits et libertés d'autrui ».

Cela est particulièrement important du fait que les libertés fondamentales de circulation des personnes, des services, des marchandises et des capitaux, qui ont formé depuis ses origines les principaux piliers de l'intégration européenne, sont reprises par l'article I-4 et ne sont pas mentionnées, encore moins développées, dans les parties consacrées aux droits fondamentaux. Cette supériorité des droits

---

et aux services sociaux, la protection de la santé, l'accès aux services d'intérêt économique général, la protection de l'environnement et la protection des consommateur.

2091 Voir nos développements dans chapitre 6.

2092 ZILLER Jacques, « Europe sociale dans la Constitution européenne », Droit social, n°2, février 2005, p. 197.

fondamentaux, et notamment des droits sociaux fondamentaux, sur les « libertés fondamentales », et plus particulièrement sur les règles de concurrence, devrait permettre à la Cour de Justice de renforcer l'interprétation plus sociale du droit communautaire. Cela parait d'autant plus probable qu'elle a déjà, dans une jurisprudence abondante, contribué à l'émergence des critères sociaux[2093].

3. *Les nouveaux éléments dans le Traité constitutionnel pouvant consolider la citoyenneté sociale*

Nous avons vu dans les paragraphes précédents que la notion de citoyenneté d'une manière générale occupe une place prépondérante dans le Traité constitutionnel. Rien que ce suremploi est, en quelque sorte, de nature à socialiser la notion de citoyenneté. Plus qu'une tentative, cette démarche constitutionnelle fait passer autant que possible la citoyenneté au premier plan, avant l'action économique qui a dominé l'intégration économique pendant des décennies.

Les dispositions pertinentes en matière sociale se trouvent dans les trois parties du Traité constitutionnel. Nous avons déjà revu la deuxième partie consacrée à la Charte des droits fondamentaux. Quant à la première partie du Traité constitutionnel, elle contient les principes fondamentaux de l'ordonnancement constitutionnel de la nouvelle Union européenne. Elle est la plus importante du point de vue politique et pour l'information du citoyen. Elle présente l'œuvre principale de la Convention, d'autant plus que c'est dans cette partie que les innovations sont les plus visibles. Les traités communautaires étaient fondés sur la fixation d'objectifs, comme le met en évidence le TCE[2094]. Toutefois, les valeurs de l'Union n'étaient jamais définies, alors même que l'expression figurait dans le TUE depuis 1992[2095]. Le Traité constitutionnel définit les valeurs de l'Union[2096] et reprend les objectifs des traités communautaires en les condensant et en las développant. Le nouveau texte, loin de consacrer le marché comme principe fondateur de l'Union, consacre le contrepoids au marché :

> « L'Union œuvre pour le développement durable de l'Europe fondé sur une croissance économique équilibrée et sur la stabilité des prix, une économie sociale hautement compétitive, qui tend au plein emploi et au progrès social, et au niveau élevé de protection et d'amélioration de la qualité de l'environnement. Elle promeut le progrès scientifique et technique.

2093 Voir nos développements dans le paragraphe (B) de cette section

2094 Article 3 TCE.

2095 Article 11, ex article J-1, TUE et depuis 1997, l'article 16 TCE.

2096 Article I-2.

> Elle combat l'exclusion sociale et les discriminations, et promeut la justice et la protection sociales, l'égalité entre les femmes et les hommes, la solidarité entre les générations et la protection des droits de l'enfant… »[2097].

Force est de constater que l'appréciation des dispositions de cette partie nécessite une prise en compte de la troisième partie du Traité constitutionnel. Du point de vue de la rédaction de cette partie, il s'est agi de mettre en première ligne la personne, alors que le TCE met en avant les biens et services. Ce changement à lui seul est de nature à renforcer le « social », ou la citoyenneté sociale, dans la mesure où il pourrait conduire la Cour de Justice à donner un poids plus important aux considérations sociales, par rapport à celles qui dérivent du fonctionnement du marché.

La troisième partie du Traité constitutionnel contient des dispositions directement consacrées à la politique sociale de l'Union et d'autres dispositions dont l'incidence n'est qu'indirecte. L'examen de ces dispositions ne fait apparaître aucun recul en matière sociale par rapport aux traités actuels. Bien au contraire, il fait ressortir quelques progrès comme en témoigne la disposition horizontale en matière sociale qui est l'œuvre de la CIG : « Dans la définition et la mise en œuvre des politiques et actions visées à la présente partie, l'Union prend en compte les exigences liées à la promotion d'un niveau d'emploi élevé, à la garantie d'une protection sociale adéquate, à la lutte contre l'exclusion sociale, ainsi qu'à un niveau élevé d'éducation, de formation et de protection de la santé humaine »[2098]. Il ne s'agit pas ici de donner à l'Union des compétences nouvelles dans le domaine social, mais cette clause peut devenir un catalyseur pour obliger les instituions, le législateur, ainsi que l'exécutif européen à prendre en compte la dimension sociale dans le champ de leurs activités.

Le Traité constitutionnel reprend pour l'essentiel les bases juridiques pour une politique sociale du TCE. Il s'agit des articles III-209 à III-219 relatifs à la politique sociale qui reprennent les dispositions figurant aux articles 136 à 148 du TCE[2099]. Le changement le plus visible par rapport au TCE consiste dans l'utilisation des nouveaux actes établis par le Traité constitutionnel. Cela implique un renforcement du rôle du Parlement européen. Le rôle du Parlement européen est également renforcé par rapport au régime établi par le TCE, du fait que les articles III-212 et III-213, relatifs au dialogue social au niveau communautaire et à la coordination des politiques sociales, prévoient sa pleine information, tandis

---

2097 Article I-3, par.3.

2098 Article III-117.

2099 Dispositions sociales et le Fonds social européen.

que les dispositions pertinentes du TCE l'ignoraient[2100]. En outre, l'article III-213 contient une amorce de codification de la « méthode ouverte de coordination » adoptée au Conseil européen de Lisbonne des 23–24 mars 2000 : « A cet effet, la Commission agit en contact étroit avec les Etats membres, par des études, des avis et par l'organisation des consultations, tant pour les problèmes qui se posent sur le plan national que pour ceux qui intéressent les organisations internationales, notamment par des initiatives en vue d'établir des orientations et des indicateurs, d'organiser l'échange des meilleurs pratiques et de préparer les éléments nécessaires à la surveillance et à l'évaluation périodiques »[2101].

Mis à part l'information obligatoire du Parlement européen, ces modifications ne présentent peut-être pas d'avancée considérable en matière sociale, mais elles ne représentent pas non plus une régression. Toutefois, sachant que le Parlement européen a toujours fait preuve d'un engagement ferme pour la réalisation des acquis sociaux depuis des décennies, l'accroissement de son rôle dans le domaine social ne peut que contribuer à l'affirmation de la citoyenneté sociale.

D'autres bases juridiques contenues dans la troisième partie du Traité constitutionnel sont susceptibles d'avoir un impact sur la politique sociale et la citoyenneté sociale européennes. Ainsi, de nouvelles bases juridiques visent à « soutenir et à compléter l'action des Etats membres au niveau national, régional et local portant sur la prévention des risques »[2102] de catastrophes naturelles ou d'origine humaine ; à promouvoir la coopération administrative, selon laquelle l'Union « peut appuyer les efforts des Etats membres pour améliorer leur capacité administrative à mettre en œuvre le droit de l'Union »[2103] ; à renforcer la coopération judiciaire en matière pénale qui résulte de la communautarisation de la coopération en matière de justice et d'affaires intérieures par le Traité d'Amsterdam[2104] avec des parenthèses qui peuvent se révéler fort intéressantes en matière sociale. Ainsi, alors que le Traité d'Amsterdam n'évoquait pas l'harmonisation législative et réglementaire, le nouveau dispositif prévoit des mesures qui « peuvent inclure l'adoption des mesures de rapprochement législatives et réglementaires des Etats membres ». De plus, cet article introduit une base juridique nouvelle pour les mesures visant à « un accès effectif à la justice ». Il y a là une possibilité nouvelle d'harmonisation vers le haut des possibilités d'accès à la justice, y compris

2100 Articles 139 et 140 TCE.

2101 L'ajout du Traité constitutionnel par rapport au TCE est souligné.

2102 Article III-284, paragraphe 1a.

2103 Article III-285.

2104 Article III-269 du Traité constitutionnel qui reprend l'article 65 TCE.

en matière d'aide judiciaire[2105]. L'article 269 introduit également une nouveauté dans son paragraphe 3 permettant l'adoption de « mesures relatives au droit de la famille ayant une incidence transfrontalière ».

De plus, le Traité constitutionnel complète la cohésion économique et sociale par le qualificatif « territorial », ce qui pourra fonder de nouveau des mesures des fonds structurels, et permettre de justifier certaines politiques sociales locales ou régionales. Le Traité de Lisbonne maintient cette orientation dans le processus de constitutionnalisation. Ainsi, le titre XVIII du Traité sur le fonctionnement de l'Union européenne est consacré à la cohésion économique, sociale et territoriale. Dans cette perspective, « parmi les régions concernées, une attention particulière est accordée aux zones rurales, aux zones où s'opère une transition industrielle et aux régions qui souffrent de handicaps naturels ou démographiques graves et permanents telles que les régions les plus septentrionales à très faible densité de population et les régions insulaires, transfrontalières et de montagne »[2106].

Par ailleurs, le Traité constitutionnel ne passe pas sous silence les services d'intérêts généraux[2107] introduits dans le TCE[2108] par le Traité d'Amsterdam, pour que les services publics puissent fonctionner « sur la base des principes et dans des conditions, notamment économiques et financières, qui leur permettent d'accomplir leur mission ». La nouveauté consiste à avoir introduit une base juridique pour l'adoption d'une loi européenne qui « établit ces principes et fixe ces conditions, sans préjudice de la compétence qu'ont les Etats membres, dans le respect de la Constitution, de fournir, de faire exécuter et de financer ces services ». Avec le Traité de Lisbonne, les services d'intérêt économique général retrouvent leur place parmi « les valeurs communes de l'Union », alors que le Traité constitutionnel s'y référait seulement en tant que « services auxquels tous dans l'Union attribuent une valeur » et le protocole sur les services d'intérêt général vient expliciter ce que recouvrent les « valeurs communes de l'Union concernant les services d'intérêt économique général »[2109]. Reste inchangée l'habilitation donnée aux institutions de l'Union pour adopter des réglements fixant les principes et conditions, notamment économiques financières, qui permettent aux services d'intérêt économique général d'accomplir leurs missions, sans

2105 ZILLER Jacques, « Europe sociale dans la Constitution européenne », Droit social, n°2, février 2005, p. 195.

2106 Article 174, alinéa 2, TFUE.

2107 Article III-122.

2108 Article 16 TCE.

2109 Toutefois, le paragraphe 2 de ce protocole précise une évidence, à savoir que « les dispositions des traités ne portent en aucune manière atteinte à la compétence des

préjudice de la compétence des Etats membres, dans le respect des traités, de fournir, de faire executer et de financer ces services[2110].

Conclusion du chapitre 1

Les développements précédents montrent qu'en dépit des questions qu'elle pose, la citoyenneté sociale européenne s'annonce comme une réalité concrète pour les citoyens européens. Sa consolidation en tant qu'institution semble devoir, à l'avenir aussi, être l'œuvre de la Cour de justice. Dans cette perspective, il convient de souligner l'attitude de la Cour en ce qui concerne l'élargissement des droits des citoyens européens à des personnes qui ne sont pas des citoyens européens, mais qui ont des relations d'affiliations particulières avec un Etat membre. Ce faisant, la Cour précise aussi, que le droit communautaire admet, qu'à coté des principes communs à tous les Etats, il existe de principes constitutionnels propres à chaque Etat qui sont acceptables. Ce mouvement de plus en plus perceptible ne peut que se confirmer par l'affirmation de leurs responsabilités sociales par les entreprises.

Ensuite, le Traité constitutionnel, en constitutionnalisant cet acquis ne peut que contribuer à la constitutionnalisation politique de l'Union européenne. Ainsi, nous voyons trois façons différentes d'interpréter les modifications introduites par le Traité constitutionnel et reprises, dans une large mesure par le Traité de Lisbonne. Une première, très optimiste, consisterait à dire que les éléments nécessaires pour la réalisation complète de la citoyenneté sociale sont réunis. Le social a déjà pris le dessus sur l'économique. L'union politique s'est intégralement réalisée. La deuxième façon, très pessimiste[2111], tendrait à considérer ces modifications comme de simples changements cosmétiques. La Constitution aurait drastiquement réduit la portée des droits sociaux. Certains de ces droits, comme le droit de grève, ainsi qu'une période annuelle de congés payés, seraient mentionnés de façon pour le moins équivoque. Une troisième, nous dirions plus réaliste, consisterait à mesurer la portée de ces modifications dans le contexte européen, et de tenter de saisir le sens du mouvement. Cette démarche

---

Etats membres relative à la fourniture, à la mise en service et à l'organisation des services non économiques d'intérêt général ».

2110 DONY Marianne, *Après la réforme de Lisbonne les nouveaux traités européens*, Editions de l'Université de Bruxelles, 2008, p. XXVII.

2111 Pour une critique du Traité constitutionnel voir en particulier RAVEAUD Giles, SAIDI Aurélien et DAUZE Damien (dir.), *Douze économistes contre le projet de constitution européenne*, L'Harmattan, 2005; BEAUDIN Hervé, *Au-delà du NON*, Ellipses Edition Marketing, 2005.

permettrait de conclure que toutes ces modifications ont pour but de conférer aux individus des droits avant tout à caractères sociaux, même si de progrès tangibles restent à réaliser. De ce fait, elles contribuent à la consolidation de la citoyenneté sociale européenne et s'inscrivent dans le processus de constitutionnalisation.

CHAPITRE 2: LES DROITS SOCIAUX COMME ELEMENTS D'UNE CITOYENNETE SOCIALE : CONTRIBUTION D'UNE FORME DE CITOYENNETE A LA FORMATION DE L'ESPACE PUBLIC EUROPEEN

Même si l'Union européenne a pris ces dernières années une place croissante dans la vie quotidienne de ses peuples, elle reste loin de fournir un mécanisme d'identification au corps civique dans son ensemble. Nombre de journalistes, chercheurs et d'observateurs estiment que les citoyens ne s'intéressent pas assez à l'Europe. La faiblesse du taux de participation aux élections européennes serait l'expression de ce fort désintérêt[2112]. Les députés européens seraient des représentants du peuple sans le peuple. Dans un Bruxelles lointain, bureaucrates et experts, aspirant à toujours plus de pouvoir pour le pouvoir, régneraient en maîtres. L'opinion dominante parmi les observateurs et les chercheurs est que les conditions ne sont pas réunies pour une démocratisation de l'Union européenne et qu'une Constitution ne serait pas pour celle-ci une garantie de démocratie. Il ne serait pas possible de fonder l'Europe politique sur des bases démocratiques. Comme il n'existe ni opinion publique européenne, ni identité européenne, il serait aussi d'accroître les pouvoirs du Parlement européen et d'adopter une Constitution européenne. La citoyenneté européenne serait un leurre[2113], car elle suppose une opinion publique ; or il n'existerait pas d'espace public commun dans lequel on pourrait débattre des questions européennes.

Ces affirmations, selon nous hâtives car elles ignorent l'aspect spécifique[2114] de l'intégration européenne, se sont consolidées, en quelque sorte, après les

2112 LANFRIED Christine, « Vers un Etat constitutionnel européen », in DEHOUSSE Renaud (dir.), *Une Constitution pour l'Europe*, Presse de Sciences Po, 2002, p. 79–112.

2113 Débat télévisé avec le Ministre allemand des Affaires étrangères, Joschka Ficher et l'ancien Ministre de l'Intérieur français, Jean-Pierre Chevènement, publié dans le Monde du 21 juin 2001.

2114 Il nous semble que ces critiques méconnaissent les particularités de l'Union européenne qui n'est ni un Etat, ni une Fédération, mais plutôt une Fédération

modifications substantielles/constitutionnelles opérées par les Traités de Maastricht, d'Amsterdam et de Nice : l'accroissement de la légitimité formelle des institutions opérée par ces derniers semble être allé de pair avec une perte de légitimité grandissante de la construction européenne au sein de l'opinion publique[2115]. Il s'agit bien de la dimension « subjective »[2116] du déficit démocratique dont souffre l'Union européenne, dimension marquée, en particulier par un décalage croissant entre « la communauté morale »[2117] et la « communauté légale »[2118]. Si le recoupement entre ces ensembles n'est pas maximal, les citoyens s'interrogent sur la légitimité de la construction politique dans laquelle ils vivent[2119]. Cela semble être le cas aujourd'hui dans l'Union européenne où la méthode des Pères fondateurs de la Communauté, celle des « réalisations concrètes appelant une solidarité de fait »[2120] a atteint ses limites[2121]. Un demi-siècle d'histoire d'intégration européenne a montré que l'unification des sociétés ne suffit pas à créer une conscience politique commune. En dépit de l'interdépendance objective croissante des pays européens, les affiliations subjectives, symboliques et politiques sont restées pour l'essentiel au niveau national.

Ces interrogations sur les fondements normatifs de la construction européenne ne doivent pas forcément conduire au pessimisme de tous ceux qui voient dans le déclin de l'Etat-nation aussi celui du projet d'autonomie civique.

---

d'Etats-nation, ou mieux encore nous dirions, une communauté politique post nationale.

2115 TELO Mario, *Démocratie et construction européenne*, Bruxelles, Editions de l'université de Bruxelles, 1995, p. 18.

2116 MAGNETTE Paul, « Entre parlementarisme et déficit démocratique », in TELO Mario et MAGNETTE Paul (éd), *De Maastricht à Amsterdam. L'Europe et son nouveau traité*, Bruxelles, Complexe, 1998, p. 108.

2117 D'après le philosophe Michael Walzer, c'est l'ensemble social, géographique, culturel pertinent de légitimation dans lequel vivent des individus unis par une compréhension partagée des liens qui les unissent. Autrement dit, on entend une communauté de croyances et de conceptions relatives au juste et au bien, un ensemble d'attitudes, de schémas de pensée, de visions du monde et de valeurs partagées entre individus appartenant à une même aire de contexte politique.

2118 Le cadre d'applicabilité des mesures de politique publique opposables à une collectivité de ressortissants.

2119 LACROIX Justine, « Patriotisme constitutionnel et identité post nationale chez Jürgen Habermas », in HABERMAS Jürgen, *L'usage public de la raison*, PUF, 2002, p. 134.

2120 Déclaration Schuman du 9 mai 1950.

2121 WALZER Michael, *Sphères de justice*, traduction de P. Engel, Paris, Le Seuil, 1997.

L'intégration européenne pourrait également servir de catalyseur à un renouvellement des catégories classiques de la pensée politique, en autorisant une dissociation entre l'ordre juridique de la communauté politique et l'ordre culturel, historique et géographique des identités nationales. Selon cette perspective, qui est celle des partisans du patriotisme constitutionnel auquel se rallie conceptuellement le thème de l'« identité post nationale », l'identité démocratique de l'Union européenne pourrait se stabiliser sur des principes d'universalité, d'autonomie et de responsabilité qui sous-tendent les conceptions de la démocratie et de l'état de droit.

La voie la plus appropriée à cet égard serait d'abord de tenir compte de la singularité de l'Union européenne comme organisation politique : manque de sentiment d'appartenance à l'Union, émergence d'un patriotisme constitutionnel qui pourrait consolider ce sentiment, absence d'un espace public dont l'affirmation facilitée par la citoyenneté sociale pourrait créer un effet d'engrenage dans cette perspective. En effet, cette forme de citoyenneté est cruciale en ce qui concerne l'avenir de l'Union européenne car elle s'affirme en tant que fondement institutionnel de l'espace public européen en devenir qui lui-même est nécessaire pour l'affirmation d'un sentiment d'appartenance à l'Union européenne **(Section 1)**.

Dans le long processus de transformation des Communautés économiques européennes des années 50 à une « communauté politique post nationale », les droits sociaux fondamentaux jouent un rôle crucial. Dans le contexte de l'Union européenne, ils sont les premiers à être reconnus. Leur reconnaissance est le fait à la fois du juge et du législateur, que ce soit le constituant communautaire ou le législateur ayant le pouvoir d'adopter le droit dérivé. En particulier, la jurisprudence extensive de la Cour de justice suivant l'établissement de la citoyenneté européenne, donne à ces droits un contenu social plus fort, au point que l'on parle désormais d'une citoyenneté sociale européenne qui s'intègre dans cette « stratégie post nationale » en cours de réalisation. Le fait le plus remarquable de cette stratégie semble être une forme nouvelle de démocratie dont certains aspects se trouvent déjà constitutionnalisés par le Traité constitutionnel (**Section 2**).

Section 1: La singularité de l'Union européenne comme entité politique post nationale

Le découplage de l'exercice de l'autonomie démocratique et de son ancrage national historique serait désormais rendu nécessaire par la perte de puissance inéluctable de l'Etat-nation. En effet, il est devenu incapable de protéger les citoyens des réactions en chaînes provoquées par des processus d'origine externe, surtout le mouvement de mondialisation. Il en résulte une crise de légitimité démocratique, en raison due à un écart croissant entre une intégration systémique de l'économie et l'administration politique qui s'opère au niveau national[2122]. L'incapacité grandissante de l'Etat-nation à assurer une régulation rendait ainsi nécessaire une réflexion sur les moyens de faire vivre l'idéal démocratique au-delà du cadre national. La solution à ce problème semble être dans des unions politiques de format supérieur et des régimes transnationaux susceptibles de compenser « les pertes fonctionnelles subies par l'Etat national sans que la chaîne de légitimité démocratique soit pour autant condamnée à se rompre »[2123]. Cependant, l'Europe fragmentée en plusieurs cultures nationales et subnationales ne dispose pas d'une identité substantielle stable qui pourrait fournir un point d'unification d'ordre traditionnel. Pour les tenants du post nationalisme, il n'est ni probable, ni souhaitable que se produise au niveau européen le phénomène de construction nationale qui s'est opéré pendant des siècles. Or, précisément ce qui est visé par une construction politique de l'Europe, c'est un dépassement du principe nationaliste au sens le plus large[2124]. Autrement dit, il ne saurait y avoir des Etats-Unis d'Europe. L'Union européenne aurait comme tâche principale d'assurer son intégration politique, par une intégration horizontale des droits transnationaux et un partage des souverainetés nationales, plutôt que sur le schéma vertical d'une puissance souveraine à l'égard des états fédérés « assise sur les piliers traditionnels d'obligations militaire, scolaire et fiscale »[2125]. A ce niveau, nous ne devons pas confondre le principe post national avec le supranationalisme, dans la mesure où l'accès au post nationalisme n'est pas une question d'échelle géographique ou institutionnelle, mais dépend d'une différenciation entre citoyenneté et nationalité, de telle sorte que la pluralité nationale soit rendue compatible avec l'unité politique.

2122 HABERMAS Jürgen, *L'intégration républicaine,* traduction de R. Rochlitz, Paris, Fayard, 1999, p. 78.

2123 HABERMAS Jürgen, *Après l'Etat-nation. Une nouvelle constellation politique,* traduction de R. Roclitz, Paris, Fayard, 2000, p. 141.

2124 FERRY Jean-Marc, « Pertinence du postnational », in LENOBLE Jacques et DEWANDRE Nicole, *L'Europe au soir du siècle, Identité et démocratie,* Paris, Edition Esprit, 1992, p. 53.

2125 Ibid, p. 54.

§ 1: Nécessité d'émergence d'un sentiment d'appartenance à l'Union européenne

La forme d'intégration politique historique classique que nous connaissons est bien l'Etat-nation.

A) Principe national comme fondement de l'Etat-nation dans les sociétés politiques européennes

Le principe national est essentiellement un principe politique qui affirme que l'unité politique et l'unité nationale doivent être congruentes. C'est en fonction de ce principe que le nationalisme est perçu en tant que sentiment.

1. Etat

Si l'on prend comme point de départ Max Weber, selon sa célèbre définition, l'Etat est le groupement qui, au sein de la société, détient le monopole de la violence légitime. La violence ne peut être exercée que par l'autorité politique centrale et par ceux auxquels elle délègue ce droit. Parmi les diverses contraintes utilisées pour le maintien de l'ordre, la sanction ultime, la force, ne peut être appliquée que par un groupement spécialisé, clairement identifié au sein de la société, qui est bien centralisé et discipliné. Ce groupement ou ce groupe de groupements est l'Etat. Cette définition correspond aux institutions morales d'un grand nombre, probablement de la majorité, des membres des sociétés modernes. Toutefois, elle n'est pas totalement satisfaisante[2126], car il existe des « Etats » ou des institutions que nous pourrions appeler ainsi, qui n'ont pas le monopole de la violence légitime sur le territoire qu'ils contrôlent effectivement.

Cependant, la définition proposée par Weber semble reposer sur l'hypothèse tacite d'un Etat occidental bien centralisé. Cet Etat constitue une manifestion caractéristique de la division sociale du travail. Là où il n' y a pas de division de travail, il n'est pas nécessaire de parler de l'Etat. Ainsi, l'Etat est la spécialisation et la concentration du maintien de l'ordre. C'est une institution ou un ensemble d'institutions spécifiquement intéressées à garantir l'ordre, même si elles peuvent être utilisées afin d'assurer d'autres tâches. L'Etat existe là où des groupements spécialisés qui visent à garantir l'ordre, comme les forces de police et les cours de justice, sont séparés du reste de la vie sociale. Ils sont l'Etat. Néanmoins toutes les sociétés ne sont pas dotées d'un Etat.

2126 GELLNER Ernest, *Nations et nationalisme,* 1999, Editions Payot et Rivages, p. 14.

La nation n'est pas nécessairement identique au « peuple d'un Etat », c'est-à-dire à l'appartenance à une communauté politique. En effet, beaucoup de communautés politiques comprennent des groupes humains au sein desquels on souligne l'indépendance de la nation vis-à-vis des autres groupes, ou inversement des patries d'un groupe humain donné par ses membres pour « nation unie »[2127]. Dans cette perspective, l'Etat est l'instrument de la nation, il ne peut y avoir de nation sans Etat.

2. Nation

La nation est une forme particulière d'unité politique dont il convient d'analyser, sans prétendre à l'exhaustivité, les spécificités. Comme toute unité politique, « la nation se définit par sa souveraineté qui s'exerce, à l'intérieur, pour intégrer les populations qu'elle inclut et, à l'extérieur, pour s'affirmer en tant que sujet historique dans un ordre mondial fondé sur l'existence et les relations entre nations-unités politiques. Mais sa spécificité est qu'elle intègre les populations en une communauté de citoyens, dont l'existence légitime, l'action intérieure et extérieure de l'Etat »[2128]. La nation se distingue des groupes ethniques qui ne sont pas organisés politiquement. Ainsi, on entend par ethnie les groupes d'hommes qui vivent comme les héritiers d'une communauté historique et culturelle et partagent la volonté de la maintenir. Autrement dit, l'ethnie se définit par deux dimensions : la communauté historique et la spécificité culturelle.

Si les nations politiques modernes ont hérité sinon des frontières, du moins des sentiments et des premières institutions étatiques du Moyen Age, elles n'en constituent pas moins une réalité historique et politique distincte. Elles doivent être distinguées des ethnies. L'ethnie a deux caractéristiques : c'est un groupe d'appartenance et il n'a pas nécessairement une expression politique. Les ethnies ne sont pas plus naturelles que les nations. Dans les deux cas, ce sont des formes historiques qu'il ne s'agit pas de substantifier. L'identité ethnique n'est pas nécessairement plus fondamentale, solide ou durable que la réalité et le sentiment national[2129]. Les ethnies peuvent se diviser, se regrouper et se réorganiser en définissant des nouvelles frontières sociales, par des processus d'amalgame, d'incorporation et de division ou de prolifération en fonction des circonstances

---

2127 Weber, cité par SCHNAPPER Dominique, in *La Communauté des citoyens: Sur l'idée moderne de la nation*, Gallimard, 1994, p. 34–35.

2128 SCHNAPPER Dominique, *La Communauté des citoyens: Sur l'idée moderne de la nation*, Gallimard, 1994, op. cit., p. 28.

2129 Ibid, p. 30.

économiques et politiques[2130]. Si les ethnies sont, comme les nations, des constructions historiques, les individus vivent l'appartenance à une ethnie comme une donnée naturelle, même s'il n'a pas d'organisation politique propre. Les ethnies se distinguent de la nation moderne ou politique en ce qu'elles ne disposent pas d'organisation politique autonome. Dès lors, ce n'est pas le nombre, ou d'autres caractères objectifs qui opposent l'ethnie et la nation, mais la nature du lien qui unit les hommes. Or, il arrive que la littérature scientifique en la matière ne s'en tienne pas à cette distinction. C'est le cas de Walker Connor qui estime que la nation est l'ethnie qui est consciente d'elle même[2131]. Même si cette approche ne fait pas de différenciation sensible entre nation et ethnie, dans la mesure où elle réduit les deux notions à l'appartenance à des collectivités, il convient de remarquer que la « nation » est une forme politique de l'âge contemporain. Des sentiments d'appartenance à une collectivité historique ont pu exister depuis des siècles, mais c'est seulement à l'époque contemporaine qu'ils ont fondé une forme particulière d'organisation politique. Les nations sont aussi souvent confondues avec les unités politiques ou les Etats. Le terme de nation désigne alors les unités politiques dont la souveraineté est reconnue par l'ordre international. Dans cette perspective, certains chercheurs ont négligé une distinction analytique, comme les auteurs français qui distinguaient clairement unité politique et nation civique. Ernest Renan faisait aussi la distinction entre les « nations comme la France et l'Angleterre» et les autres « formes de la société humaine », à savoir « les grandes agglomérations d'hommes à la façon de la Chine, de l'Egypte.. »[2132]. En effet, ce qui caractérise ces différents Etats, c'est la fusion des populations qui les composent.

2130 CONNOR Walker, « A nation is a nation, is a state, is an ethnic group is a.. », Ethnic and Racial Studies, vol. 1, n°4, oct. 1978, pp. 377–400. Traduction française par C. Jafferlot dans Deladoi-aguieff (ed), 1991, p. 159

2131 « Un groupe ethnique peut être facilement discerné par l'observateur extérieur, mais jusqu'à ce que ses membres deviennent eux-mêmes conscients du caractère unique du groupe, c'est simplement un groupe ethnique et non une nation ». Walker Connor, op. cit., p. 589.

2132 RENAN Ernest, *Qu'est-ce qu'une Nation ?*, 1992, Pocket, p. 40. Pour Renan, ni la race, ni la langue, ni la religion, ni les intérêts, ni la géographie ne sauraent offrir une base suffisante pour l'établissement d'une nationalité moderne. Une nation est une âme, un principe spirituel. C'est « une grande solidarité, constituée par le sentiment des sacrifices qu'on a faits et de ceux qu'on est disposé à faire encore. Elle suppose un passé ; elle se résume pourtant dans le présent par un fait tangible : le consentement, le désir clairement exprimé de continuer la commune. L'existence d'une nation est (…) un plébiscite de tous les jours, comme l'existence de l'individu est une affirmation perpétuelle de la vie. ». Op. cit p. 50–51.

Mauss classe les sociétés en fonction de leur rang d'intégration, autrement dit du degré d'intégration politique : sociétés polysegmentaires, claniques et tribales, puis sociétés intégrées, à des degrés croissants, par « la présence, la force et la constance d'un pouvoir central ». C'était confondre toute unité politique avec nation. Ainsi, Mauss ajoute le critère de citoyenneté qui permet de distinguer la nation moderne des autres unités politiques. C'est cette forme d'unité politique qui caractérise les nations européennes[2133]. Ce qui lui permet de constater qu' « une énorme quantité de sociétés et d'Etats existent encore dans le monde qui ne méritent pas le nom de nation ».

Reprenant la même distinction, Raymond Aron précise que la nation « équivaut à n'importe quelle collectivité politique, territorialement organisée » et que les relations internationales « sont les relations entre unités politiques », ce dernier concept couvrant aussi bien les cités grecques, l'empire romain ou égyptien, les monarchies européennes, les républiques bourgeoises ou les démocraties populaires »[2134]. C'est aussi en ce sens que le terme est utilisé dans la discipline intellectuelle intitulée « étude des relations internationales » : les nations désignent alors les unités politiques. C'était la même assimilation entre nation et unité politique qui a conduit les vainqueurs de 1919 à créer la Société des nations et organiser l'ordre politique en nations qui n'étaient, dans certains pays de l'Europe de l'Est, que des unités politiques. La multiplication du nombre des nouvelles nations, après la Seconde Guerre mondiale, traduit l'existence de ces nouveaux Etats ou de ces nouvelles nations-unités politiques, qui ne sont pas nécessairement de nouvelles nations démocratiques. Peut-on alors assimiler l'Etat et la nation ?

La notion de nation semble être plus difficile à appréhender que l'Etat. En effet, les nations comme les Etats, relèvent de la contingence et non de la nécessité universelle. Ni les Etats, ni les nations n'existent en tous temps et circonstances. Toutefois, l'Etat a émergé sans le concours de la nation et certaines nations ont émergé sans la bénédiction des Etats auxquels elles appartiennent. Même s'il est difficile de saisir la portée précise de la nation, le sentiment d'appartenance et la culture commune paraissent être les éléments de base de toute tentative de définition. Ainsi deux personnes sont de même nation (i) si et seulement si elles partagent la même culture, quand la culture à son tour signifie un système d'idées, de signes, d'association et de mode de comportements et de communication. (ii) Elles sont par ailleurs de la même nation seulement si elles se reconnaissent

---

2133 MAUSS Marcel, *Oeuvres, t.1, Les fonctions sociales sacrées,* Paris, Editions de Minuit, 1969, p. 581.

2134 ARON Raymond, *Paix et guerre entre les nations,* Paris, Calman-Lévy, 1962, p. 17.

comme appartenant à la même nation. En d'autres termes, ce sont les hommes qui font les nations. Elles sont des artefacts produits par les convictions, la solidarité et la loyauté des hommes. Une catégorie de personnes devient une nation si et quand les membres de cette catégorie se reconnaissent, avec fermeté, certains droits et devoirs mutuels, réciproquement, en vertu de leur adhésion. C'est bien cette reconnaissance mutuelle qui transforme les groupes d'individus en nation, et non leurs attributs communs[2135]. Volonté et culture, comme nous venons de le remarquer, sont les deux éléments les plus prometteurs de la théorie de la nationalité.

Ce qui se dégage comme idée centrale des définitions, que nous avons tenté d'expliciter, est que l'organisation politique et l'appartenance nationale sont étroitement liées dans le contexte de l'Etat-nation. Cela est particulièrement concordant pour le continent européen. Mais que pourrait être une organisation politique qui serait dissociée de l'appartenance nationale ? La question est d'autant plus actuelle, qu'aujourd'hui, l'ordre politique fondé sur les souverainetés nation-unités politiques est remis en question. L'effondrement du système communiste a décomposé des nations, l'URSS, la Yougoslavie, la Tchécoslovaquie qui regroupaient plusieurs nations. La construction européenne, de son côté, tend à limiter la souveraineté des Etats d'Europe. On constate qu'il est impossible d'organiser un ordre mondial en reconnaissant comme nation-unités politiques toutes les ethnies susceptibles de revendiquer d'être reconnues comme entités politiques indépendantes et dont le nombre risque d'augmenter indéfiniment dans la mesure où c'est le nationalisme qui crée les nations. Il existe selon Ernest Gellner, 8000 langues dans le monde, mais seulement 200 nations reconnues par l'ordre international. Philosophes et juristes sont donc tentés de concevoir une forme d'organisation politique dans laquelle l'appartenance culturelle et l'organisation politique cessaient de coïncider, en d'autres termes cela revient à remettre en cause l'idéal politique de l'Etat-nation. C'est ainsi que Jürgen Habermas a développé le concept du « patriotisme constitutionnel » qui, contre la forme conventionnelle d'identité nationale, ne se référerait « plus à la totalité d'une nation, mais au contraire à des processus et des principes abstraits »[2136].

2135 GELLNER Ernest, *Nation et nationalisme,* op. cit., p. 19.
2136 HABERMAS Jürgen, *Ecrits politiques,* Paris, Cerf, 1990, p. 238.

B) Les efforts de rattrapage de l'économique par le politique : le patriotisme constitutionnel comme instrument d'une identité européenne en devenir

1. Le nécessaire congruence entre l'intégration économique et politique

La première constatation qui attire l'attention de l'observateur attentif est que l'Union européenne ne s'inscrit pas dans les schémas nationaux que l'on vient d'évoquer, en essayant de définir les concepts de nation, d'Etat et d'Etat-nation. Cette nouvelle forme d'intégration qui se met en place, ne s'opère pas de la même manière que l'intégration à l'échelle nationale, fondée sur tirés les moyens d'une claire volonté politique. Voilà une immense différence avec, par exemple, la Révolution française qui, qu'elles qu'en soient les causes, procéda de façon proprement politique. C'est par l'Etat que fut réalisé le nouvel ordre, avec l'abolition en une nuit de tous les privilèges, par l'Assemblée constituante que fut instaurée la république, par la machine législative que l'on créa une communauté légale, par la raison publique que furent déclarés les Droits universels, par la Révolution que furent instaurées à la fois la nation et la démocratie. Rien de cela n'échoit au processus d'intégration européenne. Tout y semble apolitique. Mais à travers les décisions, les règlements, les directives en chaîne, s'élabore une constitution bien réelle de l'Union. Le résultat politique n'apparaît que progressivement. Aucun pouvoir central n'y joue de rôle pionnier, on y seulement des actions concrètes entre les gouvernements, afin de faire naître quelque chose comme une société civile européenne[2137]. Par conséquent, le point de référence pertinent pour la construction européenne ce n'est pas un Grand Etat mais un Grand Marché, lieu où convergent les mesures de sa politique. Pourrait-on assurer une affiliation, à long terme, entre les individus et le marché ?

Le processus d'unification européenne se place dans un espace strictement réaliste, basé sur une méthode fonctionnaliste dite des « petit pas », et cela semble avoir fait son chemin. En particulier depuis le Traité de Maastricht, nous voyons se profiler, par des modifications successives des traités, un effort insistant mais pas toujours réussi de rattrapage, si ce n'est de dépassement de l'économique par le politique. Les signes les plus annonciateurs de cette entreprise sont l'affirmation des droits fondamentaux comme fondements de l'Union européenne, l'instauration d'une citoyenneté européenne, avec les faiblesses conceptuelles que nous avons évoquées dans les chapitres précédents, l'accroissement graduel du rôle du Parlement européen, l'élargissement du champ d'application du vote à la

2137 Nous reviendrons sur cette notion dans la deuxième section de ce chapitre.

majorité qualifiée, l'adoption de la Charte des droits fondamentaux de l'Union européenne et finalement un projet pas encore abouti de Constitution pour l'Europe[2138].

L'affirmation des pères fondateurs des Communautés européennes est bien connue : « une union sans cesse plus étroite entre les peuples européens ». Ils n'avaient probablement pas à l'esprit à cette époque-là la notion même d'Etat européen. Alors que l'on s'approche de cette Union sans cesse plus étroite, l'histoire de l'intégration européenne est en passe de devenir une « grande révolution de l'histoire contemporaine ». Elle ne mobilise pas énormément les passions politiques, pourtant c'est bien là que s'annonce une concrétisation institutionnelle de la nouvelle constellation politique, après les Etats nationaux[2139]. Pour rester dans une terminologie classique, nous avons ici les prémices d'une entité cosmopolitique. Il s'agit d'une nouvelle forme d'entité politique, si ce n'est une autre forme d'Etat. Cette forme renvoie à une structure juridique de base, tout en s'édifiant à partir des Etats nationaux souverains. Elle dépasse la simple association ou confédération dans la mesure où (i) elle consiste en une puissance publique capable d'assurer l'application et la sanction de la loi commune librement choisie par les Etats membres. Mais le trait le plus caractéristique d'une entité cosmopolitique tient, selon Professeur Ferry, (ii) à ce que sa structure de base est fondée sur les droits des individus et les droits des Etats, selon la double référence normative aux droits de l'homme ou droits fondamentaux des individus et aux droits des gens ou les droits fondamentaux des peuples. C'est bien à ce processus que nous assistons, et l'Union européenne offre cette caractéristique distinctive de l'entité cosmopolitique que les individus peuvent faire valoir et faire sanctionner leurs droits subjectifs auprès des tribunaux européens, contre l'Etat national dont ils sont ressortissants. L'Union retient en outre de l'esprit kantien[2140] du droit cosmopolitique, le principe de libre circulation et de libre installation, sur tout son territoire, de ses ressortissants de nationalités différentes.

La forme de gouvernement de l'Union européenne est également originale. Elle ne reflète pas la conception conventionnelle de l'Etat, où l'Etat est défini comme un ensemble d'institutions centrales détenant le monopole de la domination légitime, de l'éducation légitime ou la législation légitime. Cette définition ne parvient pas pour caractériser l'Union européenne, car elle la considère plutôt comme un ensemble d'institutions communautaires et intergouvernementales

---

2138 Le traité établissant une constitution pour l'Europe n'est pas approuvé.

2139 FERRY Jean-Marc, *La question de l'Etat européen,* op. cit., p. 10.

2140 KANT Emmanuel, *Vers la paix perpétuelle,* Flamarion, Paris, 1991, pp. 82.97

auxquelles revient l'initiative d'une coordination légitime des politiques publiques sur son territoire. Elle est l'instance publique qui coexiste avec les Etats membres qui exercent les souverainetés qui ne sont pas transmises aux instances post nationales. Sa faiblesse intrinsèque réside dans le fait qu'elle ne peut s'affirmer que si les Etats membres en décident ainsi. Or, les sommets européens en constituent les meilleurs exemples, les Etats membres ne parviennent que difficilement à s'entendre sur des questions sensibles, surtout quand cela peut avoir des incidences sur les intérêts nationaux. Alors comment cette entité post nationale peut-elle être convaincante ou peut-elle donner lieu à la création, même graduelle, d'un sentiment d'affiliation, alors même qu'elle souffre d'un manque d'intérêt immédiat auprès de ces citoyens ? C'est bien là que se se trouve la faiblesse de l'intégration européenne. La portée juridico-philosophique de la question semble d'autant plus pertinente que l'Europe moderne s'est formée et structurée à travers des nations. La structuration nationale est essentielle dans l'espace européen. Les identités nationales y sont ancrées dans un processus de civilisation dont on peut faire remonter l'impulsion au XVIème siècle, avec la civilisation des mœurs, elle-même relayée par la civilisation des Lumières au XVIIIème siècle. Cette Europe moderne résulte historiquement de la diffusion de la culture écrite. Cependant, les nations européennes n'ont pris conscience de leur identité nationale qu'au XIXème siècle, dans le cadre des Etats nations. Ce principe a commandé la construction des nations politiquement intégrées sur le mode des obligations verticales : scolaires, militaires et fiscales, un mode d'intégration illustré par la Prusse et la France, à la fin du XIXème siècle. De ce fait, les nations d'Europe, culturellement différenciées et politiquement atomisées, résistent à leur intégration dans un cadre supranational. Cette résistance est double : celle de la civilisation écrite, intériorisée chaque fois de façon spécifique par les cultures nationales et celle des souverainetés étatiques que l'imaginaire moderne lie étroitement à l'autonomie démocratique : auto législation des citoyens et l'autodétermination des peuples. Cela implique que tout transfert supranational de souveraineté risque d'être perçu comme une perte d'autonomie, donc de démocratie, et qu'il ne saurait y avoir de démocratie que nationale.

Cette rigidité intellectuelle, qui ne laisserait pas d'opportunité de survie à la notion de démocratie en dehors du contexte national, admet naturellement que l'Europe n'est pas une nation possible. Certes, l'Europe dont il s'agit ici, dans un contexte cosmopolitique ou post national, n'est pas l'Europe historique des nations, mais l'Europe de la construction politique. On insiste alors sur le caractère anti-républicain du processus d'intégration européenne, tel qu'il fut initié par les pionniers en suivant la doctrine fonctionnelle de l'engrenage, qui semble avoir manqué l'essentiel. L'union douanière n'est pas une patrie, on n'en tombe pas amoureux, ni on ne meurt pour le Grand Marché. La construction européenne semble avoir échoué par conséquent à former des motifs d'identifications symboliques louables. Comment, dans ces conditions, une union politique peut-elle être complète, ou complétée ? L'initiative la plus significative à cet égard était sans doute l'adoption du Traité constitutionnel[2141]. Le Traité de Lisbonne, tout en intégrant les innovations les plus significatives de ce dernier, abandonne tous les attributs constitutionnels. Ainsi, les expressions « loi » et « loi cadre » sont abandonnées au profit du maintien des termes actuels de « règlements » et « directives ». C'est encore la reconciation à toute approche de type constitutionnel qui a conduit à l'abondon de toute référence aux symboles : drapeau, l'hymne ou la devise[2142], cencés pourtant permettre aux citoyens de s'identifier plus aisément à l'Union européenne. Cela nous permet d'introduire les droits fondamentaux des Etats[2143], notion qui est développée par le Professeur Jean-Denis Mouton. A cet égard, les identités des Etats ont une importance capitale. En effet, ce qui caractérise l'UE est qu'on est face à une interdépendance voulue, et que l'Union doit respecter cette forte identité si elle veut réussir.

2. *Pertinence du post national pour l'unité politique européenne*

Le problème à l'ordre du jour de l'Union européenne est bien le rattrapage de l'économique par le politique, afin notamment de former une puissance capable d'équilibrer au plan mondial la super-puissance américaine. Il faut dire que c'est là, dans la volonté de rattrapage politique de l'économique, que l'Union européenne trouve aujourd'hui sa légitimation la plus évidente. Le raisonnement pourrait être le suivant : « Pour reconquérir une autonomie politique, autrement dit une puissance de maîtrise de leur destin historique, les nations sont pour ainsi dire condamnées à s'unir, à coordonner leurs politiques publiques sous un principe de coopération, et donc à partager leurs souverainetés dans le cadre d'entités politiques méta nationales ayant stature continentale ou quasi continentale »[2144]. Il s'agit d'une nécessité fonctionnelle. L'échelle nationale des unités politiques classiques que sont les Etats, est alors déclassée par l'échelle mondiale des interdépendances économiques et écologiques de plus en plus sensibles. Cet

2141 Le Traité établissant une Constitution pour l'Europe est refusé par referendums organisés en France et aux Pays-Bas en 2005.

2142 Mandat de la CIG 2007, POLGEN 74, 26 juin 2007, Secrétariat général de l'Union européenne, Bruxelles, page 3, point 3.

2143 Voir nos développements dans la section 3, paragraphe 2, A, 3 de ce chapitre.

2144 FERRY Jean-Marc, *L'Europe, l'Amérique et le Monde*, Editions Pleins Feux, Nantes, 2004, p. 18.

effet de retardement appelle un rattrapage, au moins partiel, par la constitution d'unités politiques à l'échelle continentale.

L'Union européenne semble être la réponse la plus avancée sur cette voie. On peut estimer urgent de réaliser une union politique européenne, ce qui suppose davantage qu'une union économique et monétaire. Aussi les grandes fonctions de souveraineté, traditionnellement dévolues aux Etats nationaux, telles que la monnaie, la sécurité extérieure et intérieure, voire la diplomatie, devraient être transférées à l'Union.

Dans un langage plus sociologique, Jean-Marc Ferry précise que le problème, qui confère à la construction européenne sa nouvelle actualité, tient au décalage géographique et historique entre l'échelle continentale requise aujourd'hui pour l'intégration fonctionnelle et le cadre toujours national de l'intégration politique[2145]. Alors que l'interdépendance fonctionnelle déborde l'échelle continentale pour justifier la constitution d'une unité politique, les consciences subjectives d'appartenance et de solidarité définissent une échelle d'intégration politique qui commence seulement à dépasser l'échelle nationale. Le problème de rattrapage se présente par conséquent dans les termes suivants : comment réaliser une conscience d'appartenance politique à hauteur des contraintes objectives de l'intégration fonctionnelle ? Comment vitaliser une identité politique « post nationale »[2146] ? La voie la plus appropriée semble résider dans le déploiement des dispositifs qui seraient à même de cerner la donne européenne et d'ébaucher un schéma participatif local, régional, national et post national de libération démocratique et de décision politique dans l'Union européenne. La démocratie serait alors la source rationnelle qui permettrait de former, chez les individus, le sentiment d'appartenance indispensable à une intégration politique réussie.

a Nécessité de recoupement entre la communauté légale et la communauté morale

Le problème étant d'ancrer substantiellement une communauté politique européenne, il convient de s'interroger sur les conditions auxquelles un recoupement entre communauté légale et morale peut advenir. Dans l'Union européenne, la « communauté légale » est fortement développée et ses éléments sont perceptibles : (i) d'abord, un espace géographique, dont la construction est entreprise avec l'adoption des dispositions sur la sécurité commune comprenant les effort

2145 FERRY Jean-Marc, Dix thèses sur « La question de l'Etat européen », Droit et Société, n°53, 2003, pp. 1–11.

2146 Ibid, p. 1

d'établissement d'une armée intégrée et les progrès réalisés dans le domaine judiciaire, policier et douanier ; (ii) puis, un espace économique comprenant notamment la politique agricole commune, les actions structurelles de développement régional, la monnaie unique et le Grand Marché ; (iii) enfin, un espace juridique, résultant d'une convergence spontanée des législations et réglementations nationales, mais surtout l'harmonisation réalisée au niveau supranational entre les différents systèmes juridiques nationaux, en particulier pour assurer la libre circulation des personnes, des capitaux, des services et des produits, ainsi que la libre installation des citoyens de l'Union dans les pays membres de leur choix[2147]. Le problème actuel est d'y faire correspondre une « communauté morale »[2148], qui renvoie à l'ensemble de valeurs, représentations, attitudes et pratiques partagées, une communauté éthique considérée comme le milieu naturel dans lequel se forme, chez les ressortissants, un sentiment d'appartenance en tant que citoyens.

Nous savons que l'élément universel de la culture européenne s'est concrétisé à travers des cultures nationales qui présentent des caractéristiques propres avec des langues, des religions, des systèmes de valeurs et d'attitudes correspondant à des caractères nationaux spécifiques. En outre, l'histoire de l'Europe s'est faite réflexive dans des mémoires nationales, dont la gestion conventionnelle à travers les enseignements publics et les commémorations a contribué à les fermer les unes sur les autres. Pour ces deux raisons, il serait difficile, voire impossible de faire coïncider la communauté légale européenne avec une communauté morale. Le problème est ainsi d'assurer le principe de recoupement nécessaire de la communauté légale par une communauté morale. Sur le plan théorique, comme l'affirme Jean-Marc Ferry, ce défi de communauté éthique post nationale est possible, au sens philosophique d'une identité post conventionnelle, quelle que soit la dimension géographique de la communauté politique de référence[2149]. Une communauté morale post nationale nécessite par conséquent que deux éléments soient réunis : une culture politique partagée et une communauté d'histoire.

- En ce qui concerne une culture politique partagée, le problème de départ serait d'éviter une intégration européenne décalquée sur les modèles d'intégration nationale. Cela implique que l'unité du cadre juridico-politique européen soit conciliée avec la pluralité des identités nationales ; et que non seulement

2147 FERRY Jean-Marc, *La question de l'Etat européen,* op. cit., p. 38.

2148 Celle-ci devrait admettre deux composantes: une communauté de culture et une communauté d'histoire.

2149 FERRY Jean-Marc, « Dix thèses sur « La question de l'Etat européen », Droit et Société,,op. cit., p. 2.

les cultures nationales mais aussi les souverainetés étatiques soient respectées. La dynamique de formation d'une culture politique partagée au sein de l'Union européenne ne pourrait se développer que dans un mouvement de confrontation entre des traditions nationales différentes : « A travers les contentieux juridiques se jouent ainsi la confrontation des cultures nationales, une confrontation dont les multiples occurrences ne sont pas sans laisser des traces : elles élaborent les prémices d'une culture politique commune, les rudiments déjà consistants d'un sens commun politico-juridique acquis aux partenaires de la Communauté européenne dans la mesure de leur participation active aux procès de discussion. »[2150]. Cette culture politique partagée renverrait, en d'autres termes, au modèle d'un « consensus par confrontation »[2151] qui diffère du « consensus par recoupement » proposé par John Rawls, en cela qu'il résulte d'une résolution, par voie d'argumentation publique, des conflits d'interprétation juridiques d'intérêts bruts civilisés[2152].

Il semble évident dès lors que ce « socle communicationnel »[2153] d'une culture politique partagée entre les Etats membres, et surtout entre les citoyens de l'Union, n'émergera pas spontanément. Les interdépendances économiques, aussi étroites soient-elles, ne suffiront pas à établir le substrat d'un sentiment d'appartenance transnationale. « D'un point de vue normatif, il ne peut exister d'Etat fédéral européen démocratique, à moins qu'il ne se forme, dans l'horizon d'une culture politique commune, un espace public intégré à l'échelle européenne. »[2154] Le processus de légitimation de l'intégration européenne devrait dès lors être soutenu, selon Habermas, par un système de partis européens qui ne pourrait lui-même se développer que si les partis existants commencent par débattre de l'Europe au sein de leurs espaces nationaux. A son tour, un tel débat devrait avoir des résonances dans un espace public à l'échelle européenne, espace qui supposerait l'existence d'une société des citoyens européens, structurée par des groupes d'intérêts ou des organisations non gouvernementales. Enfin, un tel contexte de communication verrait le jour qu'à condition qu'existe une base linguistique commune en langues étrangères,

---

2150 FERRY Jean-Marc, *La Question de l'Etat européen,* op. Cit., p. 75–76.

2151 Nous devons l'expression au Professeur Ferry.

2152 FERRY Jean-Marc, « La référence républicaine au défi de l'Europe », *Pouvoirs,* n°100, paris, Seuil, 2002, pp. 1–11.

2153 FERRY Jean-Marc, *La Question de l'Etat européen,* op. cit., p. 81.

2154 HABERMAS Jürgen, « L'Europe a-t-elle besoin d'une constitution ? A propos de GRIMM Dierter », in HABERMAS Jürgen, *L'intégration républicaine,* op. cit., p. 156.

mais « l'exigence d'une langue commune, l'anglais en tant que seconde langue, ne devrait pas non plus constituer un obstacle insurmontable. »[2155]

- Une mémoire historique commune, deuxième élément d'une communauté morale post nationale, correspond au souci d'ancrer plus substantiellement la communauté morale que l'on souhaiterait voir recouper la communauté légale de l'Union européenne. A cet égard, ce qui importe, c'est le rapport que les peuples pourront prendre à leur passé propre. Ce rapport devrait être fort différent de celui qu'ont entretenu jadis les Etats nationaux à travers l'enseignement scolaire, les cérémonies commémoratives, les fêtes nationales etc. Le problème à ce niveau serait d'ouvrir les mémoires nationales les unes sur les autres. « Il y va d'une reconnaissance qui n'est pas simplement reconnaissance de l'autre, laquelle n'est le plus souvent qu'une abstraction, mais bien déjà une reconnaissance de soi dans l'autre, ce qui implique qu l'on se place du point de vue du vécu de l'autre, tout en anticipant que cette démarche est symétrique chez l'autre. »[2156] Dans son aspect politique, la reconnaissance réciproque entre les peuples est inséparable d'une reconnaissance réciproque des violences. C'est également l'idée de reconstruction ou de l'éthique reconstructive[2157].

2155 Ibid, p. 157.

2156 FERRY Jean-Marc, Dix thèses sur « La question de l'Etat européen », Droit et Société, op. cit., p. 6.

2157 « Lorsque des peuples se sont infligés des violences,- et la même chose vaut pour les individus-, ils ne peuvent se réconcilier qu'à la condition de reconnaître les fautes passées, publiquement, et, à tout le moins, face à l'intéressé, d'accepter d'engager avec ce dernier et moyennant éventuellement la médiation d'un tiers, une thématisation coopérative de ce passé qui ne passe pas. Pour panser les plaies, les individus comme les peuples ont besoin de raconter, mais aussi confronter le vécu… Il s'agit plutôt, tel est l'esprit de **l'éthique reconstructive,** de se décentrer vers d'autrui, de s'ouvrir au récit de son vécu plus au moins traumatique ; et l'autre doit pouvoir en faire autant de son côté. C'est dans ce sens que va à mon avis, la précipitation remarquable, ces dix ou quinze dernières années, de contritions officielles, repentances publiques d'Etat à Etat, de peuple à peuple, un phénomène inédit dans l'histoire du monde, et dont on aurait tort de sous-estimer la valeur morale et politique. », *Entretiens avec Jean-Marc Ferry,* Editions Abor, 2003, p. 47 ; voir aussi, FERRY Jean-Marc, *L'éthique reconstructive,* Les éditions du Cerf, Paris, 1996.

b Signification du patriotisme constitutionnel pour l'identité européenne en devenir

Le concept de « patriotisme constitutionnel » a été initialement introduit par le philosophe Sternberger[2158], puis repris par le sociologue Leipsius[2159], pour designer l'acceptation progressive en RFA d'un ordre politique constitué par le droit à l'autodétermination démocratique, ordre désormais dissocié de l'idée d'une « communauté de destin » allemande, qu'elle soit ethnique, culturelle ou collective. Cependant, c'est à Jürgen Habermas que l'on doit d'avoir popularisé le concept. L'idée sous-jacente de Habermas était guidée par la conviction que la volonté de la RFA d'assumer la partie sombre de son histoire déterminerait la fibre morale du pays dans le futur. Selon lui, après Auschwitz, les Allemands n'avaient plus la possibilité d'établir leur identité sur quoi que ce soit d'autre que les principes universels de la citoyenneté, à la lumière desquels les traditions nationales ne doivent plus seulement être laissées non examinées, mais être appropriées de façon critique et autocritique[2160]. C'est à dire que le contexte de la vie nationale, qui a autorisé cette « agression inouïe contre la substance même de la solidarité humaine »[2161], devait être poursuivi, mais qu'il ne pouvait plus se développer qu'en étant passé au filtre des principes universels. Ainsi, non seulement le patriotisme constitutionnel n'est pas antihistorique, mais il n'entend pas non plus faire l'impasse sur les spécificités culturelles de chaque peuple. Pour devenir réalité, les principes universels de la démocratie et les droits de l'homme doivent en effet être nourris par un héritage de traditions culturelles avec lesquelles ils entrent en consonance.

En dissociant l'ordre de la citoyenneté et du patriotisme, l'Etat, « lieu de la loi », de la « nation », « lieu de l'affectivité », la participation civique ou politique de l'identité nationale, le patriotisme constitutionnel serait succeptible de refonder l'identité allemande sur un examen et sur une réappropriation essentiellement critique de ce que fut le passé. Le sentiment patriotique ne serait plus lié à l'Allemagne, comme nation culturelle et historique particulière, mais au principe

2158 STENBERG D., cité par Justine Lacroix, « Patriotisme constitutionnel et identité post nationale chez Jürgen Habermas », in *Jürgen Habermas, L'usage public de la raison,* op. cit., p. 144, note, 4.

2159 HABERMAS Jürgen, « L'identité des Allemands, une fois encore », in *Ecrits politiques,* Traduction par Chr. Bouchindhomme et R. Rochlitz, Paris, Editions du Cerf, 1990, p. 250.

2160 HABERMAS Jürgen, « De l'usage public de l'histoire », in *Ecrits politiques,* op. cit., p. 191.

2161 HABERMAS Jürgen, « L'identité de Allemands, une fois encore », op. cit., p. 260.

même de l'Etat de droit. C'est précisément par ce rapport singulier à l'histoire et à la culture que le « patriotisme constitutionnel » se distingue des autres formes de patriotisme telles que le « patriotisme historique » et le « patriotisme juridique ». Le « patriotisme historique » se relie directement au sentiment national, à savoir que la nation y est comprise comme une communauté de destin et non pas comme une entité ethnique. Quant au « patriotisme juridique », il conçoit la nation comme un pur artefact qui n'existe que par la personnalité juridique que lui confère sa constitution politique[2162]. Le patriotisme constitutionnel se différencie du patriotisme historique sans pour autant renouer avec la figure artificielle et abstraite d'un patriotisme juridique[2163]. Comme le patriotisme juridique, le patriotisme constitutionnel est marqué par une adhésion des citoyens aux valeurs et aux principes de l'Etat de droit. Mais il se distingue du patriotisme juridique en ce qu'il s'articule dans un rapport intime à l'histoire.

En poursuivant cette inspiration et en l'universalisant, Jean-Marc Ferry a développé l'idée d'identité « post nationale » qui, elle, se réfère exclusivement aux « principes d'universalité, d'autonomie et de la responsabilité qui sous-tendent la conception de la démocratie de l'Etat de droit »[2164]. La citoyenneté serait désormais fondée sur une identité morale réflexive dont le principe est d'ailleurs inscrit dans la Déclaration française des droits de l'homme et du citoyen, avec le droit (pour l'homme) et le devoir (pour le citoyen) de s'insurger contre la tyrannie[2165]. Pour l'Union européenne, cela signifie une tentative de s'affirmer politiquement tout en dépassant la donne économique et en s'efforçant de construire un lien nouveau d'affiliation. Le noyau dur normatif du patriotisme constitutionnel étant le même dans tous les pays d'Europe, il fournirait le « creuset tout naturel d'une culture politique commune »[2166]. Appliqué à l'Union européenne, le critère

2162 Chez Siyès comme chez Kant, il se traduit par une adhésion à la Constitution républicaine. A ce niveau le patriotisme juridique signifie simplement l'attachement aux règles formelles de l'état de droit. Mais il peut également s'élargir pour inclure des aspirations à l'autonomie politique, comme c'est le cas chez Kant. A ces deux conditions, universalisme du cadre juridique et autonomie de la volonté politique, le « patriotisme juridique » réalise la double présupposition de l'Etat de droit et de la démocratie et remplit donc les conditions du patriotisme constitutionnel.

2163 FERRY Jean-Marc, « Avatars du sentiment national en Europe à la lumière du rapport à la culture et à l'histoire », Comprendre, n°2000, pp. 359–380.

2164 FERRY Jean-Marc, *La puissance de l'expérience*, Paris, Cerf, 1991, p. 194.

2165 Ibid, p. 195.

2166 HABERMAS Jürgen, « Pas d'Europe sans constitution commune! », Le point, n°1491, 13 avril 2001, p. 102.

constitutionnaliste signifie que le motif d'appartenance à la communauté politique n'est ni la parenté géographique ni la proximité culturelle, mais, « d'une part, la reconnaissance réciproque des sujets logiques, individus et nations, comme coresponsables égaux en droit et, d'autre part, la reconnaissance commune des principes constitutionnels et des droits fondamentaux sans lesquels il n'y aurait pas d'espace institutionnel stable pour l'exercice de la liberté »[2167]. Le principe post national procède ainsi de la conviction que l'appartenance à une communauté de culture et d'histoire, voire même le désir de vivre ensemble et l'adhésion à un projet collectif ne constituent plus les fondements de la citoyenneté. Ni l'argument culturaliste, ni l'argument communautaire ne fonde le patriotisme constitutionnel : il est juridique, moral et politique et pas culturel ou géographique. C'est l'adoption et le partage de certains principes et valeurs. Ce qui ferait des personnes des citoyens européens, c'est d'abord l'attachement explicite et volontaire à cette universalité des principes et valeurs.

c Quelques éléments déjà réunis pouvant contribuer au recoupement communauté légale/communauté morale dans l'Union européenne

Si la notion de « communauté morale » renvoie à l'ensemble des valeurs, représentations, attitudes et pratiques partagées, une communauté éthique considérée comme le milieu naturel dans lequel se forme, chez les ressortissants, un sentiment d'appartenance en tant que citoyens, il est permis de soutenir que certains éléments sont déjà réunis à cet égard. Nous pensons dans cette perspective, en particulier, à la reconnaissance sous forme constitutionnelle toujours plus affirmée des droits fondamentaux, y compris les droits sociaux fondamentaux, à la rédaction d'un Traité constitutionnel et à la constitutionnalisation de ce que l'on convient d'appeler la méthode communautaire, ainsi qu'au renvoi, par le nouvel article 6.1 TUE suivant le Traité de Lisbonne, à la Charte des droits fondamentaux.

Il est communément accepté que toute constitution démocratique, appuyée donc sur les citoyens, doit assurer la protection des droits fondamentaux qui limitent les pouvoirs des institutions publiques, inspirent leurs politiques et servent à l'interprétation des actes juridiques de l'ordre constitutionnel concerné. Cette fonction légitimatrice est encore plus importante au sein de l'Union européenne, puisque de tels droits, combinés avec la citoyenneté européenne, peuvent contribuer à forger une conscience collective européenne, en ouvrant la voie institutionnelle vers la reconnaissance formelle

2167 FERRY Jean-Marc, *La question de l'Etat européen,* op. cit., p. 171.

d'un « peuple européen »[2168]. Ce constat est d'autant plus actuel que l'Union européenne se définit avant tout par des valeurs et que les droits fondamentaux occupent une place primordiale parmi celles-ci.

C'est la raison pour laquelle déjà, une jurisprudence bien établie de la Cour de Justice assure le respect des droits fondamentaux dans l'Union européenne et que les révisions successives des traités constitutionnalisent ce phénomène. Dans cette perspective, le traité sur l'Union européenne prévoyait que celle-ci respecte les droits fondamentaux, tels que garantis par la CEDH et tels qu'ils résultent des traditions constitutionnelles communes aux Etats membres, en tant que principes généraux du droit communautaires[2169]. Ce qui manquait à l'ordre juridique était la soumission plus directe de l'Union et de ses institutions à une liste des droits fondamentaux, qui pourrait être celle de la CEDH, voire celle de la Charte. Le sort de la Charte des droits fondamentaux, rédigé par la Convention[2170] réunie à cet effet, n'avait pas été définitivement tranché à Nice ; de l'autre coté, la Cour de Justice avait empêché l'adhésion de l'Union à la CEDH[2171], sous le prétexte[2172] qu'il faudrait pour cela une révision des traités. Le Traité constitutionnel tranche la question et affirme[2173] que l'Union, dotée d'ores et déjà d'une personnalité juridique explicite, adhérera à la CEDH. Cela semble raisonnable, étant donné que les Etats membres y sont parties et tombent sous l'emprise de la CEDH lorsqu'ils appliquent le droit de l'Union[2174]. Dans ce contexte, il n'était pas justifié de faire échapper l'Union à tout contrôle externe. Même s'il y a un risque de jurisprudence contradictoire entre la Cour de justice et de la CEDH, qui pourrait même statuer sur les arrêts de la première, il est limité car la Charte

2168 TRIANTAFYLLOU Dimitris N., *La Constitution de l'Union européenne selon le Traité de Rome de 2004, Bruxelles,* Bruylant, 2005, p. 58.

2169 Article 6, paragraphe 2, TUE.

2170 DELOCHE-GODEZ Florence, « la Convention pour l'élaboration de la Charte des droits fondamentaux: une méthode d'avenir? », Etudes et recherches, 15, novembre 2001.

2171 CJCE, avis 2/94, Rec., 1996, p. I-1759.

2172 Certains considèrent qu'il ne s'agit que d'un prétexte, parce qu'il aurait été possible à la Cour de statuer autrement, en estimant que l'Union succédait aux Etats membres dans le domaine de ses compétences. Cf. TRIANTAFYLLOU Dimitris N., *La Constitution de l'Union européenne selon le Traité de Rome de 2004,* Bruxelles, Bruylant, 2005, p. 59, note 112.

2173 Article I-9, paragraphe 2, du traité constitutionnel.

2174 L'arrêt de la CEDH dans l'affaire Mattews contre Royaume Uni, du 18 février 1999 qui va même au-delà, en imputant des actes de l'Union à ses Etats membres pour soumettre ces actes à sa juridiction, est significatif à cet égard.

des droits fondamentaux qui, une fois érigée en droit constitutionnel de l'Union, sera appliquée par la Cour, prévoit que les droits et les libertés de la Charte, qui correspondent à ceux de la CEDH, devront être interprétés de la même manière que ceux de la CEDH[2175]. Le choix d'insertion de la Charte comme deuxième partie du Traité constitutionnel est conforme au modèle suivi par les Constitutions nationales, qui attachent aux droits fondamentaux une importante place en les positionnant parfois en première partie du texte constitutionnel. Cette insertion, au-delà de sa portée juridique contraignante, est de nature à créer chez les citoyens les prémices d'une prise de conscience et la maturité juridico-morale que l'Union s'efforce de faire sienne. En cela, ce développement est significatif dans la voie de l'affirmation d'une « communauté morale » qui décidément fait défaut à l'Union européenne. Toutefois, le fait que la Charte des droits fondamentaux fasse seulement l'objet d'un renvoi par le nouvel article 6.1 TUE suivant le Traité de Lisbonne, constitue une regression symbolique à cet égard.

§ 2: L'Union européenne : difficile affirmation d'un espace public

Les sociétés européennes de nos jours se caractérisent par la mise en place de régimes conciliant progressivement trois éléments particuliers : Etat, nation et démocratie représentative, avec des équilibres institutionnels variés : monarchie constitutionnelle, république, fédéralisme, centralisation, etc. Si chacun de ces trois piliers de tout régime en Europe a été inventé à des moments historiques différents, il n'en reste pas moins vrai que la deuxième moitié du XXème siècle se caractérise par une homogénéisation des régimes européens autour de ces trois notions qui garantissent une stabilité politique. La nation assure la diffusion d'une culture commune qui favorise l'intégration sociale. Elle est associée à l'idée d'un ensemble de symboles, de croyances et de modes de pensée dominants que des individus réunis en commun partagent. Dans cette perspective, l'allégeance à un même système de valeurs et de croyances faciliterait l'allégeance à un même principe d'autorité, à un pouvoir politique unifié. Il semble que c'est à l'intégration politique plutôt qu'aux facteurs culturels que l'on doit l'intégration historique des masses dans les pays modernes[2176]. L'Etat apparaît alors comme une instance de régulation de la vie sociale qui gère de manière spécifique les

2175 A la différence de certains Avocats généraux et du Tribunal qui lui a reconnu une valeur confirmative des droits dans l'affaire Jégo-Quéré, T-177/01, Rec., 2002, II-2365.

2176 MERCIER Arnaud, « Espace publics en Europe: problèmes et problématique », in *Vers un espace public européen?*, MERCIER Arnaud (dir), L'Harmattan, 2003, p. 9.

inégalités et les conflits entre les groupes. A la fois, l'instrument et l'expression d'un système de normes, il contribue à donner à chaque collectivité organisée en nation son unité et son unicité. Dans tous les pays européens, il a joué un rôle d'instituteur du social. C'est principalement par son action dans l'ordre économique et social que l'Etat a contribué à intégrer les divers groupes sociaux dans les pays d'Europe. C'est dans la mesure où il s'est donné pour objectif d'améliorer la situation économique et sociale des citoyens qu'il est devenu légitime.

Quant à la démocratie, une légitimité politique provenant du peuple et fondée sur le respect des règles de droit, elle est apparue comme corollaire de l'Etat-nation. Le tout est de voir si ce même schéma historique peut s'appliquer à l'intégration européenne. Si la réponse était affirmative, cela reviendrait à concevoir l'UE comme devant aboutir à un super-Etat, utilisant les mêmes méthodes d'intégration que l'Etat nation. Si ce constat s'avérerait exact, il serait difficile de concevoir une avancée quelconque dans les efforts de réalisation de l'Union politique en tant que telle, car les obstacles les plus sérieux dans cette perspective proviennent essentiellement des craintes de voir un jour l'Union européenne se transformer en une superstructure au dessus des Etats-nations, qui tendrait à terme à diluer, sinon effacer les particularités nationales.

A) L'espace public comme le lien entre la nation, l'Etat et la démocratie

Dans les démocraties occidentales, l'espace public, qui assure le lien entre l'autorité politique et les citoyens, est une source importante de légitimité[2177]. C'est dans cet espace, analytiquement distinct de celui de l'Etat et du marché, que les citoyens, porteurs de l'opinion publique, peuvent s'organiser et exercer une certaine influence sur les politiques. Contrairement aux Etats-Unis où l'Etat est faible, l'Europe reste une région politique identifiée à l'Etat providence et à des systèmes politiques nationaux capables de susciter l'intégration sociale[2178]. Cependant, l'autorité des Etats-nations est peu à peu ébranlée par le processus d'intégration européenne. L'illustration la plus évidente de cet état de fait réside

2177 La légitimité peut être comprise comme l'acceptation et le respect par le peuple des décisions d'un ordre politique au-delà de toute coercition ou de toute représentation contingente d'intérêts. D'un point de vue normatif, la légitimité démocratique résulte d'un accord rationnel entre individus libres et égaux.

2178 TOURAINE Alain, « European Sociologists between Economic Globalization and Cultural Fragmentation », in BOJE Thomas P., VAN STEENBERGEN Bart, WALBY Sylvia (eds), *European Societies. Fusin or Fiction?*, New York/Londres, Routledge, 1999, p. 249–262.

dans l'établissement des principes de l'effet direct et de la primauté du droit communautaire sur les droits nationaux. Dès lors que l'Union européenne n'est plus un simple instrument destiné à mettre en œuvre la volonté des Etats membres, la légitimité du gouvernement européen devra dépendre de la création d'un espace public compris comme une arène institutionnelle d'interaction discursive au-delà des frontières nationales[2179]. Si les progrès vers « une union sans cesse plus étroite entre les peuples » doivent nous amener à plus qu'une accommodation entre la souveraineté des Etats-nations et les marchés autorégulés, l'idée d'un dialogue et de pratiques de citoyenneté transnationales devient indispensable. C'est seulement à travers l'habitude bien ancrée de s'engager dans des débats publics transnationaux entre citoyens qu'une solidarité mutuelle et, finalement, une loyauté envers les institutions, pourront se développer[2180]. C'est bien de l'espace public européen dont il s'agit. Avant de s'interroger sur les conditions de sa formation dans le contexte européen (2), il convient d'analyser ses fondements historiques (1), d'autant plus que la fresque historique que nous essayerons de brosser est relative aux sociétés européennes, dont une majorité est aujourd'hui membres de l'UE.

1. Les évolutions de l'espace public

A l'époque des Lumières, l'espace public était, selon Jürgen Habermas[2181], un espace de médiation où des personnes privées faisaient un usage public de la raison[2182] afin d'élaborer un consensus politique. Les prémices de cette conception de l'espace public se trouvent chez Emmanuel Kant. Pour lui, afin d'établir « une constitution civile parfaitement juste »[2183], l'homme doit être libre de raisonner

---

2179 BURNS Tom, JAEGER Carlo, MENY Yves, NANZ Patricia, « European Parliamentary Governance: Transition and Challenge », Green Paper for EU Parliaments, septembre 2000.

2180 NANZ Patricia, « Les voies multiples de l'Europe. Une idée inter discursive de la sphère publique », Raisons politiques, n°10, mai 2003, pp. 69–85.

2181 HABERMAS Jürgen, *L'Espace public,* Editions Payot, 1992.

2182 « J'entends par usage public de notre propre raison celui que l'on fait en tant que savant devant l'ensemble du public qui lit. J'appelle usage privé, celui qu'on a le droit de faire de sa raison lorsqu'on occupe un poste civil ou une fonction déterminée (…) Là il n'est donc pas permis de raisonner ; il s'agit d'obéir ». KANT Emmanuel, La réponse à la question : « Qu'est-ce que l'Aufklarung » ?, Paris Aubier, 1947, p. 86.

2183 KANT Emmanuel, « Idée d'une histoire universelle au point de vue cosmopolitique », et « Réponse à la question qu'est-ce que les Lumières », *In Œuvres philosophiques,* Paris, Gallimard, (La Pléiade, Tome 2), 1985, p. 194.

publiquement avec ses semblables. En effet, l'individu « ne peut s'arracher tout seul à la minorité (…). En revanche, la possibilité qu'un public s'éclaire de lui-même est plus réelle ; cela est même à peu près inévitable pourvu qu'on en lui laisse la liberté »[2184]. Cet usage public de la raison qui permet aux hommes de se dégager « eux-mêmes peu à peu de leur grossièreté » influe sur « la mentalité du peuple (ce qui le rend peu à peu plus apte à agir librement) et finalement sur les principes mêmes du gouvernement (…). L'espace public moderne, issu des Lumières, serait donc une médiation entre l'Etat et la sphère privée où les citoyens délibèrent publiquement des questions politiques ». Cette thèse a été par la suite popularisée par Jürgen Habermas dans l'Espace public. L'évolution du concept **(a)** prend un tournant décisif avec la transformation de l'Etat en l'Etat-Social **(b)**.

a L'espace public bourgeois ou la genèse d'un concept controversé

D'un point de vue sociologique, c'est-à-dire à l'aide de critères propres à une analyse institutionnelle, l'espace public ne saurait apparaître, au sein de la société féodale du Moyen Age, comme un domaine propre, séparé d'un espace privé. « Néanmoins, ce n'est pas un hasard si les attributs du pouvoir, comme le sceau du prince, sont qualifiés de « publics » ; il ne faut pas non plus voir un hasard dans le fait que le Roi d'Angleterre jouisse de la « publicness » – tout cela reste en effet une représentation du pouvoir. Cet espace public structuré par la représentation ne constitue pas un domaine social, comme la sphère de ce qui est public ; au contraire, si l'on peut encore y appliquer ce terme, c'est qu'elle joue à peu de chose près, le rôle d'être signe caractéristique d'un statut (…). Tant que le prince et les Etats « sont » le pays au lieu de simplement le représenter, ils peuvent être des représentants en un sens unique : ils représentent leur pouvoir non pas pour le peuple, mais « devant » le peuple »[2185].

On le voit, c'est bien l'espace public bourgeois que développe le philosophe allemand. Dans cette perspective, l'espace public[2186] peut être compris comme étant l'espace des personnes privées rassemblées en un public. Celles-ci revendiquent

2184 Ibid, p. 210.

2185 HABERMAS Jürgen, *Espace public*, op. cit., p. 20–21.

2186 Dans son ouvrage magistral, le philosophe allemand définit d'une manière détaillée et dans le contexte historique anglais et français, l'espace public comme étant ce lieu intermédiaire entre le domaine prive et la sphère du pouvoir public. Le domaine privé englobe la société civile et la famille restreinte, alors que la sphère du pouvoir public couvre l'Etat et la Cour. La ligne de démarcation entre l'Etat et la société sépare le domaine public et le domaine privé.

cet espace public réglementé par l'autorité mais directement contre le pouvoir lui-même, afin d'être en mesure de discuter avec lui des règles générales de l'échange des marchandises et du travail social, domaine qui reste essentiellement privé, mais dont l'importance est désormais d'ordre public. Le medium de cette opposition entre l'espace public et le pouvoir est original et sans précédent dans l'histoire : c'est l'usage public du raisonnement. Un espace public assumant des fonctions politiques apparaît d'abord en Angleterre au tournant du XVIIème siècle. En effet, certaines forces sociales qui veulent être en mesure d'influencer les décisions du pouvoir font appel à un public qui fait usage de sa raison, afin de légitimer devant ce forum certaines de leurs exigences. Cette pratique a pour corollaire la formation d'un parlement moderne à partir de l'assemblée des Etats. Avec le développement de la presse, le Parlement se voit contraint de limiter l'étendue de sa souveraineté. Une opinion publique s'est formée au sein des discussions ouvertes, une fois que le public éduqué fut en état d'exprimer des idées fécondes. Un public qui fait un usage politique de sa raison, apparait également en France aux alentours de 1750. Néanmoins, ce public ne pouvait pas, avant la Révolution, doter son élan critique des institutions efficaces que son contemporain anglais avait pu se donner. Ce retad serait exqliqué en partie par les obstacles dont faisait l'objet la liberté de presse[2187]. Cela étant, ce qui en Angleterre avait exigé une évolution progressive, étalée sur un siècle, la Révolution française l'a créé en un jour en donnant au public politiquement conscient, les institutions qui jusque-là lui faisaient défaut.

Ainsi, l'histoire nous montre que les fonctions dont se charge l'espace public sont de nature avant tout politique. Il devient en quelque sorte le principe selon lequel se structurent les Etats constitutionnels bourgeois, dotés d'un gouvernement responsable devant un Parlement, c'est le cas par exemple en Angleterre après le 'Reform Bill' de 1832, ainsi que pour les monarchies constitutionnelles qui s'inspirent de la Constitution belge de 1830. Cet espace public présuppose sur le plan social, un marché qui tend à se libéraliser et qui fait de l'échange dans le domaine de la production une affaire qui ne concerne, dans la mesure du possible, que les personnes privées.

L'affirmation des droits de l'homme d'une manière générale a marqué le début d'une structuration sans précédent de l'espace public en tant que tel. L'inclusion de ces droits dans les textes constitutionnels ne fait que démontrer la présence de ce processus. Ainsi, en France, la Constitution de 1791 qui adopte quasiment intégralement la Déclaration des Droits de l'homme et du Citoyen, stipule dans

2187 HABERMAS Jürgen, *L'Espace public,* op. cit, p. 77.

son article II que « la libre diffusion des idées et des opinions est un des droits les plus précieux de l'homme. En conséquence, chacun peut parler, écrire et imprimer librement, sous réserve de la responsabilité encourue par celui qui abuse de cette liberté dans les cas prévus par la loi ». La Constitution de 1793 place explicitement le droit de libre réunion dans le cadre de la protection de la libre expression des opinions : « le droit de faire connaître ses idées et ses opinions, que ce soit par voie de presse ou par tout autre moyen, le droit de se rassembler pacifiquement (...) ne peuvent pas être interdits », afin d'introduire une remarque sur l'Ancien Régime : « La nécessité de proclamer ces droits subsiste tant que le despotisme existe ou que son souvenir est proche ». Ces libertés acquises après la Révolution seront supprimées par Napoléon le 17 janvier 1800 suivant le coup d'Etat.

L'histoire de cette genèse permet de comprendre la manière même dont les fonctions exercées par l'espace public relève d'une analyse d'ensemble de la société bourgeoise, et qu'au cours de cette évolution historique, l'échange des marchandises et le travail social ont conquis une large indépendance par rapport à la sphère étatique. La relation de cette histoire avec l'affirmation des droits fondamentaux est révélatrice quant au rôle que ceux-ci assument pour structurer l'espace public. En effet, la reconnaissance des droits fondamentaux tout en assurant à l'individu son intégrité et son statut dans le milieu social, régule en même temps, non seulement les rapports entre les individus, mais également entre les individus et les pouvoir publics. Ainsi, il convient de noter qu'une première série de droits fondamentaux concerne l'espace public qui fait usage de sa raison (liberté d'opinion, de parole, liberté de la presse, liberté d'association et de réunion etc.), et les fonctions politiques que les personnes privées assument au sein de cet espace public (droit de pétition, droit de vote, droit à l'éligibilité etc.). Une deuxième série de droits se réfère au libre statut de l'individu (liberté de la personne, inviolabilité du domicile, etc.). Quant à la troisième série des droits fondamentaux, elle concerne les échanges entre propriétaires qui se déroulent dans la sphère de la société civile (égalité devant la loi, protection de la propriété privée, etc.). Ces droits fondamentaux garantissent l'espace public et la sphère privée, celle de l'intimité et les institutions et les organes du public, comme la presse et les partis politiques, ainsi que les fondements de l'autonomie privée comme la famille et la propriété.

L'affirmation des droits fondamentaux, limitant le pouvoir tout en garantissant les droits des individus, conduit inévitablement à une nouvelle délimitation juridique de l'espace public et de ses fonctions. Cela a pour conséquence entre autres de faire de l'espace public le principe directeur des procédures au sein des organes de l'Etat ; c'est en ce sens qu'il a été question de publicité[2188]. La publicité des débats parlementaires permet à l'opinion publique de vérifier l'influence qu'elle exerce au sein de l'espace public. Nous dirons qu'il est garanti lorsque les conditions économiques et sociales accordent à chacun les mêmes possibilités de satisfaire aux critères qui permettent d'y avoir accès ; autrement dit, la possibilité d'acquérir les attributs de l'autonomie privée qui font de la personne un propriétaire et un homme cultivé. Ce modèle, celui d'espace public bourgeois qui supposait une séparation entre domaine privé et domaine public, était constitué par des personnes privées rassemblées en public. Mais avec l'apparition d'un espace social qui ne peut être rangé sous la catégorie de public ou de privé, il n'est plus applicable. Cet espace intermédiaire est le terrain où s'interpénètrent les domaines étatisés de la société et ceux « socialisés » de l'Etat, sans aucune médiation des personnes privées qui font un usage politique de leur raison. Car ce sont d'autres institutions qui déchargent, dans une très large mesure le public de cette fonction-là : ce sont d'abord les associations grâce auxquelles les intérêts privés, qui s'y organisent collectivement cherchent à se donner une forme politique et les partis qui se sont établis au-dessus de l'espace public.

D'une manière générale, l'espace public est une structure de communication ancrée dans le monde vécu par l'intermédiaire de sa base, constituée par la société civile[2189]. Il est entendu comme une caisse de résonance capable de répercuter les problèmes qui doivent être traités par le système politique. En ce sens, c'est un système d'alerte sensible à l'échelle de la société dans son ensemble.

b L'évolution de l'espace public et la transformation de l'Etat en l'Etat-social

La transformation de l'Etat constitutionnel libéral en ce qu'on a appelé l'Etat-social fait l'objet d'une modification du droit. En effet, dans les constitutions modernes, les sections où sont énumérés les droits fondamentaux sont le reflet du modèle libéral d'espace public. Ces droits sont garants d'un ordre où la société est conçue comme l'espace de l'autonomie privée : le pouvoir, limité à certaines fonctions peu nombreuses, en est le pendant et entre ces deux sphères se situe le domaine imparti aux personnes privées rassemblées en public, qui jouent en tant que citoyens, le rôle d'intermédiaires entre l'Etat et les besoins de la société civile. Dans l'esprit libéral, les citoyens ont le devoir de contrôler cette autorité politique dans le cadre de l'espace public. Partant, le caractère négatif des droits fondamentaux répond au modèle libéral. Ils empêchaient d'une intervention de

---

2188 Ibid, p. 93.
2189 HABERMAS Jürgen, *Droit et Démocratie*, Gallimard, 1997, p. 386.

l'Etat dans les domaines qui devaient absolument rester entre les mains des personnes privées. Du point de vue du rôle qu'ils devaient jouer dans la société, les droits fondamentaux ne pouvaient s'en tenir à une simple fonction de délimitation, car ils devaient intervenir de façon positive au niveau de l'infrastructure par laquelle l'ordre social était conçu, en garantissant une participation équitable au processus de production. Il fallait avoir recours à l'assurance que certaines libertés et garanties seraient respectées par le pouvoir ; les effets positifs des droits fondamentaux n'étaient gagés que sur leur caractère négatif. C'est à ce niveau que s'opère la transformation de l'Etat libéral en l'Etat-social, ainsi que la jouissance des droits fondamentaux dits de première génération.

Cette transformation s'effectue dans une certaine continuité avec la tradition libérale. La différence entre l'Etat libéral et l'Etat social ne réside pas dans le fait que « la Constitution d'un Etat impliquerait, par nature, cette obligation juridique qui imposerait aux organisations sociales d'obéir, elles aussi, dans leurs statuts, à certains principes fondamentaux »[2190]. Au contraire, c'est en continuité avec la tradition libérale que l'Etat-social est amené à donner aux rapports sociaux leur structure. L'Etat social lui aussi avait pour finalité de doter l'ensemble formé par la société et l'Etat d'un ordre juridique commun. Ainsi, dès que l'Etat est devenu lui-même le support de l'ordre social, il lui a fallu s'assurer, par-delà les déterminations négatives proposées par les droits fondamentaux du libéralisme, un mandat positif, comme « l'égalité de chances », mais qui ne pourrait être réalisé que grâce à l'intervention de l'Etat-social[2191]. Ainsi dans certains cas, le catalogue des droits fondamentaux traditionnels a été élargi pour tenir compte des finalités de l'Etat-social. Depuis, les droits fondamentaux adaptés à un Etat-social, comme le droit à la sécurité sociale, au travail, au temps de repos proportionnel à la durée de travail, le droit à un niveau de revenu minimum et aux soins médicaux, le droit à l'éducation et à la formation, le droit d'accéder aux biens culturels en général, ont été formulés[2192]. Ils garantissent une part des bénéfices du produit social et une participation aux institutions politiques.

Selon le concept de loi tel qu'il est formulé par le droit constitutionnel, les garanties des droits fondamentaux reposent sur une délimitation négative de la sphère privée et de l'espace public par rapport au domaine réservé à l'Etat. Les garanties institutionnelles relatives à la propriété et à la famille renforcent cette

2190 Ibid, p. 233.
2191 L'idée même des droits sociaux fondamentaux est ainsi apparue.
2192 Le Préambule de la Constitution française de 1946, la Déclaration de Droits de l'Homme adoptée par l'ONU le 10 décembre 1948, articles 22–27.

délimitation. Si les droits fondamentaux de caractère social viennent s'adjoindre à ces garanties pour les compléter, c'est pour assurer qu'un contenu positif n'intervient pas automatiquement pour répondre au caractère négatif de leur fonction, c'est aussi parce que les mécanismes de la société ne sont pas en mesure d'assumer la responsabilité qui est la leur. Cela étant, les mécanismes de marché ne sont pas à même de pouvoir faire face aux échéances de répartition, de prestations sociales, ni de garantir une participation aux institutions politiques. Dans cette perspective, si les droits fondamentaux comme la liberté d'opinion et d'expression, la liberté de réunion et d'association, la liberté de la presse etc., protègent l'espace public politique, les droits sociaux fondamentaux d'une manière générale, revêtent le caractère de droits assurant une participation aux bénéfices sociaux, dans la mesure où il faudrait les comprendre comme les garanties de certaines revendications sociales[2193]. Quant à une partie des ces droits dont la fonction a été subvertie dans une perspective sociale[2194], ils n'ont plus pour fondement le caractère constitutionnel d'un Etat dont l'équilibre serait automatiquement assuré par les intérêts mis en jeu par l'échange. Ces droits reposent sur une intégration des intérêts de toutes les organisations corrélatives de l'Etat. Cet Etat social, essentiellement régulateur, repose, comme tout Etat libéral, sur une délimitation spécifique de l'autorité régulatrice par rapport à la propriété protégée par les droits fondamentaux. Partant, l'espace public de l'Etat-social est caractérisé par deux tendances opposées : d'une part, il est investi par une « publicité » de démonstration et de manipulation fabriquée par des organisations, sans contribution nécessaire du public qui est en quelque sorte aliéné ; d'autre part, cet espace public politique, qui est le fait de l'Etat social, constitue pour le public aliéné un lieu propice de critiques et de communication publique, à travers les organisations qui l'aliènent.

Si, avec l'avènement de l'Etat social, l'espace public est devenu un phénomène social, il échappe néanmoins aux concepts traditionnels de l'ordre social. Il ne peut pas se concevoir comme une institution. Il ne constitue pas non plus un système ; il admet certaines frontières intérieures, mais vis-à-vis de l'extérieur il se caractérise par des horizons mobiles. L'espace public se décrit mieux comme un réseau permettant de communiquer des prises de positions, et donc des opinions qui se transforment en opinions publiques regroupées en fonction d'un thème spécifique[2195].

2193 Par exemple, obtenir une profession qui corresponde à ces compétences réelles, un lieu d'apprentissage conforme à ces capacités, etc.

2194 Droit à la sécurité sociale, droit à l'indemnisation, droit au libre épanouissement…

2195 HABERMAS Jürgen, *Droit et Démocratie,* Gallimard, 1997, p. 388.

2. L'espace public européen : un concept difficile à identifier

La définition de la notion d'espace public ne semble pas aisée, car la doctrine est loin d'être unanime sur ce sujet. En effet, selon Habermas, c'est un espace de médiation où des personnes privées font un usage public de la raison[2196], pour Calhoun, il est nécessaire de prendre en compte le facteur culturel dans la genèse des espaces publics européens[2197], Fraser insiste sur le caractère fortement discriminatoire et sexué de l'espace public des Lumières[2198], pour Charles Tilly, en même temps que se constituait l'espace public bourgeois, se formaient des espaces publics populaires qui se sont cristallisée sur d'autres bases institutionnelles comme les associations et les syndicats et sur d'autres valeurs (la solidarité et l'entraide) que l'espace public bourgeois né dans les cafés littéraires et régi par la rationalité individualiste[2199].

A l'introduction de ce paragraphe, nous disions que les sociétés contemporaines se caractérisent par la mise en place de régimes conciliant progressivement trois éléments particuliers, à savoir Etat, nation et démocratie représentative. « La manière de réunir ces trois dimensions : Nation, Etat et Démocratie, de penser leur interaction serait le concept d'espace public, cet espace symbolique au sein duquel s'échangent les discours, la plupart contradictoires des différents acteurs sociaux, religieux, culturels et politiques composant une société »[2200].

Cette définition a de multiples implications : « espace symbolique » implique une certaine unité culturelle, le partage des mêmes codes de perception ; « le discours » implique une certaine unité linguistique ou une co-connaissance des langages de chacun ; « s'échangent » implique une pacification des mœurs qui fait qu'on ne finit pas par s'entretuer, car l'Etat a réussi à s'imposer comme le détenteur du monopole de la violence physique légitime ; « contradictoires » implique que la liberté d'expression est garantie et que s'est imposée l'idée que la vérité se trouve dans la confrontation entre opinions diverses ; « différents acteurs » implique que la société est fortement différenciée, avec des groupes d'intérêt constitués et divers, et qu'elle n'est plus prisonnière des grandes catégories intangibles ; « religieux » implique qu'une sécularisation de la société a

2196 Voire, L'Espace public, op. cit.

2197 CALHOUN Craig., *Habermas and public sphere*, Cambridge, MIT Press, 1992.

2198 « Re thinking the public Sphere: A contribution to the Critique of Actually Existing Democracy », in CALHOUN Craig., *Habermas and the Public Sphere,* Cambridge (mass), op. cit.

2199 TILLY Charles., *La France contestée,* 1600–1800, Paris, Fayard, 1986.

2200 MERCIER Arnaud, « Espace publics en Europe : problèmes et problématique », in *Vers un espace public européen?*, MERCIER Arnaud (dir), op. cit., p. 10.

permis au politique de s'autonomiser du religieux et de proposer des modes d'allégeances et des identifications qui ne soient plus nécessairement religieux.

Par conséquent, l'espace public recouvre plus que la simple addition des échanges économiques, politiques et culturels. Car, avec l'espace public, ce sont la définition et l'identité d'une société qui sont en jeu, liées aux idéaux de citoyenneté, de souveraineté et de légitimité. Parmi les différentes définitions du concept d'espace public, il convient de retenir celle qui en fait un lieu symbolique où se gèrent les contradictions qui traversent la société, du fait de la cohabitation entre groupes et intérêts, comportements et cultures différents. L'espace public renvoie ainsi à l'idée de « communauté politique », à celle d'un lien social qui ne se noue pas seulement dans des solidarités primaires endogènes à un groupe culturel, mais qui se construit également dans des solidarités secondaires entre groupes et cultures différents. L'espace public, qui peut s'incarner de manière concrète dans des lieux physiques dédiés au débat public des questions politiques comme l'Agora athénienne, les Parlements modernes, les émissions politiques à la télévision, devient alors le lieu de légitimation de la démocratie.

Les éléments avancés ci-dessus ne sont pas en contradiction avec nos développements précédents relatifs à l'espace public bourgeois qui constitue, en quelque sorte, le fondement de la notion d'espace public, nous dirions, contemporain. Au contraire, avec ces éléments complémentaires, il est possible, nous semble-t-il, de mieux cerner la notion d'espace public. La difficulté, que l'on rencontre quant à la pertinence de cette notion en ce qui concerne l'UE, provient du fait que celle-ci n'est ni un Etat, ni une nation au sens classique du terme, mais une communauté démocratique. Ceux qui, simples citoyens, intellectuels ou hommes politiques, raisonnent à l'intérieur de cette culture politique, faite de nations, d'Etats, de démocraties dans le contexte national, ne seraient pas à même de cerner ce que la notion peut signifier pour l'UE. En effet, la projection de ces catégories d'appréhension du réel sur cet « objet politique » pas encore totalement identifié qu'est l'UE ne pourrait conduire qu'à l'erreur. En prenant les mêmes ingrédients, il est possible d'arriver à des conclusions diamétralement opposées.

Pour les uns, le schéma historique de construction de l'Etat-nation est spécifique, si indissociablement lié à l'espace public national qu'il est impossible de reproduire à l'échelon européen un tel processus. D'autres prennent l'analyse de la construction des Etats-nations comme une recette à reproduire à un échelon plus étendu. D'autres, enfin, considèrent que l'Etat-nation ne peut servir de modèle. Il convient alors d'adopter une attitude plus pragmatique, en créant des solidarités de fait entre Européens et de se poser la question du type de système politique progressivement créé. C'était la vision de Jean Monnet qui affirmait qu'il faut: « inventer des formes politiques neuves et trouver le moment utile pour changer le cours des esprits (…) Je n'ai jamais douté que ce processus nous mène un jour à des Etats-Unis de l'Europe, mais je ne cherche pas à en imaginer aujourd'hui le cadre politique, si imprécis sont les mots à propos desquels on se dispute : confédération ou fédération »[2201].

Les partisans les plus convaincus de la construction européenne seraient d'avis que l'intégration économique, culturelle et surtout juridique en cours produirait des effets allant vers l'instauration d'un espace public européen, en reprenant les étapes de l'espace public dans le cadre de l'Etat-nation. Leur idée est que la création d'un espace commun préfigure les contours de l'espace public. Dans cette perspective, l'espace commun est un lieu d'échange de biens et de services, mais aussi des signes, de symboles, qui progressivement tissent un espace de familiarité, un espace commun à la fois physique et aussi symbolique[2202]. Si l'espace public est à la fois un lieu physique où s'exerce la citoyenneté et un cadre symbolique où se construit un monde commun, force est de constater que l'UE est un espace commun, et pas encore un espace public. Par conséquent, le lien déjà évoqué entre l'Etat, nation et démocratie qu'est l'espace public n'est pas constitué. En effet, si l'on admet que la présence d'un espace de médiation entre la sphère privée et le pouvoir est une nécessité fonctionnelle de la démocratie, tout ce que l'on pourrait avancer sur la nature de la démocratie européenne dépendra de la signification méthodologique de cette réalité factuelle qu'est l'espace public européen[2203]. Or, les ferments d'un espace politique qui se sont mis en commun ne suffisent pas pour pouvoir parler d'un véritable espace public européen.

Il semble que l'agrégation des politiques européennes a contribué à éloigner les citoyens de la sphère des décisions européennes. A l'origine de ce décalage entre les peuples et les élites européennes, il y aurait notamment le fait que le volontarisme pro-européen ait signifié pendant longtemps une conduite de la politique d'unification hors de toute recherche d'un consentement de la part des peuples, en présentant les choses comme inéluctables ou en n'offrant qu'une transparence minimale. De plus, les gouvernements ont mené leurs politiques comme une forme de négociation intergouvernementale et de recherche d'alliance. L'idée avait été exprimée par le Président Mitterrand comme un constat d'échec : « C'est la première fois depuis 40 ans que l'Europe, à laquelle est favorable une grande

---

2201 *Mémoires,* Fayard, 1976, pp. 639–665.

2202 MERCIER Arnaud, *Vers un espace public européen?,* L'Harmattan, 2003, op. Cit., p. 14.

2203 CLOSA Carlos, « Supranational Citizenship and Democracy: Normative and Empirical Dimensions », in LA TORRE Massimo (ed), *European Citizenship: An institutionnal Challenge,* Kluwer Law International, 1998, pp. 415–433.

majorité des Français, se trouve mêlée au débat national (...) Il est urgent de faire de l'Europe une affaire populaire pas seulement réservée aux politiques et aux techniciens »[2204].

Arnaud Mercier dégage six dynamiques qui ont conduit à ce découplage[2205] : (i) Les gouvernements ont voulu contrecarrer les pouvoirs de la Commission en l'entourant d'une forte comitologie, autrement dit, ils ont multiplié les groupes d'experts, formant une vaste bureaucratie décisionnelle ; (ii) les différents gouvernements ont parfois joué la carte de Bruxelles afin de faire prendre des mesures dans un cadre qui leur permettait d'échapper aux contrôle des Parlements, (iii) depuis le début, la méthode de construction communautaire a fait appel aux règles de fonctionnement et de négociation issues de la diplomatie traditionnelle. De ce point de vue, l'Europe ne formerait une unité politique que le jour où les négociations seront pleinement publiques ; (iv) Les gouvernements trouvent parfois intérêt à jouer le cadre du bouc émissaire bruxellois pour se décharger de leurs responsabilités, dans cette perspective, la transposition des règlements et celle des directives sont parfois présentées comme une contrainte des instances communautaires ; (v) la méthode de coopération intergouvernementale dilue les responsabilités et ne permet pas aux citoyens d'identifier avec netteté les responsables ; (vi) le passé démocratique de chaque Etat est différent, dans la mesure où chacun garantit une représentation et un pouvoir de décision différent aux instances locales. Ainsi, la naissance de l'UE ne signifie pas la disparition ou le regroupement de certains niveaux, national, régional, local ou municipal de décision, mais l'ajout d'un niveau supplémentaire, ce qui complique la prise de décision.

Dans ces conditions peut-il exister un espace public européen qui ne reproduise pas les schémas de l'Etat-nation unifié par un territoire, une langue et une culture ? Question d'autant plus vive que la culture, malgré quelques avancées législatives[2206], ne relève pas de la compétence de l'UE, mais des Etats membres. Par conséquent, l'émergence d'un espace public européen bute, entre autres, sur

---

2204 Le Monde, 28 août 1992.

2205 MERCIER Arnaud, *Vers un espace public européens?,* op cit., pp. 23–24.

2206 Les articles suivants du Traité de Maastricht de 1992, les Principes, Article 3 p., Titre V, Chapitre 1, Article 92.3.d-Titre IX, Article 128.1.2.3.4.5 complété par la COM 94–356- et ceux, équivalents ou révisés de traité d'Amsterdam, intégrant les directives de l'Union relatives à la Culture. Par ailleurs, selon l'article 17 du Traité constitutionnel, la Culture est classée parmi les domaines d'action d'appui, de coordination ou de complément.

la diversité des cultures et des langues officielles[2207]. L'Europe se construit dans la diversité culturelle, même si elle s'interroge sur l'existence d'une culture ou d'une identité européenne. Dans ces conditions, les institutions européennes peuvent-elles générer un espace public européen, une conscience post nationale européenne, ou encore une conscience collective universelle, selon l'expression de Jean-Marc Ferry.

Comme les Traités de Maastricht et d'Amsterdam, le Traité constitutionnel stipule aussi que l'Union «respecte la richesse de sa diversité culturelle et linguistique, et veille à la sauvegarde et au développement du patrimoine culturel européen »[2208] . Aussi, en l'absence d'un espace communicationnel européen liant les cultures, afin d'essayer d'aborder la notion d'espace public européen, il convient de s'appuyer sur une certaine tradition historique de l'Europe, liée aux références culturelles des nations. Dans cette perspective, il est permis de déterminer comment, de nos jours, la sphère publique et la sphère privée se chevauchent à cause de la montée en puissance de facteurs socioculturels, ce qui nécessite une nouvelle approche du concept[2209]. Ainsi, l'espace public européen, ou ce que nous pouvons déceler à ce stade de l'intégration européenne, est un espace transnational de légalité, de civilité et de publicité des débats[2210], un espace multiculturel conditionné par la montée en puissance des forces socioculturelles. Une caractéristique tout aussi évidente de cet espace est l'affirmation des droits fondamentaux, y compris des droits sociaux fondamentaux que nous nous proposons d'étudier dans le paragraphe ci-après.

B) La citoyenneté sociale comme fondement institutionnel de l'espace public européen

Nous avons vu lors de nos développements précédents que, dans le contexte historique l'espace public est dit de représentation dans la mesure où l'opinion publique, au sens contemporain du terme est quasiment inexistante et que le peuple forme la coulisse devant lequel les détenteurs du pouvoir se donnent en représentation de leurs statuts. Aussi, les transformations que subit le concept

---

2207 L'allemand, l'anglais, le danois, l'espagnol, le finnois, le français, le grec, l'italien, le néerlandais, le portugais, le polonais, le hongrois, etc.

2208 Traité constitutionnel, article I-3, paragraphe 3.

2209 HUMBERT-DROZ SWEZY Annie, « Espace public européen et politiques culturelles européennes: du lien social au lien socioculturel », in MERCIER Arnaud (ed), *Vers un espace public européen?*, op. cit., p. 104.

2210 Ibid, p. 106.

sont également l'effet des droits fondamentaux, y compris les droits sociaux fondamentaux. C'est là le lien essentiel, pour nous et dans le cadre de notre travail, à savoir la relation entre l'espace public et les droits fondamentaux, y compris les droits sociaux fondamentaux. La citoyenneté européenne est assurément la notion la plus à même d'intégrer l'espace public, dans la mesure où elle véhicule les droits fondamentaux classiques et les droit sociaux.

1. *D'une manière générale*

L'instauration de la citoyenneté ne revient pas seulement à conférer un statut politique et social aux individus, elle implique également la création d'un espace pour l'action du citoyen[2211]. Même si la relation causale entre le statut de citoyen et la création d'espace public ne peut pas être prouvée empiriquement, l'absence d'un statut cohérent de citoyen ne semble pas être sans intérêt dans un sens normatif. Ainsi, une interprétation de la citoyenneté européenne, dans cette perspective, pourrait nous permettre d'identifier les éléments nécessaires à la création de l'espace public. La citoyenneté européenne, nous l'avons vu, est une citoyenneté subordonnée et complémentaire[2212]. Elle ne peut pas être acquise indépendamment de la nationalité d'Etat membre et ne fait que compléter la citoyenneté nationale. Sa substance est hétérogène. Pour partie, elle est constituée de droits appartenant à l'acquis communautaire, pour une autre partie, elle présente un apport qui va au-delà des droits déjà reconnus aux ressortissants communautaires[2213]. Constituent pour l'essentiel une consécration de l'acquis communautaire, les droits reconnus aux citoyens en matière de circulation et de séjour d'une part, et de pétition d'autre part. En ce qui concerne le droit de circulation et de séjour, le progrès le plus sensible est que ces droits sont reconnus aux citoyens de l'Union et non plus simplement aux ressortissants communautaires. Ce changement signifie tout d'abord que la jouissance des droits de circulation et de séjour est définitivement détachée de toute référence à la condition économique des bénéficiaires, pour être désormais rapportée à un concept et à un statut de dimension politique. Même si ces droits n'assimilent pas les citoyens communautaires aux nationaux de l'Etat, leur reconnaissance est de nature à

2211 COLSA Carlos, « Supranational Citizenship and Democracy: Normative and Empirical Dimensions », in LA TORRE Massimo (ed), *European Citizenship: An institutionnal Challenge,* Kluwer Law International, 1998, op. cit., p. 429.

2212 Voir nos développements dans le chapitre 6 de cette thèse.

2213 KOVAR Robert et SIMON Denys, « La citoyenneté européenne », Cahiers de droit européen, Vo. 29, 1993, p. 295.

contribuer à l'émergence de l'espace public européen, du fait des droits de circulation et de séjour sans entrave, autres que ceux prévus par le traité[2214].

Du point de vue de l'espace public européen en émergence, un droit tout aussi significatif est le droit de pétition qui consacre le droit pour tous les citoyens d'adresser une pétition au Parlement européen, de recourir au médiateur européen, ainsi que le droit de s'adresser aux institutions européennes dans une des langues officielles et de recevoir une réponse dans cette même langue, conformément aux dispositions du traité[2215]. Le fait que son bénéfice ne soit pas limité aux seuls citoyens de l'Union, mais également aux personnes physiques qui ne seraient pas citoyens de l'Union, ainsi qu'aux personnes morales, met en avant le fait que ce droit a également un but affiché dans la perspective d'un espace public européen.

L'avancée la plus symbolique qu'introduit la citoyenneté de l'Union réside dans la consécration des droits politiques : le droit de vote et d'éligibilité aux élections municipales, le droit de vote et d'éligibilité au Parlement européen et la protection diplomatique et consulaire[2216]. S'il pouvait être appliqué dans une large mesure, le droit de vote aux élections municipales contribuerait considérablement à la consolidation de l'espace public européen, tout en assumant un rôle catalyseur d'intégration. Toutefois, cette disposition était apparue comme étant la plus sensible déjà lors de l'adoption du Traité sur l'UE. Dans la mesure où le droit de vote et d'éligibilité est perçu comme indissolublement lié à la citoyenneté étatique, cette considération semble expliquer la limitation de l'attribution des droits électoraux aux citoyens de l'Union dans l'Etat membre de résidence au seul niveau local[2217]. Quant au droit de vote et d'éligibilité au Parlement européen, il soulève moins de difficultés au regard de l'expression de la souveraineté nationale[2218] : « Le Parlement européen ne constitue pas une assemblée souveraine dotée d'une compétence générale et qui aurait une vocation à concourir à l'exercice de la souveraineté nationale. ». Ainsi, la consécration, par le traité sur l'Union européenne du droit pour les citoyens de l'Union de participer aux

2214 Articles 48, paragraphe 3 et article 55 CEE, devenus les articles 39.3 et 45 TCE après modification.

2215 Article 138 D TCEE, devenu l'article 294 TCE après modification, repris par l'article I-10 du Traité constitutionnel.

2216 Articles 191, 19.2, TCE tel que modifiés par le Traité d'Amsterdam, repris et développés par l'article I-10.b,c du Traité constitutionnel.

2217 KOVAR Robert et SIMON Denys, « La citoyenneté européenne », Cahiers de droit européen, Vol. 29, 1993, op. Cit., p. 302.

2218 Conseil constitutionnel, décision n°76–71 du 9 avril 1992, Rec., 15.

élections au Parlement européen dans un Etat membre autre que celui dont ils sont les nationaux, semble bien marquer une rupture par rapport au principe selon lequel l'élection au Parlement européen devrait nécessairement coïncider avec une représentation des peuples des Etats membres de la Communauté. Ce droit nous semble le plus explicite au regard de l'instauration d'un espace public européen. Toutefois, la faible participation aux élections européennes montre que là aussi, il faudrait encore de la patience et peut être plus d'efforts pour inciter les citoyens européens. En effet, « La construction européenne, comme toutes les révolutions pacifiques, a besoin de temps, le temps de convaincre, le temps d'adapter les esprits et d'ajuster les choses à de grandes transformations »[2219].

2. *Pertinence de la citoyenneté sociale dans l'approche de l'espace public européen*

Les débats politico-juridiques sur la nature de l'Union européenne sont bien connus[2220]. On essaye dans cette perspective de multiplier les qualificatifs : confédération, fédération, fédération d'Etats-nations et depuis quelques années une communauté politique post nationale[2221]. Nous savons que l'UE se définit par des valeurs, surtout après le Traité d'Amsterdam qui se situe sur le terrain des valeurs et entend promouvoir un modèle politique et non pas seulement l'établissement d'un marché unique. L'innovation réside ici dans l'inscription par l'article 6.1 du TUE[2222], au titre des dispositions communes aux Communautés européennes et à la coopération intergouvernementale, d'une disposition marquant l'adhésion de l'Union européenne aux valeurs qui constituent les éléments fondamentaux de l'identité européenne. Cet article affirme en effet l'attachement de l'Union à trois principes : respect des droits de l'homme, démocratie et prééminence du droit. Le Traité constitutionnel enrichit et consolide cet acquis dans son article I-3[2223].

2219 MONNET Jean, *Mémoires,* Fayard, 1976, p. 641.

2220 Voir nos développements dans le chapitre 5 de ce travail.

2221 Nous sommes d'avis que la structure juridique des institutions européennes, ainsi que le niveau de l'intégration européenne ne permet pas de classer l'UE dans les trois premières de ces catégories, dans la mesure où elle a les caractéristiques de toutes les trois. Toutefois, l'UE est une communauté politique qui ne peut pas être appréhendée avec les instruments de droit constitutionnel classique. C'est la raison pour laquelle il conviendrait de la qualifier d'une communauté politique post nationale.

2222 « L'Union est fondée sur les principes de la liberté, de la démocratie, du respect des droits de l'homme et des libertés fondamentales, ainsi que l'Etat de droit, principes qui sont communs aux Etat membres ».

2223 «L'Union est fondée sur les valeurs de respect de la dignité humaine, de liberté, de démocratie, de l'égalité, de l'Etat de droit, ainsi que de respect des droits de l'homme,

Avec le Traité constitutionnel, l'Union s'engage d'autant plus dans le domaine des droits fondamentaux que la Charte des droits fondamentaux est intégrée, avec des modifications « cosmétiques », dans sa deuxième. Aussi, le renvoi dont la Charte fait l'objet par le nouvel article 6.1 TUE suivant le Traité de Lisbonne est à considérer comme un engagement en ce qui concerne le respect des droits fondamentaux. En outre, l'Union s'engage à adhérer à la Convention européenne de sauvegarde des Droits de l'Homme et des Libertés fondamentales[2224]. On voit donc la présence des valeurs élevées au rang constitutionnel par l'Union. Or, parmi ces valeurs, les droits fondamentaux occupent une place prépondérante. Et parmi les droits fondamentaux, il faut surtout souligner la particularité des droits sociaux fondamentaux : ils sont en quelque sorte les premiers à être reconnus par les Communautés/l'Union[2225]. Le but à présent n'étant pas de passer en revue le développement des droits sociaux fondamentaux dans l'Union européenne, mais d'élucider leur relation avec la notion d'espace public, nous nous contenterons de nous pencher sur un certain nombre de ceux-ci.

a La libre circulation des personnes : condition sine qua non de l'existence de l'espace public européen

L'Union européenne peut également être définie comme « une association d'Etats, établie par accord entre ses membres et dotée d'un appareil permanent d'organes, chargée de poursuivre la réalisation d'objectifs d'intérêts communs »[2226]. Le premier de ces objectifs est la nécessite d'établir une union sans cesse plus étroite entre les peuples européens[2227] et de réaliser un espace sans frontières intérieures garantissant la liberté de circulation des personnes, des capitaux, des services et

---

y compris des droits des personnes appartenant à des minorités. Ces valeurs sont communes aux Etats membres dans une société caractérisée par le pluralisme, la non-discrimination, la tolérance, la justice, la solidarité et l'égalité entre les femmes et les hommes ».

2224 Article I-9, Traité constitutionnel ; Article 6.2 TUE, tel que modifié par le Traité de Lisbonne.

2225 Voir nos développements dans les chapitres 2 et 3 de la première partie de cette thèse.

2226 VIRALLY Michel, « Le droit international en devenir: essais écrits au fil des ans », Paris, PUF, in DUTHEIL de la ROCHERE Jacqueline et COLAS Bernard (coord.), *Organisations à vocation régionale,* Paris, La documentation française, 1995, p. 5.

2227 Préambule du Traité sur la Communauté économique européenne, deuxième paragraphe, « Déterminés à établir les fondements d'une union sans cesse plus étroite entre les peuples européens ».

des biens[2228]. Cette entreprise contribue de manière générale à rapprocher le statut du national et celui de l'étranger, en prenant en compte le principe fondamental de l'égalité entre les hommes[2229]. C'est bien ce rapprochement entre le national et l'étranger qui constitue l'innovation fondamentale permettant l'établissement d'un espace public européen. Cela n'est pas sans relation, avec la notion de souveraineté, en vertu de laquelle chaque Etat réglemente l'accès à son territoire. Or, la nature éminemment politique des différences de traitement entre le national et l'étranger souligne l'originalité de l'Union européenne : c'est la seule organisation régionale qui établit la liberté de circulation comme principe fondateur. Pourtant, la liberté d'aller et venir[2230] sur le territoire d'un Etat pour les personnes qui y séjournent régulièrement est l'une des premières libertés fondamentales reconnues par les traités internationaux pour la sauvegarde des droits de l'homme[2231]. Mais, grâce à leurs traditions démocratiques et leur volonté de bâtir une communauté de destin, les pays membres de l'Union européenne peuvent mieux mettre en œuvre cette liberté. Ce processus a eu non seulement des effets bénéfiques sur le marché du travail, mais il aussi a été à l'origine de la citoyenneté européenne.

Comme l'émergence de cet espace public européen est progressive, le rôle qu'y joue la liberté de circulation est graduel. En effet, le Traité de Rome donne pour mission à la Communauté économique européenne de promouvoir « des relations plus étroites entre les Etats qu'elle réunit »[2232] , et précise qu'a cette fin « l'action de la Communauté comporte, dans les conditions et selon les rythmes

2228 Article 14 (ex article 7.A.2 du TCE: « Le marché intérieur comporte un espace sans frontières intérieures dans lequel la libre circulation des marchandises, des personnes, des services et des capitaux est assurée selon les dispositions du présent traité ».

2229 GUIMEZANES Nicole, *Les droits des étrangers, l'entrée et le séjour,* Paris, A. Collin, 1987, p. 192.

2230 ROBERT Jacques, « liberté d'aller et venir », in *Libertés publiques et droits de l'homme,* Paris, Montchrestien, 4e édition, pp. 315–385.

2231 Elle est reconnue par la Déclaration universelle des droits de l'Homme du 10 décembre 1948, rappelée dans le Protocole n°4 à la Convention européenne de sauvegarde des Droits de l'Homme et des Libertés fondamentales, reconnaissant certains droits et libertés autres que ceux figurant dans le premier protocole additionnel à la Convention du 16 septembre 1963, art. 2.1–2: « Quiconque se trouve régulièrement sur le territoire d'un Etat a le droit d'y circuler librement et d'y choisir sa résidence… »; Confirmée par le Pacte international relatif aux droits civil et politique du 16 décembre 1966, art. 12.2: « Toute personne est libre de quitter n'importe quel pays, y compris le sien ».

2232 Article 2.

prévus par le traité : l'abolition entre les Etats des obstacles à la libre circulation des personnes »[2233], même s'il organise essentiellement la liberté de circulation des travailleurs et des agents économiques[2234]. Le Traité et le droit qui en dérive ont élaboré un ensemble de droits économiques et sociaux destinés à garantir la liberté de circulation des travailleurs communautaires dans le marché commun[2235]. Les dispositions en question[2236] sont à l'origine d'un droit dérivé[2237] et d'une jurisprudence[2238] très favorables à la libre circulation des ressortissants communautaires. Le droit d'établissement[2239], la libre prestation de services qui est son corollaire[2240], le droit de se déplacer[2241], de séjourner[2242], de demeurer[2243] et de rapprochement familial[2244], sont à considérer avec la liberté de circulation dans la mesure où ils y sont liés. Ces droits traduisent concrètement la règle de l'égalité de traitement « dont la Cour assure le respect »[2245]. L'espace concerné a donc une limitation avant tout économique, conformément aux finalités économiques de la Communauté.

Le régime protecteur de la liberté de circulation des travailleurs communautaires connaissait cependant d'importantes insuffisances d'ordre économique et social. Elles tenaient principalement à la disparité des législations sociales et à la persistance du chômage. Dans cette perspective, les fondements juridiques

---

2233 Article 3.c.

2234 Voir, Traité de Rome, titre III intitulé « La libre circulation des personnes, des services et des capitaux ».

2235 Voir nos développements dans la première partie de cette thèse.

2236 L'article 39 (ex.48), 12 et 141 (ex. 6 et 119) TCE.

2237 Voir en particulier le Règlement (CEE) n°1612/68 du Conseil du 15 octobre 1968 relatif à la libre circulation des travailleurs à l'intérieur de la Communauté, et Directive du Conseil du 15 octobre 1968, n°68/360/CEE relative à la suppression des restrictions au déplacement et au séjour des travailleurs des Etats membres et de leur famille à l'intérieur de la Communauté, JOCE, n°L. 257 du 19 octobre 1968.

2238 Voir nos références dans la première partie.

2239 Article 43 TCE.

2240 Article 50 TCE.

2241 Directive n°68/360/CEE du 15 octobre 1968, JOCE, n°L. 257 du 19 octobre 1968, op. cit.

2242 Article 2 de la Directive 68/360 ; voir aussi la jurisprudence Royer qui considère que le droit de séjourner « ..... constitue un droit conféré par le Traité ou selon le cas par les dispositions prises pour la mise en œuvre de celui-ci ».

2243 Article 7 de la Directive 68/360/CEE.

2244 Article 10.3 de la Directive 68/360/CEE

2245 CJCE, arrêt du 12 novembre 1969, Stauder, aff. 29/69.

nécessaires à la mise en œuvre de la liberté des personnes seront complétés plus tard par l'Acte unique européen qui définit le marché intérieur, dont l'article 3 sert de fondement juridique du droit de séjour généralisé et au trois directives du 28 juin 1990[2246]. Considérant que l'article 14 du traité CE prévoit que le marché intérieur doit être établi au plus tard le 31 décembre 1992, que le marché intérieur comporte un espace sans frontières intérieures dans lequel la libre circulation des marchandises, des personnes, des services et des capitaux est assurée… les Etats membres accordent le droit de séjour aux ressortissants des Etats membres qui ne bénéficient pas de ce droit en vertu d'autres dispositions du droit communautaire, ainsi qu'aux membres de leur famille. Ainsi la première directive relative au droit de séjour des inactifs a été complétée par deux autres[2247] : l'une élargit ce droit aux travailleurs salariés et non salariés ayant cessé leur activité professionnelle, l'autre aux étudiants. Ainsi, ces trois directives forment un ensemble juridique garantissant le droit de séjour. Ces directives qui généralisent le droit de séjour, précisent les contours juridiques et sociaux de la citoyenneté de l'Union et de l'article 18 du TCE. C'est la raison pour laquelle ces directives contribuent à rendre plus visible cet espace commun ou public européen en émergence.

Par ailleurs, la jurisprudence de la Cour de Justice encadre en quelque sorte les conditions de mise en œuvre de la liberté de circulation, partant, l'espace public européen. Ce faisant, elle a déterminé la notion de travailleur communautaire[2248], par extension elle assimile les artisans aux travailleurs salariés[2249], ne considère les sportifs professionnels comme des travailleurs que dans la mesure où ils exercent une activité économique[2250], estime que la disposition légale nationale qui limite l'attribution de l'indemnité réparatrice aux seuls nationaux constitue une entrave à la liberté de circulation[2251] et que la protection de l'intégrité physique « constitue le corollaire de la liberté de circulation », stipule qu'un touriste est un bénéficiaire de services dont le séjour a bien un caractère économique et qu'il entre dans le domaine de l'application du droit communautaire[2252], définit la portée et la limite des mesures d'ordre public[2253] qui doivent supposer

2246 Article 3 « un espace sans frontières intérieures dans lequel la libre circulation des marchandises, des personnes, des services et des capitaux est assurée ».

2247 Directives (CEE) n°364/365 et 366/90, JOCE, n°L. 80 du 17 juillet 1990.

2248 CJCE, arrêt du 3 juillet 1986, Lawrie-Blum, aff. 65/85, Rec., 1986, p. 2121.

2249 CJCE, arrêt du 19 décembre 1968, De Cicco, aff. 19/68, Rec., 1968, p. 700.

2250 CJCE, arrêt du 12 décembre 1974, Walrave c/Union cycliste internationale, aff. 36/74, ec., 1974, p. 1405.

2251 CJCE, arrêt du 2 février 1989, Cowan c/Tresor public, aff. 186–87, Rec., p. 195.

2252 CJCE, arrêt du 31 janvier 1984, Luisi et Carbone, aff. jtes 26/82-26/83, Rec., p. 377.

2253 CJCE, arrêt du 4 décembre 1974, Van Duyn, aff. 41/74, Rec., p. 1337.

« une menace réelle et suffisamment grave affectant un intérêt fondamental de la société », tout en constatant que « le droit communautaire n'impose pas aux Etats membres une échelle uniforme de valeurs en ce qui concerne l'appréciation des comportements (...) contraires à l'ordre public »[2254].

Les Traités de Maastricht et d'Amsterdam ayant intégré la jurisprudence en la matière, et élargissant encore le champ des compétences de l'Union en matière de libre circulation, la jurisprudence ultérieure constate et confirme l'élargissement du champ d'application de la liberté de circulation. Cela est d'autant plus complémentaire que le premier de ces traités établit la citoyenneté de l'Union. Alors, il devrait s'agir maintenant de la liberté de circulation non pas des travailleurs, mais des citoyens. Le changement est d'envergure car il marque également une rupture radicale dans l'intégration européenne, dans la mesure où on ne raisonne plus en termes économiques ou selon les nécessités du marché, mais en termes politiques. Dans cette ligne d'idée, la Cour affirme dans la jurisprudence Martinez Sala[2255] que « ... d'exiger d'un ressortissant d'un Etat membre qui souhaite bénéficier d'une prestation telle que l'allocation litigieuse, qu'il produise un document ayant une valeur constitutive, délivré par sa propre administration, alors qu'aucun document de ce type n'est demandé au ressortissant national, aboutit à une inégalité de traitement. (...) une telle inégalité de traitement constitue une discrimination interdite par l'article 6 du traité CE[2256]. (...) ... la requérante au principal relève du domaine d'application ratione personae des dispositions du traité consacrées à la citoyenneté de l'Union »[2257].

Nous avons précisé lors de nos développements précédents que la liberté de circulation était l'une des premières libertés fondamentales reconnues par les traités internationaux. Or, durant l'histoire de l'intégration européenne, cette liberté fondamentale change en quelque sorte de nature pour assumer un rôle essentiellement social. C'est la raison pour laquelle nous l'avons étudiée dès le début comme un droit social. L'extension du champ d'application de ce droit social fondamental, par l'élargissement du nombre des personnes qui peuvent circuler librement, contribue à la consolidation de l'espace public/commun européen. Il convient de remarquer que, sans la pleine réalisation de ce droit social

2254 CJCE, arrêt du 18 mai 1982, Rezguia Adoui et D. Cornuaille, aff. jtes 115 et 116/81, Rec., p. 1665.
2255 CJCE, arrêt du 12 mai 1998, Martinez Sala, aff. C-85/96, Rec., p. I-2691, point 54.
2256 CJCE, arrêt du 12 mai 1998, Martinez Sala, aff. C-85/96, Rec., p. I-2691, point 55.
2257 Ibid, point 61.

fondamental, l'établissement d'un espace sans frontière et celle d'un espace commun ou public serait impossible.

b L'égalité de traitement entre les hommes et les femmes et l'affirmation de l'espace public européen

Si l'espace public est défini comme un lieu où les citoyens échangent leurs points de vue sur les affaires politiques/publiques, sa réalisation serait inconcevable sans l'établissement de l'égalité de traitement entre les hommes et les femmes. Il n'est pas inutile de rappeler que cet aspect de la construction européenne n'était pas une préoccupation prioritaire des fondateurs de la Communauté. L'article 119 du Traité de Rome, devenu l'article 141 TCE après modification, qui établit et garantit une égalité de rémunération entre les travailleurs masculins et féminins pour un même travail, puise son inspiration plus dans des motifs économiques que dans des préoccupations sociales. Cela explique pourquoi l'égalité de traitement s'incarne primitivement dans le seul domaine de la rémunération. Toutefois, le développement de l'Union européenne témoigne d'une transformation à la fois quantitative et qualitative en ce qui concerne le principe de l'égalité de traitement.

Quantitativement d'abord, le principe de l'égalité de traitement connaît une innovation. En effet, les institutions communautaires adoptent un ensemble homogène de dispositions juridiques égalitaires[2258]. Le Conseil adopte par voie de directive, une législation complémentaire à l'article 119, devenu article 141 TCE après modification, qui va étendre le champ d'application du principe de l'égalité de rémunérations et le transformer en un principe plus large d'égalité de traitement. Outre l'égalité des rémunérations[2259], cette notion recouvre désormais l'égalité dans l'accès à l'emploi, les conditions de travail[2260], la protection sociale[2261] et l'exercice d'une activité indépendante[2262]. L'intégration du principe de l'égalité

2258 CJCE, arrêt de 2 septembre 1993, aff. C-18/91, Ministère public et Direction du travail et d'emploi, point 16, Rec., p. I-4287.

2259 Directive 75/117/CEE ou Conseil du 10 février 1975, JOCE, n°L. 45 du 19 février 1975, p. 19.

2260 Directive 76/207/CEE du Conseil du 9 février 1976, JOCE, n°L 39 du 14 février 1976, p. 40.

2261 Directive 79/7/CEE du Conseil du 19 décembre 1978, JOCE n°L 6 du 10 janvier 1979, p. 24; Directive 86/78/CEE du Conseil du 24 juillet 1986, JOCE, n°L 225 du 12 aout 1986, p. 40.

2262 Directive 86/613/CEE du Conseil du 11 décembre 1986, JOCE, n°L 359 du 19 décembre 1986, p. 56.

de traitement dans la Charte communautaire des droits sociaux fondamentaux des travailleurs[2263] est suivie de quatre directives relatives à la protection des femmes enceintes[2264], aux congés parentaux ou pour raisons familiales[2265], à la charge de la preuve dans le cas de discrimination fondée sur le sexe[2266] et le travail à temps partiel[2267]. Un certain nombre d'actes atypiques[2268] émanant principalement du Conseil[2269] et de la Commission[2270] enrichit ce dispositif.

Par la suite, le principe de l'égalité de traitement fait l'objet d'une triple reconnaissance : politique[2271], institutionnelle[2272] et juridique[2273]. La simple mise en œuvre du dispositif par le Conseil n'étant pas suffisante, l'intervention de la Cour va être déterminante. En effet, elle va déduire du dispositif juridique primaire et secondaire, un principe général d'interdiction de toute discrimination fondée directement ou indirectement sur le sexe pour tout ce qui concerne les relations de travail et leurs conséquences[2274]. En effet, la Cour en affirmant dans son arrêt Defrenne II que le principe d'égalité de traitement entre hommes et femmes « fait

---

2263 Conclusions du Conseil européen de Strasbourg des 8 et 9 décembre 1989.

2264 Directive 92/95/CEE du Conseil du 19 octobre 1992, JOCE, n°L 348 du 28 novembre 1991, p. 1.

2265 Directive 96/34/CE du Conseil du 3 juin 1996, JOCE, n°L 145 du 19 juin 1996, p. 4.

2266 Directive 97/80/CE du Conseil du 15 décembre 1997, JOCE, n°L 14 du 20 janvier 1998, p. 6 et Directive 98/52/CE du Conseil du 13 juillet 1998, JOCE, n°L. 205 du 22 juillet 1998, p. 66.

2267 Directive 97/81/CE du Conseil du 15 décembre 1997, JOCE, n°L 14 du 20 janvier 1998, p. 9.

2268 LECLERC Stéphane, « Les Communications de la Commission sur le Marché intérieur », CDE, 1998, numéros 1.2, p. 161.

2269 Résolution du Conseil, du 29 mai 1990, concernant la protection de la dignité de la femme et de l'homme au travail, JOCE, n°C 157 du 27 juin 1990, p. 3.

2270 Recommandation de la Commission, du 24 novembre 1987, concernant la formation professionnelle des femmes, JOCE, n°L 342 du 4 décembre 1987, p. 35.

2271 Les Conseils européens d'Essen, de Cannes et de Madrid soulignent que la promotion de l'égalité des chances pour les hommes et les femmes est une tâche fondamentale de l'Union européenne et des Etats membres. Voir Conclusions des Conseil européens concernés des 9–10 décembre 1994, 26–27 juin 1995 et 15–16 décembre 1995.

2272 Dans la mesure où la Commission place désormais le principe de l'égalité de traitement au rang de préoccupation majeure dans le développement de toutes ses politiques.

2273 C'est le fait de la jurisprudence de la Cour de Justice.

2274 F. Schoskweiller, « La dimension humaine et sociale de la Communauté européenne », RMUE, n°4, 1993, p. 21.

partie des fondements de la Communauté »[2275], consolide les bases de l'espace commun/public européen en émergence. Quant à l'arrêt Defrenne III du 15 juin 1978, il opère une distinction importante en qualifiant le principe de l'égalité de traitement comme faisant partie des droits fondamentaux de la personne humaine et non plus des fondements de la Communauté[2276]. Ce faisant, même si elle hisse au rang du droit fondamental le principe de l'égalité de traitement, la Cour semble réservée lorsqu'elle est confrontée à un droit fondamental de dimension sociale[2277]. Cette démarche ne l'empêche pas de donner des interprétations novatrices. La particularité de cette jurisprudence en matière d'égalité de traitement est qu'elle se livre à une interprétation téléologique des dispositions communautaires s'appuyant sur une double finalité économique et sociale. C'est dans cette ligne que s'inscrit la jurisprudence Defrenne II : « cette disposition relève des objectifs sociaux de la Communauté, celle-ci ne se limitant pas à une union économique, mais devant assurer en même temps, par une action commune, le progrès social et poursuivre l'amélioration constante des conditions de vie et d'emploi des peuples européens, ainsi qu'il est souligné par le préambule du traité »[2278].

La contribution du droit à l'égalité de traitement à l'établissement d'un espace commun/public européen est plus évidente après le Traité d'Amsterdam, car il consacre expressément ce droit comme un droit social fondamental de l'ordre juridique communautaire[2279]. La Cour avait déjà hissé le principe de non-discrimination au rang de «principe régulateur » du Marché commun[2280], principe dont le développement participe à l'instauration de la Communauté de droit. Les nouvelles dispositions permettent de combattre tous les types de discrimination[2281]. Ce faisant, il donne au Conseil une habilitation générale pour combattre de nouvelles discriminations « à l'encontre du sexe, de la race, de l'origine ethnique, de la religion, des convictions, du handicap, de l'âge ou de l'orientation sexuelle ». Le Traité d'Amsterdam tend alors à engendrer une véritable mutation

2275 CJCE, arrêt du 8 avril 1976, aff. 43/75, Defrenne, point 12, Rec., p. 455.

2276 CJCE, arrêt du 15 juin 1978, aff. 149/77, Defrenne, point 27, Rec., p. 1365.

2277 Voir, VOGEL-POLSKY Eliane, *L'Europe sociale 1993: illusion, alibi ou réalité,* Editions de l'Université de Bruxelles, 1991, p. 145.

2278 Point 10.

2279 Article 2 et 3 TCE

2280 TCHAKALOFF Marie-France Christophe, «Le principe d'égalité », in *Droit administratif et Droit communautaire,* AJDA, n°spécial, juin 1996, p. 168.

2281 Article 13, TCE.

du principe de non discrimination, en le transformant comme les autres droits fondamentaux en un principe directeur.

La Cour de justice a utilisé une terminologie abondante à cet égard : « principe fondamental »[2282], « disposition fondamentale », « exigence fondamentale d'égalité »[2283], « droit fondamental à l'égalité des chances »[2284], « objectif fondamental de non-discrimination du travailleur migrant »[2285]. Mais si la Cour n'est pas plus véhémente dans les termes qu'elle emploie, c'est que cela n'engendre pas de conséquences. Ainsi, la protection a d'abord servi à faciliter l'intégration des migrants dans le cadre de la libre prestation des services. Ceux-ci ont bénéficié d'un ensemble de droits qui dépassent largement le critère de l'emploi et du travail qui justifie leur migration. Dans cette perspective, l'égalité de traitement accordée aux membres de la famille est étendue aux concubins[2286], le prix de transport est diminué au profit des familles nombreuses[2287] l'insertion des handicapés est facilitée[2288]. Par la suite, le champ d'application personnelle du principe de non-discrimination a été étendu[2289].

Cette jurisprudence élargit l'espace commun/public européen, dans la mesure où de plus en plus de travailleurs/personnes/citoyens bénéficient de ces droits. Toutefois, dans les exemples évoqués, le droit à la non discrimination, essentiellement défensif, a pour fonctions de limiter les interventions de l'Etat par des obligations de ne pas faire d'édicter des abstentions à la charge de l'Etat. Pour acquérir une portée plus objective, le principe de non-discrimination devrait opérer une mutation, et aussi devenir un droit fondamental individuel. Cette mutation est opérée avec la jurisprudence Martinez Sala, où la Cour rattache l'article 12 CE à l'article 17 CE sur la citoyenneté et qu'elle a jugé que la citoyenneté de l'Union entraîne la reconnaissance du droit à l'égalité de traitement, dans le bénéfice des avantages sociaux, pour tous les ressortissants communautaires qui résident légalement sur le territoire d'autres Etats membres. La mutation est de grande envergure. En effet, il semble que l'appui de l'interdiction de non-discrimination en raison de la nationalité sur la citoyenneté, comme dans l'arrêt Martinez Sala, transforme le droit négatif à la non-discrimination en un droit

2282 CJCE, arrêt d16 novembre 1980, Hochtrass, aff. 147/79, Rec., p. 3.005.
2283 CJCE, arrêt du 3 juillet 1986, Lawrie-Blum, aff. 66/85, Rec., p. 2121.
2284 CJCE, arrêt du 17 octobre 1995, Kalanke, aff. C-450/93, Rec., p. I-3051.
2285 CJCE, arrêt du 13 juillet 1996, Hagenbeck, aff. 4/66, Rec., p. 617.
2286 CJCE, arrêt du 17 avril 1986, Pays-Bas c.Reed, aff. 59/85, Rec., p. 1283.
2287 CJCE, arrêt du 30 septembre 1975, Anita Cristini, aff. 32/75, Rec., p. 1085.
2288 CJCE, arrêt du 16 décembre 1976, Inzirillo, aff. 63/76, Rec., p. 2057.
2289 CJCE, arrêt du 2 février 1989, Cowan, aff. 186/87, Rec., p. 195.

positif. C'est bien cet aspect de la transformation qui est de nature à étendre encore davantage l'étendue de l'espace commun/public européen. Cela revient en fait à conférer à tous les citoyens européens résidant dans un Etat membre, le droit de faire valoir ses droits et avantages sociaux dans l'Etat d'accueil.

Cette mutation est opérée par la jurisprudence. En effet, « ...dans le système communautaire, le social est un peu le parent pauvre parce qu'il n'est considéré que comme l'accessoire ou le tributaire de l'économique...C'est sur ce point que la jurisprudence de la Cour présente le bilan normatif le plus remarquable en ce qu'elle a de manière prétorienne rétabli un certain équilibre au profit des préoccupations qu'imposait la nature même du social. »[2290].

c Au-delà des droits sociaux fondamentaux, un espace public à l'européenne ?

Nous avons essayé de mettre en évidence, lors des développements précédents de ce sous-paragraphe, le rôle que pourront jouer les droits sociaux fondamentaux dans l'émergence de l'espace public européen. Nous avons par ailleurs évoqué dans le cadre de ce travail, que la construction européenne, une construction sui generis, est caractérisée avant tout par sa complexité et que les diagnostics classiques ne conviennent pas toujours à la caractériser. En est-il ainsi pour l'espace public européen en émergence ? En tout état de cause, il est difficile de parler d'une notion d'espace public pour l'Union européenne comme on pourrait en parler pour les Etats nationaux.

Sans doute les droits sociaux fondamentaux contribuent à rendre plus visible cet espace commun ou public en émergence, d'autant plus qu'ils sont les premiers à être reconnus par l'ordre juridique communautaire. Sous forme de droits ou de principes, ces droits sont constitutionnalisés avec la rédaction, puis l'intégration de la Charte des droits fondamentaux de l'Union européenne dans le Traité constitutionnel[2291]. En outre, dans sa première partie, le Traité constitutionnel multiplie les références aux quatre libertés, à la non discrimination, ainsi qu'à l'égalité de traitement. Les droits conférés par la citoyenneté sont eux aussi constitutionnalisés. Par ailleurs, même si le Traité de Lisbonne signé le 13 décembre 2007 abandonne le concept constitutionnel, il reconnaît une valeur juridique contraignante à la Charte. La mise en œuvre de l'ensemble de cette

2290 BOULOUIS Jean, « La fonction normative de la jurisprudence », Droit social, n°7/8, juillet-aout 1989, p. 525.

2291 Ce dernier n'est pas adopté. Toutefois, ses principales innovations sont reprises par le Traité de Lisbonne, signé le 13 décembre 2007.

infrastructure juridique devrait permettre l'épanouissement, entre autres, de l'espace public européen en tant que tel.

Toutefois, l'histoire récente nous enseigne que, dans certains cas, cet espace public fonctionne assez bien. Ainsi, sous une forme spécialisée, nous avons témoigné d'un espace public lors des travaux de la Convention[2292] qui a rédigé la Charte des droits fondamentaux. C'était essentiellement le fait des discussions organisées par la société civile, dont les recommandations ont été prises en compte durant les travaux de l'enceinte. Ainsi, une tentative de concertation avec les réseaux d'ONG a d'abord eu lieu. Par la suite, le Présidium a réuni les représentants du Forum permanent de la société civile, de la Confédération européenne des syndicats, de la plateforme des ONG européennes du secteur social et de la coordination « ONG-Droits fondamentaux »[2293]. En outre, une journée d'audition a été organisée avec la participation d'environ 70 ONG, le 27 avril 2000. Par ailleurs, par le biais de deux moyens les ONG ont pu influencer le contenu de la Charte : l'envoi de contributions écrites à une adresse e-mail ouverte à cet effet par la Convention et l'établissement de contacts directs avec les membres de la Convention. Au cours des réunions communes à propos des droits sociaux, la discussion a même porté sur la rédaction de certains articles et la plate-forme a retrouvé certaines de ses propositions dans des amendements ultérieurs. Vers la fin des négociations, Pervenche Berès, qui présidait la délégation des députés européens socialistes, a par exemple demandé l'introduction d'un nouvel article sur le droit des personnes âgées[2294]. Grâce au soutien des autres composantes, il a été ajouté in extremis. Il reprend mot pour mot une proposition de la plate-forme[2295]. De même, la référence à la lutte contre l'exclusion sociale et la pauvreté est introduite sur proposition de l'intergroupe du Parlement européen « Quart Monde européen »[2296]. Certaines associations modestes ont été

2292 DELOCHE-GAUDEZ Flaurence, « La Convention pour l'élaboration de la Charte des droits fondamentaux : une méthode constituante ? », in DEHOUSSE Renaud, *Une Constitution pour l'Europe?,* Presse de Sciences Politiques, 2002, p. 177.

2293 Charte 4148/00, Convent 12. Pour connaître les ONG membres du Forum permanent de la société civile, voir le site: europa.eu.int

2294 Agence Europe, n°7804, 22 septembre 2000.

2295 La plate-forme a demandé l'inclusion du « droit des personnes âgées à une existence décente et indépendante, et à une pleine participation de la vie publique, sociale et culturelle ». Charte 4492/00, Contrib 342. L'article 25 de la Charte stipule que « l'Union reconnaît et respecte le droit des personés âgées à mener une vie digne et indépendante et à participer à la vie sociale et culturelle ».

2296 DELOCHE-GAUDEZ Flaurence, op. cit., p. 200.

influentes également. C'est le cas de l'association des femmes de l'Europe méridionale, dont le conseil d'administration adopte une déclaration sur la Charte des droits fondamentaux adressée à la Convention[2297]. Toutes ces actions ne sont pas étrangères au fait que la version finale de la Charte contienne un article sur la non discrimination et un article sur l'égalité entre hommes et femmes. Surtout ce dernier article ne se limite pas à assurer l'égalité hommes-femmes en matière d'emploi et de travail, comme c'était le cas dans le projet initial[2298], mais il le fait dans tous les domaines.

L'expérience de cette première Convention nous donne une idée de ce que pourrait être l'espace public à l'échelle européenne à l'heure actuelle. Nous savons que cette expérience a été reprise par la Convention[2299] sur l'avenir de l'Europe qui était chargée de préparer une « Constitution pour l'Europe », qui sera intitulée par la suite Traité constitutionnel. Les travaux de cette Convention, même si la méthode est critiquée par ailleurs, donnent également lieu à une sensibilisation de l'opinion publique. Les prémices de cet espace public sont là aussi assez visibles. La masse de travail était considérable : 1812 interventions des conventionnels, 23546 documents traduits en 11 langues, 4500 contributions des conventionnels et 5995 amendements déposés. Tous les travaux figuraient sur le site internet de la Convention[2300]. Le site internet de la Convention a connu une moyenne de 47000 visiteurs par mois et un maximum en juin 2003 de 100.000 visiteurs[2301]. Les débats étaient publics et pouvaient être suivis[2302] à distance. En effet, la Convention a associé les citoyens à ses travaux lors de la session consacrée à la société civile[2303] ou lors de la « Convention des jeunes »[2304]. Sur le Forum

2297 Charte 4120/00, Contrib 16.

2298 Dans le projet initial, l'article stipulait que « l'égalité des chances et de traitement entre les hommes et les femmes en matière d'emploi et de travail, y compris l'égalité des rémunérations pour un même travail de valeur égale doit être assurée ». Charte 4422/00, Convent 45.

2299 Pour une analyse critique et percutante, voir Laurence Burgorgue-Larsen, « Le Traité établissant une Constitution pour l'Europe au carrefour des ambivalences », in BOURRINET Jacques (dir.), *L'intégration européenne au XXème siècle,* La documentation française, Paris, 2004, ici pp. 41–45.

2300 http://european-convention.eu.int/

2301 PONCINS (de) Etienne, *Vers une Constitution européenne, texte commenté du projet de Traité constitutionnel établi par la Convention européenne,* Paris, Editions 10/18, 2003.

2302 En France, sur la chaîne LCI.

2303 Organisée les 24–25 juin 2002.

2304 Organisée les 9–11 juillet 2002.

visant à faciliter le dialogue avec la société civile, les contributions déposées étaient fin juin 2003 au nombre de 1145[2305].

L'intérêt suscité par les expériences des deux Conventions montre que la méthode conventionnelle est préférable à la méthode intergouvernementale, même si le produit de la Convention est sujet à des modifications par la Conférence intergouvernementale. Par ailleurs, il semble difficile d'évaluer l'influence de la société civile sur les travaux de cette deuxième Convention. Toutefois, nous savons que l'introduction de l'initiative citoyenne[2306] dans le Traité constitutionnel est le résultat le plus visible de l'influence de la société civile.

Par ailleurs, il semble que les institutions européennes ont historiquement favorisé et encouragé le développement du lobbying, à un degré tel que celui-ci est considéré comme un élément essentiel du mode spécifique de la gouvernance européenne[2307]. Il semblerait que les actions de lobbying, qui sont essentiellement exercées par l'UNICE, CES et CEEP, empêchent l'émergence de l'espace public européen, puisqu'elles constituent, par définition une entrave à la publicisation des enjeux liés à la divergence des intérêts[2308]. Le lobbying est un moyen d'agir en amont de la prise de décision, lorsque les questions ne sont pas explicitement posées dans leur dimension politique, mais le plus souvent de manière technique, à travers la préparation des dossiers et l'orientation du travail d'expertise. En ce qui concerne l'UE, il s'exerce essentiellement au niveau de la Commission par la CES, l'UNICE et par le CEEP, par conséquent sans relais politiques directs

---

2305 DUHAMEL Olivier, *Pour l'Europe : le texte intégral de la Constitution expliqué et commenté,* Editions du Seuil, octobre 2003.

2306 L'article I-47.4, Traité constitutionnel stipule: « Des citoyens de l'Union, au nombre d'un million au moins, ressortissants d'un nombre significatif d'Etats membres, peuvent prendre l'initiative d'inviter la Commission, dans le cadre de ses attributions, à soumettre une proposition appropriée sur des questions pour lesquelles ces citoyens considèrent qu'un acte juridique de l'Union est nécessaire aux fins de l'application de la Constitution. La loi européenne arrête les dispositions relatives aux procédures et conditions requises pour la présentation d'une telle initiative citoyenne, y compris le nombre minimum d'Etats membres dont les citoyens qui la présentent doivent provenir ».

2307 GREENWOOD Justin and RUTH Webster, « EU Interest Groups and their Members: when is membership a 'collective action problem », in BALME Richard, CHABANET Didier et WRIGHT Vincent (dir.), *L'action collective en Europe,* Paris, Presses de Sciences Po, 2002.

2308 CHABANET Didier, « Vers une européanisation de l'action collective », in MERCIER Arnaud (coor.), *Vers un espace public européen?: Recherche sur l'Europe en construction,* L'Harmattan, 2002, op. cit., p. 52.

permettant un élargissement de la conflictualité qui en accroîtrait la visibilité. « L'Europe des couloirs » implique de ce fait un nombre limité de partenaires ayant acquis une position de négociateurs privilégiés, qui tenteraient de verrouiller l'accès aux sphères d'influence européennes.

Il convient toutefois de souligner que l'institutionnalisation du lobbying donne naissance aussi à des formes de négociations qui peuvent être interprétées comme l'ébauche d'un espace public européen. La procédure du « dialogue social », instituée par le Traité de Maastricht, prévoit un processus de négociation partenariale entre les CES, l'UNICE, le CEEP et la Commission. C'est une innovation potentiellement importante par laquelle la négociation collective avec des partenaires sociaux peut se substituer au travail législatif[2309]. Cette procédure de dialogue social semble d'autant plus intéressante qu'elle peut conduire à l'émergence d'espaces publics sectoriels non-démocratiques. Le caractère non-démocratique de la procédure, qui ne remet en cause ni de son utilité ni de son efficacité sociale, doit être souligné puisque les partenaires sociaux et les membres de la Commission ne sont pas élus par les citoyens européens et que le Conseil des ministres, comme le Parlement européen, n'est pas impliqué dans ce dispositif.

Certaines mobilisations au niveau européen sont encore caractéristiques de l'espace commun/public européen en émergence : (i) histoire récente de la défense des droits de la femme. C'est d'abord à l'échelle nationale, dans les années 1960, autour du thème de l'égalité des sexes que le mouvement s'est développé. Les sphères de décisions restant peu sensibles aux demandes, il s'est ensuite orienté vers la Communauté européenne. (ii) Un processus similaire caractérise également la défense de l'environnement, mais les campagnes à l'échelle de l'UE sont rares, limitées et peu formalisées. Toutefois, les préoccupations environnementales restent fortement liées à la spécificité de chaque contexte national[2310]. (iii) Des scénarios conflictuels comme la fermeture de l'usine Renault Vilvorde et les manifestations des chômeurs organisées lors des grands Sommets européens, contribuent également à l'émergence de l'espace public européen. Ainsi,

---

2309 Quatre accords ont ete signés: sur le congé parental en 1995 ; sur le temps partiel en 1997 ; sur les contrats à durée déterminée en 1999 et sur le harcellement et la violence au travail en 2007. Pour les trois premiers accords voir R. Balme et D. Chabanet. « Dialogue social européen et transformations et négociations collectives », in Politique européenne, n°4, avril 2001.

2310 « The Europeanisation of Environmentalism », in BALME Richard, CHABANET Didier et WRIGHT Vincent (dir.), *L'action collective en Europe,* Paris, Presses de Sciences Po, 2002.

les controverses, qui ont accompagné l'annonce de la fermeture de l'usine, ont permis de lancer un vaste débat sur « l'Europe sociale ». Les éléments précédents nous invitent à faire les observations suivantes en ce qui concerne l'espace public européen en émergence : c'est un espace pluriel et fragmenté parce qu'il se superpose aux espaces nationaux plus qu'il ne s'y substitue et parce que l'UE ne peut être considérée comme un ensemble homogène[2311], dont les dimensions et la charge identitaire resteront faibles.

Section 2: Les droits sociaux fondamentaux au-delà de l'Etat ou le cosmopolitisme social à l'échelle européenne

Lors de nos développements, relatifs à la Constitution européenne[2312], concernant la nature juridique de l'Union européenne, nous avons mis en évidence que celle-ci n'était ni une Fédération, ni une Confédération, mais plutôt une entité juridique sui generis qui avait les caractéristiques de ces deux notions en même temps. Evidemment, la question est étroitement liée à la façon d'aborder la problématique importante de la Constitution européenne du point de vue de droit public : le droit étatique, le droit des gens ou le droit cosmopolitique[2313]. S'agissant de l'UE, le cosmopolitisme s'annonce comme la troisième voie[2314]. Le dualisme, qui s'avère être antinomique pour l'Union européenne, pourrait être résolu par une transformation cosmopolitique de la substantialité de l'Etat et par la construction d'une dimension juridique cosmopolitique[2315].

2311 Il est généralement admis que l'action collective présuppose, génère et mobilise, directement ou indirectement, des identifications qui peuvent elles-mêmes se traduire par un sentiment d'appartenance à une communauté politique.

2312 Voir chapitre 5 de cette thèse.

2313 Dans la perspective Kantienne, le droit étatique correspond au niveau interne, le droit des gens correspond au niveau international et le droit cosmopolitique correspond au niveau transnational.

2314 Le « droit cosmopolitique », selon Emmanuel Kant, au sens strict du terme, est celui qui régi les relations qui s'établissent entre un Etat particulier et l'étranger qui entre sur son sol. Il comporte principalement un droit de visite qui interdit à un Etat de refuser à un homme, considéré comme « citoyen du monde » de rentrer dans un rapport juridique avec lui. A ce titre, il fixe le statut juridique de l'étranger et assure son droit à la circulation. Voir, Vers la paix perpétuelle, Hatier, Paris, 2001, p. 135.

2315 CHENEVAL Francis, « L'idée cosmopolitique et son actualité : Inflexions européennes », in FERRY Jean-Marc et LIBOIS Boris (ed.), *Pour une éducation post nationale,* Edition de l'université de Bruxelles, 2003, p. 200.

§ 1: Les droits sociaux fondamentaux comme éléments intégrants du cosmopolitisme européen

Nous allons tenter de mettre d'abord en évidence la nature du droit cosmopolitique, et par la suite nous interroger sur la possibilité de concevoir l'Europe selon ce nouveau paradigme, tout en soulignant la place des droits sociaux fondamentaux.

A) Les éléments constitutifs d'un cosmopolitisme opérationnel

1. D'une manière générale

Les relations cosmopolitiques peuvent être qualifiées de transnationales puisqu'elles ne concernent ni les citoyens d'un même Etat, ni les Etats entre eux. Suivant le principe même de l'analyse kantienne, ce sont bien toutes les interactions humaines qui doivent être déterminées juridiquement. Il faut par conséquent reconnaître « le droit d'un étranger de ne pas être traité d'une façon hostile par celui dont il foule le sol »[2316]. Dans cette perspective, le droit cosmopolitique, comme toutes les autres formes de droit, répond à une exigence de la raison juridique. Il se distingue de la moralité ainsi que de la bienveillance à l'égard des étrangers. Du point de vue de son contenu, le droit cosmopolitique est un droit qui fonde l'étranger à exiger d'être traité autrement que comme un ennemi par l'Etat dans lequel il arrive. Il s'agit alors d'un droit de visite et non d'un droit d'installation qui autoriserait chaque homme à acquérir la nationalité de son choix. Plus exactement, Kant définit le droit cosmopolitique comme celui « qui appartient à tous les hommes, de s'offrir comme membre de la société ». Ce faisant, Kant apporte à la théorie du droit une troisième dimension : au droit étatique interne et au droit des gens[2317] qui régit les relations

---

2316 D'après le troisième article définitif, en vue de la paix perpétuelle, selon lequel « le droit cosmopolitique doit être limité aux conditions d'une hospitalité universelle ». In Vers la paix perpétuelle, op. cit., p. 31.

2317 L'expression « droit des gens » vient du traditionnel **ius gentium**. La notion est développée par le philosophe américain John Rawls. Par droit des gens, Rawls entend une conception politique du droit et de la justice qui s'applique aux principes et aux normes du droit international et à sa pratique. Dans cette approche, une conception de la justice quant à elle possède les caractéristiques suivantes : (i) Elle est élaborée de manière à s'appliquer aux institutions politiques, économiques et sociales fondamentales ; dans le cas de la société interne, à sa structure de base, dans le cas présent, aux droits et aux pratiques de la société des peuples politiques. (ii) Elle est présentée indépendamment de toute doctrine exhaustive religieuse, philosophique ou morale,

entre les Etats, va s'ajouter le droit cosmopolitique des « citoyens du monde »[2318].

Le cosmopolitisme est donc une troisième dimension des Etats modernes et non pas une nouvelle substantialité supérieure qui les remplace ou les anéantit. Dans une perspective normative, cette dimension cosmopolitique de l'Etat moderne se fonde sur les droits de l'homme. L'origine normative est donc à rechercher dans l'humanité en tant qu'individualité et en tant que communauté de droit. Il convient en outre de souligner que le droit cosmopolitique est de nature juridique et non morale, dans le sens de Kant. Il vaudrait à la fois pour relier une pluralité de peuples ou de nations[2319] et pour organiser la structure de base d'un Etat comme le droit interne.

Un autre aspect du cosmopolitisme procède de sa nature relationnelle et interactive. Il concerne la dimension relationnelle des Etats avec des individus citoyens d'autres Etats ou non citoyens. Ce fait, combiné avec l'idée déjà mentionnée, que le droit cosmopolitique s'ajoute de façon transformative aux droits étatique et international, mène à la conclusion qu'il est impossible pour un Etat national de réaliser la dimension cosmopolitique de façon auto poétique. Autrement dit, pour un Etat national, le fait d'avoir la structure démocratique la plus complète et le respect des droits fondamentaux n'implique pas qu'il a réalisé sa dimension cosmopolitique. Cette dimension s'installe par l'appartenance de

---

et bien qu'elle puisse être dérivée de ou reliée à plusieurs doctrines de ce type, ce n'est pas ainsi qu'elle est élaborée. (iii) Son contenu s'exprime en termes de certaines idées fondamentales considérées comme implicites dans la culture politique publique d'une société libérale. Voire, Droit des gens, Editions esprit, 1996, p. 45–46.

2318 HABERMAS Jürgen, *La Paix perpétuelle : Le bicentenaire d'une idée kantienne*, Les Editions du Cerf, 1996, p. 7.

2319 A l'instar du droit des gens, qui constitue « le droit commun d'une société politique juste des peuples bien ordonnés ». Le contenu de ces droits reste pourtant limité :

- Les peuples en tant qu'organisés par leur Etat, sont libres et indépendants, et leur liberté et sur indépendance doivent être respectées par les autres peuples ;
- Les peuples sont égaux et auteurs des accords qu'ils donnent ;
- Les peuples possèdent le droit d'autodéfense, mais non le droit à la guerre ;
- Les peuples doivent respecter un devoir de non-intervention ;
- Les peuples doivent respecter les traités et les engagements ;
- Les peuples doivent observer certaines restrictions spécifiques sur la conduite de la guerre (qu'on suppose motivée par l'autodéfense) ;
- les peuples doivent respecter les droits de l'homme.

Voir, RAWLS John, *Le Droit des gens*, op.cit., pp. 66–67.

l'Etat nation à un réseau de droit cosmopolitique[2320]. L'Etat-nation réalise le cosmopolitisme par des engagements relationnels politiques et par la positivisation des droits de l'homme en interactions avec d'autres Etats et leurs ressortissants.

2. L'UE comme modèle du cosmopolitisme juridique européen

Les relations juridiques entre les peuples sont communément réglées par des traités, alors que les relations de droit cosmopolitiques, peu développées, se traduisent par des conventions, telles que la CEDH, par des chartes comme la Charte des Nations Unies ou des déclarations universelles. Nous constatons avec le professeur Ferry que selon son interprétation la plus forte, le droit cosmopolitique culminerait dans une Constitution valant pour tous les Etats. Par différence avec l'ordre du droit international, un ordre cosmopolitique rendrait alors positifs à l'échelle transnationale les droits fondamentaux individuels, en tant que principes à valeur constitutionnelle. Par la suite, ces principes seraient opposables aux Etats nationaux eux-mêmes et mobilisables contre eux par et pour les individus « citoyens du monde » ou cosmopolites.

Le droit cosmopolitique qui s'annonce comme une troisième dimension dans la théorie du droit n'est pas sans rapport avec l'idée de la démocratie qui est sous-jacente. La notion telle que développée par Kant était en relation étroite avec un système politique de son époque, à savoir la monarchie universelle[2321]. En effet, Kant évoquait le spectre de la monarchie universelle comme une étape dans la pensée philosophique destinée à marquer les dérives d'une intégration politique globale, passant par un gouvernement mondial, tout en le considérant comme une formule politique inconvenante, pouvant aboutir à un système impuissant et autoritaire. Par rapport à ce modèle impérial de la monarchie universelle, le modèle cosmopolitique d'une « république universelle »[2322] ou de « démocratie

2320 CHENEVAL Francis, « L'idée cosmopolitique et son actualité : Inflexions européennes », in FERRY Jean-Marc et LIBOIS Boris (ed.), *Pour une éducation postnationale,* op. cit., p. 201.

2321 Le type de monarchie universelle au sens de Kant serait congruent avec la projection qu'autorise l'orientation actuelle de la politique extérieure des Etat-Unis, en tant que « gendarme du monde ». Dans cette perspective, le gouvernement mondial consiste essentiellement dans une police entendue au sens large, assignée à maintenir l'ordre mondial par la menace des sanctions économiques. Voir, FERRY Jean-Marc, *L'Europe, l'Amérique et le Monde,* Edition Pleins Feux, op.cit., p. 62.

2322 Lorsque Kant parle d'Etat mondial en un sens positif, il entend par là une « république universelle », c'est-à-dire l'opposée de la « monarchie universelle ». Autant celle-ci sombre dans le despotisme en concentrant la souveraineté dans les mains

globale » semble être le contrepoids contemporain, dans la mesure où elle procède du libre consentement des peuples, ce qui implique leur « égale liberté participative »[2323]. Force est de constater que chez Kant la notion de « république universelle » n'est toutefois pas équivalente à celle « d'état cosmopolitique ». C'est plutôt une certaine postérité[2324] qui a été opérée par Habermas en particulier dans la synthèse des deux notions en avançant le concept de démocratie cosmopolitique en liaison avec l'idée d'un ordre global juridiquement structuré par les droits fondamentaux individuels, autrement dit les droits de l'homme. L'idée philosophique de départ est que c'est seulement par le droit cosmopolitique[2325] que pourrait être résolue la tension entre les droits de l'homme et les devoirs du citoyen[2326]. En effet, le droit cosmopolitique, entendu différemment de la conception limitative de Kant[2327], procède d'une constitutionnalisation à l'échelle mondiale des droits fondamentaux individuels, ou droits de l'Homme. La démocratie cosmopolitique n'admet pas d'autre structure juridique base. Elle n'est pas assise sur les droits des peuples ni sur les droits des Etats, mais sur les droits des individus. Ainsi que le précise Habermas, considérant la limite de la souveraineté étatique comme insurmontable, Kant a conçu l'union cosmopolitique comme une fédération d'Etats et non comme une fédération de cosmopolites. Or, « la

d'un seul, autant celle-là fournit le modèle idéal d'une communauté mondiale régie par les lois de liberté. Voir, *Vers la Paix perpétuelle,* Hatier, Paris, 2001, p. 30.

2323 « L'Amérique conçoit fort bien une imposition autoritaire des valeurs de l'Etat de droit démocratique sur l'ensemble de la planète, mais ce n'est pas là le fait d'une démocratie cosmopolitique. Cette dernière, au contraire, présuppose les dispositions fondamentales à la reconnaissance réciproque et à la concertation menée patiemment entre les peuples du monde sur les bases de leur autonomie politique ; ce qui implique leur égale liberté participative pour l'élaboration et le maintien de l'ordre mondial ». Ibid, p. 63.

2324 HABERMAS Jürgen, *La paix perpétuelle : le bicentenaire d'une idée kantienne,* Les Editions du Cerf, 1996, pp. 47–95; FERRY Jean-Marc, « Pertinence du postnational », in LENOBLE Jacques et DEWANDRE Nicole (dir.), *L'Europe au soir du siècle,* Editions Esprit, 1992, pp. 39–57.

2325 Littéralement: droits des citoyens du monde.

2326 Tant que cette tension existe, le droit de vote et l'éligibilité des résidents permanents étrangers doivent effectuer un choix entre deux loyalismes : à l'égard de leur Etat d'origine et à l'égard de l'Etat d'accueil.

2327 Pour Kant, le droit cosmopolitique devait se limiter à une hospitalité universelle : un droit d'accueil réservé aux étrangers, pour autant qu'ils ne soient pas animés par d'intentions hostiles. Par conséquent, dans la conception kantienne, le droit cosmopolitique était un droit minimal, ajusté au tourisme et aux affaires.

clef du droit cosmopolitique réside dans le fait qu'il concerne, par-delà des sujets collectifs du droit international, le statut des sujets de droits individuels, fondant pour ceux-ci une appartenance directe à l'association des cosmopolites libres et égaux »[2328]. Le « modèle limitatif » de départ doit d'autant plus être reformulé que l'idée de cosmopolitisme n'a pas cessé d'évoluer[2329]. Le droit cosmopolitique qui dans cette construction, structurerait la communauté mondiale, diffère fondamentalement du droit international. Dans cette perspective, certains traits de l'Etat[2330] cosmopolitique sont réalisés ou en cours de réalisation dans l'Union européenne. Le dernier développement notable à cet égard est la rédaction du Traité constitutionnel.

Toutefois, pour qu'une société des nations comme l'UE puisse être considérée comme un Etat cosmopolitique, il faudrait qu'elle suive une transformation structurelle. Dans cette perspective, on pourrait prendre en considération des stratégies concurrentes :

(i) la constitutionnalisation des droits fondamentaux au niveau méta national pour en former la base d'un droit interne des Etats. Si seulement les droits fondamentaux individuels (droits de l'homme) sont constitutionnalisés, nous avons alors affaire à une entité unitaire, menant en pratique au schéma fédéral. Même si certains traits peuvent antrainer dans cette voie, l'Union européenne n'est pas une entité fédérale. La tendance actuelle, telle que nous l'avons ressentie lors des travaux de la Convention européenne, qui était chargée de rédiger une constitution, montre que les peuples de l'Union sont plutôt contre la transformation de l'Union en un Etat de type exclusivement fédéral ; cela, en dépit du fait que l'Union respecte les droits fondamentaux en tant que principes généraux du droit.

2328 HABERMAS Jürgen, *La paix perpétuelle : le bicentenaire d'une idée kantienne,* Les Editions du Cerf, op.cit., p. 57.

2329 Depuis l'initiative du Président Wilson et la fondation de la Société des Nations, l'idée a été sans cesse reprise par le monde politique et l'idée de la paix perpétuelle a pris une certaine forme dans les institutions et les déclarations des Nations unies.

2330 Selon Professeur FERRY Jean-Marc, **état cosmopolitique** (avec minuscule), une situation où plusieurs Etats forment ensemble une société des peuples, dont les systèmes juridiques internes intégreraient des références à un droit commun transnational, comme la libre circulation de leurs ressortissants sur tout l'espace de juridiction d'un tel droit. Il réserve l'expression « **L'Etat cosmopolitique** » avec majuscule, à une situation où, en outre, les droits fondamentaux des individus et des peuples formeraient la structure de base d'une constitution réalisant l'Union de plusieurs Etats. Voir, *La Question de l'Etat européen,* op.cit., note 1, p. 293.

(ii) La constitutionnalisation des principes généraux du droit international, c'est-à-dire certains éléments essentiels du droit des gens, pour former sur cette base juridique une société des nations[2331]. L'élément fédératif ici est tiré sur des droits fondamentaux des peuples et non des droits fondamentaux des individus. Force est de constater que le contenu de la Constitution que l'UE voudrait se donner, dépasse cette ambition en ce qu'elle poursuit une intégration politique indéfinie et que l'organisation interne des relations entre les Etats membres repose sur des principes dont la portée ne se limite pas à une simple transposition des droits fondamentaux de la première génération. En effet, c'est comme si l'Union avait consacré sur le plan d'un droit commun des peuples les éléments transposés qui correspondent aux droits fondamentaux individuels, civils, civiques et sociaux. C'est dans la transposition des valeurs traditionnellement afférentes aux droits des individus, que se trouve l'originalité de l'Union européenne[2332].

(iii) Enfin, l'ensemble des droits fondamentaux est transposé au plan international pour former un droit commun externe des Etats membres, qui revêtirait en même temps le droit des gens interne de la Communauté. Ce droit commun unissant les Etats membres pourrait résulter d'une transposition non limitative des droits de l'homme vers le droit des gens. Pour cette figure correspondant à une situation entre l'Etat fédéral et la fédération d'Etats, il est permis de parler d'une Communauté politique post nationale, cosmopolitique. Pour constituer une telle Communauté, il faudrait réunir un minimum de droits des peuples dont l'inclusion dans la Constitution procède d'une transposition des droits fondamentaux civils, civiques, sociaux et moraux. Pour parvenir ensuite à une démocratie cosmopolitique, il faudrait « constitutionnaliser au niveau d'un droit commun méta national la liberté de migration des individus à l'intérieur de la Confédération, ainsi que les droits spécifiquement destinés à leur ouvrir la possibilité d'accéder au statut de ressortissants de l'un des Etats membres de leur choix ». C'est la « stratégie post nationale »[2333].

2331 Cette stratégie que l'on peut qualifier du second degré ne vise pas à fédérer les nations sur la base d'une constitution, mais plutôt par une convention, une charte ou encore traité. Ainsi en va-t-il pour des organisations comme l'OCDE, l'OTAN et l'ALENA. C'est le modèle décrit par John Rawls sous l'appellation d'une « Société politique des peuples bien ordonnés »

2332 FERRY Jean-Marc, *La Question de l'Etat européen,* Edition Gallimard, 2000, p. 108.

2333 Ibid, p. 109.

En effet, l'Union européenne dépasse les structures étatiques nationales par des régimes de droit de l'individu, sans remettre en cause l'existence des Etats-nations et des peuples européens. L'Etat-nation a le devoir de garantir certains droits aux ressortissants européens qui circulent librement dans l'Union européenne. Ce faisant, il est chargé d'une nouvelle raison d'être qui s'ajoute aux autres. Ainsi, le citoyen de l'Union est en train de devenir, par rapport à sa situation étatique européenne, le premier véritable citoyen du monde. L'Union réalise ce cosmopolitisme parce qu'elle dépasse la réalisation nationale des droits de l'homme par une structure relationnelle et réciproque des régimes de droits fondamentaux, politiques et sociaux[2334]. Du point de vue processuel également, l'Union européenne porte les traits de l'entité post nationale et cosmopolitique. Elle représente un processus constitutionnel permanent et ouvert qui ne vise pas une fin substantielle telle que la fondation d'un Etat-nation. Dans cette perspective, ce n'est pas nécessairement un manque que l'Union n'ait pas de constitution définitive et fixe. La seule fin normative de l'Europe se présente comme l'Etat de droit et de paix entre les Etats démocratiques et leurs ressortissants. Cet Etat de droit n'a pas besoin d'une structure supranationale définitive, mais d'un engagement permanent de ses membres.

3. *Vers la reconnaissance des droits fondamentaux des Etats*

S'appuyant sur cette stratégie concurrente, dans le prolongement de la réflexion de J.-M. Ferry le Professeur Jean-Denis Mouton a introduit la thèse[2335] selon laquelle dans une communauté post nationale, les droits fondamentaux des individus comme ceux des peuples seraient rendus transposables aux Etats, à travers l'encadrement des relations entre ceux-ci et la structure juridique correspondant au niveau supérieur. La thèse est d'autant plus novatrice que la reconnaissance des droits fondamentaux aux Etats est inconcevable dans le droit international. Ainsi, de tels prétendus droits[2336] ne seraient en réalité que la conséquence logique du respect des éléments constitutifs de l'Etat ou l'implication nécessaire

---

2334 CHENEVAL Francis, « L'idée cosmopolitique et son actualité: Inflexions européennes », in FERRY Jean-Marc et LIBOIS Boris (ed.), *Pour une éducation post nationale,* op.cit., p. 206.

2335 MOUTON Jean-Denis, « Vers la reconnaissance des droits fondamentaux des Etats dans le système communautaire ? », in *Les dynamiques juridiques européennes au début du siècle,* Mélanges en l'honneur de J-C GAUTRON, Pedonne, 2004, pp. 463–474.

2336 Droit à l'existence, à l'égalité, au commerce, au respect, à la souveraineté.

de la personnalité juridique d'une entité souveraine. Les éléments d'une telle thèse sont décelés dans le système institutionnel communautaire.

a Le respect de l'identité nationale

Le respect par l'Union de l'identité nationale des Etats membres apparaît d'abord dans le Traité de Maastricht. Cette formulation est reprise dans l'article 6 (3) du Traité sur l'Union européenne, tel que modifié par le Traité d'Amsterdam. Il apparaît que le respect de l'identité nationale a une double fonction défensive : « à l'égard de l'Union dont l'exercice des compétences et le développement des actions peuvent l'amener à porter atteinte à cette identité, mais aussi à l'égard de l'Union lorsqu'elle contrôle la façon dont les Etats membres eux-mêmes respectent les valeurs démocratiques »[2337]. L'aspect du droit fondamental des Etats apparaît mieux si l'on tient compte de la composante de l'identité culturelle. Nous savons que depuis le Traité de Maastricht, la culture entre dans le champ d'application du droit communautaire par des dispositions[2338] qui consacrent le respect de la diversité culturelle et linguistique, ainsi que sa promotion par la Communauté. Aussi, l'article 151 du TCE tel que modifié par le Traité d'Amsterdam, dispose dans son paragraphe 1er que « la Communauté contribue à l'épanouissement des cultures des Etats membres dans le respect de leur diversité nationale et régionale, tout en mettant en évidence l'héritage culturel commun ». Quant à la Charte des droits fondamentaux de l'Union européenne, elle consacre dans son préambule que « l'Union contribue à la préservation et au développement des valeurs communes dans le respect de la diversité des cultures et traditions des peuples de l'Europe, ainsi que l'identité nationale des Etats membres ». En outre, dans l'article consacré à l'égalité, elle consacre le respect par l'Union de « la diversité culturelle, religieuse et linguistique ».

Il apparaît ainsi que la diversité culturelle comme composante de l'identité nationale doit être respectée par l'Union de manière négative, mais aussi positive, car elle peut faire l'objet d'actions de promotion de la part de celle-ci. Ainsi, l'Union contribue à réaliser un droit fondamental des individus, mais qui est relié à un principe dont bénéficient les Etats. Le pluralisme culturel est aussi évoqué par la jurisprudence dans l'arrêt *Stichting*[2339] dans lequel la Cour estime que: « une politique culturelle peut certes constituer une raison impérieuse d'intérêt général

2337 MOUTON Jean-Denis, « Vers la reconnaissance des droits fondamentaux des Etats dans le système communautaire ? », op. cit., p. 3.

2338 Ex-articles 126 et 128.

2339 CJCE, arrêt du 25 juillet 1992, Stichting, aff. 288/89.

justifiant une restriction à la libre prestation des services. En effet, le maintien du pluralisme qu'entend garantir cette politique (néerlandaise) est liée à la liberté d'expression, telle qu'elle est protégée par l'article 10 de la Convention de sauvegarde des droits de l'homme et des libertés fondamentales, qui figure parmi les droits fondamentaux garantis par l'ordre communautaire ». Le Traité constitutionnel dans son article I-5 rappelle que « l'Union respecte l'identité nationale de ces Etats membres… ». La formule est reprise dans l'article 4.2 TUE tel que modifié par le Traité de Lisbonne. Quant à la diversité culturelle, elle ne change pas de statut dans le projet de Traité constitutionnel : la culture figure parmi les domaines d'action d'appui, de coordination et de complément[2340]. Le respect de la diversité culturelle et lingustique est également assuré par le Traité de Lisbonne[2341]. Toutefois, le droit individuel au respect de la diversité culturelle, religieuse et linguistique est constitutionnalisé par l'article 22 de la Charte des droits fondamentaux. Cette diversité culturelle constitue « un contrepoids nécessaire à la construction européenne… il exprime l'une des contradictions majeures de notre époque, d'un côté la constitution d'ensembles de plus en plus vastes, de l'autre, la volonté de conserver ou même de rétablir l'autonomie et des valeurs d'instances plus réduites », pouvant concerner, au-delà des Etats, les collectivités infra étatiques[2342].

Selon la jurisprudence de la Cour, en droit communautaire, l'Etat est bénéficiaire de certains droits fondamentaux de type procédural ne serait-ce que pour lui permettre de bénéficier des droits de la défense, du principe contradictoire et du droit à un procès équitable dans le cadre des recours en constatation de manquement. L'arrêt du 21 mars 1990, Belgique contre Commission, est explicite à cet égard :

> « Il convient de souligner à cet égard que, ainsi que la Cour l'a déjà relevé dans sa jurisprudence constante, et notamment dans les arrêts du 10 juillet 1986, Belgique/Commission (234/84, Rec., p. 2263), (…), le respect des droits de la défense dans toute procédure ouverte à l'encontre d'une personne et susceptible d'aboutir à un acte lui faisant grief, constitue un principe fondamental du droit communautaire et doit être assuré même en l'absence d'une réglementation spécifique ».

L'importance que la Cour accorde à l'identité nationale des Etats est également perceptible dans l'arrêt du 12 septembre 2006, Espagne c/ Royaume-Uni[2343].

2340 Article I-16, TECE.

2341 Article 3.3 TUE, tel que modifié par le Traité de Lisbonne.

2342 BRAIBANT Guy, *La Charte des droits fondamentaux de l'Union européenne*, Points, Paris, 2001, p. 157.

2343 CJCE, arrêt du 12 séptembre 2004, Espagne c/ Royaume-Uni, Aff. C-145/04.

Selon cet arrêt, les résidents du Commonwealth à Gibraltar peuvent aussi participer aux élections européennes, même si ils n'ont pas la nationalité de l'Union. Cette dissociation entre la citoyenneté européenne et l'exercice des droits politiques européens d'élire le Parlement européen signifie, par ailleurs, qu'à coté des principes communs à touts les Etats, il y a des principes constitutionnels propres à chaque Etat membre qui sont acceptables. Ce développement jurisprudentiel valide encore la thèse du professeur Mouton sur les droits fondamentaux des Etats. A cet égard, il convient de constater que le problème qui se pose à l'UE n'est pas celui de la souveraineté mais celui de l'identité. Face à une interdépendance voulue entre les Etats-nation, l'Union doit respecter cette forte identité si elle veut réussir.

Dans cette perspective, le respect de l'identité nationale, considéré avec le principe de coopération loyale, apparaît proche d'un droit fondamental au profit des Etats. Mais l'article I-5 du Traité constitutionnel adjoint au respect de l'identité nationale, le respect par l'Union des fonctions essentielles de l'Etat.

b Le respect des fonctions essentielles de l'Etat

L'article I-5 dans son paragraphe premier, rassure ceux qui craignent une dérive fédérale de l'Union européenne. En disposant que, vis-à-vis des Etats membres, l'Union respecte « l'identité nationale inhérente à leurs structures fondamentales politiques et constitutionnelles, y compris en ce qui concerne l'autonomie locale et régionale » et aussi qu' « elle respecte les fonctions essentielles de l'Etat, notamment celles qui ont pour objet d'assurer son intégrité territoriale, de maintenir l'ordre public et de sauvegarder la sécurité nationale », le Traité de Rome semble officialiser le respect de tout ce qui fait l'essence de l'Etat souverain[2344]. Le Traité semble ainsi tenir compte du fait que l'exercice en commun de différentes souverainetés étatiques n'a pas remis en cause ce qui caractérise l'essence de l'Etat, le monopole du pouvoir de contrainte. Le monopole de la contrainte par les Etats membres, leur permettant de défendre leur territoire et de gouverner la population qui y réside étant rispicté, il apparaît ainsi que le Traité constitutionnel ne porte pas atteinte aux éléments constitutifs d'un Etat souverain. Autrement dit, « l'article I.5 semble être une énonciation des caractéristiques essentielles de l'Etat, de ses éléments constitutifs, et de son domaine réservé, exprimant l'idée que les Etats membres de l'Union sont toujours… des Etats »[2345]. La formulation

2344 MOUTON Jean-Denis, « Article I-5 », in *Contenu de la Constitution européenne,* Editions Litec, à paraître, pp. 1–4, ici p. 1.

2345 MOUTON Jean-Denis, « Vers la reconnaissance des droits fondamentaux des Etats dans le système communautaire ? », op. cit., p. 469.

contenue dans le Traité de Lisbonne concernant le respect des fonctons essentielles des Etats met en évidence la sensibilité des Etats membres à cet égard[2346].

L'évocation du respect des fonctions essentielles de l'Etat apparaît dans le Traité constitutionnel qui fournit les bases d'un début d'exercice en commun de la souveraineté en matière de PESC[2347] et de défense[2348]. Le Traité de Lisbonne ne fait que consolider cette orientation. Ces dispositions ne prévoient pas un super Etat-nation, mais un processus visant à « procéduraliser l'exercice de souverainetés politiques sur un mode concertatif, afin qu'il en résulte un gain de puissance pour tous et pour chacun »[2349]. Dans cette perspective, précise le Professeur Mouton, le respect des fonctions essentielles de l'Etat semble procéder d'une double logique : par cette mention, il est clairement rappelé que l'Union européenne n'a pas vocation à faire disparaître les Etats qui la constituent, mais en même temps, l'Etat membre de l'Union européenne est engagé dans un processus d'exercice en commun des souverainetés, y compris dans les domaines relevant des attributs essentiels de celles-ci.

c Le principe de solidarité

Selon l'article I.5–2 du projet de Traité constitutionnel, « en vertu du principe de coopération loyale, l'Union et les Etats membres se respectent et s'assistent mutuellement dans l'accomplissement des missions découlant de la Constitution ». L'article 4.3 TUE tel que modifié par le Traité de Lisbonne reprend cet engagement à l'identique. Alors, le Traité UE, comme l'avait fait la Constitution, se place dans une logique faisant ressortir la singularité de la Communauté et de l'Union. Cet article ne fait que de constitutionnaliser une jurisprudence assez prometteuse dans ce domaine. On se souvient en effet que la Cour de Luxembourg avait déjà tiré de l'article 10 du traité CE (ex-art. 5) un principe général de coopération loyale qui impose des obligations non seulement aux Etats membres, mais aussi aux institutions communautaires[2350]. Dans cette perspective, la Cour

2346 Article 4.2 TUE, tel que modifié par le Traité de Lisbonne.

2347 Les Etats ont réintroduit l'unanimité pour déclencher la coopération renforcée dans le domaine de la PESC, article III-419, TECE.

2348 Article III-2-14, TECE.

2349 FERRY Jean-Marc, « Quelle identité pour l'Europe? Les limites de l'Union et les voies d'une intégration post nationale », *L'Union européenne en débat: visions d'Europe centrale et orientale*, PUN, Nancy, cité MOUTON Jean-Denis, « Vers la reconnaissance des droits fondamentaux des Etats dans le système communautaire ? », op. cit., p. 7.

2350 CJCE, arrêt du 10 février 1983, Luxembourg c/Parlement européen, aff. 230/81.

a pu considérer que l'article 10 du Traité CE concrétise un principe de solidarité communautaire[2351].

Au delà de cette disposition, le principe de solidarité apparaît comme un véritable principe structurel, dans le système communautaire. La solidarité inhérente à l'existence d'un marché commun détermine la nature de la Communauté, l'ordre juridique communautaire reposant sur le principe de solidarité. Cette solidarité économique implique, pour les Etats membres, de respecter l'intérêt commun. « Mais l'éventuelle transposition de la solidarité correspondant aux droits sociaux fondamentaux des individus au niveau des Etats dans le système communautaire, postule l'émergence d'un droit à protéger les entités économiquement et socialement défavorisées »[2352]. Dans le système communautaire, c'est la notion de cohésion économique et sociale qui permet la concrétisation d'une telle solidarité. Apparue avec l'Acte unique européen, la cohésion économique et sociale a été rendue nécessaire par la réalisation d'un marché unique dont les effets prévisibles pour les régions défavorisées nécessitaient des mécanismes de compensation, par conséquent le renforcement de la solidarité communautaire. Ainsi que nous l'avons remarqué dans la Partie intitulée « Constitution économique », la notion de cohésion économique et sociale trouve son expression dans d'autres dispositions du Traité CE dont l'article 158, concrétisant les objectifs énoncés dans les articles 2 et 3, qui précise que « Afin de promouvoir un développement harmonieux de l'ensemble de la Communauté, celle-ci développe et poursuit son action tendant au renforcement de sa cohésion économique et sociale ».

L'objectif de réduire l'écart de développement entre les différentes régions de la Communauté, nous l'avons vu, a donné lieu à des actions structurelles, avec l'obligation pour les Etats membres de participer à la réalisation de cet objectif. Ce n'est pas pour autant que le statut de droit fondamental soit reconnu à l'expression de la solidarité. En effet, c'est la conclusion à laquelle aboutit la Cour de justice dans son arrêt du 23 novembre 1999 : « Il convient de relever que s'il découle des articles 2 et 3 du traité, ainsi que des articles 130 A à E du même traité, que le renforcement de la cohésion économique et sociale est l'un des objectifs de la Communauté, et, par conséquent, constitue un élément important, notamment pour l'intégration du droit communautaire dans le domaine économique et social, les dispositions en cause présentent un caractère programmatique, de

2351 CJCE, arrêt du 10 décembre 1969, Commission/France, aff. 6 et 11/69, Rec., p. 523.
2352 MOUTON Jean-Denis, « Vers la reconnaissance des droits fondamentaux des Etats dans le système communautaire ? », op. cit., p. 8.

telle sorte que la mise en œuvre de la cohésion économique et sociale doit être le résultat des actions de la Communauté, ainsi que des Etats membres »[2353]. « Ces objectifs, inspirateurs de la création de la Communauté, et plus particulièrement celui de promouvoir un développement harmonieux des activités économiques dans l'ensemble de la Communauté, ne sauraient avoir pour effet de créer des obligations juridiques à la charge des Etats membres, ni des droits au profit des particuliers »[2354].

Même si le principe de solidarité n'est pas élevé au statut de droit fondamental au profit des Etats dans l'ordre juridique communautaire, l'apport du Traité constitutionnel en ce qui concerne le volet territorial de la cohésion économique et sociale mérite l'attention. En effet, l'article I-3 du Traité constitutionnel prévoit que l'Union « promeut la cohésion économique, sociale et territoriale, et la solidarité entre les Etats membres »[2355]. Quant à l'article I-13, il place la cohésion économique, sociale et territoriale dans la liste des compétences partagées entre l'Union européenne et les Etats membres[2356]. Dans la troisième partie du Traité constitutionnel consacrée aux Politiques de l'Union, les articles III-111 à III-115 reprennent la formulation des articles 158 à 162 du traité CE, tout en ajoutant la notion de cohésion « territoriale ». Le Traité de Lisbonne reste fidèle à cette démarche[2357]. Ces reprises révèlent bien d'une préoccupation relative au respect de l'organisation constitutionnelle des Etats membres, ardemment défendue par le Commissaire Barnier[2358]. Dans cette perspective, il est permis d'avancer que, même si la solidarité n'apparaît pas comme un droit fondamental au profit des Etats dans l'ordre juridique communautaire, « le respect de l'identité nationale, ainsi que des fonctions essentielles de l'Etat membre, « sont à mettre en relation avec cette perspective territoriale introduite par le Traité constitutionnel »[2359].

Encore une fois, l'Union européenne apparaît comme pionnière en reconnaissant des droits fondamentaux aux Etats. La généralisation éventuelle de cette reconnaissance dépendra de l'affirmation de l'Union comme une force capable de peser sur les équilibres mondiaux. Cela suppose évidemment qu'elle assure son unité institutionnelle.

2353 CJCE, arrêt du 23 novembre 1999, aff. C-149/96.

2354 CJCE, arrêt du 23 janvier 1991, aff. 339/89, Alsthom Atlantique SA, Rec. 1991, p. 107.

2355 Article 3.3 nouveau TUE, tel que modfié par le Traité de Lisbonne.

2356 Article 4.c) TFUE.

2357 Article 174 TFUE.

2358 Michel Barnier, Discours du 07 février 2003, nos manuscrits.

2359 MOUTON Jean-Denis, « Vers la reconnaissance des droits fondamentaux des Etats dans le système communautaire ? », op. cit., p. 10.

B) La citoyenneté sociale dans la « stratégie post nationale »

Le principe de construction post nationale et cosmopolitique implique un nouveau facteur de cohésion et de protection de la démocratie. Aux mœurs démocratiques patriotiques des citoyens, s'appliquent en Europe aujourd'hui certaines mœurs transnationales et communautaires dans le cadre de l'Union européenne. Les citoyens des pays membres de l'Union européenne se sont habitués à participer à des régimes de solidarité communautaire. Ils sont prêts à accepter qu'une bonne partie de leurs impôts soit dépensée pour des projets d'infrastructure dans d'autres pays, dans le cadre d'un Fonds de cohésion. Surtout, l'Union européenne offre cette caractéristique distinctive du cosmopolitisme, que les individus peuvent faire valoir et sanctionner leurs droits subjectifs auprès des tribunaux européens[2360], le cas échéant contre l'Etat national dont ils sont les ressortissants. L'Union retient en outre de l'esprit kantien du droit cosmopolitique, le principe de la libre circulation et de la libre installation, sur tout son territoire, de ses ressortissants quelque soit leur nationalité. Ceux qui s'installent dans un autre pays européen sont prêts à accepter le devoir de respecter les mœurs de ce pays et à en apprendre la langue. C'est bien une nouvelle forme de décentrement qui commence à s'installer chez des Européens. Ce décentrement se distingue de l'immigration traditionnelle du fait de sa réciprocité. Il n'y a pas une culture prédominante qui absorbe les autres, mais un échange entre plusieurs cultures politiques selon le principe de reconnaissance réciproque. Tout cela fait partie d'une culture transnationale qui commence à s'installer. Les citoyens démocrates européens ne sont plus seulement des patriotes dans le sens du républicanisme national, mais ils sont porteurs des mœurs démocratiques communautaires.

Développer une stratégie post nationale pour l'UE, cela passe également par la reconnaissance de l'autonomie du système juridique communautaire. Ainsi, dès 1956, l'Avocat général Lagrange reconnaît que :

> « le traité dont la Cour a pour mission d'assurer l'application, s'il a bien été conclu sous forme des traités internationaux et s'il en est un incontestablement, n'en constitue pas moins, du point de vue matériel, la Charte de la Communauté, les règles de droits qui s'en dégagent constituant le droit interne de la Communauté. »[2361].

2360 LIBOIS Boris, « Education publique et patriotisme constitutionnel: Eléments pour un concept philosophique d'éducation », in FERRY Jean-Marc et Boris Libois (ed.), *Pour une éducation post nationale,* op.cit., p. 214.

2361 CJCE, arrêt du 16 juillet, Fédéchar, aff. 8/55, Rec., 291.

L'élément important ici du point de vue cosmopolitique est le fait qu'un traité international est conçu comme constituant le droit interne de la Communauté. La Cour de Justice, en affirmant la « spécificité » de l'ordre juridique communautaire par rapport au droit international contribue à l'affirmation de cette nature cosmopolite tout en renforçant le caractère constitutionnel des traités communautaires :

> « La communauté économique européenne constitue un nouvel ordre juridique de droit international, au profit duquel les Etats ont limité, bien que dans des domaines restreints, leurs droits souverains et dont les sujets sont non seulement les Etats membres, mais également leurs ressortissants. Le droit communautaire, indépendant de la législation des Etats membres, de même qu'il crée des charges dans le chef des particuliers, est destiné à engendrer des droits qui entrent dans leur patrimoine juridique. Ces droits naissent non seulement lorsqu'une attribution explicite en est faite par le traité, mais aussi en raison d'obligations que le traité impose d'une manière bien définie tant aux particuliers qu'aux Etats membres et aux institutions communautaires »[2362].

Le lien qui rattachait l'ordre juridique communautaire au droit international devait être coupé rapidement, quand la Cour a affirmé que:

> « à la différence des traités internationaux ordinaires, le traité CEE a institué un ordre juridique propre intégré aux systèmes juridiques des Etats membres lors de l'entrée en vigueur du traité et qui s'impose à leurs juridiction ; qu'en effet, en instituant une communauté de durée illimitée, dotée d'attributions propres, de la personnalité, de la capacité juridique, d'une capacité de représentation internationale, et plus précisément des pouvoirs réels issus d'une limitation de compétences ou d'un transfert d'attributions des Etats à la Communauté, ceux-ci ont limité, bien que dans des domaines restreints, leurs droits souverains et créé ainsi un corps de droit applicable à leurs ressortissants et à eux-mêmes »[2363].

Dans cette perspective, la Cour a reconnu toute une série de droits fondamentaux, y compris les droits sociaux fondamentaux. C'est le cas du droit de séjour d'un étranger ressortissant de la Communauté dans un autre Etat membre[2364], du principe de l'égalité de traitement et son corollaire, la non discrimination fondée sur la nationalité[2365] ou encore fondée sur le sexe[2366] ou la religion[2367], le droit de propriété[2368], le droit à un procès

2362 CJCE, arrêt du 5 février 1963, Van Gen en Loos, 26/62, Rec., p. 3.
2363 CJCE, arrêt du 15 juillit 1964, Costa c/ENEL, aff. 6/64, Rec., p. 1141.
2364 CJCE, arrêt du 28 octobre 1975, Rutili, aff. 36/75, Rec., p. 1219.
2365 CJCE, arrêt du 12 juillet 1984, Prodest, aff. 237/83, Rec., p. 3153.
2366 CJCE, arrêt du 15 juin 1978, Defrenne, aff. 149/77, Rec., p. 1365.
2367 CJCE, arrêt du 27 octobre 1976, Paris c/Conseil, aff. 130/75, Rec., p. 1589.
2368 CJCE, arrêt Nold precité.

équitable[2369], le droit à une protection judiciaire efficace[2370], le droit à la non rétroactivité des dispositions pénales[2371], la protection de la vie privée[2372] et la liberté d'association[2373], même si la Cour indique par la suite les limites d'applicabilité des droits fondamentaux dans le cadre de ses compétences. C'est le cas dans l'affaire Demirel où le juge communautaire souligne qu'il « ne peut vérifier la compatibilité avec la Convention européenne des droits de l'homme d'une réglementation nationale qui ne se situe pas dans le cadre du droit communautaire »[2374].

La reconnaissance des droits fondamentaux, y compris les droits sociaux fondamentaux, par la Cour de Justice s'annonce dès les premières années de l'intégration européenne, comme l'élément structurant de cette « stratégie post nationale »[2375]. La parenté de cette constatation avec la citoyenneté sociale provient du fait que ce sont les droits sociaux reconnus comme tels qui constituent l'essence même de cette citoyenneté. C'est d'abord le cas de la liberté de circulation, droit fondamental par excellence, qui se transforme, en particulier grâce à la jurisprudence de la Cour de justice en droit à caractère social. C'est aussi le cas du droit à la non-discrimination ou de l'égalité de traitement dont nous avons longuement discuté dans le paragraphe précédent. Toutefois, même si les droits sociaux sont les premiers à être reconnus durant le processus de l'intégration européenne, leur reconnaissance sous forme/dans le cadre d'un catalogue de droits, n'était pas évidente. Déjà l'adoption de la Charte communautaire des droits sociaux fondamentaux des travailleurs de 1989 avait fait l'objet de longs débats. Son inclusion dans le TUE, tel que modifié par le Traité d'Amsterdam, devait être saluée comme un progrès[2376]. A côté de l'article F.2 du Traité de Maastricht repris

2369 CJCE, arrêt du 29 novembre 1980, Landeweyk et a., aff. Jointes 209/78 à 215/78, Rec., p. 3125.

2370 CJCE, arrêt du 15 mai 1985, Johnston, aff. 222/84, Rec., p. 1651.

2371 CJCE, arrêt du 26 juin 1980, National Panasonic, aff. 136/79, Rec., p. 2033.

2372 CJCE, arrêt du 10 juillet 1984, Kent Kirk, aff. 63/84, Rec., p. 2680.

2373 CJCE, arrêt du 15 décembre 1995, Bosman, aff., C-415/93, Rec. I, p. 4921.

2374 CJCE, arrêt du 30 septembre 1987, Demirel, aff. 12/86, Rec., p. 3719.

2375 L'idée se trouve sous une forme différente dans les divers articles des traités. C'est par exemple le cas de l'article 1 TUE : « Le présent traité marque une nouvelle étape dans le processus créant une union sans cesse plus étroite entre les peuples de l'Europe, dans laquelle les décisions sont prises dans le plus grand respect du principe d'ouverture et le plus près possible des citoyens ».

2376 TUE tel que modifié par le Traité d'Amsterdam, Préambule, quatrième alinéa. Ainsi que l'article, 2 TUE.

par l'article 6.2 du Traité d'Amsterdam[2377], d'autres articles du traité qui intègrent les éléments sociaux comme un niveau d'emploi et de protection élevé[2378], le renforcement de la cohésion économique et sociale[2379], le dialogue entre partenaires sociaux[2380], etc. peuvent être considérés encore comme des avancées sensibles dans la voie de la concrétisation de cette « stratégie post nationale ».

C'est avec l'adoption de la Charte des droits fondamentaux de l'Union européenne que l'on franchit une étape capitale, de ce processus de transmission de l'ensemble des droits fondamentaux au plan international pour former un droit commun externe des Etats membres, qui revêtirait en même temps le droit des gens interne de la Communauté. Il est permis d'avancer que ce droit commun unissant les Etats membres pourrait résulter déjà d'une transposition non limitative des droits de l'homme vers des droits des gens dans la mesure où la Charte s'adresse à l'Union et aux Etats membres et que les bénéficiaires des droits reconnus sont les ressortissants européens. Autrement dit, le respect des droits fondamentaux contenus maintenant dans la Charte constitue le critère par excellence même indirect d'adhésion[2381] à l'Union. Mise à part la Charte, l'article I-2[2382] du Traité établissant une Constitution pour l'Europe constitutionnalise à lui seul quasiment toute la jurisprudence de la Cour depuis des décennies concernant les droits fondamentaux dans son ensemble. En cela, le critère de droit commun externe semble être satisfait. En outre, les bénéficiaires des droits contenus dans la Charte étant également les ressortissants européens qui ne résident pas dans leur pays de naissance, autrement dit, ceux qui sont en séjour régulier dans un autre Etat membre, la Charte constitue aussi le droit des gens interne de l'Union.

2377 Dont le texte précise que « L'Union respecte les droits fondamentaux tels qu'ils sont garantis par la Convention européenne de sauvegarde des droits de l'homme et les libertés fondamentales…et tels qu'ils résultent des traditions constitutionnelles communes aux Etats membres en tant que principes généraux du droit communautaire ».

2378 Article 2, TCE,

2379 Article 3.j, TCE.

2380 Article 139, TCE.

2381 Selon l'article I-58.1 du Traité Constitutionnel, « L'Union est ouverte à tous les Etats européens qui respectent les valeurs visées à l'article I-2 et s'engagent à les promouvoir en commun ». Quant à l'article I-2, il se lit comme suit : « L'Union est fondée sur les valeurs de respect de la dignité humaine, de liberté, de démocratie, d'égalité, de l'Etat de droit, ainsi que de respect des droits de l'homme, y compris des droits des personnes appartenant à des minorités. Ces valeurs sont communes aux Etats membres dans une société caractérisée par le pluralisme, la non-discrimination, la tolérance, la justice, la solidarité et l'égalité entre les femmes et les hommes ».

2382 Ibid.

Cet aspect est vérifié par le fait que certains droits contenus dans la Charte ne s'adressent pas uniquement aux ressortissants européens, mais à toutes les personnes résidant dans l'Union. C'est le cas du droit à la vie[2383], droit à l'intégrité physique et mentale, du droit à la liberté et la sûreté[2384], respect de la vie privée et familiale[2385], liberté de pensée, de conscience et de religion[2386], liberté d'expression et d'information[2387], droit à l'éducation[2388], liberté professionnelle et droit de travailler[2389], droit de propriété[2390], droit d'accès au service de placement[2391], protection de la santé[2392], droit à une bonne administration[2393], etc.

Ainsi que nous l'avons précisé lors de nos développements dans le chapitre 6 de cette thèse, la Charte des droits fondamentaux de l'Union contient trois « corbeilles » de droits fondamentaux[2394] : la première contient les droits de liberté et d'égalité, ainsi que les droits de procédure tels que garantis par la CEDH et tel qu'ils résultent des traditions constitutionnelles communes des Etats membres en tant que principes généraux du droit communautaire[2395].

La deuxième corbeille rassemble les droits fondamentaux des citoyens de l'Union. La définition de tels droits « réservés aux citoyens de l'Union » a

---

2383 L'article II-62.1 et II-63.1, Traité constitutionnel.

2384 L'article II-66, Traité constitutionnel.

2385 L'article II-67, Traité constitutionnel.

2386 L'article II-71, Traité constitutionnel.

2387 L'article II-72, Traité constitutionnel.

2388 L'article II-74, Traité constitutionnel.

2389 L'article II-75, Traité constitutionnel.

2390 L'article II-77, Traité constitutionnel.

2391 L'article II-89, Traité constitutionnel.

2392 L'article II-95, Traité constitutionnel.

2393 L'article II-101, Traité constitutionnel.

2394 GRUBER Annie, « La Charte des droits fondamentaux de l'Union européenne: Un message clair hautement symbolique », Les Petites affiches, 22 janvier 2001, n°15, pp. 4–17.

2395 C'est le cas pour toute une série de droits: droit à la dignité humaine (article 1); droit à la vie (article 2); droit au respect de l'intégrité de la personne humaine (article 3); interdiction de la torture et des peines ou traitements inhumains ou dégradants (article 4); interdiction de l'esclavage et du travail forcé (article 5) ; droit à la liberté et la sûreté (article 6); protection des données à caractère personnel (article 8); la liberté d'expression et d'information (article 11); liberté des arts et des sciences (article 13); droit à un recours effectif et à accéder un tribunal impartial (article 47); la présomption d'innocence et les droits de la défense (article 48); le principe de légalité et de proportionnalité des délits et des peines (article 49); droit à ne pas être jugé ou puni pénalement deux fois pour une même infraction (article 50).

pu paraître paradoxale dans un texte à caractère universel. Toutefois, la non-discrimination selon la nationalité permet de développer le concept de citoyenneté de l'Union tout en distinguant les droits des ressortissants d'un Etat membre résidant dans un autre Etat membre[2396] et les droits des ressortissants des pays tiers résidant légalement sur le territoire d'un Etat membre[2397]. En définitive, les droits des citoyens de l'Union, déjà consacrés par les Traités, ont été repris et reformulés en précisant leurs titulaires[2398]. En outre, ont été introduits des droits nouveaux intéressant la citoyenneté comme le droit à la bonne administration[2399]qui se décompose lui-même en droit de voir ses affaires traiter impartialement, le droit à la réparation par la Communauté des dommages causés par ses institutions et par ses agents et le droit de s'adresser aux institutions de l'Union dans une des langues officielles et de recevoir une réponse dans cette langue. Force est de constater que l'ensemble de ces droits du citoyen de l'Union, par l'effet d'engrenage mécanique qu'ils peuvent engendrer, sont de nature à renforcer le caractère social de la citoyenneté de l'Union.

Quant à la troisième corbeille, elle recouvre un ensemble de droits économiques et sociaux tels qu'énoncés dans la Charte sociale européenne et dans la Charte communautaire des droits sociaux fondamentaux des travailleurs[2400]. La Charte énonce clairement certains droits sociaux classiques qui participent et structurent directement la citoyenneté sociale européenne : la liberté professionnelle et le droit de travailler[2401], la liberté d'entreprise[2402], le droit d'accès aux services de placement[2403], la protection contre le licenciement injustifié[2404], etc. Au delà de ces droits sociaux classiques, la Charte fait apparaître des avancées concernant la citoyenneté sociale. C'est le cas du droit à la sécurité sociale et à l'aide sociale[2405]. En effet, il est précisé que toute personne qui réside et se

---

2396 Article 39-1 de la Charte.

2397 Liberté de circulation et de séjour (article 45) ; et inversement ceux des citoyens de l'Union sur le territoire d'un Etats tiers (article 46) ; plus largement les droits de toute personne (article 41).

2398 Droit de vote et d'éligibilité aux élections européennes (article 39) et municipales (article 40) ; droit d'accès aux documents (article 42) ; droit d'accès au médiateur européen (article 43) ; droit de pétition (article 44)

2399 Article 41.

2400 Article 136, TCE.

2401 Article 15 de la Charte.

2402 Article 15 de la Charte.

2403 Article 29 de la Charte.

2404 Article 30 de la Charte.

2405 Article 34 de la Charte.

déplace légalement à l'intérieur de l'Union, a droit aux prestations de sécurité sociale et aux avantages sociaux, conformément au droit communautaire et aux législations et pratiques nationales. De même, la protection de la santé, l'accès aux services d'intérêt économique général, la protection de l'environnement et celle des consommateurs sont de nature à consolider la citoyenneté sociale européenne[2406].

Par ailleurs, il convient de constater que certains droits qui sont classés dans la première et deuxième corbeille, comportent inévitablement un volet social et confortent de ce fait la citoyenneté sociale européenne. Il en est ainsi de l'égalité des sexes qui n'est pas limitée au domaine social[2407], le droit à l'éducation[2408] considéré comme une liberté mais qui peut être aussi considéré comme un droit social, ce que traduit la faculté de suivre gratuitement l'enseignement obligatoire, de même que les droits de l'enfant qui comportent bien un volet social[2409].

L'ensemble de ces droits économiques et sociaux participent de manière directe à la stratégie post nationale dans laquelle s'est engagée l'Union européenne, en particulier avec l'adoption de la Charte des droits fondamentaux, dans la mesure où ces droits, comme les autres droits contenus dans la Charte, constituent en partie le droit externe de l'Union et le droit des gens interne de la Communauté politique ainsi constituée. Le droit syndical fondu dans l'article 12, relatif à la liberté de réunion et d'association, ainsi que le droit au travail constituent à ce stade de l'intégration européenne, l'exception de cette constellation post nationale.

Cette « stratégie post nationale » s'est poursuivie, nous l'avons précisé, avec la rédaction d'un Traité établissant une Constitution pour l'Europe, par la Convention européenne qui s'est réunie à cet effet, même si les travaux de la CIG qui s'est réunie par la suite a quelque peu modifié le contenu du produit de la Convention[2410]. L'incorporation de la Charte dans le Traité constitutionnel avait mis fin aux incertitudes concernant le statut juridique de celle-ci. En effet, on assistait à une concrétisation tant attendue de plus de vingt ans de construction

2406 Les articles 35, 36 et 37 de la Charte.

2407 Article 23 de la Charte.

2408 Article 14 de la Charte.

2409 L'interdiction du travail des enfants et leur droit à la protection incluant notamment les soins nécessaires à leur bien-être (article 24).

2410 Pour une analyse critique voir BURGORGUE-LARSEN Laurence, « Le Traité établissant une Constitution pour l'Europe au carrefour des ambivalences », in BOURRINET Jacques (dir.) *L'intégration européenne au XXIème siècle*, la Documentation française, Paris, 2004, p. 40.

prétorienne en matière de droits fondamentaux ; le texte du Traité constitutionnel était élaboré le plus démocratiquement et publiquement possible et le catalogue des droits fondamentaux en faisait partie. Ainsi, l'insertion de la Charte dans le Traité, qui n'était guère acquise au moment de sa proclamation lors du sommet de Nice, est sans doute le succès le plus visible tant des « Conventionnels » que des Etats membres au sein de la CIG. En effet, un traité qui prétend établir une Constitution ne serait pas convaincant sans un catalogue des droits fondamentaux. Toutefois, la Charte des droits fondamentaux n'avait pas réussi à intégrer, d'une manière encore plus claire et justiciable, certains droits sociaux fondamentaux. C'est la raison pour laquelle une partie de la doctrine qualifie la Charte des droits fondamentaux de « paradoxe constitutionnel »[2411] en ce qu'elle est porteuse d'une tension entre deux visions antagonistes : celle d'un instrument constitutionnel au service de la construction d'une véritable identité politique européenne ou celle d'une simple consolidation de l'acquis des droits fondamentaux. Or, l'interprétation des clauses transversales, en particulier les articles 51 et 52, devenus les articles II-111 et II-112 du Traité constitutionnel, donne l'impression que c'est une conception réductrice qui a réussi à s'imposer. Cette impression devient plus évidente quant on tient compte des démarches que le gouvernement britannique a menées pour revenir sur le consensus établi lors des travaux de la première Convention qui avait rédigé la Charte. En effet, déjà lors des travaux de la Convention sur l'avenir de l'Europe, le représentant du gouvernement britannique avait œuvré pour retoucher les clauses transversales. C'est tout à la fois le Préambule et les articles 51 et 52 qui ont été remaniés par l'adjonction de « précisions » lourdes de conséquences. On peut lire en effet avant la dernière phrase du texte que : « Dans ce contexte, la Charte sera interprétée par les juridictions de l'Union et des Etats membres en prenant en considération les explications établies sous l'autorité du Praesidium de la Convention qui a élaboré la Charte ». De même, la Convention sur l'avenir de l'Europe a ajouté deux incises aux paragraphes 1 et 2 de l'article 51[2412] de la Charte. Les ajouts à

2411 POIARES MADURO Miguel, « The double constitutional life of the Charter of Fundamental rights », *Journée d'études des 7 et 8 novembre 2002,* N. Fernandez Sola (dir), Zaragoza, Dykinson, 2004, p. 287.

2412 Leur crainte était de ne pas donner prise à une extension des compétences communautaires via la protection des droits fondamentaux. Les nouveaux ajouts ont donc pour objet d'« enfoncer le clou » en s'alignant sur la jurisprudence communautaire selon laquelle la protection des droits fondamentaux par la législation de l'Union ne peut avoir pour effet d'accroître le domaine d'application des dispositions des traités au-delà des compétences de l'Union.

l'article 52, devenu l'article II-112 du Traité constitutionnel, mettent en évidence les éléments qui étaient le plus dilués et donc sujets à ignorance, indifférence ou à interprétation évolutive. Ici, il est question de références expresses aux traditions constitutionnelles communes, aux principes, aux législations et aux pratiques nationales existantes[2413]. Lors des travaux de la CIG, c'est à nouveau le Préambule[2414] et l'article 52[2415] de la Charte qui ont été affectés par des modifications auxquelles il faut ajouter l'apparition d'une très importante Déclaration[2416] concernant les explications relatives à la Charte des droits fondamentaux de l'Union européenne. L'ensemble de ces modifications fait que c'est à la fois l'interprétation, le champ d'application et la portée des droits qui sont remis en question[2417]. En effet, l'interprétation est encadrée par les explications a minima de la Charte ; le champ d'application entend être maîtrisé pour ne pas déborder les compétences communautaires, tandis que la portée des droits est atténuée par une référence aux principes dont on sait qu'ils correspondent avant tout aux droits sociaux. Par conséquent, le déficit social que la Charte entendait corriger par l'inscription des droits sociaux, ne sera pas comblé de sitôt.

Les modifications introduites dans la Charte aussi bien par la Convention sur l'avenir de l'Europe que par la CIG restreignent en particulier la portée des droits sociaux fondamentaux contenus dans la Charte et dans le Traité constitutionnel. Ces modifications a minima atténuent certes la « stratégie post nationale » dans laquelle s'est engagée l'Union européenne. Toutefois, nous sommes d'avis que même limité, le chemin parcouru est considérable, est que même ralentie quelque peu, cette stratégie se poursuivra. Même si le Traité constitutionnel n'est

---

2413 Article II-112, paragraphes 4, 5, et 6.

2414 La dernière phrase du Préambule se lit ainsi : « Dans ce contexte, la Charte sera interprétée par les juridictions de l'Union et des Etats membres en prenant dûment en considération les explications établies sous l'autorité du Praesidium de la Convention qui a élaboré la Charte et les mises à jour sous la responsabilité du Praesidium de la Convention européenne ».

2415 Le septième paragraphe de l'article II-112 quant à lui est libellé comme suit : « Il convient que les juridictions de l'Union et des Etats membres prennent dûment en considération les explications élaborées en vue de guider l'interprétation de la Charte des droits fondamentaux ».

2416 La Déclaration modifie les explications des clauses transversales, les articles II-111 (champ d'application) et II-112 (Interprétation et portée des droits et principes) dans un sens restrictif.

2417 BURGORGUE-LARSEN Laurence, « Le Traité établissant une Constitution pour l'Europe au carrefour des ambivalences », in BOURRINET Jacques (dir.) *L'intégration européenne au XXIème siècle,* op.cit., p. 60.

pas appouvé, le fait que les principales innovations de celle-ci sont reprises par le Traité de Lisbonne, montre que cette stratégie reste en cours.

§ 2: La citoyenneté sociale comme élément intégrant une forme de démocratie à l'Union européenne

Les thèmes de l'élargissement de l'Union et de la réflexion sur son avenir constitutionnel offrent l'intérêt de permettre un retour aux principes les plus essentiels de la philosophie politique. Dans cette perspective, on peut saisir la possibilité d'une réflexion, non pas sur les raisons d'être des fondements de la modernité politique, mais sur la démocratie dans le cadre de l'Union européenne. Il semble en effet acquis que la démocratie doive être intégrée de manière sérieuse au projet européen. Cela permettrait, après la réalisation de l'Union économique et monétaire, de viser l'unité politique de l'Union européenne, dont la légitimité et l'efficacité se verraient renforcées. Dans ce cadre, la démocratie serait à la fois l'aboutissement institutionnel d'un processus en voie d'achèvement et le fondement d'un nouvel élan[2418]. Elle devrait pérenniser les acquis et permettre une évolution. La proposition précédente, pour être convaincante, devrait répondre à la question de savoir en quoi la construction européenne appelle-t-elle la démocratie ? Et quel type de démocratie, avec quelle finalité ?

Le développement du parlementarisme au niveau de l'Union, qui se manifeste en particulier par le rôle croissant du Parlement européen dans le système décisionnel communautaire, semble ne pas suffire à fonder le caractère démocratique du système institutionnel. Ne pouvons-nous plus croire encore au syllogisme de la Commission européenne selon lequel l'Union européenne est démocratique parce que composée d'Etats démocratiques ?[2419] Si la réponse est affirmative, comment alors transférer un pouvoir politique détenu par des autorités démocratiques légitimes à une autorité démocratique dotée de sa propre légitimité et non subordonnée aux précédentes ? Le transfert, généralement brutal, d'un pouvoir despotique à un pouvoir démocratique est le propre des époques

2418 VALENTIN Vincent, « L'Europe au risque de la démocratie : La critique libérale », Raisons politiques, n°10, mai 2003, pp. 25–42.

2419 « Les Etats membres de la Communauté sont des démocraties pluralistes. C'est en fait, une condition pour pouvoir adhérer à la Communauté européenne. Par conséquent, toute organisation créée par eux est, elle aussi, fondamentalement démocratique. C'est le cas de la Communauté européenne », Commission européenne, Une Communauté plus démocratique, Luxemburg, Office des publications officielles, 1991, p. 5.

révolutionnaires, mais le libre transfert d'un système démocratique à un système tout aussi démocratique reste une procédure à découvrir[2420]. A notre avis, c'est ce qui est en train de se réaliser dans le cadre de l'intégration européenne. Pour en saisir le sens, il convient de passer en revue les étapes de cette conception de démocratie évolutive **(A)** et de dégager par la suite les éléments constitutifs de la démocratie participative qui se présente comme le complément indispensable d'une démocratie post nationale **(B)**.

A) *Des Traités fondateurs au Traité de Lisbonne : une forme évolutive de démocratie*

1. *Les différents types de démocratie dans l'intégration européenne*

La philosophie politique présente dès le début de l'intégration européenne est libérale. Cela provient avant tout du fait que les Etats membres fondateurs sont eux-mêmes des pays démocrates. Sans chercher des réponses à la question de savoir si c'est une garantie pour assurer une structure démocratique pour l'entité qu'est l'Union européenne, il convient de reconnaître que l'une des principales critiques adressées à l'Union est la présence du déficit démocratique[2421]. En cela, l'Union européenne doit faire preuve de crédibilité et de lisibilité. Quant au type de démocratie qui conviendrait le mieux à la construction européenne, il semble qu'elle est par nature évolutive comme l'entité politique en question. En effet, déjà les structures existantes de l'Union présentent un caractère suis generis et sortant en dehors du cadre de la démocratie telle qu'elle est expérimentée dans le cadre national.

L'histoire de la construction européenne nous offre bien les étapes de cette démocratie à caractère évolutif. En effet, le premier type de démocratie, nous dirions à l'européenne, est issu des Traités, ainsi que de la jurisprudence de la Cour de Justice. Le Traité établissant la Communauté européenne du charbon et de l'acier, signé à Paris le 18 avril 1951 ne mentionne pas le concept de démocratie. Le préambule fait référence à la paix mondiale, ainsi qu'aux relations pacifiques et la solidarité réelle entre les pays membres. Le traité ne définit pas la forme politique de la démocratie qu'il sous-entend, même là où il souligne les

---

2420 SEILER D.-L, « Les parlements entre « gouvernement » et « concordance » », in COSTA Olivier, KERROUCHE Eric et MAGNETTE Paul, (ed), *Vers un renouveau du parlementarisme en Europe,* Institut de sociologie, Sociologie politique, Bruxelles, Editions de l'Université de Bruxelles, 2004, p. 57.

2421 Nous développerons cette notion dans le paragraphe suivant.

positions économiques des différents acteurs, que cette forme de démocratie pourrait impliquer : d' « assurer à tous les utilisateurs du marché commun placés dans des conditions comparables un égal accès aux sources de production »[2422]. Toutefois, il convient de constater que le Traité CECA a posé les structures institutionnelles de base de l'Union d'aujourd'hui. Ces structures ont été affinées par le Traité établissant la Communauté économique européenne, signé le 25 mars 1957. Le Traité CEE, le prédécesseur par excellence du Traité de Maastricht, ne fait pas de référence au concept de démocratie. Le Traité de Rome, rédigé dans le respect des limites philosophiques du Traité CECA, utilise la même conception économique. Son article 2, devenu l'article 2 TCE après modification, se réfère à l'établissement d'un marché commun. Tout en jetant les bases d'une forme de citoyenneté dans son article 8, il n'y a pas de référence à la notion de démocratie[2423]. Le premier traité qui fait référence au concept de démocratie est l'Acte unique européen, signé à Luxembourg le 17 février 1986. Cette référence indique plusieurs directions : l'une concerne la coopération économique, une autre, les droits fondamentaux, une troisième, est relative à l'établissement d'une approche européenne commune. Ces trois approches relatives à la démocratie sont formulées dans le préambule[2424]. Cette première mention au concept de démocratie est un phénomène historique dans le contexte du droit européen.

2422 Traité CECA, article 3b.

2423 « L'abolition ente les Etats membres, des obstacles à la libre circulation des personnes, des services et des capitaux ».

2424 « DECIDES à **promouvoir ensemble la démocratie en se fondant sur les droits fondamentaux** reconnus dans les constitutions et lois des Etats membres, dans la convention de sauvegarde des droits de l'homme et des libertés fondamentales et la Charte sociale européenne, notamment la liberté, l'égalité et la justice sociale,
CONVAINCUS que l'idée européenne, les résultats acquis dans les domaines **de l'intégration économique et de la coopération politique, a**insi que la nécessité de nouveaux développements, répondent aux vœux de peuples démocratiques européens pour qui le Parlement européen, élu au suffrage universel, est un moyen d'expression indispensable,
CONSCIENTS **de la responsabilité qui incombe à l'Europe de s'efforcer de parler toujours davantage d'une seule voix** et d'agir avec cohésion et solidarité afin de défendre plus efficacement ses intérêts communs et son indépendance, ainsi que de faire ou particulièrement valoir les principes de démocratie et le respect du droit et des droits de l'homme, auxquels ils sont attachés, afin d'apporter ensemble leur contribution propre au maintien de la paix et de la sécurité internationales conformément à l'engagement qu'ils ont pris dans le cadre de la Charte des Nations Unies, », Traités instituant les Communautés européennes, Traités portant révision de ces Traités, Acte unique européen, Luxembourg, 1987, pp. 1009–1010.

L'Acte unique européen a sans doute influencé les auteurs du Traité sur l'Union européenne qui a été signé à Maastricht le 7 février 1992. Son engagement pour la démocratie est bien connu : « CONFIRMANT leur attachement aux principes de la liberté, de la démocratie et du respect des droits de l'homme et des libertés fondamentales et de l'Etat de droit. »[2425]. Cet engagement est affirmé avec plus de détermination dans la version Maastrichtienne de l'article F[2426]. Le Traité d'Amsterdam amende l'article F1, devenu l'article 6.1 TUE de la manière suivante : « L'Union est fondée sur les principes de la liberté, de la démocratie, du respect des droits de l'homme et des libertés fondamentales, ainsi que l'Etat de droit, principes qui sont communs aux Etats membres ». Le Traité de Nice ne porte pas de modifications de ces articles. Quant au Traité constitutionnel, il confirme l'acquis démocratique de l'Union, tout en le développant à plusieurs égards, en particulier dans le domaine de la démocratie participative[2427].

Ce bref rappel concernant le concept de démocratie dans les Traités[2428] nous mène à un constat : la référence aux principes démocratiques dans les Traités européens n'est pas très ancienne ; elle a à peine plus d'une décennie. En outre, les références parallèles à la démocratie et aux droits de l'homme le confirme : ce qui est vrai pour la démocratie, l'est aussi pour les droits de l'homme[2429].

2. *Une démocratie caractérisée par le déficit démocratique ?*

Les pouvoirs transférés à l'Union, après les modifications successives des Traités, ont fait naître un problème actuel qui caractérise l'Union européenne : ce que

---

2425 TUE, Préambule, troisième alinéa.

2426 « 1. L'Union respecte l'identité nationale de ses Etats membres, dont les systèmes de gouvernement sont fondés sur des principes démocratiques.

2. L'Union respecte les droits fondamentaux, tels qu'ils sont garantis par la Convention européenne de sauvegarde des droits de l'homme et de libertés fondamentales, signé à Rome le 4 novembre 1950, et tels qu'ils résultent des traditions constitutionnelles communes aux Etats membres, en tant que principes généraux du droit communautaire. »

2427 Nous développerons cette notion ultérieurement.

2428 L'étude du concept de démocratie dans le contexte européen, pour être complète, doit également tenir compte du développement de cette problématique dans les Accords d'association, les déclarations de l'UE, ainsi que les autres documents relatifs à la notion. Pour plus de détails, voir Jan M. Broekman, *A Philosophy of European Union Law,* Peters, Leuven, 1999.

2429 BROEKMAN Jan M., *A Philosophy of European Union Law,* Peters, Leuven, 1999, p. 1999.

l'on appelle communément « le déficit démocratique ». L'expression désignant le sentiment des citoyens devant un processus d'intégration qui se déroule sans leur participation ou, à tout le moins, en dehors de leurs contrôles[2430]. On sait que l'Europe s'est construite par le droit, certes, mais le droit international, qui ne semble pas à même de constituer un fondement suffisant pour la poursuite de la construction européenne. Les critiques portant sur le déficit démocratique renvoient donc aux limites de la forme internationale et diplomatique et, par là, aux limites de la procédure des traités, qui traduisent la volonté des Etats mais pas nécessairement des peuples. Il était donc nécessaire que le Traité établissant une Constitution pour l'Europe considère, aux côtés de la démocratie représentative, de nouveaux modes de représentation et de prise en compte de la société civile au sein de l'Union[2431]. Dans une Europe élargie, la poursuite de l'intégration et de l'approfondissement des compétences attribuées à l'Union implique en effet une grande légitimité démocratique, qui ne peut plus être basée sur la seule légitimité des Etats membres, mais doit également prendre en considération les citoyens. Toutefois, le recours à des formes alternatives de démocratie résulte d'une préoccupation moins officielle que celle tenant à la volonté de prendre véritablement en compte la société civile[2432] et de répondre aux critiques relatives au déficit démocratique.

2430 CHOPIN Thierry, « La Convention sur l'avenir de l'Europe », Raisons politiques, n°10, mai 2003, pp. 61–67.

2431 Selon Professeur Dehousse, « le passage de la Cité-Etat à l'Etat-nation s'est accompagné du passage de la démocratie directe à la démocratie représentative, et le passage de l'Etat-nation à une Union d'Etats comme l'Union européenne appelle des formes nouvelles de démocratie et de participation. La simple protection des modèles nationaux à une autre échelle ne suffit pas », DEHOUSSE Renaud, La participation des citoyens européens », in COHEN-JONATHAN Gérard et DUTHEIL de la ROCHERE Jacqueline. (dir.), *Convention européenne, Démocratie et Droits de l'homme,* Bruxelles, Bruylant, (Droit et justice), 2003, p. 198–201, ici p. 199.

2432 Selon Jürgen Habermas, la société civile « s'associe, désormais, à une signification différente de celle qu'avait connue la tradition libérale et telle que Hegel l'avait résumée par son concept d'un « système de besoins », c'est-à-dire en la considérant comme un système de travail social et de la circulation des marchandises propre à l'économie de marché. A la différence de ce qui se passait encore chez Marx et dans le marxisme, ce qu'on appelle aujourd'hui société civile n'inclut plus, en effet, l'économie réglée par le marché de travail, les marchés de capitaux et des biens et constitué par le droit privé. Au contraire, son cœur institutionnel est désormais formé par ces groupements et ces associations non étatiques et non économiques à base bénévole qui rattachent les structures communicationnelles de l'espace public à la composante « société » du monde vécu. La société civile se compose de ces associations, organisations et

Le recours à la forme « conventionnelle » devait permettre de renouer avec la voie constitutionnelle. C'est la Convention qui devait permettre le passage du principe de légitimité diplomatique à celle de la légitimité démocratique[2433]. En effet, dans le communiqué du sommet de Laeken qui avait lancé le processus, les chefs d'Etats et de gouvernement européens avaient déclaré que le manque

---

mouvements qui à la fois accueillent, condensent et répercutent en les amplifiant dans l'espace public politique, la résonance que les problèmes sociaux trouvent dans les sphères de la vie privée. Le cœur de la société civile est donc constitué par un tissu associatif qui institutionnalise dans le cadre d'espace publics organisés les discussions qui se proposent de résoudre les problèmes surgis concernant les sujets d'intérêt général », *Droit et Démocratie,* Editions Gallimard, 1997, pp. 393–394.
J. Cohen et A. Arato établissent un catalogue des traits caractéristiques de la société civile. Selon eux, elle est distincte à la fois de l'Etat, de l'économie et d'autres systèmes fonctionnels de la société, mais rattachée aux domaines centraux de la sphère privée du monde vécu. Ses traits caractéristiques sont : « **la pluralité** : familles, groupes informels et associations volontaires dont la pluralité et l'autonomie admettent une certaine variété de formes de vie ; **le caractère public** : institutions de la culture et de la communication ; **le caractère privé** : un domaine réservé au développement individuel et au choix moral ; **la légalité** : des structures de lois générales et des droits fondamentaux nécessaires pour délimiter la pluralité, le caractère privé et public, à tout le moins par rapport à l'Etat mais virtuellement aussi par rapport à l'économie. ». J. L. Cohen et A. Arato, *Civil Society and Political Theory,* Cambridge, Mass, MIT Press, 1992, p. 346.
Quant à la Commission européenne, elle a emprunté au Comité économique et social la description des différentes catégories d'organisations de la société civile, que celui-ci a présenté dans son avis du 22 septembre 1997. Dans cette perspective, « La société organisée comprend en particulier :

- ce que l'on appelle les « acteurs du marché du travail » (organisations syndicales et patronales, également appelés les partenaires sociaux);
- les organisations représentatives des milieux socio-économiques, qui ne sont pas des partenaires sociaux au sens restreint ;
- Les ONG (organisations non gouvernementales) qui unissent les personnes sur des causes communes, par exemple les organisations de protection de l'environnement, les organisations de défense des droits de l'homme, les associations des consommateurs, les associations caritatives, les organisations scolaires et de formation etc. ;
- Les organisations de base (c'est-à-dire les organisations issues du centre et de la base de la société et poursuivant des objectifs axés sur leurs membres), par exemple les mouvements de la jeunesse, les associations familiales et toutes les organisations de participation des citoyens à la vie locale et municipale ;
- Les communautés religieuses ». Rapport du groupe de travail « Consultation et participation de la société civile », SG-2001-08589-00-00-FR, juin 2001, p. 10.

2433 QUERMONNE Jean-Louis, *L'Europe en quête de légitimité,* Paris, Sciences Po, 2001.

de légitimité démocratique de l'Union était le « premier défi auquel devait faire face l'Europe », défi auquel la Convention elle-même était censée trouver une solution. Certaines des raisons présidant à ce sentiment d'un « déficit démocratique » sont difficilement éliminables : une organisation multinationale à l'échelle d'un continent est vouée à paraître distante de chacun de ses citoyens pris individuellement[2434]. En effet, les organisations multilatérales manquent de d'enracinement dans une histoire, une culture et un symbolisme communs sur lesquels s'appuient la plupart des politiques nationales.

Il est aisé de comprendre pourquoi les institutions européennes semblent manquer de légitimité démocratique. En effet, seule une institution de l'UE est élue directement au niveau européen : le Parlement. Or ce dernier a beaucoup moins de pouvoirs que ses homologues nationaux et son élection, qui est organisée sur un mode décentralisé, ne mobilise que faiblement les électeurs de chaque pays qui choisissent parmi les partis nationaux, en fonction des questions nationales plutôt qu'européennes. La Commission européenne est perçue comme un organe technocratique lointain. La Cour de justice, constituée par des juges nommés, a, en revanche, un pouvoir relativement étendu. Le Conseil des ministres, la plus puissante des institutions bruxelloises, rassemble des ministres, des diplomates et des officiels de chaque pays qui délibèrent souvent en secret. Les directives européennes promeuvent un élargissement et un approfondissement du marché et ne proposent, en compensation, qu'un nombre limité de politiques sociales.

Toutefois, aucun de ces constats ne permettrait de remettre en cause la légitimité démocratique des institutions européennes. On pourrait prétendreau contraire que, si au lieu de mesurer l'Union européenne à l'aune d'une conception utopique de démocratie, on adopte des critères raisonnables et réalistes d'évaluation de la gouvernance moderne, l'affirmation selon laquelle l'UE manque de légitimité démocratique n'est pas ttoujours confirmée[2435]. Il serait alors injuste de juger l'UE en fonction des exigences auxquelles aucun gouvernement moderne ne peut répondre. L'équilibre des pouvoirs inscrit dans le traité constitutionnel, le contrôle démocratique indirect via les parlements nationaux et la montée en puissance du Parlement européen sont autant d'éléments pour mettre en évidence le fait que les décisions de l'Union européenne sont transparentes, efficaces et adaptées aux demandes des citoyens. En outre, si l'Etat moderne se caractérise

2434 MORAVCSIK Andrew, « Le mythe du déficit démocratique européen », Raisons politiques, n°10, mai 2003, pp. 87–104, ici p. 88.

2435 Ibid, p. 88.

d'abord par sa capacité à taxer, à dépenser et à redistribuer les richesses, l'UE n'exerce que faiblement ses prérogatives. En effet, elle ne peut effectuer que des prélèvements qu'à hauteur de 1 % du PIB des Etats membres, ce qui représente seulement environ 2 % des gouvernements nationaux et locaux. Ces fonds versés par les gouvernements ne proviennent pas des taxes directes et sont alloués à des politiques telle que la PAC, à des dépenses structurelles et à des aides au développement.

De plus, la capacité d'action de l'Union européenne, même dans les secteurs qui relèvent de sa compétence exclusive, est contenue par l'équilibre des pouvoirs qui régit les institutions communautaires. L'UE ne repose pas sur la souveraineté parlementaire, mais sur une séparation des pouvoirs à l'européenne, ceux-ci étant partagés verticalement par la Commission, le Conseil, le Parlement et la Cour de Justice, et horizontalement par les instances locales, nationales et transnationales. Dans cette perspective, la Commission propose le Conseil des Ministres décide, une super majorité des parlementaires européens donne son assentiment et, si le résultat est mis en question, la Cour doit donner son approbation. Il convient de reconnaître qu'en restreignant les pouvoirs fiscaux, administratifs et coercitifs de l'UE, les Etats membres ont posé des limites permanentes sur presque toutes les questions politiques sensibles aux yeux des électeurs européens. Moins de 20 % des lois votées dans les grands pays européens ont pour origine l'UE. Il faut par ailleurs considérer ce qui échappe à sa compétence : les impôts et le choix des priorités fiscales, l'essentiel de la politique sociale, la défense et les pouvoirs de police, l'éducation, la législation pénale et économique, l'action culturelle, etc.

L'accusation de « déficit démocratique » à l'encontre de l'UE peut emprunter une autre voie qui est la plus radicale de toutes selon Andrew Moravcsik. Il souligne à cet effet que la solution constitutionnelle européenne a échoué à faire émerger des partis politiques, des identités et des discours transnationaux qui pourraient donner un sens et de l'efficacité à la politique participative européenne. Même si une participation accrue était souhaitable et avait une action légitimant, tout effort dans ce sens semble avoir peu de chance de vaincre l'apathie des électeurs, qui n'exploitent pas complètement les occasions actuelles de participer aux élections européennes existantes. Pensent-ils pour autant que leur participation est inefficace ou que les institutions comme l'UE ne comptent pas, ou bien s'en désintéressent-ils ?

La cause la plus plausible d'une telle apathie semble résider dans le fait que l'activité réglementaire de l'UE touchant différentes questions, tend à être inversement proportionnelle à l'importance que revêtent ces questions dans l'esprit des électeurs européens. Les affaires traitées par l'UE ne trouvent que peu d'écho dans l'esprit des citoyens. Parmi les questions les plus cruciales en Grande

Bretagne actuellement, telle que la santé, l'éducation, l'ordre public, les retraites, la sécurité sociale et les impôts, aucune ne relève au premier chef de l'UE. En comparaison, les affaires relevant directement de l'UE, telles que la libéralisation du commerce, l'agriculture, l'abaissement des barrières douanières, la réglementation technique dans les domaines environnementaux et autres aides étrangères et la coordination des politiques étrangères, ont tendance à manquer de visibilité dans les pays européens. Une des voies les plus appropriées pour intéresser les citoyens européens aux politiques communautaires serait de placer ceux-ci devant des enjeux clairs. Ce qu'il faudrait, ce sont des clivages politiques totalement nouveaux et fondés sur leur intérêt personnel. Dans cette perspective, les droits sociaux fondamentaux semblent encore pouvoir offrir d'énormes opportunités à saisir. En effet, on sait que même si ces derniers sont relevés au rang constitutionnel avec le Traité constitutionnel, certains d'entre eux sont encore au niveau de principes pouvant servir d'orientation politique, autrement dit à caractère programmatique. Tout effort de concrétisation, toute tentative de visibilité dans la jouissance de ces droits par les citoyens, pourrait avoir un impact important dans la sensibilisation des citoyens à l'UE.

Au vu de ce qui précède, ce dont souffre l'UE apparaît non pas le déficit démocratique mais le déficit d'information[2436]. En effet, s'il est vrai qu'un tel déficit démocratique existait dans la Communauté économique européenne, dans laquelle le Parlement européen avait un rôle avant tout consultatif, il serait difficile de parler d'un défaut de procédures démocratiques dans l'UE, où la plupart des décisions importantes sont prises conjointement par le Conseil représentant les gouvernements démocratiquement élus de l'Union, et par le Parlement européen, représentant directement les citoyens de l'Union. En outre, il ne faudrait pas minimiser le rôle des parlements nationaux dans les affaires européennes[2437]. Depuis que la Communauté européenne a perdu son qualificatif « économique », les institutions européennes essayent de se rapprocher des citoyens. La politique d'information de la Commission a pour but de contribuer aux objectifs de la transparence et de l'accessibilité du droit communautaire. Il s'agit d'expliquer aux citoyens la nature et la portée des enjeux auxquels l'Union européenne doit faire

2436 MOUSSIS Nicolas, « La construction européenne et le citoyen : Déficit démocratique ou déficit d'information ? », RMCUE, n°436, mars 2000, pp. 153–159.

2437 Notamment à travers la conférence des comités des Parlements spécialisés dans les affaires européennes (COSAC), qui peut examiner toute proposition ou initiative d'acte législatif communautaire pouvant avoir une incidence directe sur les droits et les libertés des individus et qui peut adresser aux institutions européennes la contribution qu'elle juge appropriée sur les activités législatives de l'Union.

face, de démontrer l'avantage comparatif que crée la construction européenne et de traduire sur un plan concret l'effet des politiques européennes sur la vie quotidienne des citoyens. Cependant, malgré les efforts de la Commission, le public européen est encore insuffisamment ou mal informé sur la construction européenne[2438]. Dans cette perspective, au lieu d'un déficit démocratique, on devrait plutôt parler d'un déficit d'information sur les affaires européennes. Le résultat du referendum irlandais de 2001 sur le Traité de Nice est un parfait exemple : l'opinion publique varia de plusieurs dizaines de points en réaction aux déclarations intempestives du président de la Commission ; en conséquence de quoi, les citoyens du pays qui tire le plus grand bénéfice par habitant de son appartenance à l'UE, votèrent contre le Traité de Nice.

Mise à part la stratégie de promotion qui pourrait contribuer à la visibilité de l'Union, l'une des propositions viables qui est avancée pour la sensibilisation citoyenne, consiste au remplacement des subventions agricoles et des fonds structurels par un revenu minimum garanti offert au tiers le plus pauvre des citoyens européens[2439]. Selon Schimitter, l'UE fonctionnant comme une machine de redistribution, des riches vers les pauvres, des vieux vers les jeunes, des citoyens nationaux vers les immigrés, individus et groupes modifieraient leurs comportements politiques selon qu'ils profitent du système, cela engendrerait davantage de légitimité politique. Le Professeur Jean-Marc Ferry qui va encore plus loin, propose l'instauration d'une Allocation universelle. Il entend par là « un revenu social primaire distribué égalitairement de façon inconditionnelle »[2440]. Il considère par la suite que ce revenu social devrait être complété par une dimension citoyenne et avance que l'Allocation universelle peut être entendue comme un « droit-créance » du citoyen à l'égard de sa communauté politique[2441]. Il s'agit d'un revenu distribué de façon égalitaire et inconditionnelle aux citoyens majeurs de l'Union européenne. De même que l'on s'attend à ce que l'Etat assure à ses citoyens les moyens matériels de leur participation civique et une base sociale pour l'intégration politique, l'Allocation universelle pourrait jouer un rôle similaire à l'échelle de l'Union. La Communauté politique de référence qu'est l'Union européenne peut se justifier sous des considérations aussi bien techniques que politiques. En

---

2438 Selon les sondages « eurobaromètres » trois quarts du public se déclarent mal informés au sujet des instituions et des politiques européennes.

2439 Proposition du professeur Philippe Schmitter de l'Institut européen de Florence, in MORAWCSIK Andrew, *Le Mythe du déficit démocratique européen*, op.cit, p. 102.

2440 « La Troisième Révolution », Le monde des débats, n°8 mai 1993, pp. 10–11.

2441 FERRY Jean-Marc, *L'Allocation universelle : Pour un revenu de citoyenneté*, Paris, Les Editions du Cerfs, 1995.

effet, la question pour l'Union européenne est qu'à l'exigence de relégitimation politique par un projet substantiellement mobilisateur, s'ajoute celle d'une protection sociale harmonieuse au sein de l'Union[2442]. Compte tenu de la disparité des situations nationales, l'instauration d'un revenu de citoyenneté européenne répondrait aux considérations touchant à la légitimation politique de celle-ci et à l'harmonisation de la base d'une Europe sociale à concrétiser. Force est de constater que l'aspect le plus sensibilisant de cette allocation résiderait dans son caractère égalitaire et que les bénéficiaires seraient tous les citoyens de l'Union européenne[2443]. Vue dans cette optique, l'Allocation universelle acquiert alors la caractéristique d'un droit fondamental pouvant consolider la citoyenneté sociale dans l'Union.

Ne dépendant pas d'une situation sociale particulière, son originalité serait de ne pas être financée par la Sécurité sociale. Dans cette perspective, on pourrait imaginer que l'allocation universelle soit financée au niveau européen par des prélèvements bancaires automatiques sur les transactions des ménages[2444]. Même si elle semble être un objectif lointain, l'instauration d'une allocation universelle est à notre sens de nature à consolider le lien affectif des citoyens européens, qui indiscutablement fait défaut à l'Union européenne.

2442 FERRY Jean-Marc, *La Question de l'Etat européen,* Gallimard, 2000, p. 190.

2443 Il semblerait normal d'étendre le bénéfice de l'Allocation universelle aux résidents étrangers permanents. Cela serait surtout vrai si l'on considère qu'elle prendrait place parmi les droits sociaux qui, comme les droits civils, mais à la différence des droits politiques, sont tout à fait acquis aux résidents permanents étrangers.

2444 Pour la concrétisation de l'Allocation universelle le Professeur Ferry dégage les réquisits suivants : (i) Tout d'abord cela supposerait la réalisation de l'Union monétaire, afin de diminuer la contrainte extérieure liée à la pluralité des monnaies nationales. Le risque inflationniste de l'Allocation universelle devrait être amorti par l'intégration monétaire de l'Union européenne. (ii) Ensuite, l'instauration de l'Allocation universelle supposerait la réforme ou une refonte de la Sécurité sociale. Elle justifierait et autoriserait une révision profonde des systèmes d'allocations familiales, de retraite, d'indemnisation de chômage de longue durée, de bourses d'études, d'allocation de logements, d'allocation de salaire unique, de minimum vieillesse, de revenu minimum d'insertion etc. Ces prestations perdraient une partie de leur raison d'être. (iii) Enfin, nous aurions un accélérateur puissant pour une réforme structurelle des systèmes fiscaux et leur harmonisation européenne.

3. *Le Traité constitutionnel comme le renouveau du parlementarisme ou de la démocratie représentative dans le cadre de l'Union européenne*

La démocratie représentative est la version la plus classique de la démocratie. Dans sa version européenne, la mise en place d'un gouvernement représentatif correspond principalement au régime parlementaire. Quant à l'idée de la représentation, elle provient de la distinction qui est faite entre la source et l'exercice du pouvoir. Sont significatifs à cet égard, les deux principes mis en avant par Benjamin Constant. Le premier principe est démocratique ; il concerne la source de l'autorité : «Toute autorité qui gouverne une nation doit émaner de la volonté générale ». Le deuxième principe infléchit le premier dans un sens libéral ; il concerne l'exercice de l'autorité : « La volonté générale doit exercer sur l'existence individuelle une autorité délimitée »[2445]. Il entendait justifier, outre le principe de limitation constitutionnelle du pouvoir par les droits de l'homme, c'est-à-dire l'Etat de droit, celui du gouvernement représentatif.

Mis à part le fait que l'on parle aujourd'hui volontiers d'une crise de la représentation[2446], l'instauration d'une Union européenne plus démocratique

---

2445 FERRY Jean-Marc, *L'Europe, L'Amérique et le Monde,* op. cit., p. 77.

2446 Le Professeur Ferry esquisse cinq explications à cet égard : (i) **La gouvernementalisation du pouvoir.** Le pouvoir normatif est largement passe du côté du gouvernement, qui n'est plus à proprement parler un Exécutif face au législatif. Le schéma classique de lisibilité constitutionnelle s'en trouve affecté au sein même des Etats nationaux. Cela est encore plus vrai au niveau de l'Union européenne, où le Conseil partage avec le Parlement le pouvoir législatif, sans pour autant être regardé comme une Chambre des Etats ; (ii) **La médiatisation de l'opinion publique** par des puissances ou instances poursuivant des buts stratégiques, et qui tendent à capter le monopole de la communication légitime ; (iii) **La judiciarisation de la scène politique,** non seulement pour lutter contre la corruption politique, mais aussi pour discipliner le législateur lui-même et contrecarrer les dérives éventuelles des gouvernements. Au niveau européen, la Cour européenne de justice de Luxembourg a puissamment contribué à imposer le respect du droit communautaire. La Commission européenne dispose des prérogatives disciplinaires à l'encontre des Etats membres dont elle peut sanctionner les manquements. Le Traité constitutionnel a intégré la Charte des droits fondamentaux de l'Union européenne et prévoit que l'Union adhère à CEDH, si bien que la Cour européenne de Strasbourg renforce le dispositif qui soumet les gouvernements des Etats membres, et celui de l'Union elle-même à un contrôle de constitutionnalité accessible aux citoyens de l'Union, qui peuvent faire valoir leurs droits subjectifs, le cas échéant contre leurs gouvernements ; (iv) **l'instauration d'un gouvernement économique mondial accompagnant les progrès de la mondialisation.** Il s'agit d'un gouvernement de fait, non représentatif, qui vise à assurer une discipline mondiale des équilibres financiers, la stabilité des prix et la liberté des

nécessitait une restructuration de l'architecture institutionnelle de celle-ci, tout en essayant de réduire le déficit démocratique qui interroge intrinsèquement et en premier lieu la nature représentative des institutions européenne. La question était bien sûr à l'ordre du jour de la Convention qui était chargée de préparer le Traité constitutionnel. Outre les contestations sur la nature non représentative[2447] de la Convention, il semble qu'au départ cette dernière n'a pas considéré que la nature représentative de la démocratie européenne a un caractère immédiat et incontournable devant faire l'objet d'une énonciation claire et précise. Les premières versions des articles des textes issus de la Convention et traitant de la vie démocratique de l'Union[2448] ne comportaient aucune mention explicite de la démocratie représentative comme élément constitutif du fondement de l'Union[2449]. Ce n'est qu'au cours des travaux portant directement sur la rédaction du Titre VI sur la vie démocratique de l'Union que les amendements tendant à l'affirmation de la nature représentative de la démocratie européenne ont été pris en compte. Ainsi, le travail de réflexion de la Convention a abouti à l'insertion d'un article I-46 sur le principe de la démocratie représentative dans le Titre VI du Traité constitutionnel. Ce principe est repris par l'article 10.1 nouveau, dans le TUE tel que modifié par le Traité de Lisbonne. En dépit du fait que cet article marque un progrès réel, l'inscription du citoyen dans le dispositif décisionnel de l'Union, il présente certaines contradictions entre la volonté de rapprocher les institutions du citoyen et sa concrétisation **(a)**. Toutefois, il a l'indéniable mérite de réaffirmer que la représentativité est une composante essentielle de la démocratie européenne **(b)**.

échanges commerciaux ; (v) la construction des unités macro-régionales d'échelle continentale ou quasi continentale.

2447 Voir Contre-Rapport, L'Europe des démocraties, annexe III, Note de transmission au Secrétariat à la Convention, Rapport de la Présidence de la Convention au Président du Conseil Européen, CONV 851/03, 18 juillet 2003. Ce contre-rapport fait notamment état d'une absence de « méthodes démocratiques normales » dans le cadre de l'élaboration du Traité constitutionnel.

2448 Les articles 33 à 37 du Titre VI intitulé la Vie démocratique de l'Union, du projet de Traité constitutionnel, traitent respectivement du principe de l'égalité démocratique (art. 33), du principe d'une démocratie participative (art. 34), du médiateur européen (art. 35), des parties politiques au niveau européen (art. 35 bis), de la transparence des travaux de l'Union (art. 36), de la protection des données à caractère personnel (art. 37), in, Note du Praesidium à la Convention, la vie démocratique de l'Union, CONV 650/03, 02 avril 2003.

2449 Alinéa premier de l'article I-46 du Traité constitutionnel.

a Les degrés de proximité dans la représentation politique européenne

La représentation politique, dans le cadre du processus décisionnel européen, comporte différents degrés de proximité avec le citoyen. Dans cette perspective, on distingue classiquement les cadres de représentation directe[2450] des cadres de représentation indirecte[2451]. Les institutions susceptibles de susciter un sentiment d'identification de la part des citoyens européens ne semblent pas caractérisées par la nature directe ou indirecte de leur représentativité, mais par leur emprise concrète sur les préoccupations des citoyens et leur capacité à provoquer un sentiment de proximité[2452].

Le Parlement européen avait déjà suggéré de rationaliser la démocratie européenne en impliquant davantage les organes consultatifs de l'Union, et notamment le Comité des régions[2453], et les parlements nationaux dans le processus d'information et de consultation des citoyens afin d'assurer un mouvement ascendant, d'entraînement de ces derniers dans l'Union. Cela étant, la proximité apparaît comme primordiale en matière de représentativité, dans la mesure où les électeurs perçoivent principalement les applications des décisions selon qu celles-ci les affectent directement. Ainsi, la représentativité dans la conception européenne de la démocratie présente une pluralité institutionnelle qui semble irréductible. Dans le souci de créer d'un sentiment d'identification du citoyen à l'Union, depuis les années 80, les responsables européens ne cessent de s'efforcer de clarifier le schéma institutionnel de celle-ci. Pour éviter de déconnecter le système européen des territoires qui la composent on a accepté de confier aux parlements nationaux et aux représentants régionaux, certains rôles dans le contrôle des activités de l'Union. Cette tendance post nationale s'accentue avec le Traité constitutionnel. Toutefois, même si l'alinéa premier[2454] de l'article I-46 s'inscrit dans cette perspective, la place respective des collectivités territoriales et des parlements nationaux n'est pas égale selon l'institution concernée.

Durant les travaux de la Convention sur l'avenir de l'Europe, la réflexion sur la place des régions et des collectivités locales au sein du système institutionnel

2450 Le Parlement européen et les Parlements nationaux

2451 Le Conseil européen, le Conseil et le Comité des régions.

2452 GEORGIS Dany, « Le principe de la démocratie représentative : entre renforcement et contresens », in CONSTANTINESCO Vlad, GAUTIER Yves et MICHEL Valérie (dir.), *Le Traité établissant une Constitution pour l'Europe,* op. cit., p. 385.

2453 Note relative à la session plénière du 24–25 juin 2002, Bruxelles, CONV 167/02, 4 juillet 2002.

2454 « Tout citoyen a le droit de participer à la vie démocratique de l'Union. Les décisions sont prises aussi ouvertement et aussi près que possible des citoyens ».

a été considérable. Nombre de contributions ont rappelé avec vigueur le rôle de relais joué par les entités locales en ce qui concerne la mise en œuvre des normes européennes. Soulignant que l'Union est gouvernée sur quatre niveaux, local, régional, national et européen, les représentants des collectivités territoriales ont insisté sur le caractère particulier des entités locales et régionales en ce qu'elles sont la représentation élue des citoyens au niveau le plus proche de ces derniers et qu'une de leurs missions est de mettre en œuvre la législation européenne. En outre, les observateurs du Comité des régions ont indiqué durant les travaux de la Convention que celui-ci devrait devenir une institution à part entière de l'Union. En somme, un consensus fut dégagé au sein de la Convention pour que la consultation des collectivités territoriales de l'Union puisse, pour les domaines qui les concernent, trouver sa place dans le cadre du Titre VI du Traité constitutionnel. Toutefois, on ne retrouve pas de trace du rôle des régions et des collectivités locales dans le dispositif sur la vie démocratique. Par conséquent, les dispositions tendant à renforcer cette proximité n'ont pas été concrétisées[2455].

Quant aux parlements nationaux, ils n'ont eu de cesse au cours de la construction européenne de renforcer leur participation à la préparation des normes européennes. Ils ont commencé à s'insérer dans la vie politique de l'Union européenne à partir de l'année 1990, en particulier en raison des difficultés approuvées par le Parlement européen à voir sa place reconnue et à pouvoir exercer une influence réelle sur le Conseil[2456]. Dans la mesure où les gouvernements nationaux demeurent une pièce maîtresse du système politique européen, les élections nationales constituent un élément incontournable de la traduction du principe de la démocratie représentative dans l'Union. Aussi, les élections européennes devraient correspondre à une échéance électorale majeure dans les Etats membres. Alors que les gouvernements nationaux ont pris l'habitude de faire preuve de coopération au sein du Conseil européen et du Conseil, on a l'impression que les relations entre le Parlement européen et les Parlements nationaux souffrent d'un manque de confiance et ces derniers ayant du mal à

2455 Note de transmission du Secrétariat à la Convention, Contribution présentée par les six observateurs du Comite des régions à la Convention : propositions d'amendements aux articles 18, 31 et 45 de la Constitution, CONV 803/03, CONTRIB 362, 16 juin 2003.

2456 En effet, les parlements nationaux ont pris le relais en exerçant un contrôle plus étroit sur les gouvernements respectifs lors de l'élaboration de la législation européenne. Les gouvernements ont encouragé et institutionnalisé ce mouvement au travers notamment de la Déclaration n°13 annexée au Traité de Maastricht et du Protocole n°13 annexé au Traité d'Amsterdam.

trouver un équilibre coopératif finissent souvent par se regarder « en chiens de faïence, privant l'Union d'un réseau d'organes politiques »[2457]. Toutefois, force est de constater que la coopération entre les deux institutions s'est faite jour durant les travaux de la Convention sur l'avenir de l'Europe. Par ailleurs, perpétuant le mouvement enclenché par le Traité de Maastricht, le Traité constitutionnel a également contribué à renforcer le rôle des parlements nationaux au sein du dispositif institutionnel européen. Ainsi, sans contestation majeure, « le protocole n°1 sur le rôle des parlements nationaux dans l'Union européenne », visant à améliorer les flux d'information en direction des parlements nationaux et à les associer plus étroitement aux travaux de l'Union, a été adopté. Ce dispositif est intégré dans le TUE, par un nouvel article 10 TUE introduit par le Traité de Lisbonne.

Nous savons que ce qui caractérise l'Union européenne, c'est la double légitimité qui émane à la fois du Parlement européen et des Parlements nationaux. Cette réalité est reprise, d'une manière imbriquée, dans l'alinéa 2 de l'article I-46, et de l'article 10.2 TUE introduit par le Traité de Lisbonne, qui stipule que « les citoyens sont directement représentés, au niveau de l'Union, au Parlement européen. Les Etats membres sont représentés au Conseil européen par le Chef d'Etat ou de gouvernement et au Conseil par les gouvernements, eux-mêmes démocratiquement responsables, soit devant leurs parlements nationaux, soit devant leurs citoyens ». Le système institutionnel présenté dans cet article correspond à l'ordonnancement d'une légitimité stratifiée, qui aurait pour défaut de générer un manque de lisibilité pour les citoyens européens. Toutefois, la Convention européenne est parvenue à un accord sur un renforcement important du caractère démocratique de l'Union en préconisant un élargissement considérable du rôle du Parlement européen : extension se traduisant par un doublement des domaines auxquels s'applique la procédure de codécision, qui devient ainsi la procédure législative ordinaire. Ce renforcement du rôle de co-législateur du Parlement européen contribue nettement à enraciner le principe représentatif au sein de l'Union européenne. De ce fait, le Parlement européen se trouve quasiment doté des mêmes pouvoirs qu'une assemblée parlementaire nationale. Aux côtés du Conseil, il est non seulement la source des normes, mais il est également à l'origine des « exécutifs délégués »[2458]. De plus, il est le principal organe

2457 MAGNETTE Paul, « Le principe démocratique au-delà de la représentation », in MAGNETTE Paul (ed), *La Constitution de l'Europe,* Institut d'études européennes, Bruxelles, Editions de l'Université de Bruxelles, 2000, p. 135.

2458 Il participe à l'investiture de la Commission, à la nomination des membres de la Banque centrale européenne et de la Cour des Comptes, nomme le médiateur de l'Union. Voir MAGNETTE Paul, « Le principe démocratique au-delà de la

de contrôle des exécutifs communautaires. Même si ces modifications constituent des progrès indéniables pour réduire le déficit démocratique et affirmer le caractère représentatif de la démocratie européenne, on pourrait regretter qu'un mécanisme d'élections européennes, ainsi qu'un referendum de ratification du Traité constitutionnel ne soient pas adoptés[2459].

b La représentativité démocratique accrue, mais limitée

Poursuivant les efforts de jeter les bases d'une démocratie post nationale, le Traité constitutionnel, tout en essayent de réduire le déficit démocratique, traite également du rôle des acteurs intermédiaires nécessaires à sa concrétisation. S'inscrivent dans cette perspective la réaffirmation du rôle des partis politiques et le caractère souligné du parlementarisme.

Les partis politiques au niveau européen, on le sait, sont supposés contribuer « à la formation d'une conscience européenne et à l'expression de la volonté politique des citoyens »[2460]. Toutefois, les partis politiques au niveau européen sont actuellement le maillon faible de la démocratie représentative de l'Union. Consciente que cette faiblesse nourrit le déficit démocratique, la Convention a intégré les partis politiques dans l'alinéa 4 de l'article I-46 du Traité constitutionnel, article 10.4 TUE introduit par le Traité de Lisbonne, qui dispose que « les partis politiques au niveau européen contribuent à la formation de la conscience politique européenne et à l'expression de la volonté des citoyens de l'Union ». Cette inscription non pas dans un article séparé[2461], mais au sein du principe de la démocratie représentative provient du fait que le déficit démocratique a pour symptôme principal des taux d'abstention élevés lors des élections européennes[2462]. Quelles que soient les explications que l'on puisse donner, cela

représentation », in MAGNETTE Paul (ed), *La Constitution de l'Europe,* Institut d'études européennes, op cit., p. 135.

2459 Voir Note d'information du Secrétariat à la Convention, synthèse des contributions présentées dans le cadre du Forum, CONV 693/03 du 30 avril 2003.

2460 Article 191 du Traité instituant la Communauté européenne.

2461 Cela fut envisagé dans un premier temps avec l'article 35 bis du projet de Traité constitutionnel, Note de transmission du Secrétariat à la Convention, Fiche d'analyse des propositions d'amendements concernant la vie démocratique de l'Union : Projets d'articles relatifs à la Partie I de la Constitution, Titre VI, CONV 670/03, 15 avril 2003.

2462 Taux d'abstention aux élections européennes de 1999 : majoritaire dans l'Union des quinze (51 %) et 53 % en France. Voir, CAUTRES Bruno, « La participation aux élections européennes comme problème de représentativité politique », in SAURUGGER

constitue l'un des obstacles à la pleine concrétisation de la démocratie post nationale à l'échelle européenne. En effet, la plupart des citoyens européens semblent se sentir incapables de s'orienter dans « le maquis des institutions »[2463] et d'en percevoir les enjeux. Or, « la prise en compte de l'opinion publique » européenne, la participation des citoyens au processus d'intégration européenne, l'adhésion et le soutien des citoyens, constituent des thèmes centraux de réflexion qui, du Sommet de Laeken à la Convention et à la remise du projet de Constitution européenne, ont orienté bon nombre d'interrogations et d'inquiétudes nourries par le désintérêt affiché des citoyens pour les élections européennes »[2464]. De ce fait, la représentation se trouve au cœur du débat sur le déficit démocratique dont souffre l'Union. En effet, les partis politiques semblent à même de pouvoir combattre efficacement le déficit démocratique en suscitant l'émergence d'une conscience européenne par le biais d'un travail de communication pédagogique sur le système institutionnel de l'Union. Toutefois, il ne faudrait pas imputer toute la responsabilité du déficit démocratique à l'Union. En effet, la construction européenne est l'un des plus puissants vecteurs de transformations de mode classique de gouvernement et de démocratie qui s'inspirent fortement des formes constitutionnelles des Etats membres. Elle tend ainsi à induire des transformations à l'intérieur des systèmes institutionnels des Etats membres. En outre, le processus de ratification de Traité constitutionnel fait émerger une logique transnationale visible en matière de campagne électorale.

Les partis politiques sont considérés comme indispensables dans le cadre des systèmes représentatifs nationaux. Le choix du parlementarisme fait par l'Union semble être inscrit dans l'alinéa premier de l'article I-46, article 10.1 TUE introduit par le Traité de Lisbonne, qui dispose que « le fonctionnement de l'Union est fondé sur la démocratie représentative »[2465]. Même si cette énonciation marque clairement un renforcement du processus de parlementarisation de l'Union, le développement de celui-ci au niveau de l'Union ne suffirait pas à fonder le caractère démocratique de son système institutionnel. En effet, il y a autant de conceptions de la démocratie qu'il y a d'Etats membres. Ce qui nous

---

Sabine (dir.), *Les Modes de représentation dans l'Union européenne*, L'Harmattan, Coll. Logiques politiques, 2003, p. 37.

2463 Ibid.

2464 CAUTRES Bruno, « Les opinions publiques européennes et la Constitution », in BEAUD Olivier, LECHEVALIER Arnaud, PERNICE Ingolf… (dir), *L'Europe en voie de Constitution-Pour un bilan critique de la Convention,* Bruxelles, Bruylant, 2004, p. 37.

2465 Article 10.1 TUE, introduit par le Traité de Lisbonne.

renvoie à la question déjà posée : comment donner le dernier mot au peuple dans l'Union européenne ? Comment transférer le pouvoir politique détenu par les autorités démocratiques légitimes, à une autre autorité démocratique dotée de sa propre légitimité mais qui n'est pas subordonnée aux précédentes?[2466] Même si la réponse à ces questions semble devoir interroger toute la structure démocratique et institutionnelle de l'Union, l'alinéa premier de l'article du Traité constitutionnel consacré à la démocratie représentative correspond à un renforcement de la démocratie d'une manière générale dans l'Union européenne. Toutefois, cet acquis ne suffit pas pour affirmer le caractère post national de la démocratie dans l'Union européenne. Cela sera le fait de la démocratie participative.

B) *La démocratie participative comme complément d'une démocratie post nationale*

Dans ses Principes de la philosophie de droit[2467], Hegel envisage déjà cette problématique sous la forme d'une médiation entre la particularité des intérêts qui s'affrontent dans le « système des besoins »[2468] et l'universalité de l'intérêt général dont l'Etat et ses agents ont la charge. Contre l'individualisme libéral, il propose l'institution de corps intermédiaires, baptisés « états », établis sur une base socioprofessionnelle, qui constituent de véritables « organes » articulant la société à l'Etat. Ces corporations structurent la société civile, en instituant en son sein des liens de solidarité de groupes qui transcendent l'égoïsme individuel[2469].

Dans sa forme la plus élémentaire, la démocratie participative est un modèle de participation directe des citoyens aux affaires publiques. Le modèle renvoie à une conception de la démocratie qui souvent semble dépassée. C'est la conception dite de la liberté des Anciens, une expression qui nous vient du penseur libéral Benjamin Constant.[2470] Mis à part le cas singulier de la Suisse, le principe

---

2466 Cette question, malgré ses apparences pertinentes, suppose que l'Union dispose « kompetenz kompetenz ».

2467 HEGEL Friedrich, *Principe de la philosophie de droit,* Flammarion, Paris, 1999.

2468 Ibid, introduction, p. 52 : « Le systèmes de besoins valorise le travail, comme moyen de satisfaire les besoins ; il va donc y avoir une spécialisation du travail, dont résulte la différenciation des positions sociales, ou Stande, que la société d'Ancien Régime appelait des « états » ou des « ordres ». Ibid, introduction, p. 52.

2469 FRYDMAN Benoit, « Vers un statut de la société civile dans l'ordre international », Droits fondamentaux, n°1, juillet-décembre 2001, p. 155.

2470 Bien qu'ancien, le modèle a été repris également par des modernes comme Jean-Jacques Rousseau. Dans cette perspective, le peuple est souverain et ce souverain n'a pas de représentants. Toute délégation de souveraineté constitue une aliénation

participatif n'existe plus guère de nos jours. Le problème fondamental auquel se heurte le modèle de la démocratie participative aujourd'hui, est un problème de faisabilité. Ainsi, on peut observer plusieurs objections quant à l'applicabilité dans les termes modernes de ce modèle.[2471] Toutefois, le modèle participatif connaît un regain d'actualité dans la rhétorique de l'Union européenne, avec les développements récents de réflexions et travaux visant l'élaboration d'une Constitution pour l'Europe. La question porte sur la possibilité d'une démocratie post nationale. Dans ce cas, le modèle participatif ne saurait renvoyer au modèle classique d'une participation directe des citoyens aux affaires publiques.

L'idée est de doubler le principe représentatif, réputé bien installé dans les systèmes politiques des Etats membres, par des mécanismes, procédures et dispositions de participation. La promotion de la démocratie participative, et notamment la promotion des ONG, et l'encouragement du dialogue, constituent à cet effet, une forme de légitimation[2472] possible parmi beaucoup d'autres[2473].

---

de la liberté, qui est conçue comme autonomie publique. Le peuple en corps exerce sa liberté en adoptant lui-même, directement, les lois auxquelles il accepte de se soumettre.

2471 **(i) la taille de la population** : Il semble que le modèle participatif pur, dans la mesure où il exclut de fonder le système démocratique sur un gouvernement représentatif, lui préférant un exercice direct des citoyens, implique une échelle réduite. Or, ce qui était réalisable à l'échelle de la cité ne semble plus réaliste, dès lors que l'on envisage une participation d'une échelle élargie. Aussi, le modèle participatif parait irréaliste à l'heure où les unités politiques tendent à déborder le cadre national pour envisager une extension continentale ou quasi continentale, comme l'Europe. **(ii) Le fait du pluralisme** : Ce fait est une conséquence de l'individualisme contemporain. Le problème qui remonte à l'époque des guerres des religions en Europe peut être formulé dans les termes suivants : « comment sur la base de valeurs, de convictions, de visions du monde divergentes, s'accorder sur des normes communes, publiquement reconnues » ? Cela semble situer la difficulté rencontrée par le modèle participatif, pour autant qu'il implique un primat de la volonté politique sur la liberté privée des libertés individuelles. **(iii) Le fait que le pluralisme découpe aujourd'hui le multiculturel** : dans cette perspective, l'exigence d'une congruence entre communauté légale et communauté morale, entre normes et valeurs, se heurte à la question du statut des minorités.

2472 A propos de multiples légitimités ou de l'existence d'une légitimité composite voir en particulier LORD et MAGNETTE, « Notes towards General Theory of Legitimacy in the European Union, » Working Paper 39/02, ISSN 1468–4144.

2473 SANCHEZ-DELGADO Rosa, « Le rôle de la Commission européenne dans la légitimation de la Construction européenne et dans la construction de l'Europe », http://europa.eu.int/futurum/documents.

Cette idée apparait notamment dans le Livre Blanc de la Commission sur la gouvernance européenne, publié en juin 2002, avec le thème de la « gouvernance participative »[2474], ainsi que dans le Traité constitutionnel[2475]. En réponse au spectre du déficit démocratique de l'Union européenne, idée forte des « conventionnels », comme avant eux des rédacteurs du Livre Blanc, serait donc de favoriser la participation de la société civile aux décisions communautaires. D'où aussi les idées de « plates-formes O.N.G », de « forums citoyen », de « dialogue civil » et de « dialogue social autonome »[2476] et d'approfondissement du principe de transparence pour les travaux des institutions de l'Union[2477]. Nous considérons que l'encouragement à la création d'une société civile « européenne » est déjà en soit un facteur de légitimation de la construction européenne : les ONG par leur propre existence européenne et leur participation à l'élaboration des politiques publiques européennes constitueraient ainsi un facteur de légitimation. Il est même possible d'affirmer que la société civile est de nos jours une forme de légitimation à la mode. La relocalisation de l'autorité du niveau national vers le niveau international ou post national, ainsi que la crise de la démocratie représentative ont favorisé la réflexion sur de nouvelles formes de légitimation démocratiques, comme c'est le cas de la démocratie participative et la démocratie délibérative, où la société civile joue un rôle de plus en plus important[2478]. Même s'il est difficile de mettre en œuvre pratiquement, dans une Union de plus de 450 millions de citoyens, l'essence même de la démocratie participative, c'est le droit de chaque citoyen d'exprimer individuellement ses opinions[2479]. Ici, la question essentielle n'est pas de remplacer la démocratie représentative, mais de la compléter par l'entremise de la société civile.

2474 Commission de Communautés européennes, Gouvernance européenne : un livre Blanc, COM (2001) 428 Final, Bruxelles, 2001.

2475 Article I-46, faisant suite à un article plus vague, relatif à la démocratie représentative.

2476 Article I-47, Traité constitutionnel.

2477 Article I-49, Traité constitutionnel.

2478 Rosa Sanchez Salgado, « Le rôle de la Commission européenne dans la légitimation de la Construction européenne et dans la construction de l'Europe », op. cit., p. 2

2479 Michel Barnier, Commissaire européen responsable de la Politique régionale et de la Réforme des Institutions, Note d'intervention sur la vie démocratique de l'Union-Convention européenne, 24 avril 2003, http://europa.eu.int/futurum/documents/speech/sp240403_fr.htm.

Aussi, afin de consacrer l'Europe des citoyens, le Traité constitutionnel[2480] pose les principes d'une démocratie participative ouverte au dialogue civil (**1**), qui prend plus spécifiquement en compte les partenaires sociaux (**2**), ainsi que les églises et les organisations non confessionnelles (**3**).

1. La constitutionnalisation des principes de la démocratie participative.

Les principes de la démocratie participative sont mentionnés par l'article I-47 du Traité constitutionnel qui prévoit que :

> « les institutions donnent, par les voies appropriées, aux citoyens et aux associations représentatives la possibilité de faire connaître et d'échanger publiquement leurs opinions dans tous les domaines d'action de l'Union », mais aussi qu'elles « entretiennent un dialogue ouvert, transparent et régulier avec les associations représentatives et la société civile » et enfin qu' « en vue d'assurer la cohérence et la transparence des actions de l'Union, la Commission procède à de larges consultations des parties concernées ».

Le principe de la démocratie participative tel qu'il vient d'être énoncé, est repris par l'article 11 TUE, introduit par le Traité de Lisbonne. Nous voyons que l'article organise aussi bien la participation civile que l'initiative citoyenne.

a Une Union plus ouverte à la participation civile

La Commission européenne introduit dès le début des années 1990 de nouvelles pratiques de gestion managériales. Ce processus est accéléré à partir 1999, coïncidant avec la crise de la Commission européenne[2481]. De pair avec l'introduction de nouvelles logiques managériales, nous assistons à l'introduction d'une nouvelle approche stratégique : l'ouverture à la société civile. Ainsi, nous assistons depuis 1998–1999, à l'élaboration de règlements à propos des aides de la Commission envers les ONG. Ces règlements établissent les priorités des Etats membres et prévoient des mécanismes de contrôle sur le financement des ONG. Ce n'est qu'à la fin des années 1990 que la Commission européenne considère le dialogue avec la Société civile européenne dans une perspective globale. Ce nouvel intérêt pour la Société civile semble avoir été la conséquence de la crise

---

2480 L'élaboration du Traité constitutionnel a impliqué la mise en œuvre de divers mécanismes de démocratie participative, tels que la consultation des acteurs de la société civile et l'ouverture de forums sur internet.

2481 Avec l'introduction d'une logique managériale, la Commission commence à imposer toute une série de critères comme l'importance de la qualité du personnel de l'association, la rentabilité du projet, l'approche de gestion du cycle du projet, l'approche pragmatique et stratégique, l'évaluation, la transparence et l'audit budgétaire.

de légitimité de la Commission européenne, mais aussi d'une plus grande visibilité de ces associations tant au niveau européen que national. La société civile est de plus en plus invitée à participer au processus de formation des politiques européennes, soit par l'intermédiaire des Forums, soit par des rencontres spécifiques pour les associations, des consultations, etc. A titre d'exemple, le dialogue entre les institutions européennes commence en 1999, sous la forme de Forums européens des droits de l'Homme, sur la base de la déclaration de l'UE adoptée à l'occasion de 50ème anniversaire de la Déclaration Universelle des droits de l'Homme[2482]. Mais ce n'est qu'en 2000 que la Commission élabore un document sur les ONG, sous forme d'un papier de discussion intitulé « La Commission et les ONG : le renforcement du partenariat », qui a pour but la présentation des procédures et des pratiques de dialogue entre la Commission européenne et les associations de la société civile[2483]. Ce papier définit le rôle de la société civile en tant que légitimateur de politiques européennes et comme élément de la démocratie participative. Ce document, qui prévoit en quelque sorte le versant démocratique particulier de cette constellation post nationale qu'est l'Union européenne, montre bien la volonté de la part de la Commission européenne de promouvoir une approche globale concernant le rôle de la Société civile européenne dans l'élaboration des politiques européennes. Le Livre Blanc sur la gouvernance européenne[2484] ira encore plus loin dans la volonté de systématiser le dialogue entre les institutions et la Société civile européenne. Ce qui est à la base de ce document est le constat que « de nombreux Européens se sentent coupés de l'action de l'Union »[2485]. Dans cette perspective, le Livre Blanc propose d'approfondir et de systématiser les formes de dialogues et de consultations entre les associations et les institutions européennes.

Dans sa forme constitutionnalisée, la société civile constitue la base sur laquelle reposent les principes de la démocratie participative. En effet, c'est avec la société civile et les organisations représentatives que l'Union doit entretenir un dialogue et c'est à elle que les institutions donnent la possibilité de faire connaître

2482 Déclaration de l'Union européenne à l'occasion du 50ème anniversaire de l'adoption de la Déclaration Universelle des droits de l'Homme, Vienne, 10 décembre 1998.

2483 Commission des Communautés européennes, La Commission et les organisations non gouvernementales : le renforcement du partenariat, document de discussion rédigé par Martin Kröger, 2000, p. 6.

2484 Commission des Communautés européennes, Gouvernance européenne : un Livre Blanc, COM (2001) 428 Final, Bruxelles, 2001.

2485 Ibid.

et d'échanger publiquement ses opinions, même si le Traité constitutionnel et le Traité de Lisbonne ne donnent pas une définition de la « société civile ».

L'ouverture d'un dialogue avec la société civile, sa prise en considération au moyen de consultations régulières par la Commission[2486], mais aussi la possibilité qui est accordée aux citoyens de faire connaître et d'échanger publiquement leurs opinions[2487], permettent la création de vecteurs de communication formels entre l'opinion publique et les institutions européennes. Les principes de la démocratie participative ainsi posés ont pour but d'améliorer la gouvernance européenne et s'inscrivent dans une évolution générale des systèmes juridiques qui tend à favoriser la participation des destinataires des normes à leur élaboration[2488]. Ces principes s'inscrivent dans une démarche nécessaire d'association des sphères privées aux décisions publiques, de chercher à réguler[2489] plutôt qu'à réglementer, à convaincre plutôt qu'à contraindre. Les principes de la démocratie participative, tels que posés par le Traité constitutionnel et repris par le traité modificatif, s'inscrivent dans les caractéristiques du droit dit post-moderne[2490] ou « post national », en ce qu'ils illustrent une volonté de prendre en compte la société civile.

Toutefois, pour être écoutée et entendue, cette société civile doit exister et son existence même passe par un sentiment d'appartenance plus complexe à concevoir à l'échelle de l'Union qu'à l'échelle de la nation. Les efforts doivent être déployés par les responsables européens et nationaux, mais aussi par les organisations représentatives, pour développer ce sentiment d'appartenance afin que la société civile constitue une entité solide pouvant faire prévaloir son opinion et influencer la prise de décision communautaire. A ce niveau d'analyse, se pose la question des limites de la société civile. Dans cette perspective, il convient d'abord de mentionner la question de légitimité des organisations non gouvernementales. Cette question mérite d'autant plus d'être posée que les dirigeants de

---

2486 Article I-47, paragraphe 3, Traité constitutionnel.

2487 Article I-47, paragraphe 1, Traité constitutionnel.

2488 BERNARD Elsa, « La démocratie participative sous l'angle du dialogue civil et du dialogue social », in CONSTANTINESCO Vlad, GAUTIER Yves et MICHEL Valérie (dir.), *Le Traité établissant une Constitution pour l'Europe,* op. cit., p. 367.

2489 Sur la notion de régulation, voir notamment ARNAUD Andr-Jean, « La régulation par le droit en contexte globalisé », in COMMAILLE Jacques et JOBERT Bruno (dir.), *Les métamorphoses de la régulation politique,* LGDJ, (Doit et Société), vol. 24, 1998, p. 170.

2490 Sur la notion du droit post-moderne, voir CHEVALIER Jacques, « Vers un droit post-moderne, les transformations de la régulation juridique », RDP, 1998, p. 659.

ces organisations ne sont pas ou pas toujours élus conformément aux méthodes en vigueur dans le cadre de la démocratie représentative[2491]. Toutefois, se limiter à cette seule forme de légitimité serait réducteur car la légitimée réside également dans la capacité à contribuer à la réflexion sur la construction européenne et sur son avenir. La question primordiale pour les ONG devient alors celle de leur représentativité qui accompagne, complète et renforce leur légitimité.

En constitutionnalisant les principes de la démocratie participative, la Traité constitutionnel formalise la base d'un dialogue, qui existe déjà d'une manière informelle entre les institutions européennes et la société civile. Désormais il semble que le dialogue civil s'impose. Toutefois, le fait que les institutions doivent donner aux citoyens et aux associations représentatives la possibilité de faire connaître et d'échanger publiquement leurs opinions par « les voies appropriées », suffirait pour assurer un niveau acceptable de démocratie[2492]. Compte tenu de l'élasticité de la notion, il semble qu'une intervention du législateur soit nécessaire afin de préciser les modalités de ce dialogue avec la société civile. Durant les travaux de la Convention sur l'avenir de l'Europe, le Praesidium avait indiqué que les « voies appropriées » visaient les forums, les échanges sur internet et autres mécanismes similaires que l'Union a déjà mis en place. Nous savons que ces canaux de communication nécessitent le soutien financier des organisations représentatives. Se pose alors la question des critères permettant de définir les organisations susceptibles de bénéficier du soutien financier de l'Union. La fixation de ces critères ne doit pas mener à l'exclusion d'une catégorie de citoyens. Autrement dit, ces critères devraient être fixés de manière à ce que la société civile soit représentée dans une large mesure, si ce n'est pas son intégralité.

b L'initiative citoyenne comme innovation du Traité constitutionnel

Le Traité constitutionnel mentionne une modalité de concrétisation de la démocratie participative qui mérite une attention toute particulière, dans la mesure où elle permet pour la première fois dans l'histoire de l'intégration européenne d'inclure directement les citoyens européens dans le processus législatif communautaire. Il s'agit de l'initiative citoyenne. En effet, selon l'article I-47, paragraphe

---

2491 VIRGLIO DASTOLI Pier, « Démocratie participative versus démocratie représentative ? », Forum permanent de la Société civile européenne, http ://www.europe-now.org/SPIP-f/article.php3 ?id_article=31.

2492 BERNARD Elsa, « La démocratie participative sous l'angle du dialogue civil et du dialogue social », in CONSTANTINESCO Vlad, GAUTIER Yves et MICHEL Valérie (dir.), *Le Traité établissant une Constitution pour l'Europe,* op. cit., p. 369.

4 du Traité constitutionnel, repris par l'article 11.4 TUE tel que modifié par le Traité de Lisbonne :

> « des citoyens de l'Union, au nombre d'un million au moins, ressortissants d'un nombre significatif d'Etats membres, peuvent prendre l'initiative d'inviter la Commission, dans le cadre de ses attributions, à soumettre une proposition appropriée sur des questions pour lesquelles ces citoyens considèrent qu'un acte juridique de l'Union est nécessaire aux fins de l'application de la Constitution ».

L'inscription de l'initiative citoyenne apparaît d'autant plus importante et symbolique qu'actuellement les citoyens sont seulement consultés dans le cadre du processus décisionnel et ne participent pas aux autres stades de l'élaboration politique[2493]. Cette inscription est tout d'abord intéressante, car elle est le premier moyen post national de la démocratie participative. Des initiatives similaires existent sans doute au niveau des Etats membres de l'Union, mais l'originalité de sa mise en œuvre au sein de l'Union européenne découle de son caractère post national. L'initiative citoyenne est différente du referendum, dans la mesure où elle permet à une minorité de peser sur le processus décisionnel alors que le referendum permet de faire prévaloir la volonté de la majorité. En outre, l'initiative, telle que prévue par le Traité constitutionnel, constitue un lien direct entre les citoyens de l'Union et les institutions européennes, puisque les Etats membres n'interviennent pas dans l'organisation de l'initiative. Cette exclusion des Etats membres s'explique par l'objectif de la démocratie participative, qui réside dans la prise en compte d'une opinion publique véritablement européenne, d'une société civile qui transcende les frontières nationales.

L'initiative citoyenne doit permettre de développer une démocratie participative ou indirecte qui pourrait compléter la mise en œuvre de la démocratie représentative à l'échelle européenne, à condition que sa mise en œuvre soit claire et simple. Dans cette perspective, le contenu de la loi qui arrêtera « les dispositions relatives aux procédures et conditions requises pour la présentation d'une telle initiative citoyenne », requerra une importance particulière. Celle-ci ne pourrait éviter de se prononcer sur « le nombre minimum d'Etats membres dont les citoyens qui la pressentent doivent provenir »[2494], ainsi que sur les modalités de la

---

2493 L'Union européenne et les organisations citoyennes : un thème crucial, Commentaires et suggestions de Active Citizenchip Networt concernant le Livre Blanc sur la gouvernance européenne, 6 avril 2002.

2494 Le Traité constitutionnel indique que les citoyens européens « peuvent prendre l'initiative d'inviter la Commission (…) à soumettre une proposition appropriée », mais ne se prononce pas quant aux manifestations concrètes de cette invitation,

procédure législative issue d'une initiative citoyenne. Si la loi prévoit des modalités trop restrictives, l'initiative citoyenne demeurera un principe théorique à valeur symbolique comme dans certains Etats membres[2495]. Si au contraire, le législateur opte pour des critères souples, il contribuera au succès de cette procédure, susceptible de favoriser la création chez les citoyens européens d'un sentiment d'appartenance à la société civile de l'Union.

2. Constitutionnalisation du statut des partenaires sociaux

Instauré dès 1985, consacré par le Traité de Maastricht, le dialogue social s'est développé au fil du temps, au rythme des conventions collectives et des accords interinstitutionnels. Il constitue un élément important de la démocratie participative. Sa particularité justifie que le Traité constitutionnel lui consacre un article à part entière. En effet, l'article I-48 du Traité, repris par l'article 152 TFUE, stipule que :

> « L'Union reconnaît et promeut le rôle des partenaires sociaux à son niveau, en prenant en compte la diversité des systèmes nationaux. Elle facilite le dialogue entre eux, dans le respect de leur autonomie. Le sommet social tripartite pour la croissance et l'emploi contribue au dialogue social ».

Cette particularité s'explique par le rôle reconnu aux partenaires sociaux au sein de la société civile, qui s'apparente depuis de nombreuses années à un rôle de quasi législateur ou de législateur alternatif au niveau européen. Il est à remarquer que le traité modificatif ne fait pas de mention expresse du rôle des partenaires sociaux, mais précise que « les institutions entretiennent un dialogue ouvert, transparent et régulier avec les associations et la société civile »[2496], et que la Commission « procède à de larges consultations avec des parties concernées »[2497].

a La reconnaissance de la particularité du rôle des partenaires sociaux

Le Traité constitutionnel confirme tout d'abord la reconnaissance du rôle des partenaires sociaux. La formulation, même si elle n'innove pas, a le mérite de mettre en évidence la place qui est accordée aux partenaires sociaux par rapport

---

La Commission semble libre de donner suite ou non à cette initiative. En outre, qu'adviendra-t-il, en cas de rejet par la Commission, d'une initiative citoyenne ?

2495 En Lituanie par exemple, l'initiative populaire existe, mais sa mise en pratique relève d'importante faiblesse de procédures. Voir http://www.mic-fr.org/voisins.

2496 Article 11.2 TUE, introduit par le Traité de Lisbonne.

2497 Article 11.3 TUE, introduit par le Traité de Lisbonne.

aux autres acteurs de la société civile. Déjà, le Traité d'Amsterdam accorde aux partenaires sociaux, et plus précisément aux organisations représentatives des salariés et des employeurs, un rôle législatif important, en prévoyant que la Commission doit les consulter avant de proposer une mesure dans le domaine social. Nous avions vu dans la première partie de cette thèse que lors de ces consultations les partenaires sociaux européens peuvent décider d'engager des négociations pouvant donner lieu à des accords susceptibles d'être intégrés au droit communautaire[2498]. L'accord interinstitutionnel[2499] du 16 décembre 2003 a provoqué l'inquiétude des milieux intellectuels[2500], en envisageant des méthodes de régulation alternatives concernant les partenaires sociaux, au même titre que les autres acteurs de la société civile[2501]. Force est de constater que le Traité institutionnel prend en compte ces inquiétudes et clarifie la situation en distinguant les partenaires sociaux des autres acteurs de la société civile.

Tout en précisant la particularité du rôle joué par les partenaires sociaux, le Traité constitutionnel souligne que cette reconnaissance doit être faite « en prenant en compte la diversité des systèmes nationaux ». Ce faisant, non seulement le Traité constitutionnel entretient l'ambiguïté quant à la forme du dialogue social, mais il consacre la faiblesse ombilicale dont souffre le fait religieux depuis les origines de l'intégration européenne. En effet, nous savons que cette insistance en ce qui concerne la prise en compte de la diversité des systèmes nationaux ne provient pas seulement de cette ambition noble de respecter les diversités apparentes des structures nationales. Bien au contraire, la principale difficulté provient de cette incapacité plusieurs fois décennaire de pouvoir procéder à l'harmonisation des systèmes sociaux à l'échelle européenne[2502]. Cela étant, la question est aussi celle de la représentativité des partenaires sociaux. Les questions sociales relèvent encore dans une large mesure des compétences nationales, les institutions européennes laissant généralement aux Etats membres le

---

2498 Voir articles 138 et 139 du Traité CE.

2499 Accord interinstitutionnel, « Mieux légiférer », Parlement européen, Conseil, Commission, JOCE, n°C 321-1, 31 décembre 2003.

2500 VIGNEAU V., « Partenaires sociaux européens et nouveaux modes communautaires de régulation, la fin des privilèges ? », Droit social, n°9/10, septembre-octobre 2004, pp. 883–890.

2501 Selon l'accord précité, sont concernés par les modes de régulation alternatifs « notamment les opérateurs économiques, les partenaires sociaux, les organisations non gouvernementales ou les associations », p. 3, point 18.

2502 Voir nos développements dans le chapitre consacré à la politique sociale dans la première partie de cette thèse.

soin de déterminer les critères permettant de considérer un partenaire comme représentatif. Comment alors la diversité des systèmes nationaux peut-elle être concrètement prise en compte ?

Le droit communautaire prévoit la mise en œuvre des accords collectifs européens soit par le biais « des procédures et pratiques propres aux partenaires sociaux et aux Etats membres », soit par le biais d'un acte communautaire. Toutefois, actuellement les juridictions communautaires contrôlent cette représentativité. Ainsi, le Tribunal de Première Instance a-t-il considéré qu'un accord ayant été conclu entre partenaires sociaux n'ayant pas une représentativité cumulative suffisante, ne pouvait être mis en œuvre par les institutions européennes[2503].

b L'autonomie des partenaires sociaux dans le cadre du dialogue social

Les partenaires sociaux forment traditionnellement les éléments les plus organisés de la société civile, en tout cas dans le contexte européen. Or, le fonctionnement effectif de la démocratie moderne repose nécessairement, selon la formule de Habermas, sur le « jeu combiné » des institutions politiques et de la société civile. Les règles de ce jeu, qui déterminent les conditions légitimes d'exercice du pouvoir, sont établies par la constitution. En effet, les constitutions libérales issues des Révolutions libérales, créent les conditions d'un contrôle permanent par l'opinion publique. Les modalités de ce contrôle s'organisent sur la base des principes garants de la démocratie, à savoir le principe de publicité, l'interdiction pour les pouvoirs constitués d'utiliser la force et la contrainte en vue de contrôler les débats publics et la liberté de la presse[2504]. Ces principes constituent

---

2503 TPI, arrêt du 17 juin 1998, UEAMPE e. a/Conseil, aff. T-135/96Rec., p. II-2355, point 90.

2504 (i) **Le principe de publicité,** au terme duquel les actes des autorités publiques ne peuvent produire d'effets qu'à la condition d'avoir été préalablement rendus publics. C'est en vertu de ce principe que les lois et les décrets ne peuvent entrer en vigueur qu'après leur publication dans le journal officiel. Effectivement, la publicité constitue la condition préalable et essentielle d'un contrôle effectif des pouvoirs constitués. (ii) **Le deuxième principe interdit aux pouvoirs constitués d'utiliser la force,** la contrainte ou l'intimidation en vue de contrôler ou d'influencer le corps des débats publics. Il organise ce que Habermas appelle **la sanctuarisation de l'espace public.** Il permet aux citoyens de se trouver et de communiquer entre eux dans des enceintes informelles, à tous les niveaux, du café de commerce jusqu'à l'internet, en passant par les salles de réunion et de la voie publique. (iii) **La liberté de la presse** et, plus particulièrement, les règles qui garantissent le pluralisme dans les medias constitue le troisième principe. Benoît Frydman, Vers un statut de la société civile dans l'ordre internationale, op. cit., pp. 154–155.

un système cohérent de garanties, grâce auxquelles la société civile dispose des moyens de s'informer et de débattre des actes et des décisions de l'autorité, de critiquer ouvertement ceux-ci et si nécessaire de se mobiliser en vue d'infléchir le cours des affaires publiques. Dans cette perspective, le dialogue social, qui fait intervenir une partie considérable de la société civile, contribue efficacement au développement de la démocratie participative. En effet, le Traité constitutionnel souligne l'importance et le respect de l'autonomie des partenaires sociaux et consacre le Sommet social tripartie.

Le dialogue social a un rôle crucial à jouer dans ce mouvement vers de nouveaux modes de régulation post nationaux. La politique sociale constitue un domaine favorable à l'association des partenaires issus de la société civile à la prise de décision. Elle remplit à ce tire les caractéristiques du droit post national, un droit souple qui vise à baser les décisions sur le dialogue et à associer les destinataires d'une norme à son élaboration ou à sa mise en œuvre[2505]. Le dialogue social perdrait sa raison d'être si l'autonomie des partenaires sociaux était mise en cause. Même si les institutions européennes s'attachent d'ores et déjà à respecter cette autonomie[2506], c'est un tournant que le Traité constitutionnel et le Traité de Lisbonne consacrent ce principe en leur sein.

La relation entre le Sommet social tripartite et le développement de la démocratie participative dans les domaines économiques et sociaux a été soulignée par des responsables européens à plusieurs reprises[2507]. Ces préoccupations se trouvent consacrées par l'article I-47 du Traité constitutionnel, repris par article 11 TUE et 152 TFUE, avec une référence expresse à ce sommet qui se tient annuellement avant le Conseil européen de printemps. Créé par une décision du Conseil[2508], le Sommet social tripartite a pour objectif d'assurer, de façon permanente, la concertation entre le Conseil, la Commission et les partenaires sociaux

2505 S'inscrivent dans cette optique, les méthodes ouvertes de coordination, dont l'essor à été consacré par la Stratégie de Lisbonne, et qui consistent à fixer des règles directrices incitatrices, afin d'encourager le développement et la coordination des Etats membres dans divers domaines.

2506 GADBIN Daniel, « L'association des partenaires économiques et sociaux organisés aux procédures de décisions en droit communautaire », RTDE, 2000, pp. 1–46.

2507 Voir les contributions des différents participants à la conférence organisée par le CESE sur « La démocratie participative : état et perspectives ouvertes par la Constitution européenne », les 8 et 9 mars 2004, http ://www.esc.eu.int, en particulier les remarques introductives du Ministre irlandais des affaires européennes, D. Roche.

2508 Décision 2003/174/E du Conseil du 6 mars 2003 créant un Sommet social tripartite pour la croissance et l'emploi, JOUE, n°L 70, du 14 mars 2003, p. 30–31.

sur les questions économiques, sociales et de l'emploi[2509]. Ce Sommet contribue notamment à la réalisation de la « Stratégie de Lisbonne », par laquelle l'Union européenne s'est engagée dans une politique de réformes dans les domaines économiques, sociaux et environnementaux d'ici à 2010. Par conséquent, il est utile que le Traité constitutionnel formalise la réunion annuelle du Sommet tripartite.

3. *Les organisations religieuses[2510] et non confessionnelles dans le cadre du dialogue civil.*

Quand nous définissions la société civile, nous avions précisé que les organisations religieuses en constituent l'une des composantes essentielles. Evidemment le Traité constitutionnel ne pouvait pas faire impasse sur le sujet. Déjà, lors des réunions de la Convention européenne, le fait religieux avait fait l'objet de débats sérieux[2511] autour des valeurs de l'Union qui devaient être mentionnées dans l'introduction. Ainsi, constitutionnalisant le statut des églises et des organisations non confessionnelles[2512], les auteurs du Traité constitutionnel donnent

2509 Selon l'article 3, alinéa 2 de la Décision précitée, « les représentants des partenaires sociaux sont répartis en deux délégations égales comprenant dix représentants des travailleurs et dix représentants des employeurs ». La coordination de ces délégations est assurée par la Confédération européenne des syndicats (CES) pour les travailleurs, pour les employeurs, par l'Union des confédérations de l'industrie et des employeurs d'Europe (UNICE).

2510 Les termes consacrés par le Traité constitutionnel ont « des églises et des organisations non confessionnelles ». Toutefois, nous considérons qu'il convient mieux d'utiliser le terme religieux d'une manière générale.

2511 Certaines délégations, plus attachées aux principes de laïcité, comme les délégations française et turque avaient souhaité se contenter de l'inscription assez neutre de la Charte des droits fondamentaux en la matière. En effet, le Préambule de la Charte fait référence « au patrimoine spirituel et moral et aux valeurs indivisibles et universelles de la dignité humaine ». En outre, après l'incorporation de la Charte dans le Traité constitutionnel, l'article II-70 de celle-ci garantit la liberté de pensée, de conscience et de religion. En dépit de ces références explicites, et sachant que la Charte constitue l'une des parties les plus constitutionnelles de la Constitution, sous l'insistance des chrétien-démocrates, la Convention a dû organiser le statut des églises et des organisations non confessionnelles dans un article spécifique.

2512 L'article I-52 du Traité constitutionnel stipule que « l'Union respecte et ne préjuge pas du statut dont bénéficient, en vertu du droit national, les églises et les associations ou communautés religieuses dans les Etats membres », qu'elle respecte « le statut dont bénéficient, en vertu du droit national les organisations philosophiques et non confessionnelles », et « reconnaissant leur identité et leur contribution spécifique,

satisfaction aux conférences épiscopales européennes. Toutefois, cette reconnaissance peut contribuer au renforcement du dialogue civil.

a La constitutionnalisation du statut des organisations religieuses et non confessionnelles

Bien impliquées dans le débat constitutionnel, les églises ont finalement obtenu l'inscription dans le Traité constitutionnel de cette référence explicite à leur statut. Ainsi, le texte constitutionnel reconnaît, à plusieurs reprises, ce que la construction européenne doit à l'héritage religieux. Avec l'article I-52, dont les deux premiers paragraphes reprennent le contenu de la Déclaration n°11 annexée au Traité d'Amsterdam[2513], le Traité constitutionnel consacre la liberté des Etats membres dans la détermination du statut des églises, mais aussi des « associations ou communautés religieuses » et des « organisations philosophiques et non confessionnelles ». Cette consécration constitutionnelle est due au fait que les représentants des églises ont été très présents dans les débats de la Convention européenne. Leurs demandes, relayées par des personnalités politiques dont le président de la Convention M. Giscard d'Estaing, ont largement été satisfaites[2514], dans la mesure où leur position constitutionnelle semble plus avantageuse. Le Traité de Lisbonne fait sien une innovation importante de la Convention de 2004 et intègre dans le TFUE un article 17, qui reprend le contenu de l'article I-52 du Traité constitutionnel. Cette consécration, nous dirions « clémente », est considérée comme dangereuse par certains auteurs, tels que M. Maffeis[2515] qui soutient que le Traité constitutionnel ne se contente pas « de menacer une partie de notre édifice juridique laïc, il nous empêche également d'envisager toute diffusion en

l'Union maintient un dialogue ouvert, transparent et régulier avec ces églises et organisations ».

2513 Force est de constater que la Déclaration parait plus appropriée pour la mention de telles dispositions En effet, s'il est habituel de trouver dans les textes constitutionnels des articles relatifs à la liberté de religion, la consécration constitutionnelle du statut de églises et des organisations non confessionnelles semble contestable.

2514 Ces organisations sont d'autant plus satisfaites que, si l'on compare les articles I-47 et I-52, on constate aisément que les églises et les organisations non confessionnelles bénéficient, aux termes du Traité constitutionnel, de garanties plus importantes que les partenaires sociaux. En effet, alors qu'il est prévu qu'un simple « dialogue entre eux », l'Union européenne maintient avec les églises et les organisations non professionnelles un « dialogue ouvert, transparent et régulier ».

2515 L. Maffeis, *Une Constitution qui tourne le dos à la laïcité*, http://communautarisme.net

Europe de cet acquis philosophique et politique considérable qu'est la laïcité à l'échelle de l'humanité ».

b Les organisations religieuses et non confessionnelles et le dialogue civil

Même si le Traité constitutionnel et le Traité de Lisbonne[2516] accordent une place équivalente aux organisations non confessionnelles au même titre que les églises dans le dialogue social, ce sont essentiellement les églises qui entretiennent des relations régulières avec les instances européennes. Ce dialogue, bien qu'informel, existe déjà[2517]. La régularité de ces entretiens ne semble pas être la même pour toutes les sensibilités religieuses. En effet, il semble que les interlocuteurs privilégiés des instances communautaires sont les chrétiens[2518]. En outre, le Traité ne précise pas sur quel fondement ce dialogue doit être conduit. Cette carence est d'autant plus regrettable que l'amendement de J. Floch consistant à supprimer cette disposition, ou en cas de rejet de la proposition, à insérer une disposition relative au respect de la laïcité, n'était pas retenue : « le dialogue que l'Union maintient avec les églises et les associations et communautés religieuses, ainsi qu'avec les organisations philosophiques et non confessionnelles, doit se faire dans le respect du caractère profondément laïc de l'Union européenne »[2519].

Toutefois, le dialogue avec les organisations religieuses et non confessionnelles s'inscrit dans le cadre du dialogue civil, dans la mesure où ces entités contribuent à développer le sentiment d'appartenance essentiel à l'émergence d'une société civile, comme le sentiment d'appartenance à l'Union européenne. En effet, les relations de proximité qu'elles entretiennent avec les citoyens pourraient être bénéfiques, en vue de rétrécir la distance qui existe entre la « communauté

2516 Article 15ter 2 TUE, tel que modifié par le Trait de Lisbonne.

2517 Ce dialogue se manifeste par des rencontres régulières entre le président de la Commission et le chef du gouvernement de l'Etat membre qui assure la présidence de l'Union européenne et les représentants religieux.

2518 Commission des épiscopats des Communautés européennes (COMECE), La Commission église et société (CES), la Conférence des églises européennes (CEC) et l'Office catholique d'initiative et d'information pour l'Europe (OCIPE).

2519 J. Floch, membre suppléant, http://european-convention.eu.int. D'autres amendements ont été déposés en faveur de la suppression pure et simple de l'article en question. En effet, plusieurs membres et membres suppléants de la Convention ont considéré que la reconnaissance du statut des églises et organisations non confessionnelles constitue une autre problématique que celle concernant les formes de la démocratie participative (Voir notamment la proposition de L. Michel, K. de Gucht et autres, ainsi que celle de R. Badinter sur le même site).

politique » et la « communauté morale » au sein de l'Union européenne. Cela semble d'autant plus utile que le fait religieux contribue à accentuer le phénomène d'identification, de structuration et d'intégration[2520]. De ce fait, il permet de développer un phénomène d'appartenance. Il est par conséquent compréhensible que le Traité constitutionnel consacre une disposition particulière au dialogue avec les organisations religieuses et non confessionnelles. Cette attitude des instituions européennes à l'égard des représentants religieux témoigne aussi d'une prise de conscience de l'importance de ces acteurs dans le dialogue civil. Ainsi, dès 1995, la Commission européenne organisait une réflexion sur le sens spirituel et éthique de la construction européenne dans un programme intitulé « Donner une âme à l'Europe »[2521].

Comme l'affirme Antoine Bevort, « la participation des citoyens constitue une des voies pour reconstruire le lien social, qui est d'abord un lien politique. La participation, c'est le terreau dont les valeurs démocratiques ont besoin pour s'épanouir, c'est le moyen de donner confiance à une communauté politique qui doute, c'est le moteur de la démocratie »[2522]. On peut dès lors conclure que les principes de la démocratie participative, introduits dans le Traité constitutionnel et repris par le Traité de Lisbonne, ont pour vocation première de répondre aux préoccupations relatives au déficit démocratique. Dans cette perspective, la distance entre les citoyens et les institutions, mais aussi l'inexistence à la fois d'une opinion publique européenne et d'un sentiment d'appartenance à une société civile transnationale, devaient être prises en compte. C'est ainsi que la démocratie à l'échelle européenne ne serait pas un « sport de spectateurs ».

Conclusion du chapitre 2

L'une des particularités de l'Union européenne provient du fait que c'est une « communauté politique » composée des Etats et des citoyens, sans espace public tel que nous le connaissons dans le contexte de l'Etat national, ni sentiment d'appartenance affirmée qui peut se singulariser. A l'échelle des Etats nations

2520 MEHDI Rostane, « L'Union européenne et le fait religieux : Eléments du débat constitutionnel », RFDC, 2003, n°54, pp. 227–248.

2521 « Si au cours des dix prochaines années, nous ne parvenons pas à donner une âme à l'Europe, à lui donner une spiritualité et un sens, s'en sera fait de l'unification européenne.», Jacques Delors, Discours aux églises, Bruxelles, 14 avril 1992, http://europa.eu.int.

2522 BEVORT Antoine, *Pour une démocratie participative,* Presses des Sciences Politiques, Paris, 2002, p. 15.

classiques à l'européenne, ces deux notions se sont formées dans des contextes historiques bien particuliers.

Tout au long de ce chapitre, nous avons essayé de mettre en évidence que si l'Union européenne veut passer à une étape fondamentalement politique dans le processus d'intégration caractérisée par le rattrapage de l'économique par le politique, l'émergence d'un sentiment d'appartenance se présente comme une nécessité. Ce sentiment doit, pour être partagé et assimilé par toutes les composantes de l'Union, se fonder sur de nouvelles bases que l'on pourrait qualifier de post nationales. Le concept du patriotisme constitutionnel en tant que forme de rattachement à un ensemble de valeurs, semble pouvoir remédier à cette carence pour l'Union européenne. Le Traité constitutionnel peut être considéré comme un pas significatif à cet égard. La citoyenneté sociale comme concrétisation des droits économiques et sociaux fondamentaux pour les citoyens européens et surtout la généralisation de la libre circulation des personnes, contribuent à l'évidence à l'affirmation de cet espace public européen en devenir, même s'il continue de présenter certaines particularités intrinsèques à l'Union européenne, comme la diversité apparente des espaces nationaux.

Le fait le plus remarquable à cet égard est que l'on assiste à la participation active des droits sociaux fondamentaux, à la concrétisation d'une forme d'organisation nouvelle, au-delà de l'Etat nation ou d'une communauté post nationale. Cette « stratégie post nationale » se situe dans le prolongement de la théorie kantienne de la paix perpétuelle, dans la mesure où elle nous fournit les indications d'une généralisation des droits transnationaux à l'échelle européenne, en particulier des droits sociaux fondamentaux. Ce processus n'est pas sans inviter une nouvelle forme de démocratie dont les faits les plus significatifs peuvent être décelés dans le Traité constitutionnel. En effet, le Traité établissant une constitution pour l'Europe reprend et formalise, conformément à la tradition européenne, les bases les plus anciennes de la démocratie européenne constituée par la démocratie représentative. Conformément à l'esprit du processus post national ou cosmopolitique en cours sur le continent européen, le Traité constitutionnel innove en constitutionnalisant la démocratie participative qui a pour but de mobiliser autour du projet européen toutes les composantes de la société civile, comme complément d'une démocratie post nationale. Le but affiché est entre autres, de répondre aux critiques de déficit démocratiques, même si celui-ci peut être aussi entendu comme déficit d'information. Cela a pour conséquence également de constitutionnaliser le statut des partenaires sociaux, y compris les organisations religieuses et non confessionnelles, en reconnaissant leur rôle particulier et leur autonomie dans le cadre du dialogue civil. C'est ainsi que l'on pourrait réduire en particulier le décalage croissant entre « la communauté morale » et la « communauté légale ».

Ce processus de constitutionnalisation politique se poursuit tout en donnant naissance à un autre développement qui est tout à fait caractéristique de l'Union européenne. En effet, l'affirmation de la communauté post nationale ne s'opère pas au détriment ou au prix de l'effacement des Etats-nations dans le système communautaire. Nous avons vu que dans cette perspective, le respect de l'identité nationale, ainsi que le respect des fonctions essentielles de l'Etat apparaissent comme des droits fondamentaux au profit des Etats dont la reconnaissance est le fait du législateur et du juge. La reconnaissance des droits fondamentaux aux Etats dans l'ordre juridique communautaire, ce qui n'est pas le cas dans le droit international, apparaît ainsi comme un résultat du processus de constitutionnalisation politique de l'Union européenne. Cette reconnaissance est récemment confirmée par la jurisprudence. Toutefois, même si l'Union européenne apparaît comme pionnière dans la reconnaissance des droits fondamentaux aux Etats, la généralisation éventuelle de cette reconnaissance dépendra, nous semble-il, de l'affirmation de l'Union comme une force capable de peser sur les équilibres mondiaux.

Le Traité de Lisbonne, tout en abandonnant le concept constitutionnel, reprend dans une large mesure les innovations du Traité constitutionnel, en particulier, la démocratie représentative, la démocratie participative, l'initiative citoyenne, la place accordée à la société civile et le rôle des organisations religieuses et confessionnelles. Cela signifie, entre autres, que l'abandon du concept constitutionnel n'implique pas nécessairement un recul dans le processus de constitutionnalisation.

Conclusion du Titre 2

La notion de citoyenneté dans sa formulation la plus répandue exprime la relation entre l'Etat et l'individu. Cette relation est aussi entendue comme un ensemble des droits, d'obligations et de qualités morales, ainsi que le droit de participation à la vie de la société. Dès que l'on aborde la notion de la citoyenneté dans le cadre de l'Union européenne, on débouche inévitablement sur le thème de la citoyenneté sociale. En effet, c'est l'œuvre du sociologue britannique T. H. Marshall en 1950[2523] a conduit à identifier une « citoyenneté sociale ». La jurisprudence de la

2523 MARSHALL Thomas-Humphrey, *Citizenship and social class,* Pluto perspectives, London, 1992.

Cour de justice en matière de libre circulation des citoyens[2524] invite aujourd'hui à transposer cette notion sur le plan juridique au niveau européen. En effet, la libre circulation des travailleurs/citoyens européens a connu un développement considérable depuis le traité instituant les Communautés européennes de 1957. Dès les années soixante, la Cour de justice et les institutions européennes ont cherché à assurer l'effectivité de cette liberté. Dans ce but, elles ont reconnu des droits connexes propres à encourager le déplacement. Le Règlement 1612/68[2525] accorde les premiers droits sociaux aux travailleurs migrants[2526]. Ces droits ont pour but de faciliter la libre circulation des personnes. L'instauration d'une citoyenneté européenne en 1992 par le Traité de Maastricht éloigne la libre circulation de son propos économique pour s'intéresser plus à sa dimension personnelle. Alors qu'au départ seul le travailleur avait le droit de circuler à l'intérieur de la communauté, le citoyen européen se voit maintenant attribuer ce droit. Ainsi, la citoyenneté européenne change le paradigme de la construction communautaire : l'Union européenne n'est plus seulement un marché unique, elle devient une communauté de citoyens qui ont des droits et des devoirs[2527].

Par ailleuurs, la reconnaissance progressive des droits fondamentaux, y compris les droits sociaux fondamentaux, la consécration d'une citoyenneté sociale européenne, l'adoption du Traité constitutionnel incorporant la Charte des droits fondamentaux de l'Union européenne, entre autres, sont autant d'éléments pouvant permettre d'affirmer que l'Union européenne est sur le point de substituer à la logique des premières années de l'intégration européenne, une logique politique. Le fait que le Traité de Lisbonne abandonne le concept « constitutionnel » ne remet pas en cause le contenu constitutionnel des traités, d'autant plus qu'il reprend la plupart des innovations du introduites par le projet du Traité constitutionnel. Mais il convient de constater que la nouvelle entité juridique

---

2524 Par exemple, CJCE, arrêt du 12 mai 1988, Martinez Sala, aff. C-85/96, Rec., 1988, p. I-02691 ; CJCE, arrêt du 20 septembre 2001, Grzelczyk, aff. C-184/99, Rec., 2001, p. I-6193 ; CJCE, arrêt du 15 mars 2005, Bidar, aff. C-209/93, Rec., p. 2119.

2525 Règlement (CEE) n°1612/68 du Conseil du 15 octobre 1968 relatif à la libre circulation des travailleurs à l'intérieur de la Communauté.

2526 En vertu du principe de non-discrimination sur le fondement de la nationalité, ceux-ci se voient attribuer le droit à des conditions de travail similaires à celles des nationaux ; le droit aux mêmes avantages sociaux que les travailleurs nationaux de l'Etat membre d'accueil ; le droit à la même sécurité sociale ; le droit aux mêmes formations professionnelles ; le droit à l'éducation de leurs enfants ; les droits syndicaux…

2527 MARZO Claire, « Vers une citoyenneté sociale européenne », Droit social, n°2, février 2007, pp. 218–224, ici p. 220.

n'a pas encore pu regagner le cœur des citoyens. Le défaut de ce sentiment d'appartenance est dû entre autres au fait que l'Union européenne ne bénéficie pas encore d'un espace public tel qu'on l'entend, et qu'il y a certaines difficultés à cet égard. Or, la citoyenneté sociale qui elle-même est tout à fait stratégique dans la création du sentiment d'appartenance commune, peut également constituer le fondement institutionnel de l'espace public européen. La place des droits sociaux fondamentaux au-delà de l'Etat, à l'échelle européenne, s'annonce comme primordiale. Cela implique nécessairement une forme nouvelle de démocratie, qui à l'échelle de l'Union, se présente comme une combinaison de la démocratie représentative et de la démocratie participative.

Conclusion de la Deuxième Partie

Si nous avons étudié la notion de constitution dans la « Première Partie », c'est au sens des lois structurelles propres à la Communauté, plus qu'une tentative d'ébaucher une constitution politique en tant que telle. Les droits sociaux sont à la frontière de ces deux logiques, car ils confèrent à l'autorité un moyen d'intervention par excellence. L'histoire de l'intégration européenne nous montre que l'Union européenne n'est pas un Etat en formation, mais plutôt une figure politique inédite, une Communauté post nationale au sens de Jürgen Habermas et de Jean-Marc Ferry. Dans cette optique, les droits sociaux semblent jouer un rôle stratégique. En effet, il s'agit de se sentir appartenir à une entité politique d'un type nouveau dans lequel on n'est pas uni par un patriotisme du type classique, mais par une nouvelle forme de patriotisme que Habermas appelle « patriotisme constitutionnel ». Pour avoir ce sentiment d'appartenance, le fait d'avoir des droits sociaux qui se dessinent au niveau de cette entité, se présente comme quelque chose de fondamental.

L'une des réalisations de l'intégration européenne est constituée par l'ensemble des droits reconnus dans le domaine économique et social, l'ensemble qui caractérise la citoyenneté sociale. Cette citoyenneté sociale, ce n'est pas seulement se voir reconnaître des éléments favorables de la politique sociale, mais c'est aussi affirmer l'existence d'une entité politique qui se superpose aux Etats, sans vouloir être elle-même un Etat. Cela revient à affirmer que la citoyenneté sociale au niveau européen et communautaire n'est pas seulement quelque chose d'économique, mais plus fondamentalement, c'est le moyen d'affirmer, de créer ce sentiment d'appartenance commune sur lequel repose nécessairement l'Union européenne. Par ailleurs, ce sont les droits sociaux qui forment le contenu de cette citoyenneté sociale à l'échelle européenne. En dépit des différences de statuts à l'échelle nationale et européenne, le niveau de protection, dont ils bénéficient, a été consolidé par le législateur et le juge européen. Cette protection s'affirme encore davantage avec la récente jurisprudence de la Cour qui favorise plutôt la protection des droits fondamentaux par rapport aux libertés fondamentales. Ainsi, l'étude de la constitutionnalisation politique met en évidence la place stratégique qu'occupent les droits sociaux fondamentaux dans le processus de création d'un sentiment d'appartenance pour l'Union, et de la nouvelle forme de démocratie qu'elle implique.

CONCLUSION GENERALE

Quelles que soient les appréciations que nous pouvons porter sur les termes « Constitution européenne », le vocabulaire constitutionnel est consubstantiel de la construction européenne. Dans son discours considéré comme fondateur de 1929 à la Société des Nations, Aristide Briand avait évoqué la nécessité de créer une sorte de « lien fédéral » entre les pays européens[2528]. Dans la phrase suivante, il disait que ce «lien fédéral » ne devrait pas porter atteinte à la souveraineté des pays associés. Par conséquent, la problématique de l'Union européenne d'aujourd'hui ne semble pas très différente de celle de 1929 : comment organiser une meilleure coopération entre les pays européens sans porter atteinte, de façon excessive, à la souveraineté de chacun d'entre eux.

Alors que la terminologie constitutionnelle, au sens politique, a accompagné la construction européenne, on assiste à une certaine volonté d'éviter le débat constitutionnel[2529]. C'est le cas du traité CECA. La Communauté européenne de défense est très concernée, mais d'une certaine manière, c'est à cause de cela qu'elle a échoué. Durant la rédaction des traités de 1957, Marché commun et Euratom, la question est peu évoquée dans les débats internes. Il faut en réalité attendre longtemps pour que la question constitutionnelle soit à nouveau posée. Elle l'est objectivement à partir du traité de Maastricht qui s'annonce comme un tournant dans l'histoire du processus de constitutionnalisation de l'Union européenne. Cet élan de constitutionnalisation politique se poursuivra avec le Traité d'Amsterdam, la préparation de la Charte de droits fondamentaux, du Traité constitutionnel et du Traité de Lisbonne. Toutefois, nous partageons l'avis selon lequel l'Union/Communauté européenne s'est déjà dotée d'une constitution, mais une Constitution économique avec le Traité de Rome de 1957. Telle que nous l'avons étudiée, la mise en œuvre d'une politique sociale, la reconnaissance des droits sociaux fondamentaux comme résultant de cette politique et la consécration de ces mêmes droits par le juge sont les étapes décisives de cette Constitution économique. Avec le Traité de Maastricht, on peut plus facilement parler de constitution au sens politique pour l'Union européenne.

2528 GERBET Pierre, SERRE (de la) Francoise et NAFILYAN Gérard (dir.), *L'union politique de l'Europe,* La Documentation française, coll. « Retour aux textes », 1988, p. 30.

2529 MAUSS Didier, « Ouverture », in MATHIEU Bertrand, VERPEAUX Michel, MELIN-SOUCRAMANIEN Ferdinand (dir.), *Constitution et construction européenne,* Dalloz, 2006, p. 4.

De la Constitution économique

La Constitution économique européenne se présente comme un ensemble de principes structurels, dont le principe d'intégration, qui gouvernent le développement économique de l'entité de référence. L'application de celle-ci au Traité de Rome a montré qu'en termes d'objectifs, le TCEE a poursuivi le but du développement économique, dans le cadre institué par le Traité. Les deux instruments dans cette perspective sont le Marché commun et le rapprochement des politiques économiques. En dépit des difficultés, 25 ans après la signature du Traité de Rome on a pu réaliser le Marché commun, mais le but essentiel se présente comme étant la complète réalisation du Marché intérieur. L'Acte unique européen, sans changer la structure économique du Traité, a ajouté cinq éléments importants dans cette Constitution économique : le vote à la majorité qualifiée dans les matières relatives au Marché intérieur, une définition plus claire de la notion de Marché intérieur, la reconnaissance mutuelle comme un principe régulateur, le rapprochement des politiques relatives à la santé et à la sécurité dans le milieu de travail, et la cohésion économique et sociale.

Le Traité de Maastricht est caractérisé par une révision des buts économiques, l'addition d'un troisième instrument qui est l'Union économique et monétaire (UEM) et l'introduction de nouveaux principes, en particulier le principe de subsidiarité. L'UEM s'inscrit profondément dans l'esprit d'une Constitution économique, basée sur la stabilité des prix et la centralisation des politiques monétaires. En outre, le Traité de Maastricht est explicite sur la nature économique de cette Constitution économique : les principes qu'il introduit comprennent le principe d'une « économie ouverte avec la libre concurrence » et des éléments pour mettre en œuvre des politiques saines de stabilisation macroéconomiques.

De la politique sociale

Notre étude de la Constitution économique met en évidence un développement que les pères fondateurs n'avaient probablement pas prévu : pour corriger les distorsions qui sont issues de la mise en œuvre de la constitution économique, une politique sociale s'avère indispensable. Ainsi, la politique sociale européenne apparaît comme un aboutissement inéluctable de la Constitution économique. Il est donc essentiel que le Marché intérieur soit doté des mécanismes d'accompagnement pour prendre en compte tous les aspects de l'intégration, dont la dimension sociale. La prise en compte de la dimension sociale, abordée timidement dans le Traité de Rome, semble maintenant attirer plus d'attention à l'échelle communautaire, comme en témoignent les actes de droit dérivé, ainsi que les modifications introduites dans les traités avec l'Acte unique, le Traité de Maastricht et le Traité d'Amsterdam. A y regarder de près, la démarche qui gouverne la réalisation progressive du Marché intérieur comme un espace sans frontière[2530] est beaucoup plus didactique qu'on ne le reconnaît généralement ; elle illustre l'indissociabilité de l'économique et du social. Car, il ne peut y avoir progrès social sans progrès économique, et à l'inverse, la réussite économique ne s'obtient pas sans cohésion sociale. Ainsi, la réalisation de l'espace sans frontière a apporté sans doute plus de compétition, mais elle a aussi favorisé la coopération économique et technique entre les entreprises et les Etats membres[2531].

En effet, le Traité instituant la Communauté économique européenne avait consacré la libre circulation des marchandises et des travailleurs dans la Communauté. C'est ainsi que certaines dispositions du Traité devaient prendre en compte les conséquences sociales d'une telle liberté. Dans cette perspective, d'autres dispositions du même traité soulignaient la nécessité d'améliorer les conditions de travail, d'harmoniser les systèmes de sécurité sociale et d'assurer une meilleure coordination entre les Etats membres dans les domaines suivants : l'emploi, les conditions de travail, l'éducation professionnelle, la sécurité sociale et la protection contre les accidents de travail[2532]. C'est ainsi que des directives et règlements ont été adoptés suivant la mise en œuvre le la Constitution économique, afin d'éviter les distorsions. C'est ainsi que la liberté de circulation, l'égalité des rémunérations, l'égalité entre les hommes et les femmes, la suppression des barrières à l'emploi et la suppression de toute sorte de discrimination directe et indirecte

---

2530 La notion de « Marché commun » n'est pas définie dans le Traité de Rome. Les articles 2 et 3 de ce traité, devenus les articles 2 et 3 TCE après modification, permettent cependant d'en déterminer le contenu et les objectifs. Ces articles définissent la mission qui est assignée à la Communauté comme étant de « promouvoir un développement harmonieux des activités économiques dans l'ensemble de la Communauté, une expansion continue et équilibrée une stabilité accrue… ». Le Marché commun est conçu comme l'un des instruments de réalisation de cet objectif. L'article 3 prévoit l'élimination des droits de douane, l'établissement d'un tarif douanier commun, l'abolition des obstacles à la libre circulation et l'instauration de certaines politiques communes comme moyen à mettre en œuvre pour réaliser cet instrument de « Marché commun ». Par ailleurs, l'article 8a du Traité CEE introduit par l'article 13 de l'Acte unique, devenu l'article 14 TCE après modification, définit le Marché intérieur comme « un espace sans frontières intérieures dans lequel la libre circulation des marchandises, des personnes, des services et des capitaux est assurée (…) »

2531 VENTURINI Patrick, op. cit., p. 8.

2532 LEAPER R.A.B., "Social Policy", in LASOK Dominik et SOLDATOS Panayotis (ed), *The European Communities in Action,* Bruylant, 1981, p. 276.

sont placées au cœur de cette politique sociale. Cette dimension sociale est en outre consolidée par les modifications introduites dans les Traités suivant l'Acte unique, le Traité Maastricht et le Traité d'Amsterdam. Les modifications apportées par ce dernier traité montrent que l'emploi est considéré comme un lien entre l'économie et le social dans le cadre de la Constitution économique.

De la reconnaissance des droits sociaux fondamentaux

La mise en œuvre effective de la politique sociale européenne nous conduit à un autre constat : la naissance/reconnaissance des droits économiques et sociaux comme résultant du développement de la politique sociale européenne. Ce lent processus de reconnaissance des droits sociaux fondamentaux à l'échelle communautaire est soutenu par la Charte communautaire des droits sociaux fondamentaux des travailleurs, le Protocole, l'Accord social et la Charte des droits fondamentaux de l'Union européenne. Les difficultés à cet égard ne peuvent être appréhendées sans tenir compte du caractère spécifique de l'Europe sociale[2533]. Mise à part le principe de subsidiarité[2534] dont l'existence est jugée par certains auteurs[2535] comme un frein du développement de la politique sociale communautaire, il convient de considérer les impulsions engendrées par la Charte communautaire des droits sociaux fondamentaux et l'Accord sur la politique sociale à la lumière de deux autres principes qui en gouvernent la mise en œuvre : le respect des diversités nationales[2536] et la préservation de la compétitivité des

2533 « une voie étroite tracée entre, d'une part, les fortes contraintes économiques résultant de la réalisation d'un marché commun tout d'abord, d'un Marché unique ensuite, d'une union économique et monétaire enfin et, d'autre part, les profondes disparités nationales ». LANGLOIS Philippe, Europe sociale et principe de subsidiarité, Droit social, n°2, février 1993, p. 201.

2534 « La Communauté agit en matière d'environnement dans la mesure où les objectifs visés au paragraphe 1 peuvent être mieux réalisés au niveau communautaire qu'au niveau des Etats membres pris isolément. Sans préjudice de certaines mesures ayant un caractère communautaire, les Etats membres assurent le financement et l'exécution des autres mesures ».

2535 VOGEL-POLSKY Eliane, *L'Europe sociale 1993 : Illusion...*, op.cit., p. 179–185.

2536 En ce qui concerne la diversité des systèmes nationaux, en effet, comment concilier un système de participation et de négociation allemande dans lequel le rôle des négociations collectives est fondamental, le système anglais pour lequel la liberté des parties à la négociation collective au niveau le plus bas est la règle, le système français dans lequel le rôle des réglementations étatiques est essentiel et le système danois dans lequel la négociation interprofessionnelle joue un rôle capital ? Ces disparités ont constitué sans doute un frein au développement de l'action communautaire dans

entreprises. A ce stade encore, le social n'est pas tout a fait libéré du prisme de l'économique. La sensibilité du traitement réservé aux droits sociaux fondamentaux observé dans les traités de base, l'Accord social et dans le Programme relatif à sa mise en œuvre, trouve également sa traduction dans le Traité de Nice[2537]. Cette sensibilité a été également évoquée par plusieurs membres de la Convention sur l'avenir de l'Europe[2538]. Pour permettre à l'Europe sociale de poursuivre dans cette voie, il faudrait au moins que la procédure progressive prévue dans le Traité de Nice en vue de l'extension de la majorité qualifiée aux domaines couverts par les paragraphes d, f et g de l'article 137 (1), trouve sa place dans le Traité constitutionnel[2539] et le Traité de Lisbonne.

Les droits sociaux fondamentaux, auxquels a donné naissance la politique sociale issue de la Constitution économique, sont synthétisés par la Charte communautaire des droits sociaux fondamentaux des travailleurs qui s'inspire de la Charte sociale européenne, par des Programmes d'action de la Commission pour sa mise en œuvre et l'Accord sur la politique sociale adopté à Maastricht et intégré par le Traité d'Amsterdam. En outre, ce processus n'est pas à sens unique,

---

le domaine social. On comprend ainsi aisément l'insistance des Etats membres à conserver les compétences relatives aux aspects sensibles de la politique sociale dans le cadre des compétences qui leurs sont réservées.

2537 Selon l'article 137 (1) TCE, tel que modifié par le Traité de Nice, le Conseil statue à l'unanimité dans les domaines de la sécurité sociale et la protection sociale des travailleurs (point c) ; la protection des travailleurs en cas de résiliation du contrat de travail (point d) ; la représentation et la défense collective des intérêts des travailleurs et les employeurs, y compris la cogestion sous réserve du paragraphe 5 du même article (point f) ; les conditions d'emplois des ressortissants des pays tiers se trouvant en séjour régulier sur le territoire de la Communauté (point g).

2538 Rapport final du groupe de travail XI « Europe sociale », op. cit., p. 3. Selon le rapport, en ce qui concerne la question du vote à la majorité qualifiée, le consensus obtenu se limite au maintien dans la Constitution du compromis établi à Nice qui autorise le Conseil à chercher à faire décider à l'unanimité de passer à la codécision et au vote à la majorité qualifiée pour l'article 137, paragraphe 1, points d), f) et g), le point c) du même article restant soumise à l'unanimité. En effet, comme l'a démontré l'utilisation qui a été faite de l'article 118 A du TCEE tel que modifié par l'Acte unique européen, le système de vote à la majorité qualifiée a permis, dans le passé, à l'Europe sociale d'avancer. Cet article est spprimé suivant les modifications introduites par le Traité d'Amsterdam qui reprend dans son article 137, les paragraphes 2 et 3 de l'ancien article 118 A.

2539 Oğuz Demiralp, Ambassadeur, Délégué permanent de Turquie auprès de l'Union européenne, membre suppléant de la Convention européenne, intervention lors de l'Assemblée générale du 6 février 2003 consacrée à l'Europe sociale.

les instruments communautaires inspirant également les instruments internationaux comme c'est le cas de l'Accord sur la politique sociale dont plusieurs articles sont repris en partie par la Charte sociale révisée. Quant aux droits sociaux fondamentaux contenus dans la Charte des droits fondamentaux de l'Union européenne, ils constituent une bonne synthèse des instruments communautaires et internationaux. Ainsi, les droits sociaux fondamentaux sont les premiers à être reconnus dans l'ordre juridique communautaire.

Du rôle de la jurisprudence dans la reconnaissance des droits sociaux fondamentaux

La reconnaissance des droits sociaux fondamentaux dans le cadre de la Constitution économique n'est pas seulement l'œuvre du législateur, mais également du juge. L'apport de la jurisprudence tient en particulier dans la précision du contenu et l'affirmation plus prononcée du caractère de ces droits à l'échelle de l'Union européenne. Considérés dans le contexte de la Constitution économique, ces droits sont avant tout de nature sociale, dans la mesure où ils permettent de mieux mettre en évidence le caractère économique des traités fondateurs, en particulier du Traité de Rome. C'est sur la base de cet acquis jurisprudentiel que le législateur, et cela non sans difficulté, a pu se livrer au processus de constitutionnalisation de nature politique des traités. Ainsi, la consécration de l'égalité de traitement comme fondement principal de l'ordre juridique communautaire, la consécration de l'interdiction de discrimination en raison de la nationalité comme un principe fondamental et l'élimination des discriminations fondées sur le sexe, font partie de ces droits fondamentaux. La prohibition du licenciement de la femme enceinte et le maintien des droits du travailleur durant le congé de maternité, le renforcement des procédures d'informations et de consultations préalables en cas de licenciement, l'édiction de prescriptions en matière de durée de travail et de temps de repos constitutif d'un socle minimum de protection et l'interprétation restrictive par la Cour de la réserve d'ordre public, de la sécurité publique et de la santé publique même si le droit des ressortissants d'un Etat membre de circuler et de séjourner sur le territoire d'un autre Etat membre n'est pas inconditionnel, sont autant d'éléments affirmés dans le cadre de la Constitution économique.

Toutefois, le développement le plus notable de la Constitution économique semble être la mise en balance des rapports existant entre les libertés fondamentales établies par le traité et la protection des droits fondamentaux, tels que reconnus par les constitutions des Etats membres. En effet, les arrêts *Schmidberger et Omega* invoquent la violation du droit communautaire, notamment des règles régissant les échanges de marchandises, ainsi que la prestation de services découlant respectivement de l'inaction et de l'action par les autorités nationales. Cependant, les mesures des autorités publiques étaient motivées par l'exigence de protéger les valeurs fondamentales dans leurs constitutions respectives, s'agissant de la liberté d'expression dans la première affaire et du respect de la dignité humaine dans la deuxième. Ces arrêts sont indiscutablement en faveur d'une interprétation selon laquelle, la protection des droits fondamentaux devient de plus en plus importante pour la Cour de justice, même si cela passe par une confrontation avec ce qui est considéré comme une liberté fondamentale, à savoir la libre circulation des marchandises et des services. La Cour adopte une approche différente dans les arrêts *Viking et Laval* où elle observe que le droit de mener une action collective qui a pour but la protection des travailleurs constitue un intérêt légitime de nature à justifier, en principe, une restriction à l'une des libertés fondamentales garanties par le traité. Ce faisant, plutot que de chercher une conciliation droit fondamental/liberté fondamentale, elle justifie, dans le cas *Viking*, la restriction à une liberté fondamentale par la protection des travailleurs, considéré comme une raison impérieuse d'intérêt général. Elle y rappelle par ailleurs que la Communauté a non seulement une finalité économique, mais aussi une finalité sociale, avec pour conséquence que les droits résultant des dispositions du traité relatives aux libertés de circulation doivent être mis en balance avec les objectifs poursuivis par la politique sociale. La même démarche, consistant à savoir si la protection des travailleurs justifie une restriction à la liberté de prestation de services, est également retenue dans l'affaire *Laval*. Toutefois, la Cour estime qu'elle est disproportionnée. Aussi, le changement de perspective declenché avec les jurisprudences *Schmidberger et Omega*, contitue avec les l'arrêts *Viking* et *Laval*. Jusque-là, les droits fondamentaux étaient considérés à travers le prisme des objectifs du droit communautaire, en particulier les libertés fondamentales. Dorénavant c'est le droit communautaire qui, lui-même sera interprété à l'aune des droits fondamentaux. En dehors de l'argumentation juridique, ce renversement de perspective a une signification bien particulière : le passage de l'Union économique à l'Union politique. Il est tout à fait logique qu'au moment où l'Union veut devenir une Union politique, la défense des droits fondamentaux devienne déterminante.

De la constitutionnalisation politique

L'interrelation des droits fondamentaux dans le processus de constitutionnalisation de l'Union européenne revêt, au moins depuis le Traité de Maastricht, un caractère politique. Ce processus est révélateur de la place prédominante qu'occupent les droits fondamentaux dans l'Union, à l'instar des constitutions étatiques. Même si l'ancrage des droits fondamentaux, comme éléments cardinaux, dans le processus d'intégration ne permet pas d'emprunter l'appellation traditionnelle de « constitution » pour la constitution communautaire, il n'en demeure pas moins que cette dernière présente des caractéristiques matérielles d'une constitution étatique classique. En dépit de la difficulté d'encadrement de cette constitution européenne par la terminologie classique, les dispositions générales des traités qui garantissent la démocratie, l'Etat de droit, ainsi que celles qui organisent les pouvoirs entre institutions, la répartition des compétences entre le niveau communautaire et le niveau national, la protection des droits fondamentaux en tant que principes généraux du droit communautaire, sont autant d'éléments de nature constitutionnelle qui justifient cette qualification. La jurisprudence récente de la Cour de justice montre en particulier que les droits fondamentaux sont désormais protégés en tant que tels et que le prisme communautaire ne domine plus le jeu des principes fondamentaux

Par ailleurs, les réticences à cet égard devraient être largement atténuées avec l'adoption de la Charte des droits fondamentaux. Le Traité établissant une Constitution pour l'Europe constitue, sans doute, le pas le plus significatif dans le processus de constitutionnalisation politique de l'Union européenne. En effet, le Traité constitutionnel est d'autant plus significatif à cet égard que la plupart des innovations introduites par celui-ci sont reprises par le Traité de Lisbonne, même si ce dernier abandonne le concept constitutionnel. Se profile ainsi devant nous, une Constitution politique d'une fédération d'Etats et de citoyens de l'Union européenne.

Les droits sociaux fondamentaux dans la constitutionnalisation politique

Le propre de ce processus de constitutionnalisation politique est que l'incorporation des droits sociaux présente un enjeu crucial. Toutefois, notre étude donne certaines indications des difficultés dont souffrent les droits sociaux fondamentaux pour être pleinement consacrés, non seulement à l'échelle nationale, mais aussi à l'échelle européenne. En effet, la reconnaissance de ces droits comme tels ne manque pas d'engager les administrations concernées. C'est en cela, qu'ils sont qualifiés de droits « épée », par opposition aux droits fondamentaux de première génération qui sont qualifiés « boucliers ». Toutefois, pour la pleine jouissance des droits politiques, la reconnaissance des droits sociaux fondamentaux a une importance capitale. Cette difficulté est également perceptible dans la Charte des droits fondamentaux de l'Union qui, faute de mieux, a dû se contenter de consacrer, à coté des droits sociaux, des principes sociaux qui n'ont qu'un caractère programmatique pour les autorités. En effet, la Charte a rendu visible ce qui était invisible, a modernisé des droits et libertés contenus dans la CEDH tout en les adaptant aux besoins de l'Union et a explicité les droits économiques et sociaux. Nos développements témoignent par ailleurs d'un autre constat : les carences, nous dirions conjoncturelles, du législateur constituant et celui ayant le pouvoir d'adopter les actes de droit dérivé européens sont compensées par la jurisprudence de la Cour de justice. Est révélatrice à cet égard la récente jurisprudence de la Cour qui, se basant sur la citoyenneté de l'Union, donne un contenu plus affirmé aux droits sociaux. En cela, la jurisprudence rend plus lisible et visible la contribution des droits sociaux fondamentaux au processus de constitutionnalisation politique de l'Union.

La reconnaissance des droits fondamentaux n'a de signification que si une protection effective est assurée. Dans le contexte européen, un véritable renversement de perspective est réalisé à cet égard, avec les jurisprudences *Schmidberger, Omega, Viking et Laval.* Ainsi, la protection des droits fondamentaux devient plus importante, car on passe de l'Union économique à l'Union politique ; fondée sur une constitution, et notamment sur le respect des droits fondamentaux. Toutefois, dans le cadre de l'Union européenne il existe des carences concernant les voies de recours. De plus, il n'y a pas de contrôle externe en ce qui concerne les droits fondamentaux. Si ce mécanisme existait, l'Union européenne serait soumise au contrôle de la Cour européenne des droits de l'homme de Strasbourg. C'est bien cela que prévoient l'article I-9 du Traité constitutionnel et l'article 6.2 TUE tel que modifié par le Traité de Lisbonne. La démarche est d'autant plus révélatrice qu'elle est entreprise au moment où justement l'Union réalise des étapes considérables afin d'affirmer son identité politique. En effet, l'adhésion de l'Union européenne à la CEDH implique avant tout une hiérarchisation des relations entre les deux Cours. Cette hiérarchisation apparaît encore plus préoccupante pour les droits sociaux fondamentaux, dans la mesure où la protection dont ils bénéficient dans l'ordre juridique communautaire est supérieure à celle accordée par la Convention européenne de sauvegarde.

De la citoyenneté sociale

Le fait d'évoquer la citoyenneté dans le contexte européen aboutit inévitablement à la notion de citoyenneté sociale caractérisée par le droit pour tous les citoyens européens, indépendamment de leur activité, de bénéficier des systèmes sociaux des pays membres où ils résident, dans les limites prévues par le droit. C'est bien cette notion que concrétise la jurisprudence recente de la Cour.

Cette jurisprudence élargit en particulier le champ d'application personnel du droit communautaire. Par ce fait, il contribue à l'élargissement de l'espace public européen en devenir. Cette citoyenneté s'annonce dès lors comme une réalité concrète pour les citoyens européens. Sa consolidation en tant qu'institution semble devoir, à l'avenir aussi, être le fait d'une construction prétorienne. Ce mouvement de plus en plus perceptible ne peut que se confirmer par l'affirmation des responsabilités sociale par les entreprises.

Il convient par ailleurs de souligner l'attitude de la Cour de justice en ce qui concerne l'élargissement des droits des citoyens européens à des personnes qui ne sont pas des citoyens européens, mais qui ont des relations d'affiliations particulières avec un Etat membre. Ainsi, dans la jurisprudence *Espagne c/ Royaume-Uni*, la Cour opère une dissociation entre la citoyenneté européenne et les droits politiques européens d'élire le Parlement européen. Ce faisant, elle précise aussi que le droit communautaire admet, qu'à coté des principes communs à tous les Etats, il y a des principes constitutionnels propres à chaque Etat qui sont acceptables. Ce développement jurisprudentiel conférant une autre dimension à la citoyenneté sociale, valide par ailleurs, la thèse sur de l'émergence de droits fondamentaux des Etats dont la protection des identités est considérée comme une exigence impérative constitutionnelle au niveau national.

Contribution d'une forme de citoyenneté, d'identité à l'émergence de l'espace public européen

L'une des particularités de l'Union européenne provient du fait que c'est une « communauté politique » composée d'Etats et de citoyens, sans espace public tel que ceux existants dans le contexte de l'Etat national, ni un sentiment d'appartenance affirmée qui peut se singulariser. La citoyenneté sociale comme concrétisation des droits économiques et sociaux fondamentaux pour les citoyens européens, et surtout la généralisation de la libre circulation des personnes contribuent en évidence à l'affirmation de cet espace public européen en devenir. Toutefois, il continue de présenter des particularités intrinsèques de l'Union européenne, comme la diversité apparente des espaces nationaux.

Nous avons essayé de mettre en évidence que si l'Union européenne doit passer à une étape fondamentalement politique dans le processus d'intégration caractérisé par le rattrapage de l'économique par le politique, l'émergence d'un sentiment d'appartenance à une même communauté politique se présente comme une nécessité. Après la chute du Mur de Berlin et l'effondrement du bloc soviétique, le motif initial de la paix s'effritait. Le thème critique du déficit démocratique trahissait le soudain déficit de légitimité politique, tandis que la justification aurait dû prévaloir dans le contexte de mondialisation : le nécessaire rattrapage de l'économique par le politique. Sinon, la construction européenne risquait d'être dénoncée comme un pur phénomène d'accompagnement de la mondialisation économique. Aussi, était-il urgent de confectionner un patriotisme européen à l'aide de moyens institutionnels symboliques prestigieux. L'identité politique du citoyen européen fut ainsi appelée à se référer aux valeurs de l'Union et aux droits fondamentaux inscrits dans le Traité constitutionnel. De ce point du vue, l'adoption d'une Constitution pour l'Europe aurait pour fonction de stabiliser une forme de patriotisme située au-delà de nationalismes, et qui se marquerait par une adhésion aux principes constitutifs de l'Etat de droit démocratique et aux valeurs qui y sont afférentes : le patriotisme constitutionnel. Cela revient à fixer chez les ressortissants de l'Union le sentiment de coappartenance à une même communauté de citoyens et réaliser le recouvrement de l'Europe géographique et historique par l'Europe économique et politique.

Le fait le plus remarquable à cet égard est que l'on assiste à la participation active des droits sociaux fondamentaux à la concrétisation d'une forme d'organisation nouvelle, au-delà de l'Etat-nation ou une communauté post nationale. Cette « stratégie post nationale » se situe dans le prolongement de l'idée cosmopolitique kantienne telle qu'elle fut esquissée dans le Projet de paix perpétuelle, dans la mesure où elle nous fournit les indications d'une généralisation des droits transnationaux à l'échelle européenne, en particulier des droits sociaux fondamentaux. Par « idée cosmopolitique », nous entendons la systématique qui retient trois niveaux de relations de droit public : le droit civique ou jus civitatis, le droit des gens ou *jus gentium* et le droit cosmopolitique ou droits des citoyens du monde. Le premier niveau concerne le droit interne, le deuxième le droit international et le troisième le droit transnational[2540]. En effet, dans une perspective kantienne, l'Union européenne doit son originalité d'union cosmopolitique au fait qu'elle repose sur la même structure juridique à trois niveaux.

Se profile ainsi dans le contexte européen, ce que l'on peut qualifier d'identité post nationale[2541]. Cela signifie d'abord que le citoyen ne voit plus dans la nation la référence et l'appartenance politiques ultimes. Cela signifie également que, sans nier les solidarités locales, régionales, nationales, les motifs suprêmes d'adhésion à une communauté politique ne sont plus ceux de la parenté, de la proximité, de la filiation, ni même les motifs de la nationalité selon Renan, mais

2540 FERRY Jean-Marc, *Europe : Lla Voie kantienne, Essai sur l'identité post nationale,* Humanités, Les Editions du Cerf, Paris, 2005, p. 121.

2541 Ibid, p. 199.

l'adhésion à des principes universalistes tels qu'ils s'expriment dans les droits de l'homme, l'Etat constitutionnel et la démocratie.

Ce processus n'est pas sans inviter une nouvelle forme de démocratie dont les faits les plus significatifs peuvent être décelés dans le Traité constitutionnel dont les innovations sont reprises dans une large mesure par le Traité de Lisbonne, même si ce dernier abandonne le concept constitutionnel. Tâche difficile car il s'agissait de penser la démocratie au-delà des nations, sans la négation des nations[2542]. En effet, ces traités reprennent et formalisent les bases les plus anciennes de la démocratie européenne représentées par la démocratie représentative. Conformément à l'esprit du processus post national ou cosmopolitique en cours dans le continent européen, le Traité constitutionnel innove en constitutionnalisant le Traité de Lisbonne en lui reprenant la démocratie participative, qui a pour but de mobiliser autour du projet européen toutes les composantes de la société civile, comme complément d'une démocratie post nationale. Le but affiché est, entre autres, et d'un point de vue interne, de répondre aux critiques de déficit démocratiques, même si celui-ci peut être aussi entendu comme un déficit d'information. Le but est aussi, devant la perception accrue des conséquences de la mondialisation économique, de contribuer au rattrapage de l'économique par le politique[2543]. Cela a pour conséquence également de constitutionnaliser le statut des partenaires sociaux, y compris les organisations religieuses et non confessionnelles, en reconnaissant leur rôle particulier et leur autonomie dans le cadre du dialogue civil. C'est ainsi que l'on pourrait réduire en particulier le décalage croissant entre « la communauté morale » et la « communauté légale ».

Ce processus de constitutionnalisation politique se poursuit en donnant naissance à un autre développement qui est tout à fait caractéristique de l'Union européenne. En effet, l'affirmation de la communauté post nationale ne se fait pas au détriment ou au prix de l'effacement des Etats nations dans le système communautaire. Nous avons vu que dans cette perspective, le respect de l'identité nationale, ainsi que le respect des fonctions essentielles de l'Etat[2544], apparaissent comme des droits fondamentaux au profit des Etats, dont la reconnaissance est

---

2542 MAIRET Gérard, « Sur la critique cosmopolitique du droit politique », dans DUPRAT Gérard (dir.), *L'Union européenne. Droit, politique, démocratie,* Paris, PUF, 1996, p. 33.

2543 FERRY Jean-Marc, *Europe : La Voie kantienne. Essai sur l'identité post nationale,* Humanités, Les Editions du Cerf, Paris, 2005, p. 167.

2544 MOUTON Jean-Denis, « Vers la reconnaissance des droits fondamentaux aux Etats dans le système communautaire ?, in *Les dynamiques juridiques européennes au début du siècle,* Mélanges en l'honneur de J-C GAUTRON, Pedone, 2004, pp. 1–11.

le fait du législateur constituant et du juge. La reconnaissance des droits fondamentaux aux Etats dans l'ordre juridique communautaire, ce qui n'est pas le cas dans le droit international, apparaît ainsi comme un résultat du processus de constitutionnalisation politique de l'Union européenne. Toutefois, force est de constater que, même si l'Union européenne apparaît comme pionnière dans ce domaine, la généralisation éventuelle de cette reconnaissance dépendra, nous semble-il, de l'affirmation de l'Union comme une force capable de peser sur les équilibres mondiaux.

Ainsi, nous voyons trois façons différentes d'interpréter les modifications introduites par le Traité constitutionnel et reprises par le Traité de Lisbonne. Une première, très optimiste, consisterait à dire que les éléments nécessaires pour la réalisation complète de la citoyenneté sociale sont réunis. Le social a déjà pris le devant de l'économique. L'union politique s'est intégralement réalisée. La deuxième façon, très pessimiste[2545], tendrait à considérer ces modifications comme de simples changements cosmétiques. La Constitution aurait drastiquement réduit la portée des droits sociaux. Certains de ces droits, comme le droit de grève, ainsi qu'une période annuelle de congés payés, auraient été mentionnés de façon pour le moins équivoque. Une troisième, nous dirions la plus réaliste, consisterait à mesurer la portée de ces modifications dans le contexte européen et à tenter de saisir le sens du mouvement. Ce qui permettrait de conclure que toutes ces modifications introduites par le Traité constitutionnel et reprises par le Traité de Lisbonne, en dépit de l'abandon du concept constitutionnel, ont pour but de conférer aux individus des droits avant tout à caractères sociaux, même si des progrès tangibles restent à réaliser. De ce fait, elles contribuent à la consolidation de la citoyenneté sociale européenne, qui, nous l'avons vue, a une importance capitale dans la constitutionnalisation politique de l'Union européenne.

Au vu de ce qui précède, même si les résultas négatifs des référendums français et néerlandais semblent accréditer la thèse d'un « no demos », c'est-à-dire l'idée que l'Europe ne peut se doter d'une Constitution parce qu'elle n'a pas de « sujet constituant », nous sommes de l'avis que la situation n'est que provisoire. La question aujourd'hui n'est pas de savoir s'«il y a » une identité européenne, mais si les arènes nationales peuvent s'ouvrir suffisamment les unes aux autres afin que puisse se développer, au-delà des frontières nationales, une dynamique

---

2545 Pour une critique du Traité constitutionnel voir en particulier RAVEAUD Giles, SAIDI Aurélien et DAUZE Damien (dir.), *Douze économistes contre le projet de constitution européenne,* L'Harmattan, 2005; BEAUDIN Hervé, *Au-delà du NON,* Ellipses Edition Marketing, 2005..

spécifique de formation commune de l'opinion et de la volonté politique sur des sujets concernant l'Europe[2546]. L'ancrage du social, partant des droits sociaux fondamentaux, ne pourra que consolider ce processus.

2546 HABERMAS Jürgen, *Sur l'Europe,* Paris, Bayard, 2006, p. 42.

ANNEXES

Bibliographie

I-DOCTRINE

1- OUVRAGES GENERAUX

AMOROSO Bruno, *On globalization: Capitalism in the 21st Century,* Palgrave, 1998.

ARNAUD André-Jean, *Entre modernité et mondialisation : Cinq leçons d'histoire de la philosophie du droit et de l'Etat,* L.G.D.J., 1998.

ARENDT Hannah, *Du mensonge à la violence : Essais de politique contemporaine,* Calmann-Lévy, 1972.

ARENDT Hannah, *Condition de l'homme moderne,* traduit de l'anglais par FRADIER G.,

Calmann-Lévy, 1961 et 1983.

BLANCHARD David, *La Constitution de l'Union européenne Pôle européen Jean Monnet,* Université Rennes, édition Apogée, 2001.

BRAIBANT Guy, *La Charte des droits fondamentaux de l'Union européenne,* Paris Seuil, 2001.

CARRE de MALBERG Raymond, *Contribution à la Théorie générale de l'Etat,* 1922, reed. 1962, Paris, CNRS, Tome I, p. 79.

DERRIDA Jacques, *L'Autre Cap,* Les Edition de Minuit, 1991.

DERRIDA Jacques, *Le droit à la philosophie du point de vue cosmopolitique,* Paris, Editions Unesco, 1997.

DE SENARCLENS P., *Mondialisation, souveraineté et théories des relations internationales,* Armand Colin, Paris, 1998.

DUHAMEL Olivier, *Pour l'Europe. Le texte intégral de la Constitution expliquée et commentée,* Paris, Seuil, 2003.

DWORKIN Ronald, Taking Rihts Seriously, Harvard University Press, Cambridge, Massachusetts, 1997.

ERGEÇ Ruşen, *Protection européenne et internationale des droits de l'homme,* Bruxelles, 2ème édition, Bruylant, 2004.

FERRY Jean-Marc, *Valeurs et normes: La question de l'éthique,* Editions de l'université de Bruxelles, 2002.

GALLOWAY David, *The Treaty of Nice and Beyond : Realites and Illusions of Power in the EU,* Sheffield Academic Press, 2001.

GERKRATH Jorg, *L'émergence d'un droit constitutionnel pour l'Europe, Bruxelles, Editions*

européennes, Université de Bruxelles, 1997.

HABERMAS Jürgen, *The inclusion of the Other : Studies in Political Theory,* The MIT Press, Cambridge, Massachusetts, 1999.

HOBBES Thomas, *Léviathan ou Matière, forme et puissance de l'Etat chrétien et civil,* traduction, introduction, notes et notices par MAIRET G., Editions Gallimard, 2000.

HOBBES Thomas, *Eléments de la loi naturelle et politique,* traduction, introduction, dossier et index par WEBER D., Librairie générale française, 2003.

ISAAC Guy, *Droit communautaire général,* Armand Collin, 6ème édition, 1998.

JACQUE Jean-Paul, *Droit institutionnel de l'Union européenne,* 3ème édition, Paris, Dalloz, 2004.

KRIEGEL Blandine, *Philosophie de la République,* Plon, 1998.

MICHELMAN Frank I., *Brennan and Democracy,* Princeton University Press, Princeton and Oxford, 1999.

MOREAU DEFARGES Philippe, *L'ordre mondial,* 2ème édition, Editions Dalloz, Paris, Armand Colin, Paris, 1998, 2000.

MONTESQIEU, *De l'Esprit des lois,* I, Editions Gallimard, 1995.

MOSCOVICI Pierre, *L'Europe, une puissance dans la mondialisation,*

Editions du Seuil, 2001.

PAPADOPOULU Rébecca-Emmanuella., *Principes généraux du droit communautaire,* Bruxelles et Athènes, Bruylant et Sakkoulas, 1996.

POPPER Karl, *La télévision: un danger pour la démocratie,* Collection 10/18, 1994.

RAWLS John, *Justice et démocratie,* traduit de l'anglais par AUDAR C., DE LARA P., PIRON F. et TCHOUDNOWSKY A., Editions Seuil, 1993.

SCHMITT Carl, *Le Léviathan dans la doctrine de l'Etat de Thomas Hobbes : Sens et échec*

d'un symbole politique, Editions du Seuil, 2002.

SIMON Denys, *Le système juridique communautaire,* Paris, PUF, 3ème édition, 2001.

TRIANTAFYLLOU Dimitris, *Le projet constitutionnel de la Convention européenne,*Presentation critique de ses choix clés, Bruxelles, Bruylant, 2003.

TROPER Michel, *Dictionnaire encyclopédique de la théorie de la sociologie de droit,* Paris, 2ème édition, LGDJ, 1993.

Preparatory Working Documents For The European Convention, Brussels, European Communities, 2004.

Traité instituant le Communautés européennes, Traités portant révision de ces traités, Acte unique européen, Luxembourg, OPCE, 1987.

40 ans des Traités de Rome, 1957–1997, Bruylant, Bruxelles, 1999.

Les traités de Rome, Maastricht, d'Amsterdam et Nice : Textes comparés, La Documentation Française, Paris, 1999.

Les traités de Rome, Maastricht et d'Amsterdam : Textes comparés, La Documentation Française, Paris, 2002.

Traité établissant une Constitution pour l'Europe, la Documentation Française, Paris, 2004.

2- OUVRAGES COLLECTIFS

AXTMANN Rolamd (ed.), *Globalization and Europe, Theoretical and Empirical Investigations*, Pinter, London and Washington, 1998.

BEAUD Olivier, LECHEVALIER Arnaud, INGLOF Pernice… (dir.), *L'Europe en voie de constitution, pour un bilan critique*, Les travaux de la Convention, Bruxelles, Bruylant, 2004.

BENOIT-ROHMER Florence (dir.), *La Charte des droits fondamentaux de l'Union européenne : Actes des Journées d'études*, Strasbourg, RUDH, 2000, Vol. 12, n°1–2.

BETTEN Lammy et GRIEF Nicolas, *EU Law and Human Rights*, Longman, London and New York, 1998, p. 64.

BILlIER Jean-Cassien et MARYiOLI Aglaé, *Histoire de la philosophie de droit*, Paris, Armand Collin, 2001.

BLANPAIN Roger and ENGELS Christian, *European Labour Law*, 4th ed, 1997, Kluwer, the Netherlands, n°134, p. 100.

BOULOUIS Jean, CHEVALIER Roger-Michel., FASQUELLE Daniel, BLANQUET Marc, *Les Grands arrêts de la jurisprudence communautaire*, Tome 2, Dalloz, 2002.

BREWSTER Chris and TEAGUE Paul, *European Community Social Policy. Its Impact on the UK*, Institute of Personal Management, London, 1989.

BURNS Tom, JAEGER Carlo, MENY Yves, NANZ Patricia, « *European Parliamentary Governance: Transition and Challenge* », Green Paper for EU Parliaments, septembre 2000.

CARLIER Jean-Yves et Olivier DE SCHUTTER, *La Charte des droits fondamentaux de l'Union européenne*, Bruylant, 2002.

CHEMILLIER-GENDRAU Monique et MOULIER-BOUTANG Yann, *Le droit dans la mondialisation,* PUF, 2001.

COHEN Jean L. et ARATO Andrew, *Civil Society and Political Theory,* Cambridge, Mass, MIT Press, 1992, p. 346.

COHEN-JONATHAN Gérard et DUTHEIL DE LA ROCHERE Jacqueline (dir), *Constitution européenne, démocratie et droits de l'homme,* colloque de la Sorbonne de 13 et 14 mars 2003, Bruxelles, Bruylant, 2003.

CONSTANTINESCO Vlad, GAUTIER Yves et SIMON Denys (dir.), *Le Traité de Nice- Premières analyses,* Strasbourg, Presse universitaires de Strasbourg, 2001.

CONSTANTINESCO Vlad, KOVAR Robert et SIMON Denys (dir.), *Traité sur l'Union européenne,Commentaire article par article,* Paris, Economica, 1995.

CROFT Stuart, *The enlargement of Europe,* Manchester University Press, 1999.

DE BURCA Grainne et SCOTT Joanne (dir), *Constitutional change in the EU, From uniformity to flexibility ?,* Oxford, Hart Publishing, 2000.

DE SCHUTTER Olivier et NIHOUL Paul (dir.), *Une Constitution pour l'Europe, Réflexions sur les transformations du traité sur l'Union européenne,* Bruxelles, Larcier, 2004.

DE KERCHOVE Gilles, DE SCHUTTER Olivier et TULKENS Francoise, *La Charte des droits fondamentaux de l'Union européenne : Dialogue à trois voies,* Anales d'études européennes de l'UCL, Bruylant, 2000.

FRYDMAN Benoit et HAARCHER Guy, *Philosophie du droit,* Paris, Dalloz, 1998.

GREWE Constance et OBERDORFF Henri, *Les Constitutions des Etats membres de l'Union européenne,* Paris, la Documentation française, 1999.

GAY Laurence, MAZUYER Emmanuelle et NAZET-ALLOUCHE Dominique, *Les droits sociaux fondamentaux : Entre droits nationaux et droit européen,* Bruxelles, Bruylant, 2006, p. 289.

ILIOPOULOS-STRANGAS Julia, *La protection des droits sociaux fondamentaux dans les Etats membres de l'Union européenne, Etude de droit comparé, Ed. Ant. SAKOULOS N., Athènes,* Bruylant, Bruxelles, et Nomos Verlagsgessellschaft Baden-Baden, 2000, p. 854.

KESSLER Francis et Jean-Philippe LHERNOULD, *Droit social et politiques sociales communautaires,* Editions Liaisons, Paris, 2003.

LEVEAU Remy, WITHOL DE WENDEN Catherine, MOHSEN- FINAN Kadija, *De nouvelles citoyennetés: réfugiés et sans papiers dans l'espace européen,* IFRI, travaux et recherches, 2001.

LEVY Daniel, PENSKY Max et TORPEY John (ed.), *Old Europe, New Europe, Core Europe : Transatlantic Relations After The Iraq War,* Verso, London-New York, 2005.

LICHERE François, POTVIN-SOLIS Laurence et RAYNOUARD Arnaud (dir), *Dialogue entre les juges européens et nationaux : incantation ou réalité ?*, Bruxelles, Bruylant, 2004.

LYON-CAEN Gérard et Antoine, *Droit social international et européen,* Paris, Dalloz, 7ème édition, 1991.

Les mots de la Constitution europeenne, Actes des journées d'études du CRUCE, Amiens, 12 décembre 2003 et 15 octobre 2004, PUF, Paris, 2005.

MAGNETTE Paul, « Le principe démocratique au-delà de la représentation », in MAGNETTE Paul (dir.), *la Constitution de l'Europe,* Bruxelles, Editions de l'Université Libre de Bruxelles, 2000, p. 135.

MAGNETTE Paul (ed.), *La Grande Europe, Institut d'études européennes,* Editions de l'Université de Bruxelles, 2004.

MATHIEU Bertrand, VERPEAUX Michel et MELIN-SOUCRAMANIEN Ferdinand, *Constitution et construction européenne,* Dalloz, 2006.

MOUTON Jean-Denis et SOULARD Christophe, *La Cour de Justice des Communautés européennes,* Que Sais-je?, PUF, 1988.

NIELSEN Ruth and SZYSZCZAK Erika, *The social Dimension of the European Union,* Copenhagen Business School Press, 1997.

PADOA-SCHIOPPA Antonio, « *Efficacité, stabilité et équité. Une stratégie pour l'évolution du système économique de la Communauté européenne* », Rapport du groupe d'études nommé par la Commission, avril 1987.

QUINTIN Odile et FAVAREL-DAPAS Brigitte, *l'Europe sociale, enjeux et réalités,* La Documentation française, 1999.

RAVEAUD Gilles, SAIDI Aurelien et DAUZE Damien (dir.), *Douze économistes contre le projet de constitution européenne,* L'Harmattan, 2005.

RAWLS John, *Political Liberalism,* Colombia University Press, 1993.

REID T.R., *The United States of Europe : The New Super power and The end of American Supremacy,* Penguin Books, 2004.

RENAN Ernest, *Qu'est-ce qu'une Nation ?,* Pocket, 1992.

SHNORR G. et EGGER J., "European Communities", in *International Encyclopaedia for Labour Law and Industrial Relations,* Vol 1, Ed. In Chief R. Blanpain, p. 24.

TELO Mario et MAGNETTE Paul, *Repenser l'Europe,* Editions de l'Université de Bruxelles, 1996.

VANDAMNE Jacques (dir*), Pour nouvelle politique sociale en Europe,* Economica, 1984.

VOGEL-POLSKY Eliane et Jean VOGEL, *l'Europe sociale 1993 : Illusion, alibi ou réalité ?,* Editions de l'Université de Bruxelles, 1991.

VANDERSANDEN George et BARAV Ami, *Contentieux communautaire,* Bruylant, Bruxelles, 1997.

VEYEMBERGH Anne, *Vers un espace judiciaire pénal européen,* Bruxelles, Editions de l'Université de Bruxelles, 2000..

WEILER Joseph and WIND Marlene (ed), *European Constitutionalism Beyond the State,* Cambridge University Press, 2003.

3- OUVRAGES SPECIALISES

ARON Raymond, *Paix et guerre entre les nations,* Paris, Calman-Lévy, 1962.

BEAUDIN Hervé, *Au-delà du NON,* Ellipses Edition Marketing, 2005.

BETTEN Lammy, *The protection of Fundamental Social Rights in the European Union,* Editions Kluwer, 1996.

BEVORT Antoine, *Pour une démocratie participative,* Paris, Presses des Sciences Politiques, 2002.

BLANCHARD David, *La Constitutionnalisation de l'Union européenne,* Editions Apogée, 2001.

BRAIBANT Guy, *La Charte des droits fondamentaux de l'Union européenne,* Seuil, novembre 2001.

BROEKMAN Jan M., *A Philosophy of European Law,* Peeters, 1999.

BURDEAU George, *Traité de science politique,* tome IV, Paris, LGDJ.

BOURTON William, *Entretiens avec Jean-Marc Ferry,* Editions Labor, 2003.

BUZELAY Alain, *Intégration et désintégration européennes,* Economica, 1996, p. 5.

CALHOUN Graig, *Habermas and public sphere,* Cambridge, MIT Press, 1992.

CHALTIEL Florence, *La Souveraineté de l'Etat et de l'Union européenne, L'exemple français. Recherche sur la souveraineté de l'Etat membre,* Paris, LGDJ, 2000.

COHEN-JONATHAN Gérard., *Aspects européens des droits fondamentaux,* Montchrestien, 1999, Paris, p. 147.

CONSTANT Fred, *La citoyenneté,* Editions Montchrestien, 1998.

CRAIG Paul and DE BURCA Grainne, *EU Law : Text, cases and materials,* Oxford University Press, 1988.

DE BURCA Grainne, *The Principe of Proportionality and its Application in EC Law,* YEL, 1993, p. 105.

DEHOUSSE Franklin., *la Politique sociale européenne,* CRISP, 1995.

DE LARY H., *La liberté de circulation des travailleurs dans la CEE,* Paris, PUF, 1992.

DELMAS-MARTY Mireille, *Trois défis pour un droit mondial,* Editions du Seuil, 1998.

DE PONCINS Etienne, *Vers une Constitution européenne, texte commenté du projet de Traité constitutionnel établi par la Convention européenne,* Paris, Editions 10/18, 2003.

DE PONCINS Etienne, *La Constitution européenne en 25 clefs,* Paris, Editions Lignes de Repères, 2005.

DE RUYT Jean, *L'Acte unique européen, Bruxelles,* Edition de l'Université, 2ème édition, 1989.

DENIAU Jean-Francois, *L'Europe interdite,* Paris, 1977.

DONY Marianne, *Le Droit de la Communauté et de l'Union européenne,* Editions de l'Université de Bruxelles, 2001.

DONY Marianne., *Après la réforme de Lisbonne : les nouveau traités européens,* IEE, Editions de l'Université de Bruxelles, 2008.

DOUGLAS-SCOT Sionaidh, *Constitutional Law of the European Union,* London, Pearson Uducation Limited, 2002.

ERBES Robert, *Intégration économique internationale,* Paris, 1966.

FERRY Jean-Marc, *L'éthique reconstructive,* Les éditions du Cerf, Paris, 1996.

FERRY Jean-Marc, *De la civilization: Civilité, Legalité, Publicité,* Les Editions de Cerf, Paris, 2001.

FERRY Jean-Marc, *La question de l'Etat européen,* Editions Gallimard, 2000.

FERRY Jean-Marc, *L'Europe, l'Amérique et le Monde,* Nantes, Editions Pleins Feux, 2004.

FERRY Jean-Marc, *La puissance de l'expérience,* Paris, Cerf, 1991.

FERRY Jean-Marc, *L'Allocation universelle : Pour un revenu de citoyenneté,* Paris, Les Editions du Cerfs, 1995.

FERRY Jean-Marc, *Europe, la voie kantienne : Essai sur l'identité postnationale,* Paris, Les Editions du Cerf, 2005.

FOTOPOULOS Takis, *Vers une démocratie générale : Une démocratie directe, économique, écologique et sociale,* traduit de l'anglais par CHEMLA P., Editions du Seuil, 2001.

GAXIE Daniel, *La démocratie représentative,* 4ème Editions Montchrestien, 2003.

GELLNER Ernest, *Nations et nationalisme,* 1999, Editions Payot et Rivages.

GUIHERY Laurent, *Economie du fédéralisme : Quelle Constitution pour l'Europe,* Paris, Budapest-Torino, L'Harmattan, 2001.

GUEHENNO Jean-Marie, *La fin de la démocratie,* Paris, Flamarion, 1993.

GUIMEZANES Nicole, *Les droits des étrangers, l'entrée et le séjour,* Paris, A. Collin, 1987.

HABERMAS Jürgen, *Après l'Etat-nation-Une nouvelle constellation politique,* Fayard, 2000.

HABERMAS Jürgen, *L'intégration républicaine,* traduction de ROCHLITZ R., Paris, Fayard, 1999, p. 78.

HABERMAS Jürgen, *Ecrit politiques,* Paris, Cerf, 1990.

HABERMAS Jürgen, « L'identité des Allemands, une fois encore », in *Ecrits politiques,* Traduction par BOUCHINDHOMME C. ROCHLITZ R., Paris, Editions du Cerf, 1990, p. 250.

HABERMAS Jürgen, *Sur l'Europe,* traduit de l'allemand par Christian Bouchindhomme et Alexandre Dupeyrix, Paris, Bayard, 2006.

HABERMAS Jürgen, *L'espace public,* Editions Payot, 1992.

HABERMAS Jürgen, *Droit et Démocratie,* Paris, Gallimard, 1997.

HABERMAS Jürgen, *La Paix perpétuelle : Le bicentenaire d'une idée kantienne,* Les Editions du Cerf, 1996.

HAMONIAUX Thomas, *L'intérêt général et le juge communautaire,* L.G.D.J., 2001.

HEGEL G. W. F., *Principe de la philosophie de droit,* Flammarion, Paris, 1999.

KANT Emmanuel, *Vers la paix perpétuelle,* Paris, Flamarion, 1991.

KANT Emmanuel, *La réponse à la question : « Qu'est-ce que l'Aufklarung » ?,* Paris, Aubier, 1947.

KANT Emmanuel, « Idée d'une histoire universelle au point de vue cosmopolitique », et « Réponse à la question qu'est-ce que les lumières », *In Œuvres philosophiques,* Paris, Gallimard, La Pléiade, Tome 2, 1985, p. 194.

KELSEN Hans, *Introduction to the Problems of Legal Theory,* traduction, LITSCHEWSKI B. and PAULSON S. L., Clarendon Press, 1992.

KLEIN Claude, *Théorie et pratique du pouvoir constituant,* PUF, Paris, 1996.

LE HARDY DE BEAULIEU Louis, *L'Union européenne,* Presses universitaires de Namur, 1998.

LE HARDY de BEAULIEU Louis, *L'Europe et ses citoyens,* Bruxelles-Bern-Berlin-Frankfurt/M-New York-Oxford-Wien, P.I.E.-Peter Lang, 2000.

LELEUX Paul, *Libre circulation des personnes et des services,* Bruxelles, Institut d'études européennes, 1980.

LE PORS Anicet, *La citoyenneté,* Que sais-je, PUF, 2002.

LENAERTS Koen, *Le juge et la Constitution aux Etats-Unis d'Amérique et dans l'ordre juridique communautaire,* Bruylant, Bruxelles, 1988, nos 1 et 2.

LINDBERG Leon N, *The Political Dynamics of European Economic integration*, Oxford University Press, 1963.

LOCHAK Daniel, *Etrangers: de quel droit?*, Paris, PUF, 1985.

MAGNETTE Paul, *La Citoyenneté européenne*, Editions de l'Université de Bruxelles, 1999.

MANIN Philippe, *Les Communautés européennes, l'Union européenne : droit institutionnel*, Paris, Pédone, 1993.

MARSHAL André, *Intégration territoriale*, Paris, 1966.

MARSHALL Thomas Humphrey, *Citizenship and Social Class*, Cambridge University Press, 1950.

MAUSS Marcel, *Oeuvres*, Tom.1, Les fonctions sociales sacrées, Paris, Editions de Minuit, 1969, p. 581.

MARTIN Denis, *La libre circulation des personnes dans l'Union européenne*, Bruylant, 1995.

MEGRET Jean, *Commentaire n°7, Politique sociale, éducation et jeunesse*, Edition de l'Université de Bruxelles.

MEYER-BISCH Patrice, *Le Corps des droits de l'homme : l'indivisibilité comme principe d'interprétation et de mise en œuvre des droits de l'homme*, Fribourg, Editions universitaires, 1992.

MICHAUD Yves, *Le Pouvoir, l'Etat, la Politique*, Paris, Editions Odile Jacob, 2002.

MONNET Jean, *Mémoires*, Fayard, 1976.

MOUSKHELY Michel, *Structures fédérales*, Paris, Presses d'Europe, 1964.

MOUSSIS Nicolas, *Guide des politiques de l'Europe*, Mols/Pédone, 2001.

MOUSSIS Nicolas, *Handbook of Social Europe*, European Study Service, 1997.

MOUTON Jean-Denis, *La Citoyenneté de l'Union : passé, présent et avenir*, Europa-Institut Universität des Saarlandes Saarbrücken, 1995.

MUNOZ-DARDE Véronique, *La justice sociale : Le libéralisme égalitaire de John Rawls*, Paris, Nathan, 2000.

MYRDAL Gunnar, *Une économie internationale*, Paris, 1966.

NOIRIEL Gérard, *La tyrannie du national. Le droit d'asile en Europe*, Paris, Calmann-Lévy, 1991.

PAKASLAHTI Johannes, *La dimension sociale de l'Union européenne*, Presses universitaires Européennes, Bruxelles, 1999.

PAPADOPOULOU Rébecca-Emmanuéla, *Principes généraux du droit et du droit communautaire*, Sakkoulas/Bruylant, Athènes/Bruxelles, 1999.

PECHEUL Armel, *Le Traité de Lisbonne : la Constitution malgrès nous ?*, Paris, Editions Cujas, 2008.

PELKMANS Jacques, *European Integration: methodes and economic analysis,* Open University of Nedherlands, Heerlan, 1997.

PESCATORE Pierre, *Le droit de l'intégration,* Genève, IHEI, Leiden Sijthoff, 1972.

PIERRE-CAPS Stéphane, *Problématique de la Constitution européenne,* Civitas Europa, no 5, septembre 2000, PUDN, p. 127.

QUERMONNE Jean-Louis, *l'Europe en quête de légitimité,* Paris, Sciences Po, 2001.

QUERMONNE Jean-Louis, *L'Union européenne en quête d'institutions légitimes et efficaces,* Paris, La Documentation française, 1999.

QUINTIN Odile et FAVAREL-DAPAS Brigitte, *Europe sociale, Enjeux et réalités,* Documentation française, 1999, p. 120.

RAWLS John, *Le Droit des gens,* traduction par GUILLAUME B., Editions Esprit, 1996.

RENNUCI Jean-Francois, *Droit européen des droits de l'homme,* L.G.D.J., 2001.

ROBERT Jacques, *Le juge constitutionnel, juge des libertés,* Editions Montchrestien, E.J.A., 1999.

ROCHE M., *Rethinking Citizenship: Welfare, Ideology and Change in Modern Society,* Polity Press, p. 3.

RODIERE Pierre, *Droit social de l'Union européenne,* LGDJ, 2002.

ROSAVALLON Pierre, *« Le sacre du citoyen », Histoire du suffrage universel en France,* Paris, Gallimard, 1992.

SAMUEL Lenia, *Droits sociaux fondamentaux,* Edition du Conseil de l'Europe, Strasbourg, 1997.

SANCHEZ SALGADO R., *Le rôle de la Commission européenne dans la légitimation de la Construction européenne et dans la construction de l'Europe,* http://europa.eu.int/futurum/documents.

SAVATIER Jean, *Doit du travail,* PUF, Coll. Thémis, 1993.

SCHNAPPER Dominique, *La Démocratie providentielle,* NRF Essai, Gallimard, 2002.

SCHNAPPER Dominique, *Qu'est-ce que la citoyenneté,* Paris, Gallimard, 2000.

SCHNAPPER Dominique, *La Communauté des citoyens: Sur l'idée moderne de la nation,* Gallimard, 1994.

SCHMITT Carl, *Théorie de la Constitution,* PUF, Collection Léviathan, Paris, 1993, p. 215.

SINTES Giles, *La Politique sociale de l'Union européenne,* Presses inter- universitaires européennes, 1996.

SINTOMER Yves, *La démocratie impossible : Politique et modernité chez Weber et Habermas,* Paris, Editions la Découverte, 1999.

SIMITIS M. S., *Affirmation des droits fondamentaux dans l'Union européenne : il est temps d'agir,* février 1999, p. 18. Rapport accessible sur le site Internet http://www.europa.eu.int.

SIMON Denys, *La Directive européenne,* Paris, Editions de Dalloz, 1997.

SUDRE Fréréric (dir), *Droit communautaire des droits fondamentaux,* Bruylant, Bruxelles, 1999.

TELO Mario, *Démocratie et construction européenne,* Bruxelles, Edition de l'université de Bruxelles, 1995.

TILLY C., *La France contestée,* 1600–1800, Paris, Fayard, 1986.

TRIANTAFYLLOU D. N., *La Constitution de l'Union européenne selon le Traité de Rome de 2004,* Bruxelles, Bruylant, 2005.

TULLY James, Strange Multiplicity, Cambridge University Press, 1995.

VAN RAEPENBUSCH S., *Droit institutionnel de l'Union et des Communautés européennes,* Bruxelles, 1998.

VAN RAEPENBUSCH S., *La sécurité sociale des travailleurs européens : principes directeurs et grands arrêts de la Cour de justice des Communautés européennes,* de Boeck, Bruxelles, 2001, nos 38 à 102.

VERHOVEN J., *Droit International Public,* Ière partie, U.C.L., éd., D.U.C., 1992.

WALZER Michel, *Sphères de justice,* traduction de ENGEL P., Paris, Le Seuil, 1997.

WEILER Joseph.H.H., *The Constitution of Europe,* Cambridge University Press, 1999.

ZOLLER E., *Droit constitutionnel,* Paris, PUF, Coll. Droit fondamental, 1998.

4- ARTICLES, COMMUNICATIONS, CONTRIBUTIONS

ACH N., « La citoyenneté européenne au service d'une Europe sociale », JTDE, mai 2006, n°129, p. 129.

AKANDJI-KOMBE Jean-François, « Le Développement des droits fondamentaux dans les Traités », in LECLERC Stéphane, AKANDJI-KOMBE Jean-François et REDOR M.- J. (ed.), *L'Union européenne et les droits fondamentaux,* Bruylant, Bruxelles, 1999, p. 31.

AKANDJI-KOMBE Jean-François, « L'application de la Charte sociale européenne : la mise en œuvre de la procédure de réclamations collectives », Droit social, n°9/10 septembre-octobre 2000, p. 888.

ALBERTON G., « Le droit de propriété dans la jurisprudence communautaire », in SUDRE Frédéric et LABAYLE Henry (dir.), *Réalité et perspectives du droit communautaire et des droits fondamentaux,* Bruylant, 2000, p. 342.

ALEMANNO A., « A la recherche d'un juste équilibre entre libertés fondamentales et droit fondamentaux dans le cadre du marché intérieur », RDUE, 4/ 2004, p. 709.

ALLEGRET J.-P., « Quelle pouvoir de stabilisation à l'échelle de l'UEM : le Pacte de stabilité et de croissance et-il viable ? », in ECHINARD Yves. (dir), *La Zone Euro et les enjeux de la politique budgétaire,* Presses Universitaires de Grenoble. 1999, p. 37.

ALSTON Philip and WEILER Joseph H.H., "An Ever closer Union" in Need of Human Rights Policy, The European and Human Rights", in ALSTON Philip, *The EU and Human Rights,* Oxford, 1999, p. 11.

ANGEL B., « Zone euro : l'élargissement en marche », RMCUE, n°500, juillet-août 2006, pp. 452–456.

ANGEL Bruno, « Le Pacte de stabilité est-il mort ? », RMCUE, n°476, mars 2004, p. 145.

ARDANT Philippe, « Le contenu des constitutions : variables et constantes », *Pouvoirs,* 1989, n° 50, p. 31.

ARNAUD A.-J., « La régulation par droit en contexte globalisé », in COMAILLE J. et JOBERT (dir.), LGDJ, (Doit et Société), *Les métamorphoses de la régulation politique,* vol. 24, 1998, p. 170.

BAESCHLER J., « Europe et Fédération », in *La pensée politique,* n°1, 1993, EHESS, Gallimard, Le Seuil, p. 246.

BEAUD Olivier, « Propos sceptiques sur la légitimité d'un referendum européen ou plaidoyer pour plus de réalisme constitutionnel », in AUER A. et FLAUS J.-F. (ed), *Le Referendum européen,* Bruxelles, Bruylant, 1997, p. 158.

BALASSA B., "Toward a Theory of Economic Integration", in WIONCZEK M.S (eds), *Latin American Integration: Experiences and Prospects,* New York, 1966, p. 26.

BALME R. et CHABANET D. « Dialogue social européen, transformations et négociations collectives », in *Politique européenne*, n°4, avril 2001.

BANKS K., « L'Article 118 A : élément dynamique de la politique sociale communautaire », CDE, n°29, 1993, p. 537.

BARNIER Michel, Commissaire européen responsable de la Politique régionale et de la Reforme des Institutions, Note d'intervention sur la vie démocratique de l'Union-Convention européenne, 24 avril 2003, http://europa.eu.int/futurum/documents/speech/sp240403_fr.htm.

BARON Frédéric, « Marché intérieur et droit social dans l'union européenne », PUAM, 1998, p. 140.

BEAUD Olivier, « Du nouveau sur l'Etat fédéral », Revue française de théorie, de philosophie et de culture juridiques, n°42, 16 août 2006, pp-229–246.

BELLAMY R., "The Constitution of Europe: Rights or Democracy", in BELLAMY, BUFFACCHI and CASTIGLIONE (eds), *Demoracy end Constitutional Culture in the Union of Europe,* Lothian Foundation Press, 1995.

BENOIT-RHOMER Florence, « Valeurs et droits fondamentaux dans la Constitution », RTDE, no 41, avril-juin 2005, p. 278.

BERCUSSON Brian, "The European Community's Charter of Fundamental Social Rights of Workers", M. L. R., vol. 52, 1990, p. 624.

BERCUSSON Brian, "Social Policy at the Crossroads : European Labour Law after Maastricht", in RENAUD Dehousse (ed), *Europe after Maastricht : an ever closer Union ?,* München, 1994, p. 155.

BERNARD E., « La démocratie participative sous l'angle du dialogue civil et du dialogue social », in CONSTANTINESCO Vlad, GAUTIER Yves et MICHEL Valérie (dir.), *Le Traité établissant une Constitution pour l'Europe,* Presses universitaires de Strrasboug, 2005, p. 367.

BETTATI M., le "Law-Making Power" de la Cour, *Pourvoirs* n°48, 1989, Europe, p. 57.

BETTEN Lammy, "The Amsterdam Treaty: Some General Comments on the new Social Dimension", International J. of Comp. Labour Law and Indus. Relations, vol. 13, 1997, p. 188.

BLUMANN Claude, « l'Europe des citoyens », RMCUE, 1991, p. 284.

BLUMANN Claude, « Rapport introductif général », in GAUDIN H. (dir), *Droit constitutionnel-Droit communautaire, vers un respect réciproque mutuel ?,* Colloque de la Rochelle, 6–7 mai 1999, Economica, 2001, p. 21.

BLUMANN Claude, « Vers une Charte des droits fondamentaux de l'Union européenne », in *Territoires et Liberté-Hommage au doyen MADIDOT Y.,* Bruylant, Bruxelles, 2000, p. 202

BON P., « Les droits sociaux fondamentaux en Espagne : le régime », in GAY Laurence, MAZUYER E. et NAZET-ALLOUCHE Dominique (dir) Les droits sociaux fondamentaux : entre droits nationaux et droit européen, Bruylant, Bruxelles, 2006, pp. 35–148.

BONNECHERE Michelle, « Citoyenneté européenne et Europe sociale », Europe, Editions du Juris-Classeur, juillet 2002, p. 7.

BONNECHERE Michelle, « Quelle garantie des droits sociaux fondamentaux en droit européen? »,

BONNCHOT J.-C., « La cour de justice des Communauté européennes, la Cour européennes des droits de l'hommes et l'intégration de l'Europe », in *Quelle Europe pour les droits de l'homme ?,* Bruylant, Bruxelles, 1996, p. 98.

Chronique, Europe-Editions du Juris-Classeur, juillet 2000.

BOUDARD J., « Le droit communautaire et les droits des Etats membres relatifs au principe de l'égalité de rémunération entre les travailleurs féminins et masculins », in VERWILGEN M. (éd), *L'égalité entre femmes et hommes dans la Communauté européenne,* Presses universitaires de Louvain, LLN, 1986, p. 65.

BOULOUIS Jean, « La fonction normative de la jurisprudence », Droit social, n°7/8, juillet- août 1989, p. 525.

BOULOUIS Jean, « Principes généraux », *Encyclopédie Dalloz,* Répertoire Droit communautaire, avril 1992, pp. 5–6.

BOURRINET Jacques, « Reconnaissance et méconnaissance d'un principe. La nécessaire réforme du pacte de stabilité et croissance. », RAE-LEA, 2005/1, p. 97.

BOURRINET Jacques, « L'explication économique de la genèse des Communautés européennes », in DOMINIK Lasok et PANAYOTIS Soldatos (dir.), *Les Communautés européennes en fonctionnement,* Bruxelles, Bruylant.

BOURRINET Jacques, « Problèmes de la politique de cohésion économiques et sociale dans uneUnion européenne à 27 membres », RMCUE, n°507, avril 2007, pp. 223–232, ici p. 226.

BRAIBANT Guy, « Conclusions », « La Charte des droits fondamentaux de l'Union européenne », RUDH, 2000, p. 66.

BRAIBANT Guy, « La charte des droits fondamentaux », Droit social, 2000, p. 69.

BRAIBANT Guy, Contribution, Représentant du gouvernement français à la Convention, 19 mai 2000, CHARTE 4322/00, CONTRIB.188.

BRAIBANT Guy, « Les enjeux pour l'Union », Vers une Charte des Droits fondamentaux de l'Union (Table ronde du 18 mai 2000 de l'Université Panthéon Assas), Regards sur l'actualité, Paris, La Documentation française, n°spécial 264, août 2000, p. 11.

BRIBOSIA Emmanuelle, « Protection des droits fondamentaux », in Paul Magnette (éd.), *La Constitution de l'Europe,* Editions de l'Université de Bruxelles, 2000, p. 110.

BRIBOSIA Emmanuelle et DE SCHUTTER Olivier, « La Charte des droits fondamentaux de l'Union européenne », JT, 24 mai 2001, n°6005, p. 292.

BRUHNES Bernard, « Réflexions sur la gouvernance », Droit social 2001, p. 115.

BURGORGUE-LARSEN Laurence, « La Charte des droits fondamentaux de l'Union européenne racontée au citoyen », R.A.E, 2000, p. 398.

BURGORGUE-LARSEN Laurence, « Les Résistances des Etats de Droit », in RIDEAU Joel (dir) *De la Communauté de droit à l'Union de Droit: Continuités et avatars européens,* L.G.D.J., 2000, p. 423.

BURGOGUE-LARSEN Laurence, « Le Traité établissant une Constitution pour l'Europe au carrefour des ambivalences », in BOURRINET Jacques (dir.), *L'intégration européenne au XXème siècle,* La documentation française, Paris, 2004, p. 41.

BUZELAY Alain, « De la coordination des politiques économiques nationales au sein de l'Union européenne », RMCUE, n°467, avril 2003, pp. 236–241.

BUZELAY Alain, « De la crédibilité de la Banque centrale européenne », RMCUE, n°489, juin 2005, pp. 370–375.

BUZELAY Alain, « La libre circulation des travailleurs en Europe et protection sociale », RMCUE, n°470, juillet-août 2003, pp. 448–453.

CANDELA SORIANO Mercedes, « Libre circulation et de séjour dans l'UE. : la directive 2004/8 au regard des droits de l'homme », J.T.D.E, 2005, p. 193.

CARLIER Jean-Yves et DE SCHUTTER Olivier, « Introduction », in CARLIER Jean-Yves et DE SCUTTER Olivier, La Charte des droits fondamentaux de l'Union européenne, Bruxelles, Bruylant, 2002, p. 1.

CARLIER Jean-Yves, « La libre circulation des personnes dans l'Union européenne », JTDE, Mars 2003, n°97, p. 82.

CHALTIEL Florence, « Droit constitutionnel et droit communautaire », RTDE, 35 (3), juillet-sept. 1999, p. 395.

CHALTIEL Florence, « Constitutionnalité de l'Union européenne », Editions du Juris- Classeur Europe, 2004, Fasc.430, p. 14.

CHALTIEL Florence, « Droit constitutionnel européen », RFDC, n°69, janvier 2007, pp. 161–173.

CHAPON Séverine, « L'Europe sociale : Quelle réalité aujourd'hui ? », RMCUE, n°477, avril 2004, p. 253.

CHEVALIER-GOVERS C., « Actes constitutifs des organisations internationales et constitutions nationales », Revue Générale du Droit international public, p. 400.

CASSESE A., « Les droits de l'homme sont-ils véritablement universels ? », RUDH, 1989, p. 13.

CANDANI Angelo, « l'Union monétaire et le Marché unique », in POCHET Phhilipe et VANHERKE Bart (ed.), *Les Enjeux sociaux de l'UEM, Observatoire social européen, Presses universitaire européen,* 1999, p. 123.

CATALA Nicole, « Sources du droit social européen », Editions du Juris-Classeur Europe, 1995, Fasc. 600.

CATALA Nicole, « L'Union européenne : Harmonisation des législations, Charte des droits sociaux fondamentaux, Protection de l'emploi et Condition d'emploi et de travail », Editions du Juris-Classeur Europe, Fasc. 610, p. 1.

CATALA Nicole, « Union européenne », Editions du Juris-Classeur Europe, 2000, Fasc. 610, p. 5.

CATALA Nicole et BONNET Réné, « Charte communautaire des droits sociaux fondamentaux », in Droit social européen, p. 119.

CHAUMETTE Patrick, « Les actions collectives syndicales dans le maillage des libertés communautaires des entreprises », Droit social, n°2 février 2008, pp. 210–220.

CHENEVAL F., « L'idée cosmopolitique et son actualité : Inflexions européennes », in FERRY Jean-Marc et LIBOIS B. (ed.), *Pour une éducation postnationale,* Edition de l'université de Bruxelles, 2003, p. 200.

CHEVALIER J., « Vers un droit post-moderne, les transformations de la régulation juridique », RDP, 1998, p. 659.

CHOPIN T., « La Convention sur l'avenir de l'Europe », Raisons politiques, n°10, mai 2003, p. 61.

CAUTRES Bruno, « La participation aux élections européennes comme problème de représentativité politique », in SAURUGGER Sabine (dir.) *Les Modes de représentation dans l'Union européenne,* L'Harmattan, Coll. Logiques politiques, 2003, p. 37.

CAUTRES Bruno, « Les opinions publiques européennes et la Constitution », in BEAUD Olivier, LECHEVALIER Arno et PERNICE Ignolf(dir), *L'Europe en voie de Constituion-Pour un bilan critique de la Convention,* Bruxelles, Bruylant, 2004, p. 37.

CLOSE P., "Citizenship the Union and Nationality of Member States", in O'KEFFLE D. and TWOMEY P. (eds), *Legal Issues of the Maastricht Treaty,* Chancery Press, 1994, p. 193.

COHEN Dany, « Le droit à… », in *L'avenir de droit, Mélanges en l'hommage à TERRE François,* PUF, Editions du Juris Cl., p. 393.

COHEN-JONATHAN Gérard, « Les droits de l'homme dans les Communautés européennes », in *Recueil d'études en hommage à EISENMANN Charles,* Paris, CUJAS, 1977, p. 399.

COHEN-JONATHAN Gérard, « La Convention européenne des droits de l'homme et la Communauté européenne », in *Mélanges DEHOUSSE Fernand,* vol. I, Paris-Bruxelles, Hatan-Labor, 1979, p. 157.

COHEN-JONATHAN Gérard, « La protection des droits fondamentaux dans l'Union européenne et la Convention européenne des droits de l'homme », in *Les mutations contemporaines du droit public,* Mélanges en l'honneur de JEANNEAU B., Dalloz, 2002, p. 10.

COHEN-JONHATHAN Gérard, « La Charte des droits fondamentaux de l'Union européenne », Petites Affiches, 27 juin 2000, n°127, p. 4. droits de l'homme », RMC, 1978, n°214, p. 74.

COHEN-JONATHAN Gérard « A propos de l'arrêt Matheuws contre Royaume-Uni », RTDE, 1999, n°4, pp. 637 et s.

COLSA Carlos, « Supranational Citizenship and Democracy: Normative and Empirical Dimensions », in LA TORRE Massimo. (ed), *European Citizenship: An institutionnal Challenge,* Kluwer Law International, 1998, p. 415.

CONNOR Walker, « A nation is a nation, is a state, is an ethnic group is a.. », Ethnic and Racial Studies, vol. 1, n°4, oct. 1978, p. 377, traduction française par JAFFERLOT C., dans DELADOI-AGUIEFF (ed), 1991, p. 159

CONSTANTINESCO Léontin.-Jean, « La Constitution économique de la C.E.E. », RTDE, Vol. 13, 1977, p. 245.

CONSTANTINESCO Vlad, « Les Clauses de coopération renforcée, le Protocole sur l'application des principes de subsidiarité et de proportionnalité », RTDE, 1997, p. 751.

CONSTANTINESCO Vlad, « La Constitution économique de la CEE », RTDE, Vol. XIII, n°2, p. 244.

CONSTANTINESCO Vlad, « L'émergence d'un droit constitutionnel européen », RUDH, 1995, p. 449

CONSTANTINESCO Vlad, « La structure du Traité instituant l'Union européenne », CDE, vol. 29, 1993, p. 251.

CONSTANTINESCO Vlad, « Contribution à la table ronde », in LABOUZ Marie Françoise (dir.) *les Accords de Maastricht et la Constitution de l'Union européenne,* Acte du Colloque du 27 juin 1992, Paris Montchrestien 1992, p. 199.

CONSTANTINESCO Vlad, « La Citoyenneté de l'Union », in SCHWARZE Jürgen. (dir), *Binnenmarkt zur Europaischen Union, Baden-Baden,* Nomos, 1993, p. 28.

CONSTANTINESCO Vlad, « La Constitutionnalisation de l'Union européenne », in RIDEAU Joel (dir.), *De la Communauté de droit à l'Union de droit,* LGDJ, 2000, p. 137.

CONSTANTINESCO Vlad, « l'Union européenne : par le droit vers le politique ? », in DUPRAT Gérard, *l'Union européenne : droit, politique, démocratie,* PUF, 1996.

CONSTANTINESCO Vlad, « Commentaire de l'article 2 », in CONSTANTINESCO Vlad, JACQUE Jean-Paul KOVAR Robert, SIMON Denys (ed.), *Traité instituant la CEE, Commentaire article par article,* Paris, Economica, 1992, p. 92.

CONSTANTINESCO Vlad, « L'Europe fédérale ou Fédération des Etats nations ? », in DEHOUSSE Renaud, *Une Constitution pour l'Europe,* Presses de Sciences Po, 2002, p. 115.

COPPEL Jason, O'NEIL Aidan., "The European Court of Justice: Taking Rights Seriously", Common Market Lax Review, 29, 1992, p. 669.

CORREARD Valérie, « Constitution européenne et protection des droits fondamentaux : Vers une complexité annoncée », RTDH, 67/2006, p. 500.

CURRAL J., « La Communauté et les fonctions publiques nationales », Revue Française de l'Administration Publique, n° 48, octobre-décembre 1988.

COSTA B. V., « La notion générale du travailleur », in CARLIER J.-Y., et VERWILGEN M. (Réd.), Trente ans de libre circulation des travailleurs en Europe, Actes du colloque, Bruxelles, du 17 au 19 décembre 1998, Communautés européennes, 2000, p. 73.

DAHRENDORF R., « Citizenship an Beyond : The Social Dynamics of an Idea », in Citizenship: Critical Concepts, Edited by TURNER B. S. and HAMILTON P., Routledge, 1994, p. 296.

DAUSES M. A., « La protection des droits fondamentaux dans l'ordre juridique des Communautés européenne », R.A.E, n°4, 1992, p. 9.

DAUSES M. A., « La Protection des droits fondamentaux dans l'ordre juridique Communautaire », RTDE, 1984, p. 401.

DE BRUYKER P., « La libre circulation des citoyens européens entre codification et réforme », in CARLIER J.-Y. et E. (dir.), L'avenir de la libre circulation des personnes dans l'UE, Bruylant, 2006, p. 21.

DE BUCRA Graine, « The Drafting of the European Union Charter of Fundamental Rights », E .L. Rev., 2001(26), p. 126.

DEHOUSSE Renaud, Rediscovering Functionalism, Harward Jean Monnet Working Paper. Symposium 7/00 : Responses to FISCHER J.

DEHOUSSE Renaud, « Naissance d'un constitutionnalisme transnational », Pouvoirs, 96, Les Cours européennes, p. 19.

DEHOUSSE Renaud, « La participation des citoyens européens », in Convention européenne, Démocratie et Droits de l'homme », COHEN-JONHATAN G. et DUTHEIL DE LA ROCHERE J. (dir.), Bruxelles, Bruylant, (Droit et justice), 3003, p. 198.

DEHOUSSE Fernand, Commentaire de l'article 3A, in CONSTANTINESCO V., JACQUE J.-P, KOVAR R., SIMON D. (éd), *Traité instituant la CEE, Commentaire article par article,* Paris, Economica, 1992, p. 101.

DE GALAN M., « Introduction », in POCHET P. et VANHERKE B. (ed.), *Les Enjeux Sociaux de l'UEM,* Observatoire social européen, Presses universitaire européen, 1999, p. 9.

DELOCHE-GODEZ F., « La Convention pour l'élaboration de la Charte de droits fondamentaux : Une méthode constituante ? », in DEHOUSSE R., *Une Constitution pour l'Europe ?,* Paris, Presses de Sciences Politiques, 2002, p. 177.

DELOCHE-GODEZ F., « la Convention pour l'élaboration de la Charte des droits fondamentaux: une méthode d'avenir? », Etudes et recherches, n°15, novembre 2001.

DELORS Jacques, Discours aux églises, Bruxelles, 14 avril 1992, http://europa.eu.

DELORS Jacques, Président de la Commission européenne, « Une idée neuve », Après demain, n° 288, 1986, p. 3.

DELPIERRE N., « Le Traité établissant une Constitution pour l'Europe », RDP, n°3- 2004, p. 609.

DEMİRALP Oğuz, Ambassadeur, Délégué permanent de Turquie auprès de l'Union européenne, membre supplément de la Convention européenne, intervention lors de l'Assemblée générale du 6 février 2003, consacrée à l'Europe sociale.

DE SCHUTTER Oliver, « Les droits fondamentaux dans le traité d'Amsterdam », in LEJEUNE Y. (dir.), *Le traité d'Amsterdam. Espoirs et déceptions,* Bruxelles, Bruylant, 1988, p. 153.

DE SCHUTTER Oliver, La Contribution de la Charte des droits fondamentaux de l'Union européenne à la garantie des droits sociaux dans l'ordre juridique communautaire », RUDH, 2000, p. 33.

DE SCHUTTER Oliver, « La contribution de la Charte des droits fondamentaux de l'Union européenne à la garantie des droits sociaux dans l'ordre juridique communautaire », Revue universelle des droits de l'homme, 2000, vol. 12, n° 1–2, p. 33.

DE SCHUTTER Olivier, « La garantie des droits et principes sociaux dans la Charte des droits fondamentaux de l'Union européenne », in CARLIER J.-Y. et DE SCUTTER Oliver, *La Charte des droits fondamentaux de l'Union européenne,* Bruxelles, Bruylant, 2002, p. 117.

DEVOLUY Michel, « Pacte de stabilité et de croissance », Europe-Editions du Juris-Classeur, Novembre 2002, p. 3.

D'ESTAING Valéry-Giscard,, « La boite à outils du traité de Lisbonne », Le Monde, 27 octobre 2007, p. 21.

DE WITTE Bruno, « The Legal Status of the Charter : Vital Question or Non-Issue ? », Maastricht Journal, 2001(8), p. 81.

DIX W., « La Charte des droits fondamentaux et la Convention : de nouvelles voies pour réformer l'UE ? », RMCUE, n°448, mai 2001, p. 305.

DOLLAT Patrick, « Vers la reconnaissance généralisée du principe de l'égalité de traitement entre les personne dans l'Union européenne », JTDE, mars 2002, n°87, p. 58.

DRAGO Guillaume, Petites Affiches, n°248 du 13 décembre 2000, p. 10.

DUARTE M. L., « Droit de séjour des travailleurs et mesures d'exception », in CARLIER Jean-Yves, et VERWILGEN M. (Réd.), *Trente ans de libre circulation des travailleurs en Europe,* Actes du colloque, Bruxelles, du 17 au 19 décembre 1998, Communautés européennes, 2000, p. 189.

DUBOUIS Louis, « Citoyenneté européenne et droits fondamentaux de la personne », in BOURRINET J. (collection dirigé par), *L'intégration européenne au XXIème siècle,* Documentation française, Paris, 2004, p. 92.

DUMONT H., « La notion juridique de souveraineté aujourd'hui : de l'absolu au relatif », in la Souveraineté, Cahier n°7 du Centre de recherche en histoire du droit et des i nstitutions, Bruxelles, Facultés universitaires Saint-Louis, 1977, p. 115.

DUMONT H. et VAN DROOGHENBROECK S., « La contribution de la Charte à la constitutionnalisation du droit de l'Union européenne », in CARLIER Jean-Yves et DE SCHUTTER Olivier (dir), La Charte des droits fondamentaux de l'Union européenne, Bruxelles, Bruylant, 2002, p. 85.

DUTHEIL DE LA ROCHERE Jacqueline, « Une Charte pour qui ?», in *Vers une Charte des Droits fondamentaux de l'Union* (Table ronde du 18 mai 2000 de l'Université Panthéon Assas), Regards sur l'actualité, Paris, La Documentation française, n°spécial 264, août 2000, p. 19.

DUTHEIL DE LA ROCHERE Jacqueline, « Mondialisation et régionalisation », in LOQUIN E. et KESSEDJIAN C. (dir.), *la Mondialisation du droit,* Editions Litec-CREDIMI, 2000.

DUTHEIL DE LA ROCHERE Jacqueline, « La place de la Charte des droits fondamentaux de l'union dans la Constitution européenne », in COHEN-JONATHAN Gérard et DUTHEIL DE LA ROCHERE J. (dir.), Constitution européenne, démocratie et droits de l'homme, Bruxelles, Bruylant, 2003, p. 231.

DUTHEIL DE LA ROCHERE Jacqueline, « La Charte des droits fondamentaux de l'Union européenne: quel apport à la protection des droits? », in Les mutations contemporaines du droit public, Mélanges en l'honneur de JEANNEAU B., Dalloz, 2002, p. 104.

DUTHEIL DE LA ROCHERE Jacqueline, « La Charte des droits fondamentaux de l'Union européenne », Editions du Juris Cl., fascicule n°160, juin 2001, p. 31.

DUTHEIL DE LA ROCHERE Jacqueline, « La Charte des droits fondamentaux de l'Union européenne : quelle valeur ajouté, quel avenir ? », RMCUE, n°443, décembre 2000, p. 675.

DUTHEIL DE LA ROCHAERE Jacqueline, « Charte des droits fondamentaux de l'Union européenne », Juricsclasseur Europe, Fasc. 160, 5, 2006, pp. 1–43.

DUTHEILLET de LAMOTHE O., « Du Traité de Rome au Traité de Maastricht : la longue marche de l'Europe sociale », Droit social, n°2, février 1993, 9. 198.

EUZEBY Chantal, « La stratégie européenne pour l'emploi : Un improbable succès », RMCUE, n°495, février 2006, p. 73.

EUZEBY Chantal, « Redynamiser l'Europe sociale par un socle des droits minimaux : une nécessité ? », RMCUE, n°502, octobre-novembre 2006, pp. 575, 585, ici p. 582.

EWING K., "Social Rights and Constitutional Law", 1999, Public Law, p. 104.

FALKNER G., "The Maastricht Protocol on Social Policy : Theory and Practice", Journal of European Social Policy, n°6, 1996, p. 1.

FALLON Marc, « La citoyenneté européenne », JTDE, n°8, 22 avril 1994.

FAVOREU Louis, « Débats sur Rapport Jacqué », RUDH, 1995, p. 426,

FEAL P.-A., « le Principe de subsidiarité : progrès ou statu quo après le traité d'Amsterdam ? », Revue du Marché unique européen, 1/1998, p. 95.

FEATHERSTONE K., « The political Dynamics of The Economic and Monetary Union », in CRAM L., DINAN D. and NUGET N. (éd.), Developments in The European Union, Macmillan Press LTD., 1999, p. 311.

FERENZI T. et RICARD P., « Les Vingt-Sept approuvent le traité de Lisbonne », Le Monde, 20 octobre 2007, p. 8 ;

FERRY Jean-Marc, « Pertinence du postnational », in J. LENOBLE et N. DEWANDRE, L'Europe au soir du siècle, Identité et démocratie, Paris, Edition Esprit, 1992, p. 53.

FERRY Jean-Marc, « Dix thèses sur « La question de l'Etat européen » », Droit et Société, n°53, 2003, pp. 1–11.

FERRY Jean-Marc, « La référence républicaine au défi de l'Europe », Pouvoirs, n°100, Paris, Seuil, 2002, p. 1.

FERRY Jean-Marc, « Avatars du sentiment national en Europe à la lumière du rapport à la culture et à l'histoire », Comprendre, n°2000, p. 359.

FLAUSS Jean-François, « Droits de l'homme et les relations extérieurs de l'Union européenne », in LECLERC Stéphane. (éd), L'Union européenne et les droits fondamentaux, Bruxelles, Bruylant, 1999, p. 137.

FLAUSS Jean-François (dir.), « Les Droits de l'homme dans l'Union européenne : l'interdiction de la discrimination fondée sur le sexe », les Petites affiches, 28 juillet 1999, n°149, p. 5.

FLAUSS Jean-François, « Les droits de l'homme dans l'Union européenne : chronique d'actualité »,1999–2000, (première partie), les Petites Affiches, 6 août 2001, p. 9.

FRANCK Christian, « Traité et Constitution : les limites de l'analogie », in *La Constitution de l'Europe,* éd. Paul Magnette, Bruxelles, Editions de L'ULB, 2000, p. 37.

FRIZON-ROCHE Marianne, « La Société européenne », D 2001, cah. Droit des affaires, p. 290.

FRYDMAN Benoît, « Vers un statut de la société civile dans l'ordre international », Droits fondamentaux, n°1, juillet-décembre 2001, p. 155.

GADBIN Daniel, « L'association des partenaires économiques et sociaux organisés aux procédures de décisions en droit communautaire », RTDE, 2000, p. 1.

GARABIOL-FURET Marie-Dominique, « Le partenariat social peut-il relancer l'idée européenne ?», RMCUE, n°500, juillet- août 2006, p. 435.

GARCIA de ENTERIRA E., « les droits fondamentaux et la révision du Traité sur l'Union européenne », CDE., 1996, n°5–6, pp. 607–612.

GAUTIER Yves, « La directive n°2004/38/CE : simplification et élargissement des droits d'entrée et de séjour reconnus aux citoyens de l'Union », Europe, octobre 2004, p. 4.

GAY Laurence, « Les droits sociaux constitutionnels en France : Particularisme ou 'normalisation' ? », in GAY Laurence, MAZUYER Emmanuelle et NAZET-ALLOUCHE Dominique (dir) *Les droits sociaux fondamentaux : entre droits nationaux et droit européen,* Bruylant, Bruxelles, 2006, pp. 75–115.

GERKRATH Jörg., « Les conditions de la démocratie dans l'Union européenne/ Un point de vue français », RUDH, 2004, pp. 363–375.

GEORGIS Dany, « Le principe de la démocratie représentative : entre renforcement et contresens », in CONSTANTINESCO Vlad, GAUTIER Yves et MICHEL Valérie. (dir.), *Le Traité établissant une Constitution pour l'Europe,* Presses universitaires de Strasbourg, 2005, p. 385.

GERBER David J., "Constitutionalizing the Economy : German Neo-liberalism, Competition Law and the 'New' Europe", Journal of Comparative Law, 1994.

GEYER Robert, "EU Social Policy in the 1990s : Does Maastricht Matter ?", in Journal of European Integration, 1996, Automn, Vol. XX, n°1., p. 5.

GISCARD d'ESTAING Valéry, « Le principe de subsidiarité », rapporteur, Parlement européen, Commission institutionnelle, 5 avril 1990, PE 139.293.

GOEATSCHY Janine, in TELO Mario et MAGNETTE Paul (dir), *De Maastricht à Amsterdam : L'Europe et son nouveau Traité*, Editions Complexes, 1998, p. 155.

GOETSCHY Janine, « Quel avenir pour le dialogue social interprofessionnel européen après Maastricht ? », in TELO Mario (dir), *Quelle Union sociale européenne ?: Acquis institutionnels, acteurs et défis*, Etudes européennes, 1994, p. 213.

GORI Gisela et KAFF-GUZIN Fabienne, « Les Droits de l'homme à Nice », in CONSTANTINESCO Vlad, GAUTIER Yves et SIMON Denys (dir.), *le Traité de Nice : Premières analyses, Presses universitaires de Strasbourg*, 2001, p. 231.

GRARD Loïc, « Brèves réflexions autour de l'idée de Constitution pour l'Europe », Mélanges en l'hommage de GELARD C., Paris, Montchrestien, p. 399.

GREENWOOD Justin et WEBSTER Ruth, « EU Interest Groups and their Members: when is membership a « collective action problem », in BALME Richard, CHABANET Didier et WRIGHT Vincent (dir.), *L'action collective en Europe,* Paris, Presses de Sciences Po, 2002.

GREWE Constance, « Le « traité de paix » avec la Cour de Luxembourg : l'arrêt de la Cour constitutionnelle allemande du 7 juin 2000 relatif au marché de la Banane », RTDE, 2001.1.

GREWE Constance, « Les droits sociaux constitutionnels : propos comparatifs à l'aube de la Charte des droits fondamentaux de l'Union européenne », RUDH, vol. 12, nos 3–5, 2000, pp. 85–92.

GREVISSE Suzanne, « Le renouveau de la Charte sociale européenne », Droit social, n°9/10 septembre-octobre 2000, p. 884.

GRIMM Dierter, « Le moment est-il venu d'élaborer une constitution européenne », in *Une Constitution pour l'Europe*, DEHOUSSE Renaud (dir.), Presses de Sciences Po., 2002, p. 70.

GRUBER Annie, « La Charte des droits fondamentaux de l'Union européenne : un message clair hautement symbolique », Petites Affiches, 22 janvier 2001, n°15, p. 4.

GUIGOU Elisabeth, Intervention lors du colloque intitulé « La Charte des droits fondamentaux de l'Union européenne », 24 avril 2000, p. 14.

GUILLOUD Laeticia, « Le principe de subsidiarité en droit communautaire et en droit constitutionnel », LPA, 19 avril 2007, n°79, p. 53.

HABERLER G., "Integration and Growth of the World Economy in Historical Perspective", American Law Review, mars 1964, p. 1.

HABERMAS Jürgen, « Citizenship and National Identity : Some reflex ions on the Future of Europe », (1992) Praxis International 1; SHAW Jo, *Citizenship of the Union : Towards Post-National Membership*, 6 AEL (1995), 237.

HABERMAS Jürgen, « L'Etat-nation européen », in *L'intégration républicaine*, trad. R. Rochlitz, Paris, Fayard, 1998, p. 95.

HABERMAS Jürgen, « Pas d'Europe sans constitution commune! », Le point, n°1491, 13 avril 2001, p. 102.

HALTERN Ulrich, "Pathos and Patina : The Failure and Promise of Constitutionalism in the European Imagination", European Law Journal, Vol. 9, n°1, fevrier 2003, p. 14.

HAULBONNER Karl, « Union européenne et citoyenneté de l'Union : des termes génériques ? », in CARLIER Jean-Yves et VERWILGEN M. (Réd.), *Trente ans de libre circulation des travailleurs en Europe*, Actes du colloque, Bruxelles, du 17 au 19 décembre 1998, Communautés européennes, 2000, p. 296.

HAYEK Friedaich A., "Competition as a Discovery Procedure", in HAYEK F. A. (eds), *New Studies in Fhilosophy, Politics, Economics and the History of Ideas*, 1978, p. 179.

HENNINON-MOREAU Sylvie, « La notion d'entreprise en droit social communautaire », Droit social, n°11, novembre 2001, p. 957.

HEPPLE Bob, "The Implementation of the Community Charter of Fundamental Social Rights", Modern Law Review, 1990.

HEPPLE Bob, "The Implementation of the Community Charter of Fundamental Social Rights", M. L. R.., vol. 53, 1990, p. 643.

HERRERA C. M., « Sur le statut des droits sociaux-La constitutionnalisation du social », RUDH, 2004, pp. 32–39.

HUBIN J., « La politique de l'emploi dans l'Union européenne et les droits sociaux fondamentaux », ERA Forum (2007) 8, pp. 585–599.

HUGLO Jean-Guy, « Egalité de traitement entre les hommes et les femmes », Juris Cl. Europe, Fasc. 612, p. 5

IDOT Laurence, « Traité simplifié, traité reformateur ou traité de Lisbonne… ? », Europe, novembre 2007, comm. 10, p. 1.

ILIOPOULOU Anastasia, « Le nouveau droit de séjour des citoyens de l'Union et des membres de leurs famille : la directive 2004/38/CE », RDUE, 2004, p. 523.

IMBERT Pierre-Henri, « L'apparente simplicité des droits de l'homme », RUDH, 1989, p. 7.

JACQUE Jean-Paul, « La Constitution de la Communauté européenne », RUDH, 1995, p. 401.

JACQUE Jean-Paul, « La Constitution communautaire », RUDH, 1995, p. 397.

JACQUE Jean-Paul, « La démarche initiée par le Conseil européen de Cologne », RUDH, 2000, p. 3.

JACQUE Jean-Paul, « Droit constitutionnel national, Droit communautaire, CEDH, Charte des Nations Unies : L'instabilité des rapports de système entre ordre juridiques », RFDC, n°69, janvier 2007, pp. 3–37.

JACQUE Jean-Paul, « Communauté européenne et Convention européenne des droits de l'homme », in *La Convention européenne des droits de l'homme*, PETITI Louis-Edmond (dir.), p. 94.

JACOBS Francis G., « Jurisprudence de la cour de Justice des Communautés européennes », in *Trente ans de libre circulation des travailleurs en Europe*, Acte du colloque, Bruxelles, du 17 au 19 décembre 1998, p. 36.

JACQUESON Catherine, "Union citizenship and the Court of Justice: something new under the sun? Towards social citizenship", ELR, june, 27 (2002), p. 264.

JEORGES Christian, "What is left of the European Economic Constitution? A melancholic eulogy", E. L. R., 2005 (30), p. 461.

JEORGES Christian, "European Economic Law, the Nation-State and The Maastricht Treaty", in DEHOUSSE Renaud (ed.), *Europe After Maastricht: Un ever closer Union?*, p. 42.

KADELBACH S., « Conditions de la démocratie dans l'Union européenne/Un point du vue allemand », RUDH, 2004, pp. 337–380.

KAUFF-GAZIN Fabienne, « Introduction au chapitre intitulé « le statut du citoyen » », in CONSTANTINESCO Vlad, GAUTIER Yves et MICHEL Valérie (dir.), *Le Traité établissant une Constitution pour l'Europe*, Presses universitaires de Strasbourg, 2005, p. 331.

KERCHEN Nicole, « Vers une individualisation des droits sociaux : approche européenne et modèles nationaux », Droit social, n°2, février 2003, p. 216.

KOMBOS Costas, « Fundamental Rights and Fundamental Freedoms: A Symbiosis on the Basis of Subsidiarity », European Public Law, p. 433.

KOVAR Robert, « Ordre juridique communautaire », Juris Classeur Europe, Fas. 410, n°11.

KOVAR Robert et SIMON Denys, « La citoyenneté européenne, Cahiers de droit européen », Vol. 29, 1993, p. 295.

KOVAR Robert, « L'Emergence et l'affirmation du concept de citoyenneté européenne dans le processus d'intégration européenne », in *La Citoyenneté européenne*, PHILIP Christian et SOLDATOS Panayotis, Université de Montréal, 2000, p. 81.

KRÜGER Hans Christian et POLAKIEWICZ Jörg, « Proposition pour la création d'un système cohérent de protection des droits de l'homme en Europe », RUDH, Vol. 13, no 1–4, 2001, p. 1.

LABAYLE Henri, « Droits fondamentaux et droit européen », AJDA, 1998 spécial, p. 75.

LABAYLE Henri, « Droits fondamentaux et droit européen », AJDA, 20 juillet/20 août 1998, p. 87, (no spécial sur les droits fondamentaux).

LACROIX Justine, « Patriotisme constitutionnel et identité post nationale chez Jürgen Habermas », in HABERMAS Jürgen, *L'usage public de la raison*, PUF, 2002, p. 134.

LANDFRIED C., « Vers un Etat constitutionnel européen », in DEHOUSSE R. (dir.) Une *Constitution pour l'Europe*, Presse de Sciences Po, 2002, p. 79.

LANGLOIS Philippe, « Europe sociale et principe de subsidiarité », Droit social, n°2, février 1993, p. 201.

LANQUETIN Marie-Thérèse, « Principe d'égalité entre homme et femmes. Individualisation des droits en matière de protection sociale ». *Mélanges* VERDIER Jean-Maurice, p. 409.

LARRALDE Jean-Manuel., « Convention européenne des droits de l'homme et jurisprudence communautaire », in LECLERC Stéphane, AKANDJI-KOMBE Jean-François et REDOR Marie-Joëlle (éd), *L'Union européenne et les droits fondamentaux*, Bruylant, Bruxelles, 1999, p. 120

LEAPER R.A.B., "Social Policy", in LASOK Dominik et SOLDATOS Panayotis (ed), *The European Communities in Action*, Bruylant, 1981, p. 276.

LECA Jean, « Questions sur la citoyenneté », Projet, 171/172, janvier-février 1983, p. 113.

LECLERC Stéphane, « Les Communication de la Commission sur le Marché intérieur », CDE, 1998, n°1.2, p. 161.

LECLERC Stéphane, « L'égalité de traitement entre les hommes et les femmes : ascension d'un droit social fondamental », in *l'Union européenne et les droits fondamentaux,* Bruxelles, Bruylant, 1999, p. 197.

LENAERTS Koen, « L'égalité de traitement en droit communautaire. Un principe unique aux apparences multiples », C.D.E, 1991, p. 3

LENAERTS Koen and DE SMITJER Edith, « A "Bill of Rights" for the European Union », CML rev., 2001 (38) p. 273.

LENAERTS Koen, « Le développement de l'union sociale européenne dans la jurisprudence de la Cour de justice », Actes du colloque de Trèves, mai 2007.

LENAERTS Koen and SMITJER Edith, « The Charter and the Role of the European Courts », Maastricht Journal, 2001 (8), p. 91.

LE BOT Olivier, « Charte de l'Union européenne et Convention de sauvegarde des droits de l'homme : La coexistence de deux catalogues de droits fondamentaux », RTDE, 55/2003, p. 781.

LEMMENS Paul, « The Relation between the Charter of Fundamental Rights of the European Union and the European Convention on Human Rights-Substantive Aspects », Maastricht Journal, 2001 (8), p. 49.

LEQUESNE Christian, « De l'utilité d'une constitution pour l'Europe », in *La Constitution de l'Europe*, Bruxelles, Bruylant, 2000, p. 81.

LEVADE Anne, « Quel avenir pour l'Europe ? Réflexions croisées sur l'avant projet et le projet de traité constitutionnel », RAE-LEA, 2001–2002, n°7, p. 823.

LHERNOULD Jean-Philippe, « L'accès aux prestations sociales des citoyens de l'Union européenne », Droit social, n°12, décembre 2001, p. 1105.

LIBOIS Boris, « Education publique et patriotisme constitutionnel: Eléments pour un concept philosophique d'éducation », in FERRY Jean-Marc et LIBOIS Boris (ed.), *Pour une éducation post nationale*, Editions de l'Université de Bruxelles, 2003, p. 214.

LINDAHL Hans, "European integration : Popular Sovereignty and a politics of Boundaries", European Law Journal, Vol 6, n°3, 3 September 2000, p. 239.

LODGE Julie, « Social Europe », Revue d'intégration européenne, Vol. XIII, no-23, Hiver 1990, p. 135.

LOUIS Jean-Victor, « De Messine à Berlin », CDE, 2007, n°1–2, pp. 9–18.

LUCHAIRE François, « Que devient la souveraineté nationale ? », in MAUSS Didier et PASSELECQ Olivier (dir.), *Le traité d'Amsterdam face aux constitutions nationales*, Paris, La Documentation française, 1998, p. 108

LYON-CAEN Antoine, « Droit social et droit de la concurrence: observation sur une rencontre », Ecrits en l'honneur du professeur SAVATIER Jean, 1992, p. 331.

MADURO POIARES Miguel, "The double constitutional life of the Charter of Fundamental rights", In *Journée d'études des 7 et 8 novembre 2002*, FERNANDEZ SOLA Natividad, ZARAGOZA, DYKINSON (dir), 2004, p. 287.

MAGNETTE Paul, « Entre parlementarisme et déficit démocratique », in TELO Mario et MAGNETTE Paul (éd), *De Maastricht à Amsterdam. L'Europe et son nouveau traité*, Bruxelles, Complexe, 1998, p. 108.

MAGNETTE Paul, « Le principe démocratique au-delà de la représentation », in *La Constitution de l'Europe*, MAGNETTE Paul (ed), Institut d'études européennes, Bruxelles, Editions de l'Université de Bruxelles, 2000, p. 135.

MAFFEIS L., « Une Constitution qui tourne le dos à la laïcité », http://communautarisme.net

MARZO Claire, « Vers une citoyenneté sociale européenne », Droit social, n°2, fevrier 2007, pp. 318–224.

MANCINI G. Federico, "The making of a Constitution for Europe", CMLR, n°26, 1989, p. 595.

MARTIN Denis, « La protection des ressortissants des pays tiers dans l'ordre juridique communautaire », in LECLERC Stéphane et a. (éd), *L'Union européenne et les droits fondamentaux*, Bruxelles, Bruylant, 1999, p. 173.

MASCLET Jean-Claude, « La libre circulation des personnes au sens politique et juridique », in PHILIP Christian et SOLDATOS Panayotis, *La Citoyenneté européenne*, Université de Montréal, 2000, p. 152.

MATTERA Alfonso, « La libre circulation des travailleurs à l'intérieur de la Communauté Européenne », RMUE, 4/1993, p. 50.

MAYER Franz C., « La Charte européenne des droits fondamentaux et la Constitution européenne », RTDE, 39 (2), avril-juin 2003, p. 175.

MAUBERNARD Christophe, « Droit communautaire des droits fondamentaux », RTDH, n°55/2003, p. 875.

MAUBERNARD Christophe, « Les droits substantiels », in PICHERAL Caroline et SURREL Hélène (dir), Droit communautaire des droits fondamentaux : Chronique de la jurisprudence de la Cour de justice des Communautés europeennes-2006, RTDH, 71/2007, pp. 712- 714.

MAZUYER Emmanuelle, « Les instruments juridiques du dialogue social européen : état des lieux et tentative de clarification », Droit social, n°4, Avril 2007, pp. 476–485.

McGLYNN Care, "Opting-Out ouf Community Social Policy : Some Legal, Practical and Political Consequences", in ELERMANN Claus Dieter (ed), *Multi-Speed Europe-the Legal Framework of Variable Geometry in the European Union*, p. 85.

MEHDI Rostane, « L'Union européenne et le fait religieux : Eléments du débat constitutionnel », RFDC, 2003, n°54, pp. 227–248.

MERCIER Aranud, « Espace publics en Europe: problèmes et problématique », in Vers *un espace public européen?*, MERCIER Aranud (dir), L'Harmattan, 2003, p. 9.

MICHEL Valérie et BOUVERESSE Aude, « La notion de constitution », in CONSTANTINESCO Vlad, GAUTIER Yves et MICHEL Valérie. (dir), *Le traité établissant une Constitution pour l'Europe : Analyse et Commentaires*, Presse Universitaires de Strasbourg, 2005, p. 31.

MITCHEL James and McALEAVEY Paul, "Promoting Solidarity and Cohesion", in CRAM Laura, DINAN Desmond and NUGENT Neil (eds), *Developments in the European Union,* Macmillan Press Ltd, 1999, p. 174.

MITTELBERGER-LEPETRE Marie et SOULARD Christophe, « Le statut du citoyen : recours », in CONSTANTINESCO Vlad, GAUTIER Yves et MICHEL Valérie (dir), *Le traité établissant une Constitution pour l'Europe : Analyses et commentaires,* Presse universitaire de Strasbourg, 2005, p. 425.

MODERNE Frank, « La notion de droit fondamental dans les traditions constitutionnelles des Etats membres de l'Union européenne », in SUDRE Frédéric et LABAYYE Henri (dir.), *Réalités et perspectives du droit communautaire des droits fondamentaux,* Bruylant, 2000, p. 59.

MONACO R., « Les principes d'interprétation suivis par La Cour de Justice des Communautés européennes », in Mélanges Rolin, Paris, Pédone, 1964, p. 217.

MONJAL Pierre-Yves, « Le Projet de traité établissant une Constitution pour l'Europe : quels fondements théoriques pour le droit constitutionnel de l'Union européenne? », RTDE, 40 (3), juillet-septembre 2004, p. 443.

MORAVCSIK Andrew, « Le mythe du déficit démocratique européen », Raisons politiques, no 10, Mai 2003, p. 87.

MOREAU Marie-Ange, « L'implication des travailleurs dans la société européenne », Droit social, n° 11, novembre 2001, p. 967.

MORJIN John, "Balancing Fundamental Rights and Common Market Freedoms in Union Law: Schimidberger and Omega in light ou the European Constitution", European Law Journal, Vol. 12, n°1, january 2006, p. 15.

MOULY Jean, « Les droits sociaux à l'épreuve des droits de l'Homme », Droit social, n° 9/10, septembre-octobre 2002, p. 799.

MOUSSIS Nicolas, « La construction européenne et le citoyen : Déficit démocratique ou déficit d'information ? », RMCUE, n°436, mars 2000, p. 153.

MOUTON Jean-Denis, « Préface », in La présentation du Traité constitutionnel, Presse de l'Université de Sofia, 2005, p. 1.

MOUTON Jean-Denis, « Ressortissants communautaires », Rép., communautaire Dalloz, février 2000.

MOUTON Jean-Denis, « Vers la reconnaissance des droits fondamentaux des Etats dans le système communautaire ? », in *Les dynamiques juridiques européennes au début du siècle, Mélanges en l'honneur de GAUTRON J-C,* Pédone, 2004, pp. 463–474.

MOUTON Jean-Denis, « Article I-5 », in Contenu de la Constitution européenne, Editions Litec, à paraître.

MOUTON Jean-Denis, « Introduction », in Les mots de la Constitution europeenne, Actes des journées d'études du CRUCE, Amiens, 12 décembre 2003 et 15 octobre 2004, PUF, Paris, 2005, pp. 15–28.

NAZET-ALLOUCHE Dominique, « Droits sociaux », Rep. Communautaire Dalloz, septembre 2002, p. 14.

NANZ Patricia, « Les voies multiples de l'Europe. Une idée inter discursive de la sphère publique », Raisons politiques, n°10, mai 2003, pp. 69–85.

OSTNER Ilona et LEWIS Jane, « L'égalité des chances entre hommes et femmes et les politiques sociales européennes », in LEBFRIED Staphand et PIERSON Paul (eds), Politiques sociales européennes entre intégration et fragmentation, l'Harmatan, 1998, p. 189.

PAILLUSSEAU Jean, « Qu'est-ce qu'une entreprise », in *L'entreprise. Nouveaux apports*, Economica, 1987, p. 72.

PAKASLAHTI Johannes, « L'UEM et la protection sociale dans l'Union européenne », in POCHET Philippe et VANHERKE Bart (ed.), *Les Enjeux sociaux de l'UEM*, Observatoire social européen, Presses universitaire européen, 1999.

PECHEUL Armel, « La Charte des droits fondamentaux de l'Union européenne », RFDA, 17 (3) mai-juin 2001, p. 688.

PERNICE Ingolf, « Les bananes et les droits fondamentaux : La Cour constitutionnelle allemande fait le point », CDE, 2001, p. 427.

PERNICE Ingolf et MAYER Franz C., « De la Constitution composée de l'Europe », RTDE, 36, oct-déc 2000, p. 631.

PERROUX François, Europe sans rivage, Paris, 1954.

PESCATORE Pierre, « Les droits de l'homme et l'intégration européenne », CDE, 1968, n°6, p. 631.

PETEAU Denis, « Jurisprudence sans juridiction », in La Charte sociale du XXIème siècle, Actes du colloque de Strasbourg, 14–16 mai 1997, Ed. du Conseil de l'Europe, 1997, p. 308.

PETTITI Christophe, « La Charte communautaire des droits sociaux fondamentaux des travailleurs : Un progrès ? », Droit social, n°4, avril 1990, p. 388.

PHILIP Christian, « L'égalité entre hommes et femmes », in : Droit social européen, Paris, Masson, 1985, p. 146.

PHILIP Christian, « Subsidiarité (principe de-) », in BARAV Ami et PHILIP Christian (dir), *Dictionnaire juridique de l'Union européenne*, juin 2001, p. 1–15.

PICOD F., Rubrique « droits fondamentaux », in BARAV Ami et PHILIP Christian (dir), *Dictionnaire juridique des Communautés européennes*, PUF, 1993, p. 418.

PICOD Fabrice, « Les sources », in SUDRE Frédéric et LABAYLE Henri (dir), *Réalité et perspectives du droit communautaire et des droits fondamentaux*, Bruxelles, Bruylant, 2000, p. 172.

PINCEMAILLE Delphine, in « Le Traité établissant une Constitution pour l'Europe », RDP, No 3- 2004, p. 609.

PINGEL-LENUZZA Isabelle, « La garantie politique », in SUDRE Frédéric et LABAYLE Henri (dir.), *Réalité et perspectives du droit communautaire des droits fondamentaux*, Bruxelles, Bruylant, 2000, p. 429.

POELMANS Jacqueline, « Elaboration des clauses économiques d'un nouveau traité d'intégration européenne », in *La Constitution économique européenne*, p. 110.

PRENTOULIS Nikos, "On the Technology of Collective Identity: Normative reconstruction of the Concept of European Citizenship", European Law Journal, Vol. ', No. 2, juin 2001, p. 196.

QUERMONNE Jean-Louis, « Citoyenneté et nationalité dans l'Union européenne : Problèmes et perspectives », in MAGNETTE Paul (éd.), *De l'étranger au citoyen : Construire la citoyenneté européenne*, Edition de l'université, Bruxelles, 1998.

RAU Johannès, « Une constitution fédérale pour l'Europe ? », Le Monde, 4 Novembre 1999, p. 1.

REICH Norbert, "Union Citizenship-Metaphor or Source of Rights", European Law Journal, Vol. 7, No. 1, March 2001, p. 4.

RIDEAU Joël, « Les limites de la protection juridictionnelle des droits de l'homme », in

SUDRE Frédéric et LABAYLE Henri (dir.), *Realité et perspectives des droits fondamentaux*, Bruylant, Bruxelles, 2000, p. 399.

RIFFLET Raymond, « Bilan et évaluation de la politique sociale communautaire », (1952–1982), in VANDAMNE Jacques, Economica, 1984, p. 24.

RIVERO Jean et VEDEL Georges, Les principes économiques et sociaux de la Constitution: le Préambule, Droit social, 1947, reproduit in Page de doctrine, LGDJ, 1980, tom 1, p. 115.

ROBERT Jacques, « Liberté d'aller et venir », in Libertés publiques et droits de l'homme, Paris, Montchrestien, 4e édition, p. 315.

ROBIN-OLIVIER Sophie, « La référence aux droits sociaux fondamentaux dans le Traité d'Amsterdam », Droit social, n°6, juin 1999, p. 609.

ROHMER B., « La Charte des droits fondamentaux de l'Union européenne », Dalloz, 2001, no 19, chroniques, p. 1453.

RODIERE Pierre, « Libre circulation des personnes et citoyenneté européenne dans la jurisprudence de la Cour de justice », RTDE, 42(1), janvier-mars, 2006, p. 171.

ROFES i PUJOL Maria Isabel et STREHO Imola, « Cour de justice, 15 mars 2005, Bidar », R. A. E., 2005/2, p. 333.

ROUSSEAU Dominique, « Une ressuscitation : la notion de constitution », RDP, 1990, p. 5.

ROUSSEAU Dominique, « Pour une Constitution européenne », Le Débat, n°108, janvier- février 2000, p. 63.

ROUYER Muriel, « Les promesse du constitutionnalisme », in Raisons politiques, n°10, mai 2003, p. 7.

SARRE Georges, « Non au traité simplifié européen : Copie conforme de la Constitution rejette en 2005, le nouveau texte doit être soumis à referendum», Le Monde, 18 octobre 2007, p. 20.

SAUTER Wolf, "The economic constitution of the European Union, Columbia Journal of European Law", volume 4, 1998, p. 46.

SECHE Jean-Claude, « L'Europe sociale après Maastricht », CDE, n°29, 1993, p. 528.

SCHRIECK Dagmar, "A new framework on equal treatment of persons in EC Law", European Law Journal, Vol. 8, n° 2, june 2002, p. 290.

SCHIMITTER Catherine, « Droits économiques, sociaux, politiques et différences de traitement entre les ressortissants des pays tiers et les ressortissants communautaires », in BRIBOSIA Emmanuel (dir), *Union européenne et nationalité*, Bruylant, 1999, p. 151.

SCHOSKWEILLER F., « La dimension humaine et sociale de la Communauté européenne », RMUE, n°4, 1993, p. 21.

SCIARRA Silviana, "European social Rights Policy Convergence", in ALSTON P, The EU and Human Rights, Oxford, 1999, p. 484.

SCIOTTI Claudia, « Les droits de l'homme dans l'Union européenne », LPA 1999, n°149, p. 5.

SCOFFINI Guy, « Observations comparatives sur la place des droits sociaux constitutionnels dans les systèmes de common law et de droit mixte », in GAY Laurence, MAZUYER Emmanuelle et NAZET-ALLOUCHE Dominique (dir) *Les droits sociaux fondamentaux : entre droits nationaux et droit européen*, Bruylant, Bruxelles, 2006, pp. 167–184.

SEILER D.-L., « Les parlements entre « gouvernement » et « concordance », in COSTA Olivier, KERROUCHE Eric et MAGNETTE Paul, (ed), *Vers un renouveau du parlementarisme en Europe*, Institut de sociologie, Sociologie politique, Bruxelles, Editions de l'Université de Bruxelles, 2004, p. 57.

SHAW Jo, « Proces, Responsability and inclusion in EU Constitutionalism », European Law Journal, vol. 9, n°1, février 2003, p. 45.

SIMON Denys, « Y a-t-il des principes généraux du droit communautaire ?», Droits, n°14, 1991, p. 73.

SIMON Denys, « Vers une autonomisation limitée des droits attachés à la citoyenneté », Europe, novembre 2004, p. 10.

SIMON Denys, « Les droits du citoyen de l'Union », RUHD, 2000, p. 22.

SIMON Denys, « Des influences réciproques entre CJCE et CEDH : « Je t'aime, moi non plus » », in Pouvoirs, n°96, Les Cours européennes.

SIMON Denys, « Commentaire de l'article B », in CONSTANTINESCO Vlad, JACQUE Jean-Paul, KOVAR Robert, SIMON Denys (dir), *Traité instituant la CEE, Commentaire article par article*, Paris, Economica, 1992, p. 63.

SIMON Denys, « « Mini-traité », « traité simplifié » ou « traité mutilé » : l'Europe entre le possible et le souhaitable », Europe, juillet 2007, pp. 7–9.

SIMON Denys, « Le Conseil constitutionnel et le Traité de Lisbonne », Europe, février 2008, comm. 8, pp. 3–4.

SIMON Denys « Les droits fondamentaux dans le Traité de Lisbonne », Europe, février 2008, pp. 2–3.

SIMON Denys, « Libre circulation des entreprises, conventions collectives et action syndicales », Europe, février 2008, comm. 40, pp. 18–20.

SOLA FERNANDEZ Natividad, « A quelle nécessité juridique répond la négociation d'une Charte des droits fondamentaux de l'Union européenne ? », RMCUE, n°442, octobre- novembre 2000, p. 595.

SOULIER Gérard, « l'Union européenne et le dépérissement de l'Etat », in DUPRAT Gérard, *L'Union européenne : droit, politique, démocratie,* PUF, 1996, p. 293.

STANGOS P.N., « Les ressortissants des Etats tiers au sein de l'ordre juridique communautaire », CDE, 1992, nos 3–4, p. 306.

STEPHANINI Marthe et GAY Laurence, « A qui revient la protection des droits fondamentaux en Europe. La France », in *Justice conditionnelle, Justice ordinaire, Justice supranationale : A qui revient la protection des droits fondamentaux en Europe ?*, A.I.J.C, P.U.A.M, 2004, p. 240.

STOOR Hakan, « Les droits sociaux des travailleurs et des citoyens », in CARLIER Jean- Yves et VERWILGEN M. (Réd.), *Trente ans de libre circulation des travailleurs en Europe*, Actes du colloque, Bruxelles, du 17 au 19 décembre 1998, Communautés européennes, 2000, p. 128.

STREHO Imola, « Cour de justice, 14 octobre 2004, Omega », R.A.E, 2003–2004/4, p. 681.

STREIT Manfreid E. and MUSSLER Werner, « The Economic Constitution of the European Community: From « Rome » to « Maastricht » », "European Law Journal", vol. I, n°1, March 1995.

SUDRE Frédéric, « La Communauté européenne et les droits fondamentaux après le Traité d'Amsterdam : vers un nouveau système européen de protection des droits de l'homme ? », JCP, éd G, 1998, I, 100, p. 12.

SUDRE Frédéric, « Les obligations positives dans les jurisprudences européennes des droits de l'homme », RTDH, 1995, p. 363.

SUDRE Frédéric, « Les droits sociaux et la Convention européenne des droits de l'homme », RUDH, 2000, p. 28.

SUDRE Frédéric, « La notion de droit fondamental dans les traditions constitutionnelles des Etats membres de l'Union européenne », in SUDRE Frédéric et LABAYLE Henri (dir.), *Réalités et perspectives du droit communautaire des droits fondamentaux*, Bruylant, 2000, p. 40.

SWEZY Annie H.-D, « Espace public européen et politiques culturelles européennes: du lien social au lien socioculturel », in MERCIER Aranud (ed), *Vers un espace public européen?*, L'Harmattan, 2003, p. 104.

TCHAKALOFF Marie-France Christophe., «Le principe d'égalité », in Droit administratif et Droit communautaire, AJDA, n°spécial, juin 1996, p. 168.

TELO Mario et MAGNETTE Paul, Justice and Solidarity, in CERUTTI F. and RUDOLPH E. (ed), A soul For Europe, Peeters Leuven-Sterling, Virginia, 2001.

THYGESEN Niels, « Pacte de stabilité, soutenabilité de la dette et Euro », in ECHINARD Yann (dir.), *La Zone Euro et les enjeux de la politique budgétaire*, p. 45.

TINÇ Mehmet, « L'article I-9 du Traité établissant une Constitution pour l'Europe », in

CONSTANTINESCO Vlad, GAUTIER Yves et MICHEL Valérie (dir.), *Le Traité établissant une Constitution pour l'Europe,* Presses universitaires de Strasbourg, 2005, p. 349.

TIZZANO A., "Commentaire", in SNYDER F. (ed.), Constitutionnel Dimensions of European Economic Integration, Kluwer Law International, 1996, p. 29.

TOMUSCHAT C., « La déclaration de Berlin », RMCUE, n°508, mai 2007, pp. 283–285.

TOURAINE Alain, « European Sociologists between Economic Globalization and Cultural Fragmentation », in BOJE Thomas P., VAN STEENBERGEN

Bart, WALBY Sylvia (eds), *European Societies. Fusion or Fiction?* New York/ Londres, Routledge, 1999, p. 249.

TROPER Michel, Dictionnaire encyclopédique de la théorie et la sociologie du droit, 2ème édition, Paris, LGDJ, 1993, p. 103.

TULLY James, « The unfreedom of the Moderns in comparison to their ideals of Constitutional Democracy », Modern Law Review, n°65, 2002, p. 204.

TUYTSCHAEVER Filip, « EMU and Catch-22 of EU Constitution-making », in DE BURCA Grainne and SCOTT Joanne (eds), *Constitutional Change in the EU. From Uniformity to Flexibility*, Oxford-Portland Oregan, 2000, p. 173.

URBANO de SOUSA Constança., « Le droit des membres de la famille du citoyen de l'Union européenne de circuler et de séjourner sur le territoire des Etats membres dans la directive 2004/38/CE », in CARLIER Jean-Yves et GUILD Elspeth (dir.), *L'avenir de la libre circulation des personnes dans l'UE*, Bruylant, 2006, p. 101

VALENTIN Vincent, « L'Europe au risque de la démocratie : La critique libérale », Raisons politiques, n°10, mai 2003, p. 25.

VAN HOOF G.J.H., "The Legal Nature of Economic, Social and Cultural Rights: A Rebuttal of Some Traditional Views", in ALSTON Philip and TOMAEVSKI Katarina (eds), The Right to Food, Utrecht, SIM, 1984, p. 97.

VAN RAEPENBUSCH Sean and HANF Dominik, « Flexibility in Social Policiy », in DE WHITTE Bruno, HANF Dominik and VOS Elen (eds), *The Many Faces of Differentiation in EU Law*, Intersentia, Antwerpen-Oxford-New York, 1999, p. 65.

VERGES Jacques, « Droits fondamentaux de la personne et principes généraux du droit communautaire », in *L'Europe et le Droit-Mélanges en hommage à BOULOUIS Jean,* Dalloz, Paris. 1991, p. 515.

VIAL Claire, « Libre circulation des marchandises et protection des droits fondamentaux : à la recherche d'un équilibre », RTDH, 58/2004, pp. 439–459.

VIGNES Daniel, « Le droit de la Communauté économique européenne », in Mégret J. et a., vol. I, Bruxelles, ed., de l'Université, 1ère èd., 1970, p. 25.

VIGNEAU C., « Le régime des contrats à durée indéterminée en droit communautaire » Droit social, n°1, janvier 2007, pp. 94–97.

VIGNEAU V., « Partenaires sociaux européen et nouveaux modes communautaires de régulation, la fin des privilèges ? », Droit social, n°9/10, septembre-octobre 2004, p. 883.

VIRALLY Michel, « Le droit international en devenir: essais écrits au fil des ans », in DUTHEIL DE LA ROCHERE Jacqueline et COLAS Bernard (coord.), *Organisations internationales à vocation régionale*, Paris, La documentation française, 1995, p. 5.

VIRGILIO DASTOLI P., « Démocratie participative versus démocratie représentative ? », Forum permanent de la Société civile européenne, http ://www.europe-now.org/SPIP-f/article.php3 ?id_article=31

VERHOVEN Joe, « Analyse et contenu du principe de subsidiarité », in DELPERRE Francis (dir), *le Principe de subsidiarité*, Bruylant, Bruxelles, 2002, p. 375.

VOGEL-POLSKY Elianne, « Maastricht ou la voie étroite du social », in TELO Mario (dir.) *Quelle Union sociale européenne*, Etudes européennes, 1994, Bruxelles, p. 83.

VOGEL-POLSKY Elianne, « Quel futur pour l'Europe sociale après le sommet de Strasbourg? », Droit social,n°2, février 1990, p. 219.

WAELBROECK Denis, « Editorial : Vers une nouvelle architecture judiciaire européenne ? », CDE, 2000, p. 3.

WACHSMANN P., « L'importation en France de la notion de 'droits fondamentaux », RUDH, 2004, pp. 40–49.

WATHELET Melchior, « La Charte des droits fondamentaux de l'Union européenne : un bon pas dans une course qui reste longue », CDE, 2000, p. 586.

WATSON Philip, "The Community Social Charter", Common Market Law Review, 1991, p. 37.

WATSON Philip, "Social Policy After Maastricht", C.M.L. R., vol. 30, 1993, p. 480.

WEBER Albrecht., « Les droits sociaux constitutionnels en République fédérale d'Allemagne », in GAY Laurence, MAZUYER Emmanuelle et NAZET-ALLOUCHE Dominique (dir) *Les droits sociaux fondamentaux : entre droits nationaux et droit européen,* Bruylant, Bruxelles, 2006, pp. 21–29.

WEILER Joseph H. H, « Une révolution tranquille. La CJCE et ses interlocuteurs », Politix, 32, 1995, p. 119.

WEILER Joseph H. H., "Does Europe Need a Constitution ? Demos, Telos and the German Maastrict Decision", European Law Journal, Vol 1,n°3, novembre 1995, p. 219.

WEILER Joseph H. H., "Supranationalism revisited – a retrospective – the European Communities after 30 years", in MAIHOFER Werner et MURA N. S, selected working papers of the European University Institute, 1996, p. 341.

WHITEFORD Elaine, "Social Policy After Maastricht", *E.L. Rev.*, vol. 18, 1993, p. 202.

WINNER Antje, « Evolving Norms of Constitutionalism », European Law Journal, vol. 9,n°1, février 2003, p. 1.

WASCHMANN Patrick, « Les Droits de l'homme », RTDE, 1997, p. 182.

WOUNTERS Jan, « The EU Charter of Fundamental Rights-Some reflection on its External Dimension », Maastricht Journal, 2001 (8), p. 3.

WTTERWULGHE Robert, « Du concept économique de travailleur européen au concept politique de citoyen européen », in PHILIP Christian et SOLDATOS Panayotis, *La citoyenneté européenne,* Université de Montréal, 2000, p. 131.

ZAMPINI Florence., « La jurisprudence de Cour de justice et les étudiants : Du droit à la non discrimination en matière d'accès à l'enseignement universitaire dans l'Etat d'accueil à l'octroi des prestations sociales… », R. A. E. », 2005/ 1, p. 63.

ZILLER Jacques, « Europe sociale dans la Constitution européenne », Droit social,n°2, février 2005, p. 196.

II-DOCUMENTS OFFICIELS

1- DIRECTIVES

- Directive du Conseil n° 80 du 16 août 1961 concernant les procédures et pratiques administratives relatives à l'introduction, l'emploi et le séjour des travailleurs d'un Etat membre ainsi que leur famille dans les autres Etats membres de la Communauté, JOCE, n° 80 du 13 décembre 1961, p. 1513.
- Directive n° 67/43/CEE du Conseil du 12 janvier 1967 concernant la réalisation de la liberté d'établissement et la libre prestation des services pour les activités non-salariées relevant du secteur des affaires immobilières et du secteur de certains « services fournis aux entreprises non classées ailleurs », JOCE, n° L 10 du 19 janvier 1967, pp. 140–143.
- Directive du Conseil du 15 octobre 1968, n° 68/360/CEE relative à la suppression des restrictions au déplacement et au séjour des travailleurs des Etats membres et de leur famille à l'intérieur de la Communauté. JOCE, n° L 257 du 19 octobre 1968.
- Directive n° 73/148/CEE du Conseil du 21 mai 1973 relative à la suppression des restrictions au déplacement et au séjour des ressortissants des Etats membres à l'intérieur de la Communauté en matière d'établissement et de prestations de services. JOCE, n° L 172 du 28 juin 1973, p. 14.
- Directive n° 75/117/CEE du Conseil du 17 février 1975 concernant le rapprochement des législations en matière de l'égalité des rémunérations, entre les travailleurs masculins et les travailleurs féminins, JOCE,n°L 45/19, 19 février 1975.
- Directive n° 76/207CEE du Conseil du 9 février 1976, relative à la mise en œuvre du principe de l'égalité de traitement entre hommes et femmes en ce qui concerne l'accès à l'emploi, à la formation et à la promotion professionnelles, et les conditions de travail, JOCE, n°L 39, p. 40.
- Directive n° 77/452/CEE et 77/453 du Conseil du 27 juin 1977, visant à la reconnaissance mutuelle des diplômes, certificats et autres titres d'infirmier responsable des soins généraux et comportant des mesures destinées à faciliter l'exercice effectif du droit d'établissement et de libre prestation de services, JOCE, n° L 176 du 15 juillet 1977.
- Directive n° 78/686/CEE et 78/687 du Conseil du 25 juillet 1978, visant à la reconnaissance mutuelle des diplômes, certificats et autres titres du praticien de l'art dentaire et comportant des mesures destinées à faciliter l'exercice effectif du droit d'établissement et de libre prestation de services, JOCE, n° L 233 du 24 août 1978.

- Directive n° 78/1026/CEE et 78/1027 du Conseil du 18 décembre 1978, visant à la reconnaissance mutuelle des diplômes, certificats et autres titres de vétérinaire et comportant des mesures destinées à faciliter l'exercice effectif du droit d'établissement et de libre prestation de services, JOCE n° L 362 du 23 décembre 1978.
- Directive 79/7/CEE du Conseil du 19 décembre 1978, relative à la mise en oeuvre progressive du principe de l'égalité de traitement entre hommes et femmes en matière de sécurité sociale, JOCE n°L 6 du 10 janvier 1979, p. 24.
- Directive 86/78/CEE du Conseil du 24 juillet 1986, JOCE, n°L 225 du 12 aout 1986, p. 40.
- Directive 86/613/CEE du Conseil du 11 décembre 1986, sur l'application du principe de l'égalité de traitement entre hommes et femmes exerçant une activité indépendante, y compris une activité agricole, ainsi que sur la protection de la maternité, JOCE, n° L 359 du 19 décembre 1986, p. 56.
- Directive n° 89/48/CEE du Conseil du 21 décembre 1988 relative à un système général de reconnaissance des diplômes d'enseignement supérieur qui sanctionnent des formations professionnelles d'une durée minimale de trois ans, JOCE, n° L 19 du 24 juillet 1989.
- Directiven° 90/365 du 28 juin 1990 relative au droit de séjour des travailleurs salariés et non salariés ayant cessé leur activité professionnelle, JOCEn° L 180, p. 28 ; Directive n° 90/364 relative au droit de séjour, JOCE n° L 180, p. 26.
- Directive 91/385/CEE du Conseil, du 25 juin 1991, modifiant la Directive 83/477/CEE concernant la protection des travailleurs contre les risques liés à une exposition à l'amiante pendant le travail, JOCE n° L 206 du 29 juillet 1991.
- Directive n° 91/533/CEE relative à l'obligation de l'employeur d'informer le travailleur des conditions applicables au contrat ou à la relation de travail, JOCE n° L 288 du 18 octobre 1991
- Directive 92/29/CEE du Conseil, du 31 mars 1992, concernant les prescriptions minimales de sécurité et de santé pour promouvoir une meilleure assistance médicale à bord des navires de pêche, JOCE n° L 113 du 30 avril 1992.
- Directive n° 92/51/CEE du Conseil du 18 juin 1992, relative à un deuxième système de reconnaissance des formations professionnelles qui complète la directive n° 89/48, JOCE, n° L 209 du 24 juillet 1992.
- Directive 92/57/CEE du Conseil, du 24 juin 1992, concernant les prescriptions minimales de securit et de santé à mettre en œuvre sur les chantiers temporaires ou mobiles, JOCE n°L 245 du 26 août 1992.

- Directive 92/58/CEE du Conseil, du 26 juin 1992, concernant les prescriptions minimales pour la signalisation de sécurité et/ou de santé au travail, JOCE n°L 245 du 26 août 1992 ;
- Directive 92/85/CEE du Conseil, du 19 octobre 1992, concernant la mise en œuvre des mesures visant à promouvoir l'amélioration de la sécurité et de la santé des travailleuses enceintes, accouchées ou allaitantes au travail, JO 1992, L 14, p. 6.
- Directive 92/91/CEE du Conseil, du 3 novembre 1992, concernant les prescriptions minimales visant à améliorer la protection en matière de sécurité et de santé des travailleurs des industries extractives par forage, JOCE n° L 348 du 28 novembre 1992.
- Directive 92/95/CEE du Conseil du 19 octobre 1992, JOCE, n° L 348 du 28 novembre 1991, p. 1.
- Directive 92/104/CEE du Conseil, du 3 décembre 1992, concernant les prescriptions minimales visant à améliorer la protection en matière de sécurité et de santé des travailleurs des industries extractives à ciel ouvert ou souterrain, JOCE n° L 404 du 31 décembre 1992 ;
- Directive 93/103/CE du Conseil, du 23 novembre 1993, concernant les prescriptions minimales de sécurité et de santé au travail à bord des navires de pêche, JOCE n° L 307 du 13 décembre 1993 ;
- Directive 93/104/CE du 23 novembre 1993 concernant certains aspects de l'aménagement du temps du travail, JOCE n°L 307 du 13 décembre 1993.
- Directive 94/33/CEE du Conseil du 22 juin 1994 relative à la protection des jeunes au travail, JOCE n° L 216/12 du 20 août 1994.
- Directive 96/34/CE du Conseil, du 3 juin 1996, concernant l'accord-cadre sur le congé parental conclu entre l'UNICE, le CEEP, et le CES (JOCE, n° L 145 du 19 juin 1996, p. 4)
- Directive 96/71/CE du 16 décembre 1996 concernant le détachement des travailleurs effectué dans le cadre d'une prestation de services, JOCE, n° L 18 du 21 janvier 1997, p. 1.
- Directive 97/80/CE du Conseil du 15 décembre 1997, relative à la charge de la preuve dans les cas de discrimination fondée sur le sexe, JOCE, n° L 14 du 20 janvier 1998, p. 6
- Directive 97/81/CE du Conseil du 15 décembre 1997, concernant l'accord-cadre sur le travail à temps partiel conclu par l'UNICE, le CEEP et la CES – Annexe: Accord- cadre sur le travail à temps partiel, JOCE, n° L 14 du 20 janvier 1998, p. 9.
- Directive 98/52/CE du Conseil du 13 juillet 1998, étendant au Royaume-Uni de Grande-Bretagne et d'Irlande du Nord la directive 97/80/CE relative à la

charge de la preuve dans les cas de discrimination fondée sur le sexe,JOCE, n°L. 205 du 22 juillet 1998, p. 66.
- Directive 2000/43/CE du Conseil, du 29 juin 2000, relative à la mise en œuvre du principe de l'égalité de traitement entre les personnes sans distinction de race ou d'origine ethnique, JOCE, n° L 180, p. 22.
- Directive 2000/78 du Conseil du 27 novembre 2000, portant création d'un cadre général en faveur de l'égalité de traitement en matière d'emploi et de travail, JOCE, n° L 3003, 2 décembre 2000
- Directive 2000/43 du Conseil du 29 juin 2000, relative à la mise en oeuvre du principe de l'égalité de traitement entre les personnes sans distinction de race ou d'origine ethnique, JOCE, n° L 180, 19 juillet 2000.
- Directive 2001/86 du 8 octobre 2001, complétant le statut de la Société européenne pour ce qui concerne l'implication des travailleurs, JOCE, n°L 294 du 10 novembre 2001.
- Directive 2004/14 du 11 mars 2002 du Parlement européen et du Conseil établissant un cadre général relatif à l'information et à la consultation des travailleurs dans la Communauté européenne, JOCE, n° L 80, 23 mars 2002.
- La Directive 2004/38/CE du Parlement européen et du Conseil du 29 avril 2004 relative aux droits des citoyens de l'Union européenne et des membres de leur familles de circuler et de séjourner librement sur le territoire des Etats membres, JOCE, 2004, n° L 299, p. 35.
- Directive 2004/113/CE du Conseil du 13 décembre 2004, mettant en œuvre le principe de l'égalité de traitement entre les hommes et les femmes dans l'accès à des bien et services et la fourniture de bien et services, JOCE, n° L 373, p. 37.

2- REGLEMENTS

- Règlement du Conseil n°15 du 16 août 1961 relatif aux premières mesures pour la réalisation de la libre circulation des travailleurs à l'intérieur de la Communauté, JOCE, n° 57 du 26 août 1961, p. 1073.
- Règlement n° 38/64 et directive n° 38/64 du 25 mars 1964, relatif à la libre circulation des travailleurs à l'intérieur de la Communauté, JOCE, n° 62 du 17 avril 1964.
- Règlement n° 1612/68 du Conseil du 15 octobre 1968 relatif à la libre circulation des travailleurs à l'intérieur de la Communauté, JOCE, n° L 257 du 19 octobre 1968.
- Règlement (CEE) n°1612/68 du Conseil du 15 octobre 1968 relatif à la libre circulation des travailleurs à l'intérieur de la Communauté, et Directive du

Conseil du 15 octobre 1968, n°68/360/CEE relative à la suppression des restrictions au déplacement et au séjour des travailleurs des Etats membres et de leur famille à l'intérieur de la Communauté, JOCE, n°L. 257 du 19 octobre 1968.
- Règlement n° 1251/70/CEE de la Commission du 29 juin 1970 relatif au droit des travailleurs de demeurer sur le territoire d'un Etat membre après y avoir occupé un emploi,
- Le Règlement (CE) n° 1466/97 du Conseil du 7 juillet 1997 relatif au renforcement de la surveillance des positions budgétaires ainsi que la surveillance et la coordination des politiques économiques, JOCE, L 209 du 2 août 1997, p. 1 ;
- Le Règlement (CE) n° 1467/97 du Conseil du 7 juillet 1997 visant à accélérer et à clarifier la mise en œuvre de la procédure concernant les déficits excessifs ; JOCE, n° L 209 du 2 août 1997. p. 6
- Règlement CE n° 2157/2001 du Conseil du 8 octobre 2001 relatif au statut de la société européenne, JOCE n° L 294/1, du 10 novembre 2001.

3- CONCLUSIONS, RESOLUTIONS, RECOMMANDATIONS, COMMUNICATIONS, RAPPORTS

- Les Conclusions du Conseil européen de Strasbourg des 8 et 9 décembre 1989.
- Les Conclusions du Conseil européen d'Essen des 9 et 10 décembre 1994.
- Les Conclusions du Conseil européen de Cannes des 26–27 juin 1995.
- Les Conclusions du Conseil européen de Madrid des 15 et 16 décembre 1995.
- Les Conclusions du Conseil européen de Cologne des 3–4 juin 1999, www.concilium.eu.int
- Les Conclusions de la Présidence, Conseil européen de Cologne, 3–4 juin 1999, annexe IV.
- Les Conclusion de la Présidence du Conseil européen de Cologne, 3–4 juin 1999, annexe 1, p. 2.
- Les Conclusions du Conseil européen de Cologne des 15–16 octobre 1999, www.concilium.eu.int

  http://www.europarl.eu.int/charter/default_fr.htm et http://db.concilium.eu.int/df/default.asp?lang=fr.
- Les Conclusion de la présidence, Conseil européen de Laeken, 15 décembre 2001, SN 300/01, annexe I, http://ue.eu.int.
- Les Conclusions de la Présidence, Conseil européen de Laeken, 14–15 décembre 2001. http://ue.eu.int/fr/Info/eurocouncil/index.htm.

Les Conclusion de la Présidence, Conseil européen de Bruxelles, 21–22 juin 2007, 11177/1/07, REV 1, CONCL 2.

- **Résolution** 217 A (III) (1948). Dans Nation Unies, Instruments internationaux, volume I, première partie (1994).
- Résolution du 15 décembre 1976 concernant les mesures à prendre en vue d'améliorer la préparation des jeunes à l'activité professionnelle, JOCE, n°C 308, p. 1.
- Résolution du 11 juillet 1983 prévoyant les politiques de formation professionnelle dans la Communauté européenne pour les années 1980, JOCE, n°C 183, p. 2.
- Résolution du Parlement européen, 12 avril 1989, JOCE, 10 mai 1989, C-120, p. 51.
- Résolution du Conseil, du 29 mai 1990, concernant la protection de la dignité de la femme et de l'homme au travail, JOCE, n°C 157 du 27 juin 1990, p. 3.
- Résolution du Conseil européen relatives au Pacte de stabilité et de croissance, JOCE, C 236 du 21 août 1997, p. 12.
- Résolution du Parlement européen du 1 juillet 2007 sur la convocation de la conférence intergouvernementale (CIG) ; avis du Parlement européen, 11626/07, PU 230, POLGEN 84.
- **Recommandation** de la Commission, du 24 novembre 1987, concernant la formation professionnelle des femmes, JOCE, n°L 342 du 4 décembre 1987, p. 35.
- Recommandation 90/326/CEE de la Commission, du 22 mai 1990, concernant l'adoption d'une liste européenne des maladies professionnelles, JOCE L n°160 du 26juin 1990 ;
- Recommandation du Conseil 92/241/CEE, du 13 mars 1992, JOCE n°L 123 du 8 mai 1992.
- Recommandation du Conseil concernant la promotion de la participation des salariés aux bénéfices et aux résultats de l'entreprise (y compris la participation au capital), JOCE n°L 245 du 26 août 1992.
- **Communication** de la Commission concernant la responsabilité sociale des entreprises: Une contribution des entreprises au développement durable du 2 juillet 2002, COM (2002) 347 final.
- La politique sociale de la Communauté européenne, OPOCE, 1983.
- La protection sociale en Europe, COM (93) 531 final.

- Commission des CE, Le Livre blanc sur la politique sociale, COM (93) 333 final.
- Commission des CE, avis sur une rémunération équitable, COM (93) 388 final.
- Commission des Communautés européennes, Communication 12 mars 1997, COM (1997) final.
- Commission des Communautés européennes, Communication du 5 décembre 2001, « avenir des soins de santé et des soins pour les personnes âgées : garantir l'accessibilité, la qualité et la viabilité financière », COM (2001) 723 final.
- Commission des Communautés européennes, Communication du 14 juillet 1999, « la stratégie concertée pour moderniser la protection sociale », COM (1999) 347 final.
- Commission des Communautés européennes, Communication du 3 juillet 2001, « une approche intégrée aux services des stratégies nationales visant à garantir des pensions sûrs et viables », COM (2001) 362 final.
- « Processus pour l'inclusion sociale », le site internet : http://www.europa.eu.int.
- Commission des Communautés européennes, Communication du 11 juillet 2001 au Conseil et au Parlement européen « sur une méthode ouverte de coordination de la politique communautaire en matière d'immigration », COM (2001) 387 final.
- Communication de la Commission au Conseil, au Parlement européen et au Comité des régions du 13 octobre 2005, « Contribution de la Commission à la période de réflexion et au-delà : Le Plan D comme Démocratie, Dialogue et Débat », http://www.europea-eu.int
- Livre Vert du 18 juillet 2001, Promouvoir un cadre européen pour la responsabilité sociale des entreprises, COM (2001) 366 final, p. 4
- Commission de Communautés européennes, Gouvernance européenne : un livre Blanc, COM (2001) 428 Final, Bruxelles, 2001.
- Commission des Communautés européennes, Europe Sociale, Numéro spécial, « la Dimension sociale du Marché intérieur », 1988.
- Commission des CE, JUS letter Bulletin, La Dimension sociale du Marché intérieur, 2/89, p. 4.
- La politique sociale des Communautés européennes, Commission européenne, 1983, p. 22

JOCE, n°C 13/1, 12 février 1974.

- La dimension sociale du Marché intérieur, Commission des CE, JUS letter Bulletin, 2/89, p. 8.
- Commission européenne, DG Emploi, relations industrielles et affaires sociales, Rapport du groupe d'experts en matière des droits fondamentaux, Bruxelles, février, 1999.
- Commission des Communautés européennes, La Commission et les organisations non gouvernementales : le renforcement du partenariat, document de discussion rédigé par Martin Kröger, 2000, p. 6.
- Une Communauté plus démocratique, Luxemburg, Office des publications officielles, 1991, p. 5.
- L'Union européenne et les organisations citoyennes : un thème crucial, Commentaires et suggestions de Active Citizenchip Networt concernant le Livre Blanc sur la gouvernance européenne, 6 avril 2002.
- JOCE, la Charte des droits fondamentaux des Communautés européennes, n°d'information 2000/C-364/01.
- CEE (1996a), Commission Staff Working Paper, The 1996 Single Market Review, SEC (96) 19962378 du 16 décembre 1996.
- Agenda pour la politique sociale, 28 juin 2000, COM (2000) 379 final.

Council of Europe, Parliamentary Assembly, Charter of fundamental rights of the European Union, Doc. 8819, 11 septembre 2000.

- **Rapport** du groupe de haut niveau sur la libre circulation des personnes, 18 mars 1997, OPOCE, 1997.
- PE, Rapport sur le Traité établissant une Constitution pour l'Europe, Commission des affaires constitutionnelles, 9 décembre 2004, Final A6-0070/2004
- Rapport du groupe de travail « Consultation et participation de la société civile », SG-2001-08589-00-00-FR, juin 2001, p. 10.
- Rapport annuel de la Commission «Mieux légiférer », 1999, COM (99) 562.
- Premier rapport sur la mise en œuvre de la Charte des droits sociaux fondamentaux des travailleurs, COM (91) 511 Final.
- Rapport du Comité des Sages, présidé par Maria de Lourdes Pintasiglio, Pour une Europe des droits civiques et sociaux, Bruxelles, octobre 1995-février 1996, p. 39.
- Le Rapport final de ce Groupe, Document CONV 354/02 du 22 octobre 2002.
- Commission des CE, Quatrième rapport sur l'application de la Charte communautaire des droits sociaux fondamentaux des travailleurs, OPOCE, 1996.

- Parlement européen, affaires sociales, Projet de rapport sur le marché européen de travail après 1992, Partie IX : le modèle social européen, PE 151. 130/ IX du 30 mai 1991 et Résolution A3-0238/92 du 8 juillet 1992.
- Rapport du Comité des sages « Pour une Europe des droits civils et sociaux », sous la Présidence de Mme Pintasilgo, http://www.conciluim.eu.int sous la cote CHARTE 4552.
- Dimension sociale du Marché intérieur, Rapport d'étape du groupe interservices, Commission des CE, Europe sociale, numéro spécial 1988.
- Le « Compte-rendu de la première réunion de l'enceinte chargée d'élaborer un projet de Charte des droits fondamentaux pour l'Union européenne », Document CHARTE 4105/00 (BODY 1), 17 décembre 1999.
- PE (1997), Rapport du 3 septembre 1997 sur les critères de convergence pour l'Union économique et monétaire et le financement de sécurité sociale dans les Etats membres de l'Union européenne, A4-0255/97
- Rapport du Groupe de réflexion sur la Conférence intergouvernementale pour la révision des Traités, RTDE, 1996, n° 1, pp. 186–196.
- L'Europe : Défi social, Observatoire social européen, Editions CIAO, Bruxelles, 1989.
- Avis de la Commission pour renforcer l'Union politique et préparer l'élargissement, février 1996, RTDE, 1996, n° 1, pp. 186–196.

Déclaration sur « la ratification du traité établissant une Constitution pour l'Europe » appelant « une période de réflexion », à la suite du « non » français et néerlandais à la Constitution, Le Conseil européen du 18 juin 2005, http://www.europea-eu.int

Projet de Traité établissant une Constitution pour l'Europe, remis au Conseil européen réuni à Thessalonique le 20 juin 2003, OPOCE, 2003.

La Charte des droits fondamentaux de l'Union européenne, OPOCE, décembre 2004.

La Carte sociale européenne, http://conventions.coe.int/treaty/fr/treaties/html/035.htm.

La Charte sociale européenne, Protocole de 1988, http://conventions.coe.int/treaty/fr/treaties/html/128.htm.

http://conventions.coe.int/treaty/fr/treaties/html/163.htm.

Projet de Traité modifiant le Traité sur l'union européenne et le Traité instituant la Communauté européenne, CIG 1/1/07 REV 1, http://www.europea-eu.int

Mandat de la CIG 2007, POLGEN 74, 26 juin 2007, Secrétariat général de l'Union europeenne, Bruxelles.

4- ARRETS DE LA COUR DE JUSTICE DE L'UNION UROPEENNE ET DE TPI

A

CJCE, arrêt du 7 février 1985, H. B. M. Abels, aff. 135/83Rec., p. 469.

CJCE, arrêt du 7 février 1985, Procureur de la République c. A.D.B.H.U., aff. 240/83, Rec., p. 531.

CJCE, arrêt du 16 septembre 1999, Abdoulaye, aff. C-218/98, Rec., p. I-5723.

CJCE, arrêt du 7 novembre 1985, Adams c/ Commission, 145/83, Rec., p. 3539, point 34.

CJCE, arrêt du 18 novembre 1998, Akman, C-210/97, Rec., p, I-7519, points 20 et s.

CJCE, arrêt du 23 janvier 1991, Alsthom Atlantique S.A, aff. 339/89, Rec., p. 107.

CJCE, arrêt du 12 juillet 1957, Algera, aff. 7/56 et 3 à 7/57, Rec., p. 81.

CJCE, arrêt du 2 décembre 1999, Allen, aff. C-234/98, Rec., p. I-8643.

CJCE, arrêt 26 février 1991, Antonissen, aff. C-292/89, Rec., p. I-745.

CJCE, arrêt du 23 novembre 1999, Arblade, aff. Jointes C-369/96 C-376/96, Rec., p. I-8453.

TPI, arrêt du 14 avril 1964, A. c/ Commission, T-10/93, Rec., FP, p. I/387, point 49.

B

CJCE, arrêt du 22 janvier 1976, Balkan Import-Export c/ Haupzollamt Berlin-Packof, aff. 55/75, Rec., 1976., p. 19.

C.J.C.E., 10 mai 1960, Barbara Erzbergbau e.a., aff. jtes 3 à 18, 25 et 26/58, Rec., p. 367.

CJCE, arrêt du 17 mai 1990, Barber, aff. C-262/88, Rec., p. I-1889.

CJCE, arrêt du 17 septembre 2002, Baumast, aff. C-413/99, Rec., p. I-7091.

CJCE, arrêt du 17 décembre 1998, Baustahhlgewebe GmbH c/ Commission, C-/185/55, Rec., p. I-8417.

CJCE, arrêt du 5 mai 1998, Berg et Busschers, aff. 144 et 145/87, Rec., p. 2559.

CJCE, arrêt du 18 mars 1986, Spijkers c/ Benedik, aff. 24/85, Rec., p. 1119.

CJCE, arrêt du 15 mars 2005, Bidar, aff. C- 209/03, Rec., p. I-2119.

CJCE, arrêt du 24 novembre 1998, Procédure pénale c/ Horst Otto Bickel et Ulrich Franz, aff. C-274/96, Rec., p. I-7637.

C.J.C.E., 13 mai 1986, Bilka-Kaufhaus GmbH, 170/84, Rec., p. 1607.

CJCE, arrêt du 20 novembre 1998, Birden, C-1/97, Rec., p. I-7747, points 19 et s.

CJCE, arrêt du 2 février 1988, Blaizot c/ Université de Liège, aff. 24/86., Rec., p. 379.

CJCE, arrêt du 29 mars 2001, Bofrost, aff. C- 62/99.

CJCE, arrêt du 15 juin 1998, P. Bort International A/S e.a., aff. 101/87, Rec., p. 3057.

CJCE, arrêt du 27 octobre 1977, Regina/Bouchereau, aff. 30/77, Rec., p. 1999.

CJCE, arrêt du 10 juillet 1997, Bonifaci e.a. et Berto e.a, aff. C-94/95 et 95/95, Rec., p. I- 3969.

CJCE, arrêt du 15 décembre 1995, Bosman, aff., C-415/93, Rec. p. I-4921.

CJCE, arrêt du 24 février 1975, Bonsignore, aff. 67/74, Rec., p. 297.

CJCE, arrêt du 15 juin 1988, Bork International, aff. 101/87, Rec., p. 3057.

CJCE, arrêt du 4 juin 1992, Bötel, aff. C-360/90, Rec., p. I-3589, point 14.

CJCE, arrêt du 27 octobre 1999, Boyle, aff. C-411/96, Rec., p. I-6401, points 69 et 71.

CJCE, arrêt du 29 octobre 1980, Boussac, aff. 22/80, Rec., p. 3427.

CJCE, arrêt du 30 juin 1998, Brown, aff. C-394/96, Rec., p. I- 4185.

CJCE, arrêt du 21 juin 1988, Stephen Malcom Brown c/ The Secretary of State for Scotland, aff./197/86, Rec., 1988, p. 3205.

C

CJCE, arrêt du 30 avril 1996, Bestuur van de Sociale Verzekeringsbank c/ J-M. Cabanis- Issarte, aff. C-308/93, Rec., p. I-2097.

CJCE, arrêt du 19 janvier 1999, Calfa, aff. C-348/96, Rec., p. I-11, point 29.

CJCE, arrêt du 11 juillet 2002, Carpenter, aff. C-60/00, Rec., I-6279.

CJCE, arrêt du 3 juillet 1974, aff. 9/74, Conato Casagrande c/ Landeshauptstadt München, Allemange, Rec., 1974, p. 773.

CJCE, arrêt du 26 mai 2005, Celtec, aff. C-478/03, Rec., p. I-4389.

CJCE, arrêt du 11 juillet 2006, Chacon Navas, aff. C-13/05, Rec., p. I-6467.

CJCE, arrêt du 19 octobre 2004, Chen, aff. C-200/02, Rec., p. I-9925.

CJCE, arrêt du 11 juillet 1895, Cinéthèque e.a. c/ Fédération nationale des cinémas français, aff. Jointes 60 et 61/84, Rec., p. 2618.

CJCE, arrêt du 4 avril 1974, Code du travail maritime, aff. 167/73, Rec., p. 359.

CJCE, arrêt du 20 octobre 1993, Phil Collins et a., aff. C-92/92 et C-326/92, Rec., p. I-5145.

CJCE, arrêt 23 mars 2004, Collins, aff. C-138/02, Rec., p. I-2703.

CJCE, arrêt du 21 mai 1985, Commission c/ Allemagne, aff.243/83, Rec., p. 1459.

CJCE, arrêt du 18 mai 1989, Commission c/ République Fédérale d'Allemagne, aff. 249/89, Rec., 1989, p. 1263.

CJCE, arrêt du 28 octobre 1999, Commission c/ Conseil, aff. C-187/98, Rec., p. I- 7713.

CJCE, arrêt du 15 janvier 1986, Commission c/ Belgique, Rec., aff. 52/84, p. 100.

CJCE, arrêt du 17 décembre 1980, Commission c/ Belgique, aff. 149/79, Rec., p. 3881.

CJCE, arrêt du 27 avril 1989, Commission c /Royaume de Belgique, aff. 3211/87, Rec., p. 997.
CJCE, arrêt du 2 juillet 19996, Commission c/Belgique, aff. C173/94, Rec., p. I- 3265;
CJCE, arrêt du 2 juillet 1996, Commission c/Luxembourg, aff. C-473/93, Rec., p. I-3207;
CJCE, arrêt du 14 décembre 1962, Commission c/ Belgique et Luxembourg, 2 et 3/62, Rec., p. 813, 827.
CJCE, arrêt du 10 septembre 1996, Commission c/ Belgique, aff. C-11/95, Rec., p. 4115.
CJCE, arrêt du 10 novembre 1992, Commission c/ Belgique, aff. C-326/90, Rec., p. I-5517
CJCE, arrêt du 10 décembre 1969, Commission c/ France, aff. Jointes 6 et 11/69, Rec., p. 253.
CJCE, arrêt du 21 septembre 1989, Commission c/ Grèce, Rec., p. 2965.
CJCE, arrêt du 2 juillet 1996, Commission c/Grèce, aff. C-290/94, Rec., p. I- 3265.
CJCE, arrêt du 10 décembre 1968, Commission c/ l'Italie, aff. 7/68, Rec., p. 617.
CJCE, arrêt du 27 avril 1994, Commune d'Almeo, aff. C-393/92, Rec., p. I-1477.
CJCE, arrêt du 12 octobre 2004, Commission c/ Portugal, aff. C-55/02, Rec., p. I-9387.
CJCE, arrêt du 9 décembre 1997, Commission c/ France, aff. C-265/95, Rec., p. 29.
CJCE, arrêt du 25 octobre 1988, Commission c/ France, aff. 312/86, Rec., p. 6315.
CJCE, arrêt du 4 avril 1974, Commission c/ République française, aff. 167/73, Rec., p. 359.
CJCE, arrêt du 30 juin 1998, Commission c/ France, aff.318/86, Rec., p. 3559.
CJCE, arrêt du 10 juin 1987, Commission c/ Italie, aff. 225/85, Rec., 2605.
CJCE, arrêt du 16 février 1976, aff. 52/75, Commission c. Italie, Rec., 1976, p. 285.
CJCE, arrêt du 26 octobre 1983, Commission c/Italie, aff. 163/82, Dec., p. 3173.
CJCE, arrêt du 7 février 1973, aff. 39/72, Commission c/ Italie, Rec., 1973, p. 101.
CJCE, arrêt du 8 novembre 1983, aff.165/82, Commission c/ Royaume-Uni, Rec., p. 3441.
CJCE, arrêt du 6 mars 2001, Conolly c/ Commission, aff. C-274/99, Rec., p. I-1611.
CJCE, arrêt du 19 mai 1993, Corbeau, aff. C-320/91, Rec., p. I-2533.
CJCE, arrêt du 7 septembre 2006, Cordero Alonso, aff. C-81/05, Rec., p. I-7569, point 42.
CJCE, arrêt du 15 juillit 1964, Costa c/ENEL, aff. 6/64, Rec., p. 1141.
CJCE, arrêt du 2 février 1989, Ian William Cowan c/ Trésor Public, aff. 186/87, Rec. 1989, p. 195.

CJCE, arrêt du 22 septembre 1988, Coote, aff. C-185/97, Rec., p. I-5199.
CJCE, arrêt du 30 septembre 1975, Anita Cristini, aff. 32/75, Rec., p. 1085.
D
CJCE, arrêt du 10 février 1998, Daddy's Dance Hall A/S, aff. 324/86, Rec., p. 739.
CJCE, arrêt du 17 octobre 1989, Danfoss, aff. C-109/88, Rec., p. 3199.
CJCE, arrêt du 12 février 1985, Dansk Metalarbejderfonbund c/ Nielsen, aff. 284/83, Rec., p. 553.
CJCE, arrêt du 17 septembre 1997, Danmarks Aktine Handelsrejsende, aff. C-117/96, Rec., p. I- 5017.
CJCE, arrêt du 11 juillet 1985, A/S Danmols Inventar, aff. 105/84, Rec., p. 2639.
CJCE, arrêt du 11 juillet 1974, Dassonville, aff. C-8/74, Rec., p. I-837.
CJCE, arrêt du 8 avril 1976, Defrenne (n° 1), aff. 43/75, Rec., p. 455, point 12.
C.J.C.E., 15 juin 1978, Defrenne (n°2), 149/77, Rec., p. 1365,
CJCE, arrêt du 19 décembre 1968, De Cicco, aff. 19/68, Rec., p. 700.
CJCE, arrêt du 13 juillet 2000, Defreyn, aff. C-166/99, Rec., p.
CJCE, arrêt du 1er juillet 1964, Degreef c/ Commission, 80/63, Rec., p. 767.
CJCE, arrêt du 8 novembre 1990, Dekker, aff. C-177/88, Rec., p. 3941
CJCE, arrêt du 30 septembre 1987, Demirel, aff. 12/86, Rec., p. 3719.
CJCE, arrêt du 11 juillet 2002, D'Hoop, aff. C-224/98, Rec., p. I-6191.
CJCE, arrêt du 13 février 1985, Diatta c/ Land de Berlin, aff. 267/83, Rec., p. 568.
CJCE, 14 juillet 1976, aff. 13/76, Gaetano Dona c/ Mario Mantero, Rec., p. 1333.
CJCE, arrêt du 10 avril 1984, aff. 79/38, Dorith Harz c/ Tradax, Rec., p. 1921.
E
CJCE, arrêt du 18 juin 1991, ERT, aff. C-260/89, Rec., p. I-2925, point 4.
CJCE, arrêt du 15 juillet 1982, Edeka Zentrale c/ RFA, aff.245/81, Rec., p. 2746
CJCE, arrêt du 15 mars 1989, Echternach, aff. 389 et 390/87, Rec., p. 723.
CJCE, arrêt du 29 mai 1997, Eker, C-386/95, Rec., p. I-2697, points 17 et s.
CJCE, arrêt du 5 octobre 1994, Eroğlu, C-355/93, Rec., p. I-5113, points 9 et s.
CJCE, arrêt du 29 octobre 1998, Espagne, aff. C-114/97, Rec., p. I-6717.
CJCE, arrêt du 12 séptembre 2004, Espagne c/ Royaume-Uni, Aff. C-145/04, Rec., p.
CJCE, arrêt du 31 mai 1979, Ministère Public c. Even and ONPTS, aff.207/78, Rec., p. 2019.
F
CJCE, arrêt du 28 octobre 1982, Faust c. Commission, aff. 52/81, Rec., p. 3745.
CJCE, arrêt du 16 juillet, Fédéchar, aff. 8/55, Rec.,p. 291.
CJCE, arrêt du 16 novembre 1995, Fédération des sociétés d'assurance, aff.C-244/94, Rec., p. point 21.
CJCE, arrêt du 22 octobre 1987, Foto-Frost, aff. 314/85, Rec., p. 4225.

C.J.C.E., 29 septembre 1987, F. R. Giménez Zaera, 126/86, Rec., p. 3697, point 11.
CJCE, arrêt du 9 novembre 1995, Francovich, aff. C-473/93, Rec., p. I-3843.
TPI, F c/ Conseil, aff. T-535/93, Rec., FP II-163.
G
CJCE, arrêt du 9 février 1982, Garland, aff. 12/81, Rec., p. 359.
CJCE, arrêt du 13 février 1996, Gillespie, aff.C-342/93, Rec., p.I-475, point 22.
CJCE, arrêt du 17 février 1998, Grant, aff./C-249/96, Rec., p.I-0621.
CJCE, arrêt du 13 février 1985, Françoise Gravier c/ Ville de Liège, aff. 293/83, Rec., p. 593.
CJCE, arrêt du 20 septembre 2001, Grzelczyk, aff. C-184/99, Rec., I-6193.
CJCE, arrêt du 14 juillet 1994, Graff c/ Hauptzollant Köln-Rheinau, aff. C-351/92, Rec., p. I-3374.
CJCE, arrêt du 7 mai 1986, Emir Gül c/ Regierungspraisident Düsseldorf, aff.131/85, Rec., p. 1573.
CJCE, arrêt du 30 septembre 1997, Günaydın, C-36/96, Rec., p. I-5143, points 19 et s.
H
CJCE, arrêt du 13 juillet 1996, Hagenbeck, aff. 4/66, Rec., p. 617.
CJCE, arrêt du 17 décembre 1970, Handelgessellschaft, aff. 11/70, Rec., p. 1125.
CJCE, arrêt du 10 juillet 1990, Hansen, aff. C-326/88, Rec., p. I-2911.
C.J.C.E., 13 décembre 1979, L. Hauer, 44/79, Rec., p. 3727.
CJCE, arrêt du 20 mars 1997, Hayes, C-323/95, Rec., p. I-1711.
CJCE, arrêt du 11 septembre 2007, Hendrix, aff. C-287/05, non encore publié dans le recueil.
CJCE, arrêt du 10 décembre 1998, Hernandez Vidal, aff. Jointes C-127/96, C-229/96 et C-74/97, Rec., p. 8179.
CJCE, arrêt du 8 novembre 1990, Hertz, aff. C-179/88, Rec., p. I- 3979, point 15.
CJCE, arrêt du 15 octobre 1987, Union nationale des entraîneurs et cadres techniques professionnels du football (UNECTEF) c/ Georges Heylens, aff. 222/86, Rec., p. 4116.
CJCE, arrêt du 17 octobre 1980, Hochstrass c/ Cour de justice, 147/79, Rec., p. 3005.
CJCE, arrêt du 21 septembre 1989, Hoechst c/ Commission, aff. 46/87 et 227/88, Rec., 2859.
CJCE, arrêt du 12 juillet 1984, Hoffmann, aff.184/83, Rec., p. 347.
CJCE, arrêt du 23 avril 1991, Höfner et Elser, aff. C-41/90, Rec., p. I-1979.
TPI, arrêt du 17 décembre 1991, Hercules Chemicals c. Commission, T-7/89, Rec., p.I-1711,
point 295.

I

CJCE, arrêt du 7 février 1985, Industriebond FNV, aff. 179/83, Rec., p. 511.

CJCE, arrêt du 16 décembre 1976, Inzirillo, aff. 63/76, Rec., p. 2057.

CJCE, arrêt du 17 décembre 1970, Internationale Handelsgesellschaft, aff. 11/70, Rec., p. I-1125.

CJCE, arrêt du 20 mars 1985, Italie c/ Commission, aff. 41/83, Rec., p. 873.

CJCE, arrêt du 27 novembre 1991, Italtrade, C-199/90, Rec., p. I-5545, points 12 à 15.

CJCE, arrêt du 11 décembre 2007, ITF et FSU c/ Viking, aff. C-438/05, non encore publié dans le recueil.

J

CJCE, arrêt du 31 mars 1981, Jenkins, aff.96/80, Rec., p. 911.

CJCE, arrêt du 15 mai 1985, Johnston, aff. 222/84, Rec., p. 1651.

TPI, arrêt du 3 mai 2002, aff. T-177/01, Jégo-Quéré et Cie SA c/ Commission, Rec., p. II-2365, point 47.

K

CCJE, arrêt du 11 avril 2000, Kaba, aff. C-356/98, Rec., p. I-2623.

CJCE, arrêt du 17 avril 1997, Kadiman, C-351/95, Rec., p. I-2133, points 24 et s.

CJCE, arrêt du 17 octobre 1995, Kalanke, aff. C-450/93, Rec., p. I-3051.

CJCE, arrêt du 25 mars 2004, Karner, aff. C-71/02, Rec., p. 49.

CJCE, arrêt du 16 décembre 1992, Katsikas, aff. C-132, 138 et 139/91, Rec., p. I-6577.

CJCE, arrêt du 20 février 2001, M. Kaur, aff. C-192/99, Rec., p. I-1237.

CJCE, arrêt du 24 novembre 1993, aff. Jointes C-267/91 et C-268/9, Keck et Mithouard, Rec., p. 6097.

CJCE, arrêt du 12 avril 2005, Keller, aff. C-145/03, Rec., p. I-2529.

CJCE, arrêt du 10 mai 1990, Kits van Heijningen, aff. C-2/89, Rec., p. I-1755.

CJCE, arrêt du 10 juillet 1984, Kent Kirk, aff. 63/84, Rec., p. 2680.

CJCE, 3 juin 1986, R.H. Kempf c/ Secrétaire d'Etat à la justice, aff. /139/85, Rec., p. 1741.

CJCE, arrêt du 30 novembre 1993, Kirsammer-Hack, aff. C-189/91, Rec., p. I-6185.

CJCE, arrêt du 7 février 1979, Knoors, aff. 115/78, Rec., p. 399.

CJCE, arrêt du 23 septembre 1982, Kuijpers, aff. 276/81, Rec., p. 3027.

CJCE, arrêt du 12 décembre 1985, Krohn c/ BALM, aff. 165/84, Rec., p. 4015.

CJCE, arrêt du 13 avril 2000, Kjell Karlson, aff. C-292/97, Rec., p. I-2737.

CJCE, arrêt du 5 juin 1997, Kol, C-285/95, Rec., p. I-3069, points 19 et s.

CJCE, arrêt du 9 septembre 1999, Krüger, aff. C-281/97, Rec., p. I- 5127.

CJCE, arrêt du 16 décembre 1992, Kuş, C-237/91, Rec., p. I-6781, points 11 et s.

CJCE, arrêt du 31 janvier 1991, Kziber, aff. C-18/90, Rec., p. I-99.

L

CJCE, arrêt du 28 mai 19970, Lacroix c/ Commission, aff. 30/68, Rec., p. 301.

CJCE, arrêt du 26 juin 1988, Lair, aff. 39/86, Rec., p. 3161 ;

CJCE, arrêt du 29 novembre 1980, Landeweyk et a., aff. Jointes 209/78 à 215/78, Rec., p. 3125.

CJCE, arrêt du 18 décembre 2007, Laval, aff. C-341/05, non ancore publié dans le Recueil.

CJCE, arrêt du 29 mars 1979, La Reine c/ Saunders, aff. 175/78, Rec., p. 1129.

CJCE, 3 juillet 1986, Deborah Lawrie-Blum c/ Land Baden-Würtenberg, aff. 66/85, Rec., p. 2121.

CJCE, arrêt du 23 avril 1986, aff. 294/83, « Les Verts » c. le Parlement, Rec., p. 1339.

CJCE, arrêt du 18 juin 1987, Lebon c/ CPAS Courcelles, aff. 316/85, Rec., p. 2382, les pdints 22 et 23.

CJCE, arrêt 16 décembre 1993, Leguaye-Neelsen, aff. C-28/92, Rec., p. I-6857.

CJCE, 23 mars 1982, D.M. Levin c/ Secrétaire d'Etat à la Justice, aff. 53/81, Rec., p. 1035.

CJCE, arrêt du 2 août 1993, Levy, aff. C-158/91, Rec., p. I-4287.

CJCE, arrêt du 25 janvier 2001, Liikenne Ab, aff. C-17299, Rec., p. I-745.

CJCE, arrêt du 13 décembre 1979, Lisolette Hauer c/ Land Rheinland-Pfalz, aff. 44/79, Rec., p. 3727.

CJCE, arrêt du 31 janvier 1984, Luisi et Carbone, aff. jtes 26/82–26/83, Rec., p. 377.

CJCE, arrêt du 10 février 1983, Luxembourg c/ Parlement européen, aff. 230/81.

TPI, arrêt du 14 septembre 1995, Lefèvre frères et sœurs et a. c/ Commission, T-571/93, Rec., p. I-2379, point 78.

M

CJCE, arrêt de 2 septembre 1993, Ministère public et Direction du travail et d'emploi, aff. C-18/91, Rec., p. I-4287, point 16.

CJCE, arrêt du 22 novembre 2006, Mangold, aff. C-144/04, Rec., p. I-9981.

CJCE, 12 mai 1988, Maria Martinez Sala c/ Freistaat Bayern, aff. C-85/96, Rec., p. I-2691.CJCE, arrêt du 11 novembre 1997, Marschall, aff. C-409/95, Rec., p. I-6363.

CJCE, arrêt du 26 février 1986, Marshall, aff.152/84, Rec., p. 723.

CJCE, arrêt du 9 mars 1991, Masgio, aff. C-10/90, Rec., p. 1119.

CJCE, arrêt du 10 juillet 1997, Maso e.a. et Gazzetta e.a., aff. C-373/95, Rec., p. I-4051, point 55.

CJCE, arrêt du 26 novembre 2000, Mayeur, aff. 175/99, Rec., p. I-7755.

CJCE, arrêt du 7 mars 1996, Merckx et Neuhuys, aff. C-171/94 et C-172/94, Rec., p. I- 1253

CJCE, arrêt du 11 avril 1973, Michel S c/ Fonds National de Reclassement des Handicapés, aff.76/72, Rec., p. 457.

CJCE, arrêt du 3 février 1994, Office national de l'emploi c/ Minne, aff. C-13/93, Rec., p. I-373.

CJCE, arrêt du 8 juillet 1999, Montecatini, SpA c/ Commission, C-325/92 P, point 176.

CJCE, arrêt du 25 juillet 2002, aff. C-459/99, M.R.A.X, Rec., p. I-6591.

CJCE, arrêt du 11 juillet 1985, aff. 137/84, Ministère publique c/ Maria Mutsch, Rec., p. 2681.

CJCE, arrêt du 5 mars 1998, Molenaar, aff. C-160/96, Rec., p. I-843.

CJCE, arrêt du 17 décembre 1987, Molle Kro, aff. 287/86, Rec., p. I-5465.

CJCE, arrêt du 7 juin 1983, Musique diffusion française et a. c/ Commission, aff. 100 à 103/80, Rec., p. 1825, point 10.

TPI, arrêt du 6 avril 1995, Martinelli c/ Commission, T-150/89, Rec., p. I-1165, point 57.

TPI, arrêt du 30 janvier 2002, Max. mobile Telecommunication Service, GmbH c/ Commission, aff. T-54/99, points 48 et 57.

TPI, arrêt du 20 février 2001, aff. T-112/98, Manesmannröhren-Werke AG, point 76

N

CJCE, arrêt 26 juin 1989, National Panasonic c/ Commission, aff. 136/79, Rec., p. 2033

CJCE, 15 juillet 1960, Comptoirs de vente de charbon de la Ruhr « Prasident », « Mausegatt », entreprise Nold KG c/ H.A., aff. Jtes36,37, 38/59 et 40/60, Rec., p. 862.

C.J.C.E., 14 mai 1974, J. Nold, Kohlen- und Baustoffgrosshandlung c/ Commission des C.E., aff. 4/73, Rec., p. 491, point. 14 (« libre exercice du commerce, du travail et d'autres activités professionnelles »).

CJCE, arrêt du 26 juin 1980, National Panasonic, aff. 136/79, Rec., p. 2033.

CJCE, arrêt du 3 octobre 1990, Procédures pénales c/ Nino, Pierini, Pandini et Goti, aff. C-54/88, C-91/88 et C-14/89, Rec., p.

CJCE, arrêt du 17 décembre 1987, Ny Molle Kro, aff. 287/86, Rec., p. 5465.

O

CJCE, arrêt du 23 mai 1996, O'Flynn c. Adjudication Officer, Aff./C-237/94, Rec., p. 2617.

CJCE, arrêt du 14 octobre 2004, Omega, aff. C-36/02, Conclusions de l'avocat général Mme STIX-HACKL, présentées le 18 mars 2004.

CJCE, arrêt du 17 février 2005, Oulane, aff. C-215/03, Rec., p. I-1215.
CJCE, arrêt du 29 octobre 2004, Orfanopoulos, aff. Jtes. C-482/01 et C-493/01, Rec., p. I-5257.
CJCE, arrêt du 18 octobre 1989, Örkem c/ Commission, 374/87, Rec., p. 3283.
P
CJCE, arrêt du 7 juillet 1992, Parlement c/ Conseil, aff.C.295/90.
CJCE, arrêt du 27 juin 2006, Parlement c/ Conseil de l'UE, aff. C-540/03, point 52.
C.J.C.E., 30 avril 1996, P. c/ S. et Cornwall City Council, C-13/94, Rec., p. I-2143.
CJCE, arrêt du 17 avril 1986, Pays-Bas c/ Reed, aff. 59/85, Rec., p. 1283.
CJCE, arrêt du 27 octobre 1976, Paris c/ Conseil, aff. 130/75, Rec., p. 1589.
CJCE, arrêt du 15 janvier 1986, aff. 41/84, Pinna c/ Caisse d'allocations familiales de la Savoie, Rec., p. 1.
CJCE, arrêt du 19 octobre 1977, Moulins Pont-à-Mousson, Rec., p. I-1795, points 16 et 17.
CJCE, arrêt du 24 janvier 2002, Portugaia Construçoes, aff. C-164/99, Rec., p. I- 787.
CJCE, arrêt du 13 novembre 1990, aff. C-370/88, Procurator fiscal c. Marshall, Rec., p. I-4087.
CJCE, arrêt du 12 décembre 1996, procédures pénales poursuivies, c/ X, C-74/95 et C-129/95, Rec., I-6609, note, A. Rigaux et D. Simon, Europe, février 1997, comm. n°30.
CJCE, arrêt du 12 juillet 1984, Prodest, aff. 237/83, Rec., p. 3153.
TPI, arrêt du 15 janvier 2003, Philip Morris International c/Commission, aff. T-377/00, T-380/00, T-260/01 et T-270/01, Rec., p. II-1.
TPI, arrêt du 21 février 1995, PSO E .A., aff. T-29/92, Rec., p. II-289.
R
CJCE, arrêt du 26 février 1992, Raulin, C-357/89, Rec., p. I-1027.
CJCE, arrêt du 17 avril 1986, aff. 59/85, Etat néerlandais, c/ Anne Florence Reed, Rec., p. 1283.
CJCE, arrêt du 20 mars 1984, Razzouk et Beydoun c/ Commission, 75/82 et 117/82, Rec., p. 1509, points 17 et 18.
CJCE, arrêt du 16 mai 1989, Réglementation allemande relative au séjour des ressortissants de la CE, aff. 249/86, Rec., p. 3945.
CJCE, arrêt du 29 juin 1988, Rebmann, aff. 58/87, Rec., p. 3467.
CJCE, arrêt du 3 juillet 1983, Regina c/ Pieck, aff. 157/19, Rec., p. 2171, point 9.
CJCE, arrêt du 18 mai 1982, Regguia Adoni, c/ Etat Belge et Ville de Liège, Dominique Cornouille, c/ Etat belge, aff. Jointes 115 et 116/81, Rec, p. 1665.
CJCE, arrêt du 30 mai 1989, Réglementation hellénique relative aux biens immobiliers situés dans les régions frontalières, aff. 305/87, Rec., p. 1461

CJCE, arrêt du 14 janvier 1982, Reina, aff. 65/81, Rec., p. 33.
CJCE, arrêt du 18 mai 1982, Rezguia Adoui et D. Cornuaille, aff. jtes 115 et 116/81, Rec., p. 1665.
CJCE, arrêt du 20 février 1979, Rewe-Zentral, aff. C-120-78, Rec., p. 649.
CJCE, arrêt du 21 juin 1974, Reyners, aff. 2/74, Rec., p. 631.
CJCE, arrêt du 13 juillet 1989, Rinner-Kühn, aff. 171/88, Rec., p. 2743.
CJCE, arrêt du 7 décembre 1995, aff. C-44/93, Rockfon, Rec., p. I-4291.
CJCE, arrêt du 12 novembre 1996, Royaume-Uni c/ Conseil, aff. C-84/94, Rec., p. I-5755.
CJCE, arrêt du 19 octobre 1977, Ruckdeschel, aff. 117/76 et 16/77, Rec., p. 1733, point 7.
CJCE, arrêt du 15 juillet 1960, Ruhrkohlen-Verkaufsgesellschaft e.a, aff. 36–38/59 et 40/59, Rec., p. 857.
CJCE, arrêt du 27 mars 1990, Rush Portuguesa, aff. C-113/89, Rec., p. I-1417
CJCE, arrêt du 28 octobre 1975, Rutili, aff. 36/75, Rec., p. 1219.
CJCE, arrêt du 8 avril 1976, Jean-Noel Royer, aff.48/75, Rec., p. 497.
CJCE, arrêt du 14 novembre 1996, c/ Rostard de Hertaing, aff. C-305/94, Rec, I, p. 5927.
CJCE, arrêt du 22 octobre 2002, Roquette Frères, aff. C-94/00, Rec., p. I-9011, point 25.
CJCE, arrêt du 12 novembre 1996, Royaume-Uni c/ Conseil, aff. C-84/94, Rec., p. I-5755.
CJCE, arrêt du 19 octobre 1977, Ruckdeschel et Hansa-Lagerhaus c/ Hauptzollamt Hamburg-St-Annen, Diamalt c/ Hauptzollant Itzehoe, aff. jointes 117/76 et 16/77, Rec., p. 1753

S

CJCE, arrêt du 7 juin 1972, Sabbatini, aff. 20/71, Rec., p. 345, point 12.
CJCE, arrêt du 10 décembre 1998, F. Sanchez Hidalgo, aff. C-/173/96 et C-247/96, Rec., p. I-8237.
CJCE, arrêt du 14 juillet 1983, Procédure pénale c/ Sandoz, aff. 174/82, Rec., p. 2445.
CJCE, arrêt du 17 juillet 1997, SAM Scheffart Stapf, aff. C-248/95 et C-249/95, Rec., p. 4475, point 50.
CJCE, arrêt du 12 juillet 2005, Schempp, aff. C- 403/03, Rec., p., point 15.
CJCE, arrêt du 12 juin 2003, Schmidberger, aff. C-112/00, Rec., p. I-5659.
CJCE, arrêt du 14 avril 1994, Schmidt, aff. Aff. C-392/92, Rec., p. I- 1311.
CJCE, arrêt du 11 juillet 1989, Schrader, 265/87, Rec., p. 2237.
CJCE, arrêt du 20 septembre 1990, Sevince, aff. C-192/89, Rec., p. 3461, points 27 et s.

CJCE, arrêt du 9 février 1999, Seymour Simith et Perez, aff. C-167/97, Rec., p. I-623.
CJCE, arrêt du 12 septembre 2006, Eman et Sevinger, aff. C-300/04, Rec., p. I-8057.
CJCE, arrêt du 3 octobre 2000, Simap, aff. C-303/98, Rec., p. I-7963.
CJCE, arrêt du 7 juillet 1992, Singh, aff.C-370/90, Rec., p.I-4265
CJCE, arrêt du 11 mars 1997, Süzen, aff. C-13/95, Rec., p. I-1259, point 13.
CJCE, arrêt du 12 février 1974, Giovanni Maria Sotgiu, c/ Deutsche Bundespost, aff. 152/73, Rec., p. 153.
C.J.C.E., 17 mars 1993, Sloman Neptun, aff. C-72/91, Rec., p. I-887.
CJCE, arrêt du 12 novembre 1960, Stauder, aff. 29/69, Rec., p. 419, point 7. Voir aussi les conclusions de l'avocat général K. Rohmer, Rec., p. 427.
CJCE, arrêt du 25 juillet 1991, Stichting, aff. C-288/89, Rec., p. I-4007.
CJCE, arrêt du 25 juillet 1991, Stoeckel, aff. C-345/89, Rec., p. I-4047.
CJCE, arrêt du 4 février 1959, Stork c/ Haute Autorité CECA, aff. 1/58, Rec., p. 42.

T

CJCE, arrêt du 6 juin 1995, Tetik, C-171/95, Rec., p. I-329, points 15 et s.
CJCE, arrêt du 28 avril 1977, Thieffry c/ Conseil de l'Ordre des avocats de Paris, aff. 71/76, Rec., 765.
CJCE, arrêt du 10 décembre 2002, The Queen et Secretary of Stae for Health, aff. 491/01, Rec., p. I-11453.
CJCE, arrêt du 7 septembre 2004, Trojani, aff. C-456/02, Rec., p. I-7573.
TPI, arrêt du 24 janvier 1995, Tremblay, aff. T-5/93, Rec., p. 185.
TPI, ordonnance du 4 avril 2002, Techniche Glaswerke Ilmenau GmbH c/ Commission, aff. T-198-01, point 85.

U

CJCE, arrêt du 8 octobre 1980, aff. 810/79, Überschar c/ Bundesversicherungsanstalt für Angestelte, Rec., p. 2747.
CJCE, 5 octobre 1988, Udo Steymann c. Staatsecretaris van justice, aff.197/87, Rec., p. 6159.
CJCE, Karl Uecker et Vera Jacquet, aff. jtes,aff. C-64/96 et C-65/97, Rec., p.I-3171.
CJCE, arrêt du 15 octobre 1969, Salvatore Ugliola, aff.15/69, Rec, p. 363.
CJCE, arrêt du 12 avril 1984, Unifex c. Commission et Conseil, aff. 281/82, Rec., p. 1970
CJCE, arrêt du 19 mars 1964, Unger, aff.75/63, Rec., p. 351.
TPI, arrêt du 17 juin 1998, UEAMPE e. a/Conseil, aff. T-135/96, Rec., p. II-2355, point 90.

V

CJCE, arrêt du 3 décembre 1974, Van Binsbergen, aff. 33/74, Rec., p. 1299.
TPI, arrêt du 21 février 1995, Vereniging van Samenwerkende Prijsegelende Organisaties in de Bouwnijverheid et a. c/ Commission des Communautés européennes, aff. T 29/92, Rec., p. 289 et s., point 331.
CJCE, arrêt du 10 avril 1990, aff.14/83, Von Calson, Rec., p. 1981.
CJCE, arrêt du 4 décembre 1974, Yvonne Van Duyn C., Home office, aff. 41/74, Rec., p. 1337
CJCE, arrêt du 5 février 1963, Van Gen en Loos, 26/62, Rec., p. 3.
TPI, arrêt du 10 novembre 2004, Vonier c/Commission, aff. T-165/03.
W
CJCE, arrêt du 13 juillet 1989, Wachauf, aff. C-5-88, Rec., p. 19.
CJCE, arrêt du 16 décembre 1993, T. Wagner Miret, aff. C-334/92, Rec., p. I-6911.
CJCE, arrêt du 12 décembre 1974, Walrave c/ Union cycliste internationale, aff. 36/74, Rec., p. 1405.
CJCE, arrêt du 7 juillet 1976, Watson, aff.118/75, Rec., p. 1185.
CJCE, arrêt du 12 novembre 1992, Watson Rask, aff. C-209/04, Rec., p. I-5755.
CJCE, arrêt du 16 mai 2006, Watts, aff. C-372/04, Rec., p. I-4325.
CJCE, arrêt du 7 février 1985, K. Wendelboe, aff. 19/83, Rec., p. 457.
CJCE, arrêt du 18 janvier 1979, Chambre syndicale des agents artistiques de Belgique c/ Wesemael, aff. Jointes aff. 110/78 et 111/78, Rec., p. 35.
CJCE, arrêt du 6 octobre 1982, aff. 9/81, Williams c/ Cour de Comptes, Rec., p. 3301.
CJCE, arrêt du 21 septembre 1999, Wijsenbeek, aff. C-378/97, Rec., p. I-6207.
CJCE, arrêt du 11 mars 1981, Worringham et Humpheys, aff. 69/80, Rec., p. 3225.

5- CONCLUSIONS

- Conclusions de l'avocat général Damaso Ruiz-Jarabo Coomer du 17 octobre 2002 sur CJCE, Volkswagen AG c/ Commission des Communautés européennes, point 94.
- Conclusions de l'avocat général Damaso Ruiz-Jarabo Coomer du 4 decembre 2001 sur CJCE, aff. C-208/00, Überseeing BV c/ HCC Nordic Construction Company Baumanagement GmbH, point 59.
- Conclusions de l'avocat général Geelhoed du 12 juillet 2001 sur CUCE, aff. C 313/99, Mulligan e.a c/ Ministre de l'Agriculture de la République d'Irlande, point 28.
- Conclusions de l'avocat général Léger du 10 juillet 2001sur CJCE, aff. C-303/ 99, Wouters et autres c/ Algemene Raad van de Nederlandse Orde van Advocaten, point 173.

- Conclusions de l'avocat général Jacobs du 22 mars 2000 sur CJCE, aff. C-270/99, Z. c/ Parlement européen, point 40.
- Conclusions de l'avocat général Jacobs du 30 avril 2002 sur CJCE, aff. C-126/01, Ministère de l'économie, des finances et de l'industrie c/ GEMO SA, point 40.
- Conclusions de l'avocat général Jacobs précité, C.J.C.E., 21 septembre 1999, Albany International BV, C-67/96, Rec., p. I-5751.
- Conclusions de l'avocat général Jacobs du 11 juillet 2001 sur CJCE, aff. C-112/00, Schimidberger Internationale Transporte Planzüge c/ République d'Autriche, point 101.
- Conclusions de l'avocat général Stix-Hackl, du 12 juillet 2001 sur CJCE, aff. 131/00, Ingemar Nilson c/ Lansstyrelsen i Norbottens Ian, points 18 et 44.
- Conclusions de l'avocat général Tizzano du 8 février 2001 sur CJCE, aff. C-173/99, B.C.T.U. c/ Secrétaire d'Etat au commerce et à l'industrie.

6- ARRETS DE LA COURS EUROPEENNE DES DROITS DE L'HOMME

- CEDH, arrêt du 18 février 1999, Matthews c. Royaume-Uni, Rec. n°24833/94.
- CEDH, arrêt du 9 octobre 1979, Airey, § 26, serie A no32.
- CEDH, arrêt du 30 juin 1993, Affaire Sigurjonsson A. 264.
- CEDH, arrêt du 25 avril 1996, Gustavson
- CEDH, arrêt du 16 septembre 1996, Gaygusuz, Rec. IV, p. 1128, paragraphe 50.
- CEDH, l'arrêt Botta c/ Italie.

Index

www.ingramcontent.com/pod-product-compliance
Ingram Content Group UK Ltd.
Pitfield, Milton Keynes, MK11 3LW, UK
UKHW041828290926
8980IPUK00002B/145

9 783631 812280